ŒUVRES ILLUSTRÉES

DE

# GEORGE SAND

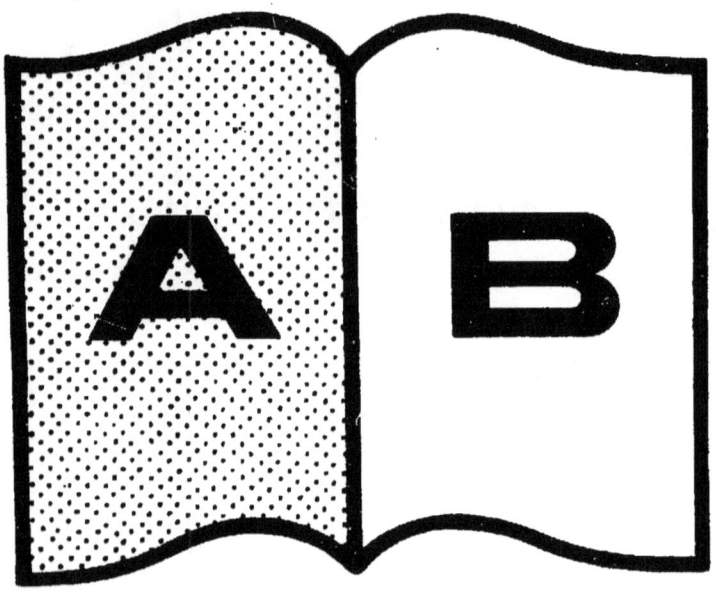

Contraste insuffisant
**NF Z 43-120-14**

CE VOLUME CONTIENT :

— Métella — La Petite Fadette — Le Péché de Monsieur Antoine — Pauline — Valentine.

# OEUVRES ILLUSTRÉES

DE

# GEORGE SAND

PRÉFACES ET NOTICES NOUVELLES PAR L'AUTEUR

DESSINS

DE

## TONY JOHANNOT

ÉDITION J. HETZEL

LIBRAIRIE BLANCHARD    **1852**    LIBRAIRIE MARESCQ ET C<sup>ie</sup>

RUE RICHELIEU, 78.      3 RUE DU PONT-DE-LODI.

PARIS

# METELLA

## I.

Le comte de Buondelmonte, revenant d'un voyage de quelques journées aux environs de Florence, fut versé par la maladresse de son postillon, et tomba, sans se faire aucun mal, dans un fossé de plusieurs pieds de profondeur. La chaise de poste fut brisée, et le comte allait être forcé de gagner à pied le plus prochain relais, lorsqu'une calèche de voyage, qui avait changé de chevaux peu après lui à la poste précédente, vint à passer. Les postillons des deux voitures entamèrent un dialogue d'exclamations qui aurait pu durer longtemps encore sans remédier à rien, si le voyageur de la calèche, ayant jeté un regard sur le comte, n'eût proposé le dénoûment naturel à ces sortes d'accidents : il pria poliment Buondelmonte de monter dans sa voiture et de continuer avec lui son voyage. Le comte accepta sans répugnance, car les manières distinguées du voyageur rendaient au moins tolérable la perspective de passer plusieurs heures en tête-à-tête avec un inconnu.

Le voyageur se nommait Olivier; il était Genevois, fils unique, héritier d'une grande fortune. Il avait vingt ans et voyageait pour son instruction ou son plaisir. C'était un jeune homme blanc, frais et mince. Sa figure était charmante, et sa conversation, sans avoir un grand éclat, était fort au-dessus des banalités que le comte, encore un peu aigri intérieurement de sa mésaventure, s'attendait à échanger avec lui. La politesse, néanmoins, empêcha les deux voyageurs de se demander mutuellement leur nom.

Le comte, forcé de s'arrêter au premier relais pour y attendre ses gens, leur donner ses ordres et faire raccommoder sa chaise brisée, voulut prendre congé d'Olivier; mais celui-ci n'y consentit point. Il déclara qu'il attendrait à l'auberge que son compagnon improvisé eût réglé ses affaires, et qu'il ne repartirait qu'avec lui pour Florence. « Il m'est absolument indifférent, lui dit-il, d'arriver dans cette ville quelques heures plus tard; aucune obligation ne m'appelle impérieusement dans un lieu ou dans un autre. Je vais, si vous me le permettez, faire préparer le dîner pour nous deux. Vos gens viendront vous parler ici, et nous pourrons repartir dans deux ou trois heures, afin d'être à Florence demain matin. »

Olivier insista si bien que le Florentin fût contraint de

se rendre à sa politesse. La table fut servie aussitôt par les ordres du jeune Suisse ; et le vin de l'auberge n'étant pas fort bon, le valet de chambre d'Olivier alla chercher dans la calèche quelques bouteilles d'un excellent vin du Rhin que le vieux serviteur réservait à son maître pour les mauvais gîtes.

Le comte, qui, même sur les meilleures apparences, se livrait rarement avec des étrangers, but très-modérément et s'en tint à une politesse franche et de bonne humeur. Le Genevois, plus expansif, plus jeune, et sachant bien, qu'il n'était forcé de veiller à la garde d'aucun secret, se livra au plaisir de boire plusieurs larges verres d'un vin généreux, après une journée de soleil et de poussière. Peut-être aussi commençait-il à s'ennuyer de son voyage solitaire, et la société d'un homme d'esprit l'avait-elle disposé à la joie : il devint communicatif.

Il est fort rare qu'un homme parle de lui-même sans dire bientôt quelque impertinence : aussi le comte, qu'une certaine malice contractée dans le commerce du monde abandonnait rarement, s'attendait-il à chaque instant à découvrir dans son compagnon ce levain d'égoïsme et de fatuité que nous avons tous au-dessous de l'épiderme. Il fut surpris d'avoir longtemps attendu inutilement ; il essaya de flatter toutes les idées du jeune homme pour lui trouver enfin un ridicule, et il n'y parvint pas, ce qui le piqua un peu, car il n'était pas habitué à déployer en vain les finesses gracieuses de sa pénétration.

« Monsieur, dit le Genevois dans le cours de la conversation, pouvez-vous me dire si lady Mowbray est en ce moment à Florence ?

— Lady Mowbray ? dit Buondelmonte avec un léger tressaillement : oui, monsieur, elle doit être de retour de Naples.

— Elle passe tous les hivers à Florence ?

— Oui, monsieur, depuis bien des années. Vous connaissez lady Mowbray ?

— Non, mais j'ai un vif désir de la connaître.

— Ah !

— Est-ce que cela vous surprend, monsieur ? On dit que c'est la femme la plus aimable de l'Europe.

— Oui, monsieur, et la meilleure. Vous en avez beaucoup entendu parler, à ce que je vois ?

— J'ai passé une partie de la saison dernière aux eaux d'Aix ; lady Mowbray venait d'en partir, et il n'était question que d'elle. Combien j'ai regretté d'être arrivé si tard ! J'aurais adoré cette femme-là.

— Vous en parlez vivement ! dit le comte.

— Je ne risque pas d'être impertinent envers elle, reprit le jeune homme ; je ne l'ai jamais vue et ne la verrai peut-être jamais.

— Pourquoi non ?

— Sans doute, pourquoi non ? mais l'on peut aussi demander pourquoi oui ? Je sais qu'elle est affable et bonne, que sa maison est ouverte aux étrangers, et que sa bienveillance leur est une protection précieuse ; je sais aussi que je pourrais me recommander de quelques personnes qu'elle honore de son amitié ; mais vous devez comprendre et connaître, monsieur, cette espèce de répugnance craintive que nous éprouvons tous à nous approcher des personnes qui ont le plus excité de loin nos sympathies et notre admiration.

— Parce que nous craignons de les trouver au-dessous de ce que nous en avons attendu, dit le comte.

— Oh ! mon Dieu, non, reprit vivement Olivier, ce n'est pas cela. Quant à moi, c'est parce que je me sens peu digne d'inspirer tout ce que j'éprouve, et en outre malhabile à l'exprimer.

— Vous avez tort, dit le comte en le regardant en face avec une expression singulière ; je suis sûr que vous plairiez beaucoup à lady Mowbray.

— Comment ! vous croyez ? et pourquoi ? d'où me viendrait ce bonheur ?

— Elle aime la franchise, la bonté. Je crois que vous êtes franc et bon.

— Je le crois aussi, dit Olivier ; mais cela peut-il suffire pour être remarqué d'elle au milieu de tant de gens distingués qui lui forment, dit-on, une petite cour ?

— Mais..., dit le comte reprenant son sourire ironique... remarqué... remarqué... comment l'entendez-vous ?

— Oh ! monsieur, ne me faites pas plus d'honneur que je ne mérite, répondit Olivier en riant ; je l'entends comme un écolier modeste qui désire une mention honorable au concours, mais qui n'ambitionne pas le grand prix. D'ailleurs... mais je vais peut-être dire une sottise. Si vous ne buvez plus, permettez-moi de faire emporter cette dernière bouteille. Depuis un quart d'heure je bois par distraction...

— Buvez, dit le comte en remplissant le verre d'Olivier, et ne me laissez pas croire que vous craignez de vous faire connaître à moi.

— Soit, dit le Genevois en avalant gaiement son sixième verre de vin du Rhin. Ah ! vous voulez savoir mes secrets, monsieur l'Italien ? Eh bien ! de tout mon cœur. Je suis amoureux de lady Mowbray.

— Bien ! dit le comte en lui tendant la main dans un accès de gaieté sympathique ; très-bien !

— Est-ce la première fois qu'un homme serait devenu amoureux d'une femme sans l'avoir vue ?

— Non, parbleu ! dit Buondelmonte. J'ai lu plus de trente romans, j'ai vu plus de vingt pièces de théâtre qui commençaient ainsi ; et croyez-moi, la vie ressemble plus souvent à un roman qu'un roman ne ressemble à la vie. Mais, dites-moi, je vous en prie, de tous les éloges que vous avez entendu faire de lady Mowbray, quel est celui qui vous a le plus enthousiasmé ?

— Attendez,... dit Olivier, dont les idées commençaient à s'embrouiller un peu. On raconte d'elle beaucoup de traits presque merveilleux : on dit pourtant que, dans sa première jeunesse, elle avait montré le caractère d'une personne assez frivole.

— Comment dites-vous ? demanda Buondelmonte avec sécheresse ; mais Olivier n'y fit pas attention.

— Oui, continua-t-il ; je dis un peu coquette.

— C'est beaucoup plus flatteur ! dit le comte. De sorte que...

— De sorte que, soit imprudence de sa part, soit jalousie de la part des autres femmes, sa réputation avait reçu en Angleterre quelques atteintes assez sérieuses pour lui faire désirer de quitter ce pays d'hommes flegmatiques et de femmes collet monté. Elle vint donc en Italie chercher une vie plus libre, des mœurs plus élégantes. Même on dit...

— Que dit-on, monsieur ? dit le comte d'un air sévère.

— On dit, continua Olivier, dont la tête était un peu troublée, bah ! elle l'a dit elle-même en confidence à Aix, à une de ses amies intimes, qui l'a répété à tous les buveurs d'eau...

— Mais qu'est-ce donc qu'elle a dit ? s'écria le comte en coupant avec impatience un fruit et un peu de son doigt.

— Elle a dit qu'à son arrivée en Italie elle était si aigrie contre l'injustice des hommes et si offensée d'avoir été victime de leurs calomnies, qu'elle se sentait disposée à fouler aux pieds les lois du préjugé, et à mener une aussi joyeuse vie que la plupart des grands personnages de ce pays-ci. »

Le comte ôta son bonnet de voyage et le remit gravement sur sa tête sans dire une seule parole. Olivier continua.

« Mais ce fut en vain. La noble lady fit ce vœu sans connaître son propre cœur. N'ayant point encore aimé, et s'en croyant incapable, elle allait y renoncer, lorsqu'un jeune homme tomba éperdument amoureux d'elle et lui écrivit sans façon pour lui demander un rendez-vous.

— Vous a-t-on dit le nom de ce jeune homme ? demanda Buondelmonte.

— Ma foi ! je ne m'en souviens plus. C'était un Florentin ; et vous devez le connaître, car il est encore... »

Le comte l'interrompit afin d'éluder la question : « Et que répondit lady Mowbray ?

— Elle accorda le rendez-vous, résolue à punir le jeune homme de sa fatuité et à le couvrir de ridicule. Elle avait préparé, à cet effet, je ne sais quel guet-apens de bonne compagnie, dont je ne sais pas bien les détails.

— N'importe, dit le comte.

— Le Florentin arriva donc ; mais il était si beau, si aimable, si spirituel, que lady Mowbray chancela dans sa résolution. Elle l'écouta parler, hésita et l'écouta encore. Elle s'attendait à voir un impertinent qu'il faudrait châtier ; elle trouva un jeune homme sincère, ardent et romanesque... Que vous dirai-je ! Elle se sentit émue, et essaya pourtant de lui faire peur en lui parlant de prétendus dangers qui l'environnaient. Le Florentin était brave ; il se mit à rire. Elle tenta alors de l'effrayer en le menaçant de sa froideur et de sa coquetterie ; il se mit à pleurer, et elle l'aima... Si bien que le comte de... ma foi ! je crois que son nom va me revenir... Buonacorsi... Belmonte... Buondelmonte, ah ! m'y voici ! le comte de Buondelmonte eut le pouvoir d'attendrir ce cœur rebelle. Lady Mowbray fixa à Florence ses affections et sa vie. Le comte de Buondelmonte fut son premier et son seul amant sur la joyeuse terre d'Italie. Maintenant que je vous ai raconté cette histoire telle qu'on me l'a donnée, dites-moi, vous qui êtes de Florence, si elle est vraie de tout point... Et cependant, si elle ne l'est pas, ne me dites pas que c'est un conte fait à plaisir ; il est trop beau pour que je sois désabusé sans regret !

— Monsieur, dit le comte, dont la figure avait pris une expression grave et pensive, cette histoire est belle et vraie. Le comte de Buondelmonte a vécu dix ans le plus heureux et le plus envié des hommes aux pieds de lady Mowbray.

— Dix ans ! s'écria Olivier.

— Dix ans, monsieur, reprit Buondelmonte. Il y a dix ans que ces choses se sont passées.

— Dix ans ! répéta le jeune homme ; lady Mowbray ne doit plus être très-jeune. »

Le comte ne répondit rien.

« On m'a pourtant assuré à Aix, poursuivit Olivier, qu'elle était toujours belle comme un ange, qu'elle était grande, légère, agile, qu'elle galopait au bord des précipices sur un vigoureux cheval, qu'elle dansait à merveille. Elle doit avoir trente ans environ, n'est-ce pas, monsieur ?

— Qu'importe son âge ! dit le comte avec impatience. Une femme n'a jamais que l'âge qu'elle paraît avoir, et tout le monde vous l'a dit : lady Mowbray est toujours belle. On vous l'a dit, n'est-ce pas ?

— On me l'a dit partout, à Aix, à Berne, à Gênes, dans tous les lieux où elle a passé.

— Elle est admirée et respectée, dit le comte.

— Oh ! monsieur, vous la connaissez, vous êtes son ami peut-être ? Je vous en félicite ; quelle réputation plus glorieuse que celle de savoir aimer ? Que ce Buondelmonte a dû être fier de retremper cette belle âme et de voir refleurir cette plante courbée par l'orage ! »

Le comte fit une légère grimace de dédain. Il n'aimait pas les phrases de roman, peut-être parce qu'il les avait aimées jadis. Il regarda fixement le Genevois ; mais voyant que celui-ci se grisait décidément, il voulut en profiter pour échanger avec un homme sincère et confiant des idées qui le gênaient depuis longtemps.

Sans se donner la peine de feindre beaucoup de désintéressement, car Olivier n'était plus en état de faire de très-clairvoyantes observations, le comte posa sa main sur la sienne, afin d'appeler son attention sur le sens de ses paroles.

« Pensez-vous, lui demanda-t-il, qu'il ne soit pas plus glorieux pour un homme d'ébranler la réputation d'une femme que de la rétablir quand elle a reçu à tort ou à raison de notables échecs ?

— Ma foi, ce n'est pas mon opinion, dit Olivier. J'aimerais mieux relever un temple que de l'abattre.

— Vous êtes un peu romanesque, dit le comte.

— Je ne m'en défends pas, cela est de mon âge ; et ce qui prouve que les exaltés n'ont pas toujours tort, c'est que Buondelmonte fut récompensé d'une heure d'enthousiasme par dix ans d'amour.

— Lui seul pourrait être juge dans cette question, » reprit le comte ; et il se promena dans la chambre, les mains derrière le dos et le sourcil froncé. Puis, craignant de se laisser deviner, il jeta un regard de côté sur son compagnon. Olivier avait la tête penchée en avant, le coude dans son assiette, et l'ombre de ses cils, abaissés par un doux assoupissement, se dessinait sur ses joues, que la chaleur généreuse du vin colorait d'un rose plus vif qu'à l'ordinaire. Le comte continua de marcher silencieusement dans la chambre jusqu'à ce que le claquement des fouets et les pieds des chevaux eussent annoncé que la calèche était prête. Le vieux domestique d'Olivier vint lui offrir une pelisse fourrée que le jeune homme passa en bâillant et en se frottant les yeux. Il ne s'éveilla tout à fait que pour prendre le bras de Buondelmonte et le forcer de monter le premier dans la voiture, qui prit aussitôt la route de Florence. « Parbleu ! dit-il en regardant la nuit qui était sombre, ce temps de voleurs me rappelle une histoire que j'ai entendu raconter sur lady Mowbray.

— Encore ? dit le comte ; lady Mowbray vous occupe beaucoup.

— Ne me demandiez-vous pas quel trait de son caractère m'avait le plus enthousiasmé ? Je ne saurais le dire quel ; mais voici une aventure qui m'a rendu plus envieux de voir lady Mowbray que Rome, Venise et Naples. Vous allez me dire si celle-là est aussi vraie que la première. Un jour qu'elle traversait les Apennins avec son heureux amant Buondelmonte, ils furent attaqués par des voleurs ; le comte se défendit bravement contre trois hommes ; il en tua un, et luttait contre les deux autres lorsque lady Mowbray, qui s'était presque évanouie dans le premier accès de surprise, s'élança hors de la calèche et tomba sur le cadavre du brigand que Buondelmonte avait tué. Dans ce moment d'horreur, ranimée par une présence d'esprit au-dessus de son sexe, elle vit à la ceinture du brigand un grand pistolet dont il n'avait pas eu le temps de faire usage, et que sa main semblait encore presser. Elle écarta cette main encore chaude, arracha le pistolet de la ceinture, et se jetant au milieu des combattants, qui ne s'attendaient à rien de semblable, elle déchargea le pistolet à bout portant dans la figure d'un bandit qui tenait Buondelmonte à la gorge. Il tomba raide mort, et Buondelmonte eut bientôt fait justice du dernier. N'est-ce pas là encore une belle histoire, monsieur ?

— Aussi belle que vraie, répéta Buondelmonte. Le courage de lady Mowbray la soutint encore quelque temps après cette terrible scène. Le postillon, à demi mort de peur, s'était tapi dans un fossé, les chevaux effrayés avaient rompu leurs traits ; le seul domestique qui accompagnât les voyageurs était blessé et évanoui. Buondelmonte et sa compagne furent obligés de réparer ce désordre en toute hâte, car à tout instant d'autres bandits, attirés par le bruit du combat, pouvaient fondre sur eux, comme cela arrive souvent. Il fallut battre le postillon pour le ranimer, bander la plaie du domestique, qui perdait tout son sang, le porter dans la voiture, et rattacher les chevaux. Lady Mowbray s'employa à toutes les choses avec une force de corps et d'esprit vraiment extraordinaire. Elle avisait à tous les expédients et trouvait toujours le plus sûr et le plus prompt moyen de sortir d'embarras. Ses belles mains, souillées de sang, rattachaient des courroies, déchiraient des vêtements, soulevaient des pierres. Enfin tout fut réparé, et la voiture se mit en route. Lady Mowbray s'assit auprès de son amant, le regarda fixement, fit un grand cri et s'évanouit. A quoi pensez-vous ? ajouta le comte en voyant Olivier tomber dans le silence et la méditation.

— Je suis amoureux, dit Olivier.

— De lady Mowbray ?

— Oui, de lady Mowbray.

— Et vous allez sans doute à Florence pour le lui déclarer ? dit le comte.

— Je vous répéterai le mot que vous me disiez tantôt : « Pourquoi non ? »

— En effet, dit le comte d'un ton sec, pourquoi non ? » Puis il ajouta d'un autre ton, et comme s'il se parlait à lui-même : « Pourquoi non ? »

« Monsieur, reprit Olivier après un instant de silence, soyez assez bon pour confirmer ou démentir une troisième histoire qui m'a été racontée à propos de lady Mowbray, et qui me semble moins belle que les deux premières.

—Voyons, monsieur.

—On dit que le comte de Buondelmonte quitte lady Mowbray.

—Pour cela, monsieur, répondit le comte très-brusquement, je n'en sais rien, et n'ai rien à vous dire.

—Mais, moi, on me l'a assuré, reprit Olivier ; et, quelque triste que soit ce dernier dénoûment, il ne me paraît pas impossible.

—Mais que vous importe ? dit le comte.

—Vous êtes le comte de Buondelmonte, » dit Olivier, vivement frappé de l'accent de son compagnon ; et lui saisissant le bras, il ajouta : « Et vous ne quittez pas lady Mowbray ?

—Je suis le comte de Buondelmonte, répondit celui-ci ; le saviez-vous, monsieur ?

—Sur mon honneur ! non.

—En ce cas vous n'avez pu m'offenser. Mais parlons d'autre chose. »

Ils essayèrent, mais la conversation languit bientôt. Tous deux étaient contraints. Ils prirent d'un commun accord le parti de feindre le sommeil. Aux premiers rayons du jour, Olivier, qui avait fini par s'endormir tout de bon, s'éveilla au milieu de Florence. Le comte prit congé de lui avec une cordialité à laquelle il avait eu le temps de se préparer.

« Voici ma demeure, lui dit-il en lui montrant un des plus beaux palais de la ville, devant lequel le postillon s'était arrêté ; et au cas où vous oublieriez le chemin, vous me permettrez d'aller vous chercher pour vous servir de guide moi-même. Puis-je savoir où vous descendez, et à quelle heure je pourrai, sans vous déranger, aller vous offrir mes remercîments et mes services ?

—Je n'en sais rien encore, répondit Olivier un peu embarrassé ; mais il est inutile que vous preniez cette peine. Aussitôt que je serai reposé, j'irai vous demander vos bons offices dans cette ville, où je ne connais personne.

—J'y compte, répondit Buondelmonte en lui tendant la main.

—Je m'en garderai bien, » pensa le Genevois en lui rendant sa politesse. Ils se séparèrent.

« J'ai fait une belle école ! se disait Olivier le lendemain matin en s'éveillant dans la meilleure hôtellerie de Florence ; je commence bien ! Aussi cet homme est fou d'avoir pris au sérieux les divagations d'un étourdi à moitié ivre. J'ai réussi toutefois à me fermer la porte de lady Mowbray, moi qui désirais tant la connaître ! c'est horriblement désagréable, après tout... » Il appela son valet de chambre pour qu'il lui fît la barbe, et s'impatientait sérieusement de ne pouvoir retrouver dans son nécessaire une certaine savonnette au garafoli qu'il avait achetée à Parme, lorsque le comte de Buondelmonte entra dans sa chambre.

« Pardonnez-moi si j'entre en ami sans me faire annoncer, lui dit-il d'un air riant et ouvert ; j'ai su en bas que vous étiez éveillé, et je viens vous chercher pour déjeuner avec moi chez lady Mowbray. »

Olivier s'aperçut que le comte cherchait dans ses yeux à deviner l'effet de cette nouvelle. Malgré sa candeur, il ne manquait pas d'une certaine défiance des autres ; il avait en même temps une honnête confiance en son propre jugement. On pouvait l'affliger, mais non le jouer ou l'intimider.

« De tout mon cœur, répondit-il avec assurance, et je vous remercie, mon cher compagnon de voyage, de m'avoir procuré cette faveur. Maintenant nous sommes quittes. »

Les manières cordiales et franches de Buondelmonte ne se démentirent point. Seulement, comme le jeune étranger, tout en se hâtant, donnait des soins minutieux à sa toilette, le comte ne put réprimer un sourire qu'Olivier saisit au fond de la glace devant laquelle il nouait sa cravate. « Si nous faisons une guerre d'embûches, pensa-t-il, c'est fort bien, avançons. » Il ôta sa cravate, et gronda son domestique de lui en avoir donné une si mal pliée. Le vieux Hantz en apporta une autre. « J'en aimerais mieux une bleu de ciel, » dit Olivier ; et quand Hantz eut apporté la cravate bleu de ciel, Olivier les examina l'une après l'autre d'un air d'incertitude et de perplexité.

« S'il m'était permis de donner mon avis, dit le valet de chambre timidement...

—Vous n'y entendez rien, dit gravement Olivier ; monsieur le comte, qui m'en rapporte à vous, qui êtes un homme de goût : laquelle de ces deux couleurs convient le mieux au ton de ma figure ?

—Lady Mowbray, répondit le comte en souriant, ne peut souffrir ni le bleu ni le rose.

—Donnez-moi une cravate noire, dit Olivier à son domestique. »

La voiture du comte les attendait à la porte. Olivier y monta avec lui. Ils étaient contraints tous deux, et cependant il n'y parut point. Buondelmonte avait trop d'habitude du monde pour ne pas sembler ce qu'il voulait être ! Olivier avait trop de résolution pour laisser voir son inquiétude. Il pensait que si lady Mowbray était d'accord avec Buondelmonte pour se moquer de lui, sa situation pouvait devenir difficile ; mais si Buondelmonte était seul de son parti, il pouvait être agréable de le tourmenter un peu. En secret, leur première sympathie avait fait place à une sorte d'aversion. Olivier ne pouvait pardonner au comte de l'avoir laissé parler à tort et à travers sans se nommer ; le comte avait sur le cœur, non les étourderies qu'Olivier avait débitées la veille, mais le peu de repentir ou de confusion qu'il en montrait.

Lady Mowbray habitait un palais magnifique ; le comte mit quelque affectation à y entrer comme chez lui, et à parler aux domestiques comme s'ils eussent été les siens. Olivier se tenait sur ses gardes et observait les moindres mouvements de son guide. La pièce où ils attendirent était décorée avec un art et une richesse dont le comte semblait orgueilleux, bien qu'il n'y eût coopéré ni par son argent ni par son goût. Cependant il fit les honneurs des tableaux de lady Mowbray comme s'il avait été son maître de peinture, et semblait jouir de l'émotion insurmontable avec laquelle Olivier attendait l'apparition de lady Mowbray.

Metella Mowbray était fille d'une Italienne et d'un Anglais ; elle avait les yeux noirs d'une Romaine et la blancheur rosée d'une Anglaise. Ce que les lignes de sa beauté avaient d'antique et de sévère était adouci par une expression sereine et tendre qui est particulière aux visages britanniques. C'était l'assemblage des deux plus beaux types. Sa figure avait été reproduite par tous les peintres et sculpteurs de l'Italie ; mais malgré cette perfection, malgré ces triomphes, malgré la parure exquise qui faisait ressortir tous ses avantages, le premier regard qu'Olivier jeta sur elle lui dévoila le secret tourment du comte de Buondelmonte : Metella n'était plus jeune...

Aucun des prestiges du luxe qui l'entourait, aucune des gloires dont l'admiration universelle l'avait couronnée, aucune des séductions qu'elle pouvait encore exercer, ne la défendirent de ce premier arrêt de condamnation que le regard d'un homme jeune lance à une femme qui ne l'est plus. En un clin d'œil, en une pensée, Olivier rapprocha de cette beauté si parfaite et si rare le souvenir d'une fraîche et brutale beauté de Suissesse. Les sculpteurs et les peintres en eussent pensé ce qu'ils auraient voulu ; Olivier se dit qu'il valait toujours mieux avoir seize ans que cet âge problématique dont les femmes cachent le chiffre comme un affreux secret.

Ce regard fut prompt ; mais il n'échappa point au comte, et lui fit involontairement mordre sa lèvre inférieure.

Quant à Olivier, ce fut l'affaire d'un instant ; il se remit et veilla mieux sur lui-même : il se dit qu'il ne serait point amoureux, mais qu'il pouvait fort bien, sans se compromettre, agir comme s'il l'était ; car si lady Mowbray n'avait plus le pouvoir de lui faire faire des folies, elle valait encore la peine qu'il en fît pour elle. Il se trompait peut-être ; peut-être une femme en a-t-elle le pouvoir tant qu'elle en a le droit.

Le comte, dissimulant aussi sa mortification, présenta Olivier à lady Mowbray avec toutes sortes de cajoleries hypocrites pour l'un et pour l'autre ; et au moment où Metella tendait sa main au Genevois en le remerciant du service qu'il avait rendu à *son ami*, le comte ajouta : « Et vous devez aussi le remercier de l'enthousiasme passionné qu'il professe pour vous, madame. Celui-ci mérite plus que les autres : il vous a adorée avant de vous voir. »

Olivier rougit jusqu'aux yeux, mais lady Mowbray lui adressa un sourire plein de douceur et de bonté; et, lui tendant la main, « Soyons donc amis, lui dit-elle, car je vous dois un dédommagement pour cette mauvaise plaisanterie de monsieur.

— Soyez ou non sa complice, répondit Olivier, il vous a dit ce que je n'aurais jamais osé vous dire. Je suis trop payé de ce que j'ai fait pour lui. » Et il baisa résolument la main de lady Mowbray.

« L'insolent ! » pensa le comte.

Pendant le déjeuner, le comte accabla sa maîtresse de petits soins et d'attentions. Sa politesse envers Olivier ne put dissimuler entièrement son dépit; Olivier cessa bientôt de s'en apercevoir. Lady Mowbray, de pâle, nonchalante et un peu triste qu'elle était d'abord, devint vermeille, enjouée et brillante. On n'avait exagéré ni son esprit ni sa grâce. Lorsqu'elle eut parlé, Olivier la trouva rajeunie de dix ans ; cependant son bon sens naturel l'empêcha de se tromper sur un point important. Il vit que Metella, sincère dans sa bienveillance envers lui, ne tirait sa gaieté, son plaisir et son *rajeunissement* que des attentions affectueuses du comte. « Elle l'aime encore, pensa-t-il, et lui l'aimera tant qu'elle sera aimée des autres. »

Dès ce moment il fut tout à fait à son aise, car il comprit ce qui se passait entre eux, et il s'inquiéta peu de ce qui pouvait se passer en lui-même ; il était encore trop jeune.

Le comte vit que Metella avait charmé son adversaire ; il crut tenir la victoire. Il redoubla d'affection pour elle, afin qu'Olivier se convainquît bien de sa défaite.

A trois heures il offrit à Olivier, qui se retirait, de le reconduire chez lui, et, au moment de quitter Metella, il lui baisa deux fois la main si tendrement qu'une rougeur de plaisir et de reconnaissance se répandit sur le visage de lady Mowbray. L'expression du bonheur dans l'amour semble être exclusivement accordée à la jeunesse, et quand on la rencontre sur un front flétri par les années, elle y jette de magiques éclairs. Metella parut si belle en cet instant que Buondelmonte en eut de l'orgueil, et, passant son bras sous celui d'Olivier, il lui dit en descendant l'escalier : « Eh bien ! mon cher ami, êtes-vous toujours amoureux de ma maîtresse ?

— Toujours, répondit hardiment Olivier, quoiqu'il n'en pensât pas un mot.

— Vous y mettez de l'obstination.

— Ce n'est pas ma faute, mais bien la vôtre. Pourquoi vous êtes-vous emparé de mon secret et pourquoi l'avez-vous révélé ? A présent nous jouons jeu sur table.

— Vous avez la conscience de votre habileté !

— Pas du tout, l'amour est un jeu de hasard.

— Vous êtes très-facétieux !

— Et vous donc, monsieur le comte ? »

Olivier consacra plusieurs jours à parcourir Florence. Il pensa peu à lady Mowbray ; il aurait fort bien pu l'oublier s'il ne l'eût pas revue. Mais un soir il la vit au spectacle, et il crut devoir aller la saluer dans sa loge. Elle était magnifique aux lumières et en grande toilette ; il en devint amoureux et résolut de ne plus la voir.

Lady Mowbray s'était maintenue miraculeusement belle au delà de l'âge marqué pour le déclin du règne des femmes ; mais, depuis un an, le temps inexorable semblait vouloir reprendre ses droits sur elle et lui faire sentir le réveil de sa main endormie. Souvent, le matin, Metella, en se regardant sans parure devant sa glace, jetait un cri d'effroi à l'aspect d'une ride légère, creusée durant la nuit sur les plans lisses et nobles de son visage et de son cou. Elle se défendait encore avec orgueil de la tentation de se mettre du rouge, comme faisaient autour d'elle les femmes de son âge. Jusque-là elle avait pu braver le regard d'un homme en plein midi ; mais des nuances ternes s'étendaient au contour de ses joues, et un reflet bleuâtre encadrait ses grands yeux noirs. Elle voyait déjà ses rivales se réjouir autour d'elle et lui faire

un meilleur accueil à mesure qu'elles la trouvaient moins redoutable.

Dans le monde on disait qu'elle était si affectée de vieillir qu'elle en était malade. Les femmes assuraient déjà qu'elle se teignait les cheveux et qu'elle avait plusieurs fausses dents. Le comte de Buondelmonte savait bien que c'étaient autant de calomnies ; mais il s'en affectait peut-être plus sincèrement que d'une vérité qui serait restée secrète. Il avait été trop heureux, trop envié depuis dix ans, pour que les jouissances de la vanité, qui sont les plus durables de toutes, n'eussent pas fait pâlir celles de l'amour. L'attachement et la fidélité de la plus belle et de la plus aimable des femmes avaient-ils développé en lui un immense orgueil, ou l'avaient-ils seulement nourri ?

Je n'en sais rien. Toutes les personnes que je connais ont eu vingt ans, et mes études psychologiques me portent à croire que presque tout le monde est capable d'avoir vingt ans, ne fût-ce qu'une fois en sa vie. Mais le comte en eut trente et demi le jour où lady Mowbray en eut… (je suis trop bien élevé pour tracer le chiffre qui désignerait au juste ce que j'appellerai, sans offenser ni compromettre personne, l'âge *indéfinissable* d'une femme), et le comte, qui avait tiré une grande gloire de la préférence de lady Mowbray, commença à jouer dans le monde un rôle moitié honorable, moitié ridicule, qui fit beaucoup souffrir sa vanité. Dix ans apportent dans toutes les passions possibles beaucoup de calme et de raisonnement. L'amitié, lorsqu'elle n'est qu'une survivance de l'amour, est plus susceptible de calcul et plus froide dans ses jugements. Une telle amitié (que deux ou trois exceptions qui sont dans le monde me le pardonnent !) n'est point héroïque de sa nature. L'amitié de Buondelmonte pour Metella vit d'un œil très-clairvoyant les chances d'ennui et de dépendance qui allaient s'augmentant d'un côté, de l'autre les chances d'avenir et de triomphe qui étaient encore vertes et séduisantes. Une certaine princesse allemande, grande liseuse de romans, et renommée pour le luxe de ses équipages, débitait des œillades sentimentales qui, au spectacle, attiraient dans leur direction magnétique tous les yeux vers la loge du comte. Metella prima donna, pour laquelle quantité de colonels s'étaient battus en duel, invitait souvent le comte à ses soupers et le raillait de sa vie bourgeoise et retirée. Des jeunes gens, dont il faisait du reste l'admiration par ses gilets et les pierres gravées de ses bagues, lui reprochaient sérieusement la perte de sa liberté. Enfin il ne voyait plus personne se lever et se dresser sur la pointe des pieds quand lady Mowbray, appuyée sur son bras, paraissait en public. Elle était encore belle, mais tout le monde le savait ; on l'avait tant vue, tant admirée ! il y avait si longtemps qu'on l'avait proclamée la reine de Florence, qu'il n'était plus question d'elle et que la moindre pensionnaire excitait plus d'intérêt. Les femmes osaient aborder les modes que la seule lady Mowbray avait eu le droit de porter ; on ne disait plus le moindre mal d'elle, et le comte entendait avec un plaisir diabolique répéter autour de lui que sa conduite était exemplaire, et que c'était une bien belle chose que de s'abuser aussi longtemps sur les attraits de sa maîtresse.

La douleur de Metella, en se voyant négligée de celui qu'elle aimait exclusivement, fut si grande que sa santé s'altéra, et que les ravages du temps firent d'effrayants progrès. Le refroidissement de Buondelmonte en fit à proportions égales, et lorsque le jeune Olivier les vit ensemble, lady Mowbray n'en était plus à compter son bonheur par années, mais par heures.

« Savez-vous, ma chère Metella, lui dit le comte le lendemain du jour où elle avait rencontré Olivier au spectacle, que ce jeune Suisse est éperdument amoureux de vous ?

— Est-ce que vous auriez envie de me le faire croire ? dit lady Mowbray en s'efforçant de prendre un ton enjoué : voilà au moins la dixième fois depuis quinze jours que vous me le répétez !

— Et quand vous le croiriez, dit assez sèchement le comte, qu'est-ce que cela me ferait ? »

Metella eut envie de lui dire qu'il n'avait pas toujours été aussi insouciant; mais elle craignit de tomber dans les phrases du vocabulaire des femmes abandonnées, elle garda le silence.

Le comte se promena quelque temps dans l'appartement d'un air sombre.

« Vous vous ennuyez, mon ami? lui dit-elle avec douceur.

— Moi! pas du tout! Je suis un peu souffrant. » Lady Mowbray se tut de nouveau, et le comte continua à se promener en long et en large. Quand il la regarda, il s'aperçut qu'elle pleurait. « Eh bien! qu'est-ce que vous avez? lui dit-il en feignant la plus grande surprise. Vous pleurez parce que j'ai un peu mal à la gorge.

— Si j'étais sûre que vous souffrez, je ne pleurerais pas.

— Grand merci, milady!

— J'essaierais de vous soulager; mais je crois que votre mal est sans remède.

— Quel est donc mon mal, s'il vous plaît?

— Regardez-moi, monsieur, répondit-elle en se levant et en lui montrant son visage flétri; votre mal est écrit sur mon front...

— Vous êtes folle, répondit-il en levant les épaules, ou plutôt vous êtes furieuse de vieillir! Est-ce ma faute à moi? puis-je l'empêcher?

— Oh! certainement, Luigi, répondit Metella, vous auriez pu l'empêcher encore! » Elle retomba sur son fauteuil, pâle, tremblante, et fondit en larmes.

Le comte fut attendri, puis contrarié; et, cédant au dernier mouvement, il lui dit brutalement: « Parbleu! madame, vous ne devriez pas pleurer; cela ne vous embellira pas. » Et il sortit avec colère.

« Il faut absolument que cela finisse, pensa-t-il quand il fut dans la rue. Il n'est pas en mon pouvoir de feindre plus longtemps un amour que je ne ressens plus. Tous ces ménagements ressemblent à l'hypocrisie. Ma faiblesse d'ailleurs prolonge l'incertitude et les souffrances de cette malheureuse femme. C'est une sorte d'agonie que nous endurons tous deux. Il faut couper ce lien, puisqu'elle ne veut pas le dénouer. »

Il retourna sur ses pas et la trouva évanouie dans les bras de ses femmes : il en fut touché et lui demanda pardon. Quand il la vit plus calme, il se retira plus mécontent lui-même que s'il l'eût laissée furieuse. « Il est donc décidé, se dit-il en serrant les poings sous son manteau, que je n'aurai pas l'énergie de me débarrasser d'une femme! » Il s'excita tant qu'il put à prendre un parti décisif, et toujours, au moment d'en adopter un, il sentit qu'il n'aurait pas le courage de braver le désespoir de Metella. Après tout, que ce fût par vanité ou par tendresse, il l'avait aimée, il avait vécu dix ans heureux auprès d'elle, il lui devait en partie l'éclat de sa position dans le monde, et il y avait des jours où elle était encore si belle qu'on le proclamait heureux; il était heureux ces jours-là. « Il faut pourtant le faut, pensa-t-il; car, dans peu de temps elle sera décidément laide, et je ne pourrai plus la souffrir, et je ne serai pas assez fort pour lui cacher mon dégoût. Alors notre rupture sera éclatante et rude. Il vaudrait mieux qu'elle se fît à l'amiable dès à présent... »

Il se promena seul pendant une heure au clair de la lune. Il était tellement malheureux que lady Mowbray serait venue au-devant de ses desseins si elle avait su combien il était rongé d'ennui. Enfin il s'arrêta au milieu de la rue, et, regardant autour de lui dans une sorte de détresse, il vit qu'il était devant l'hôtel où logeait Olivier. Il y entra précipitamment, je ne sais pas bien pourquoi, et peut-être ne le savait-il pas non plus lui-même. Quoi qu'il en soit, il demanda le Genevois, et apprit avec plaisir qu'il était chez lui. Il le trouva se disposant à aller au bal chez un banquier auquel il était recommandé. Olivier fut surpris de l'agitation du comte. Il ne l'avait pas encore vu ainsi, et ne savait que penser de son air inquiet et de ses fréquentes contradictions. Rien de ce qu'il disait ne semblait être dans ses habitudes ni dans son caractère. Enfin, après un quart d'heure de cette étrange manière d'être, Buondelmonte lui pressa la main avec effusion, le conjura de venir souvent chez lady Mowbray. Après lui avoir fait mille politesses exagérées, il se retira précipitamment, comme un homme qui vient de commettre un crime.

Il retourna chez lady Mowbray : il la trouva souffrante et prête à se mettre au lit. Il l'engagea à se distraire et à venir avec lui au bal chez le banquier A..... Metella n'en avait pas la moindre envie; mais, voyant que le comte le désirait vivement, elle céda pour lui faire plaisir, et ordonna à ses femmes de préparer sa toilette.

« Vraiment, Luigi, lui dit-elle en s'habillant, je ne vous comprends plus. Vous avez mille caprices : avant-hier je désirais aller au bal de la princesse Wilhelmine, et vous m'en avez empêchée; aujourd'hui...

— Ah! c'était bien différent : j'avais un rhume effroyable ce jour-là... Je tousse encore un peu.

— On m'a dit cependant...

— Qu'est-ce qu'on vous a dit? et qui est-ce qui vous l'a dit?

— Oh! c'est le jeune Suisse avec lequel vous avez voyagé, et que j'ai vu au spectacle hier soir; il m'a dit qu'il vous avait rencontré la veille au bal chez la princesse Wilhelmine.

— Ah! madame, dit le comte, je comprends très-bien les raisons de M. Olivier de Genève pour me calomnier auprès de vous.

— Vous calomnier, dit Metella en levant les épaules. Est-ce qu'il sait que vous m'avez fait un mensonge?

— Est-ce que vous allez mettre cette robe-là, milady? interrompit le comte. Oh! mais vous négligez votre toilette déplorablement!

— Cette robe arrive de France, mon ami; elle est de Victorine, et vous ne l'avez pas encore vue.

— Mais une robe de velours violet! c'est d'une sévérité effrayante.

— Attendez donc : il y a des nœuds et des torsades d'argent qui lui donnent beaucoup d'éclat.

— Ah! c'est vrai! voilà une toilette très-riche et très-noble. On a beau dire, Metella, c'est encore vous qui avez la mise la plus élégante, et il n'y a pas une femme de vingt ans qui puisse se vanter d'avoir une taille aussi belle...

— Hélas! dit Metella, je ne sens plus la souplesse que j'avais autrefois; ma démarche n'est plus aussi légère; il me semble que m'affaisse et que je suis moins grande d'une ligne chaque jour.

— Vous êtes trop sincère et trop bonne, ma chère lady, dit le comte en baissant la voix. Il ne faut pas dire cela, surtout devant vos soubrettes; ce sont des babillardes qui iront le répéter dans toute la ville.

— J'ai un délateur qui parlera plus haut qu'elles, répondit Metella : c'est votre indifférence.

— Ah! toujours des reproches! Mon Dieu! qu'une femme qui se croit offensée est cruelle dans sa plainte et persévérante dans sa vengeance!

— Vengeance moi, vengeance! dit Metella.

— Non, je me sers d'un mot inconvenant, ma chère lady; vous êtes douce et généreuse, en ai-je jamais douté! Allons, ne nous querellons pas, au nom du ciel! Ne prenez pas votre air abattu et fatigué. Votre coiffure est bien plate, ne trouvez-vous pas?

— Vous aimez ces bandeaux lisses avec un diamant sur le front...

— Je trouve qu'à présent les tresses descendant le long des joues, à la manière des reines du moyen âge, vous vont encore mieux.

— Il est vrai que mes joues ne sont plus très-rondes, et qu'on les voit moins avec des tresses. Francesca, faites-moi des tresses.

— Metella, dit le comte lorsqu'elle fut coiffée, pourquoi ne mettez-vous pas de rouge?

— Hélas! il est donc temps que j'en mette, répondit-elle tristement. Je me flattais de n'en jamais avoir besoin.

— C'est une folie, ma chère; est-ce que tout le monde n'en met pas? Les plus jeunes femmes en ont.

— Vous haïssiez le fard, et vous me disiez souvent que vous préfériez ma pâleur à une fraîcheur factice.

— Mais la dernière fois que vous êtes sortie, on vous a trouvée bien pâle... On ne va pas au bal uniquement pour son amant.

— J'y vais uniquement pour vous aujourd'hui, je vous jure.

— Ah! milady, c'est à mon tour de dire qu'il n'en fut pas toujours ainsi! *Autrefois* vous étiez un peu fière de vos triomphes.

— J'en étais fière à cause de vous, Luigi ; à présent qu'ils m'échappent et que je vous vois souffrir, je voudrais me cacher. Je voudrais éteindre le soleil et vivre avec vous dans les ténèbres.

— Ah ! vous êtes en veine de poésie, milady. J'ai trouvé tout à l'heure votre Byron ouvert à cette belle page des ténèbres ; je ne m'étonne pas de vous voir des idées sombres. Eh bien! le rouge vous sied à merveille. Regardez-vous, vous êtes superbe. Allons, Francesca, apportez les gants et l'éventail de milady. Voici votre bouquet, Metella ; c'est moi qui l'ai apporté ; c'est un droit que je ne veux pas perdre. »

Metella prit le bouquet, regarda tendrement le comte avec un sourire sur les lèvres et une larme dans les yeux. « Allons, venez, mon amie, lui dit-il. Vous allez être encore une fois la reine du bal. »

Le bal était somptueux ; mais, par un de ces hasards facétieux qui se rencontrent souvent dans le monde, il y avait une quantité exorbitante de femmes laides et vieilles. Parmi les jeunes et les agréables, il y en avait peu de vraiment jolies. Lady Mowbray eut donc un très-grand succès, et Olivier, qui ne s'attendait pas à la rencontrer, s'abandonna à sa naïve admiration. Dès que le comte le vit auprès de lady Mowbray, il s'éloigna, et dès qu'il les vit s'éloigner l'un de l'autre, il prit le bras d'Olivier, et, sous le premier prétexte venu, il le ramena auprès de Metella. « Vous m'avez dit en route que vous aviez vu Goëthe, dit-il au voyageur ; parlez donc de lui à milady. Elle est si avide d'entendre parler du vieux Faust qu'elle voulait m'envoyer à Weymar tout exprès pour lui rapporter les dimensions exactes de son front. Heureusement pour moi, le grand homme est mort au moment où j'allais me mettre en route. » Buondelmonte tourna sur ses talons fort habilement en achevant sa phrase, et laissa Olivier parler de Goëthe à lady Mowbray.

Metella, qui l'avait d'abord accueilli avec une politesse bienveillante, l'écouta peu à peu avec intérêt. Olivier n'avait pas infiniment d'esprit, mais il avait fait beaucoup de bonnes lectures ; il avait de la vivacité, de l'enthousiasme, et , ce qui est extrêmement rare chez les jeunes gens, pas la moindre affectation. Avec lui, on n'était pas forcé de pressentir le grand homme en herbe, la puissance intellectuelle méconnue et comprimée ; c'était un vrai Suisse pour la franchise et le bon sens, une sorte d'Allemand pour la sensibilité et la confiance ; il n'avait rien de français, ce qui plut infiniment à Metella.

Vers la fin du bal le comte revint auprès d'eux, et, les retrouvant ensemble, il se sentit joyeux et triompha intérieurement de son habileté. Il laissa Olivier donner le bras à lady Mowbray pour la reconduire à sa voiture, et les suivit par derrière avec une discrétion vraiment maritale.

Le lendemain, il fit à Metella le plus pompeux éloge du jeune Suisse, et l'engagea à lui écrire un mot pour l'inviter à dîner. Après le dîner, il se fit appeler dehors pour une prétendue affaire imprévue, et les laissa ensemble toute la soirée. Comme il revenait seul et à pied, il vit deux jeunes bourgeois de la ville arrêtés devant le balcon de lady Mowbray, et il s'arrêta pour entendre leur conversation.

« Vois-tu la taille de lady Mowbray au clair de la lune? On dirait une belle statue sur une terrasse.

— Le comte est aussi un beau cavalier. Comme il est grand et mince !

— Ce n'est pas le comte de Buondelmonte ; celui-ci est plus grand de toute la tête. Qui diable est-ce donc? je ne le connais pas.

— C'est le jeune duc d'Asti.

— Non, je viens de le voir passer en sédiole.

— Bah ! ces grandes dames ont tant d'adorateurs, celle-là qui est si belle surtout ! Le comte de Buondelmonte doit être fier !...

— C'est un niais. Il s'amuse à faire la cour à cette grosse princesse allemande, qui a des yeux de faïence et des mains de macaroni, tandis qu'il y a dans la ville un petit étranger nouvellement débarqué qui donne le bras à madame Metella, et qui change d'habit sept fois par jour pour lui plaire.

— Ah ! parbleu ! c'est lui que nous voyons là-haut sur le balcon. Il a l'air de ne pas s'ennuyer.

— Je ne m'ennuierais pas à sa place.

— Il faut que Buondelmonte soit bien fou ! »

Le comte entra dans le palais et traversa les appartements avec agitation. Il arriva à l'entrée de la terrasse, et s'arrêta pour regarder Metella et Olivier, dont les silhouettes se dessinaient distinctement sur le ciel pur et transparent d'une belle soirée. Il trouva le Genevois bien près de sa maîtresse, et, il est vrai que celle-ci regardait d'un autre côté et semblait rêver à autre chose ; mais un sentiment de jalousie et d'orgueil blessé s'alluma dans l'âme italienne du comte. Il s'approcha d'eux et leur parla de choses indifférentes. Lorsqu'ils rentrèrent tous trois dans le salon, Buondelmonte remarqua tout haut que Metella avait été bien préoccupée ; car elle n'avait pas fait allumer les bougies, et il se heurta à plusieurs meubles pour atteindre à une sonnette, ce qui acheva de le mettre de très-mauvaise humeur.

Le jeune Olivier n'avait pas assez de fatuité pour s'imaginer qu'il pouvait consoler Metella de l'abandon de son amant. Quoiqu'elle ne lui eût fait aucune confidence, il avait pénétré facilement son chagrin, et il en voyait la cause. Il la plaignait sincèrement et l'en aimait davantage. Cette compassion, jointe à une sorte de ressentiment des persiflages du comte, lui inspirait l'envie de le contrarier. Il vit avec joie que le dépit avait pris la place de cette singulière affectation de courtoisie, et il reprit la conversation sur un ton de sentimentalité que le comte était peu disposé à goûter. Metella, surprise de voir son amant capable encore d'un sentiment de jalousie, s'en réjouit, et, femme qu'elle était, se plut à l'augmenter en accordant beaucoup d'attention au Genevois. Si ce fut une scélératesse, elle fut excusable, et le comte l'avait bien méritée. Il devint âcre et querelleur, au point que lady Mowbray, qui vit Olivier très-disposé à lui tenir tête, craignit une scène ridicule et fit entendre au jeune homme qu'il eût à se retirer. Olivier comprit fort bien ; mais il affecta la gaucherie d'un campagnard, et parut ne se douter de rien jusqu'à ce que Metella lui eût dit tout bas : « Allez-vous-en, mon cher monsieur, je vous en prie. »

Olivier feignit de la regarder avec surprise.

« Allez, ajouta-t-elle, profitant d'un moment où le comte allait prendre le chapeau d'Olivier pour le lui présenter ; vous m'obligerez, je vous reverrai...

— Madame, le comte s'apprête à me faire une impertinence ; il tient mon chapeau ; je vais être obligé de le traiter de fat ; que faut-il que je fasse?

— Rien ; allez-vous-en et revenez demain soir. »

Olivier se leva : « Je vous demande pardon, monsieur le comte, dit-il ; vous vous trompez, c'est mon chapeau que vous prenez pour le vôtre ; veuillez me le rendre, je vais avoir l'honneur de vous saluer. »

Le comte toujours prudent, non par absence de courage ( il était brave ), mais par habitude de circonspection et par crainte du ridicule, fut enchanté d'en être quitte ainsi. Il lui remit son chapeau et le quitta poliment ; mais, dès qu'il fut parti, il le déclara souverainement insipide, mal appris et ridicule. « Je ne sais comment vous avez fait pour supporter ce personnage, dit-il à Metella ; il faut que vous ayez une patience angélique.

— Mais il me semble, mon ami, que c'est vous qui m'avez priée de l'inviter, et vous me l'avez laissé sur les bras ensuite.

— Depuis quand êtes-vous si Agnès que vous ne sachiez pas vous débarrasser d'un fat importun? Vous n'êtes plus dans l'âge de la gaucherie et de la timidité. »

Metella, dit le comte lorsqu'elle fut coiffée, pourquoi ne mettez-vous pas du rouge? (Page 6.)

Metella se sentit vivement offensée de cette insolence; elle répondit avec aigreur; le comte s'emporta et lui dit tout ce que depuis longtemps il n'osait pas lui dire. Metella comprit sa position, et, en s'éclairant sur son malheur, elle retrouva l'orgueil que son affection irréprochable envers le comte devait lui inspirer.

« Il suffit, monsieur, lui dit-elle; il ne fallait pas me faire attendre si longtemps la vérité. Vous m'avez trop fait jouer auprès de vous un rôle odieux et ridicule. Il est temps que je comprenne celui que mon âge et le vôtre m'imposent: je vous rends votre liberté. »

Il y avait longtemps que le comte aspirait à ce jour de délivrance; il lui avait semblé que le mot échappé aux lèvres de Metella le ferait bondir de joie. Il avait trop compté sur la force que nous donne l'égoïsme. Quand il entendit ce mot si étrange entre eux, quand il vit en face ce dénûment triste et honteux à une vie d'amour et de dévouement mutuels, il eut horreur de Metella et de lui-même; il demeura pâle et consterné. Puis un violent sentiment de colère et de jalousie s'empara de lui.

« Sans doute, s'écria-t-il, cet aveu vous tardait, madame! En vérité, vous êtes très-jeune de cœur, et je vous faisais injure en voulant compter vos années. Vous avez promptement rencontré le réparateur de mes torts et le consolateur de vos peines. Vous comptez recourir à lui pour oublier les maux que je vous ai causés, n'est-ce pas? Mais il n'en sera pas ainsi; demain, un de nous deux, madame, sera près de vous. L'autre ne vous disputera plus jamais à personne. Dieu ou le sort décideront de votre joie ou de votre désespoir. »

Metella ne s'attendait point à cette bizarre fureur. La malheureuse femme se flatta d'être encore aimée; elle attribua tout ce que le comte lui avait dit d'abord à la colère. Elle se jeta dans ses bras, lui fit mille serments, lui jura qu'elle ne reverrait jamais Olivier s'il le désirait, et le supplia de lui pardonner un instant de vanité blessée.

Le comte s'apaisa sans joie, comme il s'était emporté sans raison. Ce qu'il craignait le plus au monde était de prendre une résolution dans l'état de contradiction continuelle où il était vis-à-vis de lui-même. Il fit des excuses à lady Mowbray, s'accusa de tous les torts, la conjura de ne pas lui retirer son affection, et l'engagea à recevoir Olivier, dans la crainte qu'il ne soupçonnât ce qui s'était passé à cause de lui.

Sarah avait quinze ans (Page 11.)

Le jour vint et termina enfin les orages d'une nuit d'insomnie, de douleur et de colère. Ils se quittèrent réconciliés en apparence, mais tristes, découragés, incertains, et tellement accablés de fatigue l'un et l'autre, qu'ils comprenaient à peine leur situation.

Le comte dormit douze heures à la suite de cette rude émotion. Lady Mowbray s'éveilla assez tôt dans la journée ; elle attendait Olivier avec inquiétude ; elle ne savait comment lui expliquer ses paroles de la veille et la conduite de M. de Buondelmonte.

Il vint et se conduisit avec assez d'adresse pour rendre Metella plus expansive qu'elle ne l'avait résolu. Son secret lui échappa, et des larmes couvrirent son visage en avouant tout ce qu'elle avait souffert et tout ce qu'elle craignait d'avoir à souffrir encore.

Olivier s'attendrit à son tour, et, comme un excellent enfant qu'il était, il pleura avec lady Mowbray. Il est impossible, quand on est malheureux par suite de l'injustice d'autrui, de n'être pas reconnaissant de l'intérêt et de l'affection qu'on rencontre ailleurs. Il faudrait, pour s'en défendre, un stoïcisme ou une défiance qu'on n'a point dans ces moments-là. Metella fut touchée de la réserve délicate et des larmes silencieuses du jeune Olivier. Elle avait compris vaguement la veille qu'elle était aimée de lui, et maintenant elle en était sûre. Mais elle ne pouvait trouver dans cet amour qu'un faible allégement aux douleurs du sien.

Plusieurs semaines se passèrent dans cette incertitude. Le comte ne pouvait rallumer son amour, sans cesse prêt à s'éteindre, qu'au feu de la jalousie. Dès qu'il se trouvait seul avec sa maîtresse, il regrettait de ne l'avoir pas quittée lorsqu'elle le lui avait offert. Alors il ramenait son rival auprès d'elle, espérant qu'une autre affection consolerait Metella et la rendrait complice de son parjure. Mais dès qu'il lui semblait voir Olivier gagner du terrain sur lui, sa vanité blessée, et sans doute un reste d'amour pour lady Mowbray le rejetaient dans de violents accès de fureur. Il ne sentait le prix de sa maîtresse qu'autant qu'elle lui était disputée. Olivier comprit le caractère du comte et sa situation d'esprit. Il vit qu'il disputerait le cœur de Metella tant qu'il aurait un rival ; il s'éloigna et alla passer quelque temps à Rome. Quand il revint, il trouva Metella au désespoir et presque entièrement délaissée. Son malheur était enfin livré au public, toujours avide de se repaître d'infortunes et de se réjouir la vue avec les chagrins qu'il ne sent pas ; la désertion du comte et ses motifs rendirent le rôle de lady Mowbray fâcheux et triste. Les femmes s'en réjouissaient, et quoique les hommes la tinssent encore pour charmante et désirable, nul n'osait se présenter, dans la crainte d'être accepté comme un pis-aller. Olivier vint, et, comme il aimait sincèrement, il ne craignit pas d'être ridicule ; il s'offrit, non pas encore comme un amant, mais comme un ami sincère, comme un fils dévoué. Un matin lady Mowbray quitta Florence sans qu'on sût où elle était allée ; on vit encore le jeune Olivier pendant quelques jours dans les endroits publics, se montrant comme pour prouver qu'il n'avait pas enlevé lady Mowbray. Le comte lui en sut bon gré et ne lui chercha pas querelle. Au bout de la semaine, le Genevois disparut à son tour, sans avoir prononcé devant personne le nom de lady Mowbray.

Il la rejoignit à Milan, où, selon sa promesse, elle l'attendait ; il la trouva bien pâle et bien près de la vieillesse. Je ne sais si son amour diminua, mais son amitié s'en accrut. Il se mit à ses genoux, baisa ses mains, l'appela sa mère, et la supplia de prendre courage.

« Oui, appelez-moi toujours votre mère, lui dit-elle ; je dois en avoir pour vous la tendresse et l'autorité. Écoutez donc ce que ma conscience m'ordonne de vous dire dès aujourd'hui. Vous m'avez parlé souvent de votre affection, non pas seulement de celle qu'un généreux enfant peut avoir pour une vieille amie, mais vous m'avez parlé comme un jeune homme pourrait le faire à une femme dont il désire l'amour. Je crois, mon cher Olivier, que vous vous êtes trompé alors, et qu'en me voyant vieillir chaque jour vous serez bientôt désabusé. Quant à moi, je vous dirai la vérité. J'ai essayé de partager tous vos sentiments ; je l'ai résolu, je vous l'ai presque promis. Je ne devais plus rien à Buondelmonte, et je me devais à moi-même de le laisser disposer de son avenir. J'ai quitté Florence dans l'espoir de me guérir de ce cruel amour, et d'en ressentir un plus jeune et plus enivrant avec vous. Eh bien ! je ne vous dirai pas aujourd'hui que ma raison repousse cette imprudente alliance entre deux âges aussi différents que le vôtre et le mien. Je ne vous dirai pas non plus que ma conscience me défend d'accepter un dévouement dont vous vous repentiriez bientôt. Je ne sais pas à quel point j'écouterais ma conscience et ma raison, si l'amour était une fois rentré dans mon cœur. Je suis que je suis encore malheureusement bien jeune au moral ; mais voici ma véritable raison. Olivier, n'en soyez pas offensé, et songez que vous me remercierez un jour de vous l'avoir dite, et que vous m'estimerez de n'avoir pas agi comme une femme de mon âge, blessée dans ses plus chères vanités, eût agi envers un jeune homme tel que vous. Je suis femme, et j'avoue qu'au milieu de mon désespoir j'ai ressenti vivement l'affront fait à mon sexe et à ma beauté passée. J'ai versé des larmes de sang en voyant le triomphe de mes rivales, en essuyant les railleries de celles qui sont jeunes aujourd'hui, et qui semblent ignorer qu'elles passeront, que demain elles seront comme moi. Eh bien ! Olivier, je me suis débattue contre ce dépit poignant ; j'ai résisté aux conseils de mon orgueil, qui m'engageait à recevoir vos soins publiquement et à me parer de votre jeune amour comme d'un dernier trophée : je ne l'ai pas fait, et j'en remercie Dieu et ma conscience. Je vous dois aujourd'hui une dernière preuve de loyauté.

— Arrêtez, madame, dit Olivier, et ne m'ôtez pas tout espoir ! Je sais ce que vous avez à me dire : vous aimez encore le comte de Buondelmonte, et vous voulez rester fidèle à la mémoire d'un bonheur qu'il a détruit. Je vous en vénère et vous en aime davantage ; je respecterai ce noble sentiment, et j'attendrai que le temps et Dieu vous parlent en ma faveur. Si j'attends en vain, je ne regretterai pas de vous avoir consacré mes soins et mon respect. »

Lady Mowbray serra la main d'Olivier et l'appela son fils. Ils se rendirent à Genève, et Olivier tint ses promesses. Peut-être ne furent-elles pas très-héroïques d'abord ; mais, au bout de six mois, Metella, apaisée par sa résignation et rétablie par l'air vif des montagnes, retrouva la fraîcheur et la santé qu'elle avait perdues. Ainsi qu'on voit, après les premières pluies de l'automne, recommencer une saison chaude et brillante, lady Mowbray entra dans son *été de la Saint-Martin* ; c'est ainsi que les villageois appellent les beaux jours de novembre. Elle redevint si belle, qu'elle espéra avec raison jouir encore de quelques années de bonheur et de gloire. Le monde ne lui donna pas de démenti, et l'heureux Olivier moins que personne.

Ils avaient fait ensemble le voyage de Venise ; et, à la suite des fêtes du carnaval, ils s'apprêtaient à revenir à Genève, lorsque le comte de Buondelmonte, tiré à la remorque par sa princesse allemande, vint passer une semaine dans la ville des doges. La princesse Wilhelmine était jeune et vermeille ; mais, lorsqu'elle lui eut récité une assez grande quantité de phrases apprises par cœur dans ses livres favoris, elle rentra dans un pacifique silence dont elle ne sortit plus que pour redire ses apologues et ses sentences accoutumés. Le pauvre comte se repentait cruellement de son choix et commençait à craindre une luxation de la mâchoire s'il continuait à jouir de son bonheur, lorsqu'il vit passer dans une gondole Metella avec son jeune Olivier. Elle avait l'air d'une belle reine suivie de son page. La jalousie du comte se réveilla, et il rentra chez lui déterminé à passer son épée au travers de son rival. Heureusement pour lui ou pour Olivier, il fut saisi d'un accès de fièvre qui le retint au lit huit jours. Durant ce temps, la princesse Wilhelmine, scandalisée de l'entendre invoquer sans cesse dans son délire lady Mowbray, prit la route de Wurtemberg avec un chevalier d'industrie qui se donnait à Venise pour un prince grec, et qui, grâce à de fort belles moustaches noires et à un costume théâtral, passait pour un homme très-vaillant. Pendant le même temps, lady Mowbray et Olivier quittèrent Venise sans avoir appris qu'ils avaient heurté la gondole du comte de Buondelmonte, et qu'ils le laissaient entre deux médecins, dont l'un le traitait pour une gastrite, et l'autre pour une affection cérébrale. À force de glace appliquée, par l'un sur l'estomac, et par l'autre sur la tête, le comte se trouva bientôt guéri des deux maladies qu'il n'avait pas eues, et, revenant à Florence, il oublia les deux femmes qu'il n'avait plus.

## II.

Un matin, lady Mowbray, qui s'était fixée en Suisse, reçut une lettre datée de Paris ; elle était de la supérieure d'un couvent de religieuses où Metella avait mis deux ou trois ans auparavant sa nièce, miss Sarah Mowbray, jeune orpheline *très-intéressante*, comme le sont toutes les orphelines en général, et particulièrement celles qui ont de la fortune. La supérieure avertissait lady Mowbray que la maladie de langueur dont miss Sarah était atteinte depuis un an faisait des progrès assez sérieux pour que les médecins eussent prescrit le changement d'air et de lieu dans le plus court délai possible. Aussitôt après la réception de cette lettre, lady Mowbray demanda des chevaux de poste, fit faire à la hâte quelques paquets, et partit pour Paris dans la journée.

Olivier resta seul dans le grand château que lady Mowbray avait acheté sur le Léman, et dans lequel depuis cinq ans il passait auprès d'elle tous les étés. C'était depuis ces cinq années la première fois qu'il se trouvait seul à la campagne, forcé, pour ainsi dire, de réfléchir et de contempler sa situation. Bien que le voyage de lady Mowbray dût être d'une quinzaine de jours tout au plus, elle avait semblé très-affectée de cette séparation, et lui-même n'avait point accepté sans répugnance l'idée qu'un tiers allait venir se placer dans une intimité jusqu'alors si paisible et si douce. Le caractère romanesque d'Olivier n'avait pas changé ; son cœur avait le même besoin d'affection, son esprit la même candeur qu'autrefois. Avait-il obéi à la loi du temps, et son amour pour lady Mowbray avait-il fait place à l'amitié ? il n'en savait rien lui-même, et Metella n'avait jamais eu l'imprudence de l'interroger à cet égard. Elle jouissait de son affection sans l'analyser. Trop sage et trop juste pour n'en pas sentir le prix, elle s'appliquait à rendre douce et légère cette chaîne qu'Olivier portait avec reconnaissance et avec joie.

Metella était si supérieure à toutes les autres femmes, sa société était si aimable, son humeur si égale, elle était si habile à écarter de son jeune ami tous les ennuis ordinaires de la vie, qu'Olivier s'était habitué à une existence facile, calme, délicieuse tous les jours, quoique tous les jours semblable. Quand il fut seul, il s'ennuya horriblement, engendra malgré lui des idées sombres, et s'effraya de penser que lady Mowbray pouvait et devait mourir longtemps avant lui.

Metella retira sa nièce du couvent et reprit avec elle la route de Genève. Elle avait fait toutes choses si précipitamment dans ce voyage, qu'elle avait à peine vu Sarah; elle était partie de Paris le même soir de son arrivée. Ce ne fut qu'après douze heures de route que, s'éveillant au grand jour, elle jeta un regard attentif sur cette jeune fille étendue auprès d'elle dans le coin de sa berline.

Lady Mowbray écarta doucement la pelisse dont Sarah était enveloppée, et la regarda dormir. Sarah avait quinze ans; elle était pâle et délicate, mais belle comme un ange. Ses longs cheveux blonds s'échappaient de son bonnet de dentelle, et tombaient sur son cou blanc et lisse, orné çà et là de signes bruns semblables à de petites mouches de velours. Dans son sommeil, elle avait cette expression raphaélique qu'on avait si longtemps admirée dans Metella, et dont elle avait conservé la noble sérénité en dépit des années et des chagrins. En retrouvant sa beauté dans cette jeune fille, Metella éprouva comme un sentiment d'orgueil maternel. Elle se rappela son frère, qu'elle avait tendrement aimé, et qu'elle avait promis de remplacer auprès du dernier rejeton de leur famille; lady Mowbray était le seul appui de Sarah, elle retrouvait dans ses traits le beau type de ses nobles ancêtres. En la lui rendant au couvent avec des larmes de regret, on lui avait dit que son caractère était angélique comme sa figure. Metella se sentit pénétrée d'intérêt et d'affection pour cette enfant; elle prit doucement sa petite main pour la réchauffer dans les siennes; et, se penchant vers elle, elle la baisa au front.

Sarah s'éveilla, et à son tour regarda Metella; elle la connaissait fort peu et l'avait vue préoccupée la veille. Naturellement timide, elle avait osé à peine la regarder. Maintenant, la voyant si belle, avec un sourire si doux et les yeux humides d'attendrissement, elle retrouva la confiance caressante de son âge et se jeta à son cou avec joie.

Lady Mowbray la pressa sur son cœur, lui parla de son père, le pleura avec elle; puis la consola, lui promit sa tendresse et ses soins, l'interrogea sur sa santé, sur ses goûts, sur ses études, jusqu'à ce que Sarah, un peu fatiguée du mouvement de la voiture, se rendormit à son côté.

Metella pensa à Olivier et l'associa intérieurement à la joie qu'elle éprouvait d'avoir auprès d'elle une si aimable enfant. Mais peu à peu ses idées prirent une teinte plus sombre; des conséquences qu'elle n'avait pas encore abordées se présentèrent à son esprit; elle regarda de nouveau Sarah, mais cette fois avec une inconcevable souffrance d'esprit et de cœur. La beauté de cette jeune fille lui fit amèrement sentir ce que la femme doit perdre de sa puissance et de son orgueil en perdant sa jeunesse. Involontairement elle mit sa main auprès de celle de Sarah: sa main était toujours belle; mais elle pensa à son visage, et, regardant celui de sa nièce, « Quelle différence! pensa-t-il? comment Olivier fera-t-il pour ne pas s'en apercevoir? Olivier est aussi beau qu'elle; ils vont s'admirer mutuellement; ils sont bons tous deux, ils s'aimeront... Et pourquoi ne s'aimeraient-ils pas? Ils seront frère et sœur; moi, je serai leur mère... La mère d'Olivier! Ne le faut-il pas? n'ai-je pas pensé cent fois qu'il en devait être ainsi! Mais déjà! Je ne m'attendais pas à trouver une jeune fille, une femme presque dans cette enfant. Je n'avais pas prévu que ce serait une rivale... Une rivale, ma nièce! mon enfant! Quelle horreur! Oh! jamais! »

Lady Mowbray cessa de regarder Sarah; car, malgré elle, sa beauté, qu'elle avait admirée tout à l'heure avec joie, lui causait maintenant un effroi insurmontable; le cœur lui battait; elle fatiguait son cerveau à trouver une pensée de force et de calme à opposer à ces craintes qui s'élevaient de toutes parts, et que, dans sa première consternation, elle exagérait sans doute. De temps en temps elle jetait sur Sarah un regard effaré, comme ferait un homme qui s'éveillerait avec un serpent dans la main. Elle s'effrayait surtout de ce qui se passait en elle; elle croyait sentir des mouvements de haine contre cette orpheline qu'elle devait, qu'elle voulait aimer et protéger. « Mon Dieu, mon Dieu! s'écriait-elle, vais-je devenir jalouse! Est-ce qu'il va falloir que je ressemble à ces femmes que la vieillesse rend cruelles, et qui se font une joie infâme de tourmenter leurs rivales? Est-ce une horrible conséquence de ces années que de haïr ce qui me porte ombrage? Haïr Sarah! la fille de mon frère! cette orpheline qui tout à l'heure pleurait dans mon sein!... Oh! cela est affreux, et je suis un monstre!

« Mais non, ajoutait-elle, je ne suis pas ainsi; je ne peux pas haïr cette pauvre enfant; je ne peux pas lui faire un crime d'être belle! Je ne suis pas née méchante; je sens que ma conscience est toujours jeune, mon cœur toujours bon, je l'aimerai; je souffrirai quelquefois peut-être, mais je surmonterai cette folie... »

Mais l'idée d'Olivier amoureux de Sarah revenait toujours l'épouvanter, et ses efforts pour affronter une pareille crainte étaient infructueux. Elle en était glacée, atterrée, et Sarah, en s'éveillant, trouvait souvent une expression si sombre et si sévère sur le visage de sa tante, qu'elle n'osait la regarder, et feignait de se rendormir pour cacher le malaise qu'elle en éprouvait.

Le voyage se passa ainsi, sans que lady Mowbray pût sortir de cette anxiété cruelle. Olivier ne lui avait jamais donné le moindre sujet d'inquiétude; il ne se plaisait nulle part loin d'elle, et elle savait bien qu'aucune femme n'avait jamais eu le pouvoir de le lui enlever; mais Sarah allait vivre près d'eux, entre eux deux, pour ainsi dire; il la verrait tous les jours; et, lors même qu'il ne lui parlerait jamais, il aurait toujours devant les yeux cette beauté angélique à côté de la beauté flétrie de lady Mowbray; lors même que cette intimité n'aurait aucune des conséquences que Metella craignait, il y en avait une affreuse, inévitable; ce serait la continuelle angoisse de cette âme jalouse, épiant les moindres chances de sa défaite, s'aigrissant dans sa souffrance, et devenant injuste et haïssable à force de soins pour se faire aimer! « Pourquoi m'exposerais-je gratuitement à ce tourment continuel? pensait Metella. J'étais si calme et si heureuse il y a huit jours! Je savais bien que mon bonheur ne pouvait pas être éternel; mais du moins il aurait pu durer quelque temps encore. Pourquoi faut-il que j'aille chercher une ennemie domestique, une pomme de discorde, et que je l'apporte précieusement au sein de ma joie et de mon repos, qu'elle va troubler et détruire peut-être à jamais? Je n'aurais qu'un mot à dire pour faire tourner bride aux postillons et pour reconduire cette petite-fille à son couvent... Je retournerais plus tard à Paris pour la marier; Olivier ne la verrait jamais, et, si je dois perdre Olivier, du moins ce ne serait pas à cause d'elle! »

Mais l'état de langueur de Sarah, l'espèce de consomption qui menaçait sa vie, imposait à lady Mowbray le devoir de la soigner et de la guérir. Son noble caractère prit le dessus, et elle arriva chez elle sans avoir adressé une seule parole dure ou désobligeante à la jeune Sarah.

Olivier vint à leur rencontre sur un beau cheval anglais, qu'il fit caracoler autour de la voiture pendant deux lieues. En les abordant, il avait mis pied à terre, et il avait baisé la main de lady Mowbray en l'appelant, comme à l'ordinaire, sa chère maman. Lorsqu'il se fut éloigné de la portière, Sarah dit ingénument à lady Mowbray: « Ah! mon Dieu! chère tante, je ne savais pas que vous aviez un fils; on m'avait toujours dit que vous n'aviez pas d'enfants?

— C'est mon fils adoptif, Sarah, répondit lady Mowbray; regardez-le comme votre frère. »

Sarah n'en demanda pas davantage, et ne s'étonna même pas; elle regarda de côté Olivier, lui trouva l'air noble et doux; mais, réservée comme une véritable Anglaise, elle ne le regarda plus, et, durant huit jours, ne lui parla plus que par monosyllabes et en rougissant.

Ce que lady Mowbray voulait éviter par-dessus tout, c'était de laisser voir ses craintes à Olivier; elle en rougissait à ses propres yeux et ne concevait pas la jalousie qui se manifeste. Elle était Anglaise aussi, et fière au point de mourir de douleur plutôt que d'avouer une faiblesse. Elle affecta, au contraire, d'encourager l'amitié d'Olivier pour Sarah; mais Olivier s'en tint avec la jeune miss à une prévenance respectueuse, et la timide Sarah eût pu vivre dix ans près de lui sans faire un pas de plus.

Lady Mowbray se rassura donc, et commença à goûter un bonheur plus parfait encore que celui dont elle avait joui jusqu'alors. La fidélité d'Olivier paraissait inébranlable; il semblait ne pas voir Sarah lorsqu'il était auprès de Metella, et s'il la rencontrait seule dans la maison, il l'évitait sans affectation.

Une année s'écoula pendant laquelle Sarah, fortifiée par l'exercice et l'air des montagnes, devint tellement belle que les jeunes gens de Genève ne cessaient d'errer autour du parc de lady Mowbray pour tâcher d'apercevoir sa nièce.

Un jour que lady Mowbray et sa nièce assistaient à une fête villageoise aux environs de la ville, un de ces jeunes gens s'approcha très-près de Sarah et la regarda presque insolemment. La jeune fille effrayée saisit vivement le bras d'Olivier et le pressa sans savoir ce qu'elle faisait. Olivier se retourna, et comprit en un instant le motif de sa frayeur. Il échangea d'abord des regards menaçants et bientôt des paroles sérieuses avec le jeune homme. Le lendemain, Olivier quitta le château de bonne heure et revint à l'heure du déjeuner; mais, malgré son air calme, lady Mowbray s'aperçut bientôt qu'il souffrait, et le força de s'expliquer. Il avoua qu'il venait de se battre avec l'homme qui avait regardé insolemment miss Mowbray, et qu'il l'avait grièvement blessé; mais il l'était lui-même, et Metella l'ayant forcé de retirer sa main, qu'il tenait dans sa redingote, vit qu'il l'était assez sérieusement. Elle s'occupait avec anxiété des soins qu'il fallait donner à cette blessure, lorsqu'en se retournant vers Sarah, elle vit qu'elle s'était évanouie auprès de la fenêtre. Cette excessive sensibilité parut naturelle à Olivier, dans une personne d'une complexion aussi délicate; mais lady Mowbray y fit une attention plus marquée.

Lorsque Metella eut secouru sa nièce, et qu'elle se trouva seule avec Olivier, elle lui demanda le motif et les détails de son affaire. Elle n'avait rien vu de ce qui s'était passé la veille; elle était en ce moment-là plusieurs pas en avant de sa nièce et d'Olivier, et donnait le bras à une autre personne. Olivier tâcha d'éluder ses questions; mais comme lady Mowbray le pressait de plus en plus, il raconta avec beaucoup de répugnance que miss Mowbray ayant été regardée insolemment par un jeune homme d'assez mauvais ton, il s'était placé entre elle et ce jeune homme; celui-ci avait affecté de se rapprocher pour le braver, et Olivier avait été forcé de le pousser rudement pour l'empêcher de froisser le bras de Sarah, qui se pressait tout effrayée contre son défenseur. Les deux adversaires s'étaient donc donné rendez-vous dans les termes que Sarah n'avais pas compris, et, au bout d'une heure, après que les dames étaient montées en voiture, Olivier avait été retrouver le jeune homme et lui demander compte de sa conduite. Celui-ci avait soutenu son arrogance, et, malgré les efforts des témoins de la scène pour l'engager à reconnaître son tort, il s'était obstiné à braver Olivier; il lui avait même fait entendre assez grossièrement qu'on le regardait comme l'amant de miss Sarah, en même temps que celui de sa tante, et que, quand on promenait en public le scandale de pareilles relations, on devait être prêt à en subir les conséquences.

Olivier n'avait donc pas hésité à se constituer le défenseur de Sarah, et, tout en repoussant avec mépris ces imputations ignobles, il avait versé son sang pour elle. « Je suis prêt à recommencer demain s'il le faut, dit-il à lady Mowbray, que ces calomnies avaient jetée dans la consternation. Vous ne devez ni vous affliger ni vous effrayer; votre nièce est sous ma protection, et je me conduirai comme si j'étais son père. Quant à vous, votre nom suffira auprès des gens de bien pour garder le sien à l'abri de toute atteinte. »

Lady Mowbray feignit de se calmer; mais elle ressentit une profonde douleur de l'affront fait à sa nièce. Ce fut dans ce moment qu'elle comprit toute l'affection que cette aimable enfant lui inspirait. Elle s'accusa de l'avoir amenée auprès d'elle pour la rendre victime de la méchanceté de ces provinciaux, et s'effraya de sa situation, car elle n'y voyait d'autre remède que d'éloigner Olivier de chez elle tant que Sarah y demeurerait.

L'idée d'un sacrifice au-dessus de ses forces, mais qu'elle croyait devoir à la réputation de sa nièce, la tourmenta secrètement sans qu'elle pût se décider à prendre un parti.

Elle remarqua quelques jours après que Sarah paraissait moins timide avec Olivier, et qu'Olivier, de son côté, lui montrait moins de froideur. Lady Mowbray en souffrit; mais elle pensa qu'elle devait encourager cette amitié au lieu de la contrarier, et elle la vit croître de jour en jour sans paraître s'en alarmer.

Peu à peu Olivier et Sarah en vinrent à une sorte de familiarité. Sarah, il est vrai, rougissait toujours en lui parlant, mais elle osait lui parler, et Olivier était surpris de lui trouver autant d'esprit et de naturel. Il avait eu contre elle une sorte de prévention qui s'effaçait de plus en plus. Il aimait à l'entendre chanter; il la regardait souvent peindre des fleurs, et lui donnait des conseils. Il en vint même à lui montrer la botanique et à se promener avec elle dans le jardin. Un jour Sarah témoignait le regret de ne plus monter à cheval. Lady Mowbray, indisposée depuis quelque temps, ne pouvait plus supporter cette fatigue; et ne voulant pas priver sa nièce d'un exercice salutaire, elle pria Olivier de monter à cheval avec elle dans l'intérieur du parc, qui était fort grand, et où miss Mowbray pût se livrer à l'innocent plaisir de galoper pendant une heure ou deux tous les jours.

Ces heures étaient mortelles pour Metella. Après avoir embrassé sa nièce au front et lui avoir fait un signe d'amitié, en la voyant s'éloigner avec Olivier, elle restait sur le perron du château, pâle et consternée comme si elle les eût vus partir pour toujours; puis elle allait s'enfermer dans sa chambre et fondait en larmes. Elle s'enfonçait quelquefois furtivement dans les endroits les plus sombres du parc, et les apercevait au loin, lorsqu'ils franchissaient rapidement tous les deux les arcades de lumière qui terminaient le berceau des allées. Mais elle se cachait aussitôt dans la profondeur du taillis, car elle craignait d'avoir l'air de les observer, et rien au monde ne l'effrayait tant que de paraître ridicule et jalouse.

Un jour qu'elle était dans sa chambre et qu'elle pleurait, le front appuyé sur le balcon de sa fenêtre, Sarah et Olivier passèrent au galop; ils rentraient de leur promenade; les pieds de leurs chevaux soulevaient des tourbillons de sable; Sarah était, rouge, animée, aussi souple, aussi légère que son cheval, avec lequel elle ne semblait faire qu'un. Olivier galopait à son côté; ils riaient tous les deux de ce bon rire franc et heureux de la jeunesse qui n'a d'autre motif qu'un besoin d'expansion, de bruit et de mouvement. Ils étaient comme deux enfants contents de crier et de se voir courir. Metella tressaillit et se cacha derrière son rideau pour les regarder. Tant de beauté, d'innocence et de douceur brillait sur leurs fronts, qu'elle en fut attendrie. « Ils sont faits l'un pour l'autre; la vie s'ouvre devant eux, pensa-t-elle, l'avenir leur sourit, et moi je ne suis plus qu'une ombre que le tombeau semble réclamer... » Elle entendit bientôt les pas d'Olivier qui approchait de sa chambre; s'asseyant précipitamment devant sa toilette, elle feignit de se coiffer pour le dîner.

Olivier avait l'air content et ouvert; il lui baisa tendrement les mains, et lui remit de la part de Sarah, qui était allée se débarrasser de son amazone, un gros bouquet d'hépatiques qu'elle avait cueillies dans le parc. « Vous êtes donc descendus de cheval? dit lady Mowbray.

— Oui, répondit-il; Sarah, en apercevant toutes ces fleurs dans la clairière, a voulu absolument vous en apporter, et, avant que j'eusse pris la bride de son cheval, elle avait sauté sur le gazon. Je lui ai servi de page, et j'ai tenu sa monture pendant qu'elle courait comme un petit chevreau après les fleurs et les papillons. Ma bonne Metella, votre nièce n'est pas ce que vous croyez. Ce n'est pas une petite fille, c'est une espèce d'oiseau déguisé. Je le lui ai dit, et je crois qu'elle rit encore.

— Je vois avec plaisir, dit lady Mowbray avec un sourire mélancolique, que ma Sarah est devenue gaie. Chère enfant ! elle est si aimable et si belle !

— Oui, elle est jolie, dit Olivier, elle a une physionomie que j'aime beaucoup. Elle a l'air intelligent et bon ; elle vous ressemble, Metella ; je ne l'ai jamais tant trouvé qu'aujourd'hui. Elle a votre son de voix par instants.

— Je suis heureuse de voir que vous l'aimez enfin, cette pauvre petite ! dit lady Mowbray. Dans les commencements, elle vous déplaisait, convenez-en ?

— Non, elle me gênait, et voilà tout.

— Et à présent, dit Metella en faisant un violent effort sur elle-même pour conserver un air calme et doux, vous voyez bien qu'elle ne vous gêne plus.

— Je craignais, dit Olivier, qu'elle ne fût pas avec vous ce qu'elle devait être ; à présent, je vois qu'elle vous comprend, qu'elle vous apprécie, et cela me fait plaisir. Je ne suis pas seul à vous aimer ici. Je puis parler de vous à quelqu'un qui m'entend, et qui vous aime autant qu'un autre que moi peut vous aimer. »

Sarah entra en cet instant en s'écriant : « Eh bien ! chère tante, vous a-t-il remis le bouquet de ma part ? C'est un méchant homme que monsieur votre fils. Il me l'a presque ôté de force pour vous l'apporter lui-même. Il est aussi jaloux que votre petit chien, qui pleure quand vous caressez ma chevrette. »

Lady Mowbray embrassa la jeune fille, et se dit qu'elle devait se trouver heureuse d'être aimée comme une mère.

Quelques jours après, tandis que les deux enfants de lady Mowbray (c'est ainsi qu'elle les appelait) faisaient leur promenade accoutumée, elle entra dans la chambre de Sarah pour prendre un livre et ramassa un petit coin de papier déchiré qui était sur le bord d'une tablette. Au milieu de mots interrompus qui ne pouvaient offrir aucun sens, elle lut distinctement le nom d'Olivier, suivi d'un grand point d'exclamation. C'était l'écriture de Sarah. Lady Mowbray jeta un regard sur les meubles. Le secrétaire et les tiroirs étaient fermés avec soin ; toutes les clefs en étaient retirées. Il ne convenait pas au caractère de lady Mowbray de faire d'autre enquête. Elle sortit cependant pour résister aux suggestions d'une curiosité inquiète.

Lorsque Sarah rentra de la promenade, lady Mowbray remarqua qu'elle était fort pâle et que sa voix tremblait. Un sentiment d'effroi mortel passa dans l'âme de Metella. Elle remarqua pendant le dîner que Sarah avait pleuré, et le soir elle était si abattue et si triste qu'elle ne put s'empêcher de la questionner. Sarah répondit qu'elle était souffrante, et demanda à se retirer.

Lady Mowbray interrogea Olivier sur sa promenade. Il lui répondit, avec le calme d'une parfaite innocence, que Sarah avait été fort gaie toute la première heure, qu'ensuite ils avaient été au pas et en causant ; qu'elle ne se plaignait d'aucune douleur, et que c'était lady Mowbray qui, en rentrant, l'avait fait apercevoir de sa pâleur.

En quittant Olivier, lady Mowbray, inquiète de sa nièce, se rendit à sa chambre, et, avant d'entrer, elle y jeta un coup d'œil sur la porte entr'ouverte. Sarah écrivait. Au léger bruit que fit Metella, elle tressaillit et cacha précipitamment son papier, jeta sa plume et saisit un livre ; mais elle n'avait pas eu le temps de l'ouvrir que lady Mowbray était auprès d'elle. « Vous écriviez, Sarah ? lui dit-elle d'un ton grave et doux cependant.

— Non, ma tante, répondit Sarah dans un trouble inexprimable.

— Ma chère fille, est-il possible que vous me fassiez un mensonge ! »

Sarah baissa la tête et resta toute tremblante.

— Qu'est-ce que vous écriviez, Sarah ? continua lady Mowbray avec un calme désespérant.

— J'écrivais... une lettre, répondit Sarah au comble de l'angoisse.

— A qui, ma chère ? continua Metella.

— A Fanny Hurst, mon amie de couvent.

— Cela n'a rien de répréhensible, ma chère ; pourquoi donc vous cachez-vous ?

— Je ne me cachais pas, ma tante, répondit Sarah en essayant de reprendre courage. Mais sa confusion n'échappa point au regard sévère de lady Mowbray.

— Sarah, lui dit-elle, je n'ai jamais surveillé votre correspondance. J'avais une telle confiance en vous que j'aurais cru vous outrager en vous demandant à voir vos lettres. Mais si j'avais pensé qu'il pût exister un secret entre vous et moi, j'aurais regardé comme un devoir de vous en demander l'aveu. Aujourd'hui, je vois que vous en avez un, et je vous le demande.

— O ma tante ! s'écria Sarah éperdue.

— Sarah, si vous me refusiez, dit Metella avec beaucoup de douceur et en même temps de fermeté, je croirais que vous avez dans le cœur quelque sentiment coupable, et je n'insisterais pas, car rien n'est plus opposé à mon caractère que la violence. Mais je sortirais de votre chambre le cœur navré, car je me dirais que vous ne méritez plus mon estime et mon affection.

— O ma chère tante, ma mère ! ne dites pas cela ! » s'écria miss Mowbray en se jetant tout en larmes aux pieds de Metella.

Metella craignit de se laisser attendrir ; et, lui retirant sa main, elle rassembla toutes ses forces pour lui dire froidement : « Eh bien ! miss Mowbray, refusez-vous de me remettre le papier que vous écriviez ? »

Sarah obéit, voulut parler, et tomba demi-évanouie sur son fauteuil. Lady Mowbray résista au sentiment d'intérêt qui luttait chez elle contre un sentiment tout contraire. Elle appela la femme de chambre de Sarah, lui ordonna de la soigner, et courut s'enfermer chez elle pour lire la lettre. Elle était ainsi conçue :

« Je vous ai promis depuis longtemps, *dearest* Fanny, l'aveu de mon secret. Il est temps enfin que je tienne ma promesse. Je ne pouvais pas confier au papier une chose si importante sans trouver un moyen de vous faire parvenir directement ma lettre. Maintenant je saisis l'occasion d'une personne que nous voyons souvent ici, et qui part pour Paris. Elle veut bien se charger de vous porter de ma part des minéraux et un petit herbier. Elle vous demandera au parloir et vous remettra le paquet et la lettre, qui de cette manière ne passera pas par les mains de madame la supérieure. Ne me grondez donc pas, ma chère amie, et ne dites pas que je manque de confiance en vous. Vous verrez, en lisant ma lettre, qu'il ne s'agit plus de bagatelles comme celles qui nous occupaient au couvent. Ceci est une affaire sérieuse, et que je ne vous confie pas sans un grand trouble d'esprit. Je crois que mon cœur n'est pas coupable, et cependant je rougis comme si j'allais paraître devant un confesseur. Il y a plusieurs jours que je veux vous écrire. J'ai fait plus de dix lettres que j'ai toutes déchirées ; enfin je me décide ; soyez indulgente pour moi, et si vous me trouvez imprudente et blâmable, reprenez-moi doucement.

« Je vous ai parlé d'un jeune homme qui demeure ici avec nous, et qui est le fils adoptif de ma tante. La première fois que je le vis, c'était le jour de notre arrivée, je fus tellement troublée que je n'osai pas le regarder. Je ne sais pas ce qui se passa en moi lorsqu'il entra à demi dans la calèche pour baiser les mains de ma tante ; il le fit avec tant de tendresse que je me sentis tout émue, et que je compris tout de suite la bonté de son cœur ; mais il se passa plus de six mois avant que je connusse sa figure, car je n'osai jamais le regarder autrement que de profil. Ma tante m'avait dit : « Sarah, regardez Olivier comme votre frère. » Je me livrai donc d'abord à une joie intérieure que je croyais très-légitime. Il me semblait doux d'avoir un frère, et s'il ne m'eût traitée tout de suite comme sa sœur, peut-être n'aurais-je jamais songé à l'aimer autrement !... Hélas ! vous voyez quel est mon malheur, Fanny ; j'aime, et je crois que je ne serai jamais unie à celui que j'aime. Pour vous dire comment j'ai eu l'imprudence d'aimer ce jeune homme, je ne le puis pas; en vérité, je n'en sais rien moi-même, et c'est une bien affreuse fatalité. Imaginez-vous qu'au lieu de me parler avec la confiance et l'abandon d'un frère, il a passé plus d'un an sans m'adresser plus de trois paroles par jour; si bien que je crois que tous nos entretiens durant tout ce temps-là tiendraient à l'aise dans une page d'écriture. J'attribuais cette froideur à sa timidité; mais, le croiriez-vous? il m'a avoué depuis qu'il avait pour moi une espèce d'antipathie avant de me connaître. Comment peut-on haïr une personne qu'on n'a jamais vue et qui ne vous a fait aucun mal? Cette injustice aurait dû m'empêcher de prendre de l'attachement pour lui. Eh bien! c'est tout le contraire, et je commence à croire que l'amour est une chose tout à fait involontaire, une maladie de l'âme à laquelle tous nos raisonnements ne peuvent rien.

« J'ai été bien longtemps sans comprendre ce qui se passait en moi. J'avais tellement peur de M. Olivier que je croyais parfois avoir aussi de l'éloignement pour lui. Je le trouvais froid et orgueilleux; et cependant, lorsqu'il parlait à ma tante il changeait tellement d'air et de langage, il lui rendait des soins si délicats, que je ne pouvais pas m'empêcher de le croire sensible et généreux.

« Une fois je passais au bout de la galerie, je le vis à genoux auprès de ma tante; elle l'embrassait, et tous deux semblaient pleurer. Je passai bien vite et sans qu'on m'aperçût; mais je ne saurais vous rendre l'émotion que cette scène touchante me causa. J'en fus agitée toute la nuit, et je me surpris plusieurs fois à désirer d'avoir l'âge de ma tante, afin d'être aimée comme une mère par celui qui ne voulait pas m'aimer comme une sœur.

« Je compris mes véritables sentiments à l'occasion du duel dont je vous ai parlé. Je ne vous ai pas nommé la personne qui me donnait le bras et qui se battit pour moi; je vous ai dit que c'était un ami de la maison : c'était M. Olivier. Lorsqu'il revint, il était fort pâle, et tenait sa main dans sa redingote; ma tante se douta de la vérité et le força de nous la montrer. Je ne sais si cette main était ensanglantée. Il me sembla voir du sang sur le linge qui l'enveloppait, et je sentis tout mon sang se retirer vers mon cœur. Je m'évanouis, ce qui fut bien imprudent et bien malheureux; mais je crois qu'on ne se douta de rien. Quand je revis M. Olivier, je ne pus m'empêcher de le remercier de ce qu'il avait fait pour moi; et, tout en voulant parler, je me mis à pleurer comme une sotte. Je ne sais pourquoi je n'avais jamais pu me décider à le remercier devant ma tante. Peut-être ce fut un mauvais sentiment qui me fit attendre un moment où j'étais seule avec lui. Je ne sais pas ce qu'il y avait de coupable à le faire, et cependant je me le suis toujours reproché comme une dissimulation envers lady Mowbray. J'avais espéré, je crois, être moins timide devant une seule personne que devant deux. Mais ce fut encore pis; je sentis que j'étouffais, et j'eus comme un vertige, car je ne m'aperçus pas que M. Olivier me pressait les mains. Quand je revins à moi, mes mains étaient dans les siennes, et il me dit plusieurs choses que je n'entendis pas. Je sais seulement qu'il me dit en s'en allant : « Ma chère miss Mowbray, je suis touché de votre amitié; mais, en vérité, il ne faut pas que vous pleuriez pour cette égratignure. » Depuis ce temps, sa conduite envers moi a été toute différente, et il a été d'une bonté et d'une obligeance qui ont achevé de me gagner le cœur. Il me donne des leçons, il corrige mes dessins, il fait de la musique avec moi; ma tante semble prendre un grand plaisir à nous voir si unis. Elle nous fait monter à cheval ensemble, elle nous force à nous donner la main pour nous raccommoder; car il arrive souvent que, tout en riant, nous finissons par disputer et nous bouder un peu. Moi, j'étais tout à fait à l'aise avec lui, j'étais heureuse, et j'avais la vanité de croire qu'il m'aimait. Il me le disait du moins, et je m'imaginais que, quand on s'aime seulement d'amitié, et qu'on se convient sous les rapports de la fortune et de l'éducation, il est tout simple qu'on se marie ensemble. La conduite de ma tante semblait autoriser en moi cette espérance, et je pensais qu'on me trouvait encore trop jeune pour m'en parler. Dans ces idées, j'étais aussi heureuse qu'il est permis de l'être; je ne désirais rien sur la terre que la continuation d'une semblable existence. Mais, hélas! ce rêve s'est effacé, et le désespoir depuis ce matin... »

Ici la lettre avait été interrompue par l'arrivée de lady Mowbray.

Metella laissa tomber la lettre, et cachant son visage dans ses mains, elle resta plongée dans une morne consternation. Elle demeura ainsi jusqu'à une heure du matin, s'accusant de tout le mal et cherchant en vain comment elle pourrait le réparer. Enfin elle céda à un besoin instinctif et se rendit à la chambre de sa nièce. Tout le monde dormait dans la maison; le temps était superbe, la lune éclairait en plein la façade du château, et répandait de vives clartés dans les galeries, dont toutes les fenêtres étaient ouvertes. Metella les traversa lentement et sans bruit, comme une ombre qui glisse le long des murs. Tout à coup elle se trouva face à face avec Sarah, qui, les pieds nus et vêtue d'un peignoir de mousseline blanche, allait à sa rencontre; elles ne se virent que quand elles traversèrent l'une et l'autre un angle lumineux des murs. Lady Mowbray surprise continua de s'avancer pour s'assurer que c'était Sarah; mais la jeune fille, voyant venir à elle cette grande femme pâle traînant sur le pavé de la galerie sa longue robe de chambre en velours noir, fut saisie d'effroi. Cette figure morne et sombre ressemblait si peu à celle qu'elle avait habitude de voir à sa tante, qu'elle crut rencontrer un spectre et faillit tomber évanouie; mais elle fut aussitôt rassurée par la voix de lady Mowbray, qui était pourtant froide et sévère.

« Que faites-vous ici à cette heure, Sarah, et où allez-vous?

— Chez vous, ma tante, répondit Sarah sans hésiter.

— Venez, mon enfant, » lui dit lady Mowbray en prenant son bras sous le sien.

Elles regagnèrent en silence l'appartement de Metella. Le calme, la nuit et le chant joyeux des rossignols contrastaient avec la tristesse profonde dont ces deux femmes étaient accablées.

Lady Mowbray ferma les portes et attira sa nièce sur le balcon de sa chambre. Là elle s'assit sur une chaise et la fit asseoir à ses pieds sur un tabouret; elle attira sa tête vers ses genoux et prit ses mains dans les siennes, que Sarah couvrit de larmes et de baisers.

« Oh! ma tante, ma chère tante, pardonnez-moi, je suis coupable...

— Non, Sarah, vous n'êtes pas coupable; je n'ai qu'un reproche à vous faire, c'est d'avoir manqué de confiance en moi. Votre réserve a fait tout le mal, mon enfant; maintenant il faut être franche, il faut tout me dire..... tout ce que vous savez..... »

Lady Mowbray prononça ces paroles dans une angoisse mortelle; et en attendant la réponse de sa nièce, elle sentit son front se couvrir de sueur. Sarah avait-elle découvert à quel titre Olivier vivait, ou du moins avait vécu auprès d'elle durant plusieurs années? Lady Mowbray ne savait pas quelle raison Sarah pouvait avoir pour renoncer tout à coup à une espérance si longtemps nourrie en secret et frémissait d'entendre sortir de sa bouche des reproches qu'elle croyait mériter. Un poids énorme fut ôté de son cœur lorsque Sarah lui répondit avec assurance : « Oui, ma tante, je vous dirai tout; que ne vous ai-je dit plus tôt mes folles pensées! Vous m'auriez empêchée de m'y livrer; car vous saviez bien que votre fils ne pouvait pas m'épouser...

— Mais, Sarah, quelles sont vos raisons pour le croire?... Qui vous l'a donc dit?...

— Olivier, répondit Sarah. Ce matin, nous causions de choses indifférentes dans le parc; nous étions près de la grille qui donne sur la route. Une noce vint à passer, nous nous arrêtâmes pour voir la figure des mariés; je remarquai qu'ils avaient l'air timide. « Ils ont l'air triste, répondit Olivier. Comment ne l'auraient-ils pas? Quelle chose stupide et misérable qu'un jour de noce! — Eh quoi! lui dis-je, vous voudriez qu'on se mariât en secret? Ce serait encore bien plus triste. — Je voudrais qu'on ne se mariât pas du tout, répondit-il ; pour moi, j'ai le mariage en horreur et je ne me marierai jamais. » Oh ! ma chère tante, cette parole m'enfonça un poignard dans le cœur ; en même temps elle me sembla si extraordinaire, que j'eus la hardiesse d'insister et de lui dire en affectant de le plaisanter : « Vous ne savez guère ce que vous ferez à cet égard-là. » Il me répondit avec beaucoup d'empressement, et comme s'il eût eu l'intention de m'ôter toute présomption : « Soyez sûre de ce que je vous dis, miss ; j'ai fait un serment devant Dieu, et je le tiendrai. » La honte et la douleur me rendirent silencieuse, et j'ai fait de vains efforts toute la journée pour cacher mon désespoir...

Sarah fondit en larmes. Metella, soulagée d'une affreuse inquiétude, fut pendant quelques instants insensible à la douleur de sa nièce. Olivier n'aimait pas Sarah ! En vain elle l'aimait, en vain elle était jeune, riche et belle ; il ne voulait pas d'autre affection intime, pas d'autre bonheur domestique que celui qu'il avait goûté auprès de lady Mowbray. Un instant livrée à une reconnaissance égoïste, à une secrète gloire de son cœur enivré, elle laissa pleurer la pauvre Sarah, et oublia que son triomphe avait fait une victime. Mais sa cruauté ne fut pas de longue durée ; la passion de lady Mowbray pour Olivier prenait sa source dans une âme chaleureuse ouverte à toutes les tendresses qui embellissent les femmes. Elle aimait Sarah presque autant qu'Olivier, car elle l'aimait comme une mère aime sa fille. La vue de sa douleur brisa le cœur de Metella ; elle avait bien des torts à se reprocher ! Elle aurait dû prévoir les conséquences d'un rapprochement continuel entre ces deux jeunes gens. Déjà la malignité des voisins lui avait signalé un grave inconvénient de cette situation. Elle avait résisté à cet avertissement, et maintenant le bonheur de Sarah était compromis plus encore que sa réputation.

Elle la pressa dans ses bras en pleurant, et, dans le premier instant de sa compassion et de sa tendresse, elle pensa à lui sacrifier son amour.

« Non, lui dit-elle, égarée par un sentiment de générosité exaltée, Olivier n'a pas fait de serment ; il est libre, il peut vous épouser ; qu'il vous aime, qu'il vous rende heureuse, et je vous bénirai tous deux. Ce ne sera pas moi qui m'opposerai à l'union de deux êtres qui sont ce que j'ai de plus cher au monde...

— Oh ! je le crois bien, ma bonne tante ! s'écria Sarah en se jetant de nouveau à son cou ; mais c'est lui qui ne m'aime pas ! Que faire à cela ?

— Il ne vous a pas dit qu'il ne vous aimait pas ? Est-ce qu'il vous l'a dit, Sarah ?

— Non, mais pourquoi se dit-il engagé ? Oh ! peut-être qu'il l'est en effet. Il a quelque raison que vous ne connaissez pas ! Il aime une femme, il est marié en secret peut-être.

— Je l'interrogerai, je saurai ce qu'il pense, répondit Metella ; je ferai pour vous, ma fille, tout ce qui dépendra de moi. Si je ne puis rien, ma tendresse vous restera.

— Oh ! oui, ma mère ! toujours, toujours ! » s'écria Sarah en se jetant à ses pieds.

Apaisée par les promesses hasardées de sa tante, Sarah se retira plus tranquille. Metella la mit au lit elle-même, lui fit prendre une potion calmante, et ne la quitta que quand elle eut cessé de soupirer dans son sommeil, comme font les enfants qui s'endorment en pleurant et qui sanglottent encore à demi en rêvant.

Lady Mowbray ne dormit pas ; elle était rassurée sur certains points, mais à l'égard des autres elle était en proie à mille agitations, et ne voyait pas d'issue à la position délicate où elle avait placé la pauvre Sarah. La pensée d'engager Olivier à l'épouser n'avait pu prendre de consistance dans son esprit ; comment eût-elle sacrifié à cette jalousie de femme qu'elle combattait si généreusement depuis plus d'une année. Il y a dans la vie des rapports qui deviennent aussi sacrés que si les lois les eussent sanctionnés, et Olivier lui-même n'eût pas pu oublier qu'il avait regardé Sarah comme sa fille.

Incapable de se retirer elle-même de cette perplexité, lady Mowbray résolut d'attendre quelques jours pour prendre un parti ; elle chercha à se persuader que la passion de Sarah n'était peut-être pas aussi sérieuse que dans ses romanesques confidences la jeune fille se l'imaginait ; ensuite, Olivier pouvait, par sa froideur, l'en guérir mieux que tous les raisonnements. Elle alla retrouver Sarah le lendemain, lui dit qu'elle avait réfléchi, et que le résultat de ses réflexions était celui-ci : il était impossible d'interroger Olivier sur ses intentions, et de lui demander l'explication de ses paroles de la veille sans lui laisser deviner l'impression qu'elles avaient produite sur miss Mowbray, et sans lui faire soupçonner l'importance qu'elle y attachait. « Dans la situation où vous êtes vis-à-vis de lui, dit-elle, le premier point, le plus important de tous, c'est de ne pas avouer que vous aimez sans savoir si l'on vous aime.

— Oh ! certainement, ma tante, dit Sarah en rougissant.

— Il n'est pas besoin sans doute, mon enfant, que je fasse appel à votre pudeur et à votre fierté ; l'une et l'autre doivent vous suggérer une grande prudence et beaucoup d'empire sur vous-même...

— Oh ! certes, ma tante, reprit la jeune Anglaise avec un mélange d'orgueil et de douleur qui lui donna l'expression d'une vierge martyre de Titien.

— Si mon fils, poursuivit Metella, est réellement lié au célibat par quelque engagement qu'il ne puisse pas confier, même à moi, il faudra bien, Sarah, que vous vous sépariez l'un de l'autre.

— Oh ! s'écria Sarah effrayée, est-ce que vous me chasseriez de chez vous ? est-ce qu'il faudrait retourner au couvent ou en Angleterre ? Loin de lui, loin de vous, toute seule !... Oh ! j'en mourrais ! Après avoir été tant aimée !

— Non, dit Metella d'une voix grave, je ne l'abandonnerai jamais ; je te suis nécessaire : nous sommes liées l'une à l'autre pour la vie.

En parlant ainsi elle posa ses deux mains sur la tête blonde de Sarah, et leva les yeux au ciel d'un air solennel et sombre. En se consacrant à cette enfant de son adoption, elle sentait combien étaient terribles les devoirs qu'elle s'était imposés envers elle, puisqu'il faudrait peut-être lui sacrifier le bonheur de toute sa vie, la société d'Olivier.

« Me promettez-vous du moins, continua-t-elle, que si, après avoir fait tout ce qui dépendra de moi pour votre bonheur, je ne réussis pas à fermer cette plaie de votre âme, vous ferez tous vos efforts pour vous guérir ? Ai-je affaire à une enfant romanesque et entêtée, ou bien à une jeune fille forte et courageuse ?

— Doutez-vous de moi ? dit Sarah.

— Non, je ne doute pas de toi ; tu es une Mowbray, tu dois savoir souffrir en silence..... Allez vous coiffer, Sarah, et tâchez d'être aussi soignée dans votre toilette, aussi calme dans votre maintien que de coutume. Nous allons attendre quelques jours encore avant de décider de notre avenir. Jurez-moi que vous n'écrirez à aucune de vos amies ; que je serai votre seule confidente, votre seul conseil, et que vous travaillerez à être digne de ma tendresse. »

Sarah jura en pleurant de faire tout ce que désirait sa tante ; mais, malgré tous ses efforts, son chagrin fut si visible qu'Olivier s'en aperçut dès le premier instant. Il regarda lady Mowbray et trouva la même altération sur ses traits. Les vérités qu'il avait confusément entrevues brillèrent à son esprit ; les pensées qui, par bouffées brûlantes, avaient traversé son cerveau à de rares intervalles, revinrent l'embraser. Il fut effrayé de ce qui se passait en lui et autour de lui ; il prit son fusil et sortit. Après avoir tué quelques innocentes volatiles, il rentra plus fort, trouva les deux femmes plus calmes, et la soirée s'écoula assez doucement. Quand on a l'habitude de vivre ensemble, quand on s'est compris si bien que durant longtemps toutes les idées, tous les intérêts de la vie privée ont été en commun, il est presque impossible que le charme des relations se rompe tout à coup sur une première atteinte. Les jours suivants virent donc se prolonger cette intimité, dont aucun des trois n'avait altéré la douceur par sa faute. Néanmoins la plaie allait s'élargissant dans le cœur de ces trois personnes. Olivier ne pouvait plus douter de l'amour de Sarah pour lui; il en avait toujours repoussé l'idée, mais maintenant tout le lui disait, et chaque regard de Metella, quelle qu'en fût l'expression, lui en donnait une confirmation irrécusable. Olivier chérissait si réellement, si tendrement sa mère adoptive, il avait connu auprès d'elle une manière d'aimer si paisible et si bienfaisante, qu'il s'était cru incapable d'une passion plus vive; il s'était donc livré en toute sécurité au danger d'avoir pour sœur une créature vraiment angélique. À mesure que ses sentiments pour Sarah devenaient plus vifs, il réussissait à se tranquilliser en se disant que Metella lui était toujours aussi chère; et en cela il ne se trompait pas, seulement pour l'une l'amour prenait la place de l'amitié, et pour l'autre l'amitié avait remplacé l'amour. L'âme de ce jeune homme était si bonne et si ardente qu'il ne savait pas se rendre compte de ce qu'il éprouvait.

Mais quand il crut s'en être assuré, il ne transigea point avec sa conscience : il résolut de partir. La tristesse de Sarah, sa douceur modeste, sa tendresse réservée et pleine d'une noble fierté, achevèrent de l'enthousiasmer; expansif et impressionnable comme il l'était, il sentit qu'il ne serait pas longtemps maître de son secret, et ce qui acheva de le déterminer, ce fut de voir que Metella l'avait deviné.

En effet, lady Mowbray connaissait trop bien toutes les nuances de son caractère, tous les plis de son visage, pour n'avoir pas pénétré, avant lui-même peut-être, ce qu'il éprouvait auprès de Sarah. Ce fut pour elle le dernier coup; car, en dépit de sa bonté, de son dévouement et de sa raison, elle aimait toujours Olivier comme aux premiers jours. Ses manières avec lui avaient pris cette dignité que le temps, qui sanctifie les affections, devait nécessairement apporter; mais le cœur de cette femme infortunée était aussi jeune que celui de Sarah. Elle devint presque folle de douleur et d'incertitude : devait-elle laisser sa nièce courir les dangers d'une passion partagée? devait-elle favoriser un mariage qui lui semblait contraire à toute délicatesse d'esprit et de mœurs? Mais pouvait-elle s'y opposer, si Olivier et Sarah le désiraient tous deux? Cependant il fallait s'expliquer, sortir de ces perplexités, interroger Olivier sur ses intentions; mais à quel titre? Était-ce l'amante désespérée d'Olivier, ou la mère prudente de Sarah qui devait provoquer un aveu à faire aussi difficile pour lui?

Un soir, Olivier parla d'un voyage de quelques jours qu'il allait faire à Lyon; lady Mowbray, dans la position désespérée où elle était réduite, accepta cette nouvelle avec joie, comme un répit accordé à ses souffrances. Le lendemain, Olivier fit seller son cheval pour aller à Genève, où il devait prendre la poste. Il vint à l'entrée du salon prendre congé des dames : Sarah, dont il baisa la main pour la première fois de sa vie, fut si troublée qu'elle n'osa pas lever les yeux sur lui; Metella, au contraire, l'observait attentivement; il était fort pâle et calme, comme un homme qui accomplit courageusement un devoir rigoureux. Il embrassa lady Mowbray, et alors sa force parut l'abandonner; des larmes roulèrent dans ses yeux; sa main trembla convulsivement en lui glissant une lettre humide...

Il se précipita dehors, monta à cheval et partit au galop. Metella resta sur le perron jusqu'à ce qu'elle n'entendît plus les pas de son cheval. Alors elle mit une main sur son cœur, pressa le billet de l'autre, et comprit que tout était fini pour elle.

Elle rentra dans le salon. Sarah, penchée sur sa broderie, feignait de travailler pour prouver à sa tante qu'elle avait du courage et savait tenir sa promesse; mais elle était aussi pâle que Metella, et, comme elle, elle ne sentait plus battre son cœur.

Lady Mowbray traversa le salon sans lui adresser une parole; elle monta dans sa chambre et lut le billet d'Olivier.

« Je pars, vous ne me reverrez plus, à moins que dans plusieurs années... et lorsque miss Mowbray sera mariée!... Ne me demandez pas pourquoi il faut que je vous quitte; si vous le savez, ne m'en parlez jamais! »

Metella crut qu'elle allait mourir, mais elle éprouva ce que la nature a de force contre le chagrin. Elle ne put pleurer, elle étouffait; elle eut envie de se briser la tête contre les murs de sa chambre; et puis elle pensa à Sarah, et elle eut un instant de haine et de fureur.

« Maudit soit le jour où tu es entrée ici! s'écria-t-elle. La protection que je t'ai accordée me coûte cher, et mon frère m'a légué la robe de Déjanire! »

Elle entendit Sarah qui approchait, et se calma aussitôt; la vue de cette aimable créature réveilla sa tendresse, elle lui tendit ses bras.

« O mon Dieu! qu'est-ce qui nous arrive? s'écria Sarah épouvantée. Ma tante, où est allé Olivier?

— Il va voyager pour sa santé, répondit lady Metella avec un sourire mélancolique, mais il reviendra; ayons courage, restons ensemble, aimons-nous bien. »

Sarah sut renfermer ses larmes; Metella reporta sur elle toute son affection. Olivier ne revint pas : Sarah ne sut jamais pourquoi.

Mais le temps est plus maître de nous que nous-mêmes; la femme ne veut pas se flétrir sans avoir fleuri, et il n'est point de courageux dévouement que Dieu ne récompense dans ceux qui l'accomplissent, ou dans ceux qui en sont l'objet. Celui d'Olivier porta ses fruits. Sarah s'habitua peu à peu à son absence, et un jour vint où elle aima un époux digne d'elle. Metella, fortifiée contre le souvenir des passions par une conscience raffermie et par le sentiment maternel que la douce Sarah sut développer dans son cœur, descendit tranquillement la pente des années. Quand elle eut accepté franchement la vieillesse, quand elle ne cacha plus ses beaux cheveux blancs, quand les pleurs et l'insomnie ne creusèrent plus à son front de rides anticipées, quand l'effacement du marbre antique se fit calme, lent, et rationel, on y vit d'autant plus reparaître les lignes de l'impérissable beauté du type. On l'admira encore dans l'âge où l'amour n'est plus de saison, et dans le respect avec lequel on la saluait, entourée et embrassée par les charmants enfants de Sarah, on sentait encore l'émotion qui se fait dans l'âme à la vue d'un ciel pur, harmonieux et placide que le soleil vient d'abandonner.

FIN DE METELLA.

LIBRAIRIE BLANCHARD
RUE RICHELIEU, 78

ÉDITION J. Hetzel

LIBRAIRIE MARESCQ ET Cie
3, RUE DU PONT-DE-LODI

# LA PETITE FADETTE

## NOTICE

C'est à la suite des néfastes journées de juin 1848, que troublé et navré, jusqu'au fond de l'âme, par les orages extérieurs, je m'efforçai de retrouver dans la solitude, sinon le calme, au moins la foi. Si je faisais profession d'être philosophe, je pourrais croire ou prétendre que la foi aux idées entraîne le calme de l'esprit en présence des faits désastreux de l'histoire contemporaine : mais il n'en est point ainsi pour moi, et j'avoue humblement que la certitude d'un avenir providentiel ne saurait fermer l'accès, dans une âme d'artiste, à la douleur de traverser un présent obscurci et déchiré par la guerre civile.

Pour les hommes d'action qui s'occupent personnellement du fait politique, il y a, dans tout parti, dans toute situation, une fièvre d'espoir ou d'angoisse, une colère ou une joie, l'enivrement du triomphe ou l'indignation de la défaite. Mais pour le pauvre poëte, comme pour la femme oisive, qui contemplent les événements sans y trouver un intérêt direct et personnel, quel que soit le résultat de la lutte, il y a l'horreur profonde du sang versé de part et d'autre, et une sorte de désespoir à la vue de cette haine, de ces injures, de ces menaces, de ces calomnies qui montent vers le ciel comme un impur holocauste, à la suite des convulsions sociales.

Dans ces moments-là, un génie orageux et puissant comme celui du Dante, écrit avec ses larmes, avec sa bile, avec ses nerfs, un poëme terrible, un drame tout plein de tortures et de gémissements. Il faut être trempé comme cette âme de fer et de feu, pour arrêter son imagination sur les horreurs d'un enfer symbolique, quand on a sous les yeux le douloureux purgatoire de la désolation sur la terre. De nos jours, plus faible et plus sensible, l'artiste, qui n'est que le reflet et l'écho d'une génération assez semblable à lui, éprouve le besoin impérieux de détourner la vue et de distraire l'imagination, en se reportant vers un idéal de calme, d'innocence et de rêverie. C'est son infirmité qui le fait agir ainsi, mais il n'en doit point rougir, car c'est aussi son devoir. Dans les temps où le mal vient de ce que les hommes se méconnaissent et se détestent, la mission de l'artiste est de célébrer la douceur, la confiance, l'amitié, et de rappeler ainsi aux hommes endurcis ou découragés, que les mœurs pures, les sentiments tendres et l'équité primitive, sont ou peuvent être encore de ce monde. Les allusions directes aux malheurs présents, l'appel aux passions qui fermentent, ce n'est point là le chemin du salut ; mieux vaut une douce chanson, un son de pipeau rustique, un conte pour endormir les petits enfants sans frayeur et sans souffrance, que le spectacle des maux réels renforcés et rembrunis encore par les couleurs de la fiction.

Prêcher l'union quand on s'égorge, c'est crier dans le désert. Il est des temps où les âmes sont si agitées qu'elles sont sourdes à toute exhortation directe. Depuis ces journées de juin dont les événements actuels sont l'inévitable conséquence, l'auteur du conte qu'on va lire, s'est imposé la tâche d'être *aimable*, dût-il en mourir de chagrin. Il a laissé railler ses *bergeries*, comme il avait laissé railler tout le reste, sans s'inquiéter des arrêts de certaine critique. Il sait qu'il a fait plaisir à ceux qui aiment *cette note-là*, et que faire plaisir à ceux qui souffrent du même mal que lui, à savoir l'horreur de la haine et des vengeances, c'est leur faire tout le bien qu'ils peuvent accepter : bien fugitif, soulagement passager, il est vrai, mais plus réel qu'une déclamation passionnée, et plus saisissant qu'une démonstration classique.

GEORGE SAND.

Nohant, 21 décembre 1851.

## I

Le père Barbeau de la Cosse n'était pas mal dans ses affaires, à preuve qu'il était du conseil municipal de sa commune. Il avait deux champs qui lui donnaient la nourriture de sa famille, et du profit par-dessus le marché. Il cueillait dans ses prés du foin à pleins charrois, et, sauf celui qui était au bord du ruisseau, et qui était un peu ennuyé par le jonc, c'était du fourrage connu dans l'endroit pour être de première qualité.

La maison du père Barbeau était bien bâtie, couverte en tuile, établie en bon air sur la côte, avec un jardin de bon rapport et une vigne de six journaux. Enfin il avait, derrière sa grange, un beau verger, que nous appelons chez nous une ouche, où le fruit abondait tant en prunes qu'en guignes, en poires et en cormes. Mêmement les noyers de ses bordures étaient les plus vieux et les plus gros de deux lieues aux voisins.

Le père Barbeau était un homme de bon courage, pas méchant, et très-porté pour sa famille, sans être injuste à ses voisins et paroissiens.

Il avait déjà trois enfants, quand la mère Barbeau, voyant sans doute qu'elle avait assez de bien pour cinq, et qu'il fallait se dépêcher, parce que l'âge lui venait, s'avisa de lui en donner deux à la fois, deux beaux garçons ; et, comme ils étaient si pareils qu'on ne pouvait presque pas les distinguer l'un de l'autre, on reconnut bien vite que c'étaient deux bessons, c'est-à-dire deux jumeaux d'une parfaite ressemblance.

La mère Sagette, qui les reçut dans son tablier comme ils venaient au monde, n'oublia pas de faire au premier né une petite croix sur le bras avec une aiguille, parce que, disait-elle, un bout de ruban ou un collier peut se confondre et faire perdre le droit d'aînesse. Quand l'enfant sera plus fort, dit-elle, il faudra lui faire une marque qui ne puisse jamais s'effacer ; à quoi l'on ne manqua pas. L'aîné fut nommé Sylvain, dont on fit bientôt Sylvinet, pour le distinguer de son frère aîné, qui lui avait servi de parrain ; et le cadet fut appelé Landry, nom qu'il garda comme il l'avait reçu au baptême, parce que son oncle, qui était son parrain, avait gardé de son jeune âge la coutume d'être appelé Landriche.

Le père Barbeau fut un peu étonné, quand il revint du marché, de voir deux petites têtes dans le berceau. « Oh ! oh ! fit-il, voilà un berceau qui est trop étroit. Demain matin, il me faudra l'agrandir. » Il était un peu menuisier de ses mains, sans avoir appris, et il avait fait la moitié de ses meubles. Il ne s'étonna pas autrement et alla soigner sa femme, qui but un grand verre de vin chaud, et ne s'en porta que mieux. — Tu travailles si bien, ma femme, lui dit-il, que ça doit me donner du courage. Voilà deux enfants de plus à nourrir, dont nous n'avions pas absolument besoin ; ça veut dire qu'il ne faut pas que je me repose de cultiver nos terres et d'élever nos bestiaux. Sois tranquille ; on travaillera ; mais ne m'en donne pas trois la prochaine fois, car ça serait trop.

La mère Barbeau se prit à pleurer, dont le père Barbeau se mit fort en peine. — Bellement, bellement, dit-il, il ne faut te chagriner, ma bonne femme. Ce n'est pas par manière de reproche que je t'ai dit cela, mais par manière de remercîment, bien au contraire. Ces deux enfants-là sont beaux et bien faits ; ils n'ont point de défauts sur le corps, et j'en suis content.

— Alas ! mon Dieu, dit la femme, je sais bien que vous ne me les reprochez pas, notre maître ; mais moi, j'ai du souci, parce qu'on m'a dit qu'il n'y avait rien de plus chanceux et de plus malaisé à élever que des bessons. Ils se font tort l'un à l'autre, et, presque toujours, il faut qu'un des deux périsse pour que l'autre se porte bien.

— Oui-dà ! dit le père : est-ce la vérité ? Tant qu'à moi, ce sont les premiers bessons que je vois. Le cas n'est point fréquent. Mais voici la mère Sagette qui a de la connaissance là-dessus, et qui va nous dire ce qui en est.

La mère Sagette étant appelée, répondit : — Fiez-vous à moi : ces deux bessons-là vivront bel et bien, et ne seront pas plus malades que d'autres enfants. Il y a cinquante ans que je fais le métier de sage-femme, et que je vois naître, vivre, ou mourir tous les enfants du canton. Ce n'est donc pas la première fois que je reçois des jumeaux. D'abord, la ressemblance ne fait rien à leur santé. Il y en a qui ne se ressemblent pas plus que vous et moi, et souvent il arrive que l'un est fort et l'autre faible ; ce qui fait que l'un vit et que l'autre meurt ; mais regardez les vôtres, ils sont chacun aussi beau et aussi bien corporé que s'il était fils unique. Ils ne se sont donc pas fait dommage l'un à l'autre dans le sein de leur mère ; ils sont venus tous les deux sans trop la faire souffrir et sans souffrir eux-mêmes. Ils sont jolis à merveille et ne demandent qu'à vivre. Consolez-vous donc, mère Barbeau, ça vous sera un plaisir de les voir grandir ; et, s'ils continuent, il n'y aura guère que vous et ceux qui les verront tous les jours qui pourrez faire entre eux une différence ; car je n'ai jamais vu deux bessons si pareils. On dirait deux petits perdreaux sortant de l'œuf : c'est si gentil et si semblable, qu'il n'y a que la mère-perdrix qui les reconnaisse.

— A la bonne heure ! fit le père Barbeau en se grattant la tête ; mais j'ai ouï dire que les bessons prenaient tant d'amitié l'un pour l'autre, que quand ils se quittaient ils ne pouvaient plus vivre, et qu'un des deux, tout au moins, se laissait consumer par le chagrin, jusqu'à en mourir.

— C'est la vraie vérité, dit la mère Sagette ; mais écoutez ce qu'une femme d'expérience va vous dire. Ne le mettez pas en oubliance ; car, dans le temps où vos enfants seront en âge de vous quitter, je ne serai peut-être plus de ce monde pour vous conseiller. Faites attention, dès que vos bessons commenceront à se reconnaître, de ne pas les laisser toujours ensemble. Emmenez l'un au travail pendant que l'autre gardera la maison. Quand l'un ira pêcher, envoyez l'autre à la chasse ; quand l'un gardera les moutons, que l'autre aille voir les bœufs au pacage ; quand vous donnerez à l'un du vin à boire, donnez à l'autre un verre d'eau, et réciproquement. Ne les grondez point ou ne les corrigez point tous les deux en même temps ; ne les habillez pas de même ; quand l'un aura un chapeau, que l'autre ait une casquette, et que surtout leurs blouses ne soient pas du même bleu. Enfin, par tous les moyens que vous pourrez imaginer, empêchez-les de se confondre l'un avec l'autre et de s'accoutumer à ne pas se passer l'un de l'autre. Ce que je vous dis là, j'ai grand peur que vous ne le mettiez dans l'oreille du chat ; mais si vous ne le faites pas, vous vous en repentirez grandement un jour. »

La mère Sagette parlait d'or et on la crut. On lui promit de faire comme elle disait, et en lui fit un beau présent avant de la renvoyer. Puis, comme elle avait bien recommandé que les bessons ne fussent point nourris du même lait, on s'enquit vitement d'une nourrice.

Mais il ne s'en trouva point dans l'endroit. La mère Barbeau, qui n'avait pas compté sur deux enfants, et qui avait nourri elle-même tous les autres, n'avait pas pris ses précautions à l'avance. Il fallut que le père Barbeau partît pour chercher cette nourrice dans les environs; et pendant ce temps, comme la mère ne pouvait pas laisser pâtir ses petits, elle leur donna le sein à l'un comme à l'autre.

Les gens de chez nous ne se décident pas vite, et, quelque riche qu'on soit, il faut toujours peu marchander. On savait que les Barbeau avaient de quoi payer, et on pensait que la mère, qui n'était plus de la première jeunesse, ne pourrait point garder deux nourrissons sans s'épuiser. Toutes les nourrices que le père Barbeau put trouver lui demandèrent donc 18 livres par mois, ni plus ni moins qu'à un bourgeois.

Le père Barbeau n'aurait voulu donner que 12 ou 15 livres, estimant que c'était beaucoup pour un paysan. Il courut de tous les côtés et disputa un peu sans rien conclure. L'affaire ne pressait pas beaucoup; car deux enfants si petits ne pouvaient pas fatiguer la mère, et ils étaient si bien portants, si tranquilles, si peu braillards l'un et l'autre, qu'ils ne faisaient presque pas plus d'embarras qu'un seul dans la maison. Quand l'un dormait, l'autre dormait aussi. Le père avait arrangé le berceau, et quand ils pleuraient tous deux à la fois, on les berçait et on les apaisait en même temps.

Enfin le père Barbeau fit un arrangement avec une nourrice pour 15 livres, et il ne se tenait plus qu'à cent sous d'épingles, lorsque sa femme lui dit : — Bah ! notre maître, je ne vois pas pourquoi nous allons dépenser 180 ou 200 livres par an, comme si nous étions des messieurs et dames, et comme si j'étais hors d'âge pour nourrir mes enfants. Au plus de lait qu'il n'en faut pour cela. Ils ont déjà un mois, nos garçons, et voyez s'ils ne sont en bon état ! La Merlaude que vous voulez donner pour nourrice à un de deux n'est pas moitié si forte et si saine que moi; son lait a déjà dix-huit mois, et ce n'est pas ce qu'il faut à un enfant si jeune. La Sagette nous a dit de ne pas nourrir nos bessons du même lait, pour les empêcher de prendre trop d'amitié l'un pour l'autre, c'est vrai qu'elle l'a dit ; mais n'a-t-elle pas dit aussi qu'il fallait les soigner également bien, parce que, après tout, les bessons n'ont pas la vie tout à fait aussi forte que les autres enfants ? J'aime mieux que les nôtres s'aiment trop, que s'il faut sacrifier l'un à l'autre. Et puis, lequel des deux mettrons-nous en nourrice ? Je vous confesse que j'aurais autant de chagrin à me séparer de l'un comme de l'autre. Je peux dire que j'ai bien aimé tous mes enfants, mais, je ne sais comment la chose se fait, m'est avis que ceux-ci sont encore les plus mignons et les plus gentils que j'aie portés dans mes bras. J'ai pour eux un je ne sais quoi qui me fait toujours craindre de les perdre. Je vous en prie, mon mari; ne pensez plus à cette nourrice; nous ferons pour le reste tout ce que la Sagette a recommandé. Comment voulez-vous que des enfants à la mamelle se prennent de trop grande amitié, quand c'est beaucoup s'ils connaîtront leurs mains d'avec leurs pieds quand ils seront en sevrage ?

— Ce que tu dis là n'est pas faux, ma femme, répondit le père Barbeau en regardant sa femme, qui était encore fraîche et forte comme on en voit peu ; mais si pourtant, à mesure que ces enfants grossiront, ta santé venait à dépérir ?

— N'ayez peur, dit la Barbeaude, je me sens d'aussi bon appétit que si j'avais quinze ans ; et d'ailleurs, si je sentais que je m'épuise, je vous promets que je ne vous le cacherais pas, et il serait toujours temps de mettre un de ces pauvres enfants hors de chez nous.

Le père Barbeau se rendit, d'autant plus qu'il aimait bien autant ne pas faire de dépense inutile. La mère Barbeau nourrit ses bessons sans se plaindre et sans souffrir, et même elle était d'un si beau naturel que, deux ans après le sevrage de ses petits, elle mit au monde une jolie petite fille qui eut nom Nanette, et qu'elle nourrit aussi elle-même. Mais c'était un peu trop, et elle eût eu peine à en venir à bout, si sa fille aînée, qui était à son premier enfant, ne l'eût soulagée de temps en temps, en donnant le sein à sa petite sœur.

De cette manière, toute la famille grandit et grouilla bientôt au soleil, les petits oncles et les petites tantes avec les petits neveux et les petites nièces, qui n'avaient pas à se reprocher d'être beaucoup plus turbulents ou plus raisonnables les uns que les autres.

## II.

Les bessons croissaient à plaisir sans être malades plus que d'autres enfants, et mêmement ils avaient le tempérament si doux et si bien façonné qu'on eût dit qu'ils ne souffraient point de leurs dents ni de leur croît, autant que le reste du petit monde.

Ils étaient blonds et restèrent blonds toute leur vie. Ils avaient tout à fait bonne mine, de grands yeux bleus, les épaules bien avalées, le corps droit et bien planté, plus de taille et de hardiesse que ceux de leur âge, et tous les gens des alentours qui passaient par le bourg de la Cosse, s'arrêtaient pour les regarder, pour s'émerveiller de leur retirance, et chacun s'en allait disant : — C'est tout de même une jolie paire de gars.

Cela fut cause que, de bonne heure, les bessons s'accoutumèrent à être examinés et questionnés, et à ne point devenir honteux et sots en grandissant. Ils étaient à leur aise avec tout le monde, et, au lieu de se cacher derrière les buissons, comme font les enfants de chez nous quand ils aperçoivent un étranger, ils affrontaient le premier venu, mais toujours très-honnêtement, et répondant à tout ce qu'on leur demandait, sans baisser la tête et sans se faire prier. Au premier moment, on ne faisait point entre eux de différence et on croyait voir un œuf et un œuf. Mais, quand on les avait observés un quart d'heure, on voyait que Landry était une miette plus grand et plus fort, qu'il avait le cheveu un peu plus épais, le nez plus fort et l'œil plus vif. Il avait aussi le front plus large et l'air plus décidé, et mêmement un signe que son frère avait à la joue droite, il l'avait à la joue gauche et beaucoup plus marqué. Les gens de l'endroit les reconnaissaient donc bien ; mais cependant il leur fallait un petit moment, et, à la tombée de la nuit ou à une petite distance, ils s'y trompaient quasi tous, d'autant plus que les bessons avaient la voix toute pareille, et que, comme ils savaient bien qu'on pouvait les confondre, ils répondaient au nom l'un de l'autre sans se donner la peine de vous avertir de la méprise. Le père Barbeau lui-même s'y embrouillait quelquefois. Il n'y avait, ainsi que la Sagette l'avait annoncé, que la mère qui ne s'y embrouillât jamais, fût-ce à la grande nuit, ou du plus loin qu'elle pouvait les voir venir ou les entendre parler.

En fait, l'un valait l'autre, et si Landry avait une idée de gaieté et de courage de plus que son aîné, Sylvinet était si amiteux et si fin d'esprit qu'on ne pouvait pas l'aimer moins que son cadet. On pensa bien, pendant trois mois, à les empêcher de trop s'accoutumer l'un à l'autre. Trois mois, c'est beaucoup, en campagne, pour observer quelque chose contre la coutume. Mais, d'un côté, on ne voyait point que cela fît grand effet ; d'autre part, M. le curé avait dit que la mère Sagette était une radoteuse et que ce que le bon Dieu avait mis dans les lois de la nature ne pouvait être défait par les hommes. Si bien qu'on oublia peu à peu tout ce qu'on s'était promis de faire. La première fois qu'on leur ôta leur fourreau pour les conduire à la messe en culottes, ils furent habillés du même drap, car ce fut un jupon de leur mère qui servit pour les deux habillements, et la façon fut la même, le tailleur de la paroisse n'en connaissant point deux.

Quand l'âge leur vint, on remarqua qu'ils avaient le même goût pour la couleur, et quand leur tante Rosette voulut leur faire cadeau à chacun d'une cravate, à la nouvelle année, ils choisirent tous deux la même cravate lilas au mercier colporteur qui promenait sa marchandise de porte en porte sur le dos de son cheval percheron. La tante leur demanda si c'était pour l'idée qu'ils avaient d'être toujours habillés l'un comme l'autre. Mais les bessons n'en cherchaient pas si long; Sylvinet répondit que c'était la plus jolie couleur et le plus joli dessin de cravate qu'il y eût dans tout le ballot du mercier, et de suite Landry assura que toutes les autres cravates étaient vilaines.

— Et la couleur de mon cheval, dit le marchand en souriant, comment la trouvez-vous ?

— Bien laide, dit Landry. Il ressemble à une vieille pie.

— Tout à fait laide, dit Sylvinet. C'est absolument une pie mal plumée.

— Vous voyez bien, dit le mercier à la tante, d'un air judicieux, que ces enfants-là ont la même vue. Si l'un voit jaune ce qui est rouge, aussitôt l'autre verra rouge ce qui est jaune, et il ne faut pas les contrarier là-dessus, car on dit que quand on veut empêcher les bessons de se considérer comme les deux empreintes d'un même dessin, ils deviennent idiots et ne savent plus du tout ce qu'ils disent.

— Le mercier disait cela parce que ses cravates lilas étaient mauvais teint et qu'il avait envie d'en vendre deux à la fois.

Par la suite du temps, tout alla de même, et les bessons furent habillés si pareillement, qu'on avait encore plus souvent lieu de les confondre, et soit par malice d'enfant, soit par la force de cette loi de nature que le curé croyait impossible à déifier, quand l'un avait cassé le bout de son sabot, bien vite l'autre écornait le sien du même pied; quand l'un déchirait sa veste ou sa casquette, sans tarder, l'autre imitait si bien la déchirure, qu'on aurait dit que le même accident l'avait occasionnée : et puis, mes bessons de rire et de prendre un air sournoisement innocent quand on leur demandait compte de la chose.

Bonheur ou malheur, cette amitié-là augmentait toujours avec l'âge, et le jour où ils surent raisonner un peu, ces enfants se dirent qu'ils ne pouvaient pas s'amuser avec d'autres enfants quand un des deux ne s'y trouvait pas; et le père ayant essayé d'en garder un toute la journée avec lui, tandis que l'autre restait avec la mère, tous les deux furent si tristes, si pâles et si lâches au travail, qu'on les crut malades. Et puis quand ils se retrouvèrent le soir, ils s'en allèrent tous deux par les chemins, se tenant par la main et ne voulant plus rentrer, tant ils avaient d'aise d'être ensemble, et aussi parce qu'ils boudaient un peu leurs parents de leur avoir fait ce chagrin-là. On n'essaya plus guère de recommencer, car il faut dire que le père et la mère, mêmement les oncles et les tantes, les frères et les sœurs, avaient pour les bessons une amitié qui tournait un peu en faiblesse. Ils en étaient fiers, à force d'en recevoir des compliments, et aussi parce que c'était, de vrai, deux enfants qui n'étaient ni laids, ni sots, ni méchants. De temps en temps, le père Barbeau s'inquiétait bien un peu de ce que deviendrait cette accoutumance d'être toujours ensemble quand ils seraient en âge d'homme, et, se remémorant les paroles de la Sagette, il essayait de les taquiner pour les rendre jaloux l'un de l'autre. S'ils faisaient une petite faute, il tirait les oreilles de Sylvinet par exemple, disant à Landry : Pour cette fois, je te pardonne à toi, parce que tu es ordinairement le plus raisonnable. Mais cela consolait Sylvinet d'avoir chaud aux oreilles, de voir qu'on avait épargné son frère, et Landry pleurait comme si c'était lui qui avait reçu la correction. On tenta aussi de donner à l'un seulement, quelque chose dont tous deux avaient envie; mais tout aussitôt, si c'était chose bonne à manger, ils partageaient; ou si c'était toute autre amusette ou épelette à leur usage, ils le mettaient en commun, ou se le donnaient et redonnaient l'un à l'autre, sans distinction du tien et du mien. Faisait-on à l'un un compliment de sa conduite, en ayant l'air de ne pas rendre justice à l'autre, cet autre était content et fier de voir encourager et caresser son besson, et se mettait à le flatter et à le caresser aussi. Enfin, c'était peine perdue que de vouloir les diviser d'esprit ou de corps, et comme on n'aime guère à contrarier des enfants qu'on chérit, même quand c'est pour leur bien, on laissa vite aller les choses comme Dieu voulut; ou bien on se fit de ces petites picoteries un jeu dont les deux bessons n'étaient point dupes. Ils étaient fort malins, et quelquefois, pour qu'on les laissât tranquilles, ils faisaient mine de se disputer et de se battre; mais ce n'était qu'un amusement de leur part, et ils n'avaient garde, en se roulant l'un sur l'autre, de se faire le moindre mal; si quelque badaud s'étonnait de les voir en bisbille, ils se cachaient pour rire de lui, et on les entendait babiller et chantonner ensemble comme deux merles dans une branche.

Malgré cette grande ressemblance et cette grande inclination, Dieu, qui n'a rien fait d'absolument pareil dans le ciel et sur la terre, voulut qu'ils eussent un sort bien différent, et c'est alors qu'on vit que c'étaient deux créatures séparées dans l'idée du bon Dieu, et différentes dans leur propre tempérament.

On ne vit la chose qu'à l'essai, et cet essai arriva après qu'ils eurent fait ensemble leur première communion. La famille du père Barbeau augmentait, grâce à ses deux filles aînées qui ne chômaient pas de mettre de beaux enfants au monde. Son fils aîné, Martin, un beau et brave garçon, était au service; ses gendres travaillaient bien, mais l'ouvrage n'abondait pas toujours. Nous avons eu, dans nos pays, une suite de mauvaises années, tant par les vimaires du temps que pour les embarras du commerce, qui ont délogé plus d'écus de la poche des gens de campagne qu'elles n'y en ont fait rentrer. Si bien que le père Barbeau n'était pas assez riche pour garder tout son monde avec lui, et il fallait bien songer à mettre ses bessons en condition chez les autres. Le père Caillaud, de la Priche, lui offrit d'en prendre un pour toucher ses bœufs, parce qu'il avait un fort domaine à faire valoir, et que tous ses garçons étaient trop grands ou trop jeunes pour cette besogne-là. La mère Barbeau eut grand'peur et grand chagrin quand son mari lui en parla pour la première fois. On eût dit qu'elle n'avait jamais prévu que la chose dût arriver à ses bessons, et pourtant elle s'en était inquiétée leur vie durant; mais, comme elle était grandement soumise à son mari, elle ne sut que dire. Le père avait bien du souci aussi pour son compte, et il prépara la chose de loin. D'abord les bessons pleurèrent et passèrent trois jours à travers bois et prés, sans qu'on les vit, sauf à l'heure des repas. Ils ne disaient mot à leurs parents, et quand on leur demandait s'ils avaient pensé à se soumettre, ils ne répondaient rien, mais ils raisonnaient beaucoup quand ils étaient ensemble.

Le premier jour ils ne surent que se lamenter tous deux, et se tenir par les bras comme s'ils avaient crainte qu'on ne vînt les séparer par force. Mais le père Barbeau ne l'eût point fait. Il avait la sagesse d'un paysan, qui est faite moitié de patience et moitié de confiance dans l'effet du temps. Aussi le lendemain, les bessons voyant qu'on ne les taboulait point, et que l'on comptait que la raison leur viendrait, se trouvèrent-ils plus effrayés de la volonté paternelle qu'ils ne l'eussent été par menaces et châtiments. — Il faudra pourtant bien nous y ranger, dit Landry, et c'est à savoir lequel de nous s'en ira; car on nous a laissé le choix, et le père Caillaud a dit qu'il ne pouvait pas nous prendre tous les deux.

— Qu'est-ce que ça me fait que je parte ou que je reste, dit Sylvinet, puisqu'il faut que nous nous quittions ? Je ne pense seulement pas à l'affaire d'aller vivre ailleurs; si j'y allais avec toi, je me désaccoutumerais bien de la maison.

— Ça se dit comme ça, reprit Landry, et pourtant celui qui restera avec nos parents aura plus de consolation et moins d'ennui que celui qui ne verra plus ni son besson, ni son père, ni sa mère, ni son jardin, ni ses bêtes, ni tout ce qui a coutume de lui faire plaisir.

Landry disait cela d'un air assez résolu; mais Sylvinet se remit à pleurer; car il n'avait pas autant de résolution que son frère, et l'idée de tout perdre et de tout quitter à la fois lui fit tant de peine qu'il ne pouvait plus s'arrêter dans ses larmes.

Landry pleurait aussi, mais pas autant, et pas de la même manière; car il pensait toujours à prendre pour lui le plus gros de la peine, et il voulait voir ce que son frère en pouvait supporter, afin de lui épargner tout le reste. Il connut bien que Sylvinet avait plus peur que lui d'aller habiter un endroit étranger et de se donner à une famille autre que la sienne.

— Tiens, frère, lui dit-il, si nous pouvons nous décider à la séparation, mieux vaut que je m'en aille. Tu sais bien que je suis un peu plus fort que toi et que quand nous sommes malades, ce qui arrive presque toujours en même temps, la fièvre se met plus fort après toi qu'après moi. On dit que nous mourrons peut-être si on nous sépare. Moi je ne crois pas que je mourrai; mais je ne répondrais pas de toi, et c'est pour cela que j'aime mieux te savoir avec notre mère, qui te consolera et te soignera. De fait, si l'on fait chez nous une différence entre nous deux, ce qui ne paraît guère, je crois bien que c'est toi qui es le plus chéri, et je sais que tu es le plus mignon et le plus amiteux. Reste donc, moi je partirai. Nous ne serons pas loin l'un de l'autre. Les terres du père Caillaud touchent les nôtres, et nous nous verrons tous les jours. Moi j'aime la peine et ça me distraira, et comme je cours mieux que toi, je viendrai plus vite te trouver aussitôt que j'aurai fini ma journée. Toi, n'ayant pas grand'chose à faire, tu viendras te promenant me voir à mon ouvrage. Je serai bien moins inquiet à ton sujet que si j'étais dehors et moi dedans la maison. Par ainsi, je te demande d'y rester.

## III.

Sylvinet ne voulut point entendre à cela; quoiqu'il eût le cœur plus tendre que Landry pour son père, sa mère et sa petite sœur Nanette, il s'effrayait de laisser l'endosse à son cher besson.

Quand ils eurent bien discuté, ils tirèrent à la courtepaille et le sort tomba sur Landry. Sylvinet ne fut pas content de l'épreuve et voulut tenter à pile ou face avec un gros sou. Face tomba trois fois pour lui, c'était toujours à Landry de partir.

— Tu vois bien que le sort le veut, dit Landry, et tu sais qu'il ne faut pas contrarier le sort.

Le troisième jour, Sylvinet pleura bien encore, mais Landry ne pleura presque plus. La première idée du départ lui avait fait peut-être une plus grosse peine qu'à son frère, parce qu'il avait mieux senti son courage et qu'il ne s'était pas endormi sur l'impossibilité de résister à ses parents; mais, à force de penser à son mal, il l'avait plus usé, et il s'était fait beaucoup de raisonnements, tandis qu'à force de se désoler, Sylvinet n'avait pas eu le courage de se raisonner : si bien que Landry était tout décidé à partir, que Sylvinet ne l'était point encore à le voir s'en aller.

Et puis Landry avait un peu plus d'amour-propre que son frère. On leur avait tant dit qu'ils ne seraient jamais qu'une moitié d'homme s'ils ne s'habituaient pas à se quitter, que Landry, qui commençait à sentir l'orgueil de ses quatorze ans, avait envie de montrer qu'il n'était plus un enfant. Il avait toujours été le premier à persuader et à entraîner son frère, depuis la première fois qu'ils avaient été chercher un nid au faîte d'un arbre, jusqu'au jour où ils se trouvaient. Il réussit donc encore cette fois-là à le tranquilliser, et, le soir, en rentrant à la maison, il déclara à son père que son frère et lui se rangeaient au devoir, qu'ils avaient tiré au sort, et que c'était à lui, Landry, d'aller toucher les grands bœufs de la Priche.

Le père Barbeau prit ses deux bessons sur un de ses genoux, quoiqu'ils fussent déjà grands et forts, et il leur parla ainsi :

— Mes enfants, vous voilà en âge de raison, je le connais à votre soumission et j'en suis content. Souvenez-vous que quand les enfants font plaisir à leurs père et mère, ils font plaisir au grand Dieu du ciel qui les en récompense un jour ou l'autre. Je ne veux pas savoir lequel de vous deux s'est soumis le premier. Mais Dieu le sait et il bénira celui-là pour avoir bien parlé, comme il bénira aussi l'autre pour avoir bien écouté.

Là-dessus il conduisit ses bessons auprès de leur mère pour qu'elle leur fît son compliment; mais la mère Barbeau eut tant de peine à se retenir de pleurer, qu'elle ne put rien leur dire et se contenta de les embrasser.

Le père Barbeau, qui n'était pas un maladroit, savait bien lequel des deux avait le plus de courage et lequel avait le plus d'attache. Il ne voulut point laisser froidir la bonne volonté de Sylvinet, car il voyait que Landry était tout décidé; et qu'une seule chose, le chagrin de son frère, pouvait le faire broncher. Il éveilla donc Landry avant le jour, en ayant bien soin de ne pas secouer son aîné, qui dormait à côté de lui.

— Allons, petit, lui dit-il tout bas, il nous faut partir pour la Priche avant que ta mère te voye, car tu sais qu'elle a du chagrin, et il faut lui épargner les adieux. Je vais te conduire chez ton nouveau maître et porter ton paquet.

— Ne dirai-je pas adieu à mon frère? demanda Landry. Il m'en voudra si je le quitte sans l'avertir.

— Si ton frère s'éveille et te voit partir, il pleurera, il réveillera votre mère, et votre mère pleurera encore plus fort, à cause de votre chagrin. Allons, Landry, tu es un garçon de grand cœur, et tu ne voudrais pas rendre ta mère malade. Fais ton devoir tout entier, mon enfant; pars sans faire semblant de rien. Pas plus tard que ce soir, je te conduirai ton frère, et comme c'est demain dimanche, tu viendras voir ta mère sur le jour.

Landry obéit bravement et passa la porte de la maison sans regarder derrière lui. La mère Barbeau n'était pas si bien endormie ni si tranquille qu'elle n'eût entendu tout ce que son homme disait à Landry. La pauvre femme, sentant la raison de son mari, ne bougea et se contenta d'écarter un peu son rideau pour voir sortir Landry. Elle eut le cœur si gros qu'elle se jeta à bas du lit pour aller l'embrasser, mais elle s'arrêta quand elle fut devant le lit des bessons, où Sylvinet dormait encore à pleins yeux. Le pauvre garçon avait tant pleuré depuis trois jours et quasi trois nuits, qu'il était vanné par la fatigue, et même il se sentait d'un peu de fièvre, car il se tournait et retournait sur son coussin, envoyant de gros soupirs et gémissant sans pouvoir se réveiller.

Alors la mère Barbeau, voyant et avisant le seul de ses bessons qui lui restât, ne put pas s'empêcher de se dire que c'était celui qu'elle eût vu partir avec le plus de peine. Il est bien vrai qu'il était le plus sensible des deux, soit qu'il eût le tempérament moins fort, soit que Dieu, dans sa loi de nature, ait écrit que de deux personnes qui s'aiment, soit d'amour, soit d'amitié, il y en a toujours une qui doit donner de son cœur plus que l'autre. Le père Barbeau avait un brin de préférence pour Landry, parce qu'il faisait cas du travail et du courage plus que des caresses et des attentions. Mais la mère avait ce brin de préférence pour le plus gracieux et le plus câlin, qui était Sylvinet.

La voilà donc qui se prend à regarder son pauvre gars, tout pâle et tout défait, et qui se dit que ce serait grand pitié de le mettre déjà en condition; que son Landry a plus d'étoffe pour endurer la peine, et que d'ailleurs l'amitié pour son besson et pour sa mère ne le tient pas au point de le mettre en danger de maladie. C'est un enfant qui a une grande idée de son devoir, pensait-elle; mais tout de même, s'il n'avait pas le cœur un peu dur, il ne serait pas parti comme ça sans barguigner, sans tourner la tête et sans verser une pauvre larme. Il n'aurait pas eu la force de faire deux pas sans se jeter sur ses genoux pour demander courage au bon Dieu, ou se serait approché de mon lit, où je faisais la frime de dormir, tant seulement pour me regarder et pour embrasser le bout de mon rideau. Mon Landry est bien un véritable garçon. Ça ne demande qu'à vivre, à remuer, à travailler et à changer de place. Mais celui-ci a le cœur d'une fille; c'est si tendre et si doux qu'on ne peut pas s'empêcher d'aimer ça comme ses yeux.

Ainsi devisait en elle-même la mère Barbeau tout en retournant à son lit, où elle ne se rendormit point, tandis que le père Barbeau emmenait Landry à travers prés et pacages du côté de la Priche. Quand ils furent sur une petite hauteur, d'où l'on ne voit plus les bâtiments de la Cosse aussitôt qu'on se met à la descendre, Landry s'arrêta et se retourna. Le cœur lui enfla, et il s'assit sur la fougère, ne pouvant faire un pas de plus. Son père fit mine de ne point s'en apercevoir et de continuer à marcher. Au bout d'un petit moment, il l'appela bien doucement en lui disant :

— Voilà qu'il fait jour, mon Landry ; dégageons-nous si nous voulons arriver avant le soleil levé.

Landry se releva, et comme il s'était juré de ne point pleurer devant son père, il rentra ses larmes qui lui venaient dans les yeux grosses comme des pois. Il fit comme s'il avait laissé tomber son couteau de sa poche, et il arriva à la Priche sans avoir montré sa peine, qui pourtant n'était pas mince.

## IV.

Le père Caillaud, voyant que des deux bessons on lui amenait le plus fort et le plus diligent, fut tout aise de le recevoir. Il savait bien que cela n'avait pas dû se décider sans chagrin, et comme c'était un brave homme et un bon voisin, fort ami du père Barbeau, il fit de son mieux pour flatter et encourager le jeune gars. Il lui fit donner vitement la soupe et un pichet de vin pour lui remettre le cœur, car il était aisé de voir que le chagrin y était. Il le mena ensuite avec lui pour lier les bœufs, et il lui fit compliment de la manière dont il s'y prenait. De fait, Landry n'était pas novice dans cette besogne-là ; car son père avait une jolie paire de bœufs, qu'il avait souvent ajustés et conduits à merveille. Aussitôt que l'enfant vit les grands bœufs du père Caillaud, qui étaient les mieux tenus, les mieux nourris et les plus forts de race de tout le pays, il se sentit chatouillé dans son orgueil d'avoir si belle aumaille au bout de son aiguillon. Et puis il était content de montrer qu'il n'était ni maladroit ni lâche, et qu'on n'avait rien de nouveau à lui apprendre. Son père ne manqua pas de le faire valoir, et quand le moment fut venu de partir pour les champs, tous les enfants du père Caillaud, garçons et filles, grands et petits, vinrent embrasser le besson, et la plus jeune des filles lui attacha une branchée de fleurs avec des rubans à son chapeau, parce que c'était son premier jour de service et comme un jour de fête pour la famille qui le recevait. Avant de le quitter, son père lui fit une admonestation en présence de son nouveau maître, lui commandant de le contenter en toutes choses et d'avoir soin de son bétail comme si c'était son bien propre.

Là-dessus, Landry ayant promis de faire de son mieux, s'en alla au labourage, où il fit bonne contenance et bon office tout le jour, et d'où il revint ayant grand appétit ; car c'était la première fois qu'il avait travaillé aussi rude, et un peu de fatigue est un souverain remède contre le chagrin.

Mais ce fut plus malaisé à passer pour le pauvre Sylvinet, à la Bessonnière ; car il faut vous dire que la maison et la propriété du père Barbeau, situées au bourg de la Cosse, avaient pris ce nom-là depuis la naissance des deux enfants, et à cause que, peu de temps après, une servante de la maison avait mis au monde une paire de bessonnes qui n'avaient point vécu. Or, comme les paysans sont grands donneurs de sornettes et de sobriquets, la maison et la terre avaient reçu le nom de Bessonnière ; et partout où se montraient Sylvinet et Landry, les enfants ne manquaient pas de crier autour d'eux : — Voilà les bessons de la Bessonnière !

Or donc, il y avait grande tristesse ce jour-là à la Bessonnière du père Barbeau. Sitôt que Sylvinet fut éveillé, et qu'il ne vit point son frère à son côté, il se douta de la vérité, mais il ne pouvait croire que Landry pût être parti comme cela sans lui dire adieu ; et il était fâché contre lui au milieu de sa peine.

— Qu'est-ce que je lui ai donc fait, disait-il à sa mère, et en quoi ai-je pu le mécontenter ? Tout ce qu'il m'a conseillé de faire, je m'y suis toujours rendu ; et quand il m'a recommandé de ne point pleurer devant vous, ma mère mignonne, je me suis retenu de pleurer, tant que la tête m'en sautait. Il m'avait promis de ne pas s'en aller sans me dire encore des paroles pour me donner courage, et sans déjeuner avec moi au bout de la Chenevière, à l'endroit où nous avions coutume d'aller causer et nous amuser tous les deux. Je voulais lui faire son paquet et lui donner mon couteau qui vaut mieux que le sien. Vous lui aviez donc fait son paquet hier soir sans me rien dire, ma mère, et vous saviez donc qu'il voulait s'en aller sans me dire adieu ?

— J'ai fait la volonté de ton père, répondit la mère Barbeau.

Et elle dit tout ce qu'elle put s'imaginer pour le consoler. Il ne voulait entendre à rien ; et ce ne fut que quand il vit qu'elle pleurait aussi, qu'il se mit à l'embrasser, à lui demander pardon d'avoir augmenté sa peine, et à lui promettre de rester avec elle pour la dédommager. Mais aussitôt qu'elle l'eut quitté pour vaquer à la basse-cour et à la lessive, il se prit de courir du côté de la Priche, sans même songer où il allait, mais se laissant emporter par son instinct comme un pigeon qui court après sa pigeonne sans s'embarrasser du chemin.

Il aurait été jusqu'à la Priche s'il n'avait rencontré son père qui en revenait, et qui lui prit la main pour le ramener, en lui disant : — Nous irons ce soir, mais il ne faut pas détemer ton frère pendant qu'il travaille, ça ne contenterait pas son maître ; d'ailleurs la femme de chez nous est dans la peine, et je compte que c'est toi qui la consoleras.

## V.

Sylvinet revint se pendre aux jupons de sa mère comme un petit enfant, et ne la quitta point de la journée, lui parlant toujours de Landry et ne pouvant pas se défendre de penser à lui, en passant par tous les endroits et recoins où ils avaient eu coutume de passer ensemble. Le soir il alla à la Priche avec son père, qui voulut l'accompagner. Sylvinet était comme fou d'aller embrasser son besson, et il n'avait pas pu souper, tant il avait de hâte de partir. Il comptait que Landry viendrait au-devant de lui, et il s'imaginait toujours le voir accourir. Mais Landry, quoiqu'il en eût bonne envie, ne bougea point. Il craignait d'être moqué par les jeunes gens et les gars de la Priche pour cette amitié bessonnière qui passait pour une sorte de maladie, si bien que Sylvinet le trouva à table, buvant et mangeant comme s'il eût été toute sa vie avec la famille Caillaud.

Aussitôt que Landry le vit entrer, pourtant, le cœur lui sauta de joie, et s'il ne se fût pas contenu, il aurait fait tomber la table et le banc pour l'embrasser plus vite. Mais il n'osa, parce que ses maîtres le regardaient curieusement, se faisant un amusement de voir dans cette amitié une chose nouvelle et un phénomène de nature, comme disait le maître d'école de l'endroit.

Aussi, quand Sylvinet vint se jeter sur lui, l'embrasser tout en pleurant, et se serrer contre lui comme un oiseau se pousse dans le nid contre son frère pour se réchauffer, Landry fut fâché à cause des autres, tandis qu'il ne pouvait pourtant pas s'empêcher d'être content pour son compte ; mais il voulait avoir l'air plus raisonnable que son frère, et il lui fit de temps en temps signe de s'observer, ce qui étonna et fâcha grandement Sylvinet. Là-dessus, le père Barbeau s'étant mis à causer et à boire un coup ou deux avec le père Caillaud, les deux bessons sortirent ensemble, Landry voulant bien aimer et caresser son frère comme en secret. Mais les autres gars les observèrent de loin ; et mêmement la petite Solange, la plus jeune des filles du père Caillaud, qui était maligne et curieuse comme un vrai linot, les suivit à petits pas jusque dans la coudrière, riant d'un air penaud quand ils faisaient attention à elle, mais n'en démordant point, parce qu'elle s'imaginait toujours qu'elle allait voir quelque chose de singulier, et ne sachant pourtant pas ce qu'il peut y avoir de surprenant dans l'amitié de deux frères.

Sylvinet, quoiqu'il fût étonné de l'air tranquille dont son frère l'avait abordé, ne songea pourtant pas à lui en faire reproche, tant il était content de se trouver avec lui. Le lendemain, Landry sentant qu'il s'appartenait, parce que le père Caillaud lui avait donné licence de tout devoir, il partit de si grand matin qu'il pensa surprendre son frère au lit. Mais malgré que Sylvinet fût le plus dormeur des deux, il s'éveilla dans le moment que Landry passait la barrière de l'ouche, et s'en courut nu-pieds comme si quelque chose lui eût dit que son besson approchait de lui. Ce fut pour Landry une journée de parfait contentement. Il avait du plaisir à revoir sa famille et sa maison, depuis qu'il savait qu'il n'y reviendrait pas tous les jours, et que ce serait pour lui comme une récompense. Sylvinet oublia toute sa peine jusqu'à la moitié du jour. Au déjeuner, il s'était dit qu'il dînerait avec son frère; mais quand le dîner fut fini, il pensa que le souper serait le dernier repas, et il commença d'être inquiet et mal à son aise. Il soignait et câlinait son besson à plein cœur, lui donnant ce qu'il y avait de meilleur à manger, le croûton de son pain et le cœur de sa salade; et puis il s'inquiétait de son habillement, de sa chaussure, comme s'il eût dû s'en aller bien loin, et comme s'il était bien à plaindre, sans se douter qu'il était lui-même le plus à plaindre des deux, parce qu'il était le plus affligé.

## VI.

La semaine se passa de même, Sylvinet allant voir Landry tous les jours, et Landry s'arrêtant avec lui un moment ou deux quand il venait du côté de la Bessonnière; Landry prenant de mieux en mieux son parti, Sylvinet ne le prenant pas du tout, et comptant les jours, les heures, comme une âme en peine.

Il n'y avait au monde que Landry qui pût faire entendre raison à son frère. Aussi la mère eut-elle recours à lui pour l'engager à se tranquilliser; car de jour en jour l'affliction du pauvre enfant augmentait. Il ne jouait plus, il ne travaillait que commandé; il promenait encore sa petite sœur, mais sans presque lui parler et sans songer à l'amuser, la regardant seulement pour l'empêcher de tomber et d'attraper du mal. Aussitôt qu'on n'avait plus les yeux sur lui, il s'en allait tout seul et se cachait si bien qu'on ne savait où le reprendre. Il entrait dans tous les fossés, dans toutes les bouchures, dans toutes les ravines, où il avait eu accoutumance de jouer et de deviser avec Landry, et il s'asseyait sur les racines où ils s'étaient assis ensemble, il mettait ses pieds dans tous les filets d'eau où ils avaient pataugé comme deux vraies canettes; il était content quand il y retrouvait quelques bouts de bois que Landry avait chapusés avec sa serpette, ou quelques cailloux dont il s'était servi comme de palet ou de pierre à feu. Il les recueillait et les cachait dans un trou d'arbre ou sous une cosse de bois, afin de venir les prendre et les regarder de temps en temps, comme si ç'avait été des choses de conséquence. Il allait toujours se remémorant et creusant dans sa tête pour y retrouver toutes les petites souvenances de son bonheur passé. Ça n'eût paru rien à un autre, et pour lui c'était tout. Il ne prenait point souci du temps à venir, n'ayant courage pour penser à une suite de jours comme ceux qu'il endurait. Il ne pensait qu'au temps passé, et se consumait dans une rêvasserie continuelle.

A des fois, il s'imaginait voir et entendre son besson, et il causait tout seul, croyant lui répondre. Ou bien il s'endormait là où il se trouvait, et rêvait de lui; et quand il se réveillait, il pleurait d'être seul, ne comptant pas ses larmes et ne les retenant point, parce qu'il espérait qu'à la force de la fatigue userait et abattrait sa peine.

Une fois qu'il avait été vaguer jusqu'au droit des tailles de Champeaux, il retrouva sur le riot qui sort du bois au temps des pluies, et qui était maintenant quasiment tout asséché, un de ces petits moulins que font les enfants de chez nous avec des grobilles, et qui sont si finement agencés qu'ils tournent au courant de l'eau et restent là quelquefois bien longtemps, jusqu'à ce que d'autres enfants les cassent ou que les grandes eaux les emmènent. Celui que Sylvinet retrouva, sain et entier, était là depuis plus de deux mois, et, comme l'endroit était désert, il n'avait été vu ni endommagé par personne. Sylvinet le reconnaissait bien pour être l'ouvrage de son besson, et, en le faisant, ils s'étaient promis de venir le voir; mais ils n'y avaient plus songé, et depuis ils avaient fait bien d'autres moulins dans d'autres endroits.

Sylvinet fut donc tout aise de le retrouver, et il le porta un peu plus bas, là où le riot s'était retiré, pour le voir tourner et se rappeler l'amusement que Landry avait eu à lui donner le premier branle. Et puis il le laissa, se faisant un plaisir d'y revenir au premier dimanche avec Landry, pour lui montrer comme leur moulin avait résisté, pour être solide et bien construit.

Mais il ne put se tenir d'y revenir tout seul le lendemain, et il trouva le bord du riot tout troublé et tout battu par les pieds des bœufs qui y étaient venus boire, et qu'on avait mis pacager le matin dans la taille. Il avança un petit peu, et vit que les animaux avaient marché sur son moulin et l'avaient si bien mis en miettes qu'il n'en trouva que peu. Alors il eut le cœur gros, et s'imagina que quelque malheur avait dû arriver ce jour-là à son besson, et il courut jusqu'à la Priche pour s'assurer qu'il n'avait aucun mal. Mais comme il s'était aperçu que Landry n'aimait pas à le voir venir sur le jour, à cause qu'il craignait de fâcher son maître en se laissant détemcer, il se contenta de le regarder de loin pendant qu'il travaillait, et il ne se fit point voir à lui. Il aurait eu honte de confesser quelle idée l'avait fait accourir, et il s'en retourna sans mot dire et sans en parler à personne, que bien longtemps après.

Comme il devenait pâle, dormait mal et ne mangeait quasi point, sa mère était bien affligée et ne savait que faire pour le consoler. Elle essayait de le mener avec elle au marché, ou de l'envoyer aux foires à bestiaux avec son père ou ses oncles; mais de rien il ne se souciait ni ne s'amusait, et le père Barbeau, sans lui en rien dire, essayait de persuader au père Caillaud de prendre les deux bessons à son service. Mais le père Caillaud lui répondait une chose dont il sentait la raison.

— Un supposé que je les prendrais tous deux pour un temps, ça ne pourrait pas durer, car, là où il faut un serviteur, il n'en est besoin de deux pour des gens comme nous. Au bout de l'année, il vous faudrait toujours en louer un quelque autre part. Et ne voyez-vous pas que si votre Sylvinet était dans un endroit où on le forçât de travailler, il ne songerait pas tant, et ferait comme l'autre, qui en a pris bravement son parti? Tôt ou tard il faudra en venir là. Vous ne le louerez peut-être pas où vous voudrez, et si ces enfants doivent encore être plus éloignés l'un de l'autre, et ne se voir que de semaine en semaine, ou de mois en mois, il vaut mieux commencer à les accoutumer à n'être pas toujours dans la poche l'un de l'autre. Soyez donc plus raisonnable que cela, mon vieux, et ne faites pas tant d'attention au caprice d'un enfant que votre femme et vos autres enfants ont trop écouté et trop câliné. Le plus fort est fait, et croyez bien qu'il s'habituera au reste si vous ne cédez point.

Le père Barbeau se rendait et reconnaissait que plus Sylvinet voyait son besson, tant plus il avait envie de le voir. Et il se promettait, à la prochaine Saint-Jean, d'essayer de le louer, afin que voyant de moins en moins Landry, il prît finalement le pli de vivre comme les autres et de ne pas se laisser surmonter par une amitié qui tournait en fièvre et en langueur.

Mais il ne fallait point encore parler de cela à la mère Barbeau; car, au premier mot, elle versait toutes les larmes de son corps. Elle disait que Sylvinet était capable de se périr, et le père Barbeau était grandement embarrassé.

Landry, étant conseillé par son père et par son maître, et aussi par sa mère, ne manquait point de raisonner son pauvre besson; mais Sylvinet ne se défendait point, promettait tout, et ne se pouvait vaincre. Il y avait dans sa

*Ils s'en allèrent tous les deux par les chemins, se tenant par la main.* (Page 4.)

peine quelque autre chose qu'il ne disait point, parce qu'il n'eût su comment le dire : c'est qu'il lui était poussé dans le fin-fond du cœur une jalousie terrible à l'endroit de Landry. Il était content, plus content que jamais il ne l'avait été, de voir qu'un chacun le tenait en estime et que ses nouveaux maîtres le traitaient aussi amiteusement que s'il avait été l'enfant de la maison. Mais si cela le réjouissait d'un côté, de l'autre il s'affligeait et s'offensait de voir Landry répondre trop, selon lui, à ces nouvelles amitiés. Il ne pouvait souffrir que, sur un mot du père Caillaud, tant doucement et patiemment qu'il fût appelé, il courût vitement au-devant de son vouloir, laissant là père, mère et frère, plus inquiet de manquer à son devoir qu'à son amitié, et plus prompt à l'obéissance que Sylvinet ne s'en serait senti capable quand il s'agissait de rester quelques moments de plus avec l'objet d'un amour si fidèle.

Alors le pauvre enfant se mettait en l'esprit un souci que, devant, il n'avait eu, à savoir qu'il était le seul à aimer, et que son amitié lui était mal rendue ; que cela avait dû exister de tout temps sans être venu d'abord à sa connaissance ; ou bien que, depuis un temps, l'amour de son besson s'était refroidi, parce qu'il avait rencontré par ailleurs des personnes qui lui convenaient mieux et lui agréaient davantage.

## VII.

Landry ne pouvait pas deviner cette jalousie de son frère ; car, de son naturel, il n'avait eu, quant à lui, jalousie de rien en sa vie. Lorsque Sylvinet venait le voir à la Priche, Landry, pour le distraire, le conduisait voir les grands bœufs, les belles vaches, le brebiage conséquent et les grosses récoltes du fermage au père Caillaud ; car Landry estimait et considérait tout cela, non par envie, mais pour le goût qu'il avait au travail de la terre, à l'élevage des bestiaux, et pour le beau et le bien fait dans toutes les choses de la campagne. Il prenait plaisir à voir propre, grasse et reluisante, la pouliche qu'il menait au pré, et il ne pouvait souffrir que le moindre ouvrage fût fait sans conscience, ni qu'aucune chose pouvant vivre et fructifier, fût délaissée, négligée et comme méprisée, emmy les cadeaux du bon Dieu. Sylvinet re-

Au loup! au loup! le vilain besson... (Page 12.)

gardait tout cela avec indifférence et s'étonnait que son frère prît tant à cœur des choses qui ne lui étaient de rien. Il était ombrageux de tout; et disait à Landry :

— Te voilà bien épris de ces grands bœufs; tu ne penses plus à nos petits taurins qui sont si vifs et qui étaient pourtant si doux et si mignons avec nous deux, qu'ils se laissaient lier par toi plus volontiers que par notre père. Tu ne m'as pas seulement demandé des nouvelles de notre vache qui donne du si bon lait, et qui me regarde d'un air tout triste, la pauvre bête, quand je lui porte à manger, comme si elle comprenait que je suis tout seul, et comme si elle voulait me demander où est l'autre besson.

— C'est vrai qu'elle est une bonne bête, disait Landry; mais regarde donc celles d'ici! tu les verras traire, et jamais de ta vie tu n'auras vu tant de lait à la fois.

— Ça se peut, reprenait Sylvinet, mais pour être d'aussi bon lait et d'aussi bonne crème que la crème et le lait de la Brunette, je gage bien que non, car les herbes de la Bessonnière sont meilleures que celles de par ici.

— Diantre! disait Landry, je crois bien que mon père échangerait pourtant de bon cœur, si on lui donnait les grands foins du père Caillaud pour sa joncière du bord de l'eau!

— Bah! reprenait Sylvinet en levant les épaules, il y a dans la joncière des arbres plus beaux que tous les vôtres, et tant qu'au foin, s'il est rare, il est fin, et quand on le rentre, c'est comme une odeur de baume qui reste tout le long du chemin.

Ils disputaient ainsi sur rien, car Landry savait bien qu'il n'est point de plus bel avoir que celui qu'on a, et Sylvinet ne pensait pas à son avoir plus qu'à celui d'autrui, en méprisant celui de la Priche; mais au fond de toutes ces paroles en l'air, il y avait, d'une part, l'enfant qui était content de travailler et de vivre, n'importe où et comment, et de l'autre, celui qui ne pouvait point comprendre que son frère eût à part de lui un moment d'aise et de tranquillité.

Si Landry le menait dans le jardin de son maître, et que tout en devisant avec lui, il s'interrompît pour couper une branche morte sur une ente, ou pour arracher une mauvaise herbe qui gênait les légumes, cela fâchait Sylvinet, qu'il eût toujours une idée d'ordre et de service pour autrui, au lieu d'être comme lui à l'affût du moindre souffle et de la moindre parole de son frère. Il n'en faisait rien paraître parce qu'il avait honte de se sentir si facile à choquer ; mais au moment de le quitter, il lui disait souvent : — Allons, tu as bien assez de moi pour aujourd'hui ; peut-être bien que tu en as trop et que le temps te dure de me voir ici.

Landry ne comprenait rien à ces reproches-là. Ils lui faisaient de la peine, et, à son tour, il en faisait reproche à son frère qui ne voulait ni ne pouvait s'expliquer.

Si le pauvre enfant avait la jalousie des moindres choses qui occupaient Landry, il avait encore plus forte celle des personnes à qui Landry montrait de l'attachement. Il ne pouvait souffrir que Landry fût camarade et de bonne humeur avec les autres gars de la Priche, et quand il le voyait prendre soin de la petite Solange, la caresser ou l'amuser, il lui reprochait d'oublier sa petite sœur Nanette, qui était, à son dire, cent fois plus mignonne, plus propre et plus aimable que cette vilaine fille-là.

Mais comme on n'est jamais dans la justice quand on se laisse manger le cœur par la jalousie, lorsque Landry venait à la Bessonnière, il paraissait s'occuper trop, selon lui, de sa petite sœur. Sylvinet lui reprochait de ne faire attention qu'à elle, et de n'avoir plus avec lui que de l'ennui et de l'indifférence.

Enfin, son amitié devint peu à peu si exigeante et son humeur si triste, que Landry commençait à en souffrir et à ne pas se trouver heureux de le voir trop souvent. Il était un peu fatigué de s'entendre toujours reprocher d'avoir accepté son sort comme il le faisait, et on eût dit que Sylvinet se serait trouvé aussi malheureux s'il eût pu rendre son frère moins malheureux que lui. Landry comprit et voulut lui faire comprendre que l'amitié, à force d'être grande, peut quelquefois devenir un mal. Sylvinet ne voulut point entendre cela, et considéra même la chose comme une grande dureté que son frère lui disait ; si bien qu'il commença à le bouder de temps en temps, et à passer des semaines entières sans aller à la Priche, mourant d'envie pourtant de le faire, mais s'en défendant et mettant de l'orgueil dans une chose où jamais il n'aurait dû y entrer un brin.

Il arriva même que, de paroles en paroles, et de fâcheries en fâcheries, Sylvinet, prenant toujours en mauvaise part tout ce que Landry lui disait de plus sage et de plus honnête pour lui remettre l'esprit, le pauvre enfant en vint à avoir tant de dépit qu'il s'imaginait par moment haïr l'objet de tant d'amour, et qu'il quitta la maison, un dimanche, pour ne point passer la journée avec son frère, qui n'avait pourtant pas une seule fois manqué d'y venir.

Cette mauvaiseté d'enfant chagrina grandement Landry. Il aimait le plaisir et la turbulence, parce que, chaque jour, il devenait plus fort et plus dégagé. Dans tous les jeux, il était le premier, le plus subtil de corps et d'œil. C'était donc un réel sacrifice qu'il faisait à son frère, de quitter les joyeux gars de la Priche, chaque dimanche, pour passer tout le jour à la Bessonnière, où il ne fallait point parler à Sylvinet d'aller jouer sur la place de la Cosse, ni même de se promener ici ou là. Sylvinet, qui était resté enfant de corps et d'esprit beaucoup plus que son frère, et qui n'avait qu'une idée, celle de l'aimer uniquement et d'en être aimé de lui, voulait qu'il vînt avec lui tout seul dans *leurs* endroits, c'était, disait-il, à savoir dans les recoins et cachettes où ils avaient été s'amuser à des jeux qui n'étaient maintenant plus de leur âge : comme de faire petites brouettes d'osier, ou petits moulins, ou saulnées à prendre les petits oiseaux, ou encore des maisons avec des cailloux, et des champs grands comme un mouchoir de poche, que les enfants font mine de labourer à plusieurs façons, faisant imitation en petit de ce qu'ils voient faire aux laboureurs, semeurs, herseurs, héserbeurs et moissonneurs, et s'apprêtant ainsi les uns aux autres, dans une heure de temps, toutes les façons, cultures et récoltes que reçoit et donne la terre dans le cours de l'année.

Ces amusements-là n'étaient plus du goût de Landry qui maintenant pratiquait ou aidait à pratiquer la chose en grand, et qui aimait mieux conduire un grand charroi à six bœufs, que d'attacher une petite voiture de branchages à la queue de son chien. Il aurait souhaité aller s'escrimer avec les forts gars de son endroit, jouer aux grandes quilles, vu qu'il était devenu adroit à enlever la grosse boule, et à la faire rouler à point à trente pas. Quand Sylvinet consentait à y aller, au lieu de jouer il se mettait dans un coin sans rien dire, tout prêt à s'ennuyer et à se tourmenter si Landry avait l'air de prendre au jeu trop de plaisir et de feu.

Enfin Landry avait appris à danser à la Priche, et quoique ce goût lui fût venu tard, à cause que Sylvinet ne l'avait jamais eu, il dansait déjà aussi bien que ceux qui s'y prennent dès qu'ils savent marcher. Il était estimé bon danseur de bourrée à la Priche, et quoiqu'il n'eût pas encore de plaisir à embrasser les filles, comme c'est la coutume de le faire à chaque danse, il était content de les embrasser, parce que cela le sortait, par apparence, de l'état d'enfant ; et il eût même souhaité qu'elles y fissent un peu de façon comme elles font avec les hommes. Mais elles n'en faisaient point encore, et mêmement les plus grandes le prenaient par le cou en riant, ce qui l'ennuyait un peu.

Sylvinet l'avait vu danser une fois, et cela avait été cause d'un de ses plus grands dépits. Il avait été si en colère de le voir embrasser une des filles du père Caillaud, qu'il avait pleuré de jalousie et trouvé la chose tout à fait indécente et malchrétienne.

Ainsi donc, chaque fois que Landry sacrifiait son amusement à l'amitié de son frère, il ne passait pas un dimanche bien divertissant, et pourtant il n'y avait jamais manqué, estimant que Sylvinet lui en saurait gré, et ne regrettant pas un peu d'ennui dans l'idée de donner du contentement à son frère.

Aussi quand il vit que son frère, qui lui avait cherché castille dans la semaine, avait quitté la maison pour ne pas se réconcilier avec lui, il prit à son tour du chagrin, et, pour la première fois depuis qu'il avait quitté sa famille, il pleura à grosses larmes et alla se cacher, ayant toujours honte de montrer son chagrin à ses parents, et craignant d'augmenter celui qu'ils pouvaient avoir.

Si quelqu'un eût dû être jaloux, Landry y aurait eu pourtant plus de droits que Sylvinet. Sylvinet était le mieux aimé de la mère, et mêmement le père Barbeau, quoiqu'il eût une préférence secrète pour Landry, montrait à Sylvinet plus de complaisance et de ménagement. Ce pauvre enfant étant le moins fort et le moins raisonnable, était aussi le plus gâté, et l'on craignait davantage de le chagriner. Il avait le meilleur sort, puisqu'il était dans la famille et que son besson avait pris pour lui l'absence et la peine.

Pour la première fois le bon Landry se fit tout ce raisonnement, et trouva son besson tout à fait injuste envers lui. Jusque-là son bon cœur l'avait empêché de lui donner tort, et, plutôt que de l'accuser, il s'était condamné en lui-même d'avoir trop de santé, et trop d'ardeur au travail et au plaisir, et de ne pas savoir dire d'aussi douces paroles, ni s'aviser d'autant d'attentions fines que son frère. Mais, pour cette fois, il ne put trouver en lui-même aucun péché contre l'amitié ; car, pour venir ce jour-là, il avait renoncé à une belle partie de pêche aux écrevisses que les gars de la Priche avaient complotée toute la semaine, et où ils lui avaient promis bien du plaisir s'il voulait aller avec eux. Il avait donc résisté à une grande tentation, et, à cet âge-là, c'était beaucoup faire. Après qu'il eut bien pleuré, il s'arrêta à écouter quelqu'un qui pleurait aussi pas loin de lui, et qui causait tout seul, comme c'est assez la coutume des femmes de campagne quand elles ont un grand chagrin. Landry connut bien vite que c'était sa mère, et il courut à elle.

— Hélas ! faut-il, mon Dieu, disait-elle tout en sanglotant, que cet enfant-là me donne tant de souci ! Il me fera mourir, c'est bien sûr.

— Est-ce moi, ma mère, qui vous donne du souci ? s'exclama Landry en se jetant à son cou. Si c'est moi, punissez-moi et ne pleurez point. Je ne sais pas en quoi j'ai pu vous fâcher, mais je vous en demande pardon tout de même.

A ce moment-là, la mère connut que Landry n'avait pas le cœur dur comme elle se l'était souvent imaginé. Elle l'embrassa bien fort, et, sans trop savoir ce qu'elle disait, tant elle avait de peine, elle lui dit que c'était Sylvinet, et non pas lui, dont elle se plaignait ; que, quant à lui, elle avait eu quelquefois une idée injuste, et qu'elle lui en faisait réparation ; mais que Sylvinet lui paraissait devenir fou, et qu'elle était dans l'inquiétude, parce qu'il était parti sans rien manger, avant le jour. Le soleil commençait à descendre, et il ne revenait pas. On l'avait vu à midi du côté de la rivière, et finalement la mère Barbeau craignait qu'il ne s'y fût jeté pour finir ses jours.

## VIII.

Cette idée, que Sylvinet pouvait avoir eu envie de se détruire, passa de la tête de la mère dans celle de Landry aussi aisément qu'une mouche dans une toile d'araignée, et il se mit vivement à la recherche de son frère. Il avait bien du chagrin tout en courant, et il se disait : — Peut-être que ma mère avait raison autrefois de me reprocher mon cœur dur. Mais, à cette heure, il faut que Sylvinet ait le sien bien malade pour faire toute cette peine à notre pauvre mère et à moi.

Il courut de tous les côtés sans le trouver, l'appelant sans qu'il lui répondît, le demandant à tout le monde, sans qu'on pût lui en donner nouvelles. Enfin il se trouva au droit du pré de la Joncière, et il y entra, parce qu'il se souvint qu'il y avait par là un endroit que Sylvinet affectionnait. C'était une grande coupure que la rivière avait faite dans les terres en déracinant deux ou trois vergnes qui étaient restés en travers de l'eau, les racines en l'air. Le père Barbeau n'avait pas voulu les retirer. Il les avait sacrifiés parce que, de la manière qu'ils étaient tombés, ils retenaient encore les terres qui restaient prises en gros cossons dans leurs racines, et cela était bien à propos ; car l'eau faisait tous les hivers beaucoup de dégâts dans sa joncière et chaque année lui mangeait un morceau de son pré.

Landry approcha donc de la coupure, car son frère et lui avaient pris la coutume d'appeler comme cela cet endroit de leur joncière. Il ne prit pas le temps de tourner jusqu'au coin où ils avaient fait eux-mêmes un petit escalier en mottes de gazon appuyées sur des pierres et des *racicots*, qui sont de grosses racines sortant de terre et donnant du rejet. Il sauta du plus haut qu'il put pour arriver vitement au fond de la coupure, à cause qu'il y avait au droit de la rive de l'eau tant de branchages et d'herbes plus hautes que sa taille, que si son frère s'y fût trouvé, il n'eût pu le voir, à moins d'y entrer.

Il y entra donc, en grand émoi, car il avait toujours dans son idée, ce que sa mère lui avait dit, que Sylvinet était dans le cas d'avoir voulu finir ses jours. Il passa et repassa dans tous les feuillages et battit tous les grands herbages, appelant Sylvinet en sifflant les chiens qui sans doute l'avait suivi, car de tout le jour on ne l'avait point vu à la maison non plus que son jeune maître.

Mais Landry eut beau appeler et chercher, il se trouva tout seul dans la coupure. Comme c'était un garçon qui faisait toujours bien les choses et s'avisait de tout ce qui est à propos, il examina toutes les rives pour voir s'il n'y trouverait pas quelque marque de pied, ou quelque petit éboulement de terre qui n'eût point coutume d'y être. C'est une recherche bien triste et aussi bien embarrassante, car il y avait environ un mois que Landry n'avait vu l'endroit, et il avait beau le connaître comme on connaît sa main, il ne se pouvait faire qu'il n'y eût toujours quelque petit changement. Toute la rive droite était gazonnée, et mêmement, dans tout le fond de la coupure, le jonc et la prèle avaient poussé si dru dans le sable, qu'on ne pouvait voir un coin grand comme le pied pour y chercher une empreinte. Cependant, à force de tourner et de retourner, Landry trouva dans un fond la piste du chien, et même un endroit d'herbes foulées, comme si Finot ou tout autre chien de sa taille s'y fût couché en rond.

Cela lui donna bien à penser, et il alla encore examiner la berge de l'eau. Il s'imagina trouver une déchirure toute fraîche, comme si une personne l'avait faite avec son pied en sautant, ou en se laissant glisser, et quoique la chose ne fût point claire, car ce pouvait tout aussi bien être l'ouvrage d'un de ces gros rats d'eau qui fourragent, creusent et rongent en pareils endroits, il se mit si fort en peine, que ses jambes lui manquaient, et qu'il se jeta sur ses genoux, comme pour se recommander à Dieu.

Il resta comme cela un peu de temps, n'ayant ni force ni courage pour aller dire à quelqu'un ce dont il était si fort angoissé, et regardant la rivière avec des yeux tout gros de larmes, comme s'il voulait lui demander compte de ce qu'elle avait fait de son frère.

Et, pendant ce temps-là, la rivière coulait bien tranquillement, frétillant les branches qui pendaient et trempaient le long des rives, et s'en allant dans les terres, avec un petit bruit, comme de quelqu'un qui rit et se moque à la sourdine.

Le pauvre Landry se laissa gagner et surmonter par son idée de malheur, si fort qu'il en perdait l'esprit, et que, d'une petite apparence qui pouvait bien ne rien présager, il se faisait une affaire à désespérer du bon Dieu.

— Cette méchante rivière qui ne dit mot, pensait-il, et qui me laisserait bien pleurer un an sans me rendre mon frère, est justement là au plus creux, et il y est tombé tant de cosses d'arbres depuis le temps qu'elle ruine le pré, que si on y entrait on ne pourrait jamais s'en retirer. Mon Dieu ! faut-il que mon pauvre besson soit peut-être là, tout au fond de l'eau, couché à deux pas de moi, sans que je puisse le voir ni le retrouver dans les branches et dans les roseaux, quand même j'essayerais d'y descendre !

Là-dessus il se mit à pleurer son frère et à lui faire des reproches ; et jamais de sa vie il n'avait eu un pareil chagrin.

Enfin l'idée lui vint d'aller consulter une femme veuve, qu'on appelait la mère Fadet, et qui demeurait tout au bout de la Joncière, rasibus du chemin qui descend au gué. Cette femme, qui n'avait ni terre ni avoir autre que son petit jardin et sa petite maison, ne cherchait pourtant point son pain, à cause de beaucoup de connaissance qu'elle avait sur les maux et dommages du monde ; et, de tous côtés, on venait la consulter. Elle pansait du *secret*, c'est comme qui dirait qu'au moyen du *secret*, elle guérissait les blessures, foulures et autres estropisons. Elle s'en faisait bien un peu accroire, car elle vous ôtait des maladies que vous n'aviez jamais eues, telles que le décrochement de l'estomac ou la chute de la toile du ventre, et pour ma part, je n'ai jamais ajouté foi entière à ces accidents-là, non plus que je n'accorde grande croyance à ce qu'on disait d'elle, qu'elle pouvait faire passer le lait d'une bonne vache dans le corps d'une mauvaise, tant vieille et mal nourrie fût-elle.

Mais pour ce qui est des bons remèdes qu'elle connaissait et qu'elle appliquait au refroidissement du corps, que nous appelons *sanglaçure* ; pour les emplâtres souverains qu'elle mettait sur les coupures et brûlures ; pour les boissons qu'elle composait à l'encontre de la fièvre, il n'est point douteux qu'elle gagnait bien son argent et qu'elle a guéri nombre de malades que les médecins auraient fait mourir si l'on avait essayé de leurs remèdes. Du moins elle le disait, et ceux qu'elle avait sauvés aimaient mieux la croire que de s'y risquer.

Comme, dans la campagne, on n'est jamais savant sans être quelque peu sorcier, beaucoup pensaient que la mère Fadet en savait encore plus long qu'elle ne voulait le dire, et on lui attribuait le pouvoir de faire retrouver les choses perdues, mêmement les personnes ; enfin, de ce qu'elle avait beaucoup d'esprit et de raisonnement pour vous aider à sortir de peine dans beaucoup de choses possibles, on inférait qu'elle pouvait en faire d'autres qui ne le sont pas.

Comme les enfants écoutent volontiers toutes sortes d'histoires, Landry avait ouï dire à la Priche, où le monde est notoirement crédule et plus simple qu'à la Cosse, que la mère Fadet, au moyen d'une certaine graine qu'elle jetait sur l'eau en disant des paroles, pouvait faire retrouver le corps d'une personne noyée. La graine surnageait et coulait le long de l'eau, et, là où on la voyait s'arrêter, on était sûr de retrouver le pauvre corps. Il y en a beaucoup qui pensent que le pain bénit a la même vertu, et il n'est guère de moulins où on n'en conserve toujours à cet effet. Mais Landry n'en avait point, la mère Fadet demeurait tout à côté de la Joncière, et le chagrin ne donne pas beaucoup de raisonnement.

Le voilà donc de courir jusqu'à la demeurance de la mère Fadet, et de lui conter sa peine, en la priant de venir jusqu'à la coupure avec lui pour essayer par son secret de lui faire retrouver son frère, vivant ou mort.

Mais la mère Fadet, qui n'aimait point à se voir outrepassée de sa réputation, et qui n'exposait pas volontiers son talent pour rien, se gaussa de lui et le renvoya même assez durement, parce qu'elle n'était pas contente que, dans le temps, on eût employé la Sagette à sa place, pour les femmes en mal d'enfant au logis de la Bessonnière.

Landry, qui était un peu fier de son naturel, se serait peut-être plaint ou fâché dans un autre moment : mais il était si accablé qu'il ne dit mot et s'en retourna du côté de la coupure, décidé à se mettre à l'eau, bien qu'il ne sût encore plonger ni nager. Mais, comme il marchait la tête basse et les yeux fichés en terre, il sentit quelqu'un qui lui tapait l'épaule, et se retournant il vit la petite-fille de la mère Fadet, qu'on appelait dans le pays la petite Fadette, autant pour ce que c'était son nom de famille que pour ce qu'on voulait qu'elle fût un peu sorcière aussi. Vous savez tous que le fadet ou le farfadet, qu'en d'autres endroits on appelle aussi le follet, est un lutin fort gentil, mais un peu malicieux. On appelle aussi fades les fées auxquelles, du côté de chez nous, on ne croit plus guère. Mais que cela voulût dire une petite fée, ou la femelle du follet, chacun en la voyant s'imaginait voir le follet, tant elle était petite, maigre, ébouriffée et hardie. C'était un enfant très-causeur et très-moqueur, vif comme un papillon, curieux comme un rouge-gorge et noir comme un grelet.

Et quand je mets la petite Fadette en comparaison avec un grelet, c'est vous dire qu'elle n'était pas belle, car le pauvre petit *cricri* des champs est encore plus laid que celui des cheminées. Pourtant, si vous vous souvenez d'avoir été enfant et d'avoir joué avec lui en le faisant enrager, et crier dans votre sabot, vous devez savoir qu'il a une petite figure qui n'est pas sotte, et qui donne plus envie de rire que de se fâcher : aussi les enfants de la Cosse, qui ne sont pas plus bêtes que d'autres, et qui, aussi bien que les autres, observent les ressemblances et trouvent les comparaisons, appelaient-ils la petite Fadette le *grelet*, quand ils voulaient la faire enrager, mêmement quelquefois par manière d'amitié ; car en la craignant un peu pour sa malice, ils ne la détestaient point, à cause qu'elle leur faisait toutes sortes de contes et leur apprenait toujours des jeux nouveaux qu'elle avait l'esprit d'inventer.

Mais tous ses noms et surnoms me feraient bien oublier celui qu'elle avait reçu au baptême et que vous auriez peut-être plus tard envie de savoir. Elle s'appelait Françoise ; c'est pourquoi sa grand'mère, qui n'aimait point à changer les noms, l'appelait toujours Fanchon.

Comme il y avait depuis longtemps une pique entre les gens de la Bessonnière et la mère Fadet, les bessons ne parlaient pas beaucoup de la petite Fadette, mêmement ils avaient comme un éloignement pour elle, et n'avaient jamais bien volontiers joué avec elle ni avec son petit frère, le *sauteriot*, qui était encore plus sec et plus malin qu'elle, et qui était toujours pendu à son côté, et fâchant quand elle courait sans l'attendre, essayant de lui jeter des pierres quand elle se moquait de lui, enrageant plus qu'il n'était gros, et la faisant enrager plus qu'elle ne voulait, car elle était d'humeur gaie et portée à rire de tout. Mais il y avait une telle idée sur le compte de la mère Fadet, que certains, et notamment ceux du père Barbeau, s'imaginaient que le *grelet* et le *sauteriot*, ou, si vous l'aimez mieux, le grillon et la sauterelle, leur porteraient malheur s'ils faisaient amitié avec eux. Ça n'empêchait point ces deux enfants de leur parler, car ils n'étaient point honteux, et la petite Fadette ne manquait d'accoster les *bessons de la Bessonnière*, par toutes sortes de drôleries et de sornettes, du plus loin qu'elle les voyait venir de son côté.

## IX.

Adoncques le pauvre Landry, en se retournant, un peu ennuyé du coup qu'il venait de recevoir à l'épaule, vit la petite Fadette, et, pas loin derrière elle, Jeanet le sauteriot, qui la suivait en clopant, vu qu'il était ébiganché et mal jambé de naissance.

D'abord Landry voulut ne pas faire attention et continuer son chemin, car il n'était point en humeur de rire, mais la Fadette lui dit, en récidivant sur son autre épaule :

— Au loup ! au loup ! Le vilain besson, moitié de gars qui a perdu son autre moitié !

Là-dessus Landry, qui n'était pas plus en train d'être insulté que d'être taquiné, se retourna derechef et allongea à la petite Fadette un coup de poing qu'elle eût bien senti si elle ne l'eût esquivé, car le besson allait sur ses quinze ans, et il n'était pas manchot : et elle, qui allait sur ses quatorze, était si menue et si petite, qu'on ne lui en eût pas donné douze, et qu'à la voir on eût cru qu'elle allait se casser, pour peu qu'on y touchât.

Mais elle était trop avisée et trop alerte pour attendre les coups, et ce qu'elle perdait en force dans les jeux de mains, elle le gagnait en vitesse et en traîtrise. Elle sauta de côté si à point, que pour bien peu Landry aurait été donner du coup et du nez dans un gros arbre qui se trouvait entre eux.

— Méchant grelet, lui dit alors le pauvre besson tout en colère, il faut que tu n'aies pas de cœur pour venir agacer un quelqu'un qui est dans la peine comme j'y suis. Il y a longtemps que tu veux m'émalicer en m'appelant moitié de garçon. J'ai bien envie aujourd'hui de vous casser en quatre, toi et ton vilain sauteriot, pour voir si, à vous deux, vous ferez le quart de quelque chose de bon.

— Oui-dà, le beau besson de la Bessonnière, seigneur de la Joncière au bord de la rivière, répondit la petite Fadette en ricanant toujours, vous êtes bien sot de vous mettre mal avec moi qui venais vous donner des nouvelles de votre besson et vous dire où vous le retrouverez.

— Ça, c'est différent, reprit Landry en s'apaisant bien vite ; si tu le sais, Fadette, dis-le-moi, et j'en serai content.

— Il n'y a pas plus de Fadette que de grelet pour avoir envie de vous contenter à cette heure, répliqua encore la petite fille. Vous m'avez dit des sottises, et vous m'auriez frappée si vous n'étiez pas si lourd et si pôtu. Cherchez-le donc tout seul, votre imbriaque de besson, puisque vous êtes si savant pour le retrouver.

— Je suis bien sot de t'écouter, méchante fille, dit alors Landry en lui tournant le dos et en se remettant à marcher. Tu ne sais pas plus que moi où est mon frère, et tu n'es pas plus savante là-dessus que ta grand'mère, qui est une vieille menteuse et une pas grand'chose.

Mais la petite Fadette, tirant par une patte son sauteriot, qui avait réussi à la rattraper et à se pendre à son mauvais jupon tout cendroux, se mit à suivre Landry, toujours ricanant et toujours lui disant que sans elle il ne retrouverait jamais son besson. Si bien que Landry, ne pouvant se débarrasser d'elle, et croyant que, par quelque sorcellerie, sa grand'mère ou peut-être elle-même, par quelque accointance avec le follet de la rivière, l'empêcheraient de retrouver Sylvinet, prit son parti de tirer en sus de la Joncière et de s'en revenir à la maison.

La petite Fadette le suivit jusqu'au sautoir du pré, et là, quand il l'eut descendu, elle se percha comme une pie sur la barre, et lui cria : — Adieu donc, le beau besson sans cœur, qui laisse son frère derrière lui. Tu auras beau l'attendre pour souper, tu ne le verras pas d'aujourd'hui ni de demain non plus ; car là où il est, il ne bouge non plus qu'une pauvre pierre, et voilà l'orage qui vient. Il y aura des arbres dans la rivière encore cette nuit, et la rivière emportera Sylvinet si loin, si loin, que jamais plus tu ne le retrouveras.

Toutes ces mauvaises paroles, que Landry écoutait quasi malgré lui, lui firent passer la sueur froide par tout le corps. Il n'y croyait pas absolument, mais enfin la famille Fadet était réputée avoir tel entendement avec le diable, qu'on ne pouvait pas être bien assuré qu'il n'en fût rien.

— Allons, Fanchon, dit Landry en s'arrêtant, veux-tu, oui ou non, me laisser tranquille, ou me dire si, de vrai, tu sais quelque chose de mon frère?

— Et qu'est-ce que tu me donneras si, avant que la pluie ait commencé de tomber, je te le fais retrouver? dit la Fadette en se dressant debout sur la barre du sautoir, et en remuant les bras comme si elle voulait s'envoler.

Landry ne savait pas ce qu'il pouvait lui promettre, et il commençait à croire qu'elle voulait l'affiner pour lui tirer quelque argent. Mais le vent qui soufflait dans les arbres et le tonnerre qui commençait à gronder lui mettaient dans le sang comme une fièvre de peur. Ce n'est pas qu'il craignît l'orage, mais, de fait, cet orage-là était venu tout d'un coup et d'une manière qui ne lui paraissait pas naturelle. Possible est que, dans son tourment, Landry ne l'eût pas vu monter derrière les arbres de la rivière, d'autant plus que se tenant depuis deux heures dans le fond du Val, il n'avait pu voir le ciel que dans le moment où il avait gagné le haut. Mais, en fait, il ne s'était avisé de l'orage qu'au moment où la petite Fadette le lui avait annoncé; et, tout aussitôt, son jupon s'était enflé; ses vilains cheveux noirs sortant de sa coiffe, qu'elle avait toujours mal attachée, et quittant sur une oreille, s'étaient dressés comme des crins; le sauteriot avait eu sa casquette emportée par un grand coup de vent, et c'était à grand'peine que Landry avait pu empêcher son chapeau de s'envoler aussi.

Et puis le ciel, en deux minutes, était devenu tout noir, et la Fadette, debout sur la barre, lui paraissait deux fois plus grande qu'à l'ordinaire; enfin Landry avait peur, il faut bien le confesser.

— Fanchon, lui dit-il, je me rends à toi, si tu me rends mon frère. Tu l'as peut-être vu; tu sais peut-être bien où il est. Sois bonne fille. Je ne sais pas quel amusement tu peux trouver dans ma peine. Montre-moi ton bon cœur, et je croirai que tu vaux mieux que ton air et tes paroles.

— Et pourquoi serais-je bonne fille pour toi? reprit-elle, quand tu me traites de méchante sans que je t'aie jamais fait de mal! Pourquoi aurais-je bon cœur pour deux bessons qui sont fiers comme deux coqs, et qui ne m'ont jamais montré la plus petite amitié?

— Allons, Fadette, reprit Landry, tu veux que je te promette quelque chose; dis-moi tout de quoi tu as envie, et je te le donnerai. Veux-tu mon couteau neuf?

— Fais-le voir, dit la Fadette en sautant comme une grenouille à côté de lui.

Et quand elle eut vu le couteau, qui n'était pas vilain et que le parrain de Landry avait payé dix sous à la dernière foire, elle en fut tentée un moment; mais bientôt, trouvant que c'était trop peu, elle lui demanda s'il lui donnerait bien plutôt sa petite poule blanche, qui n'était pas plus grosse qu'un pigeon, et qui avait des plumes jusqu'au bout des doigts.

— Je ne peux pas te promettre ma poule blanche, parce qu'elle est à ma mère, répondit Landry; mais je te promets de la demander pour toi, et je répondrais que ma mère ne la refusera pas, parce qu'elle sera si contente de revoir Sylvinet, que rien ne lui coûtera pour te récompenser.

— Oui dà! reprit la petite Fadette, et si j'avais envie de votre chébrit à nez noir, la mère Barbeau me le donnerait-elle aussi?

— Mon Dieu! mon Dieu! que tu es donc longue à te décider, Fanchon! Tiens, il n'y a qu'un mot qui serve: si mon frère est dans le danger et que tu me conduises tout de suite auprès de lui; il n'y a pas à notre logis de poule ni de poulette, de chèvre ni de chevrillon que mon père et ma mère, j'en suis très-certain, ne voulussent te donner en remercîment.

— Eh bien! nous verrons ça, Landry, dit la petite Fadette en tendant sa petite main sèche au besson, pour qu'il y mît la sienne en signe d'accord, ce qu'il ne fit pas sans trembler un peu, car, dans ce moment-là, elle avait des yeux si ardents qu'on eût dit le lutin en personne. Je ne te dirai pas à présent ce que je veux de toi, je ne le sais peut-être pas encore: mais souviens-toi bien de ce que tu me promets à cette heure, et si tu y manques, je ferai savoir à tout le monde qu'il n'y a pas de fiance à avoir dans la parole du besson Landry. Je te dis adieu ici, et n'oublie point que je ne te réclamerai rien jusqu'au jour où je me serai décidée à t'aller trouver pour te requérir d'une chose qui sera à mon commandement et que tu feras sans retard ni regret.

— A la bonne heure! Fadette, c'est promis, c'est signé, dit Landry en lui tapant dans la main.

— Allons! dit-elle d'un air tout fier et tout content, retourne de ce pas au bord de la rivière; descends-la jusqu'à ce que tu entendes bêler; et où tu verras un agneau bureau, tu verras aussitôt ton frère : si cela n'arrive pas comme je te le dis, je te tiens quitte de ta parole.

Là-dessus le grelet, prenant le sauteriot sous son bras, sans faire attention que la chose ne lui plaisait guère et qu'il se démenait comme une anguille, sauta tout au milieu des buissons, et Landry ne les vit et ne les entendit non plus que s'il avait rêvé. Il ne perdit point de temps à se demander si la petite Fadette s'était moquée de lui. Il courut d'une haleine jusqu'au bas de la Joncière; il la suivit jusqu'à la coupure, et là, il allait passer outre sans y descendre, parce qu'il avait assez questionné l'endroit pour être assuré que Sylvinet n'y était point; mais, comme il allait s'en éloigner, il entendit bêler un agneau.

— Dieu de mon âme, pensa-t-il, cette fille m'a annoncé la chose; j'entends l'agneau, mon frère est là. Mais s'il est mort ou vivant, je ne peux le savoir.

Et il sauta dans la coupure et entra dans les broussailles. Son frère n'y était point; mais, en suivant le fil de l'eau, à dix pas de là, et toujours entendant l'agneau bêler, Landry vit sur l'autre rive son frère assis, avec un petit agneau qu'il tenait dans sa blouse, et qui, pour le vrai, était bureau de couleur depuis le bout du nez jusqu'au bout de la queue.

Comme Sylvinet était bien vivant et ne paraissait gâté ni déchiré dans sa figure et dans son habillement, Landry fut si aise qu'il commença par remercier le bon Dieu dans son cœur, sans songer à lui demander pardon d'avoir eu recours à la science du diable pour ce bonheur-là. Mais, au moment où il allait appeler Sylvinet, qui ne le voyait pas encore, et ne faisait pas mine de l'entendre, à cause du bruit de l'eau qui grouillait fort sur les cailloux en cet endroit, il s'arrêta à le regarder; car il était étonné de le trouver comme la petite Fadette le lui avait prédit, tout au milieu des arbres que le vent tourmentait furieusement, et ne bougeant non plus qu'une pierre.

Chacun sait pourtant qu'il y a danger à rester au bord de notre rivière quand le grand vent se lève. Toutes les rives sont minées en dessous, et il n'est point d'orage qui, dans la quantité, ne déracine quelques-uns de ces vergnes qui sont toujours courts en racines, à moins qu'ils ne soient très-gros et très-vieux, et qui vous tomberaient fort bien sur le corps sans vous avertir. Mais Sylvinet, qui n'était pourtant ni plus simple ni plus fou qu'un autre, ne paraissait pas tenir compte du danger. Il n'y pensait pas plus que s'il se fût trouvé à l'abri dans une bonne grange. Fatigué de courir tout le jour et de vaguer à l'aventure, si, par bonheur, il ne s'était pas noyé dans la rivière, on pouvait toujours bien dire qu'il s'était noyé dans son chagrin et dans son dépit, au point de rester là comme une souche, les yeux fixés sur le courant de l'eau, la figure aussi pâle qu'une fleur de nape[1], la bouche à demi ouverte comme un petit poisson qui bâille au soleil, les che-

1. Napée, Nymphæa, Nénuphar.

veux tout enmêlés par le vent, et ne faisant pas même attention à son petit agneau, qu'il avait rencontré égaré dans les prés, et dont il avait eu pitié. Il l'avait bien pris dans sa blouse pour le rapporter à son logis; mais, chemin faisant, il avait oublié de demander à qui l'agneau perdu. Il l'avait là sur ses genoux, et le laissait crier sans l'entendre, malgré que le pauvre petit lui faisait une voix désolée et regardait tout autour de lui avec de gros yeux clairs, étonné de ne pas être écouté de quelqu'un de son espèce, et ne reconnaissant ni son pré, ni sa mère, ni son étable, dans cet endroit tout ombragé et tout herbu, devant un gros courant d'eau qui, peut-être bien, lui faisait grand'peur.

## X.

Si Landry n'eût pas été séparé de Sylvinet par la rivière, qui n'est large, dans tout son parcours, de plus de quatre ou cinq mètres (comme on dit dans ces temps nouveaux), mais qui est, par endroits, aussi creuse que large, il eût, pour sûr, sauté sans plus de réflexion au cou de son frère. Mais Sylvinet ne le voyant même pas, il eut le temps de penser à la manière dont il l'éveillerait de sa rêvasserie, et dont, par persuasion, il le ramènerait à la maison; car si ce n'était pas l'idée de ce pauvre boudeur, il pouvait bien tirer d'un autre côté, et Landry n'aurait pas de sitôt trouvé un gué ou une passerelle pour aller le rejoindre.

Landry ayant donc un peu songé en lui-même, se demanda comment son père, qui avait de la raison et de la prudence pour quatre, agirait en pareille rencontre; et il s'avisa bien à propos que le père Barbeau s'y prendrait tout doucement et sans faire semblant de rien, pour ne pas montrer à Sylvinet combien il avait causé d'angoisse, et ne lui occasionner trop de repentir, ni l'encourager trop à recommencer dans un autre jour de dépit.

Il se mit donc à siffler comme s'il appelait les merles pour les faire chanter, ainsi que font les pâtours quand ils suivent les buissons à la nuit tombante. Cela fit lever la tête à Sylvinet, et, voyant son frère, il eut honte et se leva vivement, croyant n'avoir pas été vu. Alors Landry fit comme s'il l'apercevait, et lui dit sans beaucoup crier, car la rivière ne chantait pas assez haut pour empêcher de s'entendre :

— Hé, mon Sylvinet, tu es donc là? Je t'ai attendu tout ce matin, et, voyant que tu étais sorti pour si longtemps, je suis venu me promener par ici, en attendant le souper où je comptais bien te retrouver à la maison; mais puisque te voilà, nous rentrerons ensemble. Nous allons descendre la rivière, chacun sur une rive, et nous nous joindrons au gué des Roulettes. (C'était le gué qui se trouvait au droit de la maison à la mère Fadet.)

— Marchons, dit Sylvinet en ramassant son agneau, qui, ne le connaissant pas depuis longtemps, ne le suivait pas volontiers de lui-même; et ils descendirent la rivière sans trop oser se regarder l'un l'autre, car ils craignaient de se faire voir la peine qu'ils avaient d'être fâchés et le plaisir qu'ils sentaient de se retrouver. De temps en temps, Landry, toujours pour paraître ne pas croire au dépit de son frère, lui disait une parole ou deux, tout en marchant. Il lui demanda d'abord où il avait pris ce petit agneau bureau, et Sylvinet ne pouvait trop le dire, car il ne voulait point avouer qu'il avait été bien loin et qu'il ne savait pas même le nom des endroits où il avait passé. Alors Landry, voyant son embarras, lui dit :

— Tu me conteras cela plus tard, car le vent est grand, et il ne fait pas trop bon à être sous les arbres le long de l'eau; mais, par bonheur, voilà l'eau du ciel qui commence à tomber, et le vent ne tardera pas à tomber aussi.

Et en lui-même, il se disait : — C'est pourtant vrai que le grelet m'a prédit que je le retrouverais avant que la pluie ait commencé. Pour sûr, cette fille-là en sait plus long que nous.

Il ne se disait point qu'il avait passé un bon quart d'heure à s'expliquer avec la mère Fadet, tandis qu'il la priait et qu'elle refusait de l'écouter, et que la petite Fadette, qu'il n'avait vue qu'en sortant de la maison, pouvait bien avoir vu Sylvinet pendant cette explication-là. Enfin, l'idée lui en vint; mais comment savait-elle si bien de quoi il était en peine, lorsqu'elle l'avait accosté, puisqu'elle n'était point là du temps qu'il s'expliquait avec la vieille? Cette fois, l'idée ne lui vint pas qu'il avait déjà demandé son frère à plusieurs personnes en venant à la Joncière, et que quelqu'un avait pu en parler devant la petite Fadette; ou bien, que cette petite pouvait avoir écouté la fin de son discours avec la grand'mère, en se cachant comme elle faisait souvent pour connaître tout ce qui pouvait contenter sa curiosité.

De son côté, le pauvre Sylvinet pensa aussi en lui-même à la manière dont il expliquerait son mauvais comportement vis-à-vis de son frère et de sa mère, car il ne s'était point attendu à la feinte de Landry, et il ne savait quelle histoire lui faire, lui qui n'avait menti de sa vie, et qui n'avait jamais rien caché à son besson.

Aussi se trouva-t-il bien mal à l'aise en passant le gué; car il était venu jusque-là sans rien trouver pour se sortir d'embarras.

Sitôt qu'il fut sur la rive, Landry l'embrassa; et, malgré lui, il le fit avec encore plus de cœur qu'il n'avait coutume; mais il se retint de le questionner, car il vit bien qu'il ne saurait que dire, et il le ramena à la maison, lui parlant de toutes sortes de choses autres que celle qui leur tenait à cœur à tous les deux. En passant devant la maison de la mère Fadet, il regarda bien s'il verrait la petite Fadette, et il se sentait envie d'aller la remercier. Mais la porte était fermée et l'on n'entendait pas d'autre bruit que la voix du sauteriot qui beuglait parce que sa grand'mère l'avait fouaillé, ce qui lui arrivait tous les soirs, qu'il l'eût mérité ou non.

Cela fit de la peine à Sylvinet, d'entendre pleurer ce galopin, et il dit à son frère : — Voilà une vilaine maison où l'on n'entend toujours des cris ou des coups. Je sais bien qu'il n'y a rien de si mauvais et de si diversieux que ce sauteriot; et, quant au grelet, je n'en donnerais pas deux sous. Mais ces enfants-là sont malheureux de n'avoir plus ni père ni mère, et d'être dans la dépendance de cette vieille charmeuse, qui est toujours en malice, et qui ne leur passe rien.

— Ce n'est pas comme ça chez nous, répondit Landry. Jamais nous n'avons reçu de père ni de mère le moindre coup, et mêmement quand on nous grondait de nos malices d'enfant, c'était avec tant de douceur et d'honnêteté, que les voisins ne l'entendaient point. Il y en a comme ça qui sont trop heureux, et qui ne connaissent point leurs avantages; et pourtant, la petite Fadette, qui est l'enfant le plus malheureux et le plus maltraité de la terre, rit toujours et ne se plaint jamais de rien.

Sylvinet comprit le reproche et eut du regret de sa faute. Il en avait déjà bien eu depuis le matin, et, vingt fois, il avait eu envie de revenir; mais la honte l'avait retenu. Dans ce moment, son cœur grossit, et il pleura sans rien dire; mais son frère le prit par la main en lui disant : — Voilà une rude pluie, mon Sylvinet; allons-nous-en d'un galop à la maison. Ils se mirent donc à courir, Landry essayant de faire rire Sylvinet, qui s'efforçait pour le contenter.

Pourtant, au moment d'entrer dans la maison, Sylvinet avait envie de se cacher dans la grange, car il craignait que son père ne lui fît reproche. Mais le père Barbeau, qui ne prenait pas les choses tant au sérieux que sa femme, se contenta de le plaisanter; et la mère Barbeau, à qui son mari avait fait sagement la leçon, essaya de lui cacher le tourment qu'elle avait eu. Seulement, pendant qu'elle s'occupait de faire sécher ses bessons devant un bon feu et de leur donner à souper, Sylvinet vit bien qu'elle avait pleuré, et que, de temps en temps, elle le regardait d'un air d'inquiétude et de chagrin. S'il avait été seul avec elle, il lui aurait demandé pardon, et il aurait tant caressée qu'elle se fût consolée. Mais le père n'aimait pas beaucoup toutes ces mijoteries, et Sylvinet fut obligé d'aller au lit tout de suite après souper, sans rien dire, car la fatigue le surmontait. Il n'avait rien mangé de la journée; et, aussitôt qu'il eut avalé son souper, dont il avait grand besoin, il se sentit comme ivre, et force lui fut de se laisser déshabiller et coucher par son besson, qui resta à côté de lui, assis sur le bord de son lit, et lui tenant une main dans la sienne.

Quand il le vit bien endormi, Landry prit congé de ses parents et ne s'aperçut point que sa mère l'embrassait avec plus d'amour que les autres fois. Il croyait toujours qu'elle ne pouvait pas l'aimer autant que son frère, et il n'en était point jaloux, se disant qu'il était moins aimable et qu'il n'avait que la part qui lui était due. Il se soumettait à cela autant par respect pour sa mère que par amitié pour son besson, qui avait, plus que lui, besoin de caresses et de consolation.

Le lendemain, Sylvinet courut au lit de la mère Barbeau avant qu'elle fût levée, et, lui ouvrant son cœur, lui confessa son regret et sa honte. Il lui conta comme quoi il se trouvait bien malheureux depuis quelque temps, non plus tant à cause qu'il était séparé de Landry, que parce qu'il s'imaginait que Landry ne l'aimait point. Et quand sa mère le questionna sur cette injustice, il fut bien empêché de la motiver, car c'était en lui comme une maladie dont il ne se pouvait défendre. La mère le comprenait mieux qu'elle ne voulait en avoir l'air, parce que le cœur d'une femme est aisément pris de ces tourments-là, et elle-même s'était souvent ressentie de souffrir en voyant Landry si tranquille dans son courage et dans sa vertu. Mais, cette fois, elle reconnaissait que la jalousie est mauvaise dans tous les amours, même dans ceux que Dieu nous commande le plus, et elle se garda bien d'y encourager Sylvinet. Elle lui fit ressortir la peine qu'il avait causée à son frère, et la grande bonté que son frère avait eue de ne pas s'en plaindre ni s'en montrer choqué. Sylvinet le reconnut aussi et convint que son frère était meilleur chrétien que lui. Il fit promesse et forma résolution de se guérir, et sa volonté y était sincère.

Mais malgré lui, et bien qu'il prît un air consolé et satisfait, encore que sa mère eût essuyé toutes ses larmes et répondu à toutes ses plaintes par des raisons très-fortifiantes, encore qu'il fît tout son possible pour agir simplement et justement avec son frère, il lui resta sur le cœur un levain d'amertume.—Mon frère, pensait-il malgré lui, est le plus chrétien et le plus juste de nous deux, ma chère mère le dit et c'est la vérité; mais s'il m'aimait aussi fort que je l'aime, il ne pourrait pas se soumettre comme il le fait.—Et il songeait à l'air tranquille et quasi indifférent que Landry avait eu en le retrouvant au bord de la rivière. Il se remémorait comme il l'avait entendu siffler aux merles en le cherchant, au moment où, lui, pensait véritablement à se jeter dans la rivière. Car s'il n'avait pas eu cette idée en quittant la maison, il l'avait eue plus d'une fois, vers le soir, croyant que son frère ne lui pardonnerait jamais de l'avoir boudé et évité pour la première fois de sa vie. — Si c'était lui qui m'eût fait cet affront, pensait-il, je ne m'en serais jamais consolé. Je suis bien content qu'il me l'ait pardonné, mais je pensais pourtant qu'il ne me pardonnerait pas si aisément. — Et là-dessus, cet enfant malheureux soupirait tout en se combattant et se combattait tout en soupirant.

Pourtant, comme Dieu nous récompense et nous aide toujours, pour peu que nous ayons bonne intention de lui complaire, il arriva que Sylvinet fut plus raisonnable pendant le reste de l'année; qu'il s'abstint de quereller et de bouder son frère, qu'il l'aima enfin plus paisiblement, et que sa santé, qui avait souffert de toutes ces angoisses, se rétablit et se fortifia. Son père le mit à travailler davantage, s'apercevant que moins il s'écoutait, mieux il s'en trouvait. Mais le travail qu'on fait chez ses parents n'est jamais aussi rude que celui qu'on fait à la commande chez les autres. Aussi Landry, qui ne s'épargnait guère, prit-il plus de force et plus de taille cette année-là que son besson. Les petites différences qu'on avait toujours observées entre eux devinrent plus marquantes, et, de leur esprit, passèrent sur leur figure. Landry, après qu'ils eurent compté quinze ans, devint tout à fait beau garçon, et Sylvinet resta un joli jeune homme, plus mince et moins couleuré que son frère. Aussi, on ne les prenait plus jamais l'un pour l'autre, et, malgré qu'ils se ressemblaient toujours comme deux frères, on ne voyait plus du même coup qu'ils étaient bessons. Landry, qui était censé le cadet, étant né une heure après Sylvinet, paraissait à ceux qui les voyaient pour la première fois, l'aîné d'un an ou deux. Et cela augmentait l'amitié du père Barbeau, qui, à la vraie manière des gens de campagne, estimait la force et la taille avant tout.

## XI.

Dans les premiers temps qui ensuivirent l'aventure de Landry avec la petite Fadette, ce garçon eut quelque souci de la promesse qu'il lui avait faite. Dans le moment où elle l'avait sauvé de son inquiétude, il se serait engagé pour ses père et mère à donner tout ce qu'il y avait de meilleur à la Bessonnière : mais quand il vit que le père Barbeau n'avait pas pris bien au sérieux la bouderie de Sylvinet et n'avait point montré d'inquiétude, il craignit bien que, lorsque la petite Fadette viendrait réclamer sa récompense, son père ne la mît à la porte en se moquant de sa belle science et de la belle parole que Landry lui avait donnée.

Cette peur-là rendait Landry tout honteux en lui-même, et à mesure que son chagrin s'était dissipé, il s'étonnait bien simple d'avoir cru voir de la sorcellerie dans ce qui lui était arrivé. Il ne tenait pas pour certain que la petite Fadette se fût gaussée de lui, mais il sentait bien qu'on pouvait avoir du doute là-dessus, et il ne trouvait pas de bonnes raisons à donner à son père pour lui prouver qu'il avait bien fait de prendre un engagement de si grosse conséquence ; d'un autre côté, il ne voyait pas non plus comment il romprait un pareil engagement, car il avait juré sa foi et il l'avait fait en âme et conscience.

Mais, à son grand étonnement, ni le lendemain de l'affaire, ni dans le mois, ni dans la saison, il n'entendit parler de la petite Fadette à la Bessonnière ni à la Priche. Elle ne se présenta ni chez le père Caillaud pour demander à parler à Landry, ni chez le père Barbeau pour réclamer aucune chose, et lorsque Landry la vit au loin dans les champs, elle n'alla point de son côté et ne parut point faire attention à lui, ce qui était contre sa coutume, car elle courait après tout le monde, soit pour regarder par curiosité, soit pour rire, jouer et badiner avec ceux qui étaient de bonne humeur, soit pour tancer et railler ceux qui ne l'étaient point.

Mais la maison de la mère Fadet étant également voisine de la Priche et de la Cosse, il ne se pouvait faire qu'un jour ou l'autre, Landry ne se trouvât nez contre nez avec la petite Fadette dans un chemin; et, quand le chemin n'est pas large, c'est bien force de se donner une tape ou de se dire un mot en passant.

C'était un soir que la petite Fadette rentrait ses oies, ayant toujours son sauteriot sur ses talons ; et Landry, qui avait été chercher les juments au pré, les ramenait tout tranquillement à la Priche ; si bien qu'ils se croisèrent dans le petit chemin qui descend de la Croix des bossons, au gué des Roulettes, qui est si bien fondu entre deux encaissements, qu'il n'y est point moyen de s'éviter. Landry devint tout rouge, pour la peur qu'il avait de s'entendre sommer de sa parole, et, ne voulant point encourager la Fadette, il sauta sur une des juments du plus loin qu'il la vit, et joua des sabots pour prendre le trot; mais comme toutes les juments avaient les enfarges aux pieds, celle qu'il avait enfourchée n'avança pas vite pour cela. Landry se voyant tout près de la petite Fadette, n'osa la regarder, et fit mine de se retourner, comme pour voir si les poulains la suivaient. Quand il regarda devant lui, la Fadette l'avait déjà dépassé, et elle ne lui avait rien dit ; il ne savait même point si elle l'avait regardé, et si des yeux ou du rire elle l'avait sollicité de lui dire bonsoir. Il ne vit que Jeanet le sauteriot qui, toujours traversieux et méchant, ramassa une pierre pour la jeter dans les jambes de sa jument. Landry eut bonne envie de lui allonger un coup de fouet, mais il eut peur de s'arrêter et d'avoir explication avec la sœur. Il ne fit donc

C'était un soir que la petite Fadette rentrait ses oies (Page 45.)

pas mine de s'en apercevoir et s'en fut sans regarder derrière lui.

Toutes les autres fois que Landry rencontra la petite Fadette, ce fut à peu près de même. Peu à peu, il s'enhardit à la regarder; car, à mesure que l'âge et la raison lui venaient, il ne s'inquiétait plus tant d'une si petite affaire. Mais lorsqu'il eut pris le courage de la regarder tranquillement, comme pour attendre n'importe quelle chose elle voudrait lui dire, il fut étonné de voir que cette fille faisait exprès de tourner la tête d'un autre côté, comme si elle eût eu de lui la même peur qu'il avait d'elle. Cela l'enhardit tout à fait vis-à-vis de lui-même, et, comme il avait le cœur juste, il se demanda s'il n'avait pas eu grand tort de ne jamais la remercier du plaisir que, soit par science, soit par hasard, elle lui avait causé. Il prit la résolution de l'aborder la première fois qu'il la verrait, et ce moment-là étant venu, il fit au moins dix pas de son côté pour commencer à lui dire bonjour et à causer avec elle.

Mais, comme il s'approchait, la petite Fadette prit un air fier et quasi fâché; et se décidant enfin à le regarder, elle le fit d'une manière si méprisante, qu'il en fut tout démonté et n'osa point lui porter la parole.

Ce fut la dernière fois de l'année que Landry la rencontra de près, car à partir de ce jour-là, la petite Fadette, menée par je ne sais pas quelle fantaisie, l'évita si bien, que du plus loin qu'elle le voyait, elle tournait d'un autre côté, entrait dans un héritage, ou faisait un grand détour pour ne point le voir. Landry pensa qu'elle était fâchée de ce qu'il avait été ingrat envers elle; mais sa répugnance était si grande qu'il ne sut se décider à rien tenter pour réparer son tort. La petite Fadette n'était pas un enfant comme un autre. Elle n'était pas ombrageuse de son naturel, et même, elle ne l'était pas assez, car elle aimait à provoquer les injures ou les moqueries, tant elle se sentait la langue bien affilée pour y répondre et avoir toujours le dernier et le plus piquant mot. On ne l'avait jamais vue bouder et on lui reprochait de manquer de la fierté qui convient à une fillette lorsqu'elle prend déjà quinze ans et commence à se ressentir d'être quelque chose. Elle avait toujours les allures d'un gamin, mêmement elle affectait de tourmenter souvent Sylvinet, de le déranger et de le pousser à bout, lorsqu'elle le surprenait dans les rêvasseries où il s'oubliait encore quelquefois. Elle le suivait toujours pendant un bout de chemin,

Et il fut tôt rassuré en sentant que la Fadette le conduisait si bien. (Page 19.)

lorsqu'elle le rencontrait; se moquant de sa bessonnerie, et lui tourmentant le cœur en lui disant que Landry ne l'aimait point et se moquait de sa peine. Aussi le pauvre Sylvinet qui, encore plus que Landry, la croyait sorcière, s'étonnait-il qu'elle devinât ses pensées et la détestait bien cordialement. Il avait du mépris pour elle et pour sa famille, et, comme elle évitait Landry, il évitait ce méchant grelet, qui, disait-il, suivrait tôt ou tard l'exemple de sa mère, laquelle avait mené une mauvaise conduite, quitté son mari et finalement suivi les soldats. Elle était partie comme vivandière peu de temps après la naissance du sauteriot, et, depuis, on n'en avait jamais entendu parler. Le mari était mort de chagrin et de honte, et c'est comme cela que la vieille mère Fadet avait été obligée de se charger des deux enfants, qu'elle soignait fort mal, tant à cause de sa chicherie que de son âge avancé, qui ne lui permettait guère de les surveiller et de les tenir proprement.

Pour toutes ces raisons, Landry, qui n'était pourtant pas aussi fier que Sylvinet, se sentait du dégoût pour la petite Fadette, et, regrettant d'avoir eu des rapports avec elle, il se gardait bien de le faire connaître à personne. Il le cacha même à son besson, ne voulant pas lui confesser l'inquiétude qu'il avait eue à son sujet; et, de son côté, Sylvinet lui cacha toutes les méchancetés de la petite Fadette envers lui, ayant honte de dire qu'elle avait eu divination de sa jalousie.

Mais le temps se passait. A l'âge qu'avaient nos bessons, les semaines sont comme des mois et les mois comme des ans, pour le changement qu'ils amènent dans le corps et dans l'esprit. Bientôt Landry oublia son aventure, et, après s'être un peu tourmenté du souvenir de la Fadette, n'y pensa non plus que s'il en eût fait le rêve.

Il y avait déjà environ dix mois que Landry était entré à la Priche, et on approchait de la Saint-Jean, qui était l'époque de son engagement avec le père Caillaud. Ce brave homme était si content de lui qu'il était bien décidé à lui augmenter son gage plutôt que de le voir partir; et Landry ne demandait pas mieux que de rester dans le voisinage de sa famille et de renouveler avec les gens de la Priche, qui lui convenaient beaucoup. Mêmement, il se sentait venir une petite amitié pour une nièce du père Caillaud qui s'appelait Madelon et qui était un beau brin de fille. Elle avait un an de plus que lui et le traitait encore un peu comme un enfant ; mais cela diminuait de jour en jour, et, tandis qu'au commencement de l'année elle se moquait de lui lorsqu'il avait honte de l'embrasser aux jeux ou à la danse, sur la fin, elle rougissait au lieu de le provoquer, elle ne restait plus seule avec lui dans l'étable ou dans le fenil. La Madelon n'était point pauvre, et un mariage entre eux eût bien pu s'arranger par la suite du temps. Les deux familles étaient bien famées et tenues en estime par tout le pays. Enfin, le père Caillaud, voyant ces deux enfants qui commençaient à se chercher et à se craindre, disait au père Barbeau que ça pourrait bien faire un beau couple, et qu'il n'y avait point de mal à leur laisser faire bonne et longue connaissance.

Il fut donc convenu, huit jours avant la Saint-Jean, que Landry resterait à la Priche, et Sylvinet chez ses parents ; car la raison était assez bien revenue à celui-ci, et le père Barbeau ayant pris les fièvres, cet enfant savait se rendre très-utile au travail de ses terres. Sylvinet avait eu grand'peur d'être envoyé au loin, et cette crainte-là avait agi sur lui en bien ; car, de plus en plus, il s'efforçait à vaincre l'excédant de son amitié pour Landry, ou du moins ne point trop le laisser paraître. La paix et le contentement étaient donc revenus à la Bessonnière, quoique les bessons ne se vissent plus qu'une ou deux fois la semaine. La Saint-Jean fut pour eux un jour de bonheur ; ils allèrent ensemble à la ville pour assister à la loue des serviteurs de ville et de campagne, et la fête qui s'ensuit sur la grande place. Landry dansa plus d'une bourrée avec la belle Madelon ; et Sylvinet, pour lui complaire, essaya de danser aussi. Il ne s'en tirait pas trop bien ; mais la Madelon, qui lui témoignait beaucoup d'égards, le prenait par la main, en vis-à-vis, pour l'aider à marquer le pas ; et Sylvinet, se trouvant ainsi avec son frère, promit d'apprendre à bien danser, afin de partager un plaisir où jusque-là il avait gêné Landry.

Il ne se sentait pas trop de jalousie contre Madelon, parce que Landry était encore sur la réserve avec elle. Et d'ailleurs, Madelon flattait et encourageait Sylvinet. Elle était sans gêne avec lui, et quelqu'un qui ne s'y connaîtrait pas aurait jugé que c'était celui des bessons qu'elle préférait. Landry eût pu en être jaloux, s'il n'eût été, par nature, ennemi de la jalousie ; et peut-être un je ne sais quoi lui disait-il, malgré sa grande innocence, que Madelon n'agissait ainsi que pour lui faire plaisir et avoir occasion de se trouver plus souvent avec lui.

Toutes choses allèrent donc pour le mieux pendant environ trois mois, jusqu'au jour de la Saint-Andoche, qui est la fête patronale du bourg de la Cosse, et qui tombe aux derniers jours de septembre.

Ce jour-là, qui était toujours pour les deux bessons une grande et belle fête, parce qu'il y avait danse et jeux de toutes sortes sous les grands noyers de la paroisse, amena pour eux de nouvelles peines auxquelles ils ne s'attendaient mie.

Le père Caillaud ayant donné licence à Landry d'aller dès la veille coucher à la Bessonnière, afin de voir la fête sitôt le matin, Landry partit avant souper, bien content d'aller surprendre son besson, qui ne l'attendait que le lendemain. C'est la saison où les jours commencent à être courts et où la nuit tombe vite. Landry n'avait jamais peur de rien en plein jour ; mais il n'eût pas été de son âge et de son pays s'il avait aimé à se trouver seul la nuit sur les chemins, surtout dans l'automne, qui est une saison où les sorciers et les follets commencent à se donner du bon temps, à cause des brouillards qui les aident à cacher leurs malices et maléfices. Landry, qui avait coutume de sortir seul à toute heure pour mener ou rentrer ses bœufs, n'avait pas précisément grand souci, ce soir-là, plus qu'un autre soir ; mais il marchait vite et chantait fort, comme on fait toujours quand le temps est noir, car on sait que le chant de l'homme dérange et écarte les mauvaises bêtes et les mauvaises gens.

Quand il fut au droit du gué des Roulettes, qu'on appelle de cette manière à cause des cailloux ronds qui s'y trouvent en grande quantité, il releva un peu les jambes de son pantalon ; car il pouvait y avoir de l'eau jusqu'au-dessus de la cheville du pied, et il fit bien attention à ne pas marcher devant lui, parce que le gué est établi en biaisant, et qu'à droite comme à gauche il y a de mauvais trous. Landry connaissait si bien le gué qu'il ne pouvait guère s'y tromper. D'ailleurs on voyait de là, à travers les arbres qui étaient plus d'à moitié dépouillés de feuilles, la petite clarté qui sortait de la maison de la mère Fadet ; et en regardant cette clarté, pour peu qu'on marchât dans la direction, il n'y avait point chance de faire mauvaise route.

Il faisait si noir sous les arbres, que Landry tâta pourtant le gué avec son bâton avant d'y entrer. Il fut étonné de trouver l'eau plus haute que de coutume, d'autant plus qu'il entendait le bruit des écluses qu'on avait ouvertes depuis une bonne heure. Pourtant, comme il voyait bien la lumière de la croisée à la Fadette, il se risqua. Mais, au bout de deux pas, il avait de l'eau plus haut que le genou et il se retira, jugeant qu'il s'était trompé. Il essaya un peu plus haut et un peu plus bas, et, là comme là, il trouva le creux encore davantage. Il n'avait pas tombé de pluie, les écluses grondaient toujours : la chose était donc bien surprenante.

## XII.

— Il faut, pensa Landry, que j'aie pris le faux chemin de la charrière, car, pour le coup, je vois à ma droite la chandelle de la Fadette, qui devrait être sur ma gauche. Il remonta le chemin jusqu'à la Croix-au-Lièvre, et il en fit le tour tous yeux fermés pour se désorienter ; et quand il eut bien remarqué les arbres et les buissons autour de lui, il se trouva dans le bon chemin et revint jouxte à la rivière. Mais bien que le gué lui parût commode, il n'osa point y faire plus de trois pas, pour ce qu'il vit tout d'un coup, presque derrière lui, la clarté de la maison Fadette, qui aurait dû être juste en face. Il revint à la rive, et cette clarté lui parut être alors comme elle devait se trouver. Il reprit le gué en biaisant dans un autre sens, et, cette fois, il eut de l'eau presque jusqu'à la ceinture. Il avançait toujours cependant, augurant qu'il avait rencontré un trou, mais qu'il allait en sortir en marchant vers la lumière.

Il fit bien de s'arrêter, car le trou se creusait toujours, et il en avait jusqu'aux épaules. L'eau était bien froide, et il resta un moment à se demander s'il reviendrait sur ses pas ; car la lumière lui paraissait avoir changé de place, et mêmement il la vit remuer, courir, sautiller, repasser d'une rive à l'autre, et finalement se montrer double en se mirant dans l'eau, où elle se tenait comme un oiseau qui se balance sur ses ailes, et en faisant entendre un petit bruit de grésillement comme ferait une pétrole de résine.

Cette fois Landry eut peur et faillit perdre la tête, et il avait ouï dire qu'il n'y a rien de plus abusif et de plus méchant que ce feu-là ; qu'il se faisait un jeu d'égarer ceux qui le regardent et de les conduire au plus creux des eaux, tout en riant à sa manière et en se moquant de leur angoisse.

Landry ferma les yeux pour ne point le voir, et se retournant vivement, à tout risque, il sortit du trou, et se retrouva au rivage. Il se jeta alors sur l'herbe, et regarda le follet qui poursuivait sa danse et son train. C'était vraiment une vilaine chose à voir. Tantôt il filait comme un martin-pêcheur, et tantôt il disparaissait tout à fait. Et, d'autres fois, il devenait gros comme la tête d'un bœuf, et tout aussitôt menu comme un œil de chat ; et il accourait auprès de Landry, tournait autour de lui si vite, qu'il en était ébloui ; et enfin, voyant qu'il ne voulait pas le suivre, il s'en retournait frétiller dans les roseaux, où il avait l'air de se fâcher et de lui dire des insolences.

Landry n'osait point bouger, car de retourner sur ses pas n'était pas le moyen de faire fuir le follet. On sait qu'il s'obstine à courir ceux qui courent, et qu'il se met en travers de leur chemin jusqu'à ce qu'il les ait rendus fous et fait tomber dans quelque mauvaise passe. Il grelottait de peur et de froid, lorsqu'il entendit derrière lui une petite voix très-douce qui chantait :

> Fadet, fadet, petit fadet,
> Prends ta chandelle et ton cornet;
> J'ai pris ma cape et mon capet;
> Toute follette a son follet.

Et tout aussitôt la petite Fadette, qui s'apprêtait gaiement à passer l'eau sans montrer crainte ni étonnement du feu follet, heurta contre Landry, qui était assis par terre dans la brune, et se retira en jurant ni plus ni moins qu'un garçon, et des mieux appris.

— C'est moi, Fanchon, dit Landry en se relevant, n'aie pas peur. Je ne te suis pas ennemi.

Il parlait comme cela parce qu'il avait peur d'elle presque autant que du follet. Il avait entendu sa chanson, et voyait bien qu'elle faisait une conjuration au feu follet, lequel dansait et se tortillait comme un fou devant elle et comme s'il eût été aise de la voir.

— Je vois bien, beau besson, dit alors la petite Fadette après qu'elle se fut consultée un peu, que tu me flattes, parce que tu es moitié mort de peur, et que la voix te tremble dans le gosier ni plus ni moins qu'à ma grand' mère. Allons, pauvre cœur, la nuit on n'est pas si fier que le jour, et je gage que tu n'oses passer l'eau sans moi.

— Ma foi, j'en sors, dit Landry, et j'ai manqué de m'y noyer. Est-ce que tu vas t'y risquer, Fadette? Tu ne crains pas de perdre le gué?

— Eh! pourquoi le perdrais-je? Mais je vois bien ce qui t'inquiète, répondit la petite Fadette en riant. Allons, donne-moi la main, poltron; le follet n'est pas si méchant que tu crois, et il ne fait de mal qu'à ceux qui s'en épeurent. J'ai coutume de le voir, moi, et nous nous connaissons.

Là-dessus, avec plus de force que Landry n'eût supposé qu'elle en avait, elle le tira par le bras et l'amena dans le gué en courant et en chantant:

> J'ai pris ma cape et mon capet,
> Toute fadette a son fadet.

Landry n'était guère plus à son aise dans la société de la petite sorcière que dans celle du follet. Cependant, comme il aimait mieux voir le diable sous l'apparence d'un être de sa propre espèce que sous celle d'un feu si sournois et si fugace, il ne fit pas de résistance, et il fut tôt rassuré en sentant que la Fadette le conduisait si bien, qu'il marchait à sec sur les cailloux. Mais comme ils marchaient vite tous les deux et qu'ils ouvraient un courant d'air au feu follet, ils étaient toujours suivis de ce météore, comme l'appelle le maître d'école de chez nous, qui en sait long sur cette chose-là, et qui assure qu'on n'en doit avoir nulle crainte.

## XIII.

Peut-être que la mère Fadet avait aussi de la connaissance là-dessus, et qu'elle avait enseigné à sa petite-fille à ne rien redouter de ces feux de nuit; ou bien, à force d'en voir, car il y en avait souvent aux entours du gué des Roulettes, ce n'était un grand hasard que Landry n'en eût point encore vu de près, peut-être la petite s'était-elle fait une idée que l'esprit qui les soufflait n'était point méchant et ne lui voulait que du bien. Sentant Landry qui tremblait de tout son corps à mesure que le follet s'approchait d'eux:

— Innocent, lui dit-elle, ce feu-là ne brûle point, et si tu étais assez subtil pour le manier, tu verrais qu'il ne laisse pas seulement sa marque.

— C'est encore pis, pensa Landry; du feu qui ne brûle pas, on sait ce que c'est: ça ne peut pas venir de Dieu, car le feu du bon Dieu est fait pour chauffer et brûler.

Mais il ne fit pas connaître sa pensée à la petite Fadette, et quand il se vit sain et sauf à la rive, il eut grande envie de la planter là et de s'ensauver à la Bessonnière. Mais il n'avait point le cœur ingrat, et il ne voulut point la quitter sans la remercier.

— Voilà la seconde fois que tu me rends service, Fanchon Fadet, lui dit-il, et je ne vaudrais rien si je ne te disais pas que je m'en souviendrai toute ma vie. J'étais là comme un fou quand tu m'as trouvé; le follet m'avait vanné et charmé. Jamais je n'aurais passé la rivière, ou bien je n'en serais jamais sorti.

— Peut-être bien que tu l'aurais passée sans peine ni danger si tu n'étais pas si sot, répondit la Fadette; je n'aurais jamais cru qu'un grand gars comme toi, qui est dans ses dix-sept ans, et qui ne tardera pas à avoir de la barbe au menton, fût si aisé à épeurer, et je suis contente de te voir comme cela.

— Et pourquoi en êtes-vous contente, Fanchon Fadet?

— Parce que je ne vous aime point, lui dit-elle d'un ton méprisant.

— Et pourquoi est-ce encore que vous ne m'aimez point?

— Parce que je ne vous estime point, répondit-elle; ni vous, ni votre besson, ni vos père et mère, qui sont fiers parce qu'ils sont riches, et qui croient qu'on ne fait que son devoir en leur rendant service. Ils vous ont appris à être ingrat, Landry, et c'est le plus vilain défaut pour un homme, après celui d'être peureux.

Landry se sentit bien humilié des reproches de cette petite fille, car il reconnaissait qu'ils n'étaient pas tout à fait injustes, et il lui répondit:

— Si je suis fautif, Fadette, ne l'imputez qu'à moi. Ni mon frère, ni mon père, ni ma mère, ni personne chez vous n'a eu connaissance du secours que vous m'avez déjà une fois donné. Mais pour cette fois-ci, ils le sauront, et vous aurez une récompense telle que vous la désirerez.

— Ah! voilà bien votre orgueilleux, reprit la petite Fadette, parce que vous vous imaginez qu'avec vos présents vous pouvez être quitte envers moi. Vous croyez que je suis pareille à ma grand'mère, qui, pourvu qu'on lui baille quelque argent, supporte les malhonnêtetés et les insolences du monde. Eh bien, moi je n'ai besoin ni envie de vos dons, et je méprise tout ce qui viendrait de vous, puisque vous n'avez pas eu le cœur de trouver un pauvre mot de remercîment et d'amitié à me dire depuis tantôt un an que je vous ai guéri d'une grosse peine.

— Je suis fautif, je l'ai confessé, Fadette, dit Landry, qui ne pouvait s'empêcher d'être étonné de la manière dont il l'entendait raisonner pour la première fois. Mais c'est qu'aussi il y a un peu de ta faute. Ce n'était pas bien sorcier de me faire retrouver mon frère, puisque tu venais sans doute de le voir pendant que je m'expliquais avec ta grand'mère; et si tu avais vraiment le cœur bon, toi qui me reproches de ne l'avoir point, au lieu de me faire souffrir et attendre, et au lieu de me faire donner une parole qui pouvait me mener loin, tu m'aurais dit tout de suite: « Dévalle le pré, et tu le verras au rivet de l'eau. » Cela ne t'aurait point coûté beaucoup, au lieu que t'as fait un vilain jeu de ma peine; et voilà ce qui a mandré le prix du service que tu m'as rendu.

La petite Fadette, qui avait pourtant la repartie prompte, resta pensive un moment. Puis elle dit:

— Je vois bien que tu as fait ton possible pour écarter la reconnaissance de ton cœur, et pour t'imaginer que tu ne m'en devais point, à cause de la récompense que je m'étais fait promettre. Mais, encore un coup, il est dur et mauvais, ton cœur, puisqu'il ne t'a point fait observer que je ne réclamais rien de toi, et que je ne te faisais pas même reproche de ton ingratitude.

— C'est vrai, ça, Fanchon, dit Landry qui était la bonne foi même; je suis dans mon tort, je l'ai senti, et j'en ai eu de la honte; j'aurais dû te parler, j'en ai eu l'intention, mais tu m'as fait une mine si courroucée que je n'ai point su m'y prendre.

— Et si vous étiez venu le lendemain de l'affaire me dire une parole d'amitié, vous ne m'auriez point trouvée courroucée; vous auriez su tout de suite que je ne voulais point de paiement, et nous serions amis: au lieu qu'à cette heure, j'ai mauvaise opinion de vous, et j'aurais dû vous laisser débrouiller avec le follet comme vous auriez pu. Bonsoir, Landry de la Bessonnière; allez sécher vos habits; allez dire à vos parents: « Sans ce petit guenillon de grelet, j'aurais, ma foi, bu un bon coup, ce soir, dans la rivière. »

Parlant ainsi, la petite Fadette lui tourna le dos, et marcha du côté de sa maison en chantant :

Prends ta leçon et ton paquet,
Landry Barbeau le bessonnet.

A cette fois, Landry sentit comme un grand repentir dans son âme, non qu'il fût disposé à aucune sorte d'amitié pour une fille qui paraissait avoir plus d'esprit que de bonté, et dont les vilaines manières ne plaisaient point, même à ceux qui s'en amusaient. Mais il avait le cœur haut et ne voulait point garder un tort sur sa conscience. Il courut après elle, et la rattrapant par sa cape :

— Voyons, Fanchon Fadet, lui dit-il, il faut que cette affaire-là s'arrange et se finisse entre nous. Tu es mécontente de moi, et je ne suis pas bien content de moi-même. Il faut que tu me dises ce que tu souhaites, et pas plus tard que demain je te l'apporterai.

— Je souhaite ne jamais te voir, répondit la Fadette très-durement; et n'importe quelle chose tu m'apporteras, tu peux bien compter que je te la jetterai au nez.

— Voilà des paroles trop rudes pour quelqu'un qui vous offre réparation. Si tu ne veux point de cadeau, il y a peut-être moyen de te rendre service et de te montrer par là qu'on te veut du bien et non pas du mal. Allons, dis-moi ce que j'ai à faire pour te contenter.

— Vous ne sauriez donc me demander pardon et souhaiter mon amitié ? dit la Fadette en s'arrêtant.

— Pardon, c'est beaucoup demander, répondit Landry, qui ne pouvait vaincre sa hauteur à l'endroit d'une fille qui n'était point considérée en proportion de l'âge qu'elle commençait à avoir, et qu'elle ne portait pas toujours aussi raisonnablement qu'elle l'aurait dû ; quant à ton amitié, Fadette, tu es si drôlement bâtie dans ton esprit, que je ne saurais y avoir grand'fiance. Demande-moi donc une chose qui puisse se donner tout de suite, et que je ne suis pas obligé de te reprendre.

— Eh bien, dit la Fadette d'une voix claire et sèche, il en sera comme vous le souhaitez, besson Landry. Je vous ai offert votre pardon, et vous n'en voulez point. A présent je vous réclame ce que vous m'avez promis, qui est d'obéir à mon commandement, en quelque lieu où vous en serez requis. Ce jour-là, ce ne sera pas plus tard que demain à la Saint-Andoche, et voici ce que je veux : Vous me ferez danser trois bourrées après la messe, deux bourrées après vêpres, et encore deux bourrées après l'Angélus, ce qui fera sept. Et dans toute votre journée, depuis que vous serez levé jusqu'à ce que vous soyez couché, vous ne danserez aucune autre bourrée avec n'importe qui, fille ou femme. Si vous ne le faites, je saurai que vous avez trois choses bien laides en vous : l'ingratitude, la peur et le manque de parole. Bonsoir, je vous attends demain pour ouvrir la danse, à la porte de l'église.

Et la petite Fadette, que Landry avait suivie jusqu'à sa maison, tira la corillette et entra si vite que la porte fut poussée et recorillée avant que le besson eût pu répondre un mot.

XIV.

Landry trouva d'abord l'idée de la Fadette si drôle qu'il pensa à en rire plus qu'à s'en fâcher. — Voilà, se dit-il, une fille plus folle que méchante, et plus désintéressée qu'on ne croirait, car son payement ne ruinera pas ma famille. — Mais, en y songeant, il trouva l'acquit de sa dette plus dur que la chose ne semblait. La petite Fadette dansait très-bien ; il l'avait vue gambiller dans les champs ou sur le bord des chemins, avec les pâtours, et elle s'y démenait comme un petit diable, si vivement qu'on avait peine à la suivre en mesure. Mais elle était si peu belle et si mal attifée, même les dimanches, qu'aucun garçon de l'âge de Landry ne l'eût fait danser, surtout devant le monde. C'est tout au plus si les porchers et les gars qui n'avaient point encore fait leur première communion la trouvaient digne d'être invitée, et les belles de campagne n'aimaient point à l'avoir dans leur danse. Landry se sentit donc tout à fait humilié d'être voué à une pareille danseuse ; et quand il se souvint qu'il s'était fait promettre au moins trois bourrées par la belle Madelon, il se demanda comment elle prendrait l'affront qu'il serait forcé de lui faire en ne les réclamant point.

Comme il avait froid et faim, et qu'il craignait toujours de voir le follet se mettre après lui, il marcha vite sans trop songer et sans regarder derrière lui. Dès qu'il fut rendu, il se sécha et conta qu'il n'avait point vu le gué à cause de la grand'nuit, et qu'il avait eu de la peine à sortir de l'eau ; mais il eut honte de confesser la peur qu'il avait eue, et il ne parla ni du feu follet ni de la petite Fadette. Il se coucha en se disant que ce serait bien assez tôt le lendemain pour se tourmenter de la conséquence de cette mauvaise rencontre ; mais quoi qu'il fît, il ne put dormir que très-mal. Il fit plus de cinquante rêves, où il vit la petite Fadette à califourchon sur le fadet, qui était fait comme un grand coq rouge et qui tenait, dans une de ses pattes, sa lanterne de corne avec une chandelle dedans, dont les rayons s'étendaient sur toute la jonchère. Et alors la petite Fadette se changeait en un grelet gros comme une chèvre, et elle lui criait, en voix de grelet, une chanson qu'il ne pouvait comprendre, mais où il entendait toujours des mots sur la même rime : grelet, fadet, cornet, capet, follet, bessonnet, Sylvinet. Il en avait la tête cassée, et la clarté du follet lui semblait si vive et si prompte que, quand il s'éveilla, il en avait encore les orblutes, qui sont petites boules noires, rouges ou bleues, lesquelles nous semblent être devant nos yeux, quand nous avons regardé avec trop d'assurance les orbes du soleil ou de la lune.

Landry fut si fatigué de cette mauvaise nuit qu'il s'endormait tout le long de la messe, et mêmement il n'entendit pas une parole du sermon de M. le curé, qui, pourtant, loua et magnifia on ne peut mieux les vertus et propriétés du bon saint Andoche. En sortant de l'église, Landry était si chargé de langueur qu'il avait oublié la Fadette. Elle était pourtant devant le porche, tout auprès de la belle Madelon, qui se tenait là, bien sûre que la première invitation serait pour elle. Mais quand il s'approcha pour lui parler, il lui fallut bien voir le grelet qui fit un pas en avant et lui dit bien haut avec une hardiesse sans pareille :

— Allons, Landry, tu m'as invitée hier soir pour la première danse, et je compte que nous allons n'y pas manquer.

Landry devint rouge comme le feu, et voyant Madelon devenir rouge aussi, pour le grand étonnement et le grand dépit qu'elle avait d'une pareille aventure, il prit courage contre la petite Fadette.

— C'est possible que je t'aie promis de te faire danser, grelet, lui dit-il ; mais j'avais prié une autre auparavant, et ton tour viendra après que j'aurai tenu mon premier engagement.

— Non pas, repartit la Fadette avec assurance. Ta souvenance te fait défaut, Landry ; tu n'as promis à personne avant moi, puisque la parole que je te réclame est de l'an dernier, et tu ne l'as fait que me la renouveler hier soir. Si la Madelon a envie de danser avec toi aujourd'hui, voici ton besson qui est tout pareil à toi, et qu'elle prendra à ta place. L'un vaut l'autre.

— Le grelet a raison, répondit la Madelon avec fierté en prenant la main de Sylvinet ; puisque vous avez fait une promesse si ancienne, il faut la tenir, Landry. J'aime bien autant danser avec votre frère.

— Oui, oui, c'est la même chose, dit Sylvinet tout naïvement. Nous danserons tous les quatre.

Il fallut bien en passer par là pour ne pas attirer l'attention du monde, et le grelet commença à sautiller avec tant d'orgueil et de prestesse, que jamais bourrée ne fut mieux marquée ni mieux enlevée. Si elle eût été pimpante et gentille, elle eût fait plaisir à voir, car elle dansait par merveille, et il n'y avait pas une belle qui n'eût voulu avoir sa légèreté et son aplomb ; mais le pauvre grelet était si mal habillé, qu'il en paraissait dix fois plus laid que de coutume. Landry, qui n'osait plus regarder Madelon, tant il était chagriné et humilié vis-à-vis d'elle, regarda sa danseuse, et la trouva beaucoup plus vilaine que dans ses guenilles de tous les jours; elle avait cru se faire belle, et son dressage était bon pour faire rire.

Elle avait une coiffe toute jaunie par le renfermé, qui, au lieu d'être petite et bien retroussée par derrière, selon la nouvelle mode du pays, montrait de chaque côté de sa tête deux grands oreillons bien larges et bien plats; et, sur le derrière de sa tête, la cayenne retombait jusque sur son cou, ce qui lui donnait l'air de sa grand'mère et lui faisait une tête large comme un boisseau sur un petit cou mince comme un bâton. Son cotillon de droguet était trop court de deux mains; et, comme elle avait grandi beaucoup dans l'année, ses bras maigres, tout mordus par le soleil, sortaient de ses manches comme deux pattes d'aranelle. Elle avait cependant un tablier d'incarnat dont elle était bien fière, mais qui lui venait de sa mère, et dont elle n'avait point songé à retirer la bavousette, que, depuis plus de dix ans, les jeunesses ne portent plus. Car elle n'était point de celles qui sont trop coquettes, la pauvre fille, elle ne l'était pas assez, et vivait comme un garçon, sans souci de sa figure, et n'aimant que le jeu et la risée. Aussi avait-elle l'air d'une vieille endimanchée, et on la méprisait pour sa mauvaise tenue, qui n'était point commandée par la misère, mais par l'avarice de sa grand'mère, et le manque de goût de la petite-fille.

## XV.

Sylvinet trouvait étrange que son besson eût pris fantaisie de cette Fadette, que, pour son compte, il aimait encore moins que Landry ne faisait. Landry ne savait comment expliquer la chose, et il aurait voulu se cacher sous la terre. La Madelon était bien malcontente, et malgré l'entrain que la petite Fadette forçait leurs jambes de prendre, leurs figures étaient si tristes qu'on eût dit qu'ils portaient le diable en terre.

Aussitôt la fin de la première danse, Landry s'esquiva et alla se cacher dans son ouche. Mais, au bout d'un instant, la petite Fadette, escortée du sauteriot, qui, pour ce qu'il avait une plume de paon et un gland de faux or à sa casquette, était plus rageur et plus braillard que de coutume, vint bientôt le relancer, amenant une bande de drôlesses plus jeunes qu'elle, car celles de son âge ne la fréquentaient guère. Quand Landry la vit avec toute cette volaille, qu'elle comptait prendre à témoin, en cas de refus, il se soumit et la conduisit sous les enyers où il aurait bien voulu trouver un coin pour danser avec elle sans être remarqué. Par bonheur pour lui, ni Madelon, ni Sylvinet n'étaient de ce côté-là, ni les gens de l'endroit; et il voulut profiter de l'occasion pour remplir sa tâche et danser la troisième bourrée avec la Fadette. Il n'y avait autour d'eux que des étrangers qui n'y firent pas grande attention.

Sitôt qu'il eut fini, il courut chercher Madelon pour l'inviter à venir sous la ramée manger de la fromentée avec lui. Mais elle avait dansé avec d'autres qui lui avaient fait promettre de se laisser régaler, et elle le refusa un peu fièrement. Puis, voyant qu'il se tenait dans un coin avec des yeux tout remplis de larmes, car le dépit et la fierté la rendaient plus jolie fille que jamais elle ne lui avait semblé, et l'on eût dit que tout le monde en faisait la remarque, elle mangea vite, se leva de table et dit tout haut : « Voilà les vêpres qui sonnent; avec qui vais-je danser après? » Elle s'était tournée du côté de Landry, comptant qu'il dirait bien vite : « Avec moi! » Mais, avant qu'il eût pu desserrer les dents, d'autres s'étaient offerts, et la Madelon, sans daigner lui envoyer un regard de reproche ou de pitié, s'en alla à vêpres avec ses nouveaux galants.

Du plus vite que les vêpres furent chantées, la Madelon partit avec Pierre Aubardeau, suivie de Jean Aladenise, et d'Etienne Alaphilippe, qui tous trois la firent danser l'un après l'autre, car elle n'en pouvait manquer, étant belle fille et non sans avoir. Landry la regardait du coin de l'œil, et la petite Fadette était restée dans l'église, disant de longues prières après les autres; et elle faisait ainsi tous les dimanches, soit par grande dévotion selon les uns, soit, selon d'autres, pour mieux cacher son jeu avec le diable.

Landry fut bien peiné de voir que la Madelon ne montrait aucun souci à son endroit, qu'elle était rouge de plaisir comme une fraise, et qu'elle se consolait très-bien de l'affront qu'il s'était vu forcé de lui faire. Il s'avisa alors de ce qui ne lui était pas encore venu à l'idée, à savoir, qu'elle pouvait bien se ressentir d'un peu beaucoup de coquetterie, et que, dans tous les cas, elle n'avait pas pour lui grande attache, puisqu'elle s'amusait si bien sans lui.

Il est vrai qu'il se savait dans son tort, du moins par apparence; mais elle l'avait vu bien chagriné sous la ramée, et elle aurait pu deviner qu'il y avait là-dessous quelque chose qu'il aurait voulu pouvoir lui expliquer. Elle ne s'en souciait mie pourtant, et elle était gaie comme un biquet, quand son cœur, à lui, se fendait de chagrin.

Quand elle eut contenté ses trois danseurs, Landry s'approcha d'elle, désirant lui parler en secret et se justifier de son mieux. Il ne savait comment s'y prendre pour l'emmener à l'écart, car il était encore dans l'âge où l'on n'a guère de courage avec les femmes; aussi ne put-il trouver aucune parole à propos et la prit-il par la main pour s'en faire suivre; mais elle lui dit d'un air moitié dépit, moitié pardon :

—Oui-dà, Landry, tu viens donc me faire danser à la fin?

—Non pas danser, répondit-il, car il ne savait pas feindre et n'avait plus l'idée de manquer à sa parole; mais vous dire quelque chose que vous ne pouvez pas refuser d'entendre.

—Oh! si tu as un secret à me dire, Landry, ce sera pour une autre fois, répondit Madelon en lui retirant sa main. C'est aujourd'hui le jour de danser et de se divertir. Je ne suis pas encore à bout de mes jambes, et puisque le grelet a usé les tiennes, va te coucher si tu veux, moi je reste.

Là-dessus elle accepta l'offre de Germain Audoux qui venait pour la faire danser. Et comme elle tournait le dos à Landry, Landry entendit Germain Audoux qui lui disait, en parlant de lui : — Voilà un gars qui paraissait bien croire que cette bourrée-là lui reviendrait.

—Peut-être bien, dit Madelon en hochant la tête, mais ce ne sera pas encore pour son nez!

Landry fut grandement choqué de cette parole, et resta auprès de la danse pour observer toutes les allures de la Madelon, qui n'étaient point malhonnêtes, mais si fières et de telle nargue, qu'il s'en dépita; et quand elle revint de son côté, comme il la regardait avec des yeux où se moquaient un peu d'elle, elle lui dit par bravade : — Eh bien donc, Landry, tu ne peux trouver une danseuse, aujourd'hui. Tu seras, ma fine, obligé de retourner au grelet!

— Et j'y retournerai de bon cœur, répondit Landry; car si ce n'est la plus belle de la fête, c'est toujours celle qui danse le mieux.

Là-dessus, il s'en fut aux alentours de l'église pour chercher la petite Fadette, et il la ramena dans la danse, tout en face de la Madelon, et il y dansa deux bourrées sans quitter la place. Il fallait voir comme le grelet était fier et content! Elle ne cachait point son aise, faisait reluire ses coquins d'yeux noirs, et relevait sa petite tête et sa grosse coiffe comme une poule huppée.

Mais, par malheur, son triomphe donna du dépit à cinq ou six gamins qui la faisaient danser à l'habitude, et, qui, ne pouvant plus en approcher, eux qui n'avaient jamais été fiers avec elle, et qui l'estimaient beaucoup pour sa danse, se mirent à la critiquer, à lui reprocher sa fierté et à chuchoter autour d'elle : —Voyez donc la grelette qui croit charmer Landry Barbeau! grelette, sautiote, farfadette, chat grillé, grillette, râlette, —et autres sornettes à la manière de l'endroit.

## XVI.

Et puis, quand la petite Fadette passait auprès d'eux, ils lui tiraient sa manche, ou avançaient leur pied pour la faire tomber, et il y en avait, des plus jeunes s'entend, et des moins bien appris, qui frappaient sur l'orillon de sa coiffe et la lui faisaient virer d'une oreille à l'autre, en criant : — Au grand calot, au grand calot à la mère Fadet!

Le pauvre grelet allongea cinq ou six tapes à droite ou à gauche; mais tout cela ne servit qu'à attirer l'attention de son côté; et les personnes de l'endroit commencèrent à se dire : — Mais voyez donc notre grelette, comme elle a de la chance aujourd'hui, que Landry Barbeau la fait danser à tout moment! C'est vrai qu'elle danse bien, mais la voilà qui fait la belle fille et qui se carre comme une agasse. — Et parlant à Landry, il y en eut qui dirent : — Elle t'a donc jeté un sort, mon pauvre Landry, que tu ne regardes qu'elle? ou bien c'est que tu veux passer sorcier, et que bientôt nous te verrons mener les loups aux champs.

Landry fut mortifié; mais Sylvinet, qui ne voyait rien de plus excellent et de plus estimable que son frère, le fut encore davantage de voir qu'il se donnait en risée à tant de monde, et à des étrangers qui commençaient aussi à s'en mêler, à faire des questions, et à dire : « C'est bien un beau gars : mais, tout de même, il a une drôle d'idée de se coiffer de la plus vilaine qu'il n'y ait pas dans toute l'assemblée. » La Madelon vint, d'un air de triomphe, écouter toutes ces moqueries, et, sans charité, elle y mêla son mot : — Que voulez-vous? dit-elle; Landry est encore un petit enfant, et, à son âge, pourvu qu'on trouve à qui parler, on ne regarde pas si c'est une tête de chèvre ou une figure chrétienne.

Sylvinet prit alors Landry par le bras, en lui disant tout bas : — Allons-nous-en, frère, ou bien il faudra nous fâcher : car on se moque, et l'insulte qu'on fait à la petite Fadette revient sur toi. Je ne sais pas quelle idée t'a pris aujourd'hui de la faire danser quatre ou cinq fois de suite. On dirait que tu cherches le ridicule; finis cet amusement-là, je t'en prie. C'est bon pour elle de s'exposer aux duretés et au mépris du monde. Elle ne cherche que cela, et c'est son goût : mais ce n'est pas le nôtre. Allons-nous-en, nous reviendrons après l'*Angelus*, et tu feras danser la Madelon qui est une fille bien comme il faut. Je t'ai toujours dit que tu aimais trop la danse, et que cela te ferait faire des choses sans raison.

Landry le suivit deux ou trois pas, mais il se retourna en entendant une grande clameur; et il vit la petite Fadette que Madelon et les autres filles avaient livrée aux moqueries de leurs galants, et que les gamins, encouragés par les risées qu'on en faisait, venaient de décoiffer d'un coup de poing. Elle avait ses grands cheveux noirs qui pendaient sur son dos, et se débattait tout en colère et en chagrin; car, cette fois, elle n'avait rien dit qui lui méritât d'être tant maltraitée, et elle pleurait de rage, sans pouvoir rattraper sa coiffe qu'un méchant galopin emportait au bout d'un bâton.

Landry trouva la chose bien mauvaise, et, son bon cœur se soulevant contre l'injustice, il attrapa le gamin, lui ôta la coiffe et le bâton, dont il lui appliqua un bon coup dans le derrière, revint au milieu des autres qu'il mit en fuite, rien que de se montrer, et, prenant le pauvre grelet par la main, il lui rendit sa coiffure.

La vivacité de Landry et la peur des gamins firent grandement rire les assistants. On applaudissait à Landry; mais la Madelon tournant la chose contre lui, il y eut des garçons de l'âge de Landry, et même de plus âgés, qui eurent l'air de rire à ses dépens.

Landry avait perdu sa honte; il se sentait brave et fort, et un je ne sais quoi de l'homme fait lui disait qu'il remplissait son devoir en ne laissant pas maltraiter une femme, laide ou belle, petite ou grande, qu'il avait prise pour sa danseuse, au vu et au su de tout le monde. Il s'aperçut de la manière dont on le regardait du côté de Madelon, et il alla tout droit vis-à-vis des Aladenise et des Alaphilippe, en leur disant :

— Eh bien! vous autres, qu'est-ce que vous avez à en dire? S'il me convient, à moi, de donner attention à cette fille-là, en quoi cela vous offense-t-il? Et si vous en êtes choqués, pourquoi vous détournez-vous pour le dire tout bas? Est-ce que je ne suis pas devant vous? est-ce que vous ne me voyez point? On a dit par ici que j'étais encore un petit enfant; mais il n'y a pas par ici un homme ou seulement un grand garçon qui me l'ait dit en face! J'attends qu'on me parle, et nous verrons si l'on molestera la fille que ce petit enfant fait danser.

Sylvinet n'avait pas quitté son frère, et, quoiqu'il ne l'approuvât point d'avoir soulevé cette querelle, il se tenait tout prêt à le soutenir. Il y avait là quatre ou cinq grands jeunes gens qui avaient la tête de plus que les bessons; mais, quand ils les virent si résolus et comme, au fond, se battre pour si peu était à considérer, ils ne soufflèrent mot et se regardèrent les uns les autres, comme pour se demander lequel avait eu l'intention de se mesurer avec Landry. Aucun ne se présenta, et Landry, qui n'avait point lâché la main de la Fadette, lui dit :

— Mets vite ton coiffage, Fanchon, et dansons, pour que je voie si on viendra te l'ôter.

— Non, dit la petite Fadette en essuyant ses larmes, j'ai assez dansé pour aujourd'hui, et je te tiens quitte du reste.

— Non pas, non pas, il faut danser encore, dit Landry, qui était tout en feu de courage et de fierté. Il ne sera pas dit que tu ne puisses pas danser avec moi sans être insultée.

Il la fit danser encore, et personne ne lui adressa un mot ni un regard de travers. La Madelon et ses soupirants avaient été danser ailleurs. Après cette bourrée, la petite Fadette dit tout bas à Landry :

— A présent, c'est assez, Landry. Je suis contente de toi, et je te rends ta parole. Je retourne à la maison. Danse avec qui tu voudras ce soir.

Et elle s'en alla reprendre son petit frère qui se battait avec les autres enfants, et s'en alla si vite que Landry ne vit pas seulement par où elle se retirait.

## XVII.

Landry alla souper chez lui avec son frère; et, comme celui-ci était bien soucieux de tout ce qui s'était passé, il lui raconta comme quoi il avait eu maille à partir la veille au soir avec le feu follet, et comment la petite Fadette l'en ayant délivré, soit par courage, soit par magie, elle lui avait demandé pour sa récompense de la faire danser sept fois à la fête de Saint-Andoche. Il ne lui parla point du reste, ne voulant jamais lui dire quelle peur il avait eue de le trouver noyé l'an d'auparavant, et en cela il était sage, car ces mauvaises idées que les enfants se mettent quelquefois en tête et reviennent bientôt, si l'on n'y fait attention et si on leur en parle.

Sylvinet approuva son frère d'avoir tenu sa parole, et lui dit que l'ennui que cela lui avait attiré augmentait d'autant l'estime qui lui en était due. Mais, tout en s'effrayant du danger que Landry avait couru dans la rivière, il manqua de reconnaissance pour la petite Fadette. Il avait tant d'éloignement pour elle qu'il ne voulait point croire qu'elle l'eût trouvé là par hasard, ni qu'elle l'eût secouru par bonté.

— C'est elle, lui dit-il, qui avait conjuré le fadet pour te troubler l'esprit et te faire noyer; mais Dieu ne l'a pas permis, parce que tu n'étais pas et n'as jamais été en état de péché mortel. Alors ce méchant grelet, abusant de ta bonté et de ta reconnaissance, t'a fait faire une promesse qu'elle savait bien fâcheuse et dommageable pour toi. Elle est très-mauvaise, cette fille-là : toutes les sorcières aiment le mal, il n'y en a pas de bonnes. Elle savait bien qu'elle te brouillerait avec la Madelon et tes plus honnêtes connaissances. Elle voulait aussi te faire battre; et si, pour la seconde fois, le bon Dieu ne t'avait point défendu contre elle, tu aurais bien pu avoir quelque mauvaise dispute et attraper du malheur.

Landry, qui voyait volontiers par les yeux de son frère, pensa qu'il avait peut-être bien raison, et ne défendit guère la Fadette contre lui. Ils causèrent ensemble sur le follet, que Sylvinet n'avait jamais vu, et dont il était bien curieux d'entendre parler, sans pourtant désirer de le voir. Mais ils n'osèrent pas en parler à leur mère, parce qu'elle avait peur, rien que d'y songer; ni à leur père, parce qu'il s'en moquait, et en avait vu plus de vingt sans y donner d'attention.

On devait danser encore jusqu'à la grand-nuit; mais Landry, qui avait le cœur gros à cause qu'il était pour de bon fâché contre la Madelon, ne voulut point profiter de la liberté que la Fadette lui avait rendue, et il aida son frère à aller chercher ses bêtes au pacage. Et comme cela le conduisit à moitié chemin de la Priche, et qu'il avait le mal de tête, il dit adieu à son frère au bout de la joncière. Sylvinet ne voulut point qu'il allât passer au gué des Roulettes, crainte que le follet ou le grelet ne lui fissent encore là quelque méchant jeu. Il lui fit promettre de prendre le plus long et d'aller passer à la planchette du grand moulin.

Landry fit comme son frère souhaitait, et au lieu de traverser la joncière, il descendit la traîne qui longe la côte du Chaumois. Il n'avait peur de rien, parce qu'il y avait encore du bruit en l'air à cause la fête. Il entendait tant soit peu les musettes et les cris des danseurs de la Saint-Andoche, et il savait bien que les esprits ne font leurs malices que quand tout le monde est endormi dans le pays.

Quand il fut au bas de la côte, tout au droit de la carrière, il entendit une voix qui paraissait gémir et pleurer, et tout d'abord il crut que c'était le courlis. Mais, à mesure qu'il approchait, cela ressemblait à des gémissements humains, et, comme le cœur ne lui faisait jamais défaut quand il s'agissait d'avoir affaire à des êtres de son espèce, et surtout de leur porter secours, il descendit hardiment dans le plus creux de la carrière.

Mais la personne qui se plaignait ainsi fit silence en l'entendant venir.

— Qui pleure donc ça par ici? demanda-t-il d'une voix assurée.

On ne lui répondit mot.

— Y a-t-il par là quelqu'un de malade? fit-il encore.

Et comme on ne disait rien, il songea à s'en aller; mais auparavant il voulut regarder emmy les pierres et les grands chardons qui encombraient l'endroit, et bientôt il vit, à la clarté de la lune qui commençait à monter, une personne couchée par terre tout de son long, la figure en avant et ne bougeant non plus que si elle était morte, soit qu'elle n'en valût guère mieux, soit qu'elle se fût jetée là dans une grande affliction, et que, pour ne pas se faire apercevoir, elle ne voulût point remuer.

Landry n'avait jamais encore vu ni touché un mort. L'idée que c'en était peut-être un lui fit une grande émotion; mais il se surmonta, parce qu'il pensa devoir porter assistance à son prochain, et il alla résolument pour tâter la main de cette personne étendue, qui, se voyant découverte, se releva à moitié aussitôt qu'il fut auprès d'elle; et alors Landry connut que c'était la petite Fadette.

## XVIII.

Landry fut fâché d'abord d'être obligé de trouver toujours la petite Fadette sur son chemin; mais comme elle paraissait avoir une peine, il en eut compassion. Et voilà l'entretien qu'ils eurent ensemble :

— Comment, Grelet, c'est toi qui pleurais comme ça? Quelqu'un t'a-t-il frappée ou pourchassée encore, que tu te plains et que tu te caches?

— Non, Landry, personne ne m'a molestée depuis que tu m'as si bravement défendue; et d'ailleurs je ne crains personne. Je me cachais pour pleurer, et c'est tout, car il n'y a rien de si sot que de montrer sa peine aux autres.

— Mais pourquoi as-tu une si grosse peine? Est-ce à cause des méchancetés qu'on t'a faites aujourd'hui? Il y a eu un peu de ta faute; mais il faut t'en consoler et ne plus t'y exposer.

— Pourquoi dites-vous, Landry, qu'il y a eu de ma faute? C'est donc un outrage que je vous ai fait de souhaiter de danser avec vous, et je suis donc la seule fille qui n'ait pas le droit de s'amuser comme les autres?

— Ce n'est point cela, Fadette; je ne vous fais point reproche d'avoir voulu danser avec moi. J'ai fait ce que vous souhaitiez, et je me suis conduit avec vous comme je devais. Votre tort est plus ancien que la journée d'aujourd'hui, et si vous l'avez eu, ce n'est point envers moi, mais envers vous-même, vous le savez bien.

— Non, Landry; aussi vrai que j'aime Dieu, je ne connais pas ce tort-là; je n'ai jamais songé à moi-même, et si je me reproche quelque chose, c'est de vous avoir causé du désagrément contre mon gré.

— Ne parlons pas de moi, Fadette, je ne vous fais aucune plainte; parlons de vous; et puisque vous ne vous connaissez point de défauts, voulez-vous que, de bonne foi et de bonne amitié, je vous dise ceux que vous avez?

— Oui, Landry, je le veux, et j'estimerai cela la meilleure récompense ou la meilleure punition que tu puisses me donner pour le bien ou le mal que je t'ai fait.

— Eh bien, Fanchon Fadet, puisque tu parles si raisonnablement, et que, pour la première fois de ta vie, je te vois douce et traitable, je vais te dire pourquoi on ne te respecte pas comme une fille de seize ans devrait pouvoir l'exiger. C'est que tu n'as rien d'une fille et tout d'un garçon, dans ton air et dans tes manières; c'est que tu ne prends pas soin de ta personne. Pour commencer, tu n'as point l'air propre et soigneux, et tu te fais paraître laide par ton habillement et ton langage. Tu sais bien que les enfants t'appellent d'un nom encore plus déplaisant que celui de grelet. Ils t'appellent souvent le *malot*. Eh bien, crois-tu que ce soit à propos, à seize ans, de ne point ressembler encore à une fille? Tu montes sur les arbres comme un vrai chat-écureuil, et, quand tu sautes sur une jument, sans bride ni selle, tu la fais galoper comme si le diable était dessus. C'est bon d'être forte et leste; c'est bon aussi de n'avoir peur de rien, et c'est un avantage de nature pour un homme. Mais pour une femme trop est trop, et tu as l'air de vouloir te faire remarquer. Aussi on te remarque, on te taquine, on crie après toi comme après le loup. Tu as de l'esprit et tu réponds des malices qui font rire ceux à qui elles ne s'adressent point. C'est encore bon d'avoir plus d'esprit que les autres; mais à force de le montrer, on se fait des ennemis. Tu es curieuse, et quand tu as surpris les secrets des autres, tu les leur jettes à la figure bien durement, aussitôt que tu as à te plaindre d'eux. Cela te fait craindre, et on déteste ceux qu'on craint. On leur rend plus de mal qu'ils n'en font. Enfin, que tu sois sorcière ou non, je veux croire que tu as des connaissances, mais j'espère que tu n'es pas donnée aux mauvais esprits; tu cherches à le paraître pour effrayer ceux qui te fâchent, et c'est toujours un assez vilain renom que tu te donnes là. Voilà tous tes torts, Fanchon Fadet, et c'est à cause de ces torts-là que les gens en ont après toi. Rumine un peu la chose, et tu verras que si tu voulais être un peu plus comme les autres, on te saurait plus de gré de ce que tu as de plus qu'eux dans ton entendement.

— Je te remercie, Landry, répondit la petite Fadette d'un air très-sérieux, après avoir écouté le besson bien religieusement. Tu m'as dit à peu près ce que tout le monde me reproche, et tu me l'as dit avec beaucoup d'honnêteté et de ménagement, ce que les autres ne font point; mais à présent veux-tu que je te réponde, et, pour cela, veux-tu t'asseoir à mon côté pour un petit moment?

— L'endroit n'est guère agréable, dit Landry, qui ne se souciait point trop de s'attarder avec elle, et qui songeait toujours aux mauvais sorts qu'on l'accusait de jeter sur ceux qui ne s'en méfiaient point.

— Tu ne trouves point l'endroit agréable, reprit-elle, parce que vous autres riches vous êtes difficiles. Il vous faut du beau gazon pour vous asseoir dehors, et vous pouvez choisir dans vos prés et dans vos jardins les plus belles places et le meilleur ombrage. Mais ceux qui n'ont rien à eux n'en demandent pas si long au bon Dieu, et ils s'accommodent de la première pierre venue pour y poser leur tête. Les épines ne blessent point leurs pieds, et là où ils se trouvent ils observent tout ce qui est joli et avenant au ciel et sur la terre. Il n'y a point de vilain endroit, Landry, pour ceux qui connaissent la vertu et la douceur de toutes les choses que Dieu a faites. Moi, je sais, sans être sorcière, à quoi sont bonnes les moindres herbes que tu écrases sous tes pieds; et quand je sais leur usage, je les regarde et ne méprise ni leur odeur ni leur figure. Je te dis cela, Landry, pour t'enseigner tout à l'heure une autre chose qui se rapporte aux âmes chrétiennes aussi bien qu'aux fleurs des jardins et aux ronces des carrières; c'est que l'on méprise trop souvent ce qui ne paraît ni beau ni bon, et que par là on se prive de ce qui est secourable et salutaire.

— Je n'entends pas bien ce que tu veux signifier, dit Landry en s'asseyant auprès d'elle; — et ils restèrent un moment sans se parler, car la petite Fadette avait l'esprit envolé à des idées que Landry ne connaissait point; et, quant à lui, malgré qu'il en eût un peu d'embrouillement dans la tête, il ne pouvait pas s'empêcher d'avoir du plaisir à entendre cette fille; car jamais il n'avait entendu une voix si douce et des paroles si bien dites que les paroles et la voix de la Fadette dans ce moment-là.

— Écoute, Landry, lui dit-elle, je suis plus à plaindre qu'à blâmer; et si j'ai des torts envers moi-même, du moins n'en ai-je jamais eu de sérieux envers les autres; et si le monde était juste et raisonnable, il ferait plus d'attention à mon bon cœur qu'à ma vilaine figure et à mes mauvais habillements. Vois un peu, que j'apprends, ce que tu ne le sais, quel a été mon sort depuis que je suis au monde. Je ne te dirai point de mal de ma pauvre mère qu'un chacun blâme et insulte, quoiqu'elle ne soit point là pour se défendre, et sans que je puisse le faire, moi qui ne sais pas bien ce qu'elle a fait de mal, ni pourquoi elle a été poussée à le faire. Eh bien, le monde est si méchant, qu'à peine ma mère m'eut-elle délaissée, et comme je la pleurais encore bien amèrement, au moindre dépit que les autres enfants avaient contre moi, pour un jeu, pour un rien qu'ils se seraient pardonné entre eux, ils me reprochaient la faute de ma mère et voulaient me forcer à rougir d'elle. Peut-être qu'à ma place une fille raisonnable, comme tu dis, se fût abaissée dans le silence, pensant qu'il était prudent d'abandonner la cause de sa mère et de la laisser injurier pour se préserver de l'être. Mais moi, vois-tu, je ne le pouvais pas. C'était plus fort que moi. Ma mère était toujours ma mère, et qu'elle soit ce qu'on voudra, que je la retrouve ou que je n'en entende jamais parler, je l'aimerai toujours de toute la force de mon cœur. Aussi, quand on m'appelle enfant de coureuse et de vivandière, je suis en colère, non à cause de moi: je sais bien que cela ne peut m'offenser, puisque je n'ai rien fait de mal; mais à cause de cette pauvre chère femme que mon devoir est de défendre. Et comme je ne peux pas la défendre, je la venge, en disant aux autres les vérités qu'ils méritent, et en leur montrant qu'ils ne valent pas mieux que celle à qui ils jettent la pierre. Voilà pourquoi ils disent que je suis curieuse et insolente, que je surprends leurs secrets pour les divulguer. Il est vrai que le bon Dieu m'a faite curieuse, si c'est l'être que de désirer de connaître les choses cachées. Mais si on avait été bon et humain envers moi, je n'aurais pas songé à contenter ma curiosité aux dépens du prochain. J'aurais renfermé mon amusement dans la connaissance des secrets que m'enseigne ma grand'mère pour la guérison du corps humain. Les fleurs, les herbes, les pierres, les mouches, tous les secrets de nature, il y en aurait eu bien assez pour m'occuper et pour me divertir, moi qui aime à vaguer et à fureter partout. J'aurais toujours été seule, sans connaître l'ennui; car mon plus grand plaisir est d'aller dans les endroits qu'on ne fréquente point et d'y rêvasser à cinquante choses dont je n'entends jamais parler aux personnes qui se croient bien sages et bien avisées. Si je me suis laissé attirer dans le commerce de mon prochain, c'est par l'envie que j'avais de rendre service avec les petites connaissances qui me sont venues et dont ma grand'mère elle-même fait souvent son profit sans rien dire. Eh bien, au lieu d'être remerciée honnêtement par tous les enfants de mon âge dont je guérissais les blessures et les maladies, et à qui j'enseignais mes remèdes sans demander jamais de récompense, j'ai été traitée de sorcière; et ceux qui venaient bien doucement me prier quand ils avaient besoin de moi, me disaient plus tard des sottises à la première occasion.

Cela me courrouçait, et j'aurais pu leur nuire, car si je sais des choses pour faire du bien, j'en sais aussi pour faire du mal; et pourtant je n'en ai jamais fait usage; je ne connais point la rancune, et si je me venge en paroles, c'est que je suis soulagée en disant tout de suite ce qui me vient au bout de la langue, et qu'ensuite je n'y pense plus et pardonne, ainsi que Dieu le commande. Quant à ne prendre soin ni de ma personne ni de mes manières, cela devrait montrer que je ne suis pas assez folle pour me croire belle, lorsque je sais que je suis si laide que personne ne peut me regarder. On me l'a dit assez souvent pour que je le sache; et, en voyant combien les gens sont durs et méprisants pour ceux que le bon Dieu a mal partagés, je me suis fait un plaisir de leur déplaire, me consolant par l'idée que ma figure n'avait rien de repoussant pour le bon Dieu et pour mon ange gardien, lesquels ne me la reprocheraient pas plus que je ne la leur reproche moi-même. Aussi, moi, je ne suis pas comme ceux qui disent : Voilà une chenille, une vilaine bête; ah! qu'elle est laide! il faut la tuer! Moi, je n'écrase point la pauvre créature du bon Dieu, et si la chenille tombe dans l'eau, je lui tends une feuille pour qu'elle se sauve. Et à cause de cela, on dit que j'aime les mauvaises bêtes et que je suis sorcière, parce que je n'aime pas à faire souffrir une grenouille, à arracher les pattes à une guêpe et à clouer une chauve-souris vivante contre un arbre. Pauvre bête, que je lui dis, si on doit tuer tout ce qui est vilain, je n'aurais pas plus que toi le droit de vivre.

## XIX.

Landry fut, je ne sais comment, émotionné de la manière dont la petite Fadette parlait humblement et tranquillement de sa laideur, et, se remémorant sa figure, qu'il ne voyait guère dans l'obscurité de la carrière, il lui dit, sans songer à la flatter:

— Mais, Fadette, tu n'es pas si vilaine que tu le crois, ou que tu veux bien le dire. Il y en a de bien plus déplaisantes que toi à qui on n'en fait pas reproche.

— Que je le sois un peu de plus, un peu de moins, tu ne peux pas dire, Landry, que je suis une jolie fille. Voyons, ne cherche pas à me consoler, car je n'en ai pas de chagrin.

— Dame! qu'est-ce qui sait comment tu serais si tu étais habillée et coiffée comme les autres? Il y a une chose que tout le monde dit : c'est que si tu n'avais pas le nez si court, la bouche si grande et la peau si noire, tu ne serais point mal; car on dit aussi que, dans tout le pays d'ici, il n'y a pas une paire d'yeux comme les tiens, et si tu n'avais point le regard si hardi et si moqueur, on aimerait à être bien vu de ces yeux-là.

Landry parlait de la sorte sans trop se rendre compte de ce qu'il disait. Il se trouvait en train de se rappeler les défauts et les qualités de la petite Fadette; et, pour la première fois, il y donnait une attention et un intérêt dont il ne se serait pas cru capable un moment plus tôt. Elle y prit garde, mais n'en fit rien paraître, ayant trop d'esprit pour prendre la chose au sérieux.

— Mes yeux voient en bien ce qui est bon, dit-elle, et en pitié ce qui ne l'est pas. Aussi je me console bien de déplaire à qui ne me plaît point, et je ne conçois guère pourquoi toutes ces belles filles, que je vois courtisées, sont coquettes avec tout le monde, comme si tout le monde

Elle avait une coiffe toute jaunie par le renfermé. (Page 21.)

était de leur goût. Pour moi, si j'étais belle, je ne voudrais le paraître et me rendre aimable qu'à celui qui me conviendrait.

Landry pensa à la Madelon, mais la petite Fadette ne le laissa pas sur cette idée-là ; elle continua de parler comme s'ensuit :

— Voilà donc, Landry, tout mon tort envers les autres, c'est de ne point chercher à quêter leur pitié ou leur indulgence pour ma laideur. C'est de me montrer à eux sans aucun attifage pour la déguiser, et cela les offense et leur fait oublier que je leur ai fait souvent du bien, jamais de mal. D'un autre côté, quand même j'aurais soin de ma personne, où prendrais-je de quoi me faire brave ? Ai-je jamais mendié, quoique je n'aie pas à moi un sou vaillant ? Ma grand'mère me donne-t-elle la moindre chose, si ce n'est la retirance et le manger ? Et si je ne sais point tirer parti des pauvres hardes que ma pauvre mère m'a laissées, est-ce ma faute, puisque personne ne me l'a enseigné, et que depuis l'âge de dix ans je suis abandonnée sans amour ni merci de personne ? Je sais bien le reproche qu'on me fait, et tu as eu la charité de me l'épargner : on dit que j'ai seize ans et que je pourrais bien me louer, qu'alors j'aurais des gages et le moyen de m'entretenir ; mais que l'amour de la paresse et du vagabondage me retient auprès de ma grand'mère, qui ne m'aime pourtant guère et qui a bien le moyen de prendre une servante.

— Eh bien, Fadette, n'est-ce point la vérité ? dit Landry. On te reproche de ne pas aimer l'ouvrage, et ta grand'mère elle-même dit à qui veut l'entendre, qu'elle aurait du profit à prendre une domestique à ta place.

— Ma grand'mère dit cela parce qu'elle aime à gronder et à se plaindre. Et pourtant quand je parle de la quitter, elle me retient, parce qu'elle sait que je lui suis plus utile qu'elle ne veut le dire. Elle n'a plus ses yeux ni ses jambes de quinze ans pour trouver les herbes dont elle fait ses breuvages et ses poudres, et il y en a qu'il faut aller chercher bien loin et dans des endroits bien difficiles. D'ailleurs, je te l'ai dit, je trouve de moi-même aux herbes des vertus qu'elle ne leur connaît pas, et elle est bien étonnée quand je fais des drogues dont elle voit ensuite le bon effet. Quant à nos bêtes, elles sont si belles qu'on est tout surpris de voir un pareil troupeau à des gens qui n'ont de pacage autre que le communal. Eh bien, ma grand'mère sait à qui elle doit des ouailles en si bonne laine et des chèvres en si bon lait, Va, elle n'a point envie que je la quitte, et je lui vaux plus gros que je ne lui coûte. Moi, j'aime ma grand'mère, encore qu'elle me rudoie et me prive beaucoup. Mais j'ai une autre raison pour ne pas la quitter, et je te la dirai si tu veux, Landry.

— Eh bien, dis-la donc, répondit Landry, qui ne se fatiguait point d'écouter la Fadette.

— C'est, dit-elle, que ma mère m'a laissé sur les bras, alors que je n'avais encore que dix ans, un pauvre enfant bien laid, aussi laid que moi, et encore plus disgracié, pour ce qu'il est éclopé de naissance, chétif, maladif, crochu et toujours en chagrin et en malice, parce qu'il est toujours en souffrance, le pauvre gars! Et tout le monde le tracasse, le repousse et l'avilit, mon pauvre sauteriot! Ma grand'mère le tance trop rudement et le frapperait trop, si je ne le défendais contre elle, en faisant semblant de le tarabuster à sa place. Mais j'ai toujours grand soin de ne pas le toucher pour de vrai, et il le sait bien, lui! Aussi quand il a fait une faute, il accourt se cacher dans mes jupons, et il me dit : « Bats-moi avant que ma grand'mère ne me prenne! » Et moi, je le bats pour rire, et le malin fait semblant de crier. Et puis je le soigne; je ne peux pas toujours l'empêcher d'être en loques, le pauvre petit; mais quand j'ai quelque nippe, je l'arrange pour l'habiller, et je le guéris quand il est malade, tandis que ma grand'mère le ferait mourir, car elle ne sait point soigner les enfants. Enfin, je le conserve à la vie, ce malingret, qui sans moi serait bien malheureux, et bientôt dans la terre à côté de notre pauvre père, que je n'ai pas pu empêcher de mourir. Je ne sais pas si je lui rends service en le faisant vivre, tortu et malplaisant comme il est ; mais c'est plus fort que moi, Landry, et quand je songe à prendre du service pour avoir quelque argent à moi et me retirer de la misère où je suis, mon cœur se fend de pitié et me fait reproche, comme si j'étais la mère de mon sauteriot, et comme si je le voyais périr par ma faute. Voilà tous mes torts et tous mes manquements, Landry. A présent, que le bon Dieu me juge ; moi, je pardonne à ceux qui me méconnaissent.

## XX.

Landry écoutait toujours la petite Fadette avec une grande contention d'esprit, et sans trouver à redire à aucune de ses raisons. En dernier lieu, la manière dont elle parla de son petit frère le sauteriot, lui fit un effet, comme si, tout d'un coup, il se sentait de l'amitié pour elle, et comme s'il voulait être de son parti contre tout le monde.

— Cette fois-ci, Fadette, dit-il, celui qui te donnerait tort serait dans son tort le premier ; car tout ce que tu as dit là est très-bien dit, et personne ne se douterait de ton bon cœur et de ton bon raisonnement. Pourquoi ne te fais-tu pas connaître pour ce que tu es? on ne parlerait pas mal de toi, et il y en a qui te rendraient justice.

— Je te l'ai bien dit, Landry, reprit-elle. Je n'ai pas besoin de plaire à qui ne me plaît point.

— Mais si tu me le dis à moi, c'est donc que...

Là-dessus Landry s'arrêta, tout étonné de ce qu'il avait manqué de dire ; et, se reprenant :

— C'est donc, fit-il, que tu as plus d'estime pour moi que pour un autre? Je croyais pourtant que tu me haïssais à cause que je n'ai jamais été bon pour toi.

— C'est possible que je t'aie haï un peu, répondit la petite Fadette ; mais si cela a été, cela n'est plus à partir d'aujourd'hui, et je vais te dire pourquoi, Landry. Je te croyais fier, et tu l'es ; mais tu sais surmonter ta fierté pour faire ton devoir, et tu y as d'autant plus de mérite. Je te croyais ingrat, et, quoique la fierté qu'on t'a enseignée te pousse à l'être, tu es si fidèle à ta parole rien ne te coûte pour t'acquitter. Enfin, je te croyais poltron, et pour cela j'étais portée à te mépriser ; mais je vois que tu n'as que de la superstition, et que le courage, quand il s'agit d'un danger certain à affronter, ne te fait pas défaut. Tu m'as fait danser aujourd'hui, quoique tu en fusses bien humilié. Tu es même venu, après vêpres, me chercher auprès de l'église, au moment où je t'avais pardonné dans mon cœur après avoir fait ma prière, et où je ne songeais plus à te tourmenter. Tu m'as défendue contre de méchants enfants, et tu as provoqué de grands garçons qui, sans toi, m'auraient maltraitée. Enfin, ce soir, en m'entendant pleurer, tu es venu à moi pour m'assister et me consoler. Ne crois point, Landry, que j'oublierai jamais ces choses-là. Tu auras toute ta vie la preuve que j'en garde une grande souvenance, et tu pourras me requérir, à ton tour, de tout ce que tu voudras, dans quelque moment que ce soit. Ainsi, pour commencer, je sais que je t'ai fait aujourd'hui une grosse peine. Oui, je le sais, Landry, je suis assez sorcière pour l'avoir deviné, encore que je n'en aie, ce matin, je ne m'en doutais point. Va, sois certain que j'ai plus de malice que de méchanceté, et que, si je t'avais su amoureux de la Madelon, je ne t'aurais pas brouillé avec elle, comme je l'ai fait en te forçant à danser avec moi. Cela m'amusait, j'en tombe d'accord, de voir que, pour danser avec une laideron comme moi, tu laissais de côté une belle fille ; mais je croyais que c'était seulement une petite piqûre à ton amour-propre. Quand j'ai peu à peu compris que c'était une vraie blessure dans ton cœur, que, malgré toi, tu regardais toujours du côté de Madelon, et que son dépit te donnait envie de pleurer, j'ai pleuré aussi, vrai ! j'ai pleuré au moment où tu as voulu te battre contre ses galants, et tu as cru que c'étaient des larmes de repentance. Voilà pourquoi je pleurais encore si amèrement quand tu m'as surprise ici, et pourquoi je pleurerai jusqu'à ce que j'aie réparé le mal que j'ai causé à un bon et brave garçon comme je connais à présent que tu l'es.

— Et, en supposant, ma pauvre Fanchon, dit Landry, tout ému des larmes qu'elle recommençait à verser, que tu m'aies causé une fâcherie avec une fille dont je serais amoureux comme tu me dis, que pourrais-tu donc faire pour nous remettre en bon accord?

— Fie-toi à moi, Landry, répondit la petite Fadette. Je ne suis pas assez sotte pour ne pas m'expliquer comme il faut. La Madelon saura que tout le tort est venu de moi. Je me confesserai à elle et je te rendrai blanc comme neige. Si elle ne te rend pas son amitié demain, c'est qu'elle ne t'a jamais aimé et...

— Et que je ne dois pas la regretter, Fanchon ; et comme elle ne m'a jamais aimé, en effet, tu prendrais une peine inutile. Ne le fais donc pas, et console-toi du petit chagrin que tu m'as fait. J'en suis déjà guéri.

— Ces peines-là ne guérissent pas si vite, répondit la petite Fadette ; et puis, se ravisant : — Du moins à ce qu'on dit, dit-elle. C'est le dépit qui te fait parler, Landry. Quand tu auras dormi là-dessus, demain viendra et tu seras bien triste jusqu'à ce que tu aies fait la paix avec cette belle fille.

— Peut-être bien, dit Landry, mais, à cette heure, je te baille ma foi que je n'en sais rien et que je n'y pense point. Je m'imagine que c'est toi qui veux me faire accroire que j'ai beaucoup d'amitié pour elle, et, moi, il me semble que si j'en ai eu, c'était si petitement que j'en ai quasiment perdu souvenance.

— C'est drôle, dit la petite Fadette en soupirant ; c'est donc comme ça que vous aimez, vous, les garçons?

— Dame ! vous autres filles, vous n'aimez pas mieux ; puisque vous vous choquez si aisément, et que vous vous consolez si vite avec le premier venu. Mais nous parlons là de choses que nous n'entendons peut-être pas encore, du moins toi, ma petite Fadette, qui vas toujours te gaussant des amoureux. Je crois bien que tu t'amuses de moi encore à cette heure, en voulant arranger mes affaires avec la Madelon. Ne le fais pas, te dis-je, car elle pourrait croire que je t'en ai chargée, et elle se tromperait. Et puis ça la fâcherait peut-être de penser que je me fais présenter à elle comme son amoureux attitré ; car la vérité est que je ne lui ai encore jamais dit un mot d'amourette, et que, si j'ai eu du contentement à être auprès d'elle et à la faire danser, elle ne m'a jamais donné le courage de le lui faire assavoir par mes paroles. Par ainsi, laissons passer la chose ; elle en reviendra d'elle-même si elle veut ; et si elle n'en revient pas, je crois bien que je n'en mourrai point.

— Je sais mieux ce que tu penses là-dessus que toi-même, Landry, reprit la petite Fadette. Je te crois quand tu me dis que tu n'as jamais fait connaître ton amitié à la Madelon par des paroles : mais il faudrait qu'elle fût bien simple pour ne l'avoir pas connue dans tes yeux, aujourd'hui surtout. Puisque j'ai été cause de votre fâcherie, il faut que je sois cause de votre contentement, et c'est la bonne occasion de faire comprendre à la Madelon que tu l'aimes. C'est à moi de le faire et je le ferai si finement, et si à propos, qu'elle ne pourra point t'accuser de m'y avoir provoquée. Fie-toi, Landry, à la petite Fadette, au pauvre vilain grelet, qui n'a point le dedans aussi laid que le dehors ; et pardonne-lui de t'avoir tourmenté, car il en résultera pour toi un grand bien. Tu connaîtras que s'il est doux d'avoir l'amour d'une belle, il est utile d'avoir l'amitié d'une laide ; car les laides ont du désintéressement et rien ne leur donne dépit ni rancune.

— Que tu sois belle ou laide, Fanchon, dit Landry en lui prenant la main, je crois comprendre déjà que ton amitié est une très-bonne chose, et si bonne, que l'amour en est peut-être une mauvaise en comparaison. Tu as beaucoup de bonté, je le connais à présent ; car je t'ai fait un grand affront auquel tu n'as pas voulu prendre garde aujourd'hui, et quand tu dis que je me suis bien conduit avec toi, je trouve, moi, que j'ai agi fort malhonnêtement.

— Comment donc ça, Landry ? Je ne sais pas en quoi...

— C'est que je ne t'ai pas embrassée une seule fois à la danse, Fanchon, et pourtant c'était mon devoir et mon droit, puisque c'est la coutume. Je t'ai traitée comme on fait des petites filles de dix ans, qu'on ne se baisse pas pour embrasser, et pourtant tu es quasiment de mon âge ; il n'y a pas plus d'un an de différence. Je t'ai donc fait une injure, et si tu n'étais pas si bonne fille, tu t'en serais bien aperçue.

— Je n'y ai pas seulement pensé, dit la petite Fadette ; et elle se leva, car elle sentait qu'elle mentait, et elle ne voulait pas le faire paraître. Tiens, dit-elle en se forçant pour être gaie ; écoute comme les grelets chantent dans les blés en chaume, ils m'appellent par mon nom, et la chouette est là-bas qui me crie l'heure que les étoiles marquent dans le cadran du ciel.

— Je l'entends bien aussi, et il faut que je rentre à la Priche ; mais avant que je te dise adieu, Fadette, est-ce que tu ne veux pas me pardonner ?

— Mais je ne t'en veux pas, Landry, et je n'ai pas de pardon à te faire.

— Si fait, dit Landry, qui était tout agité d'un je ne sais quoi, depuis qu'elle lui avait parlé d'amour et d'amitié, d'une voix si douce que celle des bouvreuils qui gazouillaient en dormant dans les buissons paraissaient dure auprès. Si fait, tu me dois un pardon, c'est de me dire qu'il faut à présent que je t'embrasse pour réparer de l'avoir omis dans le jour.

La petite Fadette trembla un peu : puis, tout aussitôt, reprenant sa bonne humeur :

— Tu veux, Landry, que je te fasse expier ton tort par une punition. Eh bien, je t'en tiens quitte, mon garçon. C'est bien assez d'avoir fait danser la laide, ce serait trop de vertu que de vouloir l'embrasser.

— Tiens, ne dis pas ça, s'exclama Landry en lui prenant la main et le bras tout tremblants, je crois que ça ne peut être une punition de t'embrasser... à moins que si la chose ne te chagrine et ne te répugne, venant de moi...

Et quand il lui eut dit cela, il fit un tel souhait d'embrasser la petite Fadette, qu'il tremblait de peur qu'elle n'y consentît point.

— Écoute, Landry, lui dit-elle de sa voix douce et flatteuse, si j'étais belle, je te dirais que ce n'est pas le lieu ni l'heure de s'embrasser comme en cachette. Si j'étais coquette, je penserais, au contraire, que c'est l'heure et le lieu, parce que la nuit cache ma laideur, et qu'il n'y a ici personne pour me faire honte de la fantaisie. Mais, comme je ne suis ni coquette ni belle, voilà ce que je te dis : Serre-moi la main en signe d'honnête amitié, et je serai contente d'avoir ton amitié, moi qui n'en ai jamais eu et qui n'en souhaiterai jamais d'autre.

— Oui, dit Landry, je serre ta main de tout mon cœur, entends-tu, Fadette ? Mais la plus honnête amitié, et c'est celle que j'ai pour toi, n'empêche point qu'on s'embrasse ? Si tu me dénies cette preuve-là, je croirai que tu as encore quelque chose contre moi.

Et il tenta de l'embrasser par surprise ; mais elle y fit résistance, et, comme il s'y obstinait, elle se mit à pleurer en disant :

— Laisse-moi, Landry, tu me fais beaucoup de peine.

Landry s'arrêta tout étonné, et si chagriné de la voir encore dans les larmes, qu'il en eut comme du dépit.

— Je vois bien, lui dit-il, que tu ne dis pas la vérité en me disant que mon amitié est la seule que tu veuilles avoir. Tu en as une plus forte qui te défend de m'embrasser.

— Non, Landry, répondit-elle en sanglotant ; mais j'ai peur que, pour m'avoir embrassée la nuit, sans me voir, vous ne me haïssiez quand vous me reverriez au jour.

— Est-ce que je ne t'ai jamais vue ? dit Landry impatienté ; est-ce que je ne te vois pas à présent ? Tiens, viens un peu à la lune, je te vois bien, et je ne sais pas si tu es laide, mais j'aime ta figure, puisque je t'aime, voilà tout.

Et puis il l'embrassa, d'abord tout en tremblant, et puis, il y revint avec tant de goût qu'elle en eut peur, et lui dit en le repoussant :

— Assez ! Landry, assez ! on dirait que tu m'embrasses de colère ou que tu penses à Madelon. Apaise-toi, je lui parlerai demain, et demain tu l'embrasseras avec plus de joie que je ne peux t'en donner.

Là-dessus, elle sortit vitement des abords de la carrière, et partit de son pied léger.

Landry était comme affolé, et il eut envie de courir après elle. Il s'y reprit à trois fois avant de se décider à redescendre du côté de la rivière. Enfin, sentant que le diable était après lui, il se mit à courir aussi et ne s'arrêta qu'à la Priche.

Le lendemain, quand il alla voir ses bœufs au petit jour, tout en les affénant et les câlinant, il pensait en lui-même à cette causerie d'une grande heure qu'il avait eue dans la carrière du Chaumois avec la petite Fadette, et qui lui avait paru comme un instant. Il avait encore la tête alourdie par le sommeil et par la fatigue d'esprit d'une journée si différente de celle qu'il aurait dû passer. Et il se sentait tout troublé et comme épeuré de ce qu'il avait senti pour cette fille, qui lui revenait devant les yeux, laide et de mauvaise tenue, comme il l'avait toujours connue. Il s'imaginait par moment avoir rêvé le souhait qu'il avait fait de l'embrasser, et le contentement qu'il avait eu de la serrer contre son cœur, comme s'il avait senti un grand amour pour elle, comme si elle lui avait paru tout d'un coup plus belle et plus aimable que pas une fille sur terre.

— Il faut qu'elle soit charmeuse comme on le dit, bien qu'elle s'en défende, pensait-il, car pour sûr elle m'a ensorcelé hier soir, et jamais, dans toute ma vie, n'ai senti pour père, mère, sœur ou frère, non pas certes pour la belle Madelon, et non pas même pour mon cher besson Sylvinet, un élan d'amitié pareil à celui que, pendant deux ou trois minutes, cette diablesse m'a causé. S'il avait pu voir ce que j'avais dans le cœur, mon pauvre Sylvinet, c'est du coup qu'il aurait été mangé par la jalousie. Car l'attache que j'avais pour Madelon ne faisait point de tort à mon frère, au lieu que si je devais rester seulement tout un jour affolé et enflammé comme je l'ai été pour un moment à côté de cette Fadette, j'en deviendrais insensé et je ne connaîtrais plus qu'elle dans le monde.

Et Landry se sentait comme étouffé de honte, de fatigue et d'impatience. Il s'asseyait sur la crèche de ses bœufs, et avait peur que la charmeuse ne lui eût ôté le courage, la raison et la santé.

Mais, quand le jour fut un peu grand et que les laboureurs de la Priche furent levés, ils se mirent à le plaisanter sur sa danse avec le vilain grelet, et ils la firent si laide, si mal élevée, si mal attifée dans leurs moqueries, qu'il ne savait où se cacher, tant il avait de honte, non-seulement de ce qu'on avait vu, mais de ce qu'il se gardait bien de faire connaître.

Il ne se fâcha pourtant point, parce que les gens de la Priche étaient tous ses amis et ne mettaient point de mauvaise intention dans leurs taquineries. Il eut même le courage de leur dire que la petite Fadette n'était pas ce qu'on croyait, qu'elle en valait bien d'autres, et qu'elle était capable de rendre de grands services. Là-dessus, on le railla encore.

— Sa mère, je ne dis pas, firent-ils ; mais elle, c'est un enfant qui ne sait rien, et si tu as une bête malade, je ne te conseille pas de suivre ses remèdes, car c'est une petite bavarde qui n'a pas le moindre secret pour guérir. Mais elle a celui d'endormir les gars, à ce qu'il paraît, puisque tu ne l'as guère quittée à la Saint-Andoche, et tu feras bien d'y prendre garde, mon pauvre Landry ; car on t'appellerait bientôt le grelet de la grelette, et le follet de la Fadette. Le diable se mettrait après toi. Georgeon viendrait tirer nos draps de lit et boucler le crin de notre chevaline. Nous serions obligés de te faire exorciser.

— Je crois bien, disait la petite Solange, qu'il aura mis un de ses bas à l'envers hier matin. Ça attire les sorciers, et la petite Fadette s'en est bien aperçue.

## XXI.

Sur le jour, Landry, étant occupé à la couvraille, vit passer la petite Fadette. Elle marchait vite et allait du côté d'une taille où Madelon faisait de la feuille pour ses moutons. C'était l'heure de délier les bœufs, parce qu'ils avaient fait leur demi-journée ; et Landry, en les reconduisant au pacage, regardait toujours courir la petite Fadette, qui marchait si légère qu'on ne la voyait point fouler l'herbe. Il était curieux de savoir ce qu'elle allait dire à Madelon, et, au lieu de se presser d'aller manger sa soupe, qui l'attendait dans le sillon encore chaud du fer de la charrue, il s'en alla doucement le long de la taille, pour écouter ce que tramaient ensemble ces deux jeunesses. Il ne pouvait les voir, et, comme Madelon marmottait des réponses d'une voix sourde, il ne savait point ce qu'elle disait ; mais la voix de la petite Fadette, pour être douce, n'en était pas moins claire, et il ne perdait pas une de ses paroles, encore qu'elle ne criât point du tout. Elle parlait de lui à la Madelon, et elle lui faisait connaître, ainsi qu'elle l'avait promis à Landry, la parole qu'elle lui avait prise, dix mois auparavant, d'être à commandement pour une chose dont elle le requerrait à son plaisir. Et elle expliquait cela si humblement et si gentiment que c'était plaisir de l'entendre. Et puis, sans parler du follet ni de la peur que Landry en avait eue, elle conta qu'il avait manqué de se noyer en prenant à faux le gué des Roulettes, la veille de Saint-Andoche. Enfin, elle exposa du bon côté tout ce qui en était, et elle démontra que tout le mal venait de la fantaisie et de la vanité qu'elle avait eues de danser avec un grand gars, elle qui n'avait jamais dansé qu'avec les petits.

Là-dessus, la Madelon, comme écolérée, éleva la voix pour dire : — Qu'est-ce que me fait tout cela ? Danse toute ta vie avec les bessons de la Bessonnière, et ne crois pas, grelet, que tu me fasses le moindre tort, ni la moindre envie.

Et la Fadette reprit : — Ne dites pas des paroles si dures pour le pauvre Landry, Madelon, car Landry vous a donné son cœur, et si vous ne voulez le prendre, il en aura plus de chagrin que je ne saurais dire. — Et pourtant elle le dit, et en si jolies paroles, avec un ton si caressant et en donnant à Landry de telles louanges, qu'il aurait voulu retenir toutes les façons de parler pour s'en servir à l'occasion, et qu'il rougissait d'aise en s'entendant approuver de la sorte.

La Madelon s'étonna aussi pour sa part du joli parler de la petite Fadette ; mais elle la dédaignait trop pour le lui témoigner. — Tu as une belle jappe et une fière hardiesse, lui dit-elle, et on dirait que ta grand'mère t'a fait une leçon pour essayer d'enjôler le monde ; mais je n'aime pas à causer avec les sorcières, ça porte malheur, et je te prie de me laisser, grelet cornu. Tu as trouvé un galant, garde-le, ma mignonne, car c'est le premier et le dernier qui aura fantaisie pour ton vilain museau. Quant à moi, je ne voudrais pas de ton reste, quand même ça serait le fils du roi. Ton Landry n'est qu'un sot, et il faut qu'il soit bien peu de chose, puisque, croyant me l'avoir enlevé, tu viens me prier déjà de le reprendre. Voilà un beau galant pour moi, dont la petite Fadette elle-même ne se soucie point !

— Si c'est là ce qui vous blesse, répondit la Fadette d'un ton qui alla jusqu'au fin fond du cœur de Landry, et si vous êtes fière à ce point de ne vouloir être juste qu'après m'avoir humiliée, contentez-vous donc, mettez sous vos pieds, belle Madelon, l'orgueil et le courage du pauvre grelet des champs. Vous croyez que je dédaigne Landry et que, sans cela, je ne vous prierais pas de lui pardonner. Eh bien, sachez, si cela vous plaît, que je l'aime depuis longtemps déjà : que c'est le seul garçon auquel j'aie jamais pensé, et peut-être celui à qui je penserai toute ma vie, mais que je suis trop raisonnable et trop fière aussi pour jamais penser à m'en faire aimer. Je sais ce qu'il est, et je sais ce que je suis. Il est beau, riche et considéré ; je suis laide, pauvre et méprisée. Je sais donc très-bien qu'il n'est point pour moi, et vous avez dû voir comme il me dédaignait à la fête. Alors, soyez donc satisfaite, puisque celui que la petite Fadette n'ose pas seulement regarder vous voit avec des yeux remplis d'amour. Punissez la petite Fadette en vous moquant d'elle et en lui reprenant celui qu'elle n'oserait vous disputer. Que si ce n'est par amitié pour lui, ce soit au moins pour punir mon insolence ; et promettez-moi, quand il reviendra s'excuser auprès de vous, de le bien recevoir et de lui donner un peu de consolation.

Au lieu d'être apitoyée par tant de soumission et de dévouement, la Madelon se montra très-dure, et renvoya la petite Fadette en lui disant toujours que Landry était bien ce qu'il lui fallait, et que, quant à elle, le trouvait trop enfant et trop sot. Mais le grand sacrifice que la Fadette avait fait d'elle-même porta son fruit, en dépit des rebuffades de la belle Madelon. Les femmes ont le cœur fait en cette mode, qu'un jeune gars commence à leur paraître un homme sitôt qu'elles le voient estimé et choyé par d'autres femmes. La Madelon, qui n'avait jamais pensé bien sérieusement à Landry, se mit à y penser beaucoup, aussitôt qu'elle eut renvoyé la Fadette. Elle se remémora tout ce que cette belle parleuse lui avait dit de l'amour de Landry, et en songeant que la Fadette en était éprise au point d'oser le lui avouer, elle se glorifia de pouvoir tirer vengeance de cette pauvre fille.

Elle alla, le soir, à la Priche, dont sa demeurance n'était éloignée que de deux ou trois portées de fusil, et, sous couleur de chercher une de ses bêtes qui s'était mêlée aux champs avec celles de son oncle, elle se fit voir à Landry, et de l'œil, l'encouragea à s'approcher d'elle pour lui parler.

Landry s'en aperçut très-bien ; car, depuis que la petite Fadette s'y mêlait, il était singulièrement dégourdi d'esprit. — La Fadette est sorcière, pensa-t-il ; elle m'a rendu les bonnes grâces de Madelon, et elle a plus fait pour moi, dans une causette d'un quart d'heure, que je n'aurais su faire dans une année. Elle a un esprit merveilleux et un cœur comme le bon Dieu n'en fait pas souvent.

Et, en pensant à cela, il regardait Madelon, mais si tranquillement qu'elle se retira sans qu'il se fût encore décidé de lui parler. Ce n'est point qu'il fût honteux devant elle ; sa honte s'était envolée sans qu'il sût comment, mais, avec la honte, le plaisir qu'il avait eu à la voir, et aussi l'envie qu'il avait eue de s'en faire aimer.

À peine eut-il soupé qu'il fit mine d'aller dormir. Mais il sortit de son lit par la ruelle, glissa le long des murs et s'en fut droit au gué des Roulettes. Le feu follet y faisait encore sa petite danse ce soir-là. Du plus loin qu'il le vit sautiller, Landry pensa : C'est tant mieux, voici le fadet, la Fadette n'est pas loin. Et il passa le gué sans avoir peur, sans se tromper, et il alla jusqu'à la maison de la mère Fadet, furetant et regardant de tous côtés. Mais il y resta un bon moment sans voir de lumière et sans entendre aucun bruit. Tout le monde était couché. Il espéra que le grelet, qui sortait souvent le soir après que sa grand'mère et son sauteriot étaient endormis, vaguerait quelque part aux environs. Il se mit à vaguer de son côté. Il traversa la Joncière, il alla à la carrière du Chaumois, sifflant et chantant pour se faire remarquer; mais il ne rencontra que le blaireau qui fuyait dans les chaumes, et la chouette qui sifflait sur son arbre. Force lui fut de rentrer sans avoir pu remercier la bonne amie qui l'avait si bien servi.

## XXII.

Toute la semaine se passa sans que Landry pût rencontrer la Fadette, de quoi il était bien étonné et bien soucieux. — Elle va croire encore que je suis ingrat, pensait-il, et pourtant, si je ne la vois point, ce n'est pas faute de l'attendre et de la chercher. Il faut que je lui aie fait de la peine en l'embrassant quasi malgré elle dans la carrière, et pourtant ce n'était pas à mauvaise intention, ni dans l'idée de l'offenser.

Et il songea durant cette semaine plus qu'il n'avait songé dans toute sa vie; il ne voyait pas clairement dans sa propre cervelle, mais il était pensif et agité, et il était obligé de se forcer pour travailler; car, ni les grands bœufs, ni la charrue reluisante, ni la belle terre rouge, humide de la fine pluie d'automne, ne suffisaient plus à ses contemplations et à ses rêvasseries.

Il alla voir son besson le jeudi soir, et il le trouva soucieux comme lui. Sylvinet était un caractère différent du sien, mais pareil quelquefois par le contre-coup. On aurait dit qu'il devinait que quelque chose avait troublé la tranquillité de son frère, et pourtant il était loin de se douter de ce que ce pouvait être. Il lui demanda s'il avait fait la paix avec Madelon, et, pour la première fois, en lui disant que oui, Landry lui fit volontairement un mensonge. Le fait est que Landry n'avait pas dit un mot à Madelon, et qu'il pensait avoir le temps de le lui dire; rien ne le pressait.

Enfin vint le dimanche, et Landry arriva des premiers à la messe. Il entra avant qu'elle fût sonnée, sachant que la petite Fadette avait coutume d'y venir dans ce moment-là, parce qu'elle faisait toujours de longues prières, dont un chacun se moquait. Il vit une petite, agenouillée dans la chapelle de la sainte Vierge, et qui, tournant le dos, cachait sa figure dans ses mains pour prier avec recueillement. C'était bien la posture de la petite Fadette, mais ce n'était ni son coiffage, ni sa tournure, et Landry ressortit pour voir s'il ne la trouverait point sous le porche, qu'on appelle chez nous une guenillière, à cause que les gredots peilleroux, qui sont mendiants loqueteux, s'y tiennent pendant les offices.

Les guenilles de la Fadette furent les seules qu'il n'y vit point, il entendit la messe sans l'apercevoir, et ce ne fut qu'à la préface que, regardant encore cette fille qui priait si dévotement dans la chapelle, il lui vit lever la tête et reconnut son grelet, dans un habillement et un air tout nouveaux pour lui. C'était bien toujours son pauvre dressage, son jupon de droguet, son devanteau rouge et sa coiffe de linge sans dentelle; mais elle avait reblanchi, recoupé et recousu tout cela dans le courant de la semaine. Sa robe était plus longue et tombait plus convenablement sur ses bas, qui étaient bien blancs, ainsi que sa coiffe, laquelle avait pris la forme nouvelle et s'attachait gentiment sur ses cheveux noirs bien lissés; son fichu était neuf et d'une jolie couleur jaune doux qui faisait valoir sa peau brune. Elle avait aussi rallongé son corsage, et, au lieu d'avoir l'air d'une pièce de bois habillée, elle avait la taille fine et ployante comme le corps d'une belle mouche à miel. De plus, je ne sais pas avec quelle mixture de fleurs ou d'herbes elle avait lavé pendant huit jours son visage et ses mains, mais sa figure pâle et ses mains mignonnes avaient l'air aussi net et aussi doux que la blanche épine du printemps.

Landry, la voyant si changée, laissa tomber son livre d'heures, et, au bruit qu'il fit, la petite Fadette se retourna tout à fait et le regarda, tout en même temps qu'il la regardait. Et elle devint un peu rouge, pas plus que la petite rose des buissons; mais cela la fit paraître quasi belle, d'autant plus que ses yeux noirs, auxquels jamais personne n'avait pu trouver à redire, laissèrent échapper un feu si clair qu'elle en parut transfigurée. Et Landry pensa encore : Elle est sorcière; elle a voulu devenir belle de laide qu'elle était, et la voilà belle par miracle. Il en fut comme transi de peur, et sa peur ne l'empêchait pourtant point d'avoir une telle envie de s'approcher d'elle et de lui parler, que, jusqu'à la fin de la messe, le cœur lui en sauta d'impatience.

Mais elle ne le regarda plus, et, au lieu de se mettre à courir et à folâtrer avec les enfants après sa prière, elle s'en alla si discrètement qu'on eut à peine le temps de la voir si changée et si amendée. Landry n'osa point la suivre, d'autant que Sylvinet ne le quittait point des yeux; mais, au bout d'une heure, il réussit à s'échapper, et, cette fois, le cœur le poussant et le dirigeant, il trouva la petite Fadette qui gardait sagement ses bêtes dans le petit chemin creux qu'on appelle la *Traîne-au-Gendarme*, parce qu'un gendarme du roi y a été tué par les gens de la Cosse, dans les anciens temps, lorsqu'on voulait forcer le pauvre monde à payer la taille et à faire la corvée, contrairement aux termes de la loi, qui était déjà bien assez dure, telle qu'on l'avait donnée.

## XXIII.

Comme c'était dimanche, la petite Fadette ne cousait ni ne filait en gardant ses ouailles. Elle s'occupait à un amusement tranquille que les enfants de chez nous prennent quelquefois bien sérieusement. Elle cherchait le trèfle à quatre feuilles, qui se trouve bien rarement et qui porte bonheur à ceux qui peuvent mettre la main dessus.

— L'as-tu trouvé, Fanchon? lui dit Landry aussitôt qu'il fut à côté d'elle.

— Je l'ai trouvé souvent, répondit-elle; mais cela ne porte point bonheur comme on croit, et rien ne me sert d'en avoir trois brins dans mon livre.

Landry s'assit auprès d'elle, comme s'il allait se mettre à causer. Mais voilà que tout d'un coup il se sentit plus honteux qu'il ne l'avait jamais été auprès de Madelon, et, que, pour avoir eu intention de dire bien des choses, il ne put trouver un mot.

La petite Fadette prit honte aussi, car si le besson ne lui disait rien, du moins il la regardait avec des yeux étranges. Enfin, elle lui demanda pourquoi il paraissait étonné en la regardant.

— A moins, dit-elle, que ce ne soit à cause que j'ai arrangé mon coiffage. En cela j'ai suivi ton conseil, et j'ai pensé que, pour avoir l'air raisonnable, il fallait commencer par m'habiller raisonnablement. Aussi, je n'ose pas me montrer, car j'ai peur qu'on ne m'en fasse encore reproche, et qu'on ne dise que j'ai voulu me rendre moins laide sans y réussir.

— On dira ce qu'on voudra, dit Landry, mais je ne sais pas ce que tu as fait pour devenir jolie; la vérité est que tu l'es aujourd'hui, et qu'il faudrait se crever les yeux pour ne point le voir.

— Ne te moque pas, Landry, reprit la petite Fadette. On dit que la beauté tourne la tête aux belles, et que la laideur fait la désolation des laides. Je m'étais habituée à faire peur, et je ne voudrais pas devenir sotte en croyant faire plaisir. Mais ce n'est pas de cela que tu venais me parler, et j'attends que tu me dises si la Madelon t'a pardonné.

— Je ne viens pas pour te parler de la Madelon. Si elle m'a pardonné, je n'en sais rien et ne m'en informe point. Seulement, je sais que tu lui as parlé, et si bien parlé que je t'en dois grand remerciement.

— Comment sais-tu que je lui ai parlé? Elle te l'a donc dit? En ce cas, vous avez fait la paix?

— Nous n'avons point fait la paix; nous ne nous aimions pas assez, elle et moi, pour être en guerre. Je sais que tu lui as parlé, parce qu'elle l'a dit à quelqu'un qui me l'a rapporté.

La petite Fadette rougit beaucoup, ce qui l'embellit encore, car jamais jusqu'à ce jour-là n'avait eu sur les joues cette honnête couleur de crainte et de plaisir qui enjolive les plus laides; mais, en même temps, elle s'inquiéta en songeant que la Madelon avait dû répéter ses paroles, et la donner en risée pour l'amour dont elle s'était confessée au sujet de Landry.

— Qu'est-ce que la Madelon a donc dit de moi? demanda-t-elle.

— Elle a dit que j'étais un grand sot, qui ne plaisait à aucune fille, pas même à la petite Fadette; que la petite Fadette me méprisait, me fuyait, s'était cachée toute la semaine pour ne me laisser voir, quoique, toute la semaine, j'eusse cherché et couru de tous côtés pour rencontrer la petite Fadette. C'est donc moi qui suis la risée du monde, Fanchon, parce que l'on sait que je t'aime et que tu ne m'aimes point.

— Voilà de méchants propos, répondit la Fadette tout étonnée, car elle n'était pas assez sorcière pour deviner que dans ce moment-là Landry était plus fin qu'elle; je ne croyais pas la Madelon si menteuse et si perfide. Mais il faut lui pardonner cela, Landry, car c'est le dépit qui la fait parler, et le dépit c'est l'amour.

— Peut-être bien, dit Landry, c'est pourquoi tu n'as point de dépit contre moi, Fanchon. Tu me pardonnes tout, parce que, de moi, tu méprises tout.

— Je n'ai point mérité que tu me dises cela, Landry; non, vrai, je ne l'ai pas mérité. Je n'ai jamais été assez folle pour dire la menterie qu'on me prête. J'ai parlé autrement à Madelon. Ce que je lui ai dit n'était que pour elle, mais ne pouvait te nuire, et aurait dû, bien au contraire, lui prouver l'estime que je faisais de toi.

— Écoute, Fanchon, dit Landry, ne disputons pas sur ce que tu as dit, ou sur ce que tu n'as point dit. Je veux te consulter, toi qui es savante. Dimanche dernier, dans la carrière, j'ai pris pour toi, sans savoir comment cela m'est venu, une amitié si forte que de toute la semaine je n'ai mangé ni dormi mon saoûl. Je ne veux rien te cacher, parce qu'avec une fille aussi fine que toi, ça serait peine perdue. J'avoue donc que j'ai eu honte de mon amitié le lundi matin, et j'aurais voulu m'en aller loin pour ne plus retomber dans cette folleté. Mais lundi soir, j'y étais déjà retombé si bien, que j'ai passé le gué à la nuit sans m'inquiéter du follet, qui aurait voulu m'empêcher de chercher, c'était encore là, et quand il m'a fait sa méchante risée, je la lui ai rendue. Depuis lundi, tous les matins, je suis comme imbécile, parce que l'on me plaisante sur mon goût pour toi; et, tous les soirs, je suis comme fou, parce que je sens mon goût plus fort que la mauvaise honte. Et voilà qu'aujourd'hui je te vois gentille et de si sage apparence que tout le monde va s'en étonner aussi, et, d'avant quinze jours, si tu continues comme cela, non-seulement on me pardonnera d'être amoureux de toi, mais encore il y en aura d'autres qui le seront bien fort. Je n'aurai donc pas de mérite à t'aimer; tu ne me devras guère de préférence. Pourtant, si tu te souviens de dimanche dernier, jour de la Saint-Andoche, tu te souviendras aussi que je t'ai demandé, dans la carrière, la permission de t'embrasser, et que je l'ai fait avec autant de cœur que si tu n'avais pas été réputée laide et haïssable. Voilà tout mon droit, Fadette. Dis-moi si cela peut compter, et si la chose te fâche au lieu de te persuader.

La petite Fadette avait mis sa figure dans ses deux mains, et elle ne répondit point. Landry croyait par ce qu'il avait entendu de son discours à la Madelon, qu'il était aimé d'elle, et il faut dire que cet amour-là lui avait fait tant d'effet qu'il avait commandé tout d'un coup le sien. Mais, en voyant la pose honteuse et triste de cette petite, il commença à craindre qu'elle n'eût fait un conte à la Madelon, pour, par bonne intention, faire réussir le raccommodement qu'elle négociait. Cela le rendit encore plus amoureux, et il en prit du chagrin. Il lui ôta ses mains du visage, et la vit si pâle qu'on eût dit qu'elle allait mourir; et, comme il lui reprochait vivement de ne pas répondre à l'affolement qu'il se sentait pour elle, elle se laissa aller sur la terre, joignant ses mains et soupirant, car elle était suffoquée et tombait en faiblesse.

## XXIV.

Landry eut bien peur, et lui frappa dans les mains pour la faire revenir. Ses mains étaient froides comme des glaçons et raides comme du bois. Il les échauffa et les frotta bien longtemps dans les siennes, et quand elle put retrouver la parole, elle lui dit:

— Je crois que tu te fais un jeu de moi, Landry. Il y a des choses dont il ne faut pourtant point plaisanter. Je te prie donc de me laisser tranquille et de ne me parler jamais, à moins que tu n'aies quelque chose à me demander, auquel cas je serai toujours à ton service.

— Fadette, Fadette, dit Landry, ce que vous dites là n'est point bon. C'est vous qui vous êtes jouée de moi. Vous me détestez, et pourtant vous m'avez fait croire autre chose.

— Moi! dit-elle tout affligée. Qu'est-ce que je vous ai donc fait accroire? Je vous ai offert et donné une bonne amitié comme celle que votre besson a pour vous, et peut-être meilleure; car, moi, je n'avais pas de jalousie, et, au lieu de vous traverser dans vos amours, je vous y ai servi.

— C'est la vérité, dit Landry. Tu as été bonne comme le bon Dieu, et c'est moi qui ai tort de te faire des reproches. Pardonne-moi, Fanchon, et laisse-moi t'aimer comme je pourrai. Ce ne sera peut-être pas aussi tranquillement que j'aime mon besson ou ma sœur Nanette, mais je te promets de ne plus chercher à t'embrasser si cela te répugne.

Et, faisant retour sur lui-même, Landry s'imagina qu'en effet la petite Fadette n'avait pour lui que de l'amitié bien tranquille; et, parce qu'il n'était en vain ni fanfaron, il se trouva aussi craintif et aussi peu avancé auprès d'elle que s'il n'eût point entendu de ses deux oreilles ce qu'elle avait dit de lui à la belle Madelon.

Quant à la petite Fadette, elle était assez fine pour connaître enfin que Landry était bel et bien amoureux comme un fou, et c'est pour le trop grand plaisir qu'elle en avait qu'elle s'était trouvée en pâmoison pendant un moment. Mais elle craignait de perdre trop vite un bonheur si vite gagné; à cause de cette crainte, elle voulait donner à Landry le temps de souhaiter vivement son amour.

Il resta auprès d'elle jusqu'à la nuit, car, encore qu'il n'osât plus lui conter fleurette, il en était si épris et il prenait tant de plaisir à la voir et à l'écouter parler, qu'il ne pouvait se décider à la quitter un moment. Il joua avec le sauteriot, qui n'était jamais loin de sa sœur, et qui vint bientôt les rejoindre. Il se montra bon pour lui, et s'aperçut bientôt que ce pauvre petit, si maltraité par tout le monde, n'était ni sot ni méchant avec qui le traitait bien; mêmement, au bout d'une heure, il était si bien apprivoisé et si reconnaissant qu'il embrassait les mains du besson et l'appelait mon Landry, comme il appelait sa sœur ma Fanchon; et Landry était compassionné et attendri pour lui, trouvant tout le monde et lui-même dans le passé bien coupables envers les deux pauvres enfants de la mère Fadette, lesquels n'avaient besoin, pour être les meilleurs de tous, que d'être un peu aimés comme les autres.

Le lendemain et les jours suivants, Landry réussit à voir la petite Fadette, tantôt le soir, et alors il pouvait causer un peu avec elle, tantôt le jour, en la rencontrant dans la campagne: et encore qu'elle ne lui pût s'arrêter longtemps, ne voulant point et ne sachant point manquer à son devoir, il était content de lui avoir dit quatre ou cinq mots de tout son cœur et de l'avoir regardée de tous ses yeux. Et elle continuait à être gentille dans son parler, dans son habillement et dans ses manières avec tout le monde : ce qui fit que tout le monde y prit garde, et que bientôt on changea de ton et de manières avec elle. Comme elle ne faisait plus rien qui ne fût à propos, on ne l'injuria plus, et, comme elle ne s'entendit plus injurier, elle n'eut plus tentation d'invectiver, ni de chagriner personne. Mais, comme l'opinion des gens ne tourne pas aussi vite que nos résolutions, il devait encore s'écouler du temps avant qu'on passât pour elle du mépris à l'estime et de l'aversion au bon vouloir. On vous dira plus tard comment se fit ce changement ; quant à présent, vous pouvez bien imaginer vous-même qu'on ne donna pas grosse part d'attention au rangement de la petite Fadette. Quatre ou cinq bons vieux et bonnes vieilles, de ceux qui regardent s'élever la jeunesse avec indulgence, et qui sont, dans un endroit, comme les pères et mères à tout le monde, devisaient quelquefois entre eux sous les noyers de la Cosse, en regardant tout ce petit ou jeune monde grouillant autour d'eux, ceux-ci jouant aux quilles, ceux-là dansant. Et les vieux disaient : — Celui-ci sera un beau soldat s'il continue, car il a le corps trop bon pour réussir à se faire exempter ; celui-là sera finet et entendu comme son père ; cet autre aura bien la sagesse et la tranquillité de sa mère ; voilà une jeune Lucette qui promet une bonne servante de ferme ; voici une grosse Louise qui plaira à plus d'un, et quant à cette petite Marion, laissez-la grandir, et la raison lui viendra bien comme aux autres.

Et, quand ce venait au tour de la petite Fadette à être examinée et jugée :

— La voilà qui s'en va bien vite, disait-on, sans vouloir chanter ni danser. On ne la voit plus depuis la Saint-Andoche. Il faut croire qu'elle a été grandement choquée de ce que les enfants d'ici l'ont décoiffée à la danse ; aussi a-t-elle changé son grand calot, et à présent on dirait qu'elle n'est pas plus vilaine qu'une autre.

— Avez-vous fait attention comme la peau lui a blanchi depuis un peu de temps ? disait une fois la mère Couturier. Elle avait la figure comme un œuf de caille, à force qu'elle était couverte de taches de rousseur ; et la dernière fois que je l'ai vue de près, je me suis étonnée de la trouver si blanche, et mêmement si pâle que je lui ai demandé si elle n'avait point de la fièvre. A la voir comme elle est maintenant, on dirait qu'elle pourra se refaire ; et, qui sait ? il y en a eu de laides qui devenaient belles en prenant dix-sept ou dix-huit ans.

— Et puis la raison vient, dit le père Naubin, et une fille qui s'en ressent apprend à se rendre élégante et agréable. Il est bien temps que le grelet s'aperçoive qu'elle n'est point un garçon. Mon Dieu, on pensait qu'elle tournerait si mal que ça serait une honte pour l'endroit. Mais elle se rangera et s'amendera comme les autres. Elle sentira bien qu'elle doit se faire pardonner d'avoir eu une mère si blâmable, et vous verrez qu'elle ne fera point parler d'elle.

— Dieu veuille, dit la mère Courtillet, car c'est vilain qu'une fille ait l'air d'un cheveau échappé ; mais j'en espère aussi de cette Fadette, car je l'ai rencontrée devant z'hier, et au lieu qu'elle se mettait toujours derrière moi à contrefaire ma boiterie, elle m'a dit bonjour et demandé mon portement avec beaucoup d'honnêteté.

— Cette petite-là dont vous parlez est plus folle que méchante, dit le père Henri. Elle n'a point mauvais cœur, c'est moi qui vous le dis ; à preuve qu'elle a souvent gardé mes petits enfants aux champs avec elle, par pure complaisance, quand ma fille était malade ; et elle les soignait très-bien, et ils ne la voulaient plus quitter.

— C'est-il vrai ce qu'on m'a raconté, reprit la mère Couturier, qu'un des bessons au père Barbeau s'en était affolé à la dernière Saint-Andoche ?

— Allons donc ! répondit le père Naubin ; il ne faut pas prendre ça au sérieux. C'était une amusette d'enfants, et les Barbeau ne sont point bêtes, les enfants pas plus que le père ni la mère, entendez-vous ?

Ainsi devisait-on sur la petite Fadette, et le plus souvent on n'y pensait mie, parce qu'on ne la voyait presque plus.

## XXV.

Mais qui la voyait souvent et faisait grande attention à elle, c'était Landry Barbeau. Il en était comme enragé en lui-même, quand il ne pouvait lui parler à son aise ; mais sitôt qu'il se trouvait un moment avec elle, il était apaisé et content de lui, parce qu'elle lui enseignait la raison et le consolait dans toutes ses idées. Elle jouait avec lui un petit jeu qui était peut-être entaché d'un peu de coquetterie ; du moins, il le pensait quelquefois ; mais comme son motif était l'honnêteté, et qu'elle ne voulait point de son amour, à moins qu'il n'eût bien tourné et retourné la chose dans son esprit, il n'avait point droit de s'en offenser. Elle ne pouvait pas le suspecter de la vouloir tromper sur la force de cet amour-là, car c'était une espèce d'amour comme on n'en voit pas souvent chez les gens de campagne, lesquels aiment plus patiemment que ceux des villes. Et justement Landry était un caractère patient plus que d'autres, jamais on n'aurait pu présager qu'il se laisserait brûler si fort à la chandelle, et qui l'eût su (car il le cachait bien) s'en fût grandement émerveillé. Mais la petite Fadette, voyant qu'il s'était donné à elle si entièrement et si subitement, avait peur que ce ne fût feu de paille, ou bien encore qu'elle-même prenant feu du mauvais côté, la chose n'allât plus loin entre eux que l'honnêteté ne permet à deux enfants qui ne sont point encore en âge d'être mariés, du moins au dire des parents et de la prudence : car l'amour n'attend guère, et, quand une fois il s'est mis dans le sang de deux jeunesses, c'est miracle s'il attend l'approbation d'autrui.

Mais la petite Fadette, qui avait été dans son apparence plus longtemps enfant qu'une autre, possédait au dedans une raison et une volonté bien au-dessus de son âge. Pour que cela fût, il fallait qu'elle eût un esprit d'une fière force, car son cœur était aussi ardent, et plus encore peut-être que le cœur et le sang de Landry. Elle l'aimait comme une folle, et pourtant elle se conduisait avec une grande sagesse ; car si le jour, la nuit, à toute heure de son temps, elle pensait à lui et séchait d'impatience de le voir et d'envie de le caresser, aussitôt qu'elle le voyait elle prenait un air tranquille, lui parlait raison, feignait même de ne point encore connaître le feu d'amour, et ne lui permettait pas de lui serrer la main plus haut que le poignet.

Et Landry, qui, dans les endroits retirés où ils se trouvaient souvent ensemble, et mêmement quand la nuit était bien noire, aurait pu s'oublier jusqu'à ne plus se soumettre à elle, tant il était ensorcelé, craignait pourtant si fort de lui déplaire, et se tenait pour si peu certain d'être aimé d'amour, qu'il vivait aussi innocemment avec elle que si elle eût été sa sœur, et lui Jeannet, le petit sauteriot.

Pour le distraire de l'idée qu'elle ne voulait point encourager, elle l'instruisait dans les choses qu'elle savait, et dans lesquelles son esprit et son talent naturel avaient surpassé l'enseignement de sa grand'mère. Elle ne voulait faire mystère de rien à Landry, et comme il avait toujours un peu peur de la sorcellerie, elle mit tous ses soins à lui faire comprendre que le diable n'était pour rien dans les secrets de son savoir.

— Va, Landry, lui dit-elle un jour, tu n'as que faire de l'intervention du mauvais esprit. Il n'y a qu'un esprit et il est bon, car c'est celui de Dieu. Lucifer est de l'invention de M. le curé, et Georgeon de l'invention des vieilles commères de campagne. Quand j'étais toute petite, j'y croyais, et j'avais peur des maléfices de ma grand'mère. Mais elle se moquait de moi, car l'on a bien raison de dir' que si quelqu'un doute de tout, c'est celui qui fait tout croire aux autres, et que personne ne croit moins à Satan que les sorciers qui feignent de l'invoquer à tout propos. Ils savent bien qu'ils ne l'ont jamais vu et qu'ils n'ont jamais reçu de lui aucune assistance. Ceux qui ont été assez simples pour y croire et pour l'appeler n'ont jamais pu le faire venir, à preuve le meunier de la Passe-aux-Chiens, qui, comme ma grand'mère me l'a raconté, s'en allait aux quatre chemins avec une grosse

Landry trouva la chose bien mauvaise et attrapa le gamin. (Page 22.)

trique, pour appeler le diable, et lui donner, disait-il, une bonne vannée. Et on l'entendait crier dans la nuit : Viendras-tu, figure de loup? Viendras-tu, chien enragé? Viendras-tu, Georgeon du diable? Et jamais Georgeon ne vint. Si bien que ce meunier en était devenu quasi fou de vanité, disant que le diable avait peur de lui.

— Mais, disait Landry, ce que tu crois là, que le diable n'existe point, n'est pas déjà trop chrétien, ma petite Fanchon.

— Je ne peux pas disputer là-dessus, répondit-elle; mais s'il existe, je suis bien assurée qu'il n'a aucun pouvoir pour venir sur la terre nous abuser et nous demander notre âme pour la retirer du bon Dieu. Il n'aurait pas tant d'insolence, et, puisque la terre est au bon Dieu, il n'y a que le bon Dieu qui puisse gouverner les choses et les hommes qui s'y trouvent.

Et Landry, revenu de sa folle peur, ne pouvait pas s'empêcher d'admirer combien, dans toutes ses idées et dans toutes ses prières, la petite Fadette était bonne chrétienne. Mêmement elle avait une dévotion plus jolie que celle des autres. Elle aimait Dieu avec tout le feu de son cœur, car elle avait en toutes choses la tête vive et le cœur tendre; et quand elle parlait de cet amour-là à Landry, il se sentait tout étonné d'avoir été enseigné à dire des prières et à suivre des pratiques qu'il n'avait jamais pensé à comprendre, et où il se portait respectueusement de sa personne par l'idée de son devoir, sans que son cœur se fût jamais échauffé d'amour pour son Créateur, comme celui de la petite Fadette.

## XXVI.

Tout en devisant et marchant avec elle, il apprit la propriété des herbes et toutes les recettes pour la guérison des personnes et des bêtes, il essaya bientôt l'effet des dernières sur une vache au père Caillaud, qui avait pris l'enflure pour avoir trop mangé de vert; et, comme le vétérinaire l'avait abandonnée, disant qu'elle n'en avait pas pour une heure, il lui fit boire un breuvage que la petite Fadette lui avait appris à composer. Il le fit secrètement; et, au matin, comme les laboureurs, bien contrariés de la perte d'une si belle vache, venaient la chercher pour la jeter dans un trou, ils la trouvèrent debout

Assez! Landry, assez! ou dirait que tu m'embrasses de colère. (Page 27.)

et commençant à flairer la nourriture, ayant bon œil, et quasiment toute désenflée. Une autre fois, un poulain fut mordu de la vipère, et Landry, suivant toujours les enseignements de la petite Fadette, le sauva bien lestement. Enfin, il put essayer aussi le remède contre la rage sur un chien de la Priche, qui fut guéri et ne mordit personne. Comme Landry cachait de son mieux ses accointances avec la petite Fadette, il ne se vanta pas de sa science, et on n'attribua la guérison de ses bêtes qu'aux grands soins qu'il leur avait donnés. Mais le père Caillaud, qui s'y entendait aussi, comme tout bon fermier ou métayer doit le faire, s'étonna en lui-même, et dit :

— Le père Barbeau n'a pas de talent pour le bestiau, et mêmement il n'a point de bonheur ; car il en a beaucoup perdu l'an dernier, et ce n'était pas la première fois. Mais Landry y a la main très-heureuse, et c'est une chose avec laquelle on vient au monde. On l'a ou on ne l'a pas ; et, quand même on irait étudier dans les écoles comme les *artistes*, cela ne sert de rien si on n'y est adroit de naissance. Or je vous dis que Landry est adroit, et que son idée lui fait trouver ce qui convient. C'est un grand don de la nature qu'il a reçu, et ça lui vaudra mieux que du capital pour bien conduire une ferme.

Ce que disait là le père Caillaud n'était pas d'un homme crédule et sans raison, seulement il se trompait en attribuant un don de nature à Landry, Landry n'en avait pas d'autre que celui d'être soigneux et entendu à appliquer les recettes de son enseignement. Mais le don de nature n'est point une fable, puisque la petite Fadette l'avait, et qu'avec si peu de leçons raisonnables que sa grand'mère lui avait données, elle découvrait et devinait comme qui invente, les vertus que le bon Dieu a mises dans certaines herbes et dans certaines manières de les employer. Elle n'était point sorcière pour cela, elle avait raison de s'en défendre ; mais elle avait l'esprit qui observe, qui fait des comparaisons, des remarques, des essais ; et cela c'est un don de nature, on ne peut pas le nier. Le père Caillaud poussait la chose un peu plus loin. Il pensait que tel bouvier ou tel laboureur a la main plus ou moins bonne, et que, par la seule vertu de sa présence dans l'étable, il fait du bien ou du mal aux animaux. Et pourtant comme il y a toujours un peu de vrai dans les plus fausses croyances, on doit accorder que les bons soins, la propreté, l'ouvrage fait en conscience, ont une vertu pour amener à bien ce que la négligence ou la bêtise font empirer.

Comme Landry avait toujours mis son idée et son goût dans ces choses-là, l'amitié qu'il avait conçue pour la Fadette s'augmenta de toute la reconnaissance qu'il lui dut pour son instruction et de toute l'estime qu'il faisait du talent de cette jeune fille. Il lui sut alors grand gré de l'avoir forcé à se distraire de l'amour dans les promenades et les entretiens qu'il faisait avec elle, et il reconnut aussi qu'elle avait pris plus à cœur l'intérêt et l'utilité de son amoureux, que le plaisir de se laisser courtiser et flatter sans cesse comme il l'eût souhaité d'abord.

Landry fut bientôt si épris qu'il avait mis tout à fait sous ses pieds la honte de laisser paraître son amour pour une petite fille réputée laide, mauvaise et mal élevée. S'il y mettait de la précaution, c'était à cause de son besson, dont il connaissait la jalousie et qui avait eu déjà un grand effort à faire pour accepter sans dépit l'amourette que Landry avait eue pour Madelon, amourette bien petite et bien tranquille au prix de ce qu'il sentait maintenant pour Fanchon Fadet.

Mais, si Landry était trop animé dans son amour pour y mettre de la prudence, en revanche, la petite Fadette, qui avait un esprit porté au mystère, et qui, d'ailleurs, ne voulait pas mettre Landry trop à l'épreuve des taquineries du monde, la petite Fadette, qui, en fin de compte, l'aimait trop pour consentir à lui causer des peines dans sa famille, exigea de lui un si grand secret qu'ils passèrent environ un an avant que la chose se découvrît. Landry avait habitué Sylvinet à ne plus surveiller tous ses pas et démarches, et le pays, qui n'est guère peuplé et qui est tout coupé de ravins et tout couvert d'arbres, est bien propice aux secrètes amours.

Sylvinet, voyant que Landry ne s'occupait plus de la Madelon, quoiqu'il eût accepté d'abord ce partage de son amitié comme un mal nécessaire rendu plus doux par la honte de Landry et la prudence de cette fille, se réjouit bien de penser que Landry n'était pas pressé de lui retirer son cœur pour le donner à une femme, et, la jalousie le quittant, il le laissa plus libre de ses occupations et de ses courses, les jours de fêtes et de repos. Landry ne manquait pas de prétextes pour aller et venir, et, le dimanche soir surtout, il quittait la Bessonnière de bonne heure et ne rentrait à la Priche que sur le minuit; ce qui lui était bien commode, parce qu'il s'était fait donner un petit lit dans le capharnion. Vous me reprendrez peut-être sur ce mot-là, parce que le maître d'école s'en fâche et veut qu'on dise *capharnaüm*; mais, s'il connaît le mot, il ne connaît point la chose, car j'ai été obligé de lui apprendre que c'était l'endroit de la grange voisin des étables, où l'on serre les jougs, les chaînes, les ferrages et épelettes de toute espèce qui servent aux bêtes de labour et aux instruments du travail de la terre. De cette manière, Landry pouvait rentrer à l'heure qu'il voulait sans réveiller personne, et il avait toujours son dimanche à lui jusqu'au lundi matin, pour ce que le père Caillaud et son fils aîné, qui tous deux étaient des hommes très-sages, n'allant jamais dans les cabarets et ne faisant point noce de tous les jours fériés, avaient coutume de prendre sur eux tout le soin et toute la surveillance de la ferme ces jours-là; afin, disaient-ils, que toute la jeunesse de la maison, qui travaillait plus qu'eux dans la semaine, pût s'ébattre et se divertir en liberté, selon l'ordonnance du bon Dieu.

Et durant l'hiver, où les nuits sont si froides qu'on pourrait difficilement causer d'amour en pleins champs, il y avait pour Landry et la petite Fadette un bon refuge dans la tour à Jacot, qui est un ancien colombier de redevance, abandonné des pigeons depuis longues années, mais qui est bien couvert et bien fermé, et qui dépend de la ferme au père Caillaud. Mêmement il s'en servait pour y serrer le surplus de ses denrées, et comme Landry en avait la clef, et qu'il est situé sur les confins des terres de la Priche, non loin du gué des Roulettes, et dans le milieu d'une luzernière bien close, le diable eût été fin s'il eût été surprendre là les entretiens de ces deux jeunes amoureux. Quand le temps était doux, ils allaient parmi les tailles, qui sont jeunes bois de coupe, et dont le pays est tout parsemé. Ce sont encore bonnes retraites pour les voleurs et les amants, et comme de voleurs il n'en est point dans notre pays, les amants en profitent, et n'y trouvent pas plus la peur que l'ennui.

## XXVII.

Mais, comme il n'est secret qui puisse durer, voilà qu'un beau jour de dimanche, Sylvinet, passant le long du mur du cimetière, entendit la voix de son besson qui parlait à deux pas de lui, derrière le retour que faisait le mur. Landry parlait bien doucement : mais Sylvinet connaissait si bien sa parole, qu'il l'aurait devinée, quand même il ne l'aurait pas entendue.

— Pourquoi ne veux-tu pas venir danser? disait-il à une personne que Sylvinet ne voyait point. Il y a si longtemps qu'on ne t'a point vue t'arrêter après la messe, qu'on ne te trouverait pas mauvais que je te fasse danser, moi qui suis censé ne plus quasiment te connaître. On ne dirait pas que c'est par amour, mais par honnêteté, et parce que je suis curieux de savoir si après tant de temps tu sais encore bien danser.

— Non, Landry, non, — répondit une voix que Sylvinet ne reconnut point, parce qu'il y avait longtemps qu'il ne l'avait entendue, la petite Fadette s'étant tenue à l'écart de tout le monde, et de lui particulièrement. — Non, disait-elle, il ne faut point qu'on fasse attention à moi, ce sera le mieux, et si tu me faisais danser une fois, tu voudrais recommencer tous les dimanches, et il n'en faudrait pas tant pour faire causer. Crois ce que je t'ai toujours dit, Landry, que le jour où l'on saura que tu m'aimes sera le commencement de nos peines. Laisse-moi m'en aller, et quand tu auras passé une partie du jour avec ta famille et ton besson, tu viendras me rejoindre où nous sommes convenus.

— C'est pourtant triste de ne jamais danser! dit Landry; tu aimais tant la danse, mignonne, et tu dansais si bien! Quel plaisir ça me serait de te tenir par la main et de te faire tourner dans mes bras, et de te voir, si légère et si gentille, ne danser qu'avec moi!

— Et c'est justement ce qu'il ne faudrait point, reprit-elle. Mais je vois bien que tu regrettes la danse, mon bon Landry, et je ne sais pas pourquoi tu y as renoncé. Va donc danser un peu; ça me fera plaisir de songer que tu t'amuses, et je t'attendrai plus patiemment.

— Oh! tu as trop de patience, toi! dit Landry d'une voix qui n'en marquait guère; mais moi, j'aimerais mieux me faire couper les deux jambes que de danser avec des filles que je n'aime point, et que je n'embrasserais pas pour cent francs.

— Eh bien, si je dansais, reprit la Fadette, il me faudrait danser avec d'autres qu'avec toi, et me laisser embrasser aussi.

— Va-t'en, va-t'en bien vitement, dit Landry; je ne veux point qu'on t'embrasse.

Sylvinet n'entendit plus rien que des pas qui s'éloignaient, et, pour n'être point surpris aux écoutes par son frère, qui revenait vers lui, il entra vivement dans le cimetière et le laissa passer.

Cette découverte-là fut comme un coup de couteau dans le cœur de Sylvinet. Il ne chercha point à découvrir quelle était la fille que Landry aimait si passionnément. Il en avait bien assez de savoir qu'il y avait une personne pour laquelle Landry le délaissait et qui avait toutes ses pensées, au point qu'il les cachait à son besson, et que celui-ci n'en recevait point la confidence. Il faut qu'il se défie de moi, pensa-t-il, et que cette fille qu'il aime tant le porte à me craindre et à me détester. Je ne m'étonne plus de voir qu'il est toujours si ennuyé à la maison, et si inquiet quand je veux me promener avec lui. J'y renonçais, croyant voir qu'il avait le goût d'être seul; mais, à présent, je me garderai bien d'essayer à le troubler. Je ne lui dirai rien ; il m'en voudrait d'avoir surpris ce qu'il n'a pas voulu me confier. Je souffrirai tout seul, pendant qu'il se réjouira d'être débarrassé de moi.

Sylvinet fit comme il se promettait, et même il le poussa plus loin qu'il n'était besoin, car non-seulement il ne chercha plus à retenir son frère auprès de lui, mais encore, pour ne le point gêner, il quittait le premier la maison et allait rêvasser tout seul dans son ouche, ne voulant point aller dans la campagne : parce que, pensait-il, si je venais à y rencontrer Landry, il s'imaginerait que je l'épie et me ferait bien voir que je le dérange.

Et peu à peu son ancien chagrin, dont il s'était quasiment guéri, lui revint si lourd et si obstiné qu'on ne tarda pas à le voir sur sa figure. Sa mère l'en reprit doucement ; mais, comme il avait honte, à dix-huit ans, d'avoir les mêmes faiblesses d'esprit qu'il avait eues à quinze, il ne voulut jamais confesser ce qui le rongeait.

Ce fut ce qui le sauva de la maladie ; car le bon Dieu n'abandonne que ceux qui s'abandonnent eux-mêmes, et celui qui a le courage de renfermer sa peine est plus fort contre elle que celui qui s'en plaint. Le pauvre besson prit comme une habitude d'être triste et pâle ; il eut, de temps en temps, un ou deux accès de fièvre, et, tout en grandissant toujours un peu, il resta assez délicat et mince de sa personne. Il n'était pas bien soutenu à l'ouvrage, et ce n'était point sa faute, car il savait que le travail lui était bon ; et c'était bien assez d'ennuyer son père par sa tristesse, il ne voulait pas le fâcher et lui faire tort par sa lâcheté. Il se mettait donc à l'ouvrage, et travaillait de colère contre lui-même. Aussi en prenait-il souvent plus qu'il ne pouvait en supporter ; et le lendemain il était si las qu'il ne pouvait plus rien faire.

— Ce ne sera jamais un fort ouvrier, disait le père Barbeau ; mais il fait ce qu'il peut, et quand il peut, il ne s'épargne même pas assez. C'est pourquoi je ne veux point le mettre chez les autres ; car, par la crainte qu'il a des reproches et le peu de forces que Dieu lui a données, il se tuerait bien vite, et j'aurais à me le reprocher toute ma vie.

La mère Barbeau goûtait fort ces raisons-là et faisait tout son possible pour égayer Sylvinet. Elle consulta plusieurs médecins sur sa santé, et ils lui dirent, les uns qu'il fallait le ménager beaucoup, et ne plus lui faire boire que du lait, parce qu'il était faible ; les autres, qu'il fallait le faire travailler beaucoup et lui donner du vin, parce qu'étant faible, il avait besoin de se fortifier. Et la mère Barbeau ne savait lequel écouter, ce qui arrive toujours quand on prend plusieurs avis.

Heureusement que, dans le doute, elle n'en suivit aucun, et que Sylvinet marcha dans la route que le bon Dieu lui avait ouverte, sans y rencontrer de quoi le faire verser à droite ou à gauche, et il traîna son petit mal, sans être trop foulé, jusqu'au moment où les amours de Landry firent un éclat, et où Sylvinet vit augmenter sa peine de toute celle qui fut faite à son frère.

## XXVIII.

Ce fut la Madelon qui découvrit le pot aux roses ; et, si elle le fit sans malice, encore en tira-t-elle un mauvais parti. Elle s'était bien consolée de Landry et, n'ayant pas perdu beaucoup de temps à l'aimer, elle n'en avait guère demandé pour l'oublier. Cependant il lui était resté sur le cœur une petite rancune qui n'attendait que l'occasion pour se faire sentir, tant il est vrai que le dépit chez les femmes dure plus que le regret.

Voici comment la chose arriva. La belle Madelon, qui était renommée pour son air sage et pour ses manières fières avec les garçons, était cependant très-coquette en dessous, et pas moitié si raisonnable ni si fidèle dans ses amitiés que le pauvre grelet, dont on avait si mal parlé et si mal auguré. Adonc la Madelon avait déjà deux amoureux, sans compter Landry, et elle se prononçait pour un troisième, qui était son cousin, le fils cadet au père Caillaud de la Priche. Elle se prononça si bien qu'étant surveillée par le dernier à qui elle avait donné de l'espérance, et craignant qu'il ne fît un éclat, ne sachant où se cacher pour causer à loisir avec le nouveau, elle se laissa persuader par celui-ci d'aller babiller dans le colombier où justement Landry avait d'honnêtes rendez-vous avec la petite Fadette.

Cadet Caillaud avait bien cherché la clef de ce colombier, et ne l'avait point trouvée parce qu'elle était toujours dans la poche de Landry ; et il n'avait osé la demander à personne, parce qu'il n'avait pas de bonnes raisons pour en expliquer la demande. Si bien que personne, hormis Landry, ne s'inquiétait de savoir où elle était. Cadet Caillaud, songeant qu'elle était perdue, ou que son père la tenait dans son trousseau, ne se gêna point pour enfoncer la porte. Mais, le jour où il le fit, Landry et Fadette se trouvaient là, et ces quatre amoureux se trouvèrent bien penauds en se voyant les uns les autres. C'est ce qui les engagea tous également à se taire et à ne rien ébruiter.

Mais la Madelon eut comme un retour de jalousie et de colère, en voyant Landry, qui était devenu un des plus beaux garçons du pays et des plus estimés, garder, depuis la Saint-Andoche, une si belle fidélité à la petite Fadette, et elle forma la résolution de s'en venger. Pour cela, sans en rien confier à Cadet Caillaud, qui était honnête homme et ne s'y fût point prêté, elle se fit aider d'une ou deux jeunes fillettes de ses amies lesquelles, un peu dépitées aussi du mépris que Landry paraissait faire d'elles en ne les priant plus jamais à danser, se mirent à surveiller si bien la petite Fadette, qu'il ne leur fallut pas grand temps pour s'assurer de son amitié avec Landry. Et sitôt qu'elles les eurent épiés et vus une ou deux fois ensemble, elles en firent grand bruit dans tout le pays, disant à qui voulait les écouter, et Dieu sait si la médisance manque d'oreilles pour se faire entendre et de langues pour se faire répéter, que Landry avait fait une mauvaise connaissance dans la personne de la petite Fadette.

Alors toute la jeunesse femelle s'en mêla, car lorsqu'un garçon de belle mine et de bon avoir s'occupe d'une personne, c'est comme une injure à toutes les autres, et si l'on peut trouver à mordre sur cette personne-là, on ne s'en fait pas faute. On peut dire aussi que, quand une méchanceté est exploitée par les femmes, elle va vite et loin. Aussi, quinze jours après l'aventure de la tour à Jacot, sans qu'il fût question de la tour, ni de Madelon, qui avait eu bien soin de ne pas se mettre en avant, et qui feignait même d'apprendre comme une nouvelle ce qu'elle avait dévoilé la première à la sourdine, tout le monde savait, petits et grands, vieilles et jeunes, les amours de Landry le besson avec Fanchon le grelet.

Et le bruit en vint jusqu'aux oreilles de la mère Barbeau, qui s'en affligea beaucoup et n'en voulut point parler à son homme. Mais le père Barbeau l'apprit d'autre part, et Sylvain, qui avait bien discrètement gardé le secret de son frère, eut le chagrin de voir que tout le monde le savait.

Or, un soir que Landry songeait à quitter la Bessonnière de bonne heure, comme il avait coutume de faire, son père lui dit, en présence de sa mère, de sa sœur aînée et de son besson : — Ne sois pas si hâteux de nous quitter, Landry, car j'ai à te parler ; mais j'attends que ton parrain soit ici, car c'est devant ceux de la famille qui s'intéressent le plus à ton sort, que je veux te demander une explication.

Et quand le parrain, qui était l'oncle Landriche, fut arrivé, le père Barbeau parla en cette manière :

— Ce que j'ai à te dire te donnera un peu de honte, mon Landry ; aussi n'est-ce pas sans un peu de honte moi-même, et sans beaucoup de regret, que je me vois obligé de te confesser devant ta famille. Mais j'espère que cette honte te sera salutaire et te guérira d'une fantaisie qui pourrait te porter préjudice.

Il paraît que tu as fait une connaissance qui date de la dernière Saint-Andoche, il y aura prochainement un an. On m'en a parlé dès le premier jour, car c'était une chose imaginante que de te voir danser tout un jour de fête avec la fille la plus laide, la plus malpropre et la plus mal famée de notre pays. Je n'ai pas voulu y prêter attention, pensant que tu en avais fait un amusement, et je n'approuvais pas précisément la chose, parce que, s'il ne faut pas fréquenter les mauvaises gens, encore ne faut-il pas augmenter leur humiliation et le malheur qu'ils ont d'être haïssables à tout le monde. J'avais négligé de t'en parler, pensant, à te voir triste le lendemain, que tu t'en faisais reproche à toi-même et que tu n'y retournerais plus. Mais voilà que, depuis une semaine environ, j'entends bien dire autre chose, et, encore que ce soit par des personnes dignes de foi, je ne veux point m'y fier, à moins que tu ne me le confirmes. Si je t'ai fait tort en te soupçonnant, tu ne l'imputeras qu'à l'intérêt que je te porte et au devoir que j'ai de surveiller ta conduite : car, si la chose est une fausseté, tu me feras grand plaisir en me donnant ta parole et en me faisant connaître qu'on t'a desservi à tort dans mon opinion.

— Mon père, dit Landry, voulez-vous bien me dire de quoi vous m'accusez, et je vous répondrai selon la vérité et le respect que je vous dois.

— On t'accuse, Landry, je crois te l'avoir suffisamment donné à entendre, d'avoir un commerce malhonnête avec la petite fille de la mère Fadet, qui est une assez mauvaise femme ; sans compter que la propre mère de cette malheureuse fille a vilainement quitté son mari, ses enfants et son pays pour suivre les soldats. On t'accuse de te promener de tous les côtés avec la petite Fadette, ce qui me ferait craindre de te voir engagé par elle dans de mauvaises amours, dont toute ta vie tu pourrais avoir à te repentir. Entends-tu, à la fin ?

— J'entends bien, mon cher père, répondit Landry, et souffrez-moi encore une question avant que je vous réponde. Est-ce à cause de sa famille, ou seulement à cause d'elle-même, que vous regardez la Fanchon Fadette comme une mauvaise connaissance pour moi ?

— C'est sans doute à cause de l'une et de l'autre, reprit le père Barbeau avec un peu plus de sévérité qu'il n'en avait mis au commencement ; car il s'était attendu à trouver Landry bien penaud, et il le trouvait tranquille et comme résolu à tout. C'est d'abord, fit-il, qu'une mauvaise parenté est une vilaine tache, et que jamais une famille estimée et honorée comme la mienne ne voudrait faire alliance avec la famille Fadet. C'est ensuite que la petite Fadet, par elle-même, n'inspire d'estime et de confiance à personne. Nous l'avons vue s'élever et nous savons tous ce qu'elle vaut. J'ai bien entendu dire, et je reconnais pour l'avoir vu deux ou trois fois, que, depuis un an, elle se tient mieux, ne court plus avec les petits garçons et ne parle mal à personne. Tu vois que je ne veux pas m'écarter de la justice ; mais cela ne me suffit pas pour croire qu'une enfant qui a été si mal élevée puisse jamais faire une bonne femme, et, connaissant la grand'mère comme je l'ai connue, j'ai tout lieu de craindre qu'il n'y ait là une intrigue montée pour te soutirer des promesses et te causer de la honte ou de l'embarras. On m'a même dit que la petite était enceinte, ce que je ne veux point croire à la légère, mais ce qui me peinerait beaucoup, parce que la chose te serait attribuée et reprochée, et pourrait finir par un procès et du scandale.

Landry, qui, dès le premier mot, s'était bien promis d'être prudent et de s'expliquer avec douceur, perdit patience. Il devint rouge comme le feu, et, se levant : — Mon père, dit-il, ceux qui vous ont dit cela ont menti comme des chiens. Ils ont fait une telle insulte à Fanchon Fadet, que, si je les tenais là, il faudrait qu'ils eussent à se dédire ou à se battre avec moi, jusqu'à ce qu'il en restât un de nous par terre. Dites-leur qu'ils sont des lâches et des païens ; et qu'ils viennent donc me le dire en face, ce qu'ils vous ont insinué en traîtres, et nous en aurons beau jeu !

— Ne te fâche pas comme cela, Landry, dit Sylvinet tout abattu de chagrin : mon père ne t'accuse point d'avoir fait du tort à cette fille ; mais il craint qu'elle ne se soit mise dans l'embarras avec d'autres, et qu'elle ne veuille faire croire, en se promenant de jour et de nuit avec toi, que c'est à toi de lui donner une réparation.

## XXIX.

La voix de son besson adoucit un peu Landry ; mais les paroles qu'il disait ne purent passer sans qu'il les relevât.

— Frère, dit-il, tu n'entends rien à tout cela. Tu as toujours été prévenu contre la petite Fadette, et tu ne la connais point. Je m'inquiète bien peu de ce qu'on peut dire de moi ; mais je ne souffrirai point ce qu'on dit contre elle, et je veux que mon père et ma mère sachent de moi, pour se tranquilliser, qu'il n'y a point sur la terre deux filles aussi honnêtes, aussi sages, aussi bonnes, aussi désintéressées que cette fille-là. Si elle a le malheur d'être mal apparentée, elle en a d'autant plus de mérite à être ce qu'elle est, et je n'aurais jamais cru que des âmes chrétiennes pussent lui reprocher le malheur de sa naissance.

— Vous avez l'air vous-même de me faire un reproche, Landry, dit le père Barbeau en se levant aussi, pour lui montrer qu'il ne souffrirait pas que la chose allât plus loin entre eux. Je vois, à votre dépit, que vous en tenez pour cette Fadette plus que je n'aurais souhaité. Puisque vous n'en avez ni honte ni regret, nous n'en parlerons plus. J'aviserai à ce que je dois faire pour vous prévenir d'une étourderie de jeunesse. A cette heure, vous devez retourner chez vos maîtres.

— Vous ne vous quitterez pas comme ça, dit Sylvinet en retenant son frère, qui commençait à s'en aller. Mon père, voilà Landry qui a tant de chagrin de vous avoir déplu qu'il ne peut rien dire. Donnez-lui son pardon et l'embrassez, car il s'en va pleurer à nuitée, et il serait trop puni par votre mécontentement.

Sylvinet pleurait, la mère Barbeau pleurait aussi, et aussi la sœur aînée, et l'oncle Landriche. Il n'y avait que le père Barbeau et Landry qui eussent les yeux secs ; mais ils avaient le cœur bien gros, et on les fit s'embrasser. Le père n'exigea aucune promesse, sachant bien que, dans les cas d'amour, ces promesses-là sont chanceuses, et ne voulant point compromettre son autorité ; mais il fit comprendre à Landry que ce n'était point fini et qu'il y reviendrait. Landry s'en alla courroucé et désolé. Sylvinet eût bien voulu le suivre ; mais il n'osa, à cause qu'il présumait bien qu'il allait faire part de son chagrin à la Fadette, et il se coucha si triste que, de toute la nuit, il ne fit que soupirer et rêver de malheur dans la famille.

Landry s'en alla frapper à la porte de la petite Fadette. La mère Fadet était devenue si sourde qu'une fois endormie rien ne l'éveillait, et depuis quelque temps Landry, se voyant découvert, ne pouvait causer avec Fanchon que le soir dans la chambre où dormaient la vieille et le petit Jeanet ; et là encore, il risquait gros, car la vieille sorcière ne pouvait pas le souffrir et l'eût fait sortir avec des coups de balai bien plutôt qu'avec des compliments. Landry raconta sa peine à la petite Fadette, et la trouva grandement soumise et courageuse. D'abord elle essaya de lui persuader qu'il ferait bien, dans son intérêt à lui, de renoncer à son amitié et de ne plus penser à elle. Mais quand elle vit qu'il s'en affligeait et se révoltait de plus en plus, elle l'engagea à l'obéissance en lui donnant à espérer du temps à venir.

— Ecoute, Landry, lui dit-elle, j'avais toujours eu prévoyance de ce qui nous arrive, et j'ai souvent songé à ce que nous ferions, le cas échéant. Ton père n'a point de tort, et je ne lui en veux pas ; car c'est par grande amitié pour toi qu'il craint de te voir épris d'une personne aussi peu méritante que je le suis. Je lui pardonne donc un peu de fierté et d'injustice à mon endroit ; car nous ne pouvons pas disconvenir que ma première petite jeunesse a été folle, et toi-même me l'as reproché le jour où tu as commencé à m'aimer. Si, depuis un an, je me suis corrigée de mes défauts, ce n'est pas assez de temps pour qu'il y prenne confiance, comme il te l'a dit aujourd'hui. Il faut donc que le temps passe encore là-dessus, et, peu à peu, les préventions qu'on avait contre moi s'en iront, les vilains mensonges qu'on fait à présent tomberont d'eux-mêmes. Ton père et ta mère verront bien que je suis sage et que je ne veux pas te débaucher ni te tirer de l'argent. Ils rendront justice à l'honnêteté de mon amitié, et nous pourrons nous voir et nous parler sans nous cacher de personne; mais en attendant, il faut que tu obéisses à ton père, qui, j'en suis certaine, va te défendre de me fréquenter.

— Jamais je n'aurai ce courage-là, dit Landry, j'aimerais mieux me jeter dans la rivière.

— Eh bien! si tu ne l'as pas, je l'aurai pour toi, dit la petite Fadette; je m'en irai, moi, je quitterai le pays pour un peu de temps. Il y a déjà deux mois qu'on m'offre une bonne place en ville. Voilà ma grand'mère si sourde et si âgée qu'elle ne s'occupe presque plus de faire et de vendre ses drogues, et qu'elle ne peut plus donner de consultations. Elle a une parente très-bonne, qui lui offre de venir demeurer avec elle, et qui la soignera bien, ainsi que mon pauvre sauteriot...

La petite Fadette eut la voix coupée, un moment, par l'idée de quitter cet enfant, qui était, avec Landry, ce qu'elle aimait le plus au monde; mais elle reprit courage et dit :

— A présent, il est assez fort pour se passer de moi. Il va faire sa première communion, et l'amusement d'aller au catéchisme avec les autres enfants le distraira du chagrin de mon départ. Tu dois avoir observé qu'il est devenu assez raisonnable, et que les autres garçonnets ne le font guère enrager. Enfin, il le faut, vois-tu, Landry; il faut qu'on m'oublie un peu, car il y a, à cette heure, une grande colère et une grande jalousie contre moi dans le pays. Quand j'aurai passé un an ou deux au loin, et que je reviendrai avec de bons témoignages et une bonne renommée, laquelle j'acquerrai plus aisément ailleurs qu'ici, on ne nous tourmentera plus, et nous serons meilleurs amis que jamais.

Landry ne voulut pas écouter cette proposition-là; il ne fit que se désespérer, et s'en retourna à la Priche dans un état qui aurait fait pitié au plus mauvais cœur.

Deux jours après, comme il menait la cuve pour la vendange, Cadet Caillaud lui dit :

— Je vois, Landry, que tu m'en veux, et que, depuis quelque temps, tu ne me parles pas. Tu crois sans doute que c'est moi qui ai ébruité tes amours avec la petite Fadette, et je suis fâché que tu puisses croire une pareille vilenie de ma part. Aussi vrai que Dieu est au ciel, jamais je n'en ai soufflé un mot, et mêmement c'est un chagrin pour moi qu'on t'ait causé ces ennuis-là; car j'ai toujours fait grand cas de toi, et jamais je n'ai fait injure à la petite Fadette. Je puis même dire que j'ai de l'estime pour cette fille depuis ce qui nous est arrivé au colombier, dont elle aurait pu bavarder pour sa part, et dont jamais personne n'a rien su, tant elle a été discrète. Elle aurait pu s'en servir pourtant, à seules fins de tirer vengeance de la Madelon, qu'elle sait bien être l'auteur de tous ces caquets; mais elle ne l'a point fait, et je vois, Landry, qu'il ne faut point se fier aux apparences et aux réputations. La Fadette, qui passait pour méchante, a été bonne; la Madelon, qui passait pour bonne, a été bien traître, nonseulement envers la Fadette et envers toi, mais encore avec moi, qui, pour l'heure, ai grandement à me plaindre de sa fidélité.

Landry accepta de bon cœur les explications de Cadet Caillaud, et celui-ci le consola de son mieux de son chagrin.

— On t'a fait bien des peines, mon pauvre Landry, lui dit-il en finissant; mais tu dois t'en consoler par la bonne conduite de la petite Fadette. C'est bien, à elle, de s'en aller, pour faire finir le tourment de ta famille, et je viens de le lui dire à elle-même, en lui faisant mes adieux au passage.

— Qu'est-ce que tu me dis-là, Cadet? s'exclama Landry; elle s'en va? elle est partie?

— Ne le savais-tu pas? dit Cadet. Je pensais que c'était chose convenue entre vous, et que tu ne la conduisais point pour n'être pas blâmé. Mais elle s'en va, pour sûr; elle a passé au droit de chez nous il n'y a pas plus d'un quart d'heure, et elle avait son petit paquet sous le bras. Elle allait à Château-Meillant, et, à cette heure, elle n'est pas plus loin que Vieille-Ville, ou bien la côte d'Urmont.

Landry laissa son aiguillon accoté au frontal de ses bœufs, prit sa course et ne s'arrêta que quand il eut rejoint la petite Fadette, dans le chemin de sable qui descend des vignes d'Urmont à la Fremelaine.

Là, tout épuisé par le chagrin et la grande hâte de sa course, il tomba en travers du chemin, sans pouvoir lui parler, mais en lui faisant connaître par signes qu'elle aurait à marcher sur son corps avant de le quitter.

Quand il se fut un peu remis, la Fadette lui dit :

— Je voulais t'épargner cette peine, mon cher Landry, et voilà que tu fais tout ce que tu peux pour m'ôter le courage. Sois donc un homme, et ne m'empêche pas d'avoir du cœur; il m'en faut plus que tu ne penses, et quand je songe que mon pauvre petit Jeanet me cherche et crie après moi, à cette heure, je me sens si faible que, pour un rien, je me casserais la tête sur ces pierres. Ah! je t'en prie, Landry, aide-moi au lieu de me détourner de mon devoir; car, si je ne m'en vas pas aujourd'hui, je ne m'en irai jamais, et nous serons perdus.

— Fanchon, Fanchon, tu n'as pas besoin d'un grand courage, répondit Landry. Tu ne regrettes qu'un enfant qui se consolera bientôt, parce qu'il est enfant. Tu ne te soucies pas de mon désespoir; tu ne connais pas ce que c'est que l'amour; tu n'en as point pour moi, et tu vas m'oublier vite, ce qui fait que tu ne reviendras peut-être jamais.

— Je reviendrai, Landry; je prends Dieu à témoin que je reviendrai dans un an au plus tôt, dans deux ans au plus tard, et que je t'oublierai si peu que je n'aurai jamais d'autre ami ni d'autre amoureux que toi.

— D'autre ami, c'est possible, Fanchon, parce que tu n'en retrouveras jamais un qui te soit soumis comme je le suis; mais d'autre amoureux, je n'en sais rien : qui peut m'en répondre?

— C'est moi qui t'en réponds!

— Tu n'en sais rien toi-même, Fadette, tu n'as jamais aimé, et quand l'amour te viendra, tu ne te souviendras guère de ton pauvre Landry. Ah! si tu m'avais aimé de la manière dont je t'aime, tu ne me quitterais pas comme ça.

— Tu crois, Landry? dit la petite Fadette en le regardant d'un air triste et bien sérieux. Peut-être bien que tu ne sais ce que tu dis. Moi, je crois bien que l'amour me commanderait encore plus ce que l'amitié me fait faire.

— Eh bien, si c'était l'amour qui te commande, je n'aurais pas tant de chagrin. Oh! oui, Fanchon, si c'était l'amour, je crois quasiment que je serais heureux dans mon malheur. J'aurais de la confiance dans ta parole et de l'espérance dans l'avenir; j'aurais le courage que tu as, vrai!... Mais ce n'est pas de l'amour, tu me l'as dit bien des fois, et je l'ai vu à la grande tranquillité à côté de moi.

— Ainsi tu crois que ce n'est pas l'amour? dit la petite Fadette; tu en es bien assuré?

Et, le regardant toujours, ses yeux se remplirent de grosses larmes qui tombèrent sur ses joues, tandis qu'elle souriait d'une manière bien étrange.

— Ah! mon Dieu! mon bon Dieu! s'écria Landry en la prenant dans ses bras, si je pouvais m'être trompé!

— Moi, je crois bien que tu t'es trompé, en effet, répondit la petite Fadette, toujours souriant et pleurant; je crois bien que, depuis l'âge de treize ans, le pauvre Grelet a remarqué Landry et n'en a jamais remarqué d'autre. Je crois bien que, quand je le suivais par les champs et par les chemins, en lui disant des folies et des taquineries pour le forcer à s'occuper d'elle, elle ne savait point encore ce qu'elle faisait, ni ce qui la poussait vers lui. Je crois bien que, quand elle s'est mise un jour à la recherche de Sylvinet, sachant que Landry était dans la peine, et qu'elle l'a trouvé au bord de la rivière, tout pensif, avec un petit agneau sur ses genoux, elle a fait un peu la sorcière avec Landry, afin que Landry fût forcé à lui en avoir de la reconnaissance. Je crois bien que, quand elle l'a injurié au gué des Roulettes, c'est parce qu'elle avait du dépit et du chagrin de ce qu'il ne lui avait jamais parlé depuis. Je crois bien que, quand elle a voulu danser avec lui, c'est parce qu'elle était folle de lui et qu'elle espérait lui plaire par sa jolie danse. Je crois bien que, quand elle pleurait dans la carrière des Chaumois, c'était pour le repentir et la peine de lui avoir déplu. Je crois bien aussi que, quand il voulait l'embrasser et qu'elle s'y refusait, quand il lui parlait d'amour et qu'elle lui répondait en paroles d'amitié, c'était par la crainte qu'elle avait de perdre cet amour-là en le contentant trop vite. Enfin je crois que, si elle s'en va en se déchirant le cœur, c'est par l'espérance qu'elle a de revenir digne de lui dans l'esprit de tout le monde, et de pouvoir être sa femme, sans désoler et sans humilier sa famille.

Cette fois Landry crut qu'il deviendrait tout à fait fou. Il riait, il criait et il pleurait; et il embrassait Fanchon sur ses mains, sur sa robe; et il l'eût embrassée sur ses pieds, si elle avait voulu le souffrir; mais elle le releva et lui donna un vrai baiser d'amour dont il faillit mourir; car c'était le premier qu'il eût jamais reçu d'elle, ni d'aucune autre, et, du temps qu'il en tombait comme pâmé sur le bord du chemin, elle ramassa son paquet, toute rouge et confuse qu'elle était, et se sauva en lui défendant de la suivre et en lui jurant qu'elle reviendrait.

## XXX.

Landry se soumit et revint à la vendange, bien surpris de ne pas se trouver malheureux comme il s'y était attendu, tant c'est une grande douceur de se savoir aimé, et tant la foi est grande quand on aime grandement. Il était si étonné et si aise qu'il ne put se défendre d'en parler à Cadet Caillaud, lequel s'étonna aussi, et admira la petite Fadette pour avoir si bien su se défendre de toute faiblesse et de toute imprudence, depuis le temps qu'elle aimait Landry et qu'elle en était aimée.

— Je suis content de voir, lui dit-il, que cette fille-là a tant de qualités, car, pour mon compte, je ne l'ai jamais mal jugée, et je peux même dire que si elle avait fait attention à moi, elle ne m'aurait point déplu. A cause des yeux qu'elle a, elle m'a toujours semblé plutôt belle que laide, et, depuis un certain temps, tout le monde aurait bien pu voir, si elle avait voulu plaire, qu'elle devenait chaque jour plus agréable. Mais elle t'aimait uniquement, Landry, et se contentait de ne point déplaire aux autres; elle ne cherchait d'autre approbation que la tienne, et je te réponds qu'une femme de ce caractère-là m'aurait bien convenu. D'ailleurs, si petite et si enfant que je l'aie connue, j'ai toujours considéré qu'elle avait un grand cœur, et si l'on allait demander à chacun de dire en conscience et en vérité ce qu'il en pense et ce qu'il en sait, chacun serait obligé de témoigner pour elle; mais le monde est fait comme cela que quand deux ou trois personnes se mettent après une autre, toutes s'en mêlent, lui jettent la pierre et lui font une mauvaise réputation sans trop savoir pourquoi; et comme si c'était pour le plaisir d'écraser qui ne peut se défendre.

Landry trouvait un grand soulagement à entendre raisonner Cadet Caillaud de la sorte, et, depuis ce jour-là, il fit une grande amitié avec lui, et se consola un peu de ses ennuis en les lui confiant. Et mêmement, il lui dit un jour:

— Ne pense plus à cette Madelon, qui ne vaut rien et qui nous a fait des peines à tous deux, mon brave Cadet. Tu es de même âge et rien ne te presse de te marier. Or, moi, j'ai une petite sœur, Nanette, qui est jolie comme un cœur, qui est bien élevée, douce, mignonne, et qui prend seize ans. Viens nous voir un peu plus souvent; mon père t'estime beaucoup, et quand tu connaîtras bien notre Nanette, tu verras que tu n'auras pas de meilleure idée que celle de devenir mon beau-frère.

— Ma foi, je ne dis pas non, répondit Cadet, et si la fille n'est point accordée par ailleurs, j'irai chez toi tous les dimanches.

Le soir du départ de Fanchon Fadet, Landry voulut aller voir son père pour lui apprendre l'honnête conduite de cette fille qu'il avait mal jugée, et, en même temps, pour lui faire, sous toutes réserves quant à l'avenir, ses soumissions quant au présent. Il eut le cœur bien gros en passant devant la maison de la mère Fadet; mais il s'arma d'un grand courage, en se disant que, sans le départ de Fanchon, il n'aurait peut-être pas su de longtemps le bonheur qu'il avait d'être aimé d'elle. Et il vit la mère Fanchette, qui était la parente et la marraine à Fanchon, laquelle était venue pour soigner la vieille et le petit à sa place. Elle était assise devant la porte, avec le sauteriot sur ses genoux. Le pauvre Jeanet pleurait et ne voulait point aller au lit, parce que sa Fanchon n'était point encore rentrée, disait-il, et que c'était à elle à lui faire dire ses prières et à le coucher. La mère Fanchette le reconfortait de son mieux, et Landry entendit avec plaisir qu'elle lui parlait avec beaucoup de douceur et d'amitié. Mais sitôt que le sauteriot vit passer Landry, il s'échappa des mains de la Fanchette, au risque d'y laisser une de ses pattes, et courut se jeter dans les jambes du besson, l'embrassant et le questionnant, et le conjurant de lui ramener sa Fanchon. Landry le prit dans ses bras, et, tout en pleurant, le consola comme il put. Il voulut lui donner une grappe de beaux raisins qu'il portait dans un petit panier, de la part de la mère Caillaud, à la mère Barbeau; mais Jeanet, qui était d'habitude assez gourmand, ne voulut rien, sinon que Landry lui promettrait d'aller querir sa Fanchon, et il fallut que Landry le lui promît en soupirant, sans quoi il ne se fût point soumis à la Fanchette.

Le père Barbeau ne s'attendait guère à la grande résolution de la petite Fadette. Il en fut content; mais il eut comme du regret de ce qu'elle avait fait, tant il était homme juste et de bon cœur. — Je suis fâché, Landry, dit-il, que tu n'aies pas eu le courage de renoncer à la fréquenter. Si tu avais agi selon ton devoir, tu n'aurais pas été la cause de son départ. Dieu veuille que cette enfant n'ait pas à souffrir dans sa nouvelle condition et que son absence ne fasse pas de tort à sa grand'mère et à son petit frère; car s'il y a beaucoup de gens qui disent du mal d'elle, il y en a aussi quelques-uns qui la défendent et qui m'ont assuré qu'elle était très-bonne et très-serviable pour sa famille. Si ce qu'on m'a dit qu'elle est enceinte est une fausseté, nous le saurons bien, et nous la défendrons comme il faut; si, par malheur, c'est vrai, et que tu en sois coupable, Landry, nous l'assisterons et ne la laisserons pas tomber dans la misère. Que tu ne l'épouses jamais, Landry, voilà tout ce que j'exige de toi.

— Mon père, dit Landry, nous jugeons la chose différemment vous et moi. Si j'étais coupable de ce que vous pensez, je vous demanderais au contraire votre permission pour l'épouser. Mais comme la petite Fadette est aussi innocente que ma sœur Nanette, je ne vous demande rien encore que de me pardonner le chagrin que je vous ai causé. Nous parlerons d'elle plus tard, ainsi que vous me l'avez promis.

Il fallut bien que le père Barbeau en passât par cette condition de ne pas insister davantage. Il était trop prudent pour brusquer les choses et se devait tenir pour content de ce qu'il avait obtenu.

Depuis ce moment-là, il ne fut plus question de la petite Fadette à la Bessonnière. On évita même de la nommer, car Landry devenait rouge, et tout aussitôt pâle, quand son nom échappait à quelqu'un devant lui, et il était bien aisé de voir qu'il ne l'avait pas plus oubliée qu'au premier jour.

## XXXI.

D'abord Sylvinet eut comme un contentement d'égoïste en apprenant le départ de la Fadette, et il se flatta que dorénavant son besson n'aimerait que lui et ne le quitterait plus pour personne. Mais il n'en fut point ainsi. Sylvinet était bien ce que Landry aimait le mieux au monde après la petite Fadette; mais il ne pouvait se plaire longtemps dans sa société, parce que Sylvinet ne voulut point se départir de son aversion pour Fanchon. Aussitôt que Landry essayait de lui en parler et de le mettre dans ses intérêts, Sylvinet s'affligeait, lui faisait reproche de s'obstiner dans une idée si répugnante à leurs parents et si chagrinante pour lui-même. Landry dès lors ne lui en parla plus; mais, comme il ne pouvait pas vivre sans en parler, il partageait son temps entre Cadet Caillaud et le petit Jeanet, qu'il emmenait promener avec lui, à qui il faisait répéter son catéchisme et qu'il instruisait et consolait de son mieux. Et quand on le rencontrait avec cet enfant, on se fût moqué de lui, si l'on eût osé. Mais, outre que Landry ne se laissait jamais bafouer en quoi que ce soit, il était plutôt fier que honteux de montrer son amitié pour le frère de Fanchon Fadet, et c'est par là qu'il protestait contre le dire de ceux qui prétendaient que le père Barbeau, dans sa sagesse, avait bien vite eu raison de cet amour-là. Sylvinet, voyant que son frère ne revenait pas autant à lui qu'il l'aurait souhaité, et se trouvant réduit à porter sa jalousie sur le petit Jeanet et sur Cadet Caillaud; voyant, d'un autre côté, que sa sœur Nanette, laquelle, jusqu'alors, l'avait toujours consolé et réjoui par des soins très-doux et des attentions mignardes, commençait à se plaire beaucoup dans la société de ce même Cadet Caillaud, dont les deux familles approuvaient fort l'inclination; le pauvre Sylvinet, dont la fantaisie était de posséder à lui tout seul l'amitié de ceux qu'il aimait, tomba dans un ennui mortel, dans une langueur singulière, et son esprit se rembrunit si fort qu'on ne savait par où le prendre pour le contenter. Il ne riait plus jamais; il ne prenait goût à rien, il ne pouvait plus guère travailler, tant il se consumait et s'affaiblissait. Enfin on craignit pour sa vie, car la fièvre ne le quittait presque plus, et, quand il l'avait un peu plus que d'habitude, il disait des choses qui n'avaient pas grand'raison et qui étaient cruelles pour le cœur de ses parents. Il prétendait n'être aimé de personne, lui qu'on avait toujours choyé et gâté plus que tous les autres dans la famille. Il souhaitait la mort, disant qu'il n'était bon à rien, qu'on l'épargnait par compassion de son état; mais qu'il était une charge pour ses parents, et que la plus grande grâce que le bon Dieu pût leur faire, ce serait de les débarrasser de lui.

Quelquefois le père Barbeau, entendant ces paroles peu chrétiennes, l'en blâmait avec sévérité. Cela n'amenait rien de bon. D'autres fois, le père Barbeau le conjurait, en pleurant, de mieux reconnaître son amitié. C'était encore pire: Sylvinet pleurait, se repentait, demandait pardon à son père, à sa mère, à son besson, à toute sa famille; et la fièvre revenait plus forte, après qu'il avait donné cours à la trop grande tendresse de son cœur malade.

On consulta les médecins à nouveau. Ils ne conseillèrent pas grand'chose. On vit, à leur mine, qu'ils jugeaient que tout le mal venait de cette bessonnerie, qui devait tuer l'un ou l'autre, le plus faible des deux conséquemment. On consulta aussi la baigneuse de Clavières, la femme la plus savante du canton après la Sagette, qui était morte, et la mère Fadet, qui commençait à tomber en enfance. Cette femme habile répondit à la mère Barbeau:

— Il n'y aurait qu'une chose pour sauver votre enfant, c'est qu'il aimât les femmes.

— Et justement il ne les peut souffrir, dit la mère Barbeau: jamais on n'a vu un garçon si fier et si sage, et, depuis le moment où son besson s'est mis l'amour en tête, il n'a fait que dire du mal de toutes les filles que nous connaissons. Il les blâme toutes de ce qu'une d'entre elles (et malheureusement ce n'est pas la meilleure) lui a enlevé, comme il prétend, le cœur de son besson.

— Eh bien, dit la baigneuse, qui avait un grand jugement sur toutes les maladies du corps et de l'esprit, votre fils Sylvinet, le jour où il aimera une femme, l'aimera encore plus follement qu'il n'aime son frère. Je vous prédis cela. Il a une surabondance d'amitié dans le cœur, et, pour l'avoir toujours portée sur son besson, il a oublié quasiment son sexe; et, en cela, il a manqué à la loi du bon Dieu, qui veut que l'homme chérisse une femme plus que père et mère, plus que frères et sœurs. Consolez-vous, pourtant; il n'est pas possible que la nature ne lui parle pas bientôt, quelque retardé qu'il soit dans cette idée-là: et la femme qu'il aimera, qu'elle soit pauvre, ou laide, ou méchante, n'hésitez point à la lui donner en mariage; car, selon toute apparence, il n'en aimera pas deux en sa vie. Son cœur a trop d'attache pour cela, et, s'il faut un grand miracle de nature pour qu'il se sépare un peu de son besson, il en faudrait un encore plus grand pour qu'il se séparât de la personne qu'il viendrait à lui préférer.

L'avis de la baigneuse parut fort sage au père Barbeau, et il essaya d'envoyer Sylvinet dans les maisons où il y avait de belles et bonnes filles à marier. Mais, quoique Sylvinet fût joli garçon et bien élevé, son air indifférent et triste ne réjouissait point le cœur des filles. Elles ne lui faisaient aucune avance, et lui, qui était si timide, il s'imaginait, à force de les craindre, qu'il les détestait.

Le père Caillaud, qui était le grand ami et des meilleurs conseils de la famille, ouvrit alors un autre avis:

— Je vous ai toujours dit, fit-il, que l'absence était le meilleur remède. Voyez Landry! il devenait insensé pour la petite Fadette, et pourtant, la petite Fadette partie, il n'a perdu ni la raison ni la santé, il est même moins triste qu'il ne l'était souvent, car nous avions observé cela et nous n'en savions point la cause. A présent il paraît tout à fait raisonnable et soumis. Il en serait de même de Sylvinet si, pendant cinq ou six mois, il ne voyait point du tout son frère. Je vais vous dire le moyen de les séparer tout doucement. Ma ferme de la Priche va bien; mais, en revanche, mon propre bien, qui est du côté d'Arton, va au plus mal, à cause que, depuis environ un an, mon colon est malade et ne peut se remettre. Je ne veux point le mettre dehors, parce qu'il est un véritable homme de bien. Mais si je pouvais lui envoyer un bon ouvrier pour l'aider, il se remettrait, vu qu'il est malade que de fatigue et de trop grand courage. Si vous y consentez, j'enverrai donc Landry passer dans mon bien le reste de la saison. Nous le ferons partir sans dire à Sylvinet que c'est pour longtemps. Nous lui dirons, au contraire, que c'est pour huit jours. Et puis, les huit jours passés, on lui parlera de huit autres jours, et toujours ainsi jusqu'à ce qu'il y soit accoutumé; suivez mon conseil, au lieu de flatter toujours la fantaisie d'un enfant que vous avez trop épargné et rendu trop maître chez vous.

Le père Barbeau inclinait à suivre ce conseil, mais la mère Barbeau s'en effraya. Elle craignait que ce ne fût pour Sylvinet le coup de la mort. Il fallut transiger avec elle, elle demandait qu'on fît d'abord l'essai de garder Landry quinze jours à la maison, pour savoir si son frère, le voyant à toute heure, ne se guérirait point. S'il empirait, au contraire, elle se rendrait à l'avis du père Caillaud.

Ainsi fut fait. Landry vint de bon cœur passer le temps requis à la Bessonnière, et on l'y fit venir sous le prétexte que son père avait besoin d'aide pour battre le reste de son blé, Sylvinet ne pouvant plus travailler. Landry mit tous ses soins et toute sa bonté à rendre son frère content de lui. Il le voyait à toute heure, il couchait dans le même lit, il le soignait comme s'il eût été un petit enfant. Le premier jour, Sylvinet fut bien joyeux; mais, le second, il prétendit que Landry s'ennuyait avec lui, et Landry ne put lui ôter cette idée. Le troisième jour, Sylvinet fut en colère, parce que le sauteriot vint voir Landry, et Landry n'eut point le courage de le renvoyer. Enfin, au bout de la semaine, il y fallut renoncer, car Sylvinet devenait de plus en plus injuste, exigeant et jaloux de son frère. Alors on pensa à mettre à exécution l'idée du père Caillaud, et encore que Landry n'eût guère d'envie d'aller à Arton parmi des étrangers, lui qui aimait tant son endroit, son ouvrage, sa famille et ses maîtres, il se soumit à tout ce qu'on lui conseilla de faire dans l'intérêt de son frère.

## XXXII.

Cette fois, Sylvinet manqua mourir le premier jour; mais le second, il fut plus tranquille, et le troisième, la

Eh bien, sachez, si cela vous plaît, que je l'aime depuis longtemps déjà. (Page 29.)

fièvre le quitta. Il prit de la résignation d'abord et de la résolution ensuite ; et, au bout de la première semaine, on reconnut que l'absence de son frère lui valait mieux que sa présence. Il trouvait, dans le raisonnement que sa jalousie lui faisait en secret, un motif pour être quasi satisfait du départ de Landry. Au moins, se disait-il, dans l'endroit où il va, et où il ne connaît personne, il ne fera pas tout de suite de nouvelles amitiés. Il s'ennuiera un peu, il pensera à moi et me regrettera. Et quand il reviendra, il m'aimera davantage.

Il y avait déjà trois mois que Landry était absent, et environ un an que la petite Fadette avait quitté le pays, lorsqu'elle y revint tout d'un coup, parce que sa grand'mère était tombée en paralysie. Elle la soigna d'un grand cœur et d'un grand zèle ; mais l'âge est la pire des maladies ; et, au bout de quinze jours, la mère Fadet rendit l'âme sans y songer. Trois jours après, ayant conduit au cimetière le corps de la pauvre vieille, ayant rangé la maison, déshabillé et couché son frère, et embrassé sa bonne marraine qui s'était retirée pour dormir dans l'autre chambre, la petite Fadette était assise bien tristement devant son petit feu, qui n'envoyait guère de clarté, et elle écoutait chanter le grelet de sa cheminée, qui semblait lui dire :

Grelet, grelet, petit grelet,
Toute Fadette a son Fadet.

La pluie tombait et grésillait sur le vitrage, et Fanchon pensait à son amoureux, lorsqu'on frappa à la porte, et une voix lui dit :

— Fanchon Fadet, êtes-vous là, et me reconnaissez-vous ?

Elle ne fut point engourdie pour aller ouvrir, et grande fut sa joie en se laissant serrer sur le cœur de son ami Landry. Landry avait eu connaissance de la maladie de la grand'mère et du retour de Fanchon. Il n'avait pu résister à l'envie de la voir, et il venait à la nuit pour s'en aller avec le jour. Ils passèrent donc toute la nuit à causer au coin du feu, bien sérieusement et bien sagement, car la petite Fadette rappelait à Landry que le lit où sa grand'mère avait rendu l'âme était à peine refroidi, et que ce n'était l'heure ni l'endroit pour s'oublier dans le bonheur. Mais, malgré leurs bonnes résolutions, ils se sentirent

Jamais il n'avait vu tant d'argent à la fois. (Page 42.)

bien heureux d'être ensemble et de voir qu'ils s'aimaient plus qu'ils ne s'étaient jamais aimés.

Comme le jour approchait, Landry commença pourtant à perdre courage, et il priait Fanchon de le cacher dans son grenier pour qu'il pût encore la voir la nuit suivante. Mais, comme toujours, elle le ramena à la raison. Elle lui fit entendre qu'ils n'étaient plus séparés pour longtemps, car elle était résolue à rester au pays.

— J'ai pour cela, lui dit-elle, des raisons que je te ferai connaître plus tard et qui ne nuiront pas à l'espérance que j'ai de notre mariage. Va achever le travail que ton maître t'a confié, puisque, selon ce que ma marraine m'a conté, il est utile à la guérison de ton frère qu'il ne te voie pas encore de quelque temps.

— Il n'y a que cette raison-là qui puisse me décider à te quitter, répondit Landry; car mon pauvre besson m'a causé bien des peines, et je crains qu'il ne m'en cause encore. Toi, qui es si savante, Fanchonnette, tu devrais bien trouver un moyen de le guérir.

— Je n'en connais pas d'autre que le raisonnement, répondit-elle : car c'est son esprit qui rend son corps malade, et qui pourrait guérir l'un guérirait l'autre. Mais il a tant d'aversion pour moi, que je n'aurai jamais l'occasion de lui parler et de lui donner des consolations.

— Et pourtant tu as tant d'esprit, Fadette, tu parles si bien, tu as un don si particulier pour persuader ce que tu veux, quand tu en prends la peine, que si tu lui parlais seulement une heure, il en ressentirait l'effet. Essaie-le, je te le demande. Ne te rebute pas de sa fierté et de sa mauvaise humeur. Oblige-le à t'écouter. Fais cet effort-là pour moi, ma Fanchon, et pour la réussite de nos amours aussi, car l'opposition de mon frère ne sera pas le plus petit de nos empêchements.

Fanchon promit, et ils se quittèrent après s'être répété plus de deux cents fois qu'ils s'aimaient et s'aimeraient toujours.

## XXXIII.

Personne ne sut dans le pays que Landry y était venu. Quelqu'un qui l'aurait pu dire à Sylvinet l'aurait fait retomber dans son mal. Il n'eût point pardonné à son frère d'être venu voir la Fadette et non pas lui.

À deux jours de là, la petite Fadette s'habilla très-proprement, car elle n'était plus sans sou ni maille, et son deuil était de belle sergette fine. Elle traversa le bourg de la Cosse, et, comme elle avait beaucoup grandi, ceux qui la virent passer ne la reconnurent pas tout d'abord. Elle avait considérablement embelli à la ville ; étant mieux nourrie et mieux abritée, elle avait pris du teint et de la chair autant qu'il convenait à son âge, et on ne pouvait plus la prendre pour un garçon déguisé, tant elle avait la taille belle et agréable à voir. L'amour et le bonheur avaient mis aussi sur sa figure et sur sa personne ce je ne sais quoi qui se voit et ne s'explique point. Enfin elle était, non pas la plus jolie fille du monde, comme Landry se l'imaginait, mais la plus avenante, la mieux faite, la plus fraîche et peut-être la plus désirable qu'il y eût dans le pays.

Elle portait un grand panier passé à son bras, et entra à la Bessonnière, où elle demanda à parler au père Barbeau. Ce fut Sylvinet qui la vit le premier, et il se détourna d'elle, tant il avait de déplaisir à la rencontrer. Mais elle lui demanda où était son père avec tant d'honnêteté, qu'il fut obligé de lui répondre et de la conduire à la grange, où le père Barbeau était occupé à chapuser. La petite Fadette ayant prié alors le père Barbeau de la conduire en un lieu où elle pût lui parler secrètement, il ferma la porte de la grange et lui dit qu'elle pouvait lui dire tout ce qu'elle voudrait.

La petite Fadette ne se laissa pas essotir par l'air froid du père Barbeau. Elle s'assit sur une botte de paille, lui sur une autre et elle lui parla de la sorte :

— Père Barbeau, encore que ma défunte grand'mère eût du dépit contre vous, et vous du dépit contre moi, il n'en est pas moins vrai que je vous connais pour l'homme le plus juste et le plus sûr de tout notre pays. Il n'y a qu'un cri là-dessus, et ma grand'mère elle-même, tout en vous blâmant d'être fier, vous rendait la même justice. De plus, j'ai fait, comme vous savez, une amitié très-longue avec votre fils Landry. Il m'a souventes fois parlé de vous, et je sais par lui, encore mieux que par tout autre, ce que vous êtes et ce que vous valez. C'est pourquoi je viens vous demander un service, et vous donner ma confiance.

— Parlez, Fadette, répondit le père Barbeau ; je n'ai jamais refusé mon assistance à personne, et si c'est quelque chose que ma conscience ne me défende pas, vous pouvez vous fier à moi.

— Voici ce que c'est, dit la petite Fadette en soulevant son panier et en le plaçant entre les jambes du père Barbeau. Ma défunte grand'mère avait gagné dans sa vie, à donner des consultations et à vendre des remèdes, plus d'argent qu'on ne pensait ; comme elle ne dépensait quasi rien et ne plaçait rien, on ne pouvait savoir ce qu'elle avait dans un vieux trou de son cellier, qu'elle m'avait souvent montré en me disant : Quand je n'y serai plus, c'est là que tu trouveras ce que j'aurai laissé : c'est ton bien et ton avoir, ainsi que celui de ton frère ; et si je vous prive un peu à présent, c'est pour que vous en trouviez davantage un jour. Mais ne laisse pas les gens de loi toucher à cela, ils te le feraient manger en frais. Garde-le quand tu le tiendras, cache-le toute ta vie, pour t'en servir sur tes vieux jours, et ne jamais manquer.

Quand ma pauvre grand'mère a été ensevelie, j'ai donc obéi à son commandement ; j'ai pris la clef du cellier, et j'ai défait les briques du mur, à l'endroit qu'elle m'avait montré. J'y ai trouvé ce que je vous apporte dans ce panier, père Barbeau, en vous priant de m'en faire le placement comme vous l'entendrez, après avoir satisfait à la loi que je ne connais guère, et m'avoir préservée des gros frais que je redoute.

— Je vous suis obligé de votre confiance, Fadette, dit le père Barbeau sans ouvrir le panier, quoiqu'il en fût un peu curieux, mais je n'ai pas le droit de recevoir votre argent ni de surveiller vos affaires. Je ne suis point votre tuteur. Sans doute votre grand'mère a fait un testament ?

— Elle n'a point fait de testament, et la tutrice que la loi me donne c'est ma mère. Or vous savez que je n'ai point de ses nouvelles depuis longtemps, et que je ne sais si elle est morte ou vivante, la pauvre âme ! Après elle, je n'ai pas d'autre parenté que celle de ma marraine Fanchette, qui est une brave et honnête femme, mais tout à fait incapable de gérer mon bien et même de le conserver et de le tenir serré. Elle ne pourrait se défendre d'en parler et de le montrer à tout le monde, et je craindrais, ou qu'elle n'en fît un mauvais placement, ou qu'à force de le laisser manier par les curieux, elle ne le fît diminuer sans y prendre garde ; car, la pauvre chère marraine, elle n'est point dans le cas d'en savoir faire le compte.

— C'est donc une chose de conséquence ? dit le père Barbeau, dont les yeux s'attachaient, en dépit de lui-même, sur le couvercle du panier ; et il le prit par l'anse pour le soupeser. Mais il le trouva si lourd qu'il s'en étonna, et dit :

— Si c'est de la ferraille, il n'en faut pas beaucoup pour charger un cheval.

La petite Fadette, qui avait un esprit du diable, s'amusa en elle-même de l'envie qu'il avait de voir le panier. Elle fit mine de l'ouvrir ; mais le père Barbeau aurait cru manquer à sa dignité en la laissant faire.

— Cela ne me regarde point, dit-il, et puisque je ne puis le prendre en dépôt, je ne dois point connaître vos affaires.

— Il faut pourtant bien, père Barbeau, dit la Fadette, que vous me rendiez au moins ce petit service-là. Je ne suis pas beaucoup plus savante que ma marraine pour compter au-dessus de cent. Ensuite je ne sais pas la valeur de toutes les monnaies anciennes et nouvelles, et je ne puis me fier qu'à vous pour me dire si je suis riche ou pauvre, et pour savoir au juste le compte de mon avoir.

— Voyons donc, dit le père Barbeau qui n'y tenait plus : ce n'est pas un grand service que vous me demandez là, et je ne dois point vous le refuser.

Alors la petite Fadette releva lestement les deux couvercles du panier, et en tira deux gros sacs, chacun de la contenance de deux mille francs écus.

— Eh bien ! c'est assez gentil, lui dit le père Barbeau, et voilà une petite dot qui vous fera rechercher par plusieurs.

— Ce n'est pas le tout, dit la petite Fadette ; il y a encore là, au fond du panier, quelque petite chose que je ne connais guère.

Et elle lui tira une bourse de peau d'anguille, qu'elle versa dans le chapeau du père Barbeau. Il y avait cent louis d'or frappés à l'ancien coin, qui firent arrondir les yeux au brave homme ; et, quand il les eut comptés et remis dans la peau d'anguille, elle en tira une seconde de la même contenance, et puis une troisième, et puis une quatrième, et finalement, tant en or qu'en argent et menue monnaie, il n'y avait dans le panier pas beaucoup moins de quarante mille francs.

C'était environ le tiers en plus de tout l'avoir que le père Barbeau possédait en bâtiments ; et, comme les gens de campagne ne réalisent guère en espèces sonnantes, jamais il n'avait vu tant d'argent à la fois.

Si honnête homme et si peu intéressé que soit un paysan, on ne peut pas dire que la vue de l'argent lui fasse de la peine ; aussi le père Barbeau en eut, pour un moment, la sueur au front. Quand il eut tout compté :

— Il ne manque, pour avoir quarante fois mille francs, dit-il, que vingt-deux écus, et autant dire que tu hérites pour ta part de deux mille belles pistoles sonnantes ; ce qui fait que tu es le plus beau parti du pays, petite Fadette, et que ton frère, le sauteriot, peut bien être chétif et boiteux toute sa vie : il pourra aller visiter ses biens en carriole. Réjouis-toi donc, tu peux te dire riche et le faire assavoir, si tu désires trouver vite un beau mari.

— Je n'en suis point pressée, dit la petite Fadette, et je vous demande, au contraire, de me garder le secret sur cette richesse-là, père Barbeau. J'ai la fantaisie, laide comme je suis, de ne point être épousée pour mon argent, mais pour mon bon cœur et ma bonne renommée ; et comme j'en ai une mauvaise dans ce pays-ci, je désire y passer quelque temps pour qu'on s'aperçoive que je ne la mérite point.

— Quant à votre laideur, Fadette, dit le père Barbeau

en relevant ses yeux qui n'avaient point encore lâché de couver le panier, je puis vous dire, en conscience, que vous en avez diantrement rappelé, et que vous vous êtes si bien refaite à la ville que vous pouvez passer à cette heure pour une très-gente fille. Et quant à votre mauvaise renommée, si, comme j'aime à le croire, vous ne la méritez point, j'approuve votre idée de tarder un peu et de cacher votre richesse, car il ne manque point de gens qu'elle éblouirait jusqu'à vouloir vous épouser, sans avoir pour vous, au préalable, l'estime qu'une femme doit désirer de son mari.

Maintenant, quant au dépôt que vous voulez faire entre mes mains, ce serait contre la loi et pourrait m'exposer plus tard à des soupçons et à des incriminations, car il ne manque point de mauvaises langues; et, d'ailleurs, à supposer que vous ayez le droit de disposer de ce qui est à vous, vous n'avez point celui de placer à la légère ce qui est à votre frère mineur. Tout ce que je pourrai faire, ce sera de demander une consultation pour vous, sans vous nommer. Je vous ferai savoir alors la manière de mettre en sûreté et en bon rapport l'héritage de votre mère et le vôtre, sans passer par les mains des hommes de chicane, qui ne sont pas tous bien fidèles. Remportez donc tout ça, et cachez-le encore jusqu'à ce que je vous aie fait réponse. Je m'offre à vous dans l'occasion, pour porter témoignage devant les mandataires de votre cohéritier, du chiffre de la somme que nous avons comptée, et que je vais écrire dans un coin de ma grange pour ne pas l'oublier.

C'était tout ce que voulait la petite Fadette, que le père Barbeau sût à quoi s'en tenir là-dessus. Si elle se sentait un peu fière devant lui d'être riche, c'est parce qu'il ne pouvait plus l'accuser de vouloir exploiter Landry.

## XXXIV.

Le père Barbeau, la voyant si prudente, et comprenant combien elle était fine, se pressa moins de lui faire faire son dépôt et son placement, que de s'enquérir de la réputation qu'elle s'était acquise à Château-Meillant, où elle avait passé l'année. Car, si cette belle dot le tentait et lui faisait passer par-dessus la mauvaise parenté, il n'en était pas de même quand il s'agissait de l'honneur de la fille qu'il souhaitait avoir pour bru. Il alla donc lui-même à Château-Meillant, et prit ses informations en conscience. Il lui fut dit que non-seulement la petite Fadette n'y était point venue enceinte et n'y avait point fait d'enfant, mais encore qu'elle s'y était si bien comportée qu'il n'y avait point le plus petit blâme à lui donner. Elle avait servi à une vieille religieuse noble, laquelle avait pris plaisir à en faire sa société plus que sa domestique, tant elle l'avait trouvée de bonne conduite, de bonnes mœurs et de bon raisonnement. Elle la regrettait beaucoup, et disait que c'était une parfaite chrétienne, courageuse, économe, propre, soigneuse, et d'un si aimable caractère qu'elle n'en retrouverait jamais une pareille. Et comme cette vieille dame était riche, elle faisait de grandes charités, en quoi la petite Fadette la secondait merveilleusement pour soigner les malades, préparer les médicaments, et s'instruire de plusieurs beaux secrets que sa maîtresse avait appris dans son couvent, avant la révolution.

Le père Barbeau fut bien content, et il revint à la Cosse, décidé à éclaircir la chose jusqu'au bout. Il assembla sa famille et chargea ses enfants aînés, ses frères, et toutes ses parentes, de procéder prudemment à une enquête sur la conduite que la petite Fadette avait tenue depuis qu'elle était en âge de raison, afin que, si tout le mal qu'on avait dit d'elle n'avait pour cause que des enfantillages, on pût s'en moquer; au lieu que si quelqu'un pouvait affirmer l'avoir vue commettre une mauvaise action ou faire une chose indécente, il eût à maintenir contre elle la défense qu'il avait faite à Landry de la fréquenter. L'enquête fut faite avec la prudence qu'il souhaitait, et sans que la question de dot fût ébruitée, car il n'en avait dit mot, même à sa femme.

Pendant ce temps-là, la petite Fadette vivait très-retirée dans sa petite maison, où elle ne voulut rien changer, sinon de la tenir si propre qu'on se fût miré dans ses pauvres meubles. Elle fit habiller proprement son petit sauteriot, et, sans le faire paraître, elle le mit, ainsi qu'elle-même et sa marraine, à une bonne nourriture, qui fit vitement son effet sur l'enfant; il se refit du mieux qu'il était possible, et sa santé fut bientôt aussi bonne qu'on pouvait le souhaiter. Le bonheur amenda vite aussi son tempérament; et, n'étant plus menacé et tancé par sa grand'mère, ne rencontrant plus que des caresses, des paroles douces et de bons traitements, il devint un gars fort mignon, tout plein de petites idées drôles et aimables, et ne pouvant plus déplaire à personne, malgré sa boiterie et son petit nez camard.

Et, d'autre part, il y avait un si grand changement dans la personne et dans les habitudes de Fanchon Fadet, que les méchants propos furent oubliés, et que plus d'un garçon, en la voyant marcher si légère et de si belle grâce, eût souhaité qu'elle fût à la fin de son deuil, afin de pouvoir la courtiser et la faire danser.

Il n'y avait que Sylvinet Barbeau qui n'en voulût point revenir sur son compte. Il voyait bien qu'on manigançait quelque chose à propos d'elle dans sa famille, car le père ne pouvait se tenir d'en parler souvent, et quand il avait reçu rétractation de quelque ancien mensonge fait sur le compte de Fanchon, il s'en applaudissait dans l'intérêt de Landry, disant qu'il ne pouvait souffrir qu'on eût accusé son fils d'avoir mis à mal une jeunesse innocente.

Et l'on parlait aussi du prochain retour de Landry, et le père Barbeau paraissait souhaiter que la chose fût agréée du père Caillaud. Enfin Sylvinet voyait bien qu'on ne serait plus si contraire aux amours de Landry, et le chagrin lui revint. L'opinion, qui vire à tout vent, était depuis peu en faveur de la Fadette; on ne la croyait pas riche, mais elle plaisait, et, pour cela, elle déplaisait d'autant plus à Sylvinet, qui voyait en elle la rivale de son amour pour Landry.

De temps en temps le père Barbeau laissait échapper devant lui le mot de mariage, et disait que ses bessons ne tarderaient pas à être en âge d'y penser. Le mariage de Landry avait toujours été une idée désolante à Sylvinet, et comme le dernier mot de leur séparation. Il reprit les fièvres, et la mère consulta encore plus les médecins.

Un jour, elle rencontra la marraine Fanchette, qui, l'entendant se lamenter dans son inquiétude, lui demanda pourquoi elle allait consulter si loin et dépenser tant d'argent, quand elle avait sous la main une remégeuse plus habile que toutes celles du pays, et qui ne voulait point exercer pour l'argent, comme l'avait fait sa grand'mère, mais pour le seul amour du bon Dieu et du prochain. Et elle nomma la petite Fadette.

La mère Barbeau en parla à son mari, qui n'y fut point contraire. Il lui dit qu'à Château-Meillant la Fadette était tenue en réputation de grand savoir, et que de tous les côtés on venait la consulter aussi bien que sa dame.

La mère Barbeau pria donc la Fadette de venir voir Sylvinet, qui gardait le lit, et de lui donner son assistance.

Fanchon avait cherché plus d'une fois l'occasion de lui parler, ainsi qu'elle l'avait promis à Landry, et jamais il ne s'y était prêté. Elle ne se fit donc pas semondre et courut voir le pauvre besson. Elle le trouva endormi dans la fièvre, et pria la famille de le laisser seule avec lui. Comme c'est la coutume des remégeuses d'agir en secret, personne ne la contraria et ne resta dans la chambre.

D'abord, la Fadette posa sa main sur celle du besson, qui pendait sur le bord du lit; mais elle le fit si doucement, qu'il ne s'en aperçut pas, encore qu'il eût le sommeil si léger qu'une mouche, en volant, l'éveillait. La main de Sylvinet était chaude comme le feu, et devint plus chaude encore dans celle de la petite Fadette. Il montra de l'agitation, mais sans essayer de retirer sa main. Alors, la Fadette lui mit son autre main sur le front, aussi doucement que la première fois, et il s'agita encore plus. Mais, peu à peu, il se calma, et elle

sentit que la tête et la main de son malade se rafraîchissaient de minute en minute et que son sommeil devenait aussi calme que celui d'un petit enfant. Elle resta ainsi auprès de lui jusqu'à ce qu'elle le vit disposé à s'éveiller; et alors elle se retira derrière son rideau, et sortit de la chambre et de la maison, en disant à la mère Barbeau:
— Allez voir votre garçon et donnez-lui quelque chose à manger, car il n'a plus la fièvre; et ne lui parlez point de moi surtout, si vous voulez que je le guérisse. Je reviendrai ce soir, à l'heure où vous m'avez dit que son mal empirait, et je tâcherai de couper encore cette mauvaise fièvre.

## XXXV.

La mère Barbeau fut bien étonnée de voir Sylvinet sans fièvre, et elle lui donna vitement à manger, dont il profita avec un peu d'appétit. Et, comme il y avait six jours que cette fièvre ne l'avait point lâché, et qu'il n'avait rien voulu prendre, on s'extasia beaucoup sur le savoir de la petite Fadette, qui, sans l'éveiller, sans lui rien faire boire, et par la seule vertu de ses conjurations, à ce que l'on pensait, l'avait déjà mis en si bon chemin.

Le soir venu, la fièvre recommença, et bien fort. Sylvinet s'assoupissait, battait la campagne en rêvassant, et, quand il s'éveillait, avait peur des gens qui étaient autour de lui.

La Fadette revint, et, comme le matin, resta seule avec lui pendant une petite heure, ne faisant d'autre magie que de lui tenir les mains et la tête bien doucement, et de respirer fraîchement auprès de sa figure en feu.

Et, comme le matin, elle lui ôta le délire et la fièvre; et quand elle se retira, recommandant toujours qu'on ne parlât point à Sylvinet de son assistance, on le trouva dormant d'un sommeil paisible, n'ayant plus la figure rouge et ne paraissant plus malade.

Je ne sais où la Fadette avait pris cette idée-là. Elle lui était venue par hasard et par expérience, auprès de son petit frère Jeanet, qu'elle avait plus de dix fois ramené de l'article de la mort en ne lui faisant pas d'autre remède que de le rafraîchir avec ses mains et son haleine, ou le réchauffer de la même manière quand la grand'fièvre le prenait en froid. Elle s'imaginait que l'amitié et la volonté d'une personne en bonne santé, et l'attouchement d'une main pure et bien vivante, peuvent écarter le mal, quand cette personne est douée d'un certain esprit et d'une grande confiance dans la bonté de Dieu. Aussi, tout le temps qu'elle imposait les mains, disait-elle en son âme de belles prières au bon Dieu. Et ce qu'elle avait fait pour son petit frère, qu'elle lui faisait maintenant pour le frère de Landry, elle n'eût voulu l'essayer sur aucune autre personne qui lui eût été moins chère, et à qui elle n'eût point porté un si grand intérêt : car elle pensait que la première vertu de ce remède-là, c'était la forte amitié que l'on offrait dans son cœur au malade, sans laquelle Dieu ne vous donnait aucun pouvoir sur son mal.

Et lorsque la petite Fadette charmait ainsi la fièvre de Sylvinet, elle disait à Dieu, dans sa prière, ce qu'elle lui avait dit lorsqu'elle charmait la fièvre de son frère : — Mon bon Dieu, faites que ma santé passe de mon corps dans ce corps souffrant, et, comme le doux Jésus vous a offert sa vie pour racheter l'âme de tous les humains, si telle est votre volonté de m'ôter ma vie pour la donner à ce malade, prenez-la; je vous la rends de bon cœur en échange de sa guérison que je vous demande.

La petite Fadette avait bien songé à essayer la vertu de cette prière auprès du lit de mort de sa grand'mère; mais elle ne l'avait osé, parce qu'il lui avait semblé que la vie de l'âme et du corps s'éteignaient dans cette vieille femme, par l'effet de l'âge et de la loi de nature qui est la propre volonté de Dieu. Et la petite Fadette, qui mettait, comme on le voit, plus de religion que de diablerie dans ses charmes, eût craint de lui déplaire en lui demandant une chose qu'il n'avait point coutume d'accorder sans miracle aux autres chrétiens.

Que le remède fût inutile ou souverain de lui-même, il est bien sûr, qu'en trois jours, elle débarrassa Sylvinet de sa fièvre, et qu'il n'eût jamais su comment, si en s'éveillant un peu vite, la dernière fois qu'elle vint, il ne l'eût vue penchée sur lui et lui retirant tout doucement ses mains.

D'abord il crut que c'était une apparition, et il referma les yeux pour ne la point voir; mais, ayant demandé ensuite à sa mère si la Fadette ne l'avait point tâté à la tête et au pouls, ou si c'était un rêve qu'il avait fait, la mère Barbeau, à qui son mari avait touché enfin quelque chose de ses projets et qui souhaitait voir Sylvinet revenir de son déplaisir envers elle, lui répondit qu'elle était venue en effet, trois jours durant, matin et soir, et qu'elle lui avait merveilleusement coupé sa fièvre en le soignant en secret.

Sylvinet parut n'en rien croire; il dit que sa fièvre s'en était allée d'elle-même, et que les paroles et secrets de la Fadette n'étaient que vanités et folies; il resta bien tranquille et bien portant pendant quelques jours, et le père Barbeau crut devoir en profiter pour lui dire quelque chose de la possibilité du mariage de son frère, sans toutefois nommer la personne qu'il avait en vue.

— Vous n'avez pas besoin de me cacher le nom de la future que vous lui destinez, répondit Sylvinet. Je sais bien, moi, que c'est cette Fadette qui vous a tous charmés.

En effet, l'enquête secrète du père Barbeau avait été si favorable à la petite Fadette, qu'il n'avait plus d'hésitation et qu'il souhaitait grandement pouvoir rappeler Landry. Il ne craignait plus que la jalousie du besson, et il s'efforçait à le guérir de ce travers, en lui disant que son frère ne serait jamais heureux sans la petite Fadette. Sur quoi Sylvinet répondait :

— Faites donc, car il faut que mon frère soit heureux.

Mais on n'osait pas encore, parce que Sylvinet retombait dans sa fièvre aussitôt qu'il paraissait avoir agréé la chose.

## XXXVI.

Cependant le père Barbeau avait peur que la petite Fadette ne lui gardât rancune de ses injustices passées, et que, s'étant consolée de l'absence de Landry, elle ne songeât à quelque autre. Lorsqu'elle était venue à la Bessonnière pour soigner Sylvinet, il avait essayé de lui parler de Landry; mais elle avait fait semblant de ne pas entendre, et il se voyait bien embarrassé.

Enfin, un matin, il prit sa résolution et alla trouver la petite Fadette.

— Fanchon Fadet, lui dit-il, je viens vous faire une question à laquelle je vous prie de me donner réponse en tout honneur et vérité. Avant le décès de votre grand'mère, aviez-vous idée des grands biens qu'elle devait vous laisser?

— Oui, père Barbeau, répondit la petite Fadette, j'en avais quelque idée, parce que je l'avais vue souvent compter de l'or et de l'argent, et que je n'avais jamais vu sortir de la maison que des gros sous; et aussi parce qu'elle m'avait dit souvent, quand les autres jeunesses se moquaient de mes guenilles : — Ne t'inquiète pas de ça, petite. Tu seras plus riche qu'elles toutes, et un jour arrivera où tu pourras être habillée de soie depuis les pieds jusqu'à la tête, si tel est ton plaisir.

— Et alors, reprit le père Barbeau, aviez-vous fait savoir la chose à Landry, et ne serait-ce point à cause de votre argent que mon fils faisait semblant d'être épris de vous?

— Pour cela, père Barbeau, répondit la petite Fadette, ayant toujours eu l'idée d'être aimée pour mes beaux yeux, qui sont la seule chose qu'on m'ait jamais refusée, je n'étais pas assez sotte pour aller dire à Landry que mes beaux yeux étaient dans des sacs de peau d'anguille; et pourtant, j'aurais pu le lui dire sans danger pour moi; car Landry m'aimait si honnêtement, et d'un si grand cœur, que jamais il ne s'est inquiété de savoir si j'étais riche ou misérable.

— Et depuis que votre mère-grand est décédée, ma chère Fanchon, reprit le père Barbeau, pouvez-vous me donner votre parole d'honneur que Landry n'a point été informé par vous, ou par quelque autre, de ce qui en est?

— Je vous la donne, dit la Fadette. Aussi vrai que j'aime Dieu, vous êtes, après moi, la seule personne au monde qui ait connaissance de cette chose-là.

— Et, pour ce qui est de l'amour de Landry, pensez-vous, Fanchon, qu'il vous l'ait conservé? et avez-vous reçu, depuis le décès de votre grand'mère, quelque marque qu'il ne vous ait point été infidèle?

— J'ai reçu la meilleure marque là-dessus, répondit-elle; car je vous confesse qu'il est venu me voir trois jours après le décès, qu'il m'a juré qu'il mourrait de chagrin, ou qu'il m'aurait pour sa femme.

— Et vous, Fadette, que lui répondiez-vous?

— Cela, père Barbeau, je ne serais pas obligée de vous le dire; mais je le ferai pour vous contenter. Je lui répondais que nous avions encore le temps de songer au mariage, et que je ne me déciderais pas volontiers pour un garçon qui me ferait la cour contre le gré de ses parents. Et comme la petite Fadette disait cela d'un ton assez fier et dégagé, le père Barbeau en fut inquiet. — Je n'ai pas le droit de vous interroger, Fanchon Fadet, dit-il, et je ne sais point si vous avez l'intention de rendre mon fils heureux ou malheureux pour toute sa vie; mais je sais qu'il vous aime terriblement, et si j'étais en votre lieu, avec l'idée que vous avez d'être aimée pour vous-même, je me dirais : Landry Barbeau m'a aimée quand je portais des guenilles, quand tout le monde me repoussait, et quand ses parents eux-mêmes avaient le tort de lui en faire un grand péché. Il m'a trouvée belle quand tout le monde me déniait l'espérance de le devenir; il m'a aimée en dépit des peines que cet amour-là lui suscitait; il m'a aimée absente comme présente; enfin, il m'a si bien aimée que je ne peux pas me méfier de lui, et que je n'en veux jamais avoir d'autre pour mari.

— Il y a longtemps que je me suis dit tout cela, père Barbeau, répondit la petite Fadette; mais, je vous le répète, j'aurais la plus grande répugnance à entrer dans une famille qui rougirait de moi et ne céderait que par faiblesse et compassion.

— Si ce n'est que cela qui vous retient, décidez-vous, Fanchon, reprit le père Barbeau; car la famille de Landry vous estime et vous désire. Ne croyez point qu'elle a changé parce que vous êtes riche. Ce n'est point la pauvreté qui nous répugnait de vous, mais les mauvais propos tenus sur votre compte. S'ils avaient été bien fondés, jamais, mon Landry eût-il dû en mourir, je n'aurais consenti à vous appeler ma bru; mais j'ai voulu avoir raison de tous ces propos-là; j'ai été à Château-Meillant tout exprès; je me suis enquis de la moindre chose dans ce pays-là et dans le nôtre, et maintenant je reconnais qu'on m'avait menti et que vous êtes une personne sage et honnête, ainsi que Landry l'affirmait avec tant de feu. Par ainsi, Fanchon Fadet, je viens vous demander d'épouser mon fils, et si vous dites oui, il sera ici dans huit jours.

Cette ouverture, qu'elle avait bien prévue, rendit la petite Fadette bien contente; mais ne voulant pas trop le laisser voir, parce qu'elle voulait à tout jamais être respectée de sa future famille, elle n'y répondit qu'avec ménagement. Et alors le père Barbeau lui dit :

— Je vois, ma fille, qu'il vous reste quelque chose sur le cœur contre moi et contre les miens. N'exigez pas qu'un homme d'âge vous fasse des excuses; contentez-vous d'une bonne parole, et, quand je vous dis que vous serez aimée et estimée chez nous, rapportez-vous-en au père Barbeau, qui n'a encore trompé personne. Allons, voulez-vous donner le baiser de paix au tuteur que vous vous étiez choisi, ou au père qui veut vous adopter?

La petite Fadette ne put se défendre plus longtemps; elle jeta ses deux bras autour du cou du père Barbeau; et son vieux cœur en fut tout réjoui.

## XXXVII.

Leurs conventions furent bientôt faites. Le mariage aurait lieu sitôt la fin du deuil de Fanchon; il ne s'agissait plus que de faire revenir Landry; mais quand la mère Barbeau vint voir Fanchon le soir même, pour l'embrasser et lui donner sa bénédiction, elle objecta qu'à la nouvelle du prochain mariage de son frère, Sylvinet était retombé malade, et elle demandait qu'on attendît encore quelques jours pour le guérir ou le consoler.

— Vous avez fait une faute, mère Barbeau, dit la petite Fadette, en confirmant à Sylvinet qu'il n'avait point rêvé en me voyant à son côté au sortir de sa fièvre. A présent, son idée contrariera la mienne, et je n'aurai plus la même vertu pour le guérir pendant son sommeil. Il se peut même qu'il me repousse et que ma présence empire son mal.

— Je ne le pense point, répondit la mère Barbeau; car tantôt, se sentant mal, il s'est couché en disant : « Où est donc cette Fadette? M'est avis qu'elle m'avait soulagé. Est-ce qu'elle ne reviendra plus? » Et je lui ai dit que je venais vous chercher, dont il a paru content et même impatient.

— J'y vais, répondit la Fadette; seulement, cette fois, il faudra que je m'y prenne autrement; car, je vous le dis, ce qui me réussissait avec lui lorsqu'il ne me savait point là, n'opérera plus.

— Et ne prenez-vous donc avec vous ni drogues ni remèdes? dit la mère Barbeau.

— Non, dit la Fadette : son corps n'est pas bien malade, c'est à son esprit que j'ai affaire; je vas essayer d'y faire entrer le mien; mais je ne vous promets point de réussir. Ce que je puis vous promettre, c'est d'attendre patiemment le retour de Landry et de ne pas vous demander de l'avertir avant que nous n'ayons tout fait pour ramener son frère à la santé. Landry me l'a si fortement recommandé que je sais qu'il m'approuvera d'avoir retardé son retour et son contentement.

Quand Sylvinet vit la petite Fadette auprès de son lit, il parut mécontent et ne lui voulut point répondre comment il se trouvait. Elle voulut lui toucher le pouls, mais il retira sa main, et tourna sa figure du côté de la ruelle du lit. Alors la Fadette fit signe qu'on la laissât seule avec lui, et, quand tout le monde fut sorti, elle éteignit la lampe et ne laissa entrer dans la chambre que la clarté de la lune, qui était toute pleine dans ce moment-là. Et puis elle revint auprès de Sylvinet, et lui dit, d'un ton de commandement auquel il obéit comme un enfant :

— Sylvinet, donnez-moi vos deux mains dans les miennes, et répondez-moi selon la vérité; car je ne me suis pas dérangée pour l'argent, et, si j'ai pris la peine de venir vous soigner, ce n'est pas pour être mal reçue et mal remerciée de vous. Faites donc attention à ce que je vous vas demander et à ce que vous allez me dire, car il ne vous serait pas possible de me tromper.

— Demandez-moi ce que vous jugerez à propos, Fadette, répondit le besson, tout essoufflé de s'entendre parler si sévèrement par cette moqueuse de petite Fadette, à laquelle, au temps passé, il avait si souvent répondu à coups de pierres.

— Sylvain Barbeau, reprit-elle, il paraît que vous souhaitez mourir.

Sylvinet trébucha un peu dans son esprit avant de répondre, et comme la Fadette lui serrait la main un peu fort et lui faisait sentir sa grande volonté, il dit avec beaucoup de confusion :

— Ne serait-ce pas ce qui pourrait m'arriver de plus heureux, de mourir, lorsque je vois bien que je suis une peine et un embarras à ma famille par ma mauvaise santé et par...

— Dites tout, Sylvain, il ne me faut rien céler.

— Et par mon esprit soucieux que je ne puis changer, reprit le besson tout accablé.

— Et aussi par votre mauvais cœur, dit la Fadette d'un ton si dur qu'il en eut de la colère et de la peur encore plus.

## XXXVIII.

— Pourquoi m'accusez-vous d'avoir un mauvais cœur? dit-il; vous me dites des injures, quand vous voyez que je n'ai pas la force de me défendre.

— Je vous dis vos vérités, Sylvain, reprit la Fadette, et je vais vous en dire bien d'autres. Je n'ai aucune pitié de votre maladie, parce que je m'y connais assez pour voir qu'elle n'est pas bien sérieuse, et que, s'il y a un danger pour vous, c'est celui de devenir fou, à quoi vous tentez de votre mieux, sans savoir où vous mènent votre malice et votre faiblesse d'esprit.

— Reprochez-moi ma faiblesse d'esprit, dit Sylvinet; mais quant à ma malice, c'est un reproche que je ne crois point mériter.

— N'essayez pas de vous défendre, répondit la petite Fadette; je vous connais un peu mieux que vous ne vous connaissez vous-même, Sylvain, et je vous dis que la faiblesse engendre la fausseté; et c'est pour cela que vous êtes égoïste et faux.

— Si vous pensez si mal de moi, Fanchon Fadet, c'est sans doute que mon frère Landry m'a bien maltraité dans ses paroles, et qu'il vous a fait voir le peu d'amitié qu'il me portait, car, si vous me connaissez ou croyez me connaître, ce ne peut être que par lui.

— Voilà où je vous attendais, Sylvain. Je savais bien que vous ne me diriez pas trois paroles sans vous plaindre de votre besson et sans l'accuser; car l'amitié que vous avez pour lui, pour être trop folle et désordonnée, tend à se changer en dépit et en rancune. A cela je connais que vous êtes à moitié fou, et même que vous n'êtes point bon. Eh bien! je vous dis, moi, que Landry vous aime dix mille fois plus que vous ne l'aimez, à preuve qu'il ne vous reproche jamais rien, quelque chose que vous lui fassiez souffrir, tandis que vous lui reprochez toutes choses, alors qu'il ne fait que vous céder et vous servir. Comment voulez-vous que je ne voie pas la différence entre lui et vous? Aussi, plus Landry m'a dit de bien de vous, plus de mal j'en ai pensé, parce que j'ai considéré qu'un frère si bon ne pouvait être méconnu que par une âme injuste.

— Aussi, vous me haïssez, Fadette? je ne m'étais point abusé là-dessus, et je savais bien que vous m'ôtiez l'amour de mon frère en lui disant du mal de moi.

— Je vous attendais encore là, maître Sylvain, et je suis contente que vous me preniez enfin à partie. Eh bien! je vas vous répondre que vous êtes un méchant cœur et un enfant du mensonge, puisque vous méconnaissez et insultez une personne qui vous a toujours servi et défendu dans son cœur, connaissant pourtant bien que vous lui étiez contraire; une personne qui s'est cent fois privée du plus grand et du seul plaisir qu'elle eût au monde, le plaisir de voir Landry et de rester avec lui, pour envoyer Landry auprès de vous et pour vous donner le bonheur qu'elle se retirait. Je ne vous devais pourtant rien. Vous avez toujours été mon ennemi, et, du plus loin que je me souvienne, je n'ai jamais rencontré d'enfant si dur et si hautain que vous l'étiez avec moi. J'aurais pu souhaiter d'en tirer vengeance et l'occasion ne m'a pas manqué. Si je ne l'ai point fait et si je vous ai rendu à votre insu le bien pour le mal, c'est que j'ai une grande idée de ce qu'une âme chrétienne doit pardonner à son prochain pour plaire à Dieu. Mais, quand je vous parle de Dieu, sans doute vous ne m'entendez guère, car vous êtes son ennemi et celui de votre salut.

— Je me laisse dire par vous bien des choses, Fadette; mais celle-ci est trop forte, et vous m'accusez d'être un païen.

— Est-ce que vous ne m'avez pas dit tout à l'heure que vous souhaitiez la mort? Et croyez-vous que ce soit là une idée chrétienne?

— Je n'ai pas dit cela, Fadette, j'ai dit que... Et Sylvinet s'arrêta tout effrayé en songeant à ce qu'il avait dit, et qui lui paraissait impie devant les remontrances de la Fadette.

Mais elle ne le laissa point tranquille, et, continuant à le tancer :

— Il se peut, dit-elle, que votre parole fût plus mauvaise que votre idée, car j'ai bien dans la mienne que vous ne souhaitez point tant la mort qu'il vous plaît de le laisser croire afin de rester maître dans votre famille, de tourmenter votre pauvre mère qui s'en désole, et votre besson qui est assez simple pour croire que vous voulez mettre fin à vos jours. Moi, je ne suis pas votre dupe, Sylvain. Je crois que vous craignez la mort autant et même plus qu'un autre, et que vous vous faites un jeu de la peur que vous donnez à ceux qui vous chérissent. Cela vous plaît de voir que les résolutions les plus sages et les plus nécessaires cèdent toujours devant la menace que vous faites de quitter la vie; et, en effet, c'est fort commode et fort doux de n'avoir qu'un mot à dire pour faire tout plier autour de soi. De cette manière, vous êtes le maître à tous ici. Mais, comme cela est contre nature, et que vous y arrivez par des moyens que Dieu réprouve, Dieu vous châtie, vous rendant encore plus malheureux que vous ne le seriez en obéissant au lieu de commander. Et voilà que vous vous ennuyez d'une vie qu'on vous a faite trop douce. Je vais vous dire ce qui vous a manqué pour être un bon et sage garçon, Sylvain. C'est d'avoir eu des parents bien rudes, beaucoup de misère, pas de pain tous les jours et des coups bien souvent. Si vous aviez été élevé à la même école que moi et mon frère Jeanet, au lieu d'être ingrat, vous seriez reconnaissant de la moindre chose. Tenez, Sylvain, ne vous retranchez pas sur votre bessonnerie. On vous a beaucoup trop dit autour de vous que cette amitié bessonnière était une loi de nature qui devait vous faire mourir si on la contrariait, et vous avez cru obéir à votre sort en portant cette amitié à l'excès; mais Dieu n'est pas si injuste que de nous marquer pour un mauvais sort dans le ventre de nos mères. Il n'est pas si méchant que de nous donner des idées que nous ne pourrions jamais surmonter, et vous lui faites injure, comme un superstitieux que vous êtes, en croyant qu'il y a dans le sang de votre corps plus de force et de mauvaise destinée qu'il n'y a dans votre esprit de résistance et de raison. Jamais, à moins que vous ne soyez fou, je ne croirai que vous ne pourriez pas combattre votre jalousie, si vous le vouliez. Mais vous ne le voulez pas, parce qu'on a trop caressé le vice de votre âme, et que vous estimez moins votre devoir que votre fantaisie.

Sylvinet ne répondit rien et laissa la Fadette le réprimander bien longtemps encore sans lui faire grâce d'aucun blâme. Il sentait qu'elle avait raison au fond, et qu'elle ne manquait d'indulgence que sur un point : c'est qu'elle avait l'air de croire qu'il n'avait jamais combattu son mal et qu'il s'était bien rendu compte de son égoïsme; tandis qu'il avait été égoïste sans le vouloir et sans le savoir. Cela le peinait et l'humiliait beaucoup, et il eût souhaité lui donner une meilleure idée de sa conscience. Quant à elle, elle savait bien qu'elle exagérait, et elle le faisait à dessein de lui tarabuster beaucoup l'esprit avant de le prendre par la douceur et la consolation. Elle se forçait donc pour lui parler durement et pour paraître en colère, tandis que, dans son cœur, elle sentait tant de pitié et d'amitié pour lui, qu'elle était malade de sa feinte, et qu'elle le quitta plus fatiguée qu'elle ne le laissait.

## XXXIX.

La vérité est que Sylvinet n'était pas moitié si malade qu'il le paraissait et qu'il se plaisait à le croire. La petite Fadette, en lui touchant le pouls, avait reconnu d'abord que la fièvre n'était pas forte, et que s'il avait un peu de délire, c'est que son esprit était plus malade et plus affaibli que son corps. Elle crut donc devoir le prendre par l'esprit en lui donnant d'elle une grande crainte, et, dès le jour, elle retourna auprès de lui. Il n'avait guère dormi, mais il était tranquille et comme abattu. Sitôt qu'il la vit, il lui tendit sa main, au lieu de la lui retirer comme il avait fait la veille.

— Pourquoi m'offrez-vous votre main, Sylvain? lui dit-elle; est-ce pour que j'examine votre fièvre? Je vois bien à votre figure que vous ne l'avez plus.

Sylvinet, honteux d'avoir à retirer sa main qu'elle n'avait point voulu toucher, lui dit;

— C'était pour vous dire bonjour, Fadette, et pour vous remercier de tant de peine que vous prenez pour moi.

— En ce cas, j'accepte votre bonjour, dit-elle en lui prenant la main et en la gardant dans la sienne ; car jamais je ne repousse une honnêteté, et je ne vous crois point assez faux pour me marquer de l'intérêt si vous n'en sentiez pas un peu pour moi.

Sylvain ressentit un grand bien, quoique tout éveillé, d'avoir sa main dans celle de la Fadette, et il lui dit d'un ton très-doux :

— Vous m'avez pourtant bien malmené hier au soir, Fanchon, et je ne sais comment il se fait que je ne vous en veux point. Je vous trouve même bien bonne de venir me voir, après tout ce que vous avez à me reprocher.

La Fadette s'assit auprès de son lit et lui parla tout autrement qu'elle n'avait fait la veille ; elle y mit tant de bonté, tant de douceur et de tendresse, que Sylvain en éprouva un soulagement et un plaisir d'autant plus grands qu'il l'avait jugée plus courroucée contre lui. Il pleura beaucoup, se confessa de tous ses torts et lui demanda même son pardon et son amitié avec tant d'esprit et d'honnêteté, qu'elle reconnut bien qu'il avait le cœur meilleur que la tête. Elle le laissa s'épancher, le grondant encore quelquefois, et, quand elle voulait quitter sa main, il la retenait, parce qu'il lui semblait que cette main le guérissait de sa maladie et de son chagrin en même temps.

Quand elle le vit au point où elle le voulait, elle lui dit :

— Je vas sortir, et je vous lèverai, Sylvain, car vous n'avez plus la fièvre, et il ne faut pas rester à vous dorloter, tandis que votre mère se fatigue à vous servir et perd son temps à vous tenir compagnie. Vous mangerez ensuite ce que votre mère vous présentera de ma part. C'est de la viande, et je sais que vous vous en dites dégoûté, et que vous ne vivez plus que de mauvaises herbages. Mais il n'importe, vous vous forcerez, et, quand même vous y auriez de la répugnance, vous n'en ferez rien paraître. Cela fera plaisir à votre mère de vous voir manger du solide ; et quant à vous, la répugnance que vous aurez surmontée et cachée sera moindre la prochaine fois, et nulle la troisième. Vous verrez si je me trompe. Adieu donc, et qu'on ne me fasse pas revenir de sitôt pour vous, car je sais que vous ne serez plus malade si vous ne voulez plus l'être.

— Vous ne reviendrez donc pas ce soir ? dit Sylvinet. J'aurais cru que vous reviendriez.

— Je ne suis pas médecin pour de l'argent, Sylvain, et j'ai autre chose à faire que de vous soigner quand vous n'êtes pas malade.

— Vous avez raison, Fadette ; mais le désir de vous voir, vous croyez que c'était encore de l'égoïsme : c'était autre chose, j'avais du soulagement à causer avec vous.

— Eh bien, vous n'êtes pas impotent, et vous connaissez ma demeure. Vous n'ignorez pas que je vais être votre sœur par le mariage, comme je le suis déjà par l'amitié ; vous pouvez donc bien venir causer avec moi, sans qu'il y ait à cela rien de répréhensible.

— J'irai, puisque vous l'agréez, dit Sylvinet. A revoir donc, Fadette ; je vas me lever, quoique j'aie un grand mal de tête, pour n'avoir point dormi et m'être bien désolé toute la nuit.

— Je veux bien vous ôter encore ce mal de tête, dit-elle ; mais songez que ce sera le dernier, et que je vous commande de bien dormir la prochaine nuit.

Elle lui imposa la main sur le front, et, au bout de cinq minutes, il se trouva si rafraîchi et si consolé qu'il ne sentait plus aucun mal.

— Je vois bien, lui dit-il, que j'avais tort de m'y refuser, Fadette ; car vous êtes grande remégeuse, et vous savez charmer la maladie. Tous les autres m'ont fait du mal par leurs drogues, et vous, rien que de me toucher, vous me guérissez ; je pense que si je pouvais toujours être auprès de vous, vous m'empêcheriez d'être jamais malade ou fautif. Mais, dites-moi, Fadette, n'êtes-vous plus fâchée contre moi ? et voulez-vous compter sur la parole que je vous ai donnée de me soumettre à vous entièrement ?

— J'y compte, dit-elle, et, à moins que vous ne changiez d'idée, je vous aimerai comme si vous étiez mon besson.

— Si vous pensiez ce que vous me dites là, Fanchon, vous me diriez tu et non pas vous ; car ce n'est pas la coutume des bessons de se parler avec tant de cérémonie.

— Allons, Sylvain, lève-toi, mange, cause, promène-toi et dors, dit-elle en se levant. Voilà mon commandement pour aujourd'hui. Demain tu travailleras.

— Et j'irai te voir, dit Sylvinet.

— Soit, dit-elle ; et elle s'en alla en le regardant d'un air d'amitié et de pardon, qui lui donna soudainement la force et l'envie de quitter son lit de misère et de fainéantise.

## XL.

La mère Barbeau ne pouvait assez s'émerveiller de l'habileté de la petite Fadette, et, le soir, elle disait à son homme : — Voilà Sylvinet qui se porte mieux qu'il n'a fait depuis six mois ; il a mangé de tout ce qu'on lui a présenté aujourd'hui, sans faire ses grimaces accoutumées ; et ce qu'il y a de plus imaginant, c'est qu'il parle de la petite Fadette comme du bon Dieu. Il n'y a pas de bien qu'il ne m'en ait dit, et il souhaite grandement le retour et le mariage de son frère. C'est comme un miracle, et je ne sais pas si je dors ou si je veille.

— Miracle ou non, dit le père Barbeau, cette fille-là a un grand esprit, et je crois bien que ça doit porter bonheur de l'avoir dans une famille.

Sylvinet partit trois jours après pour aller quérir son frère à Arthon. Il avait demandé à son père et à la Fadette, comme une grande récompense, de pouvoir être le premier à lui annoncer son bonheur.

— Tous les bonheurs me viennent donc à la fois, dit Landry se pâmant de joie dans ses bras, puisque c'est toi qui viens me chercher, et que tu parais aussi content que moi-même.

Ils revinrent ensemble sans s'amuser en chemin, comme on peut croire, et il n'y eut pas de gens plus heureux que les gens de la Bessonnière quand ils se virent tous attablés pour souper avec la petite Fadette et le petit Jeanet au milieu d'eux.

La vie leur fut bien douce à trétous pendant une demi-année ; car la jeune Nanette fut accordée à Cadet Caillaud, qui était le meilleur ami de Landry après ceux de sa famille. Et il fut arrêté que les deux noces se feraient en même temps. Sylvinet avait pris pour la Fadette une amitié si grande qu'il ne faisait rien sans la consulter, et elle avait sur lui tant d'empire qu'il semblait la regarder comme sa sœur. Il n'était plus malade, et, de jalousie, il n'en était plus question. Si quelquefois encore il paraissait triste et en train de rêvasser, la Fadette le réprimandait, et tout aussitôt il devenait souriant et communicatif.

Les deux mariages eurent lieu le même jour et à la même heure, et, comme le moyen n'en manquait pas, on fit de si belles noces que le père Caillaud, qui, de sa vie, n'avait perdu son sang-froid, fit mine d'être un peu gris le troisième jour. Rien ne corrompit la joie de Landry et de toute la famille, et mêmement on pourrait dire de tout le pays ; car les deux familles, qui étaient riches, et la petite Fadette, qui l'était autant que les Barbeau et les Caillaud tout ensemble, firent à tout le monde de grandes honnêtetés et de grandes charités. Fanchon avait le cœur trop bon pour ne pas souhaiter de rendre le bien pour le mal à tous ceux qui l'avaient mal jugée. Mêmement par la suite, quand Landry eut acheté un beau bien qu'il gouvernait on ne peut mieux par son savoir et celui de sa femme, elle y fit bâtir une jolie maison, à l'effet d'y recueillir tous les enfants malheureux de la commune durant quatre heures par chaque jour de la semaine, et elle prenait elle-même la peine, avec son frère Jeanet, de les instruire, de leur enseigner la vraie religion, et même d'assister les plus nécessiteux dans leur misère. Elle se souvenait d'avoir été une enfant malheureuse et délaissée, et les beaux enfants qu'elle mit au monde furent stylés de bonne heure à être affables et compatissants pour ceux qui n'étaient ni riches ni choyés.

Mais qu'advint-il de Sylvinet au milieu du bonheur de

sa famille? une chose que personne ne put comprendre et qui donna grandement à songer au père Barbeau. Un mois environ après le mariage de son frère et de sa sœur, comme son père l'engageait aussi à chercher et à prendre femme, il répondit qu'il ne se sentait aucun goût pour le mariage, mais qu'il avait depuis quelque temps une idée qu'il voulait contenter, laquelle était d'être soldat et de s'engager.

Comme les mâles ne sont pas trop nombreux dans les familles de chez nous, et que la terre n'a pas plus de bras qu'il n'en faut, on ne voit quasiment jamais d'engagement volontaire. Aussi chacun s'étonna grandement de cette résolution, de laquelle Sylvinet ne pouvait donner aucune autre raison, sinon sa fantaisie et un goût militaire que personne ne lui avait jamais connu. Tout ce que surent dire ses père et mère, frères et sœurs, et Landry lui-même, ne put l'en détourner, et on fut forcé d'en aviser Fanchon, qui était la meilleure tête et le meilleur conseil de la famille.

Elle causa deux grandes heures avec Sylvinet, et quand on les vit se quitter, Sylvinet avait pleuré, sa belle-sœur aussi ; mais ils avaient l'air si tranquilles et si résolus qu'il n'y eut plus d'objections à soulever lorsque Sylvinet dit qu'il persistait, et Fanchon, qu'elle approuvait sa résolution et en augurait pour lui un grand bien dans la suite des temps.

Comme on ne pouvait pas être bien sûr qu'elle n'eût pas là-dessus des connaissances plus grandes encore que celles qu'elle avouait, on n'osa point résister davantage, et la mère Barbeau elle-même se rendit, non sans verser beaucoup de larmes. Landry était désespéré ; mais sa femme lui dit : — C'est la volonté de Dieu et notre devoir à tous de laisser partir Sylvain. Crois que je sais bien ce que je te dis, et ne m'en demande pas davantage.

Landry fit la conduite à son frère le plus loin qu'il put, et quand il lui rendit son paquet, qu'il avait voulu tenir jusque-là sur son épaule, il lui sembla qu'il lui donnait son propre cœur à emporter. Il revint trouver sa chère femme, qui eut à le soigner ; car pendant un grand mois le chagrin le rendit véritablement malade.

Quant à Sylvain, il ne le fut point, et continua sa route jusqu'à la frontière ; car c'était le temps des grandes belles guerres de l'empereur Napoléon. Et, quoiqu'il n'eût jamais eu le moindre goût pour l'état militaire, il commanda si bien à son vouloir, qu'il fut bientôt remarqué comme bon soldat, brave à la bataille comme un homme qui ne cherche que l'occasion de se faire tuer, et pourtant doux et soumis à la discipline comme un enfant, en même temps qu'il était dur à son pauvre corps comme les plus anciens. Comme il avait reçu assez d'éducation pour avoir de l'avancement, il en eut bientôt, et, en dix années de temps, de fatigues, de courage et de belle conduite, il devint capitaine, et encore avec la croix par-dessus le marché.

— Ah ! s'il pouvait enfin revenir ! dit la mère Barbeau à son mari, le soir après le jour où ils avaient reçu de lui une jolie lettre pleine d'amitiés pour eux, pour Landry, pour Fanchon, et enfin pour tous les jeunes et vieux de la famille : le voilà quasiment général, et il serait bien temps pour lui de se reposer !

— Le grade qu'il a est assez joli sans l'augmenter, dit le père Barbeau, et cela ne fait pas moins un grand honneur à une famille de paysans !

— Cette Fadette avait bien prédit que la chose arriverait, reprit la mère Barbeau. Oui-da qu'elle l'avait annoncé !

— C'est égal, dit le père, je ne m'expliquerai jamais comment son idée a tourné tout à coup de ce côté-là, et comment il s'est fait un pareil changement dans son humeur, lui qui était si tranquille et si ami de ses petites aises.

— Mon vieux, dit la mère, notre bru en sait là-dessus plus long qu'elle n'en veut dire ; mais on n'attrape pas une mère comme moi, et je crois bien que j'en sais aussi long que notre Fadette.

— Il serait bien temps de me le dire, à moi ! reprit le père Barbeau.

— Eh bien, répliqua la mère Barbeau, notre Fanchon est trop grande charmeuse, et tellement qu'elle avait charmé Sylvinet plus qu'elle ne l'aurait souhaité. Quand elle vit que le charme opérait si fort, elle eût voulu le retirer ou l'amoindrir ; mais elle ne le put, et notre Sylvain, voyant qu'il y pensait trop à la femme de son frère, est parti par grand honneur et grande vertu, en quoi la Fanchon l'a soutenu et approuvé.

— Si c'est ainsi, dit le père Barbeau en se grattant l'oreille, j'ai bien peur qu'il ne se marie jamais, car la baigneuse de Clavières a dit, dans les temps, que lorsqu'il serait épris d'une femme, il ne serait plus si affolé de son frère ; mais qu'il n'en aimerait jamais qu'une en sa vie, parce qu'il avait le cœur trop sensible et trop passionné.

FIN DE LA PETITE FADETTE

# LE PÉCHÉ
# DE MONSIEUR ANTOINE

## NOTICE

J'ai écrit *le Péché de monsieur Antoine* à la campagne, dans une phase de calme extérieur et intérieur, comme il s'en rencontre peu dans la vie des individus. C'était en 1845, époque où la critique de la société réelle et le rêve d'une société idéale atteignirent dans la presse un degré de liberté de développement comparable à celui du XVIIIe siècle. On croira peut-être avec peine, un jour, le petit fait très-caractéristique que je vais signaler.

Pour être libre, à cette époque, de soutenir directement ou indirectement les thèses les plus hardies contre le vice de l'organisation sociale, et de s'abandonner aux espérances les plus vives du sentiment philosophique, il n'était guère possible de s'adresser aux journaux de l'opposition. Les plus avancés n'avaient malheureusement pas assez de lecteurs pour donner une publicité satisfaisante à l'idée qu'on tenait à émettre. Les plus modérés nourrissaient une profonde aversion pour le socialisme, et, dans le courant des dix dernières années de la monarchie de Louis-Philippe, un de ces journaux de l'opposition réformiste, le plus important par son ancienneté et le nombre de ses abonnés, me fit plusieurs fois l'honneur de me demander un roman-feuilleton, toujours à la condition qu'il ne s'y trouverait aucune espèce de tendance socialiste.

Cela était bien difficile, impossible peut-être, à un esprit préoccupé des souffrances et des besoins de son siècle. Avec plus ou moins de détours habiles, avec plus ou moins d'effusion et d'entraînement, il n'est guère d'artiste un peu sérieux qui ne se soit laissé impressionner dans son œuvre par les menaces du présent ou les promesses de l'avenir. C'était, d'ailleurs, le temps de dire tout ce qu'on pensait, tout ce qu'on croyait. On le devait, parce qu'on le pouvait. La guerre sociale ne paraissant pas imminente, la monarchie, ne faisant aucune concession aux besoins du peuple, semblait de force à braver plus longtemps qu'elle ne l'a fait, le courant des idées.

Ces idées dont ne s'épouvantaient encore qu'un petit nombre d'esprits conservateurs, n'avaient encore réellement germé que dans un petit nombre d'esprits attentifs et laborieux. Le pouvoir, du moment qu'elles ne revêtaient aucune application d'actualité politique, s'inquiétait assez peu des théories, et laissait chacun faire la sienne, émettre son rêve, construire innocemment la cité future au coin de son feu, dans le jardin de son imagination.

Les journaux conservateurs devenaient donc l'asile des romans socialistes. Eugène Sue publia les siens dans *les Débats* et dans *le Constitutionnel*. Je publiai les miens dans *le Constitutionnel* et dans *l'Epoque*. A peu près dans le même temps, *le National* courait sus avec ardeur aux écrivains socialistes dans son feuilleton, et les accablait d'injures très-âcres ou de moqueries fort spirituelles.

*L'Epoque*, journal qui vécut peu, mais qui débuta par renchérir sur tous les journaux conservateurs et absolutistes du moment, fut donc le cadre où j'eus la liberté absolue de publier un roman socialiste. Sur tous les murs de Paris on afficha en grosses lettres : *Lisez l'Epoque! Lisez le Péché de monsieur Antoine!*

L'année suivante, comme nous errions dans les landes de Crozant et dans les ruines de Châteaubrun, théâtre agreste où s'était plu ma fiction, un Parisien de nos amis facétieusement aux pastours à demi sauvages de ces solitudes *Avez-vous lu l'Epoque? Avez-vous lu le Péché de monsieur Antoine?* Et, en les voyant fuir épouvantés des incompréhensibles paroles, il nous disait en riant : « Comme on voit bien que les romans socialistes montent la tête aux habitants des campagnes !... »

Une vieille femme, assez belle diseuse, vint à Châteaubrun me faire une scène de reproches, parce que j'avais fait sur elle et sur son maître un livre *plein de menteries*. Elle croyait que j'avais voulu mettre en scène le propriétaire du château et elle-même. Elle avait entendu parler du livre. On lui avait dit qu'il n'y avait *pas un mot de vrai*. Il fut impossible de lui faire comprendre ce que c'est qu'un roman, et cependant elle en faisait aussi, car elle nous raconta l'assassinat de Louis XVI et de Marie-Antoinette *poignardés dans leur carrosse par la populace de Paris*. Ceux qui accusent les écrits socialistes d'incendier les esprits, devraient se rappeler qu'ils ont oublié d'apprendre à lire aux paysans.

Renierai-je, maintenant que les masses s'agitent, le communisme de M. de Boisguilbault, personnage très-excentrique, et cependant pas tout à fait imaginaire de mon roman? Dieu m'en garde, surtout après que, sur tous les tons, on a accusé les socialistes de prêcher le partage des propriétés.

L'idée diamétralement contraire, celle de communauté par association, devrait être la moins dangereuse de toutes aux yeux des conservateurs, puisque c'est malheureusement la moins comprise et la moins admise par les masses. Elle est surtout antipathique dans la campagne et n'y sera réalisable que par l'initiative d'un gouvernement fort, ou par une rénovation philosophique, religieuse et chrétienne, ouvrage des siècles peut-être !

Des essais d'associations ouvrières ont été cependant tentés dans la portion la plus instruite, la plus morale, la plus patiente du peuple industriel des grandes villes. Les gouvernements éclairés, quelle que soit leur devise, protégeront toujours ces associations, parce qu'elles offrent un asile à la pensée véritablement sociale et religieuse de l'avenir. Imparfaites à leur naissance probablement, elles se compléteront avec le temps, et quand il sera bien prouvé qu'elles ne détruisent pas, mais conservent, au contraire, le respect de la famille et de la propriété, elles entraîneront insensiblement toutes les classes dans une réciprocité et une solidarité d'intérêts et de dévouements, seule voie de salut ouverte à la société future!

GEORGE SAND.

Nohant, 30 décembre 1851.

## I

### ÉGUZON.

Il est peu de gîtes aussi maussades en France que la ville d'Eguzon, située aux confins de la Marche et du Berry, dans la direction sud-ouest de cette dernière province. Quatre-vingts à cent maisons, d'apparence plus ou moins misérable (à l'exception de deux ou trois, dont nous ne nommerons point les opulents propriétaires, de peur d'attenter à leur modestie), composent les deux ou trois rues, et ceignent la place de cette bourgade, fameuse à dix lieues à la ronde pour l'esprit procédurier de sa population et la difficulté de ses abords. Malgré ce dernier inconvénient qui va bientôt disparaître, grâce au tracé d'une nouvelle route, Eguzon voit souvent des voyageurs traverser hardiment les solitudes qui l'environnent, et risquer leurs carioles sur son pavé terrible. L'unique auberge est située sur l'unique place, laquelle est d'autant plus vaste, qu'elle s'ouvre sur la campagne, comme si elle attendait les constructions nouvelles de futurs citadins, et cette auberge est parfois forcée, dans la belle saison, d'inviter les trop nombreux arrivants à s'installer dans les maisons du voisinage, qui leur sont ouvertes, il faut le dire, avec beaucoup d'hospitalité. C'est qu'Eguzon est le point central d'une région pittoresque semée de ruines imposantes, et que, soit qu'on veuille voir Châteaubrun, Crozant, la Prugne-au-Pot, ou enfin le château encore debout et habité de Saint-Germain, il faut nécessairement aller coucher à Eguzon, afin de partir, dès le matin suivant, pour ces différentes excursions.

Il y a quelques années, par une soirée de juin, lourde et orageuse, les habitants d'Eguzon ouvrirent de grands yeux en voyant un jeune homme de bonne mine traverser la place pour sortir de la ville, un peu après le coucher du soleil. Le temps menaçait, la nuit se faisait plus vite que de raison, et pourtant le jeune voyageur, après avoir pris un léger repas à l'auberge, et s'être arrêté le temps strictement nécessaire pour faire rafraîchir son cheval, se dirigeait hardiment vers le nord, sans s'inquiéter des représentations de l'aubergiste, sans paraître se soucier des dangers de la route. Personne ne le connaissait ; il n'avait répondu aux questions que par un geste d'impatience, et aux remontrances que par un sourire. Quand le bruit des fers de sa monture se fut perdu dans l'éloignement : « Voilà, dirent les flâneurs de l'endroit, un garçon qui connaît bien le chemin, ou qui ne le connaît pas du tout. Ou il y a passé cent fois, et sait le nom du moindre caillou, ou bien il ne se doute pas de ce qui en est, et va se trouver fort en peine.

— C'est un étranger qui n'est pas d'ici, dit judicieusement un homme capable : il n'a voulu écouter que sa tête; mais, dans une demi-heure, quand l'orage éclatera, vous le verrez revenir!

— S'il ne se casse pas le cou auparavant à la descente du pont des Piles! observa un troisième.

— Ma foi, firent en chœur les assistants, c'est son affaire! Allons fermer nos contrevents, de peur que la grêle n'endommage nos vitres. »

Et l'on entendit par la ville un grand bruit de portes et de fenêtres que l'on se hâtait d'*accoter*, tandis que le vent, qui commençait à mugir sur les bruyères, devançait de rapidité les servantes essoufflées, et renvoyait à leur nez les battants de ces lourdes huisseries, où les ouvriers du pays, conformément aux traditions de leurs ancêtres, n'ont épargné ni le bois de chêne, ni le ferrage. De temps en temps, une voix se faisait entendre d'un travers de rue à l'autre, et ces propos se croisaient sur le seuil des habitations : « Tous les vôtres sont-ils rentrés ? — *Ah oua!* j'en ai encore deux charrois par terre.
— Et moi six sur pied! — Moi, ça m'est égal, tout est engrangé. » Il s'agissait des foins.

Le voyageur, monté sur un excellent bidet de Brenne, laissait la nuée derrière lui, et, pressant l'allure, il se flattait de devancer l'orage à la course ; mais à un coude que faisait subitement le chemin, il reconnut qu'il lui serait impossible de ne pas être pris en flanc. Il déplia son manteau, que des courroies tenaient fixé sur sa valise, attacha les mentonnières de sa casquette, et donnant de l'éperon à sa monture, il fournit une nouvelle course, espérant au moins atteindre et franchir, à la faveur du jour, le passage dangereux qu'on lui avait signalé. Mais son attente fut trompée; le chemin devint si difficile, qu'il lui fallut prendre le pas et soutenir son cheval avec précaution au milieu des roches semées sous ses pieds. Lorsqu'il se trouva au sommet du ravin de la Creuse, la nuée ayant envahi tout le ciel, l'obscurité était complète, et il ne pouvait plus juger de la profondeur de l'abîme qu'il côtoyait, que par le bruit sourd et engouffré du torrent.

Téméraire comme on l'est à vingt ans, le jeune homme ne tint compte des prudentes hésitations de son cheval, et il le força de se livrer au hasard d'une pente, que chaque pas du docile animal trouvait plus inégale et plus rapide. Mais tout à coup il s'arrêta, se rejeta en arrière par un vigoureux coup de reins, et le cavalier, un peu ébranlé de la secousse, vit, à la lueur d'un grand éclair, qu'il était sur l'extrême versant d'un précipice à pic, et qu'un pas de plus l'aurait infailliblement entraîné au fond de la Creuse.

La pluie commençait à tomber, et une tourmente furieuse agitait les cimes des vieux châtaigniers qui se trouvaient au niveau de la route. Ce vent d'ouest poussait précisément l'homme et le cheval vers la rivière, et le danger devenait si réel, que le voyageur fut forcé de mettre pied à terre, afin d'offrir moins de prise au vent, et de mieux diriger sa monture dans les ténèbres. Ce qu'il avait entrevu du site à la lueur de l'éclair lui avait paru admirable, et d'ailleurs la position où il se trouvait flattait ce goût d'aventures qui est propre à la jeunesse.

Un second éclair lui permit de mieux distinguer le paysage, et il profita d'un troisième pour familiariser sa vue avec les objets les plus rapprochés. Le chemin ne manquait pas de largeur, mais cette largeur même le rendait difficile à suivre. C'était une demi-douzaine de vagues passages marqués seulement par les pieds des chevaux et les ornières, formant diverses voies entre-croisées comme au hasard sur le versant d'une colline ; et, comme il n'y avait là ni haies, ni fossés, ni trace aucune de culture, le sol avait livré ses flancs pelés à toutes les tentatives d'escalade qu'il avait pris envie aux passants de faire ; chaque saison voyait ainsi ouvrir une route nouvelle, ou reprendre une ancienne que le temps et l'abandon avaient raffermie. Entre chacun de ces tracés capricieux s'élevaient des monticules hérissés de rochers ou de touffes de bruyères, qui offraient la même apparence dans l'obscurité ; et, comme ils s'enlaçaient sur des plans très-inégaux, il était difficile de passer de l'un à l'autre sans friser une chute qui pouvait entraîner dans l'abîme commun ; car tous subissaient la pente bien marquée du ravin, non-seulement en avant, mais encore sur le côté, de sorte qu'il fallait à la fois pencher soi et sur la gauche. Aucune de ces voies tortueuses n'était donc sûre ; car depuis l'été toutes étaient également battues, les habitants du pays y prenant au hasard en plein jour avec insouciance ; mais, au milieu d'une nuit sombre, il n'était pas indifférent de s'y tromper, et le jeune homme, plus soigneux des genoux du cheval qu'il aimait que de sa propre vie, prit le parti de s'approcher d'une roche assez élevée pour les garantir tous deux de la violence du vent, et de s'arrêter là en attendant que le ciel s'éclaircît un peu. Il s'appuya contre *Corbeau*, et relevant un coin de son manteau imperméable pour garantir le flanc et la selle de son compagnon, il tomba dans une rêverie romanesque, aussi satisfait d'entendre hurler la tempête, que les habitants d'Eguzon, s'ils pensaient encore à lui en cet instant, le supposaient soucieux et désappointé.

Les éclairs, en se succédant, lui eurent bientôt procuré une connaissance suffisante du pays environnant. Vis-à-vis de lui, le chemin, gravissant la pente opposée du ravin, se relevait aussi brusquement qu'il s'était abaissé, et offrait des difficultés de même nature. La Creuse, limpide et forte, coulait sans grand fracas au bas de ce précipice, et se resserrait avec un mugissement sourd et continu, sous les arches d'un vieux pont qui paraissait en fort mauvais état. La vue était bornée en face par le retour de l'escarpement ; mais, de côté, on découvrait une verte perspective de prairies inclinées et bien plantées, au milieu desquelles serpentait la rivière ; et vis-à-vis de notre voyageur, au sommet d'une colline hérissée de roches formidables qu'entrecoupait une riche végétation, on voyait se dresser les grandes tours délabrées d'un vaste manoir en ruines. Mais, lors même que le jeune homme aurait eu la pensée d'y chercher un asile contre l'orage, il lui eût été difficile de trouver le moyen de s'y rendre ; car on n'apercevait aucune trace de communication entre le château et la route, et un autre ravin, avec un torrent qui se déversait dans la Creuse, séparait les deux collines. Ce site était des plus pittoresques, et le reflet livide des éclairs lui donnait quelque chose de terrible qu'on y eût vainement cherché à la clarté du jour. De gigantesques tuyaux de cheminée, mis à nu par l'écroulement des toits, s'élançaient vers la nuée lourde qui rampait sur le château, et qu'ils avaient l'air de déchirer. Lorsque le ciel était traversé par des lueurs rapides, ces ruines se dessinaient en blanc sur le fond noir de l'air, et au contraire, lorsque les yeux s'étaient habitués au retour de l'obscurité, elles présentaient une masse sombre sur un horizon plus transparent. Une grande étoile, que les nuages semblaient ne pas oser envahir, brilla longtemps sur le fier donjon, comme une escarboucle sur la tête d'un géant. Puis enfin elle disparut, et les torrents de pluie qui redoublaient ne permirent plus au voyageur de rien discerner qu'à travers un voile épais. En tombant sur les rochers voisins et sur le sol durci par de récentes chaleurs, l'eau rebondissait comme une écume blanche, et parfois on eût dit des flots de poussière soulevés par le vent.

En faisant un mouvement pour abriter davantage son cheval contre le rocher, le jeune homme s'aperçut tout à coup qu'il n'y était pas seul. Un homme venait chercher aussi un refuge en cet endroit, ou bien il en avait pris possession le premier. C'est ce qu'on ne pouvait savoir dans ces alternatives de clarté éblouissante et de lourdes ténèbres. Le cavalier n'eut pas le temps de bien voir le piéton ; il lui sembla vêtu misérablement et n'avoir pas très-bonne mine. Il paraissait même vouloir se cacher, en s'enfonçant le plus possible dans la roche ; mais dès qu'il eut jugé, à une exclamation du jeune voyageur, qu'il avait été aperçu, il lui adressa sans hésiter la parole, d'une voix forte et assurée :

« Voilà un mauvais temps pour se promener, Monsieur, et si vous êtes sage, vous retournerez coucher à Eguzon.

— Grand merci, l'ami ! » répondit le jeune homme en faisant siffler sa forte cravache à tête plombée, pour faire savoir à son problématique interlocuteur qu'il était armé.

Ce dernier comprit fort bien l'avertissement, et y répondit en frappant le rocher, comme par désœuvrement, avec un énorme bâton de houx qui fit voler quelques éclats de pierre. L'arme était bonne et le poignet aussi.

« Vous n'irez pas loin ce soir par un temps pareil, reprit le piéton.

— J'irai aussi loin qu'il me plaira, répondit le cavalier, et je ne conseillerais à personne d'avoir la fantaisie de me retarder en chemin.

— Est-ce que vous craignez les voleurs, que vous répondez par des menaces à des honnêtetés ? Je ne sais pas de quel pays vous venez, mon jeune homme, mais vous ne savez guère dans quel pays vous êtes. Il n'y a, Dieu merci, chez nous, ni bandits, ni assassins, ni voleurs. »

L'accent fier mais franc de l'inconnu inspirait la confiance. Le jeune homme reprit avec douceur :

« Vous êtes donc du pays, mon camarade ?

— Oui, Monsieur, j'en suis, et j'en serai toujours.

— Vous avez raison d'y vouloir rester : c'est un beau pays.

— Pas toujours cependant ! Dans ce moment-ci, par exemple, il n'y fait pas trop bon ; le temps est bien *en malice*, et il y en aura pour toute la nuit.

— Vous croyez ?

— J'en suis sûr. Si vous suivez le vallon de la Creuse, vous aurez l'orage pour compagnie jusqu'à demain midi ; mais je pense bien que vous ne vous êtes pas mis en route si tard sans avoir un abri prochain en vue ?

— À vous dire le vrai, je crois que l'endroit où je vais est plus éloigné que je ne l'avais pensé d'abord. Je me suis imaginé qu'on voulait me retenir à Eguzon, en m'exagérant la distance et les mauvais chemins ; mais je vois, au peu que j'ai fait depuis une heure, que l'on ne m'avait guère trompé.

— Et, sans être trop curieux, où allez-vous?

— A Gargilesse. Combien comptez-vous jusque-là?

— Pas loin, Monsieur, si l'on voyait clair pour se conduire ; mais si vous ne connaissez pas le pays, vous en avez pour toute la nuit : car ce que vous voyez ici n'est rien en comparaison des casse-cous que vous avez à descendre pour passer du ravin de la Creuse à celui de la Gargilesse, et vous y risquez la vie par-dessus le marché.

— Eh bien, l'ami, voulez-vous, pour une honnête récompense, me conduire jusque-là?

— Nenni, Monsieur, en vous remerciant.

— Le chemin est donc bien dangereux, que vous montrez si peu d'obligeance?

— Le chemin n'est pas dangereux pour moi, qui le connais aussi bien que vous connaissez peut-être les rues de Paris ; mais quelle raison aurais-je de passer la nuit à me mouiller pour vous faire plaisir?

— Je n'y tiens pas, et je saurai me passer de votre secours ; mais je ne vous ai point réclamé votre obligeance gratis : je vous ai offert…

— Suffit! suffit! vous êtes riche et je suis pauvre ; mais je ne tends pas encore la main, et j'ai des raisons pour ne pas me faire le serviteur du premier venu… Encore si je savais qui vous êtes…

— Vous vous méfiez de moi? dit le jeune homme, dont la curiosité était éveillée par le caractère hardi et fier de son compagnon. Pour vous prouver que la méfiance est un mauvais sentiment, je vais vous payer d'avance. Combien voulez-vous?

— Pardon, excuse, Monsieur, je ne veux rien ; je n'ai ni femme ni enfants, je n'ai besoin de rien pour le moment : d'ailleurs j'ai un ami, un bon camarade, dont la maison n'est pas loin, et je profiterai du premier *éclairci* pour y aller souper et dormir à couvert. Pourquoi me priverais-je de cela pour vous? Voyons, dites! est-ce parce que vous avez un bon cheval et des habits neufs?

— Votre fierté ne me déplaît pas, tant s'en faut! Mais je la trouve mal entendue de repousser un échange de services.

— Je vous ai rendu service de tout mon pouvoir, en vous disant de ne pas vous risquer la nuit par un temps si noir et des chemins qui, dans une demi-heure, seront impossibles. Que voulez-vous de plus?

— Rien… En vous demandant votre assistance, je voulais connaître le caractère des gens du pays, et voilà tout. Je vois maintenant que leur bon vouloir pour les étrangers se borne à des paroles.

— Pour les étrangers! s'écria l'indigène avec un accent de tristesse et de reproche qui frappa le voyageur. Et n'est-ce pas encore trop pour ceux qui ne nous ont jamais fait que du mal? Allez, Monsieur, les hommes sont injustes ; mais Dieu voit clair, et il sait bien que le pauvre paysan se laisse tondre, sans se venger, par les gens savants qui viennent des grandes villes.

— Les gens des villes vous ont donc fait bien du mal dans vos campagnes? C'est un fait que j'ignore et dont je ne suis pas responsable, puisque j'y viens pour la première fois.

— Vous allez à Gargilesse. Sans doute, c'est M. Cardonnet que vous allez voir? Vous êtes, j'en suis sûr, son parent ou son ami?

— Qu'est-ce donc que ce M. Cardonnet, à qui vous semblez en vouloir? demanda le jeune homme après un instant d'hésitation.

— Suffit, Monsieur, répondit le paysan ; si vous ne le connaissez pas, tout ce que je vous en dirais ne vous intéresserait guère, et si vous êtes riche vous n'avez rien à craindre de lui. Ce n'est qu'aux pauvres gens qu'il en veut.

— Mais enfin, reprit le voyageur avec une sorte d'agitation contenue, j'ai peut-être des raisons pour désirer de savoir ce qu'on pense, dans le pays, de ce M. Cardonnet. Si vous refusez de motiver la mauvaise opinion que vous avez de lui, c'est que vous avez contre lui une rancune personnelle peu honorable pour vous-même.

— Je n'ai de comptes à rendre à personne, répondit le paysan, et mon opinion est à moi. Bonsoir, Monsieur. Voilà la pluie qui s'arrête un peu. Je suis fâché de ne pouvoir vous offrir un abri ; mais je n'en ai pas d'autre que le château que vous voyez là, et qui n'est pas à moi. Cependant, ajouta-t-il après avoir fait quelques pas, et en s'arrêtant comme s'il se fût repenti de ne pas mieux exercer les devoirs de l'hospitalité, si le cœur vous disait d'y venir demander le couvert pour la nuit, je peux vous répondre que vous y seriez bien reçu.

— Cette ruine est donc habitée? demanda le voyageur, qui avait à descendre le ravin pour traverser la Creuse, et qui se mit en marche à côté du paysan, en soutenant son cheval par la bride.

— C'est une ruine, à la vérité, dit son compagnon en étouffant un soupir ; mais quoique je ne sois pas des plus vieux, j'ai vu ce château-là debout bien entier, et si beau, en dehors, comme en dedans, qu'un roi n'y eût pas été mal logé. Le propriétaire n'y faisait pas de grandes dépenses, mais il n'avait pas besoin d'entretien, tant il était solide et bien bâti ; et les murs étaient si bien découpés, les pierres des cheminées et des fenêtres si bien travaillées, qu'on n'aurait pu y rien apporter de plus riche que ce que les maçons et les architectes y avaient mis en le construisant. Mais tout passe, la richesse comme le reste, et le dernier seigneur de Châteaubrun vient de racheter pour quatre mille francs le château de ses pères.

— Est-il possible qu'une telle masse de pierres, même dans l'état où elle se trouve, ait aussi peu de valeur?

— Ce qui reste là vaudrait encore beaucoup, si on pouvait l'ôter et le transporter ; mais où trouver dans le pays d'ici des ouvriers et des machines capables de jeter bas ces vieux murs? Je ne sais pas avec quoi l'on bâtissait dans l'ancien temps, mais ce ciment-là est si bien lié, qu'on dirait que les tours et les grands murs sont faits d'une seule pierre. Et puis, vous voyez comme ce bâtiment est planté sur la pointe d'une montagne, avec des précipices de tous côtés! Quelles voitures et quels chevaux pourraient charrier de pareils matériaux? A moins que la colline ne s'écroule, ils resteront là aussi longtemps que le rocher qui les porte, et il y a encore assez de voûtes pour mettre à l'abri un pauvre monsieur et une pauvre demoiselle.

— Ce dernier des Châteaubrun a donc une fille? demanda le jeune homme en s'arrêtant pour regarder le manoir avec plus d'intérêt qu'il n'avait encore fait. Et elle demeure là?

— Oui, oui, elle demeure là, au milieu des gerfauts et des chouettes, et elle n'en est pas moins jeune et jolie. L'air et l'eau ne manquent pas ici, et malgré les nouvelles lois contre la liberté de la chasse, on voit encore quelquefois des lièvres et des perdrix sur la table du seigneur de Châteaubrun. Allons, si vous n'avez pas des affaires qui vous obligent de risquer votre vie pour arriver avant le jour, venez avec moi, je me charge de vous faire bien accueillir au château. Et quand même vous y arriveriez seul et sans recommandation, il suffit que la nuit soit mauvaise, et que vous ayez la figure d'un chrétien, pour que vous soyez bien reçu et bien traité chez M. Antoine de Châteaubrun.

— Le gentilhomme est pauvre, à ce qu'il paraît, et je me ferais scrupule d'user de sa bonté d'âme.

— Vous lui ferez plaisir, au contraire. Allons, vous voyez bien que l'orage va recommencer plus fort que tout à l'heure, et je n'aurais pas la conscience en repos si je vous laissais ainsi tout seul dans la montagne. Voyez-vous, il ne faut pas m'en vouloir pour vous avoir refusé mes services ; j'ai mes raisons, que vous ne pouvez pas juger, et que je n'ai pas besoin de dire ; mais je dormirai plus tranquille si vous suivez mon conseil. D'ailleurs je connais M. Antoine ; il me saurait mauvais gré de ne pas vous avoir retenu et emmené chez lui, et il serait capable de courir après vous, ce qui ne serait pas bon pour lui après souper.

— Et… vous ne pensez pas que sa fille fût mécontente de voir arriver ainsi un inconnu?…

— Sa fille est sa fille, c'est-à-dire qu'elle est aussi bonne que lui, si elle n'est pas meilleure, quoique cela ne paraisse guère possible. »

Le jeune homme hésita encore quelque temps; mais, poussé par un attrait romanesque, et croyant déjà dans son imagination le portrait de la perle de beauté qu'il allait trouver derrière ces murailles à l'aspect terrible, il se dit qu'on ne l'attendait à Gargilesse que le lendemain dans la journée; qu'en y arrivant au milieu de la nuit, il y dérangerait le sommeil de ses parents; qu'enfin il y avait, à persister dans son projet, une véritable imprudence dont, à coup sûr, sa mère le détournerait, si elle pouvait, à cette heure, se faire entendre de lui. Touché de toutes les bonnes raisons qu'on se donne à soi-même quand le démon de la jeunesse et de la curiosité s'en mêle, il suivit son guide dans la direction du vieux château.

## II.
### LE MANOIR DE CHATEAUBRUN.

Après avoir péniblement gravi un chemin escarpé, ou plutôt un escalier pratiqué dans le roc, nos voyageurs arrivèrent, au bout de vingt minutes, à l'entrée de Châteaubrun. Le vent et la pluie redoublaient, et le jeune homme n'eut guère le loisir de contempler le vaste portail qui n'offrait à sa vue, en cet instant, qu'une masse confuse de proportions formidables. Il remarqua seulement qu'en guise de clôture, la herse seigneuriale était remplacée par une barrière de bois, pareille à celles qui ferment les prés du pays.

« Attendez, Monsieur, lui dit son guide. Je vais passer par là-dessus et aller chercher la clef; car la vieille Janille ne s'est-elle pas imaginé, depuis quelque temps, de faire placer ici un cadenas, comme s'il y avait quelque chose à voler chez ses maîtres? Au reste, son intention est bonne, et je ne la blâme pas. »

Le paysan escalada la barrière fort adroitement, et, en attendant qu'il fût de retour pour l'introduire, le jeune homme essaya en vain de comprendre la disposition des masses d'architecture ruinées qu'il apercevait confusément dans l'intérieur de la cour: c'était l'aspect du chaos.

Peu d'instants après, il vit venir plusieurs personnes qui ouvrirent promptement la barrière: l'une prit son cheval, l'autre sa main, une troisième portait, en avant, une lanterne dont le secours était bien nécessaire pour se diriger à travers les décombres et les broussailles qui obstruaient le passage. Enfin, après avoir traversé une partie du préau et plusieurs vastes salles obscures, ouvertes à tous les vents, on se trouva dans une petite pièce oblongue, voûtée, et qui avait pu, autrefois, servir d'office ou de cellier entre les cuisines et les écuries. Cette pièce, proprement reblanchie, servait désormais de salon et de salle à manger au seigneur de Châteaubrun. On y avait récemment pratiqué une petite cheminée à manteau et à chambranles de bois bien ciré et luisant; la vaste plaque de fonte qui en remplissait tout le foyer, et qui avait été enlevée à quelqu'une des grandes cheminées du manoir, ainsi que les gros chenets de fer poli, renvoyaient splendidement la chaleur et la lumière du feu dans cette chambre nue et blanche, qui, avec le secours d'une petite lampe de fer-blanc, se trouvait ainsi parfaitement éclairée. Une table de châtaignier, qui pouvait, dans les grandes occasions, porter jusqu'à six couverts, quelques chaises de paille, et un coucou d'Allemagne, acheté six francs à un colporteur, composaient tout l'ameublement de ce salon modeste. Mais tout cela était d'une propreté recherchée; la table et les chaises grossièrement travaillées par quelque menuisier de la localité avaient un éclat qui attestait les services assidus de la serge et de la brosse. L'âtre était balayé avec soin, le carreau sablé à l'anglaise contrairement aux habitudes du pays, et, dans un pot de grès placé sur la cheminée, s'étalait un énorme bouquet de roses, mêlées à des fleurs sauvages cueillies sur les collines d'alentour.

Cet intérieur modeste n'avait, au premier coup d'œil, aucun caractère *cherché* dans le genre poétique ou pittoresque; cependant, en l'examinant mieux, on eût pu voir que, dans cette demeure, comme dans toutes celles de tous les hommes, le caractère et le goût naturel de la personne créatrice avaient présidé, soit au choix, soit à l'arrangement du local. Le jeune homme, qui y pénétrait pour la première fois, et qui s'y trouva seul un instant, tandis que ses hôtes s'occupaient de lui préparer la meilleure réception possible, se forma bientôt une idée assez juste de la situation d'esprit des habitants de cette retraite. Il était évident qu'on avait eu des habitudes d'élégance, et qu'on avait encore des besoins de bien-être; que, dans une condition fort précaire, on avait eu le bon sens de proscrire toute espèce de vanité extérieure; enfin qu'on avait choisi, pour point de réunion, parmi le peu de chambres restées intactes dans ce vaste domaine, la plus facile à entretenir, à chauffer, à meubler et à éclairer, et que, par instinct, on avait pourtant donné la préférence à une construction élégante et mignonne. En effet, ce petit coin était le premier étage d'un pavillon carré, adjoint, vers la fin de la renaissance, aux antiques constructions qui défendaient la face principale du préau. L'artiste qui avait composé cette tourelle angulaire s'était efforcé d'adoucir la transition de deux styles si différents; il avait rappelé pour la forme des fenêtres le système défensif des meurtrières et des ouvertures d'observation; mais on voyait bien que ces fenêtres, petites et rondes, n'avaient jamais été destinées à pointer le canon, et qu'elles n'étaient qu'un ornement pour la vue. Élégamment revêtues de briques rouges et de pierres blanches alternées, elles formaient un joli encadrement à l'intérieur, et diverses niches, ornées de même, disposées régulièrement entre chaque croisée, rendaient inutiles les papiers, les tentures et même les meubles qui eussent chargé ces parois sans ajouter à leur aspect agréable et simple.

Sur une de ces niches, dont une dalle, bien blanche et luisante comme du marbre, formait la base, à hauteur d'appui, le voyageur vit un joli petit rouet rustique avec la quenouille chargée de laine brune; et, en contemplant cet instrument de travail si léger et si naïf il se perdit dans des réflexions dont il fut tiré par le frôlement d'un vêtement de femme derrière lui. Il se retourna vivement; mais, aux palpitations qui s'étaient emparées de son jeune cœur, succéda une grave déception. C'était une vieille servante qui venait d'entrer sans bruit, grâce au sablon qui couvrait le sol, et qui se penchait pour jeter dans la cheminée une brassée de sarment de vigne sauvage.

« Approchez-vous du feu, Monsieur, dit la vieille en grasseyant avec une sorte d'affectation, et donnez-moi votre casquette et votre manteau, afin que j'aille les faire sécher dans la cuisine. Voilà un bon manteau pour la pluie; je ne sais plus comment on appelle cette étoffe-là, mais j'en ai déjà vu à Paris. Voilà qui ferait plaisir d'en voir un pareil sur les épaules de M. le comte! Mais cela doit coûter cher, et d'ailleurs il n'est pas dit qu'il voulût s'en servir. Il croit qu'il a toujours vingt-cinq ans, et il prétend que l'eau du ciel n'a jamais enrhumé un honnête homme; pourtant, l'hiver dernier, il a commencé à sentir un peu de sciatique... Mais ce n'est pas à votre âge qu'on craint ces douleurs-là. N'importe, chauffez-vous les reins; tenez, tournez votre chaise comme cela, vous serez mieux. Vous êtes de Paris, j'en suis sûre; je vois cela à votre teint qui est trop frais pour notre pays; bon pays, Monsieur, mais bien chaud en été et bien froid en hiver. Vous me direz que, ce soir, il fait aussi froid que par une nuit de novembre: c'est la vérité, que voulez-vous? c'est l'orage qui en est cause. Mais cette petite salle est bien bonne, bien facile à réchauffer, et, dans un moment, vous m'en direz des nouvelles. Avec cela, nous avons le bonheur que le bois mort ne nous manque pas. Il y a tant de vieux arbres ici, et rien qu'avec les ronces qui poussent dans la cour, on peut chauffer le four pendant tout l'hiver. Il est vrai que nous ne faisons jamais de grosses fournées; M. le comte est un petit mangeur, et sa fille est comme lui; le petit domestique est le plus vorace de la maison : oh! pour lui, il lui faut trois livres de pain par jour; mais je lui fais sa miche à part, et je n'y épargne pas le seigle. C'est assez bon pour lui, et même avec un peu de son, ça étoffe le pain, et ça n'est pas mauvais pour la santé. Hé! hé! ça vous fait rire? et moi aussi. Moi, voyez-vous, j'ai toujours aimé à rire et à causer : l'ouvrage n'en va pas moins vite; car j'aime la vitesse en tout. M. Antoine est comme moi ; quand il a parlé, il faut qu'on marche comme le vent. Aussi nous avons toujours été d'accord sur ce point-là. Vous nous excuserez, Monsieur, si on vous fait attendre un peu. Monsieur est descendu à la cave avec l'homme qui vous a amené, et l'escalier est si dégradé qu'on n'y arrive pas vite ; mais c'est une belle cave, Monsieur ; les murs ont plus de dix pieds d'épaisseur, et quand on est là dedans, c'est si profond sous la terre, qu'on se croit enterré vivant. Vrai ! ça fait un drôle d'effet. On dit que, dans le temps, on mettait là les prisonniers de guerre; à présent, nous n'y mettons personne, et notre vin s'y conserve très-bien. Ce qui nous retarde aussi, c'est que notre fille est déjà couchée : elle a eu la migraine aujourd'hui, parce qu'elle a été au soleil sans chapeau. Elle dit qu'elle veut s'habituer à cela, et que puisque je me passe bien de chapeau et d'ombrelle, elle peut bien s'en passer aussi ; mais elle se trompe : elle a été élevée en demoiselle, comme elle devait l'être, la pauvre enfant ! car, quand je dis notre fille, ce n'est pas que je sois la mère à mademoiselle Gilberte; elle ne me ressemble pas plus que le chardonneret ne ressemble à un moineau franc; mais comme je l'ai élevée, j'ai toujours gardé l'habitude de l'appeler ma fille ; elle n'a jamais voulu souffrir que je cesse de la tutoyer. C'est une enfant si aimable ! Je suis fâchée qu'elle soit au lit ; mais vous la verrez demain, car vous ne partirez pas sans déjeuner, on ne le souffrira pas, et elle m'aidera à vous servir un peu mieux que je ne peux le faire toute seule. Ce n'est pas pourtant le courage qui me manque, Monsieur, car j'ai de bonnes jambes ; je suis restée mince comme vous voyez, dans ma petite taille, et vous ne me donneriez jamais l'âge que j'ai... Voyons ! quel âge me donneriez-vous bien? »

Le jeune homme croyait que, grâce à cette question, il allait pouvoir placer une parole, un compliment pour remercier et pour entrer en matière, car il désirait beaucoup avoir de plus amples détails sur mademoiselle Gilberte ; mais la bonne femme n'attendit pas sa réponse, et reprit avec volubilité :

« J'ai soixante-quatre ans, Monsieur, du moins je les aurai à la Saint-Jean, et je fais plus d'ouvrage à moi seule que trois jeunesses n'en sauraient faire. J'ai le sang vif, moi, Monsieur! Je ne suis pas du Berry ; je suis née en Marche, à plus d'une demi-lieue d'ici; aussi ça se voit et ça se connaît. Ah ! vous regardez l'ouvrage de notre fille? Savez-vous que c'est filé aussi égal et aussi menu que la meilleure fileuse de campagne? Elle a voulu que je lui apprenne à filer la laine : « Tiens, mère, qu'elle m'a dit (car elle m'appelle toujours comme ça ; la pauvre enfant n'a jamais connu la sienne, et m'a toujours aimée comme si c'était moi, quoique nous nous ressemblions à peu près comme une rose ressemble à une ortie), tiens, mère, qu'elle a dit, ces broderies, ces dessins, toutes ces niaiseries qu'on m'a enseignées au couvent ne serviraient à rien ici. Apprends-moi à filer, à tricoter et à coudre, afin que je t'aide à faire les vêtements de mon père... »

Au moment où le monologue infatigable de la bonne femme commençait à devenir intéressant pour son auditeur fatigué, elle sortit comme elle avait déjà fait plusieurs fois, car elle ne restait pas un moment en place, et tout en pérorant, elle avait couvert la table d'une grosse nappe blanche, et avait servi les assiettes, les verres et les couteaux ; elle avait rebalayé l'âtre, ressuyé les chaises et rallumé le feu dix fois, reprenant toujours son soliloque à l'endroit où elle l'avait laissé. Mais cette fois, sa voix, qui commençait à grasseyer dans le couloir voisin, fut couverte par d'autres voix plus accentuées, et le comte de Châteaubrun, accompagné du paysan qui avait introduit notre voyageur, se présenta enfin à ses regards, chacun portant deux grands brocs de grès, qu'ils placèrent sur la table. Ce fut alors seulement que le jeune homme put voir distinctement les traits de ces deux personnages.

M. de Châteaubrun était un homme de cinquante ans, de moyenne taille, d'une belle et noble figure, large d'épaules, avec un cou de taureau, des membres d'athlète, un teint basané au moins autant que celui de son acolyte, et de larges mains durcies, hâlées, gercées à la chasse, au soleil, au grand air; mains de braconnier s'il en fut, car le bon seigneur avait trop peu de terres pour ne pas chasser sur celles des autres.

Il avait la face épanouie, ouverte et souriante ; la jambe ferme et la voix de stentor. Son solide costume de chasseur, propre, quoique rapiécé au coude, sa grosse chemise de toile de chanvre, ses guêtres de cuir, sa barbe grisonnante qui attendait patiemment le dimanche, tout en lui dénotait l'habitude d'une vie rude et sauvage, tandis que son agréable physionomie, ses manières rondes et affectueuses, et une aisance qui n'était pas sans mélange de dignité, rappelaient le gentilhomme courtois et l'homme habitué à protéger et à assister plutôt qu'à l'être.

Son compagnon le paysan n'était pas à beaucoup près aussi propre. L'orage et les mauvais chemins avaient fort endommagé sa blouse et sa chaussure. Si la barbe du seigneur avait bien sept ou huit jours de date, celle du villageois en avait bien quatorze ou quinze. Celui-ci était maigre, osseux, agile, plus grand de quelques pouces, et quoique sa figure exprimât aussi la bonté et la cordialité, elle avait, si l'on peut parler ainsi, des éclairs de malice, de tristesse ou de sauvagerie hautaine. Il était évident qu'il avait plus d'intelligence ou qu'il était plus malheureux que le seigneur de Châteaubrun.

« Allons, Monsieur, dit le gentilhomme, êtes-vous un peu séché? Vous êtes le bienvenu ici, et mon souper est à votre disposition.

— Je suis reconnaissant de votre généreux accueil, répondit le voyageur, mais je craindrais de manquer à la bienséance si je ne vous faisais savoir d'abord qui je suis.

— C'est bien, c'est bien, reprit le comte, que nous appellerons désormais tout simplement M. Antoine, comme on l'appelait généralement dans la contrée ; vous me direz cela plus tard, si vous le désirez : quant à moi, je n'ai pas de questions à vous faire, et je prétends remplir les devoirs de l'hospitalité sans vous faire décliner vos noms et qualités. Vous êtes en voyage, étranger dans le pays, surpris par une nuit d'enfer à la porte de ma demeure : voilà vos titres et vos droits. Par-dessus le marché, vous avez une agréable figure et un air qui me plaît ; je crois donc que je serai récompensé de ma confiance par le plaisir d'avoir obligé un brave garçon. Allons, asseyez-vous, mangez et buvez.

— C'est trop de bontés, et je suis touché de votre manière franche et affable d'accueillir les voyageurs. Mais je n'ai besoin de rien, Monsieur, et c'est bien assez que vous me permettiez d'attendre ici la fin de l'orage. J'ai soupé à Éguzon il n'y a guère plus d'une heure. Ne faites donc rien servir pour moi, je vous en conjure.

— Vous avez soupé déjà? mais ce n'est pas là une raison ! Êtes-vous donc de ces estomacs qui ne peuvent digérer qu'un repas à la fois? À votre âge, j'aurais soupé à toutes les heures de la nuit si j'en avais trouvé l'occasion. Une course à cheval et l'air de la montagne, c'est bien assez pour renouveler l'appétit. Il est vrai qu'à cinquante ans on a l'estomac moins complaisant ; aussi, moi, pourvu que j'aie un demi-verre de bon vin avec une croûte de pain rassis, je me tiens pour bien traité. Mais ne faites pas de façons ici. Vous êtes venu à point, j'allais me mettre à table, et la pauvre *petite* ayant la migraine aujourd'hui, nous étions tout tristes, Janille et moi, de manger tête à tête : votre arrivée est donc une consolation pour nous, ainsi que celle de ce brave garçon, mon ami d'enfance, que je reçois toujours avec plaisir. Allons, toi, assieds-toi là à mon côté, dit-il en s'adressant au paysan, et vous, mère Janille, vis-à-vis de moi. Faites les honneurs : car vous savez que j'ai la main malheureuse, et que quand je me mêle de découper, je taille en deux le rôt, l'assiette, la nappe, voire un peu de la table, et cela vous fâche. »

Le souper que dame Janille avait étalé sur la table d'un air de complaisance, se composait d'un fromage de chèvre, d'un fromage de brebis, d'une assiettée de noix, d'une assiettée de pruneaux, d'une grosse tourte de pain bis, et des quatre cruches de vin apportées par le maître en personne. Les convives se mirent bien vite à déguster ce repas frugal avec une satisfaction évidente, à l'exception du voyageur, qui n'avait aucun appétit, et qui se contentait d'admirer la bonne grâce avec laquelle le digne châtelain le conviait, sans embarras et sans fausse honte, à son splendide ordinaire. Il y avait dans cette aisance affectueuse et naïve quelque chose de paternel et d'enfantin en même temps qui gagna le cœur du jeune homme.

Fidèle à la loi de générosité qu'il s'était imposée, M. Antoine ne fit aucune question à son hôte, et même évita toute réflexion qui eût pu ressembler à une curiosité déguisée. Le paysan paraissait un peu plus inquiet, et se tenait sur la réserve. Mais bientôt, entraîné par l'espèce de causerie générale que M. Antoine et dame Janille avaient entamée, il se mit à l'aise et laissa remplir son verre si souvent, que le voyageur commença à regarder avec étonnement un homme capable de boire ainsi sans perdre non-seulement l'usage de sa raison, mais encore l'habitude de son sang-froid et de sa gravité.

Quant au châtelain, ce fut une autre affaire. A peine eut-il bu la moitié du broc placé auprès de lui, qu'il commença à avoir l'œil animé, le nez vermeil et la main peu sûre. Cependant il ne déraisonna point, même après que tous les brocs furent vidés par lui et son ami le paysan; car Janille, soit par économie, soit par sobriété naturelle, mit à peine quelques gouttes de vin dans son eau, et le voyageur, ayant fait un effort héroïque pour avaler la première rasade, s'abstint de ce breuvage aigre, trouble et détestable.

Ces deux campagnards paraissaient pourtant le boire avec délices. Au bout d'un quart d'heure, Janille, qui ne pouvait vivre sans remuer, quitta la table, prit son tricot et se mit à travailler au coin du feu, grattant à chaque instant ses tempes avec son aiguille, sans toutefois déranger les minces bandeaux de cheveux encore noirs qui dépassaient un peu sa coiffe. Cette vieille, proprette et menue, pouvait avoir été jolie; son profil délicat ne manquait pas de distinction, et si elle n'eût été maniérée, et préoccupée de faire la capable et la gentille, notre voyageur l'eût prise aussi en affection.

Les autres personnages qui, en l'absence de la *demoiselle*, complétaient l'intérieur de M. Antoine étaient, l'un un petit paysan, d'une quinzaine d'années, à la mine éveillée, au pied leste, qui remplissait les fonctions de factotum; l'autre, un vieux chien de chasse, à l'œil terne, au flanc maigre, à l'air mélancolique et rêveur; couché auprès de son maître, il s'endormait philosophiquement entre chaque bouchée que celui-ci lui présentait en l'appelant *monsieur* d'un air gravement facétieux.

### III.

#### M. CARDONNET.

Il y avait plus d'une heure qu'on était à table, et M. Antoine ne paraissait nullement las de la séance. Lui et son ami le paysan faisaient durer leurs petits fromages et leurs grandes pintes de vin avec cette majestueuse lenteur, qui est presque un art chez le Berrichon. Portant alternativement leurs couteaux sur le morceau friand dont l'odeur aigrelette n'avait rien d'agréable, ils le *débitaient* en petits morceaux qu'ils plaçaient méthodiquement sur leurs assiettes de terre, et qu'ils mangeaient ensuite miette à miette sur leur pain bis. Entre chaque bouchée, ils avalaient une gorgée de vin du cru, après avoir choqué leurs verres, en s'adressant chaque fois cet échange de compliments : « A la tienne, camarade! — A la vôtre, monsieur Antoine! ou bien : « Bonne santé à toi, *mon vieux! — A vous pareillement, mon maître!* »

Au train que prenaient les choses, ce festin pouvait durer toute la nuit, et le voyageur, qui s'épuisait en efforts pour paraître boire et manger, bien qu'il s'en dispensât le plus possible, commençait à lutter péniblement contre le sommeil, lorsque la conversation, roulant jusqu'alors sur la récolte des foins, sur le prix des bestiaux et sur les provins de la vigne, prit peu à peu une direction qui l'intéressa fortement.

« Si ce temps-là continue, disait le paysan, en écoutant la pluie qui ruisselait au dehors, les eaux grossiront ce mois-ci comme au mois de mars. La Gargilesse n'est pas commode, et il pourra y avoir du dégât chez M. Cardonnet.

— Tant pis, dit M. Antoine, ce serait dommage ; car il a fait de grands et beaux travaux sur cette petite rivière.

— Oui, mais la petite rivière s'en moque, reprit le paysan, et je trouve, moi, que le dommage ne serait pas grand.

— Si fait, si fait! cet homme a déjà fait à Gargilesse pour plus de deux cent mille francs de dépenses ; et il ne faut qu'un *coup de colère* de l'eau, comme on dit chez nous, pour ruiner tout cela.

— Eh bien, ce serait donc un si grand malheur, monsieur Antoine?

— Je ne dis pas que ce fût un malheur irréparable pour un homme que l'on dit riche d'un million, reprit le châtelain, dont la candeur s'obstinait à ne pas comprendre les sentiments hostiles de son commensal à l'endroit de M. Cardonnet ; mais ce serait toujours une perte.

— Et c'est pourquoi je rirais un peu, si un petit coup du sort faisait ce trou à sa bourse.

— C'est là un mauvais sentiment, mon vieux! Pourquoi en voudrais-tu à cet étranger? Il ne t'a jamais fait, non plus qu'à moi, ni bien ni mal.

— Il a fait du mal à vous, monsieur Antoine, à moi, à tout le pays. Oui, je vous dis qu'il en a fait par intention et qu'il en fera tout de bon à tout le monde. Laissez pousser le bec du livot (la buse), et vous verrez comme il tombera sur votre poulailler!

— Toujours tes idées fausses, vieux! car tu as des idées fausses, je te l'ai dit cent fois : tu en veux à cet homme parce qu'il est riche. Est-ce sa faute?

— Oui, Monsieur, c'est sa faute. Un homme parti peut-être d'aussi bas que moi-même, et qui a fait un pareil chemin, n'est pas un honnête homme.

— Allons donc! que dis-tu? T'imagines-tu qu'on ne puisse pas faire fortune sans voler?

— Je n'en sais rien ; mais je le crois. Je sais bien que vous êtes né riche et que vous ne l'êtes plus. Je sais aussi que je suis né pauvre et que je le serai toujours ; et m'est avis que si vous étiez parti pour d'autres pays, sans payer les dettes de votre père, et que je me fusse mis, de mon côté, à maquignonner, à tondre et à grapiller sur toutes choses, nous roulerions carrosse tous les deux, à l'heure qu'il est. Pardon, excuse, si je vous offense! ajouta d'un ton rude et fier le paysan, en s'adressant au jeune homme, qui donnait des signes marqués d'une émotion pénible.

— Monsieur, dit le châtelain, il se peut que vous connaissiez M. Cardonnet, que vous soyez employé par lui, ou que vous lui ayez quelques obligations. Je vous prie de ne pas faire attention à ce que dit ce brave villageois. Il a des idées exagérées sur beaucoup de choses, qu'il ne comprend pas bien. Au fond, soyez certain qu'il n'est ni haineux, ni jaloux, ni capable de porter le moindre préjudice à M. Cardonnet.

— J'attache peu d'importance à ses paroles, répondit le jeune étranger. Je m'étonne seulement, monsieur le comte, qu'un homme que vous honorez de votre estime ternisse à plaisir la réputation d'un autre homme, sans avoir le moindre fait à alléguer contre lui et sans rien connaître de ses antécédents. J'ai déjà demandé à votre commensal des renseignements sur ce M. Cardonnet qu'il paraît haïr personnellement, et il a refusé de s'expliquer. Je vous en fais juge : peut-on établir une opinion loyale sur des im-

Voyons, quel âge me donneriez-vous bien? (Page 6.)

putations gratuites, et, si vous ou moi en prenions une défavorable à M. Cardonnet, votre hôte n'aurait-il pas commis une mauvaise action?

— Vous parlez selon mon cœur et selon ma pensée, jeune homme, répondit M. Antoine. Toi, ajouta-t-il en se tournant vers son commensal rustique, et frappant sur la table d'une manière courroucée, tandis qu'il lui adressait un regard où l'affection et la bonté triomphaient du mécontentement, tu as tort, et tu vas tout de suite nous dire ce que tu reproches audit Cardonnet, afin qu'on puisse juger si tes griefs ont quelque valeur. Autrement, nous te tiendrons pour un esprit chagrin et une mauvaise langue.

— Je n'ai rien à dire que ce que tout le monde sait, répliqua le paysan d'un air calme, et sans paraître intimidé de la mercuriale. On voit les choses, et chacun les juge comme il l'entend; mais puisque ce jeune homme ne connaît pas M. Cardonnet, ajouta-t-il en jetant un regard pénétrant sur le voyageur, et puisqu'il désire tant savoir quel particulier ce peut être, dites-le-lui vous-même, monsieur Antoine, et quand vous aurez établi les faits, moi j'en ferai le détail; j'on dira la cause et la fin, et monsieur jugera tout seul, à moins qu'il n'ait quelque meilleure raison que les miennes pour ne pas dire ce qu'il en pense.

— Eh bien, accordé! dit M. Antoine, qui ne faisait pas autant d'attention que son compagnon à l'agitation croissante du jeune homme. Je dirai les choses comme elles sont, et si je me trompe, je permets à la mère Janille, qui a la mémoire et la précision d'un almanach, de me contredire et de m'interrompre. Quant à vous, petit drôle, dit-il en s'adressant à son page en blouse et en sabots, tâchez de ne pas me plonger ainsi dans le blanc des yeux quand je vous parle. Votre regard fixe me donne le vertige, et votre bouche ouverte me fait l'effet d'un puits où je vais tomber. Eh bien, qu'est-ce? vous riez? Apprenez qu'un garnement de votre âge ne doit pas se permettre de rire devant son maître. Mettez-vous derrière moi et tenez-vous aussi décemment que *monsieur*. »

En disant cela, il désignait son chien, et il avait l'air si sérieux et la voix si haute en plaisantant de la sorte, que le voyageur se demanda s'il n'était point sujet à des fantaisies de domination seigneuriale tout à fait disparates avec sa bonhomie ordinaire. Mais il lui suffit de regarder la figure de l'enfant pour se convaincre que ce n'était

M. de Châteaubrun était un homme de cinquante ans... (Page 6.)

qu'un jeu dont celui-ci avait l'habitude, car il se plaça gaiement à côté du chien et se mit à jouer avec lui sans aucun sentiment d'humeur ou de honte.

Cependant, comme les manières de M. Antoine avaient une originalité qui ne se comprenait pas bien du premier coup, le voyageur crut qu'il commençait, à force de boire, à battre la campagne, et il résolut de ne pas attacher la moindre importance à ce qu'il allait dire. Mais il était bien rare que le châtelain perdît la tête, même après qu'il avait perdu les jambes, et il n'était retombé dans son passe-temps favori de goguenarder en jouant ceux qui l'entouraient, que pour détourner l'impression pénible que ce débat venait de faire naître entre ses convives.

« Monsieur, » dit-il en s'adressant à son hôte...

Mais aussitôt il fut interrompu par son chien qui, ayant aussi l'habitude de la plaisanterie, s'attribua l'interpellation, et vint lui pousser le coude en gambadant aussi agréablement que son âge pouvait le lui permettre.

« Eh bien, *monsieur!* reprit-il en lui faisant de gros yeux, qu'est-ce à dire? Depuis quand êtes-vous aussi mal élevé qu'une personne naturelle? Allez bien vite vous rendormir, et qu'il ne vous arrive plus de me faire répandre du vin sur la nappe, ou vous aurez affaire à dame Janille. — Vous saurez donc, jeune homme, poursuivit M. Antoine, que l'an dernier, par un beau jour de printemps...

— Pardon, Monsieur, dit Janille, nous n'étions encore qu'au 19 mars, donc, c'était l'hiver.

— C'était bien la peine de chicaner pour deux jours de différence! Ce qu'il y a de certain, c'est qu'il faisait un temps magnifique, une chaleur comme au mois de juin, et même de la sécheresse.

— C'est la vraie vérité, s'écria le groom rustique : à preuve que je ne pouvais plus faire boire le *chevau* de monsieur à la petite fontaine.

— Cela ne fait rien à l'affaire, reprit M. Antoine en frappant du pied; petit, retenez votre langue. Vous parlerez quand vous serez appelé en témoignage; vous pouvez ouvrir vos oreilles, afin de vous former l'esprit et le cœur, s'il y a lieu. — Je disais donc que, par un beau temps, je revenais d'une foire, et j'allais tranquillement à pied, lorsque je rencontrai un grand homme, beau de visage, quoiqu'il ne soit guère plus jeune que moi, et que ses yeux noirs, sa figure pâle et même jaune lui donnent l'air un peu dur et farouche. Il était en cabriolet et descendait une pente rapide, hérissée de pierres sur champ, comme les arrangeaient nos pères, et cet homme pressait le pas de son cheval, sans paraître se douter du danger. Je ne pus me défendre de l'avertir. « Monsieur, lui dis-je, de mémoire d'homme, jamais voiture à quatre, à trois ou à deux roues, n'a descendu ce chemin. Je crois l'entreprise sinon impossible, du moins de nature à vous casser le cou, et si vous voulez prendre un chemin plus long, mais plus sûr, je vais vous l'indiquer.

« Grand merci, me répondit-il d'un air tant soit peu rogue ; ce chemin me paraît suffisamment praticable, et je vous réponds que mon cheval s'en tirera.

« — Cela vous regarde, repris-je, et ce que j'en ai fait n'était que par pure humanité.

« — Je vous en remercie Monsieur, et puisque vous êtes si obligeant, je veux m'acquitter envers vous. Vous êtes à pied, vous suivez la même route que moi ; si vous voulez monter dans ma voiture, vous arriverez plus vite au bas du vallon, et j'aurai l'agrément de votre compagnie. »

— Tout cela est exact, dit Janille ; c'est absolument comme ça que vous nous l'avez raconté le soir même, à telle enseigne que vous nous avez dit que ce monsieur avait une grande redingote bleue.

— Faites excuse, mam'selle Janille, dit l'enfant, monsieur a dit noir.

— Bleue, vous dis-je, monsieur l'avisé !
— Non, mère Janille, noire.
— Bleue, j'en réponds !
— Noire, j'en pourrais jurer.
— Allons, flanquez-moi la paix, elle était verte ! s'écria M. Antoine. Mère Janille, ne m'interrompez pas davantage ; et toi, mauvais garnement, va-t'en voir à la cuisine si j'y suis, ou mets ta langue dans ta poche : choisis.

— Monsieur, j'aime mieux écouter, je ne dirai plus rien.

— Or donc, reprit le châtelain, je restai un petit moment partagé entre la crainte de me rompre les os en acceptant, et celle de passer pour poltron en refusant. Après tout, me dis-je, ce quidam n'a point l'air d'un fou, et il ne paraît avoir aucune raison d'exposer sa vie. Il a sans doute un merveilleux cheval et une excellente brouette. Je m'installai à ses côtés, et nous commençâmes à descendre au grand trot ce précipice, sans que le cheval fît un seul faux pas, et sans que le maître perdît un instant sa résolution et son sang-froid. Il me parlait de choses et d'autres, me faisait beaucoup de questions sur le pays ; et j'avoue que je répondais un peu à tort et à travers, car je n'étais pas absolument rassuré. « C'est bien loin dis-je quand nous fûmes arrivés sans accident au bord de la Gargilesse ; nous avons descendu le casse-cou, mais nous ne traverserons pas l'eau ici ; elle est aussi basse que possible, mais encore n'est-elle pas guéable en cet endroit : il faut remonter un peu sur la gauche.

« — Vous appelez cela de l'eau ? dit-il en haussant les épaules ; quant à moi, je n'y vois que des pierres et des joncs. Allons donc ! se détourner pour un ruisseau à sec !

« — Comme vous voudrez, » lui dis-je un peu mortifié. Son audace méprisante me taquinait ; je savais qu'il allait donner tout droit dans un gouffre, et pourtant, comme je ne suis pas d'un naturel pusillanime, et qu'il me répugnait d'être traité comme tel, je refusai l'offre qu'il fit de me laisser descendre. J'aurais voulu, pour le punir, qu'il eût enfin l'occasion d'avoir une belle peur, eussé-je dû boire un coup dans la rivière, quoique je n'aime pas l'eau.

« Je n'eus ni cette satisfaction, ni cette mortification : le cabriolet ne chavira point. Au beau milieu de la rivière, qui s'est creusé un lit en biseau dans cet endroit-là, le cheval en eut jusqu'aux naseaux, la voiture fut soulevée par le courant. Le monsieur à redingote verte (car elle était verte, Janille), fouetta la bête ; la bête perdit pied, dériva, nagea, et, comme par miracle, nous fit bondir sur la rive, sans autre mal qu'un bain de pieds moins que tiède. Je n'avais pas perdu la tête, je sais nager tout comme un autre, mais mon compagnon m'avoua ensuite qu'il n'en savait pas plus long à cet égard qu'une poutre ; et pourtant il n'avait ni bronché, ni juré, ni changé de couleur. Voilà, pensé-je, un solide compère, et son aplomb ne me déplaît pas, bien que sa tranquillité ait quelque chose de méprisant comme le rire du diable.

« — Si vous allez à Gargilesse, j'y passe aussi, lui dis-je, et nous pouvons continuer de faire route ensemble.
« — Soit, reprit-il. Qu'est-ce que Gargilesse ?
« — Vous n'y allez donc pas ?
« — Je ne vais nulle part aujourd'hui, dit-il, et je suis prêt à aller partout. »

« Je ne suis pas superstitieux, Monsieur, et pourtant les histoires de ma nourrice me revinrent à l'esprit je ne sais comment, et j'eus un instant de sotte méfiance, comme si je m'étais trouvé en cabriolet côte à côte avec Satan. Je regardais de travers cet étrange personnage qui, n'ayant aucun but, s'en allait ainsi à travers monts et rivières pour le seul plaisir de s'exposer ou de m'exposer avec lui, moi, nigaud, qui m'étais laissé persuader de monter dans sa brouette infernale.

« Voyant que je ne disais mot, il crut devoir me rassurer.

« — Ma manière de courir le pays vous étonne, me dit-il, sachez donc que j'y viens avec le dessein de tenter un établissement dans le lieu qui me paraîtra le plus convenable. J'ai des fonds à placer, que ce soit pour moi ou pour d'autres, peu vous importe sans doute ; mais enfin vous pouvez m'aider par vos indications à atteindre mon but.

« — Fort bien, lui dis-je, tout à fait rassuré en voyant qu'il parlait raisonnablement ; mais, pour vous donner des conseils, il faudrait savoir d'abord quelle espèce d'établissement vous prétendez faire.

« — Il suffira, dit-il, éludant ma question, que vous répondiez à tout ce que je vous demanderai. Par exemple, quelle est, au maximum, la force de ce petit cours d'eau que nous venons de traverser, depuis ce même endroit jusqu'à son débouché dans la Creuse ?

« — Elle est fort irrégulière ; vous venez de la voir au minimum ; mais ses crues sont fréquentes et terribles ; et si vous voulez voir le moulin principal, ancienne propriété de la communauté religieuse de Gargilesse, vous vous convaincrez des ravages de ce torrent, des continuelles avaries qu'éprouve cette pauvre vieille usine, et de la folie qu'il y aurait à faire là de grandes dépenses.

« — Mais avec de grandes dépenses, Monsieur, on enchaîne les forces déréglées de la nature ! Où la pauvre usine rustique succombe, l'usine solide et puissante triomphe !

« — C'est vrai, repris-je ; dans toute rivière, les gros poissons mangent les petits. »

« Il ne releva point cette réflexion et continua à me promener et m'interroger. Moi, complaisant par devoir et un peu flâneur par nature, je le conduisis de tous côtés. Nous entrâmes dans plusieurs moulins, il causa avec les meuniers, examina toutes choses avec attention, et revint à Gargilesse, où il s'entretint avec le maire et les principaux de l'endroit, avec lesquels il désira que je le misse tout de suite en relations. Il accepta le repas que lui offrit le curé, se laissa choyer sans façon et faisant entendre qu'il était en position de rendre encore plus de services aux gens qu'il n'en recevrait d'eux. Il parlait peu, et écoutait beaucoup et s'enquérait de tout, même des choses qui paraissaient fort étrangères aux affaires : par exemple, si les gens du pays étaient dévots sincères ou seulement superstitieux ; si les bourgeois aimaient leurs aises ou s'ils les sacrifiaient à l'économie ; si l'opinion était libérale ou démocratique, de quelles gens le conseil général du département était composé ; que sais-je ? Quand la nuit vint, il prit un guide pour aller coucher au Pin, et je ne le revis plus que trois jours après. Il passa devant Châteaubrun et s'arrêta à ma porte, pour me remercier, disait-il, de l'obligeance que je lui avais montrée ; mais, dans le fait, je crois, pour me faire encore des questions. — Je reviendrai dans un mois, me dit-il en prenant congé de moi, et je crois que je me déciderai pour Gargilesse. C'est un centre, le lieu me plaît, et j'ai dans l'idée que votre petit ruisseau, que vous faites si méchant, ne sera pas bien difficile à réduire. J'aurai moins de dépenses pour le gouverner que je n'en aurais sur la Creuse; et, d'ailleurs, l'espèce de petit danger que nous avons couru en le traversant et que nous avons surmonté me fait croire que ma destinée est de vaincre en ce lieu.

« Là dessus cet homme me quitta. C'était M. Cardonnet.

« Moins de trois semaines après, il revint avec un mécanicien anglais et plusieurs ouvriers de la même partie; et, depuis ce temps, il n'a cessé de remuer de la terre, du fer et de la pierre à Gargilesse. Acharné à son œuvre, il s'est levé avant le jour, et couché le dernier. Tel temps qu'il fasse il est dans la vase jusqu'aux genoux, ne perdant pas de l'œil un mouvement de ses ouvriers, sachant le pourquoi et le comment de toutes choses, et menant de front la construction d'une vaste usine, d'une maison d'habitation avec jardin et dépendances, de bâtiments d'exploitation, de hangars, de digues, ponts et chaussées, enfin un établissement magnifique. Durant son absence, les gens d'affaires avaient traité pour lui de l'acquisition du local, sans qu'il parût s'en mêler. Il a acheté cher; aussi a-t-on cru tout d'abord qu'il n'entendait rien aux affaires et qu'il venait *se couler* ici. On s'est moqué de lui encore plus, quand il a augmenté le prix de la journée des ouvriers; et quand, pour amener le conseil municipal à lui laisser diriger comme il l'entendrait le cours de la rivière, il s'est engagé à faire une route qui lui a coûté énormément; on a dit : cet homme est fou; l'ardeur de ses projets le ruinera. Mais, en définitive, je le crois aussi sage qu'un autre, et je gage qu'il réussira à bien placer sa demeure et son argent. La rivière l'a beaucoup contrarié l'automne dernier, mais, par fortune, elle a été fort tranquille ce printemps, et il aura le temps d'achever ses travaux avant le retour des pluies, si nous n'avons pas d'orages extraordinaires durant le cours de l'été. Il fait les choses en grand et y met plus d'argent qu'il n'est besoin, c'est la vérité; mais s'il a la passion d'achever vite ce qu'il a une fois entrepris, et qu'il ait le moyen et la volonté de payer cher la sueur du pauvre travailleur, où est le mal. Il me semble que c'est un grand bien, au contraire, et qu'au lieu de taxer cet homme de cerveau brûlé, comme font les uns, et de spéculateur sournois, comme font les autres, on devrait le remercier d'avoir apporté à notre pays les bienfaits de l'activité industrielle. J'ai dit! que la partie adverse s'explique à son tour. »

## IV.

### LA VISION.

Avant que le paysan, qui continuait à ronger son pain d'un air soucieux, se fût préparé à répondre, le jeune homme dit avec effusion à M. Antoine qu'il le remerciait de son récit et de la loyauté de son interprétation. Sans avouer qu'il tenait de près ou de loin à M. Cardonnet, il se montra touché de la manière dont le comte de Châteaubrun jugeait son caractère, et il ajouta :

« Oui, Monsieur, je crois qu'en cherchant le bon côté des choses on est plus souvent dans le vrai qu'en faisant le contraire. Un spéculateur effréné montrerait de la parcimonie dans les détails de son entreprise, et c'est alors qu'on serait en droit de suspecter sa moralité. Mais quand on voit un homme actif et intelligent rétribuer largement le travail...

— Un instant, s'il vous plaît, interrompit le paysan; vous êtes de braves gens et de bons cœurs, je veux le croire de ce jeune monsieur, comme j'en suis sûr de votre part, monsieur Antoine. Mais, sans vous offenser, je vous dirai que vous n'y voyez pas plus loin que le bout de votre nez. Écoutez-moi. Je suppose que j'ai beaucoup d'argent à placer, avec l'intention, non pas d'en tirer seulement un intérêt honnête et raisonnable, comme c'est permis à tout le monde, mais de doubler et de tripler mon capital en peu d'années. Je ne serai pas si sot que de dire mon intention aux gens que je suis forcé de ruiner. Je commencerai donc par les amadouer, par me montrer généreux, et, pour ôter les méfiances, par me faire passer, au besoin, pour prodigue et sans cervelle. Cela fait, je tiens mes dupes; j'ai sacrifié cent mille francs, je suppose, à ces petites amorces. Cent mille francs, c'est beaucoup dire pour le pays ! et, pour moi, si j'ai plusieurs millions, ce n'est que le pot-de-vin de mon affaire. Tout le monde m'aime, bien que quelques-uns se moquent de ma simplicité; le plus grand nombre me plaint et m'estime. Personne ne se sauvegarde. Le temps marche vite, et mon cerveau encore plus; j'ai jeté la nasse, tous les poissons y mordent. D'abord les petits, le fretin qui est avalé sans qu'on s'en aperçoive, ensuite les gros, jusqu'à ce que tout y passe !

— Et que veux-tu dire avec toutes tes métaphores? dit M. Antoine en haussant les épaules. Si tu continues à parler par figures, je vais m'endormir. Allons, dépêche, il se fait tard.

— Ce que je dis est bien clair, reprit le paysan. Une fois que j'ai ruiné toutes les petites industries qui me faisaient concurrence, je deviens un seigneur plus puissant que ne l'étaient vos pères avant la révolution, monsieur Antoine! Je gouverne au-dessus des lois, et, tandis que pour la moindre peccadille je fais coffrer un pauvre diable, je me permets tout ce qui me plaît et m'accommode. Je prends le bien d'un chacun (filles et femmes par-dessus le marché, si c'est mon goût), je suis le maître des affaires et des subsistances de tout un département. Par mon talent, j'ai mis les denrées un peu au rabais; mais, quand tout est dans mes mains, j'élève les prix à ma guise, et dès que je peux le faire sans danger, j'accapare et j'affame. Et puis, c'est peu de chose que tuer la concurrence : je deviens bientôt le maître de l'argent qui est la clef de tout. Je fais la banque en dessous main, en petit et en grand; je rends tant de services, que je suis le créancier de tout le monde, et que tout le monde m'appartient. On s'aperçoit qu'on ne m'aime plus, mais on voit qu'il faut me craindre, et les plus puissants eux-mêmes me ménagent, tandis que les petits tremblent et soupirent autour de moi. Cependant, comme j'ai de l'esprit et de la science, je fais le grand de temps à autre. Je sauve quelques familles, je concours à quelque établissement de charité. C'est une manière de graisser la roue de ma fortune, qui n'en court que plus vite : car on en revient à m'aimer un peu. Je ne passe plus pour bon et niais, mais pour juste et grand. Depuis le préfet du département jusqu'au curé du village, et depuis le curé jusqu'au mendiant, tout est dans le creux de ma main; mais tout le pays souffre et nul n'en voit la cause. Aucune autre fortune que la mienne ne s'élèvera, et toute petite condition sera amoindrie, parce que j'aurai tari toutes les sources d'aisance, j'aurai fait renchérir les denrées nécessaires et baisser les denrées du superflu, au contraire de ce qui devrait être. Le marchand s'en trouvera mal et le consommateur aussi. Moi, je m'en trouverai bien, puisque je serai, par ma richesse, la seule ressource des uns et des autres. Et l'on dira enfin : Que se passe-t-il donc? Les petits fournisseurs sont à découvert, et les petits acheteurs sont à sec. Nous avons plus de jolies maisons et plus de beaux habits sous les yeux que par le passé, et tout cela coûte, dit-on, moins cher; mais nous n'avons plus le sou dans la poche. On nous a donné une fièvre de paraître, et les dettes nous rongent. Ce n'est pas pourtant M. Cardonnet qui a voulu tout cela, car il fait du bien, et, sans lui, nous serions tous perdus. Dépêchons-nous de servir M. Cardonnet : qu'il soit maire, qu'il soit préfet, qu'il soit député, ministre, roi, si c'est possible, et le pays est sauvé !

« Voilà, Messieurs, comme je me ferais porter sur le dos des autres si j'étais M. Cardonnet, et comment je suis sûr que M. Cardonnet compte faire. À présent, dites que j'ai tort de le voir d'un mauvais œil, que je suis un prophète de malheur, et qu'il n'arrivera rien de ce que j'annonce. Dieu vous fasse dire vrai ! mais, moi, je sens la grêle venir de loin ; et il n'y a qu'un espoir qui me soutienne : c'est que la rivière sera moins sotte que les gens, qu'elle ne se laissera pas brider par les belles mécaniques qu'on lui passe aux dents, et qu'un de ces matins, elle donnera aux usines de M. Cardonnet un coup de reins qui le dégoûtera de jouer avec elle, et l'engagera à aller porter ailleurs ses capitaux et leur conséquence. Maintenant, j'ai dit, moi aussi. Si j'ai porté un jugement téméraire, que Dieu qui m'a entendu me pardonne ! »

Le paysan avait parlé avec une grande animation. Le feu de la pénétration jaillissait de ses yeux clairs, et un sourire d'indignation douloureuse errait sur ses lèvres mobiles. Le voyageur examinait cette figure accentuée, assombrie par une épaisse barbe grisonnante, flétrie par la fatigue, les injures de l'air, peut-être aussi par le chagrin, et, malgré la souffrance que lui faisait éprouver son langage, il ne pouvait se défendre de le trouver beau, et d'admirer, dans sa facilité à exprimer rudement ses pensées, une sorte d'éloquence naturelle empreinte de franchise et d'amour de la justice : car si ses paroles, dont nous n'avons pas rendu toute la rusticité, étaient simples et parfois vulgaires, son geste était énergique, et l'accent de sa voix commandait l'attention. Une profonde tristesse s'était emparée des auditeurs, tandis qu'il esquissait sans art et sans ménagement la peinture du riche persévérant et insensible. Le vin n'avait fait aucun effet sur lui, et chaque fois qu'il levait les yeux sur le jeune homme, il semblait plonger dans son sein et lui adresser un sévère interrogatoire. M. Antoine, un peu affaissé sous le poids du breuvage, n'avait pourtant rien perdu de son discours, et, subissant, comme de coutume, l'ascendant de cette âme plus ferme que la sienne, il laissait échapper, de temps en temps, un profond soupir.

Quand le paysan se tut :

« Que Dieu te pardonne, en effet, si tu juges mal, ami, dit-il en élevant son verre comme une offrande à la Divinité ; et si tu devines juste, que la Providence veuille détourner un tel fléau de la tête des pauvres et des faibles !

— Monsieur de Châteaubrun, écoutez-moi, et vous aussi, mon ami, s'écria le jeune homme en prenant de chaque main les mains de ses hôtes : Dieu, qui entend toutes les paroles des hommes et qui lit leurs sentiments au fond de leurs cœurs, sait que ces maux ne sont pas à craindre, et que vos appréhensions ne sont que des chimères. Je connais l'homme dont vous parlez, je le connais beaucoup ; et quoique sa figure soit froide, son caractère obstiné, son intelligence active et puissante, je vous réponds de la loyauté de ses intentions et du noble emploi qu'il saura faire de sa fortune. Il y a quelque chose d'effrayant, j'en conviens, dans la fermeté de sa volonté, et je ne m'étonne pas que son air inflexible vous ait donné une sorte de vertige, comme si un être surnaturel était apparu au milieu de vos campagnes paisibles ; mais cette force d'âme est basée sur des principes religieux et moraux qui font de lui, sinon le plus doux et le plus affable des hommes, du moins le plus strictement juste et le plus royalement généreux.

— Eh bien, tant mieux, nom d'une bombe ! répondit le châtelain en choquant son verre contre celui du paysan. Je bois à sa santé, et je suis heureux d'avoir à estimer un homme, quand j'étais sur le point de le maudire. Allons, toi, ne fais pas l'entêté, et crois ce brave jeune homme qui parle comme un livre et qui en sait plus long que toi et moi. Puisqu'il te dit qu'il connaît Cardonnet ! qu'il le connaît beaucoup, eh ! que veux-tu de mieux ? Il nous répond de lui. Donc, nous pouvons être tranquilles.

« Sur ce, mes amis, allons nous coucher, ajouta le châtelain, enchanté d'accepter, pour un homme qu'il ne connaissait peu, la caution d'un homme qu'il ne connaissait pas du tout, et dont il ne savait pas seulement le nom ; voilà onze heures qui sonnent, et c'est une heure indue.

— Je vais prendre congé de vous, dit le voyageur, et me retirer, en vous demandant la permission de venir bientôt vous remercier de vos bontés.

— Vous ne partirez pas ce soir, s'écria M. Antoine, c'est impossible, il pleut à verse, les chemins sont *perdus*, et on n'y voit pas à ses pieds. Si vous vous obstinez à partir, je veux ne jamais vous revoir. »

Il insista si bien, et l'orage était tellement déchaîné en effet, que force fut au jeune homme d'accepter l'hospitalité.

Sylvain Charasson, c'était le nom du page de Châteaubrun, apporta une lanterne, et M. Antoine, prenant le bras du voyageur, le guida, à travers les décombres de son manoir, à la recherche d'une chambre.

Le pavillon carré était occupé à tous les étages par la famille de Châteaubrun ; mais, outre ce petit corps de logis resté debout et fraîchement restauré, il y avait, de l'autre côté du préau, une immense tour, la plus ancienne, la plus haute, la plus épaisse, la plus impossible à détruire qui fût dans tout le domaine, les salles superposées qui la remplissaient étant voûtées en pierres encore plus solidement que le pavillon carré. La bande noire, qui, plusieurs années auparavant, avait acheté ce château pour le démolir, et qui en avait emporté tout le bois et tout le fer, jusqu'au moindre gond de porte, n'avait pas eu besoin d'effondrer l'intérieur des premiers étages, et M. Antoine en avait fait nettoyer et clore un, pour les rares occasions où il pouvait exercer l'hospitalité. C'avait été pour le bonhomme une grande magnificence que de faire placer des portes et des fenêtres, un lit et quelques chaises dans cet appartement qui n'était pas nécessaire aux besoins de sa famille. Il avait fait joyeusement cet effort en disant à Janille : « Ce n'est pas tout d'être bien, il faut songer à pouvoir héberger honnêtement son prochain. » Et pourtant, lorsque le jeune homme entra dans cet affreux donjon féodal, et qu'il se trouva comme étouffé dans une geôle, son cœur se serra, et il eût volontiers suivi le paysan, qui allait, par goût et par habitude, dormir sur la litière fraîche avec Sylvain Charasson. Mais M. Antoine était si fier et si content de pouvoir faire les honneurs d'une *chambre d'amis*, en dépit de sa détresse, que le jeune hôte crut devoir accepter pour gîte une des sinistres prisons du moyen âge.

Il y avait pourtant bon feu dans la vaste cheminée, et le lit, composé d'un gros plumetis posé sur un énorme sommier de balle d'avoine, n'était nullement à dédaigner. Tout était pauvre et propre. Le jeune garçon eut bientôt chassé les tristes pensées qui assiègent tout voyageur abrité dans un lieu semblable, et, malgré les roulements de la foudre, le cri des oiseaux de nuit, le bruit du vent et de la pluie qui ébranlaient ses fenêtres, tandis que les rats livraient de plus furieux assauts au bois de sa porte, il ne tarda pas à s'endormir profondément.

Pourtant son sommeil fut agité de rêves bizarres, et même il eut une sorte de cauchemar aux approches du jour, comme s'il était impossible de passer la nuit dans un lieu souillé des crimes mystérieux de la féodalité, sans être en proie à des visions pénibles. Il lui sembla voir entrer M. Cardonnet, et, comme il s'efforçait de sauter à bas de son lit, pour courir à sa rencontre, le fantôme lui fit un signe impérieux pour qu'il eût à ne pas bouger ; puis venant à lui d'un air impassible, il lui monta sur la poitrine sans répondre un seul mot à ses plaintes, et sans témoigner par aucune expression de son visage de pierre qu'il fût sensible à l'agonie qu'il lui faisait endurer.

Accablé sous ce poids formidable, le dormeur s'agita en vain pendant un espace de temps qui lui parut un siècle, et il était saisi du râle de l'agonie lorsqu'il parvint à se réveiller. Mais, bien que le jour commençât à poindre, et qu'il vît distinctement l'intérieur de la tour, il demeura tellement sous l'impression de son rêve, qu'il croyait encore voir la figure inflexible devant ses yeux, et sentir le poids d'un corps lourd comme une montagne d'airain sur sa poitrine défaillante et brisée. Il se leva et fit plusieurs fois le tour de sa chambre avant de se remettre au lit : car, malgré son dessein de partir de bonne heure, il éprouvait un accablement invincible. Mais à peine ses yeux se furent-ils refermés que le spectre reprit sa résolution de l'étouffer, jusqu'à ce que, se sentant près d'expirer, le jeune homme s'écria d'une voix entrecoupée : Mon père ! ô mon père ! que vous ai-je donc fait, et pourquoi avez-vous résolu d'être le meurtrier de votre fils ?

Le son de sa propre voix le réveilla, et, se voyant de nouveau poursuivi par l'apparition, il courut ouvrir sa fenêtre. Dès que la fraîcheur de l'air pénétra dans cette pièce basse, dont l'atmosphère avait quelque chose de léthargique, l'hallucination se dissipa, et il s'habilla en toute hâte, afin de fuir un lieu où il venait d'être le jouet d'une si cruelle fantaisie. Mais malgré les efforts qu'il fit pour s'en distraire, il resta sous le poids d'une sorte d'anxiété douloureuse, et la *chambre d'amis* de Châteaubrun lui parut plus sépulcrale que la veille. Le jour gris et sombre qui se levait lui permit enfin de voir par sa fenêtre l'ensemble du château.

Ce n'était littéralement qu'un amas de ruines, vestiges encore grandioses d'une demeure seigneuriale bâtie à diverses époques. Le préau, rempli d'herbes touffues, où le peu de mouvement d'une famille réduite au strict nécessaire avait tracé seulement deux ou trois petits sentiers pour circuler de la grande tour à la petite, et du puits à la porte principale, était bordé en face de lui de murailles écroulées, où l'on reconnaissait la base et l'emplacement de plusieurs constructions, et entre autres d'une chapelle élégante dont le fronton, orné d'une jolie rosace festonnée de lierre, était encore debout. Au fond de la cour, dont un grand puits formait le centre, s'élevait la carcasse démantelée de ce qui avait été le corps de logis principal, la véritable habitation des seigneurs de Châteaubrun depuis le temps de François Ier jusqu'à la révolution. Cet édifice, jadis somptueux, n'était plus qu'un squelette sans forme, mis à jour de toutes parts, un pêle-mêle bizarre que l'écroulement des compartiments intérieurs faisait paraître d'une élévation démesurée. Les tours qui avaient servi de cage aux élégantes spirales d'escaliers, les grandes salles peintes à fresque, les admirables chambranles de cheminée sculptés dans la pierre, rien n'avait été respecté par le marteau du démolisseur, et quelques vestiges de cette splendeur, qu'on n'avait pu atteindre pour les détruire, quelques restes de frises richement ornées, quelques guirlandes de feuillages dues au ciseau des habiles artisans de la renaissance, jusqu'à des écussons aux armes de France traversées par le bâton de bâtardise, tout cela taillé dans une belle pierre blanche que le temps n'avait encore pu ternir, offrait le triste spectacle d'une œuvre d'art, sacrifiée sans remords à la brutale loi de la brusque nécessité.

Quand le jeune Cardonnet reporta ses regards sur le petit pavillon habité désormais par le dernier rejeton d'une illustre et opulente famille, il se sentit pénétré de compassion en songeant qu'il y avait là une jeune fille dont l'aïeule avait eu des pages, des vassaux, des meutes, des chevaux de luxe, tandis que, désormais, cette héritière d'une ruine effrayante à voir, allait peut-être, comme la princesse Nausicaa, laver elle-même son linge à la fontaine.

Au moment où il faisait cette réflexion, il vit, au dernier étage de la tour carrée, une petite fenêtre ronde s'ouvrir doucement, et une tête de femme, portée par le plus beau cou qui se puisse imaginer, se pencher comme pour parler à quelqu'un dans le préau. Émile Cardonnet, quoiqu'il appartînt à une génération de myopes, avait la vue excellente, et la distance n'était pas assez grande pour ne pas lui permettre de distinguer les traits de cette gracieuse tête blonde, dont le vent faisait voltiger la chevelure un peu en désordre. Elle lui parut ce qu'elle était en effet, une tête d'ange, parée de toute la fraîcheur de la jeunesse, douce et noble en même temps. Le son de la voix qui se fit entendre était plein de charmes, et la prononciation avait une distinction remarquable.

— Jean, disait-elle, il a donc plu toute la nuit? Voyez comme la cour est remplie d'eau? De ma fenêtre je vois tous les prés comme des étangs.

— C'est un déluge, ma chère enfant, répondit d'en bas le paysan, qui paraissait l'ami intime de la famille, une vraie trombe d'eau! je ne sais pas si le gros de la nuée a crevé ici ou ailleurs, mais jamais je n'ai vu la fontaine si remplie.

— Les chemins doivent être abîmés, Jean, et vous ferez bien de rester ici. Mon père est-il éveillé?

— Pas encore, ma Gilberte, mais la mère Janille est déjà sur pied.

— Voulez-vous la prier de monter auprès de moi, mon vieux Jean? J'ai quelque chose à lui demander.

— J'y cours.

La fenêtre se referma sans que la jeune fille eût paru remarquer que celle du voyageur était ouverte, et qu'il était là, occupé à la contempler.

Un instant après, il était dans la cour, où la pluie avait, en effet, creusé de petits torrents à la place des sentiers, et il trouva dans l'écurie Sylvain Charasson, qui, tout en pansant son cheval et celui de M. Antoine, se livrait à des commentaires sur les effets d'une si mauvaise nuit, avec le paysan dont Émile Cardonnet savait enfin le prénom. Cet homme lui avait causé la veille une sorte d'inquiétude indéfinissable, comme s'il eût porté en lui quelque chose de mystérieux et de fatal. Il avait remarqué que M. Antoine ne l'avait pas nommé une seule fois, et que, lorsque Janille avait été à diverses reprises au moment de le faire, il l'avait avertie du regard afin qu'elle eût à s'observer. On l'appelait *ami*, *camarade*, *vieux*, *toi*, et il semblait que son nom fût un secret qu'on ne voulait pas trahir. Quel était donc cet homme qui avait l'extérieur et le langage d'un paysan, et qui, cependant, portait si loin ses sombres prévisions, et si haut sa terrible critique?

Émile s'efforça de lier conversation avec lui, mais ce fut inutile; il avait pris des manières plus réservées encore que la veille, et, lorsqu'il l'interrogea sur les ravages de la tempête, il se contenta de répondre:

— Je vous conseille de ne pas perdre de temps pour vous en aller à Gargilesse, si vous voulez encore trouver des ponts pour passer l'eau, car, avant qu'il soit deux heures, il y aura par là une *dribe* de tous les diables.

— Qu'entendez-vous par là? je ne comprends pas ce mot.

— Vous ne savez pas ce que c'est qu'une *dribe*? Eh bien, vous le verrez aujourd'hui, et vous ne l'oublierez jamais. Bonjour, Monsieur, partez vite, car il y aura du malheur tantôt chez votre ami Cardonnet.

Et il s'éloigna sans vouloir ajouter un mot de plus.

Saisi d'un vague effroi, Émile se hâta de seller lui-même son cheval, et, jetant une pièce d'argent à Charasson:

— Mon enfant, lui dit-il, tu diras à ton maître que je pars sans lui faire mes adieux, mais que je reviendrai bientôt le remercier de ses bontés pour moi.

Il franchissait le portail, lorsque Janille accourut pour lui barrer le passage. Elle voulait réveiller M. Antoine; mademoiselle était en train de s'habiller; le déjeuner serait prêt dans un instant; les chemins étaient trop mouillés; la pluie allait recommencer. Le jeune homme se déroba, avec force remerciments, à ses prévenances, et lui fit aussi un cadeau qu'elle parut accepter avec grand plaisir. Mais il n'avait pas atteint le bas de la colline, qu'il entendit derrière lui le bruit d'un cheval dont les pieds larges et solides rasaient le pavé en trottant. C'était Sylvain Charasson, qui, monté à poil sur la jument de M. Antoine, et ne se servant pas d'autre bride que d'une corde en licou passée entre les dents de l'animal, le rejoignait à la hâte. « Je vas vous conduire, Monsieur, lui cria-t-il en passant devant lui; mademoiselle Janille dit que vous *vous* péririez, ne connaissant pas les chemins, et c'est la vraie vérité.

— A la bonne heure, mais prends le plus court, répondit le jeune homme.

— Soyez tranquille, reprit le page rustique, et, jouant des sabots, il mit au grand trot l'animal ensellé, dont le gros ventre nourri de foin, sans aucun mélange d'avoine, contrastait avec des flancs maigres et une encolure grêle. »

## V.

### LA DRIBE.

Grâce aux pentes ardues que dominait Châteaubrun, le jeune homme et son nouveau guide purent bientôt gagner la plaine, sans être retardés par aucun torrent considérable. Mais, en passant très-vite auprès d'une petite mare pleine jusqu'aux bords, l'enfant dit en jetant de côté un regard de surprise : « La *Font-Margot* toute pleine! Ça veut dire grand dégât dans le pays creux. Nous *peinerons* à passer la rivière. Dépêchons-nous, Monsieur! » Et il fit prendre le galop à sa monture, qui, malgré sa mauvaise construction et ses pieds larges et plats, garnis d'une frange de longs poils traînant jusqu'à terre, se dirigeait à travers les aspérités de ce terrain avec une adresse et une sécurité remarquables.

Les vastes plaines de cette région forment de grands plateaux coupés de ravins, qui font de leurs pentes brusques et profondes de véritables montagnes à descendre et à remonter. Après une heure de marche environ, nos voyageurs se trouvèrent en face du vallon de la Gargilesse, et un site enchanteur se déploya devant eux. Le village de Gargilesse, bâti en pain de sucre sur une éminence escarpée, et dominé par sa jolie église et son ancien monastère, semblait surgir du fond des précipices, et, au fond du plus accentué de ces abîmes, l'enfant montrant à Émile de vastes bâtiments tout neufs, et d'une belle apparence : « Tenez, Monsieur, dit-il, voilà les bâtises à M. Cardonnet. »

C'était la première fois qu'Émile, étudiant en droit à Poitiers, et passant le temps de ses vacances à Paris, pénétrait dans la contrée où son père tentait depuis un an un établissement d'importance. L'aspect de ce lieu lui sembla admirable, et il sut gré à ses parents d'avoir rencontré un site où l'industrie pouvait trouver son compte sans bannir les influences de la poésie.

Il y avait à marcher encore sur le plateau avant d'en atteindre le versant, et d'embrasser d'un seul coup d'œil tous les détails du paysage. A mesure qu'Émile approchait, il y découvrait de nouvelles beautés, et le couvent-château de Gargilesse, planté fièrement sur le roc au-dessus des usines Cardonnet, semblait être là comme une décoration établie à dessein pour couronner l'ensemble. Les flancs du ravin, où s'engouffrait rapidement la petite rivière, étaient tapissés d'une végétation robuste, et le jeune homme qui, malgré lui, laissait un peu absorber son attention par les dehors de son nouvel héritage, remarqua avec satisfaction qu'au milieu de l'abattis nécessaire pour l'établir dans une partie aussi ombragée, on avait pourtant épargné de magnifiques vieux arbres, qui faisaient le plus bel ornement de l'habitation.

Cette habitation, située un peu en arrière de l'usine, était commode, élégante, simple dans sa richesse, et des rideaux à la plupart des fenêtres annonçaient qu'elle était déjà occupée. Elle était entourée d'un beau jardin relevé en terrasse le long du torrent, et l'on distinguait de loin les vives couleurs des plantes épanouies qui avaient été substituées comme par enchantement aux souches de saules et aux flaques d'eau sablonneuses dont naguère ces rives étaient bordées. Le cœur du jeune homme battit bien haut, lorsqu'il vit une femme descendre le perron du moderne château, et marcher lentement au milieu de ses fleurs favorites, car c'était sa mère. Il étendit les bras et agita sa casquette pour attirer son attention, mais sans succès. Madame Cardonnet était absorbée par l'examen de ses travaux d'horticulture ; elle n'attendait son fils que dans la soirée.

Sur une plage plus découverte, Émile vit les constructions savantes et compliquées de l'usine, et, au milieu d'un pêle-mêle de matériaux de toutes sortes, remuer une cinquantaine d'ouvriers affairés, les uns sciant des pierres de taille, les autres préparant le mortier, d'autres équarrissant les poutres, d'autres encore chargeant de charrettes traînées par d'énormes chevaux. Comme il fallait, de toute nécessité, descendre au pas le chemin rapide, le petit Charasson put prendre la parole :

« Voilà une mauvaise descente, pas vrai, Monsieur? Tenez bien la guide à votre cheval! Ça serait bien de besoin que M. Cardonnet fît un chemin pour amener les gens de chez nous à son *invention* (son usine). Voyez, les belles routes qu'il a faites des autres côtés! et les jolis ponts! tout en pierres, oui! Avant lui, on se mouillait les pattes en été pour passer l'eau, et en hiver on n'y passait mie. C'est un homme que le pays devrait lui baiser la terre où ce qu'il marche.

— Vous n'êtes donc pas comme votre ami Jean qui dit tant de mal de lui?

— Oh! le Jean, le Jean! il ne faut pas faire grande attention à ce qu'il chante. C'est un homme qui a des *ennuis*, et qui voit tout en mal depuis quelque temps, quoiqu'il ne soit pas méchant homme, au contraire. Mais il n'y a que lui dans le pays qui dise comme ça; tout le monde est grandement porté pour M. Cardonnet. Il n'est pas chiche, celui-là. Il parle un peu dur, il échine un ouvrier, mais dame! il paye, faut voir! et quand on se crèverait à la peine, si on est bien récompensé, on doit être content, pas vrai, Monsieur? »

Le jeune homme étouffa un soupir. Il ne partageait pas absolument le système de compensations économiques de M. Sylvain Charasson, et il ne voyait pas bien clairement, quelque envie qu'il eût d'approuver son père, que le salaire pût remplacer la perte de la santé et de la vie.

« Je m'étonne de ne pas le voir sur le dos de ses ouvriers, ajouta naïvement et sans malice le page de Châteaubrun, car il n'a pas coutume de les laisser beaucoup souffler Ah dame! c'est un homme qui s'entend à faire avancer l'ouvrage! Ce n'est pas comme la mère Janille de chez nous, qui braille toujours, et qui ne laisse rien faire aux autres. Lui n'a pas l'air de se remuer, mais on dirait qu'il fait l'ouvrage avec ses yeux. Quand un ouvrier cause, ou quitte sa pioche pour allumer sa pipe, ou fait tant seulement un petit bout de *dormille* sur le midi par *le grand chaud* : « C'est bien, qu'il dit sans se fâcher; tu n'es pas à ton aise ici pour fumer ou pour dormir, va-t'en chez toi, tu seras mieux. » Et c'est dit. Il ne l'employe pendant huit jours, et, à la seconde fois, c'est pour un mois, et à la troisième, c'est fini pour toujours jamais. »

Émile soupira encore : il retrouvait dans ces détails la rigoureuse sévérité de son père, et il lui fallait se reporter vers le but présumé de ses efforts pour en accepter les moyens.

« Ah! pardine, le voilà bien, s'écria l'enfant en désignant du bras M. Cardonnet, dont la haute taille et les vêtements sombres se dessinaient sur l'autre rive. Il regarde l'eau ; peut-être qu'il craint la *dribe*, quoiqu'il ait coutume de dire que c'est des bêtises.

— La *dribe*, c'est donc la crue de l'eau? demanda Émile, qui commençait à comprendre le mot *déribe*, *dérive*.

— Oui, Monsieur, c'est comme une *trompe* (une trombe), qui vient par les grands orages. Mais l'orage est passé, la dribe n'est pas venue, et je crois bien que le Jean aura mal prophétisé. *Stapendant*, Monsieur, voyez comme les eaux sont basses! c'est presque à sec depuis hier, et c'est mauvais signe. Passons vite, ça peut venir d'une minute à l'autre. »

Ils redoublèrent le pas et traversèrent facilement à gué un premier bras du torrent. Mais à un effort que le cheval d'Émile avait fait pour gravir la marge un peu escarpée de la petite île, il avait rompu ses sangles, et il lui fallut mettre pied à terre pour essayer de fixer sa selle. Ce n'était pas facile, et, dans sa précipitation à rejoindre ses parents, Émile s'y prit mal ; le nœud qu'il venait de faire coula comme il mettait le pied dans l'étrier, et Charasson fut obligé de couper un bout de la corde qui lui servait de bride pour consolider cette petite réparation. Tout cela prit un certain temps, pendant lequel leur attention fut tout à fait détournée du fléau que Sylvain appréhendait. L'îlot était couvert d'une épaisse saulée qui ne leur permettait pas de voir à dix pas autour d'eux.

Tout à coup un mugissement semblable au roulement prolongé du tonnerre se fit entendre, arrivant de leur côté avec une rapidité extrême. Émile, se trompant sur la cause de ce bruit, regarda le ciel qui était serein au-dessus de sa tête : mais l'enfant devint pâle comme la mort : « La dribe! s'écria-t-il, la dribe! sauvons-nous, Monsieur! »

Ils traversèrent l'île au galop ; mais avant qu'ils fussent sortis de la saulée, des flots d'une eau jaunâtre et couverte d'écume vinrent à leur rencontre, et leurs chevaux en avaient déjà jusqu'au poitrail, lorsqu'ils se trouvèrent en face du torrent gonflé qui se répandait avec fureur sur les terrains environnants.

Émile voulait tenter le passage ; mais son guide s'attachant après lui : « Non, Monsieur, non, s'écria-t-il, il est trop tard. Voyez la force du torrent et les poutres qu'il charrie ! Il n'y a ni homme ni bête qui puisse s'en sauver. Laissons les *chevals*, Monsieur, laissons les *chevals*, peut-être qu'ils auront l'esprit d'en sortir ; mais c'est trop risquer pour des chrétiens. Tenez, au diable ! voilà la passerelle emportée ! Faites comme moi, Monsieur, faites comme moi, ou vous êtes mort ! »

Et Charasson, qui avait déjà de l'eau jusqu'aux épaules, se mit à grimper lestement sur un arbre. Émile voyant à la fureur du torrent qui grossissait d'un pied à chaque seconde, que le courage allait devenir folie, et songeant à sa mère, se décida à suivre l'exemple du petit paysan.

« Pas celui-là, Monsieur, pas celui-là ! cria l'enfant en lui voyant escalader un tremble. C'est trop faible, ça sera emporté comme une paille. Venez auprès de moi, pour l'amour de Dieu, attrapez-vous à mon arbre ! »

Émile reconnaissant la justesse des observations de Sylvain, qui, au milieu de son épouvante, ne perdait ni sa présence d'esprit, ni le bon désir de sauver son prochain, courut au vieux chêne que l'enfant tenait embrassé, et parvint bientôt à se placer non loin de lui sur une forte branche, à quelques pieds au-dessus de l'eau. Mais il leur fallut bientôt céder le poste à l'élément irrité qui montait toujours ; et, montant de leur côté de branche en branche, ils réussirent à s'en préserver.

Lorsque l'inondation eut atteint son dernier degré d'intensité, Émile était placé assez haut sur l'arbre qui lui servait de refuge pour voir ce qui se passait dans la vallée. Il se cachait le plus possible dans le feuillage pour n'être pas reconnu de l'habitation, et faisait taire Sylvain qui voulait appeler au secours ; car il craignait de mettre ses parents, et surtout sa mère, dans des transes mortelles, s'ils eussent été avertis de sa présence et de sa situation. Il put apercevoir son père qui, examinant toujours les effets de la *dribe*, se retirait lentement à mesure que l'eau montait dans son jardin et envahissait toute l'usine. Il semblait céder à regret la place à ce fléau qu'il avait méprisé et qu'il affectait de mépriser encore. Enfin, on le vit distinctement aux fenêtres de sa maison avec madame Cardonnet, tandis que les ouvriers épars s'étaient enfuis sur la hauteur, abandonnant leurs vestes et les instruments de leur travail dans la vase. Quelques-uns, surpris par ce déluge aux premiers étages de l'usine, étaient montés à la hâte sur les toits, et si les plus avisés se réjouissaient intérieurement de gagner le désastre à la prolongation de leurs travaux lucratifs, la plupart s'abandonnaient à un sentiment naturel de consternation en voyant le résultat de leurs fatigues perdu ou compromis.

Les pierres, les murs fraîchement crépis, les solives récemment taillées, tout ce qui n'offrait pas une grande résistance flottait au hasard au milieu des tourbillons d'écume ; les ponts à peine terminés s'écroulaient séparés des chaussées encore fraîches qui ne pouvaient plus les soutenir ; le jardin était à moitié envahi, et l'on voyait les vitrages de la serre, les caisses de fleurs et les brouettes de jardinier voguer rapidement et fuir à travers les arbres.

Tout à coup on entendit de grands cris dans l'usine. Un énorme train de bois de construction avait été poussé avec violence contre les œuvres vives de la machine principale, et le bâtiment, violemment ébranlé, semblait prêt à s'engloutir. Il y avait au moins douze personnes, tant hommes que femmes et enfants, sur le faîte. Tous criaient et pleuraient. Émile sentit une sueur froide le gagner. Indifférent aux périls qu'il courait lui-même si le chêne venait à être déraciné, il s'effrayait du destin de ces familles qu'il voyait s'agiter dans la détresse. Il fut au moment de se précipiter dans l'eau pour voler à leur secours ; mais il entendit la voix puissante de son père qui leur criait de son perron, à l'aide d'un porte-voix : « Ne bougez pas ; le radeau s'achève ; il n'y a pas de danger où vous êtes. » Tel était l'ascendant du maître, que l'on se tint tranquille, et qu'Émile le subit lui-même instinctivement.

De l'autre côté de l'île, c'était bien un autre spectacle de désolation. Les villageois couraient après leurs bestiaux, les femmes après leurs enfants. Des cris perçants portèrent surtout l'inquiétude d'Émile vers un point que la végétation lui cachait ; mais bientôt il vit paraître vers le rivage opposé un homme vigoureux qui emportait un enfant à la nage. Le courant était moins fort de ce côté qu'en face de l'usine, et néanmoins le nageur luttait avec une peine incroyable, et plusieurs fois la vague le couvrit entièrement.

« J'irai à son aide, j'irai ! s'écria Émile ému jusqu'aux larmes, et prêt encore une fois à s'élancer de l'arbre.

— Non, Monsieur, non ! cria Charasson en le retenant. Voyez, le voilà qui sort du courant, il est sauvé ; il ne nage plus, il marche dans la vase. Pauvre homme, a-t-il eu de la peine ! Mais l'enfant n'est pas mort, il pleure, il crie comme un petit loup-garou. Pauvre innocent, va ! ne crie donc plus, te voilà sauvé ! Et tiens, avisez donc, le diable me tortille si ce n'est pas le vieux Jean qui l'a tiré de l'eau ! Oui, Monsieur, oui, c'est le Jean ! En voilà un de courage ! Ah ! voyez à présent comme le père le remercie, comme la mère lui embrasse les jambes, et pourtant elles ne sont guère propres, ses pauvres jambes ! Ah ! Monsieur, le Jean est d'un grand cœur, et il n'y en a pas un pareil dans le monde. S'il nous savait là, il viendrait nous en retirer, lui ! vrai ! J'ai envie de l'appeler.

— Gardez-vous-en bien. Nous sommes en sûreté, et lui s'exposerait encore. Oui, je vois que c'est un digne homme. Est-il le parent de cet enfant et de ces gens-là ?

— Non, Monsieur, non. C'est les Michaud, c'est des gens et un enfant qui ne lui sont de rien ni à moi non plus ; mais quand il y a du malheur quelque part, on peut bien être sûr de voir arriver Jean, et là où personne n'oserait se risquer, il court, lui, quand même il n'y a rien de rien, pas même un verre de vin à y gagner. Le bon Dieu sait bien pourtant qu'il ne fait pas bon dans ce pays-ci pour Jean, et que ce n'est guère sa place.

— Court-il donc quelque autre danger à Gargilesse que celui de se noyer comme tout le monde ? »

Sylvain ne répondit pas, et parut se reprocher d'en avoir trop dit.

« Voilà l'eau qui baisse un peu, dit-il pour détourner l'attention d'Émile ; dans une couple d'heures, nous pourrons peut-être repasser par où nous sommes venus ; car du côté de M. Cardonnet, il y en a pour six heures au moins. »

Cette perspective n'était pas très-riante ; néanmoins Émile, qui ne voulait à aucun prix effrayer ses parents, s'y résigna de son mieux. Mais un accident nouveau le fit changer de résolution avant qu'une demi-heure se fût écoulée. L'eau se retirait assez vite des points extrêmes qu'elle avait envahis ; et de l'autre côté du lac qu'elle avait formé entre lui et la demeure de son père, il vit passer deux chevaux, l'un entièrement nu, l'autre sellé et bridé, que des ouvriers conduisaient vers l'habitation.

« Nos bêtes, Monsieur, dit Sylvain Charasson ; oui, Dieu me bénisse, nos deux bêtes qui se sont sauvées ! Ma pauvre jument, je la croyais bien dans la Creuse à cette heure ! Ah ! M. Antoine sera-t-il content, quand je lui ramènerai sa *Lanterne* ! Elle aura bien gagné son avoine, et peut-être que Janille ne lui refusera pas un picotin. Et votre noire, Monsieur, vous n'êtes pas fâché de la voir sur terre ? Il paraît qu'elle sait nager itout ? »

Émile s'avisa rapidement de ce qui allait arriver. M. Cardonnet ne connaissait pas son cheval, à la vérité, puisqu'il l'avait acheté en route ; mais en ouvrirait la valise, on ne tarderait pas à reconnaître qu'elle lui appartenait, et la première pensée serait qu'il avait péri. Il se décida bien vite à se faire voir, et, après beaucoup d'efforts pour élever sa voix au-dessus de celle du torrent, qui n'était guère apaisée, il réussit à faire savoir aux personnes réfugiées sur le toit de l'usine qu'il était là, et qu'il était urgent d'en informer M. et madame Cardonnet. La nouvelle passa de bouche en bouche par les divers

Au moment où il faisait cette réflexion, il vit, au dernier étage de la maison, etc. (Page 13.)

points de refuge aussi vite qu'il put le désirer, et bientôt il vit sa mère à la fenêtre, agitant son mouchoir, et son père monté en personne sur un radeau avec deux hommes vigoureux qui se hasardaient vers le courant avec résolution. Émile réussit à les en détourner, leur criant, non sans beaucoup de paroles perdues et maintes fois répétées, qu'il était en sûreté, qu'il fallait attendre encore pour venir à lui, et que le plus pressé était de délivrer les ouvriers prisonniers dans l'usine. Tout se fit comme il le souhaitait, et quand il n'y eut plus à trembler pour personne, il descendit de l'arbre, se mit à l'eau jusqu'à la ceinture, et s'avança à la rencontre du radeau, soulevant dans ses bras le petit Charasson et l'aidant à ne pas perdre pied. Trois heures après le passage de la trombe, Émile et son guide étaient auprès d'un bon feu. Madame Cardonnet couvrait son fils de caresses et de larmes, et le page de Châteaubrun, choyé comme lui-même, racontait avec emphase le péril qu'ils avaient surmonté.

Émile adorait sa mère. C'était encore la plus ardente affection de sa vie. Il ne l'avait pas vue depuis l'époque des vacances, qu'ils avaient passées ensemble à Paris, loin de la contrainte assidue et sèchement réprimandeuse de leur commun maître, M. Cardonnet. Tous deux souffraient du joug qui pesait sur eux, et s'entendaient sur ce point sans jamais se l'être avoué. Douce, aimante et faible, madame Cardonnet sentait que son fils avait dans l'esprit une bonne partie de l'énergie et de la fermeté de son époux, avec un cœur généreux et sensible qui lui préparait de grands chagrins, lorsque ces deux caractères fortement trempés viendraient à se heurter sur les points où leurs sentiments différeraient. Aussi, avait-elle dévoré tous les chagrins de sa vie, attentive à n'en jamais rien révéler à ce fils, qui était son unique bonheur et sa plus chère consolation. Sans être bien pénétrée du droit que son mari avait de la froisser et de l'opprimer sans relâche, elle avait toujours paru accepter sa situation comme une loi de la nature et un précepte religieux. L'obéissance passive, prêchée ainsi d'exemple, était donc devenue une habitude d'instinct chez le jeune Émile, et s'il en eût été autrement, il y avait déjà longtemps que le raisonnement l'eût conduit à s'y soustraire. Mais en voyant tout plier au moindre signe de la volonté paternelle, et sa mère la première, il n'avait pas encore

Madame Cardonnet couvrait son fils de caresses et de larmes. (Page 16.)

songé que cela pût et dût être autrement. Cependant le poids de l'atmosphère despotique où il avait vécu, l'avait, dès son enfance, porté à une sorte de mélancolie et de souffrance sans nom, dont il lui arrivait rarement de rechercher la cause. Il est dans la loi de nature que les enfants prennent le contre-pied des leçons qui les froissent; aussi Émile avait-il, de bonne heure, reçu des faits extérieurs une impulsion tout opposée à celle que son père eût voulu lui donner.

Les conséquences de cet antagonisme naturel et inévitable seront suffisamment développées par les faits de cette histoire, sans qu'il soit nécessaire de les expliquer ici.

Après avoir donné à sa mère le temps de se remettre un peu des émotions qu'elle avait éprouvées, Émile suivit son père, qui l'appelait pour venir constater les effets du désastre. M. Cardonnet montrait un calme au-dessus de tous les revers, et quelque contrariété qu'il pût éprouver, il n'en témoignait rien. Il passa en silence au milieu d'une haie de paysans qui étaient venus satisfaire leur curiosité et se donner le spectacle de son malheur, les uns avec indifférence, quelques autres avec un intérêt sincère, la plupart avec cette satisfaction non avouée mais irrésistible que le pauvre refoule prudemment, mais qu'il éprouve à coup sûr, lorsqu'il voit la colère des éléments frapper également sur le riche et sur lui. Tous ces villageois avaient perdu quelque chose à l'inondation, l'un une petite récolte de foin, l'autre un coin de potager, un troisième une brebis, quelques poules ou un tas de fagots; pertes bien minces en réalité, mais aussi graves peut-être relativement que celles du riche industriel. Cependant, lorsqu'ils virent le désordre de cette belle propriété naguère florissante, ils ne purent se défendre d'un mouvement de consternation, comme si la richesse avait quelque chose de respectable en soi-même, en dépit de la jalousie qu'elle excite.

M. Cardonnet n'attendit pas que l'eau fût complétement retirée pour faire reprendre le travail. Il envoya courir dans les prairies environnantes à la recherche des matériaux emportés par le courant. Il arma ses hommes de pelles et de pioches pour déblayer la vase et les foins entraînés qui obstruaient les abords de l'usine, et quand on put y pénétrer, il y entra le premier, afin de n'avoir point à s'émouvoir en pure perte des exagérations inspirées aux témoins par la première surprise.

## VI.

### JEAN LE CHARPENTIER.

« Prenez un crayon, Émile, dit l'industriel à son fils, qui le suivait dans la crainte de quelque danger pour sa personne ; ne faites pas d'erreur dans les chiffres que je vais vous dicter... Une... deux... trois roues brisées ici... La cage emportée... le grand moteur endommagé... trois mille... cinq... sept ou huit... Prenons le maximum : c'est le plus sûr en affaires... Écrivez huit mille francs... La digue rompue?... c'est étrange !... Écrivez quinze mille... Il faudra la refaire tout entière en ciment romain... Voilà un angle qui a fléchi... Écrivez, Émile... Émile, avez-vous écrit?...? »

Pendant une heure, M. Cardonnet fit ainsi le devis de ses pertes et de ses prochaines dépenses ; et quand son fils fut sommé d'en dresser le total, il haussa les épaules d'impatience en voyant que, soit distraction soit défaut d'habitude, le jeune homme ne s'en acquittait pas aussi rapidement qu'il l'eût souhaité.

« As-tu fait? dit-il au bout de deux ou trois minutes d'attente contenue.

— Oui, mon père..... cela monte à quatre-vingt mille francs environ.

— Environ? reprit M. Cardonnet en fronçant le sourcil. Qu'est-ce que ce mot-là ? »

Et fixant sur lui des yeux animés par une pénétration railleuse :

« Allons, dit-il, je vois que tu es un peu engourdi pour avoir perché sur un arbre. Moi, j'ai fait mon calcul de tête, et je suis fâché d'avoir à te dire qu'il était prêt avant que tu eusses taillé ton crayon. Il y a là pour quatre-vingt-un mille cinq cents francs de déboursés à recommencer.

— C'est beaucoup ! dit Émile en s'efforçant de dissimuler son impatience sous un air sérieux.

— C'est plus de violence que je n'en aurais supposé à ce petit cours d'eau, reprit M. Cardonnet avec autant de calme que s'il eût fait l'expertise d'un dommage étranger à sa fortune... mais ça ne sera pas long à réparer. Holà ! du monde ici... Voilà un soliveau engagé entre deux grandes roues, et qu'un reste d'eau fait balloter... Otez-moi cela bien vite, ou mes roues seront cassées. »

On s'empressa d'obéir, mais la besogne était plus difficile qu'elle ne paraissait. Toute la force de la mécanique tendait à peser sur cet obstacle, qui la menaçait de ne pas rompre le premier. Plusieurs hommes s'écorchèrent les mains en pure perte.

« Prenez donc garde de vous blesser ! » s'écriait involontairement Émile, mettant lui-même la main à l'œuvre pour alléger leur peine.

Mais M. Cardonnet criait de son côté :

« Tirez ! poussez ! allons donc, vous avez des bras de filasse ! »

La sueur coulait de tous les fronts, et on n'avançait guère.

« Otez-vous tous de là, cria tout à coup une voix qu'Émile reconnut aussitôt, et laissez-moi faire... je veux en venir à bout tout seul. »

Et Jean, armé d'un levier, dégagea lestement une pierre à laquelle personne ne faisait attention. Puis, avec une dextérité merveilleuse, il donna un mouvement vigoureux au soliveau.

« Doucement, mille diables ! cria M. Cardonnet, vous allez tout briser.

— Si je casse quelque chose je le payerai, répondit le paysan avec une brusquerie enjouée. Maintenant, ici deux bons enfants. Allons, ferme !... Courage, mon petit Pierre, c'est bien !... Encore un peu, mon vieux Guillaume !... Oh ! les bons compagnons !... Bellement ! bellement ! que je retire mon pied, ou tu me l'écraseras, fils du diable ! Ça y est... pousse... n'aie pas peur... je tiens !... »

Et en moins de deux minutes, Jean, dont la présence et la voix semblaient électriser les autres ouvriers, dégagea la machine du corps étranger qui la compromettait.

« Suivez-moi, Jean, dit alors M. Cardonnet.

— Pourquoi faire, Monsieur? répliqua le paysan. J'ai assez travaillé comme cela pour aujourd'hui.

— C'est pourquoi je veux que vous veniez boire un verre de mon meilleur vin. Venez, vous dis-je, j'ai à vous parler... Mon fils, allez dire à votre mère qu'elle fasse servir du malaga sur ma table.

— Votre fils? dit Jean en regardant Émile avec un peu d'émotion. Si c'est là votre fils, je vous suis, car il m'a l'air d'un bon garçon.

— Oui, mon fils est un bon garçon, Jean, dit M. Cardonnet au paysan, lorsqu'il le vit accepter un verre plein de la main d'Émile. Et vous aussi, vous êtes un bon garçon, et il est temps que vous le prouviez un peu mieux que vous ne faites depuis deux mois.

— Monsieur, faites excuse, répondit Jean en regardant autour de lui d'un air de méfiance ; mais je suis trop vieux pour aller à l'école, et je ne suis pas venu ici tout en sueur pour entendre de la morale froide comme du verglas. A votre santé, monsieur Cardonnet ; en vous remerciant, vous, jeune homme, à qui j'ai fait de la peine hier soir. Vous ne m'en voulez pas?

— Attendez un instant, dit M. Cardonnet : avant de retourner à vos trous de renard, emportez ce pourboire. »

Et il lui tendit une pièce d'or.

« Gardez ça, gardez ça, dit Jean avec humeur, en repoussant la gratification par un mouvement du coude. Je ne suis pas intéressé, vous devez le savoir, et ce n'est pas pour vous faire plaisir que je viens de travailler avec vos charpentiers. C'était bonnement pour les empêcher de s'échiner en pure perte. Et puis, on connaît le métier, et ça impatiente de voir les gens s'y prendre tout de travers. J'ai le sang un peu vif, et, malgré moi, je me suis mêlé de ce qui ne me regardait pas.

— De même que vous vous êtes trouvé où vous ne deviez pas être, répondit M. Cardonnet d'un ton sévère, et avec l'intention évidente d'intimider le hardi paysan. Jean, voici une dernière occasion de nous entendre et de nous connaître ; profitez-en, ou vous vous en repentirez. Quand je suis arrivé ici, l'année dernière, j'ai remarqué votre activité, votre intelligence, l'affection que vous portaient tous les ouvriers et tous les habitants de ce village. J'ai eu sur votre probité les meilleurs renseignements, et j'ai résolu de vous mettre à la tête de mes ouvriers de charpente ; j'ai offert de doubler pour vous seul le salaire, soit à la journée, soit à la tâche. Vous m'avez répondu par des billevesées, et comme si vous ne me preniez pas pour un homme sérieux.

— Ce n'est pas ça, Monsieur, faites excuse ; je vous ai dit que je n'avais pas besoin de vos travaux, et que j'en avais dans le bourg plus que je n'en pouvais faire.

— Défaite et mensonge ! Vous étiez très-mal dans vos affaires, et vous y voilà pire que jamais. Poursuivi pour dettes, vous avez été forcé de quitter votre maison, d'abandonner votre atelier, et de vous cacher dans les montagnes comme un gibier traqué par les chasseurs.

— Quand on se mêle de raisonner, reprit Jean avec hauteur, il faut dire la vérité. Je ne suis pas poursuivi pour dettes, comme vous l'entendez, Monsieur ; j'ai toujours été un honnête homme et rangé, et si je dois un sou dans le village ou dans les environs, que quelqu'un vienne le dire et lever la main contre moi. Cherchez, vous ne trouverez personne !

— Il y a pourtant trois mandats d'amener contre vous, et, depuis deux mois, les gendarmes sont à votre poursuite sans pouvoir vous appréhender.

— Et ils y seront tant que je voudrai. Le grand mal, pas vrai, que ces braves gendarmes promènent leurs chevaux sur une rive de la Creuse, tandis que je promène mes jambes de l'autre ! Voilà des gens qui sont bien malades, eux qui sont payés pour prendre l'air et rendre compte de ce qu'ils ne font pas ! Ne les plaignez pas tant, monsieur Cardonnet, c'est le gouvernement qui les paye, et le gouvernement est assez riche pour que je lui fasse banqueroute de mille francs... car c'est la vérité que je suis condamné à payer mille francs ou à aller en prison! Ça vous étonne, vous, jeune homme, qu'un pauvre diable qui a toujours obligé son prochain, au lieu de lui nuire, soit poursuivi comme un forçat évadé? Vous n'avez pas encore un mauvais cœur, quoique riche, parce que vous êtes jeune. Eh bien, sachez donc mes fautes. Pour avoir envoyé trois bouteilles de vin de ma vigne à un camarade qui était malade, j'ai été pris par les gabelous comme vendant du vin sans payer les droits, et comme je ne pouvais pas mentir et m'humilier pour obtenir une transaction, comme je soutenais la vérité qui est que je n'avais pas vendu une goutte de vin, et que, par conséquent, je ne pouvais pas être puni, j'ai été condamné à payer ce qu'ils appellent le minimum, cinq cents francs d'amende. Excusez, le minimum! cinq cents francs, le prix de mon travail de l'année pour un cadeau de trois bouteilles de vin! Sans compter que mon pauvre confrère, qui les avait reçues, a été condamné aussi, et c'est ce qui m'a mis le plus en colère. Et comme je ne pouvais pas payer une pareille somme, on a tout saisi, tout pillé, tout vendu chez moi, jusqu'à mes outils de charpentier. Alors, à quoi bon payer patente pour un métier qui ne peut plus vous nourrir? J'ai cessé de le faire, et, un jour que je travaillais en journée hors de chez moi, autre persécution, querelle avec l'adjoint, où j'ai failli m'oublier et le frapper. Que devenir? Le pain manquait dans mon bahut; j'ai pris un fusil et j'ai été tuer un lièvre dans la bruyère. Autrefois, dans ce pays-ci, le braconnage était passé à l'état de coutume et de droit : les anciens seigneurs n'y regardaient pas de près, depuis la révolution; ils braconnaient même avec nous, quand ça leur faisait plaisir.

— Témoin M. Antoine de Châteaubrun, qui le fait encore, dit M. Cardonnet d'un ton ironique.

— Pourvu qu'il n'aille pas sur vos terres, qu'est-ce que cela vous fait? reprit le paysan irrité. Tant il y a que, pour avoir tué un lièvre au fusil, et pris deux lapins au collet, j'ai été encore pincé et condamné à l'amende et à la prison. Mais je me suis échappé des pattes des gendarmes, comme ils me conduisaient à l'*auberge* du gouvernement; et, depuis ce temps-là, je vis comme je l'entends, sans vouloir aller tendre mon bras à la chaîne.

— On sait fort bien comment vous vivez, Jean, dit M. Cardonnet. Vous errez nuit et jour, braconnant en tous lieux et en toute saison, ne couchant jamais deux nuits de suite au même endroit, et le plus souvent à la belle étoile; recevant parfois l'hospitalité à Châteaubrun, dont le châtelain a été nourri par votre mère, et que je ne blâme pas de vous assister, mais qui ferait plus sagement, dans vos intérêts, de vous prêcher le travail et une vie régulière. Allons, Jean, c'est assez de paroles inutiles, et vous allez m'écouter. Je prends pitié de votre sort, et je vais vous rendre la liberté et la sécurité, en me portant caution pour vous. Vous en serez quitte pour quelques jours de prison, seulement pour la forme; je paierai toutes vos amendes, et vous pourrez alors marcher tête levée, est-ce clair?

— Oh! vous avez raison, mon père, s'écria Émile; vous êtes bon, vous êtes juste. Eh bien, Jean, vous ai-je trompé?

— Il paraît que vous vous connaissiez déjà, dit M. Cardonnet.

— Oui, mon père, répondit Émile avec feu, Jean m'a rendu personnellement service hier soir; et ce qui m'attache à lui encore plus, c'est que je l'ai vu ce matin exposer sa vie bien sérieusement pour retirer de l'eau un enfant qu'il a sauvé. Jean, acceptez les services de mon père, et que sa générosité triomphe d'un orgueil mal entendu.

— C'est bien, monsieur Émile, répondit le charpentier, vous aimez votre père, c'est bien. Moi aussi, je respectais le mien! Mais voyons, monsieur Cardonnet, à quelles conditions ferez-vous tout ça pour moi?

— Tu travailleras à mes charpentes, répondit l'industriel. Tu en auras la direction.

— Travailler pour votre établissement, qui sera la ruine de tant de gens!

— Non, mais qui fera la fortune de tous mes ouvriers et la tienne.

— Allons, dit Jean ébranlé : si ce n'est pas moi qui fais vos charpentes, d'autres les feront, et je ne pourrai rien empêcher. Je travaillerai donc pour vous, jusqu'à concurrence de mille francs. Mais qui me nourrira pendant que je vous paierai ma dette au jour le jour?

— Moi, puisque j'augmenterai d'un tiers le produit de ta journée.

— Un tiers, c'est peu, car il faudra que je m'habille. Je suis tout nu.

— Eh bien! je double; ta journée est de trente sous au prix courant du pays, je te la paie trois francs; tous les jours tu en recevras la moitié, l'autre moitié étant consacrée à t'acquitter envers moi.

— Soit ; ce sera long, j'en aurai au moins pour quatre ans.

— Tu te trompes, pour deux ans juste. J'espère bien que dans deux ans je n'aurai plus rien à bâtir.

— Comment, Monsieur, je travaillerai donc chez vous tous les jours, tous les jours de l'année sans désemparer?

— Excepté le dimanche.

— Oh! le dimanche, je le crois bien! Mais je n'aurai pas un ou deux jours par semaine que je pourrai passer à ma fantaisie?

— Jean, tu es devenu paresseux, je le vois. Voilà déjà les fruits du vagabondage.

— Taisez-vous! dit fièrement le charpentier; paresseux vous-même! Jamais de sa vie Jean n'a été lâche, et ce n'est pas à soixante ans qu'il le deviendra. Mais, voyez-vous, j'ai une idée pour me décider à prendre votre ouvrage. C'est celle de me bâtir une petite maison. Puisqu'on m'a vendu la mienne, j'aime autant en avoir une neuve, faite par moi tout seul, et à mon goût, à mon idée. Voilà pourquoi je veux au moins un jour par semaine.

— C'est ce que je ne souffrirai pas, répondit l'industriel avec roideur. Tu n'auras pas de maison, tu n'auras pas d'outils à toi, tu coucheras chez moi, tu mangeras chez moi, tu ne te serviras que de mes outils, tu...

— En voilà bien assez pour me faire voir que je serai votre propriété et votre esclave. Merci, Monsieur, il n'y a rien de fait. »

Et il se dirigea vers la porte.

Émile trouvait les conditions de son père bien dures; mais le sort de Jean allait le devenir bien davantage, s'il les refusait. Il essaya de les faire transiger.

« Brave Jean, dit-il en le retenant, réfléchissez, je vous en conjure. Deux ans sont bientôt passés, et grâce aux petites économies que vous pourrez faire pendant ce temps, d'autant plus, ajouta-t-il en regardant M Cardonnet d'un air à la fois suppliant et ferme, que mon père vous nourrira en sus du salaire convenu...

— Vrai? dit Jean ému.

— Accordé, répondit M. Cardonnet.

— Eh bien! Jean, vos vêtements sont peu de chose, et ma mère et moi nous nous ferons un plaisir de remonter votre garde-robe. Vous aurez donc, au bout de deux ans, mille francs nets; c'est assez pour bâtir une maison de garçon à votre usage, puisque vous êtes garçon.

— Veuf, Monsieur, dit Jean avec un soupir, et un fils mort au service!

— Au lieu que si tu manges ton salaire chaque semaine, reprit Cardonnet père sans s'émouvoir, tu le gaspilleras, et au bout de l'année, tu n'auras rien bâti et rien conservé.

— Vous prenez trop d'intérêt à moi : qu'est-ce que ça vous fait?

— Cela me fait que mes travaux, interrompus sans cesse, iront lentement, que je ne t'aurai jamais sous la main, et que dans deux ans, lorsque tu viendras m'offrir la prolongation de tes services, je n'aurai plus besoin de toi. J'aurai été forcé de confier ton poste à un autre.

— Vous aurez toujours des travaux d'entretien ! Croyez-vous que je veuille vous faire banqueroute?

— Non, mais j'aimerais mieux ta banqueroute que des retards.

— Ah! que vous êtes donc pressé de jouir! Eh bien!

voyons, vous me donnerez un seul jour par semaine, et j'aurai des outils à moi.

— Il paraît qu'il tient beaucoup à ce jour de liberté, dit Émile; accordez-le-lui, mon père.

— Je lui accorde le dimanche.

— Et moi je ne l'accepte que pour me reposer, dit Jean avec indignation; me prenez-vous pour un païen? Je ne travaille pas le dimanche, Monsieur; ça me porterait malheur, et je ferais de la mauvaise ouvrage pour vous et pour moi.

— Eh bien, mon père vous donnera le lundi...

— Taisez-vous, Émile, point de lundi! Je n'entends pas cela. Vous ne connaissez pas cet homme. Intelligent et rempli d'inventions parfois heureuses, souvent puériles, il ne s'amuse que quand il peut travailler à des niaiseries à son usage; il tranche du menuisier, de l'ébéniste, que sais-je? il est adroit de ses mains; mais quand il s'abandonne à ses fantaisies, il devient flâneur, distrait et incapable d'un travail sérieux.

— Il est artiste, mon père! dit Émile en souriant avec des larmes dans les yeux, ayez un peu de pitié pour le génie! »

M. Cardonnet regarda son fils d'un air de mépris; mais Jean, prenant la main du jeune homme: « Mon enfant, dit-il avec sa familiarité étrange et noble, je ne sais pas si tu me rends justice, ou si tu te moques de moi, mais tu as dit la vérité! j'ai trop d'esprit d'invention pour le métier qu'on veut que je fasse ici. Quand je travaille chez mes amis du village, chez M. Antoine, chez le curé, chez le maire, ou chez de pauvres gueux comme moi, ils me disent: « Fais comme tu voudras, invente ça toi-même, mon vieux! suis ton idée, ça sera un peu plus long, mais ça sera bien! » Et c'est alors que je travaille avec plaisir, oui! avec tant de plaisir, que je ne compte pas les heures, et que j'y mets une partie des nuits. Ça me fatigue, ça me donne la fièvre, ça me tue quelquefois! mais j'aime cela, vois-tu, mon garçon, comme d'autres aiment le vin. C'est mon amusement, à moi... Ah! riez et moquez-vous, monsieur Cardonnet; eh bien, votre ricanement m'offense, et vous ne m'aurez pas, non, vous ne m'aurez pas, quand même les gendarmes seraient là, et qu'il irait à la guillotine. Me vendre à vous corps et âme pendant deux ans! Ne faire que ce qui vous plaira, vous voir inventer, et n'avoir pas mon avis! car si vous me connaissez, je vous connais aussi: je sais comment vous êtes, et qu'il ne se remue pas une cheville chez vous sans que vous l'ayez mesurée. Je serais donc un manœuvre, travaillant à la corvée comme défunt mon père travaillait pour les abbés de Gargilesse? Non, Dieu me punisse! je ne vendrai pas mon âme à un travail ennuyeux et aussi bête. Encore si vous donniez mon jour de récréation et de dédommagement, pour contenter mes anciennes pratiques et moi-même! mais rien!

— Non, rien, dit M. Cardonnet irrité; car l'amour-propre d'artiste commençait à être en jeu de part et d'autre. Va-t'en, je ne veux pas de toi; prends ce napoléon, et va te faire pendre ailleurs.

— On ne pend plus, Monsieur, répondit Jean en jetant la pièce d'or par terre, et quand même ça se ferait encore, je ne serais pas le premier honnête homme qui aurait passé par les mains du bourreau.

— Émile, dit M. Cardonnet dès qu'il fut sorti, faites monter ici le garde champêtre, cet homme qui est là sur le perron avec une petite fourche de fer à la main.

— Mon Dieu! que voulez-vous faire? dit Émile effrayé.

— Ramener cet homme à la raison, à la bonne conduite, au travail, à la sécurité, au bonheur. Quand il aura passé une nuit en prison, il sera plus traitable, et il me bénira un jour de l'avoir délivré de son démon intérieur.

— Mais, mon père, attenter à la liberté individuelle... Vous ne le pouvez pas...

— Je suis maire depuis ce matin, et mon devoir est de faire saisir les vagabonds. Obéissez, Émile, ou j'y vais moi-même. »

Émile hésitait encore. M. Cardonnet, incapable de supporter l'ombre de la résistance, le poussa brusquement de devant la porte et alla, en sa qualité de premier magistrat du lieu, donner ordre au garde champêtre d'arrêter Jean Jappeloup, natif de Gargilesse, charpentier de profession, et actuellement sans domicile avoué.

Cette mission répugnait beaucoup au fonctionnaire rustique, et M. Cardonnet lut sans hésitation sur sa figure. « Caillaud, dit l'industriel d'un ton absolu, ta destitution avant huit jours, ou vingt francs de récompense! — Suffit, Monsieur, répondit Caillaud. » Et, brandissant sa pique, il partit d'un pas dégagé.

Il rejoignit le fugitif à deux portées de fusil du village, ce qui ne fut pas difficile, car ce dernier s'en allait lentement, la tête penchée sur sa poitrine et absorbé dans une méditation douloureuse. « Sans ma mauvaise tête, se disait-il, je serais à présent sur le chemin du repos et du bien-être, au lieu qu'il me faut reprendre le collier de misère, errer comme un loup à travers les ronces et les rochers, être souvent à charge à ce pauvre Antoine, qui est bon, qui m'accueille toujours bien, mais qui est pauvre et qui me donne plus de pain et de vin que je ne peux prendre dans mes lacets de perdrix et de lièvres pour sa table... Et puis, ce qui me fend le cœur, c'est de quitter toujours ce pauvre cher village où je suis né, où j'ai passé toute ma vie, où j'ai tous mes amis et où je ne peux plus entrer que comme un chien affamé qui brave un coup de fusil pour avoir un morceau de pain. Ils sont tous bons pour moi, pourtant, les gens d'ici; et, sans la crainte des gendarmes, ils me donneraient asile! »

En rêvant ainsi, Jean entendit la cloche qui sonnait l'*angelus* du soir, et des larmes involontaires coulèrent sur ses joues basanées. « Non, pensa-t-il, il n'y a pas à dix lieues à la ronde une seule cloche qui ait une aussi jolie sonnerie que celle de Gargilesse! » Un merle chanta auprès de lui dans l'aubépine du buisson. « Tu es bien heureux, toi, lui dit-il, parlant tout haut dans sa rêverie, tu peux nicher là, voler dans tous ces jardins que je connais si bien, et te nourrir des fruits de tout le monde, sans qu'on te dresse procès-verbal.

— Procès-verbal, c'est ça, dit une voix derrière lui; je vous arrête au nom de la loi! »

Et Caillaud lui mit la main au collet.

## VII.

### L'ARRESTATION.

« Toi? toi! Caillaud! dit le charpentier stupéfait, avec le même accent que dut avoir César en se sentant frappé par Brutus.

— Oui, moi-même, garde champêtre. Au nom de la loi! cria Caillaud de toutes ses forces pour être entendu aux environs, s'il se trouvait là quelque témoin; et il ajouta tout bas: — Échappez-vous, père Jean. Allons, repoussez-moi, et jouez des jambes.

— Que je fasse de la résistance pour mieux embrouiller mes affaires? Non, Caillaud, ça serait pire pour moi. Mais comment as-tu pu te décider à faire l'office de gendarme, pour arrêter l'ami de ta famille, ton parrain, malheureux?

— Aussi, je ne vous arrête pas, mon parrain, dit Caillaud à voix basse.... Allons, suivez-moi, ou j'appelle main-forte! cria-t-il de tous ses poumons. Allons donc! reprit-il à la sourdine, filez, père Jean; faites mine de me donner un renfoncement, je vas me laisser tomber par terre.

— Non, mon pauvre Caillaud, ça te ferait perdre ton emploi, ou tout au moins tu passerais pour un capon et une poule mouillée. Puisque tu as eu le cœur d'accepter ta commission, il faut aller jusqu'au bout. Je vois bien qu'on t'a menacé, qu'on t'a forcé la main; ça m'étonne bien que M. Jarige ait pu se décider à me faire ce tort-là.

— Mais ça n'est plus M. Jarige qui est maire; c'est M. Cardonnet.

— Alors, j'entends, et ça me donne envie de te battre pour t'apprendre à n'avoir pas donné ta démission tout de suite.

— Vous avez raison, père Jean, dit Caillaud navré,

je m'en vais la donner ; c'est le mieux. Allez vous-en !

— Qu'il s'en aille ! et toi.... garde ta place, dit Émile Cardonnet sortant de derrière un buisson. Tiens, mon camarade, tombe, puisque tu veux tomber, ajouta-t-il en lui passant adroitement la jambe à la manière des écoliers, et si l'on te demande qui est l'auteur de ce guet-apens, tu diras à mon père que c'est son fils.

— Ah ! la farce est bonne, dit Caillaud en se frottant le genou, et si votre papa vous fait mettre en prison, ça ne me regarde pas. Vous m'avez fait tomber un peu durement, pas moins, et j'aurais autant aimé que ça se fût trouvé sur l'herbe. Eh bien ! est-il parti ce vieux fou de Jean ?

— Pas encore, dit Jean qui avait gravi une éminence, et qui se tenait à portée de prendre les devants. Merci, monsieur Émile, je ne l'oublierai pas, car je me serais soumis à mon sort, si la loi seule s'en était mêlée ; mais, depuis que je sais que c'est une trahison de votre père, j'aimerais mieux me jeter dans la rivière la tête en avant, que de céder à un homme si méchant et si faux. Quant à vous, vous méritiez de sortir d'une meilleure souche ; vous avez du cœur, et aussi longtemps que je vivrai....

— Va-t'en, répondit Émile en s'approchant de lui, et garde-toi bien de me parler mal de mon père. J'ai bien des choses à te dire, moi, mais ce n'est pas le moment. Veux-tu être à Châteaubrun demain soir ?

— Oui, Monsieur. Prenez des précautions pour ne pas vous faire suivre, et ne me demandez pas trop haut à la porte. Allons, grâce à vous, j'ai encore les étoiles sur la tête, et je n'en suis pas mécontent. »

Il partit comme un trait ; et Émile, en se retournant, vit Caillaud couché tout de son long par terre, comme s'il se fût évanoui.

« Eh bien ? qu'y a-t-il ? lui demanda le jeune homme effrayé ; vous aurais-je blessé réellement ? souffrez-vous ?

— Ça ne va pas mal, Monsieur, répondit le rusé villageois ; mais vous voyez bien qu'il faut que quelqu'un vienne me relever, pour que j'aie l'air d'avoir été battu.

— C'est inutile, je me charge de tout, dit Émile. Lève-toi, et va-t'en dire à mon père que je me suis opposé de force ouverte à l'arrestation de Jean. Je te suis de près, et le reste est mon affaire.

— Au contraire, Monsieur, passez le premier. Il faut que je m'en aille en clopant ; car si je me mets à courir pour raconter que vous m'avez cassé les deux jambes, et que j'ai supporté ça patiemment, votre papa ne me croira pas, et je serai destitué.

— Donne-moi le bras, appuie-toi sur moi, et nous arriverons ensemble, dit Émile.

— C'est ça, Monsieur. Aidez-moi un peu. Pas si vite ! Diable ! j'ai le corps tout brisé.

— Tout de bon ? mais j'en serais désespéré, mon camarade.

— Eh non, Monsieur, ça n'est rien du tout : mais c'est comme ça qu'il faut dire.

— Qu'est-ce que cela signifie ? dit sévèrement M. Cardonnet en voyant arriver le garde champêtre appuyé sur Émile. Jean a fait de la résistance ; tu l'es laissé assommer comme un imbécile, et le délinquant s'est échappé.

— Faites excuse, Monsieur, le délinquant n'a rien fait, le pauvre homme ; c'est monsieur votre garçon que voilà, qui, en passant près de moi, m'a poussé sans le faire exprès, et au moment où je mettais la main sur mon homme, baoun ! voilà que j'ai roulé plus de cinquante pieds, la tête en bas, sur les rochers. Ce pauvre cher monsieur en a eu bien du chagrin, et il a couru pour m'empêcher de tomber dans la rivière, sans quoi j'allais boire un coup, bien sûr ! Mais qui a été bien content ? c'est le père Jappeloup, qui s'est ensauvé pendant que je restais là, tout essoté et ne pouvant remuer ni pieds ni pattes pour courir après lui. Si c'était un effet de votre bonté de me faire donner un doigt de vin, ça me serait rudement bon ; car je crois bien que j'ai l'estomac décroché.

Émile, en reconnaissant que ce paysan à l'air simple et patelin avait beaucoup plus d'esprit que lui pour mentir et arranger toutes choses pour la meilleure fin, hésita s'il n'accepterait pas l'issue qu'il donnait à son aventure. Mais il lut bien vite dans les yeux perçants de son père que ce dernier ne se paierait pas d'une assertion tacite, et que, pour le persuader, il faudrait avoir la même dose d'effronterie que maître Caillaud.

« Quelle est cette sotte et incroyable histoire ! dit M. Cardonnet en fronçant le sourcil. Depuis quand mon fils est-il si fort, si brutal et si pressé de suivre le même chemin que toi ? Si tu te tiens si mal sur les jambes, qu'un coup de coude te fasse trébucher et rouler comme un sac, c'est que tu es ivre apparemment ! Dites la vérité, Émile, Jean Jappeloup a battu cet homme, peut-être l'a-t-il poussé dans le ravin, et vous, qui souriez comme un enfant que vous êtes, vous avez trouvé cela plaisant, et tout en courant à l'aide du niais que voici, vous avez consenti à prendre sur votre compte une prétendue inadvertance ! C'est cela ? n'est-ce pas ?

— Non, mon père, ce n'est pas cela, dit Émile avec résolution. Je suis un enfant, il est vrai ; c'est pour cela qu'il peut entrer un peu de malice dans ma légèreté. Que Caillaud pense ce qu'il voudra de ma manière de renverser les gens en passant trop près d'eux ; si je l'ai blessé, je suis prêt à lui en demander excuse et à l'indemniser. En attendant, permettez-moi de l'envoyer à votre femme de charge, pour qu'elle lui administre le cordial qu'il réclame ; et quand nous serons seuls, je vous dirai franchement comment il m'est arrivé de faire cette sottise.

— Allez, conduisez-le à l'office, dit M. Cardonnet, et revenez tout de suite.

— Ah ! monsieur Émile, dit Caillaud au jeune homme en descendant à l'office, je ne vous ai pas vendu, n'allez pas me trahir, au moins !

— Sois tranquille, bois sans perdre l'esprit, répondit le jeune homme, et sois sûr qu'il n'y aura que moi de compromis.

— Et pourquoi, diable, voulez-vous donc vous accuser ? ça serait, pardonnez-moi, une grande bêtise. Vous ne pensez donc pas qu'il y va de la prison, pour avoir contrarié et maltraité un fonctionnaire public dans l'exercice de ses fonctions ?

— Cela me regarde ; soutiens ton dire, puisque tu as su très-bien arranger les choses ; moi, j'expliquerai mes intentions comme il me conviendra.

— Tenez, vous, vous avez trop bon cœur, dit Caillaud stupéfait ; vous n'aurez jamais la tête de votre père !

— Eh bien, Émile, dit M. Cardonnet, que son fils trouva marchant avec agitation dans son cabinet, m'expliquerez-vous cette inconcevable aventure ?

— Mon père, je suis le seul coupable, répondit le jeune homme avec fermeté. Que tout votre mécontentement et tous les résultats de ma faute retombent sur moi. Je vous atteste sur mon honneur que Jean Jappeloup se laissait arrêter sans la moindre résistance, lorsque j'ai poussé rudement le garde pour le faire tomber, et cela je l'ai fait exprès.

— Fort bien, dit froidement M. Cardonnet qui voulait savoir toute la vérité ; et le balourd s'est laissé choir. Il a lâché sa prise, et pourtant, quoiqu'il mente à présent, il s'est fort bien aperçu que ce n'était pas une maladresse, mais un parti-pris de votre part ?

— Cet homme n'a rien compris à mon action, reprit Émile ; il a été désarmé et renversé par surprise ; je crois même qu'il a été un peu meurtri en tombant.

— Et vous lui avez laissé croire que c'était une distraction de votre part, j'espère !

— Qu'importe ce que cet homme pense de mes intentions, ce qui se passe au fond de sa pensée ? Votre magistrature s'arrête au seuil de la conscience, mon père, et vous ne pouvez juger que les faits.

— Est-ce mon fils qui me parle de la sorte ?

— Non, mon père, c'est votre administré, le délinquant que vous avez à juger et à punir. Quand vous m'interrogerez sur mon propre compte, je vous répondrai comme je le dois. Mais il s'agit ici du pauvre diable qui vit de son modeste emploi. Il vous est soumis, il vous craint, et si vous lui ordonnez de me conduire en prison, il est prêt à le faire.

— Émile, vous me faites pitié. Laissons là ce garde champêtre et ses contusions. Je lui pardonne, et je vous autorise à lui faire un bon présent pour qu'il se taise, car je ne suis pas d'avis de vous faire débuter dans ce pays-ci par un scandale ridicule. Mais voudrez-vous bien m'expliquer pourquoi vous semblez provoquer un drame burlesque en police correctionnelle? Quelle est cette aventure où vous jouez le rôle de don Quichotte, en prenant Caillaud pour votre Sancho-Pança? Où alliez-vous si vite, lorsque vous vous êtes trouvé présent à l'arrestation du charpentier? Quelle fantaisie vous a prise de soustraire cet homme à la main de la justice et aux intentions bienveillantes que j'avais à son égard? Êtes-vous devenu fou depuis six mois que nous ne nous sommes vus? Avez-vous fait vœu de chevalerie, ou avez-vous l'intention de contrarier mes desseins et de me braver? Répondez sérieusement si vous le pouvez, car c'est très-sérieusement que votre père vous interroge.

— Mon père, j'aurais beaucoup de choses à vous répondre, si vous m'interrogiez sur mes sentiments et mes idées. Mais il s'agit ici d'un petit fait particulier, et je vous dirai en peu de mots comment les choses se sont passées. Je courais après le fugitif, afin de lui éviter la honte et la douleur d'être arrêté; j'espérais devancer Caillaud, et persuader à Jean de revenir de lui-même écouter vos offres et faire ses soumissions à la loi. Arrivé trop tard, et ne pouvant dissuader loyalement le garde de faire son devoir, je l'en ai empêché en m'exposant seul à la peine du délit. J'ai agi spontanément, sans préméditation, sans réflexion, et entraîné par un mouvement irrésistible de compassion et de douleur. Si j'ai mal fait, blâmez-moi; mais si, par des moyens de douceur et de persuasion, je vous ramène Jean de bon gré et avant qu'il soit deux jours, pardonnez-moi, et avouez que les mauvaises têtes ont parfois d'heureuses inspirations.

— Émile, dit M. Cardonnet après s'être promené en silence pendant quelques instants, j'aurais de graves reproches à vous faire pour être entré en révolte ouverte, je ne dis pas contre la loi municipale, à propos de laquelle je ne ferai point le pédant, mais contre ma volonté. Il y a là de votre part un immense orgueil et un manque de respect très-grave envers l'autorité paternelle. Je ne suis pas disposé à tolérer souvent de pareils coups de tête, vous devez me connaître assez pour le savoir, ou vous m'avez étrangement oublié depuis que nous sommes éloignés l'un de l'autre; mais je vous épargnerai, pour aujourd'hui, les longues remontrances, vous ne me paraissez pas disposé à en profiter. D'ailleurs, ce que je vois de votre conduite et ce que je sais de la situation de votre esprit me prouvent que nous avons besoin de mettre de l'ordre dans une discussion sérieuse sur le fond même de vos idées et de vos projets pour l'avenir. Le désastre qui m'a frappé aujourd'hui ne me laisse pas le temps de causer avec vous davantage ce soir. Vous avez eu des émotions dans le cours de cette journée, et vous devez avoir besoin de repos; allez voir votre mère, et couchez-vous de bonne heure. Dès que l'ordre et le calme seront rétablis dans mon établissement, je vous dirai pourquoi je vous ai rappelé de ce que vous appeliez votre exil, et ce que j'attends de vous désormais.

— Et jusqu'au moment de cette explication, que je désire vivement, répondit Émile, car ce sera la première fois de ma vie, que vous ne m'aurez pas traité comme un enfant, puis-je espérer, mon père, que vous ne serez pas irrité contre moi?

— Quand je te revois après une longue séparation, il me serait difficile de n'être pas indulgent, dit M. Cardonnet en lui serrant la main.

— Le pauvre Caillaud ne sera pas destitué? reprit Émile en embrassant son père.

— Non, à condition que tu ne te mêleras jamais des affaires de la municipalité.

— Et vous ne ferez pas arrêter le pauvre Jean?

— Je n'ai rien à répondre à une telle question; j'ai eu trop de confiance en vous, Émile, je vois que nous ne pensons pas de même sur certains points, et, jusqu'à ce que nous soyons d'accord, je ne m'exposerai pas à des contestations qui ne me conviennent point à mon rôle de chef de famille. C'est assez; bonsoir, mon enfant! J'ai à travailler.

— Ne puis-je donc vous aider? vous ne m'avez jamais cru propre à vous éviter quelque fatigue!

— J'espère que tu le deviendras. Mais tu ne sais pas encore faire une addition.

— Des chiffres; toujours des chiffres!

— Va donc dormir, c'est moi qui veillerai pour que tu sois riche un jour.

— Eh! ne suis-je pas déjà assez riche? pensait Émile en se retirant. Si, comme mon père me l'a dit souvent et avec raison, la richesse impose des devoirs immenses, pourquoi donc user sa vie à se créer ces devoirs, qui dépassent peut-être nos forces!»

La journée du lendemain fut consacrée à réparer un peu le désordre apporté par l'inondation. M. Cardonnet, malgré la force de son caractère, éprouvait une profonde contrariété, en constatant à chaque pas une perte imprévue dans les mille détails de son entreprise; ses ouvriers étaient démoralisés. L'eau, qui faisait marcher l'usine, et dont il était encore impossible de régler la force, imprimait aux machines un mouvement de rotation désordonné, augmentant à mesure qu'elle tendait à s'écouler par dessus les écluses. L'industriel était grave et pensif; il s'irritait secrètement contre le peu de présence d'esprit des hommes qu'il gouvernait, et qui lui semblaient plus machines que ses machines. Il les avait habitués à une obéissance passive, aveugle, et il sentait que dans les moments de crise, où la volonté d'un seul homme devient insuffisante, les esclaves sont les plus mauvais serviteurs qui se puissent trouver. Il n'appela pourtant pas Émile à son aide, et, au contraire, chaque fois que le jeune homme vint lui offrir ses services, il l'écarta sous divers prétextes, comme s'il se fût méfié de lui en effet. Cette manière de le châtier était la plus mortifiante pour un cœur ardent et généreux.

Émile essaya de se consoler auprès de sa mère; mais la bonne madame Cardonnet manquait totalement de ressort, et l'ennui qu'inspirait à tout le monde l'accablement de son esprit et l'espèce de stupeur dont son âme était à jamais frappée se traduisait chez son fils par une invincible mélancolie, lorsqu'elle essayait de le distraire et de l'amuser. Elle aussi le traitait comme un enfant, et c'était à force de tendresse qu'elle arrivait au même résultat blessant que son mari. N'ayant pas assez de vigueur pour sonder l'abîme qui séparait ces deux hommes, et possédant pourtant assez d'intelligence pour le pressentir, elle en détournait sa pensée avec effroi et s'efforçait de jouer au bord avec son fils, comme s'il eût été possible de l'abuser lui-même.

Elle le promenait dans sa maison et ses jardins, lui faisant mille remarques puériles, et tâchant de lui prouver qu'elle n'était malheureuse que parce que la rivière avait débordé.

« Si tu étais venu un jour plus tôt, lui disait-elle, tu aurais vu comme tout cela était beau, propre et bien tenu! Je me faisais une fête de te servir le café dans un joli bosquet de jasmins qui était là, au bord de la terrasse; hélas! il n'y en a plus trace maintenant: la terre même a été emportée, et l'eau nous a donné en échange cette vilaine vase noire et des cailloux.

— Consolez-vous, chère mère, répondait Émile, nous vous aurons bientôt rendu tout cela; si les ouvriers de mon père n'ont pas le temps, je me ferai votre jardinier. Vous me direz comment c'était arrangé; d'ailleurs, je l'ai vu: ç'a été comme un beau rêve. Du haut de la colline, en face d'ici, j'ai pu admirer vos jardins enchantés, vos belles fleurs qu'un instant a ravagées et détruites sous mes yeux; mais ces pertes sont réparables: ne vous affligez pas, d'autres sont plus à plaindre!

— Et quand je pense que tu as failli être emporté toi-même par cette odieuse rivière que je déteste à présent! O mon enfant! je déplore le jour où ton père a eu la fantaisie de se fixer ici. Déjà, dans le courant de l'hiver, nous avions été inondés plus d'une fois, et il avait été forcé de recommencer tous ses travaux. Cela l'affecte et le mine plus qu'il ne veut l'avouer. Son caractère s'aigrit, et sa santé finira par en souffrir. Et tout cela à cause de cette rivière !

— Mais vous, ma mère, croyez-vous que cette habitation toute neuve, cet air humide, ne soient pas pernicieux pour votre santé ?

— Je n'en sais rien, mon enfant. Je me consolais de tout avec mes fleurs, dans l'espérance de te revoir. Mais te voilà, et tu arrives dans un cloaque, dans une grenouillère, lorsque je me flattais de te voir fumer ton cigare et lire en marchant sur des tapis de fleurs et de gazon ! Oh ! la maudite rivière ! »

Quand le soir vint, Émile s'aperçut que la journée lui avait paru démesurément longue, à entendre maudire la rivière par tout le monde et sur tous les tons. Son père seul continuait de dire que ce n'était rien et qu'une toise de glacis de plus mettrait ce ruisseau à la raison une fois pour toutes ; mais son visage blême et ses dents serrées en parlant annonçaient une rage intérieure, plus pénible à voir que toutes les exclamations des autres à entendre.

Le dîner fut morne et glacial. Vingt fois interrompu, M. Cardonnet se leva vingt fois de table pour aller donner des ordres ; et comme madame Cardonnet le traitait avec un respect sans bornes, on remportait les plats pour les tenir chauds, on les rapportait trop cuits ; il les trouvait détestables ; sa femme pâlissait et rougissait tour à tour, allait elle-même à l'office, se donnait mille soins, partagée entre le désir d'attendre son mari et de ne pas faire attendre son fils, qui trouvait qu'on dînait bien mal et bien longtemps dans ce riche ménage.

On sortit de table si tard, et les gués de rivière étaient encore si peu praticables dans l'obscurité, qu'Émile dut renoncer à se rendre à Châteaubrun, comme il en avait eu le projet. Il avait raconté comment il y avait été accueilli.

« Oh, j'irai leur faire une visite de remercîments ! s'était écrié madame Cardonnet. Mais son mari avait ajouté : — Vous pouvez bien vous en dispenser. Je ne me soucie pas que vous m'attiriez la société de ce vieil ivrogne, qui vit de pair à compagnon avec les paysans, et qui se griserait dans ma cuisine avec mes ouvriers.

— Sa fille est charmante, dit timidement madame Cardonnet.

— Sa fille ! reprit le maître avec hauteur. Quelle fille ? celle qu'il a eue de sa servante ?

— Il l'a reconnue.

— Il a bien fait, car la vieille Janille serait fort embarrassée de reconnaître le père de cet enfant-là. Qu'elle soit charmante ou non, j'espère qu'Émile n'ira pas, ce soir, faire une pareille course. Le temps est sombre et les chemins sont mauvais.

— Oh ! non, s'écria madame Cardonnet, il n'ira pas ce soir : mon cher enfant ne voudra pas me faire un pareil chagrin. Demain, au jour, si la rivière est tout à fait rentrée dans son lit, à la bonne heure !

— Eh bien, demain, répondit Émile, très-contrarié, mais soumis à sa mère ; car il est bien certain que je dois une visite de remercîment pour l'affectueuse hospitalité que j'ai reçue.

— Vous la devez certainement, dit M. Cardonnet ; mais là se borneront, j'espère, vos relations avec cette famille, qu'il ne me convient pas de fréquenter. Ne faites pas votre visite trop longue : c'est demain soir que j'ai l'intention de causer avec vous, Émile. »

Dès la pointe du jour suivant, Émile fit seller son cheval avant que ses parents fussent levés, et franchissant la rivière encore troublée et courroucée, il prit au galop la route de Châteaubrun.

## VIII.

### GILBERTE.

La matinée était superbe et le soleil se levait lorsque Émile se trouva en face de Châteaubrun. Cette ruine, qui lui était apparue si formidable à la lueur des éclairs, avait maintenant un aspect d'élégance et de splendeur qui triomphait du temps et de la dévastation. Les rayons du matin lui envoyaient un reflet blanc rosé, et la végétation dont elle était couverte s'épanouissait coquettement comme une parure digne d'être le linceul virginal d'un si beau monument.

De fait il est peu d'entrées de châteaux aussi seigneurialement disposées et aussi fièrement situées que celle de Châteaubrun. L'édifice carré qui contient la porte et le péristyle en ogive est d'une belle coupe ; la pierre de taille employée pour cette voûte et pour les encadrements de la herse est d'une blancheur inaltérable. La façade se déploie sur un tertre gazonné et planté, mais bien assis sur le roc et tombant en précipice sur un ruisseau torrentueux. Les arbres, les rochers et les pelouses qui s'en vont en désordre sur ces plans brusquement inclinés ont une grâce naturelle que les créations de l'art n'eussent jamais pu surpasser. Sur l'autre face la vue est plus étendue et plus grandiose : la Creuse, traversée par deux écluses en biais, forme, au milieu des saules et des prairies, deux cascades molles et doucement mélodieuses sur cette belle rivière, tantôt si calme, tantôt si furieuse dans son cours, partout limpide comme le cristal, et partout bordée de ravissants paysages et de ruines pittoresques. Du haut de la grande tour du château on la voit s'enfoncer en mille détours dans des profondeurs escarpées, et fuir comme une traînée de vif-argent sur la verdure sombre et parmi les roches couvertes de bruyère rose.

Lorsque Émile eut franchi le pont qui traverse de vastes fossés, comblés en partie, et dont les revers étaient remplis d'herbe touffue et de ronces en fleurs, il admira la propreté de l'écoulement des pluies d'orage qui naguère redonnaient à cette vaste terrasse naturelle et à tous les abords de la ruine. Tous les plâtras avaient été entraînés ainsi que les fragments de bois épars, et l'on eût dit que quelque fée géante avait lavé avec soin les sentiers et les vieux murs, épuré les sables et débarrassé le passage de tout le déchet de démolissement que le châtelain n'aurait jamais eu le moyen de faire enlever. L'inondation, qui avait gâté, souillé et détruit toute la beauté de la nouvelle maison Cardonnet, avait donc servi à nettoyer et à rajeunir le monument dévasté de Châteaubrun. Ses vieilles murailles inébranlables bravaient les siècles et les orages, et le poste élevé qu'elles occupaient semblait destiné à dominer tous les éphémères travaux des nouvelles générations.

Quoiqu'il fût fier comme doivent et peuvent l'être les descendants de l'antique bourgeoisie, cette race intelligente, vindicative et têtue, qui a eu de si grands jours dans l'histoire, et qui serait encore si noble si elle avait tendu la main au peuple, au lieu de le repousser du pied, Émile fut frappé de la majesté que cette demeure féodale conservait sous ses débris, et il éprouva un sentiment de pitié respectueuse en entrant, lui riche et puissant roturier, dans ce domaine où l'orgueil d'un nom pouvait seul lutter encore contre la supériorité réelle de sa position. Cette noble compassion lui était d'autant plus facile que rien, dans les sentiments et les habitudes du châtelain, ne cherchait à la provoquer ni à la repousser. Calme, insouciant et affectueux, le bon Antoine, occupé à tailler des arbres fruitiers à l'entrée de son jardin, l'accueillit d'un air paternel, accourut à sa rencontre, et lui dit en souriant :

« Soyez encore une fois le bienvenu, mon cher monsieur Émile ; car je sais qui vous êtes maintenant, et je suis content de vous connaître. Vrai ! votre figure m'a plu dès le premier coup d'œil, et depuis que vous avez détruit les préventions que l'on tâchait de me suggérer contre votre père, je sens qu'il me sera doux de vous voir souvent dans mes ruines. Allons, suivez-moi d'abord à l'écurie, je vous aiderai à attacher votre cheval, car mons Charasson est occupé à faire des greffes de rosier avec ma fille, et il ne faut pas déranger la petite d'une si importante occupation. Vous allez, cette fois, déjeuner avec nous ; car nous sommes vos créanciers pour un repas que nous vous avons volé l'autre jour.

Blanche et blonde, âgée de dix-huit ou dix-neuf ans, Gilberte de Châteaubrun..... (Page 27.)

— Je ne viens pas pour vous causer de nouveaux embarras, mon généreux hôte, dit Émile en serrant avec une sympathie irrésistible la large main calleuse du gentilhomme campagnard. Je voulais d'abord vous remercier de vos bontés pour moi, et puis rencontrer ici un homme qui est votre ami et le mien, et auquel j'avais donné rendez-vous pour hier soir.

— Je sais, je sais cela, dit M. Antoine en posant un doigt sur ses lèvres : il m'a tout dit. Seulement il m'a exagéré, comme de coutume, ses griefs contre votre père. Mais nous parlerons de cela, et j'ai à vous remercier, pour mon propre compte, de l'intérêt que vous lui portez. Il est parti à la petite pointe du jour, et je ne sais s'il pourra revenir aujourd'hui, car il est plus traqué que jamais ; mais je suis sûr que, grâce à vous, ses affaires prendront bientôt une meilleure tournure. Vous me direz ce que vous avez définitivement obtenu de monsieur votre père pour le salut et la satisfaction de mon pauvre camarade. Je suis chargé de vous entendre et de vous répondre, car j'ai ses pleins pouvoirs pour traiter avec vous de la pacification ; je suis sûr que les conditions seront honorables en passant par votre bouche ! Mais rien ne presse au point que vous n'acceptiez pas notre déjeuner de famille, et je vous déclare que je n'entrerai pas en pourparlers à jeun. Commençons par satisfaire votre cheval, car les animaux ne savent point demander ce qu'ils désirent, et il faut que les gens s'occupent d'eux avant de s'occuper d'eux-mêmes, de peur de les oublier. Ici, Janille ! apportez votre tablier plein d'avoine, car cette noble bête a l'habitude d'en manger tous les jours, j'en suis certain, et je veux qu'elle hennisse en signe d'amitié toutes les fois qu'elle passera devant ma porte ; je veux même qu'elle y entre malgré son maître, s'il m'oublie. »

Janille, malgré l'économie parcimonieuse qui présidait à toutes ses actions, apporta sans hésiter un peu d'avoine qu'elle tenait en réserve pour les grandes occasions. Elle trouvait bien que c'était une superfluité ; mais, pour l'honneur de la maison de son maître, elle eût vendu son dernier casaquin, et cette fois elle se disait avec une malice généreuse que le présent qu'Émile lui avait fait à leur dernière entrevue, et celui qu'il ne manquerait pas de lui faire encore, seraient plus que suffisants pour nourrir splendidement son cheval, chaque fois qu'il lui plairait de revenir.

..... Elle remarqua qu'il était très-beau sans en être vain le moins du monde. (Page 27.)

« Mange, mon garçon, mange, » dit-elle en caressant le cheval d'un air qu'elle s'efforçait de rendre mâle et déluré ; puis, faisant un bouchon de paille, elle se mit en devoir de lui frotter les flancs.

— Laissez, dame Janille, s'écria Émile en lui ôtant la paille des mains. Je ferai moi-même cet office.

— Croyez-vous donc que je ne m'en acquitterai pas aussi bien qu'un homme? dit la petite bonne femme omni-compétente. Soyez tranquille, Monsieur, je suis aussi bonne à l'écurie qu'au garde-manger et à la lingerie ; et si je ne faisais pas ma visite au râtelier et à la sellerie tous les jours, ce n'est pas ce petit évaporé de *jockey* qui tiendrait convenablement la jument de monsieur le comte. Voyez comme elle est propre et grasse, cette pauvre Lanterne! Elle n'est pas belle, Monsieur, mais elle est bonne ; c'est comme tout ce qu'il y a ici, excepté ma fille qui est l'une et l'autre.

— Votre fille ! dit Émile frappé d'un souvenir qui était quelque poésie à l'image de mademoiselle de Châteaubrun. Vous avez donc une fille ici? Je ne l'ai pas encore vue.

— Fi donc! Monsieur! que dites-vous là? s'écria Janille, dont les joues pâles et luisantes se couvrirent d'une rougeur de prude, tandis que M. Antoine souriait avec quelque embarras. Vous ignorez apparemment que je suis demoiselle.

— Pardonnez-moi, reprit Émile, je suis si nouveau dans le pays, que je peux faire beaucoup de méprises ridicules. Je vous croyais mariée ou veuve.

— Il est vrai qu'à mon âge je pourrais avoir enterré plusieurs maris, dit Janille ; car les occasions ne m'ont pas manqué. Mais j'ai toujours eu de l'aversion pour le mariage, parce que j'aime à faire à ma volonté. Quand je dis *notre fille*, c'est par amitié pour une enfant que j'ai quasi vue naître, puisque je l'ai eue chez moi en sevrage, et M. le comte me permet de traiter sa fille comme si elle m'appartenait ; ce qui n'ôte rien au respect que je lui dois. Mais si vous aviez vu mademoiselle, vous auriez remarqué qu'elle ne me ressemble pas plus que vous, et qu'elle n'a que du sang noble dans les veines. Jour de Dieu! si j'avais une pareille fille, où donc l'aurais-je prise? j'en serais si fière, que je le dirais à tout le monde, quand même cela ferait mal parler de moi. Hé! hé! vous riez! monsieur Antoine? riez tant que vous voudrez : j'ai quinze ans de plus que vous, et les mauvaises langues n'ont rien à dire sur mon compte.

— Comment donc, Janille! personne, que je sache, ne songe à cela, dit M. de Châteaubrun en affectant un air de gaieté. Ce serait me faire beaucoup trop d'honneur, et je ne suis pas assez fat pour m'en vanter. Quant à ma fille, tu as bien le droit de l'appeler comme tu voudras : car tu as été pour elle plus qu'une mère s'il est possible!»

Et, en disant ces derniers mots d'un ton sérieux et pénétré, le châtelain eut tout à coup dans les yeux et dans la voix comme un nuage et un accent de tristesse profonde. Mais la durée d'un sentiment chagrin était incompatible avec son caractère, et il reprit aussitôt sa sérénité habituelle.

« Allez apprêter le déjeuner, jeune folle, dit-il avec enjouement à son petit majordome femelle; moi j'ai encore deux arbres à tailler, et monsieur Émile va venir me tenir compagnie. »

Le jardin de Châteaubrun avait été vaste et magnifique comme le reste; mais, vendu en grande partie avec le parc qui avait été converti en champ de blé, il n'occupait plus que l'espace de quelques arpents. La partie la plus voisine du château était belle de désordre et de végétation; l'herbe et les arbres d'agrément, livrés à leur croissance vagabonde, laissaient apercevoir çà et là quelques marches d'escalier et quelques débris de murs, qui avaient été des kiosques et des labyrinthes au temps de Louis XV. Là, sans doute, des statues mythologiques, des vases, des jets d'eau, des pavillons soi-disant rustiques, avaient rappelé jadis en petit l'ornementation coquette et maniérée des maisons royales. Mais tout cela n'était plus que débris informes, couverts de pampre et de lierre, plus beaux peut-être pour les yeux d'un poète et d'un artiste qu'ils ne l'avaient été au temps de leur splendeur.

Sur un plan plus élevé et bordé d'une haie d'épines, pour enfermer les deux chèvres qui paissaient en liberté dans l'ancien jardin, s'étendait le verger, couvert d'arbres vénérables, dont les branches noueuses et tortues, échappant à la contrainte de la taille en quenouille et en espalier, affectaient des formes bizarres et fantastiques. C'était un entrecroisement d'hydres et de dragons monstrueux qui se tordaient sous les pieds et sur la tête, si bien qu'il était difficile d'y pénétrer sans se heurter contre d'énormes racines ou sans laisser son chapeau dans les branches.

« Voilà de vieux serviteurs, dit M. Antoine en frayant un passage à Émile parmi ces ancêtres du verger; ils ne produisent plus que tous les cinq ou six ans; mais alors, quels fruits magnifiques et succulents sortent de cette vieille sève lente et généreuse! Quand j'ai racheté *ma terre*, tout le monde me conseillait d'abattre ces souches antiques; ma fille a demandé grâce pour elles à cause de leur beauté, et bien m'en a pris de suivre son conseil, car cela fait un bel ombrage, et pour peu que quelques-unes produisent dans l'année une certaine quantité, nous nous trouvons suffisamment approvisionnés de fruits. Voyez quel gros pommier! Il a dû voir naître mon père, et je gage bien qu'il verra naître mes petits-enfants. Ne serait-ce pas un meurtre d'abattre un tel patriarche? Voilà un coignassier qui ne rapporte qu'une douzaine de coings chaque année. C'est peu pour sa taille; mais les fruits sont gros comme ma tête et jaunes comme de l'or pur : et quel parfum, Monsieur! Vous les verrez à l'automne. Tenez, voilà un cerisier qui n'est pas mal garni. Oui-da, les vieux sont encore bons à quelque chose, que vous en semble? Il ne s'agit que de savoir tailler les arbres comme il convient. Un horticulteur systématique vous dirait qu'il faut arrêter tout ce développement des branches, élaguer, rogner, afin de contraindre la sève à se convertir en bourgeons. Mais quand on est vieux soi-même, on a l'expérience qui vous conseille autrement. Quand l'arbre à fruit a vécu cinquante ans sacrifié au rapport, il faut lui donner de la liberté, et le remettre pour quelques années aux soins de la nature. Alors il se fait pour lui une seconde jeunesse : il pousse en rameaux et en feuillage; cela le repose. Et quand, au lieu d'un squelette ramassé, il est redevenu par la cime un arbre véritable, il vous remercie et vous récompense en fructifiant à souhait. Par exemple, voici une grosse branche qui paraît de trop, ajouta-t-il en ouvrant sa serpette. Eh bien, elle sera respectée : une amputation aussi considérable épuiserait l'arbre. Dans les vieux corps le sang ne se renouvelle plus assez vite pour supporter les opérations que peut subir la jeunesse. Il en est de même pour les végétaux. Je vais seulement ôter le bois mort, gratter la mousse et rafraîchir les extrémités. Voyez, c'est bien simple »

Le sérieux naïf avec lequel M. de Châteaubrun se plongeait tout entier dans ces innocentes occupations touchait Émile, qui lui offrait à chaque instant un contraste avec ce qui se passait chez lui, à propos des mêmes choses. Tandis qu'un jardinier largement rétribué et deux aides, occupés du matin à la nuit, ne suffisaient pas à rendre assez propre et assez brillant le jardin de sa mère, tandis qu'elle se tourmentait pour un bouton de rose avorté ou pour une greffe de contrebande, M. Antoine était heureux de la fière sauvagerie de ses *élèves*, et rien ne lui paraissait plus fécond et plus généreux que le vœu de la nature. Cet antique verger, avec son gazon fin et doux, taillé par la dent laborieuse de quelques patientes brebis abandonnées là sans chien et sans berger, avec ses robustes caprices de végétation, et les molles ondulations de ses pentes, était un lieu splendide où aucun souci de surveillance jalouse ne venait interrompre la rêverie.

« Maintenant que j'ai fini avec mes arbres, dit M. Antoine en remettant sa veste qu'il avait accrochée à une branche, allons chercher ma fille pour déjeuner. Vous n'avez pas encore vu ma fille, je crois? Mais elle vous connaît déjà, car elle est initiée à tous les petits secrets de notre pauvre Jean; et même, il a tant d'affection pour elle, qu'il prend plus souvent conseil d'elle que de moi. Marchez devant, *Monsieur*, dit-il à son chien, allez dire à votre jeune maîtresse que l'heure de se mettre à table est venue. Ah! cela vous rend tout guilleret, vous! Votre appétit est dit l'heure aussi bien qu'une montre. »

Le chien de M. Antoine répondait également au nom de *Monsieur* qu'on lui donnait quand on était content de lui, et à celui de Sacripant, qui était son nom véritable, mais qui ne plaisait pas à mademoiselle de Châteaubrun, et dont son maître ne se servait plus guère avec lui qu'à la chasse, ou pour le réprimander gravement, quand il lui arrivait, chose bien rare, de commettre quelque inconvenance, comme de manger avec gloutonnerie, de ronfler en dormant, ou d'aboyer lorsqu'au milieu de la nuit Jean arrivait par-dessus les murs. Le fidèle animal sembla comprendre le discours de son maître, car il se mit à rire, expression de gaieté très-marquée chez quelques chiens, et qui donne à leur physionomie un caractère presque humain d'intelligence et d'urbanité. Puis il courut en avant et disparut en descendant la pente du côté de la rivière.

En le suivant, M. Antoine fit remarquer à Émile la beauté du site qui se déployait sous leurs yeux. « Notre Creuse aussi s'est mêlée de déborder l'autre jour, dit-il; mais tous les foins du rivage étaient rentrés, et cela grâce au conseil de Jean, qui nous avait avertis de ne pas les laisser trop mûrir. On le croit ici comme un oracle, et il est de fait qu'il a un grand esprit d'observation et une mémoire prodigieuse. A certains signes que nul autre ne remarque, à la couleur de l'eau, à celle des nuages, et surtout à l'influence de la lune dans la première quinzaine du printemps, il peut prédire à coup sûr le temps qu'il faut espérer ou craindre tout le long de l'année. Ce serait un homme très-précieux pour votre père, s'il voulait l'écouter. Il est bon à tout, et si j'étais dans la position de M. Cardonnet, rien ne me coûterait pour essayer de m'en faire un ami : car d'en faire un serviteur assidu et discipliné, il n'y faut pas songer. C'est la nature du sauvage, qui meurt quand il s'est soumis. Jean Jappeloup ne fera jamais rien de bon que de son plein gré; mais qu'on s'empare de son cœur, qui est le plus grand cœur que Dieu ait formé, et vous verrez comme, dans les occasions importantes, cet homme-là s'élève au-dessus de ce qu'il paraît! Que la dérive, l'incendie, un sinistre imprévu vienne frapper l'établissement de M. Cardonnet, et alors il nous dira si la tête et le bras de Jean Jappeloup peuvent être trop payés et trop protégés ! »

Émile n'écouta pas la fin de cet éloge avec l'intérêt qu'il y aurait donné en toute autre circonstance : car ses oreilles et sa pensée venaient de prendre une autre direction : une voix fraîche chantait ou plutôt murmurait à quelque distance un de ces petits airs charmants de mélancolie et de naïveté qui sont propres au pays. Et la fille du châtelain, cet enfant du célibat, dont le nom maternel était resté un problème pour tout le voisinage, parut au détour d'un massif d'églantiers, belle comme la plus belle fleur inculte de ces gracieuses solitudes.

Blanche et blonde, âgée de dix-huit ou dix-neuf ans, Gilberte de Châteaubrun avait, dans la physionomie comme dans le caractère, un mélange de raison au-dessus de son âge et de gaieté enfantine, que peu de jeunes filles eussent conservé dans une position comme la sienne ; car il lui était impossible d'ignorer sa pauvreté, et l'avenir d'isolement et de privations qui lui était réservé dans ce siècle de calculs et d'égoïsme. Elle ne paraissait pourtant pas s'en affecter plus que son père, auquel elle ressemblait trait pour trait au moral comme au physique, et la plus touchante sérénité régnait dans son regard ferme et bienveillant. Elle rougit beaucoup en apercevant Émile, mais ce fut plutôt l'effet de la surprise que du trouble ; car elle s'avança et le salua sans gaucherie, sans cet air contraint et sournoisement pudique qu'on a trop vanté chez les jeunes filles, faute de savoir ce qu'il signifie. Il ne vint pas à la pensée de Gilberte que le jeune hôte de son père allait la dévorer du regard, et qu'elle dût prendre un air digne pour mettre un frein à l'audace de ses secrets désirs. Elle le regarda elle-même, au contraire, pour voir si sa figure lui était sympathique autant qu'à son père, et avec une perspicacité très-prompte, elle remarqua qu'il était très-beau sans en être vain le moins du monde, qu'il suivait les modes avec modération, qu'il n'était ni guindé, ni arrogant, ni prétentieux ; enfin que sa physionomie expressive était pleine de candeur, de courage et de sensibilité. Satisfaite de cet examen, elle se sentit tout à coup aussi à l'aise que si un étranger ne s'était pas trouvé entre elle et son père.

« C'est vrai, dit-elle en achevant la phrase d'introduction de M. de Châteaubrun, mon père vous en a voulu, Monsieur, de vous être enfui l'autre jour sans avoir voulu déjeuner. Mais moi, j'ai bien compris que vous étiez impatient de revoir madame votre mère, surtout au milieu de cette inondation où chacun pouvait avoir peur pour les siens. Heureusement madame Cardonnet n'a pas été trop effrayée, à ce qu'on nous a dit, et vous n'avez perdu aucun de vos ouvriers ?

— Grâce à Dieu, personne chez nous, ni dans le village, n'a péri, répondit Émile.

— Mais il y a eu beaucoup de dommage chez vous ?

— C'est le point le moins intéressant, Mademoiselle ; les pauvres gens ont bien plus souffert à proportion. Heureusement mon père a le pouvoir et la volonté de réparer beaucoup de malheurs.

— On dit surtout..... on dit *aussi*, reprit la jeune fille en rougissant un peu du mot qui lui était échappé malgré elle, que madame votre mère est extrêmement bonne et charitable. Je parlais d'elle précisément tout à l'heure avec le petit Sylvain, qu'elle a comblé.

— Ma mère est parfaite, dit Émile ; mais, en cette occasion, il était bien simple qu'elle témoignât de l'amitié à ce pauvre enfant, sans lequel j'aurais peut-être péri par imprudence. Je suis impatient de le voir pour le remercier.

— Le voilà, reprit mademoiselle de Châteaubrun en montrant Charasson qui venait derrière elle, portant un panier et un petit pot de résine. Nous avons fait plus de cinquante écussons de greffe, et il y a même là des échantillons que Sylvain a ramassés dans le haut de votre jardin. C'était le rebut que le jardinier avait jeté après la taille de ses rosiers, et cela nous donnera encore de belles fleurs, si nos greffes ne sont pas trop mal faites ; vous y regarderez, n'est-ce pas, mon père ? car je n'ai pas encore beaucoup de science.

— Bah ! tu greffes mieux que moi, avec tes petites mains, dit M. Antoine en portant à ses lèvres les jolis doigts de sa fille. C'est un ouvrage de femme qui demande plus d'adresse que nous n'en pouvons avoir. Mais tu devrais mettre tes gants, ma petite ! Ces vilaines épines ne te respecteront pas.

— Et qu'est-ce que cela fait, mon père ? dit la jeune fille en souriant. Je ne suis pas une princesse, moi, et j'en suis bien aise. J'en suis plus libre et plus heureuse. »

Émile ne perdit pas un mot de cette dernière réflexion, quoiqu'elle l'eût faite à demi-voix pour son père ; et que, de son côté, il eût fait quelques pas au-devant du petit Sylvain pour lui dire bonjour avec amitié.

« Oh ! moi, ça va très-bien, répondit le page de Châteaubrun ; je n'avais qu'une crainte, c'est que la jument ne *s'enrhumât*, après avoir été si bien baignée. Mais, par bonheur, elle ne s'en porte que mieux ; et moi j'ai été bien content d'entrer dans votre joli château, de voir vos belles chambres, les domestiques à votre papa, qui ont des gilets rouges et de l'or à leurs chapeaux !

— Ah ! voilà surtout ce qui lui a tourné la tête, dit Gilberte en riant de tout son cœur, et en découvrant deux rangs de petites dents blanches et serrées comme un collier de perles. M. Sylvain, tel que vous le voyez, est rempli d'ambition : il méprise profondément sa blouse neuve et son chapeau gris depuis qu'il a vu des laquais galonnés. S'il voit jamais un chasseur avec un plumet de coq et des épaulettes, il en deviendra fou.

— Pauvre enfant ! dit Émile, s'il savait combien son sort est plus libre, plus honorable et plus heureux que celui des laquais bariolés des grandes villes !

— Il ne se doute pas que la livrée soit avilissante, reprit la jeune fille, et il ignore qu'il est le plus heureux serviteur qui ait jamais existé.

— Je ne me plains pas, répondit Sylvain ; tout le monde est bon pour moi, ici, même mademoiselle Janille, quoiqu'elle soit un peu *regardante*, et je ne voudrais pas quitter le pays, puisque j'ai mon père et ma mère à Cuzion, tout auprès de la maison ! Mais un petit bout de toilette, ça vous refait un homme !

— Tu voudrais donc être mieux mis que ton maître ? dit mademoiselle de Châteaubrun. Regarde mon père, comme il est simple. Il serait bien malheureux s'il lui fallait mettre tous les jours un habit noir et des gants blancs.

— Il est vrai que j'aurais de la peine à en reprendre l'habitude, dit M. Antoine. Mais entendez-vous Janille, mes enfants ? la voilà qui s'égosille après nous pour que nous allions déjeuner. »

*Mes enfants* était une locution générale que, dans son humeur bienveillante, M. Antoine adressait souvent, soit à Janille et à Sylvain lorsqu'ils étaient ensemble, soit aux paysans de son endroit. Gilberte rencontra donc avec étonnement le regard rapide et involontaire que le jeune Cardonnet jeta sur elle. Il avait tressailli, et un sentiment confus de sympathie, de crainte et de plaisir avait fait battre son cœur, en s'entendant confondre avec la belle Gilberte dans cette paternelle appellation du châtelain.

## IX.

### M. ANTOINE.

Cette fois le déjeuner fut un peu plus confortable que de coutume à Châteaubrun. Janille avait eu le temps de faire quelques préparatifs. Elle s'était procuré du laitage, du miel, des œufs, et elle avait bravement sacrifié deux poulets qui chantaient encore lorsque Émile avait paru sur le sentier, mais qui, mis tout chauds sur le gril, furent assez tendres.

Le jeune homme avait gagné de l'appétit dans le verger et trouva ce repas excellent. Les éloges qu'il y donna flattèrent beaucoup Janille, qui s'assit comme de coutume en face de son maître et fit les honneurs de la table avec une certaine distinction.

Elle fut surtout fort touchée de l'approbation que son hôte donna à des confitures de mûres sauvages confectionnées par elle.

« Petite mère, lui dit Gilberte, il faudra envoyer un échantillon de ton savoir-faire et ta recette à madame Cardonnet, pour qu'elle nous accorde en échange du plant de fraises ananas.

— Ça ne vaut pas le diable, vos grosses fraises de jardin, répondit Janille; ça ne sent que l'eau. J'aime bien mieux nos petites fraises de montagne, si rouges et si parfumées. Cela ne m'empêchera pas de donner à M. Émile un grand pot de mes confitures pour *sa maman*, si elle veut bien les accepter.

— Ma mère ne voudrait pas vous en priver, ma chère demoiselle Janille, répondit Émile, touché surtout de la naïve générosité de Gilberte, et comparant dans son cœur les bonnes intentions candides de cette pauvre famille avec les dédains de la sienne.

— Oh! reprit Gilberte en souriant, cela ne nous privera pas. Nous avons et nous pouvons recommencer une ample provision de ces fruits. Ils ne sont pas rares chez nous, et si nous n'y prenions garde, les ronces qui les produisent perceraient nos murs et pousseraient jusque dans nos chambres.

— Et à qui la faute, dit Janille, si les ronces nous envahissent? N'ai-je pas voulu les couper toutes? Certainement j'en serais venue à bout sans l'aide de personne, si on m'eût laissée faire.

— Mais moi, j'ai protégé ces pauvres ronces contre toi, chère petite mère! Elles forment de si belles guirlandes autour de nos ruines, que ce serait grand dommage de les détruire.

— Je conviens que cela fait un joli effet, reprit Janille, et qu'à dix lieues à la ronde on ne trouverait pas d'aussi belles ronces, et produisant des fruits aussi gros!

— Vous l'entendez, monsieur Émile! dit à son tour M. Antoine. Voilà Janille tout entière. Il n'y a rien de beau, de bon, d'utile et de salutaire qui ne se trouve à Châteaubrun. C'est une grâce d'état.

— Pardine, Monsieur, plaignez-vous, dit Janille; oui, je vous le conseille, plaignez-vous de quelque chose!

— Je ne me plains de rien, répondit le bon gentilhomme : à Dieu ne plaise ! entre ma fille et toi, que pourrais-je désirer pour mon bonheur?

— Oh! oui; vous dites comme cela quand on vous écoute, mais si on a le dos tourné, et qu'une petite mouche vous pique, vous prenez des airs de résignation tout à fait déplacés dans votre position.

— Ma position est ce que Dieu l'a faite! répondit M. Antoine avec une douceur un peu mélancolique. Si ma fille l'accepte sans regret, ce n'est ni toi, ni moi, qui accuserons la Providence.

— Moi ! s'écria Gilberte; quel regret pourrais-je donc avoir? Dites-le moi, cher père; car, pour moi, je chercherais en vain ce qui me manque et ce que je puis désirer de mieux sur la terre.

— Et moi je suis de l'avis de mademoiselle, dit Émile, attendri de l'expression sincère et noblement affectueuse de ce beau visage. Je suis certain qu'elle est heureuse, parce que...

— Parce que?... Dites, monsieur Cardonnet! reprit Gilberte avec enjouement, vous alliez dire pourquoi, et vous vous êtes arrêté?

— Je serais au désespoir d'avoir l'air de vouloir dire une fadeur, répondit Émile en rougissant presque autant que la jeune fille; mais je pensais que quand on avait ces trois richesses, la beauté, la jeunesse et la bonté, on devait être heureux, parce qu'on pouvait être sûr d'être aimé.

— Je suis donc encore plus heureuse que vous ne pensez, répondit Gilberte en mettant une de ses mains dans celle de son père et l'autre dans celle de Janille; car je suis aimée sans qu'il soit question de tout cela. Si je suis belle et bonne, je n'en sais rien ; mais je suis sûre que, laide et maussade, mon père et ma mère m'aimeraient encore quand même. Mon bonheur vient donc de leur bonté, de leur tendresse, et non de mon mérite.

— On vous permettra pourtant de croire, dit M. Antoine à Émile, tout en pressant sa fille sur son cœur, qu'il y a un peu de l'un et un peu de l'autre.

— Ah! monsieur Antoine! qu'avez-vous fait là? s'écria Janille; voilà encore une de vos distractions ! Vous avez fait une tache avec votre œuf sur la manche de Gilberte.

— Ce n'est rien, dit M. Antoine ; je vais la laver moi-même.

— Non pas! non pas! ce serait pire; vous répandriez sur elle toute la carafe, et vous noieriez ma fille. Viens ici, mon enfant, que j'enlève cette tache. J'ai horreur des taches, moi ! Ne serait-ce pas dommage de gâter cette jolie robe toute neuve? »

Émile regarda pour la première fois la toilette de Gilberte. Il n'avait encore fait attention qu'à sa taille élégante et à la beauté de sa personne. Elle était vêtue d'un coutil gris très-frais, mais assez grossier, avec un petit fichu blanc comme neige, rabattu autour du cou. Gilberte remarqua cette investigation, et, loin d'en être humiliée, elle mit un peu d'orgueil à dire que sa robe lui plaisait, qu'elle était de bonne qualité, qu'elle pouvait braver les épines et les ronces, et que, Janille l'ayant choisie elle-même, aucune étoffe ne pouvait lui être plus agréable à porter.

« Cette robe est charmante, en effet, dit Émile ; ma mère en a une toute pareille. »

Ce n'était pas vrai; Émile, quoique sincère, fit ce petit mensonge sans s'en apercevoir. Gilberte n'en fut pas dupe, mais elle lui sut gré d'une intention délicate.

Quant à Janille, elle fut visiblement flattée d'avoir eu bon goût, car elle tenait presque autant à ce mérite qu'à la beauté de Gilberte.

« Ma fille n'est pas coquette, dit-elle, mais moi, je le suis pour elle. Et que diriez-vous, monsieur Antoine, si votre fille n'était pas gentille et propette comme cela convient à son rang dans le monde?

— Nous n'avons rien à démêler avec le monde, ma chère Janille, répondit M. Antoine, et je ne m'en plains pas. Ne te fais donc pas d'illusions inutiles.

— Vous avez l'air chagrin en disant cela, monsieur Antoine? Moi, je vous dis que le rang ne se perd pas ; mais voilà comme vous êtes : vous jetez toujours le manche après la cognée !

— Je ne jette rien du tout, reprit le châtelain; j'accepte tout, au contraire.

— Ah! vous acceptez! dit Janille qui avait toujours besoin de chercher querelle à quelqu'un, pour entretenir l'activité de sa langue et de sa pantomime animée. Vous êtes bien bon, ma foi, d'accepter un sort comme le vôtre! Ne dirait-on pas, à vous entendre, qu'il vous faut beaucoup de raison et de philosophie pour en venir là? Allons, vous n'êtes qu'un ingrat.

— A qui en as-tu, mauvaise tête? reprit M. Antoine. Je te répète que tout est bien et que je suis consolé de tout.

— Consolé ! voyez un peu ; consolé de quoi, s'il vous plaît? N'avez-vous pas toujours été le plus heureux des hommes ?

— Non, pas toujours ! Ma vie a été mêlée d'amertume comme celle de tous les hommes ; mais pourquoi aurais-je été mieux traité que tant d'autres qui me valaient bien ?

— Non, les autres ne vous valaient pas, je soutiens cela, moi, comme je soutiens aussi que vous avez été en tout temps mieux traité que personne. Oui, Monsieur, je vous prouverai, quand vous voudrez, que vous êtes né coiffé.

— Ah ! tu me ferais plaisir si tu pouvais le prouver en effet, reprit M. Antoine en souriant.

— Eh bien, je vous prends au mot, et je commence. M. Cardonnet sera juge et témoin.

— Laissons-la dire, monsieur Émile, reprit M. Antoine. Nous sommes au dessert, et rien ne pourrait empêcher Janille de babiller à ce moment-là. Elle va dire mille folies, je vous en préviens ! Mais elle a de l'entrain et de l'esprit. On ne s'ennuie pas à l'écouter.

— D'abord, dit Janille en se rengorgeant, jalouse qu'elle était de justifier cet éloge, Monsieur naît comte de Châteaubrun, ce qui n'est pas un vilain nom ni un mince honneur !

— Cet honneur-là ne signifie pas grand'chose aujourd'hui, dit M. de Châteaubrun ; et quant au nom que m'ont transmis mes ancêtres, n'ayant pu rien faire pour en augmenter l'éclat, je n'ai pas grand mérite à le porter.

— Laissez, Monsieur, laissez, repartit Janille. Je sais où vous voulez en venir, et j'y viendrai de moi-même. Laissez-moi dire ! Monsieur vient au monde ici (dans le plus beau pays du monde), et il est nourri par la plus belle et la plus fraîche villageoise des environs, mon ancienne amie, à moi, quoique je fusse plus jeune qu'elle de quelques années, la mère de ce brave Jean Jappeloup ; celui-là est toujours resté dévoué à monsieur comme le pied l'est à la jambe. Il a des peines, maintenant, mais des peines qui vont sans doute finir !...

— Grâce à vous ! dit Gilberte en regardant Émile ; et, dans ce regard ingénu et bienveillant, elle le paya du compliment qu'il avait fait à sa beauté et à sa robe.

— Si tu t'embarques dans tes parenthèses accoutumées, dit M. Antoine à Janille, nous n'en finirons jamais.

— Si fait, Monsieur, reprit Janille. Je vais me résumer, comme dit M. le curé de Cuzion au commencement de tous ses sermons. Monsieur fut doué d'une excellente constitution, et, par-dessus le marché, il était le plus bel enfant qu'on ait jamais vu. A preuve que lorsqu'il fut devenu un des plus beaux cavaliers de la province, les dames de toutes conditions s'en aperçurent très-bien.

— Passons, passons, Janille, interrompit le châtelain avec un mélange de tristesse dans sa gaieté ; il n'y a pas grand'chose à dire là-dessus.

— Soyez tranquille, reprit la petite femme, je ne dirai rien qui ne soit très-bon à dire. Monsieur fut élevé à la campagne dans ce vieux château, qui était grand et riche alors... et qui est encore très-habitable aujourd'hui ! Jouant avec les marmots de son âge et avec son frère de lait le petit Jean Jappeloup, cela lui fit une santé excellente. Voyons, plaignez-vous de votre santé, Monsieur, et dites-nous si vous connaissez un homme de cinquante ans plus alerte et mieux conservé que vous ?

— C'est fort bien ; mais tu ne dis pas qu'étant né dans un temps de trouble et de révolution, mon éducation première fut fort négligée.

— Pardine, Monsieur, voudriez-vous pas être né vingt ans plus tôt, et avoir aujourd'hui soixante-dix ans ? Voilà une drôle d'idée ! Vous êtes né fort à point, puisque vous avez encore, Dieu merci, longtemps à vivre. Quant à l'éducation, rien n'y manqua : vous fûtes mis au collège à Bourges, et monsieur y travailla fort bien.

— Fort mal, au contraire. Je n'avais pas été habitué au travail de l'esprit ; je m'endormais durant les leçons. Je n'avais pas la mémoire exercée ; j'eus plus de peine à apprendre les éléments des choses qu'un autre à compléter de bonnes études.

— Eh bien donc, vous eûtes plus de mérite qu'un autre, puisque vous eûtes plus de souci. Et d'ailleurs vous en saviez bien assez pour être un gentilhomme. Vous n'étiez pas destiné à être curé ou maître d'école. Aviez-vous besoin de tant de grec et de latin ? Quand vous veniez ici en vacances, vous étiez un jeune homme accompli ; nul n'était plus adroit que vous aux exercices du corps : vous faisiez sauter votre balle jusque par-dessus la grande tour, et lorsque vous appeliez vos chiens, vous aviez la voix si forte qu'on vous entendait de Cuzion.

— Tout cela ne constitue pas de fort bonnes études, dit M. Antoine, riant de ce panégyrique.

— Quand vous fûtes en âge de quitter les écoles, c'était le temps de la guerre avec les Autrichiens, les Prussiens et les Russiens. Vous vous battîtes fort bien, à preuve que vous reçûtes plusieurs blessures.

— Peu graves, dit M. Antoine.

— Dieu merci ! reprit Janille. Voudriez-vous pas être éclopé et marcher sur des béquilles ? Vous avez cueilli le laurier, et vous êtes revenu couvert de gloire, sans trop de contusions.

— Non, non, Janille, fort peu de gloire, je t'assure. Je fis de mon mieux ; mais quoi que tu en dises, j'étais né quelques années trop tard ; mes parents avaient trop longtemps combattu mon désir de servir mon pays sous l'usurpateur, comme ils l'appelaient. J'étais à peine lancé dans la carrière, qu'il me fallut revenir au logis, *traînant l'aile et tirant le pied*, tout consterné et désespéré du désastre de Waterloo.

— Monsieur, je conviens que la chute de l'Empereur ne vous fut pas avantageuse, et que vous eûtes la bonté de vous en chagriner, bien que cet homme-là ne se fût pas fort bien conduit avec vous. Avec le nom que vous portiez, il aurait dû vous faire général tout de suite, au lieu qu'il ne fit aucune attention à votre personne.

— Je présume, dit M. de Châteaubrun en riant, qu'il était distrait de ce devoir par des affaires plus sérieuses et plus nécessaires. Enfin, tu conviens, Janille, que ma carrière militaire fut brisée, et que, grâce à ma belle éducation, je n'étais pas très-propre à m'en créer une autre ?

— Vous auriez fort bien pu servir les Bourbons, mais vous ne le voulûtes point.

— J'avais les idées de mon temps. Peut-être les aurais-je encore, si c'était à refaire.

— Eh bien, Monsieur, qui pourrait vous en blâmer ? Ce fut très-honorable, à ce qu'on disait alors dans le pays, et vos parents ont été les seuls à vous condamner.

— Mes parents furent orgueilleux et durs dans leurs opinions légitimistes. Tu ne saurais nier qu'ils m'abandonnèrent au désastre qui me menaçait, et qu'ils se soucièrent fort peu de la perte de ma fortune.

— Vous fûtes encore plus fier qu'eux, vous ne voulûtes jamais les implorer.

— Non, insouciance ou dignité, je ne leur demandai aucun appui.

— Et vous perdîtes votre fortune dans un grand procès contre la succession de votre père, on sait cela. Mais si vous l'avez perdu ce procès, c'est que vous l'avez bien voulu.

— Et c'est ce que mon père a fait de plus noble et de plus honorable dans sa vie, reprit Gilberte avec feu.

— Mes enfants, reprit M. Antoine, il ne faut pas dire que j'ai perdu ce procès, je ne l'ai pas laissé juger.

— Sans doute, sans doute, dit Janille ; car s'il eût été jugé, vous l'eussiez gagné. Il n'y avait qu'une voix là-dessus.

— Mais mon père, reconnaissant que le fait n'est pas le droit, dit Gilberte en s'adressant à Émile avec vivacité, ne voulut pas tirer avantage de sa position. Il faut que vous sachiez cette histoire, monsieur Cardonnet, car ce n'est pas mon père qui songerait à vous la raconter, et vous êtes assez nouveau dans le pays pour ne pas l'avoir apprise encore. Mon grand-père avait contracté des dettes d'honneur pendant la minorité de mon père ; il était mort sans que les circonstances lui permissent ou lui fissent un devoir pressant de s'acquitter. Les titres des créanciers n'avaient pas de valeur suffisante devant la loi ; mais mon père, en se mettant au courant de ses affaires, en trouva un dans les papiers de mon aïeul. Il eût pu l'anéantir, personne n'en connaissait l'existence. Il le produisit, au contraire, et vendit tous les biens de la famille pour payer une dette sacrée. Mon père m'a élevée dans les principes qui ne me permettent pas de penser qu'il ait fait autre chose que son devoir ; mais beaucoup de gens riches en ont jugé autrement. Quelques-uns l'ont traité de niais et de tête folle. Je suis bien aise que, quand vous entendrez dire à certains parvenus que M. Antoine de Châteaubrun s'est ruiné par sa faute, ce qui, à leurs yeux, est peut-être le plus grand déshonneur possible, vous sachiez à quoi vous en tenir sur le désordre et la mauvaise tête de mon père.

— Ah ! Mademoiselle, s'écria Émile dominé par son émotion, que vous êtes heureuse d'être sa fille, et combien je vous envie cette noble pauvreté !

— Ne faites pas de moi un héros, mon cher enfant, dit M. Antoine en pressant la main d'Émile. Il y a toujours quelque chose de vrai au fond des jugements portés par les hommes, même quand ils sont rigoureux et injustes en grande partie. Il est bien certain que j'ai toujours été un peu prodigue, que je n'entends rien à l'économie domestique, aux affaires, et que j'eus moins de mérite qu'un autre à sacrifier ma fortune, puisque j'y eus moins de regrets. »

Cette modeste apologie pénétra Émile d'une si vive affection pour M. Antoine, qu'il se pencha sur la main qui tenait la sienne, et qu'il y porta ses lèvres avec un sentiment de vénération où Gilberte entrait bien pour quelque chose. Gilberte fut plus émue qu'elle ne s'y attendait de cette soudaine effusion du jeune homme. Elle sentit une larme au bord de sa paupière, baissa les yeux pour la cacher, essaya de prendre un maintien grave, et, tout à coup emportée par un irrésistible mouvement de cœur, elle faillit tendre aussi la main à son hôte; mais elle ne céda point à cet élan et elle y donna naïvement le change en se levant pour prendre l'assiette d'Émile et lui en présenter une autre, avec toute la grâce et la simplicité d'une fille de patriarche offrant la cruche aux lèvres du voyageur.

Émile fut d'abord surpris de cet acte d'humble sympathie, si peu conforme aux convenances du monde où il avait vécu. Puis il le comprit, et son sein fut tellement agité, qu'il ne put remercier la châtelaine de Châteaubrun, sa gracieuse servante.

« D'après tout cela, reprit M. Antoine, qui ne vit rien que de très-simple dans l'action de sa fille, il faudra bien que Janille convienne qu'il y a un peu de malheur dans ma vie; car il y avait quelque temps que ce procès durait quand je découvris, au fond d'un vieux meuble abandonné, la déclaration que mon père avait laissée de sa dette. Jusque-là, je n'avais pas cru à la bonne foi des créanciers. Le malheur qu'ils avaient eu de perdre leurs titres était invraisemblable, je dormais donc sur les deux oreilles. Ma Gilberte était née, et je ne me doutais guère qu'elle était réservée à partager avec moi un sort tout à fait précaire. L'existence de cette chère enfant me rendit le coup un peu plus sensible qu'il ne l'eût été à mon imprévoyance naturelle. Me voyant dénué de toutes ressources, je me résolus à travailler pour vivre, et c'est là que j'eus d'abord quelques moments assez rudes.

— Oui, Monsieur, c'est vrai, dit Janille, mais vous vîntes à bout de vous astreindre au travail, et vous eûtes bientôt repris votre bonne humeur et votre franche gaieté, avouez-le!

— Grâce à toi, brave Janille, car toi, tu ne m'abandonnas point. Nous allâmes habiter Gargilesse, avec Jean Jappeloup, et le digne homme me trouva de l'ouvrage.

— Quoi, dit Émile, vous avez été ouvrier, monsieur le comte?

— Certainement, mon jeune ami. J'ai été apprenti charpentier, garçon charpentier, aide-charpentier au bout de quelques années, et il n'y a pas plus de deux ans que vous m'eussiez vu avec une blouse au dos, une hache sur l'épaule, allant en journée avec Jappeloup.

— C'est donc pour cela, dit Émile tout troublé, que... il s'arrêta, n'osant achever.

— C'est pour cela, oui, je vous comprends, répliqua monsieur Antoine, que vous avez entendu dire: « Le vieux Antoine s'est déconsidéré grandement pendant sa misère; il a vécu avec les ouvriers, on l'a vu rire et boire avec eux dans les cabarets. » Eh bien, cela mérite un peu d'explications et je ne me ferai pas plus fort et plus pur que je ne suis. Dans les idées des nobles et des gros bourgeois de la province, j'aurais mieux fait sans doute de demeurer triste et grave, fièrement accablé sous ma disgrâce, travaillant en silence, soupirant à la dérobée, rougissant de toucher un salaire, moi qui avais eu des salariés sous mes ordres, et ne me mêlant point le dimanche à la gaieté des ouvriers qui me permettaient de joindre mon travail au leur durant la semaine. Eh bien, j'ignore si c'eût été mieux ainsi, mais je confesse que cela n'était pas du tout dans mon caractère. Je suis fait de telle sorte, qu'il m'est impossible de m'affecter et de m'effrayer longtemps de quoi que ce soit. J'avais été élevé avec Jappeloup et avec d'autres petits paysans de mon âge. J'avais traité de pair à compagnon avec eux dans les jeux de notre enfance. Je n'avais jamais fait, depuis, le maître ni le seigneur avec eux. Ils me reçurent à bras ouverts dans ma détresse, et m'offrirent leurs maisons, leur pain, leurs conseils, leurs outils et leurs pratiques. Comment ne les aurais-je pas aimés? Comment leur société eût-elle pu me paraître indigne de moi? Comment n'aurais-je pas partagé avec eux, le dimanche, le salaire de la semaine? Bah! loin de là, j'y trouvai tout à coup le plaisir et la joie comme une récompense de mon travail. Leurs chants, leurs réunions sous la treille où se balançait la branche de houx du cabaret, leur honnête familiarité avec moi, et l'amitié indissoluble de ce cher Jean, mon frère de lait, mon maître en charpenterie, mon consolateur, me firent une nouvelle vie que je ne pus m'empêcher de trouver fort douce, surtout quand j'eus réussi à être assez habile dans la partie pour ne point rester à leur charge.

— Il est certain que vous étiez laborieux, dit Janille, et que, bientôt, vous fûtes très-utile au pauvre Jean. Ah! je me souviens de ses colères avec vous dans les commencements, car il n'a jamais été patient, le cher homme, et vous, vous étiez si maladroit! Vrai, monsieur Émile, vous auriez ri d'entendre Jean jurer et crier après monsieur le comte, comme après un petit apprenti. Et puis, après cela, on se réconciliait et on s'embrassait, que ça donnait envie de pleurer. Mais puisque au lieu de nous quereller entre nous, comme j'en avais l'intention tout à l'heure, voilà que nous nous sommes mis à vous raconter tout bonnement notre histoire, j'ai, vous, moi, vous dire le reste; car si on laisse faire M. Antoine, il ne me laissera pas placer une parole.

— Parle, Janille, parle! s'écria M. Antoine; je te demande pardon de t'en avoir privée si longtemps! »

## X.

### UNE BONNE ACTION.

« A en croire M. Antoine, dit Janille, nous aurions été absolument privés de ressources; mais, s'il en fut ainsi, cela ne dura pas trop longtemps. Au bout de quelques années, quand la terre de Châteaubrun eut été vendue en détail, les dettes soldées, et toute cette débâcle bien liquidée, on s'aperçut qu'il restait encore à monsieur un petit capital, qui, bien placé, pouvait lui assurer douze cents francs de rente. Hé! hé! cela n'était point à dédaigner. Mais avec la bonté et la générosité de monsieur, cela eût pu aller un vite; c'est alors que ma mie Janille, qui vous parle, reconnut qu'il fallait prendre les rênes du gouvernement. Ce fut elle qui se chargea du placement des fonds, et elle ne s'en acquitta pas trop mal. Puis, que dit-elle à Monsieur? Vous souvenez-vous, Monsieur, de ce que je vous dis à cette époque-là?

— Je m'en souviens fort bien, Janille, car tu me parlas sagement. Redis-le toi-même.

— Je vous dis: « Hé! hé! monsieur Antoine, voilà de quoi vivre en vous croisant les bras. Mais cela vous ennuierait, vous avez pris goût au travail, vous êtes encore jeune et bien portant : donc, vous pouvez travailler encore quelques années. Vous avez une fille, un vrai trésor, qui annonce autant d'esprit que de beauté; il faut songer à lui faire donner de l'éducation. Nous allons la conduire à Paris, la mettre en pension, et pendant quelques années vous serez encore charpentier. » M. Antoine ne demandait pas mieux; oh! pour cela il faut lui rendre justice, il ne plaignait point sa peine; mais il avait pris avec ces bons paysans des idées un peu trop rustiques à mon gré. Il disait que puisqu'il était destiné à vivre en ouvrier de campagne, il serait plus sage d'élever sa fille en vue de sa condition, et d'en faire une brave villageoise, de lui apprendre à lire, à coudre, à filer, à tenir un ménage; mais du diantre si j'entendis de cette oreille-là! Pouvais-je souffrir que mademoiselle de Châteaubrun dérogeât à son rang et ne fût pas élevée comme une noble demoiselle qu'elle est? Monsieur céda, et notre Gilberte fut élevée à Paris, sans que rien fût épargné pour lui donner de l'esprit et des talents; aussi en a-t-elle profité comme un petit ange, et quand elle eut environ dix-sept ans, je dis de rechef à monsieur :

— « Hé! hé! monsieur Antoine; voulez-vous venir faire

avec moi un petit tour de promenade du côté de Châteaubrun? » Monsieur se laissa conduire : mais quand nous fûmes au milieu des ruines, monsieur fut pris de tristesse.

— « Pourquoi m'as-tu amené ici, Janille? fit-il avec un gros soupir. Je savais bien qu'on avait détruit mon pauvre vieux nid de famille; j'avais vu cela de loin, mais je n'avais jamais voulu entrer dans l'intérieur et regarder de près ces dégâts. Je ne tenais pas à ce château par orgueil, mais je l'aimais pour y avoir passé mes jeunes années, pour y avoir été heureux, pour y avoir vu mourir mes parents. Si quelqu'un l'eût acheté pour l'habiter, si je le voyais debout et en bon entretien, je serais à demi consolé, car on aime les choses comme on doit aimer les personnes, un peu plus pour elles-mêmes que pour soi. Quel plaisir peux-tu trouver à me montrer ce que la bande noire a fait de la maison de mes pères?

— « Monsieur, répondis-je, il fallait pourtant bien venir constater le dommage, pour savoir combien nous avons à dépenser, et comment nous allons nous y prendre pour le réparer. Figurez-vous que, par une mauvaise nuit, l'orage a détruit votre domaine; avec le caractère que je vous connais, au lieu de vous lamenter, vous vous mettriez de suite à l'œuvre pour le relever.

— « Mais ta comparaison ne rime à rien, fit M. Antoine. Je n'ai pas de quoi réparer ce château, et quand je l'aurais, je n'en serais pas plus avancé, puisque cette carcasse même ne m'appartient plus.

— « Un petit moment, fis-je, combien vous en a-t-on demandé lorsque vous avez offert de racheter seulement la maison et le petit lot de terre qui y reste annexé, le verger, le jardin, la colline et le petit pré au bord de l'eau? — Je ne demandais pas cela sérieusement, Janille, mais seulement pour voir à quel bas prix était tombée une si riche demeure. On me fit dix mille francs ce qui en restait, et je me retirai, sachant que dix mille francs et moi ne passerions jamais par la même porte.

— « Eh bien, Monsieur, repris-je, il ne s'agit plus de dix mille francs, mais de quatre mille seulement à l'heure qu'il est. On pensait que vous ne pourriez pas y tenir, et que vous dépenseriez le capital que vous reste à vous réintégrer les débris de votre seigneurie. Voilà pourquoi on portait à dix mille francs un bien qui n'en vaut pas la moitié et qui ne peut convenir qu'à vous seul; mais depuis qu'on vous y a vu renoncer, on a été plus modeste. J'ai fait agir en dessous main, à votre insu et sous un nom étranger. Dites-moi oui, et demain vous serez seigneur de Châteaubrun.

— « Et à quoi cela me servirait-il, ma bonne Janille? dit monsieur : que ferais-je de ce tas de pierres et de ces trois ou quatre pans de mur sans portes ni fenêtres? »

« Je fis alors observer à monsieur que le pavillon carré était encore fort sain, que les voûtes étaient bien conservées, l'intérieur des chambres parfaitement sec, et qu'il ne s'agissait que de le couvrir en tuiles, d'en refaire la menuiserie et de le meubler simplement, dépense qu'on pouvait porter à cinq cents francs tout au plus. Là-dessus monsieur se récria : — Ne me donne pas de ces idées-là, Janille, dit-il : c'est vouloir me dégoûter de ma condition présente et me jeter dans les illusions. Je n'ai ni dix, ni cinq, ni quatre mille francs, et pour les économiser il me faudrait encore dix ans de privations. Mieux vaut rester comme nous sommes.

— « Et qui vous dit, Monsieur, repris-je alors, que vous n'ayez pas six mille francs et même six mille cinq cents francs! Savez-vous ce que vous avez? Je gage que vous n'en savez rien? »

Ici, M. Antoine interrompit Janille. « Il est vrai, dit-il, que je n'en savais rien, que je n'en sais rien encore, et que je ne pourrai jamais savoir comment, avec une rente de douze cents livres, payant depuis six ans l'éducation de ma fille à Paris, et vivant à Gargilesse, en ouvrier, il est vrai, mais fort proprement, dans une petite maison que Janille dirigeait elle-même... Ajoutons encore que, tout en tenant les cordons de la bourse, elle me permettait de dépenser deux ou trois francs le dimanche avec mes amis... Non, non, je ne comprendrai jamais comment j'aurais pu avoir six mille francs d'économies!

Comme c'est tout à fait impossible, je suis forcé d'expliquer ce miracle à M. Émile Cardonnet, à moins qu'il ne l'ait déjà deviné.

— Oui, monsieur le comte, je le devine, répondit Émile; mademoiselle Janille avait fait des économies à votre service, lorsque vous étiez riche, ou bien elle avait quelque argent par devers elle, et c'est elle...

— Non, Monsieur, répondit Janille vivement, cela n'est point; vous oubliez que, comme ouvrier charpentier, monsieur gagnait de quoi vivre, et vous devez bien penser que la pension de mademoiselle n'était pas des plus chères de Paris, quoique ce fût une bonne pension, je m'en flatte.

— Allons, dit Gilberte en l'embrassant, tu mens avec aplomb, mère Janille; mais tu n'empêcheras jamais mon père et moi de croire que Châteaubrun a été racheté de tes deniers, qu'il t'appartient en réalité, et que, bien que tu aies acquis cela sous notre nom, nous ne soyons ici chez toi.

— Du tout, du tout, Mademoiselle, répondit la noble Janille, cette singulière petite femme qui aimait à se vanter à tout propos et à faire l'entendue sur toutes choses, mais qui, pour conserver à ses maîtres la dignité de leur position, dont elle était plus jalouse qu'eux-mêmes, niait énergiquement la plus belle action de sa vie; — du tout, vous dis-je, je n'y suis pour rien. Est-ce ma faute si votre papa ne sait pas compter jusqu'à cinq, et si vous avez la même insouciance que lui? Oui dà! vous connaissez bien le compte de vos recettes et de vos dépenses, tous les deux! Qu'on vous laisse faire, et nous verrons comment vous vous en tirerez! Je vous dis que vous êtes ici chez vous, et que si je puis me vanter d'une chose, c'est d'avoir mis assez d'ordre et d'économie dans vos affaires, pour que monsieur se soit trouvé un beau matin plus riche qu'il ne pensait.

« Là-dessus, ajouta Janille, je reprends et j'achève notre histoire pour M. Émile. Nous rachetâmes le château. Jean Jappeloup et M. Antoine refirent eux-mêmes toute la charpente et toute la menuiserie de ce pavillon, et pendant qu'ils achevaient leur ouvrage, qui ne dura guère plus de six mois, j'allai à Paris chercher notre fille, heureuse et fière de l'amener dans le château de ses ancêtres, qu'elle se souvenait à peine d'avoir habité dans ses premières années, la pauvre enfant! Depuis ce temps-là, nous vivons fort heureux, et quand j'entends M. Antoine se plaindre de quelque chose, je ne puis me défendre de le blâmer, car enfin quel homme a jamais été plus favorisé que lui?

— Mais je ne me plains jamais de rien, répondit M. Antoine, et ton reproche est injuste.

— Oh! vous avez quelquefois l'air de vouloir dire que vous ne faites pas aussi bonne figure ici que par le passé, et en cela vous avez tort. Voyons, étiez-vous plus riche quand vous aviez trente mille livres de rente? On vous volait, on vous pillait, vous n'en saviez rien. Aujourd'hui vous avez le nécessaire et vous ne pouvez pas craindre les filous; on sait que vous ne cachez pas des rouleaux de louis dans votre paillasse. Vous aviez dix domestiques, tous plus gourmands, plus ivrognes et plus paresseux les uns que les autres; des domestiques de Paris, c'est tout dire. Aujourd'hui, vous avez M. Sylvain Charasson, un paresseux et un gourmand aussi, j'en conviens (en disant ces mots, Janille éleva la voix, afin que Sylvain les entendit de la cuisine); puis elle ajouta plus bas :

« Mais ses bêtises vous font rire, et quand il casse quelque chose, vous n'êtes pas fâché de n'être pas le plus maladroit de la maison. Vous aviez dix chevaux, toujours mal tenus, et hors de service par le manque de soins; vous avez aujourd'hui votre vieille Lanterne, la meilleure bête qu'il y ait au monde, toujours propre, courageuse, et sobre, il faut la voir! elle mange des feuilles sèches et des ajoncs comme une vraie chèvre. Parlerons-nous des chèvres? où en trouverons-nous de plus jolies? Deux vraies biches, excellentes en lait, et qui vous réjouissent par leurs jolies cabrioles, en grimpant sur les ruines pour votre comédie du soir!.... Parlerons-nous de la cave? Vous en aviez une bien garnie, mais où vos coquines de la-

Le voilà, reprit M<sup>lle</sup> de Châteaubrun en montrant Charasson. (Page 27.)

quais baptisaient le vin à plaisir, et vous ne buviez que leurs restes. A présent, vous buvez votre petit clairet du pays, que vous avez toujours aimé, et qui est sain et rafraîchissant. Quand je m'en mêle surtout, il est clair comme de l'eau de roche et ne vous échauffe point l'estomac. Et les habits, n'en êtes-vous pas content? Autrefois vous aviez une garde-robe qui se mangeait aux vers, et vos gilets passaient de mode avant que vous les eussiez portés ; car vous n'avez jamais aimé la toilette. Aujourd'hui vous n'avez que ce qu'il vous faut pour avoir frais en été, chaud en hiver ; le tailleur du village vous prend la taille à ravir, et ne vous gêne point dans les entournures. Allons, Monsieur, convenez que tout est pour le mieux, que jamais vous n'avez eu moins de souci, et que vous êtes le plus heureux des hommes ; car je n'ai point parlé de l'avantage d'avoir une fille charmante, qui se trouve heureuse avec vous...

— Et une Janille incomparable qui n'est occupée que du bonheur des autres! s'écria M. Antoine avec un attendrissement mêlé de gaieté. Eh bien ! tu as raison, Janille, et j'en étais persuadé d'avance. Vive Dieu ! tu me fais injure d'en douter ; car je sens que je suis en effet l'enfant gâté de la Providence, et, sauf un secret ennui que tu sais bien, et dont tu as bien fait de ne pas me parler, il ne me manque absolument rien ! Tiens, je bois à ta santé, Janille ! tu as parlé comme un livre ! A votre santé aussi, monsieur Émile ! Vous êtes riche et jeune, vous êtes instruit et bien pensant, vous n'avez donc rien à envier aux autres ; mais je vous souhaite une aussi douce vieillesse que la mienne et d'aussi tendres affections dans le cœur ! — Mais c'est assez parler de nous, ajouta M. Antoine, en posant son verre sur la table, et il ne faut pas oublier nos autres amis. Parlons du meilleur de tous après Janille ; parlons de mon vieux Jean Jappeloup et de ses affaires.

— Oui, parlons-en ! s'écria une voix forte qui fit tressaillir tout le monde ; et, en se retournant, M. Antoine vit Jean Jappeloup sur le seuil de la porte.

— Quoi! Jean en plein jour ! s'écria le châtelain stupéfait.

— Oui, j'arrive en plein jour, et par la grande porte encore ! répondit le charpentier en s'essuyant le front. Oh ! ai-je couru ! Donnez-moi vite un verre de vin, mère Janille, car je suis étranglé de chaleur.

Il avait donc le costume d'un petit-maître de l'empire. (Page 37.)

— Pauvre Jean! s'écria Gilberte en courant vers la porte pour la fermer; tu as donc été encore poursuivi? Il faut songer à te cacher. Peut-être qu'on va venir te relancer ici?

— Non, non, dit Jean; non, ma bonne fille, laissez les portes ouvertes, on ne me suit pas. Je vous apporte une bonne nouvelle, et c'est pour cela que je me suis tant hâté. Je suis libre, je suis heureux, je suis sauvé!

— Mon Dieu! s'écria Gilberte en prenant dans ses belles mains la tête poudreuse du vieux paysan, ma prière a donc été exaucée! J'ai tant prié pour toi cette nuit!

— Chère âme du ciel, tu m'as porté bonheur, répondit Jean qui ne pouvait suffire aux caresses et aux questions d'Antoine et de Janille.

— Mais dis-nous donc qui t'a rendu la liberté et le repos? reprit Gilberte lorsque le charpentier eut avalé un grand verre de piquette.

— Oh! c'est quelqu'un dont vous ne vous doutez guère, qui me sert de caution tout de suite, et qui va me payer mes amendes. Voyons, je vous le donne en cent!

— C'est peut-être le curé de Cuzion? dit Janille; c'est un si brave homme, quoique ses sermons soient un peu embrouillés! mais il n'est pas assez riche!

— Et vous, Gilberte, reprit Jean, qui pensez-vous que ce soit?

— Je nommerais la sœur de ce bon curé, madame Rose, qui a un si grand cœur... mais elle n'est pas plus riche que son frère.

— Oui-dà! ce ne serait pas possible! Et vous, monsieur Antoine?

— Je m'y perds, répliqua le châtelain. Dis donc vite, tu nous fais languir.

— Et moi, dit Émile, je gage avoir deviné; je parie pour mon père! car j'ai causé avec lui, et je sais qu'il voulait...

— Pardon, jeune homme, dit le charpentier en l'interrompant; je ne sais pas ce que votre père voulait; mais je sais bien que je n'aurais jamais voulu, moi! C'eût été de lui devoir quelque chose, de recevoir un service de celui qui commençait par me faire fourrer en prison pour me forcer à accepter ses prétendus bienfaits et ses dures conditions. Merci! je vous estime, vous..... mais votre père... n'en parlons plus, n'en parlons jamais ensemble.

Allons, vous autres, vous n'avez donc pas deviné? Eh bien, que diriez-vous si on vous parlait de M. Boisguilbault? »

Ce nom, qu'Émile n'entendait pas pour la première fois, car on l'avait prononcé déjà à Gargilesse devant lui, comme celui d'un des plus riches propriétaires des environs, fit sur les habitants de Châteaubrun l'effet d'un choc électrique : Gilberte tressaillit; Antoine et Janille se regardèrent et ne purent dire un mot.

« Ça vous étonne un peu? reprit le charpentier.

— Ça me paraît impossible, répondit Janille. Vous moquez-vous? M. de Boisguilbaut, notre ennemi à tous?

— Pourquoi parler ainsi? dit M. Antoine. Ce gentilhomme n'est l'ennemi volontaire de personne ; il a toujours fait le bien, jamais le mal.

— Moi, j'étais bien sûre, dit Gilberte, qu'il était capable d'une bonne action! Quand je te le disais, chère petite mère : c'est un homme malheureux ; cela se voit sur sa figure; mais...

— Mais vous ne le connaissez pas, dit Janille, et vous n'en pouvez rien dire. Voyons, Jean, expliquez-nous par quel miracle vous avez pu approcher de cet homme si froid, si fier et si sec?

— Le hasard ou plutôt le bon Dieu a tout fait, répondit le charpentier. Je traversais le petit bois qui longe son parc, et qui, dans cet endroit-là, n'en est séparé que par une haie et un petit fossé. Je jetais un coup d'œil par dessus le buisson pour voir comme c'était beau et propre, bien venu et bien tenu là-dedans. Je pensais un peu tristement que j'avais été dans ce parc et dans ce château comme chez moi; que j'y avais travaillé pendant vingt ans, et que j'avais même eu de l'amitié pour M. le marquis, quoiqu'il n'ait jamais été bien aimable... Mais enfin il avait ses jours de bonté de temps-là ; et, pourtant, depuis une autre vingtaine d'années, je n'avais pas mis le pied chez lui, et je n'aurais pas osé lui demander un asile, après ce qui s'est passé entre lui et moi.

« Comme je pensais à tout cela, voilà que j'entends le trot de deux chevaux, et presque aussitôt j'aperçois deux gendarmes qui viennent droit sur moi. Ils ne m'avaient pas encore vu ; mais si je traversais leur chemin, ils ne pouvaient manquer de me voir, et ils connaissent si bien ma figure! Je n'avais pas le temps de la réflexion. Je m'enfonce dans la haie, je la traverse comme un renard, et je me trouve dans le parc de Boisguilbault, où je me couche tranquillement le long de la clôture, pendant que mes bons gendarmes passent leur chemin sans seulement tourner la tête de mon côté. Quand ils sont un peu loin, je me lève et je me dispose à sortir comme j'étais venu, lorsque tout d'un coup je me sens frapper sur l'épaule, et, en me retournant, je me trouve nez à nez avec M. de Boisguilbault, qui me dit avec sa figure triste et sa voix d'enterrement : « Que fais-tu ici? »

« — Ma foi, vous le voyez, monsieur le marquis, je me cache.

« — Et pourquoi te cacher?

« — Parce qu'il y a des gendarmes à deux pas d'ici.

« — Tu as donc fait un crime?

« — Oui, j'ai pris deux lapins et tué un lièvre.

« Là-dessus, comme je voyais qu'il ne me ferait pas beaucoup d'autres questions, je me mets vite à lui raconter mes mésaventures, en aussi peu de mots que possible, car vous savez que c'est un homme qui a toujours dans l'esprit quelque autre chose que celle dont on l'occupe. On ne sait point s'il vous entend ; il a toujours l'air de ne pas se soucier de vous écouter. Il y a bien des années que je ne l'avais vu de près, puisqu'il vit renfermé dans son parc comme une taupe dans son trou, et que je n'ai plus accès chez lui. Il m'a paru bien vieilli, bien affaibli, quoiqu'il soit encore droit comme un peuplier ; mais il est si maigre, qu'on verrait le jour à travers, et sa barbe est blanche comme celle d'une vieille chèvre ; ça me faisait de la peine, et pourtant j'étais encore plus contrarié de voir que, pendant que je lui parlais, il s'en allait coupant devant lui toutes les mauvaises herbes de son allée, avec cette petite sarclette qu'il tient toujours dans sa main. Je le suivais pas à pas, parlant toujours, racontant mes peines, non pas pour mendier ses secours, je n'y songeais pas, mais pour voir s'il avait encore un peu d'amitié pour moi.

« Enfin, il se retourne de mon côté et me dit sans me regarder : « Et pourquoi n'as-tu pas demandé une caution à quelque personne riche de ton village. »

« — Diable! que je lui réponds, il n'y en a guère dans Gargilesse, de personnes riches.

« — N'y a-t-il pas un M. Cardonnet établi depuis peu?

« — Oui, mais il est maire, et c'est lui qui veut me faire arrêter.

« Il resta au moins trois minutes sans rien dire ; je crus qu'il avait oublié que j'étais là, et j'allais partir, quand il me dit : « Pourquoi n'es-tu pas venu me trouver? »

« — Dame! que je fis, vous savez bien pourquoi.

« — Non!

« — Comment, non? Est-ce que vous ne vous souvenez pas qu'après m'avoir employé longtemps et ne m'avoir jamais fait de reproches (il me semble que je n'en méritais point), vous m'avez appelé dans votre cabinet un beau matin, et que vous m'avez dit : « Voilà le compte de tes dernières journées, va-t'en! » Et comme je vous demandais quel jour il fallait revenir, vous m'avez dit jamais! et, comme j'étais mécontent de cette façon d'agir, et que je vous demandais en quoi j'avais démérité auprès de vous, vous m'avez montré la porte du bout du doigt, sans daigner desserrer les lèvres. Il y a environ vingt ans de ça, et il se peut que vous l'ayez oublié. Mais moi, je l'ai toujours sur le cœur, et je trouve que vous avez été bien dur et bien injuste envers un pauvre ouvrier, qui travaillait de son mieux, et qui n'était pas plus maladroit qu'un autre. J'ai cru d'abord que vous aviez une lubie et que vous en reviendriez ; mais j'ai eu beau attendre, vous ne m'avez jamais fait redemander. J'étais trop fier pour venir quêter votre ouvrage ; je n'en manquais pas ailleurs, j'en ai toujours eu à discrétion ; et si je n'étais pas forcé, à l'heure qu'il est, de me cacher dans les bois, je ne serais pas à court de pratiques ; mais ce qui m'a blessé, voyez-vous, c'est d'avoir été chassé comme un chien, pis que cela, comme un paresseux ou un voleur, et sans qu'on daignât me mettre à même de me justifier. J'ai pensé que j'avais quelque ennemi dans votre maison, et qu'on vous avait fait de faux rapports. Mais je n'ai jamais deviné qui ce pouvait être, car je ne me suis jamais connu d'autres ennemis que les gardes champêtres et les gabelous. J'ai gardé le silence ; je ne me suis pas plaint de vous, mais je vous ai plaint d'être crédule pour le mal, et comme je vous aimais un peu, ça m'a chagriné de vous trouver des torts.

« M. de Boisguilbault avait toujours l'air de ne pas m'entendre ; mais quand j'eus tout dit :

« — De combien est ton amende? dit-il d'un ton d'indifférence.

« — Le tout réuni se monte à un millier de francs, plus les frais.

« — Eh bien, va-t'en dire au maire de ton village.... M. Cardonnet, n'est-ce pas? de m'envoyer une personne de confiance pour que je puisse régler tes affaires avec l'autorité. Tu lui diras que je ne sors pas, que je suis d'une mauvaise santé, mais que je le prie d'avoir cette obligeance.

« — Est-ce que vous consentez à me servir de caution?

« — Non, je paie ton amende. Tu peux t'en aller. — Et quand voulez-vous que je revienne travailler chez vous pour m'acquitter envers vous? — Je n'ai pas d'ouvrage, ne viens pas. — Vous voulez donc me faire l'aumône? — Non pas, mais te rendre un très-petit service qui me coûte peu. C'est assez ; laisse-moi. — Et si je ne veux pas l'accepter? — Tu auras tort. — Et vous ne voulez pas que je vous remercie? — C'est inutile. » Là-dessus il m'a bel et bien tourné le dos, et il s'en allait tout de bon, mais je l'ai suivi ; et sachant bien que les longs compliments n'étaient pas de son goût, je lui ai dit comme ça : « Monsieur de Boisguilbault, une poignée de main, s'il vous plaît! »

— Quoi! tu as osé lui dire cela? s'écria Janille.

— Eh bien, pourquoi n'aurais-je pas osé? que peut-on dire à un homme de plus honnête?

— Et qu'a-t-il répondu? qu'a-t-il fait? dit Gilberte.
— Il a pris ma main tout d'un coup sans hésiter, et il l'a serrée assez fort, quoique sa main fût roide et froide comme un glaçon.
— Et qu'a-t-il dit? demanda M. Antoine qui avait écouté ce récit avec une sorte d'agitation.
— Il a dit *va-t'en*, répondit le charpentier ; apparemment que c'est son mot d'amitié; et il s'est quasi mis à courir pour m'éviter, autant que ses pauvres longues jambes menues pouvaient le lui permettre. De mon côté, j'ai couru pour venir vous dire tout cela.
— Et moi, dit Émile, je vais courir vers mon père pour lui annoncer les intentions de M. de Boisguilbault, afin qu'il envoie tout de suite quelqu'un chez lui, selon sa demande.
— Voilà qui ne me rassure guère, répondit le charpentier. Votre père m'en veut ; il faudra bien qu'il reconnaisse que je suis quitte de l'amende, mais il ne voudra pas me tenir quitte de la prison; car, pour le fait de vagabondage, on peut me punir et m'enfermer, ne fût-ce que pendant quelques jours... c'est déjà trop pour moi.
— Oh! certes, s'écria Gilberte, jamais Jean ne pourra se soumettre à l'humiliation d'être traîné en prison par des gendarmes; il fera quelque nouveau coup de tête. Monsieur Émile, ne souffrez pas qu'il y soit exposé; parlez à monsieur votre père, priez-le, dites-lui...
— Oh! Mademoiselle, répondit Émile avec chaleur, ne partagez pas la mauvaise opinion que Jean a de mon père : elle est injuste. Je suis certain que mon père eût fait ce soir ou demain, pour lui, ce que M. de Boisguilbault vient de faire. Et quant à le faire poursuivre comme vagabond, je répondrais sur ma tête que...
— Si vous en répondez sur votre tête, reprit Jean, que n'allez-vous tout de suite trouver M. de Boisguilbault? c'est à deux pas d'ici. Quand vous vous serez entendu avec lui, je serai plus tranquille, car j'ai confiance en vous, et je vous confesse qu'une seule nuit passée en prison me rendrait fou. L'enfant du bon Dieu vous l'a dit, ajouta-t-il en désignant Gilberte, et l'enfant me connaît !
— J'y vais tout de suite, répondit Émile en se levant, et en jetant à Gilberte un regard enflammé de zèle et de dévouement. Voulez-vous me conduire?
— Partons, dit le charpentier.
— Oui, oui, partez ! » s'écrièrent à la fois Gilberte, son père et Janille. Émile comprit que Gilberte était contente de lui, et il courut chercher son cheval.
Mais comme il descendait le sentier au pas avec le charpentier, M. de Châteaubrun courut après lui, et l'arrêta pour lui dire d'un air un peu embarrassé:
« Mon cher enfant, vous êtes généreux et délicat, je puis vous confier... je dois vous avertir d'une chose... de peu d'importance peut-être... mais qu'il est nécessaire que vous sachiez. C'est que... pour un motif ou pour un autre... enfin, je suis brouillé avec M. de Boisguilbault, il est donc inutile que vous lui parliez de moi... Évitez de prononcer mon nom devant lui, et de lui faire savoir que vous sortez de chez moi ; cela pourrait lui causer quelque humeur et refroidir ses bonnes dispositions à l'égard de notre pauvre Jean. »
Émile promit de se taire, et, perdu dans ses pensées, plus occupé de la belle Gilberte que de son protégé et de sa mission, il suivit son guide dans la direction de Boisguilbault.

## XI.

### UNE OMBRE.

Cependant, à mesure qu'il approchait du manoir de Boisguilbault, Émile se demandait à quel homme supérieur ou bizarre il allait avoir affaire, et force lui fut de prêter l'oreille aux explications que, sous son bon sens rustique, le charpentier cherchait à lui donner sur cet énigmatique personnage. De tout ce qu'Émile put recueillir dans ces renseignements un peu contradictoires et semés de conjectures, il résulta que le marquis de Boisguilbault était immensément riche, nullement cupide, quoiqu'il eût beaucoup d'ordre ; généreux autant que sa sauvagerie et sa nonchalance lui permettaient d'exercer la bienfaisance, c'est-à-dire secourant tous les pauvres qui s'adressaient à lui, mais n'allant jamais s'enquérir de leurs peines et de leurs besoins, et faisant à tous un si froid et si triste accueil, qu'à moins de motifs impérieux nul n'était tenté de l'approcher. Ce n'était pourtant pas un homme dur et insensible, et jamais il ne repoussait la plainte, ni ne révoquait en doute l'opportunité de l'aumône. Mais il était si distrait et paraissait si indifférent à toutes choses, que le cœur se resserrait et se glaçait auprès de lui. Il grondait rarement et ne punissait jamais. Jappeloup était presque le seul auquel il eût tenu rigueur, et la manière dont il venait de le dédommager faisait penser au charpentier que s'il eût été moins fier lui-même, et s'il se fût présenté plus tôt devant le marquis, ce dernier n'aurait eu aucun souvenir du caprice qui le lui avait fait bannir.

« Cependant, ajoutait Jean, il y a une autre personne à qui M. de Boisguilbault en veut encore plus qu'à moi, quoiqu'il n'ait jamais cherché à lui faire tort. Mais c'est une brouille à n'en jamais revenir ; et puisque M. Antoine vous en a touché un mot, je puis bien vous dire, monsieur Émile, que, dans cette circonstance-là, M. de Boisguilbault a fait penser à beaucoup de gens qu'il avait la cervelle détraquée. Imaginez-vous qu'après avoir été pendant vingt ans l'ami, le conseil, quasi le père de son voisin, M. Antoine de Châteaubrun, il lui a, tout d'un coup, tourné le dos et fermé la porte au nez, sans que personne, pas même M. Antoine, puisse dire à propos de quoi. Du moins le prétexte était si ridicule, qu'à moins de le croire fou, on ne peut expliquer cela. C'est pour un délit de chasse que M. Antoine aurait commis sur les terres du marquis. Et notez que, depuis qu'il était au monde, M. Antoine avait toujours chassé chez M. de Boisguilbault comme chez lui, puisqu'ils étaient camarades et bons amis ; que jamais M. de Boisguilbault, qui, de sa vie, n'a touché un fusil ni tenu une pièce de gibier, n'avait trouvé mauvais que ses voisins tuassent le sien; qu'enfin il n'avait nullement prévenu M. Antoine qu'il lui interdisait de chasser sur ses terres. Tant il y a que depuis ce temps-là, c'est-à-dire depuis environ vingt ans, les deux voisins ne se sont pas revus, qu'ils n'ont pas échangé une parole, et que M. de Boisguilbault ne veut pas souffrir qu'on lui prononce le nom de Châteaubrun. De son côté, M. Antoine, quoique cela l'affecte plus qu'il ne veut le dire, est obstiné à ne faire aucune démarche, et il a l'air de fuir M. de Boisguilbault tout autant qu'il en est fui. Comme mon renvoi de Boisguilbault date à peu près de la même époque, je pense que c'est un trop plein de la colère du marquis qui est retombé sur moi, ou bien que, me sachant dès lors très-attaché à M. Antoine, il a craint que je n'eusse la hardiesse de lui en parler et de blâmer son caprice. En cela il ne s'est guère trompé, car je n'ai pas la langue engourdie, et il est certain que j'aurais fait entendre mon mot à l'oreille de M. le marquis. Il a voulu prendre les devants ; je ne peux pas expliquer autrement sa dureté envers moi.

— Cet homme a-t-il une famille? demanda Émile.
— Nenni, Monsieur. Il avait épousé une fort jolie demoiselle, trop jeune pour lui, une parente pas riche. Cela ressemblait de sa part à un mariage d'amour, mais il n'y parut guère à sa conduite ; car il n'en fut ni plus gai, ni plus liant, ni plus aimable. Il ne changea rien à sa manière de vivre comme un ours, sauf le respect que je lui dois. M. Antoine continua à être à peu près le seul habitué de la maison, et madame s'y ennuya si bien, qu'un beau jour elle s'en alla habiter Paris sans que son mari songeât à l'y suivre ou à la faire revenir auprès de lui. Elle y mourut encore toute jeune, sans lui avoir donné d'enfants, et depuis ce temps, soit qu'un chagrin caché lui ait toqué la cervelle, soit que le plaisir d'être seul l'ait consolé de tout, il a vécu absolument enfermé dans son château, sans aucune compagnie, pas même celle d'un pauvre chien. Sa famille est à peu près éteinte, on ne lui connaît pas d'héritiers, pas d'amis; on ne peut donc présumer qui sera enrichi par sa mort.

— Évidemment, c'est là un monomane, dit Émile.
— Comment dites-vous ça? demanda le charpentier.
— Je veux dire que c'est un esprit frappé d'une idée fixe.
— Oui, je crois bien que vous avez raison, reprit Jean; mais quelle est cette idée? voilà ce que personne ne saurait dire. On ne lui connaît qu'un attachement. C'est ce parc que vous voyez là, qu'il a dessiné et planté lui-même, et dont il ne sort presque jamais. Je crois même qu'il y dort tout debout, en se promenant; car on l'a vu quelquefois marcher à deux heures du matin dans ses allées, comme un revenant, et cela faisait peur à ceux qui s'étaient glissés là pour essayer d'y chiper quelques fruits ou quelques fagots. »

Comme il était arrivé en face du parc et que, du sentier élevé qu'il suivait, Émile pouvait plonger dans l'intérieur et en découvrir une partie, il fut charmé de la beauté de ce lieu de plaisance, de la magnificence des ombrages, de l'heureuse disposition des massifs, de la fraîcheur des gazons et de la coupe élégante des divers plans, qui s'abaissent mollement jusqu'aux bords d'une petite rivière, un des rapides affluents de la Gargilesse. Il pensa que ce ne pouvait pas être un idiot qui avait créé cette sorte de paradis terrestre et tiré un si heureux parti des beautés de la nature. Il lui sembla, au contraire, qu'une âme poétique devait avoir présidé à cet arrangement; mais l'aspect du château ne vint bientôt donner un démenti à ces conjectures. On ne pouvait rien voir de plus froid, de plus laid et de plus déplaisant que le manoir de Boisguilbault. Des réparations postérieures à sa construction lui avaient enlevé une partie de son antique caractère, et le bon état d'entretien où on le maintenait rendait ses abords encore plus maussades. Jean s'arrêta à l'extrémité du parc sur le sentier, et son jeune ami lui ayant donné quelques-uns de ses meilleurs cigares pour lui faire prendre patience, celui-ci se dirigea vers la porte du manoir, sur un chemin d'une propreté désespérante. Pas une broussaille, pas un rameau de lierre ne lui dérobait la nudité de ces grands murs peints en gris de fer, et le seul accident d'architecture qui vint frapper ses regards fut un grand écusson placé au-dessus de la grille, portant les armoiries de Boisguilbault, regrattées et rétablies plus récemment que le reste, peut-être à l'époque du retour des Bourbons; du moins, il y avait une sensible différence entre ce blason et les lourds encadrements. Émile en tira cet indice que le marquis était fort attaché à ses titres et antiques privilèges.

Il sonna longtemps à une vaste grille avant qu'elle s'ouvrît; enfin un ressort tiré de loin la fit rouler sur ses gonds, sans que personne parût, et le jeune homme étant entré après avoir attaché son cheval dehors, la grille retomba derrière lui avec un peu de bruit et se ferma comme si une main invisible l'eût prise au piège. Un sentiment de tristesse, presque d'effroi, s'empara de lui lorsqu'il se vit comme emprisonné dans une grande cour une et sablée, entourée de bâtiments uniformes, et silencieuse comme le cimetière d'un couvent. Quelques ifs taillés en pointe, à l'entrée des portes principales, ajoutaient à la ressemblance. Du reste, pas une fleur, pas un souffle de plante parfumée, pas une guirlande de vigne aux fenêtres, pas une toile d'araignée aux vitres, pas une vitre fêlée, pas un bruit humain, pas même le chant d'un coq ou l'aboiement d'un chien, pas un pigeon, pas un brin de mousse sur les tuiles; je crois qu'il n'y avait même pas une mouche qui se permît de voler ou de bourdonner dans le préau de Boisguilbault.

Émile regardait autour de lui, cherchant à qui parler, et ne voyant pas même la trace d'un pied sur le sable fraîchement râtissé, lorsqu'il entendit une voix grêle et cassée lui crier d'un ton peu engageant : « Que veut monsieur? »

Après s'être retourné plusieurs fois pour voir d'où partait cette voix, Émile aperçut enfin, à un soupirail de cuisine souterraine, une vieille tête blanche, bien poudrée, avec des yeux clairs et sans regard; et, en s'approchant, il essaya de se faire entendre. Mais l'oreille du vieux majordome était aussi affaiblie que sa vue, et, répondant tout de travers aux questions du visiteur :

« On ne peut voir le parc que le dimanche, dit-il, prenez la peine de repasser dimanche. »

Émile lui présenta une carte de visite, et le vieillard tirant lentement ses lunettes de sa poche, sans quitter son soupirail de cave, l'étudia lentement; après quoi il disparut, et, reparaissant par une porte située au-dessus de son trou : « C'est fort bien, Monsieur, dit-il; monsieur le marquis m'a ordonné de recevoir la personne qui se présenterait de la part de M. Cardonnet; M. Cardonnet de Gargilesse, n'est-ce pas? »

Émile répondit par un signe affirmatif.

« C'est à merveille, Monsieur, reprit le vieux serviteur en s'inclinant avec courtoisie, et paraissant fort satisfait de pouvoir se montrer poli et hospitalier sans manquer à sa consigne. M. le marquis ne pensait pas que vous viendriez si tôt, il vous attendait tout au plus demain. Il est dans son parc, *je cours* l'avertir. Mais auparavant je vais avoir l'honneur de vous conduire au salon. »

En parlant de courir, le vieillard se vantait étrangement : il avait la démarche et l'agilité d'un centenaire. Il conduisit Émile à l'entrée basse et étroite d'une tourelle d'escalier, et choisissant lentement une clef dans son trousseau, il le fit monter jusqu'à une autre porte garnie de gros clous et fermée à clef comme la première. Autre clef; et, après avoir traversé un long corridor, troisième clef pour ouvrir les appartements. Émile fut introduit à travers plusieurs pièces, où l'obscurité succédait pour lui au vif éclat du soleil, il se crut dans les ténèbres. Enfin, il pénétra dans un vaste salon, et le valet lui avança un fauteuil, en disant : « Monsieur désire-t-il que j'ouvre les jalousies? »

Émile lui fit comprendre par signes que c'était inutile, et le vieillard le laissa seul.

Lorsque ses yeux se furent habitués au jour gris et sombre qui rampait dans ces appartements, il fut frappé du grand caractère de l'ameublement. Tout datait du temps de Louis XIII, et l'on eût dit qu'un amateur avait minutieusement présidé au choix des moindres détails. Rien n'y manquait; depuis l'encadrement des glaces jusqu'au moindre clou de la tenture, il n'y avait pas le moindre écart de style. Et tout cela était authentique, à demi usé, propre encore, quoique terne, riche et simple en même temps. Émile admira le bon goût et la science de M. de Boisguilbault. Il sut plus tard que l'absence de mouvement et l'horreur du changement, qui paraissaient héréditaires dans cette famille, avaient seuls contribué, de père en fils, à la conservation merveilleuse de ces richesses, que la mode actuelle cherche à réunir à grands frais dans les boutiques de *bric-à-brac*, aujourd'hui les plus somptueuses et les plus intéressantes qui soient au monde.

Mais, au plaisir que le jeune homme trouva à examiner ces raretés, succéda une impression de froid et de tristesse extraordinaire. Outre l'atmosphère glacée d'une demeure fermée en tous temps aux rayons généreux du soleil, outre le silence extérieur, il y avait quelque chose de funèbre dans la régularité de cet arrangement intérieur que personne ne troublait jamais, et dans ce luxe artiste et noble dont personne n'était appelé à jouir. Il était évident, à voir ces portes si bien fermées, dont le domestique gardait les clefs, cette propreté que n'altérait pas le moindre grain de poussière, ces lourds rideaux fermés, que jamais le châtelain n'entrait dans le salon, et que les seuls visiteurs assidus étaient un balai et un plumeau. Émile songea avec effroi à la vie que la défunte marquise de Boisguilbault, jeune et belle, avait dû mener dans cette maison immobile et muette depuis des siècles, et il lui pardonna de tout son cœur d'avoir été respirer ailleurs avant de mourir. « Qui sait, pensa-t-il, si elle n'avait pas contracté dans cette tombe une de ces lentes et profondes maladies dont on ne guérit point quand on en a cherché trop tard le remède? »

Il se confirma dans cette idée, quand la porte s'ouvrit lentement et qu'il vit paraître devant lui le châtelain en personne. Sauf l'habit, c'était la statue du commandeur descendue de son piédestal : même démarche compassée, même pâleur, même absence de regard, même face solennelle et pétrifiée.

M. de Boisguilbault n'était guère âgé que de soixante-dix ans, mais il avait une de ces organisations qui n'ont plus d'âge et qui n'en ont jamais eu. Il n'avait pas été mal fait ni d'une laide figure ; ses traits étaient assez réguliers, sa taille était encore droite et son pas ferme, pourvu qu'il ne se pressât point. Mais la maigreur avait fait disparaître toute apparence de formes, et ses habits paraissaient couvrir un homme de bois. Sa figure n'était pas repoussante de dédain, et n'inspirait pas l'aversion ; mais comme elle n'exprimait absolument rien, qu'on eût vainement cherché au premier abord à y surprendre une pensée ou une émotion en rapport avec les types connus dans l'humanité, elle faisait peur, et Émile songea involontairement à ce conte allemand, où un personnage fort convenable se présente à la porte du château et s'excuse de ne pas pouvoir entrer dans l'état où il est, dans la crainte d'indisposer la compagnie. « Vous me paraissez pourtant mis fort décemment, lui dit le châtelain hospitalier. Entrez, je vous prie. — Non, non, reprend l'autre, cela m'est impossible, et vous m'en feriez des reproches. Veuillez m'entendre ici, sur le seuil de votre manoir ; je vous apporte des nouvelles de l'autre monde. — Qu'est-ce à dire ? Entrez, il pleut et l'orage va éclater. — Regardez-moi donc bien, reprend le mystérieux visiteur, et reconnaissez que je ne puis, sans manquer à toutes les lois de la politesse, m'asseoir à votre table. Est-ce que vous ne voyez pas que je suis mort ? » Le châtelain le regarde et s'aperçoit, en effet, qu'il est mort. Il laisse retomber la porte entre lui et le défunt, et rentre dans la salle du festin, où il s'évanouit. »

Émile ne s'évanouit pas lorsque M. de Boisguilbault le salua ; mais si, au lieu de lui dire : « Pardonnez-moi de vous avoir fait attendre, j'étais dans mon parc », il lui eût dit : « J'étais en train de me faire enterrer », il n'eût pas été trop surpris. »

La toilette surannée du marquis ajoutait à sa physionomie de revenant. Il s'était mis à la mode une seule fois dans sa vie, le jour de son mariage. Depuis lors, il n'avait plus songé à changer rien à sa toilette, et il avait donné pour modèle invariable à son tailleur l'habit qu'il venait d'user, sous prétexte qu'il y était habitué, et qu'il craignait d'être gêné par une coupe nouvelle. Il avait donc le costume d'un petit-maître de l'Empire, ce qui produisait le plus étrange contraste avec sa figure triste et flétrie. Un habit vert très-court, des pantalons de nankin, un jabot très-roide, des bottes à cœur, et, pour rester fidèle à ses habitudes, une petite perruque blonde de la nuance de ses anciens cheveux et ramassée en touffe sur le milieu du front. Des cols empesés montant très-haut, et relevant jusqu'aux yeux ses longs favoris blancs comme la neige, donnaient à sa longue figure la forme d'un triangle. Il était d'une propreté scrupuleuse, et pourtant quelques brins de mousse sèche sur ses habits attestaient qu'il ne venait pas de faire toilette exprès pour recevoir son hôte, mais qu'il avait coutume de se promener dans la solitude de son parc avec cette invariable tenue de rigueur.

Il s'assit sans rien dire, salua sans rien dire et regarda Émile sans rien dire. D'abord le jeune homme fut embarrassé de ce silence, et se demanda s'il ne devait pas l'attribuer au dédain. Mais, en voyant le marquis tourner gauchement dans ses doigts une petite branche de chèvrefeuille comme pour se donner une contenance, Émile s'aperçut que ce vieillard était timide comme un enfant, soit par nature, soit par la longue absence de relations où il s'était systématiquement retranché.

Il se décida donc à prendre la parole, et voulant se rendre agréable à son hôte, afin de le maintenir dans ses bonnes dispositions pour le charpentier, il n'hésita pas à lui donner du marquis à chaque mot, s'abandonnant peut-être en secret à un sentiment ironique pour l'orgueil nobiliaire du personnage.

Cette railleuse déférence parut aussi indifférente au marquis que l'objet de la visite d'Émile. Il répondit par monosyllabes, pour le remercier de son empressement et lui confirmer qu'il se chargeait de payer les amendes du délinquant.

« C'est une belle et bonne action que vous faites là, monsieur le marquis, dit Émile, et votre protégé, auquel je m'intéresse de tout mon cœur, en est aussi reconnaissant qu'il en est digne. Sans doute vous ignorez que dernièrement, lors de l'inondation, il s'est jeté dans la rivière pour sauver un enfant, et qu'il y a réussi, en courant de grands dangers.

— Il a sauvé un enfant... à lui ? demanda M. de Boisguilbault, qui n'avait pas paru entendre les paroles d'Émile, tant il avait montré d'indifférence et de préoccupation.

— Non ; l'enfant d'un autre, du premier venu : j'ai fait la même question, j'ai appris que les parents lui étaient presque étrangers.

— Et il l'a sauvé ? reprit le marquis après une minute de silence, pendant laquelle il semblait qu'un autre monde imaginaire lui eût traversé le cerveau. C'est fort heureux. »

La voix et l'accent du marquis étaient encore plus refroidissants que sa figure et sa contenance. C'était une diction lente, des mots qui paraissaient sortir de ses lèvres avec un effort extrême, un timbre sans la moindre inflexion. « Décidément il ne sort pas de chez lui et ne se montre à personne, parce qu'il sait qu'il est mort », se dit Émile, qui pensait toujours à sa légende allemande.

« Maintenant, monsieur le marquis, dit-il, aurez-vous la bonté de me dire pourquoi vous avez désiré que mon père envoyât un exprès auprès de vous ? Me voici pour recevoir vos instructions.

— C'est que... répondit M. de Boisguilbault un peu troublé d'avoir à faire une réponse directe, et cherchant à rassembler ses idées, c'est que... voici. Cet homme, dont vous me parliez, voudrait ne pas aller en prison, et il faudrait empêcher cela. Dites à M. votre père d'empêcher cela.

— Cela ne regarde pas du tout mon père, monsieur le marquis ! Il ne provoquera certainement pas les rigueurs de la justice contre le pauvre Jean, mais il ne saurait empêcher qu'elles aient leur cours.

— Je vous demande pardon, répondit le marquis, il peut parler ou faire parler aux autorités locales. Il a de l'influence, il doit en avoir.

— Mais pourquoi ne feriez-vous pas ces démarches vous-même, monsieur le marquis ? vous êtes plus anciennement établi dans le pays que mon père, et si vous croyez à l'influence, vous devez estimer vos priviléges plus haut que les nôtres.

— Les priviléges de naissance ne sont plus de mode, répondit M. de Boisguilbault sans montrer ni dépit, ni regret. Votre père, comme industriel, doit être aujourd'hui plus considéré que moi. Et puis je ne suis plus connu de personne, je suis trop vieux ; je ne sais pas même à qui m'adresser, j'ai oublié tout cela. Que M. Cardonnet veuille bien s'en donner la peine, et cet homme ne sera point recherché pour son délit de vagabondage. »

Après ce long discours, M. de Boisguilbault fit un grand soupir comme s'il eût été brisé de fatigue. Mais Émile avait déjà remarqué cette étrange habitude qu'il avait de soupirer, et qui n'était précisément ni l'étouffement d'un asthmatique, ni l'expression d'une douleur morale. C'était comme un tic nerveux, qui n'altérait pas l'impassibilité de sa figure, mais dont la fréquence réagissait sur les nerfs de l'auditeur et finissait par produire chez Émile un malaise douloureux.

« Je pense, monsieur le marquis, dit Émile qui était curieux de le tâter un peu, que vous auriez fort mauvaise opinion d'une société où un privilége quelconque, soit de naissance, soit de fortune, serait l'unique protection du pauvre ou du faible contre les lois trop rigoureuses. J'aime mieux croire que la force morale et l'influence sont à celui qui sait le mieux invoquer les lois de la clémence et de l'humanité.

— En ce cas, Monsieur, agissez à ma place, » répondit le marquis.

Il y avait de l'humilité et de l'éloge dans cette réponse laconique, et pourtant il y avait peut-être aussi de l'ironie. « Qui sait, se disait Émile, si ce vieux misanthrope n'est pas un satirique fort cruel? Eh bien, je me défendrai. »

« Je suis prêt à faire tout ce qui dépendra de moi pour votre protégé, répondit-il ; et si j'échoue, ce sera faute de talent, non faute d'activité et de volonté. »

Peut-être le marquis ne comprit-il pas le reproche ; il ne sembla frappé que d'un mot échappé, pour la seconde fois, à Émile, et il le répéta dans un accès de rêverie un peu hébétée :

« Protégé! fit-il en soupirant à sa manière.

— J'aurais dû dire votre obligé, reprit Émile, qui se repentait déjà de sa vivacité et craignait de nuire au charpentier. De quelque nom qu'il vous plaise que je l'appelle, monsieur le marquis, cet homme est plein de gratitude pour vos bontés, et s'il eût osé, il m'eût suivi pour vous en remercier encore. »

Une légère rougeur colora instantanément les pommettes de M. de Boisguilbault, et il répondit d'une voix plus assurée :

« J'espère qu'il me laissera tranquille dorénavant. »

Émile fut blessé de ce mouvement, il ne put s'empêcher de le faire sentir :

« Si j'étais à sa place, dit-il avec un peu d'émotion, je souffrirais beaucoup d'être accablé d'un bienfait que mon dévouement, ma gratitude et mon labeur ne pourraient jamais acquitter. Vous seriez encore plus généreux que vous ne l'êtes, monsieur le marquis, si vous permettiez au brave Jean Jappeloup de vous offrir ses remercîments et ses services.

— Monsieur, dit M. de Boisguilbault en ramassant une épingle qu'il attacha sur sa manche, soit pour ne pas montrer une sorte de trouble qui s'emparait de lui, soit par une habitude invétérée d'ordre et d'arrangement, je vous avertis que je suis irascible... très-irascible. »

Sa voix était si calme et sa prononciation si lente en donnant cet avis à Émile, que celui-ci faillit éclater de rire.

« Pour le coup, pensa-t-il, nous sommes un peu *toqués*, comme dit Jean. Si j'ai eu le malheur de vous déplaire, monsieur le marquis, dit-il en se levant, je me retire pour ne pas aggraver mes torts, car j'aurais peut-être celui de vous demander d'être parfait, et ce serait votre faute.

— Comment cela ? dit le marquis en tortillant sa branche de chèvrefeuille avec une agitation qui semblait ne pas dépasser le bout de ses doigts.

— On est exigeant envers ceux qu'on estime, je dirais presque envers ceux qu'on admire, si je ne craignais d'offenser votre modestie.

— Vous vous en allez donc? dit le marquis après un moment de silence problématique et avec un ton plus problématique encore.

— Oui, monsieur le marquis, je vous présente mon respect.

— Pourquoi ne dîneriez-vous pas avec moi?

— Cela m'est impossible, répondit Émile, étourdi et effrayé d'une semblable proposition.

— Vous vous ennuieriez trop! reprit le marquis avec un soupir qui, cette fois, trouva, je ne sais comment, le chemin du cœur d'Émile.

— Monsieur, reprit-il avec une effusion spontanée, je reviendrai dîner avec vous quand vous voudrez.

— Demain ! dit M. de Boisguilbault d'un ton accablé, qui semblait vouloir démentir l'empressement de son offre.

— Demain, soit, répondit le jeune homme.

— Oh ! non ! pas demain, reprit le marquis : c'est lundi, c'est un mauvais jour pour moi ; mais mardi. Est-ce convenu ? »

Émile accepta avec beaucoup de grâce, mais, au fond de l'âme, il était déjà consterné à l'idée d'un tête-à-tête de quelques heures avec cet homme de mort, et il se repentait d'un élan de compassion auquel il n'avait pas su résister.

M. de Boisguilbault, néanmoins, paraissait sortir de sa peur ; il voulut reconduire son hôte jusqu'à la grille où il avait attaché son cheval. « Vous avez là une jolie petite bête, lui dit-il en examinant *Corbeau* d'un air de connaisseur. C'est un *brennoux*, bonne race, solide et sobre. Êtes-vous bon cavalier?

— J'ai plus d'habitude et de hardiesse que de science, répondit Émile ; je n'ai pas encore eu le temps d'apprendre l'équitation par principes, mais je compte le faire dès que l'occasion sera favorable.

— C'est un noble et salutaire exercice, reprit le marquis ; si vous voulez venir me voir quelquefois, je mettrai le peu que je sais à votre service. »

Émile accepta avec politesse l'offre du marquis, mais il ne put s'empêcher de jeter un coup d'œil sur le fluet personnage qui se posait devant lui en professeur.

« Cet animal est-il bien dressé? demanda M. de Boisguilbault en caressant l'encolure de *Corbeau*.

— Il est docile et généreux, mais c'est d'ailleurs un ignorant comme son maître.

— Je n'aime pas beaucoup les animaux, reprit le marquis ; pourtant je m'occupe quelquefois de ceux-là, et je vous ferai voir d'assez beaux élèves. Voulez-vous me permettre d'essayer les qualités du vôtre? »

Émile s'empressa de présenter au vieux marquis le flanc de son coursier ; mais, dans la crainte d'un accident, et voyant avec quelle lenteur et quelle difficulté le vieillard s'enlevait sur l'étrier, il ne put s'empêcher de le prévenir, au risque de lui faire injure, que *Corbeau* était un peu vif et chatouilleux.

Le marquis reçut cet avis sans orgueil, mais n'en persista pas moins dans son projet avec une gravité assez comique. Émile tremblait pour son vieux hôte, et *Corbeau* tressaillait de colère et de crainte sous cette main étrangère. Il essaya même d'entrer en révolte, et, à la douceur du marquis envers cette rébellion, on eût dit qu'il n'était pas fort tranquille lui-même. « Là, là, mon petit ami, lui disait-il en le flattant de la main, ne nous fâchons point. »

Mais ce n'était là que la conséquence de ses principes, qui lui défendaient, comme un crime de lèse-science, de maltraiter les chevaux. Peu à peu il apaisa sa monture sans la châtier, et, la faisant marcher dans sa grande cour nue et sablée comme un manège, il l'essaya dans toutes ses allures, et lui fit exécuter avec une facilité extraordinaire les divers mouvements et changements de pied qu'il aurait pu exiger d'un cheval dressé. *Corbeau* parut se soumettre sans efforts ; mais lorsque le marquis le rendit à Émile, ses naseaux enflammés et sa croupe luisante de sueur révélaient la mystérieuse contrainte que cette main ferme et ces longues jambes inflexibles lui avaient fait subir.

« Je ne le croyais pas si savant! dit Émile en manière d'éloge au marquis.

— C'est un animal fort intelligent, » répondit celui-ci avec modestie.

Lorsque Émile fut remonté à cheval, *Corbeau* se cabra et bondit avec fureur, comme pour se venger sur un cavalier moins expérimenté de l'ennuyeuse leçon qu'il avait prise.

« Voilà un *mort* singulier ! se disait Émile en descendant rapidement le chemin qui le ramenait auprès de Jean Jappeloup, et en pensant à ce marquis asthmatique, qui se troublait devant un enfant et domptait un cheval fougueux. Est-ce que cette face cadavérique et cette voix éteinte appartiendraient à un caractère de fer? »

Il trouva le charpentier rempli d'impatience et d'inquiétude, et quand il lui eut rendu compte de la conférence : « C'est bien ; je vous remercie, et je vous confie mes intérêts, dit-il. Mais il faut aussi qu'on s'aide soi-même, et c'est ce que je vais faire. Pendant que vous allez écrire aux autorités, je vais les trouver, moi. Vos écritures prendront du temps, et moi je ne dormirai pas jusqu'à ce que j'aie embrassé mes amis de Gargilesse en plein jour au sortir de vêpres, sous le porche de notre église. Je pars pour la ville...

— Et si on vous arrête en chemin?

— On n'arrête pas sur les chemins que je connais, et que les gendarmes ne connaissent pas. J'arriverai de nuit ; je me glisserai dans la cuisine du procureur du roi. Sa servante est ma nièce. J'ai bonne langue, je m'expliquerai ; je dirai mes raisons, et demain, avant le soir, je rentrerai tête levée dans mon village. »

Sans attendre la réponse d'Émile, le charpentier partit comme un trait, et disparut dans les broussailles.

## XII.

### DIPLOMATIE INDUSTRIELLE.

Lorsque Émile annonça à son père que le charpentier avait trouvé un libérateur, et qu'il lui eut rendu compte de l'emploi de sa journée, M. Cardonnet devint soucieux, et garda pendant quelques instants un silence aussi problématique que les pauses et les soupirs de M. de Boisguilbault. Mais la froideur apparente de ces deux hommes ne pouvait établir entre eux aucune ressemblance de caractère. Elle était toute d'instinct, d'habitude et d'impuissance chez le marquis, au lieu qu'elle avait été acquise par l'industriel à grand renfort de volonté. Chez le premier, elle provenait de la lenteur et de l'embarras de la pensée ; chez l'autre, au contraire, elle servait de voile et de frein à l'activité de pensées trop impétueuses. Enfin, elle était jouée chez M. Cardonnet. C'était une dignité d'emprunt, un rôle pour imposer aux autres hommes ; et, pendant qu'il paraissait se contenir ainsi, il calculait tumultueusement les effets et les moyens de sa colère près d'éclater. Aussi lorsque l'irrésolution chagrine de M. de Boisguilbault aboutissait à quelques monosyllabes mystérieux, le calme trompeur de M. Cardonnet couvait un orage dont il retardait à son gré l'explosion, mais qui s'exhalait tôt ou tard en paroles nettes et significatives. On eût pu dire que la vie de l'un s'alimentait par des manifestations puissantes, tandis que celle de l'autre s'épuisait en émotions refoulées.

M. Cardonnet savait fort bien que son fils n'était pas facile à persuader, et que l'intimider par la violence ou la menace était impossible. Il s'était trop souvent heurté à ce caractère énergique, il avait trop éprouvé sa force de résistance, quoique ce n'eût été jusqu'alors que dans les petites occasions offertes au jeune âge, pour ne pas savoir qu'il fallait avant tout lui inspirer un respect fondé. Il ne commettait donc guère de fautes en sa présence, et s'observait, au contraire, avec un soin extrême.

« Eh bien, mon père, êtes-vous donc fâché de ce qui arrive d'heureux à ce pauvre Jean ? dit Émile, et me blâmez vous d'avoir couru au-devant des bonnes intentions de son sauveur ? Je me suis fait fort de votre concours, et il faudra bien que ce méfiant charpentier apprenne à vous connaître, à vous respecter, et même à vous aimer.

— Tout cela, dit M. Cardonnet, ce sont des paroles. Il faut de suite écrire pour lui. Mon secrétaire est occupé, mais je présume que tu voudras bien prendre quelquefois sa place dans les occasions délicates.

— Oh ! de tout mon cœur, s'écria Émile.

— Écris donc, je vais te dicter. »

Et M. Cardonnet rédigea plusieurs lettres remplies de zèle, de sollicitude pour le délinquant, et tournées avec un rare esprit de convenance et de dignité. Il allait jusqu'à offrir aussi sa caution pour Jean Jappeloup, au cas, chose impossible pourtant, disait-il, où M. de Boisguilbault, qui avait prévenu ses intentions, se désisterait de sa parole. Quand ces lettres furent signées et fermées, il dit à Émile de les faire partir de suite par un exprès, et il ajouta :

« Maintenant j'ai fait ta volonté ; j'ai interrompu mes occupations pour que ton protégé n'eût pas à souffrir du moindre retard. Je retourne à mes travaux. Nous dînerons dans une heure, et tu tiendras ensuite compagnie à ta mère, que tu as un peu délaissée tout le jour. Mais ce soir, quand les ouvriers auront fini leur tâche, j'espère que tu seras tout à moi, et que je pourrai t'entretenir de choses sérieuses.

— Mon père, je suis à vous ce soir et toute ma vie, vous le savez bien, » dit Émile en l'embrassant.

M. Cardonnet s'applaudit de n'avoir pas cédé à un premier mouvement d'humeur ; il venait de ressaisir tout son ascendant sur Émile. Le soir, lorsque l'usine étant fermée, les ouvriers furent congédiés, il se rendit dans une partie de son jardin que l'inondation n'avait pu atteindre, et se promena longtemps seul, réfléchissant à ce qu'il allait dire à cet enfant difficile à manier, et ne voulant pas le faire appeler avant de se sentir parfaitement maître de lui-même.

La fatigue fiévreuse qui suit une journée de surveillance et de commandement, le spectacle de dévastation qu'il avait encore sous les yeux, et peut-être aussi l'état de l'atmosphère, n'étaient pas très-propres à calmer l'irritation nerveuse habituelle chez M. Cardonnet. La température avait éprouvé une révolution trop soudaine et trop violente pour n'être pas encore insolite et relâchée. L'air tiède était chargé de vapeurs, comme au mois de novembre, quoiqu'on fût en plein été. Mais ce n'étaient pas les brouillards frais et transparents de l'automne, c'était plutôt une fumée suffocante qui s'exhalait de la terre. L'allée où l'industriel marchait à grands pas était bordée, d'un côté, de buissons de rosiers et d'autres fleurs splendides. De l'autre ce n'étaient que débris, planches charriées et entassées en désordre, énormes cailloux roulés par les eaux ; et depuis cette limite où s'était arrêtée l'inondation, jusqu'au lit de la rivière, plusieurs arpents de jardin, couverts d'une vase noire rayée de sables rouges, offraient l'aspect de quelque forêt d'Amérique ravagée et entraînée à demi par les débordements de l'Ohio ou du Missouri. Les jeunes arbres renversés pêle-mêle entre-croisaient leurs troncs et leurs branches dans des flaques d'eau stagnantes, qui ne pouvaient s'écouler sous ces digues fortuites. De belles plantes flétries et souillées faisaient de vains efforts pour se relever, et restaient couchées dans la boue, tandis que, chez quelques autres, la végétation, satisfaite de l'humidité, avait fait déjà éclore, sur des rameaux à demi-brisés, des fleurs superbes et triomphantes. Leur senteur délicieuse combattait l'odeur saumâtre des terres limoneuses, et lorsqu'une faible brise soulevait la brume, ces parfums et ces puanteurs étranges passaient alternativement. Une nuée de grenouilles, qui semblaient être tombées avec la pluie, croassaient dans les roseaux d'une manière épouvantable ; et le bruit de l'usine, qu'il n'était pas encore possible d'arrêter, et dont les rouages se fatiguaient en pure perte, causait à M. Cardonnet une impatience fébrile. Cependant le rossignol chantait dans les bocages restés debout, et saluait la pleine lune avec l'insouciance d'un amant ou d'un artiste. C'était pourtant un mélange de bonheur et de consternation, de laideur et de beauté, comme si la puissante nature se fût moquée de pertes ruineuses pour les hommes, légères pour elle qui n'avait besoin que d'une journée de soleil et d'une nuit de fraîcheur pour les réparer.

Malgré les efforts de Cardonnet pour concentrer sa réflexion sur ses intérêts de famille, il était à chaque instant troublé et distrait par le souci de ses intérêts pécuniaires. « Maudit ruisseau pensait-il, en fixant malgré lui ses regards sur le torrent qui roulait fier et moqueur à ses pieds, quand donc renonceras-tu à une lutte impossible ? Je saurai bien t'enchaîner et te contenir. Encore de la pierre, encore du fer, et tu couleras captif dans les limites que ma main veut te tracer. Oh ! je saurai régler ta force insensée, prévoir tes caprices, stimuler tes langueurs et briser tes colères. Le génie de l'homme doit rester ici vainqueur des aveugles révoltes de la nature. Vingt ouvriers de plus, et tu sentiras le frein. De l'argent, et toujours de l'argent ! Il faut une bien petite montagne de ce métal pour arrêter des montagnes d'eau. Tout est dans la question de temps et d'opportunité. Il faut que mes produits arrivent au jour marqué, pour compenser mes dépenses. Un mois d'indifférence et de défaillance perdrait tout. Le crédit est un abîme qu'il faut creuser sans hésitation, parce qu'au fond est le trésor du bénéfice. Creusons encore toujours ! Sot et lâche est celui qui s'arrête en chemin et qui laisse ses avances et ses projets s'engloutir dans le vide. Non, non, torrent perfide, terreurs de femmes, pronostics menteurs des envieux, vous ne m'intimiderez pas, vous ne me ferez pas renoncer à mon œuvre, quand j'y

C'était son passe-temps favori. (Page 47.)

ai fait tant de sacrifices, quand la sueur de tant d'hommes a déjà coulé en vain, quand mon cerveau a déjà dépensé tant d'efforts et mon intelligence enfanté tant de prodiges! Ou cette eau roulera mon cadavre dans la fange, ou elle portera docilement les trésors de mon industrie! »

Et dans la tension pénible de sa volonté, M. Cardonnet frappait du pied le rivage avec une sorte d'enthousiasme furieux.

Cependant il en revint à penser que de son propre sein était sorti un obstacle plus effrayant pour l'avenir que le torrent et les tempêtes. Son fils pouvait tout contrarier ou du moins tout détruire en un jour. Quelles que soient l'âpreté et la personnalité jalouse de l'homme, il ne peut jamais se satisfaire en travaillant pour lui seul, et il n'est point de capitaliste qui ne vive dans l'avenir par les liens de la famille. Cardonnet sentait au fond de ses entrailles un amour sauvage pour son fils. Oh! s'il avait pu refondre cette âme rebelle, et identifier Émile à sa propre existence! Quel orgueil, quelle sécurité n'eût-il pas goûtés? Mais cet enfant, qui avait des facultés éminentes pour tout ce qui n'était pas le vœu de son père, semblait avoir conçu pour la richesse un mépris systématique, et il fallait trouver un joint, un point vulnérable pour faire entrer en lui cette passion terrible. Cardonnet savait bien quelles cordes il fallait faire vibrer; mais pourrait-il contrarier et changer assez la nature de son propre esprit et de son propre talent, pour ne produire aucune dissonnance? L'instrument était à la fois délicat et puissant. La moindre faute d'harmonie dans le système qu'il fallait exposer trouverait un juge attentif et perspicace.

Enfin il fallait que Cardonnet, cet homme à la fois violent et habile, mais en qui les habitudes de domination l'emportaient sur celles de la ruse, se livrât à lui-même un combat terrible, étouffât toute émotion emportée, et parlât le langage d'une conviction qui n'était pas tout à fait la sienne. Enfin, se sentant plus calme et se croyant suffisamment préparé, il fit appeler Émile, et retourna l'attendre à la même place où il avait été plongé dans une longue et pénible méditation.

« Eh bien, mon père, dit le jeune homme, en prenant sa main avec tendresse et très-ému, car il sentait approcher le moment où il saurait ce qui devait l'emporter dans

Mais quelle que fût sa confusion en reconnaissant sa méprise. (Page 50.)

son cœur, ou de l'amour filial ou de la terreur et du blâme, me voici bien disposé à recevoir avec respect les confidences que vous m'avez promises. J'ai vingt et un ans, et je me sens devenir un homme. Vous avez bien tardé à m'émanciper de la loi du silence et de la confiance aveugle : mon cœur s'est soumis tant qu'il a pu, mais ma raison commence à parler bien haut, et j'attends votre voix paternelle pour les mettre d'accord. Vous allez le faire, je n'en doute pas, et m'ouvrir les portes de la vie ; car jusqu'ici je n'ai fait que rêver, attendre et chercher. J'ai flotté dans des doutes étranges, et j'ai déjà bien souffert sans oser vous le dire. A présent vous me guérirez, vous me donnerez la clef de ce labyrinthe où je m'égare ; vous me tracerez, vers l'avenir, une route que j'aimerai à suivre. Heureux et fier si j'y peux marcher avec vous !

— Mon enfant, répondit M. Cardonnet un peu troublé de ce début plein d'effusion, tu as pris, *là-bas*, l'habitude d'un langage emphatique que je ne peux pas imiter. Ces manières de dire sont mauvaises, en ce que l'esprit s'échauffe et s'exalte, puis bientôt s'égare dans un exercice de sensibilité exagérée. Je sais que tu m'aimes et que tu crois en moi. Tu sais que je te chéris uniquement, et que ton avenir est mon seul but, ma seule pensée. Parlons donc raisonnablement, froidement, s'il est possible. Récapitulons d'abord un peu ta courte et heureuse existence. Tu es né dans l'aisance, et, comme je travaillais assidûment, la richesse est venue se placer sous tes pas, si vite et si naturellement en apparence, que tu ne t'en es guère aperçu. Chaque année augmentait la puissance d'extension de ta carrière future, et tu étais à peine sorti de l'enfance que j'avais songé à ta vieillesse et à l'avenir de tes enfants. Tu montrais d'heureuses dispositions ; mais ce n'était encore que pour des arts futiles, des choses d'agrément, le dessin, la musique, la poésie... J'ai dû combattre et j'ai combattu le développement de ces instincts d'artiste, quand j'ai vu qu'ils menaçaient d'envahir des facultés plus nécessaires et plus sérieuses.

« En créant ta fortune, je créais tes devoirs. Les beaux arts sont la bénédiction et la richesse du pauvre ; mais la richesse exige des forces mieux trempées pour supporter le poids des obligations qu'elle impose. Je me suis interrogé moi-même ; j'ai vu ce qui avait manqué à mon éducation, et j'ai pensé que nous devions nous compléter l'un par l'autre, puisque nous étions, par la loi du sang, solidaires de la même entreprise. J'avais l'intelligence des théories industrielles auxquelles je me suis voué ; mais, n'ayant pas été rompu à la pratique d'assez bonne heure, n'ayant pas étudié la spécialité de ma vocation, n'arrivant que par l'instinct et une sorte de divination aux solutions de la géométrie et de la mécanique, j'étais exposé à faire des fautes, à m'engager dans de fausses voies, à me laisser égarer par mes rêves ou ceux des autres, enfin à perdre, outre des sommes d'argent, des jours, des semaines, des années, le temps enfin, qui est le plus précieux de tous les capitaux. J'ai donc voulu que tu fusses instruit dans ces sciences au sortir du collège, et tu t'es astreint, malgré ton jeune âge, à des travaux ardus. Mais ton esprit a voulu bientôt prendre un essor qui t'éloignait de mon but.

« L'étude des sciences exactes te conduisait, malgré moi, malgré toi-même, à la passion des sciences naturelles, et, prenant des chemins de rencontre, tu ne songeais qu'à l'astronomie et aux rêveries des mondes où nous ne pouvons pénétrer. Après une lutte où je ne fus pas le plus fort, je te fis abandonner ces sciences, faute de pouvoir te ramener à une saine et utile application ; et renonçant à faire de toi un mécanicien, je cherchai en quoi tu pourrais m'être utile. Quand je dis m'être utile, j'imagine que tu ne te méprends pas sur le sens des mots. Ma fortune étant la tienne, je devais te former pour cette œuvre qui bientôt aura probablement usé ma vie à ton profit ; c'est dans l'ordre. Je suis heureux de faire mon devoir, et j'y persisterai malgré toi, s'il le faut. Mais la raison et l'amour paternel ne devaient-ils pas me pousser à te rendre propre, au développement, du moins à la conservation et à la défense de cette fortune ? L'ignorance où j'étais de la législation m'avait mis cent fois à la merci des conseils ignares ou perfides ; j'avais été la proie de ces parasites de la chicane, qui, n'ayant ni vrai savoir, ni saine intelligence des affaires, exigent une soumission aveugle de leurs clients, et compromettent leurs plus graves intérêts par sottise, entêtement, présomption, fausse tactique, vaines subtilités et le reste. Je me suis dit alors qu'avec une intelligence claire et prompte comme la tienne, tu pouvais, en peu d'années, apprendre le droit, et te faire une assez juste idée des détails de la procédure, pour n'avoir jamais besoin d'autre guide, d'autre conseil, d'autre confident, surtout, que toi-même. Je n'ai jamais voulu faire de toi un rhéteur, un avocat, un comédien de cour d'assises ; mais je t'ai demandé de prendre tes inscriptions et de passer tes examens... Tu me l'avais promis !

— Eh bien, mon père, me suis-je révolté, ai-je manqué à ma parole ? dit Émile, surpris d'entendre M. Cardonnet parler avec un mépris superbe et quasi insolent de ces professions, dont il avait essayé de faire ressortir l'honneur et l'éclat, lorsqu'il s'était agi de décider son fils à les étudier.

— Émile, reprit l'industriel, je ne veux pas te faire de reproches ; mais tu as une manière passive et apathique de te résigner, cent fois pire que la résistance. Si j'avais pu prévoir que tu perdrais ton temps, j'aurais vite songé à quelque autre chose ; car, je te l'ai dit, le temps est le capital des capitaux, et voilà deux années de ton existence qui n'ont rien produit pour le développement de tes moyens, et par conséquent pour ton avenir.

— Je me flatte pourtant du contraire, dit Émile en souriant avec un mélange de douceur et de fierté, et je puis vous assurer, mon père, que j'ai beaucoup travaillé, beaucoup lu, beaucoup pensé, je n'ose pas dire beaucoup acquis, durant mon séjour à Poitiers.

— Oh ! je sais fort bien ce que tu as lu et appris, Émile ! je m'en suis aperçu de reste à tes lettres, quand même je ne l'aurais pas su par mon correspondant ; et je te déclare que toute cette belle science philosophico-métaphysico-politico-économique est ce qu'il y a, à mon sens, de plus creux, de plus faux, de plus chimérique et de plus ridicule, pour ne pas dire de plus dangereux, pour la jeunesse. C'est à tel point que tes dernières lettres m'auraient fait pâmer de rire comme juge, si, comme père, je n'en avais éprouvé un chagrin mortel ; et c'est précisément en voyant que tu étais monté sur un nouveau dada, et que tu allais encore une fois prendre ton vol à travers les espaces, que j'ai résolu de te rappeler auprès de moi, soit pour un temps, soit pour toujours, si je ne réussis pas à te remettre l'esprit.

— Votre raillerie et votre dédain sont bien cruels, mon père, et affligent plus mon cœur qu'ils ne blessent mon amour-propre. Que je ne sois pas d'accord avec vous, c'est possible : je suis prêt à vous entendre refuser toutes mes croyances ; mais que, lorsque pour la première fois de ma vie, j'éprouvais le besoin et j'avais le courage de verser dans votre sein toutes mes pensées et toutes mes émotions, vous me repoussiez avec ironie... c'est bien amer, et cela me fait plus de mal que vous ne pensez.

— Il y a plus d'orgueil que tu ne penses, toi, dans cette douceur puérile. Ne suis-je pas ton père, ton meilleur ami ? Ne dois-je pas te faire entendre la vérité quand tu t'abuses et te ramener quand tu t'égares ? Allons ! arrière la vanité entre nous ! Je fais de ton intelligence plus de cas que toi-même, puisque je ne veux pas la laisser se détériorer par de mauvais aliments. Écoute-moi, Émile ! je sais fort bien que c'est la mode chez les jeunes gens d'aujourd'hui de se poser en législateurs, de philosopher sur toutes choses, de réformer des institutions qui durèrent plus longtemps qu'eux, d'inventer des religions, des sociétés, une morale nouvelle. L'imagination se plaît à ces chimères, et elles sont fort innocentes quand elles ne durent pas trop longtemps. Mais il faut laisser cela sur les bancs de l'école, et avant de la détruire, connaître et pratiquer la société : on s'aperçoit bientôt qu'elle vaut encore mieux que nous, et que le plus sage est de s'y soumettre avec adresse et tolérance. Te voilà trop grand garçon pour gaspiller tes désirs et tes réflexions sur un sujet sans fond. Je désire que tu t'attaches à la vie réelle, positive ; qu'au lieu de t'épuiser en critiques sur les lois qui nous gouvernent, tu en étudies le sens et l'application. Si cette étude, au contraire, te porte à un esprit de réaction et de dépit contre la vérité, il faut l'abandonner, et aviser à trouver quelque chose d'utile à faire et à quoi tu te sentes propre. Voyons, nous sommes ici pour nous entendre et pour conclure : pas de vaines déclamations, pas de dithyrambes poétiques contre le ciel et les hommes ! Pauvres créatures d'un jour, nous n'avons pas le temps à perdre à interroger notre destinée avant et après notre courte apparition sur la terre. Nous ne résoudrons jamais cette énigme. Nous avons pour devoir de travailler ici-bas sans relâche et de nous en aller sans murmure. Nous devons compte de notre labeur à la génération qui nous précède et qui nous forme, et à celle qui nous suit et que nous formons. C'est pourquoi les liens de famille sont sacrés, et l'héritage inaliénable, malgré vos belles théories communistes auxquelles je n'ai jamais pu rien comprendre, parce qu'elles ne sont pas mûres, et qu'il faut encore des siècles au genre humain pour les admettre. Réponds-moi, que veux-tu faire ?

— Je n'en sais absolument rien, répondit Émile accablé sous l'étroitesse et la froideur de tant de lieux communs, débités avec une facilité hautaine et brutale. Vous tranchez si fièrement des questions qu'il me faudra peut-être toute ma vie pour résoudre, que je ne saurais vous suivre dans cette course ardente vers un but inconnu. Je suis trop faible et trop borné apparemment pour trouver dans ma propre activité la récompense ou le motif de tant d'efforts. Mes goûts ne m'y portent nullement. J'aime le travail de l'esprit, et j'aimerais celui du corps, si l'un devenait le serviteur de l'autre pour conquérir les satisfactions du cœur ; mais travailler pour acquérir, et acquérir pour conserver, et pour acquérir encore, jusqu'à ce que la mort mette un terme à cette soif aveugle, voilà ce qui n'a ni sens ni attrait pour moi. Il n'est en moi aucune faculté que vous puissiez employer à cet usage : je ne suis pas né joueur, et les chances passionnées de la hausse et de la baisse d'une fortune ne me causeront jamais la moindre émotion.

« Si mes aspirations et mes enthousiasmes sont des chimères indignes d'un esprit sérieux, s'il n'y a pas une vérité éternelle, une raison divine des choses, un idéal qu'on puisse porter dans l'âme, pour se soutenir et se diriger à travers les maux et les injustices du présent, je n'existe plus, je ne crois plus à rien ; je consens à mourir pour vous, mon père ; mais vivre et combattre comme vous et avec vous, je n'ai ni cœur, ni bras, ni tête pour ce genre de travail. »

M. Cardonnet se sentit frémir de colère, mais il se contint. Ce n'était pas sans dessein qu'il avait provoqué si maladroitement l'indignation et la résistance de son fils. Il avait voulu l'amener à dire toute sa pensée, et tâter, pour ainsi dire, son enthousiasme. Quand il vit, au ton amer et à l'expression désespérée du jeune homme, que cela était aussi sérieux qu'il l'avait craint, il résolut de tourner l'obstacle, et de manœuvrer de manière à ressaisir son influence.

## XIII.

### LA LUTTE.

« Émile, reprit l'industriel avec un calme bien joué, je vois que nous parlons depuis quelques instants sans nous comprendre, et que, si nous continuons sur ce ton-là, tu vas me chercher querelle et me traiter comme si tu étais un jeune saint et moi un vieux païen. A qui en as-tu ? J'avais bien raison, en commençant, de vouloir te mettre en garde contre l'enthousiasme. Toute cette chaleur de cerveau n'est qu'une effervescence de jeunesse, et tu ne comprendras plus à mon âge, quand tu auras un peu l'expérience et l'habitude du devoir, qu'il soit nécessaire de se battre les flancs pour être honnête et de faire sonner si haut ses convictions. Prends garde à l'emphase, qui n'est que le langage de la vanité satisfaite. Voyons, enfant, crois-tu, par hasard, que la loyauté, la moralité, la bonne foi dans les engagements, les sentiments d'humanité, la pitié pour les malheureux, le dévouement à son pays, le respect des droits d'autrui, les vertus de famille et l'amour du prochain, soient des vertus bien rares, et quasi impossibles dans le temps et le monde où nous vivons ?

— Oui, mon père, je le crois fermement.

— Moi, je ne le pense pas. Je suis moins misanthrope à cinquante ans que toi à vingt et un : j'ai moins mauvaise opinion de mes semblables, apparemment faute de posséder tes lumières et la sûreté de ton coup d'œil !....

— Au nom du ciel ! ne me raillez pas, mon père, vous me déchirez le cœur.

— Eh bien, parlons sérieusement. Je veux bien supposer avec toi que ces vertus soient la religion et la règle d'un petit nombre. Me feras-tu au moins l'honneur de supposer qu'elles ne sont pas absolument inconnues à ton père ?

— Mon père, la plupart de vos actions m'ont prouvé que faire le bien était votre unique ambition. Pourquoi donc vos paroles semblent-elles prendre à tâche de me prouver que vous avez un but moins haut ?

— Voilà où j'en veux venir précisément. Tu m'accordes d'avoir une conduite irréprochable, et pourtant tu te scandalises de m'entendre invoquer le calme de la raison et les conseils de la saine logique. Dis-moi, que penserais-tu de ton père si, à toute heure, tu l'entendais déclamer contre ceux qui n'imitent pas son exemple ? Si, se posant en modèle, et tout gonflé de l'amour et de l'admiration de lui-même, il te fatiguait à tout propos de son propre éloge et d'anathèmes lancés au reste du genre humain ? Tu garderais le silence et tu jetterais un voile sur ce ridicule travers ; mais, malgré toi, tu penserais que ton brave homme de père a une faiblesse déplorable et que sa vanité nuit à son mérite.

— Sans doute, mon père, j'aime mieux votre réserve et le bon goût de votre modestie ; mais lorsque nous sommes seuls ensemble, et dans les rares et solennelles occasions où, comme aujourd'hui, vous daigneriez m'ouvrir votre cœur, je serais-je pas bien heureux de vous entendre exalter les grandes idées et me verser un saint enthousiasme, au lieu de vous voir dénigrer et refouler mes aspirations avec mépris ?

— Ce ne sont ni les grandes idées que je méprise, ni tes bons désirs que je raille. Ce que je repousse et veux étouffer en toi, ce sont les déclamations et les forfanteries des nouvelles écoles humanitaires. Je ne puis souffrir qu'on érige en vérités inconnues jusqu'à ce jour des principes aussi vieux que le monde. Je voudrais que tu aimasses le devoir avec un calme inébranlable, et te le voir pratiquer avec le silence stoïque de la vraie conviction. Crois-moi, ce n'est pas d'hier que nous connaissons le bien et le mal, et, pour aimer la justice, je n'ai pas attendu que tu allasses sucer la manne céleste en fumant des cigares sur le pavé de Poitiers.

— Tout cela peut être vrai en général, mon père, dit Émile ranimé par l'ironie obstinée de M. Cardonnet. Il y a de vieux citoyens qui, comme vous, pratiquent la vertu sans ostentation, et il peut y avoir d'impertinents écoliers qui la prêchent sans l'aimer et quasi sans la connaître. Mais ce dernier trait de satire, je ne saurais le prendre pour moi, ni pour mes jeunes amis. Je ne crois pas être autre chose qu'un enfant et ne me pique d'aucune expérience. Au contraire, je viens avec respect et confiance, rempli seulement de bons instincts et de bonnes intentions, vous demander la vérité, le conseil, l'exemple, l'aide et les moyens. Je n'ai pour moi que mes jeunes idées et je vous en fais hommage.

« Révolté des effrayantes contradictions que les lois de la société connaissent et sanctionnent, je vous supplie de me dire comment vous avez pu les accepter sans protestations et rester honnête homme. Je m'avoue faible et ignorant, puisque je n'en aperçois pas la possibilité. Dites-le moi donc enfin, au lieu de me couvrir de sarcasmes glacés. Suis-je coupable de demander la lumière ? suis-je insolent et fou parce que je veux savoir les lois de ma conscience et le but de ma vie ? Oui, votre caractère est digne, et votre tenue sage et mesurée ; oui, votre cœur est bon et votre main libérale. Oui, vous secourez le pauvre et vous récompensez son labeur.

« Mais où allez-vous par ce chemin si droit et si sûr ? Je trouve que parfois vous manquez d'indulgence, et votre sévérité m'a effrayé souvent.

« Je me suis toujours dit que vous aviez la vue plus claire et l'esprit plus prévoyant que les natures tendres et timides, que le mal momentané que vous faisiez souffrir était en vue d'un bien durable et d'un talent assuré ; aussi, malgré mes répugnances pour les études que vous m'imposiez, malgré mes goûts sacrifiés à vos vues cachées, mes désirs souvent froissés et étouffés en naissant, je me suis imposé la loi de vous suivre et de vous obéir en tout.

« Mais le moment est venu où il faut que vous m'ouvriez les yeux, si vous voulez que je puisse accomplir cet effort surhumain ; car l'étude du droit ne satisfait pas ma conscience : je ne conçois pas que je puisse jamais m'engager dans les luttes de la procédure, encore moins que je m'astreigne comme vous à presser le travail des hommes à mon profit, si je ne vois clairement où je vais et quel sacrifice utile à l'humanité j'aurai accompli au prix de mon bonheur.

— Ton bonheur serait donc de ne rien faire et de vivre les bras croisés, à regarder les astres ? Il semble que tout travail t'irrite ou te fatigue, même le droit, que tous les jeunes gens apprennent en se jouant ?

— Mon père, vous savez bien le contraire ; vous m'avez vu me passionner pour des études plus abstraites, et vous m'avez arrêté comme si j'avais couru à ma perte. Vous savez donc, pourtant, quel était mon vœu, lorsque vous me pressiez de chercher une application matérielle des sciences que je préférais. Vous ne vouliez pas que je fusse artiste et poète : peut-être aviez-vous raison ; mais j'aurais pu être naturaliste, tout au moins agriculteur, et vous m'en avez empêché. C'était pourtant une application réelle et pratique.

« L'amour de la nature m'entraînait à la vie des champs. Le plaisir infini que je trouvais à sonder ses lois et ses mystères, me conduisait naturellement à pénétrer ses forces cachées, et à vouloir les diriger et les féconder par un travail intelligent.

« Oui, là était ma vocation, n'en doutez pas. L'agriculture est en enfance; le paysan s'épuise aux travaux grossiers de la routine; des terres immenses sont incultes. La science décuplerait les richesses territoriales et allégerait la fatigue de l'homme.

« Mes idés sur la société s'accordaient avec le rêve de cet avenir. Je vous demandais de m'envoyer étudier dans quelque ferme-modèle. J'aurais été heureux de me faire paysan, de travailler d'esprit et de corps, d'être en contact perpétuel avec les hommes et les choses de la nature. Je me serais instruit avec ardeur, j'aurais creusé plus avant que d'autres peut-être le champ des découvertes! Et, un jour, sur quelque lande déserte et nue transformée par mes soins, j'aurais fondé une colonie d'hommes libres, vivant en frères et m'aimant comme un frère.

« C'était là toute mon ambition, toute ma soif de fortune et de gloire. Était-ce donc insensé? et pourquoi avez-vous exigé que j'allasse apprendre servilement un code qui ne sera jamais le mien?

— Voilà, voilà! dit M. Cardonnet en haussant les épaules; voilà l'utopie du frère Émile, frère morave, quaker, néo-chrétien, néo-platonicien, que sais-je? C'est superbe, mais c'est absurde.

— Eh bien, dites donc pourquoi, mon père; car vous prononcez toujours la sentence sans la motiver.

— Parce que, mêlant les utopies de socialiste à tes spéculations creuses de savant, tu aurais versé des trésors sur la pierre, tu n'aurais fait pousser ni froment sur le sol stérile, ni hommes capables de vivre en frères sur la terre commune. Tu aurais dépensé follement d'une main ce que j'aurais amassé de l'autre; et à quarante ans, épuisé de fantaisies, à bout de génie et de confiance, dégoûté de l'imbécillité ou de la perversité de tes disciples, fou peut-être, car c'est ainsi que finissent les âmes sensibles et romanesques, lorsqu'elles veulent appliquer leurs rêves, tu me serais revenu accablé de ton impuissance, irrité contre l'humanité, et trop vieux pour reprendre le bon chemin. Au lieu que, si tu m'écoutes et me suis, nous marcherons ensemble sur une route droite et sûre, et avant qu'il soit dix ans, nous aurons fait une fortune dont je n'ose te dire le chiffre, tu n'y croirais pas.

— Admettons que ce ne soit pas un rêve aussi, mon père, et peu m'importe jusqu'à présent; que ferons-nous de cette fortune?

— Tout ce que tu voudras, tout le bien que tu rêveras alors; car je ne suis pas inquiet pour la raison et la prudence, si tu laisses venir l'expérience de la vie, et mûrir paisiblement ta cervelle.

— Eh quoi! nous ferons le bien? oui, c'est de cela qu'il faut me parler, mon père, et je suis tout oreilles! Quel sera ce bonheur dont nous douterons les hommes?

— Tu le demandes! Quel mystère divin cherches-tu donc ailleurs que dans les choses humaines? Nous aurons procuré à toute une province les bienfaits de l'industrie! Et ne sommes-nous pas déjà sur la voie? Le travail n'est-il pas la source et l'aliment du travail? ne faisons-nous pas travailler déjà ici plus d'hommes en un jour que l'agriculture et les petites industries barbares que je tends à supprimer n'en occupaient dans un mois? Leurs salaires ne sont-ils pas augmentés? Ne sont-ils pas à même d'acquérir l'esprit d'ordre, la prévoyance, la sobriété, toutes les vertus qui leur manquent? Où donc sont cachées ces vertus, seul bonheur du pauvre? dans le travail absorbant, dans la fatigue salutaire et dans le salaire proportionné. Le bon ouvrier a l'esprit de famille, le respect de la propriété, la soumission aux lois, l'économie, l'habitude et les trésors de l'épargne. C'est l'oisiveté de tous les mauvais raisonnements qu'elle engendre qui le perdent. Occupez-le, écrasez-le de besogne, il est robuste, il le deviendra davantage; il ne rêvera plus le bouleversement de la société. Il mettra de la règle dans sa conduite, de la propreté dans sa maison, il y apportera le bien-être et la sécurité. Et s'il devient vieux et infirme, quelque bonne volonté que vous ayez de le secourir, ce ne sera plus nécessaire. Il aura songé lui-même à l'avenir; il n'aura pas besoin d'aumônes et de protections comme votre ami Jappeloup le vagabond; il sera véritablement un homme libre. Il n'y a pas d'autre moyen de sauver le peuple, Émile. Je suis fâché de te dire que ce sera plus long à réaliser qu'une utopie à concevoir; mais si l'entreprise est rude et longue, elle est digne d'un philosophe comme toi, et je ne la trouve pas au-dessus des forces d'un travailleur de mon espèce.

— Quoi! c'est là tout l'idéal de l'industrie, dit Émile, écrasé sous cette conclusion. Le peuple n'a pas d'autre avenir que le travail incessant, au profit d'une classe qui ne travaillera jamais?

— Telle n'est pas ma pensée, reprit M. Cardonnet. Je hais et méprise les oisifs : c'est pour cela que je n'aime pas les poètes et les métaphysiciens. Je veux que tout le monde travaille suivant ses facultés, et mon idéal, puisque ce mot te plaît, ne serait pas éloigné de celui des saint-simoniens : *A chacun suivant sa capacité*, la récompense proportionnée au mérite. Mais, dans le temps où nous vivons, l'industrie n'a pas encore assez pris son essor pour qu'on puisse songer à un système moral de répartition. Il faut voir ce qui est et n'envisager que le possible. Tout le mouvement du siècle tourne à l'industrie. Que l'industrie règne donc et triomphe; que tous les hommes travaillent : qui du bras, qui de la tête; c'est à celui qui a plus de tête que de bras à diriger les autres; il a le droit et le devoir de faire fortune. Sa richesse devient sacrée, puisqu'elle est destinée à s'accroître, afin d'accroître le travail et le salaire. Que la société concoure donc, par tous les moyens, à asseoir la puissance de l'homme capable! sa capacité est un bienfait public; et que lui-même s'efforce d'augmenter sans cesse son activité : c'est son devoir personnel, sa religion, sa philosophie. En somme, il faut être riche pour devenir toujours plus riche, vous l'avez dit, Émile, sans comprendre que vous disiez la plus excellente des vérités.

— Ainsi, mon père, vous ne donnez à l'homme qu'autant qu'il travaille? Mais comptez-vous donc pour rien celui qui ne peut pas travailler?

— Je trouve, dans la richesse, les moyens de pouvoir secourir l'infirme et l'idiot.

— Mais le paresseux?

— J'essaie de le corriger; et, si je ne réussis pas, je l'abandonne aux lois de répression, vu qu'il ne tarde pas à être nuisible et à encourir leur rigueur.

— Dans une société parfaite, cela pourrait être juste, parce que les paresseux deviendrait une monstrueuse exception; mais, dans l'exercice d'une autorité aussi sévère que la vôtre, lorsque vous demandez au travailleur toute sa force, tout son temps, toute sa pensée, toute sa vie, oh! que de paresseux seraient chassés et abandonnés.

— Avec les bienfaits de l'industrie, on arriverait dans peu à augmenter tellement le bien-être des classes pauvres, qu'il serait facile de fonder des écoles presque gratuites, où leurs enfants apprendraient l'amour du travail.

— Je crois que vous vous trompez, mon père; mais quand il serait vrai que les enrichis songeraient à l'éducation du pauvre, l'amour du travail sans relâche, et sans autre compensation qu'un peu de sécurité pour la vieillesse, est si contraire à la nature, qu'on ne l'inspirera jamais à l'enfance. Quelques natures exceptionnelles, dévorées d'activité ou d'ambition, feront le sacrifice de leur jeunesse; mais quiconque sera simple, aimant, porté à la rêverie, à d'innocents et légitimes plaisirs, et soumis à ces besoins d'affection et de calme qui sont le bien-être légitime de l'espèce humaine, fuira cette geôle du travail exclusif où vous voulez l'enfermer, et préférera encore les hasards de la misère à la sécurité de l'esclavage. Ah! mon père, par votre rude organisation, par votre puissance infatigable, par votre sobriété stoïque et votre habitude de labeur effréné, vous êtes un homme d'exception, et vous concevez une société faite à votre image, vous ne vous apercevez pas qu'il ne s'y trouve de place avantageuse que pour des hommes d'exception. Ah! permettez-moi de vous le dire, c'est là une utopie plus effrayante que les miennes.

— Eh bien, Émile, puisses-tu l'avoir, cette utopie, dit

M. Cardonnet avec chaleur; elle est une source de force et un stimulant précieux pour cette société de rêveurs, d'oisifs et d'apathiques où je me consume d'impatience. Sois pareil à moi, et si nous trouvions en France, à l'heure qu'il est, cent hommes semblables à nous, je te réponds que dans cent ans ce ne seraient plus des exceptions. L'activité est contagieuse, entraînante, prestigieuse! c'est par elle que Napoléon a dominé l'Europe : il l'eût possédée, si, au lieu d'être guerrier, il eût été industriel. Oh! puisque tu es enthousiaste, sois-le donc à ma manière! secoue ta langueur et partage ma fièvre! Si nous n'entraînons pas encore l'humanité, nous aurons ouvert de larges tranchées où nos descendants la verront se remuer avec un sainte fureur.

— Non, mon père, non, jamais, s'écria Émile épouvanté de l'énergie terrible de M. Cardonnet : car ce n'est pas la route de l'humanité. Il n'y a ni amour, ni pitié, ni tendresse. L'homme n'est pas né pour ne connaître que la souffrance et n'étendre ses conquêtes que sur la matière. Les conquêtes de l'intelligence dans le domaine des idées, les jouissances et les délicatesses du cœur, dont vous ne faites que des accessoires bien gouvernés dans la vie du travailleur, seront toujours le plus noble et le plus doux besoin de l'homme bien organisé. Vous ne voyez donc pas que vous retranchez tout un côté des intentions et des bienfaits de la Divinité? que vous ne laissez pas à l'esclavage du travail le temps de respirer et de se reconnaître? que l'éducation dirigée vers le gain ne fera que des machines brutales, et non des hommes complets? Vous dites que vous concevez un idéal dans la suite des siècles, qu'un temps peut venir où chacun sera rétribué suivant sa capacité? Eh bien, cette formule est fausse parce qu'elle est incomplète, et si l'on n'y ajoute celle-ci : « à chacun suivant ses besoins, » c'est l'injustice, c'est le droit du plus fort par l'intelligence et par la volonté, c'est l'aristocratie et le privilège sous d'autres formes.

« O mon père, au lieu de lutter avec les forts contre les faibles, luttons avec les faibles contre les forts. Essayons! mais alors ne songeons point à faire fortune, renonçons à capitaliser pour notre compte. Consentez-y, puisque j'y consens, moi, pour qui nous travaillerons aujourd'hui. Tâchons de nous identifier l'un à l'autre de cette façon, et renonçons au gain personnel en embrassant le travail. Puisque nous ne pouvons à nous seuls créer une société où tous seraient solidaires les uns des autres, soyons comme ouvriers de l'avenir, dévoués aux faibles et aux incapables d'à présent.

« Si le génie de Napoléon eût été formé à cette doctrine, peut-être eût-elle converti le monde; mais qu'on trouve cent hommes semblables à nous, et que cette fièvre d'acquérir soit un zèle divin, que la soif de la charité nous dévore, associons tous nos travailleurs à tous nos bénéfices, que notre grande fortune ne soit pas votre propriété et mon héritage, mais la richesse de quiconque nous aura aidés suivant ses moyens et ses forces à la fonder; que le manœuvre qui apporte sa pierre soit mis à même de connaître autant de jouissances matérielles que vous qui apportez votre génie; qu'il puisse, lui aussi, habiter une belle maison, respirer un air pur, se nourrir d'aliments sains, se reposer après la fatigue, et donner l'éducation à ses enfants; que notre récompense ne soit pas dans le vain luxe dont nous pouvons nous entourer, vous et moi, dans la joie d'avoir fait des heureux, je comprendrai cette ambition et j'en serai dévoré. Et alors, mon père, mon bon père, votre œuvre sera bénie.

« Cette paresse, cette apathie qui vous irritent et qui ne sont que le résultat d'une lutte où quelques-uns triomphent au détriment d'un grand nombre qui succombe et se décourage, disparaîtront d'elles-mêmes par la force des choses! Alors vous trouverez tant de zèle et d'amour autour de vous, que vous ne serez plus obligé de vous épuiser seul pour stimuler tous les autres. Comment pourrait-il en être autrement aujourd'hui, et de quoi vous plaignez-vous?

« Sous la loi de l'égoïsme, chacun donne sa force et sa volonté en proportion de ce qu'il en retire de profits. Belle merveille, que vous, qui recueillez tout, vous soyez le seul ardent et assidu, tandis que le salarié, qui ne recueillera chez vous qu'une aumône un peu plus libérale qu'ailleurs, ne vous apporte qu'un peu plus de son zèle.

« Vous augmentez le salaire, c'est beau sans doute, et vous valez mieux que la plupart de vos concurrents qui voudraient le diminuer; mais vous pouvez décupler, centupler le zèle, faire éclore comme par miracle le feu du dévouement, l'intelligence du cœur dans ces âmes engourdies et affaissées, et vous ne le voudriez pas!

« Et pourquoi donc, mon père? Ce ne sont pas les jouissances du luxe que vous aimez, puisque vous ne jouissez de rien, si ce n'est de l'ivresse de vos projets et de vos conquêtes. Eh bien, supprimez le bénéfice personnel : vous n'en avez que faire, et moi j'y renonce avec transport. Soyons seulement les dépositaires et les gérants de la conquête commune. Cette fortune rêvée, dont vous n'osez pas dire le chiffre, dépassera tellement vos prévisions et vos espérances, que bientôt vous aurez acquis de quoi donner à vos travailleurs des jouissances morales, intellectuelles et physiques, qui en feront des hommes nouveaux, des hommes complets, de vrais hommes, enfin! car jusqu'ici je n'en vois nulle part. Tout équilibre est rompu; je ne vois que des fourbes et des brutes, des tyrans et des serfs, des aigles puissants et voraces, des passereaux stupides et poltrons destinés à leur servir de pâture. Nous vivons suivant la loi aveugle de la nature sauvage; le code de l'instinct farouche qui régit la brute est encore l'âme de notre prétendue civilisation, et nous osons dire que l'industrie va sauver le monde sans sortir de cette voie! Non, non, mon père, erreur et mensonge que toutes ces déclamations de l'économie politique à l'ordre du jour! Si vous me forcez à être riche et puissant, comme vous me l'avez dit tant de fois, et si, en raison de la grossière influence de l'argent, les adorateurs de l'argent m'envoient représenter leurs intérêts aux conseils de la nation, je dirai ce que j'ai dans l'âme; je parlerai, et je ne parlerai qu'une fois sans doute : car on m'imposera silence ou on me fera sortir de l'enceinte; mais ce que je dirai, on s'en souviendra; et ceux qui m'auront élu se repentiront de leur choix! »

Cette discussion se prolongea fort avant dans la nuit, et on peut bien penser que Émile ne convertit pas son père. M. Cardonnet n'était ni méchant, ni impie, ni coupable volontairement envers Dieu ou les hommes. Il avait même bien réellement certaines vertus pratiques et une grande capacité spéciale. Mais son caractère de fer était le résultat d'une âme absolument vide d'idéal.

Il aimait son fils et ne pouvait le comprendre. Il soignait et protégeait sa femme, mais il n'avait jamais songé qu'à étouffer en elle toute initiative qui eût pu embarrasser sa marche journalière. Il eût voulu pouvoir réduire Émile de la même façon; mais, reconnaissant que cela était impossible, il en éprouva un violent chagrin, et même des larmes de dépit mouillèrent ses paupières brûlantes dans cette veillée orageuse. Il croyait sincèrement être dans la logique, dans la seule véritable admissible et praticable.

Il se demandait par quelle fatalité il avait pour fils un rêveur et un utopiste, et plus d'une fois il éleva vers le ciel ses bras d'athlète, demandant avec une angoisse inexprimable, quel crime il avait commis, pour être frappé d'un tel malheur.

Émile, épuisé de fatigue et de chagrin, finit par avoir pitié de cette âme blessée et de cet incurable aveuglement.

« Ne parlons donc plus jamais de ces choses-là, mon père, dit-il en essuyant aussi des larmes qui prenaient leur source plus avant dans son cœur; nous ne pouvons nous identifier l'un à l'autre. Je ne puis que continuer à faire acte de soumission et d'amour filial, sans me préoccuper davantage de moi-même et d'un bonheur que je vous sacrifie. Que m'ordonnez-vous?

« Dois-je retourner à Poitiers et y terminer mes études jusqu'à ce que je passe mes examens? Dois-je rester ici et vous servir de secrétaire ou de régisseur? Je fermerai les yeux, et je travaillerai comme une machine tant qu'il me sera possible! Je me considérerai comme votre employé, je serai à votre service...

— Et tu ne me regarderas plus comme ton père? dit M. Cardonnet. Non, Émile, reste auprès de moi, sois libre, je te donne trois mois, pendant lesquels, vivant dans le sein de ta famille, loin des déclamations des philosophes imberbes qui t'ont perdu, tu reviendras toi-même à la raison. Tu es doué d'un tempérament robuste, et le travail absorbant de la pensée t'a peut-être trop échauffé le cerveau. Je te considère comme un enfant malade et te reprends à la campagne pour te guérir. Promène-toi, chasse, monte à cheval, distrais-toi, en un mot, afin de rétablir ton équilibre qui me paraît plus dérangé que celui de la société. J'espère que tu adouciras ton intolérance, en voyant que ton intérieur n'est pas un foyer de scélératesse et de corruption. Dans quelque temps, peut-être, tu me diras que les rêveries creuses t'ennuient et que tu sens le besoin de m'aider volontairement. »

Émile courba la tête sans répliquer, et quitta son père en le pressant dans ses bras avec un sentiment de douleur profonde. M. Cardonnet, n'ayant rien trouvé de mieux que de temporiser, s'agita longtemps dans son lit, et finit par s'endormir en se disant, contre son habitude, qu'il fallait parfois compter sur la Providence plus que sur soi-même.

## XIV.

### PREMIER AMOUR.

L'énergique Cardonnet, tout entier à ses occupations journalières, ou assez maître de lui-même pour ne pas laisser voir la moindre trace de sa souffrance intérieure, avait repris dès le lendemain sa glaciale dignité.

Émile, accablé d'effroi et de tristesse, s'efforçait de sourire à sa mère, qui s'inquiétait de son air distrait et de sa figure altérée. Mais, à force de timidité, cette femme n'avait plus même la pénétration qui appartient à son sexe. Toutes ses facultés étaient émoussées, et à quarante ans elle était déjà octogénaire au moral. Elle aimait pourtant encore son mari, par suite d'un besoin d'aimer qui n'avait jamais été satisfait. Elle n'avait pas de reproche bien formulé à lui faire; car il ne l'avait jamais froissée ni asservie ostensiblement; mais tout élan de cœur ou d'imagination avait toujours été refoulé en elle par l'ironie et une sorte de pitié dédaigneuse, et elle s'était habituée à n'avoir pas une pensée, pas une volonté en dehors du cercle tracé autour d'elle par une main rigide.

Veiller à tous les détails du ménage était devenu pour elle plus qu'une occupation sage et volontaire; on lui en avait fait une loi si sérieuse et si sacrée, qu'une matrone romaine eût pu lui être tout au plus comparée pour la solennité puérile du labeur domestique.

Elle offrait donc dans sa personne l'étrange anachronisme d'une femme de nos jours, capable de raisonner et de sentir, mais ayant fait sur elle-même l'effort insensé de rétrograder de quelques milliers d'années pour se rendre toute semblable à une de ces femmes de l'antiquité qui mettaient leur gloire à proclamer l'infériorité de leur sexe.

Ce qu'il y avait de bizarre et de triste en ceci, c'est qu'elle n'en avait point la conviction, et qu'elle agissait ainsi, disait-elle tout bas, pour avoir la paix. Et elle ne l'avait point! Plus elle s'immolait, plus son maître s'ennuyait d'elle.

Rien n'efface et ne détruit rapidement l'intelligence comme la soumission aveugle.

Madame Cardonnet en était un exemple.

Son cerveau s'était amoindri dans l'esclavage, et son époux, ne comprenant pas que c'était là l'ouvrage de sa domination, en était venu à la dédaigner secrètement.

Quelques années auparavant, Cardonnet avait été effroyablement jaloux, et sa femme, quoique usée et flétrie, tremblait encore à l'idée qu'il pût lui supposer une pensée légère. Elle avait pris l'habitude de ne pas entendre et de ne pas voir, afin de pouvoir dire avec assurance, quand on lui parlait d'un homme quelconque : « Je ne l'ai pas regardé, je ne sais pas ce qu'il a dit, je n'ai fait aucune attention à lui. » C'est tout au plus si elle osait examiner et interroger son fils; car, pour son mari, si elle s'inquiétait d'un redoublement de pâleur sur son visage ou de sévérité dans son regard, il la forçait bien vite à baisser les yeux en lui disant : « Qu'ai-je donc d'extraordinaire, que vous me contemplez comme si vous ne me connaissiez pas? » Quelquefois, le soir, il s'apercevait qu'elle avait pleuré, et il redevenait tendre à sa manière: « Voyons, qu'y a-t-il? la pauvre petite femme a quelque ennui? Avez-vous envie d'un cachemire? Voulez-vous que je vous mène promener en voiture? Non? Alors ce sont les camélias qui ont gelé? On vous en fera venir de Paris qui auront une meilleure santé et qui seront si beaux, que vous ne regretterez pas les anciens. » Et, en effet, il ne manquait pas une occasion de satisfaire, à quelque prix que ce fût, les goûts innocents de sa compagne. Il exigeait même qu'elle fût plus richement parée qu'elle n'en avait le désir. Il pensait que les femmes sont des enfants qu'il faut récompenser de leur sagesse par des jouets et des futilités. « Il est certain, se disait alors madame Cardonnet, que mon mari m'aime beaucoup et qu'il est rempli d'attentions pour moi. De quoi puis-je me plaindre et d'où vient que je me sens toujours triste? »

Elle vit Émile sombre et abattu, et ne sut pas lui arracher le secret de sa douleur. Elle l'interrogea fastidieusement sur sa santé, et lui conseilla de se coucher de bonne heure. Elle pressentait bien quelque chose de plus sérieux que les suites d'une insomnie; mais elle se disait qu'il valait mieux laisser un chagrin s'endormir dans le silence que de l'entretenir par l'épanchement.

Le soir, Émile, en se promenant à l'entrée du village, rencontra Jean Jappeloup, qui, revenu depuis quelques heures, fêtait joyeusement son arrivée avec plusieurs amis, sur le seuil d'une habitation rustique.

« Eh bien, lui dit le jeune homme en lui tendant la main, vos affaires sont-elles arrangées?...

— Avec la justice, oui, Monsieur; mais pas encore avec la misère. J'ai fait mes soumissions, j'ai raisonné de mon mieux avec le procureur du roi, il m'a écouté avec patience : il m'a bien dit quelques bêtises en manière de sermon; mais ce n'est pas un mauvais homme, et il allait me renvoyer, en me disant qu'il ferait son possible pour m'épargner les poursuites, lorsque vos lettres sont arrivées. Il les a lues sans faire semblant de rien; mais il y a eu égard, car il m'a dit : « Eh bien, tenez-vous en repos, fixez-vous quelque part, ne braconnez plus, travaillez, et tout s'arrangera. » Me voilà donc; mes amis m'ont bien reçu, comme vous voyez, puisque déjà cette maison s'ouvre pour me loger en attendant. Mais il faut que je songe au plus pressé, qui est de gagner de quoi me vêtir, et, avant la nuit, je vas faire le tour du village, pour avoir de l'ouvrage chez les braves gens.

— Écoutez, Jean, lui dit Émile en s'attachant à ses pas : je ne dispose pas de grandes ressources; mon père me fait une pension, et je ne sais point s'il me la continuera, maintenant que je vais vivre près de lui; mais il me reste quelques centaines de francs dont je n'ai pas besoin ici, et que je vous prie d'accepter pour vous vêtir et pourvoir à vos premiers besoins. Vous me ferez beaucoup de peine si vous me refusez. Dans quelques jours, votre rancune mal fondée contre mon père sera passée, et vous viendrez lui demander de l'ouvrage; ou bien, autorisez-moi à lui en demander pour vous : il vous paiera mieux que vous ne serez payé partout ailleurs, et il se relâchera, j'en suis certain, de la sévérité de ses premières conditions; ainsi...

— Non, monsieur Émile, répondit le charpentier. Rien de tout cela, ni votre argent, ni l'ouvrage de votre père. Je ne sais pas comment M. Cardonnet vous traite et vous entretient, mais je sais qu'un jeune homme comme vous est fort gêné quand il n'a pas dans sa poche une pièce d'or ou d'argent pour en faire honneur dans l'occasion. Vous m'avez rendu assez de services, je suis content de vous, et, si je trouve l'occasion, vous verrez que vous n'avez pas tendu la main à un ingrat. Quant à servir votre père d'une manière ou de l'autre, jamais ! j'ai failli faire cette sottise, et

Dieu ne l'a pas permis. Je lui pardonne la manière dont il m'a fait arrêter par Caillaud, c'est une mauvaise action! Mais comme il ne savait peut-être pas que ce pauvre garçon est mon filleul, et comme depuis il a écrit du bien de moi à procureur du roi pour me faire pardonner, je ne dois plus penser à ma rancune. D'ailleurs, à cause de vous, maintenant je la mettrais sous mes pieds. Mais travailler à bâtir vos usines? Non! vous n'avez pas besoin de mes bras; vous en trouverez assez d'autres, et vous savez mes raisons. Ce que vous faites là est mauvais et ruinera bien des gens, si cela ne ruine pas tout le monde un jour.

« Déjà vos digues et vos réservoirs font *patouiller* tous les petits moulins au-dessus de vous sur le courant. Déjà tous vos amas de pierre et de terre ont gâté les prés d'alentour, quand l'eau a emporté tout cela chez les voisins. Toujours, voyez-vous, même contre son gré, le riche fait tort au pauvre. Je ne veux pas qu'il soit dit que Jean Jappeloup a mis la main à la ruine de son endroit. Ne m'en parlez plus. Je veux reprendre mon petit travail, et il ne me manquera pas.

« A présent que vos grands travaux absorbent tous mes confrères, personne, dans le bourg, ne peut plus trouver d'ouvriers. J'hériterai de la clientèle des autres, sauf à la leur rendre quand la vôtre leur manquera. Car, je vous vous le dis, votre père graisse sa roue en payant cher aujourd'hui la sueur de l'ouvrier; mais il ne pourra pas continuer longtemps sur ce pied-là, autrement ses dépenses l'emporteraient sur ses profits. Un jour viendra, un jour qui n'est peut-être pas loin! où il fera travailler au rabais, et alors malheur à ceux qui auront sacrifié leur position à de belles promesses! Ils seront forcés d'en passer par où votre père voudra, et le moment sera venu de rendre gorge.

« Vous ne le croyez pas? Tant mieux pour vous! ça prouve que vous ne serez pas de moitié dans le mal qui se prépare; mais vous n'empêcherez rien. Bonsoir donc, mon brave enfant! ne parlez pas pour moi à votre père; je vous ferais mentir. Le bon Dieu m'a tiré de peine; je veux le contenter en tout maintenant et ne faire que ce que ma conscience ne me reprochera pas. Pauvre, je serai plus utile aux pauvres que votre père avec toute sa richesse. Je bâtirai pour mes pareils, et ils auront plus de profit à me payer peu qu'ils n'en auront à gagner gros chez vous. Vous verrez ça, monsieur Émile, et tout le monde dira que j'avais raison; mais il sera trop tard pour se repentir d'avoir passé la tête par dessus le licou! »

Émile ne put vaincre l'obstination du charpentier et rentra chez lui encore plus triste qu'il n'en était sorti.

Les prédications de cet ouvrier incorruptible lui causaient un vague effroi.

Il rencontra aux abords de l'usine le secrétaire de son père, M. Galuchet, un gros jeune homme, très-capable de faire des chiffres, très-borné à beaucoup d'égards.

C'était l'heure du repos; Galuchet la mettait à profit en pêchant des goujons. C'était son passe-temps favori; et quand il en avait beaucoup dans son panier, il les comptait, et les additionnait avec le chiffre des précédentes conquêtes, il était heureux de dire, en retirant sa ligne:

« Voici le sept cent quatre-vingt-deuxième goujon que j'ai pris depuis deux mois. Je suis bien fâché de n'avoir pas compté ceux de l'année dernière.

Émile s'appuya contre un arbre, pour le regarder pêcher. L'attention flegmatique et la patience puérile de ce garçon le révoltaient. Il ne concevait pas qu'il pût se trouver parfaitement heureux, par la seule raison qu'il avait des appointements qui le mettaient à l'abri du besoin. Il essaya de le faire causer, se disant qu'il découvrirait peut-être, sous cette épaisse enveloppe, quelque trait de flamme, quelque motif de sympathie, qui lui ferait de la société de ce jeune homme une ressource morale dans sa détresse. Mais M. Cardonnet choisissait ses fonctionnaires d'un œil et d'une main sûrs. Constant Galuchet était un crétin; il ne comprenait rien, il ne savait rien en dehors de l'arithmétique et de la tenue des livres. Quand il avait fait des chiffres pendant douze heures, il lui restait à peine assez de raisonnement pour attraper des goujons.

Cependant Émile lui fit dire, par hasard, quelques paroles qui jetèrent une clarté sinistre dans son esprit. Cette machine humaine était capable de supputer les profits et les pertes, et d'établir la balance au bas d'une feuille de papier. Tout en montrant la plus parfaite ignorance des projets et des ressources de M. Cardonnet, Constant fit l'observation que la paie des ouvriers était exorbitante, et que si, dans deux mois, on ne la réduisait de moitié, les fonds engagés dans l'affaire seraient insuffisants.

« Mais cela ne peut pas inquiéter monsieur votre père, ajouta-t-il; on paie l'ouvrier comme on nourrit le cheval à proportion du travail qu'on exige. Quand on veut doubler l'ouvrage on double le salaire, comme on double l'avoine. Puis, quand on n'est plus si pressé, on baisse et on rationne à l'avenant.

— Mon père n'agira pas ainsi, dit Émile: pour des chevaux peut-être, mais non pour des hommes.

— Ne dites pas cela, Monsieur, reprit Galuchet; monsieur votre père est une forte tête, il ne fera pas de sottises, soyez tranquille. »

Et il emporta ses goujons, charmé d'avoir rassuré le fils sur les apparentes imprudences du père.

« Oh! s'il en était ainsi! pensait Émile en marchant avec agitation au bord de la rivière; s'il y avait un calcul inhumain dans cette générosité momentanée! si Jean avait deviné juste! si mon père, tout en suivant les doctrines aveugles de la société, n'avait pas des vertus et des lumières supérieures à celles des autres spéculateurs, pour atténuer les effets désastreux de son ambition!... Mais, non, c'est impossible! mon père est bon, il aime ses semblables... »

Émile avait pourtant la mort dans l'âme; toute cette activité, toute cette vie dépensée au profit de son avenir, le faisaient reculer de dégoût et d'effroi. Il se demandait comment tous ces ouvriers de sa fortune ne le haïssaient pas, et il était prêt à se haïr lui-même pour rétablir la justice.

Un profond ennui pesa encore sur lui le lendemain; mais il vit arriver avec une sorte de joie le jour qu'il devait consacrer en partie à M. de Boisguilbault, parce qu'il s'était promis d'aller, sans rien dire à personne, passer la journée à Châteaubrun. Au moment où il montait à cheval, M. Cardonnet vint lui adresser quelques railleries:

« Tu t'y prends de bonne heure, pour aller à Boisguilbault! il paraît que l'entretien de cet aimable marquis a des charmes pour toi; je ne m'en serais jamais douté, et je ne sais quel secret tu possèdes pour ne pas t'endormir entre chacune de ses phrases.

— Mon père, si c'est là une manière de me faire savoir que ma démarche vous déplaît, dit Émile en faisant avec dépit le mouvement de descendre de cheval, je suis prêt à y renoncer, bien que j'aie accepté une invitation pour aujourd'hui.

— Moi! reprit l'industriel, il m'est absolument indifférent que tu t'ennuies là ou ailleurs. Puisque la maison paternelle est celle où tu te déplais le plus, je désire que celle des nobles personnages que tu fréquentes te dédommage un peu. »

En toute autre circonstance, Émile eût retardé son départ, pour montrer ou du moins pour faire croire que le reproche n'était pas mérité; mais il commençait à comprendre que la tactique de son père était de le railler quand il voulait le faire parler; et comme il sentait un attrait invincible le pousser vers Châteaubrun, il résolut de ne pas se laisser surprendre.

Quoique rien au monde ne lui fût plus sensible que la moquerie des êtres qu'il aimait, il fit un effort pour affecter de la prendre cette fois en bonne part.

« Je me promets tant de plaisir, en effet, chez M. de Boisguilbault, dit-il, que je vais prendre le plus long pour m'y rendre, et que mon école buissonnière sera probablement de cinq ou six lieues, à moins que vous n'ayez besoin de moi, mon père, auquel cas je vous sacrifierais volontiers les délices d'une promenade en plein soleil dans des chemins à pic. »

Mais M. Cardonnet ne fut pas dupe de son stratagème, et il lui répondit avec un regard clair et pénétrant:

Penché sur la table auprès de Gilberte. (Page 51.)

« Va où le démon de la jeunesse te pousse! je ne m'en inquiète pas, et pour cause.
— Eh bien, se dit Émile en prenant le galop, si vous ne vous en inquiétez pas, je ne m'inquiéterai pas davantage de vos menaces! »

Et, sentant malgré lui le feu de la colère bouillonner dans son sein, il fournit une course violente pour se calmer.

« Mon Dieu, pensait-il peu de moments après, pardonnez-moi ces mouvements de dépit que je ne puis réprimer. Vous savez pourtant que mon cœur est plein d'amour, et qu'il ne demande qu'à respecter et à chérir ce père qui prend à tâche de refouler tous ses élans et de glacer toutes ses tendresses. »

Soit hésitation, soit prudence, il fit un assez long détour avant de se diriger sur Châteaubrun; et quand, du haut d'une colline, il se vit très-éloigné des ruines qui se dessinaient à l'horizon, il sentit un si vif regret du temps perdu, qu'il mit les éperons dans le ventre de son cheval pour y arriver plus vite.

Il y arriva en effet du côté de la Creuse en moins d'une demi-heure, presque à vol d'oiseau, après avoir mis cent fois sa vie en péril à franchir les fossés et à galoper sur le bord des précipices. Un désir violent, dont il ne voulait pourtant pas se rendre compte, lui donnait des ailes.

« Je ne l'aime pas, se disait-il, je la connais à peine, je ne peux pas l'aimer! D'ailleurs, je l'aimerais en vain! Ce n'est pas *elle* qui m'attire plus que son excellent père, son château romantique, son entourage de repos, de bonheur et d'insouciance; j'ai besoin de voir des gens heureux pour oublier que je ne le suis pas, que je ne le serai jamais! »

Il rencontra Sylvain Charasson, occupé à tendre une vergée dans la Creuse. L'enfant courut vers lui d'un air joyeux et empressé :

« Vous ne trouverez pas M. Antoine, lui dit-il; il est allé vendre six moutons à la foire; mais mademoiselle Janille est à la maison, et mademoiselle Gilberte aussi.
— Crois-tu que je ne les dérangerai pas?
— Oh! du tout, du tout, monsieur Émile; elles seront bien contentes de vous voir, car elles parlent bien souvent de vous à dîner avec M. Antoine. Elles disent qu'elles font grand cas de vous.

Ils ne descendirent ainsi qu'une douzaine de marches. (Page 52.)

— Prends donc mon cheval, dit Émile : j'irai plus vite à pied.

— Oui, oui, reprit l'enfant. Tenez, là, derrière l'ancienne terrasse. Vous attraperez la brèche, vous sauterez un peu, et vous serez dans la cour. C'est le chemin *au Jean.* »

Émile sauta sur l'herbe qui amortit le bruit, et approcha du pavillon carré, sans avoir effrayé les deux chèvres qui semblaient déjà le connaître.

Monsieur Sacripant, qui n'était pas plus fier que son maître et ne dédaignait pas de faire, au besoin, l'office de chien de berger, quoiqu'il appartînt à la race plus noble des chasseurs, avait conduit les moutons à la foire.

Au moment d'entrer, Émile s'aperçut que le cœur lui battait si fort, émotion qu'il attribua à son ascension rapide sur le flanc du rocher, qu'il s'arrêta un peu pour se remettre et faire convenablement son entrée. Il entendait dans l'intérieur le bruit d'un rouet, et jamais aucune musique n'avait retenti plus agréablement à son oreille. Puis le sifflement sourd du petit instrument de travail s'arrêta, et il reconnut la voix de Gilberte qui disait :

« Eh bien, c'est vrai, Janille, je ne m'amuse pas les jours où mon père est absent. Si je n'étais pas avec toi, je m'ennuierais peut-être tout à fait.

— Travaille, ma fille, travaille, répondit Janille : c'est le moyen de ne jamais s'ennuyer.

— Mais je travaille et je ne m'amuse pourtant pas. Je sais bien qu'il n'y a pas de nécessité à s'amuser ; mais moi, je m'amuse toujours, je suis toujours prête à rire et à sauter, quand mon père est avec nous. Conviens, petite mère, que s'il nous fallait vivre longtemps séparées de lui, nous perdrions toute notre gaîté et tout notre bonheur ! Oh ! vivre sans mon père, ce serait impossible ! j'aimerais autant mourir tout de suite.

— Eh bien, voilà de jolies idées ! reprit Janille ; à quoi diantre allez-vous penser, petite tête ? Ton père est encore jeune et bien portant, grâce à Dieu ! d'où te vient donc cette folie depuis deux ou trois jours ?

— Comment, depuis deux ou trois jours ?

— Mais oui, depuis trois ou quatre jours, même ! il t'est arrivé plusieurs fois de te tourmenter de ce que nous deviendrions si, ce qu'à Dieu ne plaise, nous perdrions ton bon père.

— Si nous le perdions! s'écria Gilberte. Oh! ne dis pas un mot pareil, cela fait frémir, et je n'y ai jamais pensé. Oh! non, je ne pourrais pas penser à cela!

— Eh bien, ne voilà-t-il pas que vous êtes tout en larmes? Fi! Mademoiselle! voulez-vous faire pleurer aussi votre mère Janille? oui-da, M. Antoine serait content s'il vous voyait les yeux rouges en rentrant! Il serait capable de pleurer aussi, le cher homme! Allons, tu n'as pas assez promené aujourd'hui, mon enfant, serre ta laine, et allons faire manger nos poules. Ça te distraira de voir les jolis perdreaux que la petite Blanche a couvés. »

Émile entendit un baiser maternel de Janille clore ce discours, et comme ces deux femmes allaient le trouver à la porte, il s'éloigna et toussa un peu pour les avertir de son arrivée.

« Ah! s'écria Gilberte, quelqu'un dans la cour! Je me sens toute en joie, je suis sûre que c'est mon père! »

Et elle s'élança étourdiment à la rencontre d'Émile, si vite, qu'en se trouvant avec lui sur le seuil de la porte, elle faillit tomber dans ses bras. Mais quelle que fût sa confusion en reconnaissant sa méprise, elle fut moindre que le trouble d'Émile; car, dans sa candeur, elle en sortit par un éclat de rire, tandis qu'à l'idée d'une accolade qui ne lui était pas destinée, mais qu'il avait été bien près de recevoir, le jeune homme perdit tout à fait contenance. Gilberte était si belle avec ses yeux encore humides de larmes et son rire enfantin et frais, qu'il en eut comme un éblouissement, et ne se demanda plus si c'était le bon Antoine, les belles ruines ou la charmante Gilberte qu'il s'était tant hâté de revoir.

« Eh bien, eh bien, dit Janille, vous nous avez fait quasi peur; mais soyez le bienvenu, monsieur Émile, comme dit notre maître; M. Antoine ne tardera pas beaucoup à rentrer. En attendant, vous allez vous rafraîchir; j'irai tirer du vin à la cave. »

Émile s'y opposa, et, la retenant par sa manche :
« Si vous allez à la cave, j'irai avec vous, dit-il, non pour boire votre vin ; mais pour voir ce caveau que vous m'avez dit si curieux, si profond et si sombre.

— Vous n'irez pas maintenant, répondit Janille; il y fait trop froid et vous avez trop chaud. Oui, vous avez chaud! vous êtes rouge comme une fraise. Vous allez vous reposer un brin, et puis, en attendant M. Antoine, nous vous ferons voir les caveaux, les souterrains, et tout le château, que vous n'avez pas encore bien examiné, quoiqu'il en vaille la peine. Ah mais! il y a des gens qui viennent de bien loin pour le voir; ça nous ennuie bien un peu, et ma fille s'en va lire dans sa chambre tandis qu'ils sont là; mais M. Antoine dit qu'on ne peut pas refuser l'entrée, surtout à des voyageurs qui ont fait beaucoup de chemin, et que, quand on est propriétaire d'un endroit curieux et intéressant, on n'a pas le droit d'empêcher les autres d'en jouir. »

Janille prêtait un peu à son maître le raisonnement qu'elle lui avait mis dans l'esprit et dans la bouche. Le fait est qu'elle retirait de l'exhibition de ses ruines un certain pécule qu'elle employait, comme tout ce qui lui appartenait, à augmenter secrètement le bien-être de la famille.

Émile, pressé d'accepter un rafraîchissement quelconque, consentit à prendre un verre d'eau, et, comme Janille voulut courir elle-même remplir sa cruche à la fontaine, il resta seul avec mademoiselle de Châteaubrun.

## XV.

### L'ESCALIER.

Si un roué peut s'applaudir du hasard inespéré qui lui procure un tête-à-tête avec l'objet de ses entreprises, un jeune homme pur et sincèrement épris se trouve plutôt confus, et presque effrayé, lorsqu'une telle bonne fortune lui arrive pour la première fois.

Il en fut ainsi d'Émile Cardonnet : le respect que lui inspirait mademoiselle de Châteaubrun était si profond, qu'il eût craint de lever les yeux sur elle en cet instant, et de se montrer, en quoi que ce soit, indigne de la confiance qu'on lui témoignait.

Gilberte, plus naïve encore, n'éprouva point le même embarras. La pensée qu'Émile pût abuser, même par une parole légère, de son isolement et de son inexpérience, ne pouvait trouver place dans un esprit aussi noble et aussi candide que le sien, et sa sainte ignorance la préservait de tout soupçon de ce genre. Elle rompit donc le silence la première, et sa voix ramena, comme par enchantement, le calme dans le sein agité du jeune visiteur. Il est des voix si sympathiques et si pénétrantes, qu'il suffirait de les entendre articuler quelques mots, pour prendre en affection, même sans les voir, les personnes dont elles expriment le caractère. Celle de Gilberte était de ce nombre. On sentait, à l'écouter parler, rire ou chanter, qu'il n'y avait jamais eu dans son âme une pensée mauvaise, ou seulement chagrine.

Ce qui nous touche et nous charme dans le chant des oiseaux, ce n'est pas tant cette mélodie étrangère à nos conventions musicales, et la puissance extraordinaire de ce timbre flexible, qu'un certain accent d'innocence primitive, dont rien ne peut donner l'idée dans la langue des hommes. Il semblait, en écoutant Gilberte, qu'on pût lui appliquer cette comparaison, et que les choses les plus indifférentes, en passant par sa bouche, eussent un sens supérieur à celui qu'elles exprimaient par elles-mêmes.

« Nous avons vu notre ami Jean ce matin, dit-elle; il est venu avec le jour, et il a emporté tous les outils de mon père, pour commencer sa première journée de travail; car il a déjà trouvé de l'ouvrage, et nous espérons bien qu'il n'en manquera pas. Il nous a raconté tout ce que vous aviez fait et voulu faire pour lui, encore hier soir, et je vous assure, Monsieur, que, malgré la fierté et peut-être la rudesse de ses refus, il en est reconnaissant comme il doit l'être.

— Ce que j'ai pu faire pour lui est si peu de chose, que je suis honteux de l'entendre parler, dit Émile. Je suis triste surtout de voir son obstination à le priver de ressources assurées, car il me semble que sa position est encore bien précaire. Recommencer avec rien, à soixante ans, toute une vie de travail, et n'avoir ni maisons, ni habits, ni même les outils nécessaires, c'est effrayant, n'est-ce pas, Mademoiselle ?

— Eh bien, je ne m'en effraie pourtant pas, répondit Gilberte. Élevée dans l'incertain et quasi au jour le jour, j'ai peut-être pris moi-même l'habitude de cette heureuse insouciance de la pauvreté. Ou mon caractère est fait ainsi naturellement, ou bien l'insouciance de Jean me rassure ; mais il est certain que, dans nos félicitations de ce matin, aucun de nous n'a ressenti la moindre inquiétude. Il faut si peu de chose à Jean pour le satisfaire! Il a une sobriété et une santé de sauvage. Jamais il ne s'est mieux porté que pendant deux mois qu'il a vécu dans les bois, marchant tout le jour et dormant en plein air le plus souvent[1]. Il prétend que sa vue s'est éclaircie, sa jeunesse est revenue, et que, si l'été avait pu durer toujours, il n'aurait jamais eu besoin de retourner vivre au village. Mais, au fond du cœur, il a pour son pays natal une tendresse invincible, et d'ailleurs, l'inaction ne peut lui plaire longtemps. Nous l'avons pressé ce matin de s'établir chez nous, et d'y vivre comme nous, sans souci du lendemain.

« — Il y a bien assez de place ici, et bien assez de matériaux, lui disait mon père, pour que tu te bâtisses une habitation. J'ai assez de pierres et de vieux arbres pour te fournir le bois de construction. Je t'aiderai à élever ta demeure comme tu m'as aidé à relever la mienne. »

Mais Jean ne pouvait entendre à cela.

« — Eh bien, disait-il, que ferai-je donc pour tuer le temps, quand vous m'aurez établi en seigneur? Je ne

---

[1]. Il y a une manière de coucher sainement à la belle étoile, malgré la fraîcheur du climat, qui est bien connue de tous les bouviers, mais dont probablement peu de nos bergers parisiens s'aviseraient. C'est d'entrer dans un pâturage, de faire lever un des bœufs qui y sont couchés, et de s'étendre à sa place. Lorsqu'on se sent refroidir et gagner par l'humidité, il ne s'agit que de faire lever un autre bœuf. La place occupée pendant quelques heures par le corps de ces animaux est toujours parfaitement séchée, et d'une chaleur agréable et salutaire.

peux pas vivre de mes rentes, et je ne veux pas être à votre charge pendant trente ans que j'ai peut-être encore à exister... Quand même vous seriez assez riche pour cela, moi je périrais d'ennui. C'est bon pour vous, monsieur Antoine, qui avez été élevé pour ne rien faire. Quoique vous ne soyez pas fainéant, et vous l'avez prouvé ! il ne vous en a rien coûté de reprendre l'habitude de vivre en *Monsieur*; mais moi, je ne dois plus ni courir ni chasser : j'aurais donc les bras croisés ? Je deviendrais fou au bout de la première semaine.

— Ainsi, dit Émile qui pensait à la théorie de son père sur le travail incessant et la vieillesse sans repos, Jean n'éprouvera jamais le besoin d'être libre, quoiqu'il fasse tant de sacrifices à sa prétendue liberté.

— Mais, dit Gilberte un peu surprise, est-ce que la liberté et l'oisiveté sont la même chose? Je ne crois pas. Jean aime passionnément le travail, et toute sa liberté consiste à choisir celui qui lui plaît; quand il travaille pour satisfaire son goût et son invention naturelle, il ne le fait qu'avec plus d'ardeur.

— Oui, Mademoiselle, vous avez raison ! dit Émile avec une mélancolie soudaine, et tout est là. L'homme est né pour travailler toujours, mais conformément à ses aptitudes, et dans la mesure du plaisir qu'il y trouve ! Ah ! que ne suis-je un habile charpentier ! avec quelle joie n'irais-je pas travailler avec Jean Jappeloup, et au profit d'un homme si sage et si désintéressé !

— Eh bien, Monsieur, dit Janille qui rentrait, portant avec prétention une amphore de grès sur la tête, pour se donner un air robuste, voilà que vous dites comme M. Antoine. Ne voulait-il pas, ce matin, partir pour Gargilesse avec Jean, afin de travailler avec lui à la journée, comme autrefois ? Pauvre cher homme ! son bon cœur l'emportait jusque-là.

« — Tu m'as fait gagner ma vie assez longtemps, disait-il; je veux t'aider à gagner la tienne. Tu ne veux pas partager ma table et ma maison : reçois au moins le prix de mon travail, puisque ce sera du superflu pour moi.

« Et M. Antoine le ferait comme il le dit. A son âge et avec son rang, il irait encore cogner comme un sourd sur ces grandes pièces de bois !

— Et pourquoi l'en as-tu empêché, mère Janille ? dit Gilberte avec émotion. Pourquoi Jean s'y est-il obstinément refusé ? Mon père ne s'en fût pas plus mal porté, et ce serait conforme à tous les nobles mouvements de sa vie ! Ah ! que ne puis-je, moi aussi, soulever une hache, et me faire l'apprenti de l'homme qui a si longtemps nourri mon père, tandis que, sans rien comprendre à mon existence, j'apprenais à chanter et à dessiner pour vous obéir ! Ah ! vraiment, les femmes ne sont bonnes à rien en ce monde !

— Comment, comment, les femmes ne sont bonnes à rien! s'écria Janille : eh bien, donc, partons toutes les deux, montons sur les toits, équarrissons des poutres et enfonçons des chevilles. Vrai, je m'en tirerais encore mieux que vous, toute vieille et petite que je suis; mais pendant ce temps-là, votre papa, qui est adroit de ses mains comme une grenouille de sa queue, filera nos quenouilles et Jean repassera nos bavolets.

— Tu as raison, mère, répondit Gilberte ; mon rouet est chargé et je n'ai rien fait d'aujourd'hui. Si nous nous hâtons, nous aurons bien de quoi faire des habits de drap pour Jean avant que l'hiver vienne. Je vais travailler et réparer le temps perdu ; mais il n'en est pas moins vrai que tu es une aristocrate, toi, qui ne veux pas que mon père redevienne ouvrier quand il lui plaît.

— Sachez donc la vérité, dit Janille d'un air de confidence solennelle : M. Antoine n'a jamais pu être un bon ouvrier. Il avait plus de courage que d'habileté, et si je l'ai laissé travailler, c'était pour l'empêcher de s'ennuyer et de se décourager. Demandez à Jean s'il n'avait pas deux fois plus de peine à réparer les erreurs de Monsieur, que s'il eût opéré tout seul ? Mais Monsieur avait l'air de faire beaucoup d'ouvrage, ça contentait les pratiques, et il était bien payé. Mais il n'en est pas moins vrai que je n'étais jamais tranquille dans ce temps-là, et que je ne le regrette pas. Je frémissais toujours que M. Antoine ne

s'abattît un bras ou une jambe en croyant frapper sur une solive, ou qu'il ne se laissât choir du haut de son échelle, quand, avec ses distractions, il s'installait là-dessus comme au coin de son feu.

— Tu me fais peur, Janille, dit Gilberte. Oh ! en ce cas, tu fais bien de le dégoûter par tes railleries de recommencer, et, en cela comme en tout, tu es notre Providence ! »

Mademoiselle de Châteaubrun disait encore plus vrai qu'elle ne croyait. Janille avait été le bon ange attaché à l'existence d'Antoine de Châteaubrun. Sans sa prudence, sa domination maternelle et la finesse de son jugement, cet homme excellent n'eût pas traversé la misère sans s'y amoindrir un peu au moral. Il n'eût pas sauvé, du moins, sa dignité extérieure aussi bien que la candeur de ses instincts généreux. Il eût péché souvent par trop de résignation et d'abandon de lui-même. Porté à l'épanchement et à la prodigalité, il fût devenu intempérant ; il eût pris autant des défauts du peuple que de ses qualités, et peut-être eût-il fini par mériter par quelque endroit le dédain que de sottes gens et de vaniteux parvenus se croyaient en droit d'avoir pour lui, quand même.

Mais, grâce à Janille, qui, sans le contrarier ouvertement, avait toujours maintenu l'équilibre et ramené la modération, il était sorti de l'épreuve avec honneur, et n'avait point cessé de mériter l'estime et le respect des gens sages.

Le bruit du rouet de Gilberte interrompit la conversation, ou du moins la rendit moins suivie. Elle ne voulait plus s'interrompre qu'elle n'eût fini sa tâche ; et pourtant elle y mettait encore plus d'ardeur que le motif apparent de son activité n'en comportait. Elle pressait Émile de ne pas s'ennuyer à entendre ce sifflement monotone, et d'aller explorer les ruines avec Janille ; mais, comme Janille aussi voulait achever sa quenouille, Gilberte se hâtait doublement, sans s'en rendre compte, afin d'avoir terminé aussitôt qu'elle, et de pouvoir être de la promenade.

« J'ai honte de mon inaction, dit Émile, qui n'osait pas trop regarder les beaux bras et les mouvements de la jeune fileuse, de peur de rencontrer les petits yeux perçants de Janille ; n'avez-vous donc pas quelque ouvrage à me donner aussi ?

— Et que savez-vous faire ? dit Gilberte en souriant.

— Tout ce que sait faire Sylvain Charasson, je m'en flatte, répondit-il.

— Je vous enverrais bien arroser mes laitues, dit Janille en riant tout à fait, mais cela nous priverait de votre compagnie. Si vous remontiez la pendule qui est arrêtée ?

— Oh ! elle est arrêtée depuis trois jours, dit Gilberte, et je n'ai pu la faire marcher. Je crois bien qu'il y a quelque chose de cassé.

— Eh ! c'est mon affaire, s'écria Émile ; j'ai étudié, à mon corps défendant, il est vrai, un peu de mécanique, et je ne crois pas que ce coucou soit bien compliqué.

— Et si vous me cassez tout à fait mon horloge ? dit Janille.

— Eh ! laisse-la-lui casser, si ça l'amuse, dit Gilberte, avec un air de bonté où l'on retrouvait la libérale insouciance de son père.

— Je demande à la casser, reprit Émile, si tel est son destin, pourvu qu'on me permette de la remplacer.

— Oh ! oui-da ! s'il en arrive ainsi, dit Janille, je la veux toute pareille, ni plus belle ni plus grande; celle-là nous est commode : elle sonne clair et ne nous casse pas la tête. »

Émile se mit à l'œuvre; il démonta le coucou d'Allemagne, et, l'ayant examiné, il n'y trouva qu'un peu de poussière à faire disparaître de l'intérieur. Penché sur la table auprès de Gilberte, il nettoya et rétablit avec soin la machine rustique, et en échangeant avec les deux femmes quelques paroles où l'enjouement amena une sorte de douce familiarité.

On dit qu'on s'épanche et se livre en mangeant ensemble, mais c'est bien plutôt en travaillant ensemble qu'on sent et laisse venir la bienveillante intimité.

Tous trois l'éprouvèrent; lorsqu'ils eurent fini leur mutuelle tâche, ils étaient presque membres de la même famille.

« C'est affaire à vous, dit Janille, en voyant marcher son coucou; et vous feriez presque un horloger. Ah çà, allons nous promener maintenant; je vas d'abord allumer ma lanterne pour vous conduire dans les caveaux.

— Monsieur, dit Gilberte lorsque Janille fut sortie, vous avez dit tout à l'heure que vous comptiez dîner chez M. de Boisguilbault: ne puis-je vous demander quelle impression vous a faite cet homme-là?

— J'aurais de la peine à la définir, répondit Émile. C'est un mélange d'éloignement et de sympathie si étrange, que j'ai besoin de le voir encore et de l'examiner beaucoup et d'y réfléchir encore après, pour me bien rendre compte d'un caractère si bizarre. Ne le connaissez-vous pas, Mademoiselle, et ne pouvez-vous m'aider à le comprendre?

— Je ne le connais pas du tout; je l'ai entrevu une ou deux fois dans ma vie, quoique nous demeurions bien près de chez lui, et, d'après ce que j'en avais entendu dire, j'avais une grande envie de le regarder; mais il passait à cheval sur le même chemin que nous, et, du plus loin qu'il nous apercevait, mon père et moi, il prenait le grand trot, nous faisait un salut sans nous regarder, sans paraître même savoir qui nous étions, et disparaissait au plus vite; on eût dit qu'il voulait se cacher dans la poussière que soulevaient les pieds de son cheval.

— Quoique si proche voisin, M. de Châteaubrun n'a plus la moindre relation avec lui?

— Oh! ceci est fort étrange, dit Gilberte en baissant la voix d'un air de confidence naïve; mais je peux bien vous en parler, monsieur Émile, parce qu'il me semble que vous devez éclaircir quelque chose dans ce mystère. Mon père a été intimement lié dans sa jeunesse avec M. de Boisguilbault. Je sais cela, bien qu'il n'en parle jamais, et que Janille évite de me répondre quand je l'interroge; mais Jean, qui n'en sait pas plus long que moi sur les causes de leur rupture, m'a souvent dit qu'il les avait vus inséparables. C'est ce qui m'a toujours fait penser que M. de Boisguilbault n'est ni si fier ni si froid qu'il le paraît; car l'enjouement et la vivacité de mon père n'eussent pu s'accommoder d'un caractère hautain et d'un cœur sec. Je dois vous confier aussi que j'ai surpris quelques réflexions échangées entre mon père et Janille à propos de lui, dans des moments où ils croyaient que je ne les entendais pas. Mon père disait que le seul malheur irréparable de sa vie était d'avoir perdu l'amitié de M. de Boisguilbault, qu'il ne s'en consolerait jamais, et que s'il pouvait donner un œil, un bras et une jambe pour la reconquérir, il n'hésiterait pas. Janille traitait ces plaintes de folies et lui conseillait de ne jamais faire la moindre démarche, parce qu'elle connaissait bien l'homme, et qu'il n'oublierait jamais ce qui les avait brouillés.

« — Eh bien, disait alors mon père, j'aimerais mieux une explication, des reproches; j'aurais mieux aimé un duel, alors que nous étions encore à peu près d'égale force pour nous mesurer, que ce silence implacable et cette persistance glacée qui me percent le cœur. Non, Janille, non, je n'en prendrai jamais mon parti, et si je meurs sans qu'il m'ait serré la main, je ne mourrai pas content d'avoir vécu.

« Janille essayait de le distraire, et elle en venait à bout, parce que mon père est mobile, et trop affectueux pour vouloir affliger les autres de sa tristesse. Mais vous, monsieur Émile, qui aimez tant vos parents, vous comprenez bien que ce chagrin secret de mon père a toujours pesé sur mon âme, depuis le jour où je l'ai pénétré. Aussi, je ne sais pas ce que je n'entreprendrais pas pour le lui ôter. Depuis un an, j'y pense sans cesse, et vingt fois j'ai rêvé que j'allais à Boisguilbault, que je me jetais aux pieds de cet homme sévère, et que je lui disais:

« — Mon père est le meilleur des hommes et le plus fidèle de vos amis. Ses vertus l'ont rendu heureux en dépit de sa mauvaise fortune; il n'a qu'un seul chagrin, mais il est profond, et d'un mot vous pouvez le faire cesser.

« Mais il me repoussait et me chassait de chez lui avec fureur. Je m'éveillais tout effrayée, et une nuit que je criai en prononçant son nom, Janille se releva, et me pressant dans ses bras:

« — Pourquoi penses-tu à ce vilain homme? me dit-elle; il n'a aucun pouvoir sur toi, et il n'oserait s'attaquer à ton père.

« J'ai vu par là que Janille le haïssait; mais quand il lui arrive de dire un mot contre lui, mon père prend chaudement sa défense. Qu'y a-t-il entre eux? Presque rien, peut-être. Une susceptibilité puérile, un différend à propos de chasse, à ce que prétend Jean Jappeloup. Si cela était certain, ne serait-il pas possible de les réconcilier? Mon père, aussi, rêve de M. de Boisguilbault, et quelquefois, lorsqu'il s'assoupit sur sa chaise après souper, il prononce son nom avec une angoisse profonde. Monsieur Émile, je m'en rapporte à votre générosité et à votre prudence pour faire parler, s'il est possible, M. de Boisguilbault. Je me suis toujours promis de saisir la première occasion qui se présenterait pour tâcher de rapprocher deux hommes qui se sont tant aimés, et si Jean avait pu entrer tout à fait en grâce auprès du marquis, j'aurais espéré beaucoup de sa hardiesse et de son esprit naturel. Mais lui aussi est victime d'une bizarrerie de ce personnage, et je ne vois que vous qui puissiez qui venir à mon aide.

— Vous ne doutez pas que ce ne soit désormais ma plus constante résolution, » répondit Émile avec feu. Et comme il entendait revenir Janille, dont les petits sabots résonnaient sur les dalles, il monta sur une chaise comme pour consolider la pendule, mais en effet pour cacher le trouble délicieux que faisait naître en lui la confiance de Gilberte.

Gilberte aussi était émue; elle avait fait un grand effort de courage pour ouvrir son cœur à un jeune homme qu'elle connaissait à peine; et elle n'était ni assez enfant, ni assez campagnarde, pour ne pas savoir qu'elle avait agi en dehors des convenances.

Cette loyale fille souffrait déjà un peu d'avoir un petit secret pour Janille; mais elle se rassurait en pensant à la pureté de ses intentions, et il lui était impossible de croire Émile capable d'en abuser. Pour la première fois de sa vie, elle eut un instinct de ruse féminine en voyant rentrer sa gouvernante. Elle sentait qu'elle avait le visage en feu, et elle se baissa comme pour chercher une aiguille qu'elle avait fait tomber à dessein.

La pénétration de Janille fut donc mise en défaut par deux enfants fort peu habiles à tous égards, et on entreprit gaiement l'exploration des souterrains.

Celui qui était placé immédiatement au-dessous du pavillon carré donnait entrée à un escalier rapide, qui s'enfonçait à une profondeur effrayante dans le roc. Janille marchait devant, d'un pas délibéré, et avec l'habitude que lui avaient donnée ses fonctions de *cicerone* auprès des voyageurs. Émile la suivit pour frayer le chemin à Gilberte, qui n'était ni maladroite ni pusillanime, mais pour laquelle Janille tremblait sans cesse.

« Prends garde, ma petite, lui criait-elle à chaque instant. Monsieur Émile, retenez-la si elle tombe! Mademoiselle est distraite comme son cher père: c'est de famille. Ce sont des enfants qui se seraient tués cent fois, si je n'avais pas eu toujours l'œil sur eux. »

Émile était heureux de pouvoir prendre un peu du rôle de Janille. Il écartait les décombres, et, comme l'escalier devenait de plus en plus difficile et dégradé, il se crut autorisé à offrir sa main, qui fut refusée d'abord, et enfin acceptée comme assez nécessaire.

Qui peut dépeindre la violence et l'ivresse d'un premier amour dans une âme énergique? Émile trembla si fort en recevant la main de Gilberte dans la sienne, qu'il ne pouvait plus ni parler ni plaisanter avec Janille, ni répondre à Gilberte, qui plaisantait encore, et qui peu à peu se sentit toute troublée et ne trouva plus rien à dire.

Ils ne descendirent ainsi qu'une douzaine de marches; mais, pendant cette minute, le temps s'arrêta pour Émile, et, quand il passa toute la nuit suivante à se la retracer, il lui sembla qu'il avait vécu un siècle.

Sa vie précédente lui apparut dès lors comme un songe, et son individualité fut comme transformée. Se rappelait-il les jours de l'enfance, les années du collége, les ennuis ou les joies de l'étude, ce n'était plus l'être passif et enchaîné qu'il s'était senti être jusque-là ; c'était l'amant de Gilberte qui venait de traverser cette vie, désormais radieuse, éclairée d'un jour nouveau. Il se voyait petit enfant, il se voyait écolier impétueux, puis étudiant rêveur et agité ; et ces personnages, qui lui avaient paru différer comme les phases de sa vie, redevenaient à ses yeux un seul être, un être privilégié qui marchait triomphalement vers le jour où la main de Gilberte devait se poser dans la sienne.

L'escalier souterrain aboutissait au bas de la colline rocheuse que couronnait le château. C'était un passage de sortie réservé en cas de siége, et Janille ne tarissait pas d'éloges sur cette construction difficile et savante.

Malgré l'égalité absolue dans laquelle elle vivait avec ses maîtres et dont elle n'eût voulu se départir à aucun prix, tant elle avait conscience de son droit, la petite femme avait des idées étrangement féodales ; et, à force de s'identifier avec les ruines de Châteaubrun, elle en était venue à tout admirer dans ce passé dont elle se faisait, à la vérité, une idée fort confuse. Peut-être aussi croyait-elle devoir rabattre l'orgueil présumé de la richesse bourgeoise, en faisant sonner bien haut devant Émile l'antique puissance des ancêtres de Gilberte.

« Tenez, Monsieur, lui disait-elle en le promenant de geôle en geôle, voilà où l'on mettait les gens à la raison. Vous pouvez voir encore ici les anneaux de fer pour attacher les prisonniers enchaînés. Voici un caveau où l'on dit que trois rebelles ont été dévorés par un serpent énorme. Les seigneurs d'autrefois en avaient comme cela à leur disposition. Nous vous ferons voir tantôt les oubliettes : c'était cela qui ne plaisantait pas ! Ah ! mais si vous étiez passé par là avant la révolution, vous auriez peut-être bien fait le signe de la croix au lieu de rire !

— Heureusement on peut rire ici maintenant, dit Gilberte, et penser à autre chose qu'à ces abominables légendes. Je remercie le bon Dieu de m'avoir fait naître dans un temps où l'on peut à peine y croire, et j'aime notre vieux nid, tel que le voilà, inoffensif et renversé à jamais. Tu sais bien, Janille, ce que mon père dit toujours aux gens de Cuzion, quand ils viennent lui demander de nos pierres pour se bâtir des maisons : « Prenez, mes enfants, prenez, ce sera la première fois qu'elles auront servi à quelque chose de bon ! »

— C'est égal, reprit Janille, c'est quelque chose que d'avoir été les premiers dans son pays, et les maîtres à tout le monde !

— On sent d'autant mieux, dit la jeune fille, le plaisir d'être l'égal de tout le monde et de ne plus faire peur à personne.

— Oh ! c'est une gloire et un bonheur que j'envie ! » s'écria Émile.

## XVI.

### LE TALISMAN.

Si l'on eût dit, huit jours auparavant, à Gilberte, qu'un jour allait arriver où le calme de son cœur serait agité de commotions étranges, où le cercle de ses affections allait non pas seulement s'étendre pour admettre un inconnu à la suite de son père, de Janille et du charpentier, mais se briser soudainement pour placer un nouveau nom au milieu de ces noms chéris, elle n'eût pu croire à un tel miracle, et elle s'en fût effrayée.

Et pourtant elle sentit vaguement que désormais l'image de ce jeune homme aux cheveux noirs, à l'œil de feu, à la taille élancée, allait s'attacher à tous ses pas et la poursuivre jusque dans son sommeil.

Elle repoussait une telle fatalité, mais sans pouvoir s'y soustraire. Son âme douce et chaste n'allait point au-devant de l'ivresse qui venait la chercher ; mais elle devait la subir, et elle la subissait déjà depuis que la main d'Émile avait frémi et tremblé en touchant la sienne.

Puissance inouïe et mystérieuse d'un attrait que rien ne peut conjurer, et qui dispose de la jeunesse avant qu'elle ait eu le temps de se reconnaître et de se préparer à l'attaque ou à la défense !

Un peu excitée par les premières atteintes de cette flamme secrète, Gilberte les reçut d'abord en jouant. Sa sérénité n'en fut pas troublée à la surface, et tandis qu'Émile était déjà forcé de se faire violence pour cacher son émotion, elle souriait encore et parlait librement, en attendant que le regret de son départ et l'impatience de son retour lui fissent comprendre que sa présence allait devenir souverainement nécessaire.

Janille ne les quitta plus ; mais insensiblement leur conversation se porta sur des sujets où, malgré sa vive pénétration, Janille ne comprenait pas grand'chose.

Gilberte était instruite aussi solidement que peut l'être une jeune fille élevée dans un pensionnat de Paris, et il est vrai de dire que l'éducation des femmes a fait, depuis vingt ans, de notables progrès dans la plupart de ces établissements. L'instruction, le bon sens et la tenue des femmes chargées de les diriger ont subi les mêmes améliorations, et des hommes de mérite n'ont pas trouvé au-dessous d'eux de faire des cours d'histoire, de littérature et de science élémentaire pour cette moitié intelligente et perspicace du genre humain.

Gilberte avait reçu quelques notions de ce qu'on appelle les arts d'agrément ; mais, tout en obéissant en ceci à la volonté de son père, elle avait donné plus d'attention au développement de ses facultés sérieuses.

Elle s'était dit de bonne heure que les beaux arts lui seraient d'une faible ressource dans une vie pauvre et retirée, que le labeur domestique lui prendrait trop de temps, et que, destinée au travail des mains, elle devait former son esprit pour ne pas souffrir du vide de la pensée et du dérèglement de l'imagination.

Une sous-maîtresse, femme de mérite, dont elle avait fait son amie et la confidente de son sort précaire, avait ainsi réglé l'emploi de ses facultés, et la jeune fille, pénétrée de la sagesse de ses conseils, s'y était docilement résolue.

Cependant ce plaisir d'apprendre et de retenir les choses de l'esprit avait créé à l'enfant une certaine souffrance depuis qu'elle était privée de livres au milieu des ruines de Châteaubrun. M. Antoine eût fait tous les sacrifices pour lui en procurer, s'il eût pu se rendre compte de son désir ; mais Gilberte, qui voyait leurs ressources si restreintes, et qui voulait, avant tout, que le bien-être de son père ne souffrît d'aucune privation, se gardait bien d'en parler.

Janille s'était dit, à une fois pour toutes, que *sa fille* était assez *savante*, et, la jugeant d'après elle-même, qui était encore coquette d'ajustements au milieu de sa parcimonieuse économie, elle employait ses petites épargnes à lui procurer de temps en temps une robe d'indienne ou un bout de dentelle.

Gilberte affectait de recevoir ces petits présents avec un plaisir extrême, pour ne rien diminuer de celui que sa gouvernante mettait à les lui apporter. Mais elle soupirait tout bas en songeant qu'avec le prix modique de ces chiffons on eût pu lui donner un bon livre d'histoire ou de poésie.

Elle consacrait ses heures de loisir à relire sans cesse le petit nombre de ceux qu'elle avait rapportés de sa pension, et elle les savait presque par cœur.

Une fois ou deux, sans rien dire de son projet, elle avait déterminé Janille, qui tenait les cordons de la bourse commune, à lui donner l'argent destiné à une parure nouvelle. Mais alors il s'était trouvé que Jean avait eu besoin de souliers, ou que de pauvres gens du voisinage avaient manqué de linge pour leurs enfants ; et Gilberte avait été à ce qu'elle appelait le plus pressé, remettant à des jours meilleurs l'acquisition de ses livres.

Le curé de Cuzion lui avait prêté un Abrégé de quelques Pères de l'Église, et la *Vie des Saints*, dont elle avait fait longtemps ses délices ; car, lorsqu'on n'a pas de quoi choisir, on force son esprit à se complaire aux choses sérieuses, en dépit de la jeunesse qui vous pousserait à des occupations moins austères.

Ces nécessités sont parfois salutaires aux bons esprits, et lorsque Gilberte se plaignait naïvement à Émile de son ignorance, il s'étonna au contraire de la voir si éclairée sur certaines choses de fonds qu'il avait jugées sur la foi d'autrui sans les approfondir.

L'amour et l'enthousiasme aidant, il ne tarda pas à trouver Gilberte accomplie, et à la proclamer, en lui-même, la plus intelligente et la plus parfaite des créatures humaines ; et cela était relativement vrai.

Le plus grand et le meilleur des êtres, c'est celui qui sympathise le plus avec nous, qui nous comprend le mieux, qui sait le mieux développer et alimenter ce que nous avons de meilleur dans l'âme ; enfin, c'est celui qui nous ferait l'existence la plus douce et la plus complète, s'il nous était donné de fondre entièrement la sienne avec la nôtre.

« Ah ! j'ai bien fait de conserver jusqu'ici mon cœur vierge et ma vie pure, se disait Émile, et je vous remercie, mon Dieu, de m'y avoir aidé ! car voici bien véritablement celle qui m'était destinée, et sans laquelle je n'aurais fait que végéter et souffrir. »

Tout en causant d'une manière générale, Gilberte laissa percer son regret d'être privée de livres, et Émile devina bien vite que ce regret était plus profond qu'on ne voulait le faire connaître à Janille.

Il pensa avec douleur que, hormis des traités de commerce et d'industrie spéciale, il n'y avait pas un seul volume dans la maison de son père, et que, croyant retourner à Poitiers, il y avait laissé le peu d'ouvrages littéraires qu'il possédait.

Mais Gilberte insinua qu'il y avait une bibliothèque très-étendue à Boisguilbault.

Jean avait autrefois travaillé dans une grande chambre pleine de livres, et il était bien regrettable qu'on ne se vît point ; car on aurait pu profiter d'un si utile voisinage.

Ici Janille, qui tricotait toujours en marchant, releva la tête.

« Ça doit être un tas de vieux bouquins fort ennuyeux, dit-elle, et je serais bien fâchée, pour mon compte, d'y mettre le nez ; je craindrais que ça ne me rendît maniaque comme celui qui en fait sa nourriture.

— M. de Boisguilbault lit donc beaucoup ? demanda Gilberte ; sans doute il est fort instruit.

— Et à quoi cela lui a-t-il servi de tant lire et de devenir si savant ? Il n'en a jamais fait part à personne, et ça n'a réussi qu'à le rendre ni aimant, ni aimable. »

Janille ne voulant pas s'exposer plus longtemps à parler d'un homme qu'elle haïssait, sans pouvoir ou sans vouloir dire pourquoi, fit quelques pas dans le préau vers ses chèvres, comme pour les empêcher de brouter une vigne qui tapissait l'entrée du pavillon carré.

Émile profita de cet instant pour dire à Gilberte que s'il y avait, en effet, tant de livres à Boisguilbault, elle en aurait bientôt à discrétion, dût-il les emprunter à la dérobée.

Gilberte ne put le remercier que par un sourire, n'osant y joindre un regard : elle commençait à se sentir embarrassée avec lui lorsque Janille n'était pas entre eux.

« Ah ça ! dit Janille en se rapprochant, M. Antoine ne se presse guère de revenir. Je le connais ; il babille à cette heure ! Il a rencontré d'anciens amis ; il les régale sous la ramée ; il oublie l'heure et dépense son argent ! Et puis, si quelque pleurard demande à emprunter dix ou quinze francs, pour acheter une mauvaise chèvre, ou quelques paires d'oies maigres, il va laisser aller ! Il donnerait bien tout ce qu'il a sur lui, s'il n'avait pas peur d'être grondé en rentrant. Ah mais ! il a emmené six moutons, et s'il n'en rapporte pas cinq dans sa bourse, comme ça arrive trop souvent, gare à ma mie Janille ; il n'ira pas sans moi à la foire ! Tenez, voilà quatre heures qui sonnent à l'horloge (grâce à M. Émile qui l'a si bien fait parler), et je gage que ton père est tout au plus en route pour revenir.

— Quatre heures ! s'écria Émile, c'est juste l'heure où M. de Boisguilbault se met à table. Je n'ai pas un instant à perdre.

— Partez donc vite, dit Gilberte, car il ne faut pas l'indisposer contre nous plus qu'il ne l'est déjà.

— Et qu'est-ce que cela nous fait qu'il nous en veuille ? dit Janille. Allons, vous voulez donc partir absolument sans voir M. Antoine ?

— Il le faut à mon grand regret !

— Où est ce bandit de Charasson ? cria Janille. Je gage qu'il dort dans un coin, et qu'il ne songe pas à venir amener votre cheval ! Oh ! quand monsieur est absent, Sylvain disparaît. Ici, méchant drôle, où êtes-vous caché ?

— Que ne pouvez-vous me munir d'un charme ! dit Émile à Gilberte, tandis que Janille cherchait Sylvain et l'appelait d'une voix plus retentissante que réellement courroucée. Je m'en vais, comme un chevalier errant, pénétrer dans l'antre du vieux magicien pour essayer de lui ravir ses secrets et les paroles qui doivent mettre fin à vos peines.

— Tenez, dit Gilberte en riant, et détachant une fleur de sa ceinture, voici la plus belle rose de mon jardin : il y aura peut-être dans son parfum une vertu salutaire pour endormir la prudence et adoucir la férocité de son ennemi. Laissez-la sur sa table, tâchez de la lui faire admirer et respirer. Il est horticulteur et n'a peut-être pas, dans son grand parterre, un aussi bel échantillon que ce produit de mes greffes de l'an passé. Si j'étais une châtelaine de ce bon temps que regrette Janille, je saurais peut-être faire une conjuration pour attacher un pouvoir magique à cette fleur. Mais, pauvre fille, je ne sais que prier Dieu, et je lui demande de répandre la grâce dans ce cœur farouche, comme il a fait descendre la rosée pour ouvrir ce bouton de rose.

— Serai-je donc vraiment forcé de lui laisser mon talisman ? dit Émile en cachant la rose dans son sein ; ne dois-je pas le garder pour qu'il me serve une autre fois ? »

Le ton dont il fit cette demande et l'émotion répandue sur son visage causèrent à Gilberte un instant de surprise ingénue.

Elle le regarda d'un air incertain, ne pouvant pas encore comprendre le prix qu'il attachait à la fleur détachée de son sein.

Elle essaya de sourire comme à une plaisanterie, puis elle se sentit rougir ; et Janille reparaissant, elle ne répondit rien.

Émile, enivré d'amour, descendit avec une audacieuse rapidité le sentier dangereux de la colline. Quand il fut en bas, il osa se retourner, et vit Gilberte, qui, de sa terrasse plantée de rosiers, le suivait des yeux, bien qu'elle eût les mains occupées, en apparence, à tailler ses plantes favorites.

Elle n'était pas mise avec recherche, à coup sûr, ce jour-là plus que les autres. Sa robe était propre, comme tout ce qui avait passé par les mains scrupuleuses de Janille ; mais elle avait été si souvent lavée et repassée que, de lilas, elle était devenue d'une teinte indéfinissable, comme celles que prennent les hortensias au moment de se flétrir.

Sa splendide chevelure blonde, rebelle aux torsades qu'on lui imposait, s'échappait de cette contrainte, et formait comme une auréole d'or autour de sa tête.

Une chemisette bien blanche et bien serrée encadrait son beau cou et laissait deviner le contour élégant de ses épaules. Émile la trouva resplendissante, aux rayons du soleil qui tombaient d'aplomb sur elle, sans qu'elle songeât à s'en préserver. Le hâle n'avait pu flétrir une si riche carnation, et elle paraissait d'autant plus fraîche que sa toilette était plus pâle et plus effacée.

D'ailleurs, l'imagination d'un amoureux de vingt ans est trop riche pour s'embarrasser d'un peu plus ou moins de parure. Cette petite robe fanée prit aux yeux d'Émile une teinte plus riche que toutes les étoffes de l'Orient, et il se demanda pourquoi les peintres de la renaissance n'avaient jamais su vêtir aussi magnifiquement leurs riantes madones et leurs saintes triomphantes.

Il resta cloué à sa place quelques instants, ne pouvant s'éloigner ; et, sans l'ardeur de son cheval qui rongeait le frein et frappait du pied, il eût complètement oublié que M. de Boisguilbault avait encore une heure à l'attendre.

Il avait fallu faire plusieurs détours pour arriver au bas de cette colline, et cependant la distance verticale n'était pas assez grande pour que les deux jeunes gens ne se vissent pas fort bien.

Gilberte reconnut l'irrésolution du cavalier, qui ne pouvait se résoudre à la perdre de vue; elle rentra sous les buissons de roses pour s'y cacher; mais elle le regarda encore longtemps à travers les branches.

Janille avait été sur le sentier opposé à la rencontre de son maître. Ce ne fut qu'en entendant la voix de son père que Gilberte s'arracha au charme qui la retenait. C'était la première fois qu'elle se laissait devancer par Janille pour le recevoir et le débarrasser de sa gibecière et de son bâton.

A mesure qu'il se rapprochait de Boisguilbault, Émile faisait son plan et le refaisait cent fois pour attaquer la forteresse où ce personnage incompréhensible se tenait retranché.

Entraîné par son esprit romanesque, il croyait pressentir la destinée de Gilberte, et la sienne par conséquent, écrites en chiffres mystérieux dans quelque recoin ignoré de ce vieux manoir, dont il voyait les hautes murailles grises se dresser devant lui.

Grande, morne, triste et fermée comme son vieux seigneur, cette résidence isolée semblait défier l'audace de la curiosité. Mais Émile était stimulé désormais par une volonté passionnée. Confident et mandataire de Gilberte, il pressait contre ses lèvres la rose déjà flétrie, et se disait qu'il aurait le courage et l'habileté nécessaires pour triompher de tous les obstacles.

Il trouva M. de Boisguilbault, seul sur son perron, inoccupé et impassible comme à l'ordinaire. Il se hâta de s'excuser du retard apporté au dîner du vieux gentilhomme, en prétendant qu'il avait perdu son chemin, et que, ne connaissant pas encore le pays, il avait mis près de deux heures à se retrouver.

M. de Boisguilbault ne lui fit point de questions sur l'itinéraire qu'il avait suivi; on eût dit qu'il craignait d'entendre prononcer le nom de Châteaubrun : mais par un raffinement de politesse, il assura qu'il ne savait point l'heure, et qu'il n'avait point songé à s'impatienter.

Cependant, il avait ressenti quelque agitation, comme Émile s'en aperçut bientôt à certaines paroles embarrassées, et le jeune homme crut comprendre, qu'au milieu du profond ennui de son isolement, la susceptibilité du marquis eût vivement souffert d'un manque de parole.

Le dîner fut excellent et servi avec une ponctualité minutieuse par le vieux domestique. C'était le seul serviteur visible du château. Les autres, enfouis dans la cuisine, qui était située dans un caveau, ne paraissaient point. Il semblait qu'il y eût à cet égard une sorte de consigne, et que leur doyen eût seul le don de ne pas choquer les regards du maître.

Ce vieillard était infirme, mais il était si bien habitué à son service que le marquis n'avait presque jamais rien à lui dire, et quand, par hasard, il ne devinait pas ses volontés, il lui suffisait d'un signe pour le comprendre.

Cette surdité paraissait servir le laconisme de M. de Boisguilbault, et peut-être aussi n'était-il pas fâché d'avoir près de lui un homme dont la vue affaiblie ne pouvait plus chercher à lire dans sa physionomie : c'était une machine plus qu'un serviteur qu'il avait à ses côtés, et qui, privés par ses infirmités du pouvoir de communiquer avec la pensée de ses semblables, en avait perdu le désir et le besoin.

On concevait aisément que ces deux vieillards fussent seuls capables de vivre ensemble, sans songer à s'ennuyer l'un de l'autre, tant il y avait en eux peu de vie apparente.

Le service ne se faisait pas vite, mais avec ordre. Les deux convives restèrent deux heures à table. Émile remarqua que son hôte mangeait à peine, et seulement pour l'exciter à goûter tous les plats, qui étaient recherchés et succulents.

Les vins furent exquis, et le vieux Martin présentait horizontalement, sans leur imprimer la moindre secousse, des bouteilles couvertes d'une antique et vénérable poussière.

Le marquis mouillait à peine ses lèvres, et faisait signe à son vieux serviteur de remplir le verre d'Émile qui, habitué à une grande sobriété, s'observait pour ne pas laisser sa raison succomber à tant d'expériences réitérées sur les nombreux échantillons de cette cave seigneuriale.

« Est-ce là votre ordinaire, monsieur le marquis? lui demanda-t-il émerveillé de la coquetterie d'un tel repas pour deux personnes.

— Je... je n'en sais rien, répondit le marquis; je ne m'en mêle pas, c'est Martin qui dirige mon intérieur. Je n'ai jamais d'appétit; et ne m'aperçois pas de ce que je mange. Trouvez-vous que ce soit bon?

— Parfait; et si j'avais souvent l'honneur d'être admis à votre table, je prierais Martin de me traiter moins splendidement, car je craindrais de devenir gourmet.

— Pourquoi non? c'est une jouissance comme une autre. Heureux ceux qui en ont beaucoup!

— Mais il en est de plus nobles et de moins dispendieuses, reprit Émile; tant de gens manquent du nécessaire que j'aurais honte de me faire un besoin du superflu.

— Vous avez raison, dit M. de Boisguilbault, avec son soupir accoutumé. Eh bien, je dirai à Martin de vous servir plus simplement une autre fois. Il a jugé qu'à votre âge on avait grand appétit; mais il me semble que vous mangez comme quelqu'un qui a fini de grandir. Quel âge avez-vous?

— Vingt et un ans.

— Je vous aurais cru moins jeune.

— D'après ma figure?

— Non, d'après vos idées.

— Je voudrais que mon père entendît votre opinion, monsieur le marquis, et qu'il voulût bien s'en pénétrer, répondit Émile en souriant; car il me traite toujours comme un enfant.

— Quel homme est-ce que votre père? dit M. de Boisguilbault avec une ingénuité de préoccupation qui ôtait à cette question ce qu'elle eût pu avoir d'impertinent au premier abord.

— Mon père, répondit Émile, est pour moi un ami dont je désire l'estime et dont je redoute le blâme. C'est ce que je puis dire de mieux pour vous peindre un caractère énergique, sévère et juste.

— J'ai ouï dire qu'il était fort capable, fort riche, et jaloux de son influence. Ce n'est pas un mal s'il s'en sert bien.

— Et quel est, suivant vous, monsieur le marquis, le meilleur usage qu'il en puisse faire?

— Ah! ce serait bien long à dire! répondit le marquis en soupirant; vous devez savoir cela aussi bien que moi. »

Et, entraîné un instant par la confiance qu'Émile lui avait témoignée à dessein, pour provoquer la sienne, il retomba dans sa torpeur, comme s'il eût craint de faire un effort pour en sortir.

« Il faut absolument rompre cette glace séculaire, pensa Émile. Ce n'est peut-être pas si difficile qu'on le croit. Peut-être serai-je le premier qui l'ait essayé! »

Et tout en gardant, comme il le devait, le silence sur les craintes que lui inspirait l'ambition de son père, ou sur la lutte pénible de leurs opinions respectives, il parla avec abandon et chaleur de ses croyances, de ses sympathies, et même de ses rêves pour l'avenir de la famille humaine.

Il pensa bien que le marquis allait le prendre pour un fou, et il se plut à provoquer des contradictions qui lui permettraient enfin de pénétrer dans cette âme mystérieuse.

« Que ne puis-je amener une explosion de dédain ou d'indignation! se disait-il; c'est alors que je verrais le fort et le faible de la place. »

Et, sans s'en douter, il suivait avec le marquis la même tactique que son père avait suivie naguère avec lui; il affectait de fronder et de démolir tout ce qu'il supposait devoir être plus ou moins sacré aux yeux du vieux légitimiste; « la noblesse aussi bien que l'argent, la grande propriété, la puissance des individus, l'esclavage

Tenez, dit Gilberte en riant, et détachant une fleur de sa ceinture, voici la plus belle rose de mon jardin. (Page 54.)

des masses, le catholicisme jésuitique, le prétendu droit divin, l'inégalité des droits et des jouissances, base des sociétés constituées, la domination de l'homme sur la femme, considérée comme marchandise dans le contrat de mariage, et comme propriété dans le contrat de la morale publique; enfin, toutes ces lois païennes que l'Évangile n'a pu détruire dans les institutions, et que la politique de l'Église a consacrées. »

M. de Boisguilbault paraissait écouter mieux qu'à l'ordinaire; ses grands yeux bleus s'étaient arrondis comme si, à défaut du vin qu'il ne buvait pas, la surprise d'une telle déclaration des droits de l'homme l'eût jeté dans une stupeur accablante.

Émile regardait son verre, rempli d'un tokai de cent ans, et se promettait d'y avoir recours pour se donner *du montant*, si la chaleur naturelle de son jeune enthousiasme ne suffisait pas à conjurer l'avalanche de neige près de rouler sur lui.

Mais il n'eut pas besoin de ce topique, et, soit que la neige eût trop durci pour se détacher du glacier, soit qu'en ayant l'air d'écouter, M. de Boisguilbault n'eût rien entendu, la téméraire profession de foi de l'enfant du siècle ne fut pas interrompue et s'acheva dans le plus profond silence.

« Eh bien, monsieur le marquis, dit Émile, étonné de cette tolérance apathique, acceptez-vous donc mes opinions, ou vous semblent-elles indignes d'être combattues? »

M. de Boisguilbault ne répondit pas; un pâle sourire erra sur ses lèvres, qui firent le mouvement de répondre et ne laissèrent échapper que le soupir problématique. Mais il posa la main sur celle d'Émile, et il sembla à ce dernier qu'une moiteur froide donnait cette fois quelque symptôme de vie à cette main de pierre.

Enfin il se leva et dit :

« Nous allons prendre le café dans mon parc. »

Et, après une pause, il ajouta, comme s'il achevait tout haut une phrase commencée tout bas :

« Car je suis complétement de votre avis.

— Vraiment? s'écria Émile en passant résolument son bras sous celui du grand seigneur.

— Et pourquoi donc pas? reprit celui-ci tranquillement.

— C'est-à-dire que toutes ces choses vous sont indifférentes?

Oh! non, mon père! je n'en aurai jamais, s'écria Gilberte. (Page 67.)

— Plût à Dieu! » répondit M. de Boisguilbault avec un soupir plus accentué que les autres.

## XVII.

### DÉGEL.

Émile n'avait encore admiré le parc de Boisguilbault que par-dessus les haies et à travers les grilles. Il fut encore plus frappé de la beauté de ce lieu de plaisance, de la vigueur des plantes et de leur heureuse disposition.

La nature avait fait beaucoup, mais l'art l'avait secondée avec une grande intelligence. Le terrain en pente offrait mille incidents pittoresques, et une source abondante, s'échappant du milieu des rochers, courait dans tous les sens, entretenant la fraîcheur sous ces magnifiques ombrages.

Le fond et le revers du ravin, qui appartenaient aussi au marquis, étaient couverts d'une végétation serrée qui cachait une partie des murs et des buissons de clôture, si bien que, de toutes les hauteurs ménagées pour jouir de la vue d'un immense et splendide paysage, on pouvait croire que le parc s'étendait jusqu'à l'horizon.

« Voici un lieu enchanté, dit Émile, et il suffit de le voir pour être certain que vous êtes un grand poëte.

— Il y a beaucoup de grands poëtes de mon espèce, répondit le marquis, c'est-à-dire des gens qui sentent la poésie sans pouvoir la manifester.

— La parole parlée ou écrite est-elle donc la seule manifestation intéressante? reprit Émile. Le peintre qui interprète grandement la nature n'est-il pas poëte aussi? Et si cela est incontestable, l'artiste qui crée sur la nature elle-même, et qui la modifie pour développer toute sa beauté, n'a-t-il pas produit une grande manifestation poétique?

— Vous arrangez cela pour le mieux, » dit M. de Boisguilbault d'un ton de complaisance paresseuse, qui n'était pourtant pas sans bienveillance. Mais Émile aurait mieux aimé la discussion que cette adhésion nonchalante à tout propos, et il craignait d'avoir manqué sa principale attaque. « Que trouverai-je donc pour l'impatienter et le faire sortir de lui-même? » se disait-il. Il n'est point de siége fameux dans l'histoire qui soit comparable à celui-ci. »

Le café était servi dans un joli chalet suisse, dont l'exactitude et la propreté charmèrent Émile un instant. Mais l'absence d'êtres humains et d'animaux domestiques, dans cette retraite champêtre, se fit trop vite remarquer pour qu'il fût possible d'entretenir la moindre illusion.

Rien n'y manquait pourtant : ni la colline couverte de mousse et plantée de sapins, ni le filet d'eau cristallin tombant à la porte dans une auge de pierre, et s'en échappant avec un doux murmure ; la maisonnette tout entière en bois résineux coquettement découpé en balustrades, et adossée à des blocs granitiques, le joli toit à grands rebords, l'intérieur meublé à l'allemande, et jusqu'au service en poterie bleue : tout cela neuf, propre, brillant, silencieux et désert, ressemblait à un beau joujou de Fribourg plus qu'à une habitation rustique.

Il n'y avait pas jusqu'aux figures ternes et raides du vieux marquis et de son vieux majordome qui ne donnassent l'idée de personnages en bois peint, adaptés là pour compléter la ressemblance.

« Vous avez été en Suisse, monsieur le marquis? lui dit Émile, et ceci est un souvenir de prédilection.

— J'ai peu voyagé, répondit M. de Boisguilbault, quoique je fusse un jour eu l'intention de faire le tour du monde. La Suisse se trouva sur mon chemin ; le pays me plut, et je n'allai pas plus loin, me disant que je me donnerais sans doute beaucoup de peine pour ne rien trouver de mieux.

— Je vois que vous préférez ce pays-ci à tous les autres, et que vous y êtes revenu pour toujours?

— Pour toujours, assurément.

— C'est la Suisse en petit, et si l'imagination y est moins excitée par des spectacles grandioses, les fatigues et les dangers de la promenade y sont moindres.

— J'avais d'autres raisons pour me fixer dans ma propriété.

— Est-ce une indiscrétion de vous les demander?

— En seriez-vous vraiment curieux? dit le marquis avec un sourire équivoque.

— Curieux ! non ; je ne le suis pas dans le sens impertinent et ridicule du mot ; mais à mon âge, la destinée des autres, la nôtre propre, est une énigme, et l'on s'imagine toujours qu'on trouvera dans l'expérience et la sagesse de certains êtres un utile enseignement.

— Pourquoi dites-vous de *certains êtres?* Ne suis-je pas semblable à tout le monde?

— Oh ! nullement, monsieur le marquis !

— Vous m'étonnez beaucoup, reprit M. de Boisguilbault, absolument du même ton dont il avait dit quelques instants auparavant : *Je suis tout à fait de votre avis*, et il ajouta : — Mettez donc du sucre dans votre café.

— Je m'étonne davantage, dit Émile en prenant machinalement du sucre, que vous ne vous aperceviez pas de ce que votre solitude, votre gravité, et j'oserai dire aussi votre mélancolie, ont de frappant et de solennel pour un enfant comme moi.

— Est-ce que je vous fais peur? dit M. de Boisguilbault avec un profond soupir.

— Vous me faites très-peur, monsieur le marquis, je l'avoue franchement ; mais ne prenez pas cette naïveté en mauvaise part : car il est tout aussi certain que je suis poussé à vaincre ce sentiment-là par un sentiment tout opposé d'irrésistible sympathie.

— C'est singulier, dit le marquis, très-singulier ; expliquez-moi donc ça.

— C'est bien simple. Comme, à mon âge, on va chercher le mot de son propre avenir dans le présent des hommes faits ou dans le passé des hommes mûrs, on s'effraie de voir une tristesse invincible, et comme un dégoût muet et profond de la vie, sur des fronts austères.

— Oui, voilà pourquoi mon extérieur vous repousse. Ne craignez pas de le dire. Vous n'êtes pas le premier, et je m'y attendais.

— Repousser n'est pas le mot, puisqu'en dépit de l'espèce de stupeur magnétique où vous me jetez, je suis entraîné vers vous par un attrait bizarre.

— Bizarre !... oui, très-bizarre, et c'est vous qui êtes le plus excentrique de nous deux. J'ai été frappé, dès le premier instant où je vous ai vu, de ce qu'il y avait en vous de dissemblance aux caractères des gens que j'ai connus dans ma jeunesse.

— Et cette impression m'a-t-elle été défavorable, monsieur le marquis?

— Bien au contraire, répondit M. de Boisguilbault de cette voix sans inflexion qui ne laissait jamais apprécier la portée de ses réponses. Martin, ajouta-t-il en se penchant vers son vieux serviteur qui se pliait en deux pour l'entendre, vous pouvez remporter tout cela. Y a-t-il encore des ouvriers dans le parc?

— Non, monsieur le marquis, plus personne.

— En ce cas, fermez la porte en vous retirant. »

Émile resta seul avec son hôte dans la solitude de ce grand parc. Le marquis lui prit le bras et l'emmena s'asseoir sur les rochers, au-dessus du chalet, dans une situation admirable.

Le soleil, en s'abaissant sur l'horizon, projetait de grandes ombres des peupliers, comme un rideau coupé de chaudes clartés, d'un travers à l'autre des collines. Les horizons violets montaient dans un ciel nuancé comme l'opale, au-dessus d'un océan de sombre verdure, et les bruits du travail dans la campagne, en s'affaiblissant peu à peu, laissaient entendre plus distinctement la voix des torrents et le chant plaintif des tourterelles.

C'était une magnifique soirée, et le jeune Cardonnet, reportant ses yeux et sa pensée sur les collines lointaines de Châteaubrun, tomba dans une douce rêverie.

Il croyait pouvoir se permettre ce repos de l'âme, avant d'entreprendre de nouvelles attaques, lorsque, tout à coup, son adversaire fit une sortie imprévue en rompant le premier le silence :

« Monsieur Cardonnet, dit-il, si ce n'est pas par forme de politesse ou de plaisanterie que vous m'avez dit avoir une espèce de sympathie pour moi, en dépit de l'ennui que je vous cause d'ailleurs, en voici la cause : c'est que nous professons les mêmes principes, c'est que nous sommes tous les deux communistes.

— Serait-il vrai? s'écria Émile étourdi de cette déclaration et croyant rêver. J'ai pensé tantôt que c'était vous qui me répondiez précisément par forme de politesse ou de plaisanterie ; mais aurais-je donc réellement le bonheur de trouver chez vous la sanction de mes désirs et de mes rêves?

— Qu'y a-t-il donc là d'étonnant? reprit le marquis avec calme. La vérité ne peut-elle se révéler dans la solitude aussi bien que dans le tumulte, et n'ai-je pas assez vécu pour arriver à distinguer le bien du mal, le vrai du faux? Vous me prenez pour un homme très-positif et très-froid. Il est possible que je sois ainsi ; à mon âge, on est trop las de soi-même pour aimer à s'examiner ; mais, en dehors de notre personnalité, il y a des réalités générales qui sont assez dignes d'intérêt pour nous distraire de nos ennuis.

« J'ai eu longtemps les opinions et les préjugés dont m'avait nourri ; mon indolence s'arrangeait assez bien de n'y pas regarder de trop près ; et puis j'avais des soucis intérieurs qui m'en ôtaient toute la pensée. Mais depuis que la vieillesse m'a délivré de toute prétention au bonheur et de toute espèce de regret ou d'intérêt particulier, j'ai senti le besoin de me rendre compte de la vie générale des êtres, et, par conséquent, du sens des lois divines appliquées à l'humanité.

« Quelques brochures saint-simoniennes m'étaient arrivées par hasard, je les lisais par désœuvrement, ne pensant point encore qu'on pût dépasser les hardiesses de Jean-Jacques et de Voltaire, avec lesquelles l'examen m'avait réconcilié.

« Je voulais connaître davantage les principes de cette nouvelle école, de là je passai à l'étude de Fourier. J'admis toutes ces choses, mais sans voir bien clair dans leurs contradictions, et sentant encore quelque tristesse à voir l'ancien monde s'écrouler sous le poids de théories invincibles dans leur système de critique, confuses et incomplètes dans leurs principes d'organisation.

« C'est depuis cinq ou six ans seulement que j'ai accepté, avec un parfait désintéressement et une grande satisfaction d'esprit, le principe d'une révolution sociale.

« Les tentatives du communisme m'avaient paru d'abord monstrueuses, sur la foi de ceux qui les combattaient. Je lisais les journaux et les publications de toutes les écoles, et je m'égarais lentement dans ce labyrinthe sans me rebuter de la fatigue.

« Peu à peu l'hypothèse communiste se dégagea de ses nuages ; de bons écrits vinrent porter la lumière dans mon esprit. Je sentis la nécessité de me reporter aux enseignements de l'histoire et à la tradition du genre humain.

« J'avais une bibliothèque assez bien choisie des meilleurs documents et des plus sérieuses productions du passé.

« Mon père avait aimé la lecture, et moi je l'avais haïe si longtemps, que je ne savais pas même ce qu'il m'avait laissé de précieuses ressources pour mes vieux jours. Je me remis tout seul à l'ouvrage.

« Je rappris les langues mortes que j'avais oubliées, je lus pour la première fois, dans les sources mêmes, l'histoire des religions et des philosophies, et, un jour enfin, les grands hommes, les saints, les prophètes, les poëtes, les martyrs, les hérétiques, les savants, les orthodoxes éclairés, les novateurs, les artistes, les réformateurs de tous les temps, de tous les pays, de toutes les révolutions et de tous les cultes m'apparurent d'accord, proclamant, sous toutes les formes, et jusque par leurs contradictions apparentes, une vérité éternelle, une logique aussi claire que la lumière du jour : savoir, l'égalité des droits et la nécessité inévitable de l'égalité des jouissances, comme conséquence rigoureuse de la première.

« Depuis ce moment, je ne me suis plus étonné que d'une chose, c'est qu'au temps où nous vivons, avec tant de ressources, de découvertes, d'activité, d'intelligence et de liberté d'opinions, le monde soit encore plongé dans une si profonde ignorance de la logique des faits et des idées qui le forcent à se transformer ; c'est qu'il y ait tant de prétendus savants et tant de soi-disant théologiens encouragés et entretenus par l'État et par l'Église, et qu'aucun d'eux n'ait su employer sa vie à faire le travail bien simple qui m'a conduit à la certitude ; c'est enfin que, tout en se précipitant vers la catastrophe de sa dissolution, le monde du passé croie se préserver par la force et la colère de la destinée qui le presse et l'engloutit, tandis que les initiés à la loi de l'avenir n'ont pas encore assez de calme et de raison pour rire des outrages, et proclamer, tête levée, qu'ils sont communistes et non autre chose.

« Tenez, monsieur Cardonnet, vous qui parlez de rêves et d'utopies avec l'éloquence de l'enthousiasme, je vous pardonne de vous servir de ces expressions-là, parce qu'à votre âge la vérité passionne, que l'on aime à placer un peu haut et un peu loin, pour avoir le plaisir de l'atteindre en combattant. Mais je ne peux pas m'émouvoir comme vous pour une vérité qui me paraît, à moi, aussi positive, aussi évidente, aussi incontestable qu'elle vous semble neuve, hardie et romanesque.

« C'est chez moi le résultat d'une étude plus approfondie et d'une certitude mieux assise. Je ne hais pas votre vivacité, mais je ne me ferais pas un reproche de la combattre un peu pour vous empêcher de compromettre la doctrine par trop de pétulance.

« Prenez-y garde : vous êtes trop heureusement doué pour devenir jamais ridicule, et vous plairez quand même aux gens qui vous combattront ; mais craignez qu'en parlant trop vite et à trop de gens rebelles, de choses si graves et aussi respectables, vous ne fassiez naître en eux des contradictions systématiques et une défense de mauvaise foi.

« Que diriez-vous d'un jeune prêtre qui ferait des sermons en dînant ? Vous trouveriez qu'il compromet la majesté de ses textes. La vérité communiste est tout aussi respectable que la vérité évangélique ; puisqu'au fond c'est la même vérité. N'en parlons donc pas à la légère et par manière de dispute politique.

« Si vous êtes exalté, il faut vous sentir bien maître de vous-même pour la proclamer ; si vous êtes flegmatique, comme moi, il faut attendre qu'un peu de confiance et de liberté d'esprit vous vienne pour ouvrir votre cœur aux hommes sur un pareil sujet.

« Voyez-vous, monsieur Cardonnet, il ne faut pas qu'on dise que ce sont là des folies, des songes creux, une fièvre de déclamation ou une extase de mysticisme. On l'a assez dit, et assez de têtes faibles ont donné le droit de le dire.

« Nous avons vu le saint-simonisme avoir sa phase de transports et de visions fiévreuses et désordonnées : cela n'a pas empêché de vivre ce qui était viable dans le saint-simonisme.

« Les aberrations de Fourier ne font pas que la partie lucide de son système ne subsiste et ne souffre un examen sérieux. La vérité triomphe et fait son chemin, à travers quelque prisme qu'on la regarde et quelque déguisement qu'on lui prête. Mais il serait pourtant meilleur que, dans le temps de raison où nous sommes arrivés, les formes ridicules d'un enthousiasme aveugle disparussent entièrement.

« N'est-ce pas votre avis ? L'heure n'a-t-elle pas sonné où les gens sérieux doivent s'emparer de leur véritable domaine, et où ce qui est prouvé aux yeux de la logique soit professé par les logiciens ?

« Qu'importe qu'on dise que c'est inapplicable ? De ce que la plupart des hommes ne connaissent et ne pratiquent encore que l'erreur et le mensonge, s'ensuit-il que l'homme clairvoyant soit forcé de suivre les aveugles dans le précipice ?

« On aura beau me démontrer la nécessité d'obéir à des lois mauvaises et à des préjugés coupables, si mes actions s'y soumettent par force, mon esprit n'en sera que plus convaincu de la nécessité de protester contre.

« Jésus-Christ était-il dans l'erreur, parce que, pendant dix-huit siècles encore, la vérité démontrée par lui devait germer lentement et ne point éclore dans les législations ?

« Et maintenant que les problèmes soulevés par son idéal commencent à s'éclaircir pour plusieurs d'entre nous, d'où vient que nous serions taxés de folie pour voir et pour croire ce qui sera vu et cru de tous dans cent ans peut-être ?

« Reconnaissez donc qu'il n'est pas besoin d'être un poëte ni un devin pour être parfaitement convaincu de ce qu'il vous plaît d'appeler des rêves sublimes.

« Oui, la vérité est sublime, et sublimes sont aussi les hommes qui la découvrent. Mais ceux qui, l'ayant reçue et palpée, s'en accommodent comme d'une très-bonne chose, n'ont véritablement pas le droit de s'enorgueillir ; car si, l'ayant comprise, ils la rejetaient, ils ne seraient rien moins que des idiots ou des fous. »

M. de Boisguilbault parlait ainsi avec une facilité prodigieuse pour lui, et il eût pu parler longtemps encore sans qu'Émile, frappé de stupeur, songeât à l'interrompre.

Ce dernier n'aurait jamais cru que ce qu'il appelait sa foi et son idéal pût éclore dans une âme si froide, et il se demandait d'abord s'il n'allait pas s'en dégoûter lui-même, en se voyant solidaire d'un pareil adepte. Mais peu à peu, malgré la lenteur de sa diction, la monotonie de son accent et l'immobilité de ses traits, M. de Boisguilbault exerça sur lui un ascendant extraordinaire.

Cet homme impassible lui apparut comme la loi vivante, comme une voix de la destinée prononçant ses arrêts sur l'abîme de l'éternité.

La solitude de ce lieu splendide, la pureté du ciel qui, en perdant les clartés du soleil, semblait élever sa voûte bleue toujours plus haut vers l'empyrée, la nuit qui se faisait sous les grands arbres, et le murmure de cette eau courante, qui semblait, dans sa continuité placide, être l'accompagnement naturel de cette voix unie et calme : tout concourait à plonger Émile dans une émotion profonde, semblable à la mystérieuse terreur que devait produire sur de jeunes adeptes la réponse de l'oracle dans l'obscurité des chênes sacrés.

« Monsieur de Boisguilbault, dit le jeune homme, vivement pénétré de ce qu'il venait d'entendre, je ne puis mieux me soumettre à vos enseignements qu'en vous demandant pardon, du fond de mon cœur, de la manière dont je vous les ai arrachés. J'étais loin de croire que vous eussiez de telles idées, et j'étais attiré vers vous par la curiosité plus que par le respect. Mais désormais comptez que vous trouverez en moi un dévouement filial, si vous me jugez digne de vous le témoigner.

— Je n'ai jamais eu d'enfants, répondit le marquis en prenant la main d'Émile dans la sienne, où il la garda quelques instants ; car il sembla être ranimé, et une sorte de chaleur vitale s'était communiquée à sa peau sèche et douce. Peut-être n'étais-je pas digne d'en avoir. Peut-être les eussé-je mal élevés ! Néanmoins j'ai beaucoup regretté de n'avoir pas ce bonheur. A présent, je suis résigné à mourir tout entier ; mais si un peu d'affection étrangère me vient du dehors, je l'accepterai avec reconnaissance. Je ne suis très-confiant. La solitude rend poltron. Mais je ferai pour vous quelque effort sur mon caractère, afin que vous n'ayez pas à souffrir de mes défauts, et surtout de ma maussaderie, qui fait horreur à tout le monde.

— C'est que le monde ne vous connaît pas, reprit Émile ; on vous juge bien différent de ce que vous êtes. On vous croit orgueilleux et obstinément attaché à la chimère des antiques privilèges. Vous avez pris, sans doute, un soin cruel envers vous-même à ne vous laisser deviner par personne.

— Et pourquoi me serais-je expliqué ? Qu'importe ce qu'on pense de moi, puisque, dans le milieu où je végète, mes vraies opinions paraîtraient encore plus ridicules que celles qu'on me suppose ?

« S'il y avait quelque profit, pour la cause que mon esprit a embrassée, à lui apporter publiquement mon hommage ou mon adhésion, aucune moquerie ne m'en détournerait : mais cette adhésion, de la part d'un homme aussi peu aimé que je le suis, serait plus nuisible qu'utile au progrès de la vérité.

« Je ne sais pas mentir, et si quelqu'un se fût donné la peine de venir m'interroger, depuis ces dernières années que mon esprit est fixé, il est probable que je lui eusse dit ce que je viens de vous dire ; mais le cercle de la solitude s'agrandit chaque jour autour de moi, et je n'ai pas le droit de m'en plaindre.

« Pour plaire, il faut être aimable, et je ne sais point me rendre tel, Dieu m'ayant refusé certains dons qui sont impossibles à feindre. »

Émile sut trouver des paroles affectueuses et vraies, pour adoucir, autant qu'il était en lui, l'amertume secrète qui se cachait sous la résignation de M. de Boisguilbault.

« Il m'est bien facile de me contenter du présent, lui dit le vieillard avec un triste sourire. J'ai peu d'années à vivre, quoique je ne sois ni très-vieux ni très-malade, ma vie est usée, je le sens, et chaque jour, mon sang se refroidit et se congèle. Je pourrais me plaindre peut-être de n'avoir point eu de joies dans le passé ; mais quand le passé a fui devant nous, qu'importe ce qu'il a été ? ivresse ou désespoir, vigueur ou faiblesse, tout a disparu comme un songe.

— Mais non pas sans laisser de traces, reprit Émile. Quand même le souvenir lui-même s'effacerait, les émotions douces ou pénibles ont déposé en nous leur baume ou leur poison, et notre cœur est calme ou brisé, selon ce qui l'a affecté. Jadis, je crois que vous avez beaucoup souffert, quoique votre courage ne veuille pas descendre à la plainte, et cette souffrance, que vous cachez avec trop de fierté peut-être, augmente mon respect et ma sympathie pour vous.

— J'ai plus souffert par l'absence du bonheur que par ce qu'on est convenu d'appeler le malheur même. Une certaine fierté m'a toujours empêché, j'en conviens, de chercher un remède dans la sympathie des autres. Il eût fallu que l'amitié fût venue me chercher, je ne savais pas courir après elle.

— Mais, alors, l'eussiez-vous acceptée ?

— Oh ! certainement, dit M. de Boisguilbault toujours d'un ton froid, mais avec un soupir qui pénétra dans le cœur d'Émile.

— Et maintenant, est-ce qu'il est trop tard ? dit le jeune homme avec un profond sentiment de pitié respectueuse.

— Maintenant... il faudrait pouvoir y croire, reprit le marquis, ou oser le demander... et à qui, d'ailleurs ?

— Et pourquoi donc pas à celui qui vous écoute et vous comprend aujourd'hui ? C'est peut-être le premier depuis bien longtemps ?

— Il est vrai !

— Eh bien, méprisez-vous ma jeunesse ? Me jugez-vous incapable d'un sentiment sérieux, et craignez-vous de rajeunir en accordant quelque affection à un enfant ?

— Et si j'allais vous vieillir, Émile ?

— Eh bien, comme, de mon côté, j'essaierai de vous faire revenir sur vos pas, ce sera une lutte avantageuse pour tous deux. J'y gagnerai en sagesse, à coup sûr, et peut-être y trouverez-vous quelque allégement à vos austères ennuis. Croyez en moi, monsieur de Boisguilbault : à mon âge, on ne sait pas feindre ; si j'ose vous offrir ma respectueuse amitié, c'est que je me sens capable d'en remplir les devoirs et d'apprécier les bienfaits de la vôtre. »

M. de Boisguilbault prit encore la main d'Émile et la serra, cette fois, bien franchement, sans rien répondre.

A la clarté de la lune qui montait dans le firmament, le jeune homme vit une grosse larme briller un instant sur la joue flétrie du vieillard et se perdre dans ses favoris argentés.

Émile était vaincu ; il en était heureux et fier.

La jeunesse d'aujourd'hui professe un dédain odieux pour la vieillesse, et notre héros, tout au contraire, mettait un légitime orgueil à triompher de la réserve et de la méfiance de cet homme malheureux et respectable.

Il se sentait flatté d'apporter quelque consolation à ce patriarche abandonné, et de réparer envers lui l'oubli ou l'injustice des autres.

Il se promena longtemps avec lui dans son beau parc, et lui fit encore des questions dont l'ingénuité confiante ne déplut point au marquis.

Il s'étonnait, par exemple, que, riche et indépendant de tout lien de famille, M. de Boisguilbault n'eût pas essayé d'aborder la pratique, et de fonder quelque établissement d'association.

« Cela me serait impossible, répondit le vieillard. Je n'ai aucune initiative dans l'esprit et le caractère ; ma paresse est invincible, et de ma vie, je n'ai pu agir sur les autres. J'y serais moins propre que jamais, d'autant plus qu'il ne s'agirait pas seulement d'avoir un plan d'organisation simple et applicable au présent, il faudrait encore des formules religieuses et morales, une prédication de principes et de sentiment.

« Je reconnais la nécessité du sentiment pour convaincre les âmes ; mais ceci n'est pas de mon ressort. Je n'ai pas la faculté de me livrer et de m'épancher, et mon cœur n'a plus assez de vie pour communiquer l'éloquence à ma parole.

« Je crois aussi que le temps n'est pas venu... vous ne le croyez pas, vous ? Eh bien, je ne veux pas vous ôter cette conviction ; vous êtes taillé pour les entreprises difficiles, et puissiez-vous trouver l'occasion d'agir !

« Quant à moi, j'ai des projets pour plus tard... pour après ma mort. Je vous les dirai peut-être quelque jour... Regardez ce beau jardin que j'ai créé... ce n'est pas sans intention... mais je veux vous connaître mieux avant de m'expliquer ; me le pardonnez-vous ?

— Je m'y soumets, et je suis certain d'avance que votre prédilection pour ce paradis terrestre n'est pas une pure manie de propriétaire oisif.

— J'ai pourtant commencé par là. Ma maison m'était devenue antipathique ; rien ne sert la paresse et le dégoût comme l'ordre immuable, c'est pourquoi vous avez vu cette maison si bien entretenue et si bien rangée. Mais je ne tiens à rien de ce qu'elle renferme, et je puis bien vous confier que je n'y ai pas dormi depuis quinze ans.

« Le chalet où nous avons pris le café est ma véritable demeure. Il y a une chambre à coucher et un cabinet de travail que je ne vous ai point ouverts, et où personne n'est entré depuis qu'ils sont construits, pas même Martin.

« Ne parlez de cela à personne, la curiosité m'y poursuivrait peut-être. Elle assiége déjà bien assez le parc le dimanche.

« Les oisifs des environs y restent jusqu'à onze heures du soir, et je n'y rentre que lorsque la fermeture des grilles les force à se retirer.

« Je me lève fort tard le lundi, afin que les ouvriers aient eu le temps de faire disparaître toutes les traces de l'invasion, avant que je les aie vues. Martin veille à cela.

« Ne m'accusez pas de misanthropie, quoique je mérite bien un peu de l'être. Tâchez plutôt d'expliquer cette anomalie d'un homme pénétré de la nécessité de la vie en commun, et cependant forcé par ses instincts de fuir la présence de ses semblables.

« J'appartiens à cette génération d'égoïsme individuel, et ce qui est vice chez elle est maladie chez moi... Il y a des causes à cela... Mais j'aime mieux ne pas m'en rendre compte, afin de ne point avoir à me les rappeler. »

Émile n'osa pas faire de questions directes, quoiqu'il se promît de découvrir peu à peu tous les secrets de M. de Boisguilbault, ou du moins tous ceux où la famille de Châteaubrun devait se trouver intéressée. Mais il jugea que c'était bien assez de victoires pour un jour, et qu'avant d'obtenir toute confiance, il fallait se faire estimer et chérir, s'il était possible.

Il voulut obtenir seulement de pénétrer dans la bibliothèque, et le marquis lui promit de la lui ouvrir à leur prochaine entrevue, pour laquelle ils ne prirent cependant pas de jour. M. de Boisguilbault sentant peut-être revenir ses méfiances, voulait voir si Émile reviendrait bientôt de lui-même.

## XVIII.

### ORAGE.

A partir de ce jour, Émile ne vécut plus chez ses parents. Il y était bien de sa personne la nuit, et durant quelques heures de la journée; mais son esprit était plus souvent à Boisguilbault, et son cœur presque toujours à Châteaubrun.

Il retourna fréquemment à Boisguilbault, plus fréquemment qu'il n'y eût été, peut-être, sans le voisinage de Châteaubrun et les prétextes que lui fournissait la première visite.

D'abord ce furent des livres à porter, et, quoique le marquis lui eût permis de puiser à discrétion dans sa bibliothèque, il avait soin de ne les remettre à Gilberte qu'un à un, afin d'avoir toujours un motif pour paraître devant elle.

Ni Janille ni M. Antoine ne songèrent à s'étonner du plaisir que Gilberte prenait à la lecture, ni à en surveiller le choix : la première, parce qu'elle ne savait pas lire; le second, parce que la prévoyance n'était pas son fait. Mais l'ange gardien de la jeune fille n'était pas plus soigneux de la pureté de ses pensées que ne le fut Émile.

Son amour enveloppait Gilberte d'un respect inviolable, et la sainte candeur de cette enfant était un trésor dont il se fût montré plus jaloux que son père, à qui, suivant l'expression de Janille, le bien était toujours venu en dormant.

Aussi, avec quelle attention, avant de lui remettre un volume, quel qu'il fût, histoire, morale, poésie ou roman, il le feuilletait, dans la crainte qu'il ne s'y trouvât un mot qui pût la faire rougir!

Si, dans son ignorance confiante, elle lui demandait à connaître quelque livre sérieux où il se souvenait que certains détails ne dussent pas être mis sous les yeux d'une jeune vierge, il lui répondait qu'il l'avait en vain cherché dans la collection de Boisguilbault, et qu'il ne s'y trouvait point.

Une mère n'eût pas mieux agi en pareil cas que ne le fit le jeune amant de Gilberte, et plus l'incurie affectueuse du père et de la fille eût favorisé, sans le savoir, des tentatives de corruption, plus Émile se faisait un devoir cher et sacré de justifier l'abandon de ces âmes naïves.

Les occasions où Émile pouvait entretenir Gilberte de ce qui se passait entre lui et M. de Boisguilbault étaient bien courtes et bien rares, car Janille ne les quittait presque jamais; et lorsqu'ils étaient avec M. Antoine, Gilberte s'attachait d'habitude et d'instinct, à tous les pas de son père.

Cependant elle sut bientôt que l'amitié du jeune Cardonnet et du vieux marquis avait fait de grands progrès, et qu'elle était fondée sur une remarquable conformité de principes et d'idées.

Mais Émile lui cachait le plus possible le peu de succès de ses tentatives de rapprochement entre les deux maisons : nous dirons, en son lieu, quel fut à cet égard le résultat de ses efforts.

Espérant toujours réussir avec le temps, Émile dissimulait ses fréquentes défaites; et Gilberte, devinant les embarras et la délicatesse de la mission qu'il avait acceptée, n'insistait guère, crainte de montrer trop d'empressement et d'exigence.

Et puis, il est vrai de dire que, peu à peu, Gilberte se passionna moins pour le succès de l'entreprise, tandis que, de son côté, Émile sentait s'opérer en lui une résolution encore plus complète.

L'amour absorbe toute autre pensée; et ces deux jeunes gens, à force de songer l'un à l'autre, n'eurent bientôt plus le loisir de penser à quoi que ce fût.

Tout leur être devint sentiment, c'est-à-dire passion, et les heures s'envolèrent dans l'ivresse de se voir, ou se traînèrent dans l'attente du moment qui devait les réunir.

Chose étrange pour M. Cardonnet, qui observait son fils avec soin, et pour Émile, qui ne se rendait plus compte de ce qui se passait en lui-même, mais chose bien naturelle pourtant et bien inévitable! la passion qui avait absorbé toute cette première jeunesse de notre héros, c'est-à-dire le désir de s'instruire, de connaître et de prendre part à la vie générale, fit place à un doux sommeil de l'intelligence et à une sorte d'oubli de ses théories favorites.

Dans une société où tout serait en harmonie, l'amour deviendrait, à coup sûr, un stimulant au patriotisme et au dévouement social. Mais lorsque les intentions hardies et généreuses sont condamnées à une lutte pénible avec les hommes et les choses qui nous entourent, les affections personnelles nous captivent et nous dominent jusqu'à produire l'engourdissement des autres facultés.

Le peuple cherche dans l'ivresse du vin l'oubli de ses autres privations, et l'amant dans celle des regards de sa maîtresse trouve comme un philtre d'oubli pour tout le reste. Émile était trop jeune pour savoir et vouloir souffrir, et pourtant il avait déjà beaucoup souffert.

Maintenant que le bonheur venait le chercher, comment eût-il pu s'y soustraire? Avouons-le, sans trop de honte pour ce pauvre enfant, il ne pensait plus ni aux lois, ni aux faits, ni à l'avenir, ni au passé du monde, ni aux vices des sociétés, ni aux moyens de les sauver, ni aux misères humaines, ni aux volontés divines, ni au ciel, ni à la terre.

La terre, le ciel, la loi de Dieu, la destinée, le monde, c'était son amour; et pourvu qu'il vît Gilberte et qu'il lût son sort dans ses yeux, peu lui importait que l'univers s'écroulât autour de lui.

Il ne pouvait plus ouvrir un livre ni soutenir une discussion. Quand il s'était fatigué à courir sur tous les sentiers qui conduisaient vers l'objet aimé, il s'assoupissait auprès de sa mère, ou lui laissait les journaux sans comprendre un mot de ce que prononçait sa bouche; et quand il se retrouvait seul dans sa chambre, il se couchait bien vite pour éteindre sa lumière, et n'avoir plus le spectacle des objets extérieurs.

Alors les ténèbres s'illuminaient du feu intérieur qui l'animait, et sa vision radieuse venait se placer devant lui.

Dans cette extase, il n'avait plus le sentiment du sommeil

ou de la veille. Il rêvait les yeux ouverts, il voyait les yeux fermés.

Un mot d'affection enjouée, un sourire de Gilberte, sa robe qui l'avait effleuré en passant, un brin d'herbe qu'elle avait brisé, et dont il s'était emparé, c'en était bien assez pour l'occuper toute la nuit; et le jour avait à peine paru, qu'il courait préparer son cheval lui-même afin de partir plus vite. Il oubliait de manger, et ne s'étonnait même pas de vivre ainsi de la rosée du matin et de la brise qui soufflait de Châteaubrun.

Il n'osait pas y aller tous les jours, quoiqu'il l'eût pu sans que M. Antoine le reçût moins bien. Mais il y a dans la passion une pudeur craintive qui s'effraie du bonheur au moment de le saisir. Il errait alors dans toutes les directions, et se cachait dans les bois pour regarder les ruines de Châteaubrun à travers les branches, comme s'il eût craint d'être surpris en flagrant délit d'adoration.

Le soir, quand Jean Jappeloup avait fini sa journée, comme il n'avait pas encore de quoi payer un loyer, qu'il ne voulait pas gêner ses amis, et que les nuits étaient chaudes et sereines, il se retirait dans une petite chapelle abandonnée, sur les hauteurs qui forment le centre du village, et, avant de s'étendre sur la paille dont il s'était fait un lit, il allait dire sa prière dans la jolie église de Gargilesse.

Il descendait par préférence dans la cripte romane qui porte encore les traces de curieuses fresques du xv° siècle. De la fenêtre élégante de ce souterrain, on domine encore des murailles de rochers et les vertes ravines où coule la Gargilesse.

Le charpentier avait été privé trop longtemps à son gré de la vue de son cher *endroit*, et il interrompait souvent sa prière paisible et rêveuse pour regarder le paysage, toujours demi-priant, demi-rêvant, plongé dans cet état particulier de l'âme que connaissent les gens simples, les paysans, surtout après la fatigue du jour.

C'est alors qu'Émile, lorsqu'il avait dîné et promené quelque temps avec sa mère, venait chercher le charpentier, admirer avec lui ce joli monument et causer ensuite sur le sommet de la colline, de tout ce dont on ne parlait point dans la maison Cardonnet, c'est-à-dire de Châteaubrun, de M. Antoine, de Janille, et, finalement, de Gilberte.

Il y avait quelqu'un qui aimait Gilberte presque autant qu'Émile, quoique ce fût d'un tout autre amour : c'était Jean.

Il ne la considérait pas précisément comme sa fille, car il se mêlait à son sentiment paternel une sorte de respect pour une nature si choisie, et une manière de rude enthousiasme qu'il n'eût point eu pour ses propres enfants. Mais il était vain de sa beauté, de sa bonté, de sa raison et de son courage, comme un homme qui sait le prix de ces dons, et qui sent vivement l'honneur d'une noble amitié.

La familiarité avec laquelle il s'exprimait sur son compte, retranchant le titre de mademoiselle, selon son habitude d'appeler chacun par son nom, n'ôtait rien à la vénération instinctive qu'il avait pour elle, et les oreilles d'Émile n'en étaient point blessées quoique, pour son compte, il n'eût pas osé en faire autant.

Le jeune homme se plaisait à entendre raconter les jeux et les gentillesses de l'enfance de Gilberte, ses élans de bonté, ses attentions généreuses et délicates pour l'ami vagabond qui, sans asile, eût manqué de tout.

« Quand je courais par la montagne, tout dernièrement, disait Jappeloup, j'étais quelquefois serré de si près, que je n'osais sortir d'un trou de rocher, ou du faîte d'un arbre bien branchu où je m'étais caché le matin.

« La faim se faisait sentir alors, et un soir que je n'en pouvais plus de faiblesse et de fatigue, je tournais la montagne, me disant avec souci qu'il y avait bien loin de là à Châteaubrun, et que, si j'étais rencontré en chemin par les gendarmes, je n'aurais pas la force de courir; mais voilà que j'aperçois sur le chemin une petite charrette avec quelques bottes de paille, et, tout à côté, Gilberte qui me faisait signe.

« Elle était venue jusque-là avec Sylvain Charasson, me cherchant de tous côtés, et guettant comme une petite caille au coin d'un buisson. Alors je me suis couché et caché dans la paille; Gilberte s'est assise auprès de moi, et Sylvain nous a ramenés à Châteaubrun, où j'ai fait mon entrée sous le nez des gendarmes qui m'épiaient à deux pas de là.

« Une autre fois nous étions convenus que Sylvain m'apporterait à manger dans le creux d'un vieux saule, à une lieue environ de Châteaubrun; il faisait un mauvais temps, une pluie battante, et je me doutais que le drôle, qui aime ses aises, ferait semblant de m'oublier ou mangerait mon dîner en route.

« Cependant j'y passai à l'heure dite, et je trouvai le petit panier bien rempli et bien abrité. Et puis devinez ce que j'aperçus auprès du saule?

« La trace d'un pied mignon sur le sable mouillé, et j'ai pu suivre ce pauvre petit pied sur le terrain d'alentour où il avait enfoncé plus d'une fois jusqu'au dessus de la cheville.

« Cette chère enfant s'était mouillée, crottée, fatiguée, ne voulant se fier qu'à elle-même du soin d'assister son vieux ami.

« Et puis encore un autre jour, elle vit les limiers qui marchaient droit sur une vieille ruine, où, me croyant bien en sûreté, je faisais tranquillement un somme en plein midi. Il faisait cruellement chaud ce jour-là! c'était le même jour où vous êtes arrivé dans le pays. Eh bien, Gilberte prit le sentier de traverse, sentier bien dur et bien dangereux, où les cavaliers n'auraient pu la suivre, et arriva un quart d'heure avant eux, toute rouge, toute essoufflée, pour me réveiller et me dire de gagner au large.

« Elle en a été malade, la pauvre chère âme, et ses parents n'en ont rien su. Voilà surtout ce qui me rendait soucieux le soir, quand nous avons soupé à Châteaubrun, et que Janille nous a dit qu'elle était couchée. Oh oui! cette petite-là a toujours été d'un grand cœur.

« Si le roi de France savait ce qu'elle vaut, il serait trop honoré de l'obtenir en mariage pour le meilleur de ses fils.

« Elle n'était pas plus grosse que mon poing, qu'on voyait déjà que ça serait joli et aimable comme tout.

« Vous aurez beau chercher dans les grandes dames et dans les plus riches, mon garçon, jamais vous ne trouverez par là une Gilberte comme celle de Châteaubrun! »

Émile l'écoutait avec délices, lui adressait mille questions, et lui faisait raconter dix fois les mêmes histoires.

M. Cardonnet ne fut pas longtemps à découvrir la cause du changement survenu chez Émile. Plus de tristesse, plus de réticences pénibles, plus de reproches détournés.

Il semblait qu'Émile n'eût jamais été en opposition avec lui sur quoi que ce soit, ou du moins qu'il n'eût jamais remarqué que son père avait d'autres vues que les siennes.

Il était redevenu enfant à beaucoup d'égards; il ne soupirait point à tel ou tel projet d'études; il ne voyait plus les choses qui eussent pu blesser ses principes; il ne rêvait que belles matinées de soleil, longues promenades, précipices à franchir, solitudes à explorer ; et pourtant il ne rapportait ni croquis, ni plantes, ni échantillons de minéralogie, comme il l'eût fait en tout autre temps.

La vie de campagne lui plaisait pardessus tout; le pays était le plus beau du monde; le grand air et l'exercice du cheval lui faisaient un bien extrême; enfin, tout était pour le mieux, pourvu qu'on le laissât courir; et s'il tombait dans la rêverie, il en sortait par un sourire qui semblait dire :

« J'ai en moi de quoi m'occuper, et ce que vous me dites n'est rien auprès de ce que je pense. »

Si, par quelque artifice, M. Cardonnet réussissait à le retenir, il paraissait brisé un instant, et puis tout à coup résigné, comme un homme qu'il est impossible de déposséder de son fonds de bonheur, il se hâtait d'obéir et se mettait à la tâche pour avoir plus tôt fini.

« Il y a une jolie fille au fond de tout cela! se dit M. Cardonnet, et l'amour rend docile cette âme rebelle. C'est fort bon à savoir. La fièvre philosophique et raisonneuse peut donc faire place à une soif de plaisir ou à des rêveries sentimentales! J'étais bien fou de ne pas compter sur la jeunesse et sur les passions! Laissons souffler cet orage, il emportera l'obstacle auquel je me serais brisé ; et quand il sera temps d'arrêter l'orage, j'y aviserai. Dépêche-toi de courir et d'aimer, mon pauvre Émile ! Il en est de toi comme du torrent qui me fait la guerre : tous deux vous vous soumettrez quand vous sentirez la main du maître ! »

M. Cardonnet n'avait pas la conscience de sa cruauté. Il ne croyait pas à la force et à la durée de l'amour, et n'attachait pas plus d'importance à un désespoir de jeune homme qu'à des larmes d'enfant.

S'il eût pensé que mademoiselle de Châteaubrun pouvait devenir victime de son plan d'attente, il s'en fût fait conscience peut-être. Mais ici l'esprit de propriété et le *chacun pour soi* l'empêchaient de prévoir le mal d'autrui.

« C'est l'affaire du vieux Antoine de garder sa fille, pensait-il ; si l'ivrogne s'endort sur ses propres dangers, il a du moins une servante-maîtresse qui n'a rien de mieux à faire qu'à mettre, le soir, dans sa poche la clef du fameux pavillon. On peut, quand il en sera temps, ouvrir les yeux de la duègne. »

Dans cette persuasion, il laissa Émile à peu près libre de son temps et de ses démarches. Il se bornait à le railler et à dénigrer amèrement la famille de Châteaubrun dans l'occasion, pour se mettre à l'abri du reproche d'avoir ouvertement encouragé les poursuites de son fils.

Dans son opinion, Antoine de Châteaubrun était véritablement un pauvre sot, un homme déconsidéré, que la misère avait avili et que l'oisiveté abrutissait.

Il voyait avec un plaisir superbe les anciens maîtres de la terre, déchus ainsi, se réfugier dans les bras du peuple, sans oser recourir à la protection et à la société des nouveaux riches.

M. de Boisguilbault ne trouvait pas grâce devant lui, quoiqu'il fût difficile de lui reprocher le désordre et le manque de tenue.

La richesse qu'il avait su conserver portait bien plus d'ombrage à Cardonnet que le nom de Châteaubrun, et s'il avait du mépris pour le comte, il avait une sorte de haine pour le marquis. Il le déclarait bon pour les Petites-Maisons, et rougissait pour lui, disait-il, de l'emploi stupide d'une si longue vie et d'une si grande fortune.

Émile prenait soin de défendre M. de Boisguilbault, sans cependant avouer qu'il le voyait deux ou trois fois par semaine....

Il eût craint qu'en lui intimant de rendre ses visites plus rares, son père ne lui ôtât le prétexte qu'il avait auprès des habitants de Châteaubrun pour aller leur rendre une petite visite en passant.

Il avait besoin surtout de ce prétexte auprès de Gilberte, car il voyait bien qu'aucune observation ne viendrait de la part de M. Antoine, mais il craignait que Janille ne fît comprendre à mademoiselle de Châteaubrun qu'il y allait de sa dignité de tenir à distance un jeune homme trop riche pour l'épouser, suivant les idées du monde.

Il prévoyait bien que le jour viendrait où ses assiduités seraient remarquées.

« Mais alors, se disait-il, peut-être que je serai aimé, et que je pourrai m'expliquer sur le sérieux de mes intentions. »

Cette idée le conduisait naturellement à prévoir une opposition violente et longue de la part de M. Cardonnet ; mais alors il s'élevait en lui comme un bouillonnement d'audace et de volonté ; son cœur palpitait comme celui du guerrier qui s'élance à l'assaut, et qui brûle de planter lui-même son drapeau sur la brèche ; il se sentait frémir comme le cheval de combat que l'odeur de la poudre enivre.

Il lui arrivait quelquefois, lorsque son père accablait de sa froide et profonde colère un de ses subordonnés, de se croiser les bras, et de le mesurer involontairement des yeux :

« Nous verrons, se disait-il alors en lui-même, si ces choses m'effraieront, et si cet ouragan me fera plier, quand on portera la main sur l'arche sainte de mon amour.

O mon père ! vous avez pu me détourner des études que je chérissais, refouler toutes mes aspirations dans mon sein, blesser impunément mon amour-propre et froisser mes sympathies... Si vous voulez le sacrifice de mon intelligence et de mes goûts, eh bien, je me soumettrai encore ; mais celui de mon amour !... Oh ! vous avez trop de prudence et de pénétration pour l'essayer, car alors vous verriez que si je suis votre fils pour vous aimer, je suis aussi votre sang pour vous résister... Nous nous briserons l'un contre l'autre, comme deux instruments d'égale force, et il vous faudrait devenir parricide pour rester vainqueur. »

En attendant ce jour terrible qu'Émile s'habituait à contempler, il laissait le dépit secret de son père s'exhaler en vaines paroles contre le bon Antoine et sa fidèle Janille. Il lui était même devenu indifférent qu'il fît allusion à la naissance équivoque de sa fille.

Il lui importait fort peu qu'elle eût du sang plébéien dans les veines, et il entendait à peine ce que M. Cardonnet disait là-dessus.

Il lui semblait d'ailleurs que c'eût été faire injure au père de Gilberte que d'essayer de le défendre contre les autres accusations. Il souriait presque comme un martyr qui reçoit une blessure et défie la douleur.

Malgré toute sa force d'esprit, Cardonnet était donc dans l'erreur, et se précipitait avec son fils dans l'abîme, en se flattant de le retenir aisément lorsqu'il en aurait touché le bord. Il croyait connaître le cœur humain, parce qu'il savait le secret des faiblesses humaines ; mais qui ne sait que le côté faible et misérable des choses et des hommes, ne sait que la moitié de la vérité.

« Je l'ai fait plier en des occasions plus importantes, et une amourette est bien peu de chose, » se disait-il.

Il avait raison en fait d'amourettes : il pouvait s'y connaître ; mais un grand amour était pour lui un idéal inaccessible, et il ne prévoyait rien de ce qu'il peut inspirer de résolutions sublimes ou funestes.

Peut-être M. de Boisguilbault contribua-t-il aussi un peu pour sa part à calmer l'ardeur ombrageuse d'Émile à l'endroit des questions sociales ; parfois sa sécurité glaciale avait impatienté le bouillant jeune homme ; mais le plus souvent, il reconnaissait que ce tranquille prophète avait raison de subir le présent avec patience en vue d'un avenir certain.

Lorsqu'il lui parlait au nom de la logique des idées, souveraine des mondes et mère des destinées humaines, au lieu de l'irriter, comme il était arrivé à M. Cardonnet de le faire, en invoquant la fausse et grossière logique du fait, il réussissait à l'apaiser et à le convaincre.

Si le contraste de leurs caractères causait au plus impatient des deux une sorte de généreux dépit, bientôt le plus calme reprenait son empire, et découvrait cette force cachée qui était en lui, et qui le rendait, pour ainsi dire, supérieur à lui-même.

Les railleries de M. Cardonnet avaient vivement froissé Émile, et l'eussent presque poussé à l'exagération du fanatisme. La haute raison de M. de Boisguilbault le réconciliait avec lui-même, et il se sentait fier d'avoir la sanction d'un vieillard aussi éclairé et aussi rigide dans ses déductions.

Comme ils étaient grandement d'accord sur le fond des choses, les discussions ne pouvaient durer longtemps, et comme le communisme était le seul sujet qui pût faire départir le marquis de son laconisme habituel, il leur arrivait bien souvent de tomber dans le silence d'une rêverie à deux.

Pourtant Émile ne s'ennuyait jamais à Boisguilbault. La beauté du parc, la bibliothèque, et surtout le plaisir réservé mais certain que le marquis trouvait à le voir, lui faisaient de ces visites un repos agréable et précieux, au sortir d'émotions plus ardentes.

Il se créait là, pour lui, sans qu'il y prît garde, un intérieur nouveau, bien plus conforme à ses goûts que l'usine bruyante et la maison militairement gouvernée de son père. Châteaubrun eût été encore plus la retraite selon son cœur.

Là, il aimait tout sans réserve : les habitants, les ruines

O mon Dieu, voyez comme il l'aime encore ! (Page 67.)

et jusqu'aux plantes et aux animaux domestiques. Mais le bonheur d'y passer sa vie, c'était le ciel à escalader ; comme il fallait, après ce rêve, retomber sur la terre, Émile tombait moins bas à Boisguilbault qu'à Gargilesse.

C'était comme une station entre l'abîme et le ciel, les limbes entre le paradis et le purgatoire. Il s'habituait, tant il y était bien reçu et jalousement gardé, à se croire chez lui. Il s'occupait du parc, rangeait les livres et prenait des leçons d'équitation dans la grande cour.

Peu à peu le vieux marquis se laissait aller aux douceurs de la société, et parfois son sourire ressemblait à un véritable enjouement.

Il ne le savait pas, ou ne voulait pas le dire : mais ce jeune homme lui devenait nécessaire et lui apportait la vie. Pendant des heures entières il semblait accepter nonchalamment cette douceur, mais lorsque Émile était au moment de partir, il voyait s'altérer insensiblement ce pâle visage, et le soupir d'asthme devenait un soupir de tendresse et de regret, lorsque le jeune homme s'élançait sur son cheval impatient de redescendre la colline.

Enfin il devint évident pour Émile lui-même, qui apprenait chaque jour à déchiffrer ce livre mystérieux, que l'âme du vieillard était affectueuse et sympathique, qu'il avait un regret sourd et continu de s'être voué à la solitude, et qu'il avait eu pour s'y déterminer d'autres motifs qu'une disposition maladive.

Il crut que le moment était venu de sonder cette blessure et d'en proposer le remède.

Le nom d'Antoine de Châteaubrun, prononcé déjà maintes fois sans succès, et qui s'était perdu sans écho dans le silence du parc, vint sur ses lèvres, et s'y attacha plus obstinément. Le marquis fut obligé de l'entendre et d'y répondre :

« Mon cher Émile, lui dit-il du ton le plus solennel qu'il eût encore pris avec lui, vous pouvez me faire beaucoup de peine, et, si telle est votre intention, je vais vous en donner le moyen : c'est de me parler de la personne que vous venez de nommer.

— Je sais bien, répondit le jeune homme, mais...

— Vous le savez ! dit M. de Boisguilbault ; que savez-vous ? »

Et, en faisant cette interrogation, il parut si courroucé, et ses yeux éteints se remplirent d'un feu si sombre, qu'Émile, stupéfait, se rappela ce qu'il lui avait été dit à

Émile s'élança à leur rencontre, sans se demander si Janille avait parlé. (Page 73.)

leur première entrevue de sa prétendue irascibilité, quoique ce fût alors d'un ton qui ne lui eût pas permis de voir là autre chose qu'une vanterie fort plaisante.

« Mais répondez donc! reprit M. de Boisguilbault d'une voix moins âpre, mais avec un sourire amer. Si vous savez les causes de mon ressentiment, comment osez-vous me les rappeler?

— Si elles sont graves, répondit Émile, apparemment je les ignore; car ce qu'on m'en a dit est si frivole, que je ne peux plus y croire en vous voyant irrité à ce point contre moi.

— Frivole! frivole!... Et qu'est-ce donc qu'on vous a dit? Soyez sincère, n'espérez pas me tromper!

— Et quand donc vous ai-je donné le droit de me soupçonner d'une bassesse telle que le mensonge? reprit Émile un peu animé à son tour.

— Monsieur Cardonnet, dit le marquis en prenant le bras du jeune homme d'une main tremblante comme la feuille près de se détacher au vent de l'automne; vous ne voudriez pas vous faire un jeu de ma souffrance, je le crois. Parlez donc, et dites ce que vous savez, puisqu'il faut que je l'entende.

— Je sais ce qu'on dit, et rien de plus. On prétend que c'est à propos d'un chevreuil, que vous avez rompu une amitié de vingt ans. Un de ces animaux, que vous apprivoisiez pour votre amusement, se serait échappé de votre garenne, et M. de Châteaubrun l'ayant rencontré à peu de distance de chez vous, aurait commis l'étourderie de le tuer. C'eût été une grande étourderie, il est vrai, puisqu'il n'y a point de chevreuils dans ce pays-ci, et qu'il devait supposer que celui-là était un de vos favoris; mais M. de Châteaubrun a toujours été fort distrait, et vraiment ce n'est pas là un défaut qu'on ne puisse pardonner à un ami.

— Et qui vous a raconté cette histoire? Lui, sans doute?

— Il ne s'est jamais expliqué avec moi ni devant moi: c'est Jean, le charpentier, encore un homme dont vous ne voulez pas entendre parler, quoique vous ayez été généreux envers lui, qui m'a dit n'avoir jamais connu entre vous deux d'autre motif de mésintelligence.

— Et de qui tenait-il cette belle explication? de la servante de la maison, sans doute?

— Non, monsieur le marquis. La servante ne parle pas

plus de vous que le maître. Ce que je viens de vous dire est une histoire accréditée parmi les paysans.

— Et le fond de l'histoire est vrai, reprit M. de Boisguilbault après une longue pause, qui parut le calmer entièrement. Pourquoi vous en étonneriez-vous, Émile? Ne savez-vous pas qu'il ne faut qu'une goutte d'eau pour faire déborder un lac?

— Et si votre lac d'amertume n'était rempli que de pareilles gouttes d'eau, comment ne voulez-vous pas que je m'étonne de votre susceptibilité? Je ne vois chez M. de Châteaubrun d'autre défaut qu'une sorte d'inertie et d'irréflexion continuelle. Si c'est une suite de distractions et de gaucheries qui vous a rendu sa présence insupportable, je ne retrouve pas là votre haute sagesse et votre tolérance accoutumées. Je serais donc plus patient que vous, moi, que vous traitez souvent de volcan en éruption, car les distractions de M. Antoine me divertissent plus qu'elles ne m'irritent, et j'y vois une preuve de l'abandon de son âme et de la naïveté de son esprit.

— Émile, Émile, vous ne pouvez pas juger ces choses-là! reprit M. de Boisguilbault, embarrassé. Je suis fort distrait moi-même, et je souffre de mes propres méprises. Celles des autres me sont apparemment insupportables... L'affection ne vit, dit-on, que de contrastes. Deux sourds ou deux aveugles s'ennuient ensemble. Bref, j'étais las de cet homme-là! ne m'en parlez pas davantage.

— Je ne saurais croire que cette injonction soit sérieuse. O mon noble ami, tournez votre déplaisir contre moi seul, si j'insiste; mais il m'est impossible de ne pas voir que cette rupture fâcheuse est un de vos principaux sujets de tristesse. Vous vous la reprochez au fond de l'âme, comme une injustice; et qui sait si ce n'est pas l'unique source de votre misanthropie de fait? Nous tolérons difficilement les autres, quand il y a au fond de nos pensées quelque chose dont nous ne pouvons nous absoudre nous-mêmes. Moi, je crois, et j'ose vous dire que vous seriez consolé si vous aviez réparé le mal que vous faites depuis si longtemps à un de vos semblables.

— Le mal que je lui fais? Et quel mal lui ai-je donc fait? Quelle vengeance ai-je donc exercée contre lui? à qui en ai-je dit du mal? à qui me suis-je plaint? que savez-vous vous-même de mes sentiments secrets envers lui? Qu'il se taise, ce malheureux! ou il commettra une grande iniquité en se plaignant de ma conduite.

— Monsieur le marquis, il ne s'en plaint pas, mais il déplore la perte de votre amitié. Ce regret trouble son sommeil, et obscurcit parfois la sérénité de son âme douce et résignée. Il ne prononce pas volontiers votre nom, lui non plus; mais si on le prononce devant lui, il le couvre d'éloges, et ses yeux se remplissent de larmes. Et puis il y a quelqu'un auprès de lui qui souffre plus encore de sa douleur que lui-même; quelqu'un qui vous respecte, qui vous craint, et qui n'ose pas vous implorer; quelqu'un pourtant dont l'affection et la reconnaissance seraient un bienfait dans votre solitude et un appui dans votre vieillesse...

— Que voulez-vous dire, Émile? dit le marquis péniblement ému. Est-ce de vous que vous parlez? Mettez-vous votre amitié pour moi à cette condition? Ce serait bien cruel de votre part!

— Il n'est pas question de moi ici, répondit Émile. Mon dévouement pour vous est trop profond, et ma sympathie trop involontaire, pour être mis à aucun prix. Je vous parle de quelqu'un qui ne vous connaît que par moi, mais qui vous avait déjà deviné, et qui rend justice à vos grandes qualités; d'une personne qui vaut mille fois mieux que moi, et que vous aimeriez d'une affection paternelle, si vous pouviez la connaître; en un mot, je vous parle d'un ange, de mademoiselle Gilberte de Châteaubrun. »

A peine Émile avait-il prononcé ce nom, dont il espérait comme d'un charme magique, qu'il vit la figure de son hôte se décomposer d'une manière effrayante. Les pommettes de ses joues maigres et blêmes devinrent pourpres; ses yeux sortirent de leurs orbites; ses bras et ses jambes s'agitèrent de mouvements convulsifs. Il voulut parler et bégaya des paroles inintelligibles. Enfin, il réussit à faire entendre ces mots:

« Assez, Monsieur... c'est assez, c'est trop.. N'ayez jamais le malheur de me parler de *cette demoiselle!* »

Et, quittant les rochers du parc, où cette scène se passait, il entra dans le chalet, dont il tira la porte avec violence derrière lui.

## XIX.

### LE PORTRAIT.

Émile demeura quelques jours sans retourner à Boisguilbault: sa peine était profonde. Il s'était d'abord irrité et dépité contre les caprices fâcheux et incompréhensibles du marquis. Mais bientôt, réfléchissant à cet incident bizarre, il se prit d'une grande compassion pour cette âme malade, qui, au milieu de conceptions si lucides et d'instincts si affectueux, nourrissait une sorte de folie désastreuse, certains accès de haine ou de ressentiment, voisins de l'aliénation mentale.

C'était la seule explication que le jeune homme pût se donner à lui-même de l'effet violent produit sur son vieux ami par le nom adoré de Gilberte. Il fut si consterné de cette découverte, qu'il ne se sentit plus le courage de poursuivre une entreprise désormais inutile, et qu'il résolut d'en faire part loyalement à mademoiselle de Châteaubrun.

Il s'achemina un soir vers les ruines, avec les sentiments de sa défaite, et, pour la première fois, il arriva triste. Mais l'amour est un magicien qui, par des faveurs ou des cruautés inattendues, déjoue toutes nos prévisions.

Gilberte était seule. Certes, Janille n'était pas loin; mais, comme elle s'était écartée de la maison à la recherche d'une de ses chèvres, et qu'on ne savait pas précisément de quel côté elle pouvait être, soit qu'on l'attendît, soit qu'on se mît en route pour aller la rejoindre, on avait bien vis-à-vis de soi-même une excuse plausible pour affronter le tête-à-tête. Gilberte aussi paraissait un peu triste. Elle eût été fort embarrassée de dire pourquoi, ni comment il se fit qu'après avoir passé cinq minutes avec Émile, elle ne se souvint plus d'avoir eu quelques idées sombres en l'attendant.

On avait dîné depuis longtemps à Châteaubrun: suivant une antique habitude, on mangeait aux mêmes heures que les paysans, c'est-à-dire le matin, au milieu du jour, et après la fin des travaux, ce qui est logique pour ceux qui ne font pas de la nuit le jour.

Le soleil était à son déclin lorsque Émile arriva: c'est l'heure où toutes choses sont belles, graves et souriantes à la fois. Émile s'imagina que jusque-là il n'avait pas encore compris la beauté de Gilberte, tant il en fut frappé: comme si c'était pour la première fois, comme si, depuis six semaines, il n'avait pas vécu dans une extase de contemplation.

N'importe, il se persuada qu'il n'avait encore aperçu que la moitié de ses cheveux, et la centième partie de ce que son sourire renfermait de charmes, ses mouvements de grâce, et son regard de trésors inappréciables.

Il avait des choses importantes à lui dire, mais il ne se souvenait plus de rien. Il ne pouvait plus songer qu'à la regarder et à l'écouter. Tout ce qu'elle disait était si frappant, si nouveau pour lui!

Comme elle sentait la richesse de la nature, comme elle lui faisait comprendre la perfection des moindres détails! Si elle lui montrait une fleur, il y découvrait des nuances dont il n'avait jamais encore apprécié la délicatesse ou la splendeur; si elle admirait le ciel, il s'apercevait que jamais il n'avait vu un si beau ciel. Le paysage qu'elle regardait prenait un aspect magique, et il ne savait dire autre chose, sinon:

« Oh! oui, comme c'est beau, en effet!... Oh! vous avez raison... C'est vrai, comme c'est vrai, ce que vous voyez et ce que vous dites là! »

Il y a une délicieuse stupidité dans l'âme des amants: tout signifie, *je vous aime!* et on chercherait vainement un autre sens à la monotonie de leur adhésion sur tous les points.

Cependant, quoique plus inexpérimentée encore qu'Émile, Gilberte, en qualité de femme, se rendait un peu plus compte de ce qu'elle éprouvait elle-même, tandis qu'Émile aimait comme on respire, sans songer qu'il y a là, à chaque minute de notre existence, un problème ou un prodige.

Gilberte s'interrogeait davantage, et se sentait envahir avec plus d'étonnement. Elle fit bientôt un effort pour rompre cette manière de causer, où, à force de ne se rien dire, on se disait beaucoup trop.

Elle parla de M. de Boisguilbault, et force fut à Émile de dire qu'il n'espérait plus rien. Tout son chagrin se réveilla à cet aveu, et il se plaignit amèrement de la destinée qui lui enlevait la seule occasion d'être utile à M. de Châteaubrun et de complaire à Gilberte.

« Eh bien, consolez-vous, dit la jeune fille avec candeur, je ne vous en aurai pas moins d'obligations : car, grâce à votre zèle et à votre courage, j'ai du moins l'esprit en repos sur le point principal. Sachez ce qui me tourmentait le plus.

« A voir l'obstination hautaine du marquis et l'humilité généreuse de mon père, il me venait à l'esprit un doute insupportable. Je me figurais que mon bon père pouvait avoir eu, sans le vouloir assurément, quelque tort grave, et j'aurais voulu en surprendre le secret pour me charger de le réparer. Oh ! je l'aurais fait au prix de ma vie !... Mais maintenant...

— Mais maintenant ! Eh bien ! maintenant, dit M. Antoine en paraissant tout à coup au détour d'un massif d'arbustes sauvages, et en souriant avec son air de confiance et de franchise accoutumé, que diable racontez-vous là de si sérieux, et qu'est-ce que tu réparerais au prix de ta vie, ma pauvre petite ? Je vois, Émile, qu'elle vous prend pour son confesseur, et qu'elle s'accuse d'avoir tué une mouche avec trop de colère. Qu'est-ce ? allons, parlez donc ! car votre air embarrassé me donne envie de rire. Est-ce que par hasard on aurait des secrets pour le vieux père ?

— Oh non, mon père ! je n'en aurai jamais, s'écria Gilberte en jetant son bras sur l'épaule d'Antoine, et en appuyant sa joue rose contre son visage cuivré. Et puisque vous écoutez aux portes en plein air, vous allez être forcé d'apprendre ce dont il s'agit. Si vous y trouvez quelque chose à blâmer, songez que vous en avez perdu le droit, en surprenant ma pensée et en commentant mes paroles. Tenez, je vais tout lui dire, monsieur Émile ! car il vaut mieux qu'il le sache. Mon bon père, vous vous affligez de la rancune injuste de M. de Boisguilbault, à propos d'une misère...

— Ah diantre ! tu vas me parler de ça, toi ! A quoi bon ? Tu sais bien que ce sujet-là me chagrine ! dit M. Antoine, dont la figure enjouée s'altéra tout à coup.

— Il faut bien en parler, puisque c'est pour la dernière fois, reprit Gilberte. Ce que j'ai à vous en dire vous fera de la peine, et pourtant cela vous ôtera, j'en suis sûre, un grand poids de dessus le cœur.

« Allons, père chéri, ne détournez pas la tête, et ne prenez pas l'air soucieux qui fait tant de mal à votre Gilberte.

« Je sais fort bien que vous ne voulez pas que je prononce devant vous le nom du marquis ; vous dites que cela ne me regarde pas, et que je ne peux rien comprendre à vos différends. Mais c'est me traiter en petite fille, et je suis bien d'âge à deviner un peu vos peines, afin d'apprendre à vous en consoler.

« Eh bien, je m'informais auprès de M. Cardonnet, qui voit fort souvent M. de Boisguilbault, et qui a eu part à sa confiance sur des points importants, des dispositions présentes de ce gentilhomme à notre égard. Je lui disais que, pour vous ôter le chagrin que vous conserviez de l'avoir involontairement blessé, je donnerais ma vie... C'est bien là ce que je disais ?

— Et puis ? dit M. de Châteaubrun en passant sur ses lèvres la jolie main de sa fille, d'un air préoccupé.

— Et puis ? reprit-elle. M. Émile avait déjà répondu à ce que je voulais savoir, c'est-à-dire que M. de Boisguilbault nous garde une terrible rancune ; mais qu'il n'y a plus à s'en occuper, parce que cette rancune n'est fondée sur rien, et que vous n'avez, grâce à Dieu, aucun reproche à vous faire ! Au reste, j'en étais bien sûre, cher père ; je ne craignais qu'une de vos distractions. Eh bien, consolez-vous... quoique pourtant vous allez vous affecter, j'en suis sûre, de l'état fâcheux de votre ancien ami... M. de Boisguilbault est bien réellement ce qu'il passe pour être, et il faut que vous le reconnaissiez comme les autres... ce pauvre gentilhomme est fou.

— Fou ! s'écria M. Antoine frappé d'effroi et de douleur, réellement fou ? Vous l'avez entendu divaguer, Émile ? Est-ce qu'il souffre beaucoup ? est-ce qu'il se plaint ? est-ce que sa folie est constatée par les médecins ? Oh ! voilà une affreuse nouvelle pour moi ! »

Et le bon Antoine, se laissant tomber sur un banc, refoula en vain de gros soupirs. Sa robuste poitrine semblait se soulever pour se briser.

« O mon Dieu, voyez comme il l'aime encore ! s'écria Gilberte en se jetant à genoux près de son père et le couvrant de caresses. Oh ! pardon, pardon, mon père ! je vous ai fait du mal, j'ai parlé trop vite ! Mais aidez-moi donc à le consoler, Émile ? »

Émile tressaillit de ce que Gilberte, dans son émotion, oubliait pour la première fois de l'appeler *monsieur*. Il semblait qu'elle le traitât comme un frère, et, dans un transport d'attendrissement, il s'agenouilla aussi auprès du bon Antoine, qui paraissait comme menacé d'un coup de sang, tant il était rouge et oppressé.

« Rassurez-vous, dit Émile, les choses n'en sont pas à ce point, et n'y viendront jamais, j'espère. M. de Boisguilbault n'est pas malade, il jouit de toutes ses facultés ; sa monomanie, si l'on peut appeler ainsi l'éloignement qu'il professe pour votre famille, n'est pas un mal nouveau ; seulement, à voir cette bizarrerie chez un homme si calme et si tolérant à tous autres égards, j'ai cru longtemps qu'il y avait là des motifs graves, et je suis forcé de constater maintenant qu'il n'y en a aucun ; que c'est un trait de folie passagère qu'il oubliera si on ne le réveille plus, et que vous n'en êtes pas le seul objet, puisque d'autres personnes, dont il n'a jamais eu à se plaindre, et qu'il ne connaît pas du tout, lui inspirent le même sentiment d'effroi et de répulsion maladive.

— Expliquez-vous donc, dit M. Antoine, qui commençait à respirer. Quelles sont ces autres personnes ?...

— Mais... Jean d'abord, répondit Émile. Vous savez bien qu'il n'a aucun motif de craindre sa présence comme il le fait, et que ce brave homme lui-même ignore absolument ce qu'il peut jamais avoir eu à lui reprocher.

— Il n'a rien à lui reprocher en effet, ni lui, ni personne, mais je sais fort bien ce qu'il suppose... Passons ! s'il n'est question que de Jean, le marquis n'est pas fou le moins du monde, il n'est qu'injuste ou dans l'erreur sur le compte de notre ami le charpentier. Mais le faire revenir de cette erreur-là est aussi impossible que de fermer la plaie qui saigne dans son cœur. Pauvre Boisguilbault ! Ah ! c'est moi, Gilberte, qui donnerais volontiers ma vie pour lui procurer l'oubli du passé ! N'en parlons plus.

— Encore un mot pourtant, dit Gilberte, car ce mot vous éclaircira, mon bon père. Ce n'est pas seulement à Jean Jappeloup que le marquis en veut si fort, c'est à moi-même, à moi qu'il a à peine vue, qui ne lui ai jamais parlé, et, coup sur coup, il n'est pas avoir à se plaindre en aucune façon. Pour lui avoir prononcé mon nom, avec l'intention de le calmer, M. Cardonnet, que voici pour vous le dire, a vu se rallumer toute sa colère. Il a jeté les portes en criant, comme si on lui parlait d'une mortelle ennemie :

« Malheur à vous, si vous me parlez jamais de cette demoiselle ! ! »

M. de Châteaubrun baissa la tête et resta quelques instants sans parler. Il essuya à plusieurs reprises, avec un gros mouchoir à carreaux bleus, son large front baigné de sueur. Puis enfin il prit la main de Gilberte et celle d'Émile dans les siennes, et les fit se toucher sans en avoir conscience, tant il était occupé d'autre chose que de la possibilité de leur amour.

« Mes enfants, dit-il, vous avez cru me faire du bien, et vous avez augmenté ma peine ; je ne vous remercie pas moins de vos bonnes intentions, mais je veux que vous me donniez tous deux votre parole de ne plus revenir avec moi, ni entre vous, ni en présence de Janille ou de Jean, ni vous, Émile, avec M. de Boisguilbault, sur ce sujet-là. Jamais, jamais, entendez-vous ? » ajouta-t-il du ton le plus solennel et le plus absolu dont il fût capable ; et, s'adressant plus particulièrement à Émile, en serrant avec force sa main contre celle de Gilberte avec un redoublement de distraction :

« Mon cher monsieur Émile, dit-il avec attendrissement, vous avez été emporté à une grave imprudence par votre amitié pour moi. Souvenez-vous que la première fois que vous allâtes à Boisguilbault, je vous dis : « Ne prononcez pas mon nom dans cette maison, si vous voulez ne pas nuire à mon ami Jean ! » Eh bien, vous avez fini par me nuire à moi-même en oubliant ma recommandation.

« Tout ce que je puis vous dire, c'est que M. de Boisguilbault n'est pas plus fou qu'aucun de nous trois, et que s'il est injuste envers Jean et envers ma fille, qui sont bien innocents de mes torts, c'est parce que l'on enveloppe assez naturellement les amis et les proches d'un ennemi dans le ressentiment qu'il inspire.

« M. de Boisguilbault serait bien cruel de ne pas me pardonner s'il pouvait lire au fond de mon cœur ; mais sa souffrance est trop grande pour le lui permettre. Respectez donc cette douleur, Émile, et ne traitez pas de fou un homme dont l'infortune mérite les consolations de votre amitié et tous les égards dont vous êtes capable... Allons ! promettez-moi de ne plus conspirer ensemble pour mon repos : car quelque chose que vous fassiez, ce sera conspirer contre. »

Émile et Gilberte promirent en tremblant, et Antoine leur dit : « C'est bien, mes enfants, il est des maux incurables et des châtiments qu'il faut savoir subir en silence. Maintenant, allons voir si Janille a retrouvé sa chèvre. J'ai là, dans un panier, des abricots que j'ai été cueillir pour vous deux ; car j'avais vu Émile monter le sentier, et je tiens à le régaler des primeurs de mes vieux arbres. »

Après quelques efforts, Antoine reprit son enjouement avec plus de facilité que Gilberte et qu'Émile lui-même. Ce dernier n'osait plus faire de commentaires et de recherches ; car tout ce qui tenait à Gilberte lui était sacré, et il suffisait qu'Antoine lui eût enjoint de ne plus penser à cette affaire pour qu'il s'efforçât de l'éloigner de son esprit. Mais il y avait bien d'autres sujets de trouble dans son cœur, et l'amour y jetait de telles racines, qu'il tombait dans des distractions pires que celles de M. de Châteaubrun.

Quand il se retrouva seul sur le chemin de Gargilesse, à l'endroit où celui de Boisguilbault vient bifurquer, son cheval, qui aimait et connaissait également l'un et l'autre gîtes, prit la direction de Boisguilbault.

Émile ne s'en aperçut pas d'abord, et quand il s'en aperçut, il se dit que la Providence le voulait ainsi ; qu'il avait laissé seul, pendant bien des jours, le triste vieillard qu'il avait promis d'aimer comme un père ; et que, dût-il être mal reçu, il fallait, sans différer, aller obtenir son pardon.

On n'avait pas encore fermé définitivement les grilles du parc lorsqu'il arriva au bas de la colline. Il y entra et se dirigea vers le chalet, comptant que s'il n'y trouvait pas le marquis, il l'y verrait arriver dès que la nuit serait close.

Ayant attaché *Corbeau* à la galerie extérieure du rez-de-chaussée, il frappa doucement à la porte de la chaumière suisse, et, comme un peu de vent venait de s'élever avec le coucher du soleil, il lui sembla entendre quelque bruit dans l'intérieur et la voix faible du marquis, qui lui disait d'entrer. Mais c'était une pure illusion, car lorsqu'il eut poussé la porte, il s'aperçut que l'intérieur était vide.

Cependant M. de Boisguilbault pouvait être au fond de l'habitation, dans une chambre invisible où il avait coutume de se retirer le soir. Émile toussa, fit craquer le plancher pour l'avertir de sa présence, bien décidé à s'en aller sans le voir, plutôt que de franchir la porte interdite à tout le monde sans exception.

Comme aucun bruit ne répondit à celui qu'il faisait, il jugea que le marquis était encore au château, et il allait se diriger de ce côté lorsqu'un coup de vent fit ouvrir en même temps avec violence une fenêtre et la porte située au fond de l'appartement. Il se tourna vers cette porte, croyant voir arriver par-là M. de Boisguilbault ; mais personne ne parut, et Émile distingua l'intérieur d'un petit cabinet de travail aussi mal rangé que les appartements du château l'étaient avec soin.

Il eût craint de commettre une indiscrétion en y pénétrant, et même en examinant de loin les meubles pauvres et grossiers, et le pêle-mêle de vieux livres et de paperasses qu'il vit confusément au premier coup d'œil. Mais ce qui captiva son attention, en dépit de lui-même, ce fut un portrait de femme de grandeur naturelle, placé au fond de ce réduit, juste en face de lui, si bien qu'il était impossible de ne pas le voir, outre qu'il était difficile de ne pas regarder une peinture si belle et une image si charmante.

La dame était vêtue à la mode de l'empire ; mais un cachemire bleu d'azur richement brodé, et jeté en draperie sur ses épaules, cachait ce que la taille courte eût pu avoir de disgracieux. La coiffure en boucles, dites naturelles, était assez heureuse, et les cheveux d'un blond doré magnifique.

Rien n'était plus délicat et plus charmant que ce jeune visage ; sans doute c'était celui de madame de Boisguilbault, et notre héros s'oubliait à interroger curieusement la physionomie de cette femme, dont la vie et la mort devaient avoir eu une si grande influence sur la destinée du solitaire.

Mais il est bien rare qu'un portrait nous donne une idée juste du caractère de l'original, et, dans la plupart des cas, on peut peut être dire que ce qui ressemble le moins à la personne, c'est son image.

Émile s'était représenté la marquise pâle et triste ; il voyait une belle élégante, au fier et doux sourire, à la pose noble et triomphante. Avait-elle été ainsi avant ou après son mariage ? Ou bien était-ce une nature toute différente de ce qu'il avait supposé ?

Ce qu'il y avait de certain, c'est qu'il voyait là une figure ravissante, et que, comme il lui était impossible de rencontrer l'image de la jeunesse et de la beauté sans se représenter aussitôt Gilberte, il se mit à comparer ces deux types, qui peu à peu lui parurent avoir des affinités.

Le jour baissait rapidement, et, n'osant faire un pas pour se rapprocher du mystérieux cabinet, Émile ne vit bientôt plus la peinture que d'une manière vague.

La peau fraîche et les cheveux dorés qui ressortaient encore lui firent bientôt une illusion si forte, qu'il crut avoir devant les yeux le portrait de Gilberte, et que, quand il n'eut plus dans la vue qu'un brouillard rempli d'étincelles fugitives, il eut besoin de faire un effort de volonté pour se rappeler que sa première impression, la seule juste en pareil cas, ne lui avait offert aucun trait précis de ressemblance entre la figure de madame de Boisguilbault et celle de mademoiselle de Châteaubrun.

Il sortit du chalet, et ne rencontrant personne dans le parc, il se dirigea vers le château.

Le même silence, la même solitude régnaient dans la cour. Il monta l'escalier de la tourelle, sans que Martin vînt à sa rencontre pour l'annoncer avec ce ton de cérémonie dont il ne se départait jamais, même envers l'unique habitué de la maison.

Enfin, il pénétra jusque dans le salon, où les jalousies, fermées jour et nuit, entretenaient une obscurité profonde ; et saisi d'un vague effroi, comme si la mort était entrée dans cette maison déjà si peu vivante, il courut vers les autres pièces et trouva enfin M. de Boisguilbault étendu sur un lit.

Il avait la pâleur et l'immobilité d'un cadavre. Les dernières clartés du jour jetaient un reflet vague et triste sur cette chambre, et le vieux Martin, que sa surdité empêcha d'entendre l'approche d'Émile, assis au chevet de son maître, avait l'apparence d'une statue.

Émile s'élança vers le lit et saisit la main du marquis. Elle était brûlante ; et les deux veillards se réveillant, l'un du sommeil de la fièvre, l'autre de la somnolence de la fatigue ou de l'inaction, le jeune homme s'assura bientôt qu'il n'y avait là qu'une indisposition peu grave en elle-même. Cependant les ravages que deux jours de malaise avaient produits sur ce corps débile et usé étaient assez inquiétants pour l'avenir.

« Ah ! vous avez bien fait de venir ! dit M. de Boisguilbault en serrant faiblement la main d'Émile ; l'ennui m'eût vite consumé si vous m'eussiez abandonné ! »

Et Martin, qui n'avait pas entendu les paroles de son maître, mais qui semblait recevoir le contre-coup de ses pensées, répéta d'une voix plus haute qu'il ne croyait :

« Ah ! monsieur Émile, vous avez bien fait de venir ! M. le marquis s'ennuyait beaucoup de ne pas vous voir. »

Il raconta ensuite comme quoi l'avant-veille, au moment de se retirer dans le parc, M. le marquis s'était senti pris de fièvre, et s'était imaginé *tout tranquillement* qu'il allait mourir. Il avait voulu se mettre au lit dans cette même chambre, où il n'avait pourtant pas l'habitude de coucher, et il lui avait donné des instructions comme s'il ne devait plus se relever. La nuit avait été assez agitée, et, le lendemain, le marquis avait dit :

« Je me sens mieux, ce ne sera rien ; mais je suis fatigué comme si j'avais fait une longue route, et j'ai besoin de me reposer quelque temps. Du silence, Martin ; peu de jour, peu de soins et pas de médecin : voilà ce que je t'ordonne. Ne sois pas inquiet. »

« Et comme je ne pouvais pas m'empêcher d'avoir peur, continua le vieux familier, M. le marquis m'a dit :

« — Sois tranquille, brave homme, ce ne sera pas encore pour cette fois-ci. »

— Est-ce que M. le marquis est sujet à de telles indispositions ? demanda Émile ; sont-elles graves ? durent-elles longtemps ? »

Mais il avait oublié que Martin n'entendait d'autre parler que celui de son maître, et, sur un geste de ce dernier, Martin était déjà sorti de l'appartement.

« J'ai laissé parler ce pauvre sourd, dit M. de Boisguilbault ; rien n'eût servi de l'interrompre. Mais, d'après son récit, ne me prenez pas pour un poltron.

« Je ne crains point la mort, Émile ; je l'ai beaucoup désirée autrefois : désormais, je l'attends avec calme. Il y a déjà longtemps que je sens ses approches ; mais elle vient lentement, et je mourrai comme j'ai vécu, sans me presser.

« Je suis sujet à des fièvres intermittentes qui m'ôtent l'appétit et le sommeil, mais dont personne ne s'aperçoit, parce qu'elles me laissent assez de forces pour le peu qu'il m'en faut.

« Je ne crois pas à la médecine ; jusqu'ici, elle n'a trouvé le moyen d'enlever le mal qu'en attaquant la vie dans son principe. Sous quelque forme que ce soit, c'est de l'empirisme, et j'aime mieux plier sous la main de Dieu que bondir sous celle d'un homme.

« Cette fois j'ai été plus accablé que de coutume ; je me suis senti plus faible d'esprit, et, je vous l'avouerai sans honte, Émile, j'ai reconnu que je ne pouvais plus vivre seul.

« Les vieillards sont des enfants pour s'éprendre d'un bonheur nouveau ; mais quand il s'agit de le perdre, ils ne se consolent pas comme les enfants. Ils redeviennent vieillards, et ils meurent.

« Ne vous embarrassez pas de ce que je vous dis là : c'est ma fièvre qui me donne cette expansion. Quand je serai guéri, je ne le dirai plus, je ne le penserai même plus ; mais je le sentirai toujours à l'état d'instinct à travers mon apathie.

« Ne vous croyez pas enchaîné pour cela à ma triste vieillesse. Il est fort indifférent que je vive un an de plus ou de moins, et qu'une main amie ferme les yeux de celui qui a vécu seul. Mais puisque vous voilà revenu, merci !

ne parlons plus de moi, mais de vous. Qu'avez-vous fait durant tous ces tristes jours ?

— J'ai été triste moi-même de les passer loin de vous, répondit Émile.

— C'est possible ! Telle est la vie, tel est l'homme. Se faire souffrir soi-même en faisant souffrir les autres ! C'est là une grande preuve de la solidarité des âmes ! »

Émile passa deux heures auprès du marquis, et le trouva plus expansif et plus affectueux qu'il ne l'avait encore été. Il sentit augmenter son attachement pour lui et se promit de ne plus le faire souffrir. Et comme, en le quittant, il s'inquiétait de l'avoir laissé parler avec animation :

« Soyez tranquille, lui dit le marquis. Revenez demain, et vous me trouverez debout. Ce n'est pas cela qui fatigue, c'est l'absence d'expansion qui dessèche et qui tue. »

## XX.

### LA FORTERESSE DE CROZANT.

Le marquis fut à peu près guéri en effet le lendemain, et déjeuna avec Émile. Rien ne vint plus troubler cette amitié singulière d'un vieillard et d'un tout jeune homme, et grâce aux dernières affirmations de M. de Châteaubrun, la douloureuse appréhension de la folie ne vint plus troubler l'attrait qu'Émile trouvait dans la compagnie de M. de Boisguilbault.

Il s'abstint, ainsi qu'il l'avait promis à Antoine, de jamais parler de lui, et s'en dédommagea en ouvrant son cœur au marquis sur tous ses autres secrets ; car il lui eût été impossible de ne pas lui raconter son passé, de ne pas lui communiquer ses idées pour son avenir, et, par suite, ses souffrances, un instant assoupies, mais fatalement interminables, que l'opposition de son père lui avait suscitées et devait lui apporter encore à la première occasion.

M. de Boisguilbault encouragea Émile dans les projets de respect et de soumission ; mais il s'étonna du soin qu'avait toujours pris M. Cardonnet d'étouffer les instincts légitimes d'un fils aussi enclin au travail et aussi heureusement doué.

Le goût et l'intelligence qu'Émile montrait pour l'agriculture lui paraissaient caractériser une noble et généreuse vocation, et il se disait que s'il avait eu le bonheur de posséder un fils tel que lui, il eût pu utiliser, de son vivant, l'immense fortune qu'il destinait aux pauvres, mais dont il n'avait pas su faire usage dans le présent.

Il ne pouvait s'empêcher de dire en soupirant qu'on était béni du ciel quand on trouvait dans un fils, dans un ami, dans un autre soi-même, une initiative féconde et les moyens de compléter sérieusement l'œuvre de sa destinée.

Enfin, il accusait Cardonnet, au fond de sa pensée, de vouloir consacrer au mal les forces et les moyens que Dieu lui avait donnés pour l'aider à faire le bien, et il voyait en lui un tyran aveugle et opiniâtre, qui mettait l'argent au-dessus du bonheur d'autrui et du sien propre, comme si l'homme était l'esclave des choses matérielles et non le serviteur de la vérité avant tout.

M. de Boisguilbault n'était pourtant pas un esprit essentiellement religieux. Émile le trouvait toujours trop froid sous ce rapport. Quand le marquis avait dit : « Je crois en Dieu, » il se croyait dispensé de dire : « J'adore. » Quand ses pensées, prenant le plus puissant essor dont il était capable, s'élevaient jusqu'à une sorte d'invocation, qui n'était pas précisément la prière, mais l'hommage, il disait à Dieu : « Ton nom est sagesse ! » Émile ajoutait : « Ton nom est amour ! » Alors le vieillard reprenait : « C'est la même chose, » et il avait raison.

Émile ne pouvait guère le contredire ; mais, dans cette disposition à insister sur le caractère grandiose de la logique et de la rectitude divines, on sentait bien, chez le marquis, l'absence de cette passion exaltée qu'Émile portait dans son sein pour l'inépuisable bonté de la Toute-Puissance. Mais aussi, quand les faits extérieurs, les misères, la faiblesse humaine et tout le mal d'ici-bas donnaient un démenti apparent à cette miséricordieuse Providence et qu'Émile tombait dans une sorte de découragement, le vieux logicien reprenait la supériorité de sa foi.

Il ne doutait jamais, lui, il ne pouvait pas douter. Il n'avait pas besoin de voir pour savoir, disait-il ; et le passage des fléaux de ce monde ne troublait pas plus à ses yeux l'ordre moral des choses éternelles que celui des nuées sur le soleil n'en altérait l'ordre physique.

Sa résignation ne partait pas d'un sentiment d'humilité ou de tendresse : car pour ses propres chagrins, il avouait n'avoir jamais pu se soumettre qu'extérieurement ; mais il croyait pour l'univers à une source de fatalisme optimiste qui contrastait avec son pessimisme personnel, et qui formait le trait le plus original de son esprit et de son caractère.

« Voyez, disait-il, la logique est partout! Elle est infinie dans l'œuvre de Dieu ; mais elle est incomplète et insaisissable dans chaque chose, parce que chaque chose est finie ; l'homme lui-même, bien qu'il soit le reflet le plus frappant de l'infini sur ce petit monde. Nul homme ne peut comprendre la sagesse infinie, si ce n'est à l'état d'abstraction : car, s'il cherche en lui-même et autour de lui, il ne la peut saisir et constater en aucune façon. Vous me traitez souvent de logicien ; j'y consens : j'aime et je cherche la logique. J'en ai un besoin énorme, et ne me complais à rien qui lui soit étranger. Mais suis-je logique dans mes actions et dans mes instincts? Moins que qui que ce soit au monde. Plus je me tâte, plus je trouve en moi l'abîme des contradictions, le désordre du chaos. Eh bien, je suis un exemple particulier de ce qu'est l'homme en général ; et plus je suis illogique à mes propres yeux, plus je sens la logique de Dieu planer sur ma faible tête, qui s'égarerait sans cette boussole céleste, et rendrait follement l'univers complice responsable de sa propre infirmité. »

Une fois il emmena Émile dans la campagne, et ils firent à cheval l'exploration des vastes propriétés du marquis. Émile fut frappé du peu de rapport d'une telle richesse territoriale.

« Toutes ces fermes sont au plus bas prix possible, répondit le marquis ; quand on ne sait pas sortir des données de l'économie actuelle, le mieux qu'on ait à faire, c'est de grever le moins qu'on peut le cultivateur laborieux. Ces gens-là me remercient, vous le voyez, et me souhaitent une longue vie. Je le crois bien! Ils me croient très-bon, quoique ma figure ne leur plaise guère. Ils ne savent pas que je ne les aime point comme ils l'entendent, et que je ne vois en eux que des victimes que je ne puis sauver, mais dont je ne veux pas être le bourreau. Je sais fort bien que, sous une législation logique, cette propriété doit arriver à centupler ses produits. Je suis soulagé de mon ennui quand j'y songe : mais pour y songer et me nourrir de la certitude qu'elle sera un jour l'instrument du libre travail d'hommes nombreux et sages, il ne faut pas que je la voie à l'état où elle est : car ce spectacle me glace et m'attriste ! aussi je m'y expose bien rarement. »

Il y avait en effet deux ans environ que M. de Boisguilbault n'était pas entré dans les fermes, et n'avait fait le tour de ses domaines. Il ne s'y décidait que dans le cas d'absolue nécessité. Partout il était reçu avec des démonstrations de respect et d'affection qui n'étaient pas sans un mélange de terreur superstitieuse ; car ses habitudes de solitude et ses excentricités lui avaient donné, dans l'esprit de plusieurs paysans, la réputation de sorcier.

Plus d'une fois, durant l'orage, on avait dit tristement : « Ah! si M. de Boisguilbault voulait empêcher la grêle, il ne tiendrait qu'à lui! mais au lieu de faire ce qu'il peut, il cherche quelque autre chose que personne ne sait et qu'il ne trouvera peut-être jamais! »

« Eh bien, Émile, que feriez-vous de tout cela, si c'était à vous? dit le marquis en rentrant ; car je ne vous ai pas fait faire cette assommante visite de propriétaire à d'autres fins que de vous interroger.

— J'essaierais! répondit Émile avec vivacité.

— Sans doute, reprit le marquis, j'essaierais de fonder une vraie *commune* si je pouvais. Mais j'essaierais en vain, j'échouerais. Et vous aussi, peut-être !

— Qu'importe?

— Voici le cri généreux et insensé de la jeunesse : qu'importe de succomber pourvu qu'on agisse, n'est-ce pas? On cède à un besoin d'activité, et l'on ne voit pas les obstacles. Il y en a pourtant, et savez-vous le pire? c'est qu'il n'y a point d'hommes. En ce sens, votre père a raison d'invoquer un fait brutal, mais encore tout puissant. Les esprits ne sont pas mûrs, les cœurs ne sont pas disposés ; je vois bien de la terre et des bras, je ne vois pas une âme détachée du *moi* qui gouverne le monde. Encore quelque temps, Émile, pour que l'idée éclose se répande : ce ne sera pas si long qu'on le croit ; je ne le verrai pas, mais vous le verrez. Patience donc !

— Eh quoi ! le temps fait-il quelque chose sans nous?

— Non, mais il ne fera rien sans nous tous. Il est des époques où l'on doit se consoler de ne pas pratiquer, pourvu qu'on instruise ; puis vient le temps où l'on peut faire à la fois l'un et l'autre. Vous sentez-vous de la force?

— Beaucoup!

— Tant mieux !... Je le crois aussi !... Eh bien, Émile, nous causerons un jour... bientôt peut-être, à ma première fièvre, quand mon pouls battra un peu plus vite qu'aujourd'hui. »

C'est dans de tels entretiens qu'Émile trouvait la force de subir les heures qu'il ne pouvait passer auprès de Gilberte. Il manquait bien quelque chose à son amitié pour M. de Boisguilbault ; c'était de pouvoir lui parler d'elle et de lui dire son amour. Mais l'amour heureux a quelque chose de superbe, qui se passe assez bien de l'avis des autres, et le temps où Émile sentirait le besoin de se plaindre et de chercher un appui contre le désespoir n'était pas encore venu pour lui.

En quoi donc consistait son bonheur? Vous le demandez? D'abord il aimait, cela suffit presque à qui aime bien. Et puis, il savait qu'il était aimé, quoiqu'il n'eût jamais osé le demander et qu'on eût encore moins osé le lui dire.

Le nuage, cependant, se formait à l'horizon, et bientôt Émile devait sentir l'approche de l'orage. Un jour Janille lui dit, comme il quittait Châteaubrun : « Ne venez pas de trois ou quatre jours ; nous avons affaire dans les environs, et nous serons absents. » Émile pâlit : il crut recevoir un arrêt, et il eut à peine la force de demander quel jour la famille serait de retour dans ses pénates. « Eh mais ! dit Janille, vers la fin de la semaine, peut-être. D'ailleurs il est probable que je resterai ici : je ne suis pas d'âge à courir les montagnes, et vous saurez bien venir me demander en passant si M. Antoine et sa fille sont de retour.

— Vous me permettriez donc bien de vous rendre ma visite? dit Émile, en s'efforçant de sourire, pour cacher sa mortelle angoisse.

— Pourquoi non, si le cœur vous en dit? reprit la petite vieille, en se rengorgeant d'un air où l'ombrageux Émile crut voir percer un peu de malice. Je ne crains pas que cela me compromette, moi ! »

« C'en est fait, pensa Émile. Mes assiduités ont été remarquées, et quoique M. Antoine ni sa fille ne s'avisent encore de rien, Janille s'est promis de m'expulser. Elle a ici un pouvoir absolu, et le moment de la crise est arrivé.

— Eh bien, mademoiselle Janille, reprit-il, je viendrai vous voir demain, j'aurai grand plaisir à causer avec vous.

— Comme ça se trouve, dit Janille : moi aussi, j'ai envie de causer ! Mais demain j'ai du chanvre à cueillir, je compte sur vous après-demain seulement. C'est entendu, je serai ici toute la journée, n'y manquez pas! Bonsoir, monsieur Émile, nous causerons de bonne amitié. Ah ! mais ! c'est que moi aussi je vous aime bien ! »

Plus de doutes pour Émile ; la maîtresse femme de Châteaubrun avait ouvert les yeux sur son amour. Quelque voisin officieux commençait sans doute à s'étonner de le voir si souvent sur le chemin des ruines. Antoine ne savait rien encore, Gilberte non plus ; car, en lui annonçant une petite absence de son père, cette dernière n'avait pas paru prévoir que Janille la ferait partir avec lui. L'adroite gouvernante avait bien fait son plan : d'abord écarter Émile, et puis organiser le départ de Gilberte à l'improviste, afin de se ménager quelques jours pour conjurer le petit orage qu'elle prévoyait de la part du jeune homme.

« Il faudra donc parler, se disait Émile; et pourquoi reculerais-je devant ce terme inévitable de mes secrètes aspirations? Je dirai à sa fidèle gouvernante, à son excellent père, que je l'aime et que j'aspire à sa main... Je demanderai quelque temps pour m'en ouvrir à mon père et pour m'entendre avec lui sur le choix d'une carrière, car je n'en ai point encore, et il faut bien que mon sort se décide. Il y aura une lutte assez violente, mais je serai fort, j'aime. Il ne s'agit pas de moi seul; j'aurai le courage invincible, j'aurai le don de la persuasion, je l'emporterai! »

Malgré cette confiance, Émile passa la nuit dans d'affreuses perplexités. Il se représentait l'entretien qu'il allait avoir avec Janille, qu'il eût pu écrire les questions et les réponses, tant il connaissait l'aplomb et la franchise de la petite femme.

« Ah mais, Monsieur (devait-elle lui dire à coup sûr), parlez à votre père avant tout, et arrangez-vous avec lui; car il est fort inutile de troubler l'esprit de M. Antoine par une demande conditionnelle, des projets incertains. En attendant, ne revenez plus, ou revenez fort peu, car personne n'est obligé de savoir vos intentions, et Gilberte n'est pas fille à vous écouter sans être sûre de pouvoir être votre femme. »

Et puis il craignait aussi que Janille, qui avait l'esprit fort positif, ne traitât d'illusion la possibilité du consentement de M. Cardonnet, et ne lui interdît les visites fréquentes, à moins qu'il n'apportât une belle et bonne preuve de la liberté de son choix.

Il était donc plus que prouvé qu'Émile devait entamer le combat avec son père d'abord, et agir ensuite en conséquence; à savoir : aller rarement à Châteaubrun avant d'avoir conçu un certain espoir de vaincre, ou, s'il n'y avait aucun motif d'espoir, s'abstenir de jamais troubler le bonheur de la famille de Châteaubrun par d'inutiles ouvertures, s'éloigner enfin, renoncer à Gilberte...

Mais voilà ce qu'il était impossible à Émile de comprendre au nombre des choses probables. L'idée de la mort entrerait plus facilement dans le sein d'un enfant que celle de renoncer à la femme aimée dans celle d'un jeune homme fortement épris.

Aussi Émile concevait-il plus volontiers la chance de se brûler la cervelle sous les yeux de son père que celle de plier sous sa volonté. « Eh bien! se disait-il, je lui parlerai, dès demain, à ce maître terrible, et je lui parlerai de telle manière que je pourrai ensuite me présenter le front levé à Châteaubrun. »

Et pourtant, quand vint le lendemain, Émile, au lieu de se sentir investi de toute la force de sa volonté, se trouva si épuisé par l'insomnie et si navré de tristesse, qu'il craignit d'être faible, et ne parla point.

Quoi de plus douloureux, en effet, lorsque l'âme s'est épanouie dans un rêve délicieux, que de se voir jeté tout à coup dans une cruelle réalité?

Quand on s'est fait un adorable secret à soi-même d'un amour chastement voilé, d'aller le révéler froidement à des êtres qui ne le comprennent pas, ou qui le méprisent?

Soit qu'Émile fît cet aveu à son père ou à Janille, il fallait donc livrer son cœur, rempli d'une langueur pudique et d'une sainte ivresse, à des cœurs étrangers ou fermés depuis longtemps à des sympathies de ce genre? Et il avait rêvé un dénoûment si autrement sublime! N'était-ce pas Gilberte qui, la première, et seule au monde avec lui sous l'œil de Dieu, devait recueillir dans son âme le mot sacré d'amour lorsqu'il s'échapperait de ses lèvres?

Le monde et les lois de l'honneur, si froides en pareil cas, étaient donc là pour ôter à la virginité de sa passion ce qu'elle avait de plus pur et de plus idéal! Il souffrait profondément, et déjà il lui semblait qu'un siècle d'amertume avait passé entre les songes de la veille et cette sombre journée qui commençait pour lui.

Il monta à cheval, résolu d'aller chercher au loin, dans quelque solitude, le calme et la résignation nécessaires pour affronter le premier choc.

Il voulait fuir Châteaubrun; mais il se trouva auprès sans savoir comment. Il passa outre sans détourner la tête, remonta le rude chemin où, battu par l'orage, il avait vu pour la première fois les ruines à la lueur des éclairs.

Il reconnut les roches où il s'était abrité avec Jean Jappeloup, et il ne put comprendre qu'il n'y eût pas plus de deux mois qu'il s'était trouvé là, si léger d'esprit, si maître de lui-même, si différent de ce qu'il était devenu depuis.

Il alla vers Éguzon, afin de revoir tout le chemin qu'il avait fait alors, et où il n'avait point encore repassé.

Mais, dès les premières maisons, la vue des habitants qui l'examinaient lui causa le même sentiment d'effroi et de misanthropie qui eût pu venir à M. de Boisguilbault en pareil cas. Il prit brusquement un chemin sombre et couvert qui s'ouvrait sur sa gauche, et s'enfonça sans but dans la campagne.

Ce chemin inégal, mais charmant, passant tantôt sur de larges rochers, tantôt sur de frais gazons, tantôt sur un sable fin, et bordé d'antiques châtaigniers au tronc crevassé, aux racines formidables, le conduisit à de vastes landes où il avança lentement, satisfait enfin d'être seul dans un site désolé.

Le chemin s'en allait devant lui tantôt en zigzag, tantôt en montagnes russes, à travers les espaces couverts de genêts et de bruyères, et les tertres sablonneux coupés de ruisseaux sans lit déterminé et sans direction suivie.

De temps en temps une perdrix rasait l'herbe à ses pieds, un martin-pêcheur traçait une ligne d'azur et de feu, effleurant un marécage avec la rapidité d'une flèche.

Après une heure de marche, toujours perdu dans ses pensées, il vit le sentier se resserrer, s'enfoncer dans des buissons, puis disparaître sous ses pieds. Il leva les yeux, et vit devant lui, au delà de précipices et de ravins profonds, les ruines de Crozant s'élever en flèche aiguë sur des cimes étrangement déchiquetées, et parsemées sur un espace qu'on peut à peine embrasser d'un seul coup d'œil.

Émile était déjà venu visiter cette curieuse forteresse, mais par un chemin plus direct, et sa préoccupation l'ayant empêché cette fois de s'orienter, il resta un instant avant de la reconnaître.

Rien ne convenait mieux à l'état de son âme que ce site sauvage et ces ruines désolées. Il laissa son cheval dans une chaumière et descendit à pied le sentier étroit qui, par des gradins de rochers, conduit au lit du torrent. Puis il en remonta un semblable, et s'enfonça dans les décombres où il resta plusieurs heures en proie à une douleur que l'aspect d'un lieu si horrible, et si sublime en même temps, portait par instant jusqu'au délire.

Les premiers siècles de la féodalité ont vu construire peu de forteresses aussi bien assises que celle de Crozant. La montagne qui la porte tombe à pic de chaque côté, dans deux torrents, la Creuse et la Sédelle, qui se réunissent avec fracas à l'extrémité de la presqu'île, et y entretiennent, en bondissant sur d'énormes blocs de rochers, un mugissement continuel. Les flancs de la montagne sont bizarres et partout hérissés de longues roches grises qui se dressent du fond des abîmes comme des géants, ou pendent comme des stalactites sur le torrent qu'elles surplombent.

Les débris de constructions ont tellement pris la couleur et la forme des rochers, qu'on a peine, en beaucoup d'endroits, à les en distinguer de loin.

On ne sait donc qui a été plus hardi et plus tragiquement inspiré, en ce lieu, de la nature ou des hommes, et l'on ne saurait imaginer, sur un pareil théâtre, que des scènes de rage implacable et d'éternelle désolation.

Un pont levis, de sombres poternes et un double mur d'enceinte, flanqué de tours et de bastions, dont on voit encore les vestiges, rendaient cette forteresse imprenable avant l'usage du canon. Et cependant l'histoire d'une place

Le déjeuner champêtre fut bientôt étalé sur l'herbe. (Page 74.)

si importante dans les guerres du moyen âge est à peu près ignorée.

Une vague tradition attribue sa fondation à des chefs sarrasins qui s'y seraient maintenus longtemps. La gelée, qui est rude et longue dans cette région, achève de détruire chaque année ces fortifications que les boulets ont brisées et que le temps a réduites en poussière.

Cependant le grand donjon carré, dont l'aspect est sarrasin en effet, se dresse encore au milieu, et, miné par la base, menace de s'abîmer à chaque instant comme le reste.

Des tours, dont un seul pan est resté debout, et plantées sur des cimes coniques, présentent l'aspect de rochers aigus, autour desquels glapissent incessamment des nuées d'oiseaux de proie.

On ne peut faire sans danger le tour de la forteresse. En beaucoup d'endroits, tout sentier disparaît, et le pied vacille sur le bord des gouffres où l'eau se précipite avec fureur.

Ce n'est que du haut des tours d'observation qu'on pouvait voir l'approche de l'ennemi; car, de plain-pied avec la base des édifices et les sommets de la montagne, la vue était bornée par d'autres montagnes arides. Mais leurs flancs calcaires s'entr'ouvrent aujourd'hui pour laisser couler des terres fertiles et pousser en liberté de beaux arbres souvent déracinés par le passage des eaux, quand ils ont atteint une certaine élévation.

Quelques chèvres, moins sauvages que les enfants misérables qui les gardent, se pendent aux ruines et courent hardiment sur les précipices.

Tout cela est d'une désolation si pompeuse et si riche d'accidents que le peintre ne sait où s'arrêter. L'imagination du décorateur ne trouverait qu'à retrancher dans ce luxe d'épouvante et de menace.

Émile passa là plusieurs heures, plongé dans le chaos de ses incertitudes et de ses projets. Parti avec le jour, il était dévoré par la faim et ne se rendait pas compte de la souffrance physique qui aggravait sa détresse morale.

Étendu sur un rocher, il voyait les vautours planer sur sa tête et songeait aux tortures de Prométhée, lorsque les sons lointains d'une voix mâle, qui ne lui paraissait pas inconnue, le firent tressaillir. Il se releva et courut au bord du précipice. Alors, sur le ravin opposé, il vit trois personnes descendre le sentier.

s'agenouilla auprès de Gilberte et prit dans sa main tremblante une poignée de ses cheveux rebelles. (Page 74.)

Un homme en blouse et en chapeau gris à larges bords marchait le premier, et se retournait de temps en temps pour avertir ceux qui le suivaient de prendre garde à eux ; après lui venait un paysan conduisant un âne par la bride, et, sur cet âne, une femme en robe lilas bien pâle, en chapeau de paille bien modeste.

Émile s'élança à leur rencontre, sans se demander si Janille avait parlé, si l'on se tenait en garde contre lui, si on allait l'accueillir froidement.

Il courait et bondissait comme une pierre lancée sur le flanc escarpé de l'abîme. Il partit à vol d'oiseau, franchit le torrent qui bondissait avec de vaines menaces sur les roches glissantes, et arriva sur l'autre versant, pour recevoir l'accolade joyeuse du bon Antoine, et prendre des mains de Sylvain Charasson la bride de la modeste monture qui portait Gilberte et son doux sourire, et sa vive rougeur et son air de joie vainement contenue. Janille n'était pas là, Janille n'avait point parlé !

Comme le bonheur paraît plus doux après la peine, et comme l'amour répare vite le temps perdu à souffrir ! Émile ne se souvenait plus de la veille et ne songeait plus au lendemain.

Quand il se retrouva dans les ruines de Crozant, conduisant en triomphe sa bien-aimée, il brisa toutes les branches de broussailles qu'il put atteindre, et les jeta sous les pieds de l'âne, comme autrefois les Hébreux semaient de perles les traces de l'humble monture du divin maître.

Puis il prit Gilberte dans ses bras pour la poser sur le plus beau gazon qu'il put choisir, quoiqu'elle n'eût aucun besoin d'un pareil secours pour descendre d'un âne si petit et si tranquille. Émile n'était plus timide, car il était fou ; et si Antoine n'eût pas été le moins clairvoyant des hommes, il eût compris qu'il ne fallait pas plus songer à réprimer cette passion exaltée qu'à empêcher la Creuse ou la Sédelle de courir ou de gronder.

« Çà, je meurs de faim, dit M. Antoine, et, avant de savoir comment nous nous rencontrons si à point, je veux qu'on ne me parle que de déjeuner. Un convive de plus ne nous fait pas peur, car Janille nous a bourrés de provisions. Ouvrez votre gibecière, petit drôle, dit-il à Charasson, tandis que je vais faire une entaille au sac que ma fille portait en croupe. Et puis, Émile courra aux maisons qui sont là-bas, et nous trouvera un renfort de pain bis. Restons près de la rivière, c'est de l'eau de roche excellente, prise en petite quantité avec beaucoup de vin. »

Le déjeuner champêtre fut bientôt étalé sur l'herbe, Gilberte se fit une assiette avec une grande feuille de lotus, et son père découpa les portions avec une espèce de sabre qu'on appelait eustache de poche. Émile apporta, outre le pain, du lait pour Gilberte et des cerises sauvages qui furent déclarées excellentes, et dont l'amertume a du moins l'avantage d'exciter l'appétit. Sylvain, assis comme un singe sur le tronc penché d'un arbre, n'eut pas une part moins copieuse que les autres, et mangea avec d'autant plus de plaisir, disait-il, qu'il n'avait pas là les yeux de mademoiselle Janille pour compter les morceaux d'un air de reproche. Émile fut rassasié au bout d'un instant. Bien qu'on se moque des héros de roman qui ne mangent jamais, il est bien certain que les amoureux ont peu d'appétit, et qu'en cela les romans sont aussi vrais que la vie.

Quel transport pour Émile, après avoir cru qu'il ne reverrait plus Gilberte que sévère et méfiante, de la retrouver telle qu'il l'avait laissée la veille, pleine d'abandon et de noble imprévoyance! Et comme il aimait Antoine d'être incapable d'un soupçon, et de conserver une si expansive gaieté!

Jamais il ne s'était senti si gai lui-même; jamais il n'avait vu un plus beau jour que cette pâle journée de septembre, un site plus riant et plus enchanté que cette sombre forteresse de Crozant! Et justement Gilberte avait ce jour-là sa robe lilas, qu'il ne lui avait pas vue depuis longtemps, et qui lui rappelait le jour et l'heure où il était devenu éperdument amoureux!

Il apprit qu'on s'était mis en route pour aller voir un parent à la Clavière, avant les deux jours qu'on devait aller passer à Argenton, et que, n'ayant trouvé personne dans ce château, on avait résolu de faire une promenade à Crozant, où l'on resterait jusqu'au soir; et il n'était guère que midi! Émile s'imagina avoir l'éternité devant lui. M. Antoine s'étendit à l'ombre après le déjeuner, et s'endormit d'un profond sommeil. Les deux amants, suivis de Charasson, entreprirent de faire le tour de la forteresse.

## XXI.

#### LE PETIT COUCHER DE M. ANTOINE.

Le page de Châteaubrun réjouit un instant le jeune couple par ses naïvetés; mais, emporté bientôt par le besoin de courir, il s'écarta de lui, à la poursuite des chèvres, faillit se faire un mauvais parti avec les chevriers, et finit par s'entendre avec eux, en jouant aux palets sur le bord de la Creuse, pendant qu'Émile et Gilberte entreprenaient de longer la Sédelle sur l'autre flanc de la montagne.

Comme, en bien des endroits, le torrent a rongé la base du roc, il leur fallut grimper, tantôt redescendre, tantôt mettre le pied sur des blocs à fleur d'eau, et tout cela non sans peine et sans danger. Mais la jeunesse est aventureuse, et l'amour ne doute de rien.

Une providence particulière protégea l'un et l'autre, et nos amoureux se tirèrent bravement de tous les périls, Émile tremblant d'une toute autre émotion que la peur lorsqu'il la soulevait ou retenait Gilberte dans ses bras; Gilberte riant pour cacher son trouble ou pour s'en distraire.

Gilberte était forte, agile et courageuse comme une enfant de la montagne; et pourtant, à franchir ainsi des obstacles continuels, elle se sentit bientôt essoufflée et se laissa tomber sur la mousse au bord de l'eau bondissante, jeta son chapeau sur le gazon, forcée de relever ses cheveux dénoués qui pendaient sur ses épaules.

« Allez donc me cueillir cette belle digitale que je vois là-bas, » dit-elle à Émile pensant qu'elle aurait le temps de se recoiffer avant qu'il fût de retour.

Mais il y alla et revint si vite, qu'il la trouva encore tout inondée de ses cheveux d'or, que ses petites mains avaient peine à ramasser en une seule tresse.

Debout auprès d'elle, il admirait ces trésors qu'elle rejetait derrière sa tête avec plus d'impatience que d'orgueil, et qu'elle eût coupés depuis longtemps comme un fardeau gênant, si Antoine et Janille ne s'y fussent jalousement opposés.

En ce moment, néanmoins, elle leur sut gré de ne l'avoir pas souffert; car, malgré son peu de coquetterie, elle vit bien qu'Émile était éperdu d'admiration, et elle n'avait rien fait pour le provoquer!

Si la beauté de certains triomphes, dont l'amour ne peut se refuser à jouir, c'est surtout lorsqu'ils sont imprévus et involontaires. Cette belle chevelure eût été, en effet, un véritable dédommagement pour une femme laide, et chez Gilberte c'était comme une prodigalité de la nature ajoutée à tous ses autres dons.

Il faut bien dire que, comme son père, Gilberte était plus laborieuse qu'adroite de ses mains, et, d'ailleurs, elle avait perdu en courant toutes ses épingles, et par deux fois, la lourde torsade roulée sur sa nuque avec précipitation se défit et retomba jusqu'à ses pieds.

Le regard d'Émile plana toujours sur elle; Gilberte ne le voyait pas, mais elle le sentait comme si le feu de ce regard passionné eût rempli l'atmosphère. Elle en fut bientôt si confuse, qu'elle oublia d'en être joyeuse, et enfin, comme à l'ordinaire, elle s'efforça de rompre, par une plaisanterie, leur mutuelle émotion.

« Je voudrais que ces cheveux fussent *à moi*, dit-elle, je les couperais, et je les enverrais au fond de la rivière. »

C'était l'occasion pour Émile de faire un beau compliment; mais il s'en garda bien. Qu'eût-il dit sur ces cheveux-là, qui exprimât l'amour qu'il leur portait? Il ne les avait jamais touchés, et il en mourait d'envie. Il regarda furtivement autour de lui.

Un cercle de rochers et d'arbrisseaux isolait Gilberte et lui du monde entier. Il n'y avait aucun point de la montagne d'où on pût les voir. On eût dit qu'elle avait choisi cet abri pour le tenter, et pourtant l'innocente fille n'y avait point songé et ne songeait pas encore qu'il y eût là quelque danger pour elle.

Émile n'avait plus sa raison. L'insomnie, l'épouvante, la douleur et la joie, avaient allumé la fièvre dans son sang.

Il s'agenouilla auprès de Gilberte, et prit dans sa main tremblante une poignée de ses cheveux rebelles; puis, comme elle tressaillait, il la laissa retomber en disant :

« J'ai cru que c'était une guêpe, mais ce n'est qu'un brin de mousse.

— Vous m'avez fait peur, reprit Gilberte en secouant la tête; j'ai cru que c'était un serpent. »

Cependant la main d'Émile s'attachait à cette chevelure et ne pouvait l'abandonner.

Sous prétexte d'aider Gilberte à en rassembler les mèches éparses que lui disputait la brise, il les toucha cent fois, et finit par y porter ses lèvres à la dérobée. Gilberte parut ne point s'en apercevoir, et, remettant précipitamment son chapeau sur sa coiffure mal assurée, elle se leva en disant, d'un air qu'elle voulait rendre dégagé :

« Allons voir si mon père est réveillé. »

Mais elle tremblait; une pâleur subite avait effacé les brillantes couleurs de ses joues; son cœur était prêt à se rompre; elle fléchit et s'appuya sur le rocher pour ne pas tomber. Émile était à ses pieds.

Que lui disait-il? Il ne le savait pas lui-même, et les échos de Crozant n'ont pas gardé ses paroles. Gilberte ne les entendit pas distinctement; elle avait le bruit du torrent dans les oreilles, mais centuplé par le battement de ses artères, et il lui semblait que la montagne, prise de convulsions, oscillait au-dessus de sa tête.

Elle n'avait plus de jambes pour fuir, et d'ailleurs elle n'y songeait point. On fuirait en vain l'amour; quand il s'est insinué dans l'âme, il s'y attache et la suit partout. Gilberte ne savait pas qu'il y eût d'autre péril dans l'amour que celui de laisser surprendre son cœur, et il n'y en avait pas d'autres en effet pour elle auprès d'Émile. Celui-là était bien assez grand, et le vertige qu'il causait était plein d'irrésistibles délices.

Tout ce que Gilberte sut dire, ce fut de répéter avec un effroi plein de regret et de douleur :

« Non, non! il ne faut pas m'aimer.

— C'est donc que vous me haïssez! » reprenait Émile; et Gilberte, détournant la tête, n'avait pas le courage de mentir. Eh bien, si vous ne m'aimez pas, disait Émile, que vous importe de savoir que je vous aime? Laissez-moi vous le dire, puisque je ne peux plus le cacher. Cela vous est indifférent, et on ne craint pas ce qu'on dédaigne. Sachez-le donc, et si je vous quitte, si je ne vais plus vous voir, apprenez au moins pourquoi : c'est que je meurs d'amour pour vous, c'est que je ne dors plus, que je ne travaille plus, que je perds l'esprit, et qu'il m'arriverait peut-être bientôt de dire à votre père ce que je vous dis maintenant. J'aime mieux être chassé par vous que par les autres. Chassez-moi donc; mais vous m'entendrez ici, parce que mon secret m'étouffe; je vous aime, Gilberte, je vous aime à en mourir! » Et le cœur d'Émile était si plein qu'il déborda en sanglots.

Gilberte voulut s'éloigner; mais elle s'assit à trois pas de là et se prit à pleurer. Il y avait plus de bonheur que d'amertume au fond de toutes ces larmes. Aussi Émile se fut-il bientôt rapproché pour consoler Gilberte, et fut-il bientôt consolé à son tour; car dans l'effroi qu'elle exprimait, il n'y avait que tendresse et regret.

« Je suis une pauvre fille, lui disait-elle, vous êtes riche, et votre père ne songe, à ce qu'on dit, qu'à augmenter sa fortune. Vous ne pouvez pas m'épouser, et moi je ne dois pas songer à me marier dans la position où je suis.

« Ce serait un hasard de rencontrer un homme aussi pauvre que moi, qui eût reçu un peu d'éducation, et je n'ai jamais compté sur ce hasard-là. Je me suis dit de bonne heure que je devais tirer bon parti de mon sort, pour m'habituer à la dignité des sentiments, qui consiste à ne point porter envie aux autres, et à se créer des goûts simples, des occupations honnêtes.

« Je ne pense donc pas du tout au mariage, puisqu'il me faudrait peut-être, pour trouver un mari, changer quelque chose à ma manière de penser. Tenez, si vous voulez que je vous le dise, Janille s'est mis dans la tête, depuis quelques jours, une idée qui me chagrine beaucoup. Elle veut que mon père me cherche un mari. Chercher un mari! n'est-ce pas honteux et humiliant? et peut-on rien imaginer de plus répulsif?

« Cette excellente amie ne comprend pourtant rien à ma résistance, et, comme mon père devait aller toucher à Argenton le terme de sa petite pension, elle a exigé tout à coup ce matin qu'il m'emmenât pour me présenter à quelques personnes de sa connaissance.

« Nous ne savons pas résister à Janille, et nous sommes partis; mais mon père, grâce au ciel, ne s'entend pas à trouver des maris, et je saurai si bien l'aider à n'y point penser, que cette promenade n'aura aucun but.

« Vous voyez bien, monsieur Émile, qu'il ne faut point faire la cour à une fille qui n'a pas d'illusion, et qui se destine au célibat sans regret et sans honte. Je pensais que vous l'aviez compris, et que votre amitié ne chercherait jamais à troubler mon repos.

« Oubliez donc cette folie qui vient de vous passer par l'esprit, et ne voyez en moi qu'une sœur qui ne s'en souviendra pas, si vous lui promettez de l'aimer tranquillement et saintement. Pourquoi nous quitteriez-vous? cela ferait tant de peine à mon père et à moi!

— Cela vous ferait bien de la peine, Gilberte? reprit Émile; d'où vient que vous pleurez en me disant des choses si froides? Ou je ne vous comprends pas, ou vous me cachez quelque chose. Et voulez-vous savoir ce que je crois deviner? c'est que vous n'avez pas assez d'estime pour moi, pour m'écouter avec confiance. Vous me prenez pour un jeune fou, qui parle d'amour sans religion et sans conscience, et vous croyez pouvoir me traiter comme un enfant à qui l'on dit : Ne recommencez pas, je vous pardonne. Ou bien, si vous croyez qu'avec quelques paroles de froide raison on peut étouffer un amour sérieux, vous êtes êtes un enfant vous-même, Gilberte, et vous ne sentez rien du tout pour moi au fond de votre cœur. O mon Dieu, serait-il possible, et ces yeux qui m'évitent, cette main qui me repousse, est-ce là le dédain ou l'incrédulité?

— N'est-ce pas assez? Croyez-vous que je puisse consentir à vous aimer avec la certitude que vous devez tôt ou tard appartenir à une autre? Il me semble que l'amour, c'est l'éternité d'une vie à deux : c'est pourquoi, en renonçant à me marier, j'ai dû renoncer à aimer.

— Et je l'entends bien ainsi, Gilberte! l'amour, c'est l'éternité d'une vie à deux! Je ne comprends même pas que la mort puisse y mettre un terme; ne vous ai-je pas dit tout cela en vous disant : « Je vous aime! » Ah! cruelle Gilberte, vous ne m'avez pas compris, ou vous ne voulez pas me comprendre : mais si vous m'aimiez vous ne douteriez pas. Vous ne me diriez pas que vous êtes pauvre, vous ne vous en souviendriez pas plus que moi-même.

— O mon Dieu! Émile, je ne doute pas de vous : je vous sais aussi incapable que moi d'un calcul intéressé. Mais, encore une fois, sommes-nous donc plus forts que la destinée, que la volonté de votre père, par exemple?

— Oui, Gilberte, oui, plus forts que tout le monde, si… nous nous aimons. »

Il est fort inutile de rapporter la suite de cet entretien. Nous ne pourrions résumer certaines intermittences de peur et de découragement, où Gilberte, redevenant raisonnable, c'est-à-dire désolée, montrait les obstacles et laisser percer une fierté sans emphase, mais assez sentie pour préférer l'éternelle solitude à l'humiliation d'une lutte contre l'orgueil de la richesse.

Nous pourrions dire par quels arguments d'honneur et de loyauté Émile cherchait à lui rendre la confiance. Mais les plus forts arguments, ceux auxquels Gilberte ne trouvait pas de réplique, ce sont ceux-là que nous ne pourrions transcrire, car ils étaient tout d'enthousiasme et de naïve pantomime.

Les amants ne sont pas éloquents à la manière des rhéteurs, et leur parole écrite n'a jamais rien signifié pour ceux auxquels elle ne s'adresse point.

Si l'on pouvait se rappeler froidement quel mot insignifiant a fait perdre l'esprit, on n'y comprendrait plus rien et on se raillerait soi-même.

Mais l'accent, mais le regard, trouvent dans la passion des ressources magiques, et bientôt Émile sut persuader à Gilberte ce qu'il croyait lui-même à ce moment-là : à savoir que rien n'était plus simple et plus facile que de se marier ensemble, partant, qu'il n'y avait rien de plus légitime et de plus nécessaire que de s'aimer de toutes ses forces.

La noble fille aimait trop pour s'arrêter à l'idée qu'Émile fût un présomptueux et un téméraire. Il disait qu'il vaincrait la résistance possible de son père, et Gilberte ne connaissait M. Cardonnet que par des bruits vagues.

Émile garantissait l'adhésion de sa tendre mère, et ce point rassurait la conscience de la jeune fille. Elle partagea bientôt toutes les illusions d'Émile, et il fut convenu qu'il parlerait à son père avant de s'adresser à celui de Gilberte.

Une fille égoïste ou ambitieuse eût été plus prudente. Elle eût mis l'aveu de ses sentiments à des conditions plus rigides. Elle n'eût consenti à revoir son amant que le jour où il serait revenu accomplir toutes les formalités de la demande en mariage. Mais Gilberte ne s'avisa point de toutes ces précautions.

Elle sentit dans son cœur quelque chose de l'infini, une foi et un respect pour la parole de son amant, qui n'avaient pas de bornes. Elle ne se tourmenta plus que d'une chose : c'était d'être une cause de trouble et d'afflictio pour la famille d'Émile, le jour où il parlerait.

Elle ne pouvait plus douter de la victoire qu'il se faisait fort de remporter; mais l'idée du combat la faisait souffrir, et elle eût voulu éloigner ce moment terrible.

« Écoutez, lui dit-elle avec une naïveté angélique, rien

ne nous presse; nous sommes heureux ainsi, et assez jeunes pour attendre. Je crains que la principale et la meilleure objection de votre père ne soit précisément celle-là; vous n'avez que vingt et un ans, et on peut craindre que vous n'ayez pas encore assez pesé votre choix, assez examiné le caractère de votre fiancée. Si l'on vous parle d'attendre et si on vous demande le temps de réfléchir, soumettez-vous à toutes les épreuves. Quand même nous ne serions unis que dans quelques années, qu'importe, pourvu que nous puissions nous voir, et puisque nous ne pouvons pas douter l'un de l'autre?

— Oh! vous êtes une sainte! répondit Émile en baisant le bord de son écharpe, et je serai digne de vous. »

Quand ils retournèrent vers le lieu où ils avaient laissé Antoine, ils le virent bien loin de là, causant avec un meunier de sa connaissance, et ils allèrent l'attendre au pied de la grande tour.

Les heures passèrent pour eux comme des secondes, et cependant elles étaient remplies comme des siècles. Combien de choses ils se dirent, et combien plus ils ne se dirent pas! Puis le bonheur de se voir, de se comprendre et de s'aimer devint si violent, qu'ils furent saisis d'une gaieté folle, et bondissant comme deux chevreuils, ils se prirent par la main et se mirent à courir sur les pentes abruptes, faisant rouler les pierres au fond du précipice, et si transportés d'un délire inconnu, qu'ils n'avaient pas plus le sentiment du danger que des enfants.

Émile poussait devant lui des décombres, ou les franchissait avec ardeur, on eût dit qu'il se croyait aux prises avec les obstacles de sa destinée. Gilberte n'avait peur ni pour lui, ni pour elle-même; elle riait aux éclats, elle criait et chantait comme une alouette au milieu des airs, et ne pensait plus à renouer sa chevelure qui flottait au vent, et quelquefois l'enveloppait tout entière comme un voile de feu.

Quand son père vint la surprendre au milieu de ce transport, elle s'élança vers lui et l'étreignit dans ses bras avec passion, comme si elle voulait lui communiquer tout le bonheur dont son âme était inondée. Le chapeau gris du bon homme tomba dans cette brusque accolade et alla rouler au fond du ravin. Gilberte partit comme un trait pour le rattraper, et Antoine, effrayé de cette pétulance, courut aussi pour rattraper sa fille.

Tous deux étaient en grand danger, lorsque Émile les devança à la course, saisit au vol le chapeau fugitif, et, en le replaçant sur la tête d'Antoine, serra à son tour ce tendre père dans ses bras.

« Eh! vive Dieu! s'écria Antoine, en les ramenant d'autorité sur une plate-forme moins dangereuse, vous me faites fête tous deux, mais vous me faites encore plus de peur! Ah çà, vous avez donc rencontré par là la chèvre du Diable, qui fait courir et sauter comme des fous ceux qu'elle ensorcelle avec son regard? Est-ce l'air de ces montagnes qui te rend si folle, petite fille? Allons, tant mieux, mais pourtant ne t'expose pas comme cela. Quelles couleurs! quel œil brillant! Je vois qu'il faut te mener souvent promener, et que tu ne fais pas assez d'exercice à la maison. Ces jours-ci, elle m'inquiétait, savez-vous, Émile? Elle ne mangeait plus, elle lisait trop, et je me proposais de jeter tous vos livres par la fenêtre, si cela eût continué. Heureusement il n'y paraît point aujourd'hui, et, puisqu'il en est ainsi, j'ai envie de la mener jusqu'à Saint-Germain-Beaupré. C'est beau à voir, nous y passerons la journée de demain, et si vous voulez venir avec nous, nous amuserons on ne peut mieux. Allons, Émile, qu'en dites-vous? qu'importe que nous allions à Argenton un jour plus tard? n'est-ce pas Gilberte? Et quand nous n'y passerions qu'un jour?

— Et quand nous n'irions pas du tout! dit Gilberte en sautant de joie; allons à Saint-Germain, mon père, je n'y ai jamais été; oh! la bonne idée!

— Nous sommes en chemin, reprit M. de Châteaubrun, et pourtant il nous faut aller coucher à Fresselines; car ici il n'y a pas à y songer. Au reste, Fresselines et Confolens valent la peine d'être vus. Les chemins ne sont pas beaux: il faudra nous mettre en route avant la nuit. Monsieur Charasson, allez donner l'avoine à cette pauvre Lanterne, qui aime assez les voyages, puisque ce sont les seules occasions pour elle de se régaler; vous reconduirez cet âne à ceux qui nous l'ont prêté, là-haut à Vitra, et puis vous irez nous attendre avec la brouette et le cheval de monsieur Émile, de l'autre côté de la rivière. Nous y serons dans deux heures.

— Et moi, dit Émile, je vais écrire un mot au crayon pour ma mère, afin qu'elle n'ait point à s'inquiéter de mon absence, et je trouverai bien un enfant pour lui porter ma lettre.

— Envoyer si loin un de ces petits sauvages? ce ne sera pas facile. Eh! vrai Dieu! nous sommes servis à point, car voici quelqu'un de chez vous, si je ne me trompe! »

Émile, en se retournant, vit Constant Galuchet, le secrétaire de son père, qui venait de jeter son habit sur l'herbe, et qui, après avoir enveloppé sa tête d'un mouchoir de poche, se mettait en devoir d'amorcer sa ligne.

« Quoi! Constant, vous venez pêcher des goujons jusqu'ici? lui dit Émile.

— Oh! non, vraiment, Monsieur, répondit Galuchet d'un air grave: je nourris l'espoir de prendre ici une truite.

— Mais vous comptez retourner ce soir à Gargilesse?

— Bien certainement, Monsieur. Monsieur votre père n'ayant pas besoin de moi aujourd'hui, m'a permis de disposer de la journée tout entière; mais dès que j'aurai pris ma truite, s'il plaît à Dieu, je quitterai ce vilain endroit.

— Et si vous ne prenez rien?

— Je maudirai encore plus l'idée que j'ai eue de venir si loin pour voir une pareille masure. Quelle horreur, Monsieur! Peut-on voir un plus triste pays et un château en plus mauvais état? Croyez donc, après cela, les voyageurs qui vous disent que c'est superbe, et qu'on ne peut pas vivre aux bords de la Creuse sans avoir vu Crozant! À moins qu'il n'y ait du poisson dans cette rivière, je veux être pendu si l'on m'y rattrape. Mais je n'y crois pas à leur rivière; cette eau transparente est détestable pour pêcher à la ligne, et ce bruit continuel vous casse la tête. J'en ai la migraine.

— Je vois que vous avez fait une promenade peu agréable, dit Gilberte, qui voyait pour la première fois la ridicule figure de Galuchet, et à qui ses dédains prosaïques donnaient une forte envie de rire. Cependant ces ruines font un grand effet, convenez-en; elles sont singulières au moins! Êtes-vous monté jusqu'à la grande tour?

— Dieu m'en préserve, Mademoiselle! répondit Galuchet, flatté de l'interpellation de Gilberte, qu'il regardait de toute la largeur de ses yeux ronds, remarquablement écartés, et séparés par un petit bouquet de sourcils fauves assez bizarre. Je vois d'ici l'intérieur de la baraque, puisqu'elle est tout à jour comme un réverbère, et je ne crois pas que cela vaille la peine de se casser le cou. »

Puis, prenant le sourire de Gilberte pour une approbation de cette mordante satire, il ajouta d'un ton qu'il crut plaisant et spirituel: « Beau pays, ma foi! il n'y pousse pas même du chiendent! Si les rois maures n'étaient pas mieux logés que ça, je leur en fais mon compliment; ces gens-là avaient un drôle de goût, et ça devait faire de singuliers pistolets! Sans doute qu'ils portaient des sabots et qu'ils mangeaient avec leurs doigts?

— Ceci est un commentaire historique fort judicieux, dit Émile à Gilberte, qui mordait le bout de son mouchoir pour ne pas rire tout haut du ton capable et de la physionomie baroque de M. Galuchet.

— Oh! je vois bien que monsieur est très-moqueur, reprit-elle. Il en a le droit, il vient de Paris, où tout le monde a de l'esprit et de belles manières, et il se trouve ici parmi les sauvages.

— Je ne peux pas dire ça dans ce moment-ci, répliqua Galuchet, en lançant un regard assassin à la belle Gilberte, qu'il trouvait fort de son goût; mais, franchement, le pays est bien un peu arriéré. Les gens y sont fort malpropres. Voyez ces enfants pieds nus et tout déchirés! A Paris, tout le monde a des souliers, et ceux qui n'en ont pas ne sortent pas le dimanche. J'ai voulu aujourd'hui entrer dans une maison pour demander à manger : il n'y avait rien que du pain noir dont un chien n'aurait pas voulu, et du lait de chèvre qui sentait le bouc. Ces gens-là n'ont pas de honte de vivre si chichement !

— Ne serait-ce pas par hasard qu'ils sont trop pauvres pour mieux faire ? dit Gilberte, révoltée du ton aristocratique de M. Galuchet.

— C'est plutôt qu'ils sont trop paresseux, répondit-il un peu étourdi de cette observation qui ne lui était pas venue.

— Et qu'en savez-vous ? reprit Gilberte avec une indignation qu'il ne comprit pas. »

« Cette demoiselle est fort taquine, pensa-t-il, et son petit air résolu me plaît fort. Si je causais longtemps avec elle, je lui ferais bien voir que je ne suis pas un niais de provincial. »

« Eh bien, dit Émile à Gilberte, pendant que Constant cherchait des vers sous les pierres du rivage, pour amorcer sa ligne, vous venez de voir la figure d'un parfait imbécile.

— Je crains qu'il ne soit encore plus sot que simple, répondit Gilberte.

— Allons, mes enfants, vous n'êtes pas indulgents, observa le bon Antoine. Ce garçon-là n'est pas beau, j'en conviens, mais il paraît que c'est un bon sujet, et que M. Cardonnet en est fort content. Il est plein d'obligeance, et deux ou trois fois il m'a offert ses petits services. Il m'a même fait cadeau d'une ligne très-bonne, et comme on n'en trouve point ici : malheureusement je l'ai perdue avant de rentrer à la maison ; à telles enseignes que Janille m'a grondé ce jour-là presque autant que le jour où j'ai perdu mon chapeau. Dites donc, monsieur Galuchet, ajouta-t-il en élevant la voix, vous m'aviez promis de venir pêcher de notre côté ; je ne tourmente pas beaucoup mon poisson ; je n'ai pas votre patience, c'est pour cela que vous en trouverez. Ainsi je compte sur vous un de ces jours ; vous viendrez déjeuner à la maison, et ensuite je vous conduirai aux bons endroits : le barbillon abonde par là, et c'est un joli coup de ligne.

— Monsieur, vous êtes trop honnête, répondit Galuchet ; j'irai dimanche un dimanche, puisque vous voulez bien me combler de vos civilités. »

Et, enchanté d'avoir trouvé cette phrase, Galuchet salua le plus gracieusement qu'il put, et s'éloigna, après s'être chargé du message d'Émile pour ses parents.

Gilberte eut quelque envie de quereller un peu son père pour cet excès de bienveillance envers un personnage si lourd et si déplaisant ; mais elle était trop bienveillante elle-même pour ne pas lui sacrifier bien vite ses répugnances, et, au bout d'un instant, elle y songea d'autant moins, que ce jour-là, il lui était impossible de ressentir une contrariété.

Grâce à la disposition de leurs âmes, nos amoureux trouvèrent agréables et plaisants tous les incidents qui remplirent le reste du voyage. La vieille jument de M. Antoine, attelée à une sorte de boguet découvert qu'il avait bien raison d'appeler sa brouette, fit des merveilles d'adresse et de bon-vouloir, dans les chemins effrayants qu'ils eurent à suivre pour gagner leur gîte.

Ce véhicule avait place pour trois personnes, et Sylvain Charasson, installé au milieu, conduisait crânement (c'était son expression) la pacifique *Lanterne*.

Les cahots épouvantables qu'on recevait dans une voiture si mal suspendue n'inquiétaient nullement Gilberte et son père, habitués à ne pas se donner toutes leurs aises, et à ne se laisser arrêter par aucun temps ni aucun chemin.

Émile les devançait à cheval, pour les avertir et les aider à mettre pied à terre, quand la route était trop dangereuse. Puis, quand on se retrouvait sur le sable doux des landes, il passait derrière eux pour causer et surtout pour regarder Gilberte.

Jamais élégant du bois de Boulogne, en plongeant du regard dans la calèche brillante de sa triomphante maîtresse, n'a été si ravi et si fier que ne l'était Émile, en suivant la belle campagnarde qu'il adorait, dans les vagues sentiers de ce désert, à la clarté des premières étoiles.

Que lui importait qu'elle fût assise sur une espèce de brancard traîné par une harridelle, ou dans un carrosse superbe ? qu'elle fût vêtue de moire et de velours, ou d'une petite indienne fanée ? Elle avait des gants déchirés qui laissaient voir le bout de ses doigts roses, appuyés au dossier de la voiture. Pour ménager son écharpe des dimanches, elle l'avait pliée et mise sur ses genoux. Sa belle taille svelte et souple n'en ressortait que mieux. Le vent tiède du soir semblait caresser avec ardeur sa nuque blanche comme l'albâtre. Le souffle d'Émile se mêlait à la brise, et il était attaché là comme l'esclave derrière le char du vainqueur.

Il y eut un moment où, grâce au peu de précaution de Sylvain, la brouette s'arrêta tout court et faillit heurter la tête du cheval d'Émile.

Monsieur Sacripant avait mis une patte sur le marchepied, pour avertir qu'il était fatigué et qu'on eût à le prendre en voiture. M. Antoine descendit pour le saisir par la peau du cou et le jeter sur le tablier du boguet, car le pauvre animal n'avait plus les jarrets assez souples pour s'élancer si haut.

Pendant ce temps-là, Gilberte caressait les naseaux de *Corbeau*, et passait sa petite main dans les flots de sa noire crinière. Émile sentit battre son cœur comme si un courant magnétique lui apportait ces caresses. Il faillit faire, sur le bonheur de *Corbeau*, quelque réflexion aussi ingénue que celle dont Galuchet eût été capable en pareil cas ; mais il se contenta d'être bête en silence. On est si heureux quand, avec de l'esprit, on se sent pris de cette bêtise-là !

Il faisait tout à fait sombre quand ils arrivèrent à Fresselines. Les arbres et les rochers ne présentaient plus que des masses noires d'où sortait le grondement majestueux et solennel de la rivière.

Une fatigue délicieuse et la fraîcheur de la nuit jetaient Émile et Gilberte dans une sorte d'assoupissement délicieux. Ils avaient devant eux tout le lendemain, tout un siècle de bonheur.

L'auberge où l'on s'arrêta, et qui était la meilleure du hameau, n'avait que deux lits dans deux chambres séparées. On décida que Gilberte aurait la meilleure, que M. Antoine s'arrangerait de l'autre avec Émile, en prenant chacun un matelas. Mais quand on en fut à vérifier le mobilier, il se trouva qu'il n'y avait qu'un matelas dans chaque lit, et Émile se fit un plaisir d'enfant de coucher sur la paille de la grange.

Cet arrangement, qui menaçait Charasson d'un sort pareil, sembla beaucoup contrarier le page de Châteaubrun. Ce jeune gars aimait ses aises, surtout en voyage.

Habitué à suivre son maître dans toutes ses courses, il se dédommageait de l'austérité à laquelle le condamnait Janille à Châteaubrun, en mangeant et dormant dehors à discrétion.

M. Antoine, tout en le persiflant avec une rude gaieté, lui passait toutes ses fantaisies, et se faisait son esclave tout en lui parlant comme à un nègre. Ainsi, tandis que Sylvain faisait mine de panser le cheval et d'atteler la voiture, c'était bien vraiment son maître qui maniait l'étrille et soulevait le brancard.

Si l'enfant s'endormait en conduisant, Antoine se frottait les yeux, ramassait les guides, et luttait contre le sommeil plutôt que de réveiller son page.

S'il n'y avait qu'une portion de viande à souper : « Vous partagerez les os avec monsieur Sacripant, » disait M. Antoine à Charasson, qui couvait des yeux cette victuaille ; mais sans trop s'en rendre compte, le bonhomme rongeait les os et laissait le meilleur morceau à Sylvain. Aussi le rusé gamin connaissait les allures de son maître, et plus il était menacé de jeûner, de veiller et de travailler, plus il comptait sur sa bonne étoile.

Cependant, lorsqu'il vit que M. Antoine ne donnait nulle attention à son coucher, et qu'Émile se contentait de la crèche, il commença, en servant le souper, à bâiller, à tirer ses bras, et à dire que la route avait été longue, que ce maudit pays était au bout du monde, et qu'il avait bien cru n'y arriver jamais.

Antoine fit la sourde oreille, et bien que le souper fût peu délicat, il mangea de grand appétit.

« Voilà comme j'aime à voyager, disait-il en choquant à chaque instant son verre contre celui d'Émile, par suite de l'habitude qu'il avait prise avec Jean Jappeloup : c'est quand j'ai toutes mes aises et toutes mes affections avec moi. Ne me parlez pas d'aller au loin, dans une chaise de poste ou sur un navire, courir seul tristement après la fortune. Il fait bon à jouir du peu qu'on a, en parcourant un beau pays où l'on connaît tous les passants par leur nom, toutes les maisons, tous les arbres, toutes les ornières ! Voyez si je ne suis pas ici comme chez moi ? Si j'avais Jean et Janille au bout de la table, je me croirais à Châteaubrun, car j'ai ma fille d'abord et un de mes meilleurs amis ; et puis mon chien, et même M. Charasson, qui est content comme un roi de voir le monde et d'être hébergé selon son mérite.

— Ça vous plaît à dire, Monsieur, reprit Charasson, qui, au lieu de servir, était assis au coin de la cheminée, cette auberge-ci est abominable et l'on y couche avec les chiens.

— Eh bien, vaurien que vous êtes, n'est-ce pas trop bon pour vous ? reprit M. Antoine en faisant sa grosse voix ; vous êtes bien heureux qu'on ne vous envoie pas percher avec les poules ! Comment diable, Sybarite, vous avez de la paille ; et vous craignez de mourir de faim pendant la nuit ?

— Faites excuse, Monsieur, la paille ici c'est du foin, et le foin fait mal à la tête.

— S'il en est ainsi, vous coucherez sur le carreau, au pied de mon lit, pour vous apprendre à murmurer. Vous vous tenez comme un bossu, ce lit orthopédique vous fera grand bien. Allez préparer le lit de votre maître, et montez la couverture du cheval pour monsieur Sacripant. »

Émile se demandait quelle serait la fin de cette plaisanterie que M. Antoine soutint gravement jusqu'au bout, et, lorsque Gilberte se fut retirée dans sa chambre, il suivit M. Antoine dans la sienne, pour savoir s'il saurait persuader à son page de se contenter de la paille.

Le châtelain se divertit à se faire servir comme un homme de qualité. « Ça, disait-il, qu'on me tire mes bottes, qu'on me présente mon foulard, qu'on éteigne les lumières. Vous allez vous étendre sur ces briques, et gare à vous, si vous avez le malheur de ronfler ! Bonsoir, Émile, allez vous coucher ; vous ne serez pas affligé de la société de ce drôle, qui vous empêcherait de dormir. Il dormira par terre, lui, en punition de ses plaintes ridicules. »

Au bout de deux heures de sommeil, Émile fut réveillé en sursaut par la chute d'un gros corps qui se laissait tomber sur la paille à côté de lui. « Ce n'est rien, c'est moi, dit M. Antoine ; ne vous dérangez pas. J'ai voulu partager mon lit avec ce vaurien ; mais monsieur, sous prétexte qu'il grandit, a des inquiétudes dans les jambes, et j'ai reçu tant de coups de pied, que je lui cède la place. Qu'il dorme dans un lit, puisqu'il y tient si fort ! quant à moi, je serai beaucoup mieux ici. »

Tel fut le châtiment exemplaire que subit à Fresselines le page de Châteaubrun.

## XXII.

### INTRIGUE.

Nous laisserons Émile oublier le rendez-vous que lui avait donné Janille, et courir par monts et par vaux avec l'objet de ses pensées. C'est à l'usine Cardonnet que nous irons reprendre le fil des événements qui enlacent sa destinée.

M. Cardonnet commençait à prendre sérieusement ombrage des continuelles absences d'Émile, et à se dire que le moment viendrait bientôt de surveiller et de régler ses démarches. « Le voilà distrait de son socialisme, se disait-il ; il est temps qu'il se prenne à quelque réalité utile. Le raisonnement aura peu d'effet sur un esprit aussi porté à l'ergotage. Il paraît que ce dada est à l'écurie pour quelque temps, ne l'en faisons point sortir ; mais voyons si, par la pratique, on ne peut pas remplacer les théories. A cet âge, on est mené par des instincts plus que par des idées, bien qu'on s'imagine fièrement le contraire ; enchaînons-le d'abord au travail matériel, et qu'il s'y prête, malgré lui s'il le faut. Il est trop laborieux et trop intelligent pour ne pas faire bien ce qu'il se verra forcé de faire. Peu à peu l'occupation quelconque que je lui aurai créée deviendra un besoin pour lui. N'en a-t-il pas toujours été ainsi ? Même en étudiant le droit qu'il abhorrait, n'apprenait-il pas le droit ? Eh bien, qu'il achève son droit, quand même il devrait le haïr de plus en plus et retomber dans les aberrations qui m'ont inquiété. Je sais maintenant qu'il ne faudra pas beaucoup de temps, ni une coquette fort habile, pour le débarrasser de l'enduit pédagogique des jeunes écoles. »

Mais on était en pleines vacances, et M. Cardonnet n'avait pas de motifs immédiats pour renvoyer Émile à Poitiers. D'ailleurs, il espérait beaucoup de son séjour à Gargilesse ; car, insensiblement, Émile acceptait sans répugnance les occupations que, de temps en temps, son père lui traçait, et paraissait ne plus se préoccuper du but qu'il avait tant combattu. Tout travail accompli par Émile l'était avec supériorité, et M. Cardonnet se flattait de le débarrasser de l'amour quand il voudrait, sans lui voir perdre cette soumission et cette capacité dont il recueillait parfois les fruits.

Rien n'était plus contraire aux intentions de madame Cardonnet que de faire remarquer à son mari la conduite singulière d'Émile. Si elle eût pu deviner le bonheur que goûtait son fils à s'absenter ainsi, et le secret de ce bonheur, elle l'eût aidé à sauver les apparences, et se fût faite sa complice avec plus de tendresse encore que de prudence. Mais elle s'imaginait que le ton souvent froid et railleur de M. Cardonnet était la seule cause du malaise qu'éprouvait Émile dans la maison paternelle, et, s'en prenant secrètement à son maître, elle souffrait amèrement de jouir si peu de la société de son fils. Lorsque Galuchet rentra, annonçant que M. Émile ne reviendrait pas le lendemain ou le surlendemain au soir, elle ne put retenir ses larmes, et dit à demi-voix : « Le voilà qui découche à présent ! Il ne veut plus même dormir ici : il y est donc bien malheureux !

— Eh bien, ne voilà-t-il pas un beau sujet de douleurs ? dit M. Cardonnet en haussant les épaules. Votre fils est-il une demoiselle, pour que vous soyez effrayée de le voir passer une nuit dehors ? Si vous commencez ainsi, vous n'êtes pas au bout de vos peines ; car ce n'est que le début des petites escapades que peut se permettre un jeune homme.

« Constant, dit-il à son secrétaire lorsqu'il fut seul avec lui, quelles sont les personnes en compagnie desquelles vous avez rencontré mon fils ?

— Ah ! Monsieur, répondit Galuchet, une compagnie fort agréable ! M. Antoine de Châteaubrun, qui est un bon vivant, un gros réjoui, tout à fait honnête dans ses manières ; et sa fille, une femme superbe, faite au tour, et d'une mine on ne peut plus avenante.

— Je vois que vous êtes connaisseur, Galuchet, et que vous n'avez rien perdu des appas de la demoiselle.

— Dame ! Monsieur, on a des yeux et on s'en sert, dit Galuchet avec un gros rire de contentement, car il était bien rare que son patron lui fît l'honneur de causer avec lui sur un sujet étranger à ses fonctions.

— Et c'est sans doute avec ces personnes-là que mon fils continue ses excursions romantiques ?

— Je le pense, Monsieur ; car je l'ai vu de loin passer à cheval, comme il s'en allait avec elles.

— Avez-vous été quelquefois à Châteaubrun, Galuchet ?

— Oui, Monsieur. J'y ai été une fois que les maîtres étaient absents, et si j'avais su que je n'y trouverais que la vieille servante, je n'y aurais pas été si sot.

— Pourquoi ?

— Parce que j'aurais sans doute vu le château gratis, au lieu que cette sorcière, après m'avoir promené dans son taudis, m'a bien demandé cinquante centimes, Monsieur, pour le prix de sa complaisance ! C'est indigne de rançonner les gens pour leur montrer une pareille ruine !

— Je croyais que le vieux Antoine avait fait faire quelques réparations depuis que je n'y suis entré ?

— Quelles réparations, Monsieur ? cela fait pitié ! Ils ont rebâti un coin grand comme la main, et ils n'ont pas seulement eu le moyen de faire coller des papiers dans leurs chambres. Le maître n'est pas moitié si bien logé que je suis chez vous. C'est triste, là dedans ! Des tas de pierres dans la cour à se casser les jambes, des orties, des ronces, pas de porte à une grande arcade qui ressemble à l'entrée du château de Vincennes, et qui serait assez jolie si on y donnait une couche de badigeon ; mais le reste est dans un état ! Pas un mur qui tienne, pas un escalier qui ne remue, des crevasses à s'y fourrer tout entier, du lierre qu'on ne se donne pas seulement la peine d'arracher : ce ne serait pas bien difficile, pourtant ! et des chambres qui n'ont ni plancher, ni plafond ! Ma foi, les gens de ce pays-ci sont de vrais Gascons de vous vanter leurs vieux châteaux, et de vous envoyer courir dans des chemins perdus, pour trouver quoi ? des décombres et des chardons ! En vérité, Crozant est une fameuse mystification, et Châteaubrun ne vaut guère mieux que Crozant !

— Vous n'êtes donc pas charmé non plus de Crozant ? Mon fils pourtant paraissait beaucoup s'y plaire, je parie ?..

— M. Émile pouvait bien s'y plaire, donnant le bras à un si beau brin de fille ! A sa place, je ne me serais pas trop plaint du pays ; mais moi, qui espérais y prendre des truites, et qui n'y ai pas seulement attrapé un goujon, je ne suis pas fort content de ma promenade, d'autant plus que vingt kilomètres pour aller et autant pour revenir, ça fait quatre myriamètres à pied.

— Vous êtes fatigué, Galuchet ?

— Oui, Monsieur, très-fatigué, très-mécontent ! on ne m'y reprendra plus, dans leur forteresse des rois maures. »

Et, satisfait de la plaisanterie qu'il avait faite le matin, Galuchet répéta complaisamment et avec un sourire narquois :

« Ces rois-là devaient faire de drôles de pistolets ! sans doute qu'ils portaient des sabots et mangeaient avec leurs doigts.

— Vous avez beaucoup d'esprit ce soir, Galuchet, répondit M Cardonnet sans daigner sourire ; mais si vous en aviez davantage, épris comme vous voilà, vous trouveriez quelque prétexte pour aller rendre, de temps en temps, visite au vieux Châteaubrun.

— Je n'ai pas besoin de prétextes, Monsieur, répondit Galuchet d'un ton important. Je le connais beaucoup ; il m'a souvent invité à aller pêcher dans sa rivière, et encore aujourd'hui, il m'a sollicité de déjeuner avec lui un dimanche.

— Eh bien ! pourquoi n'iriez-vous pas ? Je vous permettrais bien une petite récréation de temps en temps.

— Monsieur, vous êtes trop honnête : si je ne vous suis pas nécessaire, j'irai dimanche prochain, car j'aime beaucoup la pêche.

— Galuchet, mon ami, vous êtes un imbécile.

— Comment, Monsieur ? dit Galuchet déconcerté.

— Je vous dis, mon cher, reprit tranquillement Cardonnet, que vous êtes un imbécile. Vous ne pensez qu'à prendre des goujons quand vous pourriez faire la cour à une jolie fille.

— Oh ! pour cela, Monsieur, je ne dis pas ! dit Galuchet en se grattant l'oreille d'un air agréable : j'aimerais assez la fille, vrai ! c'est un bijou ! des yeux bleus comme ça, des cheveux blonds qui ont, je parie, un mètre cinquante centimètres de longueur, des dents superbes et un petit air malin. J'en serais bien amoureux, si je voulais !

— Et pourquoi ne voulez-vous pas ?

— Ah dame ! si j'avais seulement la propriété de dix mille francs, je pourrais bien lui plaire ! mais quand on n'a rien, on ne peut pas plaire à une fille qui n'a rien.

— Vos appointements égalent peut-être son revenu ?

— Mais c'est de l'éventuel, et la vieille Janille qui passe pour sa mère (ce qui me répugnerait un peu, j'en conviens, de devenir le gendre d'une servante), la vieille Janille voudrait certainement un petit fonds pour commencer l'établissement.

— Et vous pensez que dix mille francs suffiraient ?

— Je n'en sais rien ; mais il me semble que ces gens-là n'ont pas le droit d'avoir une grande ambition. Leur masure ne vaut pas quatre mille francs ; la montagne, le jardin et un bout de pré qui est là, au bord de l'eau, tout rempli de joncs, le verger où les arbres fruitiers ne sont bons qu'à faire du feu, tout cela réuni ne doit pas rapporter cent francs de rente. On dit que M. Antoine a un petit capital placé sur l'État. Cela ne doit pas être grand'chose, à voir la vie qu'ils mènent. Mais enfin, s'il y avait là un millier de francs de rente assuré, je m'arrangerais bien de la fille. Elle me plaît, et je suis en âge de m'établir.

— M. Antoine a douze cents francs de rente, je le sais.

— Réversibles sur la tête de sa fille, Monsieur ?

— J'en suis certain.

— Mais bien qu'il l'ait reconnue, c'est une fille naturelle, et elle n'a droit qu'à la moitié.

— Eh bien, dès à présent vous pourriez donc prétendre à elle ?

— Merci, Monsieur ! Et avec quoi vivre ? élever des enfants ?

— Sans doute ! il vous faudrait un petit capital. On pourrait vous trouver ça, Galuchet, si votre bonheur en dépendait absolument.

— Monsieur, je ne sais comment répondre à vos civilités, mais...

— Mais quoi ? allons, ne vous grattez pas tant l'oreille, et répondez.

— Monsieur, je n'ose pas.

— Pourquoi donc ? est-ce que nous ne causons pas de bonne amitié ?

— J'en suis sensiblement touché, reprit Galuchet, mais...

— Mais enfin, vous m'impatientez. Parlez donc !

— Eh bien, Monsieur, quand vous devriez encore me traiter d'imbécile, je vous dirai mon sentiment. C'est que M. Émile fait la cour à cette demoiselle.

— Vous croyez ? dit M. Cardonnet feignant la surprise.

— Si monsieur n'en a pas connaissance, je serais fâché d'occasionner du désagrément entre lui et son fils.

— C'est donc un bruit qui court ?

— Je ne sais pas si on en parle, mais moi, j'ai très-bien remarqué que M. Émile allait fort souvent à Châteaubrun.

— Qu'est-ce que cela prouve ?

— C'est comme monsieur voudra, et cela m'est fort égal. C'était seulement pour dire que si j'avais quelque idée d'épouser une demoiselle, je ne serais pas bien aise d'arriver le second.

— Je le conçois. Mais il y a peu d'apparence que mon fils fasse sérieusement la cour à une jeune personne qu'il ne voudrait pas ou ne pourrait pas épouser. Mon fils a des sentiments élevés, il ne descendrait jamais à un mensonge, à de fausses promesses. Si cette fille est honnête, soyez certain que ses relations avec Émile sont tout à fait innocentes. N'est-ce pas votre opinion ?

— J'aurai là-dessus l'opinion que monsieur voudra.

— C'est être aussi par trop accommodant ! Si vous étiez amoureux de mademoiselle de Châteaubrun, ne chercheriez-vous pas à vous assurer par vous-même de la vérité ?

— Certainement, Monsieur ; mais je n'en suis guère amoureux, pour l'avoir vue une fois.

— Eh bien, écoutez, Galuchet : vous pouvez me rendre un service. Ce que vous venez de m'apprendre me cause un peu plus d'inquiétude qu'à vous, et tout ce que nous venons de dire, par forme de supposition et de plaisanterie, aura au moins le résultat sérieux de m'avoir averti de certains dangers. Je vous répète que mon fils est trop honnête homme pour séduire une fille sans fortune et sans expérience ; mais il pourrait lui arriver, en la voyant souvent, de prendre pour elle un sentiment un peu trop

Ma foi, c'est bien fait, dit Jappeloup. (Page 85.)

vif, qui exposerait l'un et l'autre à des chagrins passagers, mais inutiles. Il me serait bien facile de couper court à tout cela en éloignant Émile sur-le-champ; mais cela contrarierait le projet que j'ai de le former à la pratique de mes occupations, et je regretterais qu'un motif si peu important me forçât à me séparer de lui dans les circonstances présentes. Consentez donc à me servir. Vous êtes sûr d'être bien accueilli à Châteaubrun : allez-y souvent, aussi souvent que mon fils ; faites-vous l'ami de la maison. Le caractère facile du père Antoine vous y aidera. Voyez, observez, et rapportez-moi tout ce qui s'y passe. Si votre présence contrarie mon fils, il sera démontré que le danger existe ; s'il cherche à vous faire éconduire, tenez bon, et posez-vous sans hésitation en prétendant à la main de la demoiselle.

— Et si l'on m'accepte?

— Tant mieux pour vous !

— C'est selon, Monsieur, jusqu'où auront été les choses entre elle et votre fils.

— Il faudrait que vous fussiez bien simple pour ne pas avoir le temps et l'adresse de savoir à quoi vous en tenir, puisque vous allez là en observateur.

— Et si je m'aperçois que j'arrive trop tard?

— Vous vous retirerez.

— J'aurai fait là une drôle de campagne, et M. Émile m'en voudra.

— Galuchet, je ne demande rien pour rien. Certes, tout cela ne se fera pas sans quelque ennui et quelque désagrément pour vous; mais il y a une bonne gratification au bout de tous les sacrifices que je vous demande.

— Ça suffit, Monsieur, et je n'ai plus qu'un mot à dire : c'est que, dans le cas où la fille me conviendrait, et si je venais à lui convenir aussi, je serais trop pauvre, à l'heure qu'il est, pour entrer en ménage.

— Nous avons déjà prévu ce cas. Je vous aiderais à vous faire une position. Par exemple, vous vous engageriez à me servir pendant un temps donné, et je vous ferais une avance de cinq mille francs sur vos honoraires, plus un don de cinq mille francs, si c'était nécessaire.

— Ce n'est plus une plaisanterie, une supposition, ça? dit Galuchet en se grattant la tête plus fort que jamais.

— Je ne plaisante pas souvent, vous devez le savoir, et cette fois-ci je ne plaisante plus du tout.

— C'est entendu, Monsieur; vous avez trop d'honnê-

Et toi, bourreau, cria-t-il à Jean Jappeloup. (Page 104.)

tetés pour moi. Je vas me planter en faction à côté de M. Émile, et il sera bien fin si je le perds de vue ! »

« Il sera plus fin que toi, et ce ne sera pas difficile, pensa M. Cardonnet dès que Galuchet se fut retiré ; mais il suffira qu'il ait un rival de ton espèce pour se sentir bientôt humilié de son choix ; et si l'on préfère un lourdaud d'épouseur comme toi à un beau soupirant de rencontre comme lui, il aura reçu une assez bonne leçon. Dans ce cas-là, un petit sacrifice pour l'établissement de M. Galuchet ne serait pas la mer à boire, d'autant plus que cela le retiendrait à mon service et couperait court à l'ambition de me quitter. Mais c'est là le pis-aller de mon projet, et Galuchet a vingt chances contre une d'être mis à la porte dans quelque temps. Jusque-là, j'aurai eu celui d'aviser à quelque chose de mieux, et j'aurai du moins réussi à tourmenter Émile, à le désenchanter, à attacher à ses flancs un ennemi qu'il ne sait guère combattre, l'ennui sous la forme de Constant Galuchet. »

L'idée de Cardonnet ne manquait pas de profondeur, et s'il n'eût pas été trop tard ou trop tôt pour qu'Émile renonçât à ses illusions, cette idée eût pu réussir. Une rivalité quelconque stimule les âmes vulgaires, mais un esprit délicat souffre d'une indigne concurrence. Une nature élevée se dégoûtera infailliblement de l'être qui prend plaisir aux hommages de la sottise ; il suffira peut-être même que l'objet de son culte les souffre avec trop de patience, pour qu'il rougisse et s'éloigne. Mais Cardonnet comptait sans la fierté de Gilberte.

Émile revint de son excursion plus enflammé que jamais, et dans un tel état d'enthousiasme et de bonheur, qu'il ne lui paraissait plus possible de ne pas triompher de tout. La généreuse Gilberte avait puissamment aidé à son illusion en la partageant, et en cela elle s'était montrée, par son imprévoyance et son abandon de cœur, la digne fille d'Antoine. Émile aurait pourtant pu se faire quelque reproche de s'être avancé à ce point auprès d'elle, sans avoir commencé par s'assurer du consentement de M. Cardonnet. C'était là une terrible imprudence, et même une coupable témérité ; car, à moins d'un miracle, il pouvait bien compter sur le refus de son père. Mais Émile était dans ce délire d'exaltation où l'on compte sur les miracles, et où l'on se croit presque dieu parce qu'on est aimé.

Pourtant il revint à Gargilesse sans avoir fixé le moment où il déclarerait ses sentiments à sa famille ; car

Gilberte avait exigé qu'il ne brusquerait rien, et avait reçu la promesse qu'il commencerait par disposer peu à peu l'esprit de ses parents à la tendresse, par une conduite selon leurs vœux. Ainsi Émile devait réparer une absence qui leur avait, sans doute, causé quelque souci, en restant auprès d'eux tout le reste de la semaine, et en travaillant avec assiduité à tout ce qu'il plairait à son père de lui tracer. « Vous ne reviendrez chez nous que dimanche prochain, avait dit Gilberte en le quittant, et alors nous aviserons ensemble au plan de la semaine suivante. » La pauvre enfant sentait le besoin de vivre au jour le jour, et, comme Émile, elle trouvait une douceur infinie à caresser dans sa pensée le mystère d'un amour dont eux seuls pouvaient comprendre le charme et la profondeur.

Émile tint parole ; il ne s'absenta pas de la semaine, et se contenta d'écrire à M. de Boisguilbault une lettre affectueuse pour le rassurer sur ses sentiments, au cas où l'ombrageux vieillard s'alarmerait de ne pas le voir. Il s'attacha aux pas de son père, lui demanda même de l'occupation, et s'appliqua à la construction de l'usine, comme un homme qui aurait pris grand intérêt à la réussite de l'entreprise. Mais comme on ne fait pas longtemps violence à son propre cœur, il lui fut impossible de pousser au travail les ouvriers indolents. Rien ne servait à M. Cardonnet de mettre à la tâche les hommes de cette catégorie. Ils manquaient de force, et la concurrence des plus actifs produisait en eux le découragement au lieu de l'émulation. La tâche était bien payée ; mais comme les travailleurs voyaient, au mécontentement du maître, qu'ils ne seraient pas gardés longtemps, ils voulaient s'assurer tout le profit possible dans le présent, et faisaient de l'économie sur leur nourriture. Quand Émile les voyait s'asseoir sur une pierre humide, les pieds dans la vase, pour manger un morceau de pain noir et quelques oignons crus, comme les Hébreux esclaves employés à la construction des pyramides, il se sentait épris d'une telle pitié, qu'il eût voulu leur donner son propre sang à boire plutôt que de les abandonner à cette mort lente du travail et de l'abstinence.

Alors il essayait de persuader son père, puisqu'il ne pouvait sauver ces existences nombreuses, de leur procurer au moins quelque soulagement passager, en les nourrissant mieux qu'ils ne se nourrissaient eux-mêmes, en leur donnant au moins du vin. Mais M. Cardonnet lui prouvait, avec trop de raison, que les vignes ayant gelé l'année précédente, on ne pouvait se procurer du vin dans le pays qu'à un prix très-élevé, et pour la table des bourgeois seulement. Là où l'économie générale n'intervient pas, il était facile de prouver que l'économie particulière est impuissante à effectuer de notables améliorations, et d'établir, par l'invincible démonstration des chiffres, qu'il fallait renoncer à construire ou faire passer le travailleur par les nécessités fâcheuses de sa condition. M. Cardonnet faisait son possible pour adoucir le mal, mais ce possible avait de sévères limites. Émile courbait la tête et soupirait ; il ne pouvait pas donner à Gilberte une plus forte preuve d'amour que de se taire.

« Allons, lui disait alors M. Cardonnet, je vois bien que tu ne seras jamais fort sur l'article de la surveillance ; mais quand je ne serai plus de ce monde, il suffira que tu aies senti la nécessité d'avoir un bon surveillant en ton lieu et place. La partie matérielle est la moins poétique. C'est au point de vue de l'art et de la science, qui sont dans l'industrie comme dans tout, que tu pourras agir. Viens donc dans mon cabinet, aide-moi à comprendre ce qui m'échappe, et mets un peu ton génie au service de mon courage. »

Durant cette semaine, Émile eut à lire, à comprendre, à étudier et à résumer plusieurs ouvrages sur l'hydrostatique. M. Cardonnet ne pensait pas avoir précisément besoin de ce travail, mais c'était une manière d'éprouver Émile, et il fut ravi de la rapidité et de la clarté qu'il y apporta. Une pareille étude ne pouvait causer de dégoût à un esprit occupé de théories. Tout ce qui appartient à la science peut avoir dans l'avenir une bienfaisante application ; et quand on n'a pas sous les yeux les déplorables conditions par lesquelles l'inégalité fait passer les hommes du présent pour l'exécution d'un travail quelconque, on peut s'éprendre pour l'abstraction de la science. M. Cardonnet reconnaissait la haute intelligence d'Émile, et se disait qu'avec de si éminentes facultés, il n'était pas possible de fermer toujours les yeux à ce qu'il appelait l'évidence.

Le dimanche vint. Il semblait à Émile qu'un siècle se fût écoulé depuis qu'il n'avait vu ce lieu enchanté de Châteaubrun, où pour lui la nature était plus belle, l'air plus suave et la lumière plus riche qu'en aucun autre point de l'univers. Il commença pourtant par Boisguilbault : car il se souvint que Constant Galuchet devait déjeuner à Châteaubrun, et il espéra que ce lourd personnage serait parti, ou occupé à pêcher, quand il y arriverait ; mais il était loin de prévoir le machiavélisme de M. Constant. Il le trouva encore attablé avec M. Antoine, un peu alourdi par le vin du cru auquel il n'était pas habitué, et se dandinant sur sa chaise tout en disant des lieux communs, tandis que Gilberte, assise dans la cour, attendait avec impatience qu'une distraction de Janille lui permît d'aller guetter sur la terrasse l'arrivée de son amant.

Mais Janille n'avait point de distractions ; elle rôdait comme un lézard dans tous les coins des ruines, et elle se trouva juste à point pour recevoir la moitié du salut qu'Émile adressait à Gilberte. Cependant Émile vit, du premier coup d'œil, qu'elle n'avait pas parlé.

« En honneur, Monsieur, dit-elle en grasseyant avec plus d'affectation que de coutume, vous n'êtes pas galant, et vous avez failli amener une querelle de rivalité entre ma fille et moi. Comment, vous me faites espérer que, dans son absence, vous viendrez me tenir compagnie, vous me donnez même un jour pour vous attendre, et au lieu de cela, vous allez vous divertir en voyage avec mademoiselle, sous prétexte qu'elle a une quarantaine d'années de moins ! comme si c'était ma faute, et comme si je n'étais pas aussi leste pour courir, et aussi gaie pour causer qu'une fille ! C'est fort vilain de votre part, et vous avez bien fait de laisser passer quelques jours sur ma colère ; car si vous fussiez revenu plus tôt, vous eussiez été fort mal reçu.

— Est-ce que M. Antoine ne m'a pas justifié, répondit Émile, en vous disant combien notre rencontre à Crozant avait été imprévue, et votre voyage à Saint-Germain improvisé subitement par lui ? Pardonnez-moi donc, ma chère demoiselle Janille, et soyez sûre qu'il fallait que je fusse à dix lieues d'ici pour manquer à votre rendez-vous.

— Je sais, je sais, dit Janille d'un ton significatif, que c'est M. Antoine qui a tout le tort : c'est une tête si légère ! mais j'aurais cru que vous seriez plus raisonnable que lui.

— Je suis fort raisonnable, ma bonne Janille, reprit Émile sur le même ton, et la preuve c'est que, malgré mon désir de venir implorer ma grâce, j'ai passé ma semaine auprès de mon père, occupé à travailler pour lui complaire.

— Et vous avez fort bien fait, mon garçon ; car enfin il est bon que les jeunes gens soient occupés.

— L'on sera content de moi à l'avenir, dit Émile en regardant Gilberte, et déjà mon père m'a pardonné le temps perdu. Il est excellent pour moi, et je reconnaîtrai ses bontés en m'astreignant aux plus pénibles sacrifices, même à celui de vous voir un peu moins souvent désormais, mademoiselle Janille ; grondez-moi donc aujourd'hui, vite, mais pas trop fort, et pardonnez-moi encore plus vite, puisque, durant quelques semaines, je vais être probablement forcé de venir rarement. J'ai beaucoup de travail à faire, et le courage me manquerait si je vous savais fâchée contre moi.

— Allons, vous êtes un bon garçon, et l'on ne peut vous en vouloir, dit Janille. Je vois, ajouta-t-elle d'un air fin, en baissant la voix, que nous nous comprenons fort bien sans nous mieux expliquer, et qu'il fait bon avoir affaire à des gens d'honneur et d'esprit comme vous. »

Cette issue aux explications annoncées par Janille soulagea Émile d'une grande inquiétude. Sa situation était bien assez grave, sans que les alarmes et les questions de cette fidèle gouvernante vinssent la compliquer. Le conseil que Gilberte lui avait donné de venir plus rarement et de laisser couler le temps était donc le plus sage, et, si elle eût été une habile diplomate, elle n'eût peut-être pas mieux agi, cette fois. En effet, que de mariages disproportionnés à l'endroit de la fortune fussent devenus possibles, si la femme, par son exigence, son orgueil ou ses méfiances, n'en eût fait, pour l'homme épris d'elle, un enchaînement de souffrances et d'inquiétudes, au milieu duquel le courage et la prudence lui ont manqué pour vaincre les obstacles! Gilberte mêlait à sa candeur enfantine une raison calme et un courage désintéressé. Elle ne regardait son union avec Émile comme possible que dans plusieurs années, et elle sentait dans son amour assez de puissance pour attendre. Ce rude avenir se présentait à son âme pleine de foi, comme un jour radieux à traverser ; et en cela elle n'était pas si folle qu'on peut le croire. C'est la foi et non la prudence qui transporte les montagnes.

## XXIII.

### LA PIERRE AU DIABLE.

Émile avait oublié jusqu'au nom de Constant Galuchet en se retrouvant dans les murs du cher vieux château ; et lorsqu'il entra pour saluer M. Antoine, la sotte figure du commis de son père lui fit le même effet qu'une laide chenille produit tout à coup sur celui qui s'approche sans méfiance pour saisir un fruit. Galuchet s'était préparé à rencontrer Émile de l'air aisé d'un homme qui a pris possession, le premier, d'une place enviée, et qui veut bien accueillir avec grâce les survenants. Pour un peu, il eût fait à Émile les honneurs du château. Mais le regard froid et moqueur du jeune homme, en répondant à ses saluts familièrement empressés, le déconcerta beaucoup ; ce regard semblait lui dire :

« Que faites-vous ici ? »

Cependant Galuchet, qui pensait beaucoup plus à mériter les libéralités de M. Cardonnet que les bonnes grâces de Gilberte, fit un effort sur lui-même pour retrouver son aplomb, et sa figure, qui n'était pourtant pas l'expression d'un caractère hostile, eut un aspect d'insolence inaccoutumée on ne peut plus maladroit dans la circonstance.

Émile avait pris son parti sur le vin du cru, et, pour ne pas chagriner M. de Châteaubrun, il ne refusait plus de lui faire raison en arrivant. Peut-être même, grâce au prestige complet qu'il subissait dans le lieu où respirait Gilberte, était-il arrivé à trouver cette piquette meilleure que tous les vins fins de la table de son père. Mais, cette fois, le breuvage lui parut amer, lorsque Galuchet, se donnant les airs d'un homme qui daigne hurler avec les loups, approcha son verre du sien, pour trinquer à la manière de M. de Châteaubrun. Il accompagna cette familiarité d'un mouvement du coude et de l'épaule, désagréablement vulgaire, croyant imiter joyeusement la patriarcale simplicité d'Antoine.

« Monsieur le comte, dit Émile en affectant de traiter Antoine avec plus de respect encore que de coutume, je crains que vous n'ayez fait trop boire M. Constant Galuchet. Voyez donc comme il a les yeux rouges et le regard fixe ! Prenez garde ; je vous avertis qu'il a la tête très-faible.

— La tête faible, monsieur Émile ! pourquoi dites-vous que j'ai la tête faible ? répondit Galuchet. Vous ne m'avez jamais vu ivre, que je sache.

— Ce sera donc la première fois que j'aurai ce plaisir, si vous continuez à trinquer de la sorte.

— Cela vous ferait donc plaisir de me voir commettre des inconvenances ?

— J'espère que cela n'arrivera pas, si vous suivez mon conseil.

— Eh bien, dit Galuchet en se levant, si M. Antoine veut faire un tour de promenade, je suis tout prêt à offrir mon bras à mademoiselle Gilberte, et l'on verra si je marche de travers.

— J'aime autant ne pas risquer l'épreuve, répondit Gilberte, qui était assise à l'entrée du pavillon et caressait monsieur Sacripant.

— Voilà donc que vous vous mettez aussi après moi, mademoiselle Gilberte ? reprit Galuchet en s'approchant d'elle ; vous croyez ce que dit M. Émile ?

— Ma fille ne se met après personne, Monsieur, dit Janille, et je ne sais pas trop pourquoi vous vous occupez de qui ne s'occupe pas de vous.

— Si vous lui défendez de me donner le bras, reprit Galuchet, je n'ai rien à dire. Il me semble pourtant que ce n'est pas manquer à la civilité française que d'offrir son bras à une demoiselle.

— Ma mère ne me défend pas d'accepter votre bras, Monsieur, dit Gilberte avec une douceur pleine de dignité ; mais je vous remercie de votre politesse. Je ne suis pas une Parisienne et ne connais guère l'habitude de prendre un appui pour marcher. D'ailleurs, nos sentiers ne souffrent point cet usage.

— Vos sentiers ne sont pas pires que ceux de Crozant, et plus ils sont difficiles, plus on a besoin de s'appuyer les uns sur les autres. J'ai fort bien vu à Crozant que vous mettiez votre belle main sur l'épaule de M. Émile pour descendre la montagne ; oh ! j'ai vu cela, mademoiselle Gilberte, et j'aurais bien voulu être à sa place !

— Monsieur Galuchet, si vous n'aviez pas bu plus que de raison, dit Émile, vous ne vous occuperiez pas tant de moi, et je vous prierai de ne pas vous en occuper du tout.

— Allons ! voilà-t-il pas que vous vous fâchez, vous ! dit Galuchet tâchant de prendre un ton de bonne humeur. Tout le monde me brutalise ici, excepté M. Antoine.

— C'est peut-être, répondit Émile, que vous vous familiarisez un peu trop avec tout le monde, *vous* !

— Qu'est-ce qu'il y a ? dit Jean Jappeloup en entrant. Est-ce qu'on se dispute ici ? Allons, me voilà pour mettre la paix. Bonjour, ma mie Janille ; bonjour, ma Gilberte du bon Dieu ; bonjour, mon brave Émile ; bonjour, Antoine, mon maître !... bonjour, toi, dit-il à Galuchet ; je ne te connais pas, mais c'est égal. Ah ! c'est l'homme d'affaires au père Cardonnet ! Eh ! bonjour, vous, mon pauvre monsieur Sacripant ; je ne faisais pas attention à vos honnêtetés.

— Eh ! vive Dieu ! s'écria Antoine, vaut mieux tard que jamais ; mais sais tu, Jean, que tu te déranges ? Comment, quand on n'a plus qu'un jour par semaine pour te voir, et Dieu sait que la semaine est longue sans toi ! tu arrives le dimanche à midi ?

— Écoutez, mon maître...

— Je ne veux pas que tu m'appelles ton maître.

— Et si je veux t'appeler comme ça, moi ? J'ai été bien assez longtemps le tien, et ça m'ennuierait de commander toujours. À présent, je veux être ton apprenti pour changer un peu. Allons, à boire, Janille, du frais tout de suite. J'ai chaud ! Ce n'est pas que je sois à jeun ; ils n'ont pas voulu me laisser partir après la messe, ces bons amis de Gargilesse ! Il a fallu aller babiller un peu chez la mère Laroze, et on ne peut pas se dessécher le gosier à causer sans boire. Mais je suis venu vite, parce que je savais bien qu'on pensait à moi, ici. Tenez, voyez-vous, ma Gilberte, depuis que je suis rentré dans l'endroit, il faudrait que le dimanche durât quarante-huit heures pour que je pusse contenter tous les amis qui me font fête !

— Eh bien, mon bon Jean, si vous êtes heureux, cela nous console un peu de vous voir moins souvent, dit Gilberte.

— Heureux, moi ? reprit le charpentier : il n'y a personne de plus heureux que moi sur la terre !

— On le voit bien, dit Janille. Voyez comme il a repris bonne mine depuis qu'il n'est plus dépisté tous les matins comme un vieux lièvre ! Et puis il se fait la barbe tous les dimanches, à présent, et voilà des habits neufs qui ne sont point mal.

— Et qu'est-ce qui a filé la laine de ce joli droguet ? reprit Jean : c'est ma mie Janille avec la fille au bon Dieu ! Et qui a donné la laine ? les brebis à mon maître. Et qui a payé la dépense ? ça se paye en amitié, ici. Ce n'est pas vous, bourgeois, qui avez des habits comme ça. Je ne changerais pas ma veste de bureau pour votre queue de pie en drap noir,

— Je m'arrangerais bien de la fileuse, répondit Galuchet en regardant Gilberte.

— Toi? dit le charpentier en appliquant avec gaieté sur l'épaule de Galuchet une tape à écraser un bœuf; toi! tu aurais des fileuses comme ça? Ma mie Janille est encore trop jeune pour toi, mon garçon ; et, quant à l'autre, je la tuerais si elle filait pour toi seulement un brin de laine long comme ton nez. »

Galuchet fut fort blessé de cette allusion à son nez camus, et, se frottant l'épaule :

« Dites donc, paysan, répondit-il, vous avez des manières *trop touchantes;* plaisantez avec vos pareils, je ne vous parle pas.

— Comment appelez-vous ce particulier-là? dit Jean à M. Antoine; je ne peux pas me rappeler son diable de nom !

— Allons! allons! Jean, tu es un peu en train, mon vieux ! dit M. Antoine, ne te mets pas à taquiner M. Galuchet ; c'est un honnête jeune homme, et, de plus, c'est mon hôte.

— C'est bien dit, mon maître ! Allons, faisons la paix, monsieur Maljuché. Voulez-vous une prise de tabac ?

— Je n'en use pas, répondit Galuchet avec hauteur. Si M. Antoine veut bien me le permettre, je quitterai la table.

— A votre aise, jeune homme, à votre aise, dit le châtelain ; M. Émile n'est pas non plus ami des longues séances, et vous pouvez courir un peu. Janille vous fera voir le château, ou si vous aimez mieux descendre à la rivière, préparez vos lignes; nous irons vous rejoindre tout à l'heure, et nous vous conduirons où vous trouverez bonne prise.

— Ah ! c'est vrai ! dit le charpentier, c'est un preneur d'ablettes ! Il ne fait que ça tous les soirs à Gargilesse, et quand on lui parle, il fait la grimace parce que ça dérange son poisson. Allons, nous irons tout à l'heure lui faire prendre quelque chose de mieux que son fretin. Écoutez, monsieur Maljuché, si je ne vous fais pas emporter un saumon pour votre souper, je veux changer mon nom pour le vôtre. Vous n'avez pas besoin de tant vous presser. La barque doit être en bon état, car je lui ai mis une pièce au ventre il n'y a pas longtemps. Nous trouverons bien là quelque vieux harpon, et la Pierre au Diable, où le saumon a coutume de faire un somme au soleil, n'est pas loin d'ici. Mais il y a du danger par là, et vous n'iriez pas seul.

— Nous irons tous, dit Gilberte, si Jean mène la barque : c'est une pêche très-amusante et un endroit superbe.

— Oh! si vous venez, mademoiselle Gilberte, j'attendrai votre bon plaisir, répondit Galuchet.

— Tiens ! ne dirait-on pas qu'elle y va pour toi, grattepapier? Ce gars-là est effronté comme tout. Sont-ils tous comme ça dans ton pays ? Oh ! ne prends pas un air fâché et ne me regarde pas par-dessus ton épaule, vois-tu ; ça ne m'effarouche guère. Si tu veux être bon enfant, je le serai aussi ; mais si parce que tu es habillé de noir comme un notaire, tu crois pouvoir te lever de table quand j'y suis, tu te trompes beaucoup. Assis, assis ! Maljuché, je n'ai pas fini de boire, et tu vas trinquer avec moi.

— J'en ai assez, dit Galuchet en résistant ; je vous dis que j'en ai assez ! »

Mais le charpentier l'aurait brisé comme une latte, plutôt que de lâcher prise, il le força de retomber sur le banc et d'avaler encore plusieurs rasades, Galuchet tâchant de faire contre fortune bon cœur, et M. Antoine le protégeant assez mal contre les malices de son compère, quoiqu'il ne partageât point l'antipathie que sa figure et ses manières causaient au reste de sa famille.

Émile avait suivi peu à peu Gilberte et Janille dans le préau, et, malgré la jalouse surveillance de la petite vieille, il avait réussi à dire à son amante qu'il avait obéi à ses ordres avec zèle, et qu'il voyait son père assez bien disposé pour pouvoir tenter quelque ouverture la semaine suivante. Mais Gilberte trouva que ce serait trop hasarder, et l'engagea à persévérer dans cette vie sédentaire et laborieuse. Le courage leur parut facile à tous deux. Maintenant qu'Émile était sûr d'être aimé, il se sentait si heureux, qu'il ne croyait pas pouvoir de longtemps être exigeant envers la fortune. Il y avait au fond de son âme un calme divin. Le regard clair et profond de Gilberte lui disait désormais tant de choses !

Il y a, dans l'aurore du bonheur des amants, un moment d'extase tranquille, où l'observateur le plus pénétrant aurait bien de la peine à saisir leur secret à la surface. Le désir de se parler et de se voir à toute heure semble disparaître avec l'inquiétude de s'entendre. Quand leurs âmes sont liées par un aveu mutuel, les témoins, pas plus que l'absence, ne peuvent les gêner et les séparer réellement. Aussi la clairvoyante Janille fut-elle abusée par leur enjouement paisible et cette prudence qu'on n'a point quand on souffre ou quand on doute. Le trouble que Janille avait maintes fois remarqué chez le jeune Cardonnet, la subite rougeur de Gilberte à certaines paroles dont elle seule avait saisi le sens, sa tristesse et son agitation mal déguisées lorsqu'il tardait à venir, tout cela avait disparu depuis le voyage à Crozant, et Janille s'émerveillait qu'une circonstance dont elle avait craint les résultats n'eût apporté au contraire aucun changement favorable.

« Je m'étais donc trompée, se disait-elle ; ma fille ne songe point trop à lui ; et lui, s'il y songe, il saura se taire et s'éloigner peu à peu, plutôt que de compromettre notre repos. Allons, il se conduit bien, et ce serait dommage de lui faire de la peine, puisqu'il m'a comprise à demi-mot et s'exécute de lui-même. »

Si Jean Jappeloup eût été complice d'Émile pour le venger des prétentions de Galuchet, il n'eût pas mieux agi ; car, pendant plus d'une heure, tandis que les deux amants erraient avec Janille aux alentours du pavillon, il employa tantôt la câlinerie moqueuse, tantôt la force ouverte pour le retenir à table, et le faire boire, bon gré, mal gré. Galuchet perdit bientôt, dans cette épreuve au-dessus de ses forces, le peu de bon sens que lui avait départi la nature. Il était fort scandalisé d'abord des habitudes du châtelain, et méprisait profondément celui qu'il eût volontiers appelé son compagnon de débauche. Bref, Galuchet, qui n'avait aucune élévation dans les sentiments ni dans les idées et qui ne valait pas un cheveu de ces deux rudes compagnons, se croyait encanaillé, et se promettait de faire valoir auprès de son maître la tâche pénible qu'il avait acceptée. Mais à mesure qu'il trinquait, sa raison s'égarait tout à fait, et ses sentiments grossiers prenant le dessus sur sa vanité secrète, il se mit à rire, à frapper la table, à parler haut, à se vanger de mille prouesses et à avoir si mauvais ton, que Jappeloup, dont l'âme était aussi délicate que ses manières étaient brusques, le prit en pitié, et lui fit une morale sévère d'un air tout à coup sérieux et froid.

« Mon garçon, lui dit-il, vous ne savez pas boire ; vous êtes laid quand vous riez, et vous êtes bête quand vous voulez faire de l'esprit. Si j'ai mon conseil à donner à M. Antoine, c'est de ne pas faire déjeuner un verre d'eau quand vous viendrez chez lui, car autrement vous tiendriez devant sa fille des propos qui me forceraient à vous mettre dehors. Vous avez cru, en nous voyant ici tous gais et sans façon les uns envers les autres, que nous étions des gens grossiers et qu'il fallait le devenir pour se mettre à notre niveau. Vous vous êtes trompé. Quiconque n'a rien de mauvais dans le cœur ni de malpropre dans l'esprit, peut se laisser aller ; et quand même je serais ivre à n'point me tenir debout, je ne craindrais pas qu'on me fît rougir le lendemain avec mes paroles. Il paraît qu'il n'en est pas de même pour vous ; c'est pourquoi vous faites bien de vous habiller de noir des pieds à la tête pour faire croire à ceux qui ne vous connaissent pas que vous êtes un monsieur : car s'il y a un paysan ici, ce n'est pas moi, c'est vous. »

Antoine tâcha d'adoucir la mercuriale, et Galuchet tâcha de se fâcher. Jean haussa les épaules et quitta la table pour n'avoir pas à lui donner une leçon mieux appropriée à l'état de son intelligence.

Lorsqu'ils sortirent du pavillon, Galuchet marchait encore droit ; mais il avait la tête si lourde et si échauffée, qu'il n'osait plus prononcer un mot devant Gilberte, de peur de dire une chose pour l'autre.

« Eh bien, dit Gilberte à Jappeloup, allons-nous à la Pierre au Diable ? Il y a plus d'un an que je n'y ai été : Janille ne veut pas que mon père m'y conduise, parce qu'elle dit que c'est trop dangereux et qu'il ne faut pas là de distraction ; mais elle m'y laissera aller avec toi, mon bon Jean ! Voyons, te sens-tu encore la main assez ferme et l'œil assez sûr ?

— Moi, moi ? dit Jappeloup, je me sens aussi bon pour cette besogne-là que si j'avais encore vingt-cinq ans.

— Et vous n'êtes pas aviné ? dit Janille en prenant la manche de Jean, et en se dressant sur la pointe des pieds pour lui regarder dans les yeux.

— Regardez, regardez à votre aise ! dit-il. Si vous voulez faire ce que je vais faire, je déclare que je suis gris ! » Et il plaça sur sa tête une cruche d'eau que Janille tenait à la main ; puis se mit à courir sans la renverser.

« C'est bien, dit Janille, j'en ferais autant si je voulais, mais c'est fort inutile, et je suis sûre de vous : je vous confie ma fille. Pour moi, je n'ai pas le temps de vous suivre : et vous, monsieur Émile, vous veillerez un peu sur le père, car il est capable de vouloir mettre pied à terre au beau milieu de l'eau, s'il est en train de rire ou de causer.

— Et qui veillera sur le Maljuché ? dit Jappeloup en montrant Galuchet qui partait en avant avec M. Antoine. Je ne m'en charge pas.

— Ni moi ! dit Gilberte.

— Soyez en repos, dit Émile, je me charge de le faire tenir tranquille.

— Il n'est pas sûr que vous en veniez à bout, reprit Jean : s'il n'est pas ivre, il n'en vaut guère mieux. On ne peut pas dire qu'il soit tout à fait *riche*, mais il est *à son aise*. Il aurait plus besoin d'un lit que d'une barque.

— Vous verrez comment il descend la montagne, dit Janille, et, s'il menace de vous faire chavirer, laissez-le sur les cailloux, à la rive. »

Galuchet se trouva installé dans la barque avec M. de Châteaubrun, quand les autres y arrivèrent. Il était rouge et silencieux. Mais quand on fut au milieu de l'eau, ce courant rapide lui donna le vertige, et il commença à se pencher si fort de côté et d'autre, que Jappeloup, impatienté, prit une corde et lui attacha solidement le corps avec le banc sur lequel il était étendu. Il s'endormit dans cette position.

« Vous avez là un aimable secrétaire, dit Gilberte à Émile. J'espère, cher papa, que tu ne l'inviteras plus à déjeuner.

— Eh ! mon Dieu, ce n'est pas sa faute, répondit M. Antoine : c'est celle de Jean, qui l'a fait boire plus qu'il ne voulait.

— Qu'est-ce qu'un homme qui ne sait pas boire sans se griser ? dit Jean ; c'est moins que rien. »

La barque descendit rapidement jusqu'à un endroit où les rochers se rapprochent tellement, que le passage ne serait plus possible sans un danger immense. Jean était un des hommes les plus vigoureux du pays. L'audace de son caractère et la force de sa volonté décuplaient sa force physique. Il avait coutume de s'enflammer dans les moindres entreprises avec autant de passion que s'il se fût agi de la conquête du monde ; et, malgré ce transport juvénile, il avait une admirable présence d'esprit. Il dirigea la barque dans le milieu du courant, et, au moment de s'engager dans la passe étroite, il mit l'esquif en travers, et le préserva du choc avec la moitié de son corps penché sur les rochers, qu'il saisit dans ses bras. Émile, qui le secondait bravement, prit sa place alternativement avec lui, et, la barque restant immobile, on s'arma du harpon et on attendit en silence le passage de la proie. On sait que le poisson cherche toujours à remonter le courant, de sorte qu'il venait droit vers la barque, mais n'approchait pas toujours, effrayé de ce barrage inaccoutumé, et revenait bientôt pour s'enfuir encore. Le guetteur était penché en avant, les bras étendus le plus qu'il pouvait. M. Antoine et Gilberte, agenouillés derrière lui, veillaient à ce que le mouvement qu'il ferait en lançant le harpon ne fît pas chavirer la barque et ne l'entraînât pas lui-même. Gilberte, lorsque c'était le tour du charpentier, s'attachait à ses habits, dans la crainte qu'il ne tombât dans l'eau ; et, quand ce fut celui d'Émile, elle recommanda vivement à son père de le retenir de toute sa force. Mais bientôt, ne se fiant à personne, elle saisit sa blouse elle-même, et il se sentit effleuré plus d'une fois par ses beaux bras prêts à l'enlacer en cas d'accident.

Dans cette situation, assez périlleuse pour tous, l'attention de Jean et d'Antoine était entièrement absorbée par l'émotion de la pêche, et cette même émotion servait de prétexte aux deux amants pour échanger des regards et des paroles que Galuchet, quoique à demi éveillé, n'était certes pas en état de commenter. Qu'eût pensé M. Cardonnet, s'il eût vu comme son agent gagnait bien sa gratification !

Enfin, un saumon fut amené aux cris frénétiques de Jean Jappeloup, et Galuchet, un peu ranimé par la vue de cette capture, essaya de se mêler de la pêche. Mais sa gaucherie et son obstination firent tout manquer, et Jean, hors de lui, retourna la barque en disant :

« Quand vous voudrez pêcher le saumon, vous irez avec un autre que moi. Ce ne sont pas des goujons de cette taille qu'il vous faut, et si nous restions là plus longtemps, je vous casserais la tête avec le manche de mon croc.

— Dieu me préserve de retourner avec un malappris de votre espèce ! répondit Galuchet en s'asseyant sur le bord de la barque.

— Ne vous mettez pas là, reprit le charpentier, vous me gênez, et vous feriez beaucoup mieux de m'aider à remonter ce courant qui est dur comme le fer. Voilà M. Émile qui travaille comme un bon compagnon, et vous, gros et fort comme vous êtes, vous nous regardez suer en vous croisant les bras.

— Ma foi, tant pis pour vous, répondit Galuchet ; vous m'avez fait boire, je ne suis bon à rien.

— Oui, mais vous êtes lourd, et puisque vous ne travaillez pas, vous irez à terre. Au rivage, au rivage, mon petit Émile ! mettons à terre les paquets embarrassants ! »

Ils cinglèrent vers la rive ; mais Galuchet trouva le procédé offensant, et refusa d'abord en jurant de la manière la plus cynique.

« Mille démons ! s'écria Jappeloup tout à fait en colère, tu m'as fait manquer une truite superbe, mais tu ne me feras pas échiner à ton service ! »

Et il le poussa hors de la barque ; mais, en faisant résistance, Galuchet glissa entre la barque et le rivage, et tomba dans l'eau jusqu'à la ceinture.

« Ma foi, c'est bien fait, dit Jappeloup : cela mettra de l'eau dans ton vin. »

Et il éloigna rapidement la barque, que Galuchet, transporté de fureur, essayait de faire chavirer.

« Ah ! le méchant garçon ! s'écriait le charpentier ; convenez-en s'il y a de bonnes herbes, il y en a aussi de bien mauvaises. Laissez-le barboter, dit-il à ses compagnons, qui craignaient que le pauvre Galuchet, à cause de son état d'ivresse, ne vînt à se noyer, quoique l'endroit ne fût pas dangereux. S'il enfonce trop, je lui planterai mon crochet dans la ceinture et je le repêcherai comme un saumon. Mais bah ! si c'était quelque chose de bon, on pourrait s'inquiéter, au lieu que ce qui n'est bon à rien, les animaux morts et les bouteilles vides, surnage toujours. »

Au bout de quelques instants, Galuchet sauta sur l'herbe et disparut en montrant le poing.

Ce ridicule incident attrista beaucoup Gilberte. Pour la première fois elle voyait un grave inconvénient de la trop grande bonhomie de son père. Ces manières rustiques et simples de ceux qui l'entouraient, et qui étaient l'expression de la candeur et de la bonté, commençaient à l'effrayer, comme ne lui assurant pas une protection assez éclairée ni assez délicate pour son âge et pour son sexe.

« Je suis une pauvre fille de campagne, se disait-elle, et je sais fort bien vivre avec les paysans ; mais c'est à la condition que certains demi-bourgeois mal élevés ne viendront pas se mettre de la partie : car alors les paysans deviennent un peu trop sauvages dans leur colère, et la vie que je mène ne me met pas à l'abri des vengeances de la lâcheté. »

Elle songeait alors à Émile comme à un appui que le ciel lui destinait ; mais alors elle se demandait dans quel milieu il était forcé de vivre lui-même, et l'idée que M. Cardonnet employait des gens de l'espèce de Galuchet lui causait une sorte de terreur vague sur son caractère et ses habitudes.

Lorsque Jean Jappeloup revint le soir à Gargilesse, il trouva Galuchet étendu comme mort au milieu de son chemin. Le pauvre diable, un instant dégrisé par le bain qu'il [avait] pris, était entré dans un cabaret pour se sécher, et comme il avait peur pour sa santé, il s'était laissé persuader de prendre un verre d'eau-de-vie qui l'avait achevé. Il revenait littéralement à quatre pattes. Jean avait eu le temps d'oublier sa colère, et d'ailleurs il n'était pas homme à laisser un de ses semblables exposé à se faire écraser par les pieds des chevaux. Il le releva, supporta patiemment ses menaces et ses injures, et le ramena, le portant plus qu'à demi, jusqu'à l'usine, où Galuchet, qui ne le reconnaissait pas, rentra en jurant qu'il se vengerait du scélérat qui avait voulu le noyer.

## XXIV.

### M GALUCHET.

Mais, après avoir dormi douze heures, Galuchet n'avait plus qu'un souvenir fort confus des événements de la veille, et, lorsque M. Cardonnet le fit appeler, il ne lui restait qu'un vague ressentiment contre le charpentier. D'ailleurs il n'avait guère envie de se vanter d'avoir fait un si sot personnage en débutant dans sa carrière diplomatique, et il rejeta son lever tardif et son air appesanti sur une violente migraine. « Je n'ai fait que tâter le terrain, répondit-il aux questions de son maître. J'étais si souffrant que je n'ai pas pu observer grand'chose. Je puis vous assurer seulement qu'on a dans cette maison des façons fort communes, qu'on y vit de pair à compagnon avec des manants, et que la table y est fort pauvrement servie.

— Vous ne m'apprenez là rien de nouveau, dit M. Cardonnet ; il est impossible que vous ayez passé toute la journée à Châteaubrun, sans avoir remarqué quelque chose de plus particulier. A quelle heure mon fils est-il arrivé, et à quelle heure est-il parti ?

— Je ne saurais dire précisément quelle heure il était... Leur vieille pendule va si mal !

— Ce n'est pas là une réponse. Combien d'heures est-il resté ? Voyons, je ne vous demande pas rigoureusement les fractions.

— Tout cela a duré cinq ou six heures, Monsieur ; je me suis fort ennuyé. M. Émile avait l'air peu flatté de me voir, et, quant à la jeune fille, c'est une franche bégueule. Il fait une chaleur assommante sur cette montagne, et on ne peut pas dire deux mots sans être interrompu par ce paysan.

— Il y parait, car vous ne dites pas deux mots de suite ce matin, Galuchet : de quel paysan parlez-vous ?

— De ce charpentier, Jappeloup, un drôle, un animal qui tutoie tout le monde, et qui appelle monsieur *le père Cardonnet*, comme s'il parlait de son semblable.

— Cela m'est fort égal ; mais que lui disait mon fils ?

— M. Émile rit de ses sottises, et mademoiselle Gilberte le trouve charmant.

— Et n'avez-vous pas remarqué quelque *aparté* entre elle et mon fils ?

— Non pas, Monsieur, précisément. La vieille, qui est certainement sa mère, car elle l'appelle *ma fille*, ne la quitte guère, et il ne doit pas être facile de lui faire la cour, d'autant plus qu'elle est très-hautaine et se donne des airs de princesse. Ça lui va bien, ma foi, avec la toilette qu'elle a, et pas le sou ! On me l'offrirait, que je n'en voudrais pas !

— N'importe, Galuchet, il faut lui faire la cour.

— Pour me moquer d'elle, à la bonne heure, je veux bien !

— Et puis, pour gagner une gratification que vous n'aurez point, si vous ne me faites pas la prochaine fois un rapport plus clair et mieux circonstancié ; car vous battez la campagne aujourd'hui. »

Galuchet baissa la tête sur son livre de comptes, et lutta tout le jour contre le malaise qui suit un excès.

Émile passa encore toute la semaine plongé dans l'hydrostatique ; il ne se permit pas d'autre distraction que de chercher Jean Jappeloup dans la soirée pour causer avec lui, et, comme il cherchait toujours à ramener la conversation sur Gilberte : « Écoutez, monsieur Émile, lui dit tout à coup le charpentier, vous n'êtes jamais las de ce chapitre-là, je le vois bien. Savez-vous que la mère Janille vous croit amoureux de son enfant ?

— Quelle idée ! répondit le jeune homme, troublé par cette brusque interpellation.

— C'est une idée comme une autre. Et pourquoi n'en seriez-vous pas amoureux ?

— Sans doute, pourquoi n'en serais-je pas amoureux ? répondit Émile de plus en plus embarrassé. Mais est-ce vous, ami Jean, qui voudriez parler légèrement d'une pareille possibilité ?

— C'est plutôt vous, mon garçon, car vous répondez comme si nous plaisantions. Allons, voulez-vous me dire la vérité ? dites-la, ou je ne vous en parle plus.

— Jean, si j'étais amoureux, en effet, d'une personne que je respecte autant que ma propre mère, mon meilleur ami n'en saurait rien.

— Je sais fort bien que je ne suis pas votre meilleur ami, et pourtant je voudrais le savoir, moi.

— Expliquez-vous, Jean.

— Expliquez-vous vous-même, je vous attends.

— Vous attendrez donc longtemps ; car je n'ai rien à répondre à une pareille question, malgré toute l'estime et l'affection que je vous porte.

— S'il en est ainsi, il faudra donc que vous disiez, un de ces jours, adieu tout à fait aux gens de Châteaubrun ; car ma mie Janille n'est pas femme à s'endormir longtemps sur le danger.

— Ce mot me blesse ; je ne croyais pas qu'on pût m'accuser de faire courir un danger quelconque à une personne dont la réputation et la dignité me sont aussi sacrées qu'à ses parents et à ses plus proches amis.

— C'est bien parler, mais cela ne répond pas tout droit à mes questions. Voulez-vous que je vous dise une chose ? c'est qu'au commencement de la semaine dernière, j'ai été à Châteaubrun pour emprunter à Antoine un outil dont j'avais besoin. J'y ai trouvé ma mie Janille ; elle était toute seule, et vous attendait. Vous n'y êtes pas venu, et elle m'a tout conté. Or, mon garçon, si elle ne vous a pas fait mauvaise mine dimanche, et si elle vous permet de revenir de temps en temps voir sa fille, c'est à moi que vous le devez.

— Comment cela, mon brave Jean ?

— C'est que j'ai plus de confiance en vous que vous n'en avez en moi. J'ai dit à ma mie Janille que si vous étiez amoureux de Gilberte, vous l'épouseriez, et que je répondais de vous sur le salut de mon âme.

— Et vous avez eu raison, Jean, s'écria Émile en saisissant le bras du charpentier : jamais vous n'avez dit une plus grande vérité.

— Oui ! mais reste à savoir si vous êtes amoureux, et c'est ce que vous ne voulez pas dire.

— C'est que je ne peux dire à vous seul, puisque vous m'interrogez ainsi. Oui, Jean, je l'aime, je l'aime plus que ma vie et je veux l'épouser.

— J'y consens, répondit Jean avec un accent de gaieté enthousiaste, et, quant à moi, je vous marie ensemble... Un instant ! un instant ! si Gilberte y consent aussi.

— Et si elle te demandait conseil, brave Jean, toi, son ami et son second père ?

— Je lui dirais qu'elle ne peut pas mieux choisir,

que vous me convenez et que je veux vous servir de témoin.

— Eh bien, maintenant, ami, il n'y a plus qu'à obtenir le consentement des parents.

— Oh! je vous réponds d'Antoine, si je m'en mêle. Il a de la fierté; il craindra que votre père n'hésite, mais je sais ce que j'ai à lui dire là-dessus.

— Quoi donc, que lui direz-vous?

— Ce que vous ne savez pas, ce que je sais à moi tout seul; je n'ai pas besoin d'en parler encore, car le temps n'est pas venu, et vous ne pouvez pas penser à vous marier avant un an ou deux.

— Jean, confiez-moi ce secret comme je vous ai confié le mien. Je ne vois qu'un obstacle à ce mariage : c'est la volonté de mon père. Je suis résolu à le vaincre, mais je ne me dissimule pas qu'il est grand.

— Eh bien, puisque tu as été si confiant et si franc avec le vieux Jean, le vieux Jean agira de même à ton égard. Écoute, petit : avant peu, ton père sera ruiné et n'aura plus sujet de faire le fier avec la famille de Châteaubrun.

— Si tu disais vrai, ami, malgré le chagrin que mon père devrait en ressentir, je bénirais ta singulière prophétie; car il y a bien d'autres motifs qui me font redouter cette fortune.

— Je le sais, je connais ton cœur, et je vois que tu voudrais enrichir les autres avant toi-même. Tout s'arrangera comme tu le souhaites, je te le prédis. Je l'ai rêvé plus de dix fois.

— Si vous n'avez fait que le rêver, mon pauvre Jean...

— Attendez, attendez... Qu'est-ce que c'est que ce livre-là, que vous portez toujours sous le bras et que vous avez l'air d'étudier?

— Je te l'ai dit, un traité savant sur la force de l'eau, sur la pesanteur, sur les lois de l'équilibre...

— Je m'en souviens fort bien, vous me l'avez déjà dit; mais je vous dis, moi, que votre livre est un menteur, ou que vous l'avez mal étudié : autrement vous sauriez ce que je sais.

— Quoi donc?

— C'est que votre usine est impossible, et que votre père, s'obstinant à se battre contre une rivière qui se moque de lui, perdra ses dépenses, et s'avisera trop tard de sa folie. Voilà pourquoi vous me voyez si gai depuis quelque temps. J'ai été triste et de mauvaise humeur tant que j'ai cru à la réussite de votre entreprise; mais j'avais une espérance qui pourtant me revenait toujours et dont j'ai voulu avoir le cœur net. J'ai marché, j'ai examiné, j'ai travaillé, étudié. Oh oui! étudié! sans avoir besoin de vos livres, de vos cartes et de vos grimoires; j'ai tout vu, tout compris. Monsieur Émile, je ne suis qu'un pauvre paysan, et votre Galuchet me cracherait sur le corps s'il osait; mais je puis vous certifier une chose dont vous ne vous doutez guère : c'est que votre père n'entend rien à ce qu'il fait, qu'il a pris de mauvais conseils, et que vous n'en savez pas assez long pour le redresser. L'hiver qui vient emportera vos travaux, et tous les hivers les emporteront jusqu'à ce que M. Cardonnet ait jeté son dernier écu dans l'eau. Souvenez-vous de ce que je vous dis, et n'essayez pas de le persuader à votre père. Ce serait une raison de plus pour qu'il s'obstinât à se perdre, et nous n'avons pas besoin de cela pour qu'il le fasse; mais vous serez ruiné, mon fils, et si ce n'est ici entièrement, ce sera ailleurs, car je tiens la cervelle de votre papa dans le creux de ma main. C'est une tête forte, j'en conviens, mais c'est une tête de fou. C'est un homme qui s'enflamme pour ses projets à tel point qu'il les croit infaillibles, et, quand on est bâti de cette façon-là, on ne réussit à rien. J'ai d'abord cru qu'il jouait son jeu, mais, à présent, je vois bien que la partie devient trop sérieuse, puisqu'il recommence tout ce que la dernière drible a détruit. Il avait eu jusque-là trop bonne chance : raison de plus; les bonnes chances rendent impérieux et présomptueux. C'est l'histoire de Napoléon, que j'ai vu monter et descendre, comme un charpentier qui grimpe sur le faîte de la maison sans avoir regardé si les fondations sont bonnes. Quelque bon charpentier qu'il soit, quelque chef-d'œuvre qu'il établisse, si le mur fléchit, adieu tout l'ouvrage! »

Jean parlait avec une telle conviction, et ses yeux noirs brillaient si fort sous ses épais sourcils grisonnants, qu'Émile ne put se défendre d'être ému. Il le supplia de lui exposer les motifs qui le faisaient parler ainsi, et longtemps le charpentier s'y refusa. Enfin, vaincu par son insistance, et un peu irrité par ses doutes, il lui donna rendez-vous pour le dimanche suivant.

« Vous irez à Châteaubrun samedi ou lundi, lui dit-il; mais, dimanche, nous partirons à la pointe du jour, et nous remonterons le cours de l'eau jusqu'à certains endroits que je vous montrerai. Emportez tous vos livres et tous vos instruments, et bon vous semble. S'ils ne me donnent pas raison, peu m'importe : c'est la science qui aura menti. Mais ne vous attendez pas à faire ce voyage-là à cheval ou en voiture, et si vous n'avez pas de bonnes jambes, ne comptez pas le faire du tout. »

Le samedi suivant, Émile courut à Châteaubrun, et, comme de coutume, il commença par Boisguilbault, n'osant arriver de trop bonne heure chez Gilberte.

Comme il approchait des ruines, il vit un point noir au bas de la montagne, et ce point devint bientôt Constant Galuchet, en habit noir, pantalon et gants noirs, cravate et gilet de satin noir. C'était sa toilette de campagne, hiver comme été; et, quelque chaleur qu'il eût à supporter, quelque fatigue à laquelle il s'exposât, il ne sortait jamais du village sans cette tenue de rigueur. Il eût craint de ressembler à un paysan, si, comme Émile, il eût endossé une blouse et porté un chapeau gris à larges bords.

Si le costume bourgeois de notre époque est le plus triste, le plus incommode et le plus disgracieux que la mode ait jamais inventé, c'est surtout au milieu des champs que tous ses inconvénients et toutes ses laideurs ressortent. Aux environs des grandes villes, on est moins choqué, parce que la campagne elle-même y est arrangée, alignée, plantée, bâtie et murée dans un goût systématique, qui ôte à la nature tout son imprévu et toute sa grâce. On peut quelquefois admirer la richesse et la symétrie de ces terres soumises à toutes les recherches de la civilisation; mais aimer une telle campagne, c'est fort difficile à concevoir. La vraie campagne n'est pas là, elle est au sein des pays un peu négligés et un peu sauvages, là où la culture n'a pas en vue des embellissements mesquins et des limites jalouses, là où les terres se confondent, et où la propriété n'est marquée que par une pierre ou un buisson placés sous la sauvegarde de la bonne foi rustique. C'est là que les chemins destinés seulement aux piétons, aux cavaliers ou aux charrettes offrent mille accidents pittoresques; où les haies abandonnées à leur vigueur naturelle se penchent en guirlandes, se courbent en berceaux, et se parent de ces plantes incultes qu'on arrache avec soin dans les pays de luxe. Émile se souvenait d'avoir marché pendant plusieurs lieues autour de Paris sans avoir eu le plaisir de rencontrer une ortie, et il sentait vivement le charme de cette nature agreste où il se trouvait maintenant. La pauvreté ne s'y cachait pas honteuse et souillée sous les pieds de la richesse. Elle s'y étalait au contraire souriante et libre sur un sol qui portait fièrement ses emblèmes, les fleurs sauvages et les herbes vagabondes, l'humble mousse et la fraise des bois, le cresson au bord d'une eau sans lit, le lierre sur un rocher, qui, depuis des siècles, obstruait le sentier sans éveiller le souci de la police. Enfin, il aimait ces branches qui traversent le chemin et que le passant respecte, ces fondrières où murmure la grenouille verte, comme pour avertir le voyageur, sentinelle plus vigilante que celle qui défend le palais des rois; ces vieux murs qui s'écroulent au bord des enclos et que personne ne songe à relever, ces fortes racines qui soulèvent les terres et creusent des grottes au pied des arbres antiques; tout cet abandon qui fait la nature naïve, et qui s'harmonise si bien avec le type sévère et le costume simple et grave du paysan.

Mais qu'au milieu de ce cadre austère et grandiose, qui transporte l'imagination aux temps de la poésie primitive, apparaisse cette mouche parasite, le *monsieur* aux habits noirs, au menton rasé, aux mains gantées, aux jambes maladroites, et ce roi de la société n'est plus qu'un accident ridicule, une tache importune dans le tableau. Que viennent-ils faire à la lumière du soleil, vos vêtements de deuil, dont les épines semblent se rire comme d'une proie? Votre costume gênant et disparate inspire alors la pitié plus que les haillons du pauvre; on sent que vous êtes déplacé au grand air et que votre livrée vous écrase.

Jamais cette remarque ne s'était présentée aussi vivement à la pensée d'Émile que lorsque Galuchet lui apparut, le chapeau à la main, gravissant la colline avec un mouvement pénible qui faisait flotter ridiculement les basques de son habit, et s'arrêtant pour épousseter avec son mouchoir les traces de chutes fréquentes. Émile eut envie de rire, et puis, il se demanda avec colère ce que la mouche parasite venait faire autour de la ruche sacrée.

Émile mit son cheval au galop, passa près de Galuchet sans avoir l'air de le reconnaître, et, arrivant le premier à Châteaubrun, il l'annonça à Gilberte comme une inévitable calamité.

« Ah! mon père, dit la jeune fille, ne recevez pas cet homme si mal élevé et si déplaisant, je vous en supplie! ne nous laissez pas gâter notre Châteaubrun, et notre intérieur, notre laisser-aller si doux, par la présence de cet étranger, qui ne peut et qui ne doit jamais sympathiser avec nous.

— Et que veux-tu donc que j'en fasse? répondit M. de Châteaubrun embarrassé. Je l'ai invité à venir quand il voudrait; je ne pouvais prévoir que toi, qui es si tolérante et si généreuse, tu prendrais en grippe un pauvre hère, à cause de son peu d'usage et de sa triste figure. Moi, ces gens-là me font peine; je vois que chacun les repousse et qu'ils s'ennuient d'être au monde!

— Ne croyez pas cela, dit Émile. Ils s'y trouvent fort bien, au contraire, et s'imaginent plaire à tous.

— En ce cas, pourquoi leur ôter une illusion, sans laquelle il leur faudrait mourir de chagrin? Moi, je n'ai pas ce courage, et je ne crois pas que ma bonne Gilberte me conseille de l'avoir.

— Mon trop bon père! dit Gilberte en soupirant, je voudrais l'avoir aussi, cette bonté, et je crois l'avoir en général; mais cet homme est suffisant et satisfait de lui-même, qui semble m'insulter quand il me regarde, et qui m'appelle par mon nom de baptême le premier jour où il me parle! non, je ne puis le supporter, et je sens qu'il me fait mal parce que sa vue me porte au dédain et à l'ironie, contrairement à mes instincts et à mes habitudes de caractère.

— Il est certain que M. Galuchet se familiarisera beaucoup avec mademoiselle, dit Émile à M. Antoine, et que vous serez forcé plus d'une fois de le rappeler au respect qu'il lui doit. S'il arrive qu'il vous oblige de le chasser, vous regretterez de l'avoir accueilli avec trop de confiance. Ne vaudrait-il pas mieux lui faire entendre aujourd'hui par un accueil un peu froid que vous n'avez pas oublié la manière grossière dont il s'est comporté à sa première visite?

— Ce que je vois de mieux pour arranger l'affaire, dit M. de Châteaubrun, c'est que vous alliez vous promener dans le verger avec Janille; moi, j'emmènerai le Galuchet à la pêche, et vous en serez débarrassés. »

Cette proposition ne plaisait pas beaucoup à Émile. Lorsqu'il était sous la surveillance de M. de Châteaubrun, il pouvait se croire presque tête-à-tête avec Gilberte, au lieu que Janille était un tiers autrement actif et clairvoyant. Et puis Gilberte pensait qu'il y avait de l'égoïsme à laisser son père subir tout le fardeau d'une telle visite.

« Non, dit-elle en l'embrassant, nous resterons pour te faire enrager; car si nous tournons le dos, tu vas redevenir si doux et si bon, que ce monsieur se croira, une fois pour toutes, le très-bien venu. Oh! je te connais, père! tu ne pourras pas t'empêcher de le lui dire et de le retenir à table, et il boira encore! Il est donc bon que je reste ici pour te forcer à t'observer.

— D'ailleurs je m'en charge, dit Janille, qui avait écouté jusque-là sans dire son avis, et qui haïssait Galuchet, depuis le jour où il avait marchandé avec elle pour une pièce de dix sous qu'elle lui avait demandée après lui avoir montré les ruines. J'aime beaucoup que monsieur boive son vin avec ses amis et les gens qui lui font plaisir; mais je ne suis pas d'avis de le gaspiller avec des pique-assiettes, et je vais baptiser d'importance celui de M. Galuchet. Ah! mais, Monsieur, tant pis pour vous, qui n'aimez point l'eau, cela vous forcera de ne pas rester longtemps à table.

— Mais, Janille, c'est une tyrannie, dit M. Antoine, tu vas me mettre à l'eau maintenant? tu veux donc ma mort?

— Non, Monsieur, vous n'en aurez le teint que plus frais, et tant pis pour ce petit monsieur s'il fait la grimace! »

Janille tint parole, mais Galuchet était trop troublé pour s'en apercevoir. Il se sentait de plus en plus mal à l'aise devant Émile, dont les yeux et le sourire semblaient toujours l'interroger sévèrement, et, lorsqu'il voulait payer d'audace en faisant l'agréable auprès de Gilberte, il était si mal reçu, qu'il ne savait plus que devenir. Il avait résolu de s'observer à l'endroit du clairet de Châteaubrun, et il fut fort satisfait, lorsque, après le premier verre, son hôte n'insista plus pour lui en faire avaler un second. M. Antoine, en lui donnant l'exemple de la première rasade, comme c'était son devoir d'hôte campagnard, étouffa un soupir, et lança à Janille un regard de reproche pour la libéralité qui avait présidé à la ration d'eau. Charasson, qui était dans la confidence de la vieille, partit d'un gros rire, et fut vertement réprimandé par son maître, qui le condamna à avaler à son souper le reste du breuvage inoffensif.

Quand Galuchet se fut convaincu qu'il était insupportable à Gilberte et à Émile, il résolut d'avancer ses affaires auprès de M. Cardonnet, en risquant la demande en mariage. Il emmena M. Antoine à l'écart, et, certain d'être refusé, il lui offrit son cœur, sa main et ses vingt mille francs pour sa fille. M. Galuchet crut ne rien risquer en doublant le capital fictif de sa dot.

Cette petite fortune, jointe à un emploi qui procurait à Galuchet un revenu de douze cents francs, causa quelque surprise à M. Antoine. C'était là un très-bon parti pour Gilberte, et elle ne pouvait espérer mieux, en fait de richesse; car enfin, il était impossible au bon campagnard de lui fournir une dot quelconque, se dépouillât-il entièrement. Personne au monde n'était plus désintéressé que ce brave homme; il en avait donné assez de preuves, sa vie durant. Mais il ne pensait pas sans quelque amertume que sa fille chérie, faute de rencontrer un homme qui l'aimât pour elle-même, serait probablement condamnée au célibat pour longtemps, peut-être pour toujours! « Quel malheur, se dit-il, que ce garçon ne soit pas aimable, car, à coup sûr, il est honnête et généreux : ma fille lui plaît, et il ne demande pas ce qu'elle a. Il sait sans doute qu'elle n'a rien, et il veut lui donner tout ce qu'il possède. C'est un prétendant bien intentionné, qu'il faut refuser honnêtement, avec douceur et amitié. »

Et, ne sachant comment s'y prendre, n'osant exposer Gilberte au soupçon d'être vaine de son nom, ou au ressentiment d'un cœur blessé par son aversion, il ne trouva rien de mieux que de ne pas se prononcer, et de demander du temps pour réfléchir et se consulter. Galuchet demanda aussi la permission de revenir, non pas précisément faire sa cour, mais s'informer de son sort, et il y fut autorisé, bien que le pauvre Antoine tremblât en lui faisant cette réponse.

Il le mena au bord de la rivière pour l'installer à la pêche, bien que Galuchet n'eût rien apporté pour cela, et désirât fort rester au château. Antoine le promena au moins au bord de la Creuse pour lui indiquer les bons endroits, et, chemin faisant, il eut la faiblesse et la bonhomie de lui demander pardon pour les taquineries et les malices de Jean. Galuchet prit la chose à merveille, rejeta tout le tort sur lui-même, en disant toutefois, pour se montrer sous un meilleur jour, qu'il avait été grisé par surprise, et que s'il n'était pas capable de porter le vin,

Oh! bonnes gens, est-il possible. (Page 108.)

c'est parce qu'il était habitué à une grande sobriété. « A la bonne heure! dit Antoine, Janille avait craint que vous ne fussiez un peu intempérant; mais ce qui vous est arrivé prouve bien le contraire. »

Ils causèrent assez longtemps, et Galuchet s'obstinant à ne pas partir, quoiqu'il vît bien à l'inquiétude de son hôte qu'il eût voulu ne pas le ramener au château, ils y revinrent, et Galuchet prit aussi Janille à part pour lui confier ses intentions et donner à Antoine le temps de prévenir Gilberte. Il comptait bien sur le dépit qu'elle en éprouverait; car, cette fois, n'étant pas ivre, il voyait fort clairement l'air irrité d'Émile, et les sentiments de Gilberte pour le protecteur qu'elle avait choisi.

« Cette fois-ci, se disait-il, M. Cardonnet ne me reprochera pas d'avoir perdu mon temps. Mes beaux amoureux vont être dans une furieuse colère contre moi, et M. Émile ne pourra pas se tenir de me chercher noise. » Galuchet n'était pas poltron, et bien qu'il ne supposât pas Émile capable d'un duel à coups de poings, il se disait avec une certaine satisfaction qu'il était de force à lui tenir tête. Quant à une véritable partie d'honneur, cela eût été moins de son goût, parce qu'il n'entendait rien aux armes courtoises; mais il pouvait bien compter que M. Cardonnet saurait l'en préserver.

Pendant qu'il entretenait Janille, M. de Châteaubrun resta avec sa fille et Émile dans le verger et leur raconta ce qui venait de se passer entre lui et Galuchet, mais avec quelques précautions oratoires. « Eh bien, dit-il, vous l'accusez d'être un sot et un impertinent, vous allez vous repentir de votre dureté; car c'est là véritablement un digne garçon, et j'en ai la preuve. Je puis raconter cela devant Émile qui est notre ami, et même si Gilberte voulait examiner la chose sans prévention, elle pourrait lui demander des renseignements certains sur ce jeune homme... dites, Émile, en votre âme et conscience, est-ce un homme probe?

— Sans aucun doute, répondit Émile. Mon père l'emploie depuis trois ans, et serait très-fâché de le perdre.

— Est-il d'un bon caractère?

— Quoiqu'il n'en ait guère donné la preuve ici l'autre jour, je dois dire qu'il est fort tranquille, et tout à fait inoffensif à l'habitude.

— Il n'est point sujet à s'enivrer?

— Non pas que je sache.

— Eh bien, qu'a-t-on à lui reprocher?
— S'il n'avait pas pris fantaisie de devenir notre commensal, je le trouverais accompli, dit Gilberte.
— Il te déplaît donc bien? reprit M. Antoine en s'arrêtant pour la regarder en face.
— Eh non, mon père, répondit-elle, étonnée de cet air solennel. Ne prenez pas mon éloignement si fort au sérieux. Je ne hais personne; et si la société de ce jeune homme a quelque agrément pour vous, s'il vous a donné quelque raison plausible de l'estimer particulièrement, à Dieu ne plaise que je vous en prive par un caprice! Je ferai un effort sur moi-même, et j'arriverai peut-être à partager la bonne opinion que mon digne père a de lui.
— Voilà parler comme une bonne et sage fille, et je reconnais ma Gilberte. Sache donc, petite, que c'est toi, moins que personne, qui dois mépriser le caractère de ce garçon-là; que si tu n'éprouves aucun attrait pour lui, tu dois du moins le traiter avec politesse et le renvoyer avec bonté. Allons, me devines-tu?
— Pas le moins du monde, mon père.
— Moi, je crains de deviner, dit Émile, dont les joues se couvrirent d'une vive rougeur.
— Eh bien, reprit M. Antoine, je suppose qu'un garçon assez riche, relativement à nous, remarque une belle et bonne fille qui est fort pauvre, et que, s'éprenant d'elle à la première vue, il vienne mettre à ses pieds les plus honnêtes prétentions du monde, faut-il le chasser brutalement, et lui jeter la porte au nez en lui disant : « Non, Monsieur, vous êtes trop laid? »
Gilberte rougit autant qu'Émile, et quelque effort d'humilité qu'elle pût faire sur elle-même, elle se sentit si outragée par les prétentions de Galuchet, qu'elle ne put rien répondre, et sentit ses yeux se remplir de larmes.
« Ce misérable a indignement menti, s'écria Émile, et vous pouvez le chasser honteusement. Il n'a aucune fortune, et mon père l'a tiré de la dernière détresse. Or, il n'y a que trois ans qu'il l'emploie, et à moins que M. Galuchet n'ait fait tout à coup un héritage mystérieux...
— Non, Émile, non, il ne m'a pas fait de mensonge; je ne suis pas si faible et si crédule que vous croyez. Je l'ai interrogé, et je sais que la source de sa petite fortune est pure et certaine. C'est votre père qui lui assure vingt mille francs pour se l'attacher à jamais par l'affection et la reconnaissance, au cas où il se mariera dans le pays.
— Mais, sans doute, dit Émile d'une voix mal assurée, mon père ignore que c'est sur mademoiselle de Châteaubrun qu'il a osé lever les yeux, car il ne l'eût pas encouragé dans une semblable espérance.
— Tout au contraire, reprit M. Antoine, qui trouvait la chose fort naturelle; votre père a reçu la confidence de son goût pour Gilberte, et il l'a autorisé à se servir de son nom pour la demander en mariage. »
Gilberte devint pâle comme la mort et regarda Émile, qui baissa les yeux, stupéfait, humilié et brisé au fond de l'âme.

## XXV.

### L'EXPLOSION.

— Eh bien, qu'y a-t-il donc? dit Janille, qui vint les rejoindre dans une tonnelle à l'endroit du verger, où ils s'étaient assis tous trois; pourquoi Gilberte est-elle toute défaite, et pourquoi vous taisez-vous tous quand j'approche, comme si vous méditiez quelque complot? »
Gilberte se jeta dans le sein de sa gouvernante et fondit en larmes.
« Eh bien, eh bien, reprit la petite bonne femme, en voici bien d'une autre! Ma fille a de la peine, et je ne sais point de quoi il s'agit! Parlerez-vous, monsieur Antoine?
— Est-ce que ce jeune homme est parti? dit M. Antoine en regardant autour de lui avec inquiétude.
— Sans doute, car il m'a fait ses adieux, et je l'ai reconduit jusqu'à la porte, dit Janille. J'ai eu quelque peine à m'en débarrasser. Il est un peu lourd à s'expliquer, celui-là! Il aurait souhaité rester, je l'ai bien vu; mais je lui ai fait comprendre que de telles affaires ne se terminaient pas si vite, qu'il me fallait en conférer avec vous, et qu'on lui écrirait, si on voulait le revoir pour un motif ou pour un autre. Mais, avant, qu'a donc ma fille? qui lui a fait du chagrin ici? Ah! mais, voici ma mie Janille pour la défendre et la consoler.
— Oh oui! toi, tu me comprendras, s'écria Gilberte, et tu m'aideras à repousser l'injure, car je me trouve offensée, et j'ai besoin de toi pour la faire comprendre à mon père! Sache donc qu'il se fait presque l'avocat de M. Galuchet!
— Ah! tu es déjà au courant de ce qui se passe? En ce cas, ce sont donc des affaires de famille! Et moi aussi, j'en ai à vous conter; mais tout cela va ennuyer monsieur Émile?
— Je vous entends, ma chère mademoiselle Janille, répondit le jeune homme, et je sais que les convenances ordinaires me commanderaient de me retirer; mais je suis trop intéressé à ce qui se passe ici pour m'astreindre à de vulgaires usages : vous pouvez parler devant moi, puisque maintenant je sais tout.
— Eh bien, Monsieur, si vous savez de quoi il s'agit, et si M. Antoine a trouvé bon de s'expliquer devant vous, ce qui, entre nous soit dit, était assez inutile, je parlerai donc comme si vous n'étiez pas là. Et d'abord, Gilberte, il ne faut pas pleurer : de quoi t'affliges-tu, ma fille? De ce qu'un malotru s'imagine être digne de toi? Eh! mon Dieu, ce n'est pas la dernière fois que tu seras exposée, mariée ou non, à voir des gens avantageux te donner à rire; car il faut rire de cela, mon enfant, et ne point t'en fâcher. Ce garçon croit te faire honneur et te donner une preuve d'estime; reçois-la de même, et dis-lui, ou fais-lui dire très-sérieusement que tu le remercies, mais que tu ne veux point de lui. Je ne vois point du tout pourquoi tu t'inquiètes : est-ce que tu t'imagines, par hasard, que je suis d'humeur à l'encourager? Ah! bien, oui, il aurait cent mille francs, cent millions d'écus, que je ne le trouverais pas fait pour ma fille! Le vilain, avec ses gros yeux et son air content d'être au monde, qu'il aille plus loin! nous n'avons point ici de fille à lui donner! Ah! mais, ma mie Janille s'y connaît, et sait qu'on ne met point, dans un bouquet, le chardon à côté de la rose.
— C'est bien parler, bonne Janille! s'écria Émile, et vous êtes digne d'être appelée sa mère!
— Et qu'est-ce que cela vous fait, à vous, Monsieur, dit Janille, animée et montée par sa propre éloquence; qu'avez-vous à voir dans nos petites affaires? Savez-vous du mal de ce prétendant? c'est fort inutile de nous le dire : nous n'avons pas besoin de vous pour nous en débarrasser.
— Laisse, Janille, ne le gronde pas, dit Gilberte en caressant sa vieille amie. Cela me fait du bien d'entendre dire que les prétentions de cet homme-là sont un outrage pour moi, car je me sens humiliée d'y songer. J'en ai froid, j'en suis malade. Et mon père ne comprend pas cela, pourtant! Mon père se trouve honoré par sa demande et ne saura rien lui dire pour me préserver de sa vue!
— Ah! ah! reprit Janille en riant, c'est lui qui a tort comme à l'ordinaire, le méchant homme! c'est lui qui fait pleurer sa fille! Ah mais! Monsieur, voulez-vous par hasard faire le tyran ici? Ne comptez pas là-dessus, car ma mie Janille n'est pas morte et n'a pas envie de mourir.
— C'est cela, dit M. Antoine; c'est moi qui suis un despote, un père dénaturé! Bien, bien! tombez sur moi, si cela vous soulage. Ensuite, ma fille voudra peut-être bien me dire à qui elle en a, et ce que j'ai fait de si criminel.
— Mon bon père, dit Gilberte, en se jetant dans ses bras, laissons ces tristes plaisanteries, et dépêche-toi de renvoyer d'ici, pour toujours, M. Galuchet, afin que je respire, et que j'oublie ce mauvais rêve.
— Ah! voilà le hic, répondit M. Antoine, il s'agit de savoir ce que je vais lui écrire, et c'est pour cela qu'il est bon de tenir conseil.
— Entends-tu, mère! dit Gilberte à Janille, il ne sait que lui répondre! apparemment il n'a pas su refuser.
— Eh bien, mon enfant, ton père n'a pas tant de tort, répondit Janille, car, moi aussi, j'ai reçu la demande de ton beau soupirant, je l'ai écouté sans m'émouvoir, et je

ne lui ai dit ni oui, ni non. Allons! allons! ne te fâche pas. C'est comme cela qu'il faut agir, et consultons-nous tranquillement. On ne peut pas dire à ce garçon : « Vous me déplaisez », cela ne se dit pas. On ne peut pas lui dire non plus : « Nous sommes de bonne maison, et vous vous appelez Galuchet; » car cela serait dur et mortifiant.

— Et ce ne serait pas là une raison, dit Gilberte. Que nous importe la noblesse à présent? La vraie noblesse est dans le cœur, et non dans de vains titres. Ce n'est pas le nom de Galuchet qui me répugne, ce sont les manières et les sentiments de l'homme qui le porte.

— Ma fille a raison : le nom, la profession et la fortune n'y font rien, dit M. Antoine. Ce n'est donc pas de cela que nous pouvons nous servir. On ne peut pas reprocher non plus à un homme les défauts de sa personne. Ce que nous avons de mieux à dire, c'est que Gilberte ne veut pas se marier.

— Ah mais! Monsieur, un petit moment, dit Janille, je n'entends pas qu'on dise cela, moi; car si ce jeune homme allait le répéter (comme cela ne peut manquer), il ne se présenterait plus personne, et je ne suis pas d'avis que ma fille se fasse religieuse.

— Il faut pourtant alléguer quelque chose, reprit M. Antoine. Disons, en ce cas, qu'elle ne veut pas se marier encore, et que nous la trouvons trop jeune.

— Oui, oui, c'est cela, mon père! vous avez trouvé la meilleure raison, et c'est la vraie; je ne veux pas me marier encore, je suis trop jeune.

— Ce n'est pas vrai! s'écria Janille. Vous êtes en âge, et je prétends qu'avant peu vous trouviez un beau et bon mari qui vous plaise et qui nous plaise à tous.

— Ne pensez pas à cela, ma mère, reprit Gilberte avec feu. Je te fais le serment devant Dieu que mon père a dit la vérité. Je ne veux pas encore me marier, et je désire que tout le monde le sache, afin que tous les prétendants soient écartés. Ah! si vous voulez m'entourer d'importunités pareilles, vous m'ôterez tout le bonheur dont je jouis auprès de vous et vous me ferez une triste jeunesse! mais ce sera me rendre malheureuse en pure perte, car je ne changerai pas de résolution, et je mourrai plutôt que de me séparer de vous.

— Et qui te parle de nous séparer? dit Janille. L'homme qui t'aimera ne voudra pas te faire de peine; et toi, d'ailleurs, tu ne sais pas ce que tu penseras quand tu aimeras quelqu'un. Ah! ma pauvre enfant! ce sera peut-être alors notre tour de pleurer, car il est écrit que la femme quittera son père et sa mère pour suivre son mari, et celui qui a dit cela connaissait le cœur des femmes.

— Oh! s'écria Émile, c'est là une loi d'obéissance, et non une loi d'amour. L'homme qui aimera véritablement Gilberte aimera ses parents et ses amis comme les siens propres, et ne voudra pas plus l'en séparer qu'il ne voudra s'en éloigner lui-même. »

Ici Janille rencontra les regards passionnés des deux amants qui se cherchaient, et toute sa prudence lui revint.

« Pardine, Monsieur! dit-elle d'un ton un peu sec, vous vous mêlez de choses qui ne vous regardent guère, et m'est avis que toutes mes explications sont bien déplacées devant vous; mais puisque vous vous êtes obstiné à les entendre, et que M. Antoine trouve cela fort sage, je vous dirai, moi, que je vous défends de répéter, et surtout de croire ce que ma fille vient de dire dans un beau mouvement de dépit contre votre Galuchet. Car enfin tous les hommes ne sont pas taillés, Dieu merci, sur ce patron-là, et nous n'avons pas besoin que le monde la condamne à rester fille, parce qu'elle veut un mari plus agréable. Nous le lui trouverons fort bien, soyez tranquille; et ne vous imaginez pas que, parce qu'elle n'est pas riche comme vous, elle séchera sur pied.

— Allons, allons, Janille! dit M. Antoine, en prenant la main d'Émile, c'est vous qui dites des choses déplacées. Il semblerait que vous voulez faire de la peine à notre ami... Vous hochez trop de la tête : je vous dis que c'est notre meilleur ami après Jean, qui a le droit d'ancienneté; et je déclare que personne, depuis vingt ans que je suis, par ma pauvreté, à même d'apprécier les sentiments désintéressés, ne m'a montré et inspiré autant d'affection qu'Émile. C'est pourquoi je dis qu'il ne sera jamais de trop dans nos petits secrets de famille. Il est, par sa raison, la noblesse de ses idées et son instruction, fort au-dessus de son âge et du nôtre. C'est pourquoi nous ne pourrions prendre un meilleur conseil. Je le regarde comme le frère de Gilberte, et je vous réponds que s'il se présentait pour elle un parti sortable, il nous éclairerait sur les convenances de caractère, qu'il s'emploierait pour faire réussir un mariage qui la rendrait heureuse, et pour empêcher le contraire. Vos taquineries n'ont donc pas le sens commun, Janille; si je l'ai mis dans ma confidence, j'ai su ce que je faisais : vous me traitez aussi par trop comme un petit enfant!

— Ah bien! Monsieur, vous cherchez noise à votre tour! dit Janille très-animée. Eh bien, soit! c'est le jour des vérités, et je parlerai, puisqu'on me pousse à bout. Je vous dis, moi, et je dis à M. Émile, parlant à sa personne, qu'il est beaucoup trop jeune pour le rôle d'ami de la maison, et que cela doit se refroidir un peu, ou vous en sentirez les inconvénients. Par exemple, aujourd'hui même, l'occasion s'en montre, et vous vous en apercevrez. Voilà un jeune homme qui se présente pour épouser Gilberte, nous n'en voulons point, c'est fort bien, c'est entendu; mais qui empêchera ce prétendant éconduit de croire et de dire, ne fût-ce que pour se venger un peu, que c'est à cause de M. Émile, et de l'ambition qu'on a, dans la maison, de faire un riche mariage, qu'on n'écoute personne autre? Je ne dis pas que M. Émile soit capable d'avoir de pareilles idées, je suis sûre du contraire. Il nous connaît assez pour savoir qui nous sommes. Mais de sottes gens le penseront, et cela nous fera passer pour des sots. Comment! nous allons mettre M. Galuchet à la porte, parce que notre fille est trop jeune, soi-disant, et M. Cardonnet fils viendra toutes les semaines, comme s'il était seul excepté? Ça ne se peut pas, monsieur Antoine. Et vous, vous avez beau me regarder avec des yeux tendres, monsieur Émile, vous avez beau vous mettre à genoux auprès de moi, et me prendre les mains comme si vous vouliez me faire une déclaration... je vous aime, oui, j'en conviens, et je vous regretterai même beaucoup; mais je n'en ferai pas moins mon devoir, puisque moi seule ai de la tête, de la prévoyance et de la volonté, ici! Ah mais! vous partirez aussi, mon garçon, car ma mie Janille ne radote pas encore. »

Gilberte était redevenue pâle comme un lis, et M. Antoine avait de l'humeur, peut-être pour la première fois de sa vie. Il trouvait Janille déraisonnable, et n'osant entrer en révolte, il tirait l'oreille de Sacripant, qui, lui voyant un air fâché, l'accablait de caresses et se laissait martyriser par sa main distraite. Émile était à genoux entre Janille et Gilberte; son cœur débordait, et il ne pouvait plus se taire.

— « Ma chère Janille, s'écria-t-il enfin avec une émotion impétueuse, et vous, digne et généreux Antoine, écoutez-moi, et apprenez enfin mon secret. J'aime votre fille, je l'aime avec passion depuis le premier jour où je l'ai vue, et, si elle daigne agréer mes sentiments, je vous la demande en mariage, non pour M. Galuchet, non pour aucun protégé de mon père, ni pour aucun de mes amis, mais pour moi-même, qui ne puis vivre séparé d'elle, et qui ne me relèverai qu'avec son consentement et le vôtre.

— Viens sur mon cœur, s'écria M. Antoine transporté de joie et d'enthousiasme; car tu es un noble enfant, et je savais bien qu'il n'y avait rien de plus grand et de plus loyal que ton âme! »

Et il serrait dans ses bras le svelte jeune homme comme s'il eût voulu l'étouffer. Janille, attendrie, couvrit ses yeux de son mouchoir; mais tout à coup, renfonçant ses larmes :

« Voilà des folies, monsieur Antoine, dit-elle, de vraies folies! Observez-vous et ne laissez pas aller votre cœur si vite. Certes, celui-là est un brave garçon, et, si nous étions riches, ou s'il était pauvre, nous ne pourrions jamais mieux choisir; mais n'oublions pas que ce qu'il propose est impossible, que sa famille n'y consentira jamais, et qu'il vient de faire un roman dans sa petite cervelle. Si je ne vous aimais pas tant, Émile, je vous gronderais de monter ainsi l'imagination de M. Antoine qui est encore plus jeune que la vôtre, et qui est capable de prendre vos rêves au sérieux. Heureusement sa fille est plus raisonnable que lui et que moi. Elle n'est pas du tout troublée de vos douces paroles. Elle vous en sait gré, et vous remercie de vos bonnes intentions; mais elle sait bien que vous ne vous appartenez pas, que vous ne pouvez pas encore vous passer du consentement de votre père, et que, quand même vous seriez en âge de lui faire des sommations respectueuses, elle est trop bien née pour vouloir entrer de force dans une famille qui la repousserait.

— C'est vrai, cela! dit M. Antoine, sortant comme d'un rêve : nous divaguons, mes pauvres enfants! jamais M. Cardonnet ne voudra de nous, car nous n'avons à lui offrir qu'un nom qu'il doit traiter de chimère, dont nous faisons d'ailleurs assez bon marché nous-mêmes, et qui ne nous ouvre aucun chemin vers la fortune. Émile, Émile! ne parlons plus de cela, car cela deviendrait une source de regrets. Soyons amis, toujours amis! soyez le frère de mon enfant, son protecteur et son défenseur dans l'occasion; mais ne parlons pas de mariage ni d'amour, puisque, dans le temps où nous vivons, l'amour est un songe, et le mariage une affaire!

— Vous ne me connaissez pas, s'écria Émile, si vous croyez que j'accepte, et que je veuille accepter jamais les lois du monde et les calculs de l'intérêt! Je ne vous tromperai pas; je répondrais de ma mère si elle était libre, mais mon père ne sera pas favorable à cette union. Cependant mon père m'aime, et quand il aura essayé la puissance et la durée de ma volonté, il reconnaîtra que la sienne ne peut l'emporter en ceci. Il aura peut-être un moyen pour tenter de me réduire. Ce sera de me priver pendant quelque temps des jouissances de sa richesse. Oh! alors, avec quel bonheur je travaillerai pour mériter la main de Gilberte, pour arriver jusqu'à elle, digne de l'estime qu'on n'accorde point aux oisifs, et que méritent ceux qui ont passé comme vous, monsieur Antoine, par d'honorables épreuves? Mon père me laissera fléchir un jour, je n'en doute pas; je puis en faire le serment devant Dieu et devant vous, parce que je sens en moi toutes les forces d'un amour invincible. Et quand il aura constaté la puissance d'une passion comme la mienne, lui qui est souverainement sage et intelligent, lui qui m'aime plus que tout au monde, et certes plus que l'ambition et la fortune, il ouvrira, sans arrière-pensée, ses bras et son cœur à ma fiancée. Car je connais assez mon père pour savoir que lorsqu'il cède à l'empire de la destinée, c'est sans retour sur le passé, sans mesquine rancune, sans lâche regret. Croyez donc, ô mes amis, en mon amour, et comptez comme moi sur l'aide de Dieu. Il n'y a rien d'humiliant pour vous dans les préjugés que j'aurais à combattre, et la tendresse de ma mère, qui ne vit que pour moi et par moi, dédommagera Gilberte en secret des passagères préventions de mon père. Oh! ne doutez pas, ne doutez pas, je vous en supplie! La foi peut tout, et, si vous m'aidez dans cette lutte, je serai encore le plus heureux mortel qui ait combattu pour la plus sainte de toutes les causes, pour un noble amour, et pour une femme digne du dévouement de toute ma vie!

— Allons, ta, ta, ta! dit Janille éperdue; le voilà qui parle comme un livre et qui va essayer, à présent, de monter la tête de ma fille! Voulez-vous bien vous taire, langue dorée! on ne veut point vous écouter et on ne vous croira point. Je vous le défends, monsieur Antoine! Vous ne savez pas tous les malheurs que cela peut attirer sur nous, et le moindre serait d'empêcher Gilberte de faire un mariage possible et raisonnable. »

Le pauvre Antoine ne savait plus à qui entendre. Lorsque Émile parlait, il s'exaltait au souvenir de ses jeunes années, il se souvenait d'avoir aimé; rien ne lui paraissait plus saint et plus noble que de défendre la cause de l'amour, et d'encourager une si belle entreprise. Mais, lorsque Janille venait jeter de l'eau sur le feu, il reconnaissait la sagesse et la prudence de son mentor, et tantôt il parlait avec elle contre Émile, tantôt avec Émile contre elle.

« En voilà assez, dit enfin Janille, toute fâchée de ne voir aucun terme à ces irrésolutions; et tout cela ne devait pas être dit devant ma fille. Qu'en résulterait-il, si c'était une tête faible ou légère? Heureusement elle ne mord point à vos contes, et, comme elle fait fort peu de cas de vos écus, elle aura bien trop de dignité pour attendre que vous soyez le maître de disposer de votre cœur. Elle disposera du sien comme elle l'entendra, et, tout en vous gardant son estime et son amitié, elle vous priera de ne point la compromettre par vos visites. Allons, Gilberte, un mot de raison et de courage, pour faire finir toutes ces folles histoires! »

Jusque-là Gilberte n'avait rien dit. Émue et pensive, elle regardait, tantôt son père, tantôt Janille, et plus souvent Émile, dont l'ardeur et la conviction exaltaient son âme. Elle se leva tout à coup, et s'agenouillant devant son père et sa mère, dont elle baisa les mains avec effusion : « Il est trop tard pour me demander une froide prudence et me rappeler aux calculs de l'égoïsme, dit-elle : j'aime Émile, je l'aime autant qu'il m'aime, et, avant de songer que je pusse jamais lui appartenir, j'avais juré dans mon cœur de n'être jamais à aucun autre. Recevez ma confession, ô mon père et ma mère devant Dieu! Depuis deux mois je me dissimule avec vous, et, depuis deux semaines, je vous cache un secret qui me pèse et qui sera le dernier de ma vie comme il est le premier. J'ai donné mon cœur à Émile, je lui ai juré d'être sa femme le jour où mes parents et les siens y consentiraient. Jusque-là j'ai juré de l'aimer avec courage et calme, je le lui jure encore, et je prends Dieu et vous à témoin de mon serment. J'ai juré encore, et je jure toujours, que si la volonté de son père est inflexible, nous nous aimerons comme frère et sœur, sans qu'il me soit possible d'en aimer jamais un autre, et sans que je me porte à aucun acte de folie et de désespoir. Ayez confiance en moi. Voyez, je suis forte et je me trouve plus heureuse que jamais, depuis que j'ai mis Émile entre vous deux, et avec vous deux, dans mon cœur. Ne craignez de moi ni plainte, ni tristesse, ni langueur, ni maladie. Je serai dans dix ans telle que vous me voyez aujourd'hui, trouvant dans votre amour des consolations toutes puissantes, et, dans le mien, un courage à toute épreuve.

— Merci de Dieu! s'écria Janille désespérée, nous voilà tous maudits. Il ne manquait plus que cela! Voilà ma fille qui l'aime et qui le lui a dit, et qui le lui dit encore devant nous! Ah! malheur! malheur sur nous, le jour où ce jeune homme est entré dans notre maison!... »

Antoine, accablé, ne sut que fondre en larmes, pressant sa fille contre son sein. Mais Émile, ranimé par la vaillance de Gilberte, sut dire tant de choses, qu'il réussit à s'emparer de cette âme incapable de se défendre. Janille elle-même fut ébranlée, et on finit par adopter le plan que les deux amants avaient conçu eux-mêmes, à Crozant, à savoir, d'attendre, ce qui ne résolvait pas grand'chose, au gré de Janille; et de ne se pas voir trop souvent, ce qui la rassurait du moins un peu sur les dangers de la situation extérieure.

On quitta le verger, et quelques moments après, Galuchet en sortit aussi, mais furtivement, et, sans avoir été vu, il s'enfonça dans les haies pour gagner à couvert la route de Gargilesse.

Émile resta à dîner, car ni Antoine ni Janille n'eurent le courage de lui faire abréger une visite qui ne devait plus se renouveler avant la semaine suivante.

Le cœur affectueux et naïf du bon campagnard ne savait pas résister aux caresses et aux tendres discours de ses deux enfants, et, lorsque Janille avait le dos tourné, il se laissait aller à partager leurs espérances et à bénir leur amour. Janille essayait de leur tenir rigueur, et sa tristesse était réelle et profonde; mais il n'y a pas de plan de séduction mieux organisé que celui de deux amants qui veulent gagner un ami à leur cause. Ils étaient si bons tous deux, si dévoués, si tendres, si ingénieux dans leurs douces flatteries, et si beaux surtout,l' œil et le front éclairés du rayon de l'enthousiasme, qu'un tigre n'y eût pas résisté. Janille pleurait de dépit d'abord, puis de chagrin, et puis de tendresse; et quand le soir vint, et qu'on alla s'asseoir au bord de la rivière, sous le doux regard de la lune, ces quatre personnes, unies par une invincible affection, ne formèrent plus qu'un groupe de bras entrelacés et de cœurs battant à l'unisson.

Gilberte surtout était radieuse, son cœur était plus léger et plus pur que le parfum des plantes qui s'exhale au lever des étoiles et remonte vers elles. Quelque enivré que fût Émile il ne pouvait oublier entièrement la difficulté des devoirs qu'il avait à remplir pour concilier la religion de son amour avec la piété filiale. Mais Gilberte croyait qu'on pouvait toujours attendre, et que, pourvu qu'elle aimât, le miracle se ferait de lui-même, sans que personne fût forcé d'agir. Lorsque Émile, après avoir osé baiser sa main, sous les yeux de ses parents, se fut éloigné, Janille lui dit en soupirant :

« Eh bien, à présent, tu vas être triste pendant huit jours! je te verrai les yeux rouges comme je te les voyais souvent avant ce maudit voyage de Crozant! Il n'y aura plus ni paix, ni bonheur ici!

— Si tu me vois triste, ma mère chérie, répondit Gilberte, je te permets de l'empêcher de revenir; et si j'ai les yeux rouges, je me les arracherai pour ne plus le voir. Mais que diras-tu, si je suis plus gaie et plus heureuse que jamais? Est-ce que tu ne sens pas comme mon cœur est calme? Tiens, mets-y ta main, pendant qu'on entend encore les pas de ce cheval qui s'éloigne! Est-ce que je suis agitée? Allume la lampe et regarde-moi bien. Est-ce toujours ta Gilberte, ta fille, qui ne respire que pour toi et son père, et qui ne peut s'ennuyer une minute avec eux? Ah! quand j'ai souffert, quand j'ai pleuré, c'est que j'avais un secret pour vous, et que j'étouffais de ne pouvoir vous le dire. A présent que je peux parler et penser tout haut, je respire et ne sens plus que la joie d'exister pour vous et avec vous. Et n'as-tu pas vu ce soir, comme nous étions tous heureux de pouvoir nous aimer sans crainte et sans honte? Crois-tu donc qu'il en sera jamais autrement, et que nous serions heureux ensemble, Émile et moi, si vous n'étiez pas toujours et à toute heure entre nous deux?

— Hélas! pensa Janille en soupirant, nous ne sommes encore qu'au premier jour de ce bel arrangement-là! »

## XXVI.

### LE PIÉGE.

Émile résolut de ne pas tarder davantage à entretenir son père sérieusement, et à lui faire non pas un aveu formel et trop précipité de son amour, mais une sorte de discours préliminaire pour amener des explications de plus en plus décisives. Mais le charpentier lui avait donné rendez-vous pour le lendemain matin, et il pensa, avec raison, que si cet homme lui prouvait ce qu'il avait avancé, il aurait là une excellente occasion d'entrer en matière, et de démontrer à M. Cardonnet l'incertitude et la vanité des projets de fortune.

Ce n'est pas qu'Émile ajoutât une foi aveugle à la compétence de Jean Jappeloup en pareille matière; mais il savait que certains aperçus de logique naturelle peuvent aider puissamment l'investigation scientifique, et il partit avant le jour, pour rejoindre son compagnon à un certain point où ils étaient convenus de se retrouver. Il avait prévenu, dès la veille, M. Cardonnet du projet qu'il avait formé d'aller examiner le cours d'eau de l'usine, sans lui dire toutefois quel guide il avait choisi.

Cette excursion fut pénible, mais intéressante, et, à son retour, Émile demanda à son père un entretien particulier. Il lui trouva un certain air de calme triomphant qui ne lui parut pas de très-bon augure. Néanmoins, comme il croyait de son devoir de l'avertir de ce qu'il avait constaté, il entra en matière sans hésitation.

« Mon père, lui dit-il, vous m'exhortez à épouser vos projets et à m'y plonger tout entier avec la même ardeur que vous-même. J'ai fait mon possible, depuis quelque temps, pour mettre à votre service toute l'application dont mon cerveau est capable; je dois donc à la confiance que vous m'avez accordée de vous dire que nous bâtissons sur le sable, et qu'au lieu de doubler votre fortune, vous l'engloutissez rapidement dans un abîme sans fond.

— Que veux-tu dire, Émile? répondit M. Cardonnet en souriant; voilà un début bien effrayant, et je croyais que la science t'aurait conduit au même résultat que donne la pratique, à savoir que rien n'est impossible à la volonté éclairée. Il semble que tu aies dégagé de tes méditations la solution contraire. Voyons! tu as fait une longue course, tu as sans doute un profond examen? Moi aussi, j'ai exploré, l'an passé, le torrent qu'il s'agit de réduire, et j'ai la certitude d'en venir à bout; qu'en dis-tu, toi, enfant?

— Je dis, mon père, que vous échouerez, car il y faudrait consacrer des dépenses qu'un particulier ne saurait faire, et qui ne seraient d'ailleurs pas couvertes par un bénéfice relatif. »

Ici Émile entra, avec beaucoup de lucidité, dans des explications dont nous ferons grâce au lecteur; mais qui tendaient à établir que le cours de la Gargilesse présentait des obstacles naturels impossibles à détruire sans une mise de fonds dix fois plus considérable que celle prévue par M. Cardonnet. Il eût fallu se rendre propriétaire de certaines parties du bassin de la rivière, afin de détourner son cours; là, de l'élargir; plus loin, de faire sauter des portions de montagne qui empêchaient son écoulement régulier; enfin, si l'on ne pouvait vaincre l'accumulation et l'éruption soudaine et violente des eaux dans les réservoirs supérieurs, il fallait créer autour de l'usine des digues cent fois plus considérables que celles déjà tentées, lesquelles digues feraient alors refluer l'eau au point de ruiner les terres environnantes; et pour cela il eût fallu acheter la moitié de la commune, ou disposer d'un pouvoir inique, impossible à conquérir en France. Déjà les travaux exécutés par M. Cardonnet portaient un grave préjudice aux meuniers d'alentour. L'eau, arrêtée pour son usage, faisait, suivant l'expression du pays, *patouiller* leurs moulins, en produisant contre leurs roues un mouvement contraire, qui ne paralysait la rotation à certaines heures. Ce n'était pas sans les dédommager d'une autre façon, et à grands frais, qu'il avait réussi à apaiser ces petits usiniers, en attendant qu'il les ruinât ou qu'il se ruinât lui-même; car les dédommagements offerts ne pouvaient être que temporaires, et devaient cesser avec l'accomplissement de ses travaux. Il avait acheté très-cher, à l'un son travail de six mois comme carrier, à d'autres l'usage de tous leurs chevaux mis en réquisition pour ses transports. Il en avait bercé bon nombre de promesses illusoires, et ces gens simples, éblouis par un bénéfice passager, avaient fermé les yeux sur l'avenir, comme il arrive toujours à ceux dont le présent est difficile.

Émile passa rapidement sur ces détails, qui étaient de nature à irriter M. Cardonnet plus qu'à le convaincre, et il s'attacha à l'effrayer, d'autant plus qu'il avait la persuasion et la certitude de ne rien exagérer sous ce rapport.

M. Cardonnet l'écouta jusqu'au bout avec beaucoup d'attention, et quand ce fut fini, il lui dit, en lui passant la main sur la tête d'une manière toute paternelle et caressante, mais avec un sourire de puissance calme :

« Je suis très-content de toi, Émile, je vois que tu t'occupes, que tu travailles sérieusement, et que tu n'as pas perdu cette fois ton temps à courir de châteaux en châteaux. Tu viens de parler très-clairement et comme un jeune avocat consciencieux qui a bien étudié sa cause. Je te remercie de la bonne direction que prennent tes idées; et sais-tu ce qui me fait le plus de plaisir? c'est que tu t'attaches à ton œuvre comme je l'avais augurée du bienfait de l'étude. Voilà que tu te passionnes déjà pour le succès, que tu en ressens les émotions puissantes, que tu passes par les crises inévitables de terreur, de doute, et même de découragement momentané, qui accompagnent, dans le génie de l'industriel, l'éclosion de tout projet important. Oui, Émile, voilà ce que j'appelle concevoir et enfanter. Ce mystère de la volonté ne s'accomplit pas sans douleur; il en est du cerveau de l'homme comme du sein de la femme.

« Mais tranquillise-toi maintenant, mon ami! Le danger que tu as cru découvrir n'existe que dans une appréciation superficielle des choses, et ce n'est pas dans une simple promenade que tu as pu en saisir l'ensemble. J'ai passé huit jours, moi, à explorer ce torrent avant de lui poser la première pierre sur le flanc, et j'ai pris conseil d'un homme plus expérimenté que toi. Tiens, voici le plan des localités, avec les niveaux, les mesures et le cubage. Étudions cela ensemble. »

Émile examina attentivement ce travail, et y reconnut plusieurs erreurs de fait. On avait jugé impossible que l'eau arrivât à certaines élévations dans les temps extraordinaires, et que certains obstacles pussent l'enchaîner au delà d'un certain nombre d'heures. On avait travaillé sur des éventualités, et l'expérience la plus vulgaire, l'assertion du moindre témoin des faits antérieurs, eussent suffi pour démentir la théorie, si on eût voulu en tenir compte. Mais c'est ce que l'orgueil et la méfiance de son caractère n'avaient pas permis à Cardonnet d'admettre. Il s'était mis, les yeux fermés, à la merci des éléments, comme Napoléon dans la campagne de Russie, et, dans son entêtement superbe, il eût fait volontiers, comme Xercès, battre de verges Neptune rebelle. Son conseil, quoique fort capable, n'avait songé qu'à lui complaire en flattant son ambition, ou s'était laissé dominer et influencer par cette volonté ardente.

« Mon père, dit Émile, il ne s'agit pas là seulement de calculs hydrographiques, et permettez-moi de vous dire que votre foi absolue aux travaux de spécialité vous a égaré. Vous m'avez raillé, lorsqu'au début de mes études générales, je vous ai dit que toutes les connaissances humaines m'apparaissaient comme solidaires les unes des autres, et qu'il fallait être à peu près universel pour être infaillible sur un point donné ; en un mot, que le détail ne pouvait se passer de la synthèse, et qu'avant de connaître la mécanique d'une montre, il était bon de connaître celle de la création. Vous avez ri, vous riez encore, et vous m'avez chassé des étoiles pour me renvoyer aux moulins. Eh bien ! si, avec un hydrographe, vous eussiez pris pour conseil un géologue, un botaniste et un physicien, ils vous eussent démontré ce qu'après une première vue je crois pouvoir affirmer, sauf vérification d'hommes plus compétents que moi. C'est que, moyennant la direction du col de montagne où s'engouffre votre torrent, moyennant la direction des vents qui s'y engouffrent avec lui, moyennant les plateaux d'où partent les sources, et leur élévation relative, qui attire sur ces points culminants toutes les nuées, ou même qui voient s'y former tous les grains d'orage, des trombes d'eau continuelles doivent se précipiter dans ce ravin, et y balayer sans cesse les résistances inutiles ; à moins, je vous l'ai dit, de travaux que vous ne pouvez entreprendre, parce qu'ils dépassent les ressources d'un capitaliste isolé. Voilà ce qu'au nom des lois atmosphériques le physicien vous eût dit : il eût constaté les effets incessants de la foudre sur les rochers qui l'attirent ; le géologue eût constaté la nature des terrains, soit marneux, soit calcaires, soit granitiques, qui retiennent, absorbent ou laissent échapper tour à tour les eaux.

— Et le botaniste, dit en riant M. Cardonnet, tu l'oublies, celui-là?

— Celui-là, répondit Émile en souriant, aurait aperçu sur les flancs arides et abruptes où le géologue n'eût pu marquer sûrement le séjour antérieur des eaux, quelques brins d'herbe qui eussent éclairé ses confrères. « Cette petite plante, leur eût-il dit, n'a point poussé là toute seule ; ce n'est point la région qu'elle aime, et vous voyez qu'elle y fait triste mine, en attendant que l'inondation qui l'y a apportée vienne la reprendre ou lui procurer la société de ses compagnes. »

— Bravo ! Émile, rien n'est plus ingénieux.

— Et rien n'est plus certain, mon père.

— Et où as-tu pris tout cela ? Es-tu donc à la fois hydrographe, mécanicien, astronome, géologue, physicien et botaniste?

— Non, mon père ; vous m'avez forcé de saisir à peine, en courant, les éléments de ces sciences, qui n'en font qu'une au fond ; mais il y a certaines natures privilégiées chez lesquelles l'observation et la logique remplacent le savoir.

— Tu n'es pas modeste !

— Je ne parle pas de moi, mon père, mais d'un paysan, d'un homme de génie qui ne sait pas lire, qui ne connaît pas le nom des fluides, des gaz, des minéraux ou des plantes ; mais qui apprécie les causes et les effets, dont l'œil perçant et la mémoire infaillible constatent les différences et saisissent les caractères ; d'un homme enfin qui, en parlant le langage d'un enfant, m'a montré toutes ces choses et me les a rendues évidentes.

— Et quel est, je t'en prie, ce génie inconnu que tu as trouvé dans ta promenade ?

— C'est un homme que vous n'aimez pas, mon père, que vous prenez pour un fou, et dont j'ose à peine vous dire le nom?

— Ah ! j'y suis ! c'est votre ami le charpentier Jappeloup, le vagabond de M. de Boisguilbault, le sorcier du village, celui qui guérit les entorses avec des paroles, et qui arrête l'incendie en faisant une croix sur une poutre avec sa hache. »

M. Cardonnet, qui, sans être persuadé, avait jusqu'alors écouté son fils avec intérêt, partit d'un rire méprisant, et ne se sentit plus disposé qu'à l'ironie et au dédain.

« Voilà, dit-il, comment les fous se rencontrent et s'entendent ! Vraiment, mon pauvre Émile, la nature t'a fait un triste présent en te donnant beaucoup d'esprit et d'imagination, car elle t'a refusé la cheville ouvrière, le sang-froid et le bon sens. Te voilà en pleine divagation, et parce qu'un paysan merveilleux s'est posé devant toi en personnage de roman, tu vas faire servir toutes tes petites connaissances et toutes tes facultés ingénieuses à vouloir confirmer ses décisions admirables ! Voilà que tu as mis toutes les sciences à l'œuvre, et que l'astronomie, la géologie, l'hydrographie, la physique, voire la pauvre petite botanique, qui ne s'attendait guère à cet honneur, viennent en masse signer le brevet d'infaillibilité décerné à maître Jappeloup. Fais des vers, Émile, fais des romans ! tu n'es bon à autre chose, j'en ai grand'peur.

— Ainsi, mon père, vous méprisez l'expérience et l'observation, répondit Émile, contenant son dépit ; ces bases vulgaires du travail de l'esprit, vous ne daignez pas même en tenir compte ? et pourtant vous railliez la plupart des théories. Que croirai-je donc, après vous, si vous ne voulez me laisser consulter ni la théorie, ni la pratique ?

— Émile, répondit M. Cardonnet, je respecte l'une et l'autre, au contraire, mais c'est à condition qu'elles habiteront des cerveaux bien sains ; car leurs bienfaits se changent en poison ou en fumée dans les têtes folles. Par malheur, de prétendus savants sont de ce nombre, et c'est pour cela que j'aurais voulu te préserver de leurs chimères. Qu'y a-t-il de plus ridiculement crédule et de plus facile à tromper qu'un pédant à idées préconçues ? Je me souviens d'un antiquaire qui vint ici l'an passé : il voulait trouver des pierres druidiques, et il en voyait partout. Pour le satisfaire, je lui montrai une vieille pierre que des paysans avaient creusée pour y piler le froment dont ils font leur bouillie, et je lui persuadai que c'était l'urne où les sacrificateurs gaulois faisaient couler le sang humain. Il voulait absolument l'emporter pour la mettre dans le musée du département. Il prenait tous les abreuvoirs de granit qui servent aux bestiaux pour des sarcophages antiques. Voilà comment les plus ridicules erreurs se propagent. Il n'a tenu qu'à moi qu'une bâche ou un pilon passassent pour des monuments précieux. Et pourtant ce monsieur avait passé cinquante ans de sa vie à lire et à méditer. Prends garde à toi, Émile ; un jour peut venir où tu prendras des vessies pour des lanternes !

— J'ai fait mon devoir, dit Émile. Je devais vous engager à faire de nouvelles observations sur les lieux que je viens de parcourir, et il me semblait que l'expérience de vos récents désastres pouvait vous le conseiller. Mais puisque vous me répondez par des plaisanteries, je n'ai rien à ajouter.

— Voyons, Émile, dit M. Cardonnet après quelques instants de réflexion, quelle est la conclusion de tout ceci, et qu'y a-t-il au fond de tes belles prophéties? Je comprends fort bien que maître Jean Jappeloup, qui s'est posé en farouche ennemi de mon entreprise, et qui passe sa vie à déclamer contre *le père Cardonnet* (en ta présence même, et tu pourrais m'en donner des nouvelles), veuille te persuader de me faire quitter ce pays où il paraît que, par malheur, ma présence le gêne. Mais toi, mon savant et mon philosophe, où veux-tu me conduire? Quelle colonie voudrais-tu fonder? et dans quel désert de l'Amérique prétendrais-tu porter les bienfaits de ton socialisme et de mon industrie?

— On pourrait les porter moins loin, répondit Émile, et si l'on voulait sérieusement travailler à la civilisation des sauvages, vous en trouveriez sous votre main; mais je sais trop, mon père, que cela n'entre pas dans vos vues, pour revenir sur un sujet épuisé entre nous. Je me suis interdit toute contradiction à cet égard, et depuis que je suis ici, je ne pense pas m'être écarté un seul instant du respectueux silence que vous m'avez imposé.

— Allons, mon ami, ne le prends pas sur ce ton, car c'est la réserve un peu sournoise qui me fâche précisément le plus. Laissons la discussion socialiste, je le veux bien; nous la reprendrons l'année prochaine, et peut-être aurons-nous fait tous les deux quelque progrès qui nous permettra de nous mieux entendre. Songeons au présent. Les vacances ne sont pas éternelles; que désirerais-tu faire après, pour t'instruire et t'occuper?

— Je n'aspire qu'à rester auprès de vous, mon père.

— Je le sais, dit M. Cardonnet avec un malicieux sourire; je sais que tu te plais beaucoup dans ce pays-ci; mais cela ne te mène à rien.

— Si cela me mène à cet état d'esprit où il faut que je sois pour m'entendre parfaitement avec mon père, je ne penserai pas que ce soit du temps perdu.

— C'est très-joliment dit, et tu es fort aimable; mais je ne crois pas que cela avance beaucoup nos affaires, à moins que tu ne veuilles te donner entièrement à mon entreprise. Voyons, veux-tu que nous mandions ici de meilleurs conseils, et que nous recommencions à examiner les localités?

— J'y consens de tout mon cœur, et je persiste à croire que c'est mon devoir de vous y engager.

— Fort bien, Émile, je vois que tu crains que je ne mange la fortune, et cela ne me déplaît pas.

— Vous ne comprenez rien au sentiment que je porte à cet égard au fond de mon cœur, répondit Émile avec vivacité; et pourtant, ajouta-t-il en faisant un effort pour s'observer, je désire que vous l'interprétiez dans le sens qui vous agréera le plus.

— Tu es un grand diplomate, il faut en convenir; mais tu ne m'échapperas point. Allons, Émile, il faut se prononcer. Si, après l'examen répété et approfondi que nous projetons, la science et l'observation décident que maître Jappeloup et toi n'êtes point infaillibles, que l'usine peut s'achever et prospérer, que ma fortune et la tienne sont semées ici, et qu'elles y doivent germer et fructifier, veux-tu t'engager à embrasser mes plans corps et âme, à me seconder de toutes manières, des bras et du cerveau, du cœur et de la tête? Jure-moi que tu m'appartiens, que tu n'auras au monde d'autre pensée que celle de m'aider à t'enrichir; abandonne-m'en tous les moyens sans les discuter; et, en retour, je te jure, moi, que je donnerai à ton cœur et à tes sens toutes les satisfactions qui seront en mon pouvoir et que la moralité ne proscrira point. Je crois être clair?

— O mon père! s'écria Émile en se levant avec impétuosité, avez-vous bien pesé les paroles que vous me dites?

— Elles sont fort bien pesées, et je désire que tu pèses ta réponse.

— Je vous comprends à peine, dit Émile en retombant sur sa chaise. Un nuage de feu avait passé devant sa vue; il se sentait défaillir.

« Émile, tu veux te marier? reprit M. Cardonnet avide de profiter de son émotion.

— Oui, mon père, oui, je le veux, répondit Émile en se courbant sur la table qui les séparait, et en étendant vers M. Cardonnet des mains suppliantes. Oh! cette fois, ne jouez point avec moi, car vous me tueriez!

— Tu doutes de ma parole?

— Cela m'est impossible, si votre parole est sérieuse.

— C'est la plus sérieuse parole que j'aurai dite en ma vie, et tu vas en juger toi-même. Tu as un noble cœur et un esprit éminent, je le sais et j'en ai des preuves. Mais avec la même sincérité et la même certitude... je puis te dire que tu as une tête à la fois trop faible et trop vive, et que d'ici à vingt ans peut-être, peut-être toujours, Émile!... tu ne sauras pas te conduire. Tu seras sans cesse frappé de vertige, tu n'agiras jamais froidement, tu te passionneras pour ou contre les hommes et les choses, sans précaution et sans discernement, sans que la voix d'un nécessaire instinct de conservation te rappelle et t'avertisse au fond de ta conscience. Tu as une nature de poète, et j'aurais beau vouloir me faire illusion à cet égard, tout me ramène à cette douloureuse certitude qu'il te faut un guide et un maître. Eh bien! bénis Dieu, qui t'a donné pour maître et pour guide un père, ton meilleur ami. Je t'aime tel que tu es, bien que tu sois le contraire de ce que j'aurais désiré, si j'avais pu choisir mon fils. Je t'aime comme j'aimerais ma fille, si la nature ne s'était pas trompée de sexe : c'est te dire assez que je t'aime passionnément. Ne te plains donc pas de ton sort, et que mes reproches ne t'humilient jamais.

« Dans cette situation où nous sommes à l'égard l'un de l'autre, et qui, désormais, m'est bien avérée, je ferai à ton bonheur et à ton avenir d'immenses sacrifices; je surmonterai mes répugnances, qui sont pourtant grandes, je le confesse, et je te laisserai épouser la fille illégitime d'un noble et d'une servante. Je satisferai, comme je te l'ai dit, ton cœur et tes sens; mais c'est à la condition que ton esprit m'appartiendra entièrement, et que je disposerai de toi comme de moi-même.

— Est-il possible, ô mon Dieu! dit Émile, à la fois ébloui et terrifié; mais comment donc l'entendez-vous, mon père, et quel sens donnez-vous à cet abandon de moi-même?

— Ne viens-je pas de te le dire? Ne feins donc pas de ne pouvoir me comprendre. Tiens, Émile, je sais tout ton roman de Châteaubrun, et je pourrais te le raconter mot à mot, depuis ton arrivée, par un soir d'orage, jusqu'à Crozant, et depuis Crozant jusqu'à la conversation de samedi dans le verger de M. Antoine. Je connais maintenant les personnages aussi bien que toi-même, car j'ai voulu voir par mes propres yeux; et pendant que tu explorais les bords de la rivière, moi, sous prétexte d'insister sur la demande en mariage de Constant Galuchet, j'ai été à Châteaubrun, et j'ai causé longtemps avec mademoiselle Gilberte.

— Vous, mon père!...

— N'est-il pas tout simple que je veuille connaître celle que tu as choisie sans me consulter, et qui sera peut-être un jour ma fille?

— O mon père! mon père!...

— Je l'ai trouvée charmante, belle, modeste, humble et fière en même temps, s'exprimant bien, ne manquant ni de tenue ni de bonnes manières, ni d'éducation, ni de raison surtout! Elle a refusé le prétendant que je lui offrais avec beaucoup de convenance. Oui, vraiment, de la douceur, de la modestie et de la dignité! J'ai été fort content d'elle! Ce qui m'a le plus frappé, c'est sa prudence, sa réserve, et l'empire qu'elle a sur elle-même; car je t'avoue bien que j'ai essayé de la piquer un peu, même de l'offenser, pour voir le fond de son caractère. Le père était absent; mais la mère, cette drôle de petite vieille, dont tu aspires à devenir le gendre, était si fort irritée de mes réflexions sur son peu de fortune et sur la convenance parfaite d'un mariage avec Galuchet, qu'elle m'a traité du haut en bas; elle m'a appelé bourgeois; et comme je m'obstinais à la pousser à bout, elle m'a dit, en mettant le poing sur la hanche, que sa fille était de trop bonne maison pour épouser le domestique d'un usinier; et que, quand même le fils de l'usinier se présenterait, on y regarderait encore à deux fois avant

Et dont il fit un énorme bouquet le moins maladroitement possible. (Page 110.)

de se mésallier à ce point. Elle m'amusait beaucoup ! Mais Gilberte réparait tout par son air calme et ferme. Je t'assure qu'elle tient à merveille le serment qu'elle t'a fait de patienter, d'attendre et de tout souffrir pour l'amour de toi.

— Oh ! vous l'avez donc bien fait souffrir ? s'écria Émile hors de lui.

— Oui, un peu, répondit tranquillement M. Cardonnet, et j'en suis bien aise. A présent, je sais qu'elle a du caractère, et je serais fort aise d'avoir une telle personne auprès de moi. Cela peut être très-utile dans un ménage, et rien n'est pis que d'avoir pour femme un être à la fois passif et têtu, qui ne sait que soupirer et se taire, comme... beaucoup que je connais. Cela me ferait plaisir, à moi, de me disputer quelquefois avec ma belle-fille, et de m'apercevoir tout à coup qu'elle voit juste, qu'elle veut fortement, et qu'elle est apte à te donner un bon conseil. Allons, Émile, ajouta l'industriel en tendant la main à son fils, tu vois que je ne suis ni aveugle, ni injuste, j'espère, et que je désire tirer bon parti de la situation où tu m'as placé.

— O mon Dieu ! si vous consentez à mon bonheur, mon père, je fais avec vous un bail, et je deviens votre homme d'affaires, votre régisseur, votre ouvrier, pendant le nombre d'années où vous me jugerez incapable de me conduire moi-même. Je me soumettrai à toutes vos volontés, et je vous donnerai mon travail de tous les instants, sans jamais me plaindre, sans jamais résister à vos moindres désirs.

— Et sans me demander d'honoraires ? ajouta en riant M. Cardonnet. Fi donc ! Émile, ce n'est pas ainsi que je l'entends, et ce métier de domestique outragerait la nature. Non, non, il ne s'agit pas de me donner le change, et je ne suis pas homme à m'abuser sur le fond de tes intentions. Je ne suis pas encore assez ruiné pour n'avoir pas le moyen de payer un régisseur, et je crois que je ne pourrais pas en choisir un plus mauvais que toi pour traiter avec les ouvriers. Je veux que tu sois un autre moi-même, que tu m'aides au travail de l'élucubration, que tu m'instruises pour moi, que tu me donnes tes idées, sauf à moi à les combattre et à les modifier ; qu'enfin tu cherches et inventes des moyens de fortune que j'exécuterai quand ils me conviendront. C'est ainsi que tes études continuelles et ton imagination féconde pourront me servir à

Le paysan mange lentement et en silence. (Page 111.)

décupler ta fortune. Mais pour cela, Émile, il ne s'agit pas de travailler avec indifférence et désintéressement, comme tu le fais depuis quinze jours. Je ne suis pas dupe de cette soumission temporaire, concertée avec Gilberte pour m'arracher mon consentement. Je veux la soumission de toute ta vie. Je veux que tu sois prêt à entreprendre des voyages (avec ta femme, si bon te semble !) pour examiner les progrès de l'industrie et surprendre, s'il le faut, les secrets de nos concurrents ; je veux que tu signes enfin, non sur du papier devant un notaire, mais sur ma tête et avec le sang de ton cœur, et devant Dieu, un contrat qui annihile tout ton passé de rêves et de chimères, et qui engage ta conviction, ta volonté, ta foi, ton avenir, ton dévouement, ta religion, à la réussite de mon œuvre.

— Et si je ne crois pas à votre œuvre ? dit Émile en pâlissant.

— Il faudra bien y croire ; ou, si elle est inexécutable, ce sera moi le premier qui n'y croirai plus. Mais ne pense pas m'échapper par ce détour. S'il nous faut lever d'ici notre tente, je la transporterai ailleurs, et ne m'arrêterai qu'à la mort. Là où je serai, et quelque chose que je fasse, il faut me suivre, me seconder et me sacrifier tous tes systèmes, tous tes songes...

— Quoi ! ma pensée elle-même, ma croyance à l'avenir ? s'écria Émile épouvanté. O mon père ! vous voulez me déshonorer à mes propres yeux !

— Tu recules ! Ah ! tu n'es pas même amoureux, mon pauvre Émile ! Mais brisons là. C'est assez d'émotions maintenant pour ta pauvre tête. Prends le temps de réfléchir. Je ne veux pas que tu me répondes avant que je t'interroge de nouveau. Consulte la force de ta passion, et va consulter ta maîtresse. Va à Châteaubrun, vas-y tous les jours, à toute heure ; tu n'y rencontreras plus Galuchet. Informe Gilberte et ses parents du résultat de cette conférence. Dis-leur tout. Dis-leur que je donne mon consentement pour vous unir dans un an, à condition que, dès aujourd'hui, tu me feras le serment que j'exige. Il faut que ta maîtresse sache cela exactement, je le veux ; et, si tu ne l'en informais pas, je m'en chargerais moi-même ; car je sais maintenant le chemin de Châteaubrun !

— J'entends, mon père, dit Émile profondément blessé

et navré : vous voulez qu'elle me haïsse si je l'abandonne, ou me méprise si je l'obtiens au prix de mon abaissement et de mon apostasie. Je vous remercie de l'alternative où vous me placez, et j'admire le génie inventif de votre amour paternel.

— Pas un mot de plus, Émile, répondit froidement M. Cardonnet. Je vois que la folie du socialisme persiste, et que l'amour aura quelque peine à la vaincre. Je souhaite que Gilberte de Châteaubrun fasse ce miracle, afin que tu n'aies point à me reprocher de n'avoir pas consenti à ton bonheur. »

## XXVII.
### PEINES ET JOIES D'AMOUR.

Émile alla s'enfermer dans sa chambre et y passa deux heures en proie aux plus violentes agitations. La pensée de posséder Gilberte sans lutte, sans combat, sans passer par cette affreuse épreuve de briser le cœur de son père, qu'il avait jusque-là prévue avec effroi et douleur, le jetait dans une ivresse complète. Mais tout à coup l'idée de s'avilir à ses propres yeux par un serment impie, le plongeait dans un amer désespoir; et, parmi ces alternatives de joie et de souffrance, il ne pouvait se résoudre à rien. Oserait-il aller se jeter aux pieds de Gilberte et lui tout avouer? Il comptait sur son courage et sur sa grandeur d'âme. Mais remplirait-il envers elle les devoirs de l'amour, si au lieu de lui cacher le terrible sacrifice qu'il pouvait lui faire en silence, il la mettait de moitié dans ses remords et ses angoisses? Ne lui avait-il pas dit cent fois à Crozant, que pour elle, pour l'obtenir, il subirait tout et ne reculerait devant rien? Mais il n'avait pas prévu alors que le génie infernal de son père invoquerait la force de son âme pour corrompre et perdre son âme, et il se voyait frappé d'un coup inattendu sous lequel il se trouvait éperdu et désarmé. Vingt fois il faillit retourner vers M. Cardonnet, pour lui demander au moins sa parole de ne point agir, et de cacher à la famille de Châteaubrun les intentions qu'il venait de dévoiler, jusqu'à ce que lui-même eût pris un parti. Mais une invincible fierté le retint. Après le mépris que son père lui avait témoigné, en le supposant assez faible pour apostasier de la sorte, irait-il lui montrer ses irrésolutions et lui livrer le fond de son cœur troublé par la passion?

Mais quelle serait la victime la plus injustement frappée, de Gilberte ou de lui, si l'honneur l'emportait en lui sur l'amour? Il était coupable par le fait envers elle, lui qui avait détruit son repos par une passion fatale, et qui l'avait entraînée à partager ses illusions. Qu'avait fait la pauvre Gilberte, cette douce et noble enfant, pour être arrachée au calme de sa pure existence, et immolée tout aussitôt à la loi d'un devoir austère? N'était-il pas trop tard pour s'aviser de l'écueil contre lequel il l'avait poussée? Ne fallait-il pas plutôt s'y briser lui-même pour la sauver, et sa conscience avait-elle le droit de reculer devant les derniers sacrifices, lorsqu'elle s'était irrévocablement engagée à Gilberte?

Et puis, si Gilberte repoussait un sacrifice si énorme, Émile en serait-il moins déshonoré aux yeux de ses parents? M. Antoine, qui aimait et pratiquait l'égalité par instinct, par besoin du cœur, et aussi par nécessité de position, comprendrait-il qu'Émile, à son âge, s'en fût fait une religion, et qu'une idée pût l'emporter en lui sur un sentiment, sur la foi jurée? Et Janille! que penserait-elle de la moindre hésitation de sa part! elle qui, dans son humble condition, nourrissait de si étranges préjugés aristocratiques, et profitait avec ses maîtres des privilèges de l'égalité, sans croire aucunement aux droits de l'égalité pour tous? Elle le tiendrait pour un misérable fou, ou plutôt elle penserait qu'il acceptait ce prétexte pour manquer à sa parole, et elle le bannirait de Châteaubrun avec colère. Qui sait si, avec le temps, elle ne travaillerait pas avec assez de succès l'esprit de Gilberte, pour que celle-ci partageât son mépris et son indignation?

Ne se sentant pas la force d'aller affronter une si dure épreuve, Émile essaya d'écrire à Gilberte. Il commença et déchira vingt lettres, et enfin, ne pouvant résoudre le problème de sa situation, il résolut d'aller ouvrir son cœur à son vieux ami, M. de Boisguilbault, et de lui demander conseil.

Pendant ce temps, M. Cardonnet, qui agissait dans toute la force et la liberté de ses cruelles inspirations, écrivait, lui aussi, à Gilberte une lettre ainsi conçue :

« Mademoiselle,

« Vous avez dû me trouver hier bien importun et bien peu galant. Je viens vous demander ma grâce et me confesser d'une petite feinte que vous me pardonnerez, j'en suis certain, quand vous connaîtrez mes intentions.

« Mon fils vous aime, je le sais, Mademoiselle, et je sais aussi que vous daignez approuver ses sentiments. J'en suis heureux et fier, à présent que je vous connais. Ne trouvez-vous pas légitime qu'avant de prendre une décision de la plus haute importance, j'aie voulu voir de mes propres yeux, et quelque peu éprouver le caractère de la personne qui dispose du cœur de mon fils et de l'avenir de ma famille?

« Je viens donc aujourd'hui, Mademoiselle, faire amende honorable à vos pieds, et vous dire que, quand on est aussi belle et aussi aimable que vous l'êtes, on peut se passer de bien des choses, et même de fortune, pour entrer dans une famille riche et honorable.

« Je vous demande, en conséquence, la permission de me présenter de nouveau chez vous, pour faire en règle à monsieur votre père la demande de votre main pour mon fils, aussitôt que mon fils m'y aura pleinement autorisé. Ce dernier mot demande une courte explication, et c'est dans cette lettre qu'elle doit trouver sa place.

« Je mets au bonheur de mon fils une seule condition, et cette condition ne tend qu'à rendre son bonheur plus complet, et à l'assurer indéfiniment. J'exige qu'il renonce à des excentricités d'opinion qui troubleraient notre bonne intelligence et qui compromettraient, dans l'avenir, sa fortune et sa considération. Je suis certain que vous avez trop de raison et d'esprit pour rien comprendre aux doctrines égalitaires et socialistes, à l'aide desquelles mon cher Émile compte bouleverser le monde avec ses jeunes amis, d'ici à peu de temps; que les mots de solidarité humaine, de répartition égale des jouissances et des droits, et beaucoup d'autres termes techniques de la jeune école communiste, sont pour vous parfaitement inintelligibles. Je ne pense pas qu'Émile vous ait jamais ennuyée de ses déclamations philosophiques, et je concevrais difficilement qu'il eût obtenu, avec ce langage, le bonheur de vous plaire. Je ne doute donc point qu'il ne consente à s'en abstenir à tout jamais, et à en abjurer la folie. A ce prix, et pourvu qu'il s'engage avec moi par une parole libre, mais sacrée, je consentirai de toute mon âme à ratifier l'heureux choix qu'il a su faire d'une femme aussi parfaite que vous. Veuillez, Mademoiselle, exprimer à monsieur votre père tous mes regrets de ne l'avoir point rencontré, et lui faire part du contenu de la présente.

« Agréez les sentiments de haute estime et de sympathie toute paternelle avec lesquels je remets entre vos mains la cause de mon fils et la mienne.

« Victor Cardonnet. »

Tandis qu'un domestique galonné d'or et monté sur un beau cheval de main portait cette lettre à Châteaubrun, Émile, accablé de soucis, se dirigeait à pied vers le parc de Boisguilbault.

« Eh bien, dit le marquis en lui serrant la main avec force, je ne vous attendais plus que dimanche prochain; je pensais que vous m'aviez oublié hier, et voici une douce surprise! Je vous en remercie, Émile. Le temps est bien long, depuis que vous travaillez si assidûment pour votre père. Je ne puis qu'approuver cette soumission, bien que je me demande avec un peu d'effroi si elle ne vous mènera pas avec lui et ses principes plus loin que vous ne croyez... Mais qu'avez-vous, Émile, vous êtes pâle, oppressé? Seriez-vous tombé de cheval?

— Je suis venu à pied; mais je suis tombé de plus

haut, répondit Émile, et je crois que je viens mourir ici. Écoutez-moi, mon ami ; je viens vous demander la force du trépas ou le secret de la vie. Un bonheur insensé, un malheur épouvantable, sont aux prises dans mon pauvre cœur, dans ma tête brisée. Je porte en moi, depuis que je vous connais, un secret que je n'osais pas, que je ne pouvais pas vous dire, mais que je ne puis contenir aujourd'hui. J'ignore si vous le comprendrez ; j'ignore s'il y a en vous un point sympathique avec ma souffrance ; mais je sais que vous m'aimez, que vous êtes sage, éclairé, que vous adorez la justice. Il est impossible que vous ne me donniez pas un conseil salutaire. »

Et le jeune homme confia au vieillard toute son histoire, mais en s'abstenant avec soin de lui nommer aucune personne, aucun lieu, aucune époque récente qui pût lui faire pressentir qu'il s'agissait de Gilberte et de sa famille. Il eût craint l'effet de ses préventions personnelles, et, voulant que rien ne pût influencer le jugement du marquis, il s'expliqua de manière à lui laisser croire que l'objet de son amour pouvait lui être complètement étranger, et résider soit à Poitiers, soit à Paris. Cette réserve de ne point prononcer le nom de sa maîtresse ne devait que paraître très-convenable à M. de Boisguilbault.

Lorsque Émile eut fini, il fut fort surpris de ne pas trouver son austère confident armé du courage stoïque qu'il avait à la fois prévu et redouté de sa part. Le marquis soupira, baissa la tête ; puis la relevant vers le ciel : « La vérité, dit-il, est éternelle ! » Mais aussitôt après, il la laissa retomber sur son sein, en disant : « Et pourtant je sais ce que c'est que l'amour.

— Vous, mon ami ? dit Émile, vous me comprenez donc, et je puis compter que vous me sauverez ?

— Non, Émile ; il m'est impossible de vous préserver d'un calice d'amertume. Quelque parti que vous preniez, il faut le boire jusqu'à la lie, et il ne s'agit que de savoir de quel côté est l'honneur, car, quant au bonheur, n'y comptez plus, il est à jamais perdu pour vous.

— Ah ! je le sens déjà, répondit Émile, et d'un jour de soleil et d'ivresse je passe dans les ténèbres de la mort. Savez-vous un mal profond et irréparable que je trouve au fond de tout, quelque sacrifice que je résolve ? c'est que mon cœur est devenu de glace pour mon père, et que, depuis quelques heures, il me semble que je ne l'aime plus, que je ne crains plus de l'affliger, qu'il n'y a plus pour lui, en moi, ni estime, ni respect. O mon Dieu, préservez-moi de cette souffrance au-dessus de mes forces ! Jusqu'ici, vous le savez, malgré tout le mal qu'il m'a fait et l'effroi qu'il m'a causé, je le chérissais encore, et je réunissais toutes les forces de mon âme pour croire en lui. Je me sentais toujours fils et ami jusqu'au fond de mes entrailles, et aujourd'hui il me semble que le lien du sang s'est à jamais brisé, et que je lutte contre un maître étranger, qui m'opprime... qui pèse sur moi comme un ennemi, comme un spectre. Ah ! je me rappelle un rêve que j'ai fait, la première nuit que j'ai passée dans ce pays-ci. C'était mon père se placer sur moi pour m'étouffer !... C'était horrible, et maintenant cette odieuse vision se réalise ; mon père a mis ses genoux, ses coudes, ses pieds sur mon sein ; il veut en arracher la conscience ou le cœur. Il foudra donc bien qu'à force de savoir quel endroit faible lui cédera. Oh ! c'est une invention diabolique et un dessein parricide qui l'égare. Est-il possible que l'amour de l'or et le culte des intérêts inspirent de pareilles idées à un père contre son enfant ? Si vous aviez vu avec quel sourire de triomphe il m'étalait l'inspiration subite de son étrange générosité ! ce n'était pas un protecteur et un père... qui pèse sur moi comme un ennemi qui a tendu un piége, et qui saisit sa proie avec un rire perfide ! « Choisis, semblait-il me dire, et si tu en meurs, qu'importe ? j'aurai vaincu. » O mon Dieu, c'est affreux, affreux ! de condamner et de haïr son père ! »

Et le pauvre Émile, brisé de douleur, pencha son visage sur l'herbe où il était couché, et l'arrosa de larmes brûlantes.

« Émile, dit M. de Boisguilbault, vous ne pouvez ni haïr votre père, ni trahir votre maîtresse. Voyons, tenez-vous beaucoup à la vérité ? pouvez-vous mentir ? »

Le marquis avait touché juste. Émile se releva avec force.

« Non, Monsieur, non, dit-il, vous le savez bien, je ne puis mentir. Et à quoi sert le mensonge aux lâches ? Quel bonheur, quel repos peut-il leur assurer ? Quand j'aurai juré à mon père que je change de religion, que je crois à l'ignorance, à l'erreur, à l'injustice, à la folie, que je hais Dieu dans l'humanité, et que je méprise l'humanité en moi-même, se fera-t-il en moi quelque monstrueux prodige ? serai-je convaincu ? me sentirai-je tout à coup transformé en paisible et superbe égoïste ?...

— Peut-être, Émile ! ce n'est que le premier pas qui coûte dans le mal, et quiconque a trompé les hommes arrive à pouvoir se tromper lui-même. Cela s'est vu assez souvent pour être croyable !

— En ce cas, arrière le mensonge ! car je me sens homme et ne puis me transformer en brute de mon plein gré. Mon père, avec toute son habileté et toute sa force, est un aveugle en ceci. Il croit à ce qu'il veut me faire croire, et on l'engagerait à prendre ma croyance pour la sienne, il ne le pourrait pas. Aucun intérêt, aucune passion ne le contraindrait à le faire, et il s'imagine qu'il ne me mépriserait pas, le jour où je me serais avili au point de commettre une lâcheté dont il se sait incapable ? A-t-il donc besoin de me mépriser et de me détruire pour se confirmer dans ses principes inhumains ?

— Ne l'accusez pas de tant de perversité : il est l'homme de son temps, que dis-je ? il est l'homme de tous les temps. Le fanatisme ne raisonne pas, et votre père est un fanatique ; il brûle et torture encore l'hérésie, croyant faire honneur à la vérité. Le prêtre qui vient nous dire à notre dernière heure : « Crois, ou tu seras damné, » est-il beaucoup plus sage ou plus humain ? L'homme puissant qui dit au pauvre fonctionnaire ou à l'artiste malheureux : « Sers-moi et je t'enrichis, » ne croit-il pas lui faire une grâce et lui octroyer un bienfait ?

— Mais c'est la corruption ! s'écria Émile.

— Eh bien ! reprit le marquis, par quoi donc le monde est-il gouverné aujourd'hui ? Sur quoi donc repose l'édifice social ? Il faut être bien, Émile, pour protester contre elle ; car alors il faut se résoudre à être sacrifié.

— Ah ! si j'étais seul victime de mon sacrifice, dit le jeune homme avec douleur ; mais elle ! la pauvre et sainte créature ! il faudra donc qu'elle soit sacrifiée aussi !

— Dites-moi, Émile, si elle vous conseillait de mentir, l'aimeriez-vous encore ?

— Je n'en sais rien ! je crois que oui ! Puis-je prévoir un cas où je ne l'aimerais plus, puisque je l'aime ?

— Vous aimez, je le vois ! Hélas ! moi aussi, j'ai aimé !

— Oh ! dites-moi, eussiez-vous sacrifié l'honneur ?

— Peut-être, si on m'eût aimé !

— Oh ! faibles humains que nous sommes ! s'écria Émile. Eh quoi ! ne trouverai-je pas un appui, un guide, un secours dans ma détresse ? Personne ne me donnera-t-il la force ? La force, mon Dieu ! je te la demande à genoux ; et jamais je n'ai prié avec plus de foi et d'ardeur : je te demande la force ! »

Le marquis s'approcha d'Émile et le pressa contre son cœur. Des larmes coulaient sur ses joues ; mais il garda le silence, et ne l'aida point.

Émile pleura longtemps dans son sein et sentit qu'il aimait cet homme, que chaque épreuve lui révélait plus sensible que réellement fort. Il l'en aimait davantage, mais il souffrait de ne point trouver en lui le conseil énergique et puissant sur lequel il avait compté dans sa faiblesse. Il le quitta à l'entrée de la nuit, et le marquis se borna à lui dire : « Revenez demain, il faut que je sache de ce que vous avez décidé. Je ne dormirai pas que je ne vous aie vu plus calme. »

Émile prit le plus long pour revenir à Gargilesse ; il fit un détour qui lui permit de passer à peu de distance de Châteaubrun par des sentiers couverts qui le dérobaient aux regards, et quand il vit les ruines d'assez près, il s'arrêta éperdu, songeant à ce que devait souffrir Gilberte depuis la cruelle visite de son père, et n'osant lui porter de meilleures nouvelles, dans la crainte de perdre tout courage et toute vertu.

Il était là depuis quelques instants, sans pouvoir se décider à rien, lorsqu'il s'entendit appeler à voix basse, avec un accent qui le fit tressaillir ; et jetant les yeux sur un petit bois de chênes qui bordait le chemin à sa droite, il vit dans l'ombre un pan de robe qui glissait derrière les arbres. Il s'élança de ce côté, et, lorsqu'il se fut assez engagé dans le bois pour n'avoir à craindre aucun témoin, Gilberte se retourna et l'appela encore.

« Venez, Émile, lui dit-elle lorsqu'il fut à ses côtés. Nous n'avons pas un instant à perdre... Mon père est dans la prairie, tout près d'ici. Je vous ai aperçu et reconnu au moment où vous descendiez dans ce chemin, et je me suis éloignée sans rien dire, pendant qu'il causa avec les faucheurs. J'ai une lettre à vous montrer, une lettre de M. Cardonnet ; mais la nuit ne nous permet pas de la lire, et je vais vous la dire à peu près mot à mot. Je la sais par cœur. »

Et quand Gilberte eut en quelque sorte récité cette lettre :

« Maintenant, dit-elle, expliquez-moi ce que cela signifie.... Je crois le comprendre ; mais j'ai besoin de le savoir de vous.

— O Gilberte ! s'écria Émile, je n'ai pas eu le courage d'aller vous le dire ; mais c'est la volonté de Dieu qui fait que je vous rencontre, et que mon sort va être décidé par vous. Dites-moi, ô ma Gilberte ! ô mon premier et dernier amour ! savez-vous pourquoi je vous aime ?

— C'est apparemment, répondit Gilberte en lui abandonnant sa main qu'il pressa contre ses lèvres, parce que vous avez deviné en moi un cœur fait pour vous aider.

— Eh bien, ma seule amie, mon seul bien en ce monde, pouvez-vous me dire pourquoi votre cœur s'est donné à moi ?

— Oui, je puis vous le dire, mon ami ; c'est parce que vous m'avez paru, dès le premier jour, noble, généreux, simple, humain, bon en un mot, ce qui pour moi est la plus grande qualité qu'il y ait au monde.

— Mais il y a une bonté passive qui exclut en quelque sorte la noblesse et la générosité des sentiments, une douce faiblesse qui peut être un charme de caractère, mais qui, dans les occasions difficiles, transige avec le devoir et trahit les intérêts de l'humanité pour épargner la souffrance à quelques-uns et à soi-même ?

— Je comprends cela, et je n'appelle pas bonté la faiblesse et la peur. Il n'y a pas de vraie bonté pour moi sans courage, sans dignité, sans dévouement surtout. Si je vous estime au point de vous dire sans méfiance et sans honte que je vous aime, Émile, c'est parce que je vous sais grand et de cœur et d'esprit ; c'est parce que vous plaignez les malheureux et ne songez qu'à les secourir, parce que vous ne méprisez personne, parce vous souffrez des peines d'autrui, parce qu'enfin vous voudriez donner tout ce qui est à vous, jusqu'à votre sang, pour soulager les pauvres et les abandonnés. Voilà ce que j'ai compris de vous dès que vous avez parlé devant moi et avec moi : et voilà pourquoi je me suis dit : Ce cœur répond au mien ; ces nobles pensées élèvent les miennes et me confirment dans tout ce que je pressentais ; je vois dans cet esprit, qui me charme et me pénètre, une lumière que je suis forcée de suivre et qui me guide vers Dieu même. Voilà pourquoi, Émile, en me laissant aller à vous aimer, je ne sentais en moi ni effroi ni remords. Il me semblait accomplir un devoir ; et je n'ai pas changé de sentiment en lisant les railleries que votre père vous adresse.

— Chère Gilberte, vous connaissez mon âme et ma pensée ; seulement votre adorable bonté, votre divine tendresse, m'ont fait un grand mérite de sentiments, qui me paraissaient tellement naturels et imposés aux hommes par l'instinct que Dieu leur en a donné, que je rougirais de ne les point avoir. Eh bien, pourtant, ces sentiments qui doivent vous paraître tels à vous-même, puisque vous les portez en vous avec tant de candeur et de simplicité, beaucoup de personnes les repoussent et les raillent comme une dangereuse erreur. Il en est qui les haïssent et les méprisent parce qu'ils ne les ont pas... Il en est d'autres aussi qui, par une étrange anomalie, les ont jusqu'à un certain point, et n'en peuvent souffrir la déduction logique et les conséquences rigoureuses. Mon Dieu, je crains de ne pouvoir m'expliquer clairement.

— Oui, oui, je vous entends. Janille est bonne comme Dieu même, et, par ignorance ou préjugé, cette parfaite amie repousse mes idées d'égalité et veut me persuader que je puis aimer, plaindre et secourir les malheureux sans cesser de les croire d'une nature inférieure à la mienne.

— Eh bien, noble Gilberte, mon père a les mêmes préjugés que Janille, à un autre point de vue. Tandis qu'elle croit que la naissance devrait créer des droits à la puissance, il se persuade, lui, que l'habileté, la force et l'énergie en créent à la richesse, et que la richesse acquise a pour devoir de s'augmenter sans limites, à tout prix, et de poursuivre sa route dans l'avenir, sans jamais permettre aux faibles d'être heureux et libres.

— Mais c'est horrible ! s'écria Gilberte ingénument.

— C'est le préjugé, Gilberte, et l'empire terrible de la coutume. Je ne puis condamner mon père ; mais, dites-moi, lorsqu'il me demande de lui jurer que j'épouserai son erreur, que je partagerai sa passion ambitieuse et son intolérance superbe, dois-je lui obéir ? et si votre main est à ce prix, si j'hésite un instant, si une terreur profonde s'empare de moi, si je crains de devenir indigne de vous en reniant ma croyance à l'avenir de l'humanité, ne mérité-je point quelque pitié de vous, quelque encouragement ou quelque consolation ?

— O mon Dieu, dit Gilberte en joignant les mains, vous ne comprenez pas ce qui nous arrive, Émile ! votre père ne veut pas que nous soyons jamais unis, et sa conduite est pleine de ruse et d'habileté. Il sait bien que vous ne pouvez pas changer de cœur et de cerveau comme on change d'habit ou de cheval ; et soyez certain qu'il vous mépriserait lui-même, qu'il serait au désespoir s'il obtenait ce qu'il vous demande ! Non, non, il vous connaît trop, Émile, pour le croire, et il ne le craint guère ; mais il arrive ainsi à ses fins. Il vous éloigne de moi, il essaie de nous brouiller ensemble, il se donne tous les droits et à vous tous les torts. Mais il n'y réussira pas, Émile ; non, je vous le jure : votre résistance augmentera mon affection pour vous. Ah ! oui, je comprends tout cela ; mais je suis au-dessus d'une si pauvre embûche, et rien ne nous désunira jamais.

— O ma Gilberte, ô mon ange divin ! s'écria Émile, dictez-moi ma conduite ; je vous appartiens entièrement. Si vous l'ordonnez, je courberai la tête sous le joug ; je commettrais toutes les iniquités, tous les crimes pour vous...

— J'espère que non ! répondit Gilberte avec une douce fierté, car je ne vous aimerais plus si vous cessiez d'être vous-même, et je ne veux pas d'un époux que je ne pourrais pas respecter. Dites à votre père, que je ne vous accorderai jamais ma main à de telles conditions, et que, malgré tous les dédains qu'il me conserve au fond de son cœur, j'attendrai qu'il ait ouvert les yeux à la justice et son âme à des sentiments plus honorables pour nous deux. Je ne serai pas le prix d'une trahison.

— O noble fille ! s'écria Émile en se jetant à ses genoux et en l'embrassant avec ferveur ; je vous adore comme mon Dieu et vous bénis comme ma providence ! Mais je n'ai pas votre courage ; qu'allons-nous devenir ?

— Hélas ! dit Gilberte, nous allons cesser pendant quelque temps de nous voir. Il le faut ; mon père et Janille étaient présents lorsque la lettre de votre père est arrivée. Mon pauvre père était ivre de joie et ne comprenait rien aux objections de la fin. Il vous a attendu toute la journée, et il vous attendra tous les jours, jusqu'à ce que je lui dise que vous ne devez pas venir, et alors j'espère que je pourrai justifier votre conduite et votre absence. Mais Janille ne vous pardonnera pas de longtemps ; déjà elle s'étonne, s'inquiète et s'irrite de ce que vous tardez, et de ce que votre père semble attendre votre autorisation pour venir me demander en mariage. Si vous lui disiez maintenant ce que j'exige que vous fassiez, elle vous maudirait, et vous bannirait à jamais de ma présence.

— O mon Dieu ! s'écria Émile, ne plus vous voir ! non, c'est impossible !

— Eh bien ! mon ami, qu'y aura-t-il donc de changé

entre nous? Est-ce que vous cesserez de m'aimer, parce que, pendant quelques semaines, quelques mois peut-être, vous ne me verrez pas? est-ce que nous allons nous dire un adieu éternel? est-ce que vous ne croirez plus en moi? N'avions-nous pas prévu des obstacles, des souffrances, des époques de séparation?

— Non, non, dit Émile, je n'avais rien prévu, je ne pouvais pas croire que cela dût arriver! je n'y crois pas encore!...

— O mon cher Émile! ne manquez pas de force quand j'ai besoin de toute la mienne. Vous avez juré de vaincre la résistance de votre père, et vous la vaincrez. Voici déjà un de ses plus puissants efforts que nous venons de déjouer. Il était bien sûr d'avance que vous n'accepteriez pas le déshonneur, et il croit que vous vous rebuterez si facilement! Il ne vous connaît pas; vous persisterez à m'aimer, et à le lui dire, et à le lui prouver sans cesse. Voyez! le plus difficile est fait, puisqu'il sait tout, et que, au lieu de s'indigner et de s'affliger, il accepte le combat en riant, comme une partie de jeu où il se croit le plus fort. Ayez donc du courage; je n'en manquerai pas. N'oubliez pas que notre union est l'ouvrage de plusieurs années de persévérance et de religieux travail. Adieu, Émile, j'entends la voix de mon père qui se rapproche, je fuis. Restez ici, vous, pour ne reprendre votre route que quand nous serons bien loin.

— Ne plus vous voir! répétait Émile, ne plus vous entendre, et avoir du courage!

— Si vous en manquez, Émile, c'est que vous ne m'aimez pas autant que je vous aime; et que notre union ne vous promet pas assez de bonheur pour vous décider à combattre beaucoup et longtemps.

— Oh! j'aurai du courage! s'écria Émile, vaincu par l'énergie de cette noble fille. Je saurai souffrir et attendre. Vous verrez, Gilberte, si le bonheur que me promet l'avenir ne me fait pas tout supporter dans le présent. Mais quoi! ne pourrions-nous pas nous rencontrer quelquefois, par hasard, comme aujourd'hui, par exemple?

— Qui sait? dit Gilberte. Comptons sur la Providence.

— Mais on aide quelquefois la Providence! Ne peut-on trouver un moyen de s'entendre, de s'avertir?... en s'écrivant!...

— Oui, mais il faut tromper ceux qu'on aime!

— O Gilberte! que faire?

— J'y songerai, laissez-moi partir.

— Partir sans me rien promettre!

— Vous avez ma foi et mon âme, et ce n'est rien pour vous?

— Partez donc! dit Émile en faisant un violent effort pour désunir ses bras qui retenaient obstinément la taille souple de Gilberte; je suis encore heureux en vous laissant partir! Voyez si je vous aime, si je crois en vous et en moi-même!

— Croyez en Dieu, dit Gilberte; il nous protégera. »

Et elle disparut à travers les branches.

Émile resta longtemps à la place qu'elle venait de quitter; il baisa l'herbe que ses pieds avaient à peine foulée, l'arbre qu'elle avait effleuré de sa robe, et, longtemps couché dans ce taillis, témoin mystérieux de son dernier bonheur, il ne s'en arracha qu'avec peine. Gilberte courut après son père, qui avait repris le chemin des ruines et qui marchait vite devant elle. Tout à coup il se retourna, et, revenant sur ses pas : « Ah! ma pauvre enfant, je retournais te chercher, dit-il avec simplicité.

— C'est-à-dire, mon père, que vous m'aviez oubliée derrière vous, répondit Gilberte en s'efforçant de sourire.

— Non, non.... ne dis pas cela! Janille prétendrait que c'est une distraction! Je pensais à toi justement; cette lettre de M. Cardonnet me trotte toujours par la tête. Peut-être qu'Émile nous attend à la maison, qui sait! Il n'aura pu venir plus tôt; son père l'aura retenu. Rentrons vite; je parie qu'il est là! »

Et le bonhomme doubla le pas avec confiance. Janille était d'une humeur massacrante; elle ne pouvait s'expliquer la lenteur d'Émile et concevait de graves inquiétudes. Gilberte essaya de les distraire, et pendant le souper elle se montra calme et presque gaie.

Mais à peine fut-elle seule dans sa chambre, qu'elle se jeta à genoux, la figure contre son lit, pour étouffer les sanglots qui brisaient sa poitrine.

## XXVIII.
### CONSOLATIONS.

Gilberte était résignée, quoique au désespoir. Émile était peut-être moins désolé, parce qu'au fond du cœur il n'était pas résigné encore. A chaque instant ses incertitudes revenaient, et, plus Gilberte s'était montrée grande et digne de son amour, plus cet amour lui faisait sentir son invincible puissance. Au moment de rentrer dans le village, il revint brusquement sur ses pas, voulant se persuader qu'il allait à Châteaubrun; et, quand il eut marché quelques minutes, il s'assit sur un rocher, mit sa tête dans ses mains, et se sentit plus faible, plus amoureux, plus homme que jamais.

« Si M. de Boisguilbault l'avait vue et entendue, se disait-il, il comprendrait que je ne puis hésiter entre elle et moi, et qu'il faut l'obtenir, fût-ce au prix d'un mensonge! Mon Dieu! mon Dieu! inspirez-moi. C'est vous qui m'avez envoyé cet amour, et si vous m'avez donné la force de le ressentir, vous ne voudriez pas me donner celle de le rompre.

— Eh bien, monsieur Émile! que faites-vous là? dit Jean Jappeloup, qu'il n'avait pas vu venir, et qui s'assit auprès de lui. Je vous cherchais, car je me suis habitué à causer avec vous le soir, et quand je ne vous vois pas après ma journée, ça me manque. Qu'est-ce qu'il y a? voyons, est-ce que vous avez mal à la tête, que vous vous la tenez à deux mains, comme si vous aviez peur de la perdre?

— Il ne serait plus temps, mon ami, répondit Émile; ma pauvre tête est à jamais perdue.

— Vous êtes donc bien amoureux? Allons! à quand la noce?

— Bientôt, Jean, quand nous voudrons! s'écria Émile, que cette idée jeta dans une sorte de délire. Mon père y consent, je l'épouse, oui, je l'épouse, entends-tu? car, sans cela il faut que je meure. N'est-ce pas, qu'il faut que je l'épouse?

— Diable! je le crois bien! comment hésiteriez-vous une minute? Ce n'est pas moi qui vous donnerais raison si vous la trompiez, et je crois bien, mon garçon, que je vous y forcerais, quand je devrais vous battre.

— Oui, n'est-ce pas, c'est mon devoir?

— Tiens! mais vous en doutez? Vous avez l'air quasi égaré, en disant ça?

— Oui, je suis égaré, c'est vrai; mais n'importe : je connais maintenant mon devoir, et c'est toi qui me confirmes dans ma meilleure résolution. Allons ensemble à Châteaubrun!

— Vous y alliez donc? à la bonne heure; dépêchons-nous, car il se fait tard. Vous me conterez en chemin comment votre père a pu tout d'un coup se décider à être si sage, lui que je croyais fou!

— Mon père est fou, en effet, dit Émile en prenant le bras du charpentier, et en marchant près de lui avec agitation : tout à fait fou! car il consent, à condition que je lui ferai un mensonge dont il ne sera pas la dupe. Mais c'est pour lui un triomphe, un vrai plaisir que de m'amener à mentir!

— Ah ça, dit Jappeloup, vous n'avez pas bu? non! ça ne vous arrive jamais! et pourtant vous battez la campagne. On dit que l'amour grise comme le vin : il y paraît, car vous dites des choses qui n'ont ni rime, ni raison.

— Mon père, qui est fou, poursuivit Émile hors de lui, a voulu me rendre fou aussi, et il y réussit assez bien, tu vois! il veut que je lui dise que deux et deux font cinq, et même que j'en fasse serment devant lui. J'y consens, tu vois! Que m'importe de flatter sa folie, pourvu que j'épouse Gilberte!

— Je n'aime pas tous ces discours-là, Émile, dit le charpentier, je n'y comprends rien et ça m'impatiente. Si vous êtes fou, je ne veux pas que Gilberte vous épouse. Tâchons de reprendre un peu nos esprits et arrêtons-nous là. Je n'ai pas envie de vous conduire à Châteaubrun, si vous voulez déraisonner de la sorte, mon fils!

— Jean, je me sens très-malade, dit Émile en s'asseyant de nouveau; j'ai le vertige. Tâche de me comprendre, de me calmer, de m'aider à me comprendre moi-même. Tu sais que je ne pense pas comme mon père; eh bien! mon père veut que je pense comme lui, voilà tout! Cela ne se peut pas; mais pourvu que je dise comme lui, qu'importe!

— Mais dire quoi? au nom du diable! s'écria Jean, qui avait, comme on sait, fort peu de patience.

— Oh! mille folies, répondit Émile, qui sentait un frisson glacé succéder par intervalles à une chaleur brûlante; par exemple, que c'est un grand bonheur pour les pauvres qu'il y ait des riches.

— C'est faux! dit Jean, haussant les épaules.

— Que plus il y aura de riches et de pauvres, mieux ira le monde.

— Je le nie.

— Que c'est une guerre que Dieu commande, et que les riches doivent marcher à cette guerre avec transport.

— Dieu le défend, au contraire!

— Enfin, qu'il faut que les gens d'esprit soient plus heureux que les pauvres d'esprit, parce que c'est l'ordre de la Providence!

— Il en a menti, mille tonnerres! s'écria Jean en frappant le rocher de son bâton. Finissez donc de répéter toutes ces bêtises-là; car je ne peux pas les entendre. Le bon Dieu a dit lui-même tout le contraire de ça, et il n'est venu sur la terre accommodé en charpentier que pour le prouver.

— Il s'agit bien de Dieu et de l'Évangile! reprit Émile. Il s'agit de Gilberte et de moi. Je ne persuaderai jamais à mon père qu'il se trompe. Il faut que je dise comme lui, Jean; et alors je serai libre d'épouser Gilberte; il ira lui-même la demander demain pour moi à son père.

— Vrai! mais il est donc fou, de croire que vous serez de bonne foi en répétant ces billevesées? Ah! oui, je vois tout de bon que la tête est déménagée, et c'est cela qui vous fait de la peine, Émile; car je vois bien aussi que vous êtes triste au fond du cœur, mon pauvre enfant.»

Émile versa des larmes qui le soulagèrent, et, reprenant sa raison, il expliqua plus clairement au charpentier ce qui se passait entre son père et lui.

Jean l'écouta la tête baissée, puis, après avoir réfléchi longtemps, il lui dit en lui prenant la main : « Émile, il ne faut pas faire ces mensonges-là, c'est indigne d'un homme. Je vois bien que votre père est plus rusé que timbré, et qu'il ne se contentera pas de deux ou trois paroles en l'air, comme on dit quelquefois pour apaiser un homme qui a trop pris de vin et qu'on traite comme un petit enfant. Votre père, quand vous aurez menti, ou promis ce que vous ne pouvez pas tenir, ne vous laissera pas respirer, et si vous essayez de redevenir un homme, il vous dira : « Souviens-toi que tu n'es plus rien! » Il est dur et fier, je le connais bien ; il ne vous donnera pas seulement un jour par semaine pour penser à votre guise, et puis il rendra votre femme malheureuse. Je vois d'ici, il vous fera rougir devant elle, et il manœuvrera si bien qu'elle en viendra à rougir de vous. Foin du mensonge et des paroles de mauvaise foi! Pas de ça, Émile, je vous le défends.

— Mais Gilberte!

— Mais Gilberte dira comme moi, et Antoine aussi, et Janille... Ma mie Janille dira ce qu'elle voudra... Moi, je ne veux pas que tu mentes! Il n'y a pas de Gilberte qui pût me faire mentir.

— Il faut donc que je renonce à elle, que je ne la voie plus?

— Ça c'est un malheur, dit Jean d'un ton ferme; mais quand le malheur est sur nous, il faut savoir le supporter. Allez trouver M. de Boisguilbault, il vous dira comme moi; car, d'après tout ce que vous m'avez raconté de lui, c'est un homme qui voit juste et qui pense bien.

— Eh bien, Jean, j'ai vu M. de Boisguilbault, et il comprend que ce sacrifice est au-dessus de mes forces.

— Il sait que vous aimez Gilberte? Oui-da? vous le lui avez dit?

— Il sait que j'aime, mais je ne la lui ai pas nommée.

— Et il vous conseille de mentir?

— Il ne me conseille rien.

— Il a donc perdu la tête, lui aussi? Allons, Émile, vous m'écouterez, moi, parce que j'ai raison. Je ne suis ni riche, ni savant; je ne sais pas si ça m'ôte le droit de manger mon soûl et de dormir dans un lit, mais je sais bien que quand j'ai prié le bon Dieu, il ne m'a jamais dit : « Va te promener; » et que quand je lui demande ce qui est vrai ou faux, mal ou bien, il me l'a toujours enseigné, sans me répondre : « Va à l'école. » Voyons, réfléchissez un peu. Nous voilà sur la terre beaucoup de pauvres, et un petit tas de riches; car si tout le monde avait de grosses parts, la terre serait trop petite. Nous nous gênons fort les uns les autres, et nous avons beau faire, nous ne pouvons pas nous aimer : à preuve, qu'il faut des gendarmes et des prisons pour nous accorder. Comment ça pourrait-il être autrement? Je n'en sais rien. Vous dites là-dessus de jolies choses, et quand vous êtes sur ce chapitre-là, je passerais les jours et les nuits à vous écouter, tant ça me plaît de vous entendre arranger tout ça dans votre tête. C'est pour cela que je vous aime; mais je ne vous ai jamais dit, mon garçon, que j'espérais voir ça. Ça me paraît bien loin, si c'est possible, et moi, qui suis habitué à la peine, je ne demande au bon Dieu que de nous laisser comme nous sommes, sans permettre aux grands riches d'empirer notre sort. Je sais bien que si tout le monde était comme vous, comme moi, comme Antoine et comme Gilberte, nous mangerions tous à la même soupe et à la même table; mais je vois bien aussi que tous les autres ne voudraient point entendre parler de cet arrangement-là, et qu'il y aurait trop à dire et à faire pour les y amener. Je suis fier, moi, et je me passe fort bien de qui me méprise : voilà ma sagesse. Je ne me tourmente guère la cervelle pour la politique; je n'y comprends rien; mais je ne veux pas qu'on me mange, et je déteste les gens qui disent : « Dévorons tout. » Votre père est un de ces mangeurs-là, et si vous lui ressembliez, je vous fendrais la tête avec ma hache plutôt que de vous laisser penser à Gilberte. Dieu a voulu que vous fussiez bon et que la vérité vous parût une bonne affaire ; gardez-la donc, la vérité, puisque c'est la seule chose que les méchants ne puissent pas ôter de la terre. Que votre père dise : « C'est comme cela; ça m'arrange, et je veux que cela soit! » Laissez-le dire, il est fort parce qu'il est riche, et ni vous, ni moi, ne pouvons le retenir; mais qu'il soit assez têtu et assez colère pour vouloir vous faire dire que c'est bien comme cela, et que Dieu soit content de ce qui se fait..... halte-là! C'est contre la religion de dire que Dieu aime le mal, et nous sommes chrétiens, que je pense? Avez-vous été baptisé? moi aussi, et j'y ai renoncé Satan. Du moins on y a renoncé pour moi, et j'y ai renoncé pour les autres, quand j'ai été parrain. Par ainsi, nous ne devons ni faire de faux serments, ni blasphémer; et dire que tous les hommes ne valent pas en venant au monde, et ne méritent pas tous le bonheur, c'est dire qu'il y en a qui sont condamnés à l'enfer avant de naître. J'ai dit, Émile! Vous ne mentirez pas, et vous ferez renoncer votre père à cette jolie condition-là!

— Ah! mon ami, si je pouvais seulement voir Gilberte une fois par semaine! si je n'étais pas déshonoré aux yeux de son père et banni de sa maison, je ne perdrais ni l'espoir, ni le courage!...

— Déshonoré aux yeux d'Antoine? Eh bien, pour qui le prenez-vous donc? Croyez-vous qu'il voulût d'un renégat et d'un cafard pour gendre?

— Oh! s'il comprenait comme vous, Jean! mais il ne comprendra rien à ma conduite.

— Antoine n'a pas inventé la poudre, j'en conviens. Il n'a jamais pu se mettre bien dans la tête le carré de l'hypoténuse que j'ai appris en cinq minutes, rien qu'à le voir faire à un compagnon. Mais aussi vous le croyez par trop simple. En fait d'honneur et de bons sentiments, ce vieux-là sait tout ce qu'on doit savoir. Vous pensez donc qu'il faut être bien malin et bien savant pour comprendre que deux et deux font quatre et non pas cinq? Moi, je dis qu'il n'est pas besoin pour cela d'avoir lu une pleine chambre de gros livres, comme le vieux Boisguilbault, et que tout homme malheureux en ce monde sent fort bien que son sort est injuste quand il ne l'a pas mérité. Eh bien, donc! est-ce que l'ami Antoine n'a pas souffert et pâti, lui aussi? Est-ce que les riches ne lui ont pas tourné le dos quand il est devenu pauvre? Est-ce qu'il peut leur donner raison contre lui, qui n'a jamais eu un morceau de pain sans en donner les trois quarts aux autres, parfois le tout? Et si vous n'étiez pas un homme bien pensant, auriez-vous pris de l'amitié pour lui? Seriez-vous amoureux de sa fille jusqu'à vouloir l'épouser, si vous aviez les idées de votre père? Non, vous ne l'auriez pas regardée, ou bien vous l'auriez séduite; mais vous penseriez qu'elle n'a point de dot, et vous l'abandonneriez vilainement. Allons, Émile, mon enfant, du courage! Les honnêtes gens vous estimeront toujours, et je vous réponds d'Antoine; je m'en charge. Si Janille crie, je crierai aussi, et on verra qui a la voix plus haute et la langue mieux pendue, d'elle ou de moi. Quant à Gilberte, comptez qu'elle aura toute sa vie un bon sentiment pour vous, et qu'elle vous saura gré de votre droiture. Elle n'en aimera pas d'autre, allez! Je la connais; c'est une fille qui n'a qu'une parole. Un temps viendra où votre père changera d'idée. C'est quand il sera malheureux à son tour, et je vous ai prédit que cela arriverait.

— Il n'en croit rien.

— Vous lui avez donc dit ce que je pense de son usine?

— Je le devais.

— Vous avez eu tort, mais c'est fait, et ce qui doit être sera. Allons, Émile, revenons au village et couchez-vous, car je vois bien que vous avez le frisson et que vous sentez d'avoir la fièvre. Va, mon garçon, ne te laisse pas tourner le sang comme ça, et compte un peu sur le bon Dieu! J'irai demain matin à Châteaubrun; je parlerai, moi, et il faudra bien qu'on m'entende. Je te réponds qu'au moins tu n'auras pas le chagrin d'être brouillé avec ceux-là pour avoir fait ton devoir.

— Brave Jean! tu me fais du bien, toi! tu me donnes de la force, et, depuis que tu me parles, je me sens mieux.

— C'est que je vas droit au fait, moi, et ne m'embarrasse pas des choses inutiles.

— Tu iras donc demain à Châteaubrun? dès demain? quoique ce soit un jour de travail?

— Oh! demain: comme je travaille gratis, je peux commencer ma journée à l'heure qu'il me plaira. Savez-vous pour qui je travaille demain, Émile? Voyons, devinez: ça vous fera faire un effort pour sortir de vos soucis.

— Je ne devine pas. Pour M. Antoine?

— Non, Antoine n'a guère de travaux à faire faire, le pauvre compère, et il suffit tout seul; mais il a un voisin qui n'en manque pas, et qui ne compte guère ses journées d'ouvrier.

— Qui donc? M. de Boisguilbault s'est-il réconcilié avec la figure?

— Non pas que je sache; mais il n'a jamais défendu à ses métayers de me donner de l'ouvrage. Il n'est pas homme à vouloir me faire du tort, et il n'y a guère que les gens de sa maison qui sachent qu'il m'en veut; si toutefois il m'en veut; le diable seul comprend ce qu'il y a là-dessous! Enfin, je vous dis que je travaille pour lui sans qu'il s'en aperçoive; car vous savez qu'il va visiter ses propriétés tout au plus une fois l'an. C'est un peu loin de chez nous; mais grâce à votre père, les ouvriers sont si rares, qu'on est venu me demander; et je ne me suis pas fait prier, quoique j'eusse ailleurs une besogne qui pressait. Ça me fait plaisir, à moi, de travailler pour ce vieux-là! Mais, comme bien vous pensez, je ne me laisserai pas payer. Je lui dois bien assez, après ce qu'il a fait pour moi.

— Il ne souffrira pas que tu travailles gratis pour lui.

— Il faudra bien qu'il le souffre, car il n'en saura rien. Est-ce qu'il sait ce qui se fait dans ses fermes? Il fait son compte en gros au bout de l'an, et ne s'embarrasse guère des détails.

— Mais si ses métayers lui comptent tes journées comme les ayant payées?

— Il faudrait que ce fussent des fripons, et, tout au contraire, ils sont honnêtes gens. Les gens, voyez-vous, sont ce qu'on les fait. Le vieux Boisguilbault n'est pas volé, quoique rien au monde ne fût si facile; mais comme il ne vexe ni ne pressure personne, personne n'a besoin de le tromper et de prendre plus qu'il ne lui revient. Ce n'est pas comme votre père. Il compte, il discute, il surveille, lui, et on le vole, et on le volera toujours: voilà les belles affaires qu'il fera toute sa vie. »

Jean réussit à distraire et presque à consoler Émile. Ce caractère droit, hardi et ferme, eut sur lui une heureuse influence; et il se coucha plus tranquille, après avoir reçu de lui la promesse qu'il saurait le lendemain soir dans quelle disposition étaient les parents de Gilberte à son égard. Jean se faisait fort de leur ouvrir les yeux sur le fond de sa conduite et de celle de M. Cardonnet. La douleur nous rend faibles et confiants, et, quand le courage nous manque, nous n'avons rien de mieux à faire que de remettre notre sort dans les mains d'une personne active et résolue. Si elle ne résout pas aussi aisément qu'elle s'en flatte les embarras de notre position, du moins son contact nous fortifie, nous ranime; sa confiance passe en nous insensiblement et nous rend capables de nous aider nous-mêmes.

« Ce paysan que mon père méprise, pensait Émile en s'endormant, cet ignorant, ce pauvre, ce simple de cœur m'a pourtant fait plus de bien que M. de Boisguilbault; et quand je demandais à Dieu un conseil, un appui, un sauveur, il m'a envoyé ce plus pauvre et son humble serviteur pour me tracer mon devoir en deux mots. Oh! que la vérité a de force dans la bouche de ces êtres à instincts droits et purs! et que notre science est vaine au prix de celle du cœur! Mon père! mon père! je sens plus que jamais que vous êtes aveugle, et la leçon que je reçois de ce paysan est ce qui vous condamne le plus! »

Quoique plus calme d'esprit, Émile fut pris dans la nuit d'une fièvre assez forte. Au milieu des violentes contractions de l'esprit, on oublie de soigner et de préserver le corps. On se laisse épuiser par la faim, surprendre par le froid et l'humidité, lorsqu'on est baigné de sueur ou brûlé de fièvre. On ne sent point l'atteinte du mal physique, et lorsqu'il s'est emparé de nous, il y a une sorte de soulagement à subir cette diversion aux peines de l'âme; on se flatte alors de ne pas pouvoir être longtemps malheureux sans en mourir, et c'est quelque chose que de se croire trop faible pour les éternelles douleurs.

M. de Boisguilbault attendit son jeune ami toute la journée, et une vive inquiétude s'empara de lui le soir, lorsqu'il ne le vit pas arriver. Le marquis s'était attaché fortement à Émile; sans le lui exprimer, à beaucoup près, autant qu'il le sentait, il ne pouvait plus se passer de sa société. Il éprouvait une grande reconnaissance pour ce noble enfant que sa froideur et sa tristesse n'avaient jamais rebuté, et qui, après s'être obstiné à lire dans son âme, lui avait religieusement tenu la promesse d'un dévouement filial. Ce triste vieillard, réputé si ennuyeux, et qui, par découragement, s'exagérait à lui-même ses défauts involontaires, avait trouvé un ami au moment où il croyait n'avoir plus qu'à mourir seul et sans laisser un regret après lui. Émile l'avait presque réconcilié avec la vie, et il s'abandonnait parfois à une douce illusion de paternité, en voyant ce jeune homme s'habituer à sa maison, partager ses austères délassements, ranger sa bibliothèque, feuilleter ses livres, promener ses chevaux, régler même quelquefois ses affaires pour lui épargner un ennui capital; enfin se plaire chez lui et avec lui, comme si la nature et l'accoutumance de toute la vie eussent écarté la distance des âges et la différence des goûts.

Longtemps le vieillard avait eu des retours de méfiance, et il avait essayé de comprendre Émile dans son système de misanthropie bizarre: mais il n'y avait pas réussi. Lorsqu'il avait passé trois jours à vouloir se persuader que le désœuvrement ou la curiosité lui amenait ce commensal avide de conversation sérieuse et de discussion philosophique, s'il voyait reparaître dans sa solitude cette figure enjouée, expansive et candide dans sa hardiesse, il sentait l'espoir revenir avec lui, et il se surprenait à aimer tout de bon, au risque d'être plus malheureux quand reviendrait le doute. Bref, après avoir passé toute sa vie, et les vingt dernières années surtout, à se préserver des émotions qu'il ne se croyait plus capable de partager, il retombait sous leur empire, et ne pouvait plus supporter l'idée d'en être privé.

Il marcha avec agitation dans toutes les allées de son parc, attendit à toutes les grilles, soupirant à chaque pas, tressaillant au moindre bruit; et enfin, accablé de ce silence et de cette solitude, navré de l'idée qu'Émile était aux prises avec une douleur qu'il ne pouvait alléger, il sortit dans la campagne, et s'avança dans la direction de Gargilesse, espérant toujours voir un cheval noir venir à sa rencontre.

Il était fort rare que M. de Boisguilbault osât faire une sortie si marquée hors de son vaste enclos, et il ne pouvait se résoudre à suivre les chemins battus, dans la crainte de rencontrer quelque figure à laquelle il ne serait pas très-habitué. Il allait donc à vol d'oiseau, par les prairies, sans toutefois perdre de vue la route que devait tenir Émile. Il marchait lentement et d'un pas que l'on eût pu croire incertain, mais que la prudence et la circonspection de ses moindres habitudes rendaient plus ferme qu'il ne le paraissait.

En approchant d'un bras de rivière qui, après être sorti de son parc, serpentait dans la vallée, il entendit résonner une cognée, et plusieurs voix frappèrent son attention. Il avait coutume de s'éloigner toujours du bruit qui lui révélait la présence de l'homme, et de faire un détour pour éviter une rencontre quelconque, mais il avait aussi une préoccupation qui, cette fois, le fit agir en sens contraire. Il avait la passion des arbres, si l'on peut parler ainsi, et ne permettait point à ses tenanciers d'en abattre, à moins qu'ils ne fussent complètement morts. Le bruit d'une cognée lui faisait donc toujours dresser l'oreille, et il ne pouvait alors résister au désir d'aller voir, par ses yeux, si ses ordres n'avaient pas été enfreints.

Il entra donc résolument dans le pré où les ouvriers travaillaient, et ce fut avec un naïf sentiment de douleur qu'il vit une trentaine d'arbres magnifiques, tout couverts de feuillage, étendus sur le flanc, et dépecés déjà en partie. Un métayer, aidé de ses garçons, travaillait à charger plusieurs tronçons sur une charrette à bœufs. La cognée qui fonctionnait avec tant d'activité, et qui faisait résonner tous les échos de la vallée, était entre les mains diligentes de Jean Jappeloup.

M. de Boisguilbault ne s'était pas vanté, le jour où il avait dit à Émile, d'un ton glacial, qu'il était fort irascible. C'était encore là une des anomalies de son caractère. A la vue du charpentier, dont la figure ou seulement le nom, lui causait toujours une émotion pénible, il pâlit; puis, le voyant mettre en pièces ses beaux arbres encore jeunes et parfaitement sains, il éprouva un frisson de colère, devint rouge, balbutia des paroles confuses, et s'élança vers lui avec une impétuosité dont ne l'aurait jamais cru capable quiconque l'eût vu, un instant auparavant, marcher à pas comptés, appuyé sur sa canne à pommeau guilloché.

## XXIX.

### AVENTURE.

L'abatis d'arbres qui blessait si vivement M. de Boisguilbault avait été fait sur le bord de la petite rivière, et les svelts peupliers, les vieux saules et les aunes majestueux, en tombant pêle-mêle, avaient formé comme un pont de verdure sur cet étroit courant. Tandis que les bœufs étaient occupés à en retirer quelques-uns avec des cordes, et à les traîner vers les chariots destinés à les emporter, le vigoureux charpentier, courant sur les tiges abattues qui barraient encore la rivière, s'appliquait à couper les branches entrecroisées dont la résistance paralysait l'effort des animaux de trait. Ardent au travail et passionné pour la destruction que sa profession utilise, il déployait son courage et son habileté avec une sorte de transport. La rivière était profonde et rapide en cet endroit, et le poste de Jean était assez périlleux pour qu'aucun autre n'eût osé le partager. Courant avec la légèreté et l'aplomb d'un jeune homme jusque vers l'extrémité flexible des arbres couchés en travers sur l'eau, il se retournait parfois pour couper la tige même sur laquelle il se tenait en équilibre, et au moment où un craquement sérieux lui annonçait que son appui allait s'enfoncer sous ses pieds, il sautait lestement sur une tige voisine, électrisé par le danger et par l'étonnement de ses camarades. Sa hache brillante tournoyait en éclairs autour de lui, et sa voix sonore stimulait ses autres travailleurs, surpris de trouver si facile une tâche que l'intelligence et l'énergie d'un seul homme commandait, simplifiait et enlevait comme par miracle.

Si M. de Boisguilbault eût été de sang-froid, il eût admiré à son tour, et même il eût ressenti un certain respect pour l'homme qui portait la puissance du génie dans l'accomplissement de ce travail grossier. Mais la vue d'une belle plante pleine de sève et de vie, tranchée par le fer au milieu de son développement, l'indignait et lui déchirait le cœur, comme s'il eût assisté à une scène de meurtre, et, quand cet arbre lui appartenait, il le défendait comme si c'eût été un membre de sa famille.

« Que faites-vous là, maladroits imbéciles! s'écria-t-il en brandissant sa canne, et d'une voix de fausset que la colère rendait aiguë et perçante comme celle d'un fifre. Et toi, bourreau! cria-t-il à Jean Jappeloup, as-tu juré de me blesser et de m'outrager sans cesse? »

Le paysan a l'oreille dure, le paysan berrichon surtout. Les bouviers, échauffés par une ardeur inaccoutumée, n'entendirent pas la voix du maître, d'autant plus que le grincement des cordes, le craquement des jougs et les cris puissants et dominateurs du charpentier couvrirent ces sons grêles. Le temps était à l'orage, l'horizon était chargé de nuées violettes qui montaient rapidement. Jean, baigné de sueur, avait retenu tout le monde, en disant qu'il fallait achever cette besogne avant la pluie qui allait gonfler la rivière, et qui pouvait emporter les arbres abattus. Une sorte de rage s'était emparée de lui, et, malgré la piété qui régnait au fond de son cœur, il jurait comme un païen, comme s'il eût cru ainsi décupler ses forces. Le sang bourdonnait dans son oreille; des exclamations de fureur et de joie lui échappaient à chaque exploit de son bras robuste, et venaient se mêler aux grondements de la foudre. Des coups de vent impétueux l'enveloppaient de feuillage et faisaient voltiger sur son front les mèches argentées de sa rude chevelure. Avec son teint pâle, ses yeux étincelants, son tablier de cuir, sa grande taille maigre, son bras nu et armé, il avait l'air d'un cyclope faisant, sur les flancs de l'Etna, sa provision de bois, pour alimenter le foyer de sa forge infernale.

Tandis que le marquis s'épuisait en impuissantes clameurs, le charpentier, ayant dégagé le dernier obstacle, revint en courant sur le tronc arrondi d'un jeune érable, avec une adresse qui eût fait honneur à un acrobate de profession, sauta sur le rivage, et, saisissant la corde de l'attelage, il allait unir l'exubérance de sa force athlétique à celle des bœufs épuisés de fatigue, lorsqu'il sentit tomber assez sèchement sur ses reins, couverts seulement d'une grosse chemise, le jonc souple et nerveux de M. de Boisguilbault.

Le charpentier se crut fouetté par une branche, comme cela lui était arrivé assez souvent dans cette bataille contre les rameaux verdoyants. Il laissa échapper un juron terrible, et, se retournant avec vivacité, il coupa en deux la canne du marquis avec sa cognée, en disant :

« En voilà une qui ne battra plus personne. »

A peine avait-il prononcé cette formule d'extermination, que ses yeux, voilés par l'ivresse du travail, s'éclaircirent tout à coup, et, qu'à la lueur d'un grand éclair, il vit son bienfaiteur debout devant lui, pâle comme un spectre. Le marquis tenait encore, dans sa main tremblante de rage, la pomme d'or et le tronçon de sa canne.

Regardez bien cette jolie petite dame, et puis je vous dirai qui elle est. (Page 111.)

Ce tronçon était si court qu'il s'en était fallu de bien peu que Jean n'abattît la main imprudemment levée sur lui.

— Par les cinq cent mille noms du diable, monsieur de Boisguilbault ! s'écria-t-il en jetant sa cognée ; si c'est votre esprit qui vient là pour me tourmenter, je vous ferai dire une messe ; mais si c'est vous, en chair et en os, parlez-moi, car je ne suis pas patient avec les gens de l'autre monde.

— Que fais-tu ici? pourquoi détruis-tu mes plantations, bête stupide? répondit M. de Boisguilbault, que le danger auquel il venait d'échapper comme par miracle n'avait nullement calmé.

— Excusez, reprit Jean stupéfait, vous ne paraissez pas content! C'est donc vous qui tapez comme ça? Vous n'êtes pas mignon dans la colère, et vous n'avertissez pas le monde. Ah çà ! ne recommencez plus, car si vous ne m'aviez pas rendu un si grand service, je vous aurais déjà coupé en deux comme un osier.

— Not' maître, not' maître, faites par 'on, dit le métayer, qui avait abandonné lestement la tête de ses bœufs pour se mettre entre le charpentier et le marquis, c'est moi qui ai demandé le Jean pour abattre nos arbres. Personne ne s'y entend comme lui, et il fait l'ouvrage de dix à lui tout seul. Voyez s'il a perdu son temps! Depuis midi jusqu'à cette heure, il a jeté bas ces trente arbres, il les a débités comme vous voyez, et il nous a aidés à les retirer de l'eau. Ne vous fâchez pas contre lui, not' maître ! C'est un rude ouvrier, et ça serait pour son profit qu'il ne travaillerait pas si bien.

— Et pourquoi abat-il mes arbres? qui lui a permis de les abattre?

— C'est des arbres que la dribe avait déracinés, not' maître, et qui commençaient à jaunir : une dribe de plus, et l'eau les emportait avec la souche. Voyez si je vous trompe ! »

Le marquis retrouva alors assez de calme pour regarder autour de lui, et pour constater que l'inondation du mois de juin avait couché ces arbres sur le flanc. La terre largement crevassée et les racines en l'air attestaient la vérité du rapport qu'on lui faisait. Mais, ne voulant pas encore s'en rapporter au témoignage de ses yeux :

« Et pourquoi n'avez-vous pas attendu mes ordres pour les enlever? dit-il, ne vous ai-je pas défendu cent fois de mettre la cognée à un seul arbre sans m'avoir consulté?

— Mais, not' maître, vous ne vous souvenez donc pas que j'ai été vous avertir de ce dégât, le lendemain même de la dribe? que vous m'avez dit : « En ce cas, il faut les ôter de là et en planter d'autres? » Voilà le temps propice pour planter, et je me dépêchais de faire de la place, d'autant plus qu'il y a là de beaux et bons arbres pour faire des échelles de longueur, et que ça ne m'aurait pas contenté de vous les laisser perdre. Si vous voulez donner un coup de pied jusque dans notre cour, vous verrez qu'il y en a une douzaine de rangés sous le hangar, et demain nous y porterons le reste.

— A la bonne heure, répondit M. de Boisguilbault, honteux de sa précipitation. Je me souviens, en effet, de vous avoir permis de le faire. Je l'avais oublié : j'aurais dû venir voir cela plus tôt.

— Dame ! vous sortez si peu, not' maître ! dit le bon paysan. L'autre jour, pourtant, j'avais rencontré M. Émile, comme il allait vous voir, et je lui avais montré le dommage, en lui recommandant de vous en faire souvenir. Il l'aura donc oublié?

— Apparemment, dit M. de Boisguilbault; n'importe, rentrez chez vous, car voici la nuit et l'orage.

— Mais vous allez vous mouiller, not' maître, il faut venir attendre à la maison que la pluie ait fini de tomber.

— Non pas, dit le marquis, elle peut durer longtemps, et je ne suis pas assez loin de chez moi pour ne pouvoir rentrer à temps.

— Not' maître, vous n'aurez pas le temps, la voilà qui commence, et ça va tomber dru !

— C'est bon, c'est bon, je vous remercie, c'est mon affaire, dit le marquis. » Et, tournant le dos, il s'éloigna, tandis que ses métayers et leurs bœufs reprenaient le chemin du domaine [1].

— Ça n'y fait pas trop bon pour un homme d'âge comme lui ! dit le métayer à son fils, en regardant le marquis partir d'autant plus lentement, qu'il était privé de l'appui de sa canne.

— S'il avait voulu patienter, répondit le jeune paysan, on aurait pu lui aller chercher sa voiture. *Ah ça ! Gaillard ! Chauvet !* cria-t-il à ses bœufs, courage, mes enfants. *Quiche ! arrière ! vire, mon mignon !* »

Et, ne songeant plus qu'à diriger son attelage encorné à travers les prés humides, le père et le fils disparurent derrière les buissons, suivis de tout leur monde, sans s'inquiéter davantage du vieux maître. Telle est l'insouciance naturelle au paysan.

M. de Boisguilbault atteignit l'extrémité de la prairie par laquelle il était venu, et au moment de franchir la haie, il se retourna et vit Jean Jappeloup qui était resté assis sur une souche, au milieu de son abatis, comme un vainqueur méditant douloureusement sur le champ de bataille. Toute l'ardeur, toute la gaieté du robuste ouvrier étaient tombées subitement ; il était immobile, indifférent à la pluie qui commençait à se mêler sur sa tête à la sueur du travail, et il paraissait en proie à une tristesse profonde.

« Ma destinée est d'offenser cet homme-là, et de ne le rencontrer que pour souffrir, » se dit M. de Boisguilbault. Et il hésita longtemps, partagé entre un naïf repentir et une violente répugnance.

Il se décida à lui faire signe de venir à lui, mais Jean ne parut pas le voir, quoiqu'il fît encore un peu de jour ; à l'appeler d'une voix dont la colère n'élevait plus le diapason, mais Jean ne parut pas l'entendre.

« Allons, se dit M. de Boisguilbault à lui-même, tu es coupable, il faut t'exécuter. » Et il marcha droit au charpentier.

« Pourquoi restes-tu là? » lui dit-il en lui frappant sur l'épaule.

Jean tressaillit, et, sortant comme d'un rêve :

« Ah ! ah ! que me voulez-vous donc? dit-il d'un ton brusque et courroucé. Venez-vous encore pour me battre? Tenez, voilà le reste de votre canne ! je comptais vous le reporter demain matin pour vous faire souvenir de ce qui vous est arrivé ce soir.

— J'ai eu tort, dit M. de Boisguilbault en balbutiant.

— C'est bientôt dit, j'ai eu tort, reprit le charpentier ; avec ça, quand on est riche, vieux et marquis, on croit tout réparé.

— Et quelle réparation exiges-tu de moi?

— Vous savez bien que je n'en peux demander aucune. D'une chiquenaude, je vous casserais en deux, et, en outre, je suis votre obligé. Mais je vous en voudrai toute ma vie pour m'avoir rendu la reconnaissance humiliante et lourde à porter. Je n'aurais pas cru que ça dût jamais m'arriver, car je n'ai pas le cœur plus mal fait qu'un autre, et je m'étais soumis au chagrin de ne pouvoir pas vous remercier. A présent, tenez, j'aime mieux aller en prison, ou recommencer à vagabonder que d'emporter un coup de canne. Allez-vous-en, laissez-moi tranquille. J'étais en train de me raisonner, et voilà que vous me remettez en colère. J'ai besoin de me dire que vous êtes un peu fou, pour ne pas vous en dire davantage.

— Eh bien, c'est vrai, Jean, je suis un peu fou, répondit tristement le marquis, et ce n'est pas la première fois qu'il m'arrive de perdre l'empire de ma raison pour des misères. C'est à cause de cela que je vis seul, que je ne sors pas, et que je me montre le moins possible. Ne suis-je pas assez puni? »

Jean ne répliqua pas ; ce triste aveu faisait succéder la pitié à la colère.

« Maintenant, dites-moi ce que je puis faire pour réparer mon tort, reprit M. de Boisguilbault d'une voix tremblante.

— Rien, répondit le charpentier, je vous pardonne.

— Je vous en remercie, Jean. Voulez-vous venir travailler chez moi?

— A quoi bon, puisque je travaille ici pour vous? Ma figure vous ennuie, et il ne tenait qu'à vous de ne pas la voir. Je n'allais pas vous chercher. Et puis, vous voudriez me payer mes journées, et quand je travaille pour vos métayers, vous ne pouvez pas me contraindre à recevoir leur argent.

— Mais ton travail me profite, puisque l'ouvrage reste acquis à mes propriétés. Jean, je ne veux pas qu'il en soit ainsi.

— Ah ! vous ne voulez pas? Je m'en moque bien, moi ! Vous ne pouvez pas m'empêcher de m'acquitter de cette façon-là ; et, puisque vous m'avez injurié et battu, je m'acquitterai, mordieu ! pour vous faire enrager. Ça vous humilie, pas vrai? Eh bien, ça me venge.

— Venge-toi autrement.

— Et comment donc? Que je vous frappe? Nous ne serions pas quittes : j'en resterais toujours votre obligé, et je ne veux rien vous devoir.

— Eh bien, acquitte-toi, si bon te semble, puisque tu es si fier et si têtu, dit le marquis perdant patience. Tu es aveugle et méchant, puisque tu ne vois pas la peine que j'éprouve. Tu serais assez vengé si tu la comprenais ; mais tu veux une vengeance brutale et cruelle. Tu veux te réduire à la misère et t'épuiser de fatigue pour me faire rougir et pleurer tous les jours de ma vie.

— Si vous le prenez comme ça... dit Jean à demi vaincu, non, je ne suis pas un méchant homme, et je peux vous pardonner une folie de jeunesse. Diable ! c'est que vous avez encore la tête vive et la main leste ! Qu'est-ce qui dirait ça? Enfin, n'en parlons plus ; encore une fois, je vous pardonne.

— Tu consens à travailler pour moi?

— A moitié prix. Faisons cet arrangement-là pour en finir.

— Il n'y a aucune proportion entre ma position et la tienne. Il y en aurait encore moins entre ton travail et ton salaire ; sois généreux : c'est la plus belle et la plus complète des vengeances. Viens travailler pour moi comme tu travailles pour tout le monde ; oublie que je t'ai rendu un service dont ma bourse ne s'est pas seulement aperçue, et force-moi ainsi à être ton obligé, puisque tu accepteras, en dédommagement d'un outrage irrépara-

---

[1] On appelle encore *domaine*, dans nos campagnes, les fermes et les métairies.

ble, la plus misérable des réparations, celle de l'argent.

— Comme vous tournez ça, je n'y comprends plus goutte. Allons, nous verrons si nous pouvons nous entendre. Mais si je vais chez vous et que ma figure vous mette encore en colère? Voyons, ne pouvez-vous pas me dire, au moins, ce que vous avez eu si longtemps contre moi? Vous me devriez bien ça! Il faut que, sans le savoir, je ressemble à quelqu'un qui vous a fait du mal. Ce n'est toujours pas quelqu'un d'ici; car je ne connais dans le pays que le vieux cheval du curé de Cuzion à qui je ressemble.

— Ne me fais pas de questions; il m'est impossible de te répondre. Admets que je suis sujet à des accès de folie, et aime-moi par pitié, puisque je ne puis être aimé autrement.

— Monsieur de Boisguilbault, dit le charpentier avec effusion, il ne faut pas parler comme cela : ce n'est pas vous rendre justice. Vous avez des défauts, c'est vrai, des caprices, des vivacités un peu fortes; mais, au fond, vous savez bien qu'on est obligé de vous respecter, parce que vous avez un cœur juste, que vous aimez le bien et que vous n'avez jamais fait un malheureux autour de vous; et puis, vous avez des idées... que vous n'avez pas prises seulement dans vos livres, des idées que les riches n'ont pas souvent, et qui rendraient le monde heureux, si le monde voulait penser comme vous. Pour avoir ces idées-là, il ne suffit pas d'être instruit et raisonnable, il faut aimer beaucoup tous les hommes qui sont sur la terre, et n'avoir pas une pierre à la place du cœur; et c'est pourquoi il faut bien que Dieu s'en soit mêlé. Ne dites donc pas qu'on vous aimerait par pitié; vous n'auriez qu'à vouloir être aimé, et il ne faudrait pas beaucoup vous changer pour en venir à bout.

— Que faudrait-il donc faire, suivant toi?

— Il ne s'agirait que de ne pas vouloir en empêcher ceux qui y sont portés.

— Quand donc l'ai-je fait?

— Maintes fois, et, pour ne parler que de moi, puisqu'il y en a d'autres dont vous ne voulez sûrement pas encore qu'on vous rappelle le nom....

— Parle-moi de toi, Jean, dit M. de Boisguilbault avec un empressement douloureux.... ou plutôt.... viens prendre ton souper et ton gîte chez moi ce soir. Je veux que nous soyons, dès aujourd'hui, entièrement réconciliés, mais à certaines conditions que je te dirai peut-être... et qui sont étrangères au fond de notre querelle. La pluie augmente, et ces branches ne nous garantissent plus.

— Non, je n'irai pas chez vous ce soir, dit le charpentier, mais je vous reconduirai jusqu'à votre porte; car voilà une mauvaise nuée, et il ne fera pas bon à marcher dans un instant. Tenez, monsieur de Boisguilbault, voulez-vous me croire? mettez sur vos épaules mon tablier de cuir; ça n'est pas beau, mais ça ne touche que du bois (mon état est propre, c'est ce qui m'en a toujours plu), et puis ça ne craint pas l'eau.

— Je veux au contraire que tu le mettes sur ton dos, ce tablier; tu es trempé de sueur, et quoique tu veuilles me traiter en vieillard, tu n'es pas jeune non plus, mon ami; allons, pas de cérémonie! je suis bien vêtu. Ne t'enrhume pas pour moi; souviens-toi que je t'ai frappé ce soir.

— Vous êtes malin comme le diable, vous! Allons, marchons! Non, je ne suis plus jeune, quoique je ne sente pas encore beaucoup les années! Mais savez-vous que je n'ai plus guère que dix ans de moins que vous? Vous souvenez-vous du temps où j'ai construit votre maison de bois dans votre parc? votre chalet, comme vous l'appelez? Eh bien, il y a eu dix-neuf ans, à la Saint-Jean dernière, que j'y ai planté le bouquet.

— Oui, c'est vrai, rien que dix-neuf ans! Il me semblait qu'il y avait davantage. Au reste, la maisonnette est fort bien construite, et il y aurait peu de réparations à y faire. Veux-tu t'en charger?

— Si elle en a besoin, je ne dis pas non. C'est un ouvrage qui m'a pourtant donné bien du mal dans le temps. Ai-je regardé souvent vos diables d'images pour tâcher de la faire ressembler!

— C'est ton chef-d'œuvre, et il t'amusait.

— Oui, il y avait des jours où ça m'amusait trop, ça me rendait malade; mais quand vous veniez me dire : « Jean, ce n'est pas ça; tu vas me tromper.... » dame! me mettiez-vous en colère!

— Tu te fâchais, tu m'envoyais presque promener!

— Et vous me laissiez dire, dans ce temps-là. Je n'aurais jamais cru qu'après avoir eu tant de patience avec moi pendant si longtemps, un beau jour vous vous fâcheriez sans me dire pourquoi. Voyons, qu'est-ce qu'il y a donc à y faire, à cette maison de bois?

— Il y a une diable de porte qui ne ferme plus.

— Le bois a joué? Quand faut-il que j'y aille?

— Demain. C'est pour cela que tu vas venir coucher chez moi; il fait trop mauvais temps pour que tu retournes ce soir à Gargilesse.

— C'est vrai qu'il fait noir à se casser le cou. Prenez garde où vous marchez, vous allez dans le fossé! Mais quand il pleuvrait des lames de faux, j'irais coucher ce soir à mon endroit.

— Tu as donc des affaires sérieuses?

— Oui... Je veux voir mon petit Émile Cardonnet, à qui j'ai quelque chose à dire.

— Émile? L'as-tu vu aujourd'hui?

— Non, je suis parti de grand matin pour m'occuper de lui. Si vous n'étiez pas si drôle, on vous conterait ça, puisque vous savez le fond de son histoire.

— Je ne crois pas qu'il ait de secrets pour moi; pourtant, s'il t'a confié quelque chose de plus qu'à moi, je ne veux pas le savoir.

— Soyez tranquille, je n'ai pas non plus envie de vous le dire.

— Et tu ne peux même pas me donner de ses nouvelles? J'en suis fort inquiet. J'espérais le voir aujourd'hui, et c'est pour aller à sa rencontre que j'étais sorti.

— Ah! alors, je comprends comment, vous qui ne sortez pas de votre parc, vous avez été si loin. Mais vous avez tort de suivre comme ça les prés. C'est coupé de ruisseaux qui ne sont pas minces, et voilà que je ne sais plus où nous sommes. Comme ça tombe, mille millions de diables! voilà juste le temps qu'il faisait le soir qu'Émile est arrivé dans ce pays-ci. Je l'ai rencontré sous une grosse pierre où il s'était mis à l'abri, et je ne savais guère qu'en m'appuyant là je mettais la main sur un ami, sur un vrai cœur d'homme, sur un trésor!

— Tu lui es donc fort attaché? Il avait essayé de me parler de toi bien souvent....

— Et vous ne vouliez pas le laisser dire? Je m'en doute. Tenez, c'est un homme comme vous, pas plus fier au fond de l'âme, et aussi prêt à donner sa vie que sa bourse pour les malheureux. Seulement, il ne se fâche pas pour rien, et quand il vous a dit une bonne parole, on ne craint pas qu'il vous allonge un coup de trique.

— Oh! je sais qu'il est beaucoup meilleur, et surtout plus aimable que moi. Si tu le vois ce soir ou demain matin, apporte-moi de ses nouvelles; dis-lui de venir me voir, je suis accablé de ses chagrins.

— Et moi aussi; mais j'ai meilleure espérance que lui et vous. Pourtant, si j'étais riche comme vous...

— Que ferais-tu?

— Je ne sais; mais l'argent arrange tout avec des gens de l'étoffe du père Cardonnet. Si vous vouliez l'embarquer dans quelque gros marché et y sacrifier quelques centaines de mille francs, vous qui avez trois ou quatre millions, et pas d'enfants! Il n'est pas si riche qu'il en a l'air, lui! Il se fait peut-être plus de revenu que vous, mais son fonds n'est guère gros, que je crois!

— Ainsi, tu approuverais qu'on lui achetât la liberté de son fils?

— Il y a des gens qui ne donnent jamais, et qui vendent ce qu'ils doivent. Mais, par le sang du diable! nous voilà dans l'étang! Arrêtez-vous! arrêtez-vous! ce n'est pas de la terre, c'est de l'eau; nous avons trop pris sur la droite; ce n'est pourtant pas le vin qui nous a troublé la cervelle. Par où allons-nous sortir de là?

— Je n'en sais rien; il y a longtemps que nous marchons, et nous devrions être à Boisguilbault.

— Attendez! attendez! je me reconnais, dit le charpentier. Voilà derrière nous une petite clarté avec un gros arbre... attendons l'éclair... regardez bien... le voilà : oui, j'y suis, c'est la maison de la mère Marlot! Diable, il y a des malades là-dedans, deux enfants qui ont la fièvre typhoïde, qu'on dit! C'est égal, c'est une bonne femme, et d'ailleurs, sur toutes vos terres, vous êtes certain d'être bien reçu.

— Oui, cette femme est ma locataire, si je ne me trompe.

— Qui ne vous paie pas gros, ni souvent, que je crois! Allons, donnez-moi la main.

— Je ne savais pas qu'elle eût des enfants malades, dit le marquis en entrant dans la cour de la chaumière.

— C'est tout simple; vous ne sortez pas, et vous n'allez jamais si loin. Mais d'autres y ont pensé; voyez! voilà une carriole et un cheval de ma connaissance, ça peut nous servir.

— Quelle est donc cette dame, dit le marquis en regardant à travers la vitre de la chaumière.

— Vous ne la connaissez donc pas? dit le charpentier tout ému.

— Je ne me rappelle pas de l'avoir jamais rencontrée, répondit M. de Boisguilbault en examinant l'intérieur avec plus d'attention. C'est sans doute une personne charitable, qui remplit auprès des malheureux les devoirs que je néglige.

— C'est la sœur du curé de Cuzion, reprit Jean Jappeloup, c'est une bonne âme, une jeune veuve très-charitable, comme vous le dites. Attendez que je la prévienne de votre arrivée, car, je la connais, elle est un peu timide... »

Il s'élança dans la chaumière, dit rapidement quelques paroles à l'oreille de la vieille femme et de Gilberte, qu'il venait, par une inspiration subite, de métamorphoser en sœur de curé, puis il revint prendre M. de Boisguilbault et le fit entrer en lui disant : « Venez, monsieur le marquis, venez! vous ne ferez peur à personne. Les malades vont mieux, et il y a là un bon petit feu de javelle pour vous sécher. »

## XXX.

### LE SOUPER IMPRÉVU.

Il fallait que le temps fût bien mauvais, ou que le marquis subît à son insu quelque mystérieuse influence; car il se décida à affronter la rencontre d'une personne inconnue. Il entra, et saluant la prétendue veuve avec une politesse craintive, il s'approcha du feu où la vieille femme s'empressa de jeter de nouvelles branches en s'apitoyant sur les vêtements mouillés de son vieux maître. « Oh! bonnes gens, est-il possible; comme vous voilà fait, monsieur le marquis! vrai, je ne vous aurais pas reconnu si le Jean ne m'avait pas avertie. Chauffez-vous, chauffez-vous, notre monsieur; car, à votre âge, il y a là de quoi attraper le coup de la mort. » Et, croyant se montrer officieuse et attentive avec ses sinistres prévisions, la bonne femme, toute troublée d'ailleurs de recevoir une pareille visite, faillit mettre le feu à sa cheminée.

« Non, ma bonne femme, lui dit le marquis, je suis fort solidement vêtu en tout temps, et je sens à peine la pluie.

— Oh! je le crois bien que vous êtes bien vêtu! reprit-elle, voulant lui faire un compliment qu'elle supposait propre à le flatter; car vous avez bien le moyen de l'être!..

— Il ne s'agit pas de cela, reprit le marquis; c'est pour vous dire de ne pas tant vous démener, et de ne pas quitter vos malades pour moi. Je suis fort bien ici, et la vie d'un vieillard comme moi est moins précieuse que celle de ces jeunes enfants. Sont-ils malades depuis longtemps?

— Depuis une quinzaine, Monsieur! Mais le plus mauvais est passé, Dieu merci!

— Pourquoi, lorsque vous avez des malades, ne venez-vous pas me voir?

— Oh nenny! je n'oserais pas. Je craindrais de vous ennuyer. On est si simple, nous autres! on ne sait pas bien parler, et on est honteux de demander.

— C'est moi qui devrais venir m'informer de vos misères, dit le marquis en soupirant; et je vois que des âmes plus actives et plus dévouées le font à ma place! »

Gilberte se tenait au fond de la chambre. Muette d'effroi et n'osant se prêter à la ruse du charpentier, elle essayait de se dissimuler derrière les gros rideaux de serge du lit où gisait le plus jeune des enfants. Elle eût voulu n'avoir rien à dire, et, tout en préparant une tisane, elle cachait son visage tourné vers la muraille, et ramenait son petit châle sur ses épaules. Un fichu de grosse dentelle noire, noué sous le menton, cachait, ou du moins éteignait l'or de sa chevelure, que le marquis eût pu reconnaître, s'il en eût jamais remarqué la nuance et la splendeur. Mais, deux fois seulement, M. de Boisguilbault avait rencontré Gilberte donnant le bras à son père. Il avait reconnu de loin M. Antoine, et avait détourné les yeux. S'il s'était vu forcé de passer près d'eux, il avait fermé les yeux pour ne point voir les traits redoutés de cette jeune fille. Il n'avait donc aucune idée de sa tournure, de sa physionomie ou de ses manières.

Jean avait su mentir avec tant d'à-propos et d'aplomb, que le marquis ne se douta de rien. La figure de Sylvain Charasson, accroupi comme un chat dans les cendres, et profondément endormi, pouvait ne lui être pas aussi inconnue, car le page de Châteaubrun, maraudeur effronté de sa nature, avait dû être surpris par lui maintes fois le long de ses haies, accroché à des branches couvertes de fruits; mais il faisait si peu de questions, et il mettait au contraire un soin si assidu à ne rien voir et à ne rien savoir de tout ce qui dépassait le mur de son parc, qu'il ne savait aucunement ni le nom et la condition de cet enfant.

N'éprouvant donc aucune méfiance, et se sentant porté par l'agitation morale et physique qu'il avait éprouvée dans cette soirée, à plus d'expansion que de coutume, il osa suivre des yeux les mouvements de la dame charitable, et même s'approcher d'elle pour lui faire quelques questions sur ses malades. La réserve un peu sauvage de cette amie des pauvres le frappait d'un respect particulier, et il trouvait noble et de bon goût qu'au lieu d'étaler devant lui ses bonnes œuvres, elle parût troublée et contrariée d'avoir été surprise au milieu de ses fonctions de sœur de charité.

Gilberte avait une telle peur d'être reconnue, qu'elle craignait de faire entendre le son de sa voix, et, comme si son organe n'eût pas été aussi étranger au marquis que sa figure, elle attendait que la paysanne répondît pour elle aux interrogations. Mais Jean, qui craignait que la vieille femme ne sût pas jouer son rôle et ne vînt à trahir, par maladresse, l'incognito de Gilberte, se plaçait toujours devant elle, et la repoussait vers la cheminée en lui faisant des yeux terribles chaque fois que M. de Boisguilbault avait le dos tourné. La mère Marlot, tremblante et ne comprenant rien à ce qui se passait chez elle, ne savait à qui entendre et faisait des vœux pour que, la pluie cessant, elle pût être délivrée de la présence de ces nouveaux hôtes.

Enfin Gilberte, un peu rassurée par la voix douce et les manières courtoises du marquis, s'enhardit à lui répondre; et comme il s'accusait toujours de négligence : « J'ai ouï dire, Monsieur, lui dit-elle, que vous étiez d'une santé fort délicate, et que vous lisiez beaucoup. Je conçois que vos occupations ne vous permettent pas de remplir des soins si multipliés. Moi, je n'ai rien de mieux à faire, et je demeure si près d'ici, que je n'ai pas grand mérite à venir soigner les malades de la paroisse. »

Elle regarda le charpentier en disant ces derniers mots, comme pour lui faire remarquer qu'elle entrait enfin dans l'esprit de son rôle, et Jean se hâta d'ajouter, pour donner plus de poids à cette phrase de dévote : « D'ailleurs, c'est une nécessité et un devoir de position. Si la sœur du curé ne prenait soin des pauvres, qui le ferait?

— Je serais un peu réconcilié avec ma conscience, dit le marquis, si madame voulait s'adresser à moi lorsqu'il m'arrive d'ignorer ou d'oublier mes devoirs. Ce que mon zèle n'accomplit pas, ma bonne volonté du moins pourrait y suppléer; et tandis que madame se réserverait la plus noble et la plus pénible tâche, celle de soigner les malades de ses propres mains, je pourrais ajouter par mon argent, aux ressources trop restreintes de la charité du prêtre. Permettez-moi de m'associer à vos bonnes actions, Madame, je vous en supplie, ou si vous ne voulez pas me faire cet honneur, adressez-moi tous vos pauvres. Une simple recommandation de vous me les rendra sacrés.

— Je sais qu'ils n'ont pas besoin de cela, monsieur le marquis, répondit Gilberte, et que vous en secourez beaucoup plus que je ne peux le faire.

— Vous voyez bien que non, puisque je ne me trouve ici que par hasard, et que vous y êtes venue tout exprès.

— Mais non; je n'ai pas deviné qu'ils avaient besoin de moi, répondit Gilberte : c'est cette pauvre femme qui est venue me chercher; sans cela j'aurais pu fort bien l'ignorer aussi.

— Vous voulez en vain diminuer votre mérite pour atténuer mes torts. On va vous chercher, vous, et on n'ose pas s'adresser à moi : ceci me condamne et vous glorifie.

— Diantre! ma Gilberte, dit le charpentier à la jeune fille en l'attirant à l'écart, m'est avis que vous faites des miracles et que vous apprivoiseriez le vieux hibou si vous vouliez en avoir le courage. Ah mais! comme dit Janille, ça va bien, et si vous voulez faire et dire comme moi, je vous réponds que vous le raccommoderez avec votre père.

— Oh! si je le pouvais! mais, hélas! mon père m'a fait promettre, jurer même de ne jamais l'essayer.

— Et pourtant il mourrait d'envie que ça réussit! Tenez, s'il vous a fait promettre ça, c'est qu'il croyait impossible ce qui est très-possible aujourd'hui... peut-être demain peut-être, mais ce soir! Il faut battre le fer quand il est chaud, et vous voyez bien qu'il y a un fameux changement, puisque nous sommes venus là ensemble et qu'il me parle de bonne amitié.

— Comment donc s'est fait ce miracle?

— C'est une canne qui a fait ce miracle-là sur mon dos; je vous conterai ça plus tard. En attendant, il faut être gentille, un peu hardie, avoir de l'esprit, enfin ressembler en tout, ce soir, à votre ami Jean. Écoutez, je commence!

Et quittant brusquement la jeune fille, Jean se rapprocha du vieillard. « Savez-vous, lui dit-il, ce que cette dame me raconte à l'oreille? C'est qu'elle veut absolument vous reconduire chez vous dans la voiture. Ah! monsieur de Boisguilbault, vous ne pouvez pas refuser à une dame; elle dit que les chemins sont trop gâtés pour que vous marchiez, que vous êtes trop mouillé pour attendre ici votre voiture, qu'elle a un cabriolet avec un bon cheval, une vraie jument de curé qui ne se fâche et ne s'étonne de rien, et qui va assez vite quand on n'a pas le bras engourdi et qu'il y a une mèche au fouet. Dans un quart d'heure, vous serez rendu chez vous, au lieu que vous en avez pour une heure à patauger dans la boue et les cailloux. »

M. de Boisguilbault adressait des remerciements affectueux à la belle veuve, et ne voulait point accepter; mais Gilberte insista elle-même avec une grâce irrésistible. « Je vous en supplie, monsieur le marquis, dit-elle en tournant vers lui ses beaux yeux encore effrayés comme ceux d'une colombe à demi apprivoisée, ne me faites pas le chagrin de me refuser; ma voiture est laide, pauvre et crottée, mon cheval aussi; mais l'un et l'autre sont très-solides. Je sais fort bien conduire, et Jean me ramènera.

— Mais cette course vous retardera trop, dit le marquis; on sera inquiet chez vous.

— Non! dit Jean; voilà le page de M. le curé, celui qui lui sert sa messe et qui lui sonne la cloche; c'est un drôle qui a bon pied, bon œil, et qui ne craint pas plus l'eau qu'une grenouille. Il a aux pattes des escarpins de chêne un peu plus solides que les vôtres, et il va marcher aussi vite vers Cuzion qu'un trait de scie dans une planche de sapin. Il dira qu'on n'ait pas à s'inquiéter; que madame est en bonne compagnie, et que ce vieux Jean qui la ramène. Ainsi c'est dit! — Écoute ici, l'éveillé, dit-il à Charasson, qui bâillait à se démettre la mâchoire et regardait, d'un air ébahi, M. de Boisguilbault; viens que je te ranime un peu au grand air, et que je te mette sur ton chemin.

Il traîna et porta presque Sylvain à quelques pas de la chaumière, et là, lui mettant son tablier de cuir sur les épaules, il lui dit, en lui tirant les oreilles un peu fort, pour lui graver ses paroles dans la mémoire : « Cours à Châteaubrun, et dis à M. Antoine que Gilberte vient à Boisguilbault avec moi; qu'il se tienne tranquille, que tout va bien de ce côté-là, et que dût-elle passer la nuit dehors, il ne faut pas qu'il s'inquiète. Entends-tu? comprends-tu?

— J'entends bien, mais je ne comprends guère, répondit Sylvain. Voulez-vous bien laisser mes oreilles, grand vilain Jean?

— Je te les allongerai encore, si tu raisonnes; et si tu fais mal ma commission, je te les arracherai demain.

— J'ai entendu, ça suffit; lâchez-moi.

— Et si tu t'amuses en route, gare à toi!

— Pardié, il fait un joli temps pour s'amuser!

— Et si tu me perds ma peau de bique!...

— Pas si bête, elle ne me gâtera pas! »

Et l'enfant se mit à courir vers les ruines, se dirigeant dans les ténèbres avec l'instinct d'un chat.

« A présent, dit Jean en sortant la brouette et la vieille jument de dessous le hangar, à nous deux, ma vieille brave Lanterne! Ah! monsieur Sacripant, ne vous fâchez pas, c'est bien; mais M. le marquis, qui ne regarde pas les gens, n'a pas peur de regarder les chiens, et il pourrait vous connaître. Faites-moi le plaisir de suivre votre ami Charasson. Vous retournerez chez vous à pied, j'en suis désolé. » Et, allongeant deux grands coups de fouet au pauvre animal, il le força de s'enfuir en courant sur les traces de Sylvain. « Allons, monsieur le marquis, je vous attends! » cria le charpentier. Et le marquis, vaincu par l'insistance de Gilberte, monta dans la brouette, où il se plaça entre elle et Jean Jappeloup.

Les étoiles du ciel ne virent pas cet étrange rapprochement; car d'épais nuages voilaient leur face, et la mère Marlot, seule témoin de cette aventure inouïe, n'eut pas l'esprit assez libre pour se livrer à de longs commentaires. Le marquis lui avait mis sa bourse dans la main en franchissant le seuil de sa maison, et elle passa le reste de la nuit à compter les beaux écus qu'elle contenait et à soigner ses petits, en disant : « Cette chère demoiselle, c'est elle qui nous a porté bonheur! »

Le marquis prit les rênes, ne voulant pas souffrir que son aimable compagne eût la peine de conduire. Jean s'arma du fouet pour stimuler d'un bras vigoureux l'ardeur de la pauvre Lanterne. Gilberte, que Janille, dans la prévision de l'orage, avait munie d'un large parapluie et du vieux manteau de son père, en la laissant vaquer à ses habitudes charitables, s'occupa de préserver ses compagnons, et comme le vent lui disputait le manteau, elle le fixa d'une main sur les épaules de M. de Boisguilbault, tandis que de l'autre elle soutenait le parapluie de toute sa force pour abriter la tête du vieillard avec un soin filial. Le marquis fut si touché de ses généreuses attentions, qu'il perdit toute sa timidité et lui exprima sa reconnaissance dans les termes les plus affectueux que le respect put lui permettre. Gilberte tremblait à l'idée que d'un moment à l'autre cette sympathie pouvait se changer en fureur, et le vieux Jean riait dans sa barbe, en recommandant toutes choses à la Providence.

Quoiqu'il ne fût guère plus de neuf heures, tout le monde était couché au château de Boisguilbault lorsque nos voyageurs y arrivèrent. Jamais personne autre que le vieux Martin ne s'occupait du maître après le coucher du soleil, et ce soir-là Martin ayant fermé le parc après avoir vu le marquis entrer dans son chalet, ne se doutait guère qu'il avait fait une sortie et qu'il courait les champs par la pluie et la foudre, en compagnie d'un vieux charpentier et d'une jeune demoiselle.

Jean ne se souciait pas beaucoup de franchir la grille de la cour avec Gilberte; car il était impossible, demeurant aussi près de Châteaubrun, que quelques serviteurs, sinon tous, ne connussent pas la figure de cette charmante fille, et la première exclamation devait la trahir.

Cependant la pluie tombait toujours, et il n'y avait aucun motif plausible pour faire descendre à la porte extérieure le marquis ou Gilberte, d'autant plus que M. de Boisguilbault voulait absolument que ses compagnons entrassent chez lui pour attendre au coin du feu la fin d'une pluie si obstinée et si froide. Jean mourait pourtant d'envie de saisir ce prétexte pour prolonger le rapprochement ; mais Gilberte refusait avec terreur d'entrer dans le sombre manoir de Boisguilbault, et il était certain qu'il y avait grand danger à le faire.

Heureusement, les habitudes excentriques du marquis lui rendirent impossible l'entrée de son château. Il eut beau agiter la cloche à diverses reprises, le vent rugissait avec fureur et emportait au loin la vibration. Aucun domestique, aucune servante ne couchait dans cette partie du bâtiment, où régnait systématiquement une affreuse solitude ; et quant au vieux Martin, seul excepté de cette règle, il était trop sourd pour entendre, soit la cloche, soit la foudre.

M. de Boisguilbault fut très-mortifié de ne pouvoir exercer l'hospitalité dont tout lui faisait un devoir, et conçut beaucoup de dépit contre lui-même de n'avoir pas prévu ce qui arrivait. Sa colère faillit revenir, et se tourner contre le vieux Martin, qui se couchait avec le soleil. Enfin, prenant tout à coup son parti : « Je vois bien, lui dit-il, qu'il faut que je renonce à rentrer chez moi, et qu'à moins d'avoir du canon pour prendre ma maison d'assaut, je ne réveillerai personne ; mais si madame ne craint pas de visiter la cellule d'un anachorète, j'ai ailleurs un gîte dont la clef ne me quitte pas, et où nous trouverons tout ce qu'il faut pour se reposer et se réchauffer. » En parlant ainsi, il tourna la tête du cheval vers le parc, mit pied à terre à la grille, l'ouvrit lui-même, et y fit entrer le cabriolet en tirant Lanterne par la bride, tandis que Jean pressait le bras de la tremblante Gilberte pour la déterminer à tenter l'aventure. « Dieu me confonde ! lui dit-il à voix basse, il nous conduit dans sa maison de bois, où il passe toutes les nuits à évoquer le diable ! Sois tranquille, ma Gilberte, je suis avec toi, et c'est aujourd'hui que nous allons mettre Satan à la porte d'ici. »

M. de Boisguilbault, ayant refermé derrière lui la grille du parc, ordonna au charpentier de conduire le cheval, et de le suivre au pas jusqu'à une espèce de hangar de jardinier où souvent Émile plaçait *Corbeau* lorsqu'il arrivait ou voulait partir tard ; et tandis que Jean s'occupait de mettre à couvert la pauvre Lanterne et la brouette de M. Antoine, le marquis offrit son bras à Gilberte, en lui disant : « Je suis désolé de vous faire quelques pas sur le sable ; mais vous n'aurez pas le temps de mouiller votre chaussure, car mon ermitage est là, derrière ces rochers. »

Gilberte frissonna de tous ses membres en entrant seule dans le chalet avec cet étrange vieillard, qu'elle avait toujours cru atteint de folie, et qui l'entraînait dans les ténèbres. Cependant elle se rassura un peu lorsqu'il ouvrit une seconde porte, et qu'elle vit le corridor éclairé par une lampe placée dans une niche ornée de fleurs. Cette demeure élégante et confortable, malgré ses dehors et son style rustiques, lui plut extrêmement, et sa jeune imagination, amoureuse de simplicité poétique, crut se retrouver dans le genre de palais qu'elle avait maintes fois rêvé.

Depuis qu'Émile avait été admis dans le mystérieux chalet, il s'y était opéré de notables améliorations. Il avait représenté au vieillard que le stoïcisme des habitudes par lesquelles il voulait protester contre sa propre richesse, commençait à devenir trop rigide pour son âge ; et, bien que M. de Boisguilbault ne fût encore atteint d'aucune infirmité notable, il avouait y avoir beaucoup souffert du froid pendant la mauvaise saison. Émile avait apporté lui-même du vieux château des tapis, des tentures, d'épais rideaux et des meubles commodes ; il y avait souvent allumé le vaste poêle pour combattre l'humidité des nuits pluvieuses, et le marquis s'était laissé aller à la douceur d'être soigné, douceur toute morale pour lui, et où il trouvait la preuve d'une affection attentive et délicate. Le jeune homme avait aussi arrangé et embelli la pièce où le vieillard prenait souvent avec lui son repas du soir. Il en avait fait une sorte de salon, et Gilberte fut charmée de poser ses petits pieds, pour la première fois de sa vie, sur de magnifiques peaux d'ours, et d'admirer, sur une console de marbre, de beaux vases de vieux Sèvres, remplis des fleurs les plus rares.

La cheminée, remplie de pommes de pin très-sèches, fut allumée comme par enchantement, lorsque le marquis y eut jeté une feuille de papier enflammée, et les bougies, reflétées dans une glace à cadre de chêne contourné et bizarrement sculpté, remplirent bientôt la chambre d'une clarté éblouissante pour les yeux d'une fille habituée à la pauvre petite lampe où Janille épargnait l'huile, à l'exemple de la Femme forte de la Bible.

M. de Boisguilbault mit une sorte de coquetterie, pour la première fois de sa vie, à faire les honneurs de son chalet à une si aimable hôtesse. Il eut un naïf plaisir à la voir examiner et admirer ses fleurs, et lui promit que, dès le lendemain, elle en aurait toutes les greffes et toutes les graines pour renouveler *le jardin du presbytère*. Rendu un instant à la vivacité de la jeunesse, il trottait de tous côtés pour chercher les petites curiosités qu'il avait rapportées de son voyage en Suisse, et les lui offrait avec une joie ingénue ; et, comme elle refusait, en rougissant, de rien accepter, il prit le petit panier dans lequel elle avait apporté des sirops et des confitures à ses malades, et le remplit de jolis ouvrages en bois découpés à Fribourg, d'échantillons de cristal de roche, d'agates et de cornalines taillées en cachets et en bagues ; enfin de toutes les fleurs qui remplissaient les vases, et dont il fit un énorme bouquet le moins maladroitement qu'il put.

La grâce touchante avec laquelle Gilberte, confuse, remerciait le vieillard, ses questions naïves sur le voyage en Suisse dont M. de Boisguilbault avait gardé un souvenir enthousiaste (exprimé en termes un peu classiques), l'intérêt qu'elle mettait à l'écouter, ses réflexions intelligentes lorsqu'elle parvenait à se mettre à l'aise, le son enchanteur de sa voix, la distinction de ses manières simples et naturelles, son absence de coquetterie, et un mélange de terreur et d'entraînement répandu dans sa contenance et dans ses traits, qui donnait à sa beauté un caractère plus saisissant encore qu'à d'habitude, son teint animé, ses yeux humides de fatigue et d'émotions, son sein oppressé par d'étranges angoisses, un sourire angélique qui semblait demander grâce ou protection ; tout cela pénétra si fortement le marquis et le domina si rapidement, qu'il se sentit tout à coup épris jusqu'au fond de l'âme ; épris saintement, non d'un ignoble désir de vieillard pour la jeunesse et la beauté, mais d'un amour de père pour une chaste et adorable enfant ! et lorsque le charpentier vint les rejoindre, tout ébloui et charmé lui-même de se trouver dans une chambre si claire et si chaude, il crut bien en entendant M. de Boisguilbault dire à Gilberte : « Approchez donc vos pieds de la cheminée, ma chère enfant ; je tremble que vous n'ayez gagné un rhume ce soir, et je ne me le pardonnerais de ma vie ! »

Puis, entraîné par une expansion extraordinaire, le marquis, se retournant vers le charpentier, lui tendit la main en lui disant : « Approche donc aussi, toi, et viens t'asseoir auprès du feu avec nous. Pauvre Jean ! tu étais à peine vêtu, et tu es mouillé jusqu'aux os ! c'est encore moi qui en suis la cause ; si tu n'avais pas voulu m'accompagner, tu serais entré à la ferme, et tu y serais encore ; tu aurais soupé surtout, et tu es à jeun !... Comment faire pour te donner à manger ici ? car je suis sûr que tu meurs de faim !

— Ma foi, à vous dire vrai, monsieur de Boisguilbault, répondit le charpentier en souriant et en fourrant ses sabots dans la cendre chaude, je me moque de la pluie, mais non du jeûne. Votre maison de bois est devenue diablement belle, depuis que je n'y ai mis la main ; mais s'il y avait un morceau de pain dans quelqu'une de ces armoires, dont j'ai posé les rayons jadis,... je les trouverais encore plus jolies. Depuis midi jusqu'à la nuit, j'ai cogné comme un sourd, et je me sens plus faible qu'une mouche, à présent !

— Eh ! mais, j'y songe ! s'écria M. de Boisguilbault, je n'ai pas soupé, moi non plus ; je l'ai complètement ou-

blié, et je suis sûr qu'il y a là quelque chose, je ne sais où ! Cherchons, Jean, cherchons, et nous trouverons !
— Frappez et l'on vous ouvrira ! dit gaiement le charpentier en secouant la porte du fond.
— Pas par là, Jean ! dit vivement le marquis, il n'y a rien là que des livres.
— Ah ! c'est la porte qui ne tient pas ! reprit Jean, la voilà qui me tombe dans les mains. Demain, j'arrangerai ça ! ce n'est qu'un peu de bois à ôter d'en haut pour que le pêne joigne. Comment ! votre vieux Martin n'a pas l'esprit d'arranger ça ? Il a toujours été maladroit et embarrassé, ce chrétien-là ! »
Jean, plus fort à lui seul que les deux vieillards de Boisguilbault, referma la porte sans songer à éprouver la moindre curiosité, et le marquis lui sut gré de cette insouciance, car il l'avait observé attentivement, et avec une sorte d'inquiétude, tant qu'il avait tenu le bouton de la serrure.
« Il y a ordinairement ici un guéridon tout servi, reprit M. de Boisguilbault ; je ne conçois pas ce qu'il peut être devenu, à moins que Martin ne m'ait oublié ce soir !
— Oh ! oh ! à moins que vous ne l'ayez pas mangée, la vieille horloge de sa cervelle n'a pas été en défaut, dit le charpentier, qui se rappelait avec plaisir tous les détails de l'intérieur du marquis, autrefois si bien connus de lui. Qu'est-ce qu'il y a derrière ce paravent ? Oui-da ! ça me paraît bien friand et guère solide ! » Et il exhiba, en repliant le paravent, un guéridon chargé d'une galantine, d'un pain blanc, d'une assiette de fraises et d'une bouteille de Bordeaux.
— C'est joli à offrir à une dame, ça, monsieur de Boisguilbault !
— Oh ! si je croyais que Madame voulût accepter mon souper ! dit le marquis en faisant rouler le guéridon auprès de Gilberte.
— Pourquoi non ? hé ! dit Jean en ricanant. Je parie que la bonne âme a songé aux autres avant de songer à nourrir son corps. Voyons, si elle mangeait seulement deux ou trois fraises, et vous, cette viande blanche, monsieur de Boisguilbault, moi, je m'arrangerai bien du pain mollet et d'un verre de vin noir.
— Nous mangerons comme devraient manger tous les hommes, répondit le marquis : chacun suivant son appétit, et l'expérience va nous prouver, j'en suis sûr, que la part trop forte, destinée à un seul, va être suffisante pour plusieurs. Oh ! je vous en prie, Madame, procurez-moi le bonheur de vous servir.
— Je n'ai aucunement faim, dit Gilberte, qui, depuis plusieurs jours, était trop accablée et trop agitée pour n'avoir pas perdu l'appétit ; mais, pour vous décider à souper tous les deux, je ferai mine de souper aussi. »
M. de Boisguilbault s'assit auprès d'elle, et la servit avec empressement. Jean prétendit qu'il était trop crotté pour se mettre à côté d'eux, et quand le marquis eut insisté, il avoua qu'il se trouvait fort mal à l'aise sur des chaises si molles et si profondes. Il tira un escabeau de bois, qui restait de l'ancien mobilier rustique, et, se plaçant sous le manteau de la cheminée pour se sécher des pieds à la tête, il se mit à manger de grand cœur. Sa part fut amplement suffisante, car Gilberte ne fit que goûter les fraises, et le marquis était d'une sobriété phénoménale. D'ailleurs, eût-il eu plus d'appétit que de coutume, il se fût volontiers privé pour l'homme qu'il avait battu deux heures auparavant, et qui lui pardonnait avec tant de candeur.
Le paysan mange lentement et en silence ; ce n'est pas pour lui la satisfaction d'un besoin capricieux et fugitif, c'est une espèce de solennité ; car cette heure de repas est en même temps, dans la journée de travail, une heure de repos et de réflexion. Jappeloup devint donc très-grave en coupant méthodiquement son pain par petits morceaux, et en regardant brûler les pommes de pin dans le foyer.
M. de Boisguilbault, ayant épuisé à peu près avec Gilberte tout ce qu'on peut dire à une personne qu'on ne connaît pas, retomba aussi dans son laconisme habituel, et Gilberte, accablée par plusieurs nuits d'insomnie et de larmes, sentit que la chaleur du feu, succédant au froid de l'orage, la jetait dans un assoupissement insurmontable. Elle lutta tant qu'elle put, mais la pauvre enfant n'était guère plus accoutumée que son ami le charpentier aux fauteuils moelleux, aux tapis de fourrure et à l'éclat des bougies. Tout en essayant de répondre et de sourire aux paroles de plus en plus rares du marquis, elle se sentit comme magnétisée ; sa belle tête se renversa insensiblement sur le dossier, son joli pied s'étendit vers le feu, et sa respiration égale et pure trahit tout à coup la victoire impérieuse du sommeil sur sa volonté.

M. de Boisguilbault, voyant le charpentier absorbé dans une sorte de méditation, se mit alors à examiner les traits de Gilberte avec plus d'attention qu'il n'avait encore osé le faire, et une sorte de frisson s'empara de lui lorsqu'il vit, sous la dentelle noire, à demi détachée de sa coiffure, la profusion de son éblouissante chevelure dorée. Mais il fut tiré de sa contemplation par le charpentier, qui lui dit à voix basse :

« Monsieur de Boisguilbault, je parie que vous ne vous doutez guère de ce que je vais vous apprendre ? Regardez bien cette jolie petite dame, et puis je vous dirai qui elle est ! »
M. de Boisguilbault pâlit et regarda le charpentier avec des yeux effarés.

## XXXI.
### INCERTITUDE.

« Eh bien, monsieur de Boisguilbault, l'avez-vous assez regardée, reprit le charpentier d'un air malin et satisfait, et ne pouvez-vous deviner vous-même ce qui doit vous intéresser le plus en elle ? »
Le marquis se leva et retomba tout aussitôt sur sa chaise. Un rayon de lumière avait enfin traversé son esprit, et sa pénétration, si longtemps en défaut, allait, tout d'un coup, plus loin que Jean ne le souhaitait. Il crut avoir deviné, et il s'écria avec un accent de violente indignation : « Elle ne restera pas ici un instant de plus ! »
Gilberte, effrayée et réveillée en sursaut, vit devant elle la figure irritée du marquis ; elle se crut perdue, et pensant avec désespoir qu'au lieu de rapprocher son père de M. de Boisguilbault, elle allait être la cause d'une inimitié plus profonde, elle ne songea plus qu'à assumer sur elle toute la faute, et à demander grâce pour M. Antoine. Tombant sur ses genoux avec la grâce d'une fleur qui se courbe sous le vent d'orage, elle s'empara de la main tremblante du marquis, et, trop émue pour parler, elle courba sa tête charmante, et appuya, sur le bras du vieillard, son front couvert d'une mortelle pâleur.

« Eh bien, eh bien, dit le charpentier en s'emparant de l'autre main du marquis et en le secouant sans force, à quoi songez-vous donc, monsieur de Boisguilbault, d'effrayer ainsi cette enfant ? Est-ce que vos lubies vous reprennent, et faut-il que je me fâche, à la fin ?
— Qui est-elle ? reprit le marquis en essayant de repousser Gilberte, mais trop crispé pour en avoir la force ; dites-moi qui elle est, je veux le savoir !
— Vous le savez bien, puisqu'on vous l'a déjà dit, répliqua Jean en haussant les épaules : c'est la sœur sans fortune et sans nom d'un curé de campagne. Est-ce pour cela que vous lui parlez si durement ? Et voulez-vous qu'elle sache ce que je sais de vous ? Tâchez donc qu'elle ne s'aperçoive pas de vos accès, monsieur de Boisguilbault ; vous voyez bien que vos airs méchants la rendent malade de peur ; et c'est une drôle de manière de lui faire fête et honneur dans votre maison ! Elle ne devait guère s'attendre à cela, après avoir eu tant d'honnêtetés pour vous ; et le pire, c'est que je ne peux pas lui dire à quoi en vous en tenir, puisque je n'y comprends rien moi-même, pour l'instant !
— Je ne sais pas si vous vous jouez de moi, dit le marquis tout troublé ; mais que vouliez-vous donc me dire tout à l'heure ?
— Quelque chose qui vous eût fait plaisir, mais que je ne vous dirai pas, puisque vous n'avez plus votre tête.
— Jean, parlez, expliquez-vous, je ne puis supporter cette incertitude !

Tombant sur ses genoux avec la grâce d'une fleur qui se courbe sous le vent d'orage. (Page 111.)

— Je ne puis la supporter non plus, dit Gilberte fondant en larmes : Jean, je ne sais pas ce que vous avez dit ou voulu dire de moi ; je ne sais pas quelle est ma situation ici, mais je la trouve insupportable ; allons-nous-en !

— Non... non... dit le marquis plein d'irrésolution et de honte ; il pleut encore, il fait un temps affreux, et je ne veux pas que vous partiez.

— Eh bien, pourquoi donc vouliez-vous la chasser tout à l'heure ? reprit Jean avec une tranquillité dédaigneuse ; qui peut rien comprendre à vos caprices ? Moi, j'y renonce, et je m'en vais.

— Je ne resterai pas ici sans vous ! s'écria Gilberte en se levant et en courant après le charpentier, qui faisait mine de partir.

— Mademoiselle... ou madame, dit M. de Boisguilbault en l'arrêtant et en retenant aussi le charpentier, daignez m'écouter, et si vous êtes étrangère aux tristes préoccupations dont je suis assailli en cet instant, pardonnez-moi une agitation qui doit vous paraître bien ridicule, mais qui est bien pénible, je vous assure ! Je vous en dois pourtant l'explication. On vient de me donner à entendre que vous n'étiez pas la personne que je croyais... mais une autre personne... que je ne veux point voir et point connaître... Mon Dieu ! je ne sais comment vous dire... Ou vous me comprenez trop, ou vous ne pouvez pas du tout me comprendre !...

« Ah ! je vous comprends à la fin, moi, dit le rusé charpentier, et je vas dire à madame ce que vous ne pouvez pas venir à bout de lui expliquer. Madame Rose, ajouta-t-il en s'adressant à Gilberte, et en lui donnant résolument le nom de la sœur du curé de Cusion, vous connaissez bien mademoiselle Gilberte de Châteaubrun, votre jeune voisine ? Eh bien, M. le marquis a une grande rancune contre elle, à ce qu'il paraît ; il faut croire qu'elle lui a fait quelque vilaine offense ; et comme j'allais lui dire quelque chose par rapport à vous et à M. Émile....

— Que dis-tu ? s'écria le marquis, Émile ?

— Ça ne vous regarde pas, reprit Jean : vous ne saurez plus rien, je parle à madame Rose... oui, madame Rose, M. de Boisguilbault déteste mademoiselle Gilberte ; il s'est imaginé que c'était peut-être vous ; voilà pourquoi il voulait vous jeter dehors, et plutôt par la fenêtre que par la porte. »

Gilberte éprouvait une mortelle répugnance à soutenir

Cela se porte, dit Janille. (Page 146.)

cet étrange et audacieux persiflage; pendant quelques instants elle avait éprouvé une si vive sympathie pour le marquis, qu'elle se reprochait d'abuser de son erreur et de l'exposer à des émotions qui paraissaient le faire autant souffrir qu'elle-même. Elle résolut de le désabuser peu à peu, et d'être plus hardie que son facétieux complice, en affrontant les suites de la colère de M. de Boisguilbault.

« Il y a du moins, dit-elle avec une noble assurance, une énigme pour moi dans ce que j'entends. Je ne puis comprendre que Gilberte de Châteaubrun soit un objet de réprobation pour un homme aussi juste et aussi respectable que M. de Boisguilbault. Comme je ne sais rien d'elle qui puisse justifier un pareil mépris, et qu'il m'importe de savoir à quoi m'en tenir sur son compte, je supplie monsieur le marquis de me dire tout le mal qu'il sait d'elle, afin, du moins, qu'elle puisse se disculper auprès des personnes honnêtes qui la connaissent.

— J'aurais désiré, dit le marquis avec un profond soupir, que le nom de Châteaubrun ne fût pas prononcé devant moi...

— C'est donc un nom entaché d'infamie? reprit Gilberte avec un mouvement d'irrésistible fierté.

— Non... non... je n'ai jamais dit cela, répondit le marquis, dont la colère tombait aussi vite qu'elle s'allumait. Je n'accuse personne, je ne reproche rien à qui que ce soit. Je suis brouillé avec la personne dont on parle; je ne veux point qu'on m'en parle, mais je n'en parle pas non plus... et alors pourquoi donc m'adresser d'inutiles questions?

— Inutiles questions! répéta Gilberte; vous ne pouvez pas les juger ainsi, monsieur le marquis. Il est fort étrange qu'un homme tel que vous soit brouillé avec une jeune personne qu'il ne connaît pas, qu'il n'a peut-être jamais vue... Il faut donc qu'elle ait commis quelque indigne action ou dit quelque odieuse parole contre lui, et c'est ce que je veux savoir; c'est ce que je vous supplie de me dire; afin que, si Gilberte de Châteaubrun ne mérite ni estime ni confiance, je me préserve du contact d'une fille aussi dangereuse.

— C'est ça qui s'appelle parler ! s'écria Jean en frappant dans ses mains. Allons! je serai bien aise aussi de savoir qu'en penser ; car enfin cette Gilberte m'a fait du bien, à moi ; elle m'a donné à boire et à manger quand j'avais faim et soif ; elle a filé sa laine pour me couvrir quand j'avais froid. Je l'ai toujours vue charitable, douce, dévouée à ses parents, et honnête fille s'il en fut ! A présent, si elle a commis quelque péché honteux, j'aurai honte moi-même d'être son obligé, et je ne veux plus rien lui devoir.

— Ce sont vos ridicules explications qui soulèvent cet inutile débat ! dit le marquis en s'adressant au charpentier. Où avez-vous pris toutes les sottises que vous m'attribuez ? C'est avec le père de cette jeune personne que je suis brouillé pour d'anciennes querelles, et non avec une enfant que je ne connais pas, et dont je n'ai rien à dire, absolument rien...

— Et que vous auriez pourtant chassée de chez vous si elle eût osé s'y présenter ! dit Gilberte en examinant le marquis, dont l'embarras commençait à la rassurer beaucoup.

— Chassée ?... non ; je ne chasse personne ! répondit-il : j'aurais seulement pu trouver un peu blessant, un peu étrange qu'elle eût songé à venir ici.

— Eh bien, elle y a songé bien des fois, pourtant, dit Gilberte ; je le sais, moi, car je connais ses pensées, et je vais répéter ce qu'elle m'a dit...

— A quoi bon ? dit le marquis en détournant la tête, et pourquoi s'occuper si longtemps d'un mouvement qui m'est échappé sans réflexion ? Je serais désespéré de faire naître dans l'esprit de qui que ce soit une mauvaise pensée contre la jeune fille... Je ne la connais pas, je le répète, et ne puis rien lui reprocher. La seule chose que je désire, c'est que mes paroles ne soient pas répétées, torturées, amplifiées... Entendez-vous, Jean ? vous prenez sur vous d'interpréter les exclamations qui m'échappent, et vous le faites fort mal. Je vous prie, si vous avez quelque affection pour moi, ajouta le marquis avec un triste effort, de ne jamais prononcer mon nom à Châteaubrun, et de ne me mêler à aucun propos. Je demande aussi à madame de me préserver de tout contact indirect, de toute explication détournée, de toute espèce de relation, enfin, avec cette famille ; et si, pour obtenir que mon repos, à cet égard, continue à être respecté, je dois démentir ce que ma vivacité peut avoir eu d'irréfléchi, je suis prêt à protester contre tout ce qui pourrait porter atteinte, dans ma pensée, à la réputation et au caractère de mademoiselle de Châteaubrun. »

Le marquis parla ainsi avec une froideur mesurée qui lui rendit toute la convenance et la dignité de son rôle habituel. Gilberte eût préféré un retour de colère qui lui eût fait espérer une réaction de faiblesse et d'attendrissement. Elle ne se sentit plus le courage d'insister, et, comprenant, aux manières tout à coup glacées du marquis, qu'elle était à demi devinée, et qu'une invincible méfiance venait de naître en lui, elle se sentit si mal à l'aise, qu'elle eût voulu partir sur l'heure ; mais Jean n'était nullement satisfait de l'issue de cette explication, et il résolut de frapper le dernier coup.

« Allons, dit-il, c'est comme M. de Boisguilbault voudra. Il est bon et juste au fond du cœur, madame Rose ; ne lui faisons donc plus de peine, et partons ! mais auparavant, je voudrais qu'il y eût une sorte d'explication entre vous deux... Allons, un peu d'épanchement ! Vous allez rougir, me gronder, pleurer peut-être... Mais moi, je sais ce que je fais, je sais que voici une occasion qui ne se retrouvera peut-être jamais, et qu'il faut savoir subir un peu d'embarras pour assister et consoler ceux qu'on aime... Vous me regardez d'un air tout étonné ! vous ne savez donc pas que M. de Boisguilbault est le meilleur ami de notre Émile, qu'il a toute sa confiance, et que, sans savoir qu'il s'agissait de vous, il connaît fort bien toutes ses peines et toutes les vôtres ? Oui, monsieur de Boisguilbault, voilà madame Rose... c'est elle ! vous me comprenez bien, vous ? Ainsi donc, parlez-lui, donnez-lui du courage ; dites-lui qu'Émile a bien fait, et elle aussi, de ne pas vouloir céder à la malice du père Cardonnet. Voilà ce que je voulais vous dire quand vous m'avez interrompu avec une esclandre à propos de mademoiselle de Châteaubrun, à laquelle Dieu sait si je pensais ! »

Gilberte devint si confuse, que M. de Boisguilbault, qui recommençait à la regarder avec un intérêt mêlé d'inquiétude, en fut touché, et s'efforça de la rassurer. Il lui prit la main, et, la ramenant à son fauteuil : « Ne soyez pas troublée devant moi, dit-il ; je suis un vieillard, et c'est un autre vieillard qui trahit vos secrets. Sans doute cet homme-là a des façons d'agir bien hardies et bien inusitées ; mais puisque ses intentions sont bonnes, et que son caractère à part le place dans l'intimité de l'être qui nous intéresse le plus au monde, vous et moi, essayons de surmonter notre mutuel embarras, et de profiter en effet de l'occasion !... »

Mais Gilberte, confondue de la résolution de caractère du charpentier, et terrifiée de voir le secret de son cœur entre les mains d'un homme qui lui inspirait encore plus d'effroi que de confiance, mit ses deux mains sur son visage et ne répondit pas.

« Allons ! dit le charpentier, que rien au monde ne pouvait faire reculer dans ses entreprises, soit qu'il s'agît de combattre un scrupule ou d'abattre une forêt, la voilà toute mortifiée, et je serai boudé pour mon indiscrétion ! mais si Émile était là, il ne me désavouerait pas. Il serait content que M. de Boisguilbault vît par ses yeux s'il a bien placé son sentiment, et il sera un peu lier demain quand M. de Boisguilbault lui dira : « Je l'ai vue, je la connais, et je ne m'étonne plus de rien ! » Pas vrai, monsieur de Boisguilbault, que vous direz cela ? »

M. de Boisguilbault ne répondit rien. Il regardait toujours Gilberte, partagé entre un attrait puissant et un soupçon terrible. Il fit quelques tours dans l'appartement pour combattre une énorme oppression, et, après bien des soupirs et des combats intérieurs, il revint prendre les deux mains de Gilberte :

« Qui que vous soyez, lui dit-il, vous disposez du sort du plus noble enfant que ma vieillesse ait pu rêver pour son soutien et sa consolation. Je vais bientôt mourir, et je quitterai la terre sans y avoir connu un instant de bonheur, si je n'y laisse Émile en paix avec lui-même.

« Oh ! je vous en supplie, vous qui allez exercer sur tout son avenir une influence si grande... si bienfaisante ou si funeste !... conservez à la vérité ce cœur digne d'en être le sanctuaire. Vous êtes bien jeune, vous ne savez pas encore ce que c'est que l'amour d'une femme dans la vie d'un homme comme lui ! Vous ne savez peut-être pas qu'il dépend de vous d'en faire un héros ou un lâche, un martyr ou un apostat ! Hélas ! ce que je vous dis en cet instant, sans doute vous n'en comprenez pas la portée... Non, vous êtes trop jeune : plus je vous regarde, plus vous me paraissez une enfant ! Pauvre jeune être, sans expérience et sans force, vous allez disposer d'une âme forte, pour la briser ou l'ennoblir... Pardonnez-moi ce que je vous dis, je suis fort ému et je ne sais pas trouver les paroles qui conviennent... Je ne voudrais ni vous affliger ni vous causer de l'embarras ; mais je me sens triste, effrayé, et plus vous êtes belle et candide, plus je sens que l'âme d'Émile ne m'appartient plus !

— Pardonnez-moi, monsieur le marquis, répondit Gilberte en essuyant ses larmes, je vous comprends fort bien, et, quoique bien jeune, en effet, je sens quelle est la responsabilité que je porte devant Dieu ; mais ce n'est pas de moi qu'il s'agit, ce n'est pas moi que je veux défendre et justifier auprès de vous, c'est Émile ; c'est ce noble cœur dont vous semblez douter. Oh ! rassurez-vous ! Émile ne mentira ni aux hommes, ni à vous, ni à son père, ni à lui-même. J'ignore si je comprends bien l'importance de ses idées et la profondeur des vôtres ; mais j'adore la vérité. Je ne suis pas philosophe, je suis trop ignorante ! Mais je suis pieuse, je suis nourrie des préceptes de l'Évangile, et je ne puis les interpréter dans un sens opposé à ceux qu'Émile leur donne. Je comprends que mon père, qui invoque pourtant aussi l'Évangile, quand la fantaisie lui en vient, veut qu'il mente à la foi de l'Évangile, et, si je croyais Émile capable d'y consentir, je rougirais de m'être assez grossièrement trompée pour aimer un homme sans lumières et sans conscience ! mais je n'ai pas eu ce malheur. Émile saura renoncer à moi, s'il le faut, plutôt que de renoncer à lui-même ; et, quant à moi, je saurai bien avoir du courage, si par moments le sien venait à défaillir. Je ne le crains pourtant pas : je sais qu'il souffre, et je souffre aussi ; mais je serai digne de son affection, comme il est digne de la vôtre, et Dieu nous aidera à tout supporter, car il n'abandonne pas ceux qui souffrent pour l'amour de lui et pour la gloire de son nom.

— C'est bien dit! s'écria le charpentier, et je voudrais savoir parler comme ça. Mais, n'importe, je pense de même, et le bon Dieu m'en sait autant de gré.

— Oui ! vous avez raison, dit M. de Boisguilbault, frappé de la conviction que révélait l'accent énergique du charpentier ; je ne savais pas, Jean, que vous dussiez être pour Émile un ami aussi dévoué et plus utile peut-être que moi-même.

— Je ne dis pas ça, monsieur de Boisguilbault ; je sais qu'Émile vous considère comme son père véritable, à la place du père peu chrétien que le sort lui a donné ; mais je suis un peu son ami, et hier soir je me flatte de lui avoir remonté l'esprit, comme ce matin je l'ai remonté à d'autres... Quant à elle, dit-il en désignant Gilberte, elle n'a eu besoin de personne. Je m'y attendais bien ! Dès le premier moment, son parti a été pris, et m'est avis que c'est assez joli pour son âge d'avoir eu cette force-là, bien que vous paraissiez n'y pas faire grande attention ! »

Le marquis hésita, et marcha encore sans rien dire ; puis il s'arrêta près de la fenêtre, l'entr'ouvrit, et dit, en revenant à Gilberte :

« La pluie est passée, je crains que vos parents ne soient inquiets de vous, je... je ne veux pas vous retenir plus longtemps ce soir... nous nous reverrons, et je serai mieux préparé à causer avec vous... car j'ai beaucoup de choses à vous dire.

— Non, monsieur le marquis, répondit Gilberte en se levant, nous ne nous reverrons jamais ; car il faudrait vous tromper encore, et cela me serait impossible. Le hasard m'a fait vous rencontrer, et j'ai cru remplir un devoir en vous rendant quelques soins que mon cœur me commandait. Jusque-là je n'avais pas été coupable, je vous en fais juge vous-même, car pour vous les faire accepter, il fallait mentir ; et, d'ailleurs, mon père m'avait fait jurer que je ne vous importunerais jamais de sa douleur, de son repentir d'une offense qu'il vous a faite et que j'ignore, de son affection pour vous, qui est restée comme une plaie douloureuse au fond de son âme !... Dans mes rêves d'enfant, j'avais formé souvent le projet de venir me jeter à vos pieds, de vous dire : « Mon père souffre, il est malheureux à cause de vous. S'il vous a offensé, prenez en expiation de ses torts, mes pleurs, mon abaissement, ma soumission, ma vie, si vous voulez ! mais tendez-lui la main, et foulez-moi aux pieds, je vous bénirai encore, si vous ôtez du cœur de mon père le chagrin qui le ronge et le poursuit jusque dans son sommeil. » Oui, voilà le songe dont je m'étais bercée autrefois ! mais j'y ai renoncé parce que mon père me l'a ordonné, jugeant que je ne ferais qu'augmenter votre colère ; et j'y renonce plus que jamais, ce soir, en voyant votre froideur et l'aversion que mon nom vous inspire. Je me retire donc sans vous implorer pour lui, et pénétrée d'une certitude bien douloureuse : c'est que mon père est victime d'une grande injustice de votre part ! mais je mettrai tous mes soins à l'en distraire et à l'en consoler. Et quant à vous, monsieur le marquis, vous laisse de quoi vous punir de la ruse innocente à laquelle je me suis prêtée ce soir, pour préserver la santé et peut-être la vie de celui que mon père a tant aimé ; je vous laisse mon secret, qui vous a été révélé bien malgré moi, mais que je ne rougis plus de savoir entre vos mains : car c'est le secret d'une âme fière et d'un amour que Dieu a béni en me l'inspirant. Ne craignez plus de me revoir, monsieur le marquis, ne craignez plus que Jean, cet ami imprudent, mais généreux, qui s'est exposé à vos ressentiments pour nous réconcilier avec vous, vous importune jamais de notre souvenir. Je saurai l'y faire renoncer. J'ai été honorée ce soir de votre hospitalité, monsieur le marquis, et vous me permettrez de ne l'oublier jamais. Vous n'aurez point à vous en repentir ; car vous n'aurez pas été la dupe d'un mensonge, et, si c'est un soulagement à votre aversion, vous êtes encore à même de chasser outrageusement de votre présence la fille d'Antoine de Châteaubrun.

— Je voudrais bien voir ça ! s'écria Jean Jappeloup en se plaçant auprès d'elle, et en prenant son bras sous le sien ; moi qui ai eu tout le tort et qui ai fait, malgré elle, tous les mensonges, moi qui avais mis dans ma tête qu'elle mettrait la main de son père dans la vôtre... Vous êtes entêté, monsieur de Boisguilbault ; mais, par tous les diables ! vous ne ferez pas d'affront à ma Gilberte, car je me souviendrais alors que j'ai coupé ce soir votre canne en deux !

— Vous déraisonnez, Jean, répondit froidement M. de Boisguilbault. Mademoiselle, dit-il à Gilberte, voulez-vous me permettre de vous donner le bras pour retourner à votre voiture ? »

Gilberte accepta en tremblant ; mais elle sentit que le bras du marquis tremblait bien davantage. Il l'aida silencieusement à monter en voiture ; puis, remarquant qu'il faisait encore grand froid, quoique le ciel fût redevenu serein : « Vous sortez d'un endroit très-chaud, lui dit-il, et vous n'êtes pas assez couverte ; je vais vous aller chercher un vêtement.

Gilberte le remercia en lui montrant qu'elle avait le manteau de son père.

« Mais il est humide, et c'est pire que rien, » reprit le marquis. Et il retourna vers le chalet.

— Au diable le vieux fou ! dit Jean en fouettant la jument avec humeur ; j'ai assez de lui. Je suis en colère contre lui ; je n'ai réussi à rien, et il me tarde d'être sorti de sa tanière. Je n'y remettrai jamais les pieds ; les regards de cet homme-là m'enrhument. Allons-nous-en, ne l'attendons pas !

— Au contraire, il faut l'attendre, et ne pas le forcer à courir après nous, dit Gilberte.

— Bah ! est-ce que vous croyez qu'il se soucie beaucoup de nous laisser enrhumer ? Et d'ailleurs, il n'y pense plus : voyez s'il reviendra ! Allons-nous-en ! »

Mais quand ils furent devant la grille, ils s'aperçurent qu'elle était fermée, que M. de Boisguilbault en avait gardé la clef, et qu'il fallait bien l'attendre ou retourner la lui demander. Jean jurait tout haut après lui, lorsque le marquis parut tout à coup, portant un paquet qu'il posa sur les genoux de Gilberte en lui disant : « Je vous ai fait un peu attendre ; j'ai eu quelque peine à trouver ce que je cherchais. Je vous prie de le garder pour votre usage, ainsi que ces petits objets que vous avez oubliés avec votre panier. Ne descendez pas, Jappeloup, je vais vous ouvrir la grille. » Et quand ce fut fait : « Je compte sur vous demain, mon cher, » ajouta-t-il.

Et il tendit au charpentier une main que celui-ci hésita à serrer, ne comprenant rien aux mouvements décousus d'une âme si incertaine et si troublée.

« Mademoiselle de Châteaubrun, dit alors le marquis d'une voix faible, voulez-vous aussi me donner la main avant que nous quittions ? »

Gilberte sauta légèrement sur le gazon, ôta son gant et prit la main du vieillard qui tremblait horriblement. Saisie d'un mouvement de pitié respectueuse, elle la porta à ses lèvres en lui disant :

« Vous ne voulez pas pardonner à Antoine, pardonnez du moins à Gilberte ! »

Un gémissement profond sortit de la poitrine du vieillard. Il fit un mouvement comme pour approcher ses lèvres du front de Gilberte, mais il s'éloigna avec effroi ; puis il lui prit la tête, la pressa un instant dans ses deux mains comme s'il eût voulu la briser, baisa enfin ses cheveux blonds qu'il mouilla d'une larme froide comme la goutte d'eau qui se détache du glacier ; et, tout à coup, la repoussant avec violence, il s'enfuit en cachant son visage dans son mouchoir. Gilberte crut entendre un sanglot se perdre dans l'éloignement avec le bruit de ses pas inégaux sur le gravier et celui de la brise dans les trembles.

## XXXII.

### PRÉSENT DE NOCES.

Il y avait quelque chose d'effrayant et de déchirant à la fois dans l'étrange adieu de M. de Boisguilbault, et Gilberte en fut si émue, qu'elle recommença elle-même à pleurer.

« Allons, qu'y a-t-il? lui dit Jean lorsqu'ils furent sur le chemin de Châteaubrun; allez-vous perdre vos yeux ce soir? Vous êtes quasi aussi folle que ce vieux, ma Gilberte; car tantôt vous êtes raisonnable et parlez d'or, puis, tout d'un coup, vous redevenez faible et gémissante comme un petit enfant. Voulez-vous que je vous dise, M. de Boisguilbault est un excellent cœur; mais, pour sûr, et quoi qu'en dise Émile et votre père, il a la tête dérangée. Il n'y a pas à compter sur lui, de même qu'il n'y a jamais à en désespérer. Il se peut que vous n'entendiez plus jamais parler de lui, comme il se peut, tout aussi bien, qu'il saute un beau jour au cou de votre père, s'il le rencontre dans un bon moment. Ça dépendra de la lune!

— Je ne sais plus qu'en penser, répondit Gilberte; car je crois, en effet, que je deviendrais folle aussi si je vivais près de lui. Il me fait une peur affreuse, et pourtant j'ai pour lui des mouvements de tendresse irrésistible. C'est bien ce qu'il inspirait à Émile dans les commencements; Émile a fini par l'aimer et ne plus le craindre. Donc, la bonté l'emporte en lui sur le caprice de la maladie.

— Je vous dirai ça plus tard, reprit le charpentier, car décidément il faut que j'y retourne et que je l'étudie.

— Mais tu l'as tant connu autrefois! il n'était donc pas le même?

— Oh! il a bien empiré! Il était triste et silencieux d'habitude, et quelquefois un peu colère. Mais ça durait peu, et il était meilleur après. C'est bien encore la même chose; mais je crois que ce qui lui arrivait une ou deux fois par an, lui arrive maintenant une ou deux fois par jour, et qu'il est à la fois plus méchant et plus doux.

— Comme il paraît malheureux! » dit Gilberte, dont le cœur se serrait au souvenir du sanglot qu'elle avait entendu et dont l'écho était resté dans ses oreilles.

Janille et Antoine attendaient Gilberte avec une ardente impatience. Le rapport de Charasson les avait frappés de stupeur, et, croyant qu'il battait la campagne ou qu'il mentait pour leur cacher quelque accident arrivé à Gilberte, ils avaient couru chez la mère Marlot pour calmer leur inquiétude. Son récit les avait rassurés, mais n'avait rien éclairci. Janille était irritée contre le charpentier et n'augurait rien de bon de cette folle entreprise. Antoine s'efforçait avec elle, puis, tout aussitôt, conformément à sa nature confiante, il se livrait à de riantes illusions et bâtissait mille châteaux en Espagne.

« Janille, disait-il, notre enfant et notre ami Jean peuvent à eux deux faire des prodiges. Que dirais-tu si tu les voyais venir avec Boisguilbault?

— Ah! voilà votre tête folle! répondait Janille. Vous oubliez que c'est impossible, et que le vieux sournois est plutôt capable de tordre le cou à notre fille que d'écouter de bonnes raisons. Et puis, quelles excuses peuvent faire valoir des gens qui ne savent rien de rien?

— C'est justement pour cela. Tout ce que Boisguilbault craint au monde, c'est que nous n'ayons mis les nôtres dans la confidence : car c'est l'orgueil blessé, tout autant que l'amitié trahie, hélas! qui le rend si craintif et si malheureux. Pauvre marquis! peut-être que la candeur de notre enfant et la loyauté de Jean l'attendriront. Puisse-t-il me pardonner ce que je ne lui pardonnerai jamais!

— Plaignez-vous lorsque vous avez un trésor comme Gilberte! Mais ne comptez pas qu'elle l'apprivoise. Celui-là ne reviendra pas plus à Châteaubrun que le beau fils Cardonnet, et nos ruines ne reverront jamais ni l'un ni l'autre.

— Émile reviendra avec le consentement de son père, ou il ne reviendra pas, Janille, je te l'ai promis; mais, en attendant, sa conduite est louable : Jean nous l'a bien prouvé ce matin.

— C'est-à-dire que vous n'y avez rien compris, pas plus que moi; mais que, par faiblesse, vous avez fait semblant d'être persuadé! vous n'en faites jamais d'autres, et vous ne voyez pas qu'en louant la belle conduite de ce maudit jeune homme, vous exaltez la tête de votre fille. Vous feriez bien mieux de la dégoûter de lui en lui prouvant qu'il est fou, ou qu'il ne l'aime guère. »

Leur discussion fut interrompue par le bruit du trot de Lanterne, qui, en rasant le rocher, produisait une cadence bien reconnaissable. Ils coururent à la rencontre de Gilberte, et lorsqu'ils l'eurent ramenée au pavillon, au milieu des questions précipitées des uns et des réponses entrecoupées des autres, le paquet que le marquis avait remis à Gilberte, et qu'elle n'avait pas songé à ouvrir, frappa les regards de Janille. « Qu'est-ce que cela? s'écria-t-elle en dépliant un magnifique cachemire de l'Inde, bleu d'azur, brodé en or fin : mais c'est le manteau d'une reine!

— Ah! juste Dieu! s'écria M. Antoine en touchant le châle d'une main tremblante et en pâlissant : je reconnais cela!

— Et qu'est-ce que c'est que cette boîte? dit Janille en ouvrant un écrin qui venait de tomber du châle.

— Ce sont des minéraux, je crois, répondit soudain Gilberte, des cristaux du Mont-Blanc, qu'il a ramassés lui-même dans son voyage.

— Non pas, non pas, vous confondez, dit le charpentier, ça brille autrement, ça; regardez donc! »

Et Gilberte vit avec surprise une rivière d'énormes diamants d'un éclat éblouissant.

« Mon Dieu! mon Dieu! je reconnais tout cela, balbutiait M. de Châteaubrun en proie à une émotion terrible.

— Taisez-vous donc, Monsieur, lui dit Janille en lui poussant le coude; vous connaissez les diamants et les cachemires; c'est possible; vous avez été assez riche pour en avoir beaucoup vu autrefois. Est-ce une raison pour parler si haut et nous empêcher de les regarder? Diantre! ma fille, tu n'as pas perdu ton temps! Il y a peut-être là de quoi faire rebâtir notre château, et M. de Boisguilbault n'est pas si ladre que je croyais. »

Gilberte, qui avait vu fort peu de diamants en sa vie, persistait à croire que ce collier était en cristal de roche taillé; mais M. de Châteaubrun en ayant examiné le fermoir et les pierres, remit dans l'écrin en disant avec une mélancolie distraite : « Il y a là pour plus de cent mille francs de diamants. M. de Boisguilbault te donne ta dot, ma fille!

— Cent mille francs! s'écria Janille, cent mille francs! Pensez-vous à ce que vous dites, Monsieur? est-ce possible?

— Ces petits grains reluisants valent tant d'argent! dit Jappeloup avec un étonnement naïf dépourvu de convoitise; et ça se garde comme ça dans une petite boîte, sans servir à rien?

— Cela se porte, dit Janille en passant le collier autour du cou de Gilberte, et j'espère que ça rend belle! Mets donc ce châle sur tes épaules, ma fille! Pas comme ça! J'ai vu à Paris des dames qui en portaient; mais du diantre si je peux me souvenir comment c'était arrangé.

— C'est fort beau, mais fort incommode, dit Gilberte, et il me semble que je suis déguisée avec ce cachemire et ces bijoux. Allons, replions et serrons tout cela pour le renvoyer à M. de Boisguilbault. Il se sera trompé, il aura cherché à tâtons. Il a cru me donner des bagatelles, et il m'a remis les cadeaux de noces qu'il a faits à sa femme.

— Oui, dit le charpentier, il se sera trompé, pour sûr : car on ne donne pas la défroque de sa défunte à une étrangère. Il était si troublé, le pauvre homme! Il n'y a pas que vous qui ayez des distractions, monsieur Antoine!

— Non, il ne s'est pas trompé, dit M. Antoine. Il sait ce qu'il fait, lui, et Gilberte peut garder ces présents.

— Tiens, tiens! je le crois bien, s'écria Janille. Ils sont bien à elle, n'est-ce pas, monsieur Antoine? Tout ça lui appartient légitimement... puisque M. de Boisguilbault le lui donne! »

— Mais c'est impossible, mon père! je n'en veux pas, dit Gilberte : qu'en ferais-je? Je serais vraiment fort ridicule si j'allais me promener dans notre brouette avec mes robes d'indienne, couverte de diamants et d'un cachemire de l'Inde.

— Dame! vous feriez un peu rire le monde, dit le charpentier; les dames du pays en crèveraient de rage. Et puis tous les hannetons viendraient donner de la tête sur vos diamants, car ils se jettent comme des imbéciles sur ce qui brille; et en cela ils font comme les hommes. Si M. de Boisguilbault voulait vous doter, pour faire voir qu'il se raccommode avec M. Antoine, il aurait mieux fait de vous donner une de ses petites métairies avec un cheptel de huit bœufs.

— Tout cela est bel et bon, dit Janille; mais avec des petites pierres brillantes on fait de l'argent, on agrandit le pavillon, on rachète des terres, on se fait deux ou trois mille livres de rente, et on trouve un mari qui vous en apporte autant. Alors on est à son aise pour le reste de ses jours, et on se moque un peu de MM. Cardonnet père et fils!

— Au fait, dit M. Antoine, voilà ton existence assurée, ma fille! Ah! que M. de Boisguilbault sait noblement se venger! Je savais bien, moi, ce que je disais quand je le défendais contre toi, Janille! Prétendras-tu encore que c'est un vilain et méchant homme?

— Nenni, Monsieur, nenni! il a du bon, je le reconnais. Allons, racontez-nous donc comment tout ça s'est passé, vous autres! »

On en eut jusqu'à minuit à causer, à se rappeler les moindres circonstances, à se livrer à mille commentaires sur la future conduite du marquis à l'égard d'Antoine. Jean Jappeloup, trop attardé pour retourner à son village, coucha à Châteaubrun. M. Antoine s'endormit dans des rêves de bonheur, et Janille dans des rêves de fortune. Elle avait oublié Émile et les chagrins récents. « Tout cela passera, disait-elle, et les cent mille francs resteront. Nous n'aurons plus à faire à des Galuchet, quand on nous verra propriétaire d'une jolie fortune de campagne. » Et déjà elle faisait dans sa tête l'énumération de tous les jeunes hobereaux de la contrée qui pouvaient aspirer à la main de Gilberte.

« Si un roturier se présente, pensait-elle, il faudra qu'il ait au moins pour deux cent mille francs de propriétés au soleil! » Et elle mit sous son traversin la clef de l'armoire où elle avait serré le *pot au lait* de Gilberte.

Gilberte, cédant à une fatigue extrême, finit par s'endormir aussi, après avoir pris une grande résolution. Le lendemain, elle causa longtemps avec son père à l'insu de Janille, puis elle demanda à cette dernière de lui laisser emporter les présents de M. de Boisguilbault dans sa chambre, pour les regarder à son aise. La bonne femme les lui remit sans méfiance, car Gilberte se voyait cette fois dans la nécessité de dissimuler avec son opiniâtre gouvernante; puis elle écrivit une lettre qu'elle montra à son père.

« Tout ce que tu fais est bien, ma fille, dit-il avec un profond soupir; mais gare à Janille, quand elle le saura!

— Ne craignez rien, cher père, répondit la jeune fille; nous ne lui dirons pas que je vous ai mis dans la confidence, et tout son dépit tombera sur moi seule.

— À présent, reprit M. Antoine, il faut attendre notre ami Jean, car on ne peut pas confier ces objets-là à un étourdi comme maître Charasson. »

Gilberte attendit le retour du charpentier avec d'autant plus d'impatience, qu'elle comptait recevoir par lui des nouvelles d'Émile. Elle ignorait qu'Émile fût malade. Mais, à l'idée de sa douleur, elle éprouvait une anxiété qui ne lui permettait plus de songer à elle-même, et ces jours d'absence, qu'elle avait cru pouvoir supporter avec tant de courage, lui paraissaient si longs et sombres, qu'elle se demandait avec effroi comment Émile pourrait les endurer. Elle se flattait qu'elle trouverait le moyen de lui écrire, bien qu'elle n'eût pas voulu l'y autoriser, ou du moins que le charpentier saurait lui rapporter les moindres paroles de leur entretien.

Mais le charpentier ne vint pas, et le soir arriva sans apporter aucun soulagement aux angoisses de la jeune fille. Une contrariété réelle venait s'ajouter à sa peine secrète. M. Antoine se montrait défaillant à l'endroit de la résolution que Gilberte avait prise, et qu'il avait d'abord approuvée, de refuser les dons de M. de Boisguilbault. À chaque instant il menaçait de consulter Janille, sans laquelle il n'avait jamais su prendre un parti depuis vingt ans, et Gilberte tremblait que l'impérieux *veto* de sa vieille amie ne vînt s'opposer à la restitution projetée.

Le lendemain, Jean ne vint pas davantage. Il travaillait sans doute pour M. de Boisguilbault, et Gilberte s'étonnait qu'étant occupé à si peu de distance, il ne devinât pas le besoin qu'elle éprouvait de s'entretenir avec lui, ne fût-ce qu'un instant. Une vague inquiétude la portait de ce côté. Elle se mit en route pour la chaumière de la mère Marlot, et, comme d'habitude, elle mit dans son panier les modestes friandises dont elle privait son dîner pour les malades. Mais, en même temps, craignant qu'en son absence M. de Châteaubrun n'ouvrît son cœur à Janille, et que le scellé de la gouvernante ne fût apposé sur les bijoux, elle les enveloppa, ainsi que le cachemire, les cacha au fond de son panier et résolut de ne plus s'en séparer que pour les remettre à leur destination.

Vivant à la campagne dans une condition plus que modeste, Gilberte était habituée à sortir seule aux environs de sa demeure. La pauvreté délivre de l'étiquette, et il semble que la vertu des filles riches soit plus fragile ou plus précieuse que celle des pauvres, puisqu'on ne leur laisse point faire un pas sans escorte.

Gilberte allait seule à pied avec autant de sécurité qu'une jeune paysanne, et elle était réellement moins exposée encore, car elle était connue, aimée et respectée de tous ceux qu'elle pouvait rencontrer.

Elle n'avait peur ni d'un chien, ni d'une vache, ni d'une couleuvre, ni d'un poulain échappé. Les enfants de la campagne savent se préserver de ces petits dangers, qu'un peu de présence d'esprit et de sang-froid suffisent pour éviter. Elle n'emmenait donc son page rustique et ne montait dans la brouette de famille que lorsque le temps menaçait, ou qu'elle avait hâte de rentrer. Ce soir-là, le soleil brillait encore dans un ciel pur, les chemins étaient secs, et elle partit d'un pied léger à travers les sentiers des prairies. Par la traverse, la chaumière de la Marlot était également près de Châteaubrun et de Boisguilbault.

Les enfants de la pauvre femme étaient en pleine convalescence. Gilberte ne s'arrêta pas longtemps auprès d'eux. La Marlot lui raconta comme quoi M. de Boisguilbault lui avait laissé cent francs le jour de leur rencontre dans sa chaumière, et lui apprit que Jean Jappeloup travaillait dans le parc, à la maison de bois. Elle l'avait vu passer de loin, le matin, chargé de divers outils.

Gilberte pensa que, dès lors, elle pouvait espérer de rencontrer le charpentier lorsqu'il s'en retournerait à Gargilesse, et elle résolut d'aller l'attendre sur le chemin qu'il devait prendre aussitôt après le coucher du soleil. Mais, craignant d'être aperçue et reconnue aux abords du parc, elle l'emprunta, sous prétexte de la fraîcheur du soir et d'un peu de malaise, une mante de bure à la mère Marlot. Elle rabattit le capuchon sur ses blonds cheveux, et, ainsi enveloppée, elle marcha en droite ligne et se glissa comme une biche à travers les buissons, jusque vers la grille du parc qui donnait sur le chemin de Gargilesse. Là, elle s'enfonça dans les saules de la petite rivière, non loin de l'endroit où elle côtoyait la lisière du parc, et elle remarqua que la grille était encore ouverte, preuve que M. de Boisguilbault n'était pas dans son enclos; car aussitôt qu'il y avait mis le pied, on fermait avec soin toutes les issues, et cette habitude sauvage du châtelain était bien connue dans le pays.

Cette observation l'enhardit, et elle avança jusqu'au seuil de la grille pour essayer d'apercevoir Jean Jappeloup. Le toit du chalet frappa ses regards; il était bien peu éloigné. L'allée était sombre et déserte.

En avançant avec précaution, Gilberte, qui était légère comme un oiseau, pouvait fuir à temps, et, déguisée comme elle l'était, ne pas se laisser reconnaître. Jean serait là sans doute, et, si elle le trouvait seul, elle lui ferait signe et satisferait sa mortelle impatience d'avoir des nouvelles d'Émile.

Le chalet était ouvert; il n'y avait personne; des outils de menuiserie étaient épars sur le plancher. Un profond silence régnait partout. Gilberte avança sur la pointe du pied, et déposa sur la table le paquet et la lettre qu'elle avait apportés. Puis, faisant réflexion que des objets aussi précieux pouvaient être exposés dans un endroit si mal gardé, elle chercha des yeux, posa la main sur une porte qui lui parut être celle d'une armoire, et, remarquant que la serrure était enlevée, elle se dit avec raison que Jean était occupé à la réparer, qu'il allait sans doute venir la replacer, et qu'elle n'avait rien de mieux à faire qu'à mettre son dépôt sous la main du plus fidèle des amis. Mais comme elle ouvrait la prétendue armoire pour y glisser le paquet, elle se trouva à l'entrée d'un cabinet en désordre, en face d'un grand portrait de femme.

Gilberte n'eut pas besoin de regarder longtemps cette peinture pour reconnaître l'original d'un portrait en miniature qu'elle avait vu entre les mains de son père, et qu'elle avait toujours soupçonné être celui de la mère *inconnue* qui lui avait donné le jour. Quand même la ressemblance n'eût pas été bien saisissable, au premier coup d'œil, dans la différence de proportions des deux portraits, la pose, le costume, et ce châle bleu que Gilberte tenait précisément dans ses mains, lui eussent fait comprendre que la miniature avait été faite en même temps que le grand portrait, ou plutôt qu'elle en était la copie réduite. Elle étouffa un cri de surprise, et sa pudique imagination se refusant à comprendre la possibilité d'un adultère, elle se persuada qu'en vertu de quelque mariage secret, comme on en voit dans les romans, elle pouvait être la proche parente, la nièce ou la petite-nièce de M. de Boisguilbault. En ce moment elle crut entendre marcher à l'étage supérieur, et, pleine d'effroi, elle jeta le paquet sur la cheminée et s'enfuit avec la rapidité d'une flèche.

## XXXIII.

### HISTOIRE DE L'UN RACONTÉE PAR L'AUTRE.

Quelques instants après la fuite de Gilberte, Jean revenait poser la serrure du cabinet, suivi de M. de Boisguilbault, qui attendait son départ pour faire fermer le parc. Le charpentier avait remarqué l'inquiétude du marquis, de quelle manière il observait tous ses mouvements pendant qu'il travaillait à cette porte; impatienté de la curiosité qu'on lui supposait apparemment, il releva la tête et dit avec sa franchise accoutumée : « Pardieu, monsieur de Boisguilbault, vous avez bien peur que je ne regarde ce que vous avez caché là-dedans! Songez donc que je l'aurais vu depuis une heure, si j'avais voulu; mais je ne m'en soucie guère, et j'aimerais mieux que vous me disiez : *Ferme les yeux*, plutôt que de me surveiller comme vous faites. »

M. de Boisguilbault changea de visage et fronça les sourcils. Il jeta un coup d'œil sur le cabinet et vit que le courant d'air avait fait tomber une grande toile verte dont il avait assez gauchement couvert le portrait, et que Jean, à moins d'être aveugle, avait dû le voir. Il prit alors son parti, ouvrit la porte toute grande, et lui dit avec un calme forcé : « Je ne cache rien là et tu peux regarder, si bon te semble.

—Oh! je ne suis guère curieux de vos gros livres, répondit en riant le charpentier; je n'y connais rien, et je ne comprends pas qu'il ait fallu écrire tant de paroles pour savoir se conduire. Mais voilà le portrait de votre défunte dame! je le reconnais, c'est bien elle; vous l'avez donc fait mettre là, ce portrait? de mon temps, il était dans le château.

— Je l'ai fait mettre ici pour le voir sans cesse, dit le marquis avec tristesse; mais depuis qu'il y est, je ne l'ai à peine regardé. J'entre dans ce cabinet le moins que je peux, et si je craignais que tu ne le visses, c'est que je craignais de le voir moi-même. Cela me fait mal. Ferme cette porte, si tu n'as plus besoin qu'elle soit ouverte.

— Et puis, vous craignez qu'on ne vous fasse parler de votre chagrin? Je comprends ça, moi, et je gage, d'après ce que vous me dites là, que vous ne vous êtes jamais consolé de la mort de votre femme! Eh bien, c'est comme moi de la mienne, et vous pouvez bien n'avoir pas honte de ça devant moi, monsieur de Boisguilbault; car tout vieux que je suis... tenez, j'ai là comme quelque chose qui me coupe le cœur en deux, quand je pense que je suis seul au monde! Je suis pourtant d'un caractère gai, et je n'avais pas toujours été heureux dans mon ménage; mais, que voulez-vous? c'est plus fort que moi : je l'aimais, cette femme! C'est fini, le diable ne m'eût pas empêché de l'aimer.

— Mon ami, dit M. de Boisguilbault attendri, et faisant un douloureux retour sur lui-même, tu as été aimé, ne te plains pas trop! et puis tu as été père. Qu'est devenu ton fils, où est-il?

— Il est dans la terre avec ma femme, monsieur de Boisguilbault!

— Je l'ignorais... je savais seulement que tu étais veuf... Pauvre Jean! pardonne-moi de te rappeler tes chagrins! Oh! je te plains du fond de mon cœur! avoir un enfant et le perdre! »

Le marquis appuya sa main sur l'épaule du charpentier, qui était penché sur le parquet pour travailler, et toute la bonté de son âme reparut sur sa figure. Jean laissa tomber ses outils, et, s'appuyant sur son genou :

« Savez-vous, monsieur de Boisguilbault, que j'ai été plus malheureux que vous, dit-il avec abandon : vous ne pouvez pas vous douter de la moitié de ce que j'ai souffert!

— Dis-le moi, si cela te soulage, je le comprendrai!

— Eh bien, je veux vous le dire, à vous qui êtes un homme savant et qui jugez les choses de ce monde mieux que personne, quand vous avez l'esprit tranquille. Je vas vous dire ce que bien des gens savent dans mon endroit, mais ce dont je n'ai jamais voulu causer avec personne. Ma vie a été drôle, allez! j'étais aimé, et je ne l'étais pas : j'avais un fils, et je n'étais pas sûr d'être son père!...

— Que dis-tu? Non! ne dis pas cela; il ne faut jamais parler de ces choses-là! dit le marquis bouleversé.

— Vous avez raison tant que ça dure! mais à nos âges on peut parler de tout, et vous n'êtes pas un homme pareil à ces imbéciles qui ne trouvent qu'à rire dans le plus grand malheur dont le prochain puisse être accablé. Vous n'êtes ni railleur, ni méchant, vous! eh bien, je veux que vous me disiez si j'ai eu tort, si je me suis mal conduit, si j'ai agi comme un homme ou comme une bête, enfin si vous eussiez fait comme moi; car tout le monde m'a quasi blâmé dans le temps, et si je n'avais eu le bras solide, et, au bout, la réplique vive, chacun se fût permis de me rire au nez. Tenez, jugez! Ma femme, ma pauvre Nannie, aimait un de mes amis, un beau garçon, un bon camarade, ma foi! et elle m'aimait pourtant aussi. Je ne sais comment diable la chose s'est faite, mais mon fils s'est trouvé, un beau matin, ressembler à Pierre beaucoup plus qu'à Jean. Ça sautait aux yeux, Monsieur! et il y avait des moments où j'avais envie de battre Nannie, d'étrangler l'enfant et de fendre le crâne à Pierre.... Et puis.... et puis!.... je n'ai jamais rien dit. J'ai pleuré, j'ai prié Dieu! Ah! que j'ai souffert! J'ai battu ma femme, sous prétexte qu'elle rangeait mal la maison; j'ai tiré les oreilles du petit, sous prétexte qu'il faisait trop de bruit aux miennes; j'ai cherché querelle à Pierre pour une partie de quilles, et j'ai failli lui casser les deux jambes avec la boule. Et puis, quand tout le monde pleurait, je pleurais aussi, et je me regardais comme un scélérat. J'ai élevé l'enfant et je l'ai pleuré; j'ai enterré ma femme et je la pleure encore; j'ai conservé l'ami et je l'aime toujours... Et voilà comment les choses ont fini pour moi. Qu'en dites-vous? »

M. de Boisguilbault ne répondit pas. Il parcourait la chambre et faisait crier le parquet sous ses pieds.

« Vous me trouvez bien lâche et bien sot, je parie, dit le charpentier en se relevant; mais vous voyez bien, du moins, que vos peines n'approchent pas des miennes! »

Le marquis se laissa tomber sur son fauteuil et garda le silence. Des larmes coulaient lentement sur ses joues.

« Eh bien, monsieur de Boisguilbault, pourquoi pleurez-vous? reprit Jean avec une grande candeur : vous voulez donc me faire pleurer aussi? mais vous ne pourriez pas en venir à bout! j'ai versé tant de larmes de colère et de chagrin, dans le temps, qu'il ne m'en reste plus, je gage, une seule dans le corps. Allons! allons! prenez votre passé en patience, et offrez votre présent à Dieu; car il y a des gens plus maltraités que vous, vous le voyez bien! Vous, vous aviez pour femme une belle dame bien sage, bien éduquée et bien tranquille. Peut-être qu'elle ne vous faisait pas autant de caresses et d'amitiés que j'en recevais de la mienne; mais, au moins, elle ne vous trompait pas, et la preuve que vous pouviez dormir sur vos deux oreilles, c'est que vous la laissiez aller à Paris sans vous, quand ça lui convenait; vous n'étiez pas jaloux, vous n'aviez pas sujet de l'être! et moi, j'avais mille démons dans la cervelle à toutes les heures du jour et de la nuit. J'épiais, j'espionnais, je me cachais d'être jaloux; j'en rougissais, mais je souffrais le martyre; et plus j'observais, plus je voyais qu'on était habile à me tromper. Je n'ai jamais rien pu surprendre. Nannie était plus fine que moi; et quand j'avais perdu mon temps à la guetter, elle me faisait une scène d'avoir douté d'elle. Quand l'enfant fut en âge de ressembler à quelqu'un, et que je vis que ce n'était pas à moi... que voulez-vous? je crus que j'en deviendrais fou; mais je m'étais habitué à l'aimer, à le caresser, à travailler pour le nourrir, à trembler quand il se faisait une bosse à la tête, à le voir sauter autour de mon établi, se mettre à cheval sur mes poutres et s'amuser à ébrécher mes outils. Je n'avais que celui-là! je l'avais cru à moi, il ne m'en venait pas d'autres, je ne pouvais me passer d'enfant, quoi! Et il m'aimait tant, le diable de garçon! il me faisait de si jolies caresses, il avait tant d'esprit! et quand je le grondais, il pleurait à fendre l'âme. Enfin je me suis mis à oublier mes soupçons et à me persuader bien que j'étais son père, que, quand une balle me l'a tué à l'armée, j'ai eu envie de me tuer moi-même. C'est qu'il était beau et brave, aussi bon ouvrier que bon soldat, et ce n'était pas sa faute s'il n'était pas mon fils! il aurait rendu ma vie heureuse; il m'aurait aidé au travail et je ne serais pas seul à vieillir. J'aurais quelqu'un pour me tenir compagnie, pour causer avec moi le soir après ma journée, pour me soigner quand je suis malade, pour me coucher quand je suis gris, pour me parler de sa mère, dont je n'ose jamais parler à personne parce que tout le monde, excepté lui, a su mon malheur. Allons! allons! monsieur de Boisguilbault, vous n'en avez pas eu tant à supporter, vous! On ne vous a pas donné un héritier de contrebande, et si vous n'en avez pas eu le profit, vous n'en avez pas eu la honte!

— Et je n'en aurais pas eu le mérite! dit le marquis. Jean, rouvre cette porte, et laisse-moi revoir le portrait de la marquise. Tu m'as donné du courage. Tu m'as fait du bien! J'étais insensé le jour où je t'ai chassé d'auprès de moi. Tu m'aurais empêché de devenir faible et fou. J'ai cru éloigner un ennemi, et je me suis privé d'un ami!

— Mais pourquoi, diable! me preniez-vous pour votre ennemi? dit le charpentier.

— Tu n'en sais rien? dit le marquis en attachant sur lui des yeux perçants.

— Rien, répondit le charpentier avec assurance.

— Sur ton honneur? dit M. de Boisguilbault en lui pressant la main avec force.

— Sur mon salut éternel! répliqua Jean en levant la main au ciel avec dignité. J'espère que vous allez enfin me le dire? »

Le marquis ne sembla pas entendre cet appel énergique et sincère. Il sentait que Jean avait dit la vérité, et il était allé se rasseoir. Puis, tournant son fauteuil du côté de la porte du cabinet, que Jean avait rouverte, il contemplait avec une tristesse profonde les traits de sa femme.

« Que tu aies continué à aimer ta femme, dit-il; que tu aies pardonné à l'enfant innocent, je le conçois!..... mais que tu aies pu revoir et supporter l'ami qui te trahissait, voilà ce qui me confond!

— Ah! monsieur de Boisguilbault, voilà, en effet, ce qui m'a été le plus difficile! d'autant plus que ce n'était pas un devoir, et que tout le monde m'aurait approuvé, si je lui avais cassé les côtes. Mais savez-vous ce qui me désarma? c'est que je vis qu'il avait un grand repentir et un vrai chagrin. Tant que la fièvre d'amour le tint, il m'aurait marché sur le corps pour aller rejoindre sa maîtresse. Elle était belle comme une rose du mois de mai; je ne sais pas si vous l'avez vue et si vous vous en souvenez, mais je sais bien que Nannie était quasi aussi belle, dans son genre, que madame de Boisguilbault. J'en étais fou, et lui aussi! Il se serait fait païen pour elle, et moi je me fis imbécile. Mais, quand la jeunesse commença à se passer, je vis bien qu'ils ne s'aimaient plus, et qu'ils avaient honte de leur faute. Ma femme s'était remise à m'aimer, en voyant que j'étais bon et généreux, et lui, il avait son péché si lourd sur le cœur, que quand nous buvions ensemble, il voulait toujours s'en confesser à moi; mais je ne le voulais pas, et quelquefois il se mit à genoux devant moi, dans l'ivresse, en criant comme un fou :

— « Tue-moi, Jean, tiens, tue-moi! je l'ai mérité, et j'en serai content! »

« Quand il était dégrisé, il ne se souvenait plus de cela, mais il se serait fait hacher pour moi; et, à l'heure qu'il est, après M. Antoine, c'est mon meilleur ami. Le sujet de nos peines n'existe plus, l'amitié est restée. C'est à cause de lui que j'ai eu un procès avec la régie, et que je suis devenu vagabond pendant quelque temps. Eh bien, il travaillait pour mes pratiques, afin de me les conserver; il m'apportait de l'argent, et il me les a rendues; il n'a rien qui ne m'appartienne, et, comme il est plus jeune que moi, c'est lui, j'espère, qui me fermera les yeux. Il me doit bien cela; mais enfin, il me semble que je l'aime à cause du mal qu'il m'a fait, et du courage que j'ai eu de lui pardonner!

— Hélas! hélas! dit M. de Boisguilbault, on est sublime quand on ne craint pas d'être ridicule! »

Il referma doucement la porte du cabinet, et, revenant vers la cheminée, ses yeux furent frappés enfin de la vue du paquet et d'une lettre à son adresse.

« MONSIEUR LE MARQUIS,

« Je vous avais promis que vous n'entendriez plus parler de moi; mais vous me forcez vous-même à vous rappeler que j'existe, et, pour la dernière fois, je vais le faire.

« Ou vous avez fait une méprise en me remettant des objets d'une valeur considérable, ou vous avez voulu me faire l'aumône.

« Je ne rougirais pas d'accepter les secours de votre charité, si j'étais réduite à les implorer; mais vous vous êtes trompé, monsieur le marquis, si vous m'avez crue dans la misère.

« Notre position est aisée relativement à nos besoins et à nos goûts, qui sont modestes et simples. Vous êtes riche et généreux; je serais coupable d'accepter des bienfaits que vous sauriez reporter sur tant d'autres : ce serait voler les pauvres.

« Ce qu'il m'eût été doux d'emporter, et que j'aurais donné mon sang pour l'obtenir, c'est un mot d'oubli et de pardon, une parole d'amitié pour mon père. Ah! Monsieur, vous ne savez pas ce que souffre le cœur d'un enfant quand il voit son père accusé injustement, et qu'il ignore les moyens de le disculper! Vous n'avez pas voulu me les fournir, puisque vous avez persisté devant moi à garder le silence sur la cause de vos ressentiments; mais comment n'avez-vous pas compris que, dans cette situation, je ne pouvais pas accepter vos dons et profiter de vos bontés!

Gilberte n'eut pas besoin de regarder longtemps cette peinture. (Page 448.)

« Et cependant je garde un petit anneau de cornaline que vous avez passé à mon doigt, lorsque je suis entrée chez vous sous un nom supposé. C'est un objet sans valeur, m'avez-vous dit, un souvenir de vos voyages... Il m'est précieux, bien que ce ne soit pas un gage de réconciliation que vous ayez voulu m'accorder; mais il me rappellera, à moi, un instant bien doux et bien cruel, où j'ai senti tout mon cœur s'élancer vers vous et de vaines espérances s'évanouir aussitôt. Je devrais pourtant vous haïr, vous qui haïssez un père que j'adore! J'ignore comment il se fait que je vous rends vos présents sans orgueil blessé et je renonce à votre sympathie avec une douleur profonde.

« Agréez, monsieur le marquis, les sentiments respectueux de GILBERTE DE CHATEAUBRUN. »

## XXXIV.

### RÉSURRECTION.

« C'est toi, Jean, dit M. de Boisguilbault, qui as apporté ici ce paquet et cette lettre?

— Non, Monsieur, je n'ai rien apporté du tout, et je ne sais pas ce que c'est, répondit le charpentier avec l'accent de la vérité.

— Comment te croire, reprit le marquis, lorsque avant-hier tu me mentais avec tant d'aplomb, en me présentant une personne sous le nom d'une autre?

— Avant-hier je mentais, mais je n'en aurais pas juré; aujourd'hui j'en jure : je n'ai vu entrer personne, je ne sais qui a apporté cela. Mais puisque vous parlez le premier de ce qui s'est passé avant-hier, je ne l'aurais pas osé, moi... Laissez-moi donc vous dire que cette pauvre enfant a pleuré tout le long du chemin en pensant à vous, et que...

— Je t'en supplie, Jean, ne me parle pas de cette demoiselle, ni de son père! Je t'ai promis que je t'en parlerais, moi, quand cela serait nécessaire, et, à cette condition, tu t'es engagé à ne pas me tourmenter. Attends que je t'interroge!

— Soit! mais si pourtant vous me faites attendre trop longtemps, et que je perde patience?

— Je ne t'en parlerai peut-être jamais, et tu te tairas toujours, dit le marquis d'un ton d'humeur bien marqué.

Allons, Émile, voilà ta femme déjà parée pour la noce. (Page 126.)

— A savoir! reprit le charpentier; ce ne sont pas là nos conventions !
— Allons, va-t'en, dit M. de Boisguilbault sèchement. Ta journée est finie, tu refuses de souper ici, et sans doute Émile t'attend avec impatience. Dis-lui de prendre courage et que j'irai le voir bientôt... demain, peut-être.
— Si vous le traitez comme moi, si vous refusez de lui parler et de l'entendre parler de Gilberte, quel bien voulez-vous que lui fasse votre visite? Ce n'est pas là ce qui le guérira.
— Jean, tu m'impatientes, tu me fais mal! Va-t'en donc!
— Allons! le vent a tourné! pensa le charpentier. Attendons que le soleil revienne! »

Il passa sa veste et descendit le parc. M. de Boisguilbault le suivit pour fermer lui-même cette dernière porte après lui. Le jour durait encore. Le marquis remarqua sur le sable, fraîchement passé au râteau, la double trace d'un petit pied de femme tourné dans les directions opposées que Gilberte avait suivies pour aller au chalet et en revenir. Il ne fit point part de cette observation au charpentier, et elle échappa à celui-ci.

Cependant Gilberte avait attendu plus qu'elle n'y comptait. Le soleil était couché depuis dix minutes, et le temps lui paraissait mortellement long. L'approche de la nuit et la crainte de rencontrer quelqu'un du château qui pût la connaître, augmentant son inquiétude et son impatience, elle se hasarda à sortir du lieu où elle se tenait cachée et à descendre un peu le cours de la rivière, afin de se trouver encore à portée de voir venir le charpentier. Mais elle n'eut pas fait trois pas à découvert qu'elle entendit marcher derrière elle, et se tournant avec précipitation, elle vit Constant Galuchet, armé de sa ligne, qui regagnait le chemin de Gargilesse.

Elle rabattit son capuchon sur son visage, mais pas assez vite pour que le pêcheur de goujons n'eût aperçu une mèche de cheveux blonds, un œil bleu, une joue rose. D'ailleurs, à être suivie d'aussi près, il était difficile que Gilberte pût faire illusion. Elle n'avait rien de la démarche d'une paysanne, et la mante de bure n'était pas assez longue pour cacher le bord d'une robe légère et un pied charmant, chaussé d'une petite guêtre solide et bien prise. La curiosité de Constant Galuchet fut vivement éveillée par cette rencontre. Il méprisait trop les paysannes pour leur conter fleurettes dans ses promenades ; mais la vue d'une demoiselle déguisée piqua sa curiosité aristocratique, et un vague instinct que ces cheveux blonds si difficiles à cacher étaient ceux de Gilberte, lui persuada de la suivre et de l'inquiéter.

Il s'acharna donc sur ses traces, marchant tantôt immédiatement derrière elle, tantôt à ses côtés, ralentissant ou doublant le pas pour déjouer les petites ruses dont elle usa pour rester en arrière ou se faire dépasser, s'arrêtant lorsqu'elle s'arrêtait, se penchant vers elle en l'effleurant, et plongeant un œil insolent et curieux sous son capuchon.

Gilberte, effrayée, chercha des yeux quelque maison où elle pût se réfugier ; n'en voyant aucune, elle continua à s'avancer dans la direction de Gargilesse, espérant que le charpentier allait la rejoindre et la délivrer de cette importune escorte.

Mais n'entendant venir personne, et ne pouvant supporter d'être plus longtemps suivie, elle se baissa comme pour regarder dans son panier afin de faire croire qu'elle avait oublié ou perdu quelque chose, et se retournant ensuite, elle reprit la direction du parc, pensant que Galuchet, n'ayant aucun prétexte pour la suivre de ce côté, n'en aurait pas l'audace.

Il était trop tard : Constant l'avait reconnue et un sentiment de basse vengeance le transportait.

« Ohé, la belle villageoise ! lui dit-il en s'élançant auprès d'elle, que cherchez-vous avec tant de mystère ? Ne pourrait-on vous aider à le trouver ?... Vous ne me répondez pas ! Je comprends : vous avez par ici un joli petit rendez-vous, et je vous dérange ! Mais tant pis pour les jeunes filles qui courent seules le soir ! elles sont exposées à rencontrer un galant pour un autre, et les absents ont tort. Allons, n'y regardez pas de si près ; à la nuit tous chats sont gris, et prenez mon bras. Si nous ne trouvons pas celui qu'il vous faut, on tâchera de le remplacer sans trop de désavantage ! »

Gilberte, effrayée de ces propos grossiers, se mit à courir. Plus adroite et plus mince que Galuchet, elle s'enfonça dans les arbres, passa dans le plus serré, et se crut bientôt hors de portée ; mais une sorte de rage s'était emparée de lui, en la voyant s'échapper avec tant d'agilité. En trois bonds, et après s'être un peu heurté et déchiré aux branches, il se trouva de nouveau près d'elle, en face de la grille du parc de Boisguilbault.

Alors saisissant sa mante : « Je veux voir, dit-il en jurant, si vous valez la peine de vous faire poursuivre de la sorte ! Si vous êtes laide, vous n'avez pas besoin de courir, ma mie, et je ne m'échaufferai point pour vous ; mais si vous êtes jeune et gentille, vous serez joliment embarrassée, ma très-chère ! »

Gilberte se débattit avec courage, en frappant la figure et les mains de Galuchet avec son panier ; mais les forces étaient trop inégales : au risque de la blesser avec l'agrafe de son manteau, il tirait le capuchon avec fureur.

En ce moment deux hommes parurent à la grille du parc, et Gilberte, se dégageant par un effort désespéré, s'élança vers eux et alla chercher refuge auprès de celui qui se présenta le premier à sa rencontre. Elle fut reçue dans les bras de M. de Boisguilbault.

Comme elle était défaillante de peur et d'indignation, elle cacha son visage dans le sein du vieillard, et ni le marquis ni le charpentier n'avaient eu le temps de la reconnaître ; mais, en voyant Galuchet qui prenait la fuite, toute la rancune de Jean se réveilla, et il s'élança à sa poursuite.

Le commis de M. Cardonnet était gros et court, et malgré son âge, Jean avait sur lui l'avantage de la taille et de l'agilité.

Se voyant près d'être atteint, Galuchet compta sur sa force et se retourna.

Une lutte s'engagea alors entre eux, et Galuchet, qui était robuste, soutint assez bien le premier assaut ; mais Jean était un athlète, et il ne tarda pas à le renverser au bord de l'eau.

« Ah ! tu ne te contentes pas de faire le métier d'espion ! lui dit-il en lui mettant les genoux sur la poitrine et en lui serrant si fort la gorge, que le vaincu fut forcé de lâcher prise, il faut encore, méchant valet, que tu insultes les femmes ! Je devrais écraser un animal aussi malfaisant que toi ; mais tu es si lâche, que tu me ferais un procès ! Eh bien ! tu n'auras pas ce plaisir-là : tu sortiras de mes mains sans une égratignure que tu puisses montrer ; et je me contenterai de te faire la barbe avec un savon digne de toi. »

Et, ramassant de la vase noire au bord de la rivière, le charpentier en frotta la figure, la chemise et la cravate de Galuchet ; après quoi il le lâcha, et se tenant devant lui :

« Essaie de me toucher, lui dit-il, et tu verras si je ne t'en fais pas manger ! »

Galuchet venait d'éprouver trop durement la force du bras du charpentier, pour s'y exposer de nouveau. Il eut envie de lui jeter une pierre à la tête, en le voyant tourner tranquillement le dos. Mais il pensa que le cas pourrait devenir grave, et que, s'il ne l'étendait du premier coup, il faudrait le payer cher.

Il battit en retraite, non sans vomir des injures et des menaces contre lui et contre la *drôlesse* qu'il protégeait ; mais il n'osa nommer Gilberte, ni laisser voir qu'il l'eût reconnue. Il n'était pas bien sûr qu'elle ne finît pas par devenir la bru de son patron ; car depuis quelques jours qu'Émile était malade, M. Cardonnet paraissait horriblement soucieux et irrésolu.

Gilberte et le marquis ne virent pas cette scène. La jeune fille suffoquait, et, presque évanouie, se laissait traîner vers le chalet. M. de Boisguilbault, fort embarrassé de l'aventure, mais résolu à secourir loyalement une dame offensée, n'osait ni lui parler, ni lui faire comprendre qu'il l'avait reconnue. Sa méfiance lui revenait ; il se demandait si cette scène n'avait pas été arrangée pour jeter dans son sein la colombe palpitante ; mais lorsqu'elle tomba mourante au seuil du chalet, et qu'il vit sa pâleur, ses yeux éteints et ses lèvres décolorées, il fut saisi d'une tendre compassion, et d'une violente colère contre l'homme capable d'outrager une femme sans défense. Puis il se dit que cette noble enfant avait couru ce danger pour être venue faire acte de fierté et de désintéressement auprès de lui. Il la releva, la porta sur un fauteuil, et lui dit en frottant ses mains glacées :

« Remettez-vous, mademoiselle de Châteaubrun ; tranquillisez-vous, je vous en conjure ! vous êtes ici en sûreté, et vous y êtes la bienvenue.

— Gilberte ! s'écria le charpentier lorsqu'il reconnut, en entrant, la fille d'Antoine : ma Gilberte ! Dieu du ciel ! est-ce possible ! Ah ! si j'avais su cela, je ne l'aurais pas épargné, ce misérable ! mais il n'est pas bien loin, et il faut que je le tue ! »

Transporté de fureur, il allait retourner à la poursuite de Galuchet, lorsque le marquis et Gilberte, un peu ranimée, le retinrent. Ce ne fut pas sans peine, Jean était hors de lui. Enfin, le marquis lui fit comprendre que, dans l'intérêt de la réputation de mademoiselle de Châteaubrun, il ne devait pas pousser plus loin sa vengeance.

Cependant le marquis continuait à être fort embarrassé vis-à-vis de Gilberte. Elle voulait partir, il désirait, au fond du cœur, qu'elle restât plus longtemps, et il ne pouvait se résoudre à le lui dire, qu'en alléguant le besoin qu'elle avait de se reposer encore et de se remettre de son émotion. Mais Gilberte craignait d'inquiéter encore une fois ses parents, et assurait qu'elle se sentait la force de s'en aller. Le marquis offrait sa voiture ; il offrait de l'éther ; il cherchait un flacon et ne le trouvait pas ; il s'agitait autour d'elle ; il cherchait surtout ce qu'il pourrait lui dire pour répondre à sa lettre et à sa démarche ; et quoiqu'il ne manquât ni d'usage ni d'aisance lorsqu'une fois son parti était pris, il était plus gauche et plus embarrassé qu'un jeune écolier débutant dans le monde, lorsqu'il était en proie aux irrésolutions pénibles de son caractère.

Enfin, comme Gilberte se levait pour se retirer avec Jean, dont elle acceptait l'escorte jusqu'à Châteaubrun, il se leva aussi, prit son chapeau, et saisissant sa nouvelle canne d'un air délibéré qui fit sourire le charpentier :

« Vous me permettrez, dit-il, de vous accompagner aussi. Ce malotru peut être quelque part en embuscade, et deux chevaliers valent mieux qu'un.

— Laissez-le donc faire ! » dit tout bas Jean à Gilberte, qui essayait de refuser sa politesse.

Ils sortirent tous trois du parc, et d'abord, le marquis se tint derrière à quelque distance, ou marcha devant comme pour leur servir d'avant-garde. Enfin il se trouva à côté de Gilberte, et, remarquant qu'elle était comme brisée et marchait avec peine, il se décida à lui offrir son bras. Peu à peu il se mit à causer avec elle, et peu à peu aussi, il se sentit plus à l'aise. Il lui parla de choses générales d'abord, puis d'elle-même particulièrement. Il l'interrogea sur ses goûts, sur ses occupations, sur ses lectures ; et, bien qu'elle se tînt dans une réserve modeste, il s'aperçut bientôt qu'elle était douée d'une intelligence élevée et qu'elle avait un fonds d'instruction très-solide.

Frappé de cette découverte, il voulut savoir où et comment elle avait appris tant de choses sérieuses, et elle lui avoua qu'elle avait puisé la meilleure partie de ses connaissances dans la bibliothèque de Boisguilbault.

« J'en suis fier et charmé ! dit le marquis, et je mets tous mes livres à votre disposition. J'espère que vous m'en ferez demander, à moins que vous ne consentiez à me charger de les choisir et de vous les envoyer chaque semaine. Jean voudra bien être notre commissionnaire, en attendant qu'Émile le redevienne. »

Gilberte soupira ; elle ne prévoyait guère, au silence effrayant d'Émile, que ce temps heureux pût lui être rendu.

« Mais appuyez-vous donc sur mon bras, lui dit le marquis ; vous paraissez souffrante et vous ne voulez pas que je vous aide ! »

Quand on fut au pied de la colline de Châteaubrun, M. de Boisguilbault, qui semblait s'être oublié jusque-là, commença à donner des signes d'agitation et d'inquiétude, comme un cheval ombrageux. Il s'arrêta tout à coup et dégagea doucement le bras de Gilberte du sien, pour le passer sous celui du charpentier.

« Je vous laisse à votre porte, dit-il, et avec un ami dévoué. Je ne vous suis plus nécessaire, mais j'emporte votre promesse d'user de mes livres.

— Que ne puis-je vous emmener plus loin ! dit Gilberte d'un ton suppliant ; je consentirais à n'ouvrir un livre de ma vie, quoique ce fût une grande privation pour moi !

— Cela m'est malheureusement impossible ! répondit-il avec un soupir : mais le temps et le hasard amènent des rencontres imprévues. J'espère, Mademoiselle, que je ne vous dis pas adieu pour toujours ; car cette pensée me serait fort pénible. »

Il la salua et retourna s'enfermer dans son chalet, où il passa une partie de la nuit à écrire, à ranger des papiers et à regarder le portrait de la marquise.

Le lendemain, à midi, M. de Boisguilbault mit son habit vert à la mode de l'empire, sa perruque la plus blonde, des gants et une culotte de peau de daim, des demi-bottes à l'écuyère armées de courts éperons d'argent en cou de cygne. Un domestique, en grande tenue d'écuyer, lui amena le plus beau cheval de ses écuries, et, montant lui-même un cheval de suite presque aussi parfait, le suivit au petit trot, sur la route de Gargilesse, portant une cassette légère passée à son bras à l'aide d'une courroie.

Grande fut la surprise des habitants de l'endroit lorsqu'ils virent arriver dans leurs murs le marquis, droit et raide sur son cheval blanc, comme un professeur d'équitation du vieux temps, en tenue de cérémonie, avec des lunettes d'or, et une cravache à tête d'or, qu'il portait un peu comme un cierge. Il y avait au moins dix ans que M. de Boisguilbault n'était entré dans une ville ou dans un village. Les enfants le suivaient, éblouis de la magnificence de sa désinvolture, les femmes se pressaient sur le pas de leurs portes, et les hommes, portant des fardeaux, s'arrêtaient ébahis en travers de la rue.

Il gravit lentement le pavé en précipice, et descendit de même à côté de l'usine de Cardonnet, trop bon cavalier pour s'amuser à des imprudences, et, reprenant le trot à la française pour entrer dans les cours, il cadença si bien l'allure de son cheval, qu'on eût dit d'une pendule parfaitement réglée. Certes il avait encore bon air, et les femmes disaient : « Vous voyez bien qu'il est sorcier, car il n'a pas pris un jour depuis dix ans qu'on ne l'a vu ici ! »

Il demanda à être conduit auprès de M. Émile Cardonnet, et trouva le jeune homme dans sa chambre, assis sur un sofa, ayant son père à sa droite et son médecin à sa gauche. Madame Cardonnet était assise vis-à-vis de lui, et l'examinait avec sollicitude.

Émile était fort pâle, mais sa situation n'avait plus rien d'inquiétant. Il se leva et vint à la rencontre de M. de Boisguilbault, qui, après l'avoir embrassé avec tendresse, salua profondément madame Cardonnet, et M. Cardonnet avec plus de modération. Pendant quelques instants, il ne fut question que de la santé du malade. Il avait eu un accès de fièvre assez violent, on l'avait saigné la veille ; la nuit avait été bonne, et, depuis le matin, la fièvre avait cessé entièrement. On l'engageait à faire une promenade en cabriolet, et il se proposait d'aller chez M. de Boisguilbault lorsque celui-ci était entré.

Le marquis avait su tous les détails de cette indisposition par le charpentier, qui l'avait cachée avec soin à Gilberte. Il n'y avait plus aucun sujet de crainte. Le médecin déclara qu'il fallait faire dîner son malade, et se retira en disant qu'il ne reviendrait le lendemain que pour l'acquit de sa conscience.

M. de Boisguilbault, pendant ces détails, observait attentivement la figure de M. Cardonnet. Il lui trouva un air de triomphe plutôt qu'un air de joie. Sans doute l'industriel avait tremblé à l'idée de perdre son fils, mais, cette crainte évanouie, la victoire était remportée : Émile pouvait supporter la douleur.

De son côté, M. Cardonnet observait la tournure bizarre du marquis et la trouvait souverainement ridicule. Sa gravité et sa lenteur à parler l'impatientaient d'autant plus que M. de Boisguilbault, plus embarrassé au fond qu'il ne voulait le paraître, ne fit que dire des lieux communs d'un ton sentencieux. L'industriel le salua, au bout de peu d'instants, et sortit pour retourner à ses affaires. Madame Cardonnet, devinant alors, à l'inquiétude d'Émile, qu'il désirait s'entretenir avec son vieil ami, les laissa ensemble, après avoir recommandé à son fils de ne pas trop parler.

« Eh bien, dit Émile au marquis lorsqu'ils furent seuls, vous pouvez m'apporter la couronne du martyre ! J'ai passé par l'épreuve du feu ; mais Dieu protège ceux qui l'invoquent, et j'en suis sorti net et sans brûlure apparente : un peu brisé, à la vérité, mais calme et plein de foi en l'avenir. Ce matin, j'ai déclaré à mon père, dans toute la plénitude ma raison et de ma tranquillité d'esprit, ce que je lui avais déclaré dans l'agitation et peut-être dans le délire de la fièvre. Il sait maintenant que jamais je ne renoncerai à mon opinion, et qu'aucun jeu avec ma passion ne pourra lui procurer cette victoire. Il en paraît fort satisfait ; car il croit avoir réussi à me dégoûter d'un mariage qu'il redoutait plus que la ferveur de mes principes.

« Il parlait, ce matin encore, de me distraire, de me faire voyager, de m'envoyer en Italie. Je lui ai dit que je ne voulais pas quitter la France, ni même ce pays-ci, à moins qu'il ne chassât de la maison paternelle.

« Il a souri, et, à cause de la saignée qu'on m'a faite hier, il n'a pas voulu me contredire ; mais demain, il parlera en ami sévère, après-demain en père irrité, et le jour suivant en maître impérieux. Ne vous inquiétez pas de moi, mon ami, j'aurai du courage, du calme et de la patience. Soit qu'il me condamne à l'exil, soit qu'il me garde auprès de lui pour me torturer, je lui montrerai que l'amour est bien fort quand il est inspiré par l'enthousiasme de la vérité et soutenu par l'idéal.

— Émile, dit le marquis, je sais, par votre ami Jean, tout ce qui s'est passé entre votre père et vous, et aussi tout ce qui s'est opéré de grand et de victorieux dans votre âme. J'étais tranquille en venant ici.

— O mon ami! je sais que vous vous êtes réconcilié avec cet homme simple, mais admirable. Il m'a dit que vous deviez venir me voir; je vous attendais.

— Ne vous a-t-il rien dit de plus? dit le marquis en examinant Émile attentivement.

— Non, rien de plus, je vous le jure, répondit Émile avec l'assurance de la sincérité.

— Il a bien fait de tenir sa promesse, reprit M. de Boisguilbault, vous étiez trop agité par la fièvre pour supporter de nouvelles émotions. J'en ai subi de violentes moi-même, depuis que nous ne nous sommes vus, mais je suis satisfait du résultat, et je vous le ferai connaître. Mais pas encore, Émile; je vous trouve trop pâle, et moi, je ne suis pas assez sûr de moi encore. Ne venez pas me voir aujourd'hui; j'ai d'autres courses à faire, et peut-être qu'en repassant par ici ce soir je vous reverrai. Me promettez-vous jusque-là de dîner, de vous soigner, et de guérir, en un mot?

— Je vous le promets, mon ami. Que ne puis-je faire savoir à celle que j'aime, qu'en reprenant le libre exercice de ma vie et de mes facultés, j'ai retrouvé mon amour plus ardent et plus absolu que jamais au fond de mon cœur!

— Eh bien, Émile, écrivez-lui quelques lignes sans vous fatiguer, je reviendrai ce soir; et, si elle ne demeure pas trop loin, je me chargerai de lui faire tenir votre lettre.

— Hélas! mon ami, je ne puis vous dire son nom! Mais si le charpentier voulait s'en charger... à présent qu'on ne m'observe plus à toute heure et que j'ai recouvré mes forces, je pourrais écrire.

— Écrivez donc, cachetez, et ne mettez pas d'adresse. Le charpentier travaille chez moi, et il aura votre lettre avant ce soir. »

Tandis que le jeune homme écrivait, M. de Boisguilbault sortit de sa chambre, et demanda à parler à M. Cardonnet. On lui répondit qu'il venait de sortir en cabriolet.

« Ne sait-on où je pourrais le rejoindre? » demanda le marquis, à demi persuadé de cet alibi.

Il n'avait pas dit où il allait, mais on pensait que c'était à Châteaubrun, parce qu'il avait pris ce chemin-là, et qu'il y avait été déjà la semaine précédente.

A cette réponse, M. de Boisguilbault montra une vivacité surprenante; il rentra chez Émile, prit sa lettre, lui tâta le pouls, trouva qu'il était moins fort qu'agité, remonta à cheval, sortit posément du village comme il y était entré; mais il prit le petit galop quand il fut en plaine.

## XXXV.

### L'ABSOLUTION.

Cependant M. Cardonnet arrivait à Châteaubrun, et déjà il était en présence de Gilberte, de son père et de Janille.

« Monsieur de Châteaubrun, dit-il en s'asseyant avec aisance parmi ces personnes consternées d'une visite qui leur annonçait de nouveaux chagrins, vous savez sans doute tout ce qui s'est passé entre mon fils et moi, à propos de mademoiselle votre fille. Mon fils a eu le bon goût et le bon esprit de la choisir pour sa fiancée. Mademoiselle et vous, Monsieur, avez eu l'extrême bonté d'accueillir ses prétentions, sans trop savoir si je les approuverais... »

Ici, Janille fit un geste de colère, Gilberte baissa les yeux en pâlissant, et M. Antoine rougit et ouvrit la bouche pour interrompre M. Cardonnet. Mais celui-ci ne lui en donna pas le temps, et continua ainsi :

« Je n'approuvais pas d'abord cette union, j'en conviens; mais je vins ici, je vis mademoiselle, et je cédai. Ce fut à des conditions bien douces et bien simples. Mon fils est ultra-démocrate, et je suis conservateur modéré. Je prévois que des opinions exagérées ruineront l'intelligence et le crédit d'Émile. J'exige qu'il y renonce et revienne à l'esprit de sagesse et de convenance. J'ai cru obtenir aisément ce sacrifice, je m'en suis réjoui d'avance, je vous l'ai annoncé comme indubitable dans une lettre adressée à mademoiselle. Mais, à mon grand étonnement, Émile a persisté dans son exaltation, et il y a sacrifié un amour que j'avais cru plus profond et plus dévoué. Je suis donc forcé de vous dire qu'il a renoncé ce matin, sans retour, à la main de mademoiselle, et j'ai cru de mon devoir de vous en avertir immédiatement, afin que, connaissant bien ses intentions et les miennes, vous n'eussiez point à m'accuser d'irrésolution et d'imprudence. S'il vous convient maintenant d'autoriser ses sentiments et de souffrir ses assiduités, c'est à vous de le savoir, et à moi de m'en laver les mains.

— Monsieur Cardonnet! répondit M. Antoine en se levant, je sais tout cela, et je sais aussi que vous ne manquerez jamais de belles phrases pour vous moquer de nous: mais je dis, moi, que si vous êtes si bien informé, c'est parce que vous avez envoyé des espions dans notre maison, et des laquais pour nous insulter par des prétentions révoltantes à la main de ma fille. Vous nous avez déjà beaucoup fait souffrir avec votre diplomatie, et nous vous prions, sans cérémonie, d'en rester là. Nous ne sommes pas assez simples pour ne pas comprendre que vous ne voulez, à aucune condition, allier votre richesse à notre pauvreté. Nous n'avons pas été dupes de vos détours, et lorsque, par une singulière invention d'esprit, vous avez placé votre fils entre une soumission morale, qui est impossible en fait d'opinions, et un mariage auquel vous n'auriez pas consenti davantage s'il eût voulu descendre à un mensonge, nous avons juré, nous, que nous éloignerions de lui, de vous et de nous, tout mensonge et toute dissimulation. C'est donc pour vous dire que nous savons fort bien ce qu'il nous convient de faire; que je m'entends à préserver l'honneur et la dignité de ma fille, tout aussi bien que vous la richesse de votre fils, et que je n'ai, à cet égard, de conseils à prendre et de leçons à recevoir de personne. »

Ayant ainsi parlé avec une fermeté à laquelle M. Cardonnet était loin de s'attendre de la part du *vieux ivrogne de Châteaubrun*, M. Antoine se rassit et regarda l'industriel en face. Gilberte se sentait mourir; mais elle crut devoir appuyer sa fierté la juste fierté de son père. Elle leva aussi les yeux sur M. Cardonnet, et son regard semblait confirmer tout ce que venait de dire M. Antoine.

Janille, qui ne se possédait plus, crut devoir prendre la parole. « Soyez tranquille, Monsieur, dit-elle; on se passera fort bien de votre nom. On en a un qui le vaut bien; et quant à la question d'argent, nous avons en plus de gloire à perdre celui que nous avions, que vous à gagner celui que vous n'aviez pas.

— Je sais, mademoiselle Janille, répondit Cardonnet avec le calme apparent d'un profond mépris, que vous êtes très-vaine du nom que M. de Châteaubrun fait porter à mademoiselle sa fille. Quant à moi, je n'aurais pas été si fier, et j'aurais fermé les yeux sur certaines irrégularités de naissance : mais je conçois que la fortune d'un roturier, acquise au prix du travail, paraisse méprisable à une personne, née comme vous, apparemment dans les splendeurs de l'oisiveté. Il ne me reste qu'à vous souhaiter beaucoup de bonheur à tous, et à demander pardon à mademoiselle Gilberte de lui avoir causé quelque petit chagrin. Mes torts ont été bien involontaires, mais je crois les réparer en lui donnant un bon avis: c'est que les jeunes gens qui se font fort de disposer de la volonté de leurs parents sont parfois plus enivrés d'un caprice passager que pénétrés d'une grande passion. La conduite d'Émile à son égard en est, je crois, la preuve, et j'en suis un peu honteux pour lui.

— C'est assez, monsieur Cardonnet, assez, entendez-vous? dit M. Antoine, en colère pour la première fois de sa vie : je rougirais d'avoir autant d'esprit que vous, si j'en faisais un si indigne usage que d'outrager une jeune fille, et de provoquer son père en sa présence. J'espère que vous m'entendez, et que...

— Monsieur Antoine! mademoiselle Janille! s'écria Sylvain Charasson en s'élançant d'un bond au milieu de la chambre; voilà M. de Boisguilbault qui vient vous voir ! vrai, comme il fait jour ! c'est M. de Boisguilbault ! Je l'ai reconnu à son *chevau* blanc et à ses lunettes jaunes ! »

Cette nouvelle imprévue causa tant d'émotion à M. de Châteaubrun qu'il oublia toute sa colère, et, saisi tout à coup d'une joie enfantine mêlée de terreur, il s'avança d'un pas chancelant à la rencontre de son ancien ami.

Mais, au moment où il allait se jeter dans ses bras, il fut glacé de crainte et comme paralysé par la figure froide et le salut tristement poli du marquis. Tremblant et déchiré au fond du cœur, M. Antoine prit d'une main convulsive le bras de sa fille, incertain s'il la pousserait vers M. de Boisguilbault, comme un gage de réconciliation, ou s'il l'éloignerait comme une preuve accablante de sa faute.

Janille, éperdue, fit de grandes révérences au marquis, qui lui jeta un regard distrait et lui adressa un salut imperceptible.

« Monsieur Cardonnet, dit-il en se trouvant au seuil du pavillon carré, face à face avec l'industriel qui sortait le dernier, je crois que vous vous retirez, et je venais précisément ici pour vous rencontrer. Vous êtes sorti de chez vous, justement comme je vous cherchais, et j'ai couru après vous. Je vous prie donc de rester encore un peu, et de vouloir bien m'accorder quelques moments d'attention.

— Nous causerons ailleurs, s'il vous plaît, monsieur le marquis, répondit Cardonnet ; car je ne puis rester ici davantage : mais si vous voulez que nous descendions à pied cette montagne...

— Non, Monsieur, non, permettez-moi d'insister. Ce que j'ai à dire est de quelque importance, et toutes les personnes qui sont ici doivent l'entendre. Je crois voir que je ne suis pas arrivé assez tôt pour prévenir des explications désagréables : mais vous êtes un homme d'affaires, monsieur Cardonnet, et vous savez qu'on s'assemble en conseil dans les affaires sérieuses, pour discuter froidement de graves intérêts, lors même qu'on y apporte au fond de l'âme un peu de passion. Monsieur le comte de Châteaubrun, je vous prie de retenir M. Cardonnet, cela est tout à fait nécessaire. Je suis vieux, souffrant, je n'aurai peut-être plus la force de revenir, et de faire d'aussi longues courses. Vous êtes des jeunes gens auprès de moi ; je vous demande donc d'avoir un peu de calme et d'obligeance pour m'épargner beaucoup de fatigue ; me refuserez-vous ? »

Le marquis parlait cette fois avec une aisance et une grâce qui en faisaient un tout autre homme que celui que M. Cardonnet venait de voir une heure auparavant. Il se sentit pris d'une curiosité qui n'était pas sans mélange d'intérêt et de considération. M. de Châteaubrun se hâta de le retenir, et ils rentrèrent dans le pavillon, à l'exception de Janille, à laquelle M. Antoine fit un signe, et qui alla se mettre derrière la porte de la cuisine pour écouter.

Gilberte était incertaine si elle devait rentrer ou sortir ; mais M. de Boisguilbault lui offrit la main avec beaucoup de courtoisie, et l'amenant à un siège, il s'assit auprès d'elle, à une certaine distance de son père et de celui d'Émile.

« Pour procéder avec ordre, et selon le respect qu'on doit aux dames, dit-il, je m'adresserai d'abord à mademoiselle de Châteaubrun. Mademoiselle, j'ai fait mon testament la nuit dernière, et je viens vous en faire connaître les articles et conditions ; mais je voudrais bien, cette fois, n'être pas refusé, et je n'aurai le courage de vous lire ce griffonnage, qu'autant que vous m'aurez promis de ne pas vous fâcher. Vous m'avez posé aussi vos conditions, vous, dans une lettre que j'ai là et qui m'a fait beaucoup de peine. Cépendant je les trouve justes, et je comprends que vous ne veuillez point accepter le moindre petit présent d'un homme que vous considérez comme l'ennemi de votre père. Il faudra donc, pour vous fléchir, que cette inimitié cesse, et que monsieur votre père me pardonne les torts que je puis avoir eus envers lui. Monsieur de Châteaubrun, dit-il en se levant avec une résolution héroïque, vous m'avez offensé autrefois, je vous l'ai rendu en vous retirant mon amitié sans explication. Il fallait nous battre ou nous pardonner mutuellement. Nous ne nous sommes pas battus, mais nous avons été pendant vingt ans étrangers l'un à l'autre, ce qui est plus sérieux pour deux hommes qui se sont beaucoup aimés. Je vous pardonne aujourd'hui vos torts, voulez-vous me pardonner les miens ?

— Oh ! marquis, s'écria M. Antoine en s'élançant vers lui et en fléchissant un genou, vous n'avez jamais eu aucun tort envers moi, vous avez été mon meilleur ami, vous m'avez tenu lieu de père, et je vous ai mortellement offensé. Je vous aurais offert ma poitrine nue si vous aviez voulu la percer d'un coup d'épée, et je n'aurais jamais levé la main contre vous. Vous n'avez pas voulu prendre ma vie, vous m'avez puni bien davantage en me retirant votre amitié. A présent, vous m'accordez votre pardon ; c'est à genoux que je le reçois, en présence de mes amis, et de mes ennemis, puisque cette humiliation est la seule réparation que je puisse vous offrir.

« Et vous, monsieur Cardonnet, dit-il en se relevant et en toisant l'industriel de la tête aux pieds, libre à vous de vous moquer de choses que vous ne pouvez pas comprendre ; mais je n'offre pas ma poitrine nue et mon bras désarmé à tout le monde, vous le saurez bientôt. »

M. Cardonnet s'était levé aussi en lançant à M. Antoine des regards menaçants. Le marquis se mit entre eux et dit à Antoine : « Monsieur le comte, je ne sais pas ce qui s'est passé entre M. Cardonnet et vous ; mais vous venez de m'offrir une réparation que je repousse. Je veux croire que nos torts ont été réciproques, et ce n'est pas à mes genoux, c'est dans mes bras que je veux vous voir ; mais puisque vous croyez me devoir un acte de soumission que mon âge autorise, avant de vous embrasser, j'exige que vous vous réconciliez avec M. Cardonnet, et que vous fassiez les premiers pas.

— Impossible ! s'écria Antoine en pressant convulsivement le bras du marquis, et partagé entre la joie et la colère ; monsieur vient de parler à ma fille d'une manière offensante.

— Non, cela ne se peut pas, reprit le marquis, c'est un malentendu. Je connais les sentiments de M. Cardonnet ; son caractère s'oppose à une lâcheté. Monsieur Cardonnet, je suis certain que vous connaissez le point d'honneur tout aussi bien qu'un gentilhomme, et vous venez de voir deux gentilshommes qui s'étaient cruellement blessés l'un l'autre, se réconcilier sous vos yeux, sans rougir de leurs mutuelles concessions. Soyez généreux, et montrez-nous que le nom ne fait pas la noblesse. Je vous apporte des paroles de paix et surtout des moyens de conciliation. Permettez-moi de mettre votre main dans celle de M. de Châteaubrun. Voyez ; vous ne refuserez pas un vieillard au bord de sa tombe. Mademoiselle Gilberte, venez à mon aide, dites un mot à votre père... »

Les *moyens de conciliation* avaient retenti avec son clair à l'oreille de M. Cardonnet. Son esprit pénétrant avait déjà deviné une partie de la vérité. Il pensa qu'il faudrait céder et qu'il valait mieux avoir les honneurs de la guerre que de subir les nécessités de la capitulation.

« Mes intentions ont été si éloignées de ce que M. de Châteaubrun suppose, dit-il, et il y a toujours eu dans ma pensée tant de respect et d'estime pour mademoiselle sa fille, que je n'hésiterai point à désavouer tout ce qui a pu être mal interprété dans mes paroles. Je supplie mademoiselle Gilberte d'en être persuadée, et je tends la main à son père comme un gage du serment que j'en fais.

— Il suffit, Monsieur, n'en parlons plus ! dit M. Antoine en lui prenant la main : quittons-nous sans ressentiment. Antoine de Châteaubrun n'a jamais su mentir.

« C'est vrai, pensa M. de Boisguilbault ; s'il eût été plus dissimulé, j'aurais été aveugle... et heureux comme tant d'autres ! »

« Maintenant, lui dit-il d'une voix tremblante, je te remercie, Antoine, viens m'embrasser ! »

L'accolade du comte fut passionnée et enthousiaste; celle du marquis convenable et contrainte. Il jouait un rôle au-dessus de ses forces : il pâlit, trembla, et fut forcé de s'asseoir. Antoine s'assit de son côté, la poitrine pleine de sanglots. Gilberte se mit à genoux devant le marquis, et, pleurant aussi de joie et de reconnaissance, elle couvrit ses mains de baisers.

Toute cette sensibilité impatientait l'industriel, qui la contemplait d'un œil froid et fier, et qui attendait les *moyens de conciliation*.

M. de Boisguilbault les tira enfin de sa poche, et les lut d'une voix nette et distincte.

Il établissait en peu de mots clairs et précis qu'il avait quatre millions cinq cent mille livres de fortune, qu'il donnait, par contrat, la nu-propriété de deux millions à mademoiselle Gilberte de Châteaubrun, à condition qu'elle épouserait M. Émile Cardonnet ; et à M. Émile Cardonnet, celle de deux autres millions, à condition qu'il épouserait mademoiselle Gilberte de Châteaubrun. Dans le cas où cette condition serait remplie, le mariage serait conclu dans six mois au plus ; et M. de Boisguilbault se réservait l'usufruit sa vie durant : mais il donnait la propriété et la jouissance immédiate de cinq cent mille livres aux futurs conjoints dès le jour de leur mariage... Laquelle somme pourtant restait acquise et assurée en jouissance et en propriété à mademoiselle de Châteaubrun, si elle n'épousait pas M. Émile Cardonnet.

On entendit un faible cri derrière la porte ; c'était Janille qui se trouvait mal de joie dans les bras de Sylvain Charasson.

## XXXVI.

#### CONCILIATION.

Gilberte ne comprenait rien à ce qui lui arrivait ; elle ne se faisait aucune idée de ce que c'était que quatre millions de fortune, et un tel fardeau à porter pour une vie aussi simple et aussi heureuse que la sienne, lui eût fait plus de peur que de joie ; mais elle voyait renaître la possibilité de son union avec Émile, et, ne pouvant parler, elle pressait convulsivement la main de M. de Boisguilbault dans les siennes. Antoine était complétement étourdi de voir sa fille si riche. Il ne s'en réjouissait pas plus qu'elle, mais il voyait là une preuve si énorme du généreux pardon du marquis, qu'il croyait rêver et ne trouvait non plus rien à lui dire.

Cardonnet fut le seul qui comprit ce que c'était que quatre millions et demi à réunir sur la tête de ses futurs petits-enfants. Il ne perdit pourtant point la tête, à la lecture du testament d'un air impassible, et, ne voulant pas paraître s'humilier sous la puissance de l'or, il dit froidement :

« Je vois que M. de Boisguilbault tient fortement à faire fléchir la volonté paternelle devant celle de l'amitié : mais ce n'est pas la pauvreté de mademoiselle de Châteaubrun qui m'a jamais paru un obstacle capital à ce mariage. Il y en a un autre qui m'inspire beaucoup plus de répugnance ; c'est qu'elle est fille naturelle, et que tout porte à croire que sa mère... je ne la nommerai pas... occupe une position infime dans la société.

— Vous êtes dans l'erreur, monsieur Cardonnet, répondit M. de Boisguilbault avec fermeté. Mademoiselle Janille a toujours été irréprochable dans ses mœurs, et je crois que vous auriez tort de mépriser une personne aussi fidèle et aussi dévouée aux objets de son affection. Mais la vérité exige que je redresse votre jugement à cet égard. Je vous atteste, Monsieur, que mademoiselle de Châteaubrun est de sang noble et sans mélange, si cela peut vous faire plaisir. Je vous dirai même que j'ai connu parfaitement sa mère, et qu'elle était d'aussi bonne maison que moi-même. Maintenant, monsieur Cardonnet, avez vous quelque autre objection à faire ? Pensez-vous que e caractère de mademoiselle de Châteaubrun puisse inspirer de l'éloignement et de la méfiance à quelqu'un ?

— Non, certes, monsieur le marquis, répondit Cardonnet, et pourtant j'hésite encore. Il me semble que l'autorité et la dignité paternelles sont blessées par un pareil contrat, que mon consentement semble être acheté à prix d'or, et, tandis que je n'avais qu'une ambition pour mon fils, celle de lui voir acquérir de la fortune par son travail et son talent, je vois qu'on l'élève au faîte de la richesse, en lui donnant pour avenir l'inaction et l'oisiveté.

— J'espère qu'il n'en sera point ainsi, dit M. de Boisguilbault. Si j'ai choisi Émile pour mon héritier, c'est parce que je crois qu'il ne me ressemblera en aucune façon, et qu'il saura tirer un meilleur parti que moi de la fortune. »

Cardonnet ne demandait qu'à céder. Il se disait qu'en refusant, il s'aliénait à jamais son fils, et qu'en consentant de bonne grâce, il pouvait ressaisir assez d'influence pour lui apprendre à se servir de sa richesse comme il l'entendait : c'est-à-dire qu'il calculait qu'avec quatre millions on pouvait en avoir un jour quarante, et il était convaincu qu'aucun homme, fût-il un saint, ne peut posséder tout à coup quatre millions sans prendre goût à la richesse. « Il fera d'abord des folies, pensait-il, il perdra une partie de ce trésor ; et quand il le verra diminuer, il en sera si effrayé qu'il voudra combler le déficit ; puis, comme l'appétit vient à ceux qui consentent à manger, il voudra doubler, décupler, centupler... Moi aidant, nous pouvons être un jour les rois de la finance. »

« Je n'ai pas le droit, dit-il enfin, de refuser la fortune offerte à mon fils. Je le ferais si je le pouvais, parce que tout cela est contre mes opinions et mes idées : mais la propriété est une loi sacrée. Du moment que mon fils reçoit un pareil don, il est propriétaire. Je le dépouillerais, en refusant d'accéder aux conditions exigées. Je dois donc garder à jamais le silence sur tout ce qui blesse ma conviction dans cet arrangement bizarre, et puisque je suis contraint de céder, je veux au moins le faire avec grâce... d'autant plus que la beauté, l'esprit et le noble caractère de mademoiselle Gilberte flattent mon égoïsme en promettant du bonheur à ma famille.

— Puisque tout est convenu, dit M. de Boisguilbault en se levant et en faisant signe par la fenêtre, je prierai mademoiselle Gilberte, qui a, comme moi, le goût des fleurs, d'accepter le bouquet des fiançailles. »

Le domestique du marquis entra et déposa la petite caisse qu'il avait apportée. M. de Boisguilbault en tira un magnifique bouquet des fleurs les plus rares et les plus suaves ; le vieux Martin avait mis plus d'une heure à le combiner savamment. Mais, en guise de ruban, le bouquet était entouré de la rivière de diamants que Gilberte avait renvoyée, et cette fois, au lieu du cachemire que le marquis n'avait pas jugé prudent de faire reparaître, il avait mis au collier deux rangs au lieu d'un.

« Donc, deux ou trois cent mille francs de plus au contrat ! » pensa M. Cardonnet, en feignant de regarder les diamants avec indifférence.

« A présent, dit M. de Boisguilbault à Gilberte, vous ne pouvez plus rien me refuser, puisque j'ai fait votre volonté. Je vous propose de monter en voiture avec votre père, dans cette même brouette qui m'a été si utile, et qui m'a procuré le bonheur de vous connaître. Nous irons à Gargilesse ; je pense que M. Cardonnet désire présenter sa belle-fille à sa femme, et moi, j'ai à cœur de lui faire agréer mon héritière. »

M. Cardonnet accepta cette offre avec empressement, et on allait partir lorsque Émile parut. Il avait appris que son père était parti pour Châteaubrun : il craignait quelque nouvelle trame contre son bonheur et le repos de Gilberte. Il avait sauté sur son cheval, et, oubliant sa saignée, sa fièvre et ses promesses au marquis, il arrivait tremblant, hors d'haleine, et en proie aux plus amères prévisions.

« Allons, Émile, voilà ta femme déjà parée pour la noce, » dit M. Cardonnet, qui devina vite le motif de son imprudence. Et il lui montra Gilberte, couverte de fleurs et de diamants, au bras de M. de Boisguilbault.

Émile, dont les nerfs étaient horriblement tendus et agités, fut comme foudroyé par tous les miracles qui fondaient à la fois sur lui. Il voulut parler, chancela, et tomba évanoui dans les bras de M. Antoine.

Le bonheur tue rarement ; Émile revint bientôt à la vie et à l'ivresse. Janille lui frottait les tempes avec du vinaigre ; Gilberte tenait sa main dans les siennes, et pour que rien ne manquât à sa joie, sa mère était là aussi quand il ouvrit les yeux. Instruite récemment, par le délire d'Émile, de sa passion pour Gilberte, elle avait tout fait raconter à Galuchet, et, apprenant que son mari était parti pour Châteaubrun, que son fils venait de monter à cheval en dépit de tout, et prévoyant quelque terrible orage, elle était accourue en voiture, bravant pour la première fois la colère de son mari et les mauvais chemins, sans y songer. Elle se prit d'amour pour Gilberte dès les premiers mots qu'elles échangèrent, et si la jeune fille entrait avec terreur dans une famille dont Cardonnet était le chef, elle sentit qu'elle trouverait du moins un dédommagement dans le cœur tendre et le doux caractère de sa femme.

« Puisque nous voici tous réunis, dit alors M. de Boisguilbault avec une grâce dont personne ne l'eût cru capable, il nous faut passer le reste de la journée ensemble, et dîner quelque part. Nous sommes trop nombreux pour ne pas causer ici quelque embarras à mademoiselle Janille, et notre retour à Gargilesse pourrait aussi prendre au dépourvu le maître-d'hôtel de M. Cardonnet. Si vous vouliez tous me faire l'honneur de venir à Boisguilbault, outre que c'est le plus proche, nous y trouverions, je crois, de quoi dîner. Peut-être M. Cardonnet prendra-t-il quelque intérêt à faire connaissance avec la propriété de ses enfants, nous y rédigerons le projet de leur contrat de mariage, et nous prendrons jour pour la noce. »

Cette nouvelle preuve de la conversion complète du marquis fut accueillie avec empressement. Janille ne demanda que cinq minutes pour faire la toilette de *mademoiselle*, car elle crut devoir prendre un ton de cérémonie pour la circonstance, mais Gilberte accueillit par un gros baiser ce qu'elle appela une facétie de sa tendre mère.

En attendant, la famille Cardonnet visita les ruines, et M. de Boisguilbault entra avec Antoine dans le pavillon carré pour se reposer. Personne n'entendit leur entretien. Ni l'un ni l'autre n'a jamais fait savoir quel en fut le sujet. Échangèrent-ils des explications délicates et quasi impossibles? ce n'est guère probable. Convinrent-ils pour l'avenir de ne jamais faire la moindre allusion à leur longue mésintelligence, et de reprendre leurs souvenirs d'amitié juste où ils en étaient restés? Il est certain que, dès ce moment, ils parlèrent ensemble du passé sans amertume, et se reportèrent à leurs anciennes années avec un plaisir mêlé parfois d'attendrissement et de gaieté. Mais on eût pu remarquer que ces retours sur eux-mêmes ne dépassèrent jamais une certaine époque, celle du mariage de M. de Boisguilbault, et que le nom de la marquise ne fut jamais prononcé entre eux. Il sembla qu'elle n'eût jamais existé.

Lorsque Gilberte revint parée autant qu'elle pouvait et voulait l'être, Émile vit avec transport qu'elle avait mis la robe lilas, qu'un dernier blanchissage de Janille avait rendue presque rose, et que les miracles de son économie et de son adresse faisaient paraître encore fraîche. Elle avait tressé ses longs cheveux qui pendaient jusqu'à terre, et, dans cet abandon magnifique, rappelaient à son heureux fiancé la brûlante journée de Crozant. Des dons de M. de Boisguilbault elle n'avait conservé que le bouquet et la bague de cornaline qu'elle montra à ce dernier avec un tendre sourire. Elle se fit coquette avec le marquis, coquette de cœur, si l'on peut ainsi dire, et tandis qu'elle témoignait à M. Cardonnet une déférence et des égards un peu forcés, elle se laissait aller ingénument à traiter le marquis, dans ses manières et dans sa pensée, comme s'il eût été le père d'Émile.

Au moment du départ, M. de Boisguilbault prit la main de Janille et l'invita à venir dîner chez lui, avec autant de courtoisie que si elle eût été la mère de Gilberte. Loin d'être choqué de les entendre se traiter de *mère* et de *fille*, cette intimité l'avait subitement frappé d'une grande estime et d'une secrète reconnaissance pour la vieille fille qui avait subi tant de commérages et de quolibets plutôt que de révéler à qui que ce soit, même à l'ami Jappeloup (que pendant si longtemps le marquis avait cru le confident et le messager d'Antoine), le secret de la naissance de Gilberte.

M. Cardonnet ne put s'empêcher de sourire dédaigneusement à cette invitation.

« Monsieur Cardonnet, lui dit à voix basse M. de Boisguilbault, qui s'en aperçut, vous connaîtrez et vous apprécierez cette femme quand vous la verrez élever vos petits-enfants.

Le parc de Boisguilbault fut donc ouvert pour la première fois, depuis qu'il existait, à une société conduite et accueillie par le propriétaire. Le chalet fut ouvert aussi, à l'exception du cabinet dont, cette fois, la porte avait été, grâce à Jappeloup, solidement fixée.

La tristesse imposante du château, la beauté intéressante du mobilier, la magnificence du parc et le grand air de *bonne maison* répandu dans le service, causèrent un certain dépit à M. Cardonnet. Il avait fait tout son possible à Gargilesse pour ne point montrer dans son intérieur des habitudes de parvenu, et, tant qu'il s'était senti homme d'importance au milieu des ruines de Châteaubrun, il n'avait pas été trop mal à l'aise. Mais il se trouva fort petit au milieu de ce majestueux mélange d'opulence et d'austérité qui caractérisait Boisguilbault. Il essaya, par des réflexions *libérales*, d'empêcher que le marquis ne le crût ébloui de sa vieille splendeur. M. de Boisguilbault, qui ne manquait pas de finesse sous sa gaucherie, et qui l'attendait en ce moment-là pour lui faire accepter la plus rude de ses exigences, lui répondit peu calme et en abondant dans son sens. Cardonnet s'en montra fort surpris, car il croyait avec tout le monde, que le marquis avait conservé tout l'orgueil de sa caste et tout le ridicule des principes de la restauration. Et comme il ne put s'empêcher de marquer son étonnement, M. de Boisguilbault lui dit avec douceur : « Vous ne me connaissez pas, monsieur Cardonnet; je suis aussi ennemi des distinctions et des priviléges que vous-même. Je crois les hommes égaux en droits et en valeur, lorsqu'ils sont honnêtes et bons. »

En ce moment, on vint annoncer que le dîner était servi, et, comme on s'y rendait, maître Jean Jappeloup, bien rasé et endimanché, sortit du chalet, et repoussant Émile avec gaieté, il prit la main de Gilberte pour la conduire à table :

« C'est mon droit, dit-il; vous savez, Émile, que je vous ai promis d'être votre témoin et votre garçon de noces ! »

Tout le monde accueillit le charpentier avec transport, excepté M. Cardonnet, qui n'osa pourtant pas être moins libéral, en cette circonstance, que le vieux marquis, et qui se contenta de sourire en le voyant prendre place au repas de famille. Il se résigna à tout, se promettant bien de changer de ton, quand le mariage serait conclu.

Le dîner, servi sous les ombrages du parc, fut splendide de fleurs, exquis dans les mets, et le vieux Martin, que son maître avait prévenu de grand matin, se surpassa lui-même dans l'ordonnance du service. Sylvain Charasson fut admis à l'honneur de travailler ce jour-là sous ses ordres, et il en parlera toute sa vie.

Les premiers instants furent assez froids. Mais peu à peu le nombre des heureux l'emportant de beaucoup sur celui des mécontents, puisque M. Cardonnet l'était seul et à demi, on s'anima, et au dessert M. Cardonnet dit en souriant à Émile : « *Nous autres marquis...* »

Dirons-nous le bonheur d'Émile et de Gilberte? Le bonheur ne se décrit pas, et les amants eux-mêmes manquent d'expression pour le peindre. Quand la nuit fut venue, M. et madame Cardonnet montèrent en voiture et autorisèrent gracieusement Émile à reconduire sa fiancée à Châteaubrun, à condition qu'il garderait le cabriolet de son père et ne monterait plus à cheval ce jour-là. M. Antoine, perdu dans une conversation joyeuse avec son ami Jean, s'égara dans le parc, et Janille, qui commençait à s'ennuyer de faire la dame, apaisa ses besoins d'activité en aidant Martin à remettre tout en ordre. Alors M. de Boisguilbault prit le bras d'Émile et celui de Gilberte, et les conduisit au rocher où, pour la première fois, il avait ouvert son âme à son jeune ami :

« Mes enfants, leur dit-il, je vous ai faits riches, puisque c'était une nécessité pour vaincre les obstacles qui vous séparaient, et le seul moyen d'arriver à vous faire heureux. Mon testament était écrit depuis longtemps, et je l'ai refait cette nuit pour la forme. Mes intentions demeurent; je crois qu'Émile les connaît, et que Gilberte les respectera. J'ai voulu que, dans l'avenir, cette vaste propriété fût destinée à fonder une *commune*, et, dans mon premier acte, j'essayais d'en tracer le plan et d'en poser les bases. Mais ce plan pouvait être défectueux et ces bases fragiles; je n'ai pas eu regret à mon travail, parce que j'ai toujours senti qu'il était faible, et que je suis l'homme le moins capable du monde d'organiser et de réaliser. La Providence était venue à mon secours en m'envoyant Émile pour entrer à ma place dans l'application, et, dans ces derniers temps, je l'avais institué déjà mon légataire universel, c'est-à-dire mon exécuteur testamentaire. Mais un pareil acte eût rendu le consentement de M. Cardonnet impossible à obtenir, et je l'ai détruit en prenant la résolution de vous marier ensemble. Les actes officiels n'ont pas la valeur qu'on leur attribue, et les lois civiles n'ont jamais trouvé le moyen d'enchaîner les consciences. C'est pourquoi je suis beaucoup plus tranquille en vous disant ma volonté et en recevant vos promesses, que si je vous liais par des chaînes aussi fragiles que les articles d'un testament.

« Ne me répondez pas, mes enfants! je sais vos pensées, je connais vos cœurs. Vous avez été mis à la plus rude de toutes les épreuves, celle de renoncer à être unis, ou d'abjurer vos croyances; vous en êtes sortis triomphants; je me repose à jamais sur vous, et je vous laisse maîtres de l'avenir. Vous avez l'intention d'entrer dans la pratique, Émile, je vous en donne les instruments; mais ce n'est pas à dire que vous en ayez encore les moyens.

« Il vous faut la science sociale, et c'est le résultat d'un long travail auquel vous vous appliquerez avec l'aide des forces que votre siècle, qui n'est pas le mien, développera plus ou moins vite, plus ou moins heureusement, selon la volonté de Dieu. Ce n'est peut-être pas vous, mes enfants, ce seront peut-être vos enfants qui verront mûrir mes projets; mais, en vous léguant ma richesse, je vous lègue mon âme et ma foi. Vous la léguerez à d'autres, si vous traversez une phase de l'humanité qui ne vous permette pas de fonder utilement. Mais Émile m'a dit un mot qui m'a frappé. Un jour que je lui demandais ce qu'il ferait d'une propriété comme la mienne, il m'a répondu : « *J'essayerais!* » Qu'il essaye donc, et qu'après avoir bien réfléchi, et bien étudié la réalité, lui qui a toujours rêvé le salut de la nature humaine dans l'organisation et le développement de la science agricole, il trouve les moyens de transition qui empêchent la chaîne du passé à l'avenir d'être déplorablement brisée.

« Je me fie à son intelligence, parce qu'elle a sa source dans le cœur. Que Dieu te donne le génie, Émile, et qu'il le donne aux hommes de ton temps! car le génie d'un seul n'est presque rien. Moi, je n'ai plus qu'à m'endormir doucement dans ma tombe. S'il m'est accordé de vivre encore quelques jours entre vous deux, j'aurai commencé à vivre seulement la veille de ma mort. Mais je n'aurai pas vécu en vain, tout paresseux, découragé et inutile que j'ai été, si j'ai découvert l'homme qui pouvait et devait agir à ma place.

« Gardez-moi jusqu'après votre mariage, et même jusqu'après l'éducation nouvelle et complète qu'Émile doit s'imposer, le secret de ma croyance et de nos projets. J'aspire à vous voir libres et forts, pour mourir tranquille.

« Et, après tout, mes enfants, quelque parti que vous sachiez prendre, quelque faute que vous commettiez, ou quel que soit le succès qui couronne vos efforts, je vous avoue qu'il m'est impossible d'être inquiet pour l'avenir du monde. En vain l'orage passera sur les générations qui naissent ou vont naître; en vain l'erreur et le mensonge travailleront pour perpétuer le désordre affreux que certains esprits appellent aujourd'hui, par dérision, apparemment, l'ordre social; en vain l'iniquité combattra dans le monde : la vérité éternelle aura son jour ici-bas. Et si mon ombre peut revenir, dans quelques siècles, visiter ce vaste héritage et se glisser sous les arbres antiques que ma main a plantés, elle y verra des hommes libres, heureux, égaux, unis, c'est-à-dire justes et sages! Ces ombrages où j'ai promené tant d'ennuis et de douleurs, où j'ai fui avec épouvante la présence des hommes d'aujourd'hui, abriteront alors, ainsi que les voûtes d'un temple sublime, une nombreuse famille prosternée pour prier et bénir l'auteur de la nature et le père des hommes! Ceci sera le *jardin de la commune*, c'est-à-dire aussi son gynécée, sa salle de fête et de banquet, son théâtre et son église : car, ne me parlez pas des étroits espaces où la pierre et le ciment parquent les hommes et la pensée; ne me parlez pas de vos riches colonnades et de vos parvis superbes, en comparaison de cette architecture naturelle dont le Créateur suprême fait les frais! J'ai mis dans les arbres et dans les fleurs, dans les ruisseaux, dans les rochers et dans les prairies toute la poésie de mes pensées. N'ôtez pas au vieux planteur son illusion, si c'en est une! Il en est encore à cet adage que Dieu est dans tout et que la nature est son temple! »

FIN DU PÉCHÉ DE M. ANTOINE.

| LIBRAIRIE BLANCHARD | ÉDITION J. HETZEL | LIBRAIRIE MARESCQ ET Cⁱᵉ |
|---|---|---|
| RUE RICHELIEU, 78 | | 5, RUE DU PONT-DE-LODI |

# PAULINE

## NOTICE

J'avais commencé ce roman en 1832, à Paris, dans une mansarde où je me plaisais beaucoup. Le manuscrit s'égara : je crus l'avoir jeté au feu par mégarde, et comme, au bout de trois jours, je ne me souvenais déjà plus de ce que j'avais voulu faire (ceci n'est pas mépris de l'art ni légèreté à l'endroit du public, mais infirmité véritable), je ne songeai point à recommencer. Au bout de dix ans environ, en ouvrant un *in-quarto* à la campagne, j'y retrouvai la moitié d'un volume manuscrit intitulé *Pauline*. J'eus peine à reconnaître mon écriture, tant elle était meilleure que celle d'aujourd'hui. Est-ce que cela ne vous est pas souvent arrivé à vous-même, de retrouver toute la spontanéité de votre jeunesse et tous les souvenirs du passé dans la netteté d'une majuscule et dans le laisser-aller d'une ponctuation? Et les fautes d'orthographe que tout le monde fait, et dont on se corrige tard, quand on s'en corrige, est-ce qu'elles ne repassent pas quelquefois sous vos yeux comme de vieux visages amis? En relisant ce manuscrit, la mémoire de la première donnée me revint aussitôt, et j'écrivis le reste sans incertitude.

Sans attacher aucune importance à cette courte peinture de l'esprit provincial, je ne crois pas avoir faussé les caractères donnés par les situations ; et la morale du conte, s'il faut en trouver une, c'est que l'extrême gêne et l'extrême souffrance, sont un terrible milieu pour la jeunesse et la beauté. Un peu de goût, un peu d'art, un peu de poésie ne seraient point incompatibles, même au fond des provinces, avec les vertus austères de la médiocrité; mais il ne faut pas que la médiocrité touche à la détresse; c'est là une situation que ni l'homme ni la femme, ni la vieillesse ni la jeunesse, ni même l'âge mûr, ne peuvent regarder comme le développement normal de la destinée providentielle.

GEORGE SAND.

30 mars 1852.

## I.

Il y a trois ans, il arriva à Saint-Front, petite ville fort laide qui est située dans nos environs et que je ne vous engage pas à chercher sur la carte, même sur celle de Cassini, une aventure qui fit beaucoup jaser, quoiqu'elle n'eût rien de bien intéressant par elle-même, mais dont les suites furent fort graves, quoiqu'on n'en ait rien su.

C'était par une nuit sombre et par une pluie froide. Une chaise de poste entra dans la cour de l'auberge du *Lion couronné*. Une voix de femme demanda des chevaux, *vite, vite!...* Le postillon vint lui répondre fort lentement que cela était facile à dire; qu'il n'y avait pas de chevaux, vu que l'épidémie (cette même épidémie qui est en permanence dans certains relais sur les routes peu fréquentées) en avait enlevé trente-sept la semaine dernière; qu'enfin on pourrait partir dans la nuit, mais qu'il fallait attendre que l'attelage qui venait de conduire la patache fût un peu rafraîchi. — Cela sera-t-il bien long? demanda le laquais empaqueté de fourrures qui était installé sur le siège. — C'est l'affaire d'une heure, répondit le postillon à demi débotté; nous allons nous mettre tout de suite à manger l'avoine.

Le domestique jura; une jeune et jolie femme de chambre qui avançait à la portière sa tête entourée de foulards en désordre, murmura, je ne sais quelle plainte touchante sur l'ennui et la fatigue des voyages. Quant à la personne qu'escortaient ces deux laquais, elle descendit lentement sur le pavé humide et froid, secoua sa pelisse doublée de martre, et prit le chemin de la cuisine sans proférer une seule parole.

C'était une jeune femme d'une beauté vive et saisissante, mais pâlie par la fatigue. Elle refusa l'offre d'une chambre, et, tandis que ses valets préférèrent s'enfermer et dormir dans la berline, elle s'assit, devant le foyer, sur la chaise classique, ingrat et revêche asile du voyageur résigné. La servante, chargée de veiller son quart de nuit, se remit à ronfler, le corps plié sur un banc et la face appuyée sur la table. Le chat, qui s'était dérangé avec humeur pour faire place à la voyageuse, se blottit de nouveau sur les cendres tièdes. Pendant quelques instants il fixa sur elle des yeux verts et luisants pleins de dépit et de méfiance; mais peu à peu sa prunelle se resserra et s'amoindrit jusqu'à n'être plus qu'une mince raie noire sur un fond d'émeraude. Il retomba dans le bien-être égoïste de sa condition, fit le gros dos, ronfla sourdement en signe de béatitude, et finit par s'endormir entre les pattes d'un gros chien qui avait trouvé moyen de vivre en paix avec lui, grâce à ces perpétuelles concessions que, pour le bonheur des sociétés, le plus faible impose toujours au plus fort.

La voyageuse essaya vainement de s'assoupir. Mille images confuses passaient dans ses rêves et la réveillaient en sursaut. Tous ces souvenirs puérils qui obsèdent parfois les imaginations actives se pressèrent dans son cerveau et s'évertuèrent à la fatiguer sans but et sans fruit, jusqu'à ce qu'enfin une pensée dominante s'établit à leur place.

« Oui, c'était une triste ville, pensa la voyageuse, une ville aux rues anguleuses et sombres, au pavé raboteux; une ville laide et pauvre comme celle-ci m'est apparue à travers la vapeur qui couvrait les glaces de ma voiture. Seulement il y a dans celle-ci un ou deux, peut-être trois réverbères, et là-bas il n'y en avait pas un seul. Chaque piéton marchait avec son falot après l'heure du couvre-feu. C'était affreux, cette pauvre ville, et pourtant j'y ai passé des années de jeunesse et de force! J'étais bien autre alors... J'étais pauvre de condition, mais j'étais riche d'énergie et d'espoir. Je souffrais bien! ma vie se consumait dans l'ombre et dans l'inaction; mais qui me rendra ces souffrances d'une âme agitée par sa propre puissance? O jeunesse du cœur! qu'êtes-vous devenue?... » Puis, après ces apostrophes un peu emphatiques que les têtes exaltées prodiguent parfois à la destinée, sans trop de sujet peut-être, mais par suite d'un besoin inné qu'elles éprouvent de dramatiser leur existence à leurs propres yeux, la jeune femme sourit involontairement, comme si une voix intérieure lui eût répondu qu'elle était heureuse encore; et elle essaya de s'endormir, en attendant que l'heure fût écoulée.

La cuisine de l'auberge n'était éclairée que par une lanterne de fer suspendue au plafond. Le squelette de ce luminaire dessinait une large étoile d'ombre tremblotante sur tout l'intérieur de la pièce, et rejetait sa pâle clarté vers les solives enfumées du plafond.

L'étrangère était donc entrée sans rien distinguer autour d'elle, et l'état de demi-sommeil où elle était l'avait d'ailleurs empêchée de faire aucune remarque sur le lieu où elle se trouvait.

Tout à coup l'éboulement d'une petite avalanche de cendre dégagea deux tisons mélancoliquement embrassés; un peu de flamme frissonna, jaillit, pâlit, se ranima, et grandit enfin jusqu'à illuminer tout l'intérieur de l'âtre. Les yeux distraits de la voyageuse, suivant machinalement ces ondulations de lumière, s'arrêtèrent tout à coup sur une inscription qui ressortait en blanc sur un des chambranles noircis de la cheminée. Elle tressaillit alors, passa la main sur ses yeux appesantis, ramassa un bout de branche embrasée pour examiner les caractères, et la laissa retomber en s'écriant d'une voix émue: — Ah Dieu! où suis-je? est-ce un rêve que je fais?

A cette exclamation, la servante s'éveilla brusquement, et, se tournant vers elle, lui demanda si elle l'avait appelée.

— Oui, oui, s'écria l'étrangère; venez ici. Dites-moi, qui a écrit ces deux noms sur le mur?

— Deux noms? dit la servante ébahie; quels noms?

— Oh! dit l'étrangère en se parlant avec une sorte d'exaltation, son nom et le mien, Pauline, Laurence! Et cette date! 10 *février* 182...! Oh! dites-moi, dites-moi pourquoi ces noms et cette date sont ici?

— Madame, répondit la servante, je n'y avais jamais fait attention, et d'ailleurs je ne sais pas lire.

— Mais où suis-je donc? comment nommez-vous cette ville? N'est-ce pas Villiers, la première poste après L...?

— Mais non pas, Madame; vous êtes à Saint-Front, route de Paris, hôtel du *Lion couronné*.

— Ah ciel! s'écria la voyageuse avec force en se levant tout à coup.

La servante épouvantée la crut folle et voulut s'enfuir; mais la jeune femme l'arrêtant:

— Oh! par grâce, restez, dit-elle, et parlez-moi! Comment se fait-il que je sois ici? Dites-moi si je rêve? Si je rêve, éveillez-moi!

— Mais, Madame, vous ne rêvez pas, ni moi non plus, je pense, répondit la servante. Vous vouliez donc aller à Lyon? Eh bien! mon Dieu, vous aurez oublié de l'expliquer au postillon, et tout naturellement il aura cru que vous alliez à Paris. Dans ce temps-ci, toutes les voitures de poste vont à Paris.

— Mais je lui ai dit moi-même que j'allais à Lyon.

— Ah dame! c'est que Baptiste est sourd à ne pas entendre le canon, et avec cela qu'il dort sur son cheval la moitié du temps, et que ses bêtes sont accoutumées à la route de Paris dans ce temps-ci...

— A Saint-Front! répétait l'étrangère. Oh! singulière destinée qui me ramène aux lieux que je voulais fuir! J'ai fait un détour pour ne point passer ici, et, parce que je me suis endormie deux heures, le hasard m'y conduit à mon insu! Eh bien! c'est Dieu peut-être qui le veut. Sachons ce que je dois retrouver ici de joie ou de douleur. Dites-moi, ma chère, ajouta-t-elle en s'adressant à la fille d'auberge, connaissez-vous dans cette ville mademoiselle Pauline D...?

— Je n'y connais personne, Madame, répondit la fille; je ne suis dans ce pays que depuis huit jours.

— Mais allez me chercher une autre servante, quelqu'un! je veux le savoir! Puisque je suis ici, je veux tout savoir. Est-elle mariée? est-elle morte? Allez, allez, informez-vous de cela; courez donc!

La servante objecta que toutes les servantes étaient

couchées, que le garçon d'écurie et les postillons ne connaissaient au monde que leurs chevaux. Une prompte libéralité de la jeune dame la décida à aller réveiller *le chef*, et, après un quart d'heure d'attente, qui parut mortellement long à notre voyageuse, on vint enfin lui apprendre que mademoiselle Pauline D... n'était point mariée, et qu'elle habitait toujours la ville. Aussitôt l'étrangère ordonna qu'on mît sa voiture sous la remise et qu'on lui préparât une chambre.

Elle se mit au lit en attendant le jour, mais elle ne put dormir. Ses souvenirs, assoupis ou combattus longtemps, reprenaient alors toute leur puissance; elle reconnaissait toutes les choses qui frappaient sa vue dans l'auberge du *Lion couronné*. Quoique l'antique hôtellerie eût subi de notables améliorations depuis dix ans, le mobilier était resté à peu près le même; les murs étaient encore revêtus de tapisseries qui représentaient les plus belles scènes de l'Astrée; les bergères avaient des reprises de fil blanc sur le visage, et les bergers en lambeaux flottaient suspendus à des clous qui leur perçaient la poitrine. Il y avait une monstrueuse tête de guerrier romain dessinée à l'estompe par la fille de l'aubergiste, et encadrée dans quatre baguettes de bois peint en noir ; sur la cheminée, un groupe de cire, représentant Jésus à la crèche, jaunissait sous un dais de verre filé.

— Hélas ! se disait la voyageuse, j'ai habité plusieurs jours cette même chambre, il y a douze ans, lorsque je suis arrivée ici avec ma bonne mère! C'est dans cette triste ville que je l'ai vue dépérir de misère et que j'ai failli la perdre. J'ai couché dans ce même lit la nuit de mon départ! Quelle nuit de douleur et d'espoir, de regret et d'attente ! Comme elle pleurait, ma pauvre amie, ma douce Pauline, en m'embrassant sous cette cheminée où je sommeillais tout à l'heure sans savoir où j'étais! Comme je pleurais, moi aussi, en écrivant sur le mur son nom au-dessous du mien, avec la date de notre séparation! Pauvre Pauline ! quelle existence a été la sienne depuis ce temps-là ? l'existence d'une vieille fille de province ! Cela doit être affreux! Elle si aimante, si supérieure à tout ce qui l'entourait ! Et pourtant je voulais la fuir, je m'étais promis de ne la revoir jamais! — Je vais peut-être lui apporter un peu de consolation, mettre un jour de bonheur dans sa triste vie ! — Si elle me repoussait pourtant ! Si elle était tombée sous l'empire des préjugés !... Ah ! cela est évident, ajouta tristement la voyageuse; comment puis-je en douter? N'a-t-elle pas cessé tout à coup de m'écrire en apprenant le parti que j'ai pris? Elle aura craint de se corrompre ou de se dégrader dans le contact d'une vie comme la mienne! Ah! Pauline! elle m'aimait tant, et elle aurait rougi de moi!... je ne sais plus que penser... A présent que je me sens si près d'elle, à présent que je suis sûre de la retrouver dans la situation où je l'ai connue, je ne peux plus résister au désir de la voir. Oh ! je la verrai, dût-elle me repousser ! Si elle le fait, que la honte en retombe sur elle ! j'aurai vaincu les justes défiances de mon orgueil, j'aurai été fidèle à la religion du passé; c'est elle qui se sera parjurée !

Au milieu de ces agitations, elle vit monter le matin gris et froid derrière les toits inégaux des maisons déjetées qui s'accoudaient disgracieusement les unes aux autres. Elle reconnut le clocher qui sonnait jadis ses heures de repos ou de rêverie; elle vit s'éveiller les bourgeois en classiques bonnets de coton ; et de vieilles figures dont elle avait un confus souvenir, apparurent toutes refrognées aux fenêtres de la rue. Elle entendit l'enclume du forgeron retentir sous les murs d'une maison décrépite ; elle vit arriver au marché les fermiers en manteau bleu et en coiffe de toile cirée ; tout reprenait sa place et conservait son allure comme aux jours du passé. Chacune de ces circonstances insignifiantes faisait battre le cœur de la voyageuse, quoique tout lui semblât horriblement laid et pauvre.

— Eh quoi ! disait-elle, j'ai pu vivre ici quatre ans, quatre ans entiers sans mourir ! j'ai respiré cet air, j'ai parlé à ces gens-là, j'ai dormi sous ces toits couverts de mousse, j'ai marché dans ces rues impraticables ! et Pauline, ma pauvre Pauline vit encore au milieu de tout cela, elle qui était si belle, si aimable, si instruite, elle qui aurait régné et brillé comme moi sur un monde de luxe et d'éclat!

Aussitôt que l'horloge de la ville eut sonné sept heures, elle acheva sa toilette à la hâte ; et, laissant ses domestiques maudire l'auberge et souffrir les incommodités du déplacement avec cette impatience et cette hauteur qui caractérisent les laquais de bonne maison, elle s'enfonça dans une des rues tortueuses qui s'ouvraient devant elle, marchant sur la pointe du pied avec l'adresse d'une Parisienne, et faisant ouvrir de gros yeux à tous les bourgeois de la ville, pour qui une figure nouvelle était un grave événement.

La maison de Pauline n'avait rien de pittoresque, quoiqu'elle fût fort ancienne. Elle n'avait conservé, de l'époque où elle fut bâtie, que le froid et l'incommodité de la distribution ; du reste, pas une tradition romanesque, pas un ornement de sculpture élégante ou bizarre, pas le moindre aspect de féodalité romantique. Tout y avait l'air sombre et chagrin, depuis la figure de cuivre ciselée sur le marteau de la porte, jusqu'à celle de la vieille servante non moins laide et rechignée qui vint ouvrir, toisa l'étrangère avec dédain, et lui tourna le dos après lui avoir répondu sèchement : *Elle y est.*

La voyageuse éprouva une émotion à la fois douce et déchirante en montant l'escalier en vis auquel une corde luisante servait de rampe. Cette maison lui rappelait les plus fraîches années de sa vie, les plus pures scènes de sa jeunesse ; mais, en comparant ces témoins de son passé au luxe de son existence présente, elle ne pouvait s'empêcher de plaindre Pauline, condamnée à végéter là comme la mousse verdâtre qui se traînait sur les murs humides.

Elle monta sans bruit et poussa la porte qui roula sur ses gonds en silence. Rien n'était changé dans la grande pièce, décorée par les hôtes du titre de salon. Le carreau de briques rougeâtres bien lavées, les boiseries brunes soigneusement dégagées de poussière, la glace dont le cadre avait été doré jadis, les meubles massifs brodés au petit point par quelque aïeule de la famille, et deux ou trois tableaux de dévotion légués par l'oncle, curé de la ville, tout était précisément resté à la même place et dans le même état de vétusté robuste depuis dix ans, dix ans pendant lesquels l'étrangère avait vécu des siècles ! Aussi tout ce qu'elle voyait la frappait comme un rêve.

La salle, vaste et basse, offrait à l'œil une profondeur terne qui n'était pourtant pas sans charme. Il y avait, dans le vague de la perspective, de l'austérité et de la méditation, comme dans ces tableaux de Rembrandt où l'on ne distingue, sur le clair-obscur, qu'une vieille figure de philosophe ou d'alchimiste brune et terreuse comme les murs, terne et maladive comme le rayon habilement ménagé où elle nage. Une fenêtre à carreaux étroits et montés en plomb, ornée de pots de basilic et de géranium, éclairait seule cette vaste pièce ; mais une suave figure se dessinait dans la lumière de l'embrasure, et semblait placée là, comme à dessein, pour ressortir seule et sur sa propre teinte dans le tableau : c'était Pauline.

Elle était bien changée, et, comme la voyageuse ne pouvait voir son visage, elle douta longtemps que ce fût elle. Elle avait laissé Pauline plus petite de toute la tête, et maintenant Pauline était grande et d'une ténuité si excessive qu'on eût dit qu'elle allait se briser en changeant d'attitude ; elle était vêtue de brun, avec une petite collerette d'un blanc scrupuleux et d'une égalité de plis vraiment monastique. Ses beaux cheveux châtains étaient lissés sur ses tempes avec un soin affecté ; elle se livrait à un ouvrage classique, ennuyeux, odieux à toute organisation pensante : elle faisait de très-petits points réguliers avec une aiguille imperceptible sur un morceau de batiste dont elle comptait la trame fil par fil. La vie de la grande moitié des femmes se consume, en France, à cette solennelle occupation.

Quand la voyageuse eut fait quelques pas, elle distingua, dans la clarté de la fenêtre, les lignes brillantes du beau profil de Pauline : ses traits réguliers et calmes, ses grands yeux voilés et nonchalants, son front pur et uni, plutôt découvert qu'élevé, sa bouche délicate qui semblait incapable de sourire. Elle était toujours admirablement belle et jolie! mais elle était maigre et d'une pâleur uniforme, qu'on pouvait regarder comme passée à l'état chronique. Dans le premier instant, son ancienne amie fut tentée de la plaindre; mais, en admirant la sérénité profonde de ce front mélancolique doucement penché sur son ouvrage, elle se sentit pénétrée de respect bien plus que de pitié.

Elle resta donc immobile et muette à la regarder ; mais, comme si sa présence se fût révélée à Pauline par un mouvement instinctif du cœur, celle-ci se tourna tout à coup vers elle et la regarda fixement sans dire un mot et sans changer de visage.

— Pauline! ne me reconnais-tu pas? s'écria l'étrangère ; as-tu oublié la figure de Laurence?

Alors Pauline jeta un cri, se leva, et retomba sans force sur un siège. Laurence était déjà dans ses bras, et toutes deux pleuraient.

— Tu ne me reconnaissais pas? dit enfin Laurence.

— Oh! que dis-tu là! répondit Pauline. Je te reconnaissais bien, mais je n'étais pas étonnée. Tu ne sais pas une chose, Laurence? C'est que les personnes qui vivent dans la solitude ont parfois d'étranges idées. Comment te dirai-je? Ce sont des souvenirs, des images qui se logent dans leur esprit, et qui semblent passer devant leurs yeux. Ma mère appelle cela des visions. Moi, je sais bien que je ne suis pas folle ; mais je pense que Dieu permet souvent, pour me consoler dans mon isolement, que les personnes que j'aime m'apparaissent tout à coup au milieu de mes rêveries. Va, bien souvent je t'ai vue là devant cette porte, debout comme tu étais tout à l'heure, et me regardant d'un air indécis. J'avais coutume de ne rien dire et de ne pas bouger, pour que l'apparition ne s'envolât pas. Je n'ai été surprise que quand je t'ai entendue parler. Oh! alors ta voix m'a réveillée! elle est venue me frapper jusqu'au cœur! Chère Laurence! c'est donc toi vraiment! dis-moi bien que c'est toi!

Quand Laurence eut timidement exprimé à son amie la crainte qui l'avait empêchée depuis plusieurs années de lui donner des marques de son souvenir, Pauline l'embrassa en pleurant.

— Oh mon Dieu! dit-elle, tu as cru que je te méprisais, que je rougissais de toi! moi qui t'ai conservé toujours une si haute estime, moi qui savais si bien que dans aucune situation de la vie il n'était possible à une âme comme la tienne de s'égarer!

Laurence rougit et pâlit en écoutant ces paroles ; elle renferma un soupir, et baisa la main de Pauline avec un sentiment de vénération.

— Il est bien vrai, reprit Pauline, que ta condition présente révolte les opinions étroites et intolérantes de toutes les personnes que je vois. Une seule porte dans sa sévérité un reste d'affection et de regret : c'est ma mère. Elle te blâme, il faut bien t'attendre à cela ; mais elle cherche à t'excuser, et l'on voit qu'elle lance sur toi l'anathème avec douleur. Son esprit n'est pas éclairé, tu le sais ; mais son cœur est bon, pauvre femme!

— Comment ferais-je donc pour me faire accueillir? demanda Laurence.

— Hélas! répondit Pauline, il serait bien facile de la tromper ; elle est aveugle.

— Aveugle! ah! mon Dieu!

Laurence resta accablée à cette nouvelle ; et, songeant à l'affreuse existence de Pauline, elle la regardait fixement, avec l'expression d'une compassion profonde et pourtant comprimée par le respect. Pauline la comprit, et, lui pressant la main avec tendresse, elle lui dit avec une naïveté touchante :

— Il y a du bien dans tous les maux que Dieu nous envoie. J'ai failli me marier il y a cinq ans ; un an après, ma mère a perdu la vue. Vois, comme il est heureux que je sois restée fille pour la soigner! si j'avais été mariée, qui sait si je l'aurais pu?

Laurence, pénétrée d'admiration, sentit ses yeux se remplir de larmes.

— Il est évident, dit-elle en souriant à son amie à travers ses pleurs, que tu aurais été dis'raite par mille autres soins également sacrés, et qu'elle eût été plus à plaindre qu'elle ne l'est.

— Je l'entends remuer, dit Pauline ; et elle passa vivement, mais avec assez d'adresse pour ne pas faire le moindre bruit, dans la chambre voisine.

Laurence la suivit sur la pointe du pied, et vit la vieille femme aveugle étendue sur son lit en forme de corbillard. Elle était jaune et luisante. Ses yeux hagards et sans vie lui donnaient absolument l'aspect d'un cadavre. Laurence recula, saisie d'une terreur involontaire. Pauline s'approcha de sa mère, pencha doucement son visage vers ce visage affreux, et lui demanda bien bas si elle dormait. L'aveugle ne lui répondit rien, et se tourna vers la ruelle du lit. Pauline arrangea ses couvertures avec soin sur ses membres étiques, referma doucement le rideau, et reconduisit son amie dans le salon.

— Causons, lui dit-elle ; ma mère se lève tard ordinairement. Nous avons quelques heures pour nous reconnaître ; nous trouverons bien un moyen de réveiller son ancienne amitié pour toi. Peut-être suffira-t-il de lui dire que tu es là! Mais, dis-moi, Laurence, tu as pu croire que je te... Oh! je ne dirai pas ce mot! Te mépriser! Quelle insulte tu m'as faite là! Mais c'est ma faute après tout. J'aurais dû prévoir que tu concevrais des doutes sur mon affection, j'aurais dû t'expliquer mes motifs... Hélas ! c'était bien difficile à te faire comprendre! Tu m'aurais accusée de faiblesse, quand, au contraire, il me fallait tant de force pour renoncer à t'écrire, à te suivre dans ce monde inconnu où, malgré moi, mon cœur a été si souvent te chercher! Et puis, je n'osais pas accuser ma mère ; je ne pouvais pas me décider à t'avouer les petitesses de son caractère et les préjugés de son esprit. J'en étais victime ; mais je rougissais de les raconter. Quand on est si loin de toute amitié, si seule, si triste, toute démarche difficile devient impossible. On s'observe, on se craint soi-même, et l'on se suicide dans la peur de se laisser mourir. A présent que te voilà près de moi, je retrouve toute ma confiance, tout mon abandon. Je te dirai tout. Mais d'abord parlons de toi, car mon existence est si monotone, si nulle, si pâle à côté de la tienne! Que de choses tu dois avoir à me raconter!

Le lecteur doit présumer que Laurence ne raconta pas tout. Son récit fut même beaucoup moins long que Pauline ne s'y attendait. Nous le transcrirons en trois lignes, qui suffiront à l'intelligence de la situation.

Et d'abord, il faut dire que Laurence était née à Paris dans une position médiocre. Elle avait reçu une éducation simple, mais solide. Elle avait quinze ans lorsque, sa famille étant tombée dans la misère, il lui fallut quitter Paris et se retirer en province avec sa mère. Elle vint habiter Saint-Front, où elle réussit à vivre quatre ans en qualité de sous-maîtresse dans un pensionnat de jeunes filles, et où elle contracta une étroite amitié avec l'aînée de ses élèves, Pauline, âgée de quinze ans comme elle.

Et puis il arriva que Laurence dut à la protection de je ne sais quelle douairière d'être rappelée à Paris, pour y faire l'éducation des filles d'un banquier.

Si vous voulez savoir comment une jeune fille pressent et découvre sa vocation, comment elle l'accomplit en dépit de toutes les remontrances et de tous les obstacles, relisez les charmants Mémoires de mademoiselle Hippolyte Clairon, célèbre comédienne du siècle dernier.

Laurence fit comme tous les artistes prédestinés : elle passa par toutes les misères, par toutes les souffrances du talent ignoré ou méconnu ; enfin, après avoir traversé les vicissitudes de la vie pénible que l'artiste est forcé de créer lui-même, elle devint une belle et intelligente actrice. Succès, richesse, hommages, renommée, tout lui vint ensemble et tout à coup. Désormais elle jouissait d'une position brillante et d'une considération justifiée aux yeux des gens d'esprit par un noble talent et un caractère élevé. Ses erreurs, ses passions, ses douleurs de femme, ses déceptions et ses repentirs, elle ne les raconta point à Pauline. Il était encore trop tôt : Pauline n'eût pas compris.

## II.

Cependant, lorsqu'au coup de midi l'aveugle s'éveilla, Pauline savait toute la vie de Laurence, même ce qui ne lui avait pas été raconté, et cela plus que tout le reste peut-être ; car les personnes qui ont vécu dans le calme et la retraite ont un merveilleux instinct pour se représenter la vie d'autrui pleine d'orages et de désastres qu'elles s'applaudissent en secret d'avoir évités. C'est une consolation intérieure qu'il leur faut laisser, car l'amour-propre y trouve bien un peu son compte, et la vertu seule ne suffit pas toujours à dédommager des longs ennuis de la solitude.

— Eh bien ! dit la mère aveugle en s'asseyant sur le bord de son lit, appuyée sur sa fille, qui est donc là près de nous ? Je sens le parfum d'une belle dame. Je parie que c'est madame Ducornay, qui est revenue de Paris avec toutes sortes de belles toilettes que je ne pourrai pas voir, et de bonnes senteurs qui nous donnent la migraine.

— Non, maman, répondit Pauline, ce n'est pas madame Ducornay.

— Qui donc ? reprit l'aveugle en étendant le bras. — Devinez, dit Pauline en faisant signe à Laurence de toucher la main de sa mère. — Que cette main est douce et petite ! s'écria l'aveugle en passant ses doigts noueux sur ceux de l'actrice. Oh ! ce n'est pas madame Ducornay, certainement. Ce n'est aucune de *nos dames*, car, quoi qu'elles fassent, à la patte on reconnaît toujours le lièvre. Pourtant je connais cette main-là. Mais c'est quelqu'un que je n'ai pas vu depuis longtemps. Ne saurait-elle parler ? — Ma voix a changé comme ma main, répondit Laurence, dont l'organe clair et frais avait pris, dans les études théâtrales, un timbre plus grave et plus sonore.

— Je connais aussi cette voix, dit l'aveugle, et pourtant je ne la reconnais pas. Elle garda quelques instants le silence sans quitter la main de Laurence, en levant sur elle ses yeux ternes et vitreux, dont la fixité était effrayante. — Me voit-elle ? demanda Laurence bas à Pauline. — Nullement, répondit celle-ci, mais elle a toute sa mémoire ; et d'ailleurs, notre vie compte si peu d'événements, qu'il est impossible qu'elle ne te reconnaisse pas tout à l'heure. A peine Pauline eut-elle prononcé ces mots, que l'aveugle, repoussant la main de Laurence avec un sentiment de dégoût qui allait jusqu'à l'horreur, dit de sa voix sèche et cassée : — Ah ! c'est cette malheureuse *qui joue la comédie !* Que vient-elle chercher ici ? Vous ne deviez pas la recevoir, Pauline !

— O ma mère ! s'écria Pauline en rougissant de honte et de chagrin, et en pressant sa mère dans ses bras, pour lui faire comprendre ce qu'elle éprouvait. Laurence pâlit, puis se remettant aussitôt : — Je m'attendais à cela, dit-elle à Pauline avec un sourire dont la douceur et la dignité l'étonnèrent et la troublèrent un peu.

— Allons, reprit l'aveugle, qui craignait instinctivement de déplaire à sa fille, en raison du besoin qu'elle avait de son dévouement, laissez-moi le temps de me remettre un peu ; je suis si surprise ! et comme cela, au réveil, on ne sait trop ce qu'on dit... Je ne voudrais pas vous faire de chagrin, Mademoiselle.... ou Madame..... Comment vous appelle-t-on maintenant ? — Toujours Laurence, répondit l'actrice avec calme. — Et elle est toujours Laurence, dit avec chaleur la bonne Pauline en l'embrassant, toujours la même âme généreuse, le même noble cœur... — Allons, arrange-moi, ma fille, dit l'aveugle, qui voulait changer de propos, ne pouvant se résoudre ni à contredire sa fille ni à réparer sa dureté envers Laurence ; coiffe-moi donc, Pauline ; j'oublie, moi, que les autres ne sont point aveugles, et qu'ils voient en moi quelque chose d'affreux. Donne-moi mon voile, mon mantelet... C'est bien, et maintenant apporte-moi mon chocolat de santé, et offres-en aussi à... cette dame.

Pauline jeta à son amie un regard suppliant auquel celle-ci répondit par un baiser. Quand la vieille dame, enveloppée dans sa mante d'indienne brune à grandes fleurs rouges, et coiffée de son bonnet blanc surmonté d'un voile de crêpe noir qui lui cachait la moitié du visage, se fut assise vis-à-vis de son frugal déjeuner, elle s'adoucit peu à peu. L'âge, l'ennui et les infirmités l'avaient amenée à ce degré d'égoïsme qui fait tout sacrifier, même les préjugés les plus enracinés, aux besoins du bien-être. L'aveugle vivait dans une telle dépendance de sa fille, qu'une contrariété, une distraction de celle-ci pouvait apporter le trouble dans cette suite d'innombrables petites attentions dont la moindre était nécessaire pour lui rendre la vie tolérable. Quand l'aveugle était commodément couchée, et qu'elle ne craignait plus aucun danger, aucune privation pour quelques heures, elle se donnait le cruel soulagement de blesser par des paroles aigres et des murmures injustes les gens dont elle n'avait pas besoin ; mais, aux heures de sa dépendance, elle savait fort bien se contenir, et enchaîner leur zèle par des manières plus affables. Laurence eut le loisir de faire cette remarque dans le courant de la journée. Elle en fit encore une autre qui l'attrista davantage : c'est que la mère avait une peur réelle de sa fille. On eût dit qu'à travers cet admirable sacrifice de tous les instants, Pauline laissait percer malgré elle un muet mais éternel reproche, que sa mère comprenait fort bien et redoutait affreusement. Il semblait que ces deux femmes craignissent de s'éclairer mutuellement sur la lassitude qu'elles éprouvaient d'être ainsi attachées l'une à l'autre, un être moribond et un être vivant : l'un effrayé des mouvements de celui qui pouvait à chaque instant lui enlever son dernier souffle, et l'autre épouvanté de cette tombe où il craignait d'être entraîné à la suite d'un cadavre.

Laurence, qui était douée d'un esprit judicieux et d'un cœur noble, se dit qu'il n'en pouvait pas être autrement ; que d'ailleurs cette souffrance invincible chez Pauline n'ôtait rien à sa patience et ne faisait qu'ajouter à ses mérites. Mais, malgré cela, Laurence sentit que l'effroi et l'ennui la gagnaient entre ces deux victimes. Un nuage passa sur ses yeux et un frisson dans ses veines. Vers le soir, elle était accablée de fatigue, quoiqu'elle n'eût pas fait un pas de la journée. Déjà l'horreur de la vie réelle se montrait derrière cette poésie, dont au premier moment elle avait, de ses yeux d'artiste, enveloppé la sainte existence de Pauline. Elle eût voulu pouvoir persister dans son illusion, la croire heureuse et rayonnante dans son martyre comme une vierge catholique des anciens jours, voir la mère heureuse aussi, oubliant sa misère pour ne songer qu'à la joie d'être aimée et assistée ainsi ; enfin elle eût voulu, puisque ce sombre tableau d'intérieur était sous ses yeux, y contempler les anges de lumière, et non de tristes figures chagrines et froides comme la réalité. Le plus léger pli sur le front angélique de Pauline faisait ombre à ce tableau ; un mot prononcé sèchement par cette bouche si pure détruisait la mansuétude mystérieuse que Laurence, au premier abord, y avait vue régner. Et pourtant ce pli au front était une prière ; ce mot errant sur les lèvres, une parole de sollicitude ou de consolation ; mais tout cela était glacé comme l'égoïsme chrétien, qui nous fait tout supporter en vue de la récompense, et désolé comme le renoncement monastique, qui nous défend de trop adoucir la vie humaine à autrui aussi bien qu'à nous-mêmes.

Tandis que le premier enthousiasme de l'admiration naïve s'affaiblissait chez l'actrice, tout aussi naïvement et en enfant d'elles-mêmes, une modification d'idées s'opérait en sens inverse chez les deux bourgeoises. La fille, tout en frémissant à l'idée des pompes mondaines où son amie s'était jetée, avait souvent ressenti, peut-être à son insu, des élans de curiosité pour ce monde inconnu, plein de terreurs et de prestiges, où ses principes lui défendaient de porter un seul regard. En voyant Laurence, en admirant sa beauté, sa grâce, ses manières tantôt nobles comme celles d'une reine de théâtre, tantôt libres et enjouées comme celles d'un enfant (car l'artiste aimée du public est comme un enfant à qui l'univers sert de famille), elle sentait éclore en elle un sentiment à la fois enivrant et douloureux, quelque chose qui tenait le milieu entre l'admiration et la crainte, entre la tendresse et l'envie. Quant à l'aveugle, elle était instinctivement captivée et comme vivifiée par le beau son de cette voix, par la pureté de ce langage, par l'animation de cette causerie intelligente, colorée et profondément naturelle, qui caractérise les vrais artistes, et ceux du théâtre particulièrement. La mère de Pauline, quoique remplie d'entêtement dévot et de morgue provinciale, était une femme assez distinguée et assez instruite pour le monde où elle avait vécu. Elle l'était du moins assez pour se sentir frappée et charmée, malgré elle, d'entendre quelque chose de si différent de son entourage habituel, et de si supérieur à tout ce qu'elle avait jamais rencontré. Peut-être ne s'en rendait-elle pas bien compte à elle-même ; mais il est certain que les efforts de Laurence pour la faire revenir de ses préventions réussissaient au delà de ses espérances. La vieille femme commençait à s'amuser si réellement de la causerie de l'actrice, qu'elle l'entendit avec regret, presque avec effroi, demander des chevaux de poste. Elle fit alors un grand effort sur elle-même, et la pria de rester jusqu'au lendemain. Laurence se fit un peu prier. Sa mère, retenue à Paris par une indisposition de sa seconde fille, n'avait pu partir avec elle. Les engagements de Laurence avec le théâtre d'Orléans l'avaient forcée de les y devancer ; mais elle leur avait donné rendez-vous à Lyon, et Laurence voulait y arriver en même temps qu'elles, sachant bien que sa mère et sa sœur, après quinze jours de séparation (la première de leur vie), l'attendraient impatiemment. Cependant l'aveugle insista tellement, et Pauline, à l'idée de se séparer de nouveau, et pour jamais sans doute, de son amie, versa des larmes si sincères, que Laurence céda, écrivit à sa mère de ne pas être inquiète si elle retardait d'un jour son arrivée à Lyon, et ne commanda ses chevaux que pour le lendemain soir. L'aveugle, entraînée de plus en plus, poussa la gracieuseté jusqu'à vouloir dicter une phrase amicale pour son ancienne connaissance, la mère de Laurence.

— Cette pauvre madame S..., ajouta-t-elle lorsqu'elle eut entendu plier la lettre et pétiller la cire à cacheter, c'était une bien excellente personne, spirituelle, gaie, confiante... et bien étourdie ! car enfin, ma pauvre enfant, c'est elle qui répondra devant Dieu du malheur que tu as eu de monter sur les planches. Elle pouvait s'y opposer, et elle ne l'a pas fait ! Je lui ai écrit trois lettres à cette occasion, et Dieu sait si elle les a lues ! Ah ! si elle m'eût écoutée, tu n'en serais pas là !...

— Nous serions dans la plus profonde misère, répondit Laurence avec une douce vivacité, et nous souffririons de ne pouvoir rien faire l'une pour l'autre, tandis qu'aujourd'hui j'ai la joie de voir ma mère rajeunir au sein d'une honnête aisance ; et elle est plus heureuse que moi, s'il est possible, de devoir son bien-être à mon travail et à ma persévérance. Oh ! c'est une excellente mère, ma bonne madame D..., et, quoique je sois actrice, je vous assure que je l'aime autant que Pauline vous aime.

— Tu as toujours été une bonne fille, je le sais, dit l'aveugle. Mais enfin comment cela finira-t-il ? Vous voilà riches, et je comprends que ta mère s'en trouve fort bien, car c'est une femme qui a toujours aimé ses aises et ses plaisirs ; mais l'autre vie, mon enfant, vous n'y songez ni l'une ni l'autre !... Enfin, je me réfugie dans la pensée que tu ne seras pas toujours au théâtre, et qu'un jour viendra où tu feras pénitence.

Cependant le bruit de l'aventure qui avait amené à Saint-Front, route de Paris, une dame en chaise de poste qui croyait aller à Villiers, route de Lyon, s'était répandue dans la petite ville, et y donnait lieu, depuis quelques heures, à d'étranges commentaires. Par quel hasard, par quel prodige, cette grande dame de la chaise de poste, après être arrivée là sans le vouloir, se décidait-elle à y rester toute la journée ? Et que faisait-elle, bon Dieu ! chez les dames D...? Comment pouvait-elle les connaître ? Et que pouvaient-elles avoir à se dire depuis si longtemps qu'elles étaient enfermées ensemble ? Le secrétaire de la mairie, qui faisait sa partie de billard au café situé justement en face de la maison des dames D..., vit ou crut voir passer et repasser derrière les vitres de cette maison la dame étrangère, vêtue singulièrement, disait-il, et même magnifiquement. La toilette de voyage de Laurence était pourtant d'une simplicité de bon goût ; mais la femme de Paris, et la femme artiste surtout, donne aux moindres atours un prestige éblouissant pour la province. Toutes les dames des maisons voisines se collèrent à leurs croisées, les entr'ouvrirent même, et s'enrhumèrent toutes plus ou moins, dans l'espérance de découvrir ce qui se passait chez la voisine. On appela la servante comme elle allait au marché, on l'interrogea. Elle ne savait rien, elle n'avait rien entendu, rien compris ; mais la personne en question était fort étrange, selon elle. Elle faisait de grands pas, parlait avec une grosse voix, et portait une pelisse fourrée qui la faisait ressembler aux animaux des ménageries ambulantes, soit à une lionne, soit à une tigresse ; la servante ne savait pas bien à laquelle des deux. Le secrétaire de la mairie décida qu'elle était vêtue d'une peau de panthère, et l'adjoint du maire trouva fort probable que ce fût la duchesse de Berry. Il avait toujours soupçonné la vieille D... d'être légitimiste au fond du cœur, car elle était dévote. Le maire, assassiné de questions par les dames de sa famille, trouva un expédient merveilleux pour satisfaire leur curiosité et la sienne propre. Il ordonna au maître de poste de ne délivrer de chevaux à l'étrangère que sur le *vu* de son passe-port. L'étrangère, se ravisant et remettant son départ au lendemain, fit répondre par son domestique qu'elle montrerait son passe-port au moment où elle redemanderait des chevaux. Le domestique, fin matois, véritable Frontin de comédie, s'amusa de la curiosité des citadins de Saint-Front, et leur fit à chacun un conte différent. Mille versions circulèrent et se croisèrent dans la ville. Les esprits furent très-agités, le maire craignit une émeute ; le procureur du roi intima à la gendarmerie l'ordre de se tenir sur pied, et les chevaux de l'ordre public eurent la selle sur le dos tout le jour.

— Que faire ? disait le maire qui était un homme de mœurs douces et un cœur sensible envers le beau sexe. Je ne puis envoyer un gendarme pour examiner brutalement les papiers d'une dame ! — A votre place, je ne m'en generais pas ! disait le substitut, jeune magistrat farouche qui aspirait à être procureur du roi, et qui travaillait à diminuer son embonpoint pour ressembler tout à fait à Junius Brutus. — Vous voulez que je fasse de l'arbitraire ! reprenait le magistrat pacifique. La mairesse tint conseil avec les femmes des autres autorités, et il fut décidé que M. le maire irait en personne, avec toute la politesse possible, et s'excusant sur la nécessité d'obéir à des ordres supérieurs, demander à l'inconnue son passe-port.

Le maire obéit, et se garda bien de dire que ces ordres supérieurs étaient ceux de sa femme. La mère D... fut un peu effrayée de cette démarche ; Pauline, qui la comprit fort bien, en fut inquiète et blessée ; Laurence ne fit qu'en rire, et, s'adressant au maire, elle l'appela par son nom, lui demanda des nouvelles de toutes les personnes de sa famille et de son intimité, lui nommant avec une merveilleuse mémoire jusqu'au plus petit de ses enfants, l'intrigua pendant un quart-d'heure, et finit par s'en faire reconnaître. Elle fut si aimable et si jolie dans ce badinage, que le bon maire en tomba amoureux comme un fou, voulut lui baiser la main, et ne se retira que lorsque madame D... et Pauline lui eurent promis de le faire dîner chez elles ce même jour avec la belle actrice de *la capitale*. Le dîner fut fort gai. Laurence essaya de se débarrasser des impressions tristes qu'elle avait reçues, et voulut récompenser l'aveugle du sacrifice qu'elle lui faisait de ses préjugés en lui donnant quelques heures d'enjouement. Elle raconta mille historiettes plaisantes sur ses voyages en province, et, même, au dessert, elle consentit à réciter à M. le maire des tirades de vers classiques qui le jetèrent dans un délire d'enthousiasme dont madame la mairesse eût été sans doute fort effrayée. Jamais l'aveugle ne s'était autant amusée ; Pauline était singulièrement agitée ; elle s'étonnait de se sentir triste au milieu de la joie. Laurence, tout en voulant divertir les autres, avait fini par se divertir elle-même. Elle se croyait rajeunie de dix ans en se retrouvant dans ce monde de ses souvenirs, où elle croyait parfois être encore en rêve.

On était passé de la salle à manger au salon, et on

achevait de prendre le café, lorsqu'un bruit de socques dans l'escalier annonça l'approche d'une visite. C'était la femme du maire, qui, ne pouvant résister plus longtemps à sa curiosité, venait *adroitement* et comme par hasard voir madame D... Elle se fût bien gardée d'amener ses filles, elle eût craint de faire tort à leur mariage si elle leur eût laissé entrevoir la comédienne. Ces demoiselles n'en dormirent pas de la nuit, et jamais l'autorité maternelle ne leur sembla plus inique. La plus jeune en pleura de dépit.

Madame la mairesse, quoique assez embarrassée de l'accueil qu'elle ferait à Laurence (celle-ci avait autrefois donné des leçons à ses filles), se garda bien d'être impolie. Elle fut même gracieuse en voyant la dignité calme qui régnait dans ses manières. Mais quelques minutes après, une seconde visite étant arrivée, *par hasard* aussi, la mairesse recula sa chaise et parla un peu moins à l'actrice. Elle était observée par une de ses amies intimes, qui n'eût pas manqué de critiquer beaucoup son *intimité* avec une comédienne. Cette seconde visiteuse s'était promis de satisfaire aussi sa curiosité en faisant causer Laurence. Mais, outre que Laurence devint de plus en plus grave et réservée, la présence de la mairesse contraignit et gêna les curiosités subséquentes. La troisième visite gêna beaucoup les deux premières, et fut à son tour encore plus gênée par l'arrivée de la quatrième. Enfin, en moins d'une heure, le vieux salon de Pauline fut rempli comme si elle eût invité toute la ville à une grande soirée. Personne n'y pouvait résister; on voulait, au risque de faire une chose étrange, impolie même, voir cette petite sous-maîtresse dont personne n'avait soupçonné l'intelligence, et qui maintenant était connue et applaudie dans toute la France. Pour légitimer la curiosité présente, et pour excuser le peu de discernement qu'on avait eu dans le passé, on affectait de douter encore du talent de Laurence, et on se disait à l'oreille : — Est-il bien vrai qu'elle soit l'amie et la protégée de mademoiselle Mars ? — On dit qu'elle a un si grand succès à Paris — Croyez-vous bien que ce soit possible ? — Il paraît que les plus célèbres auteurs font des pièces pour elle. — Peut-être exagère-t-on beaucoup tout cela ! — Lui avez-vous parlé ? — Lui parlez-vous ? etc.

Personne néanmoins ne pouvait diminuer par ses doutes la grâce et la beauté de Laurence. Un instant avant le dîner, elle avait fait venir sa femme de chambre, et, d'un tout petit carton qui ressemblait à ces noix enchantées où les fées font tenir d'un coup de baguette tout le trousseau d'une princesse, était sortie une parure très-simple, mais d'un goût exquis et d'une fraîcheur merveilleuse. Pauline ne pouvait comprendre qu'on pût avec si peu de temps et de soin se métamorphoser ainsi en voyage, et l'élégance de son amie la frappait d'une sorte de vertige. Les dames de la ville s'étaient flattées d'avoir à critiquer cette toilette et cette tournure qu'on avait annoncées si étranges; elles étaient forcées d'admirer et de dévorer du regard ces étoffes moelleuses négligées dans leur richesse, ces coupes élégantes d'ajustements sans roideur et sans étalage, nuance à laquelle n'arrivera jamais l'élégante de petite ville, même lorsqu'elle copie exactement l'élégante des grandes villes; enfin toutes ces recherches de la chaussure, de la manchette et de la coiffure, que les femmes sans goût exagèrent jusqu'à l'absurde, ou suppriment jusqu'à la malpropreté. Ce qui frappait et intimidait plus que tout le reste, c'était l'aisance parfaite de Laurence, ce ton de la meilleure compagnie qu'on ne s'attend guère, en province, à trouver chez une comédienne, et que, certes, on ne trouvait chez aucune femme à Saint-Front. Laurence était imposante et prévenante à son gré. Elle souriait en elle-même du trouble où elle jetait tous ces petits esprits qui étaient venus à l'insu les uns des autres, chacun croyant être le seul assez hardi pour s'amuser des inconvenances de la bohémienne, et qui se trouvaient là honteux et embarrassés chacun de la présence des autres, et plus encore du désappointement d'avoir à envier ce qu'il était venu persifler, humilier peut-être ! Toutes ces femmes se tenaient d'un côté du salon comme un régiment en déroute,

et de l'autre côté, entourée de Pauline, de sa mère et de quelques hommes de bon sens qui ne craignaient pas de causer respectueusement avec elle, Laurence siégeait comme une reine affable qui sourit à son peuple et le tient à distance. Les rôles étaient bien changés, et le malaise croissait d'un côté, tandis que la véritable dignité triomphait de l'autre. On n'osait plus chuchoter, on n'osait même plus regarder, si ce n'est à la dérobée. Enfin, quand le départ des plus désappointées eut éclairci les rangs, on osa s'approcher, mendier une parole, un regard, toucher la robe, demander l'adresse de la lingère, le prix des bijoux, le nom des pièces de théâtre les plus à la mode à Paris, et des billets de spectacle pour le premier voyage qu'on ferait à la capitale.

A l'arrivée des premières visites, l'aveugle avait été confuse, puis contrariée, puis blessée. Quand elle entendit tout ce monde remplir son salon froid et abandonné depuis si longtemps, elle prit son parti, et, cessant de rougir de l'amitié qu'elle avait témoignée à Laurence, elle en affecta plus encore, et accueillit par des paroles aigres et moqueuses tous ceux qui vinrent la saluer. — Oui-da, Mesdames, répondait-elle, je me porte mieux que je ne pensais, puisque mes infirmités ne font plus peur à personne. Il y a deux ans que l'on n'est venu me tenir compagnie le soir, et c'est un merveilleux hasard qui m'amène toute la ville à la fois. Est-ce qu'on aurait dérangé le calendrier, et ma fête, que je croyais passée il y a six mois, tomberait-elle aujourd'hui ? Puis, s'adressant à d'autres qui n'étaient presque jamais venues chez elle, elle poussait la malice jusqu'à leur dire en face et tout haut : — Ah ! vous faites comme moi, vous faites taire vos scrupules de conscience, et vous venez, malgré vous, rendre hommage au talent ? C'est toujours ainsi, voyez-vous; l'esprit triomphe toujours, et de tout. Vous avez bien blâmé mademoiselle S... de s'être mise au théâtre; vous avez fait comme moi, vous dis-je, vous avez trouvé cela révoltant, affreux ! Eh bien, vous voilà toutes à ses pieds ! Vous ne direz pas le contraire, car enfin je ne crois pas être devenue tout à coup assez aimable et assez jolie pour que l'on vienne en foule jouir de ma société.

Quant à Pauline, elle fut du commencement à la fin admirable pour son amie. Elle ne rougit point d'elle un seul instant, et, bravant, avec un courage héroïque en province, le blâme qu'on s'apprêtait à déverser sur elle, elle prit franchement le parti d'être en public à l'égard de Laurence ce qu'elle était en particulier. Elle l'accabla de soins, de prévenances, de respects même ; elle plaça elle-même un tabouret sous ses pieds, elle lui présenta elle-même le plateau de rafraîchissements; puis elle répondit par un baiser plein d'effusion à son baiser de remerciement; et quand elle se rassit auprès d'elle, elle tint sa main enlacée à la sienne toute la soirée sur le bras du fauteuil.

Ce rôle était beau sans doute, et la présence de Laurence opérait des miracles, car un tel courage eût épouvanté Pauline si on lui en eût annoncé la nécessité la veille ; et maintenant il lui coûtait si peu qu'elle s'en étonnait elle-même. Si elle eût pu descendre au fond de sa conscience, peut-être eût-elle découvert que ce rôle généreux était le seul qui l'élevât au niveau de Laurence à ses propres yeux. Il est certain que jusque-là la grâce, la noblesse et l'intelligence de l'actrice l'avaient déconcertée un peu ; mais, depuis qu'elle l'avait posée auprès d'elle en protégée, Pauline ne s'apercevait plus de cette supériorité, difficile à accepter de femme à femme aussi bien que d'homme à homme.

Il est certain que, lorsque les deux amies et la mère aveugle se retrouvèrent seules ensemble au coin du feu, Pauline fut surprise et même un peu blessée de voir que Laurence reportait toute sa reconnaissance sur la vieille femme. Ce fut avec une noble franchise que l'actrice, baisant la main de madame D..., et l'aidant à reprendre le chemin de sa chambre, lui dit qu'elle sentait tout le prix de ce qu'elle avait fait et de ce qu'elle avait été pour elle durant cette petite épreuve. — Quant à toi, ma Pauline, dit-elle à son amie lorsqu'elles furent tête à tête, je te fâcherais, si je te faisais le même remercîment. Tu

*Elle était toujours admirablement belle.* (Page 3.)

n'as point de préjugés assez obstinés pour que ton mépris de la sottise provinciale me semble un grand effort. Je te connais, tu ne serais plus toi-même si tu n'avais pas trouvé un vrai plaisir à t'élever de toute ta hauteur au-dessus de ces bégueules.

— C'est à cause de toi que cela m'est devenu un plaisir, répondit Pauline un peu déconcertée.

— Allons donc, rusée! reprit Laurence en l'embrassant, c'est à cause de vous-même!

Était-ce un instinct d'ingratitude qui faisait parler ainsi l'amie de Pauline? Non. Laurence était la femme la plus droite avec les autres et la plus sincère vis-à-vis d'elle-même. Si l'effort de son amie lui eût paru sublime, elle ne se serait pas crue humiliée de lui montrer de la reconnaissance; mais elle avait un sentiment si ferme et si légitime de sa propre dignité, qu'elle croyait le courage de Pauline aussi naturel, aussi facile que le sien. Elle ne se doutait nullement de l'angoisse secrète qu'elle excitait dans cette âme troublée. Elle ne pouvait la deviner; elle ne l'eût pas comprise.

Pauline, ne voulant pas la quitter d'un instant, exigea qu'elle dormît dans son propre lit. Elle s'était fait arranger un grand canapé où elle se coucha non loin d'elle, afin de pouvoir causer le plus longtemps possible. Chaque moment augmentait l'inquiétude la jeune recluse, et son désir de comprendre la vie, les jouissances de l'art et celles de la gloire, celles de l'activité et celles de l'indépendance. Laurence éludait ses questions. Il lui semblait imprudent de la part de Pauline de vouloir connaître les avantages d'une position si différente de la sienne; il lui eût semblé peu délicat à elle-même de lui en faire un tableau séduisant. Elle s'efforça de répondre à ses questions par d'autres questions; elle voulut lui faire dire les joies intimes de sa vie évangélique, et tourner toute l'exaltation de leur entretien vers cette poésie du devoir qui lui semblait devoir être le partage d'une âme pieuse et résignée. Mais Pauline ne répondit que par des réticences. Dans leur premier entretien de la matinée, elle avait épuisé tout ce que sa vertu avait d'orgueil et de finesse pour dissimuler sa souffrance. Le soir, elle ne songeait déjà plus à son rôle. La soif qu'elle éprouvait de vivre et de s'épanouir, comme une fleur longtemps privée d'air et de soleil, devenait de plus en plus ardente. Elle l'emporta, et força Laurence à s'abandonner au plaisir le plus

Ah! c'est cette malheureuse qui joue la comédie! (Page 3.)

grand qu'elle connût, celui d'épancher son âme avec confiance et naïveté. Laurence aimait son art, non-seulement pour lui-même, mais aussi en raison de la liberté et de l'élévation d'esprit et d'habitudes qu'il lui avait procurées. Elle s'honorait de nobles amitiés; elle avait connu aussi des affections passionnées, et, quoiqu'elle eût la délicatesse de n'en point parler à Pauline, la présence de ces souvenirs encore palpitants donnait à son éloquence naturelle une énergie pleine de charme et d'entraînement.

Pauline dévorait ses paroles. Elles tombaient dans son cœur et dans son cerveau comme une pluie de feu; pâle, les cheveux épars, l'œil embrasé, le coude appuyé sur son chevet virginal, elle était belle comme une nymphe antique à la lueur pâle de la lampe qui brûlait entre les deux lits. Laurence la vit et fut frappée de l'expression de ses traits. Elle craignit d'en avoir trop dit, et se le reprocha, quoique pourtant toutes ses paroles eussent été pures comme celles d'une mère à sa fille. Puis, involontairement, revenant à ses idées théâtrales, et oubliant tout ce qu'elles venaient de se dire, elle s'écria, frappée de plus en plus: — Mon Dieu, que tu es belle, ma chère enfant! Les classiques qui m'ont voulu enseigner le rôle de Phèdre ne t'avaient pas vue ainsi. Voici une pose qui est toute l'école moderne; mais c'est Phèdre tout entière... non pas la Phèdre de Racine peut-être, mais celle d'Euripide, disant:

*Dieux! que ne suis-je assise à l'ombre des forêts!...*

Si je ne te dis pas cela en grec, ajouta Laurence en étouffant un léger bâillement, c'est que je ne sais pas le grec... Je parie que tu le sais, toi...

— Le grec! quelle folie! répondit Pauline en s'efforçant de sourire. Que ferais-je de cela?

— Oh! moi, si j'avais, comme toi, le temps d'étudier tout, s'écria Laurence, je voudrais tout savoir!

Il se fit quelques instants de silence. Pauline fit un douloureux retour sur elle-même; elle se demanda à quoi, en effet, servaient tous ces merveilleux ouvrages de broderie qui remplissaient ses longues heures de silence et de solitude, et qui n'occupaient ni sa pensée ni son cœur. Elle fut effrayée de tant de belles années perdues, et il lui sembla qu'elle avait fait de ses plus nobles facultés, comme de son temps le plus précieux, un usage stupide, presque impie. Elle se releva encore sur son coude, et dit à Laurence : — Pourquoi donc me comparais-tu à Phèdre? Sais-tu que c'est là un type affreux? Peux-tu poétiser le vice et le crime?..... — Laurence ne répondit pas. Fatiguée de l'insomnie de la nuit précédente, calme d'ailleurs au fond de l'âme, comme on l'est, malgré tous les orages passagers, lorsqu'on a trouvé au fond de soi le vrai but et le vrai moyen de son existence, elle s'était endormie presque en parlant. Ce prompt et paisible sommeil augmenta l'angoisse et l'amertume de Pauline. Elle est heureuse, pensa-t-elle... heureuse et contente d'elle-même, sans effort, sans combats, sans incertitude... Et moi!... O mon Dieu! cela est injuste!

Pauline ne dormit pas de toute la nuit. Le lendemain, Laurence s'éveilla aussi paisiblement qu'elle s'était endormie, et se montra au jour fraîche et reposée. Sa femme de chambre arriva avec une jolie robe blanche qui lui servait de peignoir pendant sa toilette. Tandis que la soubrette lissait et tressait les magnifiques cheveux noirs de Laurence, celle-ci repassait le rôle qu'elle devait jouer à Lyon, à trois jours de là. C'était à son tour d'être belle avec ses cheveux épars et l'expression tragique. De temps en temps, elle échappait brusquement aux mains de la femme de chambre, et marchait dans l'appartement en s'écriant : « Ce n'est pas cela!... je veux le dire comme je le sens! » Et elle laissait échapper des exclamations, des phrases de drame; elle cherchait les poses devant le vieux miroir de Pauline. Le sang-froid de la femme de chambre, habituée à toutes ces choses, et l'oubli complet où Laurence semblait être de tous les objets extérieurs, étonnaient au dernier point la jeune provinciale. Elle ne savait pas si elle devait rire ou s'effrayer de ces airs de pythonisse; puis elle était frappée de la beauté tragique de Laurence, comme Laurence l'avait été de la sienne quelques heures auparavant. Mais elle se disait : Elle fait toutes ces choses de sang-froid, avec une impétuosité préparée, avec une douleur étudiée. Au fond, elle est fort tranquille, fort heureuse; et moi, qui devrais avoir le calme de Dieu sur le front, il se trouve que je ressemble à Phèdre !

Comme elle pensait cela, Laurence lui dit brusquement : — Je fais tout ce que je peux pour trouver ta pose d'hier soir quand tu étais là sur ton coude... je ne peux pas en venir à bout! C'était magnifique. Allons! c'est trop récent. Je trouverai cela plus tard, par inspiration! Toute inspiration est une réminiscence, n'est-ce pas, Pauline? Tu ne te coiffes pas bien, mon enfant; tresse donc tes cheveux au lieu de les lisser ainsi en bandeau. Tiens, Suzette va te montrer.

Et tandis que la femme de chambre faisait une tresse, Laurence fit l'autre, et en un instant Pauline se trouva si bien coiffée et si embellie qu'elle fit un cri de surprise. — Ah! mon Dieu, quelle adresse! s'écria-t-elle; je ne me coiffais pas ainsi de peur d'y perdre trop de temps, et j'en mettais le double.

— Oh! c'est que nous autres, répondit Laurence, nous sommes forcées de nous faire belles le plus possible et le plus vite possible.

— Et à quoi cela me servirait-il, à moi? dit Pauline en laissant tomber ses coudes sur la toilette, et en se regardant au miroir d'un air sombre et désolé.

— Tiens, s'écria Laurence, te voilà encore Phèdre! Reste comme cela, j'étudie!

Pauline sentit ses yeux se remplir de larmes. Pour que Laurence ne s'en aperçût pas (et c'est ce que Pauline craignait le plus au monde en cet instant), elle s'enfuit dans une autre pièce et dévora d'amers sanglots. Il y avait de la douleur et de la colère dans son âme, mais elle ne savait pas elle-même pourquoi ces orages s'élevaient en elle. Le soir, Laurence était partie. Pauline avait pleuré en la voyant monter en voiture, et, cette fois, c'était de regret; car Laurence venait de la faire vivre pendant trente-six heures, et elle pensait avec effroi au lendemain. Elle tomba accablée de fatigue dans son lit, et s'endormit brisée, désirant ne plus s'éveiller. Lorsqu'elle s'éveilla, elle jeta un regard de morne épouvante sur ces murailles qui ne gardaient aucune trace du rêve que Laurence y avait évoqué. Elle se leva lentement, s'assit machinalement devant son miroir et essaya de refaire ses tresses de la veille. Tout à coup, rappelée à la réalité par le chant de son serin qui s'éveillait dans sa cage, toujours gai, toujours indifférent à la captivité, Pauline se leva, ouvrit la cage, puis la fenêtre, et poussa dehors l'oiseau sédentaire, qui ne voulait pas s'envoler. « Ah! tu n'es pas digne de la liberté! » dit-elle en le voyant revenir vers elle aussitôt. Elle retourna à sa toilette, défit ses tresses avec une sorte de rage, et tomba le visage sur ses mains crispées. Elle resta ainsi jusqu'à l'heure où sa mère s'éveillait. La fenêtre étant restée ouverte, Pauline n'avait pas senti le froid. Le serin était rentré dans sa cage et chantait de toutes ses forces.

## III.

Un an s'était écoulé depuis le passage de Laurence à Saint-Front, et l'on parlait encore de la mémorable soirée où la célèbre actrice avait reparu avec tant d'éclat parmi ses concitoyens; car on se tromperait grandement si l'on supposait que les préventions de la province sont difficiles à vaincre. Quoi qu'on dise à cet égard, il n'est point de séjour où la bienveillance soit plus aisée à conquérir, de même qu'il n'en est pas où elle soit plus facile à perdre. On dit ailleurs que le temps est un grand maître ; il faut dire en province que c'est l'ennui qui modifie, qui justifie tout. Le premier choc d'une nouveauté quelconque contre les habitudes d'une petite ville est certainement terrible, si l'on y songe à la veille ; mais le lendemain on reconnaît que ce n'était rien, et que mille curiosités inquiètes n'attendaient qu'un premier exemple pour se lancer dans la carrière des innovations. Je connais certains chefs-lieux de canton où la première femme qui se permit de galoper sur une selle anglaise fut traitée de cosaque en jupon, et où, l'année suivante, toutes les dames de l'endroit voulurent avoir équipage d'amazone jusqu'à la cravache inclusivement.

A peine Laurence fut-elle partie qu'une prompte et universelle réaction s'opéra dans les esprits. Chacun voulut justifier l'empressement qu'il avait mis à la voir en grandissant la réputation de l'actrice, ou du moins en ouvrant de plus en plus les yeux sur son mérite réel. Peu à peu on en vint à se disputer l'honneur de lui avoir parlé le premier, et ceux qui n'avaient pu se résoudre à l'aller voir prétendirent qu'ils y avaient fortement poussé les autres. Cette année-là, une diligence fut établie de Saint-Front à Mont-Laurent, et plusieurs personnages importants de la ville (de ces gens qui possèdent 15,000 fr. de rentes au soleil, et qui ne se déplacent pas aisément, parce que, sans eux, à les entendre, le pays retomberait dans la barbarie), se risquèrent enfin à faire le voyage de la capitale. Ils revinrent tous remplis de la gloire de Laurence, et fiers d'avoir pu dire à leurs voisins du balcon ou de la première galerie, au moment où la salle *croulait*, comme on dit, sous les applaudissements: — Monsieur, cette grande actrice a longtemps habité la ville que j'habite. C'était l'amie intime de ma femme. Elle dînait quasi tous les jours *à la maison*. Oh! nous avions bien deviné son talent! Je vous assure que, quand elle nous récitait des vers, nous nous disions entre nous : « Voilà une jeune personne qui peut aller loin! » Puis, quand ces personnes furent de retour à Saint-Front, elles racontèrent avec orgueil qu'elles avaient été rendre leurs devoirs à la grande actrice, qu'elles avaient dîné à sa table, qu'elles avaient passé la soirée dans son magnifique salon... Ah! quel salon! quels meubles! quelles peintures! et quelle société amusante et honorable! des artistes, des députés; monsieur un tel, le peintre de portraits; madame une telle, la cantatrice; et puis des glaces, et puis de la musique... Que sais-je? la tête en tournait à tous ceux qui entendaient ces beaux récits, et chacun de s'écrier : Je l'avais toujours dit qu'elle réussirait! Nul autre que moi ne l'avait devinée.

Toutes ces puérilités eurent un seul résultat sérieux, ce fut de bouleverser l'esprit de la pauvre Pauline, et d'augmenter son ennui jusqu'au désespoir. Je ne sais si quelques semaines de plus n'eussent pas empiré son état au point de lui faire négliger sa mère. Mais celle-ci fit une grave maladie qui ramena Pauline au sentiment de ses devoirs. Elle recouvra tout à coup sa force morale et physique, et soigna la triste aveugle avec un admirable dévouement. Son amour et son zèle ne purent la sauver. Madame D... expira dans ses bras environ quinze mois après l'époque où Laurence était passée à Saint-Front.

Depuis ce temps, les deux amies avaient entretenu une correspondance assidue de part et d'autre. Tandis qu'au milieu de sa vie active et agitée, Laurence aimait à songer à Pauline, à pénétrer en esprit dans sa paisible et sombre demeure, à s'y reposer du bruit de la foule auprès du fauteuil de l'aveugle et des géraniums de la fenêtre ; Pauline, effrayée de la monotonie de ses habitudes, éprouvait l'invincible besoin de secouer cette mort lente qui s'étendait sur elle, et de s'élancer en rêve dans le tourbillon qui emportait Laurence. Peu à peu le ton de supériorité morale que, par un noble orgueil, la jeune provinciale avait gardé dans ses premières lettres avec la comédienne, fit place à un ton de résignation douloureuse qui, loin de diminuer l'estime de son amie, la toucha profondément. Enfin les plaintes s'exhalèrent du cœur de Pauline, et Laurence fut forcée de se dire, avec une sorte de consternation, que l'exercice de certaines vertus paralyse l'âme des femmes, au lieu de la fortifier. — Qui donc est heureux, demanda-t-elle un soir à sa mère en posant sur son bureau une lettre qui portait la trace des larmes de Pauline ; et où faut-il aller chercher le repos de l'âme ? Celle qui me plaignait tant au début de ma vie d'artiste se plaint aujourd'hui de sa réclusion d'une manière déchirante, et me trace un si horrible tableau des ennuis de la solitude, que je suis presque tentée de me croire heureuse sous le poids du travail et des émotions.

Lorsque Laurence reçut la nouvelle de la mort de l'aveugle, elle tint conseil avec sa mère, qui était une personne fort sensée, fort aimante, et qui avait eu le bon esprit de demeurer la meilleure amie de sa fille. Elle voulut la détourner d'un projet qu'elle caressait depuis quelque temps : celui de se charger de l'existence de Pauline en lui faisant partager la sienne aussitôt qu'elle serait libre.

— Que deviendra cette pauvre enfant désormais ? disait Laurence. Le devoir qui l'attachait à sa mère est accompli. Aucun mérite religieux ne viendra plus ennoblir et poétiser sa vie. Cet odieux séjour d'une petite ville n'est pas fait pour elle. Elle sent vivement toutes choses, son intelligence cherche à se développer. Qu'elle vienne donc près de nous ; puisqu'elle a besoin de vivre, elle vivra.

— Oui, elle vivra par les yeux, répondit madame S..., la mère de Laurence ; elle verra les merveilles de l'art, mais son âme n'en sera que plus inquiète et plus avide.

— Eh bien ! reprit l'actrice, vivre par les yeux lorsqu'on arrive à comprendre ce qu'on voit, n'est-ce pas vivre par l'intelligence ? et n'est-ce pas de cette vie que Pauline est altérée ?

— Elle le dit, repartit madame S..., elle te trompe, elle se trompe elle-même. C'est par le cœur qu'elle demande à vivre, la pauvre fille !

— Eh bien ! s'écria Laurence, son cœur ne trouvera-t-il pas un aliment dans l'affection du mien ? Qui l'aimerait dans sa petite ville comme je l'aime ? Et si l'amitié ne suffit pas à son bonheur, croyez-vous qu'elle ne trouvera pas autour de nous un homme digne de son amour ?

La bonne madame S... secoua la tête. — Elle ne voudra pas être aimée en artiste, dit-elle avec un sourire dont sa fille comprit la mélancolie.

L'entretien fut repris le lendemain. Une nouvelle lettre de Pauline annonçait que la modique fortune de sa mère allait être absorbée par d'anciennes dettes que son père avait laissées, et qu'elle voulait payer à tout prix et sans retard. La patience des créanciers avait fait grâce à la vieillesse et aux infirmités de madame D...; mais sa fille, jeune et capable de travailler pour vivre, n'avait pas droit aux mêmes égards. On pouvait, sans trop rougir, la dépouiller de son mince héritage. Pauline ne voulait ni attendre la menace, ni implorer la pitié ; elle renonçait à la succession de ses parents et allait essayer de monter un petit atelier de broderie.

Ces nouvelles levèrent tous les scrupules de Laurence et imposèrent silence aux sages prévisions de sa mère. Toutes deux montèrent en voiture, et huit jours après elles revinrent à Paris avec Pauline.

Ce n'était pas sans quelque embarras que Laurence avait offert à son amie de l'emmener et de se charger d'elle à jamais. Elle s'attendait bien à trouver chez elle un reste de préjugés et de dévotion ; mais la vérité est que Pauline n'était pas réellement pieuse. C'était une âme fière et jalouse de sa propre dignité. Elle trouvait dans le catholicisme la nuance qui convenait à son caractère, car toutes les nuances possibles se trouvent dans les religions vieillies ; tant de siècles les ont modifiées, tant d'hommes ont mis la main à l'édifice, tant d'intelligences, de passions et de vertus y ont apporté leurs trésors, leurs erreurs ou leurs lumières, que mille doctrines se trouvent à la fin contenues dans une seule, et mille natures diverses y peuvent puiser l'excuse ou le stimulant qui leur convient. C'est par là que ces religions s'élèvent, c'est aussi par là qu'elles s'écroulent.

Pauline n'était pas douée des instincts de douceur, d'amour et d'humilité qui caractérisent les natures vraiment évangéliques. Elle était si peu portée à l'abnégation, qu'elle s'était toujours trouvée malheureuse, immolée qu'elle était à ses devoirs. Elle avait besoin de sa propre estime, et peut-être aussi de celle d'autrui, bien plus que de l'amour de Dieu et du bonheur du prochain. Tandis que Laurence, moins forte et moins orgueilleuse, se consolait de toute privation et de tout sacrifice en voyant sourire sa mère, Pauline reprochait à la sienne, malgré elle et dans le fond de son cœur, cette longue satisfaction conquise à ses dépens. Ce ne fut donc pas un sentiment d'austérité religieuse qui la fit hésiter à accepter l'offre de son amie, ce fut la crainte de n'être pas assez dignement placée auprès d'elle.

D'abord Laurence ne la comprit pas, et crut que la peur d'être blâmée par les esprits rigides la retenait encore. Mais ce n'était pas là non plus le motif de Pauline. L'opinion avait changé autour d'elle ; l'amitié de la grande actrice n'était plus une honte, c'était un honneur. Il y avait désormais une sorte de gloire à se vanter de son attention et de son souvenir. La nouvelle apparition qu'elle fit à Saint-Front fut un triomphe bien supérieur au premier. Elle fut obligée de se défendre des hommages importuns que chacun aspirait à lui rendre, et la préférence exclusive qu'elle montrait à Pauline excita mille jalousies dont Pauline put s'enorgueillir.

Au bout de quelques heures d'entretien, Laurence vit qu'un scrupule de délicatesse empêchait Pauline d'accepter ses bienfaits. Laurence ne comprit pas trop cet excès de fierté qui craint d'accepter le poids de la reconnaissance ; mais elle le respecta, et se fit humble jusqu'à la prière, jusqu'aux larmes, pour vaincre l'orgueil de la pauvreté, qui serait la plus laide chose du monde si tant d'insolences protectrices n'étaient là pour le justifier. Pauline devait-elle craindre cette insolence de la part de Laurence ? Non ; mais elle ne pouvait s'empêcher de trembler un peu, et Laurence, quoiqu'un peu blessée de cette méfiance, se promit et se flatta de la vaincre bientôt. Elle en triompha du moins momentanément, grâce à cette éloquence du cœur dont elle avait le don ; et Pauline, touchée, curieuse, entraînée, posa un pied tremblant sur le seuil de cette vie nouvelle, se promettant de revenir sur ses pas au premier mécompte qu'elle y rencontrerait.

Les premières semaines que Pauline passa à Paris furent calmes et charmantes. Laurence avait été assez gravement malade pour obtenir, et il y avait déjà deux mois, un congé qu'elle consacrait à des études consciencieuses. Elle occupait avec sa mère un joli petit hôtel au milieu de jardins où le bruit de la ville n'arrivait qu'à peine, et où elle recevait peu de monde. C'était la saison où chacun est à la campagne, où les théâtres sont peu brillants, où les vrais artistes aiment à méditer et à se recueillir. Cette jolie maison, simple, mais décorée avec un goût parfait, ces habitudes élégantes, cette vie paisible et intelligente que Laurence avait su se faire au milieu d'un monde d'intrigue et de corruption, donnaient un généreux démenti à toutes les terreurs que Pauline avait éprouvées autrefois sur le compte de son amie. Il est vrai que Laurence n'avait pas toujours été aussi prudente, aussi bien entourée, aussi sagement posée dans sa propre vie qu'elle l'était désormais. Elle avait acquis à ses dépens de l'expérience et du discernement, et, quoique bien jeune encore, elle avait été fort éprouvée par l'ingratitude et la méchanceté. Après avoir beaucoup souffert, beaucoup pleuré ses illusions et beaucoup regretté les courageux élans de sa jeunesse, elle s'était résignée à subir la vie telle qu'elle est faite ici-bas, à ne rien craindre comme à ne rien provoquer de la part de l'opinion, à sacrifier souvent l'enivrement des rêves à la douceur de suivre un bon conseil, l'irritation d'une juste colère à la sainte joie de pardonner. En un mot, elle commençait à résoudre, dans l'exercice de son art comme dans sa vie privée, un problème difficile. Elle s'était apaisée sans se refroidir, elle se contenait sans s'effacer.

Sa mère, dont la raison l'avait quelquefois irritée, mais dont la bonté la subjuguait toujours, lui avait été une providence. Si elle n'avait pas été assez forte pour la préserver de quelques erreurs, elle avait été assez sage pour l'en retirer à temps. Laurence s'était parfois égarée, et jamais perdue. Madame S... avait su à propos lui faire le sacrifice apparent de ses principes, et, quoi qu'on en dise, quoi qu'on en pense, ce sacrifice est le plus sublime que puisse suggérer l'amour maternel. Honte à la mère qui abandonne sa fille par la crainte d'être réputée sa complaisante ou sa complice! Madame S... avait affronté cette horrible accusation, et on ne la lui avait pas épargnée. Le grand cœur de Laurence l'avait compris, et, désormais sauvée par elle, arrachée au vertige qui l'avait un instant suspendue au bord des abîmes, elle eût sacrifié tout, même une passion ardente, même un espoir légitime, à la crainte d'attirer sur sa mère un outrage nouveau.

Ce qui se passait à cet égard dans l'âme de ces deux femmes était si délicat, si exquis et entouré d'un si chaste mystère, que Pauline, ignorante et inexpérimentée à vingt-cinq ans comme une fille de quinze, ne pouvait ni le comprendre, ni le pressentir. D'abord, elle ne songea pas à le pénétrer; elle ne fut frappée que du bonheur et de l'harmonie parfaite qui régnaient dans cette famille : la mère, la fille artiste et les deux jeunes sœurs, ses élèves, ses filles aussi, car elle assurait leur bien-être à la sueur de son noble front, et consacrait à leur éducation ses plus douces heures de liberté. Leur intimité, leur enjouement à toutes, faisaient un contraste bien étrange avec l'espèce de haine et de crainte qui avait cimenté l'attachement réciproque de Pauline et de sa mère. Pauline en fit la remarque avec une souffrance intérieure qui n'était pas du remords (elle avait vaincu cent fois la tentation d'abandonner ses devoirs), mais qui ressemblait à de la honte. Pouvait-elle ne pas se sentir humiliée de trouver plus de dévouement et de véritables vertus domestiques dans la demeure élégante d'une comédienne, qu'elle n'avait pu en pratiquer au sein des austères foyers? Que de pensées brûlantes lui avaient fait monter la rougeur au front, lorsqu'elle veillait seule la nuit, à la clarté de sa lampe, dans sa pudique cellule! et maintenant, elle voyait Laurence couchée sur un divan de sultane, dans son boudoir d'actrice, lisant tout haut des vers de Shakspeare à ses petites sœurs attentives et recueillies, pendant que la mère, alerte encore, fraîche et mise avec goût, préparait leur toilette du lendemain et reposait à la dérobée sur ce beau groupe, si cher à ses entrailles, un regard de béatitude. Là étaient réunis l'enthousiasme d'artiste, la bonté, la poésie, l'affection, et au-dessus planait encore la sagesse, c'est-à-dire le sentiment du beau moral, le respect de soi-même, le courage du cœur. Pauline pensait rêver, elle ne pouvait se décider à croire ce qu'elle voyait; peut-être y répugnait-elle par la crainte de se trouver inférieure à Laurence.

Malgré ces doutes et ces angoisses secrètes, Pauline fut admirable dans ses premiers rapports avec de nouvelles existences. Toujours fière dans son indigence, elle eut la noblesse de savoir se rendre utile plus que dispendieuse. Elle refusa avec un stoïcisme extraordinaire chez une jeune provinciale les jolies toilettes que Laurence lui voulait faire adopter. Elle s'en tint strictement à son deuil habituel, à sa petite robe noire, à sa petite collerette blanche, à ses cheveux sans rubans et sans joyaux. Elle s'immisça volontairement dans le gouvernement de la maison, dont Laurence n'entendait, comme elle le disait, que la synthèse, et dont le détail devenait un peu lourd pour la bonne madame S... Elle y apporta des réformes d'économie, sans en diminuer l'élégance et le confortable. Puis, reprenant à de certaines heures ses travaux d'aiguille, elle consacra toutes ses jolies broderies à la toilette des deux petites filles. Elle se fit encore leur sous-maîtresse et leur répétiteur dans l'intervalle des leçons de Laurence. Elle aida celle-ci à apprendre ses rôles en les lui faisant réciter ; enfin elle sut se faire une place à la fois humble et grande au sein de cette famille, et son juste orgueil fut satisfait de la déférence et de la tendresse qu'elle reçut en échange.

Cette vie fut sans nuage jusqu'à l'entrée de l'hiver. Tous les jours Laurence avait à dîner deux ou trois vieux amis; tous les soirs, six à huit personnes intimes venaient prendre le thé dans son petit salon et causer agréablement sur les arts, sur la littérature, voire un peu sur la politique et la philosophie sociale. Ces causeries, pleines de charme et d'intérêt entre des personnes distinguées, pouvaient rappeler, pour le bon goût, l'esprit et la politesse, celles qu'on avait, au siècle dernier, chez mademoiselle Verrière, dans le pavillon qui fait le coin de la rue Caumartin et du boulevard. Mais elles avaient plus d'animation véritable ; car l'esprit de notre époque est plus profond, et d'assez graves questions peuvent être agitées, même entre les deux sexes, sans ridicule et sans pédantisme. Le véritable esprit des femmes pourra encore consister pendant longtemps à savoir interroger et écouter ; mais il leur est déjà permis de comprendre ce qu'elles écoutent et de vouloir une réponse sérieuse à ce qu'elles demandent.

Le hasard fit que durant toute cette fin d'automne la société intime de Laurence ne se composa que de femmes ou d'hommes d'un certain âge, étrangers à toute prétention. Disons, en passant, que ce ne fut pas seulement le hasard qui fit ce choix, mais le goût que Laurence éprouvait et manifestait de plus en plus pour les choses et partant pour les personnes sérieuses. Autour d'une femme remarquable, tout tend à s'harmoniser et à prendre la teinte de ses pensées et de ses sentiments. Pauline n'eut donc pas l'occasion de voir une seule personne qui pût déranger le calme de son esprit; et ce qui fut étrange, même à ses propres yeux, c'est qu'elle commençait déjà à trouver cette vie monotone, cette société un peu pâle, et à se demander si le rêve qu'elle avait fait du tourbillon de Laurence devait n'avoir pas une plus saisissante réalisation. Elle s'étonna de retomber dans l'affaissement qu'elle avait si longtemps combattu dans la solitude; et, pour justifier vis-à-vis d'elle-même cette singulière inquiétude, elle se persuada qu'elle avait pris dans sa retraite une tendance au spleen que rien ne pourrait guérir.

Mais les choses ne devaient pas durer ainsi. Quelque répugnance que l'actrice éprouvât à rentrer dans le bruit du monde, quelque soin qu'elle prît d'écarter de son intimité tout caractère léger, toute assiduité dangereuse, l'hiver arriva. Les châteaux rendirent leurs hôtes aux salons de Paris, les théâtres ravivèrent leur répertoire, le public réclama ses artistes privilégiés. Le mouvement, le travail hâté, l'inquiétude et l'attrait du succès envahirent le paisible intérieur de Laurence. Il fallut laisser franchir le seuil du sanctuaire à d'autres hommes qu'aux vieux amis. Des gens de lettres, des camarades de théâtre, des hommes d'État, en rapport par les subventions avec les grandes académies dramatiques, les uns remarquables par le talent, d'autres par la figure et l'élégance, d'autres encore par le crédit et la fortune, passèrent peu à peu d'abord, et puis en foule, devant le rideau sans couleur et sans images où Pauline brûlait de voir le m.n.ie de ses rêves se dessiner enfin à ses yeux. Laurence, habituée à ce cortége de la célébrité, ne sentit pas son cœur s'émouvoir. Seulement sa vie changea forcément de cours, ses heures furent plus remplies, son cerveau plus absorbé par l'étude, ses fibres d'artiste plus excitées par le contact du public. Sa mère et ses sœurs la suivirent, paisibles et fidèles satellites, dans son orbe éblouissant. Mais Pauline !... Ici commença enfin à poindre la vie de son âme, et à s'agiter dans son âme le drame de sa vie.

## IV.

Parmi les jeunes gens qui se posaient en adorateurs de Laurence, il y avait un certain Montgenays, qui faisait des vers et de la prose pour son plaisir, mais qui, soit modestie, soit dédain, ne s'avouait point homme de lettres. Il avait de l'esprit, beaucoup d'usage du monde, quelque instruction et une sorte de talent. Fils d'un banquier, il avait hérité d'une fortune considérable, et ne songeait point à l'augmenter, mais ne se mettait guère en peine d'en faire un usage plus noble que d'acheter des chevaux, d'avoir des loges aux théâtres, de bons dîners chez lui, de beaux meubles, des tableaux et des dettes. Quoique ce ne fût ni un grand esprit ni un grand cœur, il faut dire à son excuse qu'il était beaucoup moins frivole et moins ignare que ne le sont pour la plupart les jeunes gens riches de ce temps-ci. C'était un homme sans principes, mais par convenance ennemi du scandale; passablement corrompu, mais élégant dans ses mœurs, toutes mauvaises qu'elles fussent; capable de faire le mal par occasion et non par goût; sceptique par éducation, par habitude et par ton; porté aux vices du monde par manque de bons principes et de bons exemples, plus que par nature et par choix; du reste, critique intelligent, écrivain pur, causeur agréable, connaisseur et dilettante dans toutes les branches des beaux-arts, protecteur avec grâce, sachant et faisant un peu de tout; voyant le meilleur compagnie sans ostentation, et fréquentant la mauvaise sans effronterie; consacrant une grande partie de sa fortune, non à secourir les artistes malheureux, mais à recevoir avec luxe les célébrités. Il était bien venu partout, et partout il était parfaitement convenable. Il passait pour un grand homme auprès des ignorants, et pour un homme éclairé chez les gens ordinaires. Les personnes d'un esprit élevé estimaient sa conversation par comparaison avec celle des autres riches, et les orgueilleux la toléraient parce qu'il savait les flatter en les raillant. Enfin, ce Montgenays était précisément ce que les gens du monde appellent un homme d'esprit; les artistes, un homme de goût. Pauvre, il eût été confondu dans la foule des intelligences vulgaires; riche, on devait lui savoir gré de n'être ni un juif, ni un sot, ni un maniaque.

Il était de ces gens qu'on rencontre partout, que tout le monde connaît au moins de vue, et qui connaissent chacun par son nom. Il n'était point de société où il ne fût admis, point de théâtre où il n'eût ses entrées dans les coulisses et dans le foyer des acteurs, point d'entreprise où il n'eût quelques capitaux, point d'administration où il n'eût quelque influence, point de cercle dont il ne fût un des fondateurs et un des soutiens. Ce n'était pas le dandysme qui lui avait servi de clef pour pénétrer ainsi à travers le monde; c'était un certain savoir-faire, plein d'égoïsme, exempt de passion, mêlé de vanité, et soutenu d'assez d'esprit pour faire paraître son rôle plus généreux, plus intelligent et plus épris de l'art qu'il ne l'était en effet.

Sa position l'avait, depuis quelques années déjà, mis en rapport avec Laurence; mais ce furent d'abord des rapports éloignés, de pure politesse, et si Montgenays y avait mis parfois de la galanterie, c'était dans la mesure la plus parfaite et la plus convenable. Laurence s'était un peu méfiée de lui d'abord, sachant fort bien qu'il n'est point de société plus funeste à la réputation d'une jeune actrice que celle de certains hommes du monde. Mais quand elle vit que Montgenays ne lui faisait pas la cour, qu'il venait chez elle assez souvent pour manifester quelque prétention, et qu'il n'en manifestait cependant aucune, elle lui sut gré de cette manière d'être, la prit pour un témoignage d'estime de très-bon goût; et, craignant de se montrer prude ou coquette en se tenant sur ses gardes, elle le laissa pénétrer dans son intimité, en reçut avec confiance mille petits services insignifiants qu'il lui rendit avec un empressement respectueux, et ne craignit pas de le nommer parmi ses amis véritables, lui faisant un grand mérite d'être beau, riche, jeune, influent, et de n'avoir aucune fatuité.

La conduite extérieure de Montgenays autorisait cette confiance. Chose étrange cependant, cette confiance le blessait en même temps qu'elle le flattait. Soit qu'on le prît pour l'amant ou pour l'ami de Laurence, son amour-propre était caressé. Mais lorsqu'il se disait qu'elle le traitait en réalité comme un homme sans conséquence, il en éprouvait un secret dépit, et il lui passait par l'esprit de s'en venger quelque jour.

Le fait est qu'il n'était point épris d'elle. Du moins, depuis trois ans qu'il la voyait de plus en plus intimement, le calme apathique de son cœur n'en avait reçu aucune atteinte. Il était de ces hommes déjà blasés par de secrets désordres, qui ne peuvent plus éprouver de désirs violents que ceux où la vanité est en cause. Lorsqu'il avait connu Laurence, sa réputation et son talent étaient en marche ascendante; mais ni l'un ni l'autre n'étaient assez constatés pour qu'il attachât un grand prix à sa conquête. D'ailleurs, il avait bien assez d'esprit pour savoir que les avantages du monde n'assurent point aujourd'hui de succès infaillibles. Il apprit et il vit que Laurence avait une âme trop élevée pour céder jamais à d'autres entraînements que ceux du cœur. Il sut en outre que, trop insouciante peut-être de l'opinion publique alors que son âme était envahie par un sentiment généreux, elle redoutait néanmoins et repoussait l'imputation d'être protégée et assistée par un amant. Il s'enquit de son passé, de sa vie intime: il s'assura que tout autre cadeau que celui d'un bouquet serait repoussé d'elle comme un sanglant affront, et en même temps que ces découvertes lui donnèrent de l'estime pour Laurence, elles éveillèrent en lui la pensée de vaincre cette fierté, parce que cela était difficile et aurait du retentissement. C'était donc dans ce but qu'il s'était glissé dans son intimité, mais avec adresse, et pensant bien que le premier point était de lui ôter toute crainte sur ses intentions.

Pendant ces trois ans le temps avait marché, et l'occasion de risquer une tentative ne s'était pas présentée. Le talent de Laurence était devenu incontestable, sa célébrité avait grandi, son existence était assurée, et, ce qu'il y avait de plus remarquable, son cœur ne s'était point donné. Elle vivait repliée sur elle-même, ferme, calme, triste parfois, mais résolue de ne plus se risquer à la légère sur l'aile des orages. Peut-être ses réflexions l'avaient-elle rendue plus difficile, peut-être ne trouvait-elle aucun homme digne de son choix... Était-ce dédain, était-ce courage? Montgenays se le demandait avec anxiété. Quelques-uns se persuadaient qu'il était aimé en secret, et lui demandaient compte, à lui, de son indifférence apparente. Trop adroit pour se laisser pénétrer, Montgenays répondait que le respect enchaînerait toujours en lui la pensée d'être autre chose pour Laurence qu'un ami et un frère. On redisait ces paroles à Laurence, et on lui demandait si sa fierté ne dispenserait jamais ce pauvre Montgenays d'une déclaration qu'il n'aurait jamais l'audace de lui faire.
—Je le crois modeste, répondait-elle, mais pas au point de ne pas savoir dire qu'il aime, si jamais il vient à aimer. Cette réponse revenait à Montgenays, et il ne savait s'il devait la prendre pour la raillerie du dépit ou pour la douceur de l'indifférence. Sa vanité en était parfois si tourmentée, qu'il s'apprêtait à tout risquer pour le savoir; mais la crainte de tout gâter et de tout perdre le retenait, et le temps s'écoulait sans qu'il vît jour à sortir de ce cercle vicieux où chaque semaine le transportait d'une phase d'espoir à une phase de découragement, et d'une résolution d'hypocrisie à une résolution d'impertinence, sans qu'il lui fût jamais possible de trouver l'heure convenable pour une déclaration qui ne fût pas insensée, ou pour une retraite qui ne fût pas ridicule. Ce qu'il craignait le plus au monde, c'était de prêter à rire, lui qui mettait son amour-propre à jouer un personnage sérieux. La présence de Pauline lui vint en aide, et la beauté de cette jeune

fille sans expérience lui suggéra de nouveaux plans sans rien changer à son but.

Il imagina de se conformer à une tactique bien vulgaire, mais qui manque rarement son effet, tant les femmes sont accessibles à une sotte vanité. Il pensa qu'en feignant une velléité d'amour pour Pauline il éveillerait chez son amie le désir de la supplanter. Absent de Paris depuis plusieurs mois, il fit sa rentrée dans le salon de Laurence un certain soir où Pauline, étonnée, effarouchée de voir le cercle habituel s'agrandir d'heure en heure, commençait à souffrir du peu d'ampleur de sa robe noire et de la roideur de sa collerette. Dans ce cercle, elle remarquait plusieurs actrices toutes jolies ou du moins attrayantes à force d'art ; puis, en se comparant à elles, en se comparant à Laurence même, elle se disait avec raison que sa beauté était plus régulière, plus irréprochable, et qu'un peu de toilette suffirait pour l'établir devant tous les yeux. En passant et repassant dans le salon, selon sa coutume, pour préparer le thé, veiller à la clarté des lampes et vaquer à tous ces petits soins qu'elle avait assumés volontairement sur elle, son mélancolique regard plongeait dans les glaces, et son petit costume de demi-béguine commençait à la choquer. Dans un de ces moments-là elle rencontra précisément dans la glace le regard de Montgenays, qui observait tous ses mouvements. Elle ne l'avait pas entendu annoncer ; elle l'avait rencontré dans l'antichambre sans le voir lorsqu'il était arrivé. C'était le premier homme d'une belle figure et d'une véritable élégance qu'elle eût encore pu remarquer. Elle en fut frappée d'une sorte de terreur ; elle reporta ses yeux sur elle-même avec inquiétude, trouva sa robe flétrie, ses mains rouges, ses souliers épais, sa démarche gauche. Elle eût voulu se cacher pour échapper à ce regard qui la suivait toujours, qui observait son trouble, et qui était assez pénétrant dans les sentiments d'une donnée vulgaire pour comprendre d'emblée ce qui se passait en elle. Quelques instants après, elle remarqua que Montgenays parlait d'elle à Laurence ; car, tout en s'entretenant à voix basse, leurs regards se portaient sur elle. — Est-ce une première camériste ou une demoiselle de compagnie que vous avez là ? demandait Montgenays à Laurence, quoiqu'il sût fort bien le roman de Pauline. — Ni l'une ni l'autre, répondit Laurence. C'est mon amie de province dont je vous ai souvent parlé. Comment vous plaît-elle ? — Montgenays affecta de ne pas répondre d'abord, de regarder fixement Pauline ; puis il dit d'un ton étrange que Laurence ne lui connaissait pas, car c'était une intonation mise en réserve depuis longtemps pour faire son effet dans l'occasion : — Admirablement belle, délicieusement jolie ! — En vérité ! s'écria Laurence toute surprise de ce mouvement, vous me rendez bien heureuse de me dire cela ! Venez, que je vous présente à elle. — Et, sans attendre sa réponse, elle le prit par le bras et l'entraîna jusqu'au bout du salon, où Pauline essayait de se faire une contenance en rangeant son métier de broderie. — Permets-moi, ma chère enfant, lui dit Laurence, de te présenter un de mes amis que tu ne connais pas encore, et qui depuis longtemps désire beaucoup te connaître. — Puis, ayant nommé Montgenays à Pauline, qui, dans son trouble, n'entendit rien, elle adressa la parole à un de ses camarades qui entrait ; et, changeant de groupe, elle laissa Montgenays et Pauline face à face, pour ainsi dire tête à tête, dans le coin du salon.

Jamais Pauline n'avait parlé à un homme aussi bien frisé, cravaté, chaussé et parfumé. Hélas ! on n'imagine pas quel prestige ces minuties de la vie élégante exercent sur l'imagination d'une fille de province. Une main blanche, un diamant à la chemise, un soulier verni, une fleur à la boutonnière, sont des recherches qui ne brillent plus en quelque sorte dans un salon que par leur absence ; mais qu'un commis-voyageur étale ces séductions inouïes dans une petite ville, et tous les regards seront attachés sur lui. Je ne veux pas dire que tous les cœurs voleront au-devant du sien, mais du moins je pense qu'il sera bien sot s'il n'en accapare pas quelques-uns.

Cet engouement puéril ne dura qu'un instant chez Pauline. Intelligente et fière, elle eut bientôt secoué ce reste de *provincialité*; mais elle ne put se défendre de trouver une grande distinction et un grand charme dans les paroles que Montgenays lui adressa. Elle avait rougi d'être troublée par le seul extérieur d'un homme. Elle se réconcilia avec sa première impression en croyant trouver dans l'esprit de cet homme le même cachet d'élégance dont toute sa personne portait l'empreinte. Puis cette attention particulière qu'il lui accordait, le soin qu'il semblait avoir pris de se faire présenter à elle, retirée dans un coin parmi les tasses de Chine et les vases de fleurs, le plaisir timide qu'il paraissait goûter à la questionner sur ses goûts, sur ses impressions et ses sympathies, la traitant de prime-abord comme une personne éclairée, capable de tout comprendre et de tout juger ; toutes ces coquetteries de la politesse du monde, dont Pauline ne connaissait pas la banalité et la perfidie, la réveillèrent de sa langueur habituelle. Elle s'excusa un instant sur son ignorance de toutes choses ; Montgenays parut prendre cette timidité pour une admirable modestie ou pour une méfiance dont il se plaignait d'une façon cafarde. Peu à peu Pauline s'enhardit jusqu'à vouloir montrer qu'elle aussi avait de l'esprit, du goût, de l'instruction. Le fait est qu'elle en avait extraordinairement eu égard à son existence passée, mais qu'au milieu de tous ces artistes brisés à une causerie étincelante elle ne pouvait éviter de tomber parfois dans le lieu commun. Quoique sa nature distinguée la préservât de toute expression triviale, il était facile de voir que son esprit n'était pas encore sorti tout à fait de l'état de chrysalide. Un homme supérieur à Montgenays n'en eût été que plus intéressé à ce développement ; mais le vaniteux en conçut un secret mépris pour l'intelligence de Pauline, et il décida avec lui-même, dès cet instant, qu'elle ne lui servirait jamais que de jouet, de moyen, de victime, s'il le fallait.

Qui eût pu supposer dans un homme froid et nonchalant en apparence une résolution si sèche et si cruelle ? Personne, à coup sûr. Laurence, malgré tout son jugement, ne pouvait le soupçonner, et Pauline, moins que personne, devait en concevoir l'idée.

Lorsque Laurence se rapprocha d'elle, se souvenant avec sollicitude qu'elle l'avait laissée auprès de Montgenays troublée jusqu'à la fièvre, confuse jusqu'à l'angoisse, elle fut fort surprise de la retrouver brillante, enjouée, animée d'une beauté inconnue, et presque aussi à l'aise que si elle eût passé sa vie dans le monde.

— Regarde donc ton amie de province, lui dit à l'oreille un vieux comédien de ses amis ; n'est-ce pas merveille de voir comme en un instant l'esprit vient aux filles ?

Laurence fit peu d'attention à cette plaisanterie. Elle ne remarqua pas non plus, le lendemain, que Montgenays était venu lui rendre visite une heure trop tôt, car il savait fort bien que Laurence sortait de la répétition à quatre heures ; et depuis trois jusqu'à quatre heures il l'avait attendue au salon, non pas seul, mais penché sur le métier de Pauline.

Au grand jour, Pauline l'avait trouvé fort vieux. Quoiqu'il n'eût que trente ans, son visage portait la flétrissure de quelques excès ; l'on sait que la beauté est inséparable, dans les idées de province, de la fraîcheur et de la santé. Pauline ne comprenait pas encore, et ceci faisait son éloge, que les traces de la débauche pussent imprimer au front une apparence de poésie et de grandeur. Combien d'hommes dans notre époque de romantisme ont été réputés penseurs et poètes, rien que pour avoir l'orbite creusé et le front dévasté avant l'âge ! Combien ont paru hommes de génie qui n'étaient que malades !

Mais le charme des paroles captiva Pauline encore plus que la veille. Toutes ces insinuantes flatteries que la femme du monde la plus bornée sait apprécier à leur valeur, tombaient dans l'âme aride et flétrie de la pauvre recluse comme une pluie bienfaisante. Son orgueil, trop longtemps privé de satisfactions légitimes, s'épanouissait au souffle dangereux de la séduction, et quelle séduction déplorable ! celle d'un homme parfaitement froid, qui méprisait sa crédulité, et qui voulait en faire un marchepied pour s'élever jusqu'à Laurence !

## V.

La première personne qui s'aperçut de l'amour insensé de Pauline fut madame S..... Elle avait pressenti et deviné, avec l'instinct du génie maternel, le projet et la tactique de Montgenays. Elle n'avait jamais été dupe de son indifférence simulée, et s'était toujours tenue en méfiance de lui, ce qui faisait dire à Montgenays que madame S... était, comme toutes les mères d'artiste, une femme bornée, maussade, fâcheuse au développement de sa fille. Lorsqu'il fit la cour à Pauline, madame S..., emportée par sa sollicitude, craignit que cette ruse n'eût une sorte de succès, et que Laurence ne se sentît piquée d'avoir passé inaperçue aux yeux d'un homme à la mode. Elle n'eût pas dû croire Laurence accessible à ce petit sentiment; mais madame S..., au milieu de sa sagesse vraiment supérieure, avait de ces enfantillages de mère qui s'effraie hors de raison au moindre danger. Elle craignit le moment où Laurence ouvrirait les yeux sur l'intrigue entamée par Montgenays, et, au lieu d'appeler la raison et la tendresse de sa fille au secours de Pauline, elle essaya seule de détromper celle-ci et de l'éclairer sur son imprudence.

Mais, quoiqu'elle y mît de l'affection et de la délicatesse, elle fut fort mal accueillie. Pauline était enivrée; on lui eût arraché la vie plutôt que la présomption d'être adorée. La manière un peu aigre dont elle repoussa les avertissements de madame S... donnèrent un peu d'amertume à celle-ci. Il y eut quelques paroles échangées où perçait d'une part le sentiment de l'infériorité de Pauline, de l'autre l'orgueil du triomphe remporté sur Laurence. Effrayée de ce qui lui avait échappé, Pauline le confia à Montgenays, qui, plein de joie, s'imagina que madame S... avait été en ceci la confidente et l'écho du dépit de sa fille. Il crut toucher à son but, et, comme un joueur qui double son enjeu, il redoubla d'attentions et d'assiduités auprès de Pauline. Déjà il avait osé lui faire ce lâche mensonge d'un amour qu'il n'éprouvait pas. Elle avait feint de n'y pas croire; mais elle n'y croyait que trop, l'infortunée! Quoiqu'elle se fût défendue avec courage, Montgenays n'en était pas moins sûr d'avoir bouleversé profondément tout son être moral. Il dédaignait le reste de sa victoire, et attendait, pour la remporter ou l'abandonner, que Laurence se prononçât pour ou contre.

Absorbée par ses études et forcée de passer presque toutes ses journées au théâtre, le matin pour les répétitions, le soir pour les représentations, Laurence ne pouvait suivre les progrès que Montgenays faisait dans l'estime de Pauline. Elle fut frappée, un soir, de l'émotion avec laquelle la jeune fille entendit Lavallée, le vieux comédien, homme d'esprit, qui avait servi de patron et pour ainsi dire de répondant à Laurence lors de ses débuts, juger sévèrement le caractère et l'esprit de Montgenays. Il le déclara vulgaire entre tous les hommes vulgaires; et, comme Laurence défendait au moins les qualités de son cœur, Lavallée s'écria : —Quant à moi, je sais bien que je serai contredit ici par tout le monde, car tout le monde lui veut du bien. Et savez-vous pourquoi tout le monde l'aime? c'est qu'il n'est pas méchant.
— Il me semble que c'est quelque chose, dit Pauline avec intention et en lançant un regard plein d'amertume au vieil artiste, qui était pourtant le meilleur des hommes et qui ne prit rien pour lui de l'allusion. — C'est moins que rien, répondit-il; car il n'est pas bon, et voilà pourquoi je ne l'aime pas, si vous voulez le savoir. On n'a jamais rien à espérer et l'on a tout à craindre d'un homme qui n'est ni bon ni méchant.

Plusieurs voix s'élevèrent pour défendre Montgenays, et celle de Laurence par-dessus toutes les autres; seulement elle ne put l'excuser lorsque Lavallée lui démontra par des preuves que Montgenays n'avait point d'ami véritable, et qu'on ne lui avait jamais vu aucun de ces mouvements de vertueuse colère qui trahissent un cœur généreux et grand. Alors Pauline, ne pouvant se contenir davantage, dit à Laurence qu'elle méritait plus que personne le reproche de Lavallée, en laissant accabler un de ses amis les plus sûrs et les plus dévoués sans indignation et sans douleur. Pauline, en faisant cette sortie étrange, tremblait et cassait son aiguille de tapisserie; son agitation fut si marquée qu'il se fit un instant de silence, et tous les yeux se tournèrent vers elle avec surprise. Elle vit alors son imprudence, et essaya de la réparer en blâmant d'une manière générale le train du monde en ces sortes d'affaires. —C'est une chose bien triste à étudier dans ce pays, dit-elle, que l'indifférence avec laquelle on entend déchirer des gens auxquels on ne rougit pourtant pas un instant après de faire bon accueil et de serrer la main. Je suis une ignorante, moi, une provinciale sans usage; mais je ne peux m'habituer à cela... Voyons, monsieur Lavallée, c'est à vous de me donner raison; car me voici précisément dans ces mouvements de vertu brutale dont vous reprochez l'absence à M. Montgenays. — En prononçant ces derniers mots, Pauline s'efforçait de sourire à Laurence pour atténuer l'effet de ce qu'elle avait dit, et elle y avait réussi pour tout le monde, excepté pour son amie, dont le regard, plein de sollicitude et de pénétration, surprit une larme au bord de sa paupière. Lavallée donna raison à Pauline, et ce lui fut une occasion de débiter avec un remarquable talent une tirade du *Misanthrope* sur l'ami du genre humain. Il avait la tradition de Fleury pour jouer ce rôle, et il l'aimait tellement que, malgré lui, il s'était identifié avec le caractère d'Alceste plus que sa nature ne l'exigeait de lui. Ceci arrive souvent aux artistes : leur instinct les porte à moitié vers un type qu'ils reproduisent avec amour, le succès qu'ils obtiennent dans cette création fait l'autre moitié de l'assimilation; et c'est ainsi que l'art, qui est l'expression de la vie en nous, devient souvent en nous la vie elle-même.

Lorsque Laurence fut seule le soir avec son amie, elle l'interrogea avec la confiance que donne une véritable affection. Elle fut surprise de la réserve et de l'espèce de crainte qui régnait dans ses réponses, et elle finit par s'en inquiéter. — Écoute, ma chérie, lui dit-elle en la quittant, toute la peine que tu prends pour me prouver que tu ne l'aimes pas me fait craindre que tu ne l'aimes réellement. Je ne te dirai pas que cela m'afflige, car je crois Montgenays digne de ton estime; mais je ne sais pas s'il t'aime, et je voudrais en être sûre. Si cela était, il me semble qu'il aurait dû me le dire avant de te le faire entendre. Je suis ta mère, moi! La connaissance que j'ai du monde et de ses abîmes me donne le droit et m'impose le devoir de te guider et de t'éclairer au besoin. Je t'en supplie, n'écoute les belles paroles d'aucun homme avant de m'avoir consultée; c'est à moi de lire la première dans le cœur qui s'offrira à toi; car je suis calme, et je ne crois pas que lorsqu'il s'agira de Pauline, de la personne que j'aime le plus au monde après ma mère et mes sœurs, on puisse être habile à me tromper.

Ces tendres paroles blessèrent Pauline jusqu'au fond de l'âme. Il lui sembla que Laurence voulait s'élever au-dessus d'elle en s'arrogeant le droit de la diriger. Pauline ne pouvait pas oublier le temps où Laurence lui semblait perdue et dégradée, et où ses prières orgueilleuses montaient vers Dieu comme celle du Pharisien, demandant un peu de pitié pour l'excommuniée rejetée à la porte du temple. Laurence aussi l'avait gâtée comme on gâte un enfant, par trop de tendresse et d'engouement naïf. Elle lui avait trop souvent répété dans ses lettres qu'elle était devant ses yeux comme un ange de lumière et de pureté dont la céleste image la préserverait de toute mauvaise pensée. Pauline s'était habituée à poser devant Laurence comme une madone, et recevoir d'elle désormais un avertissement maternel lui paraissait un outrage. Elle en fut humiliée et même courroucée à ne pouvoir dormir. Cependant le lendemain elle vainquit en elle-même ce mouvement injuste, et la remercia cordialement de sa tendre inquiétude; mais elle ne put se résoudre à lui avouer ses sentiments pour Montgenays.

Une fois éveillée, la sollicitude de Laurence ne s'endormit plus. Elle eut un entretien avec sa mère, lui reprocha un peu de ne pas lui avoir dit plus tôt ce qu'elle avait cru deviner, et, respectant la méfiance de Pauline,

Ah! tu n'es pas digne de la liberté. (Page 40.)

qu'elle attribuait à un excès de pudeur, elle observa toutes les démarches de Montgenays. Il ne lui fallut pas beaucoup de temps pour s'assurer que madame S... avait deviné juste, et, trois jours après son premier soupçon, elle acquit la certitude qu'elle cherchait. Elle surprit Pauline et Montgenays au milieu d'un tête-à-tête fort animé, feignit de ne pas voir le trouble de Pauline, et, dès le soir même, elle fit venir Montgenays dans son cabinet d'étude où elle dit : — Je vous croyais mon ami, et j'ai pourtant un manque d'amitié bien grave à vous reprocher, Montgenays. Vous aimez Pauline, et vous ne me l'avez pas confié. Vous lui faites la cour, et vous ne m'avez pas demandé de vous y autoriser.

Elle dit ces paroles avec un peu d'émotion, car elle blâmait sérieusement Montgenays dans son cœur, et la marche mystérieuse qu'il avait suivie lui causait quelque effroi pour Pauline. Montgenays désirait pouvoir attribuer ce ton de reproche à un sentiment personnel. Il se composa un maintien impénétrable, et résolut d'être sur la défensive jusqu'à ce que Laurence fît éclater le dépit qu'il lui supposait. Il nia son amour pour Pauline, mais avec une gaucherie volontaire et avec l'intention d'inquiéter de plus en plus Laurence.

Cette absence de franchise l'inquiéta en effet, mais toujours à cause de son amie, et sans qu'elle eût seulement la pensée de mêler sa personnalité à cette intrigue.

Montgenays, tout homme du monde qu'il était, eut la sottise de s'y tromper; et, au moment où il crut avoir enfin éveillé la colère et la jalousie de Laurence, il risqua le coup de théâtre qu'il avait longtemps médité, lui avoua que son amour pour Pauline n'était qu'une feinte vis-à-vis de lui-même, un effort désespéré, inutile peut-être pour s'étourdir sur un chagrin profond, pour se guérir d'une passion malheureuse... Un regard accablant de Laurence l'arrêta au moment où il allait se perdre et sauver Pauline. Il pensa que le moment n'était pas venu encore, et réserva son grand effet pour une crise plus favorable. Pressé par les sévères questions de Laurence, il se retourna de mille manières, inventa un roman tout en réticences, protesta qu'il ne se croyait pas aimé de Pauline, et se retira sans promettre de l'aimer sérieusement, sans consentir à la détromper, sans rassurer l'ami-

Elle voyait Laurence couchée sur un divan de sultane. (Page 42.)

tié de Laurence, et sans pourtant lui donner le droit de le condamner.

Si Montgenays était assez maladroit pour faire une chose hasardée, il était assez habile pour la réparer. Il était de ces esprits tortueux et puérils qui, de combinaison en combinaison, marchent péniblement et savamment vers un *fiasco* misérable. Il sut durant plusieurs semaines tenir Laurence dans une complète incertitude. Elle ne l'avait jamais soupçonné fat et ne pouvait se résoudre à le croire lâche. Elle voyait l'amour et la souffrance de Pauline, et désirait tellement son bonheur, qu'elle n'osait pas la préserver du danger en éloignant Montgenays. — Non, il ne m'adressait pas une impudente insinuation, disait-elle à sa mère, lorsqu'il m'a dit qu'un amour malheureux le tenait dans l'incertitude. J'ai cru un instant qu'il avait cette pensée, mais cela serait trop odieux. Je le crois homme d'honneur. Il m'a toujours témoigné une estime pleine de respect et de délicatesse. Il ne lui serait pas venu à l'esprit tout d'un coup de se jouer de moi et d'outrager mon amie en même temps. Il ne me croirait pas si simple que d'être sa dupe.

— Je le crois capable de tout, répondait madame S.... Demandez à Lavallée ce qu'il en pense; confiez-lui ce qui se passe : c'est un homme sûr, pénétrant et dévoué.

— Je le sais, dit Laurence; mais je ne puis cependant disposer d'un secret que Pauline refuse de me confier : on n'a pas le droit de trahir un mystère aussi délicat, quand on l'a surpris volontairement; Pauline en souffrirait mortellement, et, fière comme elle l'est, ne me le pardonnerait de sa vie. D'ailleurs Lavallée a des prétentions exagérées : il déteste Montgenays; il ne saurait le juger avec impartialité. Voyez quel mal nous allons faire à Pauline si nous nous trompons! S'il est vrai que Montgenays l'aime (et pourquoi ne serait-ce pas? elle est si belle, si sage, si intelligente!) nous tuons son avenir en éloignant d'elle un homme qui peut l'épouser et lui donner dans le monde un rang qu'à coup sûr elle désire; car elle souffre de nous devoir son existence, vous le savez bien. Sa position l'affecte plus qu'elle ne peut l'avouer; elle aspire à l'indépendance, et la fortune peut seule la lui donner.

— Et s'il ne l'épouse pas! reprit madame S.... Quant à moi, je crois qu'il n'y songe nullement.

— Et moi, s'écria Laurence, je ne puis croire qu'un homme comme lui soit assez infâme ou assez fou pour croire qu'il obtiendra Pauline autrement.

— Eh bien, si tu le crois, repartit la mère, essaie de les séparer ; ferme-lui ta porte : ce sera le forcer à se déclarer. Sois sûre que, s'il l'aime, il saura bien vaincre les obstacles et prouver son amour par des offres honorables.

— Mais il a peut-être dit la vérité, reprenait Laurence, en s'accusant d'un amour mal guéri qui l'empêche encore de se prononcer. Cela ne se voit-il pas tous les jours? Un homme est quelquefois incertain des années entières entre deux femmes dont l'une le retient par sa coquetterie, tandis que l'autre l'attire par sa douceur et sa bonté. Il arrive un moment où la mauvaise passion fait place à la bonne, où l'esprit s'éclaire sur les défauts de l'ingrate maîtresse et sur les qualités de l'amie généreuse. Aujourd'hui, si nous brusquons l'incertitude de ce pauvre Montgenays, si nous lui mettons le couteau sur la gorge et le marché à la main, il va, ne fût-ce que par dépit, renoncer à Pauline, qui en mourra de chagrin peut-être, et retourner aux pieds d'une perfide qui brisera ou desséchera son cœur ; au lieu que, si nous conduisons les choses avec un peu de patience et de délicatesse, chaque jour, en voyant Pauline, en la comparant à l'autre femme, il reconnaîtra qu'elle seule est digne d'amour, et il arrivera à la préférer ouvertement. Que pouvons-nous craindre de cette épreuve ? Que Pauline l'aime sérieusement ? c'est déjà fait ; qu'elle se laisse égarer par lui ? c'est impossible. Il n'est pas homme à le tenter ; elle n'est pas femme à s'y laisser prendre.

Ces raisons ébranlèrent un peu madame S.... Elle fit seulement consentir Laurence à empêcher les tête-à-tête que ses courses et ses occupations rendaient trop faciles et trop fréquents entre Pauline et Montgenays. Il fut convenu que Laurence emmènerait souvent son amie avec elle au théâtre. On devait penser que la difficulté de lui parler augmenterait l'ardeur de Montgenays, tandis que la liberté de la voir entretiendrait son admiration.

Mais ce fut la chose la plus difficile du monde que de décider Pauline à quitter la maison. Elle se renfermait dans un silence pénible pour Laurence ; celle-ci était réduite à jouer avec elle un jeu puéril, en lui donnant des raisons dont elle ne la croyait point dupe. Elle lui représentait que sa santé était un peu altérée par les continuels travaux du ménage ; qu'elle avait besoin de mouvement, de distraction. On lui fit même ordonnancer par un médecin un système de vie moins sédentaire. Tout échoua contre cette résistance inerte, qui est la force des caractères froids. Enfin Laurence imagina de demander à son amie, comme un service, qu'elle vînt l'aider au théâtre à s'habiller et à changer de costume dans sa loge. La femme de chambre était maladroite, disait-on ; madame S... était souffrante et succombait à la fatigue de cette vie agitée ; Laurence y succombait elle-même. Les tendres soins d'une amie pouvaient seuls adoucir les corvées journalières du métier. Pauline, forcée dans ses derniers retranchements, et poussée d'ailleurs par un reste d'amitié et de dévouement, céda, mais avec une répugnance secrète. Voir de près chaque jour les triomphes de Laurence était une souffrance à laquelle jamais elle n'avait pu s'habituer ; et maintenant cette souffrance devenait plus cuisante. Pauline commençait à pressentir son malheur. Depuis que Montgenays s'était mis en tête l'espérance de réussir auprès de l'actrice, il laissait percer par instants, malgré lui, son dédain pour la provinciale. Pauline ne voulait pas s'éclairer, elle fermait les yeux à l'évidence avec terreur ; mais, en dépit d'elle-même, la tristesse et la jalousie étaient entrées dans son âme.

## VI.

Montgenays vit les précautions que Laurence prenait pour l'éloigner de Pauline ; il vit aussi la sombre tristesse qui s'emparait de cette jeune fille. Il la pressa de questions ; mais comme elle était encore avec lui sur la défensive, et qu'elle ne voulait plus lui parler qu'à la dérobée, il ne put rien apprendre de certain. Seulement il remarqua l'espèce d'autorité que, dans la candeur de son amitié, Laurence ne craignait pas de s'arroger sur son amie, et il remarqua aussi que Pauline ne s'y soumettait qu'avec une sorte d'indignation contenue. Il crut que Laurence commençait à la faire souffrir de sa jalousie ; il ne voulut pas supposer que ses préférences pour une autre pussent laisser Laurence indifférente et loyale.

Il continua à jouer ce rôle fantasque, décousu avec intention, qui devait les laisser toutes deux dans l'incertitude. Il affecta de passer des semaines entières sans paraître devant elles ; puis, tout à coup, il redevenait assidu, se donnait un air inquiet, tourmenté, montrant de l'humeur lorsqu'il était calme, feignant l'indifférence lorsqu'on pouvait lui supposer du dépit. Cette irrésolution fatiguait Laurence et désespérait Pauline. Le caractère de cette dernière s'aigrissait de jour en jour. Elle se demandait pourquoi Montgenays, après lui avoir montré tant d'empressement, devenait si nonchalant à vaincre les obstacles qu'on avait mis entre eux. Elle s'en prenait secrètement à Laurence de lui avoir préparé ce désenchantement et ne voulait pas reconnaître qu'en l'éclairant on lui rendait service. Lorsqu'elle interrogeait Montgenays, d'un air qu'elle essayait de rendre calme, sur ses fréquentes absences, il lui répondait, s'il était seul avec elle, qu'il avait eu des occupations, des affaires indispensables ; mais, si Laurence était présente, il s'excusait sur la simple fantaisie d'un besoin de solitude ou de distraction. Un jour, Pauline lui dit devant madame S..., dont la présence assidue lui était un supplice, qu'il devait avoir une passion dans le grand monde, puisqu'il était devenu si rare dans la société des artistes. Montgenays répondit assez brutalement : — Quand cela serait, je ne vois pas en quoi une personne aussi grave que vous pourrait s'intéresser aux folies d'un jeune homme. En cet instant, Laurence entrait dans le salon. Au premier regard, elle vit un sourire douloureux et forcé sur le visage de Pauline. La mort était dans son âme. Laurence s'approcha d'elle et posa la main affectueusement sur son épaule. Pauline, ramenée à un sentiment de tendresse par une souffrance qu'en cet instant du moins elle ne pouvait pas imputer à sa rivale, retourna doucement la tête et effleura de ses lèvres la main de Laurence. Elle semblait lui demander pardon de l'avoir haïe et calomniée dans son cœur. Laurence ne comprit ce mouvement qu'à moitié, et appuya sa main plus fortement, en signe de profonde sympathie, sur l'épaule de la pauvre enfant. Alors Pauline, dévorant ses larmes et faisant un nouvel effort : — J'étais, dit-elle en crispant de nouveau ses traits pour sourire, en train de reprocher à *votre ami* l'abandon où il vous laisse. — L'œil scrutateur de Laurence se porta sur Montgenays. Il prit ce regard de sévère équité pour un élan de colère féminine, et se rapprochant d'elle : — Vous en plaignez-vous, Madame? dit-il avec une expression qui fit tressaillir Pauline. — Oui, je m'en plains, répondit Laurence d'un ton plus sévère encore que son regard. — Eh bien ! cela me console de ce que j'ai souffert loin de vous, dit Montgenays en lui baisant la main. Laurence sentit frissonner Pauline. — Vous avez souffert? dit madame S..., qui voulait pénétrer dans l'âme de Montgenays ; ce n'est pas ce que vous disiez tout à l'heure. Vous nous parliez de *folies de jeune homme* qui vous avaient un peu étourdi sur les chagrins de l'absence. — Je me prêtais à la plaisanterie que vous m'adressiez, répondit Montgenays. Laurence ne s'y fût pas trompée. Elle sait bien qu'il n'est plus de folies, plus de légèretés de cœur possibles à l'homme qu'elle honore de son estime. En parlant ainsi, son œil brillait d'un feu qui donnait à ses paroles un sens fort opposé à celui d'une paisible amitié. Pauline épiait tous ses mouvements ; elle vit ce regard, et elle en fut atteinte jusqu'au cœur. Elle pâlit et repoussa la main de Laurence par un mouvement brusque et hautain. Laurence eut un moment de surprise. Elle interrogea des yeux sa mère, qui lui répondit par un signe d'intelligence. Au bout d'un instant, elles sortirent sous un léger prétexte, et, enlaçant leurs bras l'une à l'autre, elles firent quelques tours de promenade sur la terrasse du jardin. Laurence commençait enfin à pénétrer le mystère d'iniquité dont s'enveloppait le lâche amant de Pauline.

— Ce que je crois deviner, dit-elle à sa mère avec agitation, me bouleverse. J'en suis indignée, je n'ose y croire encore. — Il y a longtemps que j'en ai la conviction, répondit madame S.... Il joue une odieuse comédie ; mais ses prétentions s'élèvent jusqu'à toi, et Pauline est sacrifiée à ses orgueilleux projets. — Eh bien! répondit Laurence, je détromperai Pauline. Pour cela, il me faut une certitude ; je le laisserai s'avancer, et je le dévoilerai quand il se sera pris au piége. Puisqu'il veut engager avec moi une intrigue de théâtre si vulgaire et si connue, je le combattrai par les mêmes moyens, et nous verrons lequel de nous deux sait le mieux jouer la comédie. Je n'aurais jamais cru qu'il voulût se mettre en concurrence avec moi, lui dont ce n'est pas la profession.

— Prends garde, dit madame S..., tu t'en feras un ennemi mortel, et un ennemi littéraire, qui plus est.

— Puisqu'il faut toujours avoir des ennemis dans le journalisme, reprit Laurence, que m'importe un de plus ? Mon devoir est de préserver Pauline, et, pour qu'elle ne souffre pas de l'idée d'une trahison de ma part, je vais, avant tout, l'avertir de mes desseins.

— Ce sera le moyen de les faire avorter, répondit madame S... Pauline est plus engagée avec lui que tu ne penses. Elle souffre, elle aime, elle est folle. Elle ne veut pas que tu la détrompes. Elle te haïra quand tu l'auras fait.

— Eh bien! qu'elle me haïsse s'il le faut, dit Laurence en laissant échapper quelques larmes ; j'aime mieux supporter cette douleur que de la voir devenir victime d'une infamie.

— En ce cas, attends-toi à tout, mais, si tu veux réussir, ne l'avertis pas. Elle préviendrait Montgenays et tu te compromettrais avec lui en pure perte.

Laurence écouta les conseils de sa mère. Lorsqu'elle rentra au salon, Pauline et Montgenays avaient échangé aussi quelques mots qui avaient rassuré la malheureuse dupe. Pauline était rayonnante ; elle embrassa son amie d'un air où perçaient la haine et l'ironie du triomphe. Laurence renferma le chagrin mortel qu'elle en ressentit, et comprit tout à fait le jeu que jouait Montgenays.

Ne voulant pas s'abaisser à donner une espérance positive à ce misérable, elle imita son air et ses manières, et s'enferma dans un système de bizarreries mystérieuses. Elle joua tantôt la mélancolie inquiète d'un amour méconnu, tantôt la gaieté forcée d'une résolution courageuse. Puis elle semblait retomber dans de profonds découragements. Incapable d'échanger avec Montgenays un regard provocant, elle prenait le temps où elle était observée par lui, et où Pauline avait le dos tourné, pour le suivre des yeux avec l'impatience d'une feinte jalousie. Enfin, elle fit si bien le personnage d'une femme au désespoir, mais fière jusqu'à préférer la mort à l'humiliation d'un refus, que Montgenays transporté oublia son rôle, et ne songea plus qu'à deviner celui qu'elle avait pris. Sa vanité l'interprétait suivant ses désirs ; mais il n'osait encore se risquer, car Laurence ne pouvait se décider à provoquer clairement une déclaration de sa part. Excellente artiste qu'elle était, il lui était impossible de représenter parfaitement un personnage sans vraisemblance, et elle disait un jour à Lavallée avec qui, malgré sa mère avait mis dans la confidence (il avait d'ailleurs tout deviné de lui-même) : — J'ai beau faire, je suis mauvaise dans ce rôle. C'est comme quand je joue une mauvaise pièce, je ne puis me mettre dans la situation. Il te souvient que, quand nous étions en scène avec ce pauvre Mélidor, qui disait si tranquillement les choses du monde les plus passionnées, nous évitions de nous regarder pour ne pas rire. Eh bien, avec ce Montgenays, c'est absolument de même ; quand tu es là et que mes yeux rencontrent les tiens, je suis au moment d'éclater ; alors, pour me conserver un air triste, il faut que je pense au malheur de Pauline, et ceci me remet en scène naturellement ; mais à mes dépens, car mon cœur saigne. Ah ! je ne savais pas que la comédie fût plus fatigante à jouer dans le monde que sur les planches!

— Il faudra que je t'aide, répondit Lavallée ; car je vois bien que seule tu ne viendras jamais à bout de faire tomber son masque. Repose-toi sur moi du soin de le forcer dans ses derniers retranchements sans te compromettre sérieusement.

Un soir, Laurence joua Hermione dans la tragédie d'*Andromaque*. Il y avait longtemps que le public attendait sa rentrée dans cette pièce. Soit qu'elle l'eût bien étudiée récemment, soit que la vue d'un auditoire nombreux et brillant l'électrisât plus qu'à l'ordinaire, soit enfin qu'elle eût besoin de jeter dans ce bel ouvrage toute la verve et tout l'art qu'elle employait si désagréablement depuis quinze jours avec Montgenays, elle y fut magnifique, et y eut un succès tel qu'elle n'en avait point encore obtenu au théâtre. Ce n'était pas tant le génie que la réputation de Laurence qui la rendait si désirable à Montgenays. Les jours où elle était fatiguée et où le public se montrait un peu froid pour elle, il s'endormait plus tranquillement dans la pensée qu'il pouvait échouer dans son entreprise ; mais, lorsqu'on la rappelait sur la scène et qu'on lui jetait des couronnes il ne dormait point, et passait la nuit à machiner ses plans de séduction. Ce soir-là, il assistait à la représentation, dans une petite loge sur le théâtre, avec Pauline, madame S... et Lavallée. Il était si agité des applaudissements frénétiques que recueillait la belle tragédienne, qu'il ne songeait pas seulement à la présence de Pauline. Deux ou trois fois il la froissa avec ses coudes (on sait que ces loges sont fort étroites) en battant des mains avec emportement. Il désirait que Laurence le vît, l'entendît par-dessus tout le bruit de la salle, et Pauline s'étant plainte avec aigreur de ce que son empressement à applaudir l'empêchait d'entendre les derniers mots de chaque réplique, il lui dit brutalement : — Qu'avez-vous besoin d'entendre ? Est-ce que vous comprenez cela, vous ?

Il y avait des moments où, malgré ses habitudes de diplomatie, Montgenays ne pouvait réprimer un dédain grossier pour cette malheureuse fille. Il ne l'aimait point, quelles que fussent sa beauté et les qualités réelles de son caractère ; et il s'indignait en lui-même de l'aplomb crédule de cette petite bourgeoise, qui croyait effacer à ses yeux l'éclat de la grande actrice ; et lui aussi était fatigué, dégoûté de son rôle. Quelque méchant qu'on soit, on ne réussit guère à faire le mal avec plaisir. Si ce n'est le remords, c'est la honte qui paralyse souvent les ressources de la perversité.

Pauline se sentit défaillir. Elle garda le silence ; puis, au bout d'un instant, elle se plaignit de ne pouvoir supporter la chaleur ; elle se leva et sortit. La bonne madame S..., qui la plaignait sincèrement, la suivit et la conduisit dans la loge de Laurence, où Pauline tomba sur le sofa et perdit connaissance. Tandis que madame S... et la femme de chambre de Laurence la délaçaient et tâchaient de la ranimer, Montgenays, incapable de songer au mal qu'il lui avait fait, continuait à admirer et à applaudir la tragédienne. Lorsque l'acte fut fini, Lavallée s'empara de lui, et, se composant le visage le plus sincère que jamais l'artifice de comédien ait porté sur la scène : — Savez-vous, lui dit-il, que jamais notre Laurence n'a été plus étonnante qu'aujourd'hui ? Son regard, sa voix, ont pris un éclat que je ne leur connaissais pas. Cela m'inquiète !

— Comment donc ? reprit Montgenays. Craindriez-vous que ce ne fût l'effet de la fièvre ?

— Sans aucun doute ; ceci est une vigueur fébrile, reprit Lavallée. Je m'y connais ; je sais qu'une femme délicate et souffrante comme elle l'est n'arrive à de tels effets sans une excitation funeste. Je gagerais que Laurence est en défaillance durant tout l'entracte. C'est ainsi que cela se passe chez ces femmes dont la passion fait toute la force.

— Allons la voir ! dit Montgenays en se levant.

— Non pas, répondit Lavallée en le faisant rasseoir avec une solennité dont il riait en lui-même. Ceci ne serait guère propre à calmer ses esprits.

— Que voulez-vous dire ? s'écria Montgenays.

— Je ne veux rien dire, répondit le comédien de l'air d'un homme qui craint de s'être trahi.

Ce jeu dura pendant tout l'entr'acte. Montgenays ne manquait pas de méfiance, mais il manquait de pénétration. Il avait trop de fatuité pour voir qu'on le raillait. D'ailleurs, il avait affaire à trop forte partie, et Lavallée se disait en lui-même : — Oui-da ! tu veux te frotter à un comédien qui pendant cinquante ans a fait rire et pleurer le public sans seulement sortir ses mains de ses poches ! tu verras !

A la fin de la soirée, Montgenays avait la tête perdue. Lavallée, sans lui dire une seule fois qu'il était aimé, lui avait fait entendre de mille manières qu'il l'était passionnément. Aussitôt que Montgenays s'y laissait prendre ouvertement, il feignait de vouloir le détromper, mais avec une gaucherie si adroite que le mystifié s'enferrait de plus en plus. Enfin, durant le cinquième acte, Lavallée alla trouver madame S... — Emmenez coucher Pauline, lui dit-il ; faites-vous accompagner de la femme de chambre, et ne la renvoyez à votre fille qu'un quart d'heure après la fin du spectacle. Il faut que Montgenays ait un tête-à-tête avec Laurence dans sa loge. Le moment est venu ; il est à nous : je serai là, caché derrière la psyché ; je ne quitterai pas votre fille d'un instant. Allez, et fiez-vous à moi.

Les choses se passèrent comme il l'avait prévu, et le hasard les seconda encore. Laurence, rentrant dans sa loge, appuyée sur le bras de Montgenays, et n'y trouvant personne (Lavallée était déjà caché derrière le rideau qui couvrait les costumes accrochés à la muraille, et la glace le masquait en outre), demanda où était sa mère et son amie. Un garçon de théâtre qui passait dans le couloir, et à qui elle adressa cette question, lui répondit ( et cela était malheureusement vrai) qu'on avait été forcé d'emporter mademoiselle D... qui avait des convulsions. Laurence ne savait pas la scène que lui ménageait Lavallée ; d'ailleurs elle l'eût oubliée en apprenant cette triste nouvelle. Son cœur se serra, et, l'idée des souffrances de son amie se joignant à la fatigue et aux émotions de la soirée, elle tomba sur son siège et fondit en larmes. C'est alors que l'impertinent Montgenays, se croyant le maître et le tourment de ces deux femmes, perdit toute prudence, et risqua la déclaration la plus désordonnée et la plus froidement délirante qu'il eût faite de sa vie. C'était Laurence qu'il avait toujours aimée, disait-il ; c'était elle seule qui pouvait l'empêcher de se tuer ou de faire quelque chose de pis, un suicide moral, un mariage de dépit. Il avait tout tenté pour se guérir d'une passion qu'il ne croyait pas partagée : il s'était jeté dans le monde, dans les arts, dans la critique, dans la solitude, dans un nouvel amour ; mais rien n'avait réussi. Pauline était assez belle pour mériter son admiration ; mais, pour sentir autre chose pour elle qu'une froide estime, il eût fallu ne pas voir sans cesse Laurence à côté d'elle. Il *savait* bien qu'il était dédaigné, et dans son désespoir, ne voulant pas faire le malheur de Pauline en la trompant davantage, il allait s'éloigner pour jamais !... En annonçant cette humble résolution, il s'enhardit jusqu'à saisir une main de Laurence, qui la lui arracha avec horreur. Un instant elle fut transportée d'une telle indignation qu'elle allait le confondre ; mais Lavallée, qui voulait qu'elle eût des preuves, s'était glissé jusqu'à la porte, qu'il avait à dessein recouverte d'un pan de rideau jeté là comme par hasard. Il feignit d'arriver, frappa, toussa et entra brusquement. D'un coup d'œil il contint la juste colère de l'actrice, et tandis que Montgenays le donnait au diable, il parvint à l'emmener, sans lui laisser le temps de savoir l'effet qu'il avait produit. La femme de chambre arriva, et, tandis qu'elle rhabillait sa maîtresse, Lavallée se glissa auprès d'elle et en deux mots l'informa de ce qui s'était passé. Il lui dit de faire la malade et de ne point recevoir Montgenays le lendemain ; puis il retourna auprès de celui-ci et le reconduisit chez lui, où il s'installa jusqu'au matin, lui montant toujours la tête, et s'amusant tout seul, avec un sérieux vraiment comique, des romans qu'il lui suggérait. Il ne sortit de chez lui qu'après lui avoir persuadé d'écrire à Laurence ; et, à midi, il y retourna et voulut lire cette lettre que Montgenays, en proie à une insomnie délirante, avait déjà faite et refaite cent fois. Le comédien feignit de la trouver trop timide, trop peu explicite.

— Soyez sûr, lui dit-il, que Laurence doutera de vous encore longtemps ; votre fantaisie pour Pauline a dû lui inspirer une inquiétude que vous aurez de la peine à détruire. Vous savez l'orgueil des femmes ; il faut sacrifier la provinciale, et vous exprimer clairement sur le peu de cas que vous en faites. Vous pouvez arranger cela sans manquer à la galanterie. Dites que Pauline est un ange peut-être, mais qu'une femme comme Laurence est plus qu'un ange ; dites ce que vous savez si bien écrire dans vos nouvelles et dans vos saynètes. Allez, et surtout ne perdez pas de temps ; on ne sait pas ce qui peut se passer entre ces deux femmes. Laurence est romanesque, elle a les instincts sublimes d'une reine de tragédie. Un mouvement généreux, un reste de crainte, peuvent la porter à s'immoler à sa rivale... Rassurez-la pleinement, et si elle vous aime, comme je le crois, comme j'en ai la ferme conviction, bien qu'on n'ait jamais voulu me l'avouer, je vous réponds que la joie du triomphe fera taire tous les scrupules.

Montgenays hésita, écrivit, déchira la lettre, la recommença... Lavallée la porta à Laurence.

## VII.

Huit jours se passèrent sans que Montgenays pût être reçu chez Laurence et sans qu'il osât demander compte à Lavallée de ce silence et de cette consigne, tant il était honteux de l'idée d'avoir fait une école, et tant il craignait d'en acquérir la certitude.

Pendant qu'elles étaient ainsi enfermées, Pauline et Laurence étaient en proie aux orages intérieurs. Laurence avait tout fait pour amener son amie à un épanchement de cœur qu'il lui avait été impossible d'obtenir. Plus elle cherchait à la dégoûter de Montgenays, plus elle irritait sa souffrance sans hâter la crise favorable dont elle espérait son salut. Pauline s'offensait des efforts qu'on faisait pour lui arracher le secret de son âme. Elle avait vu les ruses de Laurence pour forcer Montgenays à se trahir, et les avait interprétées comme Montgenays lui-même. Elle en voulait donc mortellement à son amie d'avoir essayé et réussi à lui enlever l'amour d'un homme que, jusqu'à ces derniers temps, elle avait cru sincère. Elle attribuait cette conduite de Laurence à une odieuse fantaisie suggérée par l'ambition de voir tous les hommes à ses pieds. Elle a eu besoin, se disait-elle, d'y attirer même celui qui lui était le plus indifférent, dès qu'elle l'a vu s'adresser à moi. Je lui suis devenue un objet de mépris et d'aversion dès qu'elle a pu supposer que j'étais remarquée, fût-ce par un seul homme, à côté d'elle. De là son indiscrète curiosité et son espionnage pour deviner ce qui se passait entre lui et moi ; de là tous les efforts qu'elle fait maintenant pour l'empêcher de me voir ; de là enfin l'odieux succès qu'elle a obtenu à force de coquetteries, et le lâche triomphe qu'elle remporte sur moi en bouleversant un homme faible que sa gloire éblouit et que ma tristesse ennuie.

Pauline ne voulait pas accuser Montgenays d'un plus grand crime que celui d'un entraînement involontaire. Trop fière pour persévérer dans un amour mal récompensé, elle ne souffrait déjà plus que de l'humiliation d'être délaissée, mais cette douleur était la plus grande qu'elle pût ressentir. Elle n'était pas douée d'une âme tendre, et la colère faisait plus de ravages en elle que le regret. Elle avait d'assez nobles instincts pour agir et penser noblement au sein même des erreurs où l'entraînait l'orgueil blessé. Ainsi elle croyait Laurence odieuse à son égard ; et dans cette pensée, qui par elle-même était une déplorable ingratitude, elle n'avait pourtant ni le sentiment ni la volonté d'être ingrate. Elle se consolait en s'élevant dans son esprit au-dessus de sa rivale et en se promettant de lui laisser le champ libre, sans bassesse et sans ressentiment. Qu'elle soit satisfaite, se disait-elle, qu'elle triomphe, je le veux bien. Je me résigne à lui servir de trophée, pourvu qu'elle soit forcée un jour de me rendre justice, d'admirer ma grandeur d'âme, d'ap-

Il arrangea un nouveau roman. (Page 22.)

précier mon inaltérable dévouement, et de rougir de ses perfidies! Montgenays ouvrira les yeux aussi, et saura quelle femme il a sacrifiée à l'éclat d'un nom. Il s'en repentira, et il sera trop tard; je serai vengée par l'éclat de ma vertu.

Il est des âmes qui ne manquent pas d'élévation, mais de bonté. On aurait tort de confondre dans le même arrêt celles qui font le mal par besoin et celles qui le font malgré elles, croyant ne pas s'écarter de la justice. Ces dernières sont les plus malheureuses : elles vont toujours cherchant un idéal qu'elles ne peuvent trouver; car il n'existe pas sur la terre, et elles n'ont point en elles ce fonds de tendresse et d'amour qui fait accepter l'imperfection de l'être humain. On peut dire de ces personnes qu'elles sont affectueuses et bonnes seulement quand elles rêvent.

Pauline avait un sens très-droit et un véritable amour de la justice; mais entre la théorie et la pratique il y avait comme un voile qui couvrait son discernement : c'était cet amour-propre immense, que rien n'avait jamais contenu, que tout, au contraire, avait contribué à développer. Sa beauté, son esprit, sa belle conduite envers sa mère, la pureté de ses mœurs et de ses pensées, étaient sans cesse là devant elle comme des trésors lentement amassés dont on devait sans cesse lui rappeler la valeur pour l'empêcher d'envier ceux d'autrui; car elle voulait être quelque chose, et plus elle affectait de se rejeter dans la condition du vulgaire, plus elle se révoltait contre l'idée d'y être rangée. Il eût été heureux pour elle qu'elle pût descendre en elle-même avec la clairvoyance que donne une profonde sagesse ou une généreuse simplicité de cœur; elle y eût découvert que ses vertus bourgeoises avaient bien eu quelque tache, que son christianisme n'avait pas toujours été fort chrétien, que sa tolérance passée envers Laurence n'avait jamais été aussi complète, aussi cordiale qu'elle se l'était imaginé; elle y eût vu surtout un besoin tout personnel qui la poussait à vivre autrement qu'elle n'avait vécu, à se développer, à se manifester. C'était un besoin légitime et qui fait partie des droits sacrés de l'être humain; mais il n'y avait pas lieu de s'en faire une vertu, et c'est toujours un grand tort de se donner le change pour se grandir à ses propres yeux. De là à la vanité d'abuser les autres sur son propre mérite il n'y a qu'un pas, et, ce pas, Pauline l'avait fait.

Il lui était impossible de revenir en arrière et de consentir à n'être plus qu'une simple mortelle, après s'être laissé diviniser.

Ne voulant pas donner à Laurence la joie de l'avoir humiliée, elle affecta la plus grande indifférence et endura sa douleur avec stoïcisme. Cette tranquillité, dont Laurence ne pouvait être dupe, car elle la voyait dépérir, l'effrayait et la désespérait. Elle ne voulait pas se résoudre à lui porter le dernier coup en lui prouvant la honteuse infidélité de Mongenays; elle aimait mieux endurer l'accusation tacite de l'avoir séduit et enlevé. Elle n'avait pas voulu recevoir la lettre de Montgenays. Lavallée lui en avait dit le contenu, et elle l'avait prié de la garder chez lui toute cachetée pour s'en servir auprès de Pauline au besoin; mais combien il eût voulu que cette lettre fût adressée à une autre femme! Elle savait bien que Pauline haïssait la cause plus que l'auteur de son infortune.

Un jour, Lavallée, en sortant de chez Laurence, rencontra Montgenays, qui, pour la dixième fois, venait de se faire refuser la porte. Il était outré, et, perdant toute mesure, il accabla le vieux comédien de reproches et de menaces. Celui-ci se contenta d'abord de hausser les épaules; mais, quand il entendit Montgenays étendre ses accusations jusqu'à Laurence, et, se plaignant d'avoir été joué, éclater en menaces de vengeance, Lavallée, homme de droiture et de bonté, ne put contenir son indignation. Il le traita comme un misérable, et termina en lui disant : — Je regrette en cet instant plus que jamais d'être vieux; il semble que les cheveux blancs soient un prétexte pour empêcher qu'on ne batte, et vous croiriez que j'abuse du privilége pour vous outrager sans conséquence; mais j'avoue que, si j'avais vingt ans de moins, je vous donnerais des soufflets.

— La menace suffit pour être une lâcheté, répondit Montgenays pâle de fureur, et je vous renvoie l'outrage. Si j'avais vingt ans de plus, en fait de soufflets j'aurais l'initiative.

— Eh bien! s'écria Lavallée, prenez garde de me pousser à bout; car je pourrais bien me mettre au-dessus de tout remords de toute honte en vous faisant un outrage public, si vous vous permettiez la moindre méchanceté contre une personne dont l'honneur m'est beaucoup plus cher que le mien.

Montgenays, rentré chez lui et revenu de sa colère, pensa avec raison que toute vengeance qui aurait du retentissement tournerait contre lui; et, après avoir bien cherché, il en inventa une plus odieuse que toutes les autres : ce fut de renouer à tout prix son intrigue avec Pauline, afin de la détacher de Laurence. Il ne voulut pas être humilié par deux défaites à la fois. Il pensa bien qu'après le premier orage ces deux femmes feraient cause commune pour le railler ou le mépriser. Il aima mieux se faire haïr et perdre l'une, afin d'effrayer et d'affliger l'autre.

Dans cette pensée, il écrivit à Pauline, lui jura un éternel amour, et protesta contre les trames ignobles que, selon lui, Lavallée et Laurence auraient ourdies contre eux. Il demandait une explication, promettant de ne jamais reparaître devant Pauline si elle ne le trouvait complétement justifié après cette entrevue. Il la fallait secrète, car Laurence voulait les séparer. Pauline alla au rendez-vous; son orgueil et son amour avaient également besoin de consolation.

Lavallée, qui observait tout ce qui se passait dans la maison, surprit le message de Montgenays. Il le laissa passer, résolu à ne pas abandonner Pauline à son mauvais dessein, et dès cet instant il ne la perdit pas de vue; il la suivit comme elle sortit le soir, à pied, pour la première fois de sa vie, et si tremblante qu'à chaque pas elle se sentait défaillir. Au détour de la première rue, il se présenta devant elle et lui offrit son bras. Pauline se crut insultée par un inconnu, elle fit un cri et voulut fuir. — Ne crains rien, ma pauvre enfant, lui dit Lavallée d'un ton paternel; mais vois à quoi tu t'exposes d'aller ainsi seule la nuit. Allons, ajouta-t-il en passant le bras de Pauline sous le sien, tu veux faire une folie! au moins fais-la convenablement. Je te conduirai, moi; je sais où tu vas, je ne te perdrai pas de vue. Je n'entendrai rien, vous causerez, je me tiendrai à distance, et je te ramènerai. Seulement rappelle-toi que, si Montgenays se doute le moins du monde que je te suis là, ou si tu essaies de sortir de la portée de ma vue, je tombe sur lui à coups de canne.

Pauline n'essaya pas de nier. Elle était foudroyée de l'assurance de Lavallée; et, ne sachant comment s'expliquer sa conduite, préférant d'ailleurs toutes les humiliations à celle d'être trahie par son amant, elle se laissa conduire machinalement et à demi égarée jusqu'au parc de Monceaux, où Montgenays l'attendait dans une allée. Le comédien se cacha parmi les arbres, et les suivit de l'œil tandis que Pauline, docile à ses avertissements, se promena avec Montgenays sans se laisser perdre de vue, et sans vouloir lui expliquer l'obstination qu'elle mettait à ne pas aller plus loin. Il attribua cette persistance à une pruderie bourgeoise qu'il trouva fort ridicule, car il n'était pas assez sot pour débuter par de l'audace. Il se composa un maintien grave, une voix profonde, des discours pleins de sentiment et de respect. Il s'aperçut bientôt que Pauline ne connaissait ni la malheureuse déclaration ni la fâcheuse lettre; et, dès cet instant, il eut beau jeu pour prévenir les desseins de Laurence. Il feignit d'être en proie à un repentir profond et d'avoir pris des résolutions sérieuses; il arrangea un nouveau roman, se confessa d'un ancien amour pour Laurence, qu'il n'avait jamais osé avouer à Pauline, et qui de temps en temps s'était réveillé malgré lui, même lorsqu'il était aux genoux de cette aimable fille, si pure, si douce, si humble, si supérieure à l'orgueilleuse actrice. Il avait cédé à des séductions terribles, à des avances délirantes; et, dernièrement encore, il avait été assez fou, assez ennemi de sa propre dignité, de son propre bonheur, pour adresser à Laurence une lettre qu'il désavouait, qu'il détestait, et dont cependant il devait la révélation textuelle à Pauline. Il lui répéta cette lettre mot à mot, insista sur ce qu'elle avait de plus coupable, de moins pardonnable, disait-il, ne voulant pas de grâce, se soumettant à sa haine, à son oubli, mais ne voulant pas mériter son mépris. — Jamais Laurence ne vous montrera cette lettre, lui dit-il; elle a trop provoqué mon retour vers elle pour vous fournir cette preuve de sa coquetterie; je n'avais donc rien à craindre de ce côté; mais je n'ai pas voulu vous perdre sans vous faire savoir que j'accepte mon arrêt avec soumission, avec repentir, avec désespoir. Je veux que vous sachiez bien que je me rétracte, et voici une nouvelle lettre que je vous prie de faire tenir à Laurence. Vous verrez comme je la juge, comme je la traite, comme je la méprise, elle! cette femme orgueilleuse et froide qui ne m'a jamais aimé et qui voulait être adorée éternellement. Elle a fait le malheur de ma vie, non pas seulement parce qu'elle a déjoué toutes les espérances qu'elle m'avait données, mais encore parce qu'elle m'a empêché de m'attacher à vous comme je le devais, comme je le pouvais, comme je le pourrais encore, si vous pouviez me pardonner ma lâcheté, mon crime et ma folie. Partagé entre deux amours, l'un orageux, dévorant, funeste, l'autre pur, céleste, vivifiant, j'ai trahi celui qui eût relevé mon âme pour celui qui la tue. Je suis un misérable, mais non un scélérat. Ne voyez en moi qu'un homme affaibli et vaincu par les longues souffrances d'une passion déplorable; mais sachez bien que je ne survivrai pas à mes remords : votre pardon eût seul été capable de me sauver. Je ne puis l'implorer, car je sais que je ne le mérite pas. Vous me voyez tranquille, parce que je sais que je ne souffrirai pas longtemps. Ne craignez pas de m'accorder au moins quelque pitié; vous entendrez dire bientôt que je vous ai fait justice. Vous avez été outragée, il vous faut un vengeur. Le coupable c'est moi; le vengeur, ce sera moi encore.

Pendant deux heures entières, Montgenays tint de tels discours à Pauline. Elle fondait en larmes; elle lui pardonna, elle lui jura d'oublier tout, le supplia de ne pas se tuer, lui défendit de s'éloigner, et lui promit de le revoir, fallût-il se brouiller avec Laurence : Montgenays n'en espérait pas tant et n'en demandait pas davantage. Lavallée la ramena. Elle ne lui adressa pas une parole durant tout le chemin. Sa tranquillité n'étonna point le vieux comédien; il pensa bien que Montgenays n'avait pas manqué de belles paroles et de robustes mensonges pour la calmer. Il pensa qu'elle était perdue s'il n'employait les grands moyens. Avant de la quitter, à la porte de Laurence, il glissa dans sa poche la première lettre de Montgenays, qui n'avait pas encore été décachetée.

Laurence fut fort surprise le soir, au moment de se coucher, de voir entrer dans sa chambre, d'un air calme et avec des manières affectueuses, Pauline, qui, depuis huit jours, ne lui avait adressé que des paroles sèches et ironiques. Elle tenait une lettre qu'elle lui remit, en lui disant que c'était Lavallée qui l'en avait chargée. En reconnaissant l'écriture et le cachet de Montgenays, Laurence pensa que Lavallée avait eu quelque bonne raison pour la charger de ce message, et que le moment était venu de porter aux grands maux le grand remède. Elle ouvrit la lettre d'une main tremblante, la parcourut des yeux, hésitant encore à la faire connaître à son amie, tant elle en prévoyait l'effet terrible. Quelle fut sa stupéfaction en lisant ce qui suit :

« Laurence, je vous ai trompée; ce n'est pas vous que j'aime, c'est Pauline; ne m'accusez pas, je me suis trompé moi-même. Tout ce que je vous ai dit, je le pensais en cet instant-là; l'instant d'après, et maintenant, et toujours, je le désavoue. C'est votre amie que j'adore et je lui voudrais consacrer ma vie, si elle pouvait oublier mes bizarreries et mes incertitudes. Vous avez voulu m'égarer, m'abuser, me faire croire que vous pouviez, que vous vouliez me rendre heureux; vous n'y eussiez pas réussi, car vous n'aimez pas, et moi j'ai besoin d'une affection vraie, profonde, durable. Pardonnez-moi donc ma faiblesse comme je vous pardonne votre caprice. Vous êtes grande, mais vous êtes femme; je suis sincère, mais je suis homme; au moment de commettre une grande faute, qui eût été de nous tromper mutuellement, nous avons réfléchi et nous nous sommes ravisés tous deux, n'est-ce pas? Mais je suis prêt à mettre aux pieds de votre amie le dévouement de toute ma vie, et vous, vous êtes décidée à me permettre de lui faire ma cour assidûment, si elle-même ne me repousse pas. Croyez qu'en vous conduisant avec franchise et avec noblesse vous aurez en moi un ami fidèle et sûr. »

Laurence resta confondue; elle ne pouvait comprendre une telle impudence. Elle mit la lettre dans son bureau sans témoigner rien de sa surprise. Mais Pauline croyait lire au dedans de son âme, et s'indignait des mauvaises intentions qu'elle lui supposait. Il y avait une lettre outrageante contre moi, se disait-elle en se retirant dans sa chambre, et on me l'a remise; en voici une qu'on suppose devoir me consoler, et on ne me la remet pas. Elle s'endormit pleine de mépris pour son amie; et, dans la joie dont son âme était inondée, le plaisir de se savoir enfin si supérieure à Laurence empêchait l'amitié trahie de placer un regret. L'infortunée triomphait lorsqu'elle-même venait de coopérer avec une sorte de malice à sa propre ruine.

Le lendemain, Laurence commenta longuement cette lettre avec Lavallée. Le hasard ou l'habitude avait fait qu'elle était absolument conforme, pour le pli et le cachet, à celle que Montgenays avait écrite sous les yeux de Lavallée. On demanda à Pauline si elle n'avait pas eu deux lettres semblables dans sa poche lorsqu'elle avait remis celle-ci à Laurence. Triomphant en elle-même de leur désappointement, elle joua l'étonnement, prétendit ne rien comprendre à cette question, ne pas savoir de qui était la lettre, ni pourquoi ni comment on l'avait glissée dans sa poche. L'autre était déjà retournée entre les mains de Montgenays. Dans sa joie insensée, Pauline, voulant lui donner un grand et romanesque témoignage de confiance et de pardon, la lui avait envoyée sans l'ouvrir.

Laurence voulait encore croire à une sorte de loyauté de la part de Montgenays. Lavallée ne pouvait s'y tromper. Il lui raconta le rendez-vous où il avait conduit Pauline, et se le reprocha. Il avait compté qu'au sortir d'une entrevue où Montgenays aurait menti impudemment, l'effet de la lettre sur Pauline serait décisif. Il ne pouvait s'expliquer encore comment Pauline avait si merveilleusement aidé sa perversité à triompher de tous les obstacles. Laurence ne voulait pas croire qu'elle aussi s'entendît à l'intrigue et y prît une part si funeste à sa dignité.

Que pouvait faire Laurence? Elle tenta un dernier effort pour dessiller les yeux de son amie. Celle-ci éclatant enfin, et refusant de croire à d'autres éclaircissements que ceux que Montgenays lui avait donnés, lui déchira le cœur par l'amertume de ses reproches et le dédain triomphant de son illusion. Laurence fut forcée de lui adresser quelques avertissements sévères qui achevèrent de l'exaspérer; et comme Pauline lui déclarait qu'elle était indépendante, majeure, maîtresse de ses actions, et nullement disposée à se laisser enchaîner par les volontés arbitraires d'une personne qui l'avait indignement trompée, elle fut forcée de lui dire qu'elle ne pouvait donner les mains à sa perte, et qu'elle ne se pardonnerait jamais de tolérer dans sa maison, dans le sein de sa famille, les entreprises d'un corrupteur et d'un lâche. — Je réponds de toi devant Dieu et devant les hommes, lui dit-elle; si tu veux te jeter dans un abîme, je ne veux pas, moi, t'y pousser. — C'est pourquoi votre dévouement a été si loin, répondit Pauline, que de vouloir vous y jeter vous-même à ma place.

Outrée de cette injustice et de cette ingratitude, Laurence se leva, jeta un regard terrible sur Pauline, et, craignant de laisser déborder le torrent de sa colère, elle lui montra la porte avec un geste et une expression de visage dont elle fut terrifiée. Jamais la tragédienne n'avait été plus belle, même lorsqu'elle disait dans *Bajazet* son impérieux et magnifique : *Sortez!*

Lorsqu'elle fut seule, elle se promena dans sa chambre comme une lionne dans sa cage, brisant ses vases étrusques, ses statuettes, froissant ses vêtements et arrachant presque ses beaux cheveux noirs. Tout ce qu'elle avait de grandeur, de sincérité, de véritable tendresse dans l'âme, venait d'être méconnu et avili par celle qu'elle avait tant aimée, et pour qui elle eût donné sa vie! Il est des colères saintes où Jehovah est en nous, et où la terre tremblerait si elle sentait ce qui se passe dans un grand cœur outragé. La petite sœur de Laurence entra, crut que celle-ci étudiait un rôle, la regarda quelques instants sans rien dire, sans oser remuer; puis, s'effrayant de la voir si pâle et si terrible, elle alla dire à madame S... : — Maman, va donc voir Laurence; elle se rendra malade à force de travailler. Elle m'a fait peur.

Madame S... courut auprès de sa fille. Dès que Laurence la vit, elle se jeta dans ses bras et fondit en larmes. Au bout d'une heure, ayant réussi à s'apaiser, elle pria sa mère d'aller chercher Pauline. Elle voulait lui demander pardon de sa violence, afin d'avoir occasion de lui pardonner elle-même. On chercha Pauline dans toute la maison, dans le jardin, dans la rue... On revint dans sa chambre avec effroi. Laurence examinait tout, elle cherchait les traces d'une évasion; elle frémissait d'y trouver celles d'un suicide. Elle était dans un état impossible à rendre, lorsque Lavallée entra et lui dit qu'il venait de rencontrer Pauline dans un fiacre sur les boulevards. On attendit son retour avec anxiété; elle ne rentra pas pour dîner. Personne ne put manger; la famille était consternée; on craignait de faire un outrage à Pauline en la supposant en fuite. Enfin, Lavallée allait s'informer d'elle chez Montgenays, au risque d'une scène orageuse, lorsque Laurence reçut une lettre ainsi conçue :

« Vous m'avez chassée, je vous en remercie. Il y avait longtemps que le séjour de votre maison m'était odieux; j'avais senti, dès le premier jour, qu'il me serait funeste. Il s'y était passé trop de scandales et d'orages pour qu'une âme paisible et honnête n'y fût pas flétrie ou brisée. Vous m'avez assez aimée! vous avez fait de moi votre servante, votre dupe et votre victime! Je n'oublierai jamais le jour où, dans votre loge au théâtre, trouvant que je ne vous habillais pas assez vite, vous m'avez arraché des mains votre diadème de reine, en disant : « Je me couronnerai

Jamais la tragédienne n'avait été plus belle. (Page 23.)

bien sans toi et malgré toi! » Vous vous êtes couronnée en effet! Mes larmes, mon humiliation, ma honte, mon déshonneur (car vous m'avez déshonorée dans votre famille et parmi vos amis), ont été les glorieux fleurons de votre couronne; mais c'est une royauté de théâtre, une majesté fardée, qui n'en impose qu'à vous-même et au public qui vous paie. Maintenant, adieu; je vous quitte pour jamais, dévorée de la honte d'avoir vécu de vos bienfaits; je les ai payés cher. »

Laurence n'acheva pas cette lettre; elle continuait sur ce ton pendant quatre pages: Pauline y avait versé le fiel amassé lentement durant quatre ans de rivalité et de jalousie. Laurence la froissa dans ses mains et la jeta au feu sans vouloir en lire davantage. Elle se mit au lit avec la fièvre, et y resta huit jours accablée, brisée jusque dans ses entrailles, qui avaient été pour Pauline celles d'une mère et d'une sœur.

Pauline s'était retirée dans une mansarde où elle vécut cachée et vivant misérablement du fruit de son travail durant quelques mois. Montgenays n'avait pas été long à la découvrir; il la voyait tous les jours, mais il ne put vaincre aisément son stoïcisme. Elle voulait supporter toutes les privations plutôt que de lui devoir un secours. Elle repoussa avec horreur les dons que Laurence faisait glisser dans sa mansarde avec les détours les plus ingénieux. Tout fut inutile. Pauline, qui refusait les offres de Montgenays avec calme et dignité, devinait celles de Laurence avec l'instinct de la haine, et les lui renvoyait avec l'héroïsme de l'orgueil. Elle ne voulut point la voir, quoique Laurence fît mille tentatives; elle lui renvoyait ses lettres toutes cachetées. Son ressentiment fut inébranlable, et la généreuse sollicitude de Laurence ne fit que lui donner de nouvelles forces.

Comme elle n'aimait pas réellement Montgenays, et qu'elle n'avait voulu que triompher de Laurence en se l'attachant, cet homme sans cœur, qui voulait en faire sa maîtresse ou s'en débarrasser, lui mit presque le marché à la main. Elle le chassa. Mais il lui fit croire que Laurence lui avait pardonné, et qu'il allait retourner chez elle. Aussitôt elle le rappela, et c'est ainsi qu'il la tint sous son empire pendant six mois encore. Il s'attachait à elle de son côté par la difficulté de vaincre sa vertu; mais il en vint à bout par un odieux moyen bien conforme à son système, et malheureusement bien propre à émouvoir

Pauline. Il se condamna à lui dire tous les jours et à toute heure que Laurence était devenue vertueuse par calcul, afin de se faire épouser par un homme riche ou puissant. La régularité des mœurs de Laurence, qu'on remarquait depuis plusieurs années, avait été souvent, dans les mauvais mouvements de Pauline, un sujet de dépit. Elle l'eût voulue désordonnée, afin d'avoir une supériorité éclatante sur elle. Mais Montgenays réussit à lui montrer les choses sous un nouveau jour. Il s'attacha à lui démontrer qu'en se refusant à lui, elle s'abaissait au niveau de Laurence, dont la tactique avait été de se faire désirer pour se faire épouser. Il lui fit croire qu'en s'abandonnant à lui avec dévouement et sans arrière-pensée, elle donnerait au monde un grand exemple de passion, de désintéressement et de grandeur d'âme. Il le lui redit si souvent que la malheureuse fille finit par le croire. Pour faire le contraire de Laurence, qui était l'âme la plus généreuse et la plus passionnée, elle fit les actes de la passion et de la générosité, elle qui était froide et prudente. Elle se perdit.

Quand Montgenays l'eut rendue mère, et que toute cette aventure eut fait beaucoup de bruit, il l'épousa par ostentation. Il avait, comme on sait, la prétention d'être excentrique, moral par principes, quoique, selon lui, il fût roué par excès d'habileté et de puissance sur les femmes. Il fit parler de lui tant qu'il put. Il dit du mal de Laurence, de Pauline et de lui-même; et se laissa accuser et blâmer avec constance, afin d'avoir l'occasion de produire un grand effet en donnant son nom et sa fortune à l'enfant de son amour.

Ce plat roman se termina donc par un mariage, et ce fut là le plus grand malheur de Pauline. Montgenays ne l'aimait déjà plus, si tant est qu'il l'eût jamais aimée. Quand il avait joué la comédie d'un admirable époux devant le monde, il laissait pleurer sa femme derrière le rideau, et allait à ses affaires ou à ses plaisirs sans se souvenir seulement qu'elle existât. Jamais femme plus vaine et plus ambitieuse de gloire ne fut plus délaissée, plus humiliée, plus effacée. Elle revit Laurence, espérant la faire souffrir par le spectacle de son bonheur. Laurence ne s'y trompa point, mais elle lui épargna la douleur de paraître clairvoyante. Elle lui pardonna tout, et oublia tous ses torts, pour n'être touchée que de ses souffrances. Pauline ne put jamais lui pardonner d'avoir été aimée de Montgenays, et fut jalouse d'elle toute sa vie.

Beaucoup de vertus tiennent à des facultés négatives. Il ne faut pas les estimer moins pour cela. La rose ne s'est pas créée elle-même, son parfum n'en est pas moins suave parce qu'il émane d'elle sans qu'elle en ait conscience; mais il ne faut pas trop s'étonner si la rose se flétrit en un jour, si les grandes vertus domestiques s'altèrent vite sur un théâtre pour lequel elles n'avaient pas été créées.

FIN DE PAULINE.

# L'ORCO

Nous étions, comme de coutume, réunis sous la treille. La soirée était orageuse, l'air pesant et le ciel chargé de nuages noirs que sillonnaient de fréquents éclairs. Nous gardions un silence mélancolique. On eût dit que la tristesse de l'atmosphère avait gagné nos cœurs, et nous nous sentions involontairement disposés aux larmes. Beppa surtout paraissait livrée à de douloureuses pensées. En vain l'abbé, qui s'effrayait des dispositions de l'assemblée, avait-il essayé, à plusieurs reprises et de toutes les manières, de ranimer la gaieté, ordinairement si vive de notre amie. Ni questions, ni taquineries, ni prières n'avaient pu la tirer de sa rêverie ; les yeux fixés au ciel, promenant au hasard ses doigts sur les cordes frémissantes de sa guitare, elle semblait avoir perdu le souvenir de ce qui se passait autour d'elle, et ne plus s'inquiéter d'autre chose que des sons plaintifs qu'elle faisait rendre à son instrument et de la course capricieuse des nuages. Le bon Panorio, rebuté par le mauvais succès de ses tentatives, prit le parti de s'adresser à moi.

« Allons ! me dit-il, cher Zorzi, essaye à ton tour, sur la belle capricieuse, le pouvoir de ton amitié. Il existe entre vous deux une sorte de sympathie magnétique, plus forte que tous mes raisonnements, et le son de ta voix réussit à la tirer de ses distractions les plus profondes.

— Cette sympathie magnétique dont tu me parles, répondis-je, cher abbé, vient de l'identité de nos sentiments. Nous avons souffert de la même manière et pensé les mêmes choses, et nous nous connaissons assez, elle et moi, pour savoir quel ordre d'idées nous rappellent les circonstances extérieures. Je vous parie que je devine, non pas l'objet, mais du moins la nature de sa rêverie. »

Et me tournant vers Beppa :

« Carissima, lui dis-je doucement, à laquelle de nos sœurs penses-tu ?

— A la plus belle, me répondit-elle sans se détourner, à la plus fière, à la plus malheureuse.

— Quand est-elle morte, repris-je, m'intéressant déjà à celle qui vivait dans le souvenir de ma noble amie, et désirant m'associer par mes regrets à une destinée qui ne pouvait pas m'être étrangère.

— Elle est morte à la fin de l'hiver dernier, la nuit du bal masqué qui s'est donné au palais Servilio. Elle avait résisté à bien des chagrins, elle était sortie victorieuse de bien des dangers, elle avait traversé, sans succomber, de terribles agonies, et elle est morte tout d'un coup sans laisser de trace, comme si elle eût été emportée par la foudre. Tout le monde ici l'a connue plus ou moins, mais personne autant que moi, parce que personne ne l'a autant aimée et qu'elle se faisait connaître selon qu'on l'aimait. Les autres ne croient pas à sa mort, quoiqu'elle n'ait pas reparu depuis la nuit dont je te parle. Ils disent qu'il lui est arrivé bien souvent de disparaître ainsi pendant longtemps, et de revenir ensuite. Mais moi je sais qu'elle ne reviendra plus et son rôle est fini sur la terre. Je voudrais en douter que je ne le pourrais pas; elle a pris soin de me faire savoir la fatale vérité par celui-là même qui a été la cause de sa mort. Et quel malheur c'est là, mon Dieu! le plus grand malheur de ces époques malheureuses! C'était une vie si belle que la sienne! si belle et si pleine de contrastes, si mystérieuse, si éclatante, si triste, si magnifique, si enthousiaste, si austère, si voluptueuse, si complète en sa ressemblance avec toutes les choses humaines! Non, aucune vie ni aucune mort n'ont été semblables à celles-là. Elle avait trouvé le moyen, dans ce siècle prosaïque, de supprimer de son existence toutes les mesquines réalités, et de n'y laisser que la poésie. Fidèle aux vieilles coutumes de l'aristocratie nationale, elle ne se montrait qu'après la chute du jour, masquée, mais sans jamais se faire suivre de personne. Il n'est pas un habitant de la ville qui ne l'ait rencontrée errant sur les places ou dans les rues, pas un qui n'ait aperçu sa gondole attachée sur quelque canal; mais aucun ne l'a jamais vue en sortir ou y entrer. Quoique cette gondole ne fût gardée par personne, on n'a jamais entendu dire qu'elle eût été l'objet d'une seule tentative de vol. Elle était peinte et équipée comme toutes les autres gondoles, et pourtant tout le monde la connaissait; les enfants mêmes disaient en la voyant : « Voilà la gondole du masque. » Quant à la manière dont elle marchait, et à l'endroit d'où elle amenait le soir et où elle remmenait le matin sa maîtresse, nul ne le pouvait seulement soupçonner. Les douaniers gardes-côtes avaient bien vu souvent glisser une ombre noire sur les lagunes, et, la prenant pour une barque de contrebandier, lui avaient donné la chasse jusqu'en pleine mer; mais, le matin venu, ils n'avaient jamais rien aperçu sur les flots qui ressemblât à l'objet de leur poursuite, et, à la longue, ils avaient pris l'habitude de ne plus s'en inquiéter, et se contentaient de dire, en la revoyant : « Voilà encore la gondole du masque. » La nuit, le masque parcourait la ville entière, cherchant on ne sait quoi. On le voyait tour à tour sur les places les plus vastes et dans les rues les plus tortueuses, sur les ponts et sous la voûte des grands palais, dans les lieux les plus fréquentés ou les plus déserts. Il allait tantôt lentement, tantôt vite, sans paraître s'inquiéter de la foule ou de la solitude, mais ne s'arrêtait jamais. Il paraissait contempler avec une curiosité passionnée les maisons, les monuments, les canaux, et jusqu'au ciel de la ville, et savourer avec bonheur l'air qu'il y respirait. Quand il rencontrait une personne amie, il lui faisait signe de le suivre, et disparaissait bientôt avec elle. Plus d'une fois il m'a ainsi emmené, du sein de la foule, dans quelque lieu désert, et il s'est entretenu avec moi des choses que nous aimions. Je le suivais avec confiance, parce que je savais bien que nous étions amis; mais beaucoup de ceux à qui il faisait signe n'osaient pas se rendre à son invitation. Des histoires étranges circulaient sur son compte et glaçaient le courage des plus intrépides. On disait que plusieurs jeunes gens, croyant deviner une femme sous ce masque et sous cette robe noire, s'étaient énamourés d'elle, tant à cause de la singularité et du mystère de sa vie que de ses belles formes et de ses nobles allures; qu'ayant eu l'imprudence de la suivre, ils n'avaient jamais reparu. La police, ayant même remarqué que ces jeunes gens étaient tous Autrichiens, avait mis en jeu toutes ses manœuvres pour les retrouver et pour s'emparer de celle qu'on accusait de leur disparition. Mais les sbires n'avaient pas été plus heureux que les douaniers, et l'on n'avait jamais pu ni savoir aucune nouvelle des jeunes étrangers, ni mettre la main sur *elle*. Une aventure bizarre avait découragé les plus ardents limiers de l'inquisition viennoise. Voyant qu'il était impossible d'attraper le masque la nuit dans Venise, deux des argousins les plus zélés résolurent de l'attendre dans sa gondole même, afin de le saisir lorsqu'il y rentrerait pour s'éloigner. Un soir qu'ils la virent attachée au quai des Esclavons, ils descendirent dedans et s'y cachèrent. Ils y restèrent toute la nuit sans voir ni entendre personne; mais, une heure environ avant le jour, ils crurent s'apercevoir que quelqu'un détachait la barque. Ils se levèrent en silence, et s'apprêtèrent à sauter sur leur proie; mais au même instant un terrible coup de pied fit chavirer la gondole et les malencontreux agents de l'ordre public autrichien. Un d'eux se noya, et l'autre ne dut la vie qu'au secours que lui portèrent des contrebandiers. Le lendemain matin il n'y avait point trace de la barque, et la police put croire qu'elle était submergée; mais le soir on la vit attachée à la même place, et dans le même état que la veille. Alors une terreur superstitieuse s'empara de tous les argousins, et pas un ne voulut recommencer la tentative de la veille. Depuis ce jour on ne chercha plus à inquiéter le masque, qui continua ses promenades comme par le passé.

Au commencement de l'automne dernier, il vint ici en garnison un officier autrichien, nommé le comte Franz Lichtenstein. C'était un jeune homme enthousiaste et passionné, qui avait en lui le germe de tous les grands sentiments et comme un instinct des nobles pensées. Malgré sa mauvaise éducation de grand seigneur, il avait su garantir son esprit de tout préjugé, et garder dans son cœur une place pour la liberté. Sa position le forçait à dissimuler en public ses idées et ses goûts; mais dès que son service était achevé, il se hâtait de quitter son uniforme, auquel lui semblaient indissolublement liés tous les vices du gouvernement qu'il servait, et courait auprès des nouveaux amis que par sa bonté et son esprit il s'était faits dans la ville. Nous aimions surtout à l'entendre parler de Venise. Il l'avait vue en artiste, avait déploré intérieurement sa servitude, et était arrivé à l'aimer autant qu'un Vénitien. Il ne se lassait pas de la parcourir nuit et jour, ne se lassant pas de l'admirer. Il voulait, disait-il, la connaître mieux que ceux qui avaient le bonheur d'y être nés. Dans ses promenades nocturnes il rencontra le masque. Il n'y fit pas d'abord grande attention; mais ayant bientôt remarqué qu'il paraissait étudier la ville avec la même curiosité et le même soin que lui-même, il fut frappé de cette étrange coïncidence, et en parla à plusieurs personnes. On lui conta tout d'abord les histoires qui couraient sur la femme voilée, et on lui conseilla de prendre garde à lui. Mais comme il était brave jusqu'à la témérité, ces avertissements, au lieu de l'effrayer, excitèrent sa curiosité et lui inspirèrent une folle envie de faire connaissance avec le personnage mystérieux qui épouvantait si fort le vulgaire. Voulant garder vis-à-vis du masque le même incognito que celui-ci gardait vis-à-vis de lui, il s'habilla en bourgeois, et commença ses promenades nocturnes. Il ne tarda pas à rencontrer ce qu'il cherchait. Il vit, par un beau clair de lune, la femme masquée, debout devant la charmante église de *Saints-Jean-et-Paul*. Elle semblait contempler avec adoration les ornements délicats qui en décorent le portail. Le comte s'approcha d'elle à pas lents et silencieux. Elle ne parut pas s'en apercevoir et ne bougea pas. Le comte, qui s'était arrêté un instant pour voir s'il était découvert, reprit sa marche et arriva tout près d'elle. Il l'entendit pousser un profond soupir; et comme il savait fort mal le vénitien, mais fort bien l'italien, il lui adressa la parole dans un toscan très-pur.

« Salut, dit-il, salut et bonheur à ceux qui aiment Venise.

— Qui êtes-vous? répondit le masque, d'une voix pleine et sonore comme celle d'un homme, mais douce comme celle d'un rossignol.

— Je suis un amant de la beauté.

— Êtes-vous de ceux dont l'amour brutal violente la

beauté libre, où de ceux qui s'agenouillent devant la beauté captive, et pleurent de ses larmes?

— Quand le roi des nuits voit la rose fleurir joyeusement sous l'haleine de la brise, il bat des ailes et chante; quand il la voit se flétrir sous le souffle brûlant de l'orage, il cache sa tête sous son aile et gémit. Ainsi fait mon âme.

— Suis-moi donc, car tu es un de mes fidèles. »

Et, saisissant la main du jeune homme, elle l'entraîna vers l'église. Quand celui-ci sentit cette main froide de l'inconnue serrer la sienne, et la vit se diriger avec lui vers le sombre enfoncement du portail, il se rappela involontairement les sinistres histoires qu'il avait entendu raconter, et, tout à coup saisi d'une terreur panique, il s'arrêta. Le masque se retourna, et, fixant sur le visage pâlissant de son compagnon un regard scrutateur, il lui dit :

« Vous avez peur? Adieu. »

Puis, lui lâchant le bras, elle s'éloigna à grands pas. Franz eut honte de sa faiblesse, et, se précipitant vers elle, lui saisit la main à son tour et lui dit :

« Non, je n'ai pas peur. Allons. »

Sans rien répondre, elle continua sa marche. Mais, au lieu de se diriger vers l'église, comme la première fois, elle s'enfonça dans une des petites rues qui donnent sur la place. La lune s'était cachée, et l'obscurité la plus complète régnait dans la ville. Franz voyait à peine où il posait le pied, et ne pouvait rien distinguer dans les ombres profondes qui l'enveloppaient de toutes parts. Il suivait au hasard son guide, qui semblait au contraire connaître très-bien sa route. De temps en temps quelques lueurs, glissant à travers les nuages, venaient montrer à Franz le bord d'un canal, un pont, une voûte, ou quelque partie inconnue d'un dédale de rues profondes et tortueuses; puis tout retombait dans l'obscurité. Franz avait bien vite reconnu qu'il était perdu dans Venise, et qu'il se trouvait à la merci de son guide; mais résolu à tout braver, il ne témoigna aucune inquiétude, et se laissa toujours conduire sans faire aucune observation. Au bout d'une grande heure, la femme masquée s'arrêta.

« C'est bien, dit-elle au comte, vous avez du cœur. Si vous aviez donné le moindre signe de crainte pendant notre course, je ne vous eusse jamais reparlé. Mais vous avez été impassible, je suis contente de vous. A demain donc, sur la place Saints-Jean-et-Paul, à onze heures. Ne cherchez pas à me suivre; ce serait inutile. Tournez cette rue à droite, et vous verrez la place Saint-Marc. Au revoir. »

Elle serra vivement la main du comte, et, avant qu'il eût eu le temps de lui répondre, disparut derrière l'angle de la rue. Le comte resta quelque temps immobile, encore tout étonné de ce qui venait de se passer, et indécis sur ce qu'il avait à faire. Mais, ayant réfléchi au peu de chances qu'il avait de retrouver la dame mystérieuse, et aux risques qu'il courrait de se perdre en la poursuivant, il prit le parti de retourner chez lui. Il suivit donc la rue à droite, se trouva en effet, au bout de quelques minutes, sur la place Saint-Marc, et de là regagna facilement son hôtel.

Le lendemain il fut fidèle au rendez-vous. Il arriva sur la place comme l'horloge de l'église sonnait onze heures. Il vit la femme masquée qui l'attendait debout sur les marches du portail.

« C'est bien, lui dit-elle, vous êtes exact. Entrons. »

En disant cela, elle se retourna brusquement vers l'église. Franz, qui voyait la porte fermée, et qui savait qu'elle ne s'ouvrait pour personne la nuit, crut que cette femme était folle. Mais quelle ne fut pas sa surprise en voyant que la porte cédait au premier effort! Il suivit machinalement son guide, qui referma rapidement la porte après qu'il fut entré. Ils se trouvaient alors tous deux dans les ténèbres; mais Franz, se rappelant qu'une seconde porte, sans serrure, le séparait encore de la nef, ne conçut aucune inquiétude, et s'apprêta à la pousser devant lui pour entrer. Mais elle l'arrêta par le bras.

« Êtes-vous jamais venu dans cette église? lui demanda-t-elle brusquement.

— Vingt fois, répondit-il, et je la connais aussi bien que l'architecte qui l'a bâtie.

— Dites que vous croyez la connaître, car vous ne la connaissez réellement pas encore. Entrez. »

Franz poussa la seconde porte et pénétra dans l'intérieur de l'église. Elle était magnifiquement illuminée de toutes parts et complètement déserte.

« Quelle cérémonie va-t-on célébrer ici? demanda Franz stupéfait.

— Aucune. L'église m'attendait ce soir : voilà tout. Suivez-moi. »

Le comte chercha en vain à comprendre le sens des paroles que lui adressait le masque; mais, toujours subjugué par un pouvoir mystérieux, il le suivit avec obéissance. Elle le mena au milieu de l'église, lui en fit remarquer, comprendre et admirer l'ordonnance générale. Puis, passant à l'examen de chaque partie, elle lui détailla tour à tour la nef, les colonnades, les chapelles, les autels, les statues, les tableaux, tous les ornements; lui montra le sens de chaque chose, lui dévoila l'idée cachée sous chaque forme, lui fit sentir toutes les beautés des œuvres qui composaient l'ensemble, et le fit pénétrer, pour ainsi dire, dans les entrailles de l'église. Franz écoutait avec une attention religieuse toutes les paroles de cette bouche éloquente qui se plaisait à l'instruire, et, de moment en moment, reconnaissait combien peu il avait compris auparavant cet ensemble d'œuvres qui lui avaient semblé si faciles à comprendre. Quand elle finit, les lueurs du matin, pénétrant à travers les vitraux, faisaient pâlir la lueur des cierges. Quoiqu'elle eût parlé plusieurs heures et qu'elle ne se fût pas assise un instant pendant toute la nuit, ni sa voix ni son corps ne trahissaient aucune fatigue. Seulement sa tête s'était penchée sur son sein, qui battait avec violence, et semblait écouter les soupirs qui s'en exhalaient. Tout à coup elle redressa la tête, et, levant ses deux bras au ciel, elle s'écria :

« O servitude! servitude! »

A ces paroles, des larmes roulant de dessous son masque allèrent tomber sur les plis de sa robe noire.

« Pourquoi pleurez-vous? s'écria Franz en s'approchant d'elle.

— A demain, lui répondit-elle. A minuit, devant l'Arsenal. »

Et elle sortit par la porte latérale de gauche, qui se referma lourdement. Au même moment l'*Angelus* sonna. Franz, saisi par le bruit inattendu de la cloche, se retourna, et vit que tous les cierges étaient éteints. Il resta quelque temps immobile de surprise; puis il sortit de l'église par la grande porte, que les sacristains venaient d'ouvrir, et s'en retourna lentement chez lui, cherchant à deviner quelle pouvait être cette femme si hardie, si artiste, si puissante, si pleine de charme dans ses paroles et de majesté dans sa démarche.

Le lendemain, à minuit, le comte était devant l'Arsenal. Il y trouva le masque, qui l'attendait comme la veille, et qui, sans lui rien dire, se mit à marcher rapidement devant lui. Franz le suivit comme les deux nuits précédentes. Arrivé devant une des portes latérales de droite, le masque s'arrêta, introduisit dans la serrure une clef d'or que Franz vit briller aux rayons de la lune, ouvrit sans faire aucun bruit, et entra la première, en faisant signe à Franz d'entrer après elle. Celui-ci hésita un instant. Pénétrer la nuit dans l'Arsenal, à l'aide d'une fausse clef, c'était s'exposer à passer devant un conseil de guerre, si l'on était découvert; et il était presque impossible de ne pas l'être dans un endroit peuplé de sentinelles. Mais, en voyant le masque s'apprêter à refermer la porte devant lui, il se décida tout d'un coup à poursuivre l'aventure jusqu'au bout, et entra. La femme masquée lui fit traverser d'abord plusieurs cours, ensuite des corridors et des galeries, dont elle ouvrait toutes les portes avec sa clef d'or, et finit par l'introduire dans de vastes salles remplies d'armes de tout genre et de tout temps, qui avaient servi dans les guerres de la république, soit à ses défenseurs, soit à ses ennemis. Ces salles se trouvaient éclairées par des fanaux de galères, placés à égales distances entre les trophées. Elle montra au comte les armes les plus cu-

Que dites-vous de cette femme? (Page 30.)

rieuses et les plus célèbres, lui disant le nom de ceux à qui elles avaient appartenu, et celui des combats où elles avaient été employées, lui racontant en détail les exploits dont elles avaient été les instruments. Elle fit revivre ainsi aux yeux de Franz toute l'histoire de Venise. Après avoir visité les quatre salles consacrées à cette exposition, elle l'emmena dans une dernière, plus vaste que toutes les autres et éclairée comme elles, où se trouvaient des bois de construction, des débris de navires de différentes grandeurs et de différentes formes, et des parties entières du dernier *Bucentaure*. Elle apprit à son compagnon la propriété de tous les bois, l'usage des navires, l'époque à laquelle ils avaient été construits, et le nom des expéditions dont ils avaient fait partie; puis, lui montrant la galerie du *Bucentaure*:

« Voilà, lui dit-elle d'une voix profondément triste, les restes d'une royauté passée. C'est là le dernier navire qui ait mené le doge épouser la mer. Maintenant Venise est esclave, et les esclaves ne se marient point. O servitude! ô servitude! »

Comme la veille, elle sortit après avoir prononcé ces paroles, mais emmenant cette fois à sa suite le comte, qui ne pouvait sans danger rester à l'Arsenal. Ils s'en retournèrent de la même manière qu'ils étaient venus, et franchirent la dernière porte sans avoir rencontré personne. Arrivés sur la place, ils prirent un nouveau rendez-vous pour lendemain, et se séparèrent.

Le lendemain et tous les jours suivants, elle mena Franz dans les principaux monuments de la ville, l'introduisant partout avec une incompréhensible facilité, lui expliquant avec une admirable clarté tout ce qui se présentait à leurs yeux, déployant devant lui de merveilleux trésors d'intelligence et de sensibilité. Celui-ci ne savait lequel admirer le plus, d'un esprit qui comprenait si profondément toutes choses, ou d'un cœur qui mêlait à toutes ses pensées de si beaux élans de sensibilité. Ce qui n'avait d'abord été chez lui qu'une fantaisie se changea bientôt en un sentiment réel et profond. C'était la curiosité qui l'avait porté à nouer connaissance avec le masque, et l'étonnement qui l'avait fait continuer. Mais ensuite l'habitude qu'il avait prise de le voir toutes les nuits devint pour lui une véritable nécessité. Quoique les paroles de l'inconnue fussent toujours graves et souvent tristes, Franz y trouvait un charme indéfinissable qui l'attachait à elle de plus en plus, et il n'eût pu s'endormir, au lever du jour, s'il n'avait, la nuit, entendu ses soupirs et vu couler ses larmes. Il avait pour la grandeur et les souffrances qu'il soupçonnait en elle un respect si sincère et si profond, qu'il n'avait encore osé lui demander ni d'ôter son masque, ni de lui dire son nom. Comme elle ne lui avait pas demandé le sien, il eût rougi de se montrer plus curieux et plus indiscret qu'elle, et il était résolu à tout attendre de son bon plaisir, et rien de sa propre importunité. Elle sembla comprendre la délicatesse de sa conduite et lui en savoir gré ; car, à chaque entrevue, elle lui témoigna plus de confiance et de sympathie. Quoiqu'il n'eût pas été prononcé entre eux un seul mot d'amour, Franz eut donc lieu de croire qu'elle connaissait sa passion et se sentait disposée à la partager. Ses espérances suffisaient presque à son bonheur ; et quand il se sentait un désir plus vif de connaître celle qu'il nommait déjà intérieurement sa maîtresse, son imagination, frappée et comme rassurée par le merveilleux qui l'entourait, la lui peignait si parfaite et si belle, qu'il redoutait en quelque sorte le moment où elle se dévoilerait à lui.

Une nuit qu'ils erraient ensemble sous les colonnades de Saint-Marc, la femme masquée fit arrêter Franz devant un tableau qui représentait une fille agenouillée devant le saint patron de la basilique et de la ville.

« Que dites-vous de cette femme ? lui dit-elle après lui avoir laissé le temps de la bien examiner.

— C'est, répondit-il, la plus merveilleuse beauté que l'on puisse, non pas voir, mais imaginer. L'âme inspirée de l'artiste a pu nous en donner la divine image, mais le modèle n'en peut exister qu'aux cieux. »

La femme masquée serra fortement la main de Franz.

« Moi, reprit-elle, je ne connais pas de visage plus beau que celui du glorieux saint Marc, et je ne saurais aimer d'autre homme que celui qui en est la vivante image. »

En entendant ces mots, Franz pâlit et chancela comme frappé de vertige. Il venait de reconnaître que le visage du saint offrait avec le sien la plus exacte ressemblance. Il tomba à genoux devant l'inconnue, et, saisissant sa main, la baigna de ses larmes, sans pouvoir prononcer une parole.

« Je sais maintenant que tu m'appartiens, lui dit-elle d'une voix émue, et que tu es digne de me connaître et de me posséder. A demain, au bal du palais Servilio. »

Puis elle le quitta comme les autres fois, mais sans prononcer les paroles, pour ainsi dire sacramentelles, qui terminaient ses entretiens de chaque nuit. Franz, ivre de joie, erra tout le jour dans la ville, sans pouvoir s'arrêter nulle part. Il admirait le ciel, souriait aux lagunes, saluait les maisons, et parlait seul. Tous ceux qui le rencontraient le prenaient pour un fou et se le montraient par leurs regards. Il s'en apercevait, et riait de la folie de ceux qui raillaient la sienne. Quand ses amis lui demandaient ce qu'il avait fait depuis un mois qu'on ne le voyait plus, il leur répondait : « Je vais être heureux », et passait. Le soir venu, il alla acheter une magnifique écharpe et des épaulettes neuves, rentra chez lui pour s'habiller, mit le plus grand soin à sa toilette, et se rendit ensuite, revêtu de son uniforme, au palais Servilio.

Le bal était magnifique ; tout le monde, excepté les officiers de la garnison, était venu déguisé, selon la teneur des lettres d'invitation, et cette multitude de costumes variés et élégants, se mêlant et s'agitant au son d'un nombreux orchestre, offrait l'aspect le plus brillant et le plus animé. Franz parcourut toutes les salles, s'approcha de tous les groupes, et jeta les yeux sur toutes les femmes. Plusieurs étaient remarquablement belles, et pourtant aucune ne lui parut digne d'arrêter ses regards.

« Elle n'est pas ici, se dit-il en lui-même. J'en étais sûr ; ce n'est pas encore son heure. »

Il alla se placer derrière une colonne, auprès de l'entrée principale, et attendit, les yeux fixés sur la porte. Bien des fois cette porte s'ouvrit ; bien des femmes entrèrent sans faire battre le cœur de Franz. Mais, au moment où l'horloge allait sonner onze heures, il tressaillit, et s'écria assez haut pour être entendu de ses voisins :

« La voilà ! »

Tous les yeux se tournèrent vers lui, comme pour lui demander le sens de son exclamation. Mais, au même instant, les portes s'ouvrirent brusquement, et une femme qui entra attira sur elle tous les regards. Franz la reconnut tout de suite. C'était la jeune fille du tableau, vêtue en dogaresse du XVe siècle, et rendue plus belle encore par la magnificence de son costume. Elle s'avançait d'un pas lent et majestueux, regardant avec assurance autour d'elle, ne saluant personne, comme si elle eût été la reine de la fête. Personne, excepté Franz, ne la connaissait ; mais tout le monde, subjugué par sa merveilleuse beauté et son air de grandeur, s'écartait respectueusement et s'inclinait presque sur son passage. Franz, à la fois ébloui et enchanté, la suivait d'assez loin. Au moment où elle arrivait dans la dernière salle, un beau jeune homme, portant le costume de Tasso, chantait, en s'accompagnant avec la guitare, une romance en l'honneur de Venise. Elle marcha droit à lui, et, le regardant fixement, lui demanda qui il était pour oser porter un pareil costume et chanter Venise. Le jeune homme, atterré par ce regard, baissa la tête en pâlissant, et lui tendit sa guitare. Elle la prit, et, promenant au hasard sur les cordes ses doigts blancs comme l'albâtre, elle entonna à son tour, d'une voix harmonieuse et puissante, un chant bizarre et souvent entrecoupé :

« Dansez, riez, chantez, gais enfants de Venise ! Pour vous, l'hiver n'a point de frimas, la nuit pas de ténèbres, la vie pas de soucis. Vous êtes les heureux du monde, et Venise est la reine des nations. Qui a dit non ? Qui donc ose penser que Venise n'est pas toujours Venise ? Prenez garde ! Les yeux voient, les oreilles entendent, les langues parlent ; craignez le conseil des Dix, si vous n'êtes pas de bons citoyens. Les bons citoyens dansent, rient et chantent, mais ne parlent pas. Dansez, riez, chantez, gais enfants de Venise ! — Venise, seule ville qui n'ait pas été créée par la main, mais par l'esprit de l'homme, toi qui sembles faite pour servir de demeure passagère aux âmes des justes, et placée comme un degré pour elles de la terre aux cieux ; murs qu'habitèrent les fées, et qu'anime encore un souffle magique ; colonnades aériennes qui tremblez dans la brume ; aiguilles légères qui vous confondez avec les mâts flottants des navires ; arcades qui semblez contenir mille voix pour répondre à chaque voix qui passe ; myriades d'anges et de saints qui semblez bondir sur les coupoles et agiter vos ailes de marbre et de bronze quand la brise court sur vos fronts humides ; cité qui ne gis pas, comme les autres, sur un sol morne et fangeux, mais qui flottes, comme une troupe de cygnes, sur les ondes, réjouissez-vous, réjouissez-vous, réjouissez-vous ! Une destinée nouvelle s'ouvre pour vous, aussi belle que la première. L'aigle noir flotte au-dessus du lion de Saint-Marc, et des pieds tudesques valsent dans le palais des doges ! — Taisez-vous, harmonie de la nuit ! Éteignez-vous, bruits insensés du bal ! Ne te fais plus entendre, saint cantique des pêcheurs ; cesse de murmurer, voix de l'Adriatique ! Meurs, lampe de la Madone ; cache-toi pour jamais, reine argentée de la nuit ! il n'y a plus de Vénitiens dans Venise ! — Rêvons-nous, sommes-nous en fête ? Oui, oui, dansons, rions, chantons ! C'est l'heure où l'ombre de Faliero descend lentement l'escalier des Géants, et s'assied immobile sur la dernière marche. Dansons, rions, chantons ! car tout à l'heure la voix de l'horloge dira : Minuit ! et le chœur des morts viendra crier à nos oreilles ! Servitude ! servitude ! »

En achevant ces mots, elle laissa tomber sa guitare qui rendit un son funèbre en heurtant les dalles, et l'horloge sonna. Tout le monde écouta les douze coups dans un silence sinistre. Alors le maître du palais s'avança vers l'inconnue d'un air moitié effrayé, moitié irrité.

« Madame, lui dit-il d'une voix émue, qui m'a fait l'honneur de vous amener chez moi ?

— Moi, s'écria Franz en s'avançant ; et si quelqu'un le trouve mauvais, qu'il parle. »

L'inconnue, qui n'avait pas paru faire attention à la question du maître, leva vivement la tête en entendant la voix du comte.

« Je vis, s'écria-t-elle avec enthousiasme, je vivrai. » Et elle se retourna vers lui avec un visage rayonnant. Mais, quand elle l'eut vu, ses joues pâlirent, et son front se chargea d'un sombre nuage.

« Pourquoi avez-vous pris ce déguisement? lui dit-elle d'un ton sévère en lui montrant son uniforme.

— Ce n'est point un déguisement, répondit-il, c'est... »

Il n'en put dire davantage. Un regard terrible de l'inconnue l'avait comme pétrifié. Elle le considéra quelques secondes en silence, puis laissa tomber de ses yeux deux grosses larmes. Franz allait s'élancer vers elle. Elle ne lui en laissa pas le temps.

« Suivez-moi », lui dit-elle d'une voix sourde.

Puis elle fendit rapidement la foule étonnée, et sortit du bal suivie du comte.

Arrivée au bas de l'escalier du palais, elle sauta dans sa gondole, et dit à Franz d'y monter après elle et de s'asseoir. Quand il l'eut fait, il jeta les yeux autour de lui, et n'apercevant point de gondolier :

« Qui nous conduira? dit-il.

— Moi, répondit-elle en saisissant la rame d'une main vigoureuse.

— Laissez-moi plutôt.

— Non. Les mains autrichiennes ne connaissent pas la rame de Venise. »

Et, imprimant à la gondole une forte secousse, elle la lança comme une flèche sur le canal. En peu d'instants ils furent loin du palais. Franz, qui attendait de l'inconnue l'explication de sa colère, s'étonnait et s'inquiétait de lui voir garder le silence.

« Où allons-nous ? dit-il après un moment de réflexion.

— Où la destinée veut que nous allions, » répondit-elle d'une voix sombre ; et, comme si ces mots eussent ranimé sa colère, elle se mit à ramer avec plus de vigueur encore. La gondole, obéissant à l'impulsion de sa main puissante, semblait voler sur les eaux. Franz voyait l'écume courir avec une éblouissante rapidité le long des flancs de la barque, et les navires qui se trouvaient sur leur passage, fuir derrière lui comme des nuages emportés par l'ouragan. Bientôt les ténèbres s'épaissirent, le vent se leva, et le jeune homme n'entendit plus rien que le clapotement des flots et les sifflements de l'air dans ses cheveux ; et il ne vit plus rien devant lui que la grande forme blanche de sa compagne au milieu de l'ombre. Debout à la poupe, les mains sur la rame, les cheveux épars sur les épaules, et ses longs vêtements blancs en désordre abandonnés au vent, elle ressemblait moins à une femme qu'à l'esprit des naufrages se jouant sur la mer orageuse.

« Où sommes-nous? s'écria Franz d'une voix agitée.

— Le capitaine a peur? » répondit l'inconnue avec un rire dédaigneux.

Franz ne répondit pas. Il sentait qu'elle avait raison et que la peur le gagnait. Ne pouvant la maîtriser, il voulait au moins la dissimuler, et résolut de garder le silence. Mais, au bout de quelques instants, saisi d'une sorte de vertige, il se leva et marcha vers l'inconnue.

« Asseyez-vous, » lui cria celle-ci.

Franz, que sa peur rendait furieux, avançait toujours.

« Asseyez-vous, » lui répéta-t-elle d'une voix furieuse ; et, voyant qu'il continuait à avancer, elle frappa du pied avec tant de violence, que la barque trembla, comme si elle eût voulu chavirer. Franz fut renversé par la secousse et tomba évanoui au fond de la barque. Quand il revint à lui, il vit l'inconnue qui pleurait, couchée à ses pieds. Touché de son amère douleur, et oubliant tout ce qui venait de se passer, il la saisit dans ses bras, la releva et la fit asseoir à côté de lui ; mais elle ne cessait pas de pleurer.

« O mon amour ! s'écria Franz en la serrant contre son cœur, pourquoi ces larmes?

— Le Lion ! le Lion ! » lui répondit-elle en levant vers le ciel son bras de marbre.

Franz porta ses regards vers le point du ciel qu'elle lui montrait, et vit en effet la constellation du Lion qui brillait solitaire au milieu des nuages.

« Qu'importe ? Les astres ne peuvent rien sur nos destinées ; et s'ils pouvaient quelque chose, nous trouverions des constellations favorables pour lutter contre les étoiles funestes.

— Vénus est couchée, hélas! et le Lion se lève. Et là-bas! regarde là-bas! qui peut lutter contre ce qui vient là-bas ! »

Elle prononça ces mots avec une sorte d'égarement, en abaissant le bras vers l'horizon. Franz tourna les yeux vers le côté qu'elle désignait, et vit un point noir qui se dessinait sur les flots au milieu d'une auréole de feu.

« Qu'est-ce là ? dit-il avec un profond étonnement.

— C'est le destin, répondit-elle, qui vient chercher sa victime. Laquelle? vas-tu dire. Celle que je voudrai. Tu as bien entendu parler de ces gentilshommes autrichiens qui montèrent avec moi dans ma gondole, et ne reparurent jamais?

— Oui. Mais cette histoire est fausse.

— Elle est vraie. Il faut que je dévore ou que je sois dévorée. Tout homme de ta nation qui m'aime et que je n'aime pas, meurt. Et tant que je n'en aimerai pas un, je vivrai et je ferai mourir. Et si j'en aime un, je mourrai. C'est mon sort.

— O mon Dieu! qui donc es-tu?

— Comme il avance ! Dans une minute il sera sur nous. Entends-tu? entends-tu? »

Le point noir s'était approché avec une inconcevable rapidité, et avait pris la forme d'un immense bateau. Une lumière rouge sortait de ses flancs et l'entourait de toutes parts ; de grands fantômes se tenaient immobiles sur le pont, et une quantité innombrable de rames s'élevait et s'abaissait en cadence, frappant l'onde avec un bruit sinistre, et des voix caverneuses chantaient le *Dies iræ* en s'accompagnant de bruits de chaînes.

« O la vie! ô la vie! reprit l'inconnue avec désespoir. O Franz! voici le navire! le reconnais-tu?

— Non; je tremble devant cette apparition terrible, mais je ne la connais pas.

— C'est le *Bucentaure*. C'est lui qui a englouti tes compatriotes. Ils étaient ici, à cette même place, à cette même heure, assis à côté de moi, dans cette gondole. Le navire s'est approché comme il s'approche. Une voix m'a crié : Qui vive? j'ai répondu : Autriche. La voix m'a crié : Hais-tu ou aimes-tu? J'ai répondu : Je hais ; et la voix m'a dit : Vis. Puis le navire a passé sur la gondole, a englouti tes compatriotes, et m'a portée en triomphe sur les flots.

— Et aujourd'hui ?...

— Hélas! la voix va parler. »

En effet, une voix lugubre et solennelle, imposant silence au funèbre équipage du *Bucentaure*, cria : « Qui vive?

— Autriche », répondit la voix tremblante de l'inconnue.

Un chœur de malédiction éclata sur le *Bucentaure* qui s'approchait avec une rapidité toujours croissante. Puis un nouveau silence se fit, et la voix reprit :

« Hais-tu ou aimes-tu? »

L'inconnue hésita un moment ; puis, d'une voix éclatante comme le tonnerre, elle s'écria : « J'aime! »

Alors la voix dit :

« Tu as accompli ta destinée. Tu aimes l'Autriche ! Meurs, Venise! »

Un grand cri, un cri déchirant, désespéré, fendit l'air, et Franz disparut dans les flots. En remontant à la surface, il ne vit plus rien, ni la gondole, ni le *Bucentaure*, ni sa bien-aimée. Seulement, à l'horizon, brillaient de petites lumières ; c'étaient les fanaux des pêcheurs de Murano. Il nagea du côté de leur île, et y arriva au bout d'une heure. Pauvre Venise! »

Beppa avait fini de parler ; des larmes coulaient de ses yeux. Nous les regardâmes couler en silence, sans chercher à la consoler. Mais tout d'un coup elle les essuya, et nous dit avec sa vivacité capricieuse : « Eh bien ! qu'avez-vous donc à être si tristes? Est-ce là l'effet que produisent sur vous les contes de fées? N'avez-vous jamais entendu parler de l'*Orco*, le *Trilby* vénitien? Ne l'avez-vous jamais rencontré le soir dans les églises ou au Lido? C'est un bon diable, qui ne fait de mal qu'aux oppresseurs et aux traîtres. On peut dire que c'est le véritable génie de Venise. Mais le vice-roi, ayant appris indirectement et confusément l'aventure périlleuse du comte de Lichtenstein, fit prier le patriarche de faire un grand exorcisme sur les lagunes, et depuis ce temps l'*Orco* n'a point reparu. »

GEORGE SAND.

FIN DE L'ORCO.

LIBRAIRIE BLANCHARD
RUE RICHELIEU, 78

ÉDITION J. HETZEL

LIBRAIRIE MARESCQ ET Cⁱᵉ
5, RUE DU PONT-DE-LODI

# VALENTINE

## NOTICE

*Valentine* est le second roman que j'aie publié, après *Indiana*, qui eut un succès littéraire auquel j'étais loin de m'attendre ; je retournais dans le Berri en 1832, et je me plus à peindre la nature que j'avais sous les yeux depuis mon enfance. Dès ces jours-là, j'avais éprouvé le besoin de la décrire ; mais, par un phénomène qui accompagne toutes les émotions profondes, dans l'ordre moral comme dans l'ordre intellectuel, c'est ce qu'on désire le plus manifester, qu'on ose le moins aborder en public. Ce pauvre coin du Berri, cette Vallée-Noire si inconnue, ce paysage sans grandeur, sans éclat, qu'il faut chercher pour le trouver, et chérir pour l'admirer, c'était le sanctuaire de mes premières, de mes longues, de mes continuelles rêveries. Il y avait vingt-deux ans que je vivais dans ces arbres mutilés, dans ces chemins raboteux, le long de ces buissons incultes, au bord de ces ruisseaux dont les rives ne sont praticables qu'aux enfants et aux troupeaux. Tout cela n'avait de charmes que pour moi, et ne méritait pas d'être révélé aux indifférents. Pourquoi trahir l'*incognito* de cette contrée modeste qu'aucun grand souvenir historique, qu'aucun grand site pittoresque, ne signalent à l'intérêt ou à la curiosité ? Il me semblait que la Vallée-Noire c'était moi-même, c'était le cadre, le vêtement de ma propre existence, et il y avait si loin de là à une toilette brillante et faite pour attirer les regards ! Si j'avais compté sur le retentissement de mes œuvres, je crois que j'eusse voilé avec jalousie ce paysage comme un sanctuaire, où, seul jusque-là, peut-être, j'avais promené une pensée d'artiste, une rêverie de poëte ; mais je n'y comptais pas, je n'y pensais même pas du tout. J'étais obligé d'écrire et j'écrivais. Je me laissais entraîner au charme secret répandu dans l'air presque natal dont j'étais enveloppé. La partie descriptive de mon roman fut goûtée. La fable souleva des critiques assez vives sur la prétendue doctrine anti-matrimoniale que j'avais déjà proclamée, disait-on, dans *Indiana*. Dans l'un et l'autre roman j'avais montré les dangers et les douleurs des unions mal assorties. Il paraît que, croyant faire de la prose, j'avais fait du saint-simonisme sans le savoir. Je n'en étais pas alors à réfléchir sur les misères sociales. J'étais encore trop jeune pour voir et constater autre chose que des faits. J'en serais peut-être toujours resté là, grâce à mon indolence naturelle et à cet amour des choses extérieures qui est le bonheur et l'infirmité des artistes, si l'on ne m'eût poussé, par des critiques un peu pédantesques, à réfléchir davantage et à m'inquiéter des causes premières, dont je n'avais jusque-là saisi que les effets. Mais on m'accusa si aigrement de vouloir faire l'esprit fort et le philosophe, que je me posai un jour cette question : « Voyons donc ce que c'est que la philosophie ! »

GEORGE SAND.

Paris, 27 mars 1852.

## PREMIÈRE PARTIE.

### I.

La partie sud-est du Berry renferme quelques lieues d'un pays singulièrement pittoresque. La grande route qui le traverse dans la direction de Paris à Clermont étant bordée des terres les plus habitées, il est difficile au voyageur de soupçonner la beauté des sites qui l'avoisinent. Mais à celui qui, cherchant l'ombre et le silence, s'enfoncerait dans un de ces chemins tortueux et encaissés qui débouchent sur la route à chaque instant, bientôt se révéleraient de frais et calmes paysages, des prairies d'un vert tendre, des ruisseaux mélancoliques, des massifs d'aunes et de frênes, toute une nature suave et pastorale. En vain chercherait-il dans un rayon de plusieurs lieues une maison d'ardoise et de moellons. A peine une mince fumée bleue, venant à trembloter derrière le feuillage, lui annoncerait le voisinage d'un toit de chaume ; et s'il apercevait derrière les noyers de la colline la flèche d'une petite église, au bout de quelques pas il découvrirait un campanile de tuiles rongées par la mousse, douze maisonnettes éparses, entourées de leurs vergers et de leurs chenevières, un ruisseau avec son pont formé de trois soliveaux, un cimetière d'un arpent carré fermé par une haie vive, quatre ormeaux en quinconce et une tour ruinée. C'est ce qu'on appelle un bourg dans le pays.

Rien n'égale le repos de ces campagnes ignorées. Là n'ont pénétré ni le luxe, ni les arts, ni la manie savante des recherches, ni le monstre à cent bras qu'on appelle industrie. Les révolutions s'y sont à peine fait sentir, et la dernière guerre dont le sol garde une imperceptible trace est celle des huguenots contre les catholiques ; encore la tradition en est restée si incertaine et si pâle que, si vous interrogiez les habitants, ils vous répondraient que ces choses se sont passées il y a au moins deux mille ans ; car la principale force de cette race de cultivateurs, c'est l'insouciance en matière d'antiquités. Vous pouvez parcourir ses domaines, prier devant ses saints, boire à ses puits, sans jamais courir le risque d'entendre la chronique féodale obligée, ou la légende miraculeuse de rigueur. Le caractère grave et silencieux du paysan n'est pas un des moindres charmes de cette contrée. Rien ne l'étonne, rien ne l'attire. Votre présence tortuite dans son sentier ne lui fera pas même détourner la tête, et si vous lui demandez le chemin d'une ville ou d'une ferme, toute sa réponse consistera dans un sourire de complaisance, comme pour vous prouver qu'il n'est pas dupe de votre facétie. Le paysan de Berri ne conçoit pas qu'on marche sans bien savoir où l'on va. A peine son chien daignera-t-il aboyer après vous ; ses enfants se cacheront derrière la haie pour échapper à vos regards ou à vos questions, et le plus petit d'entre eux, s'il n'a pu suivre ses frères en déroute, se laissera tomber de peur dans le fossé en criant de toutes ses forces. Mais la figure la plus impassible sera celle d'un grand bœuf blanc, doyen inévitable de tous les pâturages, qui, vous regardant fixement du milieu du buisson, semblera tenir en respect toute la famille moins grave et moins bienveillante des taureaux effarouchés.

A part cette première froideur à l'abord de l'étranger, le laboureur de ce pays est bon et hospitalier, comme ses ombrages paisibles, comme ses prés aromatiques.

Une partie de terrain comprise entre deux petites rivières est particulièrement remarquable par les teintes vigoureuses et sombres de sa végétation, qui lui ont fait donner le nom de *Vallée-Noire*. Elle n'est peuplée que de chaumières éparses et de quelques fermes d'un bon revenu. Celle qu'on appelle *Grangeneuve* est fort considérable ; mais la simplicité de son aspect n'offre rien qui altère celle du paysage. Une avenue d'érables y conduit, et, tout au pied des bâtiments rustiques, l'Indre, qui n'est dans cet endroit qu'un joli ruisseau, se promène doucement au milieu des joncs et des iris jaunes de la prairie.

Le 1er mai est pour les habitants de la Vallée-Noire un jour de déplacement et de fête. A l'extrémité du vallon, c'est-à-dire à deux lieues environ de la partie centrale où est situé Grangeneuve, se tient une de ces fêtes champêtres qui, en tous pays, attirent et réunissent tous les habitants des environs, depuis le sous-préfet du département jusqu'à la jolie grisette qui a plissé, la veille, le jabot administratif ; depuis la noble châtelaine jusqu'au petit *pâtour* (c'est le mot du pays) qui nourrit sa chèvre et son mouton aux dépens des haies seigneuriales. Tout cela mange sur l'herbe, danse sur l'herbe, avec plus ou moins d'appétit, plus ou moins de plaisir ; tout cela vient pour se montrer en calèche ou sur un âne, en cornette ou en chapeau de paille d'Italie, en sabots de bois de peuplier ou en souliers de satin turc, en robe de soie ou en jupe de droguet. C'est un beau jour pour les jolies filles, un jour de haute et basse justice pour la beauté, quand, à la lumière inévitable du plein soleil, les grâces un peu problématiques des salons sont appelées au concours vis-à-vis des fraîches santés, des éclatantes jeunesses du village ; alors que l'aréopage masculin est composé de juges de tout rang, et que les parties sont en présence au son du violon, à travers la poussière, sous le feu des regards. Bien des triomphes équitables, bien des réparations méritées, bien des jugements longtemps en litige, signalent dans les annales de la coquetterie le jour de la fête champêtre, et le 1er mai était là, comme partout, un grand sujet de rivalité secrète entre les dames de la ville voisine et les paysannes endimanchées de la Vallée-Noire.

Mais ce fut à Grangeneuve que s'organisa dès le matin le plus redoutable arsenal de cette séduction naïve. C'était dans une grande chambre basse, éclairée par des croisées à petit vitrage ; les murs étaient revêtus d'un papier assez éclatant de couleur, qui jurait avec les solives noircies du plafond, les portes en plein chêne et le bahut grossier. Dans ce local imparfaitement décoré, où d'assez beaux meubles modernes faisaient ressortir la rusticité classique de sa première condition, une belle fille de seize ans, debout devant le cadre doré et découpé d'une vieille glace qui semblait se pencher vers elle pour l'admirer, mettait la dernière main à une toilette plus riche qu'élégante. Mais Athénaïs, l'héritière unique du bon fermier, était si jeune, si rose, si réjouissante à voir, qu'elle semblait encore gracieuse et naturelle dans ses atours d'emprunt. Tandis qu'elle arrangeait les plis de sa robe de tulle, madame sa mère, accroupie devant la porte, les manches retroussées jusqu'au coude, préparait, dans un grand chaudron, je ne sais quelle mixture d'eau et de son, autour de laquelle une demi-brigade de canards se tenait en bon ordre dans une attentive extase. Un rayon de soleil vif et joyeux entrait par cette porte ouverte, et venait tomber sur la jeune fille parée, vermeille et mignonne, si différente de sa mère, replète, hâlée, vêtue de bure.

A l'autre bout de la chambre, un jeune homme habillé de noir, assis négligemment sur un canapé, contemplait Athénaïs en silence. Mais son regard n'exprimait pas cette joie expansive, enfantine, que trahissaient tous les mouvements de la jeune fille. Parfois même une légère expression d'ironie et de pitié semblait animer sa bouche grande, mince et mobile.

M. Lhéry, ou plutôt le père Lhéry, comme l'appelaient encore par habitude les paysans dont il avait été longtemps l'égal et le compagnon, chauffait paisiblement ses tibias chaussés de bas blancs, au feu de javelles qui brûlait en toutes saisons dans la cheminée, selon l'usage des campagnes. C'était un brave homme encore vert, qui portait des culottes rayées, un grand gilet à fleurs, une veste longue et une queue. La queue est un vestige précieux des temps passés, qui s'efface chaque jour de plus en plus du sol de la France. Le Berri ayant moins souffert que toute autre province des envahissements de la civilisation, cette coiffure y règne encore sur quelques habitués fidèles, dans la classe des cultivateurs demi-bourgeois, demi-rustres. C'était, dans leur jeunesse, le premier pas vers les habitudes aristocratiques, et ils croiraient déroger aujourd'hui s'ils privaient leur chef de cette distinction sociale. M. Lhéry avait défendu la sienne contre les attaques ironiques de sa fille, et c'était peut-être, dans toute la vie d'Athénaïs, la seule de ses volontés à laquelle ce père tendre n'eût pas acquiescé.

— Allons donc, maman ! dit Athénaïs en arrangeant la boucle d'or de sa ceinture de moire, as-tu fini de donner à manger à tes canards? Tu n'es pas encore habillée ? Nous ne partirons jamais !

— Patience, patience, petite ! dit la mère Lhéry en distribuant avec une noble impartialité la pâture à ses volatiles ; pendant le temps qu'on mettra *Mignon* à la patache, j'aurai tout celui de m'arranger. Ah ! dame ! il ne m'en faut pas tant qu'à toi, ma fille ! Je ne suis plus jeune ; et, quand je l'étais, je n'avais pas comme toi le loisir et le moyen de me faire belle. Je ne passais pas deux heures à ma toilette, da !

— Est-ce que c'est un reproche que vous me faites ? dit Athénaïs d'un air boudeur.

— Non, ma fille, non, répondit la vieille. Amuse-toi, fais-toi *brave*, mon enfant ; tu as de la fortune, profite du travail de tes parents. Nous sommes trop vieux à présent pour en jouir, nous autres... Et puis, quand on a pris l'habitude d'être gueux, on ne s'en défait plus. Moi qui pourrais me faire servir pour mon argent, ça m'est impossible ; c'est plus fort que moi, il faut toujours que tout soit fait par moi-même dans la maison. Mais toi, fais la dame, ma fille ; tu as été élevée pour ça : c'est l'intention de ton père ; tu n'es pas pour le nez d'un valet de charrue, et le mari que tu auras sera bien aise de te trouver la main blanche, hein ?

Madame Lhéry, en achevant d'essuyer son chaudron et de débiter ce discours plus affectueux que sensé, fit une grimace au jeune homme en manière de sourire. Celui-ci affecta de n'y pas faire attention, et le père Lhéry, qui contemplait les boucles de ses souliers dans cet état de béate stupidité si doux au paysan qui se repose, leva ses yeux à demi fermés vers son futur gendre, comme pour jouir de sa satisfaction. Mais le futur gendre, pour échapper à ces prévenances muettes, se leva, changea de place, et dit enfin à madame Lhéry :

« Ma tante, voulez-vous que j'aille préparer la voiture ?

— Va, mon enfant, va si tu veux. Je ne te ferai pas attendre, » répondit la bonne femme.

Le neveu allait sortir quand une cinquième personne entra, qui, par son air et son costume, contrastait singulièrement avec les habitants de la ferme.

## II.

C'était une femme petite et mince qui, au premier abord, semblait âgée de vingt-cinq ans ; mais, en la voyant de près, on pouvait lui en accorder trente sans craindre d'être trop libéral envers elle. Sa taille fluette et bien prise avait encore la grâce de la jeunesse ; mais son visage, à la fois noble et joli, portait les traces du chagrin, qui flétrit encore plus que les années. Sa mise négligée, ses cheveux plats, son air calme, témoignaient assez l'intention de ne point aller à la fête. Mais dans la petitesse de sa pantoufle, dans l'arrangement décent et gracieux de sa robe grise, dans la blancheur de son cou, dans sa démarche souple et mesurée, il y avait plus d'aristocratie véritable que dans tous les joyaux d'Athénaïs. Pourtant cette personne si imposante, devant laquelle toutes les autres se levèrent avec respect, ne portait pas d'autre nom, chez ses hôtes de la ferme, que celui de mademoiselle Louise.

Elle tendit une main affectueuse à madame Lhéry, baisa sa fille au front, et adressa un sourire d'amitié au jeune homme.

— Eh bien ! lui dit le père Lhéry, avez-vous été vous promener bien loin ce matin, ma chère demoiselle ?

— En vérité, devinez jusqu'où j'ai osé aller ! répondit mademoiselle Louise en s'asseyant près de lui familièrement.

— Pas jusqu'au château, je pense ? dit vivement le neveu.

— Précisément jusqu'au château, Bénédict, répondit-elle.

— Quelle imprudence ! s'écria Athénaïs, qui oublia un instant de crêper les boucles de ses cheveux pour s'approcher avec curiosité.

— Pourquoi ? répliqua Louise ; ne m'avez-vous pas dit que tous les domestiques étaient renouvelés sauf la pauvre nourrice ? Et bien certainement, si j'eusse rencontré celle-là, elle ne m'eût pas trahie.

— Mais enfin vous pouviez rencontrer madame...

— A six heures du matin ? *madame* est dans son lit jusqu'à midi.

— Vous vous êtes donc levée avant le jour ? dit Bénédict. Il m'a semblé en effet vous entendre ouvrir la porte du jardin.

— Mais *mademoiselle !* dit madame Lhéry, on la dit fort matinale, fort active. Si vous l'eussiez rencontrée, celle-là ?

— Ah ! que je l'aurais voulu ! dit Louise avec chaleur ; je n'aurai pas de repos que je n'aie vu ses traits, entendu le son de sa voix... Vous la connaissez ; vous, Athénaïs ; dites-moi donc encore qu'elle est jolie, qu'elle est bonne, qu'elle ressemble à son père...

— Il y a quelqu'un ici à qui elle ressemble bien davantage, dit Athénaïs en regardant Louise ; c'est dire qu'elle est bonne et jolie.

La figure de Bénédict s'éclaircit, et ses regards se portèrent avec bienveillance sur sa fiancée.

— Mais écoutez, dit Athénaïs à Louise, si vous voulez tant voir mademoiselle Valentine, il faut venir à la fête avec nous ; vous vous tiendrez cachée dans la maison de notre cousine Simone, sur la place, et de là vous verrez certainement ces dames ; car mademoiselle Valentine m'a assuré qu'elles y viendraient.

— Ma chère belle, cela est impossible, répondit Louise ; je ne descendrais pas de la carriole sans être reconnue ou devinée. D'ailleurs, il n'y a qu'une personne de cette famille que je désire voir ; la présence des autres gâterait le plaisir que je m'en promets. Mais c'est assez parler de mes projets, parlons des vôtres, Athénaïs. Il me semble que vous voulez écraser tout le pays par un tel luxe de fraîcheur et de beauté !

La jeune fermière rougit de plaisir, et embrassa Louise avec une vivacité qui prouvait assez la satisfaction naïve qu'elle éprouvait d'être admirée.

— Je vais chercher mon chapeau, dit-elle ; vous m'aiderez à le poser, n'est-ce pas ?

Et elle monta vivement un escalier de bois qui conduisait à sa chambre.

Pendant ce temps, la mère Lhéry sortit par une autre porte pour aller changer de costume ; son mari prit une fourche et alla donner ses instructions au bouvier pour le régime de la journée.

Alors, Bénédict, resté seul avec Louise, se rapprocha d'elle, et parlant à demi-voix :

— Vous gâtez Athénaïs comme les autres ! lui dit-il. Vous êtes la seule ici qui auriez le droit de lui adresser quelques observations, et vous ne daignez pas le faire...

— Qu'avez-vous donc encore à reprocher à cette pauvre enfant ? répondit Louise étonnée. Ô Bénédict ! vous êtes bien difficile !

— Voilà ce qu'ils me disent tous, et vous aussi, Madame, vous qui pourriez si bien comprendre ce que je souffre du caractère et des ridicules de cette jeune personne !

— Des ridicules? répéta Louise. Est-ce que vous ne seriez pas amoureux d'elle?

Bénédict ne répondit rien, et après un instant de trouble et de silence :

— Convenez, lui dit-il, que sa toilette est extravagante aujourd'hui. Aller danser au soleil et à la poussière avec une robe de bal, des souliers de satin, un cachemire et des plumes! Outre que cette parure est hors de place, je la trouve du plus mauvais goût. A son âge, une jeune personne devrait chérir la simplicité et savoir s'embellir à peu de frais.

— Est-ce la faute d'Athénaïs si on l'a élevée ainsi? Que vous vous attachez à peu de chose! Occupez-vous plutôt de lui plaire et de prendre de l'empire sur son esprit et sur son cœur; alors soyez sûr que vos désirs seront des lois pour elle. Mais vous ne songez qu'à la froisser et à la contredire, elle si choyée et si souveraine dans sa famille! Souvenez-vous donc combien son cœur est bon et sensible...

— Son cœur, son cœur! sans doute elle a un bon cœur; mais son esprit est si borné! c'est une bonté toute native, toute végétale, à la manière des légumes qui croissent bien ou mal sans en savoir la cause. Que sa coquetterie me déplaît! Il me faudra lui donner le bras, la promener, la montrer à cette fête, entendre la sotte admiration des uns, le sot dénigrement des autres! Quel ennui! Je voudrais en être déjà revenu!

— Quel singulier caractère! Savez-vous, Bénédict, que je ne vous comprends pas? Combien d'autres à votre place s'enorgueilliraient de se montrer en public avec la plus jolie fille et la plus riche héritière de nos campagnes, d'exciter l'envie de vingt rivaux éconduits, de pouvoir se dire son fiancé! Au lieu de cela, vous ne vous attachez qu'à la critique amère de quelques légers défauts, communs à toutes les jeunes personnes de cette classe, dont l'éducation ne s'est pas trouvée en rapport avec la naissance. Vous lui faites un crime de subir les conséquences de la vanité de ses parents; vanité bien innocente après tout, et dont vous devriez vous plaindre moins que personne.

— Je le sais, répondit-il vivement, je sais tout ce que vous allez me dire. Ils ne me devaient rien, ils m'ont tout donné. Ils m'ont pris, moi, fils de leur frère, fils d'un paysan comme eux, mais d'un paysan pauvre, moi orphelin, moi indigent. Ils m'ont recueilli, adopté, et au lieu de me mettre à la charrue, comme l'ordre social semblait m'y destiner, ils m'ont envoyé à Paris, à leurs frais; ils m'ont fait faire des études, ils m'ont métamorphosé en bourgeois, en étudiant, en bel esprit, et ils me destinent encore leur fille, leur fille riche, vaniteuse et belle. Ils me la réservent, ils me l'offrent! Oh! sans doute, ils m'ont aimé beaucoup, ces parents au cœur simple et prodigue; mais leur aveugle tendresse s'est trompée, et tout le bien qu'ils ont voulu me faire s'est changé en mal... Maudite soit la manie de prétendre plus haut qu'on ne peut atteindre!

Bénédict frappa du pied; Louise le regarda d'un air triste et sévère.

— Est-ce là le langage que vous teniez hier, au retour de la chasse, à ce jeune noble, ignorant et borné, qui niait les bienfaits de l'éducation et voulait arrêter les progrès des classes inférieures de la société? Que de bonnes choses n'avez-vous pas trouvé à lui dire pour défendre la propagation des lumières et la liberté pour tous de croître et de parvenir! Bénédict, votre esprit changeant, irrésolu, chagrin, cet esprit qui examine et déprécie tout, m'étonne et m'afflige. J'ai peur que chez vous le bon grain ne se change en ivraie, j'ai peur que vous ne soyez beaucoup au-dessous de votre éducation, ou beaucoup au-dessus, ce qui ne serait pas un moindre malheur.

— Louise, Louise! dit Bénédict d'une voix altérée, en saisissant la main de la jeune femme.

Il la regarda fixement et avec yeux humides; Louise rougit et détourna les siens d'un air mécontent. Bénédict laissa tomber sa main et se mit à marcher avec agitation, avec humeur; puis il se rapprocha d'elle et fit un effort pour redevenir calme.

— C'est vous qui êtes trop indulgente, dit-il. Vous avez vécu plus que moi, et pourtant je vous crois beaucoup plus jeune. Vous avez l'expérience de vos sentiments, qui sont grands et généreux, mais vous n'avez pas étudié le cœur des autres, vous n'en soupçonnez pas la laideur et les petitesses; vous n'attachez aucune importance aux imperfections d'autrui, vous ne les voyez pas peut-être!... Ah! Mademoiselle! Mademoiselle! vous êtes un guide bien indulgent et bien dangereux...

— Voilà de singuliers reproches, dit Louise avec une gaieté forcée. De qui me suis-je élue le mentor ici? Ne vous ai-je pas toujours dit au contraire que je n'étais pas plus propre à diriger les autres que moi-même? Je manque d'expérience, dites-vous!... Oh! je ne me plains pas de cela, moi!...

Deux larmes coulèrent le long des joues de Louise. Il se fit un instant de silence pendant lequel Bénédict se rapprocha encore, et se tint ému et tremblant auprès d'elle. Puis Louise reprit en cherchant à cacher sa tristesse :

— Mais vous avez raison, j'ai trop vécu en moi-même pour observer les autres à fond. J'ai trop perdu de temps à souffrir; ma vie a été mal employée.

Louise s'aperçut que Bénédict pleurait. Elle craignait l'impétueuse sensibilité de ce jeune homme, et, lui montrant la cour, elle lui fit signe d'aller aider son oncle qui attelait lui-même à la patache un gros bidet poitevin; mais Bénédict ne s'aperçut pas de son intention.

— Louise! lui dit-il avec ardeur; puis il répéta : Louise! d'un ton plus bas. — C'est un joli nom, dit-il, un nom si simple, si doux! et c'est vous qui le portez! au lieu que ma cousine, si bien faite pour traire les vaches et garder les moutons, s'appelle Athénaïs! J'ai une autre cousine qui s'appelle Zoraïde, et qui vient de nommer son marmot Adhémar! Les nobles ont bien raison de mépriser nos ridicules; ils sont amers! ne trouvez-vous pas? Voici un rouet, le rouet de ma bonne tante; qui est-ce qui le charge de laine? qui le fait tourner patiemment en son absence?... Ce n'est pas Athénaïs... Oh non!... elle croirait s'être dégradée si elle avait jamais touché un fuseau; elle craindrait de redescendre à l'état d'où elle est sortie si elle le savait faire un ouvrage utile. Non, non, elle sait broder, jouer de la guitare, peindre des fleurs, danser; mais vous savez filer, Mademoiselle, vous née dans l'opulence; vous êtes douce, humble et laborieuse... J'entends marcher là-haut. C'est elle qui revient; elle s'était oubliée devant son miroir sans doute!...

— Bénédict! allez donc chercher votre chapeau, cria Athénaïs du haut de l'escalier.

— Allez donc! dit Louise à voix basse en voyant que Bénédict ne se dérangeait pas.

— Maudite soit la fête! répondit-il sur le même ton. Je vais partir, soit! mais dès que j'aurai déposé ma belle cousine sur la pelouse, j'aurai soin d'avoir un pied foulé et de revenir à la ferme...... Y serez-vous, mademoiselle Louise?

— Non, Monsieur, je n'y serai pas, répondit-elle avec sécheresse.

Bénédict devint rouge de dépit. Il se prépara à sortir. Madame Lhéry reparut avec une toilette moins somptueuse, mais encore plus ridicule que celle de sa fille. Le satin et la dentelle faisaient admirablement ressortir son teint cuivré par le soleil, ses traits prononcés et sa démarche roturière. Athénaïs passa un quart d'heure à s'arranger avec humeur dans le fond de la carriole, reprochant à sa mère de froisser ses manches en occupant trop d'espace à côté d'elle, et regrettant, dans son cœur, que la folie de ses parents n'eût pas encore été poussée jusqu'à se procurer une calèche.

Le père Lhéry mit son chapeau sur ses genoux afin de ne pas l'exposer aux cahots de la voiture en le gardant sur sa tête. Bénédict monta sur la banquette de devant, et, en prenant les rênes, osa jeter un dernier regard sur Louise; mais il rencontra tant de froideur et de sévérité dans le sien qu'il baissa les yeux, se mordit les lèvres, et fouetta le cheval avec colère. *Mignon* partit au galop, et, coupant les profondes ornières du chemin, il imprima à la carriole de violentes secousses, funestes aux chapeaux des deux *dames* et à l'humeur d'Athénaïs.

## III.

Mais au bout de quelques pas, le bidet, naturellement peu taillé pour la course, se ralentit; l'humeur irascible de Bénédict se calma et fit place à la honte et aux remords, et M. Lhéry s'endormit profondément.

Ils suivaient un de ces petits chemins verts qu'on appelle, en langage villageois, *traînes*; chemin si étroit que l'étroite voiture touchait de chaque côté les branches des arbres qui le bordaient, et qu'Athénaïs put se cueillir un gros bouquet d'aubépine en passant son bras, couvert d'un gant blanc, par la lucarne latérale de la carriole. Rien ne saurait exprimer la fraîcheur et la grâce de ces petites allées sinueuses qui s'en vont serpentant capricieusement sous leurs perpétuels berceaux de feuillage, découvrant à chaque détour une nouvelle profondeur toujours plus mystérieuse et plus verte. Quand le soleil de midi embrase, jusqu'à la tige, l'herbe profonde et serrée des prairies, quand les insectes bruissent avec force et que la caille *glousse* avec amour dans les sillons, la fraîcheur et le silence semblent se réfugier dans les traînes. Vous y pouvez marcher une heure sans entendre d'autre bruit que le vol d'un merle effarouché à votre approche, ou le saut d'une petite grenouille verte et brillante comme une émeraude, qui dormait dans son hamac de joncs entrelacés. Ce fossé lui-même renferme tout un monde d'habitants, toute une forêt de végétations; son eau limpide court sans bruit en s'épurant sur la glaise, et caresse mollement ses bordures de cresson, de baume et d'hépatiques; les fontinales, les longues herbes appelées *rubans d'eau*, les mousses aquatiques pendantes et chevelues, tremblent incessamment dans ses petits remous silencieux; la bergeronnette jaune y trotte sur le sable d'un air à la fois espiègle et peureux; la clématite et le chèvrefeuille l'ombragent de berceaux où le rossignol cache son nid. Au printemps ce ne sont que fleurs et parfums; à l'automne, les prunelles violettes couvrent ces rameaux qui, en avril, blanchirent les premiers; la senelle rouge, dont les grives sont friandes, remplace la fleur d'aubépine, et les ronces, toutes chargées des flocons de laine qu'y ont laissés les brebis en passant, s'empourprent de petites mûres sauvages d'une agréable saveur.

Bénédict, laissant flotter les guides du paisible coursier, tomba dans une rêverie profonde. Ce jeune homme était d'un caractère étrange; ceux qui l'entouraient, faute de pouvoir le comparer à un autre de même trempe, le considéraient comme absolument hors de la ligne commune. La plupart le méprisaient comme un être incapable d'exécuter rien d'utile et de solide; et, s'ils ne lui témoignaient pas le peu de cas qu'ils faisaient de lui, c'est qu'ils étaient forcés de lui accorder une véritable bravoure physique et une grande fermeté de ressentiments. En revanche, la famille Lhéry, simple et bienveillante qu'elle était, n'hésitait pas à l'élever au premier rang pour l'esprit et le savoir. Aveugles pour ses défauts, ces braves gens ne voyaient dans leur neveu qu'un jeune homme trop riche d'imagination et de connaissances pour goûter le repos de l'esprit. Cependant Bénédict, à vingt-deux ans, n'avait point acquis ce qu'on appelle une instruction positive. A Paris, tour à tour possédé de l'amour des arts et des sciences, il ne s'était enrichi d'aucune spécialité. Il avait travaillé beaucoup; mais il s'était arrêté lorsque la pratique devenait nécessaire. Il avait senti le dégoût au moment où les autres recueillent le fruit de leurs peines. Pour lui, l'amour de l'étude finissait là où la nécessité du métier commençait. Les trésors de l'art et de la science une fois conquis, il ne s'était plus senti la constance égoïste d'en faire l'application à ses intérêts propres; et, comme il ne savait pas être utile à lui-même, chacun disait en le voyant inoccupé : « A quoi est-il bon ? »

De tout temps sa cousine lui avait été destinée en mariage; c'était la meilleure réponse qu'on pût faire aux envieux qui accusaient les Lhéry d'avoir laissé corrompre leur cœur autant que leur esprit par les richesses. Il est bien vrai que leur bon sens, ce bon sens des paysans, ordinairement si sûr et si droit, avait reçu une rude atteinte au sein de la prospérité. Ils avaient cessé d'estimer les vertus simples et modestes, et, après de vains efforts pour les détruire en eux-mêmes, ils avaient tout fait pour en étouffer le germe chez leurs enfants; mais ils n'avaient pas cessé de les chérir presque également, et en travaillant à leur perte ils avaient cru travailler à leur bonheur.

Cette éducation avait assez bien fructifié pour le malheur de l'un et de l'autre. Athénaïs, comme une cire molle et flexible, avait pris dans un pensionnat d'Orléans tous les défauts des jeunes provinciales : la vanité, l'ambition, l'envie, la petitesse. Cependant la bonté du cœur était en elle comme un héritage sacré transmis par sa mère, et les influences du dehors n'avaient pu l'étouffer. Il y avait donc beaucoup à espérer pour elle des leçons de l'expérience et de l'avenir.

Le mal était plus grand chez Bénédict. Au lieu d'engourdir les sentiments généreux, l'éducation les avait développés outre mesure, et les avait changés en irritation douloureuse et fébrile. Ce caractère ardent, cette âme impressionnable, auraient eu besoin d'un ordre d'idées calmantes, de principes répressifs. Peut-être même que le travail des champs, la fatigue du corps, eussent avantageusement employé l'excès de force qui fermentait dans cette organisation énergique. Les lumières de la civilisation, qui ont développé tant de qualités précieuses, en ont vicié peut-être autant. C'est un malheur des générations placées entre celles qui ne savent rien et celles qui sauront trop : elles savent trop.

Lhéry et sa femme ne pouvaient comprendre le malheur de cette situation. Ils se refusaient à le pressentir, et, n'imaginant pas d'autres félicités que celles qu'ils pouvaient dispenser, ils se vantaient naïvement d'avoir la puissance consolatrice des ennuis de Bénédict : c'était, selon eux, une bonne ferme, une jolie fermière, et une dot de deux cent mille francs comptants pour entrer en ménage. Mais Bénédict était insensible à ces flatteries de leur affection. L'argent excitait en lui ce mépris profond, enthousiaste exagération d'une jeunesse souvent trop prompte à changer de principes et à plier un genou converti devant le dieu de l'univers. Bénédict se sentait dévoré d'une ambition secrète; mais ce n'était pas celle-là : c'était de son âge, celle des choses qui flattent l'amour-propre d'une manière plus noble.

Le but particulier de cette attente vague et pénible, il l'ignorait encore. Il avait cru deux ou trois fois la reconnaître aux vives fantaisies qui s'étaient emparées de son imagination. Ces fantaisies s'étaient évanouies sans lui avoir apporté de jouissances durables. Maintenant il la sentait toujours comme un mal ennemi renfermé dans son sein, et jamais elle ne l'avait torturé si cruellement qu'alors qu'il savait moins à quoi la faire servir. L'ennui, ce mal horrible qui s'est attaché à la génération présente plus qu'à toute autre époque de l'histoire sociale, avait envahi la destinée de Bénédict dans sa fleur; il s'étendait comme un nuage noir sur tout son avenir. Il avait déjà flétri la plus précieuse faculté de son âge, l'espérance.

A Paris, la solitude l'avait rebuté. Toute préférable à la société qu'elle lui semblait, il l'avait trouvée, au fond de sa petite chambre d'étudiant, trop solennelle, trop dangereuse pour les facultés aussi actives que l'étaient les siennes. Sa santé en avait souffert, et ses bons parents effrayés l'avaient rappelé auprès d'eux. Il y était depuis un mois, et déjà son teint avait repris le ton vigoureux de la santé, mais son cœur était plus agité que jamais. La poésie des champs, à laquelle il était si sensible, portait jusqu'au délire l'ardeur de ces besoins ignorés qui le rongeaient. Sa vie de famille, si bienfaisante et si douce dans les premiers jours, chaque fois qu'il venait en faire l'essai, lui était devenue déjà plus fastidieuse que de coutume. Il ne se sentait aucun goût pour Athénaïs. Elle était trop au-dessous des chimères de sa pensée, et l'idée de se fixer au sein de ces habitudes extravagantes ou triviales dont sa famille offrait le contraste et l'assemblage lui était odieuse. Son cœur s'ouvrait bien à la tendressé et à la reconnaissance; mais ces sentiments étaient pour lui la source de combats et de remords perpétuels. Il ne pouvait se défendre d'une ironie intérieure, implacable et cruelle, à la vue de toutes ces petitesses qui l'entouraient, de ce mélange de parcimonie et de prodigalité qui rendent si ridicules les mœurs des parvenus. M. et M^me Lhéry, à la fois paternels et despotiques, donnaient le dimanche d'excellent vin à leurs laboureurs; dans la semaine ils leur reprochaient le filet de vinaigre qu'ils mettaient dans leur eau. Ils accordaient avec empressement à leur fille un superbe piano, une toilette en bois de citronnier, des livres richement reliés; ils la grondaient pour un fagot de trop qu'elle faisait jeter dans l'âtre. Chez eux, ils se faisaient petits et pauvres pour inspirer à leurs serviteurs le zèle et l'économie; au dehors, ils s'enflaient avec orgueil, et eussent regardé comme une insulte le moindre doute sur leur opulence. Eux, si bons, si charitables, si faciles à gagner, ils avaient réussi, à force de sottise, à se faire détester de tous leurs voisins, encore plus sots et plus vains qu'eux.

Voilà les défauts que Bénédict ne pouvait endurer. La jeunesse est âpre et intolérante pour la vieillesse, bien plus que celle-ci ne l'est envers elle. Cependant, au milieu de son découragement, des mouvements vagues et confus étaient venus jeter quelques éclairs d'espoir sur sa vie. Louise, *madame* ou *mademoiselle* Louise (on l'appelait également de ces deux noms), était venue s'installer à Grangeneuve depuis environ trois semaines. D'abord, la différence de leurs âges avait rendu cette liaison calme et imprévoyante; quelques préventions de Bénédict, défavorables à Louise qu'il voyait pour la première fois depuis douze ans, s'étaient effacées dans le charme pur et attachant de son commerce. Leurs goûts, leur instruction, leurs sympathies, les avaient rapidement rapprochés, et Louise, à la faveur de son âge, de ses malheurs et de ses vertus, avait pris un ascendant complet sur l'esprit de son jeune ami. Mais les douceurs de cette intimité furent de courte durée. Bénédict, toujours prompt à dépasser le but, toujours avide de diviniser ses admirations et d'empoisonner ses joies par leur excès, s'imagina qu'il était amoureux de Louise, qu'elle était la femme selon son cœur, et qu'il ne pourrait plus vivre là où elle ne serait pas. Ce fut l'erreur d'un jour. La froideur avec laquelle Louise accueillit ses aveux timides lui inspira plus de dépit que de douleur. Dans son ressentiment, il l'accusa intérieurement d'orgueil et de sécheresse. Puis il se sentit désarmé par le souvenir des malheurs de Louise, et s'avoua qu'elle était digne de respect autant que de pitié. Deux ou trois fois encore il sentit se ranimer auprès d'elle ces impétueuses aspirations d'une âme trop passionnée pour l'amitié; mais Louise sut le calmer. Elle n'y employa point la raison qui s'égare en transigeant; son expérience lui apprit à se méfier de la compassion; elle ne lui en témoigna aucune, et quoique la dureté fût loin de son âme, elle la fit servir à la guérison de ce jeune homme. L'émotion que Bénédict avait témoignée le matin, durant leur entretien, avait été comme sa dernière tentative de révolte. Maintenant il se repentait de sa folie, et, enfoncé dans ses réflexions, il sentait à son inquiétude toujours croissante, que le moment n'était pas venu pour lui d'aimer exclusivement quelque chose ou quelqu'un.

Madame Lhéry rompit le silence par une remarque frivole :

— Tu vas tacher tes gants avec ces fleurs, dit-elle à sa fille. Rappelle-toi donc que *madame* disait l'autre jour devant toi : « On reconnaît toujours une personne du commun en province à ses pieds et à ses mains. » Elle ne faisait pas attention, la chère dame, que nous pouvions prendre cela pour nous, au moins !

— Je crois bien, au contraire, qu'elle le disait exprès pour nous. Ma pauvre maman, tu connais bien peu madame de Raimbault, si tu penses qu'elle regretterait de nous avoir fait un affront.

— Un affront ! reprit madame Lhéry avec aigreur. Elle aurait voulu nous *faire affront* ! Je voudrais bien voir cela ! Ah ! bien oui ! Est-ce que je souffrirais un affront de la part de qui que ce fût ?

— Il faudra pourtant bien nous attendre à essuyer plus d'une impertinence tant que nous serons ses fermiers. Fermiers, toujours fermiers ! quand nous avons une propriété au moins aussi belle que celle de madame la comtesse ! Mon papa, je ne vous laisserai pas tranquille que vous n'ayez envoyé promener cette vilaine ferme. Je m'y déplais, je ne m'y puis souffrir.

Le père Lhéry hocha la tête.

— Mille écus de profit tous les ans sont toujours bons à prendre, répondit-il.

— Il vaudrait mieux gagner mille écus de moins et recouvrer notre liberté, jouir de notre fortune, nous affranchir de l'espèce de domination que cette femme orgueilleuse et dure exerce sur nous.

— Bah ! dit madame Lhéry, nous n'avons presque jamais affaire à elle. Depuis ce malheureux événement elle ne vient plus dans le pays que tous les cinq ou six ans. Encore cette fois elle n'y est venue que par l'occasion du mariage de sa *demoiselle*. Qui sait si ce n'est pas la dernière ! M'est avis que mademoiselle Valentine aura le château et la ferme en dot. Alors nous aurions affaire à une si bonne maîtresse !

— Il est vrai que Valentine est une bonne enfant, dit Athénaïs fière de pouvoir employer ce ton de familiarité en parlant d'une personne dont elle enviait le rang. Oh ! celle-là n'est pas fière; elle n'a pas oublié que nous avons joué ensemble étant petites. Et puis elle a le bon sens de comprendre que la seule distinction, c'est l'argent, et que le nôtre est aussi honorable que le sien.

— Au moins ! reprit madame Lhéry; car elle n'a eu que la peine de naître, au lieu que nous, nous l'avons gagné à nos risques et peines. Mais enfin il n'y a pas de reproche à lui faire; c'est une bonne demoiselle, et une jolie fille, da ! Tu ne l'as jamais vue, Bénédict ?

— Jamais, ma tante.

— Et puis je suis attachée à cette famille-là, moi, reprit madame Lhéry. Le père était si bon ! C'était là un homme ! et beau ! Un général, ma foi, tout chamarré d'or et de croix, et qui me faisait danser aux fêtes patronales tout comme si j'avais été une duchesse. Cela ne faisait pas trop plaisir à madame...

— Ni à moi non plus, objecta le père Lhéry avec naïveté.

— Ce père Lhéry, reprit la femme, il a toujours le mot pour rire ! Mais enfin c'est pour vous dire qu'excepté madame, qui est un peu haute, c'est une famille de braves gens. Peut-on voir une meilleure femme que la grand-mère !

— Ah ! celle-là, dit Athénaïs, c'est encore la meilleure de toutes. Elle a toujours quelque chose d'agréable à vous dire; elle ne vous appelle jamais que *mon cœur*, ma *toute belle*, mon *joli minois*.

— Et cela fait toujours plaisir ! dit Bénédict d'un air moqueur. Allons, allons, cela joint aux mille écus de profit sur la ferme, qui peuvent payer bien des chiffons...

— Eh ! ce n'est pas à dédaigner, n'est-ce pas, mon garçon ? dit le père Lhéry. Dis-lui donc cela, toi; elle t'écoutera.

— Non, non, je n'écouterai rien, s'écria la jeune fille. Je ne vous laisserai pas tranquille que vous n'ayez laissé la ferme. Votre bail expire dans six mois; il ne faut pas le renouveler, entends-tu, mon papa ?

— Mais qu'est-ce que je ferai ? dit le vieillard ébranlé par le ton à la fois patelin et impératif de sa fille. Il faudra donc que je me croise les bras ? Je ne peux pas m'amuser comme toi à lire et à chanter, moi; l'ennui me tuera.

— Mais, mon papa, n'avez-vous pas vos biens à faire valoir ?

— Tout cela marchait si bien de front ! il ne me restera pas de quoi m'occuper. Et d'ailleurs où demeurerons-nous ? Tu ne veux pas habiter avec les métayers ?

— Non certes ! vous ferez bâtir; nous aurons une maison à nous; nous la ferons décorer autrement que cette vilaine ferme; vous verrez comme je m'y entends !

— Oui, sans doute, tu l'entends fort bien à manger de l'argent, répondit le père.

Athénaïs prit un air boudeur.

— Au reste, dit-elle d'un ton dépité, faites comme il vous plaira; vous vous repentirez peut-être de ne pas m'avoir écoutée; mais il ne sera plus temps.

— Que voulez-vous dire? demanda Bénédict.

— Je veux dire, reprit-elle, que quand madame de Raimbault saura quelle est la personne que nous avons reçue à la ferme et que nous logeons depuis trois semaines, elle sera furieuse contre nous, et nous congédiera dès la fin du bail avec toutes sortes de chicanes et de mauvais procédés. Ne vaudrait-il pas mieux avoir pour nous les honneurs de la guerre et nous retirer avant qu'on nous chasse?

Cette réflexion parut faire impression sur les Lhéry. Ils gardèrent le silence, et Bénédict, à qui les discours d'Athénaïs déplaisaient de plus en plus, n'hésita pas à prendre en mauvaise part sa dernière objection.

— Est-ce à dire, reprit-il, que vous faites un reproche à vos parents d'avoir accueilli madame Louise?

Athénaïs tressaillit, regarda Bénédict avec surprise, le visage animé par la colère et le chagrin. Puis elle pâlit et fondit en larmes.

Bénédict la comprit et lui prit la main.

— Ah! c'est affreux! s'écria-t-elle d'une voix entrecoupée par les pleurs; interpréter ainsi mes paroles! moi qui aime madame Louise comme ma sœur!

— Allons! allons! c'est un malentendu! dit le père Lhéry; embrassez-vous, et que tout soit dit.

Bénédict embrassa sa cousine, dont les belles couleurs reparurent aussitôt.

— Allons, enfant! essuie tes larmes, dit madame Lhéry, voici que nous arrivons; ne va pas te montrer avec les yeux rouges; voilà déjà du monde qui te cherche.

En effet le son des vielles et des cornemuses se faisait entendre, et plusieurs jeunes gens en embuscade sur la route, attendaient l'arrivée des demoiselles pour les inviter à danser les premiers.

## IV.

C'étaient des garçons de la même classe que Bénédict, sauf la supériorité de l'éducation qu'il avait sur eux, et dont ils étaient plus portés à lui faire un reproche qu'un avantage. Plusieurs d'entre eux n'étaient pas sans prétentions à la main d'Athénaïs.

— Bonne prise! s'écria celui qui était monté sur un tertre pour découvrir l'arrivée des voitures; c'est mademoiselle Lhéry, la beauté de la Vallée-Noire.

— Doucement, Simonneau! celle-là me revient; je lui fais la cour depuis un an. Par droit d'ancienneté, s'il vous plaît.

Celui qui parla ainsi était un grand et robuste garçon à l'œil noir, au teint cuivré, aux larges épaules; c'était le fils du plus riche marchand de bœufs du pays.

— C'est fort bien, Pierre Blutty, dit le premier, mais son futur est avec elle.

— Comment? son futur! s'écrièrent tous les autres.

— Sans doute; le cousin Bénédict.

— Ah! Bénédict l'avocat, le beau parleur, le savant!

— Oh! le père Lhéry lui donnera assez d'écus pour en faire quelque chose de bon.

— Il l'épouse?

— Il l'épouse.

— Oh! ce n'est pas fait!

— Les parents veulent, la fille veut; ce serait bien le diable si le garçon ne voulait pas.

— Il ne faut pas souffrir cela, vous autres, s'écria Georges Moret. Eh bien, oui! nous aurions là un joli voisin! Ce serait pour le coup qu'il se donnerait de grands airs, ce cracheur de grec. A lui la plus belle fille et la plus belle dot? non, que Dieu me confonde plutôt!

— La petite est coquette, le grand pâle (c'est ainsi qu'ils appelaient Bénédict) n'est ni beau ni galant. C'est à nous d'empêcher cela! Allons, frères, le plus heureux de nous régalera les autres le jour de ses noces. Mais, avant tout, il faut savoir à quoi nous en tenir sur les prétentions de Bénédict.

En parlant ainsi, Pierre Blutty s'avança vers le milieu du chemin, s'empara de la bride du cheval, et, l'ayant forcé de s'arrêter, présenta son salut et son invitation à la jeune fermière. Bénédict tenait à réparer son injustice envers elle; en outre, quoiqu'il ne se souciât pas de la disputer à ses nombreux rivaux, il était bien aise de les mortifier un peu. Il se pencha donc sur le devant de la carriole, de manière à leur cacher Athénaïs.

— Messieurs, ma cousine vous remercie de tout son cœur, leur dit-il; mais vous trouverez bon que la première contredanse soit pour moi. Elle vient de m'être promise, vous arrivez un peu tard.

Et, sans écouter une seconde proposition, il fouetta le cheval et entra dans le hameau en soulevant des tourbillons de poussière.

Athénaïs ne s'attendait pas à tant de joie; la veille et le matin encore Bénédict, qui ne voulait pas danser avec elle, avait feint d'avoir pris une entorse et de boiter. Quand elle le vit marcher à ses côtés d'un air résolu, son sein bondit de joie; car, outre qu'il eût été humiliant pour l'amour-propre d'une si jolie fille de ne pas ouvrir la danse avec son prétendu, Athénaïs aimait réellement Bénédict. Elle reconnaissait instinctivement toute sa supériorité sur elle, et, comme il entre toujours une bonne part de vanité dans l'amour, elle était flattée d'être destinée à un homme mieux élevé que tous ceux qui la courtisaient. Elle parut donc éblouissante de fraîcheur et de vivacité; sa parure, que Bénédict avait si sévèrement condamnée, sembla charmante à des goûts moins épurés. Les femmes en devinrent laides de jalousie, et les hommes proclamèrent Athénaïs la reine du bal.

Cependant vers le soir cette brillante étoile pâlit devant l'astre plus pur et plus radieux de mademoiselle de Raimbault. En entendant ce nom passer de bouche en bouche, Bénédict, poussé par un sentiment de curiosité, suivit les flots d'admirateurs qui se jetaient sur ses pas. Pour la voir, il fut forcé de monter sur un piédestal de pierre brute surmonté d'une croix fort en vénération dans le village. Cet acte d'impiété, ou plutôt d'étourderie, attira les regards vers lui, et ceux de mademoiselle de Raimbault suivant la même direction que la foule, elle se présenta à lui de face et sans obstacle.

Elle ne lui plut pas. Il s'était fait un type de femme brune, pâle, ardente, espagnole, mobile, dont il ne voulait pas se départir. Mademoiselle Valentine ne réalisait point son idéal; elle était blanche, blonde, calme, grande, fraîche, admirablement belle de tous points. Elle n'avait aucun des défauts dont le cerveau malade de Bénédict s'était épris à la vue de ces œuvres d'art où le pinceau, en poétisant la laideur, l'a rendue plus attrayante que la beauté même. Et puis, mademoiselle de Raimbault avait une dignité douce et réelle qui imposait trop pour charmer au premier abord. Dans la courbe de son profil, dans la finesse de ses cheveux, dans la grâce de son cou, dans la largeur de ses blanches épaules, il y avait mille souvenirs de la cour de Louis XIV. On sentait qu'il avait fallu toute une race de preux pour produire cette combinaison de traits purs et nobles, toutes ces grâces presque royales, qui se révélaient lentement, comme celle du cygne jouant au soleil avec une langueur majestueuse.

Bénédict descendit de son poste au pied de la croix, et, malgré les murmures des bonnes femmes de l'endroit, vingt autres jeunes gens se succédèrent à cette place enviée qui permettait de voir et d'être vu. Bénédict se trouva, une heure après, porté vers mesdames de Raimbault. Son oncle, qui était occupé à leur parler chapeau bas, l'ayant aperçu, vint le prendre par le bras et le leur présenta.

Valentine était assise sur le gazon, entre sa mère la comtesse de Raimbault et sa grand'mère la marquise de Raimbault. Bénédict ne connaissait aucune de ces trois femmes; mais il avait si souvent entendu parler d'elles à la ferme, qu'il s'attendait au salut dédaigneux et glacé de l'une, à l'accueil familier et communicatif de l'autre.

Madame sa mère. (Page 2.)

semblait que la vieille marquise voulût réparer, à force de démonstrations, le silence méprisant de sa belle-fille. Mais, dans cette affectation de popularité, on retrouvait l'habitude d'une protection toute féodale.

— Comment! c'est là Bénédict? s'écria-t-elle, c'est là ce marmot que j'ai vu tout petit sur le sein de sa mère? Eh! bonjour, *mon garçon!* je suis charmée de te voir si grand et si bien mis. Tu ressembles à ta mère que c'est effrayant. Ah çà, sais-tu que nous sommes d'anciennes connaissances? tu es le filleul de mon pauvre fils, le général qui est mort à Waterloo. C'est moi qui t'ai fait présent de ton premier fourreau; mais tu ne t'en souviens guère. Combien y a-t-il de cela? Tu dois avoir au moins dix-huit ans?

— J'en ai vingt-deux, Madame, répondit Bénédict.

— Sangodémi! s'écria la marquise, déjà vingt-deux ans! Voyez comme le temps passe! Je te croyais de l'âge de ma petite-fille. Tu ne la connais pas, ma petite-fille? Tiens, regarde-la; nous savons faire des enfants aussi, nous autres! Valentine, dis donc bonjour à Bénédict; c'est le neveu du bon Lhéry, c'est le prétendu de ta petite camarade Athénaïs. Parle-lui, ma fille.

Cette interpellation pouvait se traduire ainsi : « Imite-moi, héritière de mon nom; sois populaire, afin de sauver ta tête à travers les révolutions à venir, comme j'ai su faire dans les révolutions passées. » Néanmoins, mademoiselle de Raimbault, soit adresse, soit usage, soit franchise, effaça, par son regard et son sourire, tout ce que la bienveillance impertinente de la marquise avait excité de colère dans l'âme de Bénédict. Il avait fixé sur elle des yeux hardis et railleurs; car sa fierté blessée avait fait disparaître un instant la timide sauvagerie de son âge. Mais l'expression de ce beau visage était si douce et si sereine, le son de cette voix si pur et si calmant, que le jeune homme baissa les yeux et devint rouge comme une jeune fille.

— Ah! Monsieur, lui dit-elle, ce que je puis vous dire de plus sincère, c'est que j'aime Athénaïs comme ma sœur; ayez donc la bonté de me l'amener. Je la cherche depuis longtemps sans pouvoir la joindre. Je voudrais pourtant bien l'embrasser.

Bénédict s'inclina profondément et revint bientôt avec sa cousine. Athénaïs se promena à travers la fête, bras dessus bras dessous avec la noble fille des comtes de

Une belle fille de seize ans. (Page 2.)

Raimbault. Quoiqu'elle affectât de trouver la chose toute naturelle et que Valentine la comprît ainsi, il lui fut impossible de cacher le triomphe de sa joie orgueilleuse en face de ces autres femmes qui l'enviaient en s'efforçant de la dénigrer.

Cependant la vielle donna le signal de la bourrée. Athénaïs s'était engagée cette fois à la danser avec celui des jeunes gens qui l'avait arrêtée sur le chemin. Elle pria mademoiselle de Raimbault de lui servir de vis-à-vis.

— J'attendrai pour cela qu'on m'invite, répondit Valentine en souriant.

— Eh bien donc! Bénédict, s'écria vivement Athénaïs, allez inviter mademoiselle.

Bénédict intimidé consulta des yeux le visage de Valentine. Il lut dans sa douce et candide expression le désir d'accepter son offre. Alors il fit un pas vers elle. Mais tout à coup la comtesse sa mère lui saisit brusquement le bras en lui disant assez haut pour que Bénédict pût l'entendre :

— Ma fille, je vous défends de danser la bourrée avec tout autre qu'avec M. de Lansac.

Bénédict remarqua alors pour la première fois un grand jeune homme de la plus belle figure, qui donnait le bras à la comtesse ; et il se rappela que ce nom était celui du fiancé de mademoiselle de Raimbault.

Il comprit bientôt le motif de l'effroi de sa mère. A un certain *trille* que la vielle exécute avant de commencer la bourrée, chaque danseur, selon un usage immémorial, doit embrasser sa danseuse. Le comte de Lansac, trop bien élevé pour se permettre cette liberté en public, transigea avec la coutume du Berri en baisant respectueusement la main de Valentine.

Ensuite le comte essaya quelques pas en avant et en arrière ; mais sentant aussitôt qu'il ne pouvait saisir la mesure de cette danse, qu'il n'est donné à aucun étranger de bien exécuter, il s'arrêta et dit à Valentine :

— A présent, j'ai fait mon devoir, je vous ai installée ici selon la volonté de votre mère ; mais je ne veux pas gâter votre plaisir par ma maladresse. Vous aviez un danseur tout prêt il y a un instant, permettez que je lui cède mes droits.

Et se tournant vers Bénédict :

— Voulez-vous bien me remplacer, Monsieur ? lui dit-il avec un ton d'exquise politesse. Vous vous acquitterez de mon rôle beaucoup mieux que moi.

Et comme Bénédict, partagé entre la timidité et l'orgueil, hésitait à prendre cette place, dont on lui avait ravi le plus beau droit :

— Allons, Monsieur, ajouta M. de Lansac avec aménité, vous serez assez payé du service que je vous demande, et c'est à vous peut-être à m'en remercier.

Bénédict ne se fit pas prier plus longtemps ; la main de Valentine vint sans répugnance trouver la sienne qui tremblait. La comtesse était satisfaite de la manière diplomatique dont son futur gendre avait arrangé l'affaire ; mais tout d'un coup le joueur de vielle, facétieux et goguenard comme le sont les vrais artistes, interrompit le refrain de la bourrée, et fait entendre avec une affectation maligne le trille impérial. Il est enjoint au nouveau danseur d'embrasser sa partenaire. Bénédict devient pâle et perd contenance. Le père Lhéry, épouvanté de la colère qu'il lit dans les yeux de la comtesse, s'élance vers le *vielleux* et le conjure de passer outre. Le musicien villageois n'écoute rien, triomphe au milieu des rires et des bravos, et s'obstine à ne reprendre l'air qu'après la formalité de rigueur. Les autres danseurs s'impatientent. Madame de Raimbault se prépare à emmener sa fille. Mais M. de Lansac, homme de cour et homme d'esprit, sentant tout le ridicule de cette scène, s'avance de nouveau vers Bénédict avec une courtoisie un peu moqueuse :

— Eh bien, Monsieur, lui dit-il, faudra-t-il encore vous autoriser à prendre un droit dont je n'avais pas osé profiter ? Vous n'épargnez rien à votre triomphe.

Bénédict imprima ses lèvres tremblantes sur les joues veloutées de la jeune comtesse. Un rapide sentiment d'orgueil et de plaisir l'anima un instant ; mais il remarqua que Valentine, tout en rougissant, riait comme une bonne fille de toute cette aventure. Il se rappela qu'elle avait rougi aussi, mais qu'elle n'avait pas ri lorsque M. de Lansac lui avait baisé la main. Il se dit que ce beau comte, si poli, si adroit, si sensé, devait être aimé, et il n'eut plus aucun plaisir à danser avec elle, quoiqu'elle dansât la bourrée à merveille avec tout l'aplomb et le laisser-aller d'une villageoise.

Mais Athénaïs y portait encore plus de charme et de coquetterie ; sa beauté était du genre de celles qui plaisent plus généralement. Les hommes d'une éducation vulgaire aiment les grâces qui attirent, les yeux qui préviennent, le sourire qui encourage. La jeune fermière trouvait dans son innocence même une assurance espiègle et piquante. En un instant elle fut entourée et comme enlevée par ses adorateurs campagnards. Bénédict la suivit encore quelque temps à travers le bal. Puis, mécontent de la voir s'éloigner de sa mère et se mêler à un essaim de jeunes étourdies autour duquel bourdonnaient des volées d'amoureux, il essaya de lui faire comprendre, par ses signes et par ses regards, qu'elle s'abandonnait trop à sa pétulance naturelle. Athénaïs ne s'en aperçut point ou ne voulut point s'en apercevoir. Bénédict prit de l'humeur, haussa les épaules, et quitta la fête. Il trouva dans l'auberge le valet de ferme de son oncle, qui s'était rendu là sur la petite jument grise que Bénédict montait ordinairement. Il le chargea de ramener le soir M. Lhéry et sa famille dans la patache, et, s'emparant de sa monture, il reprit seul le chemin de Grangeneuve à l'entrée de la nuit.

## V.

Valentine, après avoir remercié Bénédict par un salut gracieux, quitta la danse, et, se tournant vers la comtesse, elle comprit à sa pâleur, à la contraction de ses lèvres, à la sécheresse de son regard, qu'un orage couvait contre elle dans le cœur vindicatif de sa mère. M. de Lansac, qui se sentait responsable de la conduite de sa fiancée, voulut lui épargner les âcres reproches du premier moment, et, lui offrant son bras, il suivit avec elle, à une certaine distance, madame de Raimbault, qui entraînait sa belle-mère et se dirigeait vers le lieu où l'attendait sa calèche. Valentine était émue, elle craignait la colère amassée sur sa tête ; M. de Lansac, avec l'adresse et la grâce de son esprit, chercha à la distraire, et, affectant de regarder ce qui venait de se passer comme une niaiserie, il se chargea d'apaiser la comtesse. Valentine, reconnaissante de cet intérêt délicat qui semblait l'entourer toujours sans égoïsme et sans ridicule, sentit augmenter l'affection sincère que son futur époux lui inspirait.

Cependant la comtesse, outrée de n'avoir personne à quereller, s'en prit à la marquise sa belle-mère. Comme elle ne trouva pas ses gens au lieu indiqué parce qu'ils ne l'attendaient pas si tôt, il fallut faire quelques tours de promenade sur un chemin poudreux et pierreux, épreuve douloureuse pour des pieds qui avaient foulé ce tapis de cachemire dans les appartements de Joséphine et de Marie-Louise. L'humeur de la comtesse en augmenta ; elle repoussa presque la vieille marquise, qui, trébuchant à chaque pas, cherchait à s'appuyer sur son bras.

— Voilà une jolie fête, une charmante partie de plaisir ! lui dit-elle. C'est vous qui l'avez voulu ; vous m'avez amenée ici à mon corps défendant. Vous aimez la canaille, vous ; mais, moi, je la déteste. Vous êtes-vous bien amusée, dites ? Extasiez-vous donc sur les délices des champs ! Trouvez-vous cette chaleur bien agréable ?

— Oui, oui, répondit la vieille, j'ai quatre-vingts ans.

— Moi, je ne les ai pas ; j'étouffe. Et cette poussière, ces grès qui vous percent la plante des pieds ! Tout cela est gracieux !

— Mais, ma belle, est-ce ma faute, à moi, s'il fait chaud, si le chemin est mauvais, si vous avez de l'humeur ?

— De l'humeur ! vous n'en avez jamais, vous, je le conçois, ne vous occupant de rien, laissant agir votre famille comme il plaît à Dieu. Aussi, les fleurs dont vous avez semé votre vie ont porté leurs fruits, et des fruits précoces, on peut le dire.

— Madame, dit la marquise avec amertume, vous êtes féroce dans la colère, je le sais.

— Sans doute, Madame, reprit la comtesse, vous appelez férocité le juste orgueil d'une mère offensée ?

— Et qui donc vous a offensée, bon Dieu ?

— Ah ! vous me le demandez. Vous ne me trouvez pas assez insultée dans la personne de ma fille, quand toute la canaille de la province a battu des mains en la voyant embrassée par un paysan, sous mes yeux, contre mon gré ! quand ils diront demain : « Nous avons fait un affront sanglant à la comtesse de Raimbault ! »

— Quelle exagération ! quel puritanisme ! Votre fille est déshonorée pour avoir été embrassée devant trois mille personnes ! Le beau crime ! De mon temps, Madame, et du vôtre aussi, je gage, on ne faisait pas ainsi, j'en conviens ; on ne faisait pas mieux. D'ailleurs, ce garçon n'est pas un rustre.

— C'est bien pis, Madame ; c'est un rustre enrichi, c'est un manant *éclairé*.

— Parlez donc moins haut ; si l'on vous entendait !...

— Oh ! vous rêvez toujours la guillotine ; vous croyez qu'elle marche derrière vous, prête à vous saisir à la moindre marque de courage et de fierté. Mais je veux bien parler bas, Madame ; écoutez ce que j'ai à vous dire : Mêlez-vous de Valentine le moins possible, et n'oubliez pas si vite les résultats de l'éducation de *l'autre*.

— Toujours ! toujours ! dit la vieille femme en joignant les mains avec angoisse. Vous n'épargnerez jamais l'occasion de réveiller cette douleur ! Eh ! laissez-moi mourir en paix, Madame ; j'ai quatre-vingts ans.

— Tout le monde voudrait avoir cet âge, s'il autorisait tous les écarts du cœur et de la raison. Si vieille et si inoffensive que vous vous fassiez, vous avez encore sur ma fille et sur ma maison une influence très-grande. Faites-la servir au bien commun ; éloignez Valentine de ce funeste exemple, dont le souvenir ne s'est malheureusement pas éteint chez elle.

— Eh ! il n'y a pas de danger ! Valentine n'est-elle pas à la veille d'être mariée ? Que craignez-vous ensuite ?...

Ses fautes, si elle en fait, ne regarderont que son mari ; notre tâche sera remplie...

— Oui, Madame, je sais que vous raisonnez ainsi ; je ne perdrai pas mon temps à discuter vos principes ; mais, je vous le répète, effacez autour de vous jusqu'à la dernière trace de l'existence qui nous a souillés tous.

— Grand Dieu ! Madame, avez-vous fini ? Celle dont vous parlez est ma petite-fille, la fille de mon propre fils, la sœur unique et légitime de Valentine. Ce sont des titres qui me feront toujours pleurer sa faute au lieu de la maudire. Ne l'a-t-elle pas expiée cruellement ? Votre haine implacable la poursuivra-t-elle sur la terre d'exil et de misère ? Pourquoi cette insistance à tirailler une plaie qui saignera jusqu'à mon dernier soupir ?

— Madame, écoutez-moi bien : votre *estimable* petite-fille n'est pas si loin que vous feignez de le croire. Vous voyez que je ne suis pas votre dupe.

— Grand Dieu ! s'écria la vieille femme en se redressant, que voulez-vous dire ? Expliquez-vous ; ma fille ! ma pauvre fille ! où est-elle ? dites-le-moi, je vous le demande à mains jointes.

Madame de Raimbault, qui venait de plaider le faux pour savoir le vrai, fut satisfaite du ton de sincérité pathétique avec lequel la marquise détruisit ses doutes.

— Vous le saurez, Madame, répondit-elle ; mais pas avant moi. Je jure que je découvrirai bientôt la retraite qu'elle s'est choisie dans le voisinage, et que je l'en ferai sortir. Essuyez vos larmes, voici nos gens.

Valentine monta dans la calèche et en redescendit après avoir passé sur ses vêtements une grande jupe de mérinos bleu qui remplaçait l'amazone trop lourde pour la saison. M. de Lansac lui présenta la main pour monter sur un beau cheval anglais, et les dames s'installèrent dans la calèche ; mais au moment où l'on voulut sortir le cheval de M. de Lansac de l'écurie villageoise, il tomba à terre et ne put se relever. Soit que ce fût l'effet de la chaleur ou de la quantité d'eau qu'on lui avait laissé boire, il était en proie à de violentes tranchées et absolument hors d'état de marcher. Il fallut laisser le jockey à l'auberge pour le soigner, et M. de Lansac fut forcé de monter en voiture.

— Eh bien ! s'écria la comtesse, est-ce que Valentine va faire la route seule à cheval ?

— Pourquoi pas ? dit le comte de Lansac, qui voulut épargner à Valentine le malaise de passer deux heures en présence de sa mère irritée. Mademoiselle ne sera pas seule en trottant à côté de la voiture, et nous pourrons fort bien causer avec elle. Son cheval est si sage que je ne vois pas le moindre inconvénient à lui en laisser tout le gouvernement.

— Mais cela ne se fait guère, dit la comtesse, sur l'esprit de laquelle M. de Lansac avait un grand ascendant.

— Tout se fait dans ce pays-ci, où il n'y a personne pour juger ce qui est convenable et ce qui ne l'est pas. Nous allons, au détour du chemin, entrer dans la Vallée-Noire, où nous ne rencontrerons pas un chat. D'ailleurs il fera assez sombre dans dix minutes pour que nous n'ayons rien à craindre les regards.

Cette grave contestation terminée à l'avantage de M. de Lansac, la calèche s'enfonça dans une traîne de la vallée ; Valentine la suivit au petit galop, et la nuit s'épaissit.

A mesure que l'on avançait dans la vallée, la route devenait plus étroite. Bientôt il fut impossible à Valentine de la côtoyer parallèlement à la voiture. Elle se tint quelque temps par derrière ; mais, comme les inégalités du terrain forçaient souvent le cocher à retenir brusquement ses chevaux, celui de Valentine s'effarouchait chaque fois de la voiture qui s'arrêtait presque sur son poitrail. Elle profita donc d'un endroit où le fossé disparaissait pour passer devant, et alors elle galopa beaucoup plus agréablement, n'étant gênée par aucune appréhension, et laissant à son vigoureux et noble cheval toute la liberté de ses mouvements.

Le temps était délicieux ; la lune, n'étant pas levée, laissait encore le chemin enseveli sous ses obscurs ombrages ; de temps en temps un ver-luisant chatoyait dans l'herbe, un lézard rampait dans le buisson, un sphinx bourdonnait sur une fleur humide. Une brise tiède s'était levée toute chargée de l'odeur de vanille qui s'exhale des champs de fèves en fleurs. La jeune Valentine, élevée tour à tour par sa sœur bannie, par sa mère orgueilleuse, par les religieuses de son couvent, par sa grand'mère étourdie et jeune, n'avait été définitivement élevée par personne, elle s'était faite elle-même ce qu'elle était, et, faute de trouver des sympathies bien réelles dans sa famille, elle avait pris le goût de l'étude et de la rêverie. Son esprit naturellement calme, son jugement sain, l'avaient également préservée des erreurs de la société et de celles de la solitude. Livrée à des pensées douces et pures comme son cœur, elle savourait le bien-être de cette soirée de mai si pleine de chastes voluptés pour une âme poétique et jeune. Peut-être aussi songeait-elle à son fiancé, à cet homme qui, le premier, lui avait témoigné de la confiance et du respect, choses si douces à un cœur qui s'estime et qui n'a pas encore été compris. Valentine ne rêvait pas la passion ; elle ne partageait pas l'empressement altier des jeunes cerveaux qui la regardent comme un besoin impérieux de leur organisation. Plus modeste, Valentine ne se croyait pas destinée à ces énergiques et violentes épreuves. Elle se pliait facilement à la réserve dont le monde lui faisait un devoir ; elle l'acceptait comme un bienfait et non comme une loi. Elle se promettait d'échapper à ces inclinations ardentes qui faisaient sous ses yeux le malheur des autres, à l'amour du luxe auquel sa grand'mère sacrifiait toute dignité, à l'ambition dont les espérances déçues torturaient sa mère, à l'amour qui avait si cruellement égaré sa sœur. Cette dernière pensée amena une larme au bord de sa paupière. C'était là le seul événement de la vie de Valentine ; mais il l'avait remplie ; il avait influé sur son caractère, il lui avait donné à la fois de la timidité et de la hardiesse : de la timidité pour elle-même, de la hardiesse quand il s'agissait de sa sœur. Elle n'avait, il est vrai, jamais pu lui prouver le dévouement courageux dont elle se sentait animée ; jamais le nom de sa sœur n'avait été prononcé par sa mère devant elle ; jamais on ne lui avait fourni une seule occasion de la servir et de la défendre. Son désir en était d'autant plus vif, et cette sorte de tendresse passionnée, qu'elle nourrissait pour une personne dont l'image se présentait à elle à travers les vagues souvenirs de l'enfance, était réellement la seule affection romanesque qui eût trouvé place dans son âme.

L'espèce d'agitation que cette amitié comprimée avait mise dans son existence s'était exaltée encore depuis quelques jours. Un bruit vague s'était répandu dans le pays que sa sœur avait été vue à huit lieues de là, dans une ville où jadis elle avait demeuré provisoirement pendant quelques mois. Cette fois elle y avait passé qu'une nuit et ne s'était pas nommée ; mais les gens de l'auberge assuraient l'avoir reconnue. Ce bruit était arrivé jusqu'au château de Raimbault, situé à l'autre extrémité de la Vallée-Noire. Un domestique, empressé de faire sa cour, était venu faire ce rapport à la comtesse. Le hasard voulut que, dans ce moment, Valentine, occupée à travailler dans une pièce voisine, entendît sa mère élever la voix, prononcer un nom qui la fit tressaillir. Alors, incapable de maîtriser son inquiétude et sa curiosité, elle prêta l'oreille et pénétra le secret de la conférence. Cet incident s'était passé la veille du 1ᵉʳ mai ; et maintenant Valentine, émue et troublée, se demandait si cette nouvelle était vraisemblable, et s'il n'était pas bien possible que l'on se fût trompé en croyant reconnaître une personne exilée du pays depuis quinze ans.

En se livrant à ces réflexions, mademoiselle de Raimbault, légèrement emportée par son cheval qu'elle ne songeait point à ralentir, avait pris une avance assez considérable sur la calèche. Lorsque la pensée lui en vint, elle s'arrêta, et ne pouvant rien distinguer dans l'obscurité, elle se pencha pour écouter ; mais, soit que le bruit des roues fût amorti par l'herbe longue et humide qui croissait dans le chemin, soit que la respiration haute et pressée de son cheval, impatient de cette pause, empêchât un son lointain de parvenir jusqu'à elle, son oreille ne put rien saisir dans le silence solennel de la nuit. Elle retourna aussitôt sur ses pas, jugeant qu'elle s'était fort éloignée, et s'arrêta de nouveau pour écouter, après avoir fait un temps de galop sans rencontrer personne.

Elle n'entendit encore cette fois que le chant du grillon qui s'éveillait au lever de la lune, et les aboiements lointains de quelques chiens.

Elle poussa de nouveau son cheval jusqu'à l'embranchement de deux chemins qui formaient comme une fourche devant elle. Elle essaya de reconnaître celui par lequel elle était venue; mais l'obscurité rendait toute observation impossible. Le plus sage eût été d'attendre en cet endroit l'arrivée de la calèche, qui ne pouvait manquer de s'y rendre par l'un ou l'autre côté. Mais la peur commençait à troubler la raison de la jeune fille; rester en place dans cet état d'inquiétude lui semblait la pire situation. Elle s'imagina que son cheval aurait l'instinct de se diriger vers ceux de la voiture, et que l'odorat le guiderait à défaut de mémoire. Le cheval, livré à sa propre décision, prit à gauche. Après une course inutile et de plus en plus incertaine, Valentine crut reconnaître un gros arbre qu'elle avait remarqué dans la matinée. Cette circonstance lui rendit un peu de courage; elle sourit même de sa poltronnerie et pressa le pas de son cheval.

Mais elle vit bientôt que le chemin descendait de plus en plus rapidement vers le fond de la vallée. Elle ne connaissait point le pays, qu'elle avait à peu près abandonné depuis son enfance, et pourtant il lui sembla que dans la matinée elle avait côtoyé la partie la plus élevée du terrain. L'aspect du paysage avait changé; la lune, qui s'élevait lentement à l'horizon, jetait des lueurs transversales dans les interstices des branches, et Valentine pouvait distinguer des objets qui ne l'avaient pas frappée précédemment. Le chemin était plus large, plus découvert, plus défoncé par les pieds des bestiaux et les roues des chariots; de gros saules ébranchés se dressaient aux deux côtés de la haie, et, dessinant sur le ciel leurs mutilations bizarres, semblaient autant de créations hideuses prêtes à mouvoir leurs têtes monstrueuses et leurs corps privés de bras.

## VI.

Tout à coup Valentine entendit un bruit sourd et prolongé semblable au roulement d'une voiture. Elle quitta le chemin, et se dirigea à travers un sentier vers le lieu d'où partait ce bruit, qui augmentait toujours, mais changeait de nature. Si Valentine eût pu percer le dôme de pommiers en fleurs où se glissaient les rayons de la lune, elle eût vu la ligne blanche et brillante de la rivière s'élançant dans une écluse à quelque distance. Cependant la fraîcheur croissante de l'atmosphère et une douce odeur de menthe lui révélèrent le rivage de l'Indre. Elle jugea qu'elle s'était écartée considérablement de son chemin; mais elle se décida à descendre le cours de l'eau, espérant trouver bientôt un moulin ou une chaumière où elle pût demander des renseignements. En effet, elle s'arrêta devant une vieille grange isolée et sans lumière, que les aboiements d'un chien enfermé dans le clos lui firent supposer habitée. Elle appela en vain, personne ne bougea. Elle fit approcher son cheval de la porte et frappa avec le pommeau d'acier de sa cravache. Un bêlement plaintif lui répondit : c'était une bergerie. Et dans ce pays-là, comme il n'y a ni loups ni voleurs, il n'y a point non plus de bergers. Valentine continua son chemin.

Son cheval, comme s'il eût partagé le sentiment de découragement qui s'était emparé d'elle, se mit à marcher lentement et avec négligence. De temps en temps il heurtait son sabot retentissant contre un caillou d'où jaillissait un éclair, ou il allongeait sa bouche altérée vers les petites pousses tendres des ormilles.

Tout à coup, dans ce silence, dans cette campagne déserte, sur ces prairies qui n'avaient jamais ouï d'autre mélodie que le pipeau de quelque enfant désœuvré, ou la chanson rauque et graveleuse d'un meunier attardé; tout à coup, au murmure de l'eau et aux soupirs de la brise, vint se joindre une voix pure, suave, enchanteresse, une voix d'homme, jeune et vibrante comme celle d'un hautbois. Elle chantait un air du pays bien simple, bien lent, bien triste comme ils le sont tous. Mais comme elle le chantait! Certes, ce n'était pas un villageois qui savait ainsi poser et moduler les sons. Ce n'était pas non plus un chanteur de profession qui s'abandonnait ainsi à la pureté du rhythme, sans ornement et sans système. C'était quelqu'un qui sentait la musique et qui ne la savait pas; ou, s'il la savait, c'était le premier chanteur du monde, car il paraissait ne pas la savoir, et sa mélodie, comme une voix des éléments, s'élevait vers les cieux sans autre poésie que celle du sentiment. Si, dans une forêt vierge, loin des œuvres de l'art, loin des quinquets de l'orchestre et des réminiscences de Rossini, parmi ces sapins alpestres où jamais le pied de l'homme n'a laissé d'empreinte, les créations idéales de Manfred venaient à se réveiller, c'est ainsi qu'elles chanteraient, pensa Valentine.

Elle avait laissé tomber les rênes; son cheval broutait les marges du sentier; Valentine n'avait plus peur, elle était sous le charme de ce chant mystérieux, et son émotion était si douce qu'elle ne songeait point à s'étonner de l'entendre en ce lieu et à cette heure.

Le chant cessa. Valentine crut avoir fait un rêve; mais il recommença en se rapprochant, et chaque instant l'apportait plus net à l'oreille de la belle voyageuse; puis il s'éteignit encore, et elle ne distingua plus que le trot d'un cheval. A la manière lourde et décousue dont il rasait la terre, il était facile d'affirmer que c'était le cheval d'un paysan.

Valentine eut un sentiment de peur en songeant qu'elle allait se trouver, dans cet endroit isolé, tête à tête avec un homme qui pouvait bien être un rustre, un ivrogne; car était-ce lui qui venait de chanter, ou le bruit de sa marche avait-il fait envoler le sylphe mélodieux? Cependant il valait mieux l'aborder que de passer la nuit dans les champs. Valentine songea que, dans le cas d'une insulte, son cheval avait de meilleures jambes que celui qui venait à elle, et, cherchant à se donner une assurance qu'elle n'avait pas, elle marcha droit à lui.

— Qui va là? cria une voix ferme.

— Valentine de Raimbault, répondit la jeune fille, qui n'était peut-être pas tout à fait étrangère à l'orgueil de porter le nom le plus honoré du pays. Cette petite vanité n'avait rien de ridicule, puisqu'elle tirait sa considération des vertus et de la bravoure de son père.

— Mademoiselle de Raimbault! toute seule ici! reprit le voyageur. Et où donc est M. de Lansac?... Est-il tombé de cheval? est-il mort?...

— Non, grâce au ciel, répondit Valentine, rassurée par cette voix qu'elle croyait reconnaître. Mais si je ne me trompe pas, Monsieur, l'on vous nomme Bénédict, et nous avons dansé aujourd'hui ensemble.

Bénédict tressaillit. Il trouva qu'il n'y avait point de pudeur à rappeler une circonstance si délicate, et dont la seule pensée en ce moment et dans cette solitude faisait refluer tout son sang vers sa poitrine. Mais l'extrême candeur ressemble parfois à de l'effronterie. Le fait est que Valentine, absorbée par l'agitation de sa course nocturne, avait complètement oublié l'anecdote du baiser. Elle s'en souvint au ton dont Bénédict lui répondit :

— Oui, Mademoiselle, je suis Bénédict.

— Eh bien, dit-elle, rendez-moi le service de me remettre dans mon chemin.

Et elle lui raconta comment elle s'était égarée.

— Vous êtes à une lieue de la route que vous deviez tenir, lui répondit-il, et pour la rejoindre il faut que vous passiez par la ferme de Grangeneuve. Comme c'est là que je dois me rendre, j'aurai l'honneur de vous servir de guide; peut-être retrouverons-nous à l'entrée de la route la calèche qui vous aura attendue.

— Cela n'est pas probable, reprit Valentine; ma mère, qui m'a vue passer devant, croit sans doute que je dois arriver au château avant elle.

— En ce cas, Mademoiselle, si vous le permettez, je vous accompagnerai jusque chez vous. Mon oncle serait sans doute un guide plus convenable; mais il n'est point revenu de la fête, et je ne sais pas à quelle heure il rentrera.

Valentine pensa tristement au redoublement de colère que cette circonstance causerait à sa mère; mais comme elle était fort innocente de tous les événements de cette journée, elle accepta l'offre de Bénédict avec une franchise qui commandait l'estime. Bénédict fut touché de ses manières simples et douces. Ce qui l'avait choqué d'abord en elle, cette aisance qu'elle devait à l'idée de supériorité sociale où on l'avait élevée, finit par le gagner. Il trouva qu'elle était fille noble de bonne foi, sans morgue et sans fausse humilité. Elle était comme le terme moyen entre sa mère et sa grand'mère; elle savait se faire respecter sans offenser jamais. Bénédict était surpris de ne plus sentir auprès d'elle cette timidité, ces palpitations qu'un homme de vingt ans, élevé loin du monde, éprouve toujours dans le tête-à-tête d'une femme jeune et belle. Il en conclut que mademoiselle de Raimbault, avec sa beauté calme et son caractère candide, était digne d'inspirer une amitié solide. Aucune pensée d'amour ne lui vint auprès d'elle.

Après quelques questions réciproques, relatives à l'heure, à la route, à la bonté de leurs chevaux, Valentine demanda à Bénédict si c'était lui qui avait chanté. Bénédict savait qu'il chantait admirablement bien, et ce fut avec une secrète satisfaction qu'il se ressouvint d'avoir fait entendre sa voix dans la vallée. Néanmoins, avec cette profonde hypocrisie que nous donne l'amour-propre, il répondit négligemment :

— Avez-vous entendu quelque chose? C'était moi, je pense, ou les grenouilles des roseaux.

Valentine garda le silence. Elle avait tant admiré cette voix, qu'elle craignait d'en dire trop ou trop peu. Cependant, après une pause, elle lui demanda ingénument :

— Et où avez-vous appris à chanter?

— Si j'avais un talent, je serais en droit de répondre que cela ne s'apprend pas; mais chez moi ce serait une fatuité. J'ai pris quelques leçons à Paris.

— C'est une belle chose que la musique! reprit Valentine.

Et à propos de musique ils parlèrent de tous les arts.

— Je vois que vous êtes extrêmement musicienne, dit Bénédict à une remarque assez savante qu'elle venait de faire.

— On m'a appris cela comme on m'a tout appris, répondit-elle, c'est-à-dire superficiellement;..... mais, comme j'avais le goût et l'instinct de cet art, je l'ai facilement compris.

— Et sans doute vous avez un grand talent?

— Moi! je joue des contredanses; voilà tout.

— Vous n'avez pas de voix?

— J'ai de la voix, j'ai chanté, et l'on trouvait que j'avais des dispositions; mais j'y ai renoncé.

— Comment! avec l'amour de l'art?

— Oui, je me suis livrée à la peinture, que j'aimais beaucoup moins, et pour laquelle j'avais moins de facilité.

— Cela est étrange!

— Non. Dans le temps où nous vivons, il faut une spécialité. Notre rang, notre fortune ne tiennent à rien. Dans quelques années peut-être la terre de Raimbault, mon patrimoine sera un bien de l'État, comme elle l'a été il n'y a pas un demi-siècle. L'éducation que nous recevons est misérable; on nous donne les éléments de tout, et l'on ne nous permet pas de rien approfondir. On veut que nous soyons instruites; mais du jour où nous deviendrions savantes, nous serions ridicules. On nous élève toujours pour être riches, jamais pour être pauvres. L'éducation est bornée de nos aïeules valait beaucoup mieux ; du moins elles savaient tricoter. La révolution les a trouvées femmes médiocres ; elles se sont résignées à vivre en femmes médiocres; elles ont fait sans répugnance du filet pour vivre. Nous qui savons imparfaitement l'anglais, le dessin et la musique; nous qui faisons des peintures en laque, des écrans à l'aquarelle, des fleurs en velours, et vingt autres futilités ruineuses pour les mœurs somptueuses d'une république repousseraient de la consommation, que ferions-nous? Laquelle de nous s'abaissera sans douleur à une profession mécanique? Car sur vingt d'entre nous, il n'en est souvent pas une qui possède à fond une connaissance quelconque. Je ne sache qu'un état qui leur convienne, c'est d'être femme de chambre. J'ai senti de bonne heure, aux récits de ma grand'mère et à ceux de ma mère (deux existences si opposées : l'émigration et l'empire, Coblentz et Marie-Louise), que je devais me garantir des malheurs de l'une, des prospérités de l'autre. Et quand j'ai été à peu près libre de suivre mon opinion, j'ai supprimé de mes talents ceux qui ne pouvaient me servir à rien. Je me suis adonnée à un seul, parce que j'ai remarqué que, quels que soient les temps et les modes, une personne qui fait très-bien une chose se soutient toujours dans la société.

— Vous pensez donc que la peinture sera moins négligée, moins inutile que la musique dans les mœurs lacédémoniennes que vous prévoyez, puisque vous l'avez rigidement embrassée contre votre vocation?

— Peut-être ; mais ce n'est pas là la question. Comme profession, la musique ne m'eût pas convenu; elle met une femme trop en évidence; elle la pousse sur le théâtre ou dans les salons; elle en fait une actrice ou une subalterne à qui l'on confie l'éducation d'une demoiselle de province. La peinture donne plus de liberté; elle permet une existence plus retirée, et les jouissances qu'elle procure doublent de prix dans la solitude. J'imagine que vous ne désapprouverez plus mon choix... Mais allons un peu plus vite, je vous prie; ma mère m'attend peut-être avec inquiétude.

Bénédict, plein d'estime et d'admiration pour le bon sens de cette jeune fille, flatté de la confiance avec laquelle elle lui exposait ses pensées et son caractère, doubla le pas à regret. Mais comme la ferme de Grangeneuve étalait son grand pignon blanc au clair de la lune, une idée subite vint le frapper. Il s'arrêta brusquement, et, dominé par cette pensée qui l'agitait, il avança machinalement le bras pour arrêter le cheval de Valentine.

— Qu'est-ce? lui dit-elle en retenant sa monture; n'est-ce pas par ici?

Bénédict resta plongé dans un grand embarras. Puis tout d'un coup prenant courage :

— Mademoiselle, dit-il, ce que j'ai à vous dire me cause une grande anxiété, parce que je ne sais pas bien comment vous l'accueillerez venant de moi. C'est la première fois de ma vie que je vous parle, et le ciel m'est témoin que je vous quitterai pénétré de vénération. Cependant ce peut être peut-être la seule, la dernière fois que j'aurai ce bonheur; et si ce que j'ai à vous annoncer vous offense, il vous sera facile de ne jamais rencontrer la figure d'un homme qui aura eu le malheur de vous déplaire...

Ce début solennel jeta autant de crainte que de surprise dans l'esprit de Valentine. Bénédict avait dans tous les temps une physionomie particulièrement bizarre. Son esprit avait la même teinte de singularité; elle s'en était aperçue dans l'entretien qu'ils venaient d'avoir ensemble. Ce talent supérieur pour la musique, ces traits dont on ne pouvait saisir l'expression dominante, cet esprit cultivé et déjà sceptique à propos de tout, faisaient de lui un être étrange aux yeux de Valentine, qui n'avait jamais eu aucun rapport aussi direct avec un jeune homme d'une autre classe que la sienne. L'espèce de préface qu'il venait de lui débiter lui causa donc de l'épouvante. Quoique étrangère à de pures vanités, elle craignait une déclaration, et n'eut pas la présence d'esprit de répondre un seul mot.

— Je vois que je vous effraie, Mademoiselle, reprit Bénédict. C'est que, dans la position délicate où je me trouve jeté par le hasard, je n'ai pas assez d'usage ou d'esprit pour me faire comprendre à demi-mot.

Ces paroles augmentèrent l'effroi et la terreur de Valentine.

— Monsieur, lui dit-elle, je ne pense pas que vous puissiez avoir à me dire quelque chose que je puisse entendre, après l'aveu que vous faites de votre embarras. Puisque vous craignez de m'offenser, je dois craindre de vous laisser commettre une gaucherie. Brisons là, je vous prie; et comme me voici dans mon chemin, agréez mes remerciements et ne prenez pas la peine d'aller plus loin...

— J'aurais dû m'attendre à cette réponse, dit Bénédict profondément offensé. J'aurais dû moins compter sur ces apparences de raison et de sensibilité que je voyais chez mademoiselle de Raimbault...

Valentine ne daigna pas lui répondre. Elle lui jeta un froid salut, et, tout épouvantée de la situation où elle se trouvait, elle fouetta son cheval et partit.

Bénédict consterné la regardait fuir. Tout d'un coup il se frappa la tête avec dépit.

— Je ne suis qu'un animal stupide, s'écria-t-il; elle ne me comprend pas!

Et, faisant sauter le fossé à son cheval, il coupe à angle droit l'enclos que Valentine côtoyait : en trois minutes il se trouve vis-à-vis d'elle et lui barre le chemin. Valentine eut tellement peur qu'elle faillit tomber à la renverse.

## VII.

Bénédict se jette à bas de son cheval.

— Mademoiselle, s'écrie-t-il, je tombe à vos genoux. N'ayez pas peur de moi. Vous voyez bien qu'à pied je ne puis vous poursuivre. Daignez m'écouter un moment. Je ne suis qu'un sot; je vous ai fait une mortelle injure en m'imaginant que vous ne vouliez pas me comprendre; et comme en voulant vous préparer je ne ferais qu'accumuler sottise sur sottise, je vais droit au but. N'avez-vous pas entendu parler dernièrement d'une personne qui vous est chère?

— Ah! parlez, s'écria Valentine avec un cri parti du cœur.

— Je le savais bien, dit Bénédict avec joie; vous l'aimez, vous la plaignez; on ne nous a pas trompés; vous désirez la revoir, vous seriez prête à lui tendre les bras. N'est-ce pas, Mademoiselle, que tout ce qu'on dit de vous est vrai?

Il ne vint pas à la pensée de Valentine de se méfier de la sincérité de Bénédict. Il venait de toucher la corde la plus sensible de son âme; la prudence ne lui eût plus paru que de la lâcheté; c'est le propre des générosités enthousiastes.

— Si vous savez où elle est, Monsieur, s'écria-t-elle en joignant les mains, béni soyez-vous, car vous allez me l'apprendre.

— Je ferai peut-être une chose coupable aux yeux de la société; car je vous détournerai de l'obéissance filiale. Et pourtant je vais le faire sans remords; l'amitié que j'ai pour cette personne m'en fait un devoir, et l'admiration que j'ai pour vous me fait croire que vous ne me le reprocherez jamais. Ce matin elle a fait quatre lieues à pied dans la rosée des prés, sur les cailloux des guérets, enveloppée d'une mante de paysanne, pour vous apercevoir à votre fenêtre ou dans votre jardin. Elle est revenue sans y avoir réussi. Voulez-vous la dédommager ce soir, et la payer de toutes les peines de sa vie?

— Conduisez-moi vers elle, Monsieur, je vous le demande au nom de ce que vous avez de plus cher au monde.

— Eh bien, dit Bénédict, fiez-vous à moi. Vous ne devez pas vous montrer à la ferme. Quoique mes parents en soient encore absents, les serviteurs vous verraient; ils parleraient, et demain votre mère, informée de cette visite, susciterait de nouvelles persécutions à votre sœur. Laissez-moi attacher votre cheval avec le mien sous ces arbres et suivez-moi.

Valentine sauta légèrement à terre sans attendre que Bénédict lui offrît la main. Mais à peine y fut-elle que l'instinct du danger, naturel aux femmes les plus pures, se réveilla en elle; elle eut peur. Bénédict attacha les chevaux sous un massif d'érables touffus. En revenant vers elle, il s'écria d'un ton de franchise :

— Oh! qu'elle va être heureuse, et qu'elle s'attend peu aux joies qui s'approchent d'elle!

Ces paroles rassurèrent Valentine. Elle suivit son guide dans un sentier tout humide de la rosée du soir, jusqu'à l'entrée d'une chènevière dont un fossé formait la clôture. Il fallait passer sur une planche toute tremblante. Bénédict sauta dans le fossé et lui servit d'appui, tandis que Valentine le franchissait.

— Ici, Perdreau! à bas! taisez-vous! dit-il à un gros chien qui s'avançait sur eux en grondant, et qui, en reconnaissant son maître, fit autant de bruit par ses caresses qu'il en avait fait par sa méfiance.

Bénédict le renvoya d'un coup de pied, et fit entrer sa compagne émue dans le jardin de la ferme situé sur le derrière des bâtiments, comme dans la plupart des habitations rustiques. Ce jardin était fort touffu. Les ronces, les rosiers, les arbres fruitiers y croissaient pêle-mêle, et leurs pousses vigoureuses, que ne mutilait jamais le ciseau du jardinier, s'entre-croisaient sur les allées jusqu'à les rendre impraticables. Valentine accrochait sa longue jupe d'amazone à toutes les épines; l'obscurité profonde de toute cette libre végétation augmentait son embarras, et l'émotion violente qu'elle éprouvait dans un tel moment lui ôtait presque la force de marcher.

— Si vous voulez me donner la main, lui dit son guide, nous irons plus vite.

Valentine avait perdu son gant dans cette agitation; elle mit sa main nue dans celle de Bénédict. Pour une jeune fille élevée comme elle, c'était une étrange situation. Le jeune homme marchait devant elle, l'attirait doucement après lui, écartant les branches avec son autre bras pour qu'elles ne vinssent pas fouetter le visage de sa compagne.

— Mon Dieu! comme vous tremblez! lui dit-il en lâchant sa main lorsqu'ils eurent atteint un endroit découvert.

— Ah! Monsieur, c'est de joie et d'impatience, répondit Valentine.

Il restait encore un obstacle à franchir. Bénédict n'avait pas la clef du jardin; il fallait, pour en sortir, sauter une haie vive. Il lui proposa de l'aider, et il le fallut bien accepter. Alors le neveu du fermier prit dans ses bras la fiancée du comte de Lansac. Il porta des mains émues sur sa taille charmante. Il respira de près son haleine entrecoupée; et cela dura assez longtemps, car la haie était large, hérissée de joncs épineux, les pierres du glacis croulaient, et Bénédict n'avait pas bien toute sa présence d'esprit.

Cependant, telle est la pudique timidité de cet âge! son imagination alla beaucoup moins loin que la réalité, et la peur de manquer à sa conscience lui ôta le sentiment de son bonheur.

Arrivé à la porte de la maison, Bénédict poussa le loquet sans bruit, fit entrer Valentine dans la salle basse, et s'approcha du foyer à tâtons. Il eut bientôt allumé un flambeau, et, montrant à mademoiselle de Raimbault un escalier de bois assez semblable à une échelle, il lui dit :

— C'est là.

Il se jeta sur une chaise, s'installa en sentinelle, et la pria de ne pas rester plus d'un quart d'heure avec Louise.

Fatiguée de sa longue course de la matinée, Louise s'était endormie de bonne heure. La petite chambre qu'elle occupait était une des plus mauvaises de la ferme; mais comme elle passait pour une pauvre parente que les Lhéry avaient longtemps assistée en Poitou, elle n'avait pas voulu qu'on détruisît l'erreur des domestiques du fermier en lui faisant une réception brillante. Elle s'était volontairement accommodée d'une sorte de petit grenier dont la lucarne donnait sur le plus ravissant aspect de prairies et d'îlots, coupé par les sinuosités de l'Indre et planté des plus beaux arbres. On lui avait composé à la hâte un assez bon lit sur un méchant grabat; des bottes de pois séchaient sur une claie, des grappes d'oignons dorés pendaient au plancher, des pelotons de fil bis dormaient au fond d'un dévidoir invalide. Louise, élevée dans l'opulence, trouvait du charme dans ces attributs de la vie champêtre. A la grande surprise de madame Lhéry, elle avait voulu laisser à sa chambrette cet air de désordre et d'encombrement rustique qui lui rappelait les peintures flamandes de Van-Ostade et de Gérard Dow. Mais les objets qu'elle aimait le mieux dans ce modeste réduit, c'était un vieux rideau de perse à ramages fanés, et deux antiques fauteuils de point dont les bois avaient été jadis dorés. Par le plus grand hasard du monde, ces meubles avaient été retirés du château environ dix années auparavant, et Louise les reconnut pour les avoir vus dans son enfance. Elle versa des larmes et faillit les embrasser comme de vieux amis, en se rappelant combien de fois, dans ces heureux jours de calme et d'ignorance à jamais perdus, elle s'était blottie, petite fille blonde et rieuse, dans les larges bras de ces vieux fauteuils.

Ce soir-là elle s'était endormie en regardant machinalement les fleurs du rideau ; et cette vue avait retracé à sa mémoire tous les menus détails de sa vie passée. Après un long exil, cette vive sensation de ses anciennes douleurs, de ses anciennes joies, se réveillait avec force. Elle se croyait au lendemain des événements qu'elle avait expiés et pleurés dans un triste pèlerinage de quinze années. Elle s'imaginait revoir, derrière ce rideau que le vent agitait à travers le déjeté de la fenêtre, toute la scène brillante et magique de ses jeunes années, la tourelle de son vieux manoir, les chênes séculaires du grand parc, la chèvre blanche qu'elle avait aimée, le champ où elle avait cueilli des bluets. Quelquefois l'image de sa grand'mère, égoïste et débonnaire créature, se dressait devant elle avec des larmes dans les yeux comme au jour de son bannissement. Mais ce cœur, qui ne savait aimer qu'à demi, se refermait pour elle, et cette apparition consolante s'éloignait avec indifférence et légèreté.

La seule image pure et toujours délicieuse de ce tableau fantastique, c'était celle de Valentine, de ce bel enfant de quatre ans, aux longs cheveux dorés, aux joues vermeilles, que Louise avait connu. Elle la voyait encore courir au travers des blés plus hauts qu'elle, comme une perdrix dans un sillon ; se jeter dans ses bras avec ce rire expansif et caressant de l'enfance qui fait venir des larmes dans les yeux de la personne aimée ; passer ses mains rondelettes et blanches sur le cou de sa sœur, et l'entretenir de ces mille riens naïfs dont se compose la vie d'un enfant, dans ce langage primitif, rationnel et piquant qui nous charme et nous surprend toujours. Depuis ce temps-là, Louise avait été mère ; elle avait aimé l'enfance non plus comme un amusement, mais comme un sentiment. Cet amour d'autrefois pour sa petite sœur s'était réveillé plus intense et plus maternel avec celui qu'elle avait eu pour son fils. Elle se la représentait toujours telle qu'elle l'avait laissée ; et quand on lui disait qu'elle était maintenant une grande et belle personne plus robuste et plus élancée qu'elle, Louise ne pouvait parvenir à la croire plus d'un instant ; bientôt son imagination se reportait à la petite Valentine, et elle formait le souhait de la tenir sur ses genoux.

Cette riante et fraîche apparition se mêlait à tous ses rêves depuis que tous ses jours étaient occupés à chercher le moyen de la voir. Au moment où Valentine monta légèrement l'échelle et souleva la trappe qui servait d'entrée à sa chambre, Louise croyait voir, au milieu des roseaux qui bordent l'Indre, Valentine, sa Valentine de quatre ans, courant après les longues demoiselles bleues qui rasent l'eau du bout de leurs ailes. Tout à coup l'enfant tombait dans la rivière. Louise s'élançait pour la ressaisir ; mais madame de Raimbault, la fière comtesse, sa belle-mère, son inflexible ennemie, apparaissait, et, repoussant ses efforts, laissait périr l'enfant.

— Ma sœur ! cria Louise d'une voix étouffée en se débattant contre les chimères de son pénible sommeil.

— Ma sœur ! répondit une voix inconnue et douce comme celle des anges que nous entendons chanter dans nos songes.

Louise, en se redressant sur son chevet, perdit le mouchoir de soie qui retenait ses longs cheveux bruns. Dans ce désordre, pâle, effrayée, éclairée par un rayon de la lune qui perçait furtivement entre les fentes du rideau, elle se pencha vers la voix qui l'appelait. Deux bras l'enlacent ; une bouche fraîche et jeune couvre ses joues de saintes caresses ; Louise, interdite, se sent inondée de larmes et de baisers ; Valentine, près de défaillir, se laisse tomber, épuisée d'émotion, sur le lit de sa sœur. Quand Louise comprit que ce n'était plus un rêve, que Valentine était dans ses bras, qu'elle y était venue, que son cœur était rempli de tendresse et de joie comme le sien, elle ne put exprimer ce qu'elle sentait que par des étreintes et des sanglots. Enfin, quand elles purent se parler :

— C'est donc toi ? s'écria Louise, toi que j'ai si longtemps rêvée ?

— C'est donc vous ? s'écria Valentine, vous qui m'aimez encore ?

— Pourquoi ce *vous* ? dit Louise ; ne sommes-nous pas sœurs ?

— Oh ! c'est que vous êtes ma mère aussi ! répondit Valentine. Allez, je n'ai rien oublié ! Vous êtes encore présente à ma mémoire comme si c'était hier ; je vous aurais reconnue entre mille. Oh ! oui, c'est vous, c'est bien vous ! Voilà vos grands cheveux bruns dont je crois voir encore les bandeaux sur votre front ; voilà vos petites mains blanches et menues, voilà votre teint pâle. C'est ainsi que je vous rêvais.

— Oh ! Valentine ! ma Valentine ! écarte donc ce rideau, que je te voie aussi. Ils m'avaient bien dit que tu étais belle ! mais tu l'es cent fois plus qu'ils n'ont pu l'exprimer. Tu es toujours blonde, toujours blanche ; voilà tes yeux bleus si doux, ton sourire si caressant ! C'est moi qui t'ai élevée, Valentine, tu t'en souviens ! C'est moi qui préservais ton teint du hâle et des gerçures ; c'est moi qui prenais soin de tes cheveux et qui les roulais chaque jour en spirales dorées ; c'est à moi que tu dois d'être restée si belle, Valentine ; car ta mère ne s'occupait guère de toi ; moi seule je veillais sur tous tes instants...

— Oh ! je le sais, je le sais ! Je me rappelle encore les chansons avec lesquelles vous m'endormiez ; je me souviens qu'à mon réveil je trouvais toujours votre visage penché vers le mien. Oh ! comme je vous ai pleurée, Louise ! Comme j'ai été longtemps sans savoir me passer de vous ! Comme je repoussais les soins des autres femmes ! Ma mère ne m'a jamais pardonné l'espèce de haine que je lui témoignais alors, parce que ma nourrice m'avait dit : « Ta pauvre sœur s'en va, c'est ta mère qui la chasse. » Oh ! Louise ! Louise ! vous m'êtes enfin rendue !

— Et nous ne nous séparerons plus, n'est-ce pas ? s'écria Louise ; nous trouverons le moyen de nous voir souvent, de nous écrire. Tu ne te laisseras pas effrayer par les menaces ; nous ne redeviendrons jamais étrangères l'une à l'autre ?

— Est-ce que nous l'avons jamais été ! répondit-elle ; est-ce que cela est au pouvoir de quelqu'un ! Tu me connais bien mal, Louise, si tu crois que l'on pourra te bannir de mon cœur quand on ne l'a pas pu même les jours de ma faible enfance. Mais, sois tranquille, nos maux sont finis. Dans un mois je serai mariée ; j'épouse un homme doux, sensible, raisonnable, à qui j'ai parlé de toi souvent, qui approuve ma tendresse, et qui me permettra de vivre auprès de toi. Alors, Louise, tu n'auras plus de chagrin, n'est-ce pas ? tu oublieras tes malheurs en les répandant dans mon sein. Tu élèveras mes enfants si j'ai le bonheur d'être mère ; nous croirons revivre en eux.... Je sécherai toutes tes larmes, je consacrerai ma vie à réparer toutes les souffrances de la tienne.

— Sublime enfant, cœur d'ange ! dit Louise en pleurant de joie ; ce jour les efface toutes. Va, je ne me plaindrai pas du sort qui m'a donné un tel instant de joie ineffable ! N'as-tu pas adouci déjà pour moi les années d'exil ? Tiens, vois ! dit-elle en prenant sous son chevet un petit paquet soigneusement enveloppé d'un carré de velours, reconnais-tu ces quatre lettres ? C'est toi qui me les as écrites à diverses époques de notre séparation. J'étais en Italie quand j'ai reçu celle-ci ; tu n'avais pas dix ans.

— Oh ! je m'en souviens bien ! dit Valentine ; j'ai les vôtres aussi. Je les ai tant relues, je les ai tant baignées de mes larmes ! Celle-là, tenez, je vous l'ai écrite du couvent. Comme j'ai tremblé, comme j'ai tressailli de peur et de joie, quand une femme que je ne connaissais pas me remit la vôtre au parloir ! Elle me la glissa avec un signe

C'était un brave homme encore vert. (Page 3.)

d'intelligence, en me donnant des friandises qu'elle feignait d'apporter de la part de ma grand'mère. Et quand, deux ans après, étant aux environs de Paris, j'aperçus contre la grille du jardin une femme qui avait l'air de demander l'aumône, quoique je ne l'eusse vue qu'une seule fois, qu'un seul instant, je la reconnus tout de suite. Je lui dis : « Vous avez une lettre pour moi ? — Oui, me dit-elle, et je viendrai chercher la réponse demain. » Alors je courus m'enfermer dans ma chambre ; mais on m'appela, on me surveilla tout le reste de la journée. Le soir, ma gouvernante resta auprès de mon lit à travailler jusqu'à près de minuit. Il fallut que je feignisse de dormir tout ce temps ; et quand elle me laissa pour passer dans sa chambre, elle emporta la lumière. Avec combien de peine et de précautions je parvins à me procurer une allumette, un flambeau, et tout ce qu'il fallait pour écrire, sans faire de bruit, sans éveiller ma surveillante ! J'y réussis cependant ; mais je laissai tomber quelques gouttes d'encre sur mon drap, et le lendemain je fus questionnée, menacée, grondée ! Avec quelle impudence je sus mentir ! comme je subis de bon cœur la pénitence qui me fut infligée ! La vieille femme revint et demanda à me vendre un petit chevreau. Je lui remis la lettre, et j'élevai la chèvre. Quoiqu'elle ne vînt pas directement de vous, je l'aimais à cause de vous. O Louise ! je vous dois peut-être de n'avoir pas un mauvais cœur ; on a tâché de dessécher le mien de bonne heure ; on a tout fait pour éteindre le germe de ma sensibilité ; mais votre image chérie, vos tendres caresses, votre bonté pour moi, avaient laissé dans ma mémoire des traces ineffaçables. Vos lettres vinrent réveiller en moi le sentiment de reconnaissance que vous y aviez laissé ; ces quatre lettres marquèrent quatre époques bien senties dans ma vie ; chacune d'elles m'inspira plus fortement la volonté d'être bonne, la haine de l'intolérance, le mépris des préjugés, et j'ose dire que chacune d'elles marqua un progrès dans mon existence morale. Louise, ma sœur, c'est vous qui réellement m'avez élevée jusqu'à ce jour.

— Tu es un ange de candeur et de vertu, s'écria Louise ; c'est moi qui devrais être à tes genoux...

— Eh ! vite, cria la voix de Bénédict au bas de l'escalier ! séparez-vous ! Mademoiselle de Raimbault, M. de Lansac vous cherche.

C'était une petite femme mince. (Page 3.)

## VIII.

Valentine s'élança hors de la chambre. L'arrivée de M. de Lansac était pour elle un incident agréable ; elle voulait lui faire prendre part à son bonheur ; mais, à son grand déplaisir, Bénédict lui apprit qu'il l'avait dérouté en lui répondant qu'il n'avait pas entendu parler de mademoiselle de Raimbault depuis la fête. Bénédict s'excusa en disant qu'il ne savait pas quelles étaient les dispositions de M. de Lansac à l'égard de Louise. Mais au fond du cœur il avait éprouvé je ne sais quelle joie maligne à envoyer ce pauvre fiancé courir les champs au milieu de la nuit, tandis que lui, Bénédict, tenait la fiancée sous sa garde.

— Ce mensonge est peut-être maladroit, lui dit-il ; mais je l'ai fait dans de bonnes intentions, et il n'est plus temps de le rétracter. Permettez-moi, Mademoiselle, de vous engager à retourner au château tout de suite ; je vous accompagnerai jusqu'à la porte du parc, et vous direz qu'après vous avoir égaré le hasard vous a fait retrouver votre chemin to ute seule.

— Sans doute, répondit Valentine troublée : c'est ce qu'il y a de moins inconvenant à faire, après avoir trompé et renvoyé M. de Lansac. Mais si nous le rencontrons ?

— Je dirai, reprit vivement Bénédict, que, prenant part à sa peine, je suis monté à cheval pour l'aider à vous retrouver, et que la fortune m'a mieux servi que lui.

Valentine était bien un peu tourmentée de toutes les conséquences de cette aventure ; mais, après tout, il n'était guère en son pouvoir de s'en occuper. Louise avait jeté une pelisse sur ses épaules, et elle était descendue avec elle dans la salle. Là, saisissant le flambeau que Bénédict avait à la main, elle l'approcha du visage de sa sœur pour la bien voir, et l'ayant contemplée avec ravissement :

— Mon Dieu ! s'écria-t-elle avec enthousiasme en s'adressant à Bénédict, voyez donc comme est belle, ma Valentine !

Valentine rougit, et Bénédict plus qu'elle encore. Louise était trop livrée à sa joie pour deviner leur embarras. Elle la couvrit de caresses ; et quand Bénédict voulut l'arracher de ses bras, elle accabla ce dernier de reproches.

Mais, passant subitement à un sentiment plus juste, elle se jeta avec effusion au cou de son jeune ami, en lui disant que tout son sang ne paierait pas le bonheur qu'il venait de lui donner.

— Pour votre récompense, ajouta-t-elle, je vais le prier de faire comme moi ; veux-tu, Valentine, donner aussi un baiser de sœur à ce pauvre Bénédict, qui, se trouvant seul avec toi, s'est souvenu de Louise ?

— Mais, dit Valentine en rougissant, ce sera donc pour la seconde fois aujourd'hui ?

— Et pour la dernière de ma vie, dit Bénédict en ployant un genou devant la jeune comtesse. Que celui-ci efface toute la souffrance que j'ai partagée en obtenant le premier malgré vous.

La belle Valentine reprit sa sérénité ; mais, avec une noble pudeur sur le front, elle leva les yeux au ciel.

— Dieu m'est témoin, dit-elle, que du fond de mon âme je vous donne cette marque de la plus pure estime ; et, se penchant vers le jeune homme, elle déposa légèrement sur son front un baiser qu'il n'osa pas même lui rendre sur la main. Il se releva pénétré d'un indicible sentiment de respect et d'orgueil. Il n'avait pas connu de recueillement si suave, d'émotion si douce, depuis le jour où, jeune villageois crédule et pieux, il avait fait sa première communion, dans un beau jour de printemps, au parfum de l'encens et des fleurs effeuillées.

Ils retournèrent par le chemin d'où ils étaient venus, et cette fois Bénédict se sentit entièrement calme auprès de Valentine. Ce baiser avait formé entre eux un lien sacré de fraternité. Ils s'établirent dans une confiance réciproque, et, lorsqu'ils se quittèrent à l'entrée du parc, Bénédict promit d'aller bientôt porter à Raimbault des nouvelles de Louise.

— J'ose à peine vous en prier, répondit Valentine, et pourtant je le désire bien vivement. Mais ma mère est si sévère dans ses préjugés !

— Je saurai braver toutes les humiliations pour vous servir, répondit Bénédict, et je me flatte de savoir m'exposer sans compromettre personne.

Il la salua profondément et disparut.

Valentine rentra par l'allée la plus sombre du parc ; mais elle aperçut bientôt à travers le feuillage, sous ces longues galeries de verdure, la lueur et le mouvement des flambeaux. Elle trouva toute la maison en émoi, et sa mère, qui pressait les mains du cocher, brutalisait le valet de chambre, se faisait humble avec les uns, se laissait aller à la fureur avec les autres, pleurait comme une mère, puis commandait en reine, et, pour la première fois de sa vie peut-être, semblait par intervalles appeler la pitié d'autrui à son secours. Mais dès qu'elle reconnut le pas du cheval qui lui ramenait Valentine, au lieu de se livrer à la joie, elle céda à sa colère longtemps comprimée par l'inquiétude. Sa fille ne trouva dans ses yeux que le ressentiment d'avoir souffert.

— D'où venez-vous ? lui cria-t-elle d'une voix forte, en la tirant de sa selle avec une violence qui faillit la faire tomber. Vous jouez-vous de mes tourments ? Pensez-vous que le moment soit bien choisi pour rêver à la lune et vous oublier dans les chemins ? A l'heure qu'il est, et lorsque, pour me prêter à vos caprices, je suis brisée de fatigue, croyez-vous qu'il soit convenable de vous faire attendre ? Est-ce ainsi que vous respectez votre mère, si vous ne la chérissez pas ?

Elle la conduisit ainsi jusqu'au salon en l'accablant des reproches les plus aigres et des accusations les plus dures. Valentine bégaya quelques mots pour sa défense, et fut dispensée de la présence d'esprit qu'elle aurait été forcée d'apporter à des explications qu'heureusement on ne lui demanda pas. Elle trouva au salon sa grand'mère, qui prenait du thé, et qui, lui tendant les bras, s'écria :

— Ah ! te voilà, ma petite ! Mais sais-tu que tu as donné bien de l'inquiétude à ta mère ? Pour moi, je savais bien qu'il ne pouvait t'être rien arrivé de fâcheux dans ce pays-ci, où tout le monde révère le nom que tu portes. Allons, embrasse-moi, et que tout soit oublié. Puisque te voilà retrouvée, je vais manger de meilleur appétit. Cette course en calèche m'a donné une faim d'enfer.

En parlant ainsi, la vieille marquise, qui avait encore de fort bonnes dents, mordit dans un *tost* à l'anglaise que sa demoiselle de compagnie lui préparait. Le soin minutieux qu'elle y apportait prouvait l'importance que sa maîtresse attachait à l'assaisonnement de ce mets. Quant à la comtesse, chez qui l'orgueil et la violence étaient au moins les vices d'une âme impressionnable, cédant à la force de ses sensations, elle se laissa tomber à demi évanouie sur un fauteuil.

Valentine se jeta à ses genoux, aida à la délacer, couvrit ses mains de larmes et de baisers, et regretta sincèrement le bonheur qu'elle avait goûté en voyant combien il avait fait souffrir sa mère. La marquise quitta son souper, dissimulant mal la contrariété qu'elle éprouvait, et vint, alerte et vive qu'elle était, tourner autour de sa belle-fille en assurant que ce ne serait rien.

Lorsque la comtesse ouvrit les yeux, elle repoussa rudement Valentine, lui dit qu'elle avait trop à se plaindre d'elle pour agréer ses soins ; et comme la pauvre enfant exprimait sa douleur et demandait son pardon à mains jointes, il lui fut impérieusement ordonné d'aller se coucher sans avoir obtenu le baiser maternel.

La marquise, qui se piquait d'être l'ange consolateur de la famille, s'appuya sur le bras de sa petite-fille pour remonter à sa chambre, et lui dit en la quittant, après l'avoir embrassée au front :

— Allons, ma chère petite, console-toi. Ta mère a un peu d'humeur ce soir, mais ce n'est rien. Ne va pas t'amuser à prendre du chagrin ; tu serais couperosée demain, et cela ne ferait pas les affaires de notre bon Lansac.

Valentine s'efforça de sourire, et quand elle se trouva seule, elle se jeta sur son lit, accablée de chagrin, de bonheur, de lassitude, de crainte, d'espoir, de mille sentiments divers qui se pressaient dans son cœur.

Au bout d'une heure, elle entendit retentir dans le corridor le bruit des bottes éperonnées de M. de Lansac. La marquise, qui ne se couchait jamais avant minuit, l'appela dans sa chambre entr'ouverte, et Valentine, entendant leurs voix mêlées, alla sur-le-champ les rejoindre.

— Ah ! dit la marquise avec cette joie maligne de la vieillesse qui ne respecte aucune des délicatesses de la pudeur parce qu'elle n'en a plus le sentiment, j'étais bien sûre que la friponne, au lieu de dormir, attendait le retour de son fiancé, le cœur agité, l'oreille au guet ! Allons, allons, mes enfants, je crois qu'il est temps de vous marier.

Rien n'allait si mal que cette idée à l'attachement calme et digne que Valentine éprouvait pour M. de Lansac. Elle rougit de mécontentement ; mais la physionomie respectueuse et douce de son fiancé la rassura.

— Je n'ai pas pu dormir en effet, lui dit-elle, avant de vous avoir demandé pardon de toute l'inquiétude que je vous ai causée.

— On aime, des personnes qui nous sont chères, répondit M. de Lansac avec une grâce parfaite, jusqu'aux tourments qu'elles nous causent.

Valentine se retira confuse et agitée. Elle sentit qu'elle avait de grands torts involontaires envers M. de Lansac, et sa conscience s'impatientait d'avoir encore quelques heures à attendre pour lui en faire l'aveu. Si elle avait eu moins de délicatesse et plus de connaissance du monde, elle se fût bien gardée de faire cette confession.

M. de Lansac avait, dans l'aventure de la soirée, joué le rôle le plus déplaisant, et, quelle que fût la candeur de Valentine, il eût peut-être semblé difficile à cet homme du monde de pardonner bien sincèrement à sa fiancée l'espèce de pacte fait avec un autre pour le tromper. Mais Valentine rougissait de rester complice d'un mensonge envers celui qui allait être son époux.

Le lendemain, dès le matin, elle courut le rejoindre au salon.

— Évariste, lui dit-elle en allant droit au but, j'ai sur le cœur un secret qui me pèse ; il faut que je vous le dise. Si je suis coupable, vous me blâmerez, mais au moins vous ne me reprocherez pas d'avoir manqué de loyauté.

— Eh ! mon Dieu ! ma chère Valentine, vous me faites frémir ! Où voulez-vous arriver avec ce préambule solennel? Songez dans quelle position nous nous trouvons!... Non, non, je ne veux rien entendre. C'est aujourd'hui que je vous quitte pour aller à mon poste attendre tristement la fin de l'éternel mois qui s'oppose à mon bonheur, et je ne veux pas attrister ce jour déjà si triste par une confidence qui semble vous être pénible. Quoi que vous ayez à me dire, quoi que vous ayez fait de *criminel*, je vous absous. Allez, Valentine, votre âme est trop belle, votre vie est trop pure pour que j'aie l'insolence de vouloir vous confesser.

— Cette confidence ne vous attristera pas, répondit Valentine en retrouvant toute sa confiance dans la raison de M. de Lansac. Au contraire, lorsque même vous m'accuseriez d'avoir agi avec précipitation, vous vous réjouiriez encore avec moi, j'en suis sûre, d'un événement qui me comble de joie. J'ai retrouvé ma sœur...

— Taisez-vous! dit vivement M. de Lansac en affectant une terreur comique. Ne prononcez pas ce nom ici! Votre mère a des doutes qui déjà la mettent au désespoir. Que serait-ce, grand Dieu! si elle savait où vous en êtes? Croyez-moi, ma chère Valentine, gardez ce secret bien avant dans votre cœur, et n'en parlez pas même à moi. Vous m'ôteriez par là tous les moyens de conviction que mon air d'innocence doit me donner auprès de votre mère. Et puis, ajouta-t-il en souriant d'un air qui ôtait à ses paroles toute la rigidité de leur sens, je ne suis pas encore assez votre maître, c'est-à-dire votre protecteur, pour me croire bien fondé à autoriser un acte de rébellion ouverte contre la volonté maternelle. Attendez un mois. Cela vous semblera bien moins long qu'à moi.

Valentine, qui tenait à dégager sa conscience de la circonstance la plus délicate de son secret, voulut en vain insister. M. de Lansac ne voulut rien entendre, et finit par lui persuader qu'elle ne devait rien lui dire.

Le fait est que M. de Lansac était bien né, qu'il occupait de belles fonctions diplomatiques, qu'il était plein d'esprit, de séduction et de ruse; mais qu'il avait des dettes à payer, et que pour rien au monde il n'eût voulu perdre la main et la fortune de mademoiselle de Raimbault. Dans la crainte continuelle de s'aliéner la mère ou la fille, il transigeait secrètement avec l'une et avec l'autre, il flattait leurs sentiments, leurs opinions, et, peu intéressé dans l'affaire de Louise, il était décidé à n'y intervenir que lorsqu'il deviendrait maître de la terminer à son gré.

Valentine prit sa prudence pour une autorisation tacite, et, se rassurant de ce côté, elle dirigea toutes ses pensées vers l'orage qui allait éclater du côté de sa mère.

La veille au soir, le laquais adroit et bas qui avait déjà insinué quelques soupçons sur l'apparition de Louise dans le pays était entré chez la comtesse, sous le prétexte d'apporter une limonade, et il avait eu avec elle l'entretien suivant.

## IX.

— Madame m'avait ordonné hier de m'informer de la personne...

— Il suffit. Ne la nommez jamais devant moi. L'avez-vous fait?

— Oui, Madame, et je crois être sur la voie.

— Parlez donc.

— Je n'oserais pas affirmer à madame que la chose soit aussi certaine que je le désirerais. Mais voici ce que je sais : il y a à la ferme de Grangeneuve, depuis à peu près trois semaines, une femme qui passe pour la nièce du père Lhéry, et qui m'a bien l'air d'être celle que nous cherchons.

— L'avez-vous vue?

— Non, Madame. D'ailleurs je ne connais pas la personne... et personne ici n'est plus avancé que moi.

— Mais que disent les paysans?

— Les uns disent que c'est bien la parente des Lhéry; à preuve, disent-ils, qu'elle n'est pas vêtue comme une demoiselle, et puis, parce qu'elle occupe chez eux une chambre de laboureur. Ils pensent que si c'était mademoiselle... on lui aurait fait une autre réception à la ferme. Les Lhéry lui étaient tout dévoués, comme madame sait.

— Sans doute. La mère Lhéry a été sa nourrice dans un temps où elle était fort heureuse de trouver ce moyen d'existence. Mais que disent les autres?... Comment se fait-il que pas un ici ne puisse affirmer si cette personne est ou n'est pas celle que tout le monde a vue autrefois?

— D'abord peu de gens l'ont vue à Grangeneuve, qui est un endroit fort isolé. Elle n'en sort presque pas, et, lorsqu'elle sort, elle est toujours enveloppée d'une mante, parce que, dit-on, elle est malade. Ceux qui l'ont rencontrée l'ont à peine aperçue, et disent qu'il leur est impossible de savoir si la personne fraîche et replète qu'ils ont vue, il y a quinze ans, est la personne maigre et pâle qu'ils voient maintenant. C'est une chose embarrassante à éclaircir, et qui demande beaucoup d'adresse et de persévérance.

— Joseph! je vous donne cent francs si vous voulez vous en charger.

— Il suffit d'un ordre de madame, répondit le valet d'un air hypocrite. Mais si je n'en viens pas à bout aussi vite que madame le désire, elle voudra bien se rappeler que les paysans d'ici sont rusés, méfiants; qu'ils ont un fort mauvais esprit, aucun attachement pour leurs anciens devoirs, et qu'ils ne seraient pas fâchés de montrer une opposition quelconque à la volonté de madame...

— Je sais qu'ils ne m'aiment pas, et je m'en félicite. La haine de ces gens-là m'honore au lieu de m'inquiéter. Mais le maire de la commune n'a-t-il point fait amener cette étrangère pour la questionner?

— Madame sait que le maire est un Lhéry, un cousin de son fermier; dans cette famille-là, ils sont unis comme les doigts de la main, et ils s'entendent comme larrons en foire...

Joseph sourit de complaisance en se trouvant tant de causticité dans le discours. La comtesse ne daigna pas partager son sentiment; mais elle reprit :

— Oh! c'est un grand désagrément que ces fonctions de maire soient remplies par des paysans, à qui elles donnent une certaine autorité sur nous!

— Il faudra, pensa-t-elle, que je m'occupe de faire destituer celui-là, afin que mon gendre prenne l'ennui de le remplacer. Il fera faire la besogne par les adjoints.

Puis, revenant tout à coup au sujet de l'entretien par un de ces aperçus clairs et prompts que donne la haine :

— Il y a un moyen, dit-elle : c'est d'envoyer Catherine à la ferme, et de la faire parler.

— La nourrice de mademoiselle!... Oh! c'est une femme plus rusée que madame ne pense. Peut-être sait-elle déjà fort bien ce qui en est.

— Enfin, il faut trouver un moyen, dit la comtesse avec humeur.

— Si madame me permet d'agir...

— Eh! certainement!

— En ce cas, j'espère être instruit demain de ce qui intéresse madame.

Le lendemain, vers six heures du matin, au moment où l'*Angelus* sonnait au fond de la vallée et où le soleil enluminait tous les toits d'alentour, Joseph se dirigea vers la partie du pays la plus déserte, et en même temps la mieux cultivée; c'était sur les terres de Raimbault, terres considérables et fertiles, jadis vendues comme biens nationaux, rachetées sous l'empire par la dot de mademoiselle Chignon, fille d'un riche manufacturier, que le général comte de Raimbault avait épousée en secondes noces. L'empereur aimait à unir les anciens noms aux nouvelles fortunes : ce mariage s'était conclu sous son influence suprême; et la nouvelle comtesse avait bientôt dépassé dans son cœur tout l'orgueil de la vieille noblesse qu'elle haïssait, et dont cependant elle avait voulu à tout prix obtenir les honneurs et les titres.

Joseph avait sans doute tissu une fable bien savante pour se présenter à la ferme sans effaroucher personne. Il avait dans son sac bien des tours de Scapin pour abuser de la simplicité des habitants; mais, par malheur, la première personne qu'il rencontra à cent pas de la ferme fut

Bénédict, homme bien plus fin, bien plus méfiant que lui. Le jeune homme se souvint aussitôt de l'avoir vu quelque temps auparavant à une autre fête de village, où, quoiqu'il portât fort bien son habit noir, bien qu'il affectât des manières de supériorité sur les fermiers qui prenaient de la bière avec lui, il avait été persiflé et humilié comme un vrai laquais qu'il était. Aussitôt Bénédict comprit qu'il fallait écarter de la ferme ce témoin dangereux, et, s'emparant de lui avec force politesses ironiques, il le força d'aller visiter avec lui une vigne située à quelque distance. Il affecta de le croire, sur sa parole, homme de confiance et régisseur du château, et feignit une grande disposition au bavardage. Joseph abusa bien vite de l'occasion, et, au bout de dix minutes, ses intentions et ses projets devinrent clairs comme le jour pour Bénédict. Alors celui-ci se tint sur ses gardes, et le désabusa de ses doutes relativement à Louise avec un air de candeur dont Joseph fut parfaitement dupe. Cependant Bénédict comprit que ce n'était pas assez, qu'il fallait se débarrasser entièrement des intentions malfaisantes de ce mouchard, et il retrouva tout à coup dans sa mémoire un moyen de le dominer.

— Parbleu, monsieur Joseph! lui dit-il, je suis fort aise de vous avoir rencontré. J'avais précisément à vous communiquer une affaire intéressante pour vous.

Joseph ouvrit deux larges oreilles, de ces oreilles de laquais, profondes, mobiles, habiles à saisir, vigilantes à conserver ; de ces oreilles où rien ne se perd, où tout se retrouve.

— M. le chevalier de Trigaud, continua Bénédict, ce gentilhomme campagnard qui demeure à trois lieues d'ici, et qui fait un si énorme massacre de lièvres et de perdrix qu'on n'en trouve plus là où il a passé, me disait avant-hier (nous venions précisément de tuer dans les buissons une vingtaine de cailles vertes ; car le bon chevalier est braconnier comme un garde-chasse), il disait donc avant hier qu'il serait bien aise d'avoir un homme intelligent comme vous à son service...

— M. le chevalier de Trigaud a dit cela? repartit l'auditeur ému.

— Sans doute, reprit Bénédict. C'est un homme riche, libéral, insouciant, ne se mêlant de rien, n'aimant que la chasse et la table, sévère à ses chiens, doux à ses serviteurs, ennemi des embarras domestiques, volé depuis qu'il est au monde, volable s'il en fut. Une personne qui aurait, comme vous, reçu une certaine instruction, qui tiendrait ses comptes, qui réformerait les abus de sa maison, et qui ne le contrarierait pas au sortir de table, pourrait à jeun obtenir tout de son humeur facile, régner en prince chez lui, et gagner quatre fois autant que chez madame de Raimbault. Or, tous ces avantages sont à votre disposition, monsieur Joseph, si vous voulez, de ce pas, aller vous présenter au chevalier.

— J'y vais au plus vite! s'écria Joseph, qui connaissait fort bien la place et qui la savait bonne.

— Un instant! dit Bénédict. Il faudra vous rappeler que, grâce à mon goût pour la chasse et à la morale bien connue de ma famille, ce bon chevalier nous témoigne à tous une amitié vraiment extraordinaire, et que quiconque aurait le malheur de me déplaire ou de rendre un mauvais office à quelqu'un des miens ne *pourrirait* pas sur le seuil de sa maison.

Le ton dont ces paroles furent prononcées les rendit très-intelligibles pour Joseph. Il rentra au château, rassura complètement la comtesse, eut l'adresse de se faire donner les cent francs de gratification pour son zèle et ses peines, et sauva Valentine de l'interrogatoire terrible que sa mère lui réservait. Huit jours après il entra au service du chevalier de Trigaud, qu'il ne vola pas (il avait trop d'esprit et son maître était trop bête pour qu'il s'en donnât la peine), mais qu'il pilla comme un pays conquis.

Dans son désir de ne manquer une si excellente aubaine, il avait poussé l'adresse et le dévouement aux intentions de Bénédict jusqu'à donner de faux renseignements à la comtesse sur la résidence de Louise. En trois jours il lui avait improvisé un voyage et un départ dont madame de Raimbault avait été la dupe. Il avait réussi encore à ne pas perdre sa confiance en quittant son service. Il s'était fait octroyer de bon gré la permission de changer de maître, et madame de Raimbault ne pensa bientôt plus à lui ni à ses révélations antérieures. La marquise, qui aimait Louise plus peut-être qu'elle n'avait aimé personne, questionna Valentine. Mais celle-ci connaissait trop le caractère faible et la légèreté de sa grand'mère pour confier à son impuissante affection un secret de si haute importance. M. de Lansac était parti, les trois femmes étaient fixées à Raimbault, où le mariage devait se conclure dans un mois. Louise, qui ne se fiait peut-être pas autant que Valentine aux bonnes intentions de M. de Lansac, résolut de mettre à profit ce temps, où elle était à peu près libre, pour la voir souvent ; et trois jours après la journée du 1er mai, Bénédict, chargé d'une lettre, se présenta au château.

Hautain et fier, il n'avait jamais voulu s'y présenter pour traiter d'aucune affaire au nom de son oncle ; mais pour Louise, pour Valentine, pour ces deux femmes qu'il ne savait comment qualifier dans son affection, il se faisait une sorte de gloire d'aller affronter les regards dédaigneux de la comtesse et les affabilités insolentes de la marquise. Il profita d'un jour chaud qui devait confiner Valentine chez elle, et, s'étant muni d'une carnassière bien remplie de gibier, ayant pris pour vêtement une blouse, un chapeau de paille et des guêtres, il partit ainsi équipé en chasseur villageois, certain que ce costume choquerait moins les yeux de la comtesse que ne le ferait un extérieur plus soigné.

Valentine écrivait dans sa chambre. Je ne sais quelle attente vague faisait trembler sa main ; tout en traçant des lignes destinées à sa sœur, il lui semblait que le messager qui devait s'en charger n'était pas loin. Le moindre bruit dans la campagne, le trot d'un cheval, la voix d'un chien la faisait tressaillir ; elle se levait et courait à la fenêtre ; appelant dans son cœur Louise et Bénédict ; car Bénédict, ce n'était pour elle, du moins elle le croyait ainsi, qu'une partie de sa sœur détachée vers elle.

Comme elle commençait à se lasser de cette émotion involontaire et cherchait à en distraire sa pensée, cette voix si belle et si pure, cette voix de Bénédict, qu'elle avait entendue la nuit sur les bords de l'Indre, vint de nouveau charmer son oreille. La plume tomba de ses doigts ; elle écouta, ravie, ce chant si simple qui avait tant d'empire sur ses nerfs. La voix de Bénédict partait d'un sentier qui tournait en dehors du parc sur une colline assez rapide. Le chanteur, se trouvant élevé au-dessus des jardins, pouvait faire entendre distinctement ces vers de sa chanson villageoise, qui renfermaient peut-être un avertissement pour Valentine :

> Bergère Solange, écoutez,
> L'alouette aux champs vous appelle.

Valentine était assez romanesque ; elle ne pensait pas l'être parce que son cœur vierge n'avait pas encore conçu l'amour. Mais lorsqu'elle croyait pouvoir s'abandonner sans réserve à un sentiment pur et honnête, sa jeune tête ne se défendait point d'aimer tout ce qui ressemblait à une aventure. Élevée sous des regards si rigides, dans une atmosphère d'usages si froids et si guindés, elle avait si peu joui de la fraîcheur et de la poésie de son âge!

Collée au store de sa fenêtre, elle vit bientôt Bénédict descendre le sentier. Bénédict n'était pas beau ; mais sa taille était remarquablement élégante. Son costume rustique, qu'il portait un peu théâtralement, sa marche légère et assurée sur le bord du ravin, son grand chien blanc tacheté qui bondissait devant lui, et surtout son chant, assez flatteur et assez puissant pour suppléer chez lui à la beauté du visage, toute cette apparition dans une scène champêtre qui, par les soins de l'art, spoliateur de la nature, ressemblait assez à un décor d'opéra, c'était de quoi émouvoir un jeune cerveau, et donner je ne sais quel accessoire de coquetterie au prix de la missive.

Valentine fut bien tentée de s'enfoncer dans le parc, d'aller ouvrir une petite porte qui donnait sur le sentier, de tendre une main avide vers la lettre qu'elle croyait déjà voir dans celle de Bénédict. Tout cela était assez imprudent. Une pensée plus louable que celle du danger la retint : ce fut la crainte de désobéir deux fois en allant au-devant d'une aventure qu'elle ne pouvait pas repousser.

Elle résolut donc d'attendre un nouvel avertissement pour descendre, et bientôt une grande rumeur de chiens animés les uns contre les autres fit glapir tous les échos du préau. C'était Bénédict qui avait mis le sien aux prises avec ceux de la maison, afin d'annoncer son arrivée de la manière la plus bruyante possible.

Valentine descendit aussitôt; son instinct lui fit deviner que Bénédict se présenterait de préférence à la marquise, comme étant la plus abordable. Elle rejoignit donc sa grand'mère, qui avait coutume de faire la sieste sur le canapé du salon, et, après l'avoir doucement éveillée, elle prit un prétexte pour s'asseoir à ses côtés.

Au bout de quelques minutes, un domestique vint annoncer que le neveu de M. Lhéry demandait à présenter son respect et son gibier à la marquise.

— Je me passerais bien de son respect, répondit la vieille folle, mais que son gibier soit le bienvenu. Faites entrer.

---

## DEUXIÈME PARTIE.

### X.

En voyant paraître ce jeune homme dont elle se savait complice et qu'elle allait encourager, sous les yeux de sa grand'mère, à lui remettre un secret message, Valentine eut un remords. Elle sentit qu'elle rougissait, et le pourpre de ses joues alla se refléter sur celles de Bénédict.

— Ah! c'est toi, mon garçon! dit la marquise qui étalait sur le sofa sa jambe courte et replète avec des grâces du temps de Louis XV. Sois le bienvenu. Comment va-t-on à la ferme? Et cette bonne mère Lhéry? et cette jolie petite cousine? et tout le monde?

Puis, sans se soucier de la réponse, elle enfonça la main dans la carnassière que Bénédict détachait de son épaule.

— Ah! vraiment, c'est fort beau, ce gibier-là! Est-ce toi qui l'as tué? On dit que tu laisses un peu braconner le Trigaud sur nos terres? Mais voilà de quoi te faire absoudre...

— Ceci, dit Bénédict en tirant de son sein une petite mésange vivante, je l'ai prise au filet par hasard. Comme elle est d'une espèce rare, j'ai pensé que mademoiselle, qui s'occupe d'histoire naturelle, la joindrait à sa collection.

Et, tout en remettant le petit oiseau à Valentine, il affecta d'avoir beaucoup de peine à le glisser dans ses doigts sans le laisser échapper. Il profita de ce moment pour lui remettre la lettre. Valentine s'approcha d'une fenêtre, comme pour examiner l'oiseau de près, et cacha le papier dans sa poche.

— Mais tu dois avoir bien chaud, mon cher? dit la marquise. Va donc te désaltérer à l'office.

Valentine vit le sourire de dédain qui effleurait les lèvres de Bénédict.

— Monsieur aimerait peut-être mieux, dit-elle vivement, prendre un verre d'eau de grenades?

Et elle souleva la carafe qui était sur un guéridon derrière sa grand'mère, pour en verser elle-même à son hôte. Bénédict la remercia d'un regard, et, passant derrière le dossier du sofa, il accepta, heureux de toucher le verre de cristal que la blanche main de Valentine lui offrait.

La marquise eut une petite quinte de toux pendant laquelle il dit vivement à Valentine:

— Que faudra-t-il répondre de votre part à la demande contenue dans cette lettre?

— Quoi que ce soit, oui, répondit Valentine, effrayée de tant d'audace.

Bénédict promenait un regard grave sur ce salon élégant et spacieux, sur ces glaces limpides, sur ces parquets luisants, sur mille recherches de luxe dont l'usage même était ignoré encore à la ferme. Ce n'était pas la première fois qu'il pénétrait dans la demeure du riche, et son cœur était loin de se prendre d'envie pour tous ces hochets de la fortune, comme eût fait celui d'Athénaïs. Mais il ne pouvait s'empêcher de faire une remarque qui n'avait pas encore pénétré chez lui si avant; c'est que la société avait mis entre lui et mademoiselle de Raimbault des obstacles immenses.

« Heureusement, se disait-il, je puis braver le danger de la voir sans en souffrir. Jamais je ne serai amoureux d'elle. »

— Eh bien! ma fille, veux-tu te mettre au piano, et continuer cette romance que tu m'avais commencée tout à l'heure?

C'était un ingénieux mensonge de la vieille marquise pour faire entendre à Bénédict qu'il était temps de se retirer *à l'office*.

— Bonne maman, répondit Valentine, vous savez que je ne chante guère; mais vous qui aimez la bonne musique, si vous voulez vous donner un très-grand plaisir, priez monsieur de chanter.

— En vérité? dit la marquise. Mais comment sais-tu cela, ma fille?

— C'est Athénaïs qui me l'a dit, répondit Valentine en baissant les yeux.

— Eh bien! s'il en est ainsi, mon garçon, fais-moi ce plaisir-là, dit la marquise. Régale-moi d'un petit air villageois; cela me reposera du Rossini, auquel je n'entends rien.

— Je vous accompagnerai si vous voulez, dit Valentine au jeune homme avec timidité.

Bénédict était bien un peu troublé de l'idée que sa voix allait peut-être appeler au salon la fière comtesse. Mais il était plus touché encore des efforts de Valentine pour le retenir et le faire asseoir; car la marquise, malgré toute sa popularité, n'avait pu se décider à offrir un siège au neveu de son fermier.

Le piano fut ouvert. Valentine s'y plaça après avoir tiré un pliant auprès du sien. Bénédict, pour lui prouver qu'il ne s'apercevait pas de l'affront qu'il avait reçu, préféra chanter debout.

Dès les premières notes, Valentine rougit et pâlit, des larmes vinrent au bord de sa paupière; peu à peu elle se calma, ses doigts suivirent le chant, et son oreille le recueillit avec intérêt.

La marquise écouta d'abord avec plaisir. Puis, comme elle avait sans cesse l'esprit oisif et ne pouvait rester en place, elle sortit, rentra, et ressortit encore.

— Cet air, dit Valentine dans un instant où elle fut seule avec Bénédict, est celui que ma sœur me chantait de prédilection lorsque j'étais enfant, et que je la faisais asseoir sur le haut de la colline pour l'entendre répéter à l'écho. Je ne l'ai jamais oublié, et tout à l'heure j'ai failli pleurer quand vous l'avez commencé.

— Je l'ai chanté à dessein, répondit Bénédict; c'était vous parler au nom de Louise...

La comtesse entra comme ce nom expirait sur les lèvres de Bénédict. A la vue de sa fille assise auprès d'un homme en tête-à-tête, elle attacha sur ce groupe des yeux clairs, fixes, stupéfaits. D'abord, elle ne reconnut pas Bénédict, qu'elle avait à peine regardé à la fête, et sa surprise ne la pétrifia sur place. Puis, quand elle se rappela l'impudent vassal qui avait osé porter ses lèvres sur les joues de sa fille, elle fit un pas en avant, pâle et tremblante, essayant de parler et retenue par une strangulation subite. Heureusement un incident ridicule préserva Bénédict de l'explosion. Le beau lévrier gris de la comtesse s'était approché avec insolence du chien de chasse de Bénédict, qui, tout poudreux, tout haletant, s'était couché sans façon sous le piano. Perdreau, patiente et raisonnable bête, se laissa flairer des pieds à la tête, et se contenta de répondre aux avanies de son hôte en lui montrant silencieusement une longue rangée de dents blanches. Mais quand le lévrier, hautain et discourtois, voulut passer aux injures, Perdreau, qui n'avait jamais souffert un affront et qui venait de faire tête à trois dogues quelques instants auparavant, se dressa sur ses pattes, et, d'un coup de boutoir, roula son frêle adversaire sur le parquet. Celui-ci vint, en jetant des cris aigus, se réfugier aux pieds de sa maîtresse. Ce fut une occasion pour Bénédict, qui vit la comtesse éperdue, de s'élancer hors de l'appartement en feignant d'entraîner et de châtier Perdreau, qu'au fond du cœur il remerciait sincèrement de son inconvenance.

Comme il sortait escorté des glapissements du lévrier, des sourds grognements de son propre chien et des exclamations douloureuses de la comtesse, il rencontra la marquise, qui, étonnée de ce vacarme, lui demanda ce que cela signifiait.

— Mon chien a étranglé celui de madame, répondit-il d'un air piteux en s'enfuyant.

Il retourna à la ferme, emportant un grand fonds d'ironie et de haine contre la noblesse, et riant du bout des lèvres de son aventure. Cependant il eut pitié de lui-même en se rappelant quels affronts bien plus grands il avait prévus, et de quel sang-froid moqueur il s'était vanté en quittant Louise quelques heures auparavant. Peu à peu tout le ridicule de cette scène lui parut retomber sur la comtesse, et il arriva à la ferme en veine de gaieté. Son récit fit rire Athénaïs jusqu'aux larmes. Louise pleura en apprenant comment Valentine avait accueilli son message et reconnu la chanson que Bénédict lui avait chantée. Mais Bénédict ne se vanta pas de sa visite au château devant le père Lhéry. Celui-ci n'était pas homme à s'amuser d'une plaisanterie qui pouvait lui faire perdre mille écus de profits *par chacun an*.

— Qu'est-ce donc que tout cela signifie? répéta la marquise en entrant dans le salon.

— C'est vous, Madame, qui me l'expliquerez, j'espère, répondit la comtesse. N'étiez-vous pas ici quand cet homme est entré?

— Quel *homme*? demanda la marquise.

— M. Bénédict, répondit Valentine toute confuse et cherchant à prendre de l'aplomb. Maman, il vous apportait du gibier; ma bonne maman l'a prié de chanter, et je l'accompagnais...

— C'est pour vous qu'il chantait, Madame? dit la comtesse à sa belle-mère. Mais vous l'écoutiez de bien loin, ce me semble.

— D'abord, répondit la vieille, ce n'est pas moi qui l'en ai prié, c'est Valentine.

— Cela est fort étrange, dit la comtesse en attachant des yeux perçants sur sa fille.

— Maman, dit Valentine en rougissant, je vais vous expliquer cela. Mon piano est horriblement faux, vous le savez; nous n'avons pas de facteur dans les environs; ce *jeune homme* est musicien; en outre, il accorde très-bien les instruments... Je savais cela par Athénaïs, qui a un piano chez elle, et qui a souvent recours à l'adresse de son cousin.

— Athénaïs a un piano! ce jeune homme est musicien! Quelle étrange histoire me faites-vous là?

— Rien n'est plus vrai, Madame, dit la marquise. Vous ne voulez jamais comprendre qu'à présent tout le monde en France reçoit de l'éducation! Ces gens-là sont riches; ils ont fait donner des talents à leurs enfants. C'est fort bien fait; c'est la mode: il n'y a rien à dire. Ce garçon chante très-bien, ma foi! Je l'écoutais du vestibule avec beaucoup de plaisir. Eh bien! qu'y a-t-il? Croyez-vous que Valentine fût en danger auprès de lui quand moi j'étais à deux pas?

— Oh! Madame, dit la comtesse, vous avez une manière d'interpréter mes idées!...

— Mais c'est que vous en avez de si bizarres! Vous voilà tout effarouchée parce que vous avez trouvé votre fille au piano avec un homme! Est-ce qu'on fait du mal quand on est occupé à chanter? Vous me faites un crime de les avoir laissées seuls un instant, comme si... Eh! mon Dieu! vous ne l'avez donc pas regardé, ce garçon? Il est laid à faire peur!

— Madame, répondit la comtesse avec le sentiment d'un profond mépris, il est tout simple que vous vous traduisiez ainsi mon mécontentement. Comme il nous est impossible de nous entendre sur de certaines choses, c'est à ma fille que je m'adresse. Valentine, je n'ai pas besoin de vous dire que je n'ai point les idées grossières qu'on me prête. Je vous connais assez, ma fille, pour savoir qu'un homme de cette sorte n'est pas un *homme* pour vous, et qu'il n'est pas en son pouvoir de vous compromettre. Mais je hais l'inconvenance, et je trouve que vous la bravez beaucoup trop légèrement. Songez que rien n'est pire dans le monde que les situations ridicules. Vous avez trop de bienveillance dans le caractère; trop de laisser-aller avec les inférieurs. Rappelez-vous qu'ils ne vous en sauront aucun gré, qu'ils en abuseront toujours, et que les mieux traités seront les plus ingrats. Croyez-en l'expérience de votre mère et observez-vous davantage. Déjà plusieurs fois j'ai eu l'occasion de vous faire ce reproche: vous manquez de dignité. Vous en sentirez les inconvénients. Ces *gens-là* ne comprennent pas jusqu'où il leur est permis d'aller et le point fixe où ils doivent s'arrêter. Cette petite Athénaïs est avec vous d'une familiarité révoltante. Je le tolère, parce qu'après tout c'est une femme. Mais je ne serais pas très-flattée que son fiancé vînt, dans un endroit public, vous aborder d'un petit air dégagé. C'est un jeune homme fort mal élevé, comme ils le sont tous dans cette classe-là, manquant de tact absolument. M. de Lansac, qui fait quelquefois un peu trop le libéral, a beaucoup trop auguré de lui en lui parlant l'autre jour comme à un homme d'esprit... Un autre se fût retiré de la danse; lui, vous a très-cavalièrement embrassée, ma fille... Je ne vous en fais pas un reproche, ajouta la comtesse en voyant que Valentine rougissait à perdre contenance; je sais que vous avez assez souffert de cette impertinence, et, si je vous la rappelle, c'est pour vous montrer combien il faut tenir à distance les gens *de peu*.

Pendant ce discours, la marquise, assise dans un coin, haussait les épaules. Valentine, écrasée sous le poids de la logique de sa mère, répondit en balbutiant:

— Maman, c'est seulement à cause du piano que je pensais... Je ne pensais pas aux inconvénients...

— En s'y prenant bien, reprit la comtesse désarmée par sa soumission, il peut n'y en avoir aucun à le faire venir. Le lui avez-vous proposé?

— J'allais le faire lorsque...

— En ce cas il faut le faire rentrer...

La comtesse sonna et demanda Bénédict; mais on lui dit qu'il était déjà loin sur la colline.

— Tant pis, dit-elle quand le domestique fut sorti; il ne faut pour rien au monde qu'il croie avoir été admis ici pour sa belle voix. Je tiens à ce qu'il revienne en subalterne, et je me charge de le recevoir sur ce pied-là. Donnez-moi cette écritoire. Je vais lui expliquer ce qu'on attend de lui.

— Mettez-y de la politesse au moins, dit la marquise à qui la peur tenait lieu de raison.

— Je sais les usages, Madame, répondit la comtesse.

Elle traça quelques mots à la hâte, et les remettant à Valentine:

— Lisez, dit-elle, et faites porter à la ferme.

Valentine jeta les yeux sur le billet. Le voici:

« Monsieur Bénédict, voulez-vous accorder le piano de
« ma fille? vous me ferez plaisir.
« J'ai l'honneur de vous saluer.

« F. Cesse DE RAIMBAULT. »

Valentine prit dans sa main le pain à cacheter, et feignit de le placer sous le feuillet; mais elle sortit en gardant la lettre ouverte. Allait-elle donc envoyer cette insolente signification? était-ce ainsi qu'il fallait payer Bénédict de son dévouement? Fallait-il traiter en laquais l'homme qu'elle n'avait pas craint de marquer au front d'un baiser fraternel? Le cœur l'emporta sur la prudence; elle tira un crayon de sa poche, et, entre les doubles portes de l'antichambre déserte, elle traça ces mots au bas du billet de sa mère:

« Oh! pardon! pardon, Monsieur! Je vous expliquerai
« cette invitation. Venez; ne refusez pas de venir. Au
« nom de Louise, pardon! »

Elle cacheta le billet et le remit à un domestique.

## XI.

Elle ne put ouvrir la lettre de Louise que le soir. C'était une longue paraphrase du peu de mots qu'elles avaient pu échanger à leur gré dans l'entrevue de la ferme. Cette lettre toute palpitante de joie et d'espoir était l'expression d'une véritable amitié de femme romanesque, expansive, sœur de l'amour, amitié pleine d'adorables puérilités et de platoniques ardeurs.

Elle terminait par ces mots :

« Le hasard m'a fait découvrir que ta mère allait demain rendre une visite dans le voisinage. Elle n'ira que vers la nuit à cause de la chaleur. Tâche de te dispenser de l'accompagner, et, dès que la nuit sera sombre, viens me trouver au bout de la grande prairie, à l'endroit du petit bois de Vavray. La lune ne se lève qu'à minuit, et cet endroit est toujours désert. »

Le lendemain, la comtesse partit vers six heures du soir, engageant Valentine à se mettre au lit, et recommandant à la marquise de veiller à ce qu'elle prît un bain de pieds bien chaud. Mais la vieille femme, tout en disant qu'elle avait élevé sept enfants et qu'elle savait soigner une migraine, oublia bien vite tout ce qui n'était pas elle. Fidèle à ses habitudes de mollesse antique, elle se mit au bain à la place de sa petite-fille, et fit appeler sa demoiselle de compagnie pour lui lire un roman de Crébillon fils. Valentine s'échappa dès que l'ombre commença à descendre sur la colline. Elle prit une robe brune afin d'être moins aperçue dans la campagne assombrie, et, coiffée seulement de ses beaux cheveux blonds qu'agitaient les tièdes brises du soir, elle franchit la prairie d'un pied rapide.

Cette prairie avait bien une demi-lieue de long ; elle était coupée de larges ruisseaux auxquels des arbres renversés servaient de ponts. Dans l'obscurité, Valentine faillit plusieurs fois se laisser tomber. Tantôt son pied s'accrochait sa robe à d'invisibles épines, tantôt son pied s'enfonçait dans la vase trompeuse du ruisseau. Sa marche légère éveillait des milliers de phalènes bourdonnantes ; le grillon habillargn se taisait à son approche, et quelquefois une chouette endormie dans le tronc d'un vieux saule s'en échappait, et la faisait tressaillir en rasant son front de son aile souple et cotonneuse.

C'était la première fois de sa vie que Valentine se hasardait seule, la nuit, volontairement, hors du toit paternel. Quoiqu'une grande exaltation morale lui prêtât des forces, la peur s'empara d'elle parfois, et lui donnait des ailes pour raser l'herbe et franchir les ruisseaux.

Au lieu indiqué elle trouva sa sœur, qui l'attendait avec impatience. Après mille tendres caresses, elles s'assirent sur la marge d'un fossé et se mirent à causer.

— Conte-moi donc ta vie depuis que je t'ai perdue, dit Valentine à Louise.

Louise raconta ses voyages, ses chagrins, son isolement, sa misère. A peine âgée de seize ans, lorsqu'elle se trouva exilée en Allemagne auprès d'une vieille parente de sa famille, elle n'avait touché qu'une faible pension alimentaire qui ne suffisait point à la rendre indépendante. Tyrannisée par cette duègne, elle s'était enfuie en Italie, où, à force de travail et d'économie, elle avait réussi à subsister. Enfin, sa majorité étant arrivée, elle avait joui de son patrimoine, héritage fort modique, car toute la fortune de cette famille venait de la comtesse ; la terre même de Raimbault, ayant été rachetée par elle, lui appartenait en propre, et la vieille mère du général ne devait une existence agréable qu'aux *bons procédés* de sa belle-fille. C'est pour cette raison qu'elle la ménageait et avait abandonné entièrement Louise, afin de ne pas tomber dans l'indigence.

Quelque mince que fût la somme que toucha cette malheureuse fille, elle fut accueillie comme une richesse, et suffit de reste à des besoins qu'elle avait su restreindre. Une circonstance, qu'elle n'expliquait pas à sa sœur, l'ayant engagée à revenir à Paris, elle y était depuis six mois lorsqu'elle apprit le prochain mariage de Valentine. Dévorée du désir de revoir sa patrie et sa sœur, elle avait écrit à sa nourrice madame Lhéry ; et celle-ci, bonne et aimante femme, qui n'avait jamais cessé de correspondre de loin en loin avec elle, se hâta de l'inviter à venir secrètement passer quelques semaines à la ferme. Louise accepta avec empressement, dans la crainte que le mariage de Valentine ne mît bientôt une plus invincible barrière entre elles deux.

— A Dieu ne plaise ! répondit Valentine ; ce sera au contraire le signal de notre rapprochement. Mais, dis-moi, Louise, dans tout ce que tu viens de me raconter, tu as omis une circonstance bien intéressante pour moi... Tu ne m'as pas dit si...

Et Valentine, embarrassée de prononcer un seul mot qui eût rapport à cette terrible faute de sa sœur, qu'elle eût voulu effacer au prix de tout son sang, sentit sa langue se paralyser et son front se couvrir d'une sueur brûlante.

Louise comprit, et malgré les déchirants remords de sa vie, aucun reproche n'enfonça dans son cœur une pointe si acérée que cet embarras et ce silence. Elle laissa tomber sa tête sur ses mains, et, facile à aigrir après une vie de malheur, elle trouva que Valentine lui faisait plus de mal à elle seule que tous les autres ensemble. Mais, revenant bientôt à la raison, elle se dit que Valentine souffrait par excès de délicatesse ; elle comprit qu'il en avait déjà bien coûté à cette jeune fille si pudique pour appeler une confidence plus intime et pour oser seulement la désirer.

— Eh bien ! Valentine, dit-elle en passant un de ses bras au cou de sa jeune sœur.

Valentine se précipita dans son sein, et toutes deux fondirent en larmes.

Puis Valentine, essuyant ses yeux, réussit par un sublime effort à dépouiller la rigidité de la jeune vierge pour s'élever au rôle de l'âme généreuse et forte.

— Dis-moi, s'écria-t-elle ; il est dans tout cela un être qui a dû étendre son influence sacrée sur toute ta vie, un être que je ne connais pas, dont j'ignore le nom, mais qu'il m'a semblé parfois aimer de toute la force du sang et de toute la volonté de ma tendresse pour toi...

— Tu veux donc que je t'en parle, ô ma courageuse sœur ! J'ai cru que je n'oserais jamais te rappeler son existence. Eh bien ! ta grandeur d'âme surpasse tout ce que j'en espérais. Mon fils existe, il ne m'a jamais quittée ; c'est moi qui l'ai élevé. Je n'ai point essayé de dissimuler ma faute en l'éloignant de moi ou en lui refusant mon nom. Partout il m'a suivie, partout sa présence a révélé mon malheur et mon repentir. Et, le croiras-tu, Valentine ? j'ai fini par mettre ma gloire à me proclamer sa mère, et dans toutes les âmes justes j'ai trouvé mon absolution en faveur de mon courage.

— Et quand même je ne serais pas ta sœur et ta fille aussi, répondit Valentine, je voudrais être au nombre de ces justes. Mais où est-il ?

— Mon Valentin est à Paris, dans un collège. C'est pour l'y conduire que j'ai quitté l'Italie, et c'est pour te voir que je me suis séparée de lui depuis un mois. Il est beau, mon fils, Valentine ; il est aimant ; il te connaît ; il désire ardemment embrasser celle dont il porte le nom, et il lui ressemble. Il est blond et calme comme toi ; à quatorze ans, il est presque de ta taille... Dis, voudras-tu, quand tu seras mariée, que je te le présente ?

Valentine répondit par mille caresses.

Deux heures s'étaient écoulées rapidement, non-seulement à se rappeler le passé, mais encore à faire des projets pour l'avenir. Valentine y portait toute la confiance de son âge ; Louise y croyait moins, mais elle ne le disait pas. Une ombre noire se dessina tout d'un coup dans l'air bleu au-dessus du fossé. Valentine tressaillit et laissa échapper un cri d'effroi. Louise, posant sa main sur la sienne, lui dit :

— Rassure-toi, c'est un ami, c'est Bénédict.

Valentine fut d'abord contrariée de sa présence au rendez-vous. Il semblait que désormais tous les actes de sa vie amenassent un rapprochement forcé entre elle et ce jeune homme. Cependant elle fut forcée de comprendre que son voisinage n'était pas inutile à deux femmes dans

Il fallait passer sur une planche toute tremblante. (Page 14.)

cet endroit écarté, et surtout que son escorte devait agréer à Louise, qui était à plus d'une lieue de son gîte. Elle ne put pas non plus s'empêcher de remarquer le sentiment de délicatesse respectueuse qui l'avait fait s'abstenir de paraître durant leur entretien. Ne fallait-il pas du dévouement, d'ailleurs, pour monter ainsi la garde pendant deux heures? Tout bien considéré, il y aurait eu de l'ingratitude à lui faire un froid accueil. Elle lui expliqua le billet de sa mère, prit tout le tort sur elle, et le supplia de ne venir au château qu'avec une forte dose de patience et de philosophie. Bénédict jura en riant que rien ne l'ébranlerait; et, après l'avoir reconduite avec Louise jusqu'au bout de la prairie, il reprit avec celle-ci le chemin de la ferme.

Le lendemain il se présenta au château. Par un hasard dont Bénédict ne se plaignait pas, c'était au tour de madame de Raimbault à avoir la migraine; mais celle-là n'était pas feinte, elle la força de garder le lit. Les choses se passèrent donc mieux que Bénédict ne l'avait espéré. Quand il sut que la comtesse ne se lèverait pas de la journée, il commença par démonter le piano et enlever toutes les touches; puis il trouva qu'il fallait remettre des

*buffles* à tous les marteaux; quantité de cordes rouillées étaient à renouveler; enfin il se créa de l'ouvrage pour tout un jour; car Valentine était là, lui présentant les ciseaux, l'aidant à rouler le laiton sur la bobine, lui donnant la note au diapason, et s'occupant de son piano peut-être plus ce jour-là qu'elle n'avait fait dans toute sa vie. De son côté, Bénédict était beaucoup moins habile à cette besogne que Valentine ne l'avait annoncé. Il cassa plus d'une corde en la montant, il tourna plus d'une cheville pour une autre, et souvent dérangea l'accord de toute une gamme pour remettre celui d'une note. Pendant ce temps, la vieille marquise allait, venait, toussait, dormait, et ne s'occupait d'eux que pour les mettre plus à l'aise encore. Ce fut une délicieuse journée pour Bénédict. Valentine était si douce, elle avait une gaieté si naïve, si vraie, une politesse si obligeante, qu'il était impossible de ne pas respirer à l'aise auprès d'elle. Et puis je ne sais comment il se fit qu'au bout d'une heure, par un sorte d'accord tacite, toute politesse disparut entre eux. Une sorte de camaraderie enfantine et rieuse s'établit. Ils se raillaient de leurs mutuelles maladresses, leurs mains se rencontraient sur le clavier, et, la gaieté chassant l'émo-

Ma sœur! (Page 45.)

tion, ils se querellaient comme de vieux amis. Enfin, vers cinq heures, le piano se trouvant accordé, Valentine imagina un moyen de retenir Bénédict. Un peu d'hypocrisie s'improvisa dans ce cœur de jeune fille, et, sachant que sa mère accordait tout à l'extérieur de la déférence, elle se glissa dans son alcôve.

— Maman, lui dit-elle, M. Bénédict a passé six heures à mon piano, et il n'a pas fini; cependant nous allons nous mettre à table : j'ai pensé qu'il était impossible d'envoyer ce jeune homme à l'office, puisque vous n'y envoyez jamais son oncle, et que vous lui faites servir du vin sur votre propre table. Que dois-je faire? Je n'ai pas osé l'inviter à dîner avec nous sans savoir de vous si cela était convenable.

La même demande, faite en d'autres termes, n'eût obtenu qu'une sèche désapprobation. Mais la comtesse était toujours plus satisfaite d'obtenir la soumission à ses principes que l'obéissance passive à ses volontés. C'est le propre de la vanité de vouloir imposer le respect et l'amour de sa domination.

— Je trouve la chose assez convenable, répondit-elle. Puisqu'il s'est rendu à mon billet sans hésiter, et qu'il s'est exécuté de bonne grâce, il est juste de lui montrer quelque égard. Allez, ma fille, invitez-le vous-même de ma part.

Valentine, triomphante, retourna au salon, heureuse de pouvoir faire quelque chose d'agréable au nom de sa mère, et lui laissa tout l'honneur de cette invitation. Bénédict, surpris, hésita à l'accepter. Valentine outre-passa un peu les pouvoirs dont elle était investie en insistant. Comme ils passaient tous trois à table, la marquise dit à l'oreille de Valentine :

— Est-ce que vraiment ta mère a eu l'idée de cette bonnêteté? Cela m'inquiète pour sa vie. Est-ce qu'elle est sérieusement malade?

Valentine ne se permit pas de sourire à cette âcre plaisanterie. Tour à tour dépositaire des plaintes et des intimités de ces deux femmes, elle était entre elles comme un rocher battu de deux courants contraires.

Le repas fut court, mais enjoué. On passa ensuite sous la charmille pour prendre le café. La marquise était toujours d'assez bonne humeur en sortant de table. De son temps, quelques jeunes femmes, dont on tolérait la légèreté en faveur de leurs grâces, et peut-être aussi de la diversion que leurs inconvenances apportaient à l'ennui d'une société oisive et blasée, se faisaient fanfaronnes de mauvais ton; à certains visages l'air *mauvais sujet* allait bien. Madame de Provence était le noyau d'une coterie féminine qui *sablait fort bien le champagne*. Un siècle auparavant, *Madame*, belle-sœur de Louis XIV, bonne et grave Allemande qui n'aimait que les *saucisses à l'ail* et la *soupe à la bière*, admirait chez les dames de la cour de France, et surtout chez madame la duchesse de Berry, la faculté de boire beaucoup sans qu'il y parût, et de supporter à merveille le vin de Constance et le marasquin de Hongrie.

La marquise était gaie au dessert. Elle racontait avec cette aisance, ce naturel propre aux gens qui ont vu beaucoup de monde, et qui leur tient lieu d'esprit. Bénédict l'écouta avec surprise. Elle lui parlait une langue qu'il croyait étrangère à sa classe et à son sexe. Elle se servait de mots crus qui ne choquaient pas, tant elle les disait lui-même, d'un air simple et sans façon. Elle racontait aussi des histoires avec une merveilleuse lucidité de mémoire et une admirable présence d'esprit pour en sauver les situations graveleuses à l'oreille de Valentine. Bénédict levait quelquefois les yeux sur elle avec effroi, et, à l'air paisible de la pauvre enfant, il voyait si clairement qu'elle n'avait pas compris qu'il se demandait s'il avait bien compris lui-même, si son imagination n'avait pas été au delà du vrai sens. Enfin il était confondu, étourdi de tant d'usage avec tant de démoralisation, d'un tel mépris des principes joint à un tel respect des convenances. Le monde que la marquise lui peignait était devant lui comme un rêve auquel il refusait de croire.

Ils restèrent assez longtemps sous la charmille. Ensuite Bénédict essaya le piano et chanta. Enfin il se retira excité, tout surpris de son intimité avec Valentine, tout ému sans en savoir la cause, mais emplissant son cerveau avec délices de l'image de cette belle et bonne fille, qu'il était impossible de ne pas aimer.

## XII.

A quelques jours de là, madame de Raimbault fut engagée par le préfet à une brillante réunion qui se préparait au chef-lieu du département. C'était à l'occasion du passage de madame la duchesse de Berry qui s'en allait ou qui revenait d'un de ses joyeux voyages; femme étourdie et gracieuse, qui avait réussi à se faire aimer malgré l'inclémence des temps, et qui longtemps se fit pardonner ses prodigalités par un sourire.

Madame de Raimbault devait être du petit nombre des dames choisies qui seraient présentées à la princesse, et qui prendraient place à sa table privilégiée. Il était donc, selon elle, impossible qu'elle se dispensât de ce petit voyage, et pour rien au monde elle n'eût voulu en être dispensée.

Fille d'un riche marchand, mademoiselle Chignon avait aspiré aux grandeurs dès son enfance; elle s'était indignée de voir sa beauté, ses grâces de reine, son esprit d'intrigue et d'ambition *s'étioler* dans l'atmosphère bourgeoise d'un gros capitaliste. Mariée au général comte de Raimbault, elle avait volé avec transport dans le tourbillon des grandeurs de l'Empire; elle était justement la femme qui devait y briller. Vaine, bornée, ignorante, mais sachant ramper devant la royauté, belle de cette beauté imposante et froide pour laquelle semblait avoir été choisi le costume du temps, prompte à s'instruire de l'étiquette, habile à s'y conformer, amoureuse de parures, de luxe, de pompes et de cérémonies, jamais elle n'avait pu concevoir les charmes de la vie intérieure; jamais son cœur vide et altier n'avait goûté les douceurs de la famille. Louise avait déjà dix ans, elle était même très-développée pour son âge, lorsque madame de Raimbault devint sa belle-mère, et comprit avec effroi qu'avant cinq ans la fille de son mari serait pour elle une rivale. Elle la relégua donc avec sa grand'mère au château de Raimbault, et se promit de ne jamais la présenter dans le monde. Chaque fois qu'en la revoyant elle s'aperçut des progrès de sa beauté, sa froideur pour cette enfant se changea en aversion. Enfin, dès qu'elle put reprocher à cette malheureuse une faute que l'abandon où il l'avait laissée rendait excusable peut-être, elle se livra à une haine implacable, et la chassa ignominieusement de chez elle. Quelques personnes dans le monde assuraient savoir la cause plus positive de cette inimitié. M. de Neuville, l'homme qui avait séduit Louise, et qui fut tué en duel par le père de cette infortunée, avait été en même temps, dit-on, l'amant de la comtesse et celui de sa belle-fille.

Avec l'Empire s'était évanouie toute la brillante existence de madame de Raimbault; honneurs, fêtes, plaisirs, flatteries, représentation, tout avait disparu comme un songe, et elle s'éveilla un matin, oubliée et délaissée dans la France légitimiste. Plusieurs furent plus habiles, et, n'ayant pas perdu de temps pour saluer la nouvelle puissance, remontèrent au faîte des grandeurs; mais la comtesse, qui n'avait jamais eu de présence d'esprit et chez qui les premières impressions étaient violentes, perdit absolument la tête. Elle laissa voir à celles qui avaient été ses compagnes et ses amies toute l'amertume de ses regrets, tout son mépris pour les *têtes poudrées*, toute son irrévérence pour la dévotion rééditée. Ses amies accueillirent ces blasphèmes par des cris d'horreur; elles lui tournèrent le dos comme à une hérétique, et répandirent leur indignation dans les cabinets de toilette, dans les appartements secrets de la famille royale, où elles étaient admises et où leurs voix disposaient des places et des fortunes.

Dans le système des compensations de la couronne, la comtesse de Raimbault fut oubliée; il n'y eut pas pour elle la plus petite charge de *dame d'atours*. Forcée de renoncer à l'état de domesticité si cher aux courtisans, elle se retira dans ses terres, et se fit *franchement bonapartiste*. Le faubourg Saint-Germain, qu'elle avait vu jusqu'alors, rompit avec elle comme *mal pensante*. Les égaux, les *parvenus* lui restèrent, et elle les accepta faute de mieux; mais elle les avait si fort méprisés dans sa prospérité, qu'elle ne trouva autour d'elle aucune affection solide pour la consoler de ses pertes.

A trente-cinq ans il lui avait fallu ouvrir les yeux sur le néant des choses humaines, et c'était un peu tard pour cette femme qui avait perdu sa jeunesse, sans la sentir passer, dans l'enivrement des joies puériles. Force lui fut de vieillir tout d'un coup. L'expérience ne l'ayant pas détachée de ses illusions une par une, comme cela arrive dans le cours des générations ordinaires, elle ne connut du déclin de l'âge que les regrets et la mauvaise humeur.

Depuis ce temps, sa vie fut un continuel supplice; tout lui devint sujet d'envie et d'irritation. En vain son ironie la vengeait des ridicules de la Restauration; en vain elle trouvait dans sa mémoire mille brillants souvenirs du passé pour faire la critique, par opposition, de ces semblants de royauté nouvelle; l'ennui rongeait cette femme dont la vie avait été une fête perpétuelle, et qui maintenant se voyait forcée de végéter à l'ombre de la vie privée.

Les soins domestiques, qui lui avaient toujours été étrangers, lui devinrent odieux; sa fille, qu'elle connaissait à peine, versa peu de consolations sur ses blessures. Il fallait former cette enfant pour l'avenir, et madame de Raimbault ne pouvait vivre que dans le passé. Le monde de Paris, qui tout d'un coup changea si étrangement de mœurs et de manières, parlait une langue nouvelle qu'elle ne comprenait plus; ses plaisirs l'ennuyaient ou la révoltaient; la solitude l'écrasait de fièvre et d'épouvante. Elle languissait malade de colère et de douleur sur son ottomane, autour de laquelle ne venait plus ramper une cour en sous-ordre, miniature de la grande cour du souverain. Ses compagnons de disgrâce venaient chez elle pour gémir sur leurs propres chagrins et pour insulter aux siens en les niant. Chacun voulait avoir accaparé à lui seul toute la disgrâce des temps et l'ingratitude de la France. C'était un monde de victimes et d'outragés qui se dévoraient entre eux.

Ces égoïstes récriminations augmentaient l'aigreur fébrile de madame de Raimbault.

Si de plus heureux venaient lui tendre encore une main amie, et lui dire que les faveurs de Louis XVIII n'avaient point effacé en eux les souvenirs de la cour de Napoléon, elle se vengeait de leur prospérité en les accablant de reproches, en les accusant de trahison envers le grand homme, elle qui n'avait pas pu le trahir de la même manière! Enfin, pour comble de douleur et de consternation, à force de se voir passer au jour devant ses glaces vides et immobiles, à force de se regarder sans parure, sans rouge et sans diamants, boudeuse et flétrie, la comtesse de Raimbault s'aperçut que sa jeunesse et sa beauté avaient fini avec l'Empire.

Maintenant elle avait cinquante ans, et quoique cette beauté passée ne fût plus écrite sur son front qu'en signes hiéroglyphiques, la vanité, qui ne meurt point au cœur de certaines femmes, lui créait de plus vives souffrances qu'en aucun temps de sa vie. Sa fille, qu'elle aimait de cet instinct que la nécessité imprime aux plus perverses natures, était pour elle un continuel sujet de retour vers le passé et de haine vers le temps présent. Elle ne la produisait dans le monde qu'avec une mortelle répugnance, et si, en la voyant admirée, son premier mouvement était une pensée d'orgueil maternel, le second était une pensée de désespoir. « Son existence de femme commence, se disait-elle, c'en est fait de la mienne! » Aussi, lorsqu'elle pouvait se montrer sans Valentine, elle se sentait moins malheureuse. Il n'y avait plus autour d'elle de ces regards maladroitement complimenteurs qui lui disaient : « C'est ainsi que vous fûtes jadis; et vous aussi, je vous ai vue belle. »

Elle ne raisonnait pas sa coquetterie au point d'enfermer sa fille lorsqu'elle allait dans le monde; mais, pour peu que celle-ci témoignât son humeur sédentaire, la comtesse, sans peut-être s'en rendre bien compte, admettait son refus, partait plus légère, et respirait plus à l'aise dans l'atmosphère agitée des salons.

Garrottée à ce monde oublieux et sans pitié qui n'avait plus pour elle que des déceptions et des déboires, elle se laissait traîner encore comme un cadavre à son char. Où vivre? comment tuer le temps, et arriver à la fin de ces jours qui la vieillissaient et qu'elle regrettait dès qu'ils étaient passés? Aux esclaves de la mode, quand toute jouissance d'amour-propre est enlevée, quand tout intérêt de passion est ravi, il reste pour plaisir le mouvement, la clarté des lustres, le bourdonnement de la foule. Après tous les rêves de l'amour ou de l'ambition subsiste encore le besoin de bruire, de remuer, de veiller, de dire : « J'y étais hier, j'y serai demain. » C'est un triste spectacle que celui de ces femmes flétries qui cachent leurs rides sous des fleurs et couronnent leurs fronts hâves de diamants et de plumes. Chez elles tout est faux : la taille, le teint, les cheveux, le sourire, tout est triste : la parure, le fard, la gaieté. Spectres échappés aux saturnales d'une autre époque, elles viennent s'asseoir aux banquets d'aujourd'hui comme pour donner à la jeunesse une triste leçon de philosophie, comme pour lui dire : « C'est ainsi que vous passerez ». Elles semblent se cramponner à la vie qui les abandonne, et repoussent les outrages de la décrépitude en l'étalant nue aux outrages des regards. Femmes dignes de pitié, presque toutes sans famille ou sans cœur, qu'on voit dans toutes les fêtes s'enivrer de fumée, de souvenirs et de bruit!

La comtesse, malgré l'ennui qu'elle y trouvait, n'avait pu se détacher de cette vie creuse et éventée. Tout en disant qu'elle y avait renoncé pour jamais, elle ne manquait pas une occasion de s'y replonger. Lorsqu'elle fut invitée à cette réunion de province que devait présider la princesse, elle ne se sentit pas d'aise; mais elle cacha sa joie sous un air de condescendance dédaigneuse. Elle se flatta même en secret de rentrer en faveur, si elle pouvait fixer l'attention de la duchesse, et lui faire voir combien elle était supérieure, pour le ton et l'usage, à tout ce qui l'entourait. D'ailleurs, sa fille allait épouser M. de Lansac, un des favoris de la cause légitime. Il était bien temps de faire un pas vers cette aristocratie de nom qui allait relustrer son aristocratie d'argent. Madame de Raimbault ne haïssait la noblesse que depuis que la noblesse l'avait repoussée. Peut-être le moment était-il venu de voir toutes ces vanités s'humaniser pour elle à un signe de *Madame*.

Elle exhuma donc du fond de sa garde-robe ses plus riches parures, tout en réfléchissant à celles dont elle couvrirait Valentine pour l'empêcher d'avoir l'air aussi grande et aussi formée qu'elle l'était réellement. Mais, au milieu de cet examen, il arriva que Valentine, désirant mettre à profit cette semaine de liberté, devint plus ingénieuse et plus pénétrante qu'elle ne l'avait encore été. Elle commença à deviner que sa mère élevait ces graves questions de toilette et créait ces insolubles difficultés pour l'engager à rester au château. Quelques mots piquants de la vieille marquise, sur l'embarras d'avoir une fille de dix-neuf ans à produire, achevèrent d'éclairer Valentine. Elle s'empressa de faire le procès aux modes, aux fêtes, aux déplacements et aux préfets. Sa mère, étonnée, abonda dans son sens, et lui proposa de renoncer à ce voyage comme elle y renonçait elle-même. L'affaire fut bientôt jugée; mais une heure après, comme Valentine serrait ses cartons et arrêtait ses préparatifs, madame de Raimbault recommença les siens en disant qu'elle avait réfléchi, qu'il serait inconvenant et dangereux peut-être de ne pas aller faire sa cour à la princesse; qu'elle se sacrifiait à cette démarche toute politique, mais qu'elle dispensait Valentine de la corvée.

Valentine, qui depuis huit jours était devenue singulièrement rusée, renferma sa joie.

Le lendemain, dès que les roues qui emportaient la calèche de la comtesse eurent quitté le sable de l'avenue, Valentine courut demander à sa grand'mère la permission d'aller passer la journée à la ferme avec Athénaïs.

Elle se prétendit invitée par sa jeune compagne à manger un gâteau sur l'herbe. A peine eut-elle parlé de gâteau qu'elle frémit, car la vieille marquise fut aussitôt tentée d'être de la partie; mais l'éloignement et la chaleur l'y firent renoncer.

Valentine monta à cheval, mit pied à terre à quelque distance de la ferme, renvoya son domestique et sa monture, et prit sa volée, comme une tourterelle, le long des buissons fleuris qui conduisaient à Grangeneuve.

## XIII.

Elle avait trouvé moyen, la veille, de faire avertir Louise de sa visite; aussi toute la ferme était en joie et en ordre pour la recevoir. Athénaïs avait mis des fleurs nouvelles dans des vases de verre bleu. Bénédict avait taillé les arbres du jardin, ratissé les allées, réparé les bancs. Madame Léry avait confectionné elle-même la plus belle galette qui se fût vue de mémoire de ménagère. M. Lhéry avait fait sa barbe et tiré le meilleur de son vin. Ce furent des cris de joie et de surprise quand Valentine entra toute seule et sans bruit dans la salle. Elle embrassa comme une folle la mère Lhéry, qui lui faisait de grandes révérences; elle serra la main de Bénédict avec vivacité; elle folâtra comme un enfant avec Athénaïs; elle se pendit au cou de sa sœur. Jamais Valentine ne s'était sentie si heureuse; loin des regards de sa mère, loin de la roideur glaciale qui pesait sur tous ses pas, il lui semblait respirer un air plus libre, et, pour la première fois depuis qu'elle était née, vivre de toute sa vie. Valentine était une bonne et douce nature; le ciel s'était trompé en envoyant cette âme simple et sans ambition habiter les palais et respirer l'atmosphère des cours. Nulle n'était moins faite pour la vie d'apparat, pour les triomphes de la vanité. Ses plaisirs étaient, au contraire, tout modestes, tout intérieurs; et plus on lui faisait un crime de s'y livrer, plus elle aspirait à cette simple existence qui lui semblait être la terre promise. Si elle désirait se marier, c'était afin d'avoir un ménage, des enfants, une vie retirée. Son cœur avait besoin d'affections immédiates, peu nombreuses, peu variées. A nulle femme la vertu ne semblait devoir être plus facile.

Mais le luxe qui l'environnait, qui prévenait ses moindres besoins, qui devinait jusqu'à ses fantaisies, lui interdisait les petits soins du ménage. Avec vingt laquais autour d'elle, c'eût été un ridicule et presque une apparence de parcimonie que de se livrer à l'activité de la vie domestique. A peine lui laissait-on le soin de sa volière, et l'on eût pu facilement préjuger du caractère de Valentine en voyant avec quel amour elle s'occupait minutieusement de ces petites créatures.

Lorsqu'elle se vit à la ferme, entourée de poules, de chiens de chasse, de chevreaux; lorsqu'elle vit Louise filant au rouet, madame Lhéry faisant la cuisine, Bénédict raccommodant des filets, il lui sembla être là dans la sphère pour laquelle elle était créée. Elle voulut aussi avoir son occupation, et, à la grande surprise d'Athénaïs, au lieu d'ouvrir le piano ou de lui demander une bande de sa broderie, elle se mit à tricoter un bas gris qu'elle trouva sur une chaise. Athénaïs s'étonna beaucoup de sa dextérité, et lui demanda si elle savait pour qui elle travaillait avec tant d'ardeur.

— Pour qui? dit Valentine. Moi, je n'en sais rien; c'est pour quelqu'un de vous toujours; pour toi, peut-être?

— Pour moi ces bas gris! dit Athénaïs avec dédain.

— Est-ce pour toi, ma bonne sœur? demanda Valentine à Louise.

— Cet ouvrage, dit Louise, j'y travaille quelquefois; mais c'est maman Lhéry qui l'a commencé. Pour qui? je n'en sais rien non plus.

— Et si c'était pour Bénédict? dit Athénaïs en regardant Valentine avec malice.

Bénédict leva la tête et suspendit son travail pour examiner ces deux femmes en silence.

Valentine avait un peu rougi; mais se remettant aussitôt:

— Eh bien! si c'est pour Bénédict, répondit-elle, c'est bon; j'y travaillerai de bon cœur.

Elle leva les yeux en riant vers sa jeune compagne. Athénaïs était pourpre de dépit. Je ne sais quel sentiment d'ironie et de méfiance venait d'entrer dans son cœur.

— Ah! ah! dit avec une franchise étourdie la bonne Valentine, cela semble ne pas te faire trop de plaisir. Au fait, j'ai tort, Athénaïs; je vais là sur tes brisées, j'usurpe des droits qui t'appartiennent. Allons, allons, prends vite cet ouvrage, et pardonne-moi d'avoir mis la main au trousseau.

— Mademoiselle Valentine, dit Bénédict poussé par un sentiment cruel pour sa cousine, si vous ne regrettez pas de travailler pour le plus humble de vos vassaux, continuez, je vous en prie. Les jolis doigts de ma cousine n'ont jamais touché de fil aussi rude et d'aiguilles aussi lourdes.

Une larme roula dans les cils noirs d'Athénaïs. Louise lança un regard de reproche à Bénédict. Valentine, étonnée, les regarda tous trois alternativement, cherchant à comprendre ce mystère.

Ce qui avait fait le plus de mal à la jeune fermière dans les paroles de son cousin, ce n'était pas tant le reproche de frivolité (elle y était habituée) que le ton de soumission et de familiarité en même temps envers Valentine. Elle savait bien, en gros, l'histoire de leur connaissance, et jusque-là elle n'avait point songé à s'en alarmer. Mais elle ignorait quel rapide progrès avait fait entre eux une intimité qui ne se serait jamais formée dans des circonstances ordinaires. Elle s'émerveillait douloureusement d'entendre Bénédict, naturellement si rebelle, si hostile aux prétentions de la noblesse, s'intituler l'humble vassal de mademoiselle de Raimbault. Quelle révolution s'était donc opérée dans ses idées? Quelle puissance Valentine exerçait-elle déjà sur lui?

Louise, voyant la tristesse sur tous les visages, proposa une partie de pêche sur le bord de l'Indre, en attendant le dîner. Valentine, qui se sentait instinctivement coupable envers Athénaïs, passa amicalement son bras sous le sien, et se mit à courir avec elle à travers la prairie. Affectueuse et franche comme elle était, elle réussit bientôt à dissiper le nuage qui s'était élevé dans l'âme de la jeune fille. Bénédict, chargé de son filet et couvert de sa blouse, les suivit avec Louise, et bientôt tous les quatre arrivèrent sur les rives bordées de lotos et de saponaires.

Bénédict jeta l'épervier. Il était adroit et robuste. Dans les exercices du corps on trouvait en lui la force, la hardiesse et la grâce rustique du paysan. C'étaient des qualités qu'Athénaïs n'appréciait pas, communes à tous ceux qui l'entouraient; mais Valentine s'en étonnait comme de choses surnaturelles, et elle en faisait volontiers à ce jeune homme un point de supériorité sur les hommes qu'elle connaissait. Elle s'effrayait de le voir se hasarder sur des saules vermoulus qui se penchaient sur l'eau et craquaient sous le pied; et lorsqu'elle le voyait échapper, par un bond nerveux, à une chute certaine, atteindre avec adresse et sang-froid à de petites places unies que l'herbe et les joncs semblaient devoir lui cacher, elle sentait son cœur battre d'une émotion indéfinissable, comme il arrive chaque fois que nous voyons accomplir bravement une œuvre périlleuse ou savante.

Après avoir pris quelques truites, Louise et Valentine s'élançaient avec enfantillage vers le ruisseau tout ruisselant, et s'emparant du butin avec des cris de joie, tandis qu'Athénaïs, craignant de salir ses doigts, ou gardant rancune à son cousin, se cachait boudeuse à l'ombre des aunes. Bénédict, accablé de chaleur, s'assit sur un frêne équarri grossièrement et jeté d'un bord à l'autre en guise de pont. Éparses sur la fraîche pelouse de la rive, les trois femmes s'occupaient diversement. Athénaïs cueillait des fleurs, Louise jetait mélancoliquement des feuilles dans le courant, et Valentine, moins habituée à l'air, au soleil et à la marche, sommeillait à demi, cachée, à ce qu'elle croyait, par les hautes tiges de la prêle de rivière. Ses yeux erraient longtemps sur les brillantes gerçures de l'eau et sur un rayon de soleil qui se glissait parmi les branches, vinrent par hasard se reposer sur Bénédict, qu'elle découvrait en entier à dix pas devant elle, assis les jambes pendantes sur le pont élastique.

Bénédict n'était pas absolument dépourvu de beauté. Son teint était d'une pâleur bilieuse; ses yeux longs n'avaient pas de couleur; mais son front était vaste et d'une extrême pureté. Par un prestige attaché peut-être aux hommes doués de quelque puissance morale, les regards s'habituaient peu à peu aux défauts de sa figure pour n'en plus voir que les beautés; car certaines laideurs sont dans ce cas, et celle de Bénédict particulièrement. Son teint blême et uni avait une apparence de calme qui inspirait comme un respect d'instinct pour cette âme dont aucune altération extérieure ne trahissait les mouvements. Ces yeux, où la prunelle nageait dans un émail blanc et vitreux, avaient une expression vague et mystérieuse qui devait piquer la curiosité de tout observateur. Mais ils auraient désespéré toute la science de Lavater; ils semblaient lire profondément dans ceux d'autrui, et leur immobilité était métallique quand ils avaient à se méfier d'un examen indiscret. Une femme n'en pouvait soutenir l'éclat quand elle était belle, un ennemi n'y pouvait surprendre le secret d'aucune faiblesse. C'était un homme qu'on pouvait toujours regarder sans le trouver au-dessous de lui-même, un visage qui pouvait s'abandonner à la distraction sans enlaidir comme la plupart des autres, une physionomie qui attirait comme l'aimant. Aucune femme ne le voyait avec indifférence, et si la bouche le dénigrait parfois, l'imagination n'en perdait pas aisément l'empreinte; personne ne le rencontrait pour la première fois sans le suivre des yeux aussi longtemps que possible; aucun artiste ne pouvait le voir sans en admirer la singularité et sans désirer la reproduire.

Lorsque Valentine le regarda, il était plongé dans une de ces rêveries profondes qui semblaient lui être familières. La teinte du feuillage qui l'abritait envoyait à son large front un reflet verdâtre; et ses yeux fixés sur l'eau semblaient ne saisir aucun objet. Le fait est qu'ils saisissaient parfaitement l'image de Valentine réfléchie dans l'onde immobile. Il plaisait à cette contemplation que l'objet s'évanouissait chaque fois qu'une brise légère ridait la surface du miroir; puis l'image gracieuse se reformait peu à peu, flottait d'abord incertaine et vague, et se fixait enfin belle et limpide sur la masse cristalline.

Bénédict ne pensait pas ; il contemplait, il était heureux, et c'est dans ces moments-là qu'il était beau.

Valentine avait toujours entendu dire que Bénédict était laid. Dans les idées de la province, où, suivant la spirituelle définition de M. de Stendhal, un *bel homme* est toujours gros et rouge, Bénédict était le plus disgracié des jeunes gens. Valentine n'avait jamais regardé Bénédict avec attention ; elle avait conservé le souvenir de l'impression qu'elle avait reçue en le voyant pour la première fois ; cette impression n'était pas favorable. Depuis quelques instants seulement elle commençait à lui trouver un charme inexprimable. Plongée elle-même dans une rêverie où nulle réflexion précise ne trouvait place, elle se laissait aller à cette dangereuse curiosité qui analyse et qui compare. Elle trouvait une immense différence entre Bénédict et M. de Lansac. Elle ne se demandait pas à l'avantage duquel était cette différence ; seulement elle le constatait. Comme M. de Lansac était beau et qu'il était son fiancé, elle ne s'inquiétait pas du résultat de cette contemplation imprudente ; elle ne pensait pas qu'il pouvait en sortir vaincu.

Et c'est pourtant ce qui arriva ; Bénédict, pâle, fatigué, pensif, les cheveux en désordre ; Bénédict, vêtu d'habits grossiers et couvert de vase, le cou nu et hâlé ; Bénédict, assis négligemment au milieu de cette belle verdure, au-dessus de ces belles eaux ; Bénédict, qui regardait Valentine à l'insu de Valentine, et qui souriait de bonheur et d'admiration ; Bénédict alors était un homme ; un homme des champs et de la nature, un homme dont la mâle poitrine pouvait palpiter d'un amour violent, un homme s'oubliant lui-même dans la contemplation de ce que Dieu a créé de plus beau. Je ne sais quelles émanations magnétiques nageaient dans l'air embrasé autour de lui ; je ne sais quelles émotions mystérieuses, indéfinies, involontaires, firent tout d'un coup battre le cœur ignorant et pur de la jeune comtesse.

M. de Lansac était un dandy régulièrement beau, parfaitement spirituel, parlant au mieux, riant à propos, ne faisant jamais rien hors de place ; son visage ne faisait jamais un pli, pas plus que sa cravate ; sa toilette, on le voyait dans les plus petits détails, était pour lui une affaire aussi importante, un devoir aussi sacré que les plus hautes délibérations de la diplomatie. Jamais il n'avait rien admiré, ou du moins il n'admirait plus rien désormais ; car il avait vu les plus grands potentats de l'Europe, il avait contemplé froidement les plus hautes têtes de la société ; il avait plané dans la région culminante du monde, il avait discuté l'existence des nations entre le dessert et le café. Valentine l'avait toujours vu dans le monde, en tenue, sur ses gardes, exhalant des parfums et ne perdant pas une ligne de sa taille. En lui, elle n'avait jamais aperçu l'homme ; le matin, le soir, M. de Lansac était toujours le même. Il se levait secrétaire d'ambassade, il se couchait secrétaire d'ambassade ; il ne rêvait jamais ; il ne s'oubliait jamais devant personne jusqu'à commettre l'inconvenance de méditer ; il était impénétrable comme Bénédict, mais avec cette différence qu'il n'avait rien à cacher, qu'il ne possédait pas une volonté individuelle, et que son cerveau ne renfermait que les niaiseries solennelles de la diplomatie. Enfin M. de Lansac, homme sans passion généreuse, sans jeunesse morale, déjà usé et flétri au dedans par le commerce du monde, incapable d'apprécier Valentine, la louant sans cesse et ne l'admirant jamais, n'avait, dans aucun moment, excité en elle un de ces mouvements rapides, irrésistibles, qui transforment, qui éclairent, qui entraînent avec impétuosité vers une existence nouvelle.

Imprudente Valentine ! Elle savait si peu ce que c'est que l'amour, qu'elle croyait aimer son fiancé ; non pas, il est vrai, avec passion, mais de toute sa puissance d'aimer.

Parce que cet homme ne lui inspirait rien, elle croyait son cœur incapable d'éprouver davantage ; elle pensait déjà l'amour à l'ombre de ces arbres. Dans cet air chaud et vif son sang commençait à s'éveiller ; plusieurs fois, en regardant Bénédict, elle sentit comme une ardeur étrange monter de son cœur à son front, et l'ignorante fille ne comprit point ce qui l'agitait ainsi. Elle ne s'en effraya pas : elle était fiancée à M. de Lansac, Bénédict était fiancé à sa cousine. C'étaient là de belles raisons ; mais Valentine, habituée à regarder ses devoirs comme faciles à remplir, ne croyait pas qu'un sentiment mortel à ces devoirs pût naître en elle.

## XIV.

Bénédict regardait d'abord l'image de Valentine avec calme ; peu à peu une sensation pénible, plus prompte et plus vive que celle qu'elle éprouvait elle-même, le força de changer de place et d'essayer de s'en distraire. Il reprit ses filets et les jeta de nouveau, mais il ne put rien prendre ; il était distrait. Ses yeux ne pouvaient pas se détacher de ceux de Valentine ; soit qu'il se penchât sur l'escarpement de la rivière, soit qu'il se hasardât sur les pierres tremblantes ou sur les grès polis et glissants, il surprenait toujours le regard de Valentine qui l'épiait, qui le couvait pour ainsi dire avec sollicitude. Valentine ne savait pas dissimuler, elle ne croyait pas en cette circonstance avoir le moindre motif pour le faire ; Bénédict palpitait fortement sous ce regard si naïf et si affectueux. Il était fier pour la première fois de sa force et de son courage. Il traversa une écluse que le courant franchissait avec furie, en trois sauts il fut à l'autre bord. Il se retourna ; Valentine était pâle : Bénédict se gonfla d'orgueil.

Et puis, comme elles revenaient à la ferme par un long détour à travers les prés, et marchaient toutes trois devant lui, il réfléchit un peu. Il se dit que de toutes les folies qu'il pût faire, la plus misérable, la plus fatale au repos de sa vie, serait d'aimer mademoiselle de Raimbault. Mais l'aimait-il donc ?

— Non ! se dit Bénédict en haussant les épaules, je ne suis pas si fou ; cela n'est pas. Je l'aime aujourd'hui, comme je l'aimais hier, d'une affection toute fraternelle, toute paisible...

Il ferma les yeux sur tout le reste, et, rappelé par un regard de Valentine, il doubla le pas et se rapprocha d'elle, résolu de savourer le charme qu'elle savait répandre autour d'elle, et qui *ne pouvait pas* être dangereux.

La chaleur était si forte que ces trois femmes délicates furent forcées de s'asseoir en chemin. Elles se mirent au frais dans un enfoncement qui avait été un bras de la rivière, et qui, desséché depuis peu, nourrissait une superbe végétation d'osiers et de fleurs sauvages. Bénédict, écrasé sous le poids de son filet garni de plomb, se jeta par terre à quelques pas d'elles. Mais au bout de cinq minutes toutes trois étaient autour de lui, car toutes trois l'aimaient : Louise avec une ardente reconnaissance à cause de Valentine, Valentine (au moins elle le croyait) à cause de Louise, et Athénaïs à cause d'elle-même.

Mais elles ne furent pas plus tôt installées auprès de lui, alléguant qu'il y avait là plus d'ombrage, que Bénédict se traîna plus près de Valentine, sous prétexte que le soleil gagnait de l'autre côté. Il avait mis le poisson dans son mouchoir, et s'essuyait le front avec sa cravate.

— Cela doit être agréable, lui dit Valentine en le raillant, une cravate de taffetas ! J'aimerais autant une poignée de ces feuilles de houx.

— Si vous étiez une personne humaine, vous auriez pitié de moi au lieu de me critiquer, répondit Bénédict.

— Voulez-vous mon fichu ? dit Valentine ; je n'ai que cela à vous offrir.

Bénédict tendit la main sans répondre. Valentine détacha le foulard qu'elle avait autour du cou.

— Tenez, voici mon mouchoir, dit Athénaïs vivement, en jetant à Bénédict un petit carré de batiste brodé et garni de dentelle.

— Votre mouchoir n'est bon à rien, répondit Bénédict en s'emparant de celui de Valentine avant qu'elle eût songé à le lui retirer.

Il ne daigna même pas ramasser celui de sa cousine, qui tomba sur l'herbe à côté de lui. Athénaïs, blessée au cœur, s'éloigna et reprit en boudant le chemin de la ferme.

Louise, qui comprenait son chagrin, courut après elle pour la consoler, pour lui démontrer combien cette jalousie était une ridicule pensée; et, pendant ce temps, Bénédict et Valentine, qui ne s'apercevaient de rien, restèrent seuls dans la ravine, à deux pas l'un de l'autre, Valentine assise et feignant de jouer avec des pâquerettes, Bénédict couché, pressant ce mouchoir brûlant sur son front, sur son cou, sur sa poitrine, et regardant Valentine, d'un regard dont elle sentait le feu sans oser le voir.

Elle resta ainsi sous le charme de ce fluide électrique qui à son âge et à celui de Bénédict, avec des cœurs si neufs, des imaginations si timides et des sens dont rien n'a émoussé l'ardeur, a tant de puissance et de magie! Ils ne se dirent rien, ils n'osèrent échanger ni un sourire ni un mot. Valentine resta fascinée à sa place, Bénédict s'oublia dans la sensation d'un bonheur impétueux, et, lorsque la voix de Louise les rappela, ils quittèrent à regret le lieu où l'amour venait de parler secrètement, mais énergiquement, au cœur de l'un et de l'autre.

Louise revint vers eux.

— Athénaïs est fâchée, leur dit-elle. Bénédict, vous la traitez mal; vous n'êtes pas généreux. Valentine, dites-le-lui, ma chérie. Engagez-le à mieux reconnaître l'affection de sa cousine.

Une sensation de froid gagna le cœur de Valentine. Elle ne comprit rien au sentiment de douleur inouïe qui s'empara d'elle à cette pensée. Cependant elle maîtrisa vite ce mouvement, et regardant Bénédict avec surprise :

— Vous avez donc affligé Athénaïs? lui dit-elle dans la sincérité de son âme; je ne m'en suis pas aperçue. Que lui avez-vous donc dit?

— Eh! rien, dit Bénédict en haussant les épaules; elle est folle!

— Non! elle n'est pas folle, dit Louise avec sévérité, c'est vous qui êtes dur et injuste. Bénédict, mon ami, ne troublez pas ce jour, si doux pour moi, par une heure nouvelle. Le chagrin de notre jeune amie détruit mon bonheur et celui de Valentine.

— C'est vrai, dit Valentine en passant son bras sous celui de Bénédict à l'exemple de Louise, qui l'entraînait de l'autre côté. Allons rejoindre cette pauvre enfant, et, si vous avez eu en effet des torts envers elle, réparez-les, afin que nous soyons toutes heureuses aujourd'hui.

Bénédict tressaillit brusquement dès qu'il sentit le bras de Valentine se glisser sous le sien. Il le pressa insensiblement contre sa poitrine, et finit par l'y tenir si bien qu'elle n'eût pas pu le retirer sans avoir l'air de s'apercevoir de son émotion. Il valait mieux feindre d'être insensible à ces pulsations violentes qui soulevaient le sein du jeune homme. D'ailleurs, Louise les entraînait vers Athénaïs, qui se faisait une malice de doubler le pas pour se faire suivre. Qu'elle se doutait peu, la pauvre fille, de la situation de son fiancé! Palpitant, ivre de joie entre ces deux sœurs, l'une qu'il avait aimée, l'autre qu'il allait aimer, Louise qui la veille lui faisait éprouver encore quelques réminiscences d'un amour à peine guéri, Valentine qui commençait à l'enivrer de toutes les ardeurs d'une passion nouvelle; Bénédict ne savait pas trop encore vers qui allait son cœur, et s'imaginait par instants que c'était vers toutes les deux, tant on est riche d'amour à vingt ans! Et toutes deux l'entraînaient pour qu'il mît aux pieds d'une autre ce pur hommage que chacune d'elles peut-être regrettait de ne pouvoir accepter. Pauvres femmes! pauvre société où le cœur n'a de véritables jouissances que dans l'oubli de tout devoir et de toute raison!

Au détour d'un chemin Bénédict s'arrêta tout à coup, et, pressant leurs mains dans chacune des siennes, il les regarda alternativement, Louise d'abord avec une amitié tendre, Valentine ensuite avec moins d'assurance et plus de vivacité.

— Vous voulez donc, leur dit-il, que j'aille apaiser les caprices de cette petite fille? Eh bien! pour vous faire plaisir j'irai; mais vous m'en saurez gré, j'espère!

— Comment faut-il que nous vous poussions à une chose que votre conscience devrait vous dicter? lui dit Louise.

Bénédict sourit et regarda Valentine.

— En effet, dit celle-ci avec un trouble mortel, n'est-elle pas digne de votre affection? n'est-elle pas la femme que vous devez épouser?

Un éclair passa sur le large front de Bénédict. Il laissa tomber la main de Louise, et gardant un instant encore celle de Valentine qu'il pressa insensiblement :

— Jamais! s'écria-t-il en levant les yeux au ciel, comme pour y enregistrer son serment en présence de ces deux témoins.

Puis son regard sembla dire à Louise : — Jamais cet amour n'entrera dans un cœur où vous avez régné. A Valentine : — Jamais; car vous y régnerez éternellement.

Et il se mit à courir après Athénaïs, laissant les deux sœurs confondues de surprise.

Il faut l'avouer, ce mot *jamais* fit une telle impression sur Valentine qu'il lui sembla qu'elle allait tomber. Jamais joie aussi égoïste, aussi cruelle, n'envahit de force le sanctuaire d'une âme généreuse.

Elle resta un instant sans pouvoir se remettre; puis, s'appuyant sur le bras de sa sœur, sans songer, l'ingénue, que le tremblement de son corps était facile à apercevoir :

— Qu'est-ce donc que cela veut dire? lui demanda-t-elle.

Mais Louise était si absorbée elle-même dans ses pensées qu'elle se fit répéter deux fois cette question sans l'entendre. Enfin elle répondit qu'elle n'y comprenait rien.

Bénédict atteignit sa cousine en trois sauts, et passant un bras autour de sa taille :

— Vous êtes fâchée? lui dit-il.

— Non, répondit la jeune fille d'un ton qui exprimait qu'elle l'était beaucoup.

— Vous êtes une enfant, lui dit Bénédict; vous doutez toujours de mon amitié.

— Votre amitié? dit Athénaïs avec dépit; je ne vous la demande pas.

— Ah! vous la repoussez donc? Alors...

Bénédict s'éloigna de quelques pas. Athénaïs se laissa tomber, pâle et ne respirant plus, sur un vieux saule au bord du chemin.

Aussitôt Bénédict se rapprocha; il ne l'aimait pas assez pour vouloir entrer en discussion avec elle; il valait mieux profiter de son émotion que de perdre le temps à se justifier.

— Voyons, ma cousine, lui dit-il d'un ton sévère qui dominait entièrement la pauvre Athénaïs, voulez-vous cesser de me bouder?

— Est-ce donc moi qui boude? répondit-elle en fondant en larmes.

Bénédict se pencha vers elle, et déposa un baiser sur un cou frais et blanc que n'avait point rougi le hâle des champs. La jeune fermière frémit de plaisir et se jeta dans les bras de son cousin. Bénédict éprouva un cruel malaise. Athénaïs était, à coup sûr, une fort belle personne; de plus, elle l'aimait, et, se croyant destinée à lui, elle le lui montrait ingénument. Il était bien difficile à Bénédict de se garantir d'un certain amour-propre et d'une sensation de plaisir toute physique en recevant ses caresses. Cependant sa conscience lui ordonnait de repousser toute pensée d'union avec cette jeune personne; car il sentait que son cœur était à jamais enchaîné ailleurs.

Il se hâta donc de se lever et d'entraîner Athénaïs vers ses deux compagnes, après l'avoir embrassée. C'est ainsi que se terminaient toutes leurs querelles. Bénédict, qui ne voulait pas, qui ne pouvait pas dire sa pensée, évitait toute explication, et, au moyen de quelques marques d'amitié, réussissait toujours à apaiser la crédule Athénaïs.

En rejoignant Louise et Valentine, la fiancée de Bénédict se jeta au cou de cette dernière avec effusion. Son cœur facile et bon abjura sincèrement toute rancune, et Valentine, en lui rendant ses caresses, sentit comme un remords s'élever en elle.

Néanmoins, la gaieté qui se peignait sur les traits de

Bénédict les entraîna toutes trois. Bientôt elles rentrèrent à la ferme, rieuses et folâtres. Le dîner n'étant pas prêt, Valentine voulut faire le tour de la ferme, visiter les bergeries, les vaches, le pigeonnier. Bénédict s'occupait peu de tout cela, et cependant il aurait su bon gré à sa fiancée de s'en occuper. Lorsqu'il vit mademoiselle de Raimbault entrer dans les étables, courir après les jeunes agneaux, les prendre dans ses bras, caresser toutes les bestioles favorites de madame Lhéry, donner même à manger, sur sa main blanche, aux grands bœufs de trait qui la regardaient d'un air bébété, il sourit d'une pensée flatteuse et cruelle qui lui vint : c'est que Valentine semblait bien mieux faite qu'Athénaïs pour être sa femme ; c'est qu'il y avait eu erreur dans la distribution des rôles, et que Valentine, bonne et franche fermière, lui aurait fait aimer la vie domestique.

— Que n'est-elle la fille de madame Lhéry ! se dit-il ; je n'aurais jamais eu l'ambition d'apprendre, et même encore aujourd'hui je renoncerais à la vaine rêverie de jouer un rôle dans le monde. Je me ferais paysan avec joie ; j'aurais une existence utile, positive ; avec Valentine, au fond de cette belle vallée, je serais poète et laboureur : poète pour l'admirer, laboureur pour la servir. Ah ! que j'oublierais facilement la foule qui bourdonne au sein des villes !

Il se livrait à ces pensées en suivant Valentine au travers des granges dont elle se plaisait à respirer l'odeur saine et champêtre. Tout d'un coup elle lui dit en se retournant vers lui :

— Je crois vraiment que j'étais née pour être fermière ! Oh ! que j'aurais aimé cette vie simple et ces calmes occupations de tous les jours ! J'aurais fait tout moi-même comme madame Lhéry ; j'aurais élevé les plus beaux troupeaux du pays ; j'aurais eu de belles poules huppées et des chèvres que j'aurais menées brouter dans les buissons. Si vous saviez combien de fois dans les salons, au milieu des fêtes, ennuyée du bruit de cette foule, je me suis prise à rêver que j'étais une gardeuse de moutons, assise au coin d'un pré ! mais l'orchestre m'appelait dans la voûte, mais mon rêve était l'histoire du pot au lait !

Appuyé contre un râtelier, Bénédict l'écoutait avec attendrissement ; car elle venait de répondre tout haut, par une liaison d'idées sympathiques, aux vœux qu'il avait formés tout bas.

Ils étaient seuls. Bénédict voulut se hasarder à poursuivre ce rêve.

— Mais s'il vous avait fallu épouser un paysan ? lui dit-il.

— Au temps où nous vivons, répondit-elle, il n'y a plus de paysans. Ne recevons-nous pas la même éducation dans presque toutes les classes ? Athénaïs n'a-t-elle pas plus de talents que moi ? Un homme comme vous n'est-il pas très-supérieur par ses connaissances à une femme comme moi ?

— N'avez-vous pas les préjugés de la naissance ? reprit Bénédict.

— Mais je me suppose fermière ; je n'aurais pas pu les avoir.

— Ce n'est pas une raison ; Athénaïs est née fermière, et elle est bien fâchée de n'être pas née comtesse.

— Oh ! qu'à sa place je m'en réjouirais, au contraire ! dit-elle avec vivacité.

Et elle resta pensive, appuyée sur la crèche, vis-à-vis de Bénédict, les yeux fixés à terre, et ne songeant pas qu'elle venait de lui dire des choses qu'il aurait payées de son sang.

Bénédict s'enivra longtemps des images folles et flatteuses que cet entretien venait d'éveiller. Sa raison s'endormit dans de doux silence, et toutes les idées riantes et trompeuses prirent la volée. Il se vit maître, époux et fermier dans la Vallée-Noire. Il vit dans Valentine sa compagne, sa ménagère, sa plus belle propriété. Il rêva tout éveillé, et deux ou trois fois il s'abusa au point d'être près de l'aller presser dans ses bras. Quand le bruit des voix l'avertit de l'approche de Louise et d'Athénaïs, il s'enfuit par un côté opposé, et courut se cacher dans un coin obscur de la grange, derrière les meules de blé. Là il pleura comme un enfant, comme une femme, comme il ne se souvenait pas d'avoir pleuré ; il pleura ce rêve qui venait de l'enlever un instant au monde existant, et qui lui avait donné plus de joie en quelques minutes d'illusion qu'il n'en avait goûté dans toute une vie de réalité. Quand il eut essuyé ses larmes, quand il revit Valentine, toujours sereine et douce, interrogeant son visage avec une muette sollicitude, il fut heureux encore : il se dit qu'il y avait plus de bonheur et de gloire à être aimé en dépit des hommes et de la destinée qu'à obtenir sans peine et sans péril une affection légitime. Il se plongea jusqu'au cou dans cette mer trompeuse de souhaits et de chimères ; il retomba dans son rêve. A table, il se plaça auprès de Valentine ; il s'imagina qu'elle était la maîtresse chez lui. Comme elle aimait volontiers à se charger de tout l'embarras du service, elle découpait, faisait les portions et se plaisait à être utile à tous. Bénédict la regardait d'un air stupide de joie ; il lui tendait son assiette, ne lui adressait plus une seule de ces politesses d'usage qui rappellent à chaque instant les conventions et les distances, et, quand il voulait qu'elle lui servît de quelque mets, il lui disait en tendant son assiette :

— A moi, madame la fermière !

Quoiqu'on bût le vin du cru à la ferme, M. Lhéry avait en réserve pour les grandes occasions, d'excellent champagne ; mais personne n'y fit honneur. L'ivresse morale était assez forte. Ces êtres jeunes et sains n'avaient pas besoin d'exciter leurs nerfs et de fouetter leur sang. Après le dîner ils jouèrent à se cacher et à se poursuivre dans les prés. M. et Mme Lhéry eux-mêmes, libres enfin des soins de la journée, se mirent de la partie. On y admit encore une jolie servante de ferme et les enfants du métayer. Bientôt la prairie ne retentit plus que de rires et de cris joyeux. Ce fut le dernier coup pour la raison de Bénédict. Poursuivre Valentine, ralentir sa course pour la laisser fuir devant lui et la forcer de s'égarer dans les buissons, puis fondre sur elle à l'improviste, s'amuser de ses cris, de ses ruses, la joindre enfin et n'oser la toucher, mais voir son sein agité, ses joues vermeilles et ses yeux humides, c'en était trop pour un seul jour.

Athénaïs, remarquant en elle-même ces fréquentes absences de Bénédict et de Valentine, et voulant faire courir après lui, proposa de bander les yeux au poursuivant. Elle serra malicieusement le mouchoir à Bénédict, s'imaginant qu'il ne pourrait plus choisir sa proie ; mais Bénédict ne s'en souciait bien ! L'instinct de l'amour, ce charme puissant et magique qui fait reconnaître à l'amant l'air où sa maîtresse a passé, le guidait aussi bien que ses yeux ; il atteignait toujours Valentine, et, plus heureux qu'à l'autre jeu, il pouvait la saisir dans ses bras, et, feignant de ne pas la reconnaître, l'y garder longtemps. Ces jeux-là sont la plus dangereuse chose du monde.

Enfin la nuit vint, Valentine parla de se retirer ; Bénédict était auprès d'elle, et ne sut pas dissimuler son chagrin.

— Déjà ! s'écria-t-il d'une grosse et rude manière qui porta jusqu'au fond du cœur de Valentine la conviction de la vérité.

— Déjà ! en effet, répondit-elle ; cette journée m'a semblé bien courte.

Et elle embrassa sa sœur ; mais n'avait-elle songé qu'à Louise en le disant ?

On apprêta la carriole, Bénédict se promettait encore quelques instants de bonheur ; mais l'arrangement des places trompa son attente. Louise se mit tout au fond pour n'être pas aperçue aux environs du château. Sa sœur se mit auprès d'elle. Athénaïs s'assit sur la banquette de devant, auprès de son cousin ; il en eut tant d'humeur qu'il ne lui adressa pas un mot pendant toute la route.

A l'entrée du parc, Valentine le pria d'arrêter à cause de Louise qui craignait toujours d'être vue malgré l'obscurité. Bénédict sauta à terre et l'aida à descendre. Tout était sombre et silencieux autour de cette riche demeure, que Bénédict eût voulu voir s'engloutir. Valentine em-

Voyez donc comme elle est belle, ma Valentine! (Page 17.)

brassa sa sœur et Athénaïs, tendit la main à Bénédict, qui, cette fois, osa la baiser, et s'enfuit dans le parc. A travers la grille, Bénédict vit pendant quelques instants flotter sa robe blanche qui s'éloignait parmi les arbres; il aurait oublié toute la terre, si Athénaïs, l'appelant du fond de la carriole, ne lui eût dit avec aigreur:

— Eh bien! allez-vous nous laisser coucher ici?

## XV.

Personne ne dormit à la ferme dans la nuit qui suivit cette journée. Athénaïs se trouva mal en rentrant; sa mère en conçut une vive inquiétude, et ne consentit à se coucher que pressée par les instances de Louise. Celle-ci s'engagea à passer la nuit dans la chambre de sa jeune compagne, et Bénédict se retira dans la sienne, où partagé entre la joie et le remords, il ne put goûter un instant de repos.

Après la fatigue d'une attaque de nerfs, Athénaïs s'endormit profondément; mais bientôt les chagrins qui l'avaient torturée durant le jour se présentèrent dans les images de son sommeil, et elle se mit à pleurer amèrement. Louise, qui s'était assoupie sur une chaise, s'éveilla en sursaut en l'entendant sangloter; et se penchant vers elle, lui demanda avec affection la cause de ses larmes. N'en obtenant pas de réponse, elle s'aperçut qu'elle dormait et se hâta de l'arracher à cet état pénible. Louise était la plus compatissante personne du monde; elle avait tant souffert pour son compte, qu'elle sympathisait avec toutes les peines d'autrui. Elle mit en œuvre tout ce qu'elle possédait de douceur et de bonté pour consoler la jeune fille; mais celle-ci se jetant à son cou:

— Pourquoi voulez-vous me tromper aussi? s'écria-t-elle; pourquoi voulez-vous prolonger une erreur qui doit cesser entièrement tôt ou tard? Mon cousin ne m'aime pas; il ne m'aimera jamais, vous le savez bien! Allons, convenez qu'il vous l'a dit.

Louise était fort embarrassée de lui répondre. Après le *jamais* qu'avait prononcé Bénédict (mot dont elle ne pouvait apprécier la valeur), elle n'osait pas répondre de l'avenir à sa jeune amie, dans la crainte de lui apprêter une déception. D'un autre côté, elle aurait voulu trouver un motif de consolation; car sa douleur l'affligeait

Ah! te voilà ma petite. (Page 48.)

sincèrement. Elle s'attacha donc à lui démontrer que si son cousin n'avait pas d'amour pour elle, du moins il n'était pas vraisemblable qu'il en eût pour aucune autre femme, et elle s'efforça de lui faire espérer qu'elle triompherait de sa froideur; mais Athénaïs n'écouta rien.

— Non, non, ma chère demoiselle, répondit-elle en essuyant tout à coup ses larmes, il faut que j'en prenne mon parti; j'en mourrai peut-être de chagrin, mais enfin je ferai mon possible pour en guérir. Il est trop humiliant de se voir mépriser ainsi! J'ai bien d'autres aspirants! Si Bénédict croit qu'il était le seul dans le monde à me faire la cour, il se trompe. J'en connais qui ne me trouveront pas si indigne d'être recherchée. Il verra! il verra que je m'en vengerai, que je ne serai pas longtemps au dépourvu, que j'épouserai Georges Simonneau, ou Pierre Blutty, ou bien encore Blaise Moret! Il est vrai que je ne peux pas les souffrir. Oh! oui, je sens bien que je haïrai l'homme qui m'épousera à la place de Bénédict! Mais c'est lui qui l'aura voulu; et, si je suis une mauvaise femme, il en répondra devant Dieu!

— Tout cela n'arrivera pas, ma chère enfant, reprit Louise; vous ne trouverez point parmi vos nombreux adorateurs un homme que vous puissiez comparer à Bénédict pour l'esprit, la délicatesse et les talents, comme, de son côté, il ne trouvera jamais une femme qui vous surpasse en beauté et en attachement...

— Oh! pour cela, arrêtez, ma bonne demoiselle Louise, arrêtez; je ne suis pas aveugle, ni vous non plus. Il est bien facile de voir quand on a des yeux, et M. Bénédict ne se donne pas beaucoup de peine pour échapper aux nôtres. Rien n'a été si clair pour moi que sa conduite d'aujourd'hui. Ah! si ce n'était pas votre sœur, que je la haïrais!

— Haïr Valentine! elle, votre compagne d'enfance, qui vous aime tant, qui est si loin d'imaginer ce que vous soupçonnez? Valentine, si amicale et si bienveillante de cœur, mais si fière par modestie! Ah! qu'elle souffrirait, Athénaïs, si elle pouvait deviner ce qui se passe en vous!

— Ah! vous avez raison! dit la jeune fille en recommençant à pleurer; je suis bien injuste, bien impertinente de l'accuser d'une chose semblable! Je sais bien que si elle en avait la pensée, elle frémirait d'indignation. Eh bien! voilà ce qui me désespère pour Bénédict; voilà ce qui me révolte contre sa folie : c'est de le voir se rendre malheureux à plaisir. Qu'espère-t-il donc? quel égarement d'esprit le pousse à sa perte? Pourquoi faut-il qu'il s'éprenne de la femme qui ne pourra jamais être rien pour lui, tandis que sous sa main il y en a une qui lui apporterait jeunesse, amour, fortune? O Bénédict! Bénédict! quel homme êtes-vous donc? Et moi, quelle femme suis-je aussi, puisque je ne peux pas me faire aimer! Vous m'avez toutes trompée; vous m'avez dit que j'étais jolie, que j'avais des talents, que j'étais aimable et faite pour plaire. Vous m'avez trompée; vous voyez bien que je ne plais pas!

Athénaïs passa ses mains dans ses cheveux noirs comme si elle eût voulu les arracher; mais son regard tomba sur la toilette de citronnier ouverte à côté de son lit, et le miroir lui donna un si formel démenti qu'elle se réconcilia un peu avec elle-même.

— Vous êtes bien enfant! lui dit Louise. Comment pouvez-vous croire que Bénédict soit déjà épris de ma sœur, qu'il a vue trois fois?

— Que trois fois! Oh! que trois fois!

— Mettons-en quatre ou cinq, qu'importe! Certes, s'il l'aimait ce serait depuis peu; car, hier encore, il me disait que Valentine était la plus belle, la plus estimable des femmes...

— Voyez-vous, la plus belle, la plus estimable...

— Attendez donc. Il disait qu'elle était digne des hommages de toute la terre, et que son mari serait le plus heureux des hommes; et cependant, ajoutait-il, je crois que je pourrais vivre dix ans auprès d'elle sans en devenir amoureux, tant sa confiante franchise m'inspire de respect, tant son front pur et serein répand de calme autour d'elle!

— Il disait cela hier?

— Je vous le jure par l'amitié que j'ai pour vous.

— Eh bien! oui; mais c'était hier! aujourd'hui tout cela est bien changé!

— Croyez-vous donc que Valentine ait perdu le charme qui la rendait si aimable et si imposante?

— Peut-être en a-t-elle acquis d'autres; qui sait? l'amour vient si vite! Moi, il n'y a guère qu'un mois que j'aime mon cousin. Avant je ne l'aimais pas; je ne l'avais pas vu depuis qu'il était sorti du collège, et dans ce temps-là j'étais si jeune! Et puis je me souvenais de l'avoir vu si grand, si gauche, si embarrassé de ses bras trop longs de moitié pour ses manches! Mais quand je l'ai retrouvé si élégant, si aimable, ayant si bonne tournure, sachant tant de choses, et puis ayant ce regard un peu sévère qui lui sied si bien et qui fait que j'ai toujours peur de lui... oh! de ce moment-là je l'ai aimé, et je l'ai aimé tout d'un coup; du soir au matin mon cœur a été surpris. Qui empêche que Valentine n'ait pris le sien de même aujourd'hui? Elle est bien belle Valentine; elle a toujours l'esprit de dire ce qui est dans les idées de Bénédict. Il semble qu'elle devine ce qu'il a envie de lui entendre dire, et moi je fais tout le contraire. Où prend-elle cet esprit-là? Ah! c'est plutôt parce qu'il est disposé à admirer ce qu'elle dit. Et puis, quand ce ne serait qu'une fantaisie commencée ce matin, finie ce soir; quand demain il viendrait avec une mine tendre la main et me dire : « Faisons la paix; » je vois bien que je ne l'ai pas fixé, que je ne le fixerai pas. Voyez quelle belle vie j'aurais, étant sa femme, s'il me fallait toujours pleurer de rage, toujours sécher de jalousie! Non, non, il vaut mieux se faire une raison et y renoncer.

— Eh bien! ma chère belle, dit Louise, puisque vous ne pouvez éloigner ce soupçon de votre esprit, il faut en avoir le cœur net. Demain je parlerai à Bénédict, je l'interrogerai franchement sur ses intentions, et, quelle que soit la vérité, vous en serez instruite. Vous sentez-vous ce courage?

— Oui, répondit Athénaïs en l'embrassant; j'aime mieux savoir mon sort que de vivre dans de pareils tourments.

— Prenez donc sur vous-même, lui dit Louise, d'essayer de vous reposer, et ne faites rien paraître demain de votre émotion. Puisque vous ne croyez pas devoir compter sur l'attachement de votre cousin, votre dignité de femme exige que vous fassiez bonne contenance.

— Oh! vous avez raison, dit la jeune fille en se renfonçant dans son lit. Je veux agir selon vos conseils. Je me sens déjà plus forte puisque vous prenez mes intérêts.

En effet, cette résolution ayant ramené un peu de calme dans ses idées, elle s'endormit bientôt, et Louise, dont le cœur était bien plus profondément ébranlé, attendit, les yeux ouverts, que les premières lueurs du matin eussent blanchi l'horizon. Alors elle entendit Bénédict, qui ne dormait pas non plus, entr'ouvrir doucement la porte de sa chambre et descendre l'escalier. Elle le suivit sans éveiller personne, et tous deux, s'étant abordés d'un air plus grave que de coutume, s'enfoncèrent dans une allée du jardin qui commençait à se remplir de rosée.

## XVI.

Louise était assez embarrassée pour aborder une question si délicate, lorsque Bénédict, prenant le premier la parole, lui dit d'un ton ferme :

— Mon amie, je sais de quoi vous allez me parler. Nos cloisons de bois de chêne ne sont pas tellement épaisses, la nuit n'est pas tellement bruyante autour de cette demeure, et mon sommeil n'était pas tellement profond, que j'aie perdu un seul mot de votre entretien avec ma cousine. La confession que je me proposais de vous faire serait donc parfaitement inutile à présent, puisque vous êtes aussi bien informée que moi-même de l'état de mon cœur.

Louise s'arrêta et le regarda en face pour savoir s'il ne raillait point; mais l'expression de son visage était si parfaitement calme qu'elle resta stupéfaite.

— Je sais que vous maniez la plaisanterie avec un admirable sang-froid, lui répondit-elle; mais je vous supplie de me parler sérieusement. Il ne s'agit point ici de sentiments dont vous ayez le droit de vous faire un jeu.

— A Dieu ne plaise! dit Bénédict avec force; il s'agit de l'affection la plus importante et la plus sacrée de ma vie. Athénaïs vous l'a dit, et j'en jure sur mon honneur, j'aime Valentine de toutes les puissances de mon âme.

Louise joignit les mains d'un air atterré, et s'écria en levant les yeux au ciel :

— Quelle insigne folie!

— Pourquoi? reprit Bénédict en attachant sur elle ce regard fixe qui renfermait tant d'autorité.

— Pourquoi? répéta Louise; vous me le demandez! Mais, Bénédict, êtes-vous sous la puissance d'un rêve, ou moi-même ne suis-je pas bien éveillée? Vous aimez ma sœur, vous me le dites; et qu'espérez-vous donc d'elle, grand Dieu?

— Ce que j'espère?... le voici, répondit-il : j'espère l'aimer toute ma vie.

— Et vous pensez peut-être qu'elle vous le permettra?

— Qui sait?... peut-être.

— Mais vous n'ignorez pas qu'elle est riche, qu'elle est d'une haute naissance...

— Elle est, comme vous, fille du comte de Raimbault, et j'ai bien de vous aimer! Est-ce donc parce que je suis le fils du paysan Lhéry que vous m'avez repoussé?

— Non, certes, répondit Louise, qui devint pâle comme la mort; mais Valentine n'a pas vingt ans, et en supposant qu'elle n'eût pas les préjugés de la naissance...

— Elle ne les a pas, interrompit Bénédict.

— Comment le savez-vous?

— Comme vous le savez vous-même. Notre connaissance avec Valentine date de la même époque, ce me semble.

— Mais oubliez-vous qu'elle dépend d'une mère vaine et inflexible, d'un monde qui ne l'est pas moins? qu'elle est fiancée à M. de Lansac? qu'elle ne peut enfin rompre les liens qui l'enchaînent à ses devoirs sans attirer sur elle les malédictions de sa famille, le mépris de sa caste, et sans détruire à jamais le repos de toute sa vie?

— Comment ne saurais-je pas tout cela?

— Eh bien! enfin, qu'attendez-vous donc de sa folie ou de la vôtre?
— De la sienne, rien ; de la mienne tout...
— Ah! vous croyez vaincre la destinée par la seule force de votre caractère! Est-ce cela? Je vous ai entendu quelquefois développer cette utopie ; mais soyez sûr, Bénédict, que, fussiez-vous plus qu'un homme, vous n'y parviendrez pas. Dès cet instant, j'entre en résistance ouverte contre vous ; je renoncerais plutôt à voir ma sœur que de vous fournir l'occasion et les moyens de compromettre son avenir...
— Oh! quelle chaleur d'opposition! dit Bénédict avec un sourire, dont l'effet fut atroce pour Louise. Calmez-vous, ma bonne sœur... vous m'avez permis, vous m'avez presque ordonné de vous donner ce nom alors que nous ne connaissions pas Valentine. Si vous y eussiez consenti, j'en aurais réclamé un plus doux. Mon âme inquiète eût été fixée, et Valentine eût pu passer dans ma vie sans y faire impression ; mais vous ne l'avez pas voulu, vous avez rejeté des vœux qui, maintenant j'y songe de sang-froid, ont dû vous sembler bien ridicules... Vous m'avez repoussé du pied dans cette mer d'incertitudes et d'orages ; je me prends à suivre une belle étoile qui me luit ; que vous importe?
— Que m'importe? quand il s'agit de ma sœur, de ma sœur dont je suis presque la mère!...
— Ah! vous êtes une mère bien jeune! dit Bénédict avec un peu d'ironie. Mais, écoutez, Louise ; je serais presque tenté de croire que vous manifestez toutes ces craintes pour me railler, et dans ce cas vous devez avouer que, depuis le temps qu'elle dure, j'ai assez bien subi la plaisanterie.
— Que voulez-vous dire?
— Il est impossible que vous me trouviez dangereux pour votre sœur, quand vous savez si bien par vous-même combien je le suis peu. Vos terreurs sont fort singulières, et vous croyez la raison de Valentine bien fragile apparemment, puisque vous vous effrayez tant des atteintes que j'y peux porter.... Rassurez-vous, bonne Louise ; vous m'avez donné, il n'y a pas longtemps, une leçon dont je vous remercie, et que je saurai mettre à profit peut-être. Je n'irai plus m'exposer à mettre aux pieds d'une femme telle que Valentine ou Louise l'hommage d'un cœur comme le mien. Je n'aurai plus la folie de croire qu'il ne s'agit, pour attendrir une femme, de l'aimer avec toute l'ardeur d'un cerveau de vingt ans, que, pour effacer à ses yeux la distance des rangs et pour faire taire en elle le cri de la mauvaise honte, il suffise d'être dévoué à elle corps et âme, sang et honneur. Non, non, tout cela n'est rien aux yeux des femmes ; je suis le fils d'un paysan, je suis horriblement laid, absurde on ne peut plus ; je n'ai pas la prétention d'être aimé. Il n'est qu'une pauvre bourgeoise frelatée comme Athénaïs qui, faute de mieux jusqu'ici, ait pu songer à descendre jusqu'à moi.
— Bénédict! s'écria Louise avec chaleur, tout ceci est une cruelle moquerie, je le vois bien ; c'est un sanglant reproche que vous m'adressez. Oh! vous êtes bien injuste ; vous ne voulez pas comprendre ma situation ; vous ne songez pas que si je vous avais écouté, ma conduite envers votre famille aurait été odieuse ; vous ne me tenez pas compte de la vertu qu'il m'a fallu peut-être pour vous sembler si glaciale. Oh! vous ne voulez rien comprendre!

La pauvre Louise cacha son visage dans ses mains, effrayée d'en avoir trop dit. Bénédict étonné la regarda attentivement. Son sein était agité, une rougeur brûlante se trahissait sur son front malgré ses efforts pour le cacher. Bénédict comprit qu'il était aimé...

Il s'arrêta irrésolu, tremblant, bouleversé. Il avança une main pour saisir celle de Louise ; il craignit d'être trop ardent, il craignit d'être trop froid. Louise, Valentine, laquelle des deux aimerait-il?

Quand Louise, effrayée de son silence, releva timidement la tête, Bénédict n'était plus auprès d'elle.

## XVII.

Mais à peine Bénédict fut-il seul que, n'éprouvant plus l'effet de l'attendrissement, il s'étonna d'en avoir ressenti un si vif, et ne s'expliqua cette émotion qu'en l'attribuant à un sentiment d'amour-propre flatté. En effet, Bénédict, ce garçon laid à faire peur, comme disait la marquise de Raimbault, ce jeune homme enthousiaste pour les autres et sceptique envers lui-même, se trouvait dans une étrange position. Aimé à la fois de trois femmes dont la moins belle eût rempli d'orgueil le cœur de tout autre, il avait bien de la peine à lutter contre les bouffées de vanité qui s'élevaient en lui. C'était une rude épreuve pour sa raison, il le sentait bien. Pour y résister il se mit à penser à Valentine, à celle des trois qui lui inspirait le moins de certitude, et qui devait nécessairement le désabuser la première. Il ne connaissait l'amour de celle-là que par ces révélations sympathiques qui trompent rarement les amants. Mais quand cet amour serait éclos réellement dans le sein de la jeune comtesse, il devait y être étouffé en naissant, dès qu'il se trahirait à elle-même. Bénédict se dit tout cela pour triompher du démon de l'orgueil, et, ce qui peut-être ne fut pas sans mérite à son âge, il en triompha.

Alors, jetant sur sa situation un regard aussi lucide que possible à un homme fortement épris, il se dit qu'il fallait arrêter son choix sur l'une d'elles, et couper court sur-le-champ aux angoisses des deux autres. Athénaïs fut la première fleur qu'il retrancha de cette belle couronne ; il jugea qu'elle serait bientôt consolée. Les naïves menaces de vengeance dont il avait été le confident involontaire pendant la nuit précédente lui firent espérer que Georges Simonneau, Pierre Blutty ou Blaise Moret se chargerait de dégager sa conscience de tout remords envers elle.

Le plus raisonnable, peut-être le plus généreux choix eût dû tomber sur Louise. Donner un état et un avenir à cette infortunée que sa famille et l'opinion avaient si cruellement outragée, réparer envers elle les rudes châtiments que le passé lui avait infligés, être le protecteur d'une femme si malheureuse et si intéressante, il y avait dans cette idée quelque chose de chevaleresque qui avait déjà tenté Bénédict. Peut-être l'amour qu'il avait cru ressentir pour Louise avait-il pris naissance dans la portée un peu héroïque de son caractère. Il avait vu là une occasion de dévouement ; sa jeunesse, avide d'une gloire quelconque, appelait l'opinion en combat singulier, comme faisaient ces preux aventuriers envoyant un cartel au géant de la contrée, jaloux qu'ils étaient de faire parler d'eux, ne fût-ce que par une chute glorieuse.

Le refus de Louise, qui d'abord avait rebuté Bénédict, lui apparaissait maintenant sous son véritable aspect. Ne voulant point accepter de si grands sacrifices, et craignant de se laisser vaincre en générosité, Louise avait cherché à lui ôter toute espérance, et peut-être y avait-elle réussi au delà de son désir. Dans toute vertu il y a un peu d'espoir de récompense ; elle n'eut pas plus tôt repoussé Bénédict qu'elle en souffrit amèrement. Maintenant Bénédict comprenait que, dans ce refus, il y avait plus de véritable générosité, plus d'affection délicate et forte qu'il n'y en avait eu dans sa propre conduite. Louise s'élevait à ses propres yeux presque au-dessus de l'héroïsme dont il se sentait capable lui-même ; c'était de quoi l'émouvoir profondément et le jeter dans une nouvelle carrière d'émotions et de désirs.

Si l'amour était un sentiment qui se calcule et se raisonne comme l'amitié ou la haine, Bénédict eût été se jeter aux pieds de Louise ; mais ce qui fait l'immense supériorité de celui-là sur tous les autres, ce qui prouve son essence divine, c'est qu'il ne naît point de l'homme même ; c'est que l'homme n'en peut disposer ; c'est qu'il ne l'accorde pas plus qu'il ne l'ôte par un acte de sa volonté ; c'est que le cœur humain le reçoit d'en haut sans doute pour le reporter sur la créature choisie entre toutes dans les desseins du ciel ; et quand une âme énergique l'a reçu, c'est en vain que toutes les considérations humaines élèveraient la voix pour le détruire ; il subsiste seul et par sa propre puissance. Tous ces auxiliaires qu'on lui donne, ou plutôt qu'il attire à soi, l'amitié, la confiance, la sympathie, l'estime même, ne sont que des alliés subalternes ; il les a créés, il les domine, il leur survit.

Bénédict aimait Valentine et non pas Louise. Pourquoi Valentine? Elle lui ressemblait moins ; elle avait moins de ses défauts, moins de ses qualités ; elle devait sans doute le comprendre et l'apprécier moins... c'est celle-là qu'il devait aimer apparemment. Il se mit à chérir en elle, dès qu'il la vit, les qualités qu'il n'avait pas en lui-même : il était inquiet, mécontent, exigeant envers la destinée ; Valentine était calme, facile, heureuse à propos de tout. Eh bien ! cela n'était-il pas selon les desseins de Dieu ? Là suprême Providence, qui est partout en dépit des hommes, n'avait-elle pas présidé à ce rapprochement ? L'un était nécessaire à l'autre : Bénédict à Valentine, pour lui faire connaître ces émotions sans lesquelles la vie est incomplète ; Valentine à Bénédict, pour apporter le repos et la consolation dans une vie orageuse et tourmentée. Mais la société se trouvait la entre eux, qui rendait ce choix mutuel absurde, coupable, impie ! La Providence a fait l'ordre admirable de la nature, les hommes l'ont détruit ; à qui la faute? Faut-il que, pour respecter la solidité de nos murs de glace, tout rayon du soleil se retire de nous ?

Quand il se rapprocha du banc où il avait laissé Louise, il la trouva pâle, les mains pendantes, les yeux fixés à terre. Elle tressaillit en écoutant le frôlement de ses vêtements contre le feuillage ; mais quand elle l'eut regardé, quand elle eut compris qu'il s'était renfermé dans son inexpugnable impénétrabilité, elle attendit dans une angoisse plus grande le résultat de ses réflexions.

— Nous ne nous sommes pas compris, ma sœur, lui dit Bénédict en s'asseyant à son côté. Je vais m'expliquer mieux.

Ce mot de *sœur* fut un coup mortel pour Louise ; elle rassembla ce qu'elle avait de force pour cacher sa douleur et pour écouter d'un air calme.

— Je suis loin, dit Bénédict, de conserver aucun dépit contre vous ; au contraire, j'admire en vous cette candeur et cette bonté qui ne se sont point retirées de moi malgré mes folies ; je sens que vos refus ont affermi mon respect et ma tendresse pour vous. Comptez sur moi comme sur le plus dévoué de vos amis, et laissez-moi vous parler avec toute la confiance qu'un frère doit à sa sœur. Oui, j'aime Valentine, je l'aime avec passion ; et, comme Athénaïs l'a très-bien remarqué, c'est d'hier seulement que je connais le sentiment qu'elle m'inspire. Mais je l'aime sans espoir, sans but, sans dessein aucun. Je sais que Valentine ne renoncera pour moi ni à sa famille, ni à son prochain mariage, ni même, en supposant qu'elle fût libre, aux devoirs de convention que les idées de sa classe auraient pu lui tracer. J'ai mesuré de sang-froid l'impossibilité d'être pour elle autre chose qu'un ami obscur et soumis, estimé en secret peut-être, mais jamais redoutable. Dussé-je, moi chétif et imperceptible, inspirer à Valentine une de ces passions qui rapprochent les rangs et surmontent les obstacles, je fuirais plutôt que d'accepter des sacrifices dont je ne me sens pas digne ! Tout cela, Louise, doit vous rassurer un peu sur l'état de mon cerveau.

— En ce cas, mon ami, dit Louise en tremblant, vous allez travailler à détruire cet amour qui ferait le tourment de votre vie?

— Non, Louise, non, plutôt mourir, répondit Bénédict avec force. Tout mon bonheur, toute ma vie, tout mon avenir, toute ma vie sont là ! Depuis que j'aime Valentine, je suis un autre homme ; je me sens exister. Le voile sombre qui couvrait ma destinée se déchire de toutes parts ; je ne suis plus seul sur la terre ; je ne m'ennuie plus de ma nullité ; je me sens grandir d'heure en heure avec cet amour. Ne voyez-vous pas sur ma figure un calme qui doit la rendre plus supportable?

— J'y vois une assurance qui m'effraie, répondit Louise. Mon ami, vous vous perdez vous-même. Ces chimères ruineront votre destinée ; vous dépenserez votre énergie à des rêves inutiles, et quand le temps viendra d'être un homme, vous verrez avec regret que vous en aurez perdu la force.

— Qu'entendez-vous donc par être un homme, Louise?

— J'entends avoir sa place dans la société sans être à charge aux autres.

— Eh bien ! dès demain je puis être un homme, avocat ou portefaix, musicien ou laboureur ; j'ai plus d'une ressource.

— Vous ne pouvez être rien de tout cela, Bénédict ; car au bout de huit jours une profession quelconque, dans l'état d'irritation où vous êtes...

— M'ennuierait, j'en conviens ; mais j'aurai toujours la ressource de me casser la tête si elle m'ennuie, ou de me faire lazzarone si elle me plaît beaucoup. Et, tout bien considéré, je crois que je ne suis plus bon à autre chose. Plus j'ai appris, plus je me suis dégoûté de la vie ; je veux retourner maintenant, autant que possible, à mon état de nature, à ma grossièreté de paysan, à la simplicité des idées, à la frugalité de la vie. J'ai, de mon patrimoine, cinq cents livres de rentes en bonnes terres, avec une maison couverte en chaume ; je puis vivre honorablement dans mes propriétés, seul, libre, heureux, oisif, sans être à charge à personne.

— Parlez-vous sérieusement?

— Pourquoi pas? Dans l'état de la société, le meilleur résultat possible de l'éducation qu'on nous donne serait de retourner volontairement à l'état d'abrutissement d'où l'on s'efforce de nous tirer durant vingt ans de notre vie. Mais, écoutez, Louise, ne faites pas pour moi de ces rêves chimériques que vous me reprochez. C'est vous qui m'invitez à dépenser mon énergie en fumée, quand vous me dites de travailler pour être un homme comme les autres, de consacrer ma jeunesse, mes veilles, mes plus belles heures de bonheur et de poésie, à gagner de quoi mourir de vieillesse commodément, les pieds dans de la fourrure et la tête sur un coussin de duvet. Voilà pourtant le but de tous ceux qu'on appelle de bons sujets à mon âge, et des hommes positifs à quarante ans. Dieu les bénisse ! Laissez-les aspirer de tous leurs efforts vers ce but sublime : être électeurs du grand collège, ou conseillers municipaux, ou secrétaires de préfecture. Qu'ils engraissent des bœufs et maigrissent des chevaux à courir les foires ; qu'ils se fassent valets de cour ou valets de basse-cour, esclaves d'un ministre ou d'un *lot* de moutons, préfets à la livrée d'or ou marchands de porcs à la ceinture doublée de *pistoles* ; et qu'après toute une vie de sueurs, de maquignonnage, de platitude ou de grossièreté, ils laissent le fruit de tant de peines à une fille entretenue, intrigante cosmopolite, ou servante joufflue du Berri, par le moyen de leur testament ou par l'intermédiaire de leurs héritiers pressés de *jouir de la vie* : voilà la vie positive qui se déroule dans toute sa splendeur autour de moi ! voilà la glorieuse condition d'*homme* vers laquelle aspirent tous mes contemporains d'étude. Franchement, Louise, croyez-vous que j'abandonne là une bien belle et bien glorieuse existence ?

— Vous savez vous-même, Bénédict, combien il serait facile de rétorquer cette hyperbolique satire. Aussi je n'en prendrai pas la peine ; je veux vous demander simplement ce que vous comptez faire de cette ardente activité qui vous devore, et si votre conscience ne vous prescrit pas d'en faire un emploi utile à la société?

— Ma conscience ne me prescrit rien de semblable. La *société* n'a pas besoin de ceux qui n'ont pas besoin d'elle. Je conçois la puissance de ce grand mot chez des peuples nouveaux, sur une terre vierge qu'un petit nombre d'hommes, rassemblés d'hier, s'efforcent de fertiliser et de faire servir à leurs besoins ; alors, si la colonisation est volontaire, je méprise celui qui viendra s'engraisser impunément du travail des autres. Je puis concevoir le civisme chez les nations libres et vertueuses, s'il en existe. Mais ici, sur le sol de la France, où, quoi qu'on en dise, la terre manque de bras, où chaque profession regorge d'aspirants, où l'espèce humaine, hideusement agglomérée autour des palais, rampe et lèche la trace des pas du riche, où d'énormes capitaux rassemblés (selon toutes les lois de la richesse sociale) dans les mains de quelques hommes, servent d'enjeu à une continuelle loterie entre l'avarice, l'immoralité et l'ineptie; dans ce pays d'impudeur et de misère, de vice et de désolation ; dans cette civilisation pourrie jusqu'à sa racine, vous voulez que je sois *citoyen*? que je sacrifie ma volonté, mon inclination, ma fantaisie à ses besoins pour être sa dupe ou sa victime? pour que le denier que j'aurais jeté au mendiant aille tomber dans la caisse du millionnaire? Il faudra que je m'essouffle à faire du bien afin de produire un peu plus de mal, afin de fournir mon contingent aux administrations qui patentent les mouchards, les croupiers et les prostituées? Non, sur ma vie! je ne le ferai pas. Je ne veux rien être dans cette belle France, la plus éclairée des nations. Je vous l'ai dit, Louise, j'ai cinq cents livres de rente; tout homme qui a cinq cents livres de rente doit en vivre, et vivre en paix.

— Eh bien, Bénédict, si vous voulez sacrifier toute noble ambition, si ce besoin de repos qui vient de succéder si vite à votre ardente impatience, si vous voulez faire abnégation de tous vos talents et de toutes vos qualités pour vivre obscur et paisible au fond de cette vallée, assurez la première condition de cette heureuse existence, bannissez de votre esprit ce ridicule amour...

— Ridicule, avez-vous dit? Non! celui-là ne sera pas ridicule, j'en fais le serment. Ce sera un secret entre Dieu et moi. Comment donc le ciel, qui me l'inspira, pourrait-il s'en moquer? Non, ce sera mon bouclier contre la douleur, ma ressource contre l'ennui. N'est-ce pas lui qui m'a suggéré depuis hier cette résolution de rester libre et de me faire heureux à peu de frais? Ô bienfaisante passion, qui dès son irruption se révèle par la lumière et le calme! Vérité céleste, qui dessille les yeux et désabuse l'esprit de toutes les choses humaines! Puissance sublime, qui accapare toutes les facultés et les inonde de jouissances ignorées! Ô Louise! ne cherchez pas à m'ôter mon amour; vous n'y réussiriez pas, et vous me deviendriez peut-être moins chère; car, je l'avoue, rien ne saurait lutter avec avantage contre lui. Laissez-moi adorer Valentine en secret, et nourrir en moi ces illusions qui m'avaient hier transporté aux cieux. Que serait la réalité auprès d'elles? Laissez-moi emplir ma vie de cette seule chimère, laissez-moi vivre au fond de cette vallée enchantée, avec mes souvenirs et les traces qu'elle y a laissées pour moi, avec ce parfum qui est resté après elle dans toutes les prairies où elle a posé le pied, avec ces harmonies que sa voix a éveillées dans toutes les brises, avec ces paroles si douces et si naïves qui lui sont échappées dans l'innocence de son cœur et que j'ai interprétées selon ma fantaisie; avec ce baiser pur et délicieux qu'elle a posé sur mon front le premier jour que je l'ai vue. Ah! Louise, ce baiser! vous le rappelez-vous? C'est vous qui l'avez voulu.

— Oh! oui, dit Louise en se levant d'un air consterné, c'est moi qui ai fait tout le mal.

## XVIII.

Valentine, en rentrant au château, avait trouvé sur sa cheminée une lettre de M. de Lansac. Selon l'usage du grand monde, elle était en correspondance avec lui depuis l'époque de ses fiançailles. Cette correspondance, qui semble devoir être une occasion de se connaître et de se lier plus intimement, est presque toujours froide et maniérée. On y parle d'amour dans le langage des salons; on y montre son esprit, son style et son écriture, rien de plus.

Valentine écrivait si simplement qu'elle passait aux yeux de M. de Lansac et de sa famille pour une personne fort médiocre. M. de Lansac s'en réjouissait assez. A la veille de disposer d'une fortune considérable, il entrait bien dans ses plans de dominer entièrement sa femme. Aussi, quoiqu'il ne fût nullement épris d'elle, il s'appliquait à lui écrire des lettres qui, dans le goût du beau monde, devaient être de petits chefs-d'œuvre épistolaires. Il s'imaginait ainsi exprimer l'attachement le plus vif qui fût jamais entré dans le cœur d'un diplomate, et Valentine devait nécessairement prendre de son âme et de son esprit une haute idée. Jusqu'à ce moment, en effet, cette jeune personne, qui ne savait absolument rien de la vie et des passions, avait conçu pour la sensibilité de son fiancé une grande admiration, et lorsqu'elle comparait les expressions de son dévouement à ses propres réponses, elle s'accusait de rester, par sa froideur, bien au-dessous de lui.

Ce soir-là, fatiguée des joyeuses et vives émotions de sa journée, la vue de cette suscription, qui d'ordinaire lui était si agréable, éleva en elle comme un sentiment de tristesse et de remords. Elle hésita quelques instants à la lire, et, dès les premières lignes, elle tomba dans une si grande distraction qu'elle la lut des yeux jusqu'à la fin sans en avoir compris un mot, et sans avoir pensé à autre chose qu'à Louise, à Bénédict, au bord de l'eau et à l'oseraie de la prairie. Elle se fit un nouveau reproche de cette préoccupation, et relut courageusement la lettre du secrétaire d'ambassade. C'était celle qu'il avait faite avec le plus de soin; malheureusement elle était plus obscure, plus vide et plus prétentieuse que toutes les autres. Valentine fut, malgré elle, pénétrée du froid mortel qui avait présidé à cette composition. Elle se consola de cette impression involontaire en l'attribuant à la fatigue qu'elle éprouvait. Elle se mit au lit, et, grâce au peu d'habitude qu'elle avait de prendre tant d'exercice, elle s'endormit profondément; mais elle s'éveilla le lendemain toute rouge et toute troublée des songes qu'elle avait faits.

Elle prit sa lettre qu'elle avait laissée sur sa table de nuit, et la relut encore avec la ferveur que met une dévote à recommencer ses prières lorsqu'elle croit les avoir mal dites. Mais ce fut en vain; au lieu de l'admiration qu'elle avait jusque-là éprouvée pour ces lettres, elle n'eut que de l'étonnement et quelque chose qui ressemblait à de l'ennui; elle se leva effrayée d'elle-même et toute pâlie de la fatigue d'esprit qu'elle en ressentait.

Alors, comme en l'absence de sa mère elle faisait absolument tout ce qui lui plaisait, comme sa grand'mère ne songeait pas même à la questionner sur sa journée de la veille, elle partit pour la ferme, emportant dans un petit coffre de bois de cèdre toutes les lettres qu'elle avait reçues de M. de Lansac depuis un an, et se flattant qu'à la lecture de ces lettres l'admiration de Louise raviverait la sienne.

Il serait peut-être téméraire d'affirmer que ce fût là l'unique motif de cette nouvelle visite à la ferme; mais si Valentine en eut un autre, ce fut certainement à l'insu d'elle-même. Quoi qu'il en soit, elle trouva Louise toute seule. Sur la demande d'Athénaïs, qui avait voulu s'éloigner pour quelques jours de son cousin, madame Lhéry était partie avec sa fille pour aller rendre visite dans les environs à une de ses parentes, Bénédict était à la chasse, et le père Lhéry aux travaux des champs.

Valentine fut effrayée de l'altération des traits de sa sœur. Celle-ci donna pour excuse l'indisposition d'Athénaïs, qui l'avait forcée de veiller. Elle sentit d'ailleurs sa peine s'adoucir aux tendres caresses de Valentine, et bientôt elles se mirent à causer avec abandon de leurs projets pour l'avenir. Ceci conduisit Valentine à montrer les lettres de M. de Lansac.

Louise en parcourut quelques-unes, qu'elle trouva d'un froid mortel et d'un ridicule achevé. Elle jugea sur-le-champ le cœur de cet homme, et devina fort bien que ses intentions bienveillantes, relativement à elle, méritaient une médiocre confiance. La tristesse qui l'accablait redoubla par cette découverte, et l'avenir de sa sœur lui parut aussi triste que le sien; mais elle n'osa en rien témoigner à Valentine. La veille, peut-être, elle se fût senti le courage de l'éclairer ; mais, après les aveux de Bénédict, Louise, qui peut-être soupçonnait Valentine de l'encourager un peu, n'osa pas l'éloigner d'un mariage qui devait du moins la soustraire aux dangers de cette situation. Elle ne se prononça pas, et la pria de lui laisser ces lettres, en promettant de lui en dire son avis après les avoir toutes lues avec attention.

Elles étaient toutes deux assez attristées de cet entretien ; Louise y avait trouvé de nouveaux sujets de douleur, et Valentine, en apercevant l'air contraint de sa sœur, n'en avait pas obtenu le résultat qu'elle en attendait, lorsque Bénédict rentra en fredonnant au loin la cavatine *Di piacer mi balza il cor*. Valentine tressaillit en reconnaissant sa voix ; mais la présence de Louise lui causa un embarras qu'elle ne put s'expliquer, et ce fut avec d'hypocrites efforts qu'elle attendit d'un air d'indifférence l'arrivée de Bénédict.

Bénédict entra dans la salle, dont les volets étaient fermés. Le passage subit du grand soleil à l'obscurité de cette pièce l'empêcha de distinguer les deux femmes. Il suspendit son fusil à la muraille en chantant toujours, et Valentine, silencieuse, le cœur ému, le sourire sur les lèvres, suivait tous ses mouvements, lorsqu'il l'aperçut, au moment où il passait tout près d'elle, et laissa échapper un cri de surprise et de joie. Ce cri, parti du plus profond de ses entrailles, exprimait plus de passion et de transport que toutes les lettres de M. de Lansac étalées sur la table. L'instinct du cœur ne pouvait guère abuser Valentine à cet égard, et la pauvre Louise comprit que son rôle était déplorable.

De ce moment, Valentine oublia et M. de Lansac, et la correspondance, et ses doutes, et ses remords ; elle ne sentit plus que ce bonheur impérieux qui étouffe tout autre sentiment en présence de l'être que l'on aime. Elle et Bénédict le savourèrent avec égoïsme en présence de cette triste Louise, dont la situation fausse était si pénible entre eux deux.

L'absence de la comtesse de Raimbault s'étant prolongée de plusieurs jours au delà du terme qu'elle avait prévu, Valentine revint plusieurs fois à la ferme. Madame Lhéry et sa fille étaient toujours absentes, et Bénédict, couché dans le sentier par où devait arriver Valentine, y passait des heures de délices à l'attendre dans le feuillage de la haie. Il la voyait souvent passer sans oser se montrer, de peur de la trahir par trop d'empressement ; mais dès qu'elle était entrée à la ferme, il s'élançait sur ses traces, et, au grand déplaisir de Louise, il ne les quittait plus de la journée. Louise ne pouvait s'en plaindre ; car Bénédict avait la délicatesse de comprendre le besoin qu'elles pouvaient avoir de s'entretenir ensemble, et, tout en feignant de battre les buissons avec son fusil, il les suivait à une distance respectueuse ; mais il ne les perdait jamais de vue. Regarder Valentine, s'enivrer du charme indicible répandu autour d'elle, cueillir avec amour les fleurs que sa robe venait d'effleurer, suivre dévotement la trace d'herbe couchée qu'elle laissait derrière elle, puis remarquer avec joie qu'elle tournait souvent la tête pour voir s'il était là ; saisir, deviner parfois son regard à travers les détours d'un sentier ; se sentir appelé par une attraction magique lorsqu'elle l'appelait effectivement dans son cœur ; obéir à toutes ces impressions subtiles, mystérieuses, invincibles, qui composent l'amour, c'était là pour Bénédict autant de joies pures et fraîches que vous ne trouverez point trop puériles si vous vous souvenez d'avoir eu vingt ans.

Louise ne pouvait lui adresser de reproches ; car il lui avait juré de ne jamais chercher à voir Valentine seule un instant, et il tenait religieusement sa parole. Il n'y avait donc à cette vie aucun danger apparent ; mais chaque jour le trait s'enfonçait plus avant dans ces âmes sans expérience, chaque jour endormait la prévoyance de l'avenir. Ces rapides instants, jetés comme un rêve dans leur existence, composaient pour eux toute une vie qui leur semblait devoir durer toujours. Valentine avait pris le parti de ne plus penser du tout à M. de Lansac, et Bénédict se disait qu'un tel bonheur ne pouvait pas être balayé par un souffle.

Louise était bien malheureuse. En voyant de quel amour Bénédict était capable, elle apprenait à connaître ce jeune homme qu'elle avait cru jusque-là plus ardent que sensible. Cette puissance d'aimer, qu'elle découvrait en lui, le lui rendait plus cher ; elle mesurait l'étendue d'un sacrifice qu'elle n'avait pas compris en l'accomplissant, et pleurait en secret la perte d'un bonheur qu'elle eût pu goûter plus innocemment que Valentine. Cette pauvre Louise, dont l'âme était passionnée, mais qui avait appris à se vaincre en subissant les funestes conséquences de la passion, luttait maintenant contre des sentiments âpres et douloureux. Malgré elle, une dévorante jalousie lui rendait insupportable le bonheur pur de Valentine. Elle ne pouvait se défendre de déplorer le jour où elle l'avait retrouvée, et déjà cette amitié romanesque et sublime avait perdu tout son charme ; elle était déjà, comme la plupart des sentiments humains, dépouillée d'héroïsme et de poésie. Louise se surprenait parfois à regretter le temps où elle n'avait aucun espoir de retrouver sa sœur. Et puis elle avait horreur d'elle-même, et priait Dieu de la soustraire à ces ignobles sentiments. Elle se représentait la douceur, la pureté, la tendresse de Valentine, et se prosternait devant cette image comme devant celle d'une sainte qu'elle priait d'opérer sa réconciliation avec le ciel. Par instants elle formait l'enthousiaste et téméraire projet de l'éclairer franchement sur le peu de mérite réel de M. de Lansac, de l'exhorter à rompre ouvertement avec sa mère, à suivre son penchant pour Bénédict, et à se créer, au sein de l'obscurité, une vie d'amour, de courage et de liberté. Mais ce dessein, dont le dévouement n'était peut-être pas au-dessus de ses forces, s'évanouissait bientôt à l'examen de la raison. Entraîner sa sœur dans l'abîme où elle s'était précipitée, lui ravir la considération qu'elle-même avait perdue, pour l'attirer dans les mêmes malheurs, la sacrifier à la contagion de son exemple, c'était de quoi faire reculer le désintéressement le plus hardi. Alors Louise persistait dans le plan qui lui avait paru le plus sage : c'était de ne point éclairer Valentine sur le compte de son fiancé, et de lui cacher soigneusement les confidences de Bénédict. Mais quoique cette conduite fût la meilleure possible, à ce qu'elle pensait, elle n'était pas sans remords d'avoir attiré Valentine dans de semblables dangers, et de n'avoir pas la force de l'y soustraire tout à coup en quittant le pays.

Mais voilà ce qu'elle ne se sentait pas l'énergie d'accomplir. Bénédict lui avait fait jurer qu'elle resterait jusqu'à l'époque du mariage de Valentine. Après cela, Bénédict ne se demandait pas ce qu'il deviendrait ; mais il voulait être heureux jusque-là ; il le voulait avec cette force d'égoïsme que donne un amour sans espérance. Il avait menacé Louise de faire mille folies si le poussait au désespoir, tandis qu'il jurait de lui être aveuglément soumis si elle lui laissait encore ces deux ou trois jours de vie. Il l'avait même menacée de sa haine et de sa colère ; ses larmes, ses emportements, avaient obstination, eu tant d'empire sur Louise, dont le caractère était d'ailleurs faible et irrésolu, qu'elle s'était soumise à cette volonté supérieure à la sienne. Peut-être aussi puisait-elle sa faiblesse dans l'amour qu'elle nourrissait en secret pour lui ; peut-être se flattait-elle de ranimer le sien, à force de dévouement et de générosité, lorsque le mariage de Valentine aurait ruiné pour lui toute espérance.

Le retour de madame de Raimbault vint enfin mettre un terme à cette dangereuse intimité ; alors Valentine cessa de venir à la ferme, et Bénédict tomba du ciel en terre.

Comme il avait vanté à Louise le courage qu'il aurait dans l'occasion, il supporta d'abord assez bien en apparence cette rude épreuve. Il ne voulait point avouer combien il s'était abusé lui-même sur l'état de ses forces. Il se contenta pendant les premiers jours d'errer autour du château sous différents prétextes, heureux quand il avait aperçu de loin Valentine au fond de son jardin ; puis il pénétra la nuit dans le parc pour voir briller la lampe qui éclairait son appartement. Une fois, Valentine s'étant hasardée à aller avant le lever du soleil au bout de la prairie, à l'endroit où elle avait reçu le premier rendez-vous de Louise, elle trouva Bénédict assis à cette même place où elle s'était assise ; mais dès qu'il l'aperçut, il s'enfuit en feignant de ne pas la voir, car il ne se sentait pas la force de lui parler sans trahir ses agitations.

Une autre fois, comme elle errait dans le parc à l'entrée de la nuit, elle entendit à plusieurs reprises le feuillage s'agiter autour d'elle, et quand elle se fut éloignée du lieu où elle avait éprouvé cette frayeur, elle vit de loin un homme qui traversait l'allée, et qui avait la taille et le costume de Bénédict.

Il détermina Louise à demander un nouveau rendez-vous à sa sœur. Il l'accompagna comme la première fois, et se tint à distance pendant qu'elles causaient ensemble. Quand Louise le rappela, il s'approcha dans un trouble inexprimable.

— Eh bien! mon cher Bénédict, lui dit Valentine qui avait rassemblé tout son courage pour cet instant, voici la dernière fois que nous nous verrons d'ici à longtemps peut-être. Louise vient de m'annoncer son prochain départ et le vôtre.

— Le mien! dit Bénédict avec amertume. Pourquoi le mien, Louise? Qu'en savez-vous?

Il sentit tressaillir la main de Valentine, que dans l'obscurité il avait gardée entre les siennes.

— N'êtes-vous pas décidé, répondit Louise, à ne pas épouser votre cousine, du moins pour cette année? Et votre intention n'est-elle pas de vous établir dès lors dans une situation indépendante?

— Mon intention est de ne jamais épouser personne, répondit-il d'un ton dur et énergique. Mon intention aussi est de ne demeurer à la charge de personne; mais il n'est pas prouvé que mon intention soit de quitter le pays.

Louise ne répondit rien et dévora des larmes que l'on ne pouvait voir couler. Valentine pressa faiblement la main de Bénédict afin de pouvoir dégager la sienne, et ils se séparèrent plus émus que jamais.

Cependant on faisait au château les apprêts du mariage de Valentine. Chaque jour apportait de nouveaux présents de la part du fiancé; il devait arriver lui-même aussitôt que les devoirs de sa charge le permettraient, et la cérémonie était fixée au surlendemain; car M. de Lansac, le précieux diplomate, avait bien peu de temps à perdre à l'action futile d'épouser Valentine.

Un dimanche, Bénédict avait conduit en carriole sa tante et sa cousine à la messe, au plus gros bourg de la vallée. Athénaïs, jolie et parée, avait retrouvé tout l'éclat de son teint, toute la vivacité de ses yeux noirs. Un grand gars de cinq pieds six pouces, que le lecteur a déjà vu sous le nom de Pierre Blutty, avait accosté les dames de Grangeneuve, et s'était placé dans le même banc, à côté d'Athénaïs. C'était une évidente manifestation de ses prétentions auprès de la jeune fermière, et l'attitude insouciante de Bénédict, appuyé à quelque distance contre un pilier, fut pour tous les observateurs de la contrée un signe non équivoque de rupture entre lui et sa cousine. Déjà Moret, Simonneau et d'autres s'étaient mis sur les rangs; mais Pierre Blutty avait été le mieux accueilli.

Quand le curé monta en chaire pour faire le prône, et que sa voix cassée et chevrotante rassembla toute sa prêtre pour énoncer les noms de Louise-Valentine de Raimbault et de Norbert-Évariste de Lansac, dont la seconde et dernière publication s'affichait ce jour même aux portes de la mairie, un frisson parcourut l'auditoire, et Athénaïs échangea avec son nouvel adorateur un regard de satisfaction et de malice; car l'amour ridicule de Bénédict pour mademoiselle de Raimbault n'était point un secret pour Pierre Blutty; Athénaïs, avec sa légèreté accoutumée, s'était livrée au plaisir d'en médire avec lui, afin peut-être de s'encourager à la vengeance. Elle se hasarda même à se retourner doucement pour voir l'effet de cette publication sur son cousin; mais, de rouge et triomphante qu'elle était, elle devint pâle et repentante quand elle eut envisagé les traits bouleversés de Bénédict.

## XIX.

Louise, en apprenant l'arrivée de M. de Lansac, écrivit une lettre d'adieu à sa sœur, lui exprima dans les termes les plus vifs sa reconnaissance pour l'amitié qu'elle lui avait témoignée, et lui dit qu'elle allait attendre à Paris l'effet des bonnes intentions de M. de Lansac pour leur rapprochement. Elle la suppliait de ne point brusquer cette demande, et d'attendre que l'amour de son mari eût consolidé le succès qu'elle devait en attendre.

Après avoir fait passer cette lettre à Valentine par l'intermédiaire d'Athénaïs, qui alla en même temps faire part à la jeune comtesse de son prochain mariage avec Pierre Blutty, Louise fit les apprêts de son voyage. Effrayée de l'air sombre et de la taciturnité presque brutale de Bénédict, elle n'osa chercher un dernier entretien avec lui. Mais le matin même de son départ, il vint la trouver dans sa chambre, et, sans avoir la force de lui dire une parole, il la pressa contre son cœur en fondant en larmes. Elle ne chercha point à le consoler, et, comme ils ne pouvaient rien se dire qui adoucît leur peine mutuelle, ils se contentèrent de pleurer ensemble en se jurant une éternelle amitié. Ces adieux soulagèrent un peu le cœur de Louise; mais, en la voyant partir, Bénédict sentit s'évanouir la dernière espérance qui lui restât d'approcher de Valentine.

Alors il tomba dans le désespoir. De ces trois femmes qui naguère l'accablaient à l'envi de prévenances et d'affection, il ne lui en restait pas une; il était seul désormais sur la terre. Ses rêves si riants et si flatteurs étaient devenus sombres et poignants. Qu'allait-il devenir?

Il ne voulait plus rien devoir à la générosité de ses parents; il sentait bien qu'après l'affront fait à leur fille il ne devait plus rester à leur charge. N'ayant pas assez d'argent pour aller habiter Paris, et pas assez de courage, dans un moment aussi critique, pour s'y créer une existence à force de travail, il ne lui restait d'autre parti à prendre que d'aller habiter sa cabane et son champ, en attendant qu'il eût repris la volonté d'aviser à quelque chose de mieux.

Il fit donc arranger, aussi proprement que le lui permirent ses moyens, l'intérieur de sa chaumière; ce fut l'affaire de quelques jours. Il loua une vieille femme pour faire son ménage, et s'installa chez lui après avoir pris congé de ses parents avec cordialité. La bonne femme Lhéry sentit s'évanouir tout le ressentiment qu'elle avait conçu contre lui et pleura en l'embrassant. Le brave Lhéry se fâcha et voulut de force le retenir à la ferme; Athénaïs alla s'enfermer dans sa chambre, où la violence de son émotion lui causa une nouvelle attaque de nerfs. Car Athénaïs était sensible et impétueuse; elle ne s'était attachée à Blutty que par dépit et vanité; au fond de son cœur elle chérissait encore Bénédict, et lui eût accordé son pardon s'il eût fait un pas vers elle.

Bénédict ne put s'arracher de la ferme qu'en donnant sa parole d'y revenir après le mariage d'Athénaïs. Quand il se trouva, le soir, seul dans sa maisonnette silencieuse, ayant pour tout compagnon Perdreau assoupi entre ses jambes, pour toute harmonie le bruit de la bouilloire qui contenait son souper, et qui grinçait sur un ton aigre et plaintif devant les fagots de l'âtre, un sentiment de tristesse et de découragement s'empara de lui. A vingt-deux ans, après avoir connu les arts, les sciences, l'espérance et l'amour, c'est une triste fin que l'isolement et la pauvreté!

Ce n'est pas que Bénédict fut très-sensible aux avantages de la richesse, il était dans l'âge où l'on s'en passe le mieux; mais on ne saurait nier que l'aspect des objets extérieurs n'ait une influence immédiate sur nos pensées, et ne détermine le plus souvent la teinte de notre humeur. Or, la ferme avec son désordre et ses contrastes était un lieu de délices, en comparaison de l'ermitage de Bénédict. Les murs bruts, le lit de serge en forme de corbillard, quelques vases de cuisine en cuivre et en terre, disposés sur des rayons, le pavé en dalles calcaires inégales et ébréchées de tous côtés, les meubles grossiers, le jour rare et gris qui venait de quatre carreaux irisés par le soleil et la pluie, ce n'était pas là de quoi faire éclore des rêves brillants. Bénédict tomba dans une triste méditation. Le paysage qu'il découvrait par sa porte entr'ouverte, quoique pittoresque et vigoureusement dessiné, n'était pas non plus de nature à donner une physionomie très-riante à ses idées. Une ravine sombre et semée de genêts épineux le séparait du chemin raide et tortueux qui se déroulait comme un serpent sur la colline opposée, et,

Joseph! je vous donne cent francs si vous voulez vous en charger. (Page 4J.)

s'enfonçant dans les houx et les buis au feuillage noirâtre, semblait, par sa pente rapide, tomber brusquement des nues.

Cependant, les souvenirs de Bénédict venant à se reporter sur ses jeunes années qui s'étaient écoulées en ce lieu, il trouva insensiblement un charme mélancolique à sa retraite. C'était sous ce toit obscur et décrépit qu'il avait vu le jour; auprès de ce foyer, sa mère l'avait bercé d'un chant rustique ou du bruit monotone de son rouet. Le soir, sur ce sentier escarpé, il avait vu descendre son père, paysan grave et robuste, avec sa cognée sur l'épaule et son fils aîné derrière lui. Bénédict avait aussi de vagues souvenirs d'une sœur plus jeune que lui dont il avait agité le berceau, de quelques vieux parents, d'anciens serviteurs. Mais tout cela avait pour jamais passé le seuil. Tout était mort, et Bénédict se rappelait à peine les noms qui avaient été jadis familiers à son oreille.

« O mon père! ô ma mère! disait-il aux ombres qu'il voyait passer dans ses rêves, voilà bien la maison que vous avez bâtie, le lit où vous avez reposé, le champ que vos mains ont cultivé. Mais votre plus précieux héritage, vous ne me l'avez pas transmis. Où sont ici pour moi la simplicité du cœur, le calme de l'esprit, les véritables fruits du travail? Si vous errez dans cette demeure pour y retrouver les objets qui vous furent chers, vous allez passer auprès de moi sans me reconnaître; car je ne suis plus cet être heureux et pur qui sortit de vos mains, et qui devait profiter de vos labeurs. Hélas! l'éducation a corrompu mon esprit; les vains désirs, les rêves gigantesques ont faussé ma nature et détruit mon avenir. La résignation et la patience, ces deux vertus du pauvre, je les ai perdues; aujourd'hui je reviens en proscrit habiter cette chaumière dont vous étiez innocemment vains. C'est pour moi la terre d'exil que cette terre fécondée par vos sueurs; ce qui fit votre richesse est aujourd'hui mon pis aller. »

Puis, en pensant à Valentine, Bénédict se demandait avec douleur ce qu'il eût pu faire pour cette fille élevée dans le luxe, ce qu'elle fût devenue si elle eût consenti à venir se perdre avec lui dans cette existence rude et chétive; et il s'applaudissait de n'avoir pas même essayé de la détourner de ses devoirs.

Et pourtant il se disait aussi qu'avec l'espoir d'une femme comme Valentine il aurait eu des talents, de l'am-

Ah! c'est toi, mon garçon. (Page 21.)

bition et une carrière. Elle eût réveillé en lui ce principe d'énergie qui, ne pouvant servir à personne, s'était engourdi et paralysé dans son sein. Elle eût embelli la misère, ou plutôt elle l'aurait chassée; car, pour Valentine, Bénédict ne voyait rien qui fût au-dessus de ses forces.

Et elle lui échappait pour jamais; Bénédict retombait dans le désespoir.

Quand il apprit que M. de Lansac était arrivé au château, que dans trois jours Valentine serait mariée, il entra dans un accès de rage si atroce qu'un instant il se crut né pour les plus grands crimes. Jamais il ne s'était arrêté sur cette pensée que Valentine pouvait appartenir à un autre homme que lui. Il s'était bien résigné à ne la posséder jamais; mais voir ce bonheur passer aux bras d'un autre, c'est ce qu'il ne croyait pas encore. La circonstance la plus évidente, la plus inévitable, la plus prochaine de son malheur, il s'était obstiné à croire qu'elle n'arriverait point, que M. de Lansac mourrait, que Valentine mourrait plutôt elle-même au moment de contracter ces liens odieux. Bénédict ne s'en était pas vanté, dans la crainte de passer pour un fou; mais il avait réellement compté sur quelque miracle, et, ne le voyant point s'accomplir il maudissait Dieu qui lui en avait suggéré l'espérance e qui l'abandonnait. Car l'homme rapporte tout à Dieu dans les grandes crises de sa vie; il a toujours besoin d'y croire, soit pour le bénir de ses joies, soit pour l'accuser de ses fautes.

Mais sa fureur augmenta encore quand il eut aperçu, un jour qu'il rôdait autour du parc, Valentine, qui se promenait seule avec M. de Lansac. Le secrétaire d'ambassade était empressé, gracieux, presque triomphant. La pauvre Valentine était pâle, abattue; mais elle avait l'air doux et résigné; elle s'efforçait de sourire aux mielleuses paroles de son fiancé.

Cela était donc bien sûr, cet homme était là! il allait épouser Valentine! Bénédict cacha sa tête dans ses deux mains, et passa douze heures dans un fossé, absorbé par un désespoir stupide.

Pour elle, la pauvre jeune fille, elle subissait son sort avec une soumission passive et silencieuse. Son amour pour Bénédict avait fait des progrès si rapides qu'il avait bien fallu s'avouer le mal à elle-même; mais entre la conscience de sa faute et la volonté de s'y abandonner, il y avait encore bien du chemin à faire, surtout Bénédict n'étant plus là pour détruire d'un regard tout l'effet d'une journée de résolutions. Valentine était pieuse; elle se confia à Dieu, et attendit M. de Lansac avec l'espoir de revenir à ce qu'elle croyait avoir éprouvé pour lui.

Mais dès qu'il parut elle sentit combien cette bienveillance aveugle et indulgente qu'elle lui avait accordée était loin de constituer une affection véritable; il lui sembla dépouillé de tout le charme que son imagination lui avait prêté un instant. Elle se sentit froide et ennuyée auprès de lui. Elle ne l'écoutait plus qu'avec distraction, et ne lui répondait que par complaisance. Il en ressentit une vive inquiétude; mais quand il vit que le mariage n'en marchait pas moins, et que Valentine ne semblait pas disposée à faire la moindre opposition, il se consola facilement d'un caprice qu'il ne voulut pas pénétrer et qu'il feignit de ne pas voir.

La répugnance de Valentine augmentait pourtant d'heure en heure; elle était pieuse et même dévote par éducation et par conviction. Elle s'enfermait des heures entières pour prier, espérant toujours trouver, dans le recueillement et la ferveur, la force qui lui manquait pour revenir au sentiment de son devoir. Mais ces méditations ascétiques fatiguaient de plus en plus son cerveau, et donnaient plus d'intensité à la puissance que Bénédict exerçait sur son âme. Elle sortait de là plus épuisée, plus tourmentée que jamais. Sa mère s'étonnait de sa tristesse, s'en offensait sérieusement, et l'accusait de vouloir jeter de la contrariété sur ce moment si doux, disait-elle, au cœur d'une mère. Il est certain que tous ces embarras ennuyaient mortellement madame de Raimbault. Elle avait voulu, pour les diminuer, que la noce se fît sans éclat et sans luxe à la campagne. Tels qu'ils étaient, il lui tardait beaucoup d'en être dégagée, et de se trouver libre de rentrer dans le monde, où la présence de Valentine l'avait toujours extraordinairement gênée.

Bénédict roulait dans sa tête mille absurdes projets. Le dernier auquel il s'arrêta, et qui mit un peu de calme dans ses idées, fut de voir Valentine une fois avant d'en finir pour jamais avec elle; car il se flattait presque de ne l'aimer plus quand elle aurait subi les embrassements de M. de Lansac. Il espéra que Valentine le calmerait par des paroles de consolation et de bonté, ou qu'elle le guérirait par la pruderie d'un refus.

Il lui écrivit :

« Mademoiselle,

« Je suis votre ami à la vie et à la mort, vous le savez;
« vous m'avez appelé votre frère, vous avez imprimé sur
« mon front un témoignage sacré de votre estime et de
« votre confiance. Vous m'avez fait espérer, dès cet in-
« stant, que je trouverais en vous un conseil et un appui
« dans les circonstances difficiles de ma vie. Je suis hor-
« riblement malheureux; j'ai besoin de vous voir un in-
« stant, de vous demander du courage, à vous si forte et
« si supérieure. Il est impossible que vous me refusiez
« cette faveur. Je connais votre générosité, votre mépris
« des sottes convenances et des dangers quand il s'agit
« de faire du bien. Je vous ai vue auprès de Louise; je
« sais ce que vous pouvez. C'est au nom d'une amitié
« aussi sainte, aussi pure que la sienne, que je vous prie
« à genoux d'aller vous promener ce soir au bout de la
« prairie.

« Bénédict. »

## XX.

Valentine aimait Bénédict, elle ne pouvait pas résister à sa demande. Il y a tant d'innocence et de pureté dans le premier amour de la vie, qu'il se méfie peu des dangers qui sont en lui. Valentine se refusait à pressentir la cause des chagrins de Bénédict; elle le voyait malheureux, et elle eût admis les plus invraisemblables infortunes plutôt que de s'avouer celle qui l'accablait. Il y a des routes si trompeuses et des replis si multipliés dans la plus pure conscience! Comment la femme jetée, avec une âme impressionnable, dans la carrière ardue et rigide des devoirs impossibles, pourrait-elle résister à la nécessité de transiger à chaque instant avec eux? Valentine trouva aisément des motifs pour croire Bénédict atteint d'un malheur étranger à elle. Souvent Louise lui avait dit, dans les derniers temps, que ce jeune homme l'affligeait par sa tristesse et par son incurie de l'avenir; elle avait aussi parlé de la nécessité où il serait bientôt de quitter la famille Lhéry, et Valentine se persuadait que, jeté sans fortune et sans appui dans le monde, il pouvait avoir besoin de sa protection et de ses conseils.

Il était assez difficile de s'échapper la veille même de son mariage, obsédée comme elle l'était des attentions et des petits soins de M. de Lansac. Elle y réussit cependant en priant sa nourrice de dire qu'elle était couchée si on la demandait, et pour ne pas perdre de temps, pour ne pas revenir sur une résolution qui commençait à l'effrayer, elle traversa rapidement la prairie. La lune était alors dans son plein; on voyait aussi nettement les objets que dans le jour.

Elle trouva Bénédict debout, les bras croisés sur sa poitrine, dans une immobilité qui lui fit peur. Comme il ne faisait pas un mouvement pour venir à sa rencontre, elle crut un instant que ce n'était pas lui et fut sur le point de fuir. Alors il vint à elle. Sa figure était si altérée, sa voix si éteinte, que Valentine, accablée par ses propres chagrins et par ceux dont elle voyait la trace chez lui, ne put retenir ses larmes, et fut forcée de s'asseoir.

Ce fut fait des résolutions de Bénédict. Il était venu en ce lieu, déterminé à suivre religieusement la marche qu'il s'était tracée dans son billet. Il voulait entretenir Valentine de sa séparation d'avec les Lhéry, de ses incertitudes pour le choix d'un état, de son isolement, de tous les prétextes étrangers à son vrai but. Ce but était de voir Valentine, d'entendre le son de sa voix, de trouver dans ses dispositions envers lui le courage de vivre ou de mourir. Il s'attendait à la trouver grave, réservée, à la voir armée de tout le sentiment de ses devoirs. Il y a plus, il s'attendait presque à ne pas la voir du tout.

Quand il l'aperçut au fond de la prairie, accourant vers lui de toute sa vitesse; quand elle se laissa tomber haletante et accablée sur le gazon; quand sa douleur s'exprima en dépit d'elle-même par des larmes, Bénédict crut rêver. Oh! ce n'était pas là de la compassion seulement, c'était de l'amour! Un sentiment de joie délirante s'empara de lui! il oublia encore une fois et son malheur et celui de Valentine, et la veille et le lendemain, pour ne voir que Valentine qui était là, seule avec lui, Valentine qui l'aimait et qui ne le lui cachait plus.

Il se jeta à genoux devant elle; il baisa ses pieds avec ardeur. C'était une trop rude épreuve pour Valentine : elle sentit tout son sang se figer dans ses veines, sa vue se troubla; la fatigue de sa course rendant plus pénible encore la lutte qu'elle s'imposait pour cacher ses pleurs, elle tomba pâle et presque morte dans les bras de Bénédict.

Leur entrevue fut longue, orageuse. Ils n'essayèrent pas de se tromper sur la nature du sentiment qu'ils éprouvaient; ils ne cherchèrent point à se soustraire au danger des plus ardentes émotions. Bénédict couvrit de pleurs et de baisers les vêtements et les mains de Valentine. Valentine cacha son front brûlant sur l'épaule de Bénédict; mais ils avaient vingt ans, ils aimaient pour la première fois, et l'honneur de Valentine était en sûreté auprès du sein de Bénédict. Il n'osa seulement pas prononcer ce mot d'amour qui effarouche l'amour même. Ses lèvres osèrent à peine effleurer les beaux cheveux de sa maîtresse. Le premier amour sait à peine s'il existe une volupté plus grande que celle de se savoir aimé. Bénédict fut le plus timide des amants et le plus heureux des hommes.

Ils se séparèrent sans avoir rien projeté, rien résolu. A peine, dans ces deux heures de transport et d'oubli, avaient-ils échangé quelques paroles sur leur situation, lorsque le timbre clair de l'horloge du château vint faiblement vibrer dans le silence de la prairie. Valentine compta dix coups presque insaisissables, et se rappela sa mère, son fiancé, le lendemain... Mais comment quitter Bénédict? que lui dire pour le consoler? où trouver la force de l'abandonner dans un tel moment? L'apparition d'une femme à quelque distance lui arracha une exclamation de terreur. Bénédict se tapit précipitamment dans le buisson; mais, à la vive clarté de la lune, Valentine reconut presque aussitôt sa nourrice Catherine qui la cherchait avec anxiété. Il lui eût été facile de se cacher aussi à ses regards; mais elle sentit qu'elle ne devait pas le faire, et marchant droit à elle :

— Qu'y a-t-il? lui demanda-t-elle en se penchant toute tremblante à son bras.

— Pour l'amour de Dieu, rentrez, Mademoiselle, dit la bonne femme; madame vous a déjà demandée deux fois, et, comme j'ai répondu que vous vous étiez jetée sur votre lit, elle m'a ordonné de vous avertir aussitôt que vous seriez éveillée; alors l'inquiétude m'a prise, et comme je vous avais vue sortir par la petite porte, comme je sais que vous venez quelquefois le soir vous promener par ici, je me suis mise à vous chercher. Oh! Mademoiselle, aller toute seule vous promener si loin! Vous avez tort; vous devriez au moins me dire d'aller avec vous.

Valentine embrassa sa nourrice, jeta un coup d'œil triste et inquiet sur le buisson, et laissa volontairement à la place qu'elle quittait son foulard, celui qu'elle avait une fois prêté à Bénédict dans la promenade autour de la ferme. Lorsqu'elle fut rentrée, sa nourrice le chercha partout, et remarqua qu'elle l'avait perdu dans cette promenade.

Valentine trouva sa mère qui l'attendait dans sa chambre depuis quelques instants. Elle manifesta un peu de surprise de la voir si complètement habillée après avoir passé deux heures sur son lit. Valentine répondit que, se sentant oppressée, elle avait voulu prendre l'air, et que sa nourrice lui avait donné le bras pour faire un tour de promenade dans le parc.

Alors madame de Raimbault entama une grave dissertation d'affaires avec sa fille; elle lui fit remarquer qu'elle lui laissait le château et la terre de Raimbault, dont le nom seul constituait presque tout l'héritage de son père, et dont la valeur réelle, détachée de sa propre fortune, constituait une assez belle dot. Elle la pria de lui rendre justice en reconnaissant le bon ordre qu'elle avait mis dans sa fortune, et de témoigner à tout le monde, dans le cours de sa vie, l'excellente conduite de sa mère envers elle. Elle entra dans des détails d'argent qui firent de cette exhortation maternelle une véritable consultation notariée, et termina sa harangue en lui disant qu'elle espérait, au moment où la loi allait les rendre *étrangères* l'une à l'autre, trouver Valentine disposée à lui accorder des *égards* et des soins.

Valentine n'avait pas entendu la moitié de ce long discours. Elle était pâle, des teintes violettes cernaient ses yeux abattus, et de temps en temps un brusque frisson parcourait tous ses membres. Elle baisa tristement les mains de sa mère, et s'apprêtait à se mettre au lit quand la demoiselle de compagnie de sa grand'mère vint, d'un air solennel, l'avertir que la marquise l'attendait dans son appartement.

Valentine se traîna encore à cette cérémonie; elle trouva la chambre à coucher de la vieille dame accoutrée d'une sorte de décoration religieuse. On avait formé un autel avec une table et des linges brodés. Des fleurs disposées en bouquets d'église entouraient un crucifix d'or guilloché. Un missel de velours écarlate était ouvert sacramentellement sur l'autel. Un coussin attendait les genoux de Valentine, et la marquise, posée théâtralement dans son grand fauteuil, s'apprêtait avec une puérile satisfaction à jouer sa petite comédie d'étiquette.

Valentine s'approcha en silence, et, parce qu'elle était pieuse de cœur, elle regarda sans émotion ces ridicules apprêts. La demoiselle de compagnie ouvrit une porte opposée par laquelle entrèrent, d'un air à la fois humble et curieux, toutes les servantes de la maison. La marquise leur ordonna de se mettre à genoux et de prier pour le bonheur de leur jeune maîtresse; puis, ayant fait agenouiller aussi Valentine, elle se leva, ouvrit le missel, mit ses lunettes, récita quelques versets de psaumes, chevrota un cantique avec sa demoiselle de compagnie, et finit en imposant les mains et en donnant sa bénédiction à Valentine. Jamais cérémonie sainte et patriarcale ne fut plus misérablement travestie par une vieille espiègle du temps de la Dubarry.

En embrassant sa petite-fille, elle prit (précisément sur l'autel) un écrin contenant une assez jolie parure en camées dont elle lui faisait présent, et, mêlant la dévotion à la frivolité, elle lui dit presque en même temps :

— Dieu vous donne, ma fille, les vertus d'une bonne mère de famille! — Tiens, ma petite, voici le petit cadeau de ta grand'mère; ce sera pour les demi-toilettes.

Valentine eut la fièvre toute la nuit, et ne dormit que vers le matin; mais elle fut bientôt éveillée par le son des cloches qui appelaient tous les environs à la chapelle du château. Catherine entra dans sa chambre avec un billet qu'une vieille femme des environs lui avait remis pour mademoiselle de Raimbault. Il ne contenait que ce peu de mots tracés péniblement :

« Valentine, il serait encore temps de dire non. »

Valentine frémit et brûla le billet. Elle essaya de se lever; mais plusieurs fois la force lui manqua. Elle était assise, à demi vêtue, sur une chaise, quand sa mère entra, lui reprocha d'être si fort en retard, refusa de croire son indisposition sérieuse, et l'avertit que plusieurs personnes l'attendaient déjà au salon. Elle l'aida elle-même à faire sa toilette; et quand elle la vit belle, parée, mais aussi pâle que son voile, elle voulut lui mettre du rouge. Valentine pensa que Bénédict la regarderait peut-être passer; elle aima mieux qu'il vît sa pâleur, et elle résista, pour la première fois de sa vie, à une volonté de sa mère.

Elle trouva au salon quelques voisins d'un rang secondaire; car madame de Raimbault, ne voulant point d'apparat à cette noce, n'avait invité que des gens *sans conséquence*. On devait déjeuner dans le jardin, et les paysans danseraient au bout du parc au pied de la colline. M. de Lansac parut bientôt, noir des pieds à la tête, et la boutonnière chargée d'ordres étrangers. Trois voitures transportèrent toute la noce à la mairie, qui était au village voisin. Le mariage ecclésiastique fut célébré au château.

Valentine, en s'agenouillant devant l'autel, sortit un instant de l'espèce de torpeur où elle était tombée; elle se dit qu'il n'était plus temps de reculer, que les hommes venaient de la forcer à s'engager avec Dieu, et qu'il n'y avait plus de choix possible entre le malheur et le sacrilège. Elle pria avec ferveur, demanda au ciel la force de tenir des serments qu'elle voulait prononcer dans la sincérité de son âme, et, à la fin de la cérémonie, l'effort surhumain qu'elle s'était imposé pour être calme et recueillie l'ayant épuisée, elle se retira dans sa chambre pour y prendre quelque repos. Par un secret instinct de pudeur et d'attachement, Catherine s'assit au pied de son lit et ne la quitta point.

Le même jour, à deux lieues de là, se célébrait, dans un petit hameau de la vallée, le mariage d'Athénaïs Lhéry avec Pierre Blutty. Là aussi la jeune épousée était pâle et triste, moins cependant que Valentine, mais assez pour tourmenter sa mère, qui était beaucoup plus tendre que madame de Raimbault, et pour donner quelque humeur à son époux, qui était beaucoup plus franc et moins poli que M. de Lansac. Athénaïs avait peut-être un peu présumé des forces de son dépit en se déterminant aussi vite à épouser un homme qu'elle n'aimait guère. Par suite peut-être de l'esprit de contradiction qu'on impute aux femmes, son affection pour Bénédict se réveilla précisément au moment où il n'était plus temps de se raviser, et, au retour de l'église, elle *régala* sa mari d'une scène de pleurs fort *ennuyante*. C'est ainsi que s'exprimait Pierre Blutty en se plaignant de cette contrariété à son ami Georges Simonneau.

Néanmoins la noce fut autrement nombreuse, joyeuse et bruyante à la ferme qu'au château. Les Lhéry avaient au moins soixante cousins et arrière-cousins; les Blutty n'étaient pas moins riches en parenté, et la grange ne fut pas assez grande pour contenir les convives.

Dans l'après-midi, lorsque la moitié dansante de la noce eut suffisamment fêté les veaux gras et les pâtés de gibier de la ferme, on laissa l'arène gastronomique aux vieillards, et l'on se rassembla sur la pelouse pour commencer le bal; mais la chaleur était extrême; il y avait peu d'ombrage en cet endroit, et autour de la ferme il n'y avait pas de place très-commode pour danser. Quelqu'un insinua qu'il y avait auprès du château une immense salle de verdure fort bien nivelée, où cinq cents personnes dansaient en cet instant. Le campagnard aime la foule tout comme le dandy; pour s'amuser beaucoup, il lui faut beaucoup de monde, des pieds qui écrasent ses pieds, des coudes qui le coudoient, des poumons qui absorbent l'air qu'il respire; dans tous les pays du monde, dans tous les rangs de la société, c'est là le plaisir.

Madame Lhéry accueillit cette idée avec empressement; elle avait mis assez d'argent à la toilette de sa fille pour désirer qu'on la vît en regard de celle de mademoiselle de Raimbault, et qu'on parlât dans tout le pays de sa magnificence. Elle s'était scrupuleusement informée du choix des parures de Valentine. Pour une fête aussi champêtre, on n'avait destiné à celle-ci que des ornements simples et de bon goût; madame Lhéry avait écrasé sa fille de dentelles et de pierreries, et, jalouse de la produire dans tout son éclat, elle proposa d'aller se réunir à la noce du château, où elle avait été priée, et elle et tous les siens. Athénaïs résista bien un peu; elle craignait de rencontrer autour de Valentine cette pâle et sombre figure de Bénédict qui lui avait fait tant de mal, le dimanche précédent, à l'église. Mais l'obstination de sa mère, le désir de son mari, qui n'était pas non plus exempt de vanité, peut-être aussi un peu de cette même vanité pour son propre compte, la déterminèrent. On attela les carrioles, chaque cavalier prit en croupe sa cousine, sa sœur ou sa fiancée. Athénaïs vit en soupirant s'installer, les rênes en main, dans la patache, son nouvel époux, à cette place que Bénédict avait si longtemps occupée et qu'il n'occuperait plus.

## TROISIÈME PARTIE.

### XXI.

La danse était fort animée au parc de Raimbault. Les paysans, pour lesquels on avait dressé des ramées, chantaient, buvaient, et proclamaient le nouveau couple le plus beau, le plus heureux et le plus honorable de la contrée. La comtesse, qui n'aimait rien moins que popularité, avait ordonné cette fête avec beaucoup de prodigalité, afin de se débarrasser en un jour de tous les frais d'amabilité qu'une autre eût faits dans le cours de sa vie. Elle avait un profond mépris pour la canaille, et prétendait que, pourvu qu'on la fît boire et manger, on pouvait ensuite lui marcher sur le ventre sans qu'elle se révoltât. Et ce qu'il y a de plus triste en ceci, c'est que madame de Raimbault n'avait pas tout à fait tort.

La marquise de Raimbault était charmée de cette occasion de renouveler sa popularité. Elle n'était pas fort sensible aux misères du pauvre, mais à cet égard on ne la trouvait pas plus insouciante qu'au malheur de ses amis; et, grâce à son penchant pour le commérage et la familiarité, on lui avait accordé cette réputation de bonté que le pauvre donne gratuitement, hélas! à ceux qui, ne lui faisant pas de bien, ne lui font du moins pas de mal. En voyant passer alternativement ces deux femmes, les esprits forts du village se disaient tout bas sous la ramée:

« Celle-ci nous méprise, mais elle nous régale; celle-là ne nous régale pas, mais elle nous parle. »

Et ils étaient contents de toutes deux. La seule qui fût aimée réellement, c'était Valentine, parce qu'elle ne se contentait pas d'être amicale et de leur sourire, d'être libérale et de les secourir, elle était sensible à leurs maux, à leurs joies; ils sentaient qu'il n'y avait dans sa bonté aucun motif d'intérêt personnel, aucun calcul politique; ils l'avaient vue pleurer sur leurs malheurs; ils avaient trouvé dans son cœur des sympathies vraies. Ils la chérissaient plus qu'il n'est donné aux hommes grossiers de chérir les êtres qui leur sont supérieurs. Beaucoup d'entre eux savaient fort bien l'histoire de ses relations à la ferme avec sa sœur; mais ils respectaient son secret si religieusement qu'à peine osaient-ils prononcer tout bas entre eux le nom de Louise.

Valentine passa autour de leurs tables et s'efforça de sourire à leurs vœux; mais la gaieté s'évanouit après qu'elle eut passé, car on avait remarqué son air d'abattement et de maladie; il y eut même des regards de malveillance pour M. de Lansac.

Athénaïs et sa noce tombèrent au milieu de cette fête, et les idées changèrent de cours. La recherche de sa parure et la bonne mine de son mari attirèrent tous les yeux. La danse qui languissait se ranima; Valentine, après avoir embrassé sa jeune amie, se retira de nouveau avec sa nourrice. Madame de Raimbault, que tout ceci ennuyait beaucoup, alla se reposer; M. de Lansac, qui, même le jour de ses noces, avait toujours d'importantes lettres à écrire, alla faire son courrier. La noce Lhéry resta maîtresse du terrain, et les gens qui étaient venus pour voir danser Valentine restèrent pour voir danser Athénaïs.

La nuit approchait. Athénaïs, fatiguée de la danse, s'était assise pour prendre des rafraîchissements. A la même table, le chevalier de Trigaud, son majordome Joseph, Simonneau, Moret, et plusieurs autres qui avaient fait danser la mariée, étaient réunis autour d'elle et l'accablaient de leurs prévenances. Athénaïs avait semblé si belle à la danse, sa parure brillante et folle lui allait si bien, elle avait recueilli tant d'éloges, son mari lui-même la regardait d'un œil noir si amoureux, qu'elle commençait à s'égayer et à se réconcilier avec la journée de ses noces. Le chevalier de Trigaud, raisonnablement gris, lui débitait des galanteries en style de Dorat, qui la faisaient à la fois rire et rougir. Peu à peu le groupe qui l'environnait, animé par quelques bouteilles d'un léger vin blanc du pays, par la danse, par les beaux yeux de la mariée, par l'occasion et l'usage, se mit à débiter ces propos graveleux qui commencent par être énigmatiques et qui finissent par devenir grossiers. C'est la coutume chez les pauvres, et même chez les riches de mauvais ton.

Athénaïs, qui se sentait jolie, qui se voyait admirée et qui ne comprenait rien à tout le reste, sinon qu'on enviait et qu'on félicitait son mari, s'efforçait de maintenir sur ses lèvres le sourire qui l'embellissait, et commençait même à répondre avec une assez friponne timidité aux brûlantes œillades de Pierre Blutty, lorsqu'une personne silencieuse vint s'asseoir à la place vide qui était à sa gauche. Athénaïs, émue malgré elle par l'imperceptible frôlement de son habit, se retourna, étouffa un cri d'effroi et devint pâle : c'était Bénédict.

C'était Bénédict, plus pâle qu'elle encore, mais grave, froid et ironique. Toute la journée il avait couru les bois comme un forcené; le soir, désespéré de se calmer à force de fatigue, il avait résolu de voir la noce de Valentine, d'écouter les graveleuses des paysans, d'entendre signaler le départ des époux pour la chambre nuptiale, et de se guérir à force de colère, de pitié et de dégoût.

« Si mon amour survit à tout cela, s'était-il dit, c'est qu'il n'y a pas de remède. »

Et, à tout hasard il avait chargé des pistolets de poche qu'il avait mis sur lui.

Il ne s'était pas attendu à trouver là cette autre noce et cette autre mariée. Depuis quelques instants il observait Athénaïs; sa gaieté soulevait en lui un profond dédain, et il voulut se mettre au centre des dégoûts qu'il venait braver en s'asseyant auprès d'elle.

Bénédict, qui avait un caractère âpre et sceptique, un de ces esprits mécontents et frondeurs si incommodes aux ridicules et aux travers de la société, prétendait (c'était sans doute un de ses paradoxes) qu'il n'est point d'inconvenance plus monstrueuse, d'usage plus scandaleux que la publicité qu'on donne au mariage. Il n'avait jamais vu, sans la plaindre, passer au milieu de la cohue d'une noce cette pauvre jeune fille qui a presque toujours quelque amour timide dans le cœur, et qui traverse l'insolente attention, les impertinents regards, pour arriver dans les bras de son mari, déflorée déjà par l'audacieuse imagination de tous les hommes. Il plaignait aussi ce pauvre jeune homme dont on affichait l'amour aux portes de la mairie, au banc de l'église, et que l'on forçait de livrer à toutes les impuretés de la ville et de la campagne la blanche robe de sa fiancée. Il trouvait qu'en lui ôtant le voile du mystère, on profanait l'amour. Il eût voulu entourer la femme de tant de respects qu'on n'eût jamais connu officiellement l'objet de son choix, et qu'on eût craint de l'offenser en le lui nommant.

« Comment, disait-il, voulez-vous avoir des femmes aux mœurs pures, lorsque vous faites publiquement violence à leur pudeur? quand vous les amenez vierges en présence de la foule assemblée, et que vous leur dites, en prenant cette foule à témoin, « Vous appartenez à 'homme que voici, vous n'êtes plus vierge. » Et la foule bat des mains, rit, triomphe, raille la rougeur des époux, et, jusque dans le secret de leur lit nuptial, les poursuit de ses cris et de ses chants obscènes! Les peuples barbares du Nouveau-Monde avaient de plus pieux hyménées. Aux fêtes du Soleil on amenait dans le temple un homme vierge et une femme vierge. La foule prosternée, grave et recueillie, bénissait le dieu qui créa l'amour, et, dans toute la solennité de l'amour physique et de l'amour divin, le mystère de la génération s'accomplissait sur l'autel. Cette naïveté qui vous révolte était plus chaste que vos mariages. Vous avez tant souillé la pudeur, tant oublié l'amour, tant avili la femme, que vous êtes réduits à insulter la femme, la pudeur et l'amour. »

En voyant Bénédict s'asseoir auprès de sa femme, Pierre Blutty, qui n'ignorait point l'inclination d'Athénaïs pour son cousin, jeta sur eux un regard de travers. Ses amis échangèrent avec lui le même regard de mécontentement. Tous haïssaient Bénédict pour sa supériorité dont ils le croyaient vain. Les joyeux propos s'arrêtèrent un instant; mais le chevalier de Trigaud, qui avait pour lui une grande estime, lui fit bon accueil, et lui tendit la bouteille d'une main mal assurée. Bénédict avait un ton calme et dégagé qui fit croire à Athénaïs que son parti était pris; elle lui fit timidement quelques prévenances auxquelles il répondit respectueusement avec bonne humeur.

Peu à peu les paroles libres et grivoises reprirent leur cours, mais avec l'intention évidente, de la part de Blutty et de ses amis, de leur donner une tournure insultante pour Bénédict. Celui-ci s'en aperçut aussitôt, et s'arma de cette tranquillité dédaigneuse dont l'expression semblait être naturelle à sa physionomie.

Jusqu'à son arrivée, le nom de Valentine n'avait pas été prononcé; ce fut l'arme dont Blutty se servit pour le blesser. Il donna le signal à ses compagnons, et on commença à mots couverts, un parallèle entre le bonheur de Pierre Blutty et celui de M. de Lansac, qui fit passer comme du feu dans les veines glacées de Bénédict. Mais il était venu là pour entendre ce qu'il entendait. Il fit bonne contenance, espérant que cette rage intérieure qui le dévorait allait faire place au dégoût. D'ailleurs, se fût-il livré à sa colère, il n'avait aucun droit de défendre le nom de Valentine de ces souillures.

Mais Pierre Blutty ne s'en tint pas là. Il était résolu à l'insulter grièvement, et même à lui faire une scène, afin de l'expulser à jamais de la ferme. Il hasarda quelques mots qui donnèrent à entendre combien le bonheur de M. de Lansac était amer au cœur d'un des convives. Tous les regards l'interrogèrent avec surprise, et virent les siens désigner Bénédict. Alors les Moret et les Simonneau, ramassant la balle, fondirent, avec plus de rudesse que de force réelle, sur leur adversaire. Celui-ci demeura longtemps impassible; il se contenta de jeter un coup d'œil de reproche à la pauvre Athénaïs, qui seule avait pu trahir un pareil secret. La jeune femme, au désespoir, essaya de changer la conversation; mais ce fut impossible, et elle resta plus morte que vive, espérant au moins que sa présence contiendrait son mari jusqu'à un certain point.

—Il y en a d'aucuns, disait Georges en affectant de parler plus rustiquement que de coutume, afin de contraster avec la manière de Bénédict, qui veulent lever le pied plus haut que la jambe et qui se cassent le nez par terre. Ça rappelle l'histoire de Jean Lory, qui n'aimait ni les brunes ni les blondes, et qui a fini, comme chacun sait, par être bien heureux d'épouser une rousse.

Toute la conversation fut sur ce ton et fort peu spirituelle, comme on voit. Blutty reprenant son ami Georges:

—Ce n'est pas comme ça, lui dit-il; voilà l'histoire de Jean Lory. Il disait qu'il ne pouvait aimer que les blondes; mais ni les brunes ni les blondes ne voulaient de lui : si bien que la rousse fut forcée d'en avoir pitié.

—Oh! dit un autre, c'est que les femmes ont des yeux.

—En revanche, reprit un troisième, il y a des hommes qui ne voient pas plus loin que leur nez.

—*Manes habunt*, dit le chevalier de Trigaud, qui, ne comprenant rien à la conversation, voulut au moins y faire briller son savoir.

Et il continua sa citation en écorchant impitoyablement le latin.

—Ah! monsieur le chevalier, vous parlez à des sourds, dit le père Lhéry; nous ne savons pas le grec.

—M. Benoît qui n'a appris que ça, dit Blutty, pourrait nous le traduire.

—Cela signifie, répondit Bénédict d'un air calme, qu'il y a des hommes semblables à des brutes, qui ont des yeux pour ne pas voir et des oreilles pour ne pas entendre. Cela se rapporte fort bien, comme vous voyez, à ce que vous disiez tout à l'heure.

—Oh! pour les oreilles, pardieu! dit un gros petit cousin du marié qui n'avait pas encore parlé, nous n'en avons rien dit, et pour cause; on sait les égards qu'on se doit entre amis.

—Et puis, dit Blutty, il n'y a de pires sourds, comme dit le proverbe, que ceux qui ne veulent pas entendre.

—Il n'y a de pire sourd, interrompit Bénédict d'une voix forte, que l'homme à qui le mépris bouche les oreilles.

—Le mépris! s'écria Blutty en se levant rouge de colère et les yeux étincelants; le mépris!

—J'ai dit le mépris, répondit Bénédict sans changer d'attitude et sans daigner lever les yeux sur lui.

Il n'eut pas plus tôt répété ce mot, que Blutty, brandissant son verre plein de vin, le lui lança à la tête; mais sa main, tremblante de fureur, fut un mauvais auxiliaire. Le vin couvrit de taches indélébiles la belle robe de la mariée, et le verre l'eût infailliblement blessée, si Bénédict, avec autant de sang-froid que d'adresse, ne l'eût reçu dans sa main sans se faire aucun mal.

Athénaïs, épouvantée, se leva et se jeta dans les bras de sa mère. Bénédict se contenta de regarder Blutty, et de lui dire avec beaucoup de tranquillité :

—Sans moi, c'en était fait de la beauté de votre femme.

Puis, plaçant le verre au milieu de la table, il l'écrasa avec un broc de grès qui se trouvait sous sa main. Il lui porta plusieurs coups pour le réduire en autant de morceaux qu'il put; puis, les éparpillant sur la table :

—Messieurs, leur dit-il, cousins, parents et amis de Pierre Blutty, qui venez de m'insulter, et toi, Pierre Blutty, que je méprise de tout mon cœur, à chacun de vous j'envoie une parcelle de ce verre. C'est autant de sommations que je vous fais de me rendre raison ; c'est autant de portions de mon affront que je vous ordonne de réparer.

—Nous ne nous battons ni au sabre, ni à l'épée, ni au pistolet, s'écria Blutty d'une voix tonnante; nous ne sommes pas des freluquets, des *habits noirs* comme toi. Nous n'avons pas pris des leçons de courage, nous en avons dans le cœur et au bout des poings. Pose ton habit, Monsieur, la querelle sera bientôt vidée.

Et Blutty, grinçant des dents, commença à se débarrasser de son habit chargé de fleurs et de rubans, et à retrousser ses manches jusqu'au coude. Athénaïs, qui était tombée en défaillance dans les bras de sa mère s'élança brusquement et se jeta entre eux en poussant des cris perçants. Cette marque d'intérêt que Blutty jugea avec raison être tout en faveur de Bénédict, augmenta sa fureur... Il la repoussa et s'élança sur Bénédict.

Celui-ci, évidemment plus faible, mais agile et de sang-froid, lui passa son pied dans les jambes et le fit tomber.

Blutty n'était pas relevé qu'une nuée de ses camarades s'était jetée sur Bénédict. Celui-ci n'eut que le temps de tirer ses deux pistolets de sa poche et de leur en présenter les doubles canons.

— Messieurs, leur dit-il, vous êtes vingt contre un, vous êtes des lâches! Si vous faites un geste contre moi, quatre d'entre vous seront tués comme des chiens.

Cette vue calma un instant leur vaillance; alors le père Lhéry, qui connaissait la fermeté de Bénédict et qui craignait une issue tragique à cette scène, se précipita au-devant de lui, et, levant son bâton noueux sur les assaillants, il leur montra ses cheveux blancs souillés du vin que Blutty avait voulu jeter à Bénédict. Des larmes de colère roulaient dans ses yeux.

— Pierre Blutty, s'écria-t-il, vous vous êtes conduit aujourd'hui d'une manière infâme. Si vous croyez par de pareils procédés prendre de l'empire dans ma maison et en chasser mon neveu, vous vous trompez. Je suis encore libre de vous en fermer la porte et de garder ma fille. Le mariage n'est pas consommé. Athénaïs, passez derrière moi.

Le vieillard, prenant avec force le bras de sa fille, l'attira vers lui. Athénaïs, prévenant sa volonté, s'écria avec l'accent de la haine et de la terreur:

— Gardez-moi, mon père, gardez-moi toujours. Défendez-moi de ce furieux qui vous insulte, vous et votre famille! Non, je ne serai jamais sa femme! Je ne veux pas vous quitter!

Et elle s'attacha de toute sa force au cou de son père. Pierre Blutty, à qui aucune clause légale n'assurait encore l'héritage de son beau-père, fut frappé de la force de ces arguments. Renfermant le dépit que lui inspirait la conduite de sa femme:

— Je conviens, dit-il en changeant aussitôt de ton, que j'ai eu trop de vivacité. Beau-père, si je vous ai manqué, recevez mes excuses.

— Oui, Monsieur, reprit Lhéry, vous m'avez manqué dans la personne de ma fille, dont les habits de noce portent les marques de votre brutalité; vous m'avez manqué dans la personne de mon neveu, que je saurai faire respecter. Si vous voulez que votre femme et votre beau-père oublient cette conduite, offrez la main à Bénédict, et que tout soit dit.

Une foule immense s'était rassemblée autour d'eux et attendait avec curiosité la fin de cette scène. Tous les regards semblaient dire à Blutty qu'il ne devait point fléchir; mais quoique Blutty ne manquât pas d'un certain courage brutal, il entendait ses intérêts aussi bien que tout bon campagnard sait le faire. En outre, il était réellement très-amoureux de sa femme, et la menace d'être séparé d'elle l'effrayait plus encore que tout le reste. Sacrifiant donc les conseils de la vaine gloire à ceux du bon sens, il dit, après un peu d'hésitation:

— Eh bien! je vous obéirai, beau-père; mais cela me coûte, je l'avoue, et j'espère que vous me tiendrez compte, Athénaïs, de ce que je fais pour vous obtenir.

— Vous ne m'obtiendrez jamais, quoi que vous fassiez! s'écria la jeune fermière, qui venait d'apercevoir les nombreuses taches dont elle était couverte.

— Ma fille, interrompit Lhéry, qui savait fort bien reprendre au besoin la dignité et l'autorité d'un père de famille, dans la situation où vous êtes, vous ne devez pas avoir d'autre volonté que celle de votre père. Je vous ordonne de donner le bras à votre mari et de le réconcilier avec votre cousin.

En parlant ainsi, Lhéry se retourna vers son neveu, qui pendant cette contestation avait désarmé et caché ses pistolets; mais, au lieu d'obéir à l'impulsion que voulait lui donner son oncle, il recula devant la main que lui tendait à contre-cœur Pierre Blutty.

— Jamais, mon oncle! répondit-il; je suis fâché de ne pouvoir pas reconnaître par mon obéissance l'intérêt que vous venez de me témoigner, mais il n'est pas en ma puissance de pardonner un affront. Tout ce que je puis faire, c'est de l'oublier.

Après cette réponse, il tourna le dos, et disparut en se frayant avec autorité un passage à travers les curieux ébahis.

## XXII.

Bénédict s'enfonça dans le parc de Raimbault, et se jetant sur la mousse, dans un endroit sombre, il s'abandonna aux plus tristes réflexions. Il venait de rompre le dernier lien qui l'attachait à la vie; car il sentait bien qu'après de telles relations avec Pierre Blutty, il ne pouvait plus en conserver de directes avec ses parents de la ferme. Ces lieux, où il avait passé de si heureux instants, et qui étaient pour lui remplis des traces de Valentine, il ne les verrait plus; ou s'il y retournait quelquefois, ce serait en étranger et sans avoir la liberté d'y chercher ses souvenirs, naguère si doux, aujourd'hui si amers. Il lui semblait que de longues années de malheur le séparaient déjà de ces jours récemment écoulés, et il se reprochait de n'en avoir point assez joui; il se repentait des instants d'humeur qu'il n'avait pas réprimés; il déplorait la triste nature de l'homme, qui ne sait jamais la valeur de ses joies qu'après les avoir perdues.

Désormais l'existence de Bénédict devenait effrayante; environné d'ennemis, il serait la risée de la province; chaque jour une voix, partie de trop bas pour qu'il pût se donner la peine d'y répondre, viendrait faire entendre à ses oreilles d'insolentes et atroces railleries. Chaque jour il lui faudrait rapprendre le triste dénouement de ses amours, et se convaincre qu'il n'y avait plus d'espoir.

Cependant l'amour de soi, qui donne tant d'énergie aux naufragés près de périr, imprima un instant à Bénédict la volonté de vivre en dépit de tout. Il fit d'incroyables efforts pour trouver à sa vie un but, une ambition, un charme quelconque; ce fut en vain: son âme se refusait à admettre aucune autre passion que l'amour. A vingt ans, quelle autre semble en effet digne de l'homme? Tout lui semblait terne et décoloré après cette rapide et folle existence qui l'avait enlevé à la terre; ce qui eût été trop haut pour ses espérances il y avait à peine un mois, lui paraissait maintenant indigne de ses désirs. Il n'y avait au monde qu'un bonheur, qu'un amour, qu'une femme.

Quand il eut vainement épuisé ce qui lui restait de force, il tomba dans un horrible dégoût de la vie, et résolut d'en finir. Il examina ses pistolets, et se dirigea vers la sortie du parc, pour aller accomplir son dessein sans troubler la fête qui rayonnait encore à travers le feuillage.

Mais auparavant il voulut avaler le fond de sa coupe de douleur; il retourna sur ses pas, et, se glissant parmi les massifs, il arriva jusqu'au pied des murs qui renfermaient Valentine. Il les suivit au hasard pendant quelque temps. Tout était silencieux et triste dans ce grand manoir; tous les domestiques étaient à la fête. Depuis longtemps les convives s'étaient retirés. Bénédict n'entendit que la voix de la vieille marquise qui paraissait assez animée. Elle partait d'un appartement au rez-de-chaussée dont la fenêtre était entr'ouverte. Bénédict s'approcha, et recueillit des paroles qui modifièrent tout à coup ses résolutions:

— Je vous assure, Madame, disait la marquise, que Valentine est sérieusement malade, et qu'il faudrait faire entendre raison à M. de Lansac.

— Eh! mon Dieu! Madame, répondit une voix que Bénédict jugea ne pouvoir être autre que celle de la comtesse, vous avez la rage de vous immiscer dans tout! Il me semble que votre intervention ou la mienne dans une pareille circonstance ne peut être que fort inconvenante.

— Madame, je ne connais pas d'inconvenance, reprit l'autre voix, lorsqu'il s'agit de la santé de ma petite-fille.

— Si je ne savais combien il vous est agréable de donner ici un autre avis que le mien, je m'expliquerais difficilement cet accès de sensibilité.

— Raillez tant qu'il vous plaira, Madame ; je viens d'écouter à la porte de Valentine, ne sachant point ce qui s'y passait, et me doutant de tout autre chose que de la vérité. En entendant la voix de la nourrice au lieu de celle du cher mari, je suis entrée, et j'ai trouvé Valentine fort souffrante, fort défaite ; je vous assure que ce ne serait pas du tout le moment...

— Valentine aime son mari, son mari l'aime, je suis bien certaine qu'il aura pour elle tous les égards qu'elle exigera.

— Est-ce qu'une mariée d'un jour sait exiger quelque chose ? est-ce qu'elle a des droits ? est-ce qu'on en tient compte ?

La fenêtre fut fermée en cet instant, et Bénédict n'en put entendre davantage. Tout ce que la rage peut inspirer de projets terribles et insensés, il le connut en cet instant.

« O abominable violation des droits les plus sacrés ! s'écria-t-il intérieurement ; infâme tyrannie de l'homme sur la femme ! Mariage, sociétés, institutions, haine à vous ! haine à mort ! Et toi, Dieu ! volonté créatrice, qui nous jettes sur la terre et refuses ensuite d'intervenir dans nos destinées, toi qui livres le faible à tant de despotisme et d'abjection, je te maudis ! Tu t'endors satisfait d'avoir produit, insoucieux de conserver. Tu mets en nous une âme intelligente, et tu permets au malheur de l'étouffer ! Maudit sois-tu, maudites soient les entrailles qui m'ont porté ! »

En raisonnant ainsi, le malheureux jeune homme armait ses pistolets, déchirait sa poitrine avec ses ongles, et marchait avec agitation, ne songeant plus à se cacher. Tout à coup la raison, ou plutôt une sorte de lucidité dans son délire, vint l'éclairer. Il y avait un moyen de sauver Valentine d'une odieuse et flétrissante tyrannie ; il y avait un moyen de punir cette mère sans entrailles, qui condamnait froidement sa fille à un opprobre légal, au dernier des opprobres qu'on puisse infliger à la femme, au viol.

« Oui, le viol ! répétait Bénédict avec fureur (et il ne faut pas oublier que Bénédict était un naturel d'excès et d'exception). Chaque jour, au nom de Dieu et de la société, un manant ou un lâche obtient la main d'une malheureuse fille, que ses parents, son honneur ou la misère forcent d'étouffer dans son sein un amour pur et sacré. Et là, sous les yeux de la société qui approuve et ratifie, la femme pudique et tremblante qui a su résister aux transports de son amant, tombe flétrie sous les baisers d'un maître exécré ! Et il faut que cela soit ainsi !

Et Valentine, la plus belle œuvre de la création, la douce, la simple, la chaste Valentine était réservée comme les autres à cet affront ! En vain les larmes, sa pâleur, son abattement avaient dû éclairer la conscience de sa mère et alarmer la délicatesse de son époux. Rien ne la défendrait de la honte, cette infortunée ! pas même la faiblesse de la maladie et l'épuisement de la fièvre ! Il y a sur la terre un homme assez misérable pour dire : N'importe ! et une mère assez glacée pour fermer les yeux sur ce crime ! « Non, s'écria-t-il, cela ne sera pas ! j'en jure par l'honneur de ma mère ! »

Il arma de nouveau ses pistolets et courut au hasard devant lui. Le bruit d'une petite toux sèche l'arrêta tout à coup. Dans l'état d'irritation où il était, la pénétration instinctive de la haine lui fit reconnaître à ce léger indice que M. de Lansac venait droit à lui.

Ils avançaient tous deux dans une allée de jardin anglais, allée étroite, ombreuse et tournante. Un épais massif de sapins protégea Bénédict. Il s'enfonça dans leurs rameaux sombres, et se tint prêt à brûler la cervelle à son ennemi.

M. de Lansac venait du pavillon situé dans le parc, où jusque-là il avait logé par respect pour les convenances ; il se dirigeait vers le château. Ses vêtements exhalaient une odeur d'ambre que Bénédict détestait presque autant que lui ; ses pas faisaient crier le sable. Le cœur de Bénédict battait haut dans sa poitrine ; son sang ne circulait plus ; pourtant sa main était ferme et son coup d'œil sûr.

Mais au moment où, le doigt sur la détente, il élevait le bras à la hauteur de cette tête détestée, d'autres pas se firent entendre venant sur les traces de Bénédict. Il frémit de cet atroce contre-temps ; un témoin pouvait faire échouer son entreprise et l'empêcher, non pas de tuer Lansac, il sentait que nulle force humaine ne pourrait le sauver de sa haine, mais de se tuer lui-même immédiatement après. La pensée de l'échafaud le fit frémir ; il sentit que la société avait des punitions infamantes pour le crime héroïque que son amour lui dictait.

Incertain, irrésolu, il attendit et recueillit ce dialogue :

— Eh bien ! Franck, que vous a répondu madame la comtesse de Raimbault ?

— Que monsieur le comte peut entrer chez elle, répondit un laquais.

— Fort bien ; vous pouvez aller vous coucher, Franck. Tenez, voici la clef de mon appartement.

— Monsieur ne rentrera pas ?

— Ah ! il en doute ! dit M. de Lansac entre ses dents, et comme se parlant à lui-même.

— C'est que, monsieur le comte... madame la marquise... Catherine...

— C'est fort clair ; allez vous coucher.

Les deux ombres noires se croisèrent sous les sapins, et Bénédict vit son ennemi se rapprocher du château. Dès qu'il l'eut perdu de vue, sa résolution lui revint.

— Je laisserais échapper cette occasion ! s'écria-t-il, je laisserais seulement son pied profaner le seuil de cette demeure qui renferme Valentine !

Il se mit à courir, mais le comte avait trop d'avance sur lui ; il ne put l'atteindre avant qu'il fût entré dans la maison.

Le comte arrivait là mystérieusement, seul, sans flambeaux, comme un prince allant en conquête. Il franchit légèrement le perron, le péristyle, et monta au premier étage ; car cette feinte d'aller s'entretenir avec sa belle-mère n'était qu'un arrangement de convenance pour ne pas énoncer à son laquais le motif délicat de ses empressements. Il était convenu avec la comtesse qu'elle le ferait appeler à l'heure où sa femme consentirait à le recevoir. Madame de Raimbault n'avait pas consulté sa fille, comme on le voit ; mais elle ne pensait pas qu'il en fût besoin.

Mais au moment où M. de Lansac allait être atteint par Bénédict, dont le pistolet toujours armé le suivait dans l'ombre, la demoiselle de compagnie se glissa vers le diligent époux avec autant de légèreté que le lui permirent son corps baleiné et ses soixante ans :

— Madame la marquise aurait un mot à dire à monsieur, lui dit-elle.

Alors M. de Lansac prit une autre direction et la suivit. Ceci se passa rapidement et dans l'obscurité ; Bénédict chercha en vain, il ne put découvrir par quel escamotage infernal sa proie lui échappait encore.

Seul, dans cette vaste maison, dont on avait, à dessein, éteint toutes les lumières, et, sous divers prétextes, éloigné le peu de domestiques qui ne fussent pas à la fête, Bénédict erra au hasard, essayant de rassembler ses souvenirs et de se diriger vers la chambre que Valentine devait habiter. Son parti était pris ; il la soustrairait à son sort, soit en la tuant mon mari, soit en la tuant elle-même. Il avait souvent regardé du dehors la fenêtre de Valentine, il l'avait reconnue la nuit aux longues veilles dont la clarté de sa lampe rendait témoignage ; mais comment en trouver la direction dans ces ténèbres et dans cette agitation terrible ?

Il s'abandonna au hasard. Il savait seulement que cet appartement était situé au premier ; il suivit une vaste galerie et s'arrêta pour écouter. Au bout opposé, il apercevait un rayon de lumière se glissant par une porte entr'ouverte, et il lui semblait entendre un chuchotement de voix de femmes. C'était la chambre de la marquise ; elle avait fait appeler son beau-petit-fils pour l'engager à renoncer au bonheur de cette première nuit, et Catherine, qu'on avait fait lever là pour attester l'indisposition de sa maîtresse, s'en acquittait de son mieux pour seconder les intentions de Valentine. Mais M. de Lansac était fort peu persuadé, et trouvait assez ridicule que toutes ces femmes vinssent déjà glisser leur curiosité et leur influence dans

Ce furent des cris de joie et de surprise. (Page 27.)

les mystères de son ménage; il résistait poliment, et jurait sur son honneur d'obéir à l'ordre que Valentine lui donnerait de vive voix de se retirer.

Bénédict, ayant atteint sans bruit cette porte, entendit toute la discussion, quoiqu'elle se fît à voix basse, dans la crainte d'attirer la comtesse, qui eût détruit d'un mot tout l'effet de cette négociation.

« Valentine aura-t-elle bien la force de prononcer cet ordre? se demanda Bénédict. Oh! je la lui donnerai, moi.

Et il s'avança de nouveau à tâtons vers un autre rayon de lumière plus faible qui rampait sous une porte fermée; il y colla son oreille : c'était là! Il le sentit au battement de son cœur et à la faible respiration de Valentine, qu'il n'était sans doute donné qu'à un homme passionné comme il l'était pour elle de saisir et de reconnaître.

Il s'appuyait, oppressé, haletant, contre cette porte, lorsqu'il lui sembla qu'elle cédait; il la poussa et elle obéit sans bruit.

« Grand Dieu! pensa Bénédict, toujours prêt à admettre tout ce qui pouvait le torturer, l'attendait-elle donc? »

Il fit un pas dans cette chambre; le lit était placé de manière à masquer la porte à la personne couchée. Une veilleuse brûlait dans son globe de verre mat. Était-ce bien là? Il avança. Les rideaux étaient à demi relevés; Valentine, toute habillée, sommeillait sur son lit. Son attitude témoignait assez de ses terreurs; elle était assise sur le bord de sa couche, les pieds à terre; sa tête succombant à la fatigue s'était laissée aller sur les coussins; son visage était d'une pâleur effrayante, et l'on eût pu compter les pulsations de la fièvre sur les artères gonflées de son cou et de ses tempes.

Bénédict avait eu à peine le temps de se glisser derrière le dossier de ce lit et de se presser entre le rideau et la muraille lorsque les pas de Lansac retentirent dans le corridor.

Il venait de ce côté, il allait entrer. Bénédict tenait toujours son pistolet; là l'ennemi ne pouvait lui échapper, il n'avait qu'un mouvement à faire pour l'étendre mort avant qu'il eût effleuré seulement le lin de la couche nuptiale.

Au bruit que fit Bénédict en se cachant, Valentine, éveillée en sursaut, jeta un faible cri et se redressa précipitamment; mais, ne voyant rien, elle prêta l'oreille et

Et si c'était pour Bénédict! dit Athénaïs. (Page 28.)

distingua les pas de son mari. Alors elle se leva et courut vers la porte.

Ce mouvement faillit faire éclater Bénédict. Il sortit à demi de sa cachette pour aller brûler la cervelle à cette femme impudique et menteuse ; mais Valentine n'avait eu d'autre intention que de verrouiller sa porte.

Cinq minutes se passèrent dans le plus complet silence, au grand étonnement de Valentine et de Bénédict; celui-ci s'était caché de nouveau, lorsqu'on frappa doucement. Valentine ne répondit pas ; mais Bénédict, penché hors des rideaux, entendit le bruit inégal de sa respiration entrecoupée ; il voyait son effroi, ses lèvres livides, ses mains crispées contre le verrou qui la défendait.

« Courage, Valentine! allait-il s'écrier, nous sommes deux pour soutenir l'assaut! » lorsque la voix de Catherine se fit entendre.

— Ouvrez, Mademoiselle, disait-elle ; n'ayez plus peur ; c'est moi, je suis seule. *Monsieur* est parti ; il s'est rendu aux raisons de madame la marquise et à la prière que je lui ai faite en votre nom de se retirer. Oh! nous vous avons faite bien plus malade que vous n'êtes, j'espère, ajouta la bonne femme en entrant et recevant Valentine dans ses bras. N'allez pas vous aviser de l'être aussi sérieusement que nous nous en sommes vantées, au moins!

— Oh! tout à l'heure je me sentais mourir, répondit Valentine en l'embrassant ; mais à présent je suis mieux, tu m'as sauvée encore pour quelques heures. Après, que Dieu me protége !

— Eh! mon Dieu, chère enfant! dit Catherine, quelles idées avez-vous donc? Allons, couchez-vous. Je passerai la nuit auprès de vous.

— Non, Catherine, va te reposer. Voici bien des nuits que je te fais passer. Va-t'en ; je l'exige. Je suis mieux ; je dormirai bien. Seulement enferme-moi, prends la clef, et ne te couche que lorsque toute la maison sera fermée.

— Oh! n'ayez pas peur. Tenez, voici qu'on ferme déjà ; n'entendez-vous pas rouler la grosse porte?

— Oui, c'est bien. Bonsoir, nourrice, ma bonne nourrice!

La nourrice fit encore quelques difficultés pour se retirer ; elle craignait que Valentine ne se trouvât plus mal dans la nuit. Enfin elle céda et se retira après avoir fermé la porte, dont elle emporta la clef.

— Si vous avez besoin de quelque chose, cria-t-elle du dehors, vous me sonnerez?

— Oui, sois tranquille, dors bien, répondit Valentine.

Elle tira les verrous, et, secouant ses cheveux épars, elle posa les mains sur son front, en respirant fortement comme une personne délivrée; puis elle revint à son lit et se laissa tomber assise, avec la raideur que donnent le découragement et la maladie. Bénédict se pencha et put la voir. Il eût pu se montrer tout à fait sans qu'elle y prît garde. Les bras pendants, l'œil fixé sur le parquet, elle était là comme une froide statue; ses facultés semblaient épuisées, son cœur éteint.

## XXIII.

Bénédict entendit successivement fermer toutes les portes de la maison. Peu à peu les pas des domestiques s'éloignèrent du rez-de-chaussée, les reflets que quelques lumières errantes faisaient courir sur le feuillage s'éteignirent; les sons lointains des instruments et quelques coups de pistolet qu'il est d'usage en Berry de tirer aux noces et aux baptêmes en signe de réjouissance, venaient seuls par intervalles rompre le silence. Bénédict se trouvait dans une situation inouïe, et qu'il n'eût jamais osé rêver. Cette nuit, cette horrible nuit qu'il devait passer dans les angoisses de la rage le réunissait à Valentine! M. de Lansac retournait seul à son gîte, et Bénédict, le désolé Bénédict, qui devait se brûler la cervelle dans un fossé, était là enfermé seul avec Valentine! Il eut des remords d'avoir renié son Dieu, d'avoir maudit le jour de sa naissance. Cette joie imprévue, qui succédait à la pensée de l'assassinat et à celle du suicide, le saisit si impétueusement qu'il ne songea pas à en calculer les suites terribles. Il ne s'avoua pas que, s'il était découvert en ce lieu, Valentine était perdue; il ne se demanda pas si cette conquête inespérée d'un instant de joie ne rendrait pas plus odieuse ensuite la nécessité de mourir. Il s'abandonna au délire qu'un tel triomphe sur sa destinée lui causait. Il mit ses deux mains sur sa poitrine pour en maîtriser les ardentes palpitations. Mais au moment de se trahir par ses transports, il s'arrêta, dominé par la crainte d'offenser Valentine, par cette timidité respectueuse et chaste qui est le principal caractère du véritable amour.

Irrésolu, le cœur plein d'angoisses et d'impatiences, il allait se déterminer, lorsqu'elle sonna, et au bout d'un instant Catherine reparut.

— Bonne nourrice, lui dit-elle, tu ne m'as pas donné ma potion.

— Ah! votre *portion*? dit la bonne femme; je pensais que vous ne la prendriez pas aujourd'hui. Je vais la préparer.

— Non, cela serait trop long. Fais dissoudre un peu d'opium dans de l'eau de fleurs d'orange.

— Mais cela pourra vous faire mal?

— Non; jamais l'opium ne peut faire de mal dans l'état où je suis.

— Je n'en sais rien, moi. Vous n'êtes pas médecin; voulez-vous que j'aille demander à madame la marquise?

— Oh! pour Dieu, ne fais pas cela! Ne crains donc rien. Tiens, donne-moi la boîte; je sais la dose.

— Oh! vous en mettez deux fois trop.

— Non, te dis-je; puisqu'il m'est enfin accordé de dormir, je veux pouvoir en profiter. Pendant ce temps-là je ne penserai pas.

Catherine secoua la tête d'un air triste, et délaya une assez forte dose d'opium que Valentine avala à plusieurs reprises en se déshabillant, et, quand elle fut enveloppée de son peignoir, elle congédia de nouveau sa nourrice et se mit au lit.

Bénédict, enfoncé dans sa cachette, n'avait pas osé faire un mouvement. Cependant la crainte d'être aperçu par la nourrice était bien moins forte que celle qu'il éprouva en se retrouvant seul avec Valentine. Après un terrible combat avec lui-même, il se hasarda à soulever doucement le rideau. Le frôlement de la soie n'éveilla point Valentine;

l'opium faisait déjà son effet. Cependant Bénédict crut qu'elle entr'ouvrait les yeux. Il eut peur, et laissa retomber le rideau, dont la frange entraîna un flambeau de bronze placé sur le guéridon, et le fit tomber avec assez de bruit. Valentine tressaillit, mais ne sortit point de sa léthargie. Alors Bénédict resta debout auprès d'elle, plus libre encore de la contempler qu'au jour où il avait adoré son image répétée dans l'eau. Seul à ses pieds dans ce solennel silence de la nuit, protégé par ce sommeil artificiel qu'il n'était pas en son pouvoir de rompre, il croyait accomplir une destinée magique. Il n'avait plus rien à craindre de sa colère; il pouvait s'enivrer du bonheur de la voir sans être troublé dans sa joie; il pouvait lui parler sans qu'elle l'entendît, lui dire tout son amour, tous ses tourments, sans faire évanouir ce faible et mystérieux sourire qui errait sur ses lèvres à demi entr'ouvertes. Il pouvait coller ses lèvres sur sa bouche sans qu'elle le repoussât... Mais l'impunité ne l'enhardit point jusque-là. C'est dans son cœur que Valentine avait un culte presque divin, et elle n'avait pas besoin de protections extérieures contre lui. Il était sa sauvegarde et son défenseur contre lui-même. Il s'agenouilla devant elle, et se contenta de prendre sa main pendante au bord du lit, de la soutenir dans les siennes, d'en admirer la finesse et la blancheur, et d'y appuyer ses lèvres tremblantes. Cette main portait l'anneau nuptial, le premier anneau d'une chaîne pesante et indissoluble. Bénédict eût pu l'ôter et l'anéantir, il ne le voulut point; son âme était revenue à des impressions plus douces; il voulait respecter dans Valentine jusqu'à l'emblème de ses devoirs.

Car dans cette délicieuse extase, il avait bientôt oublié tout. Il se crut heureux et plein d'avenir comme aux beaux jours de la ferme; il s'imagina que la nuit ne devait pas finir, et que Valentine ne devait pas s'éveiller, et qu'il accomplissait là son éternité de bonheur.

Longtemps cette contemplation fut sans danger: les anges sont moins purs que le cœur d'un homme de vingt ans lorsqu'il aime avec passion; mais il tressaillit lorsque Valentine, émue par un de ces rêves heureux que crée l'opium, se pencha doucement vers lui et pressa faiblement sa main en murmurant des paroles indistinctes. Bénédict tressaillit et s'éloigna du lit, effrayé de lui-même.

— Oh! Bénédict! lui dit Valentine d'une voix faible et lente, Bénédict, c'est vous qui m'avez épousée aujourd'hui? Je croyais que c'était un autre; dites-moi bien que c'est vous!...

— Oui, c'est moi, c'est moi! dit Bénédict éperdu, en pressant contre son cœur agité cette main qui cherchait la sienne.

Valentine, à demi éveillée, se dressa sur son chevet, ouvrit les yeux, et fixa sur lui des prunelles pâles qui flottaient dans le vague des songes. Il y eut comme un sentiment d'effroi sur ses traits; puis elle referma les yeux et retomba en souriant sur son oreiller.

— C'est vous que j'aimais, lui dit-elle; mais comment l'a-t-on permis?

Elle parlait si bas et articulait si faiblement que Bénédict recueillait lui-même ses paroles comme le murmure angélique qu'on entend dans les songes.

— Ô ma bien-aimée! s'écria-t-il en se penchant vers elle, dites-le-moi encore, dites-le-moi, pour que je meure de joie à vos pieds!

Mais Valentine le repoussa.

— Laissez-moi! dit-elle.

Et ses paroles devinrent inintelligibles.

Bénédict crut comprendre qu'elle le prenait pour M. de Lansac. Il se nomma plusieurs fois avec insistance, et Valentine, flottant entre la réalité et l'illusion, s'éveillant et s'endormant tour à tour, lui dit ingénument tous ses secrets. Un instant elle crut voir M. de Lansac qui la poursuivait une épée à la main; elle se jeta dans le sein de Bénédict, et, passant ses bras autour de son cou:

— Mourons tous deux! lui dit-elle.

— Oh! tu as raison, s'écria-t-il. Sois à moi, et mourons.

Il posa ses pistolets sur le guéridon, et étreignit dans ses bras le corps souple et languissant de Valentine. Mais elle lui dit encore:

— Laisse-moi, mon ami; je meurs de fatigue, laisse-moi dormir.

Elle appuya sa tête sur le sein de Bénédict, et il n'osa faire un mouvement de peur de la déranger. C'était un si grand bonheur que de la voir dormir dans ses bras! Il ne se souvenait déjà plus qu'il en pût exister un autre.

— Dors, dors, ma vie! lui disait-il en effleurant doucement son front avec ses lèvres; dors, mon ange. Sans doute tu vois la Vierge aux cieux; et elle te sourit, car elle te protége. Va, nous serons unis là-haut!

Il ne put résister au désir de détacher doucement son bonnet de dentelle, et de répandre sur elle et sur lui cette magnifique chevelure d'un blond cendré qu'il avait regardée tant de fois avec amour. Qu'elle était soyeuse et parfumée! Que son frais contact allumait chez lui de délire et de fièvre! Vingt fois il mordit les draps de Valentine et ses propres mains pour s'arracher, par la sensation d'une douleur physique, aux emportements de sa joie. Assis sur le bord de cette couche dont le linge odorant et fin le faisait frissonner, il se jetait rapidement à genoux pour reprendre empire sur lui-même, et il se bornait à la regarder. Il l'entourait chastement des mousselines brodées qui protégeaient son jeune sein si paisible et si pur; il ramenait même un peu le rideau sur son visage pour ne plus la voir et trouver la force de s'en aller. Mais Valentine, éprouvant ce besoin d'air qu'on ressent dans le sommeil, repoussait cet obstacle, et, se rapprochant de lui, semblait appeler ses caresses d'un air naïf et confiant. Il soulevait les tresses de ses cheveux et en remplissait sa bouche pour s'empêcher de crier; il pleurait de rage et d'amour. Enfin, dans un instant de douleur inouïe, il mordit l'épaule ronde et blanche qu'elle livrait à sa vue. Il la mordit cruellement, et elle s'éveilla, mais sans témoigner de souffrance. En la voyant se dresser de nouveau sur son lit, le regarder avec plus d'attention, et passer sa main sur lui pour s'assurer qu'il n'était point un fantôme, Bénédict, qui était alors assis tout à fait auprès d'elle, se crut perdu; tout son sang, qui bouillonnait, se glaça; il devint pâle, et lui dit, sans savoir ce qu'il disait :

— Valentine, pardon; je me meurs, si vous n'avez pitié de moi...

— Pitié de toi! lui dit-elle avec la voix forte et brève du somnambulisme; qu'as-tu? souffres-tu? Viens dans mes bras comme tout à l'heure; viens. N'étais-tu pas heureux?

— O Valentine! s'écria Bénédict devenu fou, dis-tu vrai? Me reconnais-tu? Sais-tu qui je suis?

— Oui, lui dit-elle en s'assoupissant sur son épaule, ma bonne nourrice!

— Non! non! Bénédict! Bénédict! entends-tu! l'homme qui t'aime plus que sa vie! Bénédict!

Et il la secoua pour la réveiller, mais cela était impossible. Il ne pouvait qu'exciter en elle l'ardeur des songes. Cette fois, la lucidité du sien fut telle qu'il s'y trompa.

— Oui! c'est toi, dit-elle en se redressant, mon mari; je le sais, mon Bénédict; je t'aime aussi. Embrasse-moi, mais ne me regarde pas. Eteins cette lumière; laisse-moi cacher mon visage contre ta poitrine.

En même temps elle l'entoura de ses bras et l'attira vers elle avec une force fébrile extraordinaire. Ses joues étaient vivement colorées, ses lèvres étincelaient. Il y avait dans ses yeux éteints un feu subit et fugitif; évidemment elle avait le délire. Mais Bénédict pouvait-il distinguer cette excitation maladive de l'ivresse passionnée qui le dévorait? Il se jeta sur elle avec désespoir, et, près de céder à ses fougueuses tortures, il laissa échapper des cris nerveux et déchirants. Aussitôt des pas se firent entendre, et la clef tourna dans la serrure. Bénédict n'eut que le temps de se jeter derrière le lit; Catherine entra.

La nourrice examina Valentine, s'étonna du désordre de son lit et de l'agitation de son sommeil. Elle tira une chaise et resta près d'elle environ un quart d'heure. Bénédict crut qu'elle allait y passer le reste de la nuit et la maudit mille fois. Cependant Valentine, n'étant plus excitée par le souffle embrasé de son amant, retomba dans une torpeur immobile et paisible. Catherine, rassurée, s'imagina qu'un rêve l'avait trompée elle-même lorsqu'elle avait cru entendre crier; elle remit le lit en ordre, arrangea les draps autour de Valentine, releva ses cheveux sous son bonnet, et ramena les plis de sa camisole sur sa poitrine pour la préserver de l'air de la nuit; puis elle se retira doucement, et tourna deux fois la clef dans la serrure. Ainsi il était impossible à Bénédict de s'en aller par là.

Quand il se retrouva maître de Valentine, connaissant maintenant tout le danger de sa situation, il s'éloigna du lit avec effroi, et alla se jeter sur une chaise à l'autre bout de la chambre. Là, il cacha sa tête dans ses mains et chercha à résumer les conséquences de sa position.

Ce courage féroce qui lui eût permis, quelques heures auparavant, de tuer Valentine, il ne l'avait plus. Ce n'était pas après avoir contemplé ses charmes modestes et touchants qu'il pouvait se sentir l'énergie de détruire cette belle œuvre de Dieu : c'était Lansac qu'il fallait tuer. Mais Lansac ne pouvait pas mourir seul, il fallait le suivre; et que deviendrait Valentine, sans amant, sans époux? Comment la mort de l'un lui profiterait-elle si l'autre ne lui restait? Et puis, qui sait si elle ne maudirait pas l'assassin de ce mari qu'elle n'aimait pas? Elle si pure, si pieuse, et d'une âme si droite et si honnête, comprendrait-elle la sublimité d'un dévouement si sauvage? Le souvenir de Bénédict ne lui resterait-il pas funeste et odieux dans le cœur, souillé de ce sang et de ce terrible nom d'*assassin*?

— Ah! puisque je ne peux jamais la posséder, se dit-il, il ne faut pas du moins qu'elle haïsse ma mémoire! Je mourrai seul, et peut-être osera-t-elle me pleurer dans le secret de ses prières.

Il approcha sa chaise du bureau de Valentine; tout ce qu'il fallait pour écrire s'y trouvait. Il alluma un flambeau, ferma les rideaux du lit pour ne plus la voir et trouver la force de lui dire un éternel adieu. Il tira les verrous de la porte, afin de n'être pas surpris à l'improviste, et il écrivit à Valentine :

« Il est deux heures du matin, et je suis seul avec vous, Valentine, seul, dans votre chambre, maître de vous plus que ne le sera jamais votre mari; car vous m'avez dit que vous m'aimiez, vous m'avez appelé sur votre cœur dans le secret de vos rêves, vous m'avez presque rendu mes caresses; vous m'avez fait, sans le vouloir, le plus heureux et le plus misérable des hommes; et pourtant, Valentine, je vous ai respectée au milieu du plus terrible délire qui ait envahi des facultés humaines. Vous êtes toujours là, pure et sacrée pour moi, et vous pourrez vous éveiller sans rougir. Oh! Valentine! il faut que je vous aime bien.

« Mais, quelque douloureux et incomplet qu'ait été mon bonheur, il faut que je le paie de ma vie. Après des heures comme celles que je viens de passer à vos genoux, les lèvres collées sur votre main, sur vos cheveux, sur le fragile vêtement qui vous protège à peine, je ne puis pas vivre un jour de plus. Après de tels transports, je ne puis pas retourner à la vie commune, à la vie odieuse que je mènerais désormais loin de vous. Rassure-toi, Valentine; l'homme qui t'a mentalement possédée cette nuit ne verra pas le lever du soleil.

« Et, sans cette résolution irrévocable, où aurais-je trouvé l'audace de pénétrer ici et d'avoir des pensées de bonheur? Comment aurais-je osé vous regarder et vous parler comme je l'ai fait, même pendant votre sommeil? Ce ne sera pas assez de tout mon sang pour payer la destinée qui m'a vendu de pareils instants.

« Il faut que vous sachiez tout, Valentine. J'étais venu pour assassiner votre mari. Quand j'ai vu qu'il m'échappait, j'ai résolu de vous tuer avec moi. N'ayez point peur; quand vous lirez ceci, mon cœur aura cessé de battre; mais cette nuit, Valentine, au moment où vous m'avez appelé dans vos bras, un pistolet armé était levé sur votre tête.

« Et puis je n'ai pas eu le courage, je ne l'aurais pas. Si je pouvais vous tuer du même coup que moi, ce serait déjà fait; mais il faudrait vous voir souffrir, voir votre sang couler, votre âme se débattre contre la mort, et ce spectacle ne durât-il qu'une seconde, cette seconde résumerait à elle seule plus de douleurs qu'il n'y en a eu dans toute ma vie.

« Vivez donc, et que votre mari vive aussi ! la vie que je lui accorde est encore plus que le respect qui vient de m'enchaîner, mourant de désirs, au pied de votre lit. Il m'en coûte plus pour renoncer à satisfaire ma haine qu'il ne m'en a coûté pour vaincre mon amour; c'est que sa mort vous déshonorerait peut-être. Témoigner ainsi ma jalousie au monde, c'était peut-être lui avouer votre amour autant que le mien; car vous m'aimez, Valentine, vous me l'avez dit tout à l'heure malgré vous. Et hier soir, au bout de la prairie, quand vous pleuriez dans mon sein, n'était-ce pas aussi de l'amour? Ah! ne vous éveillez pas, laissez-moi emporter cette pensée dans le tombeau !

« Mon suicide ne vous compromettra pas; vous seule saurez pour qui je meurs. Le scalpel du chirurgien ne trouvera pas votre nom écrit au fond de mon cœur, mais vous saurez que ses dernières palpitations étaient pour vous.

« Adieu, Valentine; adieu, le premier, le seul amour de ma vie! Bien d'autres vous aimeront; qui ne le ferait? mais une seule fois vous aurez été aimée comme vous devez l'être. L'âme que vous avez remplie devait retourner au sein de Dieu, afin de ne pas dégénérer sur la terre.

« Après moi, Valentine, quelle sera votre vie ? Hélas ! je l'ignore. Sans doute vous soumettrez à votre sort, mon souvenir s'émoussera; vous tolérerez peut-être tout ce qui vous semble odieux aujourd'hui, il le faudra bien... O Valentine! si j'épargne votre mari, c'est pour que vous ne me maudissiez pas, c'est pour que Dieu ne m'exile pas du ciel, où votre place est marquée. Dieu, protégez-moi ! Valentine, priez pour moi !

« Adieu... Je viens de m'approcher de vous, vous dormez, vous êtes calme. Oh ! si vous saviez comme vous êtes belle ! oh ! jamais, jamais une poitrine d'homme ne renfermera sans se briser tout l'amour que j'avais pour vous!

« Si l'âme n'est pas un vain souffle que le vent disperse, la mienne habitera toujours près de vous.

« Le soir, quand vous irez au bout de la prairie, pensez à moi si la brise soulève vos cheveux ; et si, dans ses froides caresses, vous sentez courir tout à coup une haleine embrasée ; la nuit dans vos songes, si un baiser mystérieux vous effleure, souvenez-vous de Bénédict. »

Il plia ce papier et le mit sur le guéridon, à la place de ses pistolets, que Catherine avait presque touchés sans les voir; il les désarma, les prit sur lui, se pencha vers Valentine, la regarda encore avec enthousiasme, déposa un baiser, le premier et le dernier, sur ses lèvres; puis il s'élança vers la fenêtre, et, avec le courage d'un homme qui n'a rien à risquer, il descendit au péril de sa vie. Il pouvait tomber de trente pieds de haut, ou bien recevoir un coup de fusil, comme un voleur; mais que lui importait! La seule crainte de compromettre Valentine l'engageait à prendre des précautions pour n'éveiller personne. Le désespoir lui donna des forces surnaturelles; car, pour ceux qui regarderaient aujourd'hui de sang-froid la distance des croisées du rez-de-chaussée à celles du premier étage, au château de Raimbault, la nudité du mur et l'absence de tout point d'appui, une pareille entreprise semblerait fabuleuse.

Il atteignit pourtant le sol sans éveiller personne, et gagna la campagne par-dessus les murs.

Les premières lueurs du matin blanchissaient l'horizon.

## XXIV.

Valentine, plus fatiguée d'un semblable sommeil qu'elle ne l'eût été d'une insomnie, s'éveilla fort tard. Le soleil était haut et chaud dans le ciel, des myriades d'insectes bourdonnaient dans ses rayons. Longtemps plongée dans ce mol engourdissement qui suit le réveil, Valentine ne cherchait point encore à recueillir ses idées ; elle écoutait vaguement les mille bruits de l'air et des champs. Elle ne souffrait point parce qu'elle avait oublié bien des choses et qu'elle en ignorait plus encore.

Elle se souleva pour prendre un verre d'eau sur le guéridon, et trouva la lettre de Bénédict; elle la retourna dans ses doigts lentement et sans avoir la conscience de ce qu'elle faisait. Enfin elle y jeta les yeux, et, en reconnaissant l'écriture, elle tressaillit et l'ouvrit d'une main convulsive. Le rideau venait de tomber : elle voyait à nu toute sa vie.

Aux cris déchirants qui lui échappèrent, Catherine accourut ; elle avait la figure renversée : Valentine comprit sur-le-champ la vérité.

— Parle! s'écria-t-elle, où est Bénédict? qu'est devenu Bénédict?

Et voyant le trouble et la consternation de sa nourrice, elle dit en joignant les mains :

— O mon Dieu! c'est donc bien vrai, tout est fini !

— Hélas ! Mademoiselle, comment donc le savez-vous? dit Catherine en s'asseyant sur le lit; qui donc a pu entrer ici? j'avais la clef dans ma poche. Est-ce que vous avez entendu? Mais mademoiselle Beaujon me l'a dit si bas, dans la crainte de vous éveiller... Je savais bien que cette nouvelle vous ferait du mal.

— Ah ! il s'agit bien de moi ! s'écria Valentine avec impatience en se levant brusquement. Parlez donc ! qu'est devenu Bénédict?

Effrayée de cette véhémence, la nourrice baissa la tête et n'osa répondre.

— Il est mort, je le sais ! dit Valentine en retombant sur son lit, pâle et suffoquée ; mais depuis quand?

— Hélas ! dit la nourrice, on ne sait ; le malheureux jeune homme a été trouvé au bout de la prairie, ce matin, au petit jour. Il était couché dans un fossé et couvert de sang. Les métayers de la Croix-Bleue, en s'en allant chercher leurs bœufs au pâturage, l'ont ramassé, et tout de suite on l'a porté dans sa maison ; il avait la tête fracassée d'un coup de pistolet, et le pistolet était encore dans sa main. La justice s'y est transportée sur-le-champ. Ah ! mon Dieu! quel malheur! Qu'est-ce qui a pu causer tant de chagrin à ce jeune homme ? On ne dira pas que c'est la misère; M. Lhéry l'aimait comme son fils ; et madame Lhéry, que va-t-elle dire ? Ce sera une désolation.

Valentine n'écoutait plus, elle était tombée sur son lit, roide et froide. En vain Catherine essaya de la réveiller par ses cris et ses caresses : il semblait qu'elle fût morte. La bonne nourrice, en voulant ouvrir ses mains contractées, y trouva une lettre froissée. Elle ne savait pas lire, mais elle avait l'instinct du cœur qui avertit des dangers de la personne qu'on aime ; elle lui retira cette lettre et la cacha avec soin avant d'appeler du secours.

Bientôt la chambre de Valentine fut pleine de monde; mais tous les efforts furent vains pour la ranimer. Un médecin qu'on fit venir promptement lui trouva une congestion cérébrale très-grave, et parvint, à force de saignées, à rappeler la circulation ; mais les convulsions succédèrent à cet état d'accablement, et pendant huit jours Valentine fut entre la vie et la mort.

La nourrice se garda bien de dire la cause de cette funeste émotion ; elle n'en parla qu'au médecin sous le sceau du secret, et voici comment elle fut conduite à comprendre qu'il y avait dans tous ces événements une liaison qu'il était nécessaire de ne faire saisir à personne. En voyant Valentine un peu mieux, après la saignée, le jour même de l'événement, elle se mit à réfléchir à la manière surnaturelle dont sa jeune maîtresse en avait été informée. Cette lettre qu'elle avait trouvée dans sa main lui rappela le billet qu'on l'avait chargée de lui remettre la veille, avant le mariage, et qui lui avait été confié par la vieille gouvernante de Bénédict. Étant descendue un instant à l'office, elle entendit le domestique commenter la cause de ce suicide, et se dire tout bas que, dans la soirée précédente, une querelle avait eu lieu entre Pierre Blutty et Bénédict, au sujet de mademoiselle de Raimbault. On ajoutait que Bénédict vivait encore, et que le même médecin qui soignait dans ce moment Valentine, ayant pansé le blessé dans la matinée, avait refusé de se prononcer positivement sur sa situation. Une balle avait fracassé le front et était ressortie au-dessus de l'oreille; cette blessure-là, quoique grave, n'était peut-être point mortelle; mais on ignorait de combien de balles était chargé le pistolet. Il se pouvait qu'il y en eût une seconde logée dans l'intérieur du crâne, et, en ce cas, le répit qu'éprouvait en ce moment le moribond ne pouvait servir qu'à prolonger ses souffrances.

Aux yeux de Catherine, il devait donc être prouvé que cette catastrophe et les chagrins qui l'avaient précédée avaient une influence directe sur l'état effrayant de Valentine. Cette bonne femme s'imagina qu'un rayon d'espérance, si faible qu'il fût, devait produire plus d'effet sur son mal que tous les secours de la médecine. Elle courut à la chaumière de Bénédict, qui n'était qu'à une demi-lieue du château, et s'assura par elle-même qu'il y avait encore chez cet infortuné un souffle de vie. Beaucoup de voisins, attirés par la curiosité plus que par l'intérêt, encombraient sa porte; mais le médecin avait ordonné qu'on laissât entrer peu de monde, et M. Lhéry, qui était installé au chevet du mourant, ne reçut Catherine qu'après beaucoup de difficultés. Madame Lhéry ignorait encore cette triste nouvelle; elle était allée faire *le retour de noces* de sa fille à la ferme de Pierre Blutty.

Catherine, après avoir examiné le malade et recueilli l'opinion de Lhéry, s'en retourna aussi peu fixée qu'auparavant sur les véritables suites de la blessure, mais complétement éclairée sur les causes du suicide. Par une circonstance particulière, au moment où elle sortait de cette maison, elle tressaillit en jetant les yeux sur une chaise où l'on avait déposé les vêtements ensanglantés de Bénédict. Comme il arrive toujours que nos regards s'arrêtent, en dépit de nous, sur un objet d'effroi ou de dégoût, ceux de Catherine ne purent se détacher de cette chaise, et y découvrirent un mouchoir de soie des Indes, horriblement taché de sang. Aussitôt elle reconnut le foulard qu'elle avait mis elle-même autour du cou de Valentine en la voyant sortir dans la soirée qui précéda le mariage, et qu'elle avait perdu dans sa promenade au bout de la prairie. Ce fut un trait de lumière irrécusable; elle choisit donc un moment où l'on ne faisait point attention à elle pour s'emparer de ce mouchoir, qui eût pu compromettre Valentine, et pour le cacher dans sa poche.

De retour au château, elle se hâta de le serrer dans sa chambre et ne songea plus à s'en occuper. Elle essaya, dans les rares instants où elle se trouva seule avec Valentine, de lui faire comprendre que Bénédict pouvait être sauvé; mais ce fut en vain. Les facultés morales semblaient complétement épuisées chez Valentine; elle ne soulevait même plus ses paupières pour reconnaître la personne qui lui parlait. S'il lui restait une pensée, c'était la satisfaction de se voir mourir.

Huit jours s'étaient ainsi passés. Il y eut alors un mieux sensible; Valentine parut retrouver la mémoire, et se soulagea par d'abondantes larmes. Mais comme on ne put jamais lui faire dire le motif de cette douleur, on pensa qu'il y avait encore de l'égarement dans son cerveau. La nourrice seule guettait un instant favorable pour parler; mais M. de Lansac, étant à la veille de partir, *se faisait un devoir* de ne plus quitter l'appartement de sa femme.

M. de Lansac venait de recevoir sa nomination à la place de premier secrétaire d'ambassade (jusque-là il n'avait été que le second), et, en même temps l'ordre de rejoindre aussitôt son chef, et de partir, avec ou sans sa femme, pour la Russie.

Il n'était jamais entré dans les dispositions sincères de M. de Lansac d'emmener sa femme en pays étranger. Dans le temps où il avait le plus fasciné Valentine, elle lui avait demandé s'il l'emmènerait en *mission* : et, pour ne pas lui sembler au-dessous de ce qu'il affectait d'être, il lui avait répondu que son vœu le plus ardent était de ne jamais se séparer d'elle. Mais il s'était bien promis d'user de son adresse, et, s'il le fallait, de son autorité, pour préserver sa vie nomade des embarras domestiques. Cette coïncidence d'une maladie qui n'était plus sans espoir, mais qui menaçait d'être longue, avec la nécessité pour lui de partir immédiatement, était donc favorable aux intérêts et aux goûts de M. de Lansac. Quoique madame de Raimbault fût une personne fort habile en matière d'intérêts pécuniaires, elle s'était laissé complétement circouvenir par l'habileté bien supérieure de son gendre. Le contrat, après les discussions les plus dégoûtantes pour le fond, les plus délicates pour la forme, avait été dressé tout à l'avantage de M. de Lansac. Il avait usé, dans la plus grande extension possible, de l'élasticité des lois pour se rendre maître de la fortune de sa femme, et il avait fait consentir les *parties contractantes* à donner des espérances considérables à ses créanciers sur la terre de Raimbault. Ces légères particularités de sa conduite avaient bien failli rompre le mariage; mais il avait su, en flattant toutes les ambitions de la comtesse, s'emparer d'elle mieux qu'auparavant. Quant à Valentine, elle ignorait tellement les affaires, et sentait une telle répugnance à s'en occuper, qu'elle souscrivit, sans y rien comprendre, à tout ce qui fut exigé d'elle.

M. de Lansac, voyant ses dettes pour ainsi dire payées, partit donc sans beaucoup regretter sa femme, et, se frottant les mains, il se vanta intérieurement d'avoir mené à bien une délicate et excellente affaire. Cet ordre de départ arrivait on ne peut plus à propos pour le délivrer du rôle difficile qu'il jouait à Raimbault depuis son mariage. Devinant peut-être qu'une inclination contrariée causait le chagrin et la maladie de Valentine, et, dans tous les cas, se sentant fort offensé des sentiments qu'elle lui témoignait, il n'avait cependant aucun droit jusque-là d'en montrer son dépit. Sous les yeux de ces deux mères, qui faisaient un grand étalage de leur tendresse et de leur inquiétude, il n'osait point laisser percer l'ennui et l'impatience qui le dévoraient. Sa situation était donc extrêmement pénible, au lieu qu'en faisant une absence indéfinie, il se soustrayait en outre aux désagréments qui devaient résulter de la vente forcée des terres de Raimbault; car le principal de ses créanciers réclamait impérieusement ses fonds, qui se montaient à environ cinq cent mille francs; et bientôt cette belle propriété, que madame de Raimbault avait mis tant d'orgueil à compléter, devait, à son grand déplaisir, être démembrée et réduite à de chétives dimensions.

En même temps M. de Lansac se débarrassait des pleurs et des caprices d'une nouvelle épousée.

« En mon absence, se disait-il, elle pourra s'habituer à l'idée d'avoir aliéné sa liberté. Son caractère calme et retiré s'accommodera de cette vie tranquille et obscure où je la laisse; ou si quelque amour romanesque trouble son repos, eh bien ! elle aura le temps de s'en guérir ou de s'en lasser avant mon retour. »

M. de Lansac était un homme sans préjugés, aux yeux de qui toute sentimentalité, tout raisonnement, toute conviction, se rapportaient à ce mot puissant qui gouverne l'univers : l'argent.

Madame de Raimbault avait d'autres propriétés en diverses provinces, et des procès partout. Les procès étaient l'occupation majeure de sa vie; elle prétendait qu'ils la minaient de fatigues et d'agitations, mais sans eux elle fût morte d'ennui. C'était, depuis la perte de ses grandeurs, le seul aliment qu'eussent son activité et son amour de l'intrigue; elle y épanchait aussi toute la bile que les contrariétés de sa situation amassaient en elle. Dans ce moment, elle en avait un fort important, en Sologne, contre les habitants d'un bourg qui lui disputaient une vaste étendue de bruyères. La cause allait être plaidée, et la comtesse brûlait d'être là pour stimuler son avocat, influencer ses juges, menacer ses adversaires, se livrer enfin à toute cette activité fébrile qui est le ver rongeur des âmes longtemps nourries d'ambition. Sans la maladie de Valentine, elle serait partie, comme elle se l'était promis, le lendemain du mariage, pour aller s'occuper de cette affaire; maintenant, voyant sa fille hors de danger, et n'ayant qu'une courte absence à faire, elle se décida à partir avec son gendre, qui prenait la route de Paris, et qui lui fit ses adieux à mi-chemin, sur le lieu de la contestation.

Valentine restait seule pour plusieurs jours, avec sa grand'mère et sa nourrice, au château de Raimbault.

## XXV.

Une nuit, Bénédict, accablé jusque-là par des souffrances atroces, qui ne lui avaient pas laissé retrouver une pensée, s'éveilla plus calme, et fit un effort pour se rappeler sa situation. Sa tête était empaquetée au point qu'une partie de son visage était privée d'air. Il fit un mouvement pour soulever ces obstacles et retrouver la première faculté qui s'éveille en nous, le besoin de voir, avant celui même de penser. Aussitôt une main légère détacha les épingles, dénoua un bandeau, et l'aida à se satisfaire. Il regardait cette femme pâle qui se penchait sur lui, et, à la lueur vacillante d'une veilleuse, il distingua un profil noble et pur, qui avait de la ressemblance avec celui de Valentine. Il crut avoir une vision, et sa main chercha celle du fantôme. Le fantôme saisit la sienne et y colla ses lèvres.

— Qui êtes-vous? dit Bénédict en frissonnant.
— Vous me le demandez? lui répondit la voix de Louise.

Cette bonne Louise avait tout quitté pour venir soigner son ami. Elle était là jour et nuit, souffrant à peine que madame Lhéry la relayât pendant quelques heures dans la matinée, se dévouant au triste emploi d'infirmière auprès d'un moribond presque sans espoir de salut. Pourtant, grâce aux admirables soins de Louise et à sa propre jeunesse, Bénédict échappa à une mort presque certaine, et un jour il trouva assez de force pour la remercier et lui reprocher en même temps de lui avoir conservé la vie.

— Mon ami, lui dit Louise, effrayée de l'abattement moral qu'elle trouvait en lui, si je vous rappelle cruellement à cette existence que mon affection ne saurait embellir, c'est par dévouement pour Valentine.

Bénédict tressaillit.

— C'est, continua Louise, pour conserver la sienne, qui, en ce moment, est au moins aussi menacée que la vôtre.

— Menacée! pourquoi? s'écria Bénédict.
— En apprenant votre folie et votre crime, Bénédict, Valentine, qui sans doute avait pour vous une tendre amitié, est tombée subitement malade. Un rayon d'espoir pourrait la sauver peut-être; mais elle ignore que vous vivez et que vous pouvez nous être rendu.

— Qu'elle l'ignore donc toujours! s'écria Bénédict, et puisque le mal est fait, puisque le coup est porté, laissez-la en mourir avec moi.

En parlant ainsi, Bénédict arracha les bandages de sa blessure, et l'eût rouverte sans les efforts de Louise, qui lutta courageusement avec lui, et tomba épuisée d'énergie, et abreuvée de douleur après l'avoir sauvé de lui-même.

Une autre fois, il sembla sortir d'une profonde léthargie, et saisissant la main de Louise avec force:

— Pourquoi êtes-vous ici? lui dit-il; votre sœur est mourante, et c'est à moi que s'adressent vos soins!

Subjuguée par un mouvement de passion et d'enthousiasme Louise, oubliant tout, s'écria:

— Et si je vous aimais plus encore que Valentine?
— En ce cas vous êtes maudite, répondit Bénédict en la repoussant d'un air égaré; car vous préférez le chaos à la lumière, le démon à l'archange. Vous êtes une misérable folle! Sortez d'ici! Ne suis-je pas assez malheureux, sans que vous veniez me navrer l'âme de vos malheurs?

Louise, atterrée, cacha sa figure dans les rideaux et en enveloppa sa tête pour étouffer ses sanglots. Bénédict se mit à pleurer aussi, et ces larmes le calmèrent.

Un instant après il la rappela.

— Je crois que je vous ai parlé durement tout à l'heure, lui dit-il; il faut pardonner quelque chose au délire de la fièvre.

Louise ne répondit qu'en baisant la main qu'il lui tendait. Bénédict eut besoin de tout le peu de force morale qu'il avait reconquise pour supporter sans humeur ce témoignage d'amour et de soumission. Explique qui pourra cette bizarrerie; la présence de Louise, au lieu de le consoler, lui était désagréable; ses soins l'irritaient. La reconnaissance luttait chez lui avec l'impatience et le mécontentement. Recevoir de Louise tous ces services, toutes ces marques de dévouement, c'était comme un reproche, comme une critique amère de son amour pour une autre. Plus cet amour lui était funeste, plus il s'offensait des efforts qu'on faisait pour l'en dissuader, il s'y cramponnait comme on fait avec orgueil aux choses désespérées. Et puis, s'il avait eu, dans son bonheur, l'âme assez large pour accorder de l'intérêt et de la compassion à Louise, il ne l'avait plus dans son désespoir. Il trouvait que ses propres maux étaient assez lourds à porter, et cette espèce d'appel fait par l'amour de Louise à sa générosité lui semblait la plus égoïste et la plus inopportune des exigences. Ces injustices étaient inexcusables peut-être, et cependant les forces de l'homme sont-elles bien toujours proportionnées à ses maux? C'est une consolante promesse évangélique; mais qui tiendra la balance, et qui sera le juge? Dieu nous rend-il ses comptes? daigne-t-il mesurer la coupe après que nous l'avons vidée?

La comtesse était absente depuis deux jours, lorsque Bénédict eut son plus terrible redoublement de fièvre. Il fallut l'attacher dans son lit. C'est encore une cruelle tyrannie que celle de l'amitié; souvent elle nous impose une existence pire que la mort, et emploie la force arbitraire pour nous attacher au pilori de la vie.

Enfin Louise, ayant demandé à être seule avec lui, le calma en lui répétant avec patience le nom de Valentine.

— Eh bien! dit tout d'un coup Bénédict en se dressant avec force et comme frappé de surprise, où est-elle?
— Bénédict, répondit-elle, elle est comme vous aux portes du tombeau. Voulez-vous, par une mort furieuse, empoisonner ses derniers instants?
— Elle va mourir! dit-il avec un sourire affreux. Ah! Dieu est bon! nous serons donc unis!
— Et si elle vivait? lui dit Louise, si elle vous ordonnait de vivre! si, pour prix de votre soumission, elle vous rendait son amitié?
— Son amitié! dit Bénédict avec un rire dédaigneux, qu'en ferais-je? N'avez-vous pas la mienne? qu'en retirez-vous?
— Oh! vous êtes bien cruel, Bénédict! s'écria Louise avec douleur; mais pour vous sauver que ne ferais-je pas! Eh bien! dites-moi, si Valentine vous aimait, si je l'avais vue, si j'avais recueilli dans son délire des aveux que vous n'avez jamais osé espérer?
— Je les ai reçus moi-même! répondit Bénédict avec le calme apparent dont il entourait souvent ses plus violentes émotions. Je sais que Valentine m'aime comme j'avais aspiré à être aimé. Me raillerez-vous maintenant?
— À Dieu ne plaise! répondit Louise stupéfaite.

Louise s'était introduite la nuit précédente auprès de Valentine. Il lui avait été facile de prévenir et de gagner la nourrice, qui lui était dévouée, et qui l'avait vue avec joie au chevet de sa sœur. C'est alors qu'elles avaient réussi à faire comprendre à cette infortunée que Bénédict n'était pas mort. D'abord elle avait témoigné sa joie par d'énergiques caresses à ces deux personnes amies; puis elle était retombée dans un état d'abattement complet, et, à l'approche du jour, Louise avait été forcée de se retirer sans pouvoir obtenir d'elle un regard ou un mot.

Elle apprit le lendemain que Valentine était mieux, et passa la nuit entière auprès de Bénédict, qui était plus mal; mais la nuit suivante, ayant appris que Valentine avait eu un redoublement, elle quitta Bénédict au milieu de son paroxysme, et se rendit auprès de sa sœur. Partagée entre ces deux malades, la triste et courageuse Louise s'oubliait elle-même.

Elle trouva le médecin auprès de Valentine. Celle-ci était calme et dormait lorsqu'elle entra. Alors, prenant le docteur à part, elle crut de son devoir de lui ouvrir son cœur, et de confier à sa délicatesse les secrets de ces deux amants, pour le mettre à même d'essayer sur eux un traitement moral plus efficace.

« Vous avez fort bien fait, répondit le médecin, de me

confier cette histoire, mais il n'en était pas besoin ; je l'aurais devinée, quand même on ne vous eût pas prévenue. Je comprends fort bien vos scrupules dans la situation délicate où les préjugés et les usages vous rejettent ; mais moi, qui m'applique plus positivement à obtenir des résultats physiques, je me charge de calmer ces deux cœurs égarés, et de guérir l'un par l'autre.

En ce moment Valentine ouvrit les yeux et reconnut sa sœur. Après l'avoir embrassée, elle lui demanda à voix basse des nouvelles de Bénédict. Alors le médecin prit la parole :

— Madame, lui dit-il, c'est moi qui puis vous en donner, puisque c'est moi qui l'ai soigné et qui ai eu le bonheur jusqu'ici de prolonger sa vie. L'ami qui vous inquiète, et qui a des droits à l'intérêt de toute âme noble et généreuse comme la vôtre, est maintenant physiquement hors de danger. Mais le moral est loin d'une aussi rapide guérison, et vous seule pouvez l'opérer.

— O mon Dieu ! dit la pâle Valentine en joignant les mains et en attachant sur le médecin ce regard triste et profond que donne la maladie.

— Oui, Madame, reprit-il, un ordre de votre bouche, une parole de consolation et de force, peuvent seuls fermer cette blessure ; elle le serait sans l'affreuse obstination du malade à en arracher l'appareil aussitôt que la cicatrice se forme. Notre jeune ami est atteint d'un profond découragement, Madame, et ce n'est pas moi qui ai des secrets assez puissants pour la douleur morale. J'ai besoin de votre aide, voudrez-vous me l'accorder ?

En parlant ainsi, le bon vieux médecin de campagne, obscur savant, qui avait maintes fois dans sa vie étanché du sang et des larmes, prit la main de Valentine avec une affectueuse douceur qui n'était pas sans un mélange d'antique galanterie, et la baisa méthodiquement, après en avoir compté les pulsations.

Valentine, trop faible pour bien comprendre ce qu'elle entendait, le regardait avec une surprise naïve et un triste sourire.

— Eh bien ! ma chère enfant, dit le vieillard, voulez-vous être mon aide-major et venir mettre la dernière main à cette cure ?

Valentine ne répondit que par un signe d'avidité ingénue.

— Demain ? reprit-il.

— Oh ! tout de suite ! répondit-elle d'une voix faible et pénétrante.

— Tout de suite, ma pauvre enfant ? dit le médecin en souriant. Eh ! voyez donc ces flambeaux ! il est deux heures du matin ; mais si vous voulez me promettre d'être sage et de bien dormir, et de ne pas reprendre la fièvre d'ici à demain, nous irons dans la matinée faire une promenade dans le bois de Vavray. Il y a de ce côté-là une petite maison où vous porterez l'espoir et la vie.

Valentine pressa à son tour la main du vieux médecin, se laissa médicamenter avec la docilité d'un enfant, passa son bras autour du cou de Louise, et s'endormit sur son sein d'un sommeil paisible.

— Y pensez-vous, monsieur Faure ? dit Louise en la voyant assoupie. Comment voulez-vous qu'elle ait la force de sortir, elle qui était encore à l'agonie il y a quelques heures ?

— Elle l'aura, comptez-y, répondit M. Faure. Ces affections nerveuses n'affaiblissent le corps qu'aux heures de la crise. Celle-ci est si évidemment liée à des causes morales, qu'une révolution favorable dans les idées doit en amener une équivalente dans la maladie. Plusieurs fois, depuis l'invasion du mal, j'ai vu madame de Lansac passer d'une prostration effrayante à une surabondance d'énergie à laquelle j'eusse voulu donner un aliment. Il existe des symptômes de la même affection chez Bénédict ; ces deux personnes sont nécessaires l'une à l'autre...

— Oh ! monsieur Faure ! dit Louise, n'allons-nous pas commettre une grande imprudence ?

— Je ne le crois pas ; les passions dangereuses pour la vie des individus comme pour celle des sociétés, sont les passions que l'on irrite et que l'on exaspère. N'ai-je pas été jeune ? n'ai-je pas été amoureux à en perdre l'esprit ? N'ai-je pas guéri ? ne suis-je pas devenu vieux ? Allez, le temps et l'expérience marchent pour tous. Laissez guérir ces pauvres enfants ; après qu'ils auront trouvé la force de vivre, ils trouveront celle de se séparer. Mais, croyez-moi, hâtons le paroxysme de la passion ; elle éclaterait sans nous d'une manière peut-être plus terrible ; en la sanctionnant de notre présence, nous la calmerons un peu.

— Oh ! pour lui, pour elle, je ferai tous les sacrifices ! répondit Louise ; mais que dira-t-on de nous, monsieur Faure ? Quel rôle coupable allons-nous jouer ?

— Si votre conscience ne vous le reproche pas, qu'avez-vous à craindre des hommes ? Ne vous ont-ils pas fait le mal qu'ils pouvaient vous faire ? Leur devez-vous beaucoup de reconnaissance pour l'indulgence et la charité que vous avez trouvées en ce monde ?

Le sourire malin et affectueux du vieillard fit rougir Louise. Elle se chargea d'éloigner de chez Bénédict tout témoin indiscret, et le lendemain Valentine, M. Faure et la nourrice, s'étant fait promener environ une heure en calèche dans le bois de Vavray, mirent pied à terre dans un endroit sombre et solitaire, où ils dirent à l'équipage de les attendre. Valentine, appuyée sur le bras de sa nourrice, s'enfonça dans un des chemins tortueux qui descendent vers le ravin ; et M. Faure, prenant les devants, alla s'assurer par lui-même qu'il n'y avait personne de trop à la maison de Bénédict. Louise avait, sous différents prétextes, renvoyé tout le monde ; elle était seule avec son malade endormi. Le médecin lui avait défendu de le prévenir, dans la crainte que l'impatience ne lui fût trop pénible et n'augmentât son irritation.

Quand Valentine approcha du seuil de cette chaumière, elle fut saisie d'un tremblement convulsif ; mais M. Faure, venant à elle, lui dit :

— Allons, Madame, il est temps d'avoir du courage et d'en donner à ceux qui en manquent ; songez que la vie de mon malade est dans vos mains.

Valentine, réprimant aussitôt son émotion avec cette force de l'âme qui devrait détruire toutes les convictions du matérialisme, pénétra dans cette chambre grise et sombre, où gisait le malade entre ses quatre rideaux de serge verte.

Louise voulait conduire sa sœur vers Bénédict, mais M. Faure lui prenant la main :

— Nous sommes de trop ici, ma belle curieuse ; allons admirer les légumes du jardin. Et vous, Catherine, dit-il à la nourrice, installez-vous sur ce banc, au seuil de la maison, et, si quelqu'un paraissait sur le sentier, frappez des mains pour nous avertir.

Il entraîna Louise, dont les angoisses furent inexprimables durant cet entretien. Nous ne saurions affirmer si une involontaire et poignante jalousie n'entrait pas pour beaucoup dans le déplaisir de sa situation et dans les reproches qu'elle se faisait à elle-même.

## XXVI.

Au léger bruit que firent les anneaux du rideau en glissant sur la tringle rouillée, Bénédict se souleva à demi éveillé et murmura le nom de Valentine. Il venait de la voir dans ses rêves ; mais quand il la vit réellement devant lui, il fit un cri de joie que Louise entendit du fond du jardin, et qui la pénétra de douleur.

— Valentine, dit-il, est-ce votre ombre qui vient m'appeler ? Je suis prêt à vous suivre.

Valentine se laissa tomber sur une chaise.

— C'est moi qui viens vous ordonner de vivre, lui répondit-elle, ou vous prier de me tuer avec vous.

— Je l'aimerais mieux ainsi, dit Bénédict.

— O mon ami ! dit Valentine, le suicide est un acte impie ; sans cela, nous serions réunis dans la tombe. Mais Dieu le défend ; il nous maudirait, il nous punirait par une éternelle séparation. Acceptons la vie, quelle

*Louise jetait mélancoliquement des feuilles dans le courant. (Page 28.)*

qu'elle soit; n'avez-vous pas en vous une pensée qui devrait vous donner du courage?
— Laquelle, Valentine? dites-la.
— Mon amitié n'est-elle pas?...
— Votre amitié? c'est beaucoup plus que je ne mérite, Madame; aussi je me sens indigne d'y répondre, et je n'en veux pas. Ah! Valentine, vous devriez dormir toujours; mais la femme la plus pure redevient hypocrite en s'éveillant. Votre amitié!
— Oh! vous êtes égoïste, vous ne vous souciez pas de mes remords!
— Madame, je les respecte; c'est pour cela que je veux mourir. Qu'êtes-vous venue faire ici? Il fallait abjurer toute religion, tout scrupule, et venir à moi pour me dire: « Vis, et je t'aimerai; » ou bien il fallait rester chez vous, m'oublier et me laisser périr. Vous ai-je rien demandé? ai-je voulu empoisonner votre vie? Me suis-je fait un jeu de votre bonheur, de vos principes? Ai-je imploré votre pitié, seulement? Tenez, Valentine, cette compassion que vous me témoignez, ce sentiment d'humanité qui vous amène ici, cette amitié que vous m'offrez, tout cela, ce sont de vains mots qui m'eussent trompé il y a un mois, lorsque j'étais un enfant et qu'un regard de vous me faisait vivre tout un jour. A présent, j'ai trop vécu, j'ai trop appris les passions pour m'aveugler. Je n'essaierai plus une lutte inutile et folle contre ma destinée. Vous devez me résister, je le sais; vous le ferez, je n'en doute pas. Vous me jetterez parfois une parole d'encouragement et de pitié pour m'aider à souffrir, et encore vous vous la reprocherez comme un crime, et il faudra qu'un prêtre vous en absolve pour que vous vous la pardonniez. Votre vie sera troublée et gâtée par moi; votre âme, sereine et pure jusqu'ici, sera désormais orageuse comme la mienne! A Dieu ne plaise! Et moi, en dépit de ces sacrifices qui vous sembleront grands, je me trouverai le plus misérable des hommes! Non, non, Valentine, ne nous abusons pas. Il faut que je meure. Telle que vous êtes, vous ne pouvez pas m'aimer sans remords et sans tourments; je ne veux point d'un bonheur qui vous coûterait si cher. Loin de vous accuser, c'est pour votre vertu, pour votre force que je vous aime avec tant d'ardeur et d'enthousiasme. Restez donc telle que vous êtes; ne descendez pas au-dessous de vous-même pour arriver jusqu'à moi. Vivez, et méritez

Bénédict n'était pas absolument dépourvu de beauté. (Page 28.)

le ciel. Moi, dont l'âme est au néant, j'y veux retourner. Adieu, Valentine; vous êtes venue me dire adieu, vous je en remercie.

Ce discours dont Valentine ne sentit que trop toute la force, la jeta dans le désespoir. Elle ne sut rien trouver pour y répondre, et se jeta la face contre le lit en pleurant avec une profonde amertume. Le plus grand charme de Valentine était une franchise d'impressions qui ne cherchait jamais à abuser ni elle-même ni les autres.

Sa douleur fit plus d'effet sur Bénédict que tout ce qu'elle eût pu dire : en voyant ce cœur si noble et si droit se briser à l'idée de le perdre, il s'accusa lui-même. Il saisit les mains de Valentine, elle pencha son front vers les siennes et les arrosa de larmes. Alors il fut comme inondé de joie, de force et de repentir.

— Pardon, Valentine, s'écria-t-il, je suis un lâche et un misérable, moi qui vous fais pleurer ainsi. Non, non! je ne mérite pas ces regrets et cet amour; mais Dieu m'est témoin que je m'en rendrai digne! Ne m'accordez rien, ne me promettez rien; ordonnez seulement, et j'obéirai. Oh! oui, c'est mon devoir; plutôt que de vous coûter une de ces larmes, je dois vivre, fussé-je malheureux! Mais avec le souvenir de ce que vous avez fait pour moi aujourd'hui, je ne le serai pas, Valentine. Je jure que je supporterai tout, que je ne me plaindrai jamais, que je ne chercherai point à vous imposer des sacrifices et des combats. Dites-moi seulement que vous me plaindrez quelquefois dans le secret de votre cœur; dites que vous aimerez Bénédict en silence et dans le sein de Dieu... Mais non, ne me dites rien, ne m'avez-vous pas tout dit? Ne vois-je pas bien que je suis ingrat et stupide d'exiger plus que ces pleurs et ce silence!

N'est-ce pas une étrange chose que le langage de l'amour? et, pour un spectateur froid, quelle inexplicable contradiction que ce serment de stoïcisme et de vertu, scellé par des baisers de feu, à l'ombre d'épais rideaux sur un lit d'amour et de souffrance! Si l'on pouvait ressusciter le premier homme à qui Dieu donna une compagne avec un lit de mousse et la solitude des bois, en vain peut-être chercherions-nous dans cette âme primitive la puissance d'aimer. De combien de grandeur et de poésie le trouverions-nous ignorant! Et que dirions-nous si nous découvrions qu'il est inférieur à l'homme dégénéré de la civilisation? si ce corps athlétique ne renfermait qu'une âme sans passion et sans vigueur?

Mais non, l'homme n'a pas changé, et sa force s'exerce contre d'autres obstacles; voilà tout. Autrefois il domptait les ours et les tigres, aujourd'hui il lutte contre la société pleine d'erreurs et d'ignorance. Là est sa vigueur, son audace, et peut-être sa gloire. A la puissance physique a succédé la puissance morale. A mesure que le système musculaire s'énervait chez les générations, l'esprit humain grandissait en énergie.

La guérison de Valentine fut prompte; celle de Bénédict plus lente, mais miraculeuse néanmoins pour ceux qui n'en surent point le secret. Madame de Raimbault ayant gagné son procès, succès dont elle s'attribua tout l'honneur, revint passer quelques jours auprès de Valentine. Elle ne se fut pas plus tôt assurée de sa guérison qu'elle repartit pour Paris. En se sentant débarrassée des devoirs de la maternité, il lui sembla qu'elle rajeunissait de vingt ans. Valentine, désormais libre et souveraine dans son château de Raimbault, resta donc seule avec sa grand'mère, qui n'était pas, comme on sait, un mentor incommode.

Ce fut alors que Valentine désira se rapprocher réellement de sa sœur. Il ne fallait que l'assentiment de M. de Lansac; car la marquise reverrait certainement avec joie sa petite-fille. Mais jamais M. de Lansac ne s'était prononcé assez franchement à cet égard pour inspirer de la confiance à Louise, et Valentine commençait aussi à douter beaucoup de la sincérité de son mari.

Néanmoins elle voulait à tout risque lui offrir un asile dans sa maison, et lui témoigner ostensiblement sa tendresse, comme une espèce de réparation de tout ce qu'elle avait souffert de la part de sa famille; mais Louise refusa positivement.

— Non, chère Valentine, lui dit-elle, je ne souffrirai jamais que pour moi tu t'exposes à déplaire à ton mari. Ma fierté souffrirait de l'idée que je suis dans une maison d'où l'on pourrait me chasser. Il vaut mieux que nous vivions ainsi. Nous avons désormais la liberté de nous voir, que nous faut-il de plus? D'ailleurs, je ne pourrais m'établir pour longtemps à Raimbault. L'éducation de mon fils est loin d'être finie, et il faut que je reste à Paris pour la surveiller encore quelques années. Là nous nous verrons avec plus de liberté encore; mais que cette amitié reste entre nous un doux mystère. Le monde te blâmerait certainement de m'avoir tendu la main, ta mère te maudirait presque. Ce sont là des maîtres injustes qu'il faut craindre, et dont les lois ne seraient pas impunément bravées en face. Restons ainsi; Bénédict a encore besoin de mes soins. Dans un mois au plus il faudra que je parte; en attendant, je tâcherai de te voir tous les jours.

En effet, elles eurent de fréquentes entrevues. Il y avait dans le parc un joli pavillon où M. de Lansac avait demeuré durant son séjour à Raimbault; Valentine le fit arranger pour s'en servir comme de cabinet d'étude. Elle y fit transporter des livres et son chevalet; elle y passait une partie de ses journées, et, le soir, Louise venait l'y trouver et causer pendant quelques heures avec elle. Malgré ces précautions, l'*identité* de Louise était désormais bien constatée dans le pays, et le bruit avait fini par en venir aux oreilles de la vieille marquise. D'abord, elle en avait éprouvé un sentiment de joie aussi vif qu'il lui était possible de le ressentir, et s'était promis de faire venir sa petite-fille pour l'embrasser, car Louise avait été longtemps ce que la marquise aimait le mieux dans le monde; mais la demoiselle de compagnie, qui était une personne prudente et posée, et qui dominait entièrement sa maîtresse, lui avait fait comprendre que madame de Raimbault finirait par apprendre cette démarche et qu'elle pourrait s'en venger.

— Mais qu'ai-je à craindre d'elle, à présent? avait répondu la marquise. Ma pension ne doit-elle pas être désormais servie par Valentine? Ne suis-je pas chez Valentine? Et si Valentine voit sa sœur en secret, comme on l'assure, ne serait-elle pas heureuse de me voir partager ses intentions?

— Madame de Lansac, répondit la vieille suivante, dépend de son mari, et vous savez bien que M. de Lansac et vous, n'êtes pas toujours fort bien ensemble. Prenez garde, madame la marquise, de compromettre par une étourderie l'existence de vos vieux jours. Votre petite-fille n'est pas très-empressée de vous voir, puisqu'elle ne vous a point fait part de son arrivée dans le pays; madame de Lansac elle-même n'a pas jugé à propos de vous confier ce secret. Mon avis est donc que vous fassiez comme vous avez fait jusqu'ici, c'est-à-dire que vous ayez l'air de ne rien voir du danger où les autres s'exposent, et que vous tâchiez de maintenir votre tranquillité à tout prix.

Ce conseil avait dans le caractère même de la marquise un trop puissant auxiliaire pour être méconnu; elle ferma donc les yeux sur ce qui se passait autour d'elle, et les choses en restèrent à ce point.

Athénaïs avait été d'abord fort cruelle pour Pierre Blutty, et pourtant elle avait vu avec un certain plaisir l'obstination de celui-ci à combattre ses dédains. Un homme comme M. de Lansac se fût retiré piqué dès le premier refus; mais Pierre Blutty avait sa diplomatie qui en valait bien une autre. Il voyait que son ardeur à mériter le pardon de sa femme, son humilité à l'implorer, et le bruit un peu ridicule qu'il en faisait devant trente témoins de son martyre, flattaient la vanité de la jeune fermière. Quand ses amis le quittèrent le soir de ses noces, quoiqu'il ne fût pas encore rentré en grâce en apparence, un sourire significatif qu'il échangea avec eux leur fit comprendre qu'il n'était pas aussi désespéré qu'il voulait bien le paraître. En effet, laissant Athénaïs barricader la porte de sa chambre, il imagina de grimper par la fenêtre. Il serait difficile de n'être pas touchée de la résolution d'un homme qui s'expose à se casser le cou pour vous obtenir, et le lendemain, à l'heure où l'on apporta, au milieu du repas, la nouvelle de la mort de Bénédict à la ferme de Pierre Blutty, Athénaïs avait une main dans celle de son mari, et chaque regard énergique du fermier couvrait de rougeur les belles joues de la fermière.

Mais le récit de cette catastrophe réveilla l'orage assoupi. Athénaïs jeta des cris perçants, il fallut l'emporter de la salle. Le lendemain, dès qu'elle eut appris que Bénédict n'était point mort, elle voulut aller le voir. Blutty comprit que ce n'était pas le moment de la contrarier, d'autant plus que son père et sa mère lui donnaient l'exemple et couraient tous deux auprès du moribond. Il pensa qu'il ferait bien d'y aller lui-même, et de montrer ainsi à sa nouvelle famille qu'il était disposé à déférer à leurs intentions. Cette marque de soumission ne pouvait pas compromettre sa fierté auprès de Bénédict, puisque celui-ci était hors d'état de le reconnaître.

Il accompagna donc Athénaïs, et quoique son intérêt ne fût pas fort sincère, il se conduisit assez convenablement pour mériter de sa part une mention honorable. Le soir, malgré la résistance de sa fille, qui voulait passer la nuit auprès de la malade, madame Lhéry lui ordonna de se mettre en route avec son mari. Tête à tête dans la cariole, les deux époux se boudèrent d'abord, et puis Pierre Blutty changea de tactique. Au lieu de paraître choqué des pleurs que sa femme donnait au cousin, il se mit à déplorer avec elle le malheur de Bénédict et à faire l'oraison funèbre du mourant. Athénaïs ne s'attendait point à tant de générosité; elle tendit la main à son mari, et se rapprochant de lui:

— Pierre, lui dit-elle, vous avez un bon cœur; je tâcherai de vous aimer comme vous le méritez.

Quand Blutty vit que Bénédict ne mourait point, il souffrit un peu plus des visites de sa femme à la chaumière du ravin, cependant il n'en témoigna rien; mais quand Bénédict fut assez fort pour se lever et marcher, il sentit sa haine pour lui se réveiller, et il jugea qu'il était temps d'user de son autorité. Il était *dans son droit*, comme disent les paysans avec tant de finesse, lorsqu'ils peuvent mettre l'appui des lois au-dessus de leur conscience. Bénédict n'avait plus besoin des soins de sa cousine, et l'intérêt qu'elle lui marquait ne pouvait plus que le compromettre. En déduisant ces raisons à sa femme, Blutty mit dans son regard et dans sa voix quelque chose d'énergique qu'elle ne connaissait pas encore, et qui lui fit comprendre admirablement que le moment était venu d'obéir.

Elle fut triste pendant quelques jours, et puis elle en prit son parti; car si Pierre Blutty commençait à faire le mari à certains égards, sous tous les autres il était demeuré amant passionné; et cela fut un exemple de la différence du préjugé dans les diverses classes de la société. Un homme de qualité et un bourgeois se fussent trouvés également compromis par l'amour de leur femme pour un autre. Ce fait avéré, ils n'eussent pas recherché Athénaïs en mariage, l'opinion les eut flétris; eussent-ils été trompés, le ridicule les eût poursuivis. Tout au contraire, la manière savante et hardie dont Blutty conduisit toute cette affaire lui fit le plus grand honneur parmi ses pareils.

— Voyez Pierre Blutty, se disaient-ils lorsqu'ils voulaient citer un homme de résolution. Il a épousé une petite femme bien coquette, bien revêche, qui ne se cachait guère d'en aimer un autre, et qui, le jour de ses noces, a fait un scandale pour se séparer de lui. Eh bien, il ne s'est pas rebuté; il est venu à bout, non-seulement de se faire obéir, mais de se faire aimer. C'est là un garçon qui s'y entend. Il n'y a pas de danger qu'on se moque de lui.

Et, à l'exemple de Pierre Blutty, chaque garçon du pays se promettait bien de ne jamais prendre au sérieux les premières rigueurs d'une femme.

## XXVII.

Valentine avait fait plus d'une visite à la maisonnette du ravin : d'abord sa présence avait calmé l'irritation de Bénédict; mais dès qu'il eut repris ses forces, comme elle cessa de le voir, son amour, à lui, redevint âpre et cuisant; sa situation lui sembla insupportable; il fallut que Louise consentît à le mener quelquefois le soir avec elle au pavillon du parc. Dominée entièrement par lui, la faible Louise éprouvait de profonds remords, et ne savait comment excuser son imprudence aux yeux de Valentine. De son côté, celle-ci s'abandonnait à des dangers dont elle n'était pas trop fâchée de voir sa sœur complice. Elle se laissait emporter par sa destinée, sans vouloir regarder en avant, et puisait dans l'imprévoyance de Louise des excuses pour sa propre faiblesse.

Valentine n'était point née passionnée, mais la fatalité semblait se plaire à la jeter dans une situation d'exception, et à l'entourer de périls au-dessus de ses forces. L'amour a causé beaucoup de suicides, mais il est douteux que beaucoup de femmes aient vu à leurs pieds l'homme qui s'était brûlé la cervelle pour elles. Pût-on ressusciter les morts, sans doute la générosité féminine accorderait beaucoup de pardons à des dévouements si énergiques; et si rien n'est plus douloureux au cœur d'une femme que le suicide de son amant, rien peut-être aussi n'est plus flatteur pour cette secrète vanité qui trouve sa place dans toutes les passions humaines. C'était pourtant là la situation de Valentine. Le front de Bénédict, encore sillonné d'une large cicatrice, était toujours devant ses yeux comme le sceau d'un terrible serment dont elle ne pouvait révoquer la sincérité. Ces refus de nous croire, ces railleuses méfiances dont elles se servent toutes contre nous pour se dispenser de nous plaindre et de nous consoler, Valentine ne pouvait s'en servir contre Bénédict. Il avait fait ses preuves; ce n'était point là une de ces vagues menaces dont on use tant auprès des femmes. Quoique la plaie large et profonde fût fermée, Bénédict en porterait toute sa vie le stigmate indélébile. Vingt fois, durant sa maladie, il avait essayé de la rouvrir, il en avait arraché l'appareil et cruellement élargi les bords. Une si ferme volonté de mourir n'avait pu être fléchie que par Valentine elle-même; c'était par son ordre, par ses prières, qu'il y avait renoncé. Mais Valentine savait-elle bien compris à quel point elle se liait envers lui en exigeant ce sacrifice?

Bénédict ne pouvait se le dissimuler; loin d'elle, il faisait mille projets hardis, il s'obstinait dans ses espérances nouvelles; il se disait que Valentine n'avait plus le droit de lui rien refuser; mais dès qu'il se retrouvait sous l'empire de ses regards si purs, de ses manières si nobles et si douces, il s'arrêtait subjugué et se tenait bien heureux des plus faibles marques d'amitié.

Cependant les dangers de leurs situations allaient croissant. Pour donner le change à leurs sentiments, ils se témoignaient une amitié intime; c'était une imprudence de plus, car la rigide Valentine elle-même ne pouvait pas s'y tromper. Afin de rendre leurs entrevues plus calmes, Louise, qui se mettait à la torture pour imaginer quelque chose, imagina de faire de la musique. Elle accompagnait un peu, et Bénédict chantait admirablement. Cela compléta les périls dont ils s'environnaient. La musique peut paraître un art d'agrément, un futile et innocent plaisir pour les esprits calmes et rassis; pour les âmes passionnées, c'est la source de toute poésie, le langage de toute passion forte. C'est bien ainsi que Bénédict l'entendait; il savait que la voix humaine, modulée avec âme, est la plus rapide, la plus énergique expression des sentiments, qu'elle arrive à l'intelligence d'autrui avec plus de puissance que lorsqu'elle est refroidie par les développements de la parole. Sous la forme de mélodie, la pensée est grande, poétique et belle.

Valentine, récemment éprouvée par une maladie de nerfs très-violente, était encore en proie, à certaines heures, à une sorte d'exaltation fébrile. Ces heures-là, Bénédict les passait auprès d'elle, et il chantait. Valentine avait le frisson, tout son sang affluait à son cœur et à son cerveau; elle passait d'une chaleur dévorante à un froid mortel. Elle tenait son cœur sous ses mains pour l'empêcher de briser ses parois, tant il palpitait avec fougue, à certains sons partis de la poitrine et de l'âme de Bénédict. Lorsqu'il chantait, il était beau, malgré ou plutôt à cause de la mutilation de son front. Il aimait Valentine avec passion, et il le lui avait bien prouvé. N'était-ce pas de quoi l'embellir un peu? Et puis ses yeux avaient un éclat prestigieux. Dans l'obscurité, lorsqu'il était au piano, elle les voyait scintiller comme deux étoiles. Quand elle regardait, au milieu des lueurs vagues du crépuscule, ce front noir et blanc que rehaussait la profusion de ses cheveux noirs, cet œil de feu et ce long visage pâle dont les traits, s'effaçant dans l'ombre, prenaient mille aspects singuliers, Valentine avait peur: il lui semblait voir en lui le spectre sanglant de l'homme qui l'avait aimée; et s'il chantait, d'une voix creuse et lugubre, quelque souvenir du *Roméo* de Zingarelli, elle se sentait si émue de frayeur et de superstition, qu'elle se pressait, en frissonnant, contre sa sœur.

Ces scènes de passion muette et comprimée se passaient dans le pavillon du jardin, où elle avait fait porter son piano, et où, insensiblement, Louise et Bénédict vinrent passer toutes les soirées avec elle. Pour que Bénédict ne pût deviner les émotions violentes qui la dominaient, Valentine avait coutume, pendant les soirées d'été, de demeurer sans lumière. Bénédict chantait de mémoire, ensuite on faisait quelques tours de promenade dans le parc, ou bien l'on causait auprès d'une fenêtre où l'on respirait la bonne odeur des feuilles mouillées après une pluie d'orage, ou bien encore on allait voir la lune du haut de la colline. Cette vie eût été délicieuse si elle avait pu durer; mais Valentine sentait bien, à ses remords, qu'elle durait déjà depuis trop longtemps.

Louise ne les quittait pas un instant; cette surveillance sur Valentine lui semblait un devoir, et pourtant ce devoir lui devenait souvent à charge, car elle s'apercevait qu'elle y portait une jalousie toute personnelle, et alors elle éprouvait toutes les tortures d'une âme noble en lutte avec des sentiments étroits.

Un soir où Bénédict lui parut plus animé que de coutume, ses regards enflammés, l'expression de sa voix, en s'adressant à Valentine, lui firent tant de mal qu'elle se retira, découragée de son rôle et de ses chagrins. Elle alla rêver seule dans le parc. Une terrible palpitation s'empara de Bénédict lorsqu'il se vit seul avec Valentine. Elle essaya de lui parler de choses générales, sa voix tremblait. Effrayée d'elle-même, elle garda le silence quelques instants, puis elle le pria de chanter ; mais sa voix opéra sur ses nerfs une action plus violente encore, et elle sortit, le laissant seul au piano. Bénédict en eut du dépit, et il continua de chanter. Cependant Valentine s'était assise sous les arbres de la terrasse, à quelques pas de la fenêtre entr'ouverte. La voix de Bénédict lui arrivait ainsi plus suave et plus caressante parmi les feuilles émues, sur la brise odorante du soir. Tout était parfum et mélodie autour d'elle. Elle cacha sa tête dans ses mains, et, livrée à une des plus fortes séductions que la femme ait jamais bravées, elle laissa couler ses larmes. Bénédict cessa de chanter, et elle s'en aperçut à peine, tant elle était sous le charme. Il s'approcha de la fenêtre et la vit. Le salon n'était qu'au rez-de-chaussée ; il sauta sur l'herbe et s'assit à ses pieds. Comme elle ne lui parlait pas, il craignit qu'elle ne fût malade et osa écarter doucement ses mains. Alors il vit ses larmes, et laissa échapper un cri de surprise et de triomphe. Valentine, accablée de honte, voulut cacher son front dans le sein de son amant. Comment se fit-il que leurs lèvres se rencontrèrent ? Valentine voulut se défendre ; Bénédict n'eut pas la force d'obéir. Avant que Louise fût auprès d'eux, ils avaient échangé vingt serments d'amour, vingt baisers dévorants. Louise, où étiez-vous donc ?

## XXVIII.

Dès ce moment, le péril devint imminent. Bénédict se sentit si heureux qu'il en devint fier, et se mit à mépriser le danger. Il prit sa destinée en dérision, et se dit qu'avec l'amour de Valentine il devait vaincre tous les obstacles. L'orgueil du triomphe le rendit audacieux ; il imposa silence à tous les scrupules de Louise. D'ailleurs il était affranchi de l'espèce de dépendance à laquelle les soins et le dévouement de celle-ci l'avaient soumis. Depuis qu'il était guéri complètement, Louise habitait la ferme, et le soir ils se rendaient auprès de Valentine, chacun de son côté. Il arriva plusieurs fois que Louise y vint bien après lui ; il arriva même que Louise ne put pas y venir, et que Bénédict passa de longues soirées seul avec Valentine. Le lendemain, lorsque Louise interrogeait sa sœur, il lui était facile de comprendre, à son trouble, la nature de l'entretien qu'elle avait eu avec son amant, car le secret de Valentine ne pouvait plus en être un pour Louise ; elle était trop intéressée à le pénétrer pour n'y avoir pas réussi depuis longtemps. Rien ne manquait plus à son malheur, et ce qui le complétait, c'est qu'elle se sentait incapable d'y apporter un prompt remède. Louise sentait que sa faiblesse perdait Valentine. N'eût-elle eu d'autre motif que son intérêt pour elle, elle n'eût pas hésité à l'éclairer sur les dangers de sa situation ; mais rongée de jalousie comme elle l'était, et conservant toute sa fierté d'âme, elle aimait mieux exposer le bonheur de Valentine que de s'abandonner à un sentiment dont elle rougissait. Il y avait de l'égoïsme dans ce désintéressement-là.

Elle se détermina à retourner à Paris pour mettre fin au supplice qu'elle endurait, sans avoir rien décidé pour sauver sa sœur. Elle résolut seulement de l'informer de son prochain départ, et un soir, au moment où Bénédict se retira, au lieu de sortir du parc avec lui, elle dit à Valentine qu'elle voulait lui parler un instant. Ces paroles donnèrent de l'ombrage à Bénédict ; il était toujours préoccupé de l'idée que Louise, tourmentée par ses remords, voulait lui nuire auprès de Valentine. Cette idée achevait de l'aigrir contre cette femme si généreuse et si dévouée, et lui faisait porter le poids de la reconnaissance avec humeur et parcimonie.

— Ma sœur, dit Louise à Valentine, le moment est arrivé où il faut que je te quitte. Je ne puis rester plus longtemps éloignée de mon fils. Tu n'as plus besoin de moi, je pars demain.

— Demain ! s'écria Valentine effrayée ; tu me quittes, tu me laisses seule, Louise ! Et que vais-je devenir ?

— N'es-tu pas guérie ? n'es-tu pas heureuse et libre, Valentine ? A quoi peut te servir désormais la pauvre Louise ?

— Ma sœur, ô ma sœur ! dit Valentine en l'enlaçant de ses bras ; vous ne me quitterez point ! Vous ne savez pas mes chagrins et les périls qui m'entourent. Si vous me quittez, je suis perdue.

Louise garda un triste silence ; elle se sentait une mortelle répugnance à écouter les aveux de Valentine, et pourtant elle n'osait les repousser. Valentine, le front couvert de honte, ne pouvait se résoudre à parler. Le silence froid et cruel de sa sœur la glaçait de crainte. Enfin, elle vainquit sa propre résistance, et lui dit d'une voix émue :

— Eh bien, Louise, ne voudras-tu pas rester auprès de moi, si je te dis que sans toi je suis perdue ?

Ce mot, deux fois répété, offrit à Louise un sens qui l'irrita malgré elle.

— Perdue ! reprit-elle avec amertume, vous êtes *perdue*, Valentine ?

— Oh ! ma sœur ! dit Valentine blessée de l'empressement avec lequel Louise accueillait cette idée, Dieu m'a protégée jusqu'ici ; il m'est témoin que je ne me suis livrée volontairement à aucun sentiment, à aucune démarche contraire à mes devoirs.

Ce noble orgueil d'elle-même, auquel Valentine avait encore droit, acheva d'aigrir celle qui se livrait trop aveuglément peut-être à sa passion. Toujours facile à blesser, parce que sa vie passée était souillée d'une tache ineffaçable, elle éprouva comme un sentiment de haine pour la supériorité de Valentine. Un instant, l'amitié, la compassion, la générosité, tous les nobles sentiments s'éteignirent dans son cœur ; elle ne trouva pas de meilleure vengeance à exercer que d'humilier Valentine.

— Mais de quoi donc est-il question ? lui dit-elle avec dureté. Quels dangers courez-vous ? Je ne comprends pas de quoi vous me parlez.

Il y avait dans sa voix une sécheresse qui fit mal à Valentine ; jamais elle ne l'avait vue ainsi. Elle s'arrêta quelques instants pour la regarder avec surprise. A la lueur d'une pâle bougie qui brûlait sur le piano au fond de l'appartement, elle crut voir dans les traits de sa sœur une expression qu'elle ne lui connaissait pas. Ses sourcils étaient contractés, ses lèvres pâles et serrées ; son œil, terne et sévère, était impitoyablement attaché sur Valentine. Celle-ci, troublée, recula involontairement sa chaise, et, toute tremblante, chercha à s'expliquer la froideur dédaigneuse dont pour la première fois de sa vie elle se voyait l'objet. Mais elle eût tout imaginé plutôt que de deviner la vérité. Humble et pieuse, elle eut en ce moment tout l'héroïsme que l'esprit religieux donne aux femmes, et, se jetant aux pieds de sa sœur, elle cacha son visage baigné de larmes sur ses genoux.

— Vous avez raison de m'humilier ainsi, lui dit-elle ; l'ai bien mérité, et quinze ans de vertu vous donnent le droit de réprimander ma jeunesse imprudente et vaine. Grondez-moi, méprisez-moi ; mais ayez compassion de mon repentir et de mes terreurs. Protégez-moi, Louise, sauvez-moi ; vous le pouvez, car vous savez tout !

— Laisse ! s'écria Louise, bouleversée par cette conduite et ramenée tout à coup aux nobles sentiments qui faisaient le fond de son caractère, relève-toi, Valentine, ma sœur, mon enfant, ne reste pas ainsi à mes genoux. C'est moi qui devrais être aux tiens ; c'est moi qui suis méprisable et qui devrais te demander, ange du ciel, de me réconcilier avec Dieu ! Hélas ! Valentine, je ne sais que trop tes chagrins ; mais pourquoi me les confier, à moi, misérable, qui ne puis t'offrir aucune protection et qui n'ai pas le droit de te conseiller ?

— Tu peux me conseiller et me protéger, Louise, répondit Valentine en l'embrassant avec effusion. N'as-tu pas pour toi, l'expérience qui donne la raison et la force ? Il faut que cet homme s'éloigne d'ici ou il faut que je parte moi-même. Nous ne devons pas nous voir davantage ; car chaque jour le mal augmente, et le retour à Dieu devient plus difficile. Oh ! tout à l'heure je me vantais ! je sens que mon cœur est bien coupable.

Les larmes amères que répandait Valentine brisèrent le cœur de Louise.

— Hélas ! dit-elle, pâle et consternée, le mal est donc

aussi grand que je craignais! Vous aussi, vous voilà malheureuse à jamais!
— A jamais! dit Valentine épouvantée; avec la volonté de guérir et l'aide du ciel...
— On ne guérit pas! reprit Louise d'un ton sinistre, en mettant ses deux mains sur son cœur sombre et désolé.
Puis elle se leva, et, marchant avec agitation, elle s'arrêtait de temps en temps devant Valentine pour lui parler d'une voix entrecoupée.
— Pourquoi me demander des conseils, à moi? Qui suis-je pour consoler et pour guérir? Eh quoi! vous me demandez l'héroïsme qui terrasse les passions, et les vertus qui préservent la société, à moi! à moi malheureuse, que les passions ont flétrie, que la société a maudite et repoussée! Et où prendrais-je, pour vous le donner, ce qui n'est pas en moi? Adressez-vous aux femmes que le monde estime; adressez-vous à votre mère! Celle-là est irréprochable; nul n'a su positivement que mon amant ait été le sien. Elle avait tant de prudence! Et quand mon père, quand son époux a tué cet homme qui lui avait été parjure, elle a battu des mains; et le monde l'a vue triompher, tant elle avait de force d'âme et de fierté! Voilà les femmes qui savent vaincre une passion ou en guérir!...
Valentine, épouvantée de ce qu'elle entendait, voulait interrompre sa sœur; mais celle-ci, en proie à une sorte de délire, continua :
— Les femmes comme moi succombent, et sont à jamais perdues! Les femmes comme vous, Valentine, doivent prier et combattre; elles doivent chercher leur force en elles-mêmes et ne pas la demander aux autres. Des conseils! des conseils! quels conseils vous donnerais-je que vous ne sachiez fort bien vous dicter? C'est la force de les suivre qu'il faut trouver. Vous me croyez donc plus forte que vous? Non, Valentine, je ne le suis pas. Vous savez bien quelle a été ma vie, vous savez quelles passions indomptables je suis née; vous savez bien où elles m'ont conduite!
— Tais-toi, Louise, s'écria Valentine en s'attachant à elle avec douleur, cesse de te calomnier ainsi. Quelle femme fut plus grande et plus forte que toi dans sa chute? Peut-on t'accuser éternellement d'une faute commise dans l'âge de l'ignorance et de la faiblesse? Hélas! vous étiez une enfant! et depuis vous avez été sublime, vous avez forcé l'estime de tout ce qui porte un cœur élevé. Vous voyez bien que vous savez ce que c'est que la vertu.
— Hélas! dit Louise, ne l'apprenez jamais au même prix; abandonnée à moi-même dès mon enfance, privée des secours de la religion et de la protection d'une mère, livrée à notre aïeule, cette femme si légère et si dépourvue de pudeur, je devais tomber de flétrissure en flétrissure! Oui, cela serait arrivé sans les sanglantes et terribles leçons que me donna le sort. Mon amant immolé par mon père; mon père lui-même, abreuvé de douleur et de honte par ma faute, cherchant et trouvant la mort quelques jours après sur un champ de bataille; moi, bannie, chassée honteusement du toit paternel, et réduite à traîner ma misère de ville en ville avec mon enfant mourant de faim dans mes bras! Ah! Valentine, c'est là une horrible destinée!
C'était la première fois que Louise parlait aussi hardiment de ses malheurs. Exaltée par la crise douloureuse où elle se trouvait, elle s'abandonnait à la triste satisfaction de se plaindre elle-même, et elle oubliait les chagrins de Valentine et l'appui qu'elle lui devait. Mais ces cris du remords et du désespoir produisirent plus d'effet que les plus éloquentes remontrances. En mettant sous les yeux de Valentine le tableau des malheurs où peuvent entraîner les passions, elle la frappa d'épouvante. Valentine se vit sur le bord de l'abîme où sa sœur était tombée.
— Vous avez raison, s'écria-t-elle, c'est une horrible destinée, et, pour la porter avec courage et vertu, il faut être vous; mon âme, plus faible, s'y perdrait. Mais, Louise, aidez-moi à avoir du courage, aidez-moi à éloigner Bénédict.
Comme elle prononçait ce nom, un faible bruit lui fit tourner la tête. Toutes deux jetèrent un cri perçant en voyant Bénédict debout, derrière elles, comme une pâle apparition.
— Vous avez prononcé mon nom, Madame, dit-il à Valentine avec ce calme profond qui donnait souvent le change sur ses impressions réelles.
Valentine s'efforça de sourire. Louise ne partagea pas son erreur.
— Où étiez-vous donc, lui dit-elle, pour avoir si bien entendu?
— J'étais fort près d'ici, Mademoiselle, répondit Bénédict avec un regard double.
Cela est au moins fort étrange, dit Valentine d'un ton sévère. Ma sœur vous avait dit, ce me semble, qu'elle voulait me parler en particulier, et vous êtes resté assez près de nous pour nous écouter, sans doute?
Bénédict n'avait jamais vu Valentine irritée contre lui; il en fut étourdi un instant, et faillit renoncer à son hardi projet. Mais comme c'était pour lui une crise décisive, il paya d'audace, et, conservant dans son regard et dans son attitude cette fermeté grave qui lui donnait tant de puissance sur l'esprit des autres :
— Il est fort inutile de dissimuler, dit-il; j'étais assis derrière ce rideau, et je n'ai rien perdu de votre entretien. J'aurais pu en entendre davantage et me retirer, sans être aperçu, par la même fenêtre qui m'avait donné entrée. Mais j'étais si intéressé dans le sujet de votre discussion...
Il s'arrêta en voyant Valentine devenir plus pâle que sa collerette et tomber sur un fauteuil d'un air consterné. Il eut envie de se jeter à ses pieds, de pleurer sur ses mains; mais il sentait trop la nécessité de dominer l'agitation de ces deux femmes à force de sang-froid et de fermeté.
— J'étais si intéressé dans votre discussion, reprit-il, que j'ai cru rentrer dans mon droit en venant y prendre part. Si j'ai tort, l'avenir en décidera. En attendant, tâchons d'être plus forts que notre destinée. Louise, vous ne sauriez rougir de ce que vous avez dit devant moi; vous ne pouvez oublier que vous vous êtes souvent accusée ainsi à moi-même, et je serais tenté de croire qu'il y a de la coquetterie dans votre vertueuse humilité, tant vous savez bien quel doit en être l'effet sur ceux qui, comme moi, vous vénèrent pour les épreuves que vous avez subies.
En parlant ainsi, il prit la main de Louise, qui était penchée sur sa sœur et la tenait embrassée; puis il l'attira doucement et d'un air affectueux vers un siège plus éloigné; et quand il l'y eut assise, il porta cette main à ses lèvres avec tendresse, et aussitôt, s'emparant du siège dont il l'avait arrachée, et se plaçant entre elle et Valentine, il lui tourna le dos et ne s'occupa plus d'elle.
— Valentine! dit-il alors d'une voix pleine et grave.
C'était la première fois qu'il osait l'appeler par son nom en présence d'un tiers. Valentine tressaillit, écarta ses mains dont elle se cachait le visage, et laissa tomber sur lui un regard froid et offensé. Mais il répéta son nom avec une douceur pleine d'autorité, et tant d'amour brillait dans ses yeux que Valentine se cacha de nouveau le visage pour ne pas le voir.
— Valentine, reprit-il, n'essayez pas avec moi ces feintes puériles qu'on dit être la grande défense de votre sexe; nous ne pouvons plus nous tromper l'un l'autre. Voyez cette cicatrice! je l'emporterai dans ma tombe! C'est le sceau et le symbole de mon amour pour vous. Vous ne pouvez pas croire que je consente à vous perdre, c'est une erreur trop naïve pour que vous l'admettiez; Valentine, vous n'y songez pas!
Il prit ses mains dans les siennes. Subjuguée par son air de résolution, elle les lui abandonna et le regarda d'un air effrayé.
— Ne me cachez pas vos traits, lui dit-il, et ne craignez pas de voir en face de vous le spectre que vous avez retiré du tombeau! Vous l'avez voulu, Madame! je suis devant vous aujourd'hui comme un objet de terreur et d'aversion, c'est votre faute. Mais écoute, ma Valentine, ma toute-puissante maîtresse, je t'aime trop pour te contrarier; dis un mot, et je retourne au linceul dont tu m'as retiré.

En même temps, il tira un pistolet de sa poche, et le lui montrant :

— Vois-tu, lui dit-il, c'est le même, absolument le même ; ses braves services ne l'ont point endommagé ; c'est un ami fidèle et toujours à tes ordres. Parle, chasse-moi, il est toujours prêt... Oh ! rassurez-vous, s'écria-t-il d'un ton railleur, en voyant ces deux femmes, pâles d'effroi, se reculer en criant ; ne craignez pas que je commette l'inconvenance de me tuer sous vos yeux ; je sais trop les égards qu'on doit aux nerfs des femmes.

— C'est une scène horrible ! s'écria Louise avec angoisse ; vous voulez faire mourir Valentine.

— Tout à l'heure, Mademoiselle, vous me réprimanderez, répondit-il d'un air haut et sec ; à présent je parle à Valentine, et je n'ai pas fini.

Il désarma son pistolet et le mit dans sa poche.

— Voyez-vous, Madame, dit-il à Valentine, c'est absolument à cause de vous que je vis, non pour votre plaisir, mais pour le mien. Mon plaisir est et sera toujours bien modeste. Je ne demande rien que vous ne puissiez accorder sans remords à la plus pure amitié. Consultez votre mémoire et votre conscience ; l'avez-vous trouvé bien audacieux et bien dangereux, ce Bénédict qui n'a au monde qu'une passion ? Cette passion, c'est vous. Vous ne pouvez pas espérer qu'il en ait jamais une autre, lui qui est déjà vieux de cœur et d'expérience pour tout le reste ! lui qui vous a aimée, n'aimera jamais une autre femme ; car enfin, ce n'est pas une brute, ce Bénédict que vous voulez chasser ! Eh quoi ! vous m'aimez assez pour me craindre, et vous me méprisez assez pour espérer me soumettre à vous perdre ? Oh ! quelle folie ! Non, non ! je ne vous perdrai pas tant que j'aurai un souffle de vie, j'en jure par le ciel et par l'enfer ! je vous verrai, je serai votre ami, votre frère, ou que Dieu me damne si...

— Par pitié, taisez-vous, dit Valentine, pâle et suffoquée, en lui pressant les mains d'une manière convulsive ; je ferai ce que vous voudrez, je perdrai mon âme à jamais, s'il le faut, pour sauver votre vie...

— Non, vous ne perdrez pas votre âme, répondit-il, vous nous sauverez tous deux. Croyez-vous donc que je ne puisse pas aussi mériter le ciel et tenir un serment ? Hélas ! avant vous je croyais à peine en Dieu ; mais j'ai adopté tous vos principes, toutes vos croyances. Je suis prêt à jurer par celui de vos anges que vous me nommerez. Laissez-moi vivre, Valentine ; que vous importe ? Je ne repousse pas la mort ; imposée par vous, cette fois, elle me serait plus douce que la première. Mais, par pitié, Valentine, ne me condamnez pas au néant !... Vous froncez le sourcil à ce mot. Eh ! tu sais bien que je crois au ciel avec toi ; mais le ciel sans toi, c'est le néant. Le ciel n'est pas où tu n'es pas ; j'en suis si certain que, si tu me condamnes à mourir, je te tuerai peut-être aussi afin de ne pas te perdre. J'ai déjà eu cette idée... Il s'en est fallu de peu qu'elle ne dominât toutes les autres !... Mais, crois-moi, vivons quelques jours ici-bas. Hélas ! ne sommes-nous pas heureux ? En quoi donc sommes-nous coupables ? Tu ne me quitteras pas, dis ?... Tu ne m'ordonneras pas de mourir, c'est impossible ; car tu m'aimes, et tu sais bien que sur l'honneur, ton repos, tes principes me sont sacrés. Est-ce que vous me croyez capable d'en abuser, Louise ? dit-il en se tournant brusquement vers elle. Vous faisiez tout à l'heure une horrible peinture des maux où la passion nous entraîne ; je proteste que j'ai foi en moi-même, et que si j'eusse été aimé de vous jadis, je n'aurais point flétri et empoisonné votre vie. Non, Louise, non, Valentine, tous les hommes ne sont pas des lâches...

Bénédict parla encore longtemps, tantôt avec force et passion, tantôt avec une froide ironie, tantôt avec douceur et tendresse. Après avoir épouvanté ces deux femmes et les avoir subjuguées par la crainte, il vint à bout de les dominer par l'attendrissement. Il sut si bien s'emparer d'elles, qu'en les quittant il avait obtenu toutes les promesses qu'elles se seraient crues incapables d'accorder une heure auparavant.

## XXIX.

Voici quel fut le résultat de leurs conventions.

Louise partit pour Paris, et revint quinze jours après avec son fils. Elle força madame Lhéry à traiter avec elle pour une pension qu'elle voulait lui payer chaque mois. Bénédict et Valentine se chargèrent tour à tour de l'éducation de Valentin, et continuèrent à se voir presque tous les jours après le coucher du soleil.

Valentin était un garçon de quinze ans, grand, mince et blond. Il ressemblait à Valentine ; il avait comme elle un caractère égal et facile. Ses grands yeux bleus avaient déjà cette expression de douceur caressante qui charmait en elle ; son sourire avait la même fraîcheur, la même bonté. Il ne l'eut pas plus tôt vue, qu'il se prit d'affection pour elle au point que sa mère en fut jalouse.

On régla ainsi l'emploi de son temps : il allait passer dans la matinée deux heures avec sa tante, qui cultivait en lui les arts d'agrément. Le reste du jour, il le passait à la maisonnette du ravin. Bénédict avait fait d'assez bonnes études pour remplacer avantageusement ses professeurs. Il avait pour ainsi dire forcé Louise à lui confier l'éducation de cet enfant ; il s'était senti le courage et la volonté ferme de s'en charger et de lui consacrer plusieurs années de sa vie. C'était une manière de s'acquitter envers elle, et sa conscience embrassait cette tâche avec ardeur. Mais quand il eut vu Valentin, la ressemblance de ses traits et de son caractère avec Valentine, et jusqu'à la similitude de son nom, lui firent concevoir pour lui une affection dont il ne se serait pas cru capable. Il l'adopta dans son cœur, et pour lui épargner les longues courses qu'il était forcé de faire chaque jour, il obtint que sa mère le laissât habiter avec lui. Il lui fallut bien souffrir alors que, sous prétexte de rendre l'habitation commode à son nouvel occupant, Valentine et Louise y fissent faire quelques embellissements. Par leurs soins, la maison du ravin devint en peu de jours une retraite délicieuse pour un homme frugal et poétique comme l'était Bénédict ; le pavé humide et malsain fit place à un plancher élevé de plusieurs pieds au-dessus de l'ancien sol. Les murs furent recouverts d'une étoffe sombre et fort commune, mais élégamment plissée en forme de tente pour cacher les poutres du plafond. Des meubles simples, mais propres, des livres choisis, quelques gravures, et de jolis tableaux peints par Valentine, furent apportés du château, et achevèrent de créer comme par magie un élégant cabinet de travail sous le toit de chaume de Bénédict. Valentine fit présent à son neveu d'un joli poney du pays pour venir chaque matin déjeuner et travailler avec elle. Le jardinier du château vint arranger le petit jardin de la chaumière ; il cacha les légumes prosaïques derrière des haies de pampres ; il sema de fleurs le tapis de verdure qui s'arrondissait devant la porte de la maison, il fit courir des guirlandes de liseron et de houblon sur le chaume rembruni de la toiture ; il couronna la porte d'un dais de chèvrefeuille et de clématite ; il élagua un peu les houx et les buis du ravin, et ouvrit quelques percées d'un aspect sauvage et pittoresque. En homme intelligent, que la science de l'horticulture n'avait pas abruti, il respecta les longues fougères qui s'accrochaient aux rochers ; il nettoya le ruisseau sans lui ôter ses pierres mousseuses et ses margelles de bruyères empourprées, enfin il embellit considérablement cette demeure. Les libéralités de Bénédict et les bontés de Valentine fermèrent la bouche à tout commentaire insolent. Qui pouvait ne pas aimer Valentine ? Dans les premiers jours, l'arrivée de Valentin, ce témoignage vivant du déshonneur de sa mère, fit un peu jaser le village et les serviteurs du château. Quelque porté qu'on soit à la bienveillance, on ne renonce pas aisément à une occasion si favorable de blâmer et de médire. Alors on fit attention à tout ; on remarqua les fréquentes visites de Bénédict au château, le genre de vie mystérieux et retiré de madame de Lansac. Quelques vieilles femmes qui, du reste, détestaient cordialement madame de Raimbault, firent observer à leurs voisines, avec un soupir et un clignement d'œil piteux, que les habitudes étaient déjà bien changées au château depuis le départ de la comtesse, et que tout ce qui s'y passait ne lui conviendrait guère si elle pouvait s'en douter. Mais les commérages furent tout à coup arrêtés par l'invasion d'une épidémie dans le pays. Valentine, Louise et Bénédict prodiguèrent leurs soins, s'exposèrent courageusement aux dangers de la contagion, fournirent avec générosité à toutes les dépenses, prévinrent tous les besoins du pauvre, éclairèrent l'ignorance du riche. Bénédict avait étudié un peu en médecine; avec une saignée et quelques ordonnances rationnelles, il sauva beaucoup de malades. Les tendres soins de Louise et de Valentine adoucirent les dernières souffrances des autres ou calmèrent la douleur des survivants. Quand l'épidémie fut passée, personne ne se souvint des cas de conscience qui s'étaient élevés à propos de ce jeune et beau garçon transplanté dans le pays. Tout ce que firent Valentine, Bénédict ou Louise, fut déclaré inattaquable; et si quelque habitant d'une ville voisine eût osé tenir un propos équivoque sur leur compte, il n'était pas un paysan à trois lieues à la ronde qui ne le lui eût fait payer cher. Le passant curieux et désœuvré était mal venu lui-même à faire dans les cabarets de village questions trop indiscrètes sur le compte de ces trois personnes.

Ce qui compléta leur sécurité, c'est que Valentine n'avait gardé à son service aucun de ces valets nés dans la livrée, peuple insolent, ingrat et bas, qui salit tout ce qu'il regarde, et dont la comtesse de Raimbault aimait à s'entourer, pour avoir apparemment des esclaves à tyranniser. Après son mariage, Valentine avait renouvelé sa maison; elle ne l'avait composée que de ces bons serviteurs à demi villageois qui font un bail pour entrer au service d'un maître, le servent avec gravité, avec lenteur, avec *complaisance*, si l'on peut parler ainsi; qui répondent: *Je veux bien*, ou: *Il y a moyen*, à ses ordres, l'impatientent et le désespèrent souvent, cassent ses porcelaines, ne lui volent pas un sou, mais par maladresse et lourdeur font un horrible dégât dans une maison élégante; gens insupportables, mais excellents, qui rappellent toutes les vertus de l'âge patriarcal; qui, dans leur solide bon sens et leur heureuse ignorance, n'ont pas l'idée de cette rapide et servile soumission de la domesticité selon nos usages; qui obéissent sans se presser, mais avec respect; gens précieux, qui ont encore la foi de leur devoir, parce que leur devoir est une convention franche et raisonnée; gens robustes, qui rendraient des coups de cravache à un dandy; qui ne font rien que par amitié; qu'on ne peut s'empêcher ni d'aimer ni de maudire; qu'on souhaite, cent fois par jour, voir à tous les diables, mais qu'on ne se décide jamais à mettre à la porte.

La vieille marquise eût pu être une sorte d'obstacle aux projets de nos trois amis. Valentine s'apprêtait à lui en faire la confidence et à la disposer en sa faveur. Mais, à cette époque, elle faillit succomber à une attaque d'apoplexie. Son raisonnement et sa mémoire en reçurent une si vive atteinte, qu'il ne fallut pas espérer de lui faire comprendre ce dont il s'agissait. Elle cessa d'être active et robuste; elle se renferma presque entièrement dans sa chambre, et se livra avec sa gouvernante aux pratiques d'une dévotion puérile. La religion, dont elle s'était fait un jeu toute sa vie, lui devint un amusement nécessaire, et sa mémoire usée ne s'exerça plus qu'à réciter des patenôtres. Il n'y avait donc que une personne qui eût pu nuire à Valentine; c'était cette demoiselle de compagnie. Mais mademoiselle Beaujon (c'était son nom) ne demandait qu'une chose au monde, c'était de rester auprès de sa maîtresse, et de la circonvenir de manière à accaparer tous les legs qu'il serait en son pouvoir de lui faire. Valentine, tout en la surveillant de manière à ce qu'elle n'abusât jamais de l'empire qu'elle avait sur l'esprit de la marquise, s'étant assurée qu'elle méritait par son zèle et ses soins toutes les récompenses qu'elle pourrait en obtenir, lui témoigna une confiance dont elle fut reconnaissante. Madame de Raimbault, à demi instruite par la voix publique (car rien ne peut rester absolument secret, si bien qu'on s'y prenne), lui écrivit pour savoir à quoi s'en tenir sur les différents propos qui lui étaient parvenus. Elle avait grande confiance dans cette Beaujon, qui n'avait jamais beaucoup aimé Valentine, et qui, en revanche, avait toujours aimé à médire. Mais la Beaujon, dans un style et dans une orthographe remarquablement bizarres, s'empressa de la détromper et de l'assurer qu'elle n'avait jamais entendu parler de ces étranges nouvelles, inventées probablement dans les petites villes des environs. La Beaujon comptait se retirer du service aussitôt que la vieille marquise serait morte; elle se souciait fort peu ensuite du courroux de la comtesse, pourvu qu'elle quittât cette maison les poches pleines.

M. de Lansac écrivait fort rarement, et ne témoignait nulle impatience de revoir sa femme, nul désir de s'occuper de ses affaires de cœur. Ainsi une réunion de circonstances favorables concourait à protéger le bonheur que Louise, Valentine et Bénédict, volaient pour ainsi dire à la loi des convenances et des préjugés. Valentine fit entourer d'une clôture la partie du parc où était situé le pavillon. Cette espèce de parc réservé était fort sombre et fort bien planté. On y ajouta sur les confins, des massifs de plantes grimpantes, des remparts de vigne vierge, d'aristoloche, et de ces haies de jeunes cyprès qu'on taille en rideau, et qui forment une barrière impénétrable à la vue. Au milieu de ces lianes, et derrière ces discrets ombrages, le pavillon s'élevait dans une situation délicieuse, auprès d'une source dont le bouillonnement, s'échappant à travers les roches, entretenait sans cesse un frais murmure autour de cette rêveuse et mystérieuse retraite. Personne n'y fut admis que Valentin, Louise, Bénédict et Athénaïs, lorsqu'elle pouvait échapper à la surveillance de son mari, qui n'aimait pas beaucoup à lui voir conserver des relations avec son cousin. Chaque matin, Valentin, qui avait une clef du pavillon, venait y attendre Valentine. Il arrosait ses fleurs, il renouvelait celles du salon, il essayait quelques études sur le piano, ou bien il donnait des soins à la volière. Quelquefois il s'oubliait, sur un banc, aux vagues et inquiètes rêveries de son âge; mais sitôt qu'il apercevait la forme svelte de sa tante à travers les arbres, il se remettait à l'ouvrage. Valentine aimait à constater la similitude de leurs caractères et de leurs inclinations; elle se plaisait à retrouver dans ce jeune homme, malgré la différence des sexes, les goûts paisibles, l'amour de la vie intime et retirée qui étaient en elle. Et puis elle l'aimait à cause de Bénédict, dont il recevait les soins et les leçons, et dont chaque jour il lui apportait un reflet.

Valentin, sans comprendre la force des liens qui l'attachaient à Bénédict et à Valentine, les aimait déjà avec une vivacité et une délicatesse au-dessus de son âge. Cet enfant, né dans les larmes, le plus grand fléau et la plus grande consolation de sa mère, avait fait de bonne heure l'essai de cette sensibilité qui se développe plus tard dans le cours des destinées ordinaires. Dès qu'il avait été en âge de comprendre un peu la vie, Louise lui avait exposé nettement sa position dans le monde, les malheurs de sa destinée, la tache de sa naissance, les sacrifices qu'elle lui avait faits, et tout ce qu'elle avait à braver pour remplir envers lui ces devoirs si faciles et si doux aux autres mères. Valentin avait profondément senti toutes ces choses; son âme, facile et tendre, avait pris dès lors une teinte de mélancolie et de fierté; il avait conçu pour sa mère une reconnaissance passionnée, et, dans toutes ses douleurs, elle avait trouvé en lui de quoi la récompenser et la consoler.

Mais il faut bien l'avouer, Louise, qui était capable d'un si grand courage et de tant de vertus supérieures au vulgaire, était peu agréable dans le commerce de la vie ordinaire; passionnée à propos de tout, et, en dépit d'elle-même, sensible à toutes les blessures dont elle aurait dû savoir émousser l'atteinte; elle faisait souvent retomber l'amertume de son âme sur l'âme si douce et si impressionnable de son fils. Aussi, à force d'irriter ses jeunes facultés, elle les avait déjà un peu épuisées. Il y avait comme des teintes de vieillesse sur ce front de quinze ans, et cet enfant, à peine éclos à la vie, éprouvait déjà

*Et pendant ce temps Bénédict et Valentine qui ne s'apercevaient de rien. (Page 30.)*

a fatigue de vivre et le besoin de se reposer dans une existence calme et sans orage. Comme une belle fleur née le matin sur les rochers et déjà battue des vents avant de s'épanouir, il penchait sa tête pâle sur son sein, et son sourire avait une langueur qui n'était pas de son âge. Aussi, l'intimité si caressante et si sereine de Valentine, le dévouement si prudent et si soutenu de Bénédict, commencèrent pour lui une nouvelle ère. Il se sentit épanouir dans cette atmosphère plus favorable à sa nature. Sa taille souple et frêle prit un essor plus rapide, et une douce nuance d'incarnat vint se mêler à la blancheur mate de ses joues. Athénaïs, qui faisait plus de cas de la beauté physique que de toute chose au monde, déclarait n'avoir jamais vu une tête aussi ravissante que celle de ce bel adolescent, avec ses cheveux d'un blond cendré, comme ceux de Valentine, flottant par grosses boucles sur un cou blanc et poli comme le marbre de l'Antinoüs. L'étourdie n'était pas fâchée de répéter à tout propos que c'était un enfant sans conséquence, afin d'avoir le droit de baiser de temps en temps ce front si pur et si limpide, et de passer ses doigts dans ces cheveux qu'elle comparait à la soie vierge des cocons dorés.

Le pavillon était donc pour tous, à la fin du jour, un lieu de repos et de délices. Valentine n'y admettait aucun profane, et ne permettait aucune communication avec les gens du château. Catherine avait seule droit d'y pénétrer et d'en prendre soin. C'était l'Élysée, le monde poétique, la vie dorée de Valentine; au château, tous les ennuis, toutes les servitudes, toutes les tristesses; la grand'mère infirme, les visites importunes, les réflexions pénibles et l'oratoire plein de remords; au pavillon, tous les bonheurs, tous les amis, tous les doux rêves, l'oubli des terreurs, et les joies pures d'un amour chaste. C'était comme une île enchantée au milieu de la vie réelle, comme une oasis dans le désert.

Au pavillon, Louise oubliait ses amertumes secrètes, ses violences comprimées, son amour méconnu. Bénédict, heureux de voir Valentine s'abandonner sans résistance à sa foi, semblait avoir changé de caractère; il avait dépouillé ses inégalités, ses injustices, ses brusqueries cruelles. Il s'occupait de Louise presque autant que de sa sœur; il se promenait avec elle sous les tilleuls du parc, un bras passé sous le sien. Il lui parlait de Valentin, lui vantait ses qualités, son intelligence, ses progrès rapides;

*C'est que Valentine semblait bien mieux faite qu'Athénaïs pour être sa femme.* (Page 31.)

il la remerciait de lui avoir donné un ami et un fils. La pauvre Louise pleurait en l'écoutant, et s'efforçait de trouver l'amitié de Bénédict plus flatteuse et plus douce que ne l'eût été son amour.

Athénaïs, rieuse et folâtre, reprenait au pavillon toute l'insouciance de son âge; elle oubliait là les tracas du ménage, les orageuses tendresses et la jalouse défiance de Pierre Blutty. Elle aimait encore Bénédict, mais autrement que par le passé; elle ne voyait plus en lui qu'un ami sincère. Il l'appelait sa sœur, comme Louise et Valentine; seulement il se plaisait à la nommer sa petite sœur. Athénaïs n'avait pas assez de poésie dans l'esprit pour s'obstiner à nourrir une passion malheureuse. Elle était assez jeune, assez belle pour aspirer à un amour partagé, et jusque-là Pierre Blutty n'avait pas contribué à faire souffrir sa petite vanité de femme. Elle en parlait avec estime, la rougeur au front et le sourire sur les lèvres; et puis, à la moindre remarque maligne de Louise, elle s'enfuyait, légère espiègle, parmi les sentiers du parc, traînant après elle le timide Valentin, qu'elle traitait de petit écolier, et qui n'avait guère qu'un an de moins qu'elle.

Mais ce qu'il serait impossible de rendre, c'est la tendresse muette et réservée de Bénédict et de Valentine, c'est ce sentiment exquis de pudeur et de dévouement qui dominait chez eux la passion ardente toujours prête à déborder. Il y avait dans cette lutte éternelle mille tourments et mille délices, et peut-être Bénédict chérissait-il autant les uns que les autres. Valentine pouvait souvent encore craindre d'offenser Dieu et souffrir de ses scrupules religieux; mais lui, qui ne concevait pas aussi bien l'étendue des devoirs d'une femme, se flattait de n'avoir entraîné Valentine dans aucune faute et de ne l'exposer à aucun repentir. Il lui sacrifiait avec joie ces brûlantes aspirations qui le dévoraient. Il était fier de savoir souffrir et vaincre : tout bas, son imagination s'enivrait de mille désirs et de mille rêves; mais tout haut il bénissait Valentine des moindres faveurs. Effleurer ses cheveux, respirer ses parfums, se coucher sur l'herbe à ses pieds, la tête appuyée sur un coin de son tablier de soie, reprendre sur le front de Valentin un des baisers qu'elle venait d'y déposer, emporter furtivement, le soir, le bouquet qui s'était flétri à sa ceinture, c'étaient là les grands accidents et les grandes joies de cette vie de privation, d'amour et de bonheur.

# QUATRIÈME PARTIE.

## XXX.

Quinze mois s'écoulèrent ainsi : quinze mois de calme et de bonheur dans la vie de cinq individus, c'est presque fabuleux. Il en fut ainsi pourtant. Le seul chagrin qu'éprouva Bénédict, ce fut de voir quelquefois Valentine pâle et rêveuse. Alors il se hâtait d'en chercher la cause, et il découvrait toujours qu'elle avait rapport à quelque alarme de son âme pieuse et timorée. Il parvenait à chasser ces légers nuages, car Valentine n'avait plus le droit de douter de sa force et de sa soumission. Les lettres de M. de Lansac achevaient de la rassurer, elle avait pris le parti de lui écrire que Louise était installée à la ferme avec son fils, et que M. Lhéry (Bénédict) s'occupait de l'éducation de ce jeune homme, sans dire dans quelle intimité elle vivait avec ces trois personnes. Elle avait ainsi expliqué leurs relations, en affectant de regarder M. de Lansac comme lié envers elle par la promesse de lui laisser voir sa sœur. Toute cette histoire avait paru bizarre et ridicule à M. de Lansac. S'il n'avait pas tout à fait deviné la vérité, du moins était-il sur la voie. Il avait haussé les épaules en songeant au mauvais goût et au mauvais ton d'une intrigue de sa femme avec un cuistre de province.

Mais, tout bien considéré, la chose lui plaisait mieux ainsi qu'autrement. Il s'était marié avec la ferme résolution de ne pas s'embarrasser de madame de Lansac, et, pour le moment, il entretenait avec une première danseuse du théâtre de Saint-Pétersbourg des relations qui lui faisaient envisager très-philosophiquement la vie. Il trouvait donc fort juste que sa femme se créât de son côté des affections qui l'enchaînassent loin de lui sans reproches et sans murmures. Tout ce qu'il désirait, c'était qu'elle agît avec prudence, et qu'elle ne le couvrît point, par une conduite dissolue, de ce sot et injuste ridicule qui s'attache aux maris trompés. Or, il se fiait assez au caractère de Valentine pour dormir en paix sur ce point ; et puisqu'il fallait nécessairement à cette jeune femme abandonnée ce qu'il appelait une occupation de cœur, il aimait mieux la lui voir chercher dans le mystère de la retraite qu'au milieu du bruit et de l'éclat des salons. Il se garda donc bien de critiquer ou de blâmer son genre de vie, et toutes ses lettres exprimèrent, dans les termes les plus affectueux et les plus honorables, la profonde indifférence avec laquelle il était résolu d'accueillir toutes les démarches de Valentine.

La confiance de son mari, dont elle attribua les motifs à de plus nobles causes, tourmenta longtemps Valentine en secret. Cependant peu à peu les susceptibilités de son esprit rigide s'engourdirent et se reposèrent dans le sein de Bénédict. Tant de respect, de stoïcisme, de désintéressement, un amour si pur et si courageux, la touchèrent profondément. Elle en vint à se dire que, loin d'être un sentiment dangereux, c'était là une vertu héroïque et précieuse, que Dieu et l'honneur sanctionnaient leurs liens, que son âme s'épurait et se fortifiait à ce feu sacré. Toutes les sublimes utopies de la passion robuste et patiente vinrent l'éblouir. Elle osa bien remercier le ciel de lui avoir donné pour sauveur et pour appui, dans les périls de la vie, ce puissant et magnanime complice qui la protégeait et la gardait contre elle-même. La dévotion jusqu'alors avait été pour elle comme un code de principes sacrés, fortement raisonnés et gravement repassés chaque jour pour la défense de ses mœurs ; elle changea de nature dans son esprit, et devint une passion poétique et enthousiaste, une source de rêves ascétiques et brûlants, qui, bien loin de servir de rempart à son cœur, l'ouvrirent de tous côtés aux attaques de la passion. Cette dévotion nouvelle lui sembla meilleure que l'ancienne. Comme elle la sentit plus intense et plus féconde en vives émotions, en ardentes aspirations vers le ciel, elle l'accueillit avec imprudence, et se plut à penser que l'amour de Bénédict l'avait allumée.

« De même que le feu purifie l'or, se disait-elle, l'amour vertueux élève l'âme, dirige son essor vers Dieu, source de tout amour. »

Mais, hélas ! Valentine ne s'aperçut point que cette foi, retrempée au feu des passions humaines, transigeait souvent avec les devoirs de son origine, et descendait à des alliances terrestres. Elle laissa ravager les forces que vingt ans de calme et d'ignorance avaient amassées en elle ; elle la laissa envahir et altérer ses convictions, jadis si nettes et si rigides, et couvrir de ses fleurs trompeuses l'âpre et étroit sentier du devoir. Ses prières devinrent plus longues ; le nom et l'image de Bénédict s'y mêlaient sans cesse, et elle ne les repoussait plus ; elle s'en entourait pour s'exciter à mieux prier : le moyen était infaillible, mais il était dangereux. Valentine sortait de son oratoire avec une âme exaltée, des nerfs irrités, un sang actif et brûlant ; alors les regards et les paroles de Bénédict ravageaient son cœur comme une lave ardente. Qu'il eût été assez hypocrite ou assez habile pour présenter l'adultère sous un jour mystique, et Valentine se perdait en invoquant le ciel.

Mais ce qui devait les préserver longtemps, c'était la candeur de ce jeune homme, en qui résidait vraiment une âme honnête. Il s'imaginait qu'au moindre effort pour ébranler la vertu de Valentine il devait perdre son estime et sa confiance, si péniblement achetées. Il ne savait pas qu'une fois engagée sur la pente rapide des passions on ne revient guère sur ses pas. Il n'avait pas la conscience de sa puissance ; l'eût-il eue, peut-être ne s'en serait-il pas servi, tant était droit et loyal encore cet esprit tout neuf et tout jeune.

Il fallait voir de quelles nobles fatuités, de quelles sublimes paradoxes ils sanctionnaient leur imprudent amour.

— Comment pourrais-je t'engager à manquer à tes principes, disait Bénédict à Valentine, moi qui te chéris pour cette force virile que tu m'opposes ! moi qui préfère la vertu à la beauté, et ton âme à ton corps ! moi qui tuerais avec moi, si l'on pouvait m'assurer de te posséder immédiatement dans le ciel, comme les anges possèdent Dieu !

— Non, tu ne saurais mentir, lui répondait Valentine, toi que Dieu m'a envoyé pour m'apprendre à le connaître et à l'aimer, toi qui le premier m'as fait concevoir sa puissance et m'as enseigné les merveilles de la création. Hélas ! je la croyais si petite et si bornée ! Mais toi, tu as grandi le sens des prophéties, tu m'as donné la clef des poésies sacrées, tu m'as révélé l'existence d'un vaste univers dont le pur amour est le lien et le principe. Je sais maintenant que nous avons été créés l'un pour l'autre, et que l'alliance immatérielle contractée entre nous est préférable à tous les liens terrestres.

Un soir, ils étaient tous réunis dans le joli salon du pavillon. Valentin, qui avait une voix agréable et fraîche, essayait une romance ; sa mère l'accompagnait. Athénaïs, un coude appuyé sur le piano, regardait attentivement son jeune favori, et ne voulait point s'apercevoir du malaise qu'elle lui causait. Bénédict et Valentine, assis près de la fenêtre, s'enivraient des parfums de la soirée, de calme, d'amour, de mélodie et d'air pur. Jamais Valentine n'avait senti une si profonde sécurité. L'enthousiasme se glissait de plus en plus dans son âme, et, sous le voile d'une juste admiration pour la vertu de son amant, grandissait sa passion intense et rapide. La pâle clarté des étoiles leur permettait à peine de se voir. Pour remplacer le chaste et dangereux plaisir que verse le regard, ils laissèrent leurs mains s'enlacer. Peu à peu, l'étreinte devint plus brûlante, plus avide ; leurs sièges se rapprochèrent insensiblement, leurs cheveux s'effleuraient et communiquaient l'électricité abondante qu'ils dégagent ; leurs haleines se mêlaient, et la brise du soir s'embrasait autour d'eux. Bénédict, accablé sous le poids du bonheur délicat et pénétrant que recèle un amour à la fois repoussé et partagé, pencha sa tête sur le bord de la croisée et appuya son front sur la main de Valentine, qu'il tenait toujours dans les siennes. Ivre et palpitant, il n'osait faire un mouvement, de peur de déranger l'autre main qui s'était glissée sur sa tête, et qui se promenait moelleuse et légère, comme le souffle d'un follet, parmi les flots rudes et noirs de sa chevelure. C'était une émotion qui brisait sa poitrine et qui faisait refluer tout son sang à son cœur. Il y avait de quoi en mourir; mais il serait mort plutôt que de laisser voir son trouble, tant il craignait d'éveiller les méfiances et les remords de Valentine. Si elle avait su quels torrents de délices elle versait dans son sein, elle se fût retirée. Pour obtenir cet abandon, ces molles caresses, ces cuisantes voluptés, il y fallait paraître insensible. Bénédict retenait sa respiration, et comprimait l'ardeur de sa fièvre. Son silence finit par gêner Valentine, elle lui parla à voix basse pour se distraire de l'émotion trop vive qui commençait à la gêner aussi.

— N'est-ce pas que nous sommes heureux, lui dit-elle, peut-être pour lui faire entendre ou pour se dire à elle-même qu'il ne fallait pas désirer de l'être davantage.

— Oh! dit Bénédict, en s'efforçant malgré lui d'assurer le son de sa voix, il faudrait mourir ainsi!

Un pas rapide, qui traversait la pelouse et s'approchait du pavillon, retentit au milieu du silence. Je ne sais quel pressentiment vint effrayer Bénédict; il serra convulsivement la main de Valentine et la pressa contre son cœur, qui battait aussi haut dans sa poitrine que le bruit inquiétant de ces pas inattendus. Valentine sentit le sien se glacer d'une peur vague, mais terrible; elle retira brusquement ses mains et se dirigea vers la porte. Mais elle s'ouvrit avant qu'elle l'eût atteinte, et Catherine essoufflée parut.

— Madame, dit-elle d'un air empressé et consterné, M. de Lansac est au château!

Ce mot fit sur tous ceux qui l'entendirent le même effet qu'une pierre lancée au sein des ondes pures et immobiles d'un lac; les cieux, les arbres, les délicieux paysages qui s'y reflétaient se brisent, se tordent et s'effacent; un caillou a suffi pour faire rentrer dans le chaos toute une scène enchantée : ainsi fut rompue l'harmonie délicieuse qui régnait en ce lieu une minute auparavant. Ainsi fut bouleversé le beau rêve de bonheur dont se berçait cette famille. Dispersée tout à coup comme les feuilles que le vent balaie en tourbillon, elle se sépara pleine d'anxiétés et d'alarmes. Valentine pressa Louise et son fils dans ses bras.

— A jamais à vous! leur dit-elle en les quittant; nous nous reverrons bientôt, j'espère; peut-être demain.

Valentin secoua tristement la tête; un mouvement de fierté et de haine indéfinissable venait d'éclore en lui au nom de M. de Lansac. Il avait souvent songé que ce noble comte pourrait bien le chasser de sa maison; cette idée avait parfois empoisonné le bonheur qu'il y goûtait.

— Cet homme fera bien de vous rendre heureuse, dit-il à sa tante d'un air martial qui fit sourire d'attendrissement; sinon il aura affaire à moi!

— Que pourrais-tu craindre avec un tel chevalier? dit Athénaïs à madame de Lansac en s'efforçant de paraître gaie, et en donnant une petite tape de sa main ronde et polie sur la joue enflammée du jeune homme.

— Venez-vous, Bénédict? cria Louise en se dirigeant vers la porte du parc qui s'ouvrait sur la campagne.

— Tout à l'heure, répondit-il.

Il suivit Valentine vers l'autre sortie, et tandis que Catherine éteignait à la hâte les bougies et fermait le pavillon :

— Valentine!... lui dit-il d'une voix sourde et violemment agitée.

Il ne put en dire davantage. Comment eût-il osé exprimer d'ailleurs le sujet de ses craintes et de sa fureur?

Valentine le comprit, et lui tendant la main d'un air ferme :

— Soyez tranquille, lui répondit-elle avec un sourire d'amour et de fierté.

L'expression de sa voix et de son regard eut tant de puissance sur Bénédict que, docile à la volonté de Valentine, il s'éloigna presque tranquille.

## XXXI.

M. de Lansac en costume de voyage et affectant une grande fatigue, s'était drapé nonchalamment sur le canapé du grand salon. Il vint au-devant de Valentine d'un air galant et empressé dès qu'il l'aperçut. Valentine tremblait et se sentait près de s'évanouir. Sa pâleur, sa consternation, n'échappèrent point au comte; il feignit de ne pas s'en apercevoir, et lui fit compliment au contraire sur l'éclat de ses yeux et la fraîcheur de son teint. Puis il se mit aussitôt à causer avec cette aisance que donne l'habitude de la dissimulation; et le ton dont il parla de son voyage, la joie qu'il exprima de se retrouver auprès de sa femme, les questions bienveillantes qu'il lui adressa sur sa santé, sur les plaisirs de sa retraite, l'aidèrent à se remettre de son émotion et à paraître, comme lui, calme, gracieuse et polie.

Ce fut alors seulement qu'elle remarqua dans un coin du salon un homme gros et court, d'une figure rude et commune; M. de Lansac le lui présenta comme *un de ses amis*. Il y avait quelque chose de contraint dans la manière dont M. de Lansac prononça ces mots; le regard sombre et terne de cet homme, le salut raide et gauche qu'il lui rendit, inspirèrent à Valentine un éloignement irrésistible pour cette figure ingrate, qui semblait se trouver déplacée en sa présence, et qui s'efforçait, à force d'impudence, de déguiser le malaise de sa situation.

Après avoir soupé à la même table et vis-à-vis de cet inconnu d'un extérieur si repoussant, M. de Lansac pria Valentine de donner des ordres pour qu'on préparât un des meilleurs appartements du château à *son bon M. Grapp*. Valentine obéit, et quelques instants après M. Grapp se retira, après avoir échangé quelques paroles à voix basse avec M. de Lansac, et avoir salué sa femme avec le même embarras et le même regard d'insolente servilité que la première fois.

Lorsque les deux époux furent seuls ensemble, une mortelle frayeur s'empara de Valentine. Pâle et les yeux baissés, elle cherchait en vain à renouer la conversation, quand M. de Lansac, rompant le silence, lui demanda la permission de se retirer, accablé qu'il était de fatigue.

— Je suis venu de Pétersbourg en quinze jours, lui dit-il avec une sorte d'affectation; je ne me suis arrêté que vingt-quatre heures à Paris; aussi je crois... j'ai certainement de la fièvre.

— Oh! sans doute, vous avez.... vous devez avoir la fièvre, répéta Valentine avec un empressement maladroit.

Un sourire haineux effleura les lèvres discrètes du diplomate.

— Vous avez l'air de Rosine dans *le Barbier*! dit-il d'un ton semi-plaisant, semi-amer, *Buona sera, don Basilio*! Ah! ajouta-t-il en se traînant vers la porte d'un air accablé, j'ai un impérieux besoin de sommeiller! Une nuit de plus en poste, et je tombais malade. Il y a de quoi, n'est-ce pas, ma chère Valentine?

— Oh oui! répondit-elle, il faut vous reposer; je vous ai fait préparer...

— L'appartement du pavillon, n'est-il pas vrai, ma très-belle? C'est le plus propice au sommeil. J'aime ce pavillon, il me rappellera l'heureux temps où je vous voyais tous les jours...

— Le pavillon! répondit Valentine d'un air épouvanté qui n'échappa point à son mari, et qui lui servit de point de départ pour les découvertes qu'il se proposait de faire avant peu.

— Est-ce que vous avez disposé du pavillon? dit-il d'un air parfaitement simple et indifférent.

— J'en ai fait une espèce de retraite pour étudier, répondit-elle avec embarras; car elle ne savait pas mentir. Le lit est enlevé, il ne saurait être prêt pour ce soir.... Mais l'appartement de ma mère, au rez-de-chaussée, est tout prêt à vous recevoir... s'il vous convient.

— J'en réclamerai peut-être un autre demain, dit M. de Lansac avec une intention féroce de vengeance et un sourire plein d'une fade tendresse ; en attendant, je m'arrangerai de celui que vous m'assignez.

Il lui baisa la main. Sa bouche sembla glacée à Valentine. Elle froissa cette main dans l'autre pour la ranimer, quand elle se trouva seule. Malgré la soumission de M. de Lansac à se conformer à ses désirs, elle comprenait si peu ses véritables intentions que la peur domina d'abord toutes les angoisses de son âme. Elle s'enferma dans sa chambre, et le souvenir confus de cette nuit de léthargie qu'elle y avait passée avec Bénédict lui revenant à l'esprit, elle se leva et marcha dans l'appartement avec agitation pour chasser les idées décevantes et cruelles que l'image de ces événements éveillait en elle. Vers trois heures, ne pouvant ni dormir ni respirer, elle ouvrit sa fenêtre. Ses yeux s'arrêtèrent longtemps sur un objet immobile, qu'elle ne pouvait préciser, mais qui, se mêlant aux tiges des arbres, semblait être un tronc d'arbre lui-même. Tout à coup elle le vit se mouvoir et s'approcher ; elle reconnut Bénédict. Épouvantée de le voir ainsi se montrer à découvert en face des fenêtres de M. de Lansac, qui étaient directement au-dessous des siennes, elle se pencha avec épouvante pour lui indiquer, par signes, le danger auquel il s'exposait. Mais Bénédict, au lieu d'en être effrayé, ressentit une joie vive en apprenant que son rival occupait cet appartement. Il joignit les mains, les éleva vers le ciel avec reconnaissance, et disparut. Malheureusement M. de Lansac, que l'agitation fébrile du voyage empêchait aussi de dormir, avait observé cette scène de derrière un rideau qui le cachait à Bénédict.

Le lendemain, M. de Lansac et M. Grapp se promenèrent seuls dès le matin.

— Eh bien ! dit le petit homme ignoble au noble comte, avez-vous parlé à votre *épouse*?

— Comme vous y allez, mon cher ? Eh ! donnez-moi le temps de respirer.

— Je ne l'ai pas, moi, Monsieur. Il faut terminer cette affaire avant huit jours ; vous savez que je ne puis différer davantage.

— Eh ! patience ! dit le comte avec humeur.

— Patience ? reprit le créancier d'une voix sombre ; il y a dix ans, Monsieur, que je prends patience ; et je vous déclare que ma patience est à bout. Vous deviez vous acquitter en vous mariant, et voici déjà deux ans que vous.....

— Mais que diable craignez-vous? Cette terre vaut cinq cent mille francs, et n'est grevée d'aucune autre hypothèque.

— Je ne dis pas que j'aie rien à risquer, répondit l'intraitable créancier ; mais je dis que je veux rentrer dans mes fonds, réunir mes capitaux, et sans tarder. Cela est convenu, Monsieur, et j'espère que vous ne ferez pas encore cette fois comme les autres.

— Dieu m'en préserve ! j'ai fait cet horrible voyage exprès pour me débarrasser à tout jamais de vous... de votre créance, je veux dire, et il me tarde de me voir enfin libre de soucis. Avant huit jours vous serez satisfait.

— Je ne suis pas aussi tranquille que vous, reprit l'autre du même ton rude et persévérant ; votre femme... c'est-à-dire votre *épouse*, peut faire avorter tous vos projets ; elle peut refuser de signer...

— Elle ne refusera pas.

— Hein ! vous direz peut-être que je vais trop loin ; mais moi, après tout, j'ai le droit de voir clair dans les affaires de famille. Il m'a semblé que vous n'étiez pas aussi enchantés de vous revoir que vous me l'aviez fait entendre.

— Comment ! dit le comte pâlissant de colère à l'insolence de cet homme.

— Non, non ! reprit tranquillement l'usurier. Madame la comtesse a eu l'air médiocrement flattée. Je m'y connais, moi...

— Monsieur ! dit le comte d'un ton menaçant.

— Monsieur ! dit l'usurier d'un ton plus haut encore et fixant sur son débiteur ses petits yeux de sanglier ; écoutez, il faut de la franchise en affaires, et vous n'en avez point mis dans celle-ci..... Écoutez, écoutez ! Il ne s'agit pas de s'emporter. Je n'ignore pas que d'un mot madame de Lansac peut prolonger indéfiniment ma créance ; et qu'est-ce que je tirerai de vous après ? Quand je vous ferais coffrer à Sainte-Pélagie, il faudrait vous y nourrir ; et il n'est pas sûr qu'au train dont va l'affection de votre femme, elle voulût vous en tirer de si tôt...

— Mais enfin, Monsieur, s'écria le comte outré, que voulez-vous dire ? sur quoi fondez-vous...

— Je veux dire que j'ai aussi, moi, une femme jeune et jolie. Avec de l'argent, qu'est-ce qu'on n'a pas ? Eh bien, quand j'ai fait une absence de quinze jours seulement, quoique ma maison soit aussi grande que la vôtre, ma femme, je veux dire mon épouse, n'occupe pas le premier étage tandis que j'occupe le rez-de-chaussée. Au lieu qu'ici, Monsieur... Je sais bien que les ci-devant nobles ont conservé leurs anciens usages, qu'ils vivent à part de leurs femmes ; mais mordieu ! Monsieur, il y a deux ans que vous êtes séparé de la vôtre...

Le comte froissait avec fureur une branche qu'il avait ramassée pour se donner une contenance.

— Monsieur, brisons là ! dit-il étouffant de colère. Vous n'avez pas le droit de vous immiscer dans mes affaires à ce point ; demain vous aurez la garantie que vous exigez, et je vous ferai comprendre alors que vous avez été trop loin.

Le ton dont il prononça ces paroles effraya fort peu M. Grapp ; il était endurci aux menaces, et il y avait une chose dont il avait bien plus peur que des coups de canne : c'était la banqueroute de ses débiteurs.

La journée fut employée à visiter la propriété. M. Grapp avait fait venir dans la matinée un employé au cadastre. Il parcourut les bois, les champs, les prairies, estimant tout, chicanant pour un sillon, pour un arbre abattu, dépréciant tout, prenant des notes, et faisant le tourment et le désespoir du comte, qui fut vingt fois tenté de le jeter dans la rivière. Les habitants de Grangeneuve furent très-surpris de voir arriver ce noble comte en personne, escorté de son acolyte qui examinait tout, et dressait presque déjà l'inventaire du bétail et du mobilier aratoire. M. et madame Lhéry crurent voir dans cette démarche de leur nouveau propriétaire un témoignage de méfiance et l'intention de résilier le bail. Ils ne demandaient pas mieux désormais. Un riche maître de forges, parent et ami de la maison, venait de mourir sans enfants, et de laisser par testament deux cent mille francs à *sa chère et digne filleule Athénaïs Lhéry, femme Blutty*. Le père Lhéry proposa donc à M. de Lansac la résiliation du bail, et M. Grapp se chargea de répondre que dans trois jours les parties s'entendraient à cet égard.

Valentine avait cherché vainement une occasion d'entretenir son mari et de lui parler de Louise. Après le dîner, M. de Lansac proposa à Grapp d'examiner le parc. Ils sortirent ensemble, et Valentine les suivit, craignant, avec quelque raison, les recherches du côté du parc réservé. M. de Lansac lui offrit son bras, et affecta de s'entretenir avec elle sur un ton d'amitié et d'aisance parfaite.

Elle commençait à reprendre courage, et se serait hasardée à lui adresser quelques questions, lorsque la clôture particulière dont elle avait entouré sa *réserve* vint frapper l'attention de M. de Lansac.

— Puis-je vous demander, ma chère, ce que signifie cette division ? lui dit-il d'un ton très-naturel. On dirait d'une remise pour le gibier. Vous livrez-vous donc au royal plaisir de la chasse ?

Valentine expliqua, en s'efforçant de prendre un ton dégagé, qu'elle avait établi sa retraite particulière en ce lieu, et qu'elle y venait jouir d'une plus libre solitude pour travailler.

— Eh ! mon Dieu, dit M. de Lansac, quel travail profond et consciencieux exige donc de semblables précautions ? Eh quoi ! des palissades, des grilles, des massifs impénétrables ! mais vous avez fait du pavillon un palais de fées, j'imagine ! Moi qui croyais déjà la solitude du château si austère ! Vous la dédaignez, vous ! C'est le secret du cloître ; c'est le mystère qu'il faut à vos sombres élucubrations. Mais, dites-moi, cherchez-vous la pierre philosophale, ou la meilleure forme de gouvernement? Je vois bien que nous avons tort là-bas de nous creuser l'esprit sur la destinée des empires ; tout cela se pèse, se prépare et se dénoue au pavillon de votre parc.

Valentine, accablée et effrayée de ces plaisanteries, où il lui semblait voir percer moins de gaieté que de malice, eût voulu pour beaucoup détourner M. de Lansac de ce sujet ; mais il insista pour qu'elle leur fit les honneurs de sa retraite, et il fallut s'y résigner. Elle avait espéré le prévenir de ses réunions de chaque jour avec sa sœur et son fils avant qu'il entreprît cette promenade. En conséquence, elle n'avait pas donné à Catherine l'ordre de faire disparaître les traces que ses amis pouvaient y avoir laissées de leur présence quotidienne : M. de Lansac les saisit du premier coup d'œil. Des vers écrits au crayon sur le mur par Bénédict, et qui célébraient les douceurs de l'amitié et le repos des champs ; le nom de Valentin, qui, par une habitude d'écolier, était tracé de tous côtés ; des cahiers de musique appartenant à Bénédict, et portant son chiffre ; un joli fusil de chasse avec lequel Valentin poursuivait quelquefois les lapins dans le parc, tout fut exploré minutieusement par M. de Lansac, et lui fournit le sujet de quelque remarque moitié aigre, moitié plaisante. Enfin il ramassa sur un fauteuil une élégante toque de velours qui appartenait à Valentin, et la montrant à Valentine :

— Est-ce là, lui dit-il en affectant de rire, la toque de l'invisible alchimiste que vous évoquez en ce lieu?

Il l'essaya, s'assura qu'elle était trop petite pour un homme, et la replaça froidement sur le piano ; puis se retournant vers Grapp, comme si un mouvement de colère et de vengeance contre sa femme l'eût emporté sur les ménagements qu'il devait à sa position :

— Combien évaluez-vous ce pavillon? lui dit-il d'un ton brusque et sec.

— Presque rien, répondit l'autre. Ces objets de luxe et de fantaisie sont des *non-valeurs* dans une propriété. La bande noire ne vous en donnerait pas cinq cents francs. Dans l'intérieur d'une ville, c'est différent. Mais quand il y aura, autour de cette construction, un champ d'orge ou une prairie artificielle, je suppose, à quoi sera-t-elle bonne? à jeter par terre, pour le moellon et la charpente.

Le ton grave dont Grapp prononça cette réponse fit passer un frisson involontaire dans le sang de Valentine. Quel était donc cet homme à figure immonde, dont le regard sombre semblait dresser l'inventaire de sa maison, dont la voix appelait la ruine sur le toit de ses pères, dont l'imagination promenait la charrue sur ces jardins, asile mystérieux d'un bonheur pur et modeste?

Elle regarda en tremblant M. de Lansac, dont l'air insouciant et calme était impénétrable.

Vers dix heures du soir, Grapp, se préparant à se retirer dans sa chambre, attira M. de Lansac sur le perron.

— Ah çà, lui dit-il avec humeur, voici tout un jour de perdu ; tâchez que cette nuit amène un résultat pour mes affaires, sinon je m'en explique dès demain avec madame de Lansac. Si elle refuse de faire honneur à vos dettes, je saurai du moins à quoi m'en tenir. Je vois bien que ma figure ne lui plaît guère ; je ne veux pas l'ennuyer, mais je ne veux pas qu'on se joue de moi. D'ailleurs je n'ai pas le temps de m'amuser à la vie de château. Parlez, Monsieur ; aurez-vous un entretien ce soir avec votre épouse?

— Morbleu ! Monsieur, s'écria Lansac impatienté en frappant sur la grille dorée du perron, vous êtes un bourreau !

— C'est possible, répondit Grapp, jaloux de se venger par l'insulte de la haine et du mépris qu'il inspirait. Mais, croyez-moi, transportez votre oreiller à un autre étage.

Il s'éloigna en grommelant je ne sais quelles sales réflexions. Le comte, qui n'était pas fort délicat dans le cœur, l'était pourtant dans la forme ; il ne put s'empêcher de penser en cet instant que cette chaste et sainte institution du mariage s'était horriblement souillée en traversant les siècles cupides de notre civilisation.

Mais d'autres pensées, qui avaient un rapport plus intéressant avec sa situation, occupèrent bientôt son esprit pénétrant et froid.

## XXXII.

M. de Lansac se trouvait dans une des plus diplomatiques situations qui puissent se présenter dans la vie d'un homme du monde. Il y a plusieurs sortes d'honneur en France : l'honneur d'un paysan n'est pas l'honneur d'un gentilhomme, celui d'un gentilhomme n'est pas celui d'un bourgeois. Il y en a pour tous les rangs et peut-être aussi pour tous les individus. Ce qu'il y a de certain, c'est que M. de Lansac en avait à sa manière. Philosophe sous certains rapports, il avait encore des préjugés sous bien d'autres. Dans ces temps de lumières, de perceptions hardies et de rénovation générale, les vieilles notions du bien et du mal doivent nécessairement s'altérer un peu, et l'opinion flotter incertaine sur d'innombrables contestations de limites.

M. de Lansac consentait bien à être trahi, mais non pas trompé. A cet égard, il avait fort raison ; avec les doutes que certaines découvertes élevaient en lui relativement à la fidélité de sa femme, on conçoit qu'il n'était pas disposé à effectuer un rapprochement plus intime et à couvrir de sa responsabilité les suites d'une erreur présumée. Ce qu'il y avait de laid dans sa situation, c'est que de viles considérations d'argent entravaient l'exercice de sa dignité, et le forçaient à marcher de biais vers son but.

Il était livré à ces réflexions, lorsque, vers minuit, il lui sembla entendre un léger bruit dans la maison, silencieuse et calme depuis plus d'une heure.

Une porte vitrée donnait du salon sur le jardin à l'autre extrémité du bâtiment, mais sur la même façade que l'appartement du comte ; il s'imagina entendre ouvrir cette porte avec précaution. Aussitôt le souvenir de ce qu'il avait vu la nuit précédente, joint au désir ardent d'obtenir des preuves qui lui donneraient un empire sans bornes sur sa femme, vint le frapper ; il passa à la hâte une robe de chambre, mit des pantoufles, et, marchant dans l'obscurité avec toute la précaution d'un homme habitué à la prudence, il sortit par la porte encore entr'ouverte du salon, et s'enfonça dans le parc sur les traces de Valentine.

Bien qu'elle eût refermé sur elle la grille de l'enclos, il lui fut facile d'y pénétrer, en escaladant la clôture, quelques minutes après elle. Guidé par l'instinct et par de faibles bruits, il arriva au pavillon ; et, se cachant parmi les hauts dahlias qui croissaient devant la principale fenêtre, il put entendre tout ce qui s'y passait.

Valentine, oppressée par l'émotion que lui causait une telle démarche, s'était laissé tomber en silence sur le sofa du salon. Bénédict, debout auprès d'elle, et non moins troublé, resta muet aussi pendant quelques instants ; enfin il fit un effort pour sortir de cette pénible situation.

— J'étais fort inquiet, lui dit-il ; je craignais que vous n'eussiez pas reçu mon billet.

— Ah! Bénédict, répondit tristement Valentine, ce billet est d'un fou, et il faut que je sois folle moi-même pour me soumettre à cette audacieuse et coupable sommation. Oh ! j'ai failli ne pas venir, mais je n'ai pas eu la force de résister ; que Dieu me le pardonne !

— Sur mon âme, Madame ! dit Bénédict avec un emportement dont il n'était pas maître, vous avez fort bien fait de ne l'avoir pas eue ; car, au risque de votre vie et de la mienne, j'aurais été vous chercher, fût-ce...

— N'achevez pas, malheureux ! Maintenant vous êtes rassuré, dites-moi ! Vous m'avez vue, vous êtes bien sûr que je suis libre ; laissez-moi vous quitter...

— Croyez-vous donc être en danger ici, et croyez-vous n'y être pas au château?

— Tout ceci est bien coupable et bien ridicule, Bénédict. Heureusement Dieu semble inspirer à M. de Lansac la pensée de ne pas m'exposer à une criminelle révolte...

— Madame, je ne crains pas votre faiblesse, je crains vos principes.

— Oseriez-vous les combattre maintenant!

— Maintenant, Madame, je ne sais pas ce que je n'oserais pas. Ménagez-moi, je n'ai pas ma tête, vous le voyez bien.

— Oh! mon Dieu! dit Valentine avec amertume, que s'est-il donc passé en vous depuis si peu de temps? Est-ce ainsi que je devais vous retrouver, vous si calme et si fort il y a vingt-quatre heures?

— Depuis vingt-quatre heures, répondit-il, j'ai vécu toute une vie de tortures, j'ai combattu avec toutes les furies de l'enfer! Non, non, en vérité, je ne suis plus ce que j'étais il y a vingt-quatre heures. Une jalousie diabolique, une haine inextinguible, se sont réveillées. Ah! Valentine, je pouvais bien être vertueux il y a vingt-quatre heures; mais à présent tout est changé.

— Mon ami, dit Valentine effrayée, vous n'êtes pas bien; séparons-nous, cet entretien ne sert qu'à irriter vos souffrances. Songez d'ailleurs... Mon Dieu! n'ai-je pas vu comme une ombre passer devant la fenêtre?

— Qu'importe? dit Bénédict en s'approchant tranquillement de la fenêtre; ne vaut-il pas mieux cent fois vous voir tuer dans mes bras que de vous savoir vivante aux bras d'un autre? Mais rassurez-vous; tout est calme, ce jardin est désert.

— Écoutez, Valentine, dit-il d'un ton calme mais abattu, je suis bien malheureux. Vous avez voulu que je vécusse; vous m'avez condamné à porter un lourd fardeau!

— Hélas! dit-elle, des reproches! Depuis quinze mois ne sommes-nous pas heureux, ingrat?

— Oui, Madame, nous étions heureux, mais nous ne le serons plus!

— Pourquoi ces noirs présages? Quelle calamité pourrait nous menacer?

— Votre mari peut vous emmener, il peut nous séparer à jamais, et il est impossible qu'il ne le veuille pas.

— Mais jusqu'ici, au contraire, ses intentions paraissent très-pacifiques. S'il voulait m'attacher à sa fortune, ne l'eût-il pas fait plus tôt? Je soupçonne précisément qu'il lui tarde d'être débarrassé de je ne sais quelles affaires...

— Ces affaires, j'en devine la nature. Permettez-moi de vous le dire, Madame, puisque l'occasion s'en présente : ne dédaignez pas le conseil d'un ami dévoué, qui s'occupe fort peu des intérêts et des spéculations de ce monde, mais qui sort de son indifférence lorsqu'il s'agit de vous. M. de Lansac a des dettes, vous ne l'ignorez pas.

— Je ne l'ignore pas, Bénédict, mais je trouve fort peu convenable d'examiner sa conduite avec vous et en ce lieu...

— Rien n'est moins *convenable* que la passion que j'ai pour vous, Valentine; mais si vous l'avez tolérée jusqu'ici, par compassion pour moi, vous devez tolérer de même un avis que je vous donne par intérêt pour vous. Ce que je dois conclure de la conduite de votre mari à votre égard, c'est que cet homme est peu empressé, et par conséquent peu digne de vous posséder. Vous seconderiez peut-être ses intentions secrètes en vous créant sur-le-champ une existence à part de la sienne...

— Je vous comprends, Bénédict: vous me proposez une séparation, une sorte de divorce; vous me conseillez un crime...

— Eh! non, Madame; dans les idées de soumission conjugale que vous nourrissez si religieusement, si M. de Lansac lui-même le désire, rien de plus moral qu'une division sans éclat et sans scandale. A votre place je la solliciterais, et n'en voudrais pour garantie que l'honneur des deux personnes intéressées. Mais, par cette sorte de contrat fait entre vous avec bienveillance et loyauté, vous assureriez au moins votre existence à venir contre les envahissements de ses créanciers; au lieu que je crains...

— J'aime à vous entendre parler ainsi, Bénédict, répondit-elle; ces conseils me prouvent votre candeur; mais j'ai tant entendu parler d'affaires à ma mère, que j'en ai un peu plus que vous la connaissance. Je sais que nulle promesse n'engage un homme sans honneur à respecter les biens de sa femme, et si j'avais le malheur d'être mariée à un pareil homme, je n'aurais d'autre ressource que ma fermeté, d'autre guide que ma conscience. Mais, rassurez-vous, Bénédict, M. de Lansac est un cœur probe et généreux. Je ne redoute rien de semblable de sa part, et d'ailleurs, je sais qu'il ne peut aliéner aucune de mes propriétés sans me consulter...

— Et moi, je sais que vous ne lui refuseriez aucune signature; car je connais votre facile caractère, votre mépris pour les richesses...

— Vous vous trompez, Bénédict; j'aurais du courage, s'il le fallait. Il est vrai que pour moi je me contenterais de ce pavillon et de quelques arpents de terre; réduite à douze cents francs de rente je me trouverais encore riche. Mais ces biens dont on a frustré ma sœur, je veux au moins les transmettre à son fils après ma mort: Valentin sera mon héritier. Je veux qu'il soit un jour comte de Raimbault. C'est là le but de ma vie. Pourquoi avez-vous frémi ainsi, Bénédict?

— Vous me demandez pourquoi? s'écria Bénédict sortant du calme où la tournure de cet entretien l'avait amené. Hélas! que vous connaissez peu la vie! que vous êtes tranquille et imprévoyante! Vous parlez de mourir sans postérité, comme si... Juste ciel! tout mon sang se soulève à cette pensée; mais, sur mon âme, si vous ne dites pas vrai, Madame...

Il se leva et marcha dans la chambre avec agitation; de temps en temps il cachait sa tête dans ses mains, et sa forte respiration trahissait les tourments de son âme.

— Mon ami, lui dit Valentine avec douceur, vous êtes aujourd'hui sans force et sans raison. Le sujet de notre entretien est d'une nature trop délicate; croyez-moi, brisons là; car je suis bien assez coupable d'être venue ici à une pareille heure sur la sommation d'un enfant sans prudence. Ces pensées orageuses qui vous torturent, je ne puis les calmer par mon silence, et vous devriez savoir l'interpréter sans exiger de moi des promesses coupables...

Pourtant, ajouta-t-elle d'une voix tremblante en voyant l'agitation de Bénédict augmenter à mesure qu'elle parlait, s'il faut absolument pour vous rassurer et pour vous contenir, que je manque à tous mes devoirs et à tous mes scrupules, eh bien! soyez content: je vous jure sur votre affection et sur la mienne (je n'oserais jurer par le ciel!) que je mourrai plutôt que d'appartenir à aucun homme.

— Enfin!... dit Bénédict d'une voix brève et en s'approchant d'elle, vous daignez me jeter une parole d'encouragement! J'ai cru que vous me laisseriez partir dévoré d'inquiétude et de jalousie; j'ai cru que vous ne me feriez jamais le sacrifice d'une seule de vos étroites idées. Vraiment! vous avez promis cela? Mais, Madame, cela est héroïque!

— Vous êtes amer, Bénédict. Il y avait bien longtemps que je ne vous avais vu ainsi. Il faut donc que tous les chagrins m'arrivent à la fois!

— Ah! c'est que, voyez-vous, je vous aime avec fureur, dit Bénédict en lui prenant le bras avec un transport farouche; c'est que je donnerais mon âme pour sauver vos jours; c'est que je vendrais ma part du ciel pour épargner à votre cœur le moindre des tourments que le mien dévore; c'est que je commettrais tous les crimes pour vous amuser, et que vous ne feriez pas la plus légère faute pour me rendre heureux.

— Ah! ne parlez pas ainsi, répondit-elle avec abattement. Depuis si longtemps je m'étais habituée à me fier à vous; il faudra donc encore craindre et lutter! il faudra vous fuir peut-être...

— Ne jouons pas sur les mots! s'écria Bénédict avec fureur et rejetant violemment son bras qu'il tenait encore. Vous parlez de me fuir! Condamnez-moi à mort, ce sera plus tôt fait. Je ne pensais pas, Madame, que vous reviendriez sur ces menaces; vous espérez donc que ces quinze mois m'ont changé? Eh bien, vous avez raison; ils m'ont rendu plus amoureux de vous que je ne l'avais jamais été; ils m'ont donné l'énergie de vivre, au lieu que mon ancien amour ne m'avait donné que celle de mourir. A présent, Valentine, il n'est plus temps de s'en départir; je vous aime exclusivement; je n'ai que vous sur la terre; je n'aime Louise et son fils que pour vous. Vous êtes mon avenir, mon but, ma seule passion, ma seule pensée; que voulez-vous que je devienne si vous me repoussez? Je n'ai point d'ambition, point d'amis, point d'état; je n'aurai jamais rien de tout ce qui compose la vie des autres. Vous m'avez dit souvent que dans un âge plus avancé je serais avide des mêmes intérêts que le reste des hommes; je ne sais si vous aurez jamais raison avec moi sur ce point; mais ce qu'il y a de certain, c'est que je suis encore loin de l'âge où les nobles passions s'éteignent, et que je ne puis pas avoir la volonté de l'atteindre si vous m'abandonnez. Non, Valentine, vous ne me chasserez pas, cela est impossible; ayez pitié de moi, je manque de courage!

Bénédict fondit en pleurs. Il faut de telles commotions morales pour amener aux larmes et à la faiblesse de l'enfant l'homme irrité et passionné, que la femme la moins impressionnable résiste rarement à ces rapides élans d'une sensibilité impérieuse. Valentine se jeta en pleurant dans le sein de celui qu'elle aimait, et l'ardeur dévorante du baiser qui unit leurs lèvres lui fit connaître enfin combien l'exaltation de la vertu est près de l'égarement. Mais ils eurent peu de temps pour s'en convaincre; car à peine avaient-ils échangé cette brûlante effusion de leurs âmes, qu'une petite toux sèche et un air d'opéra fredonné sous la fenêtre avec la plus grand calme frappèrent Valentine de terreur. Elle s'arracha des bras de Bénédict, et, saisissant son bras d'une main froide et contractée, elle lui couvrit la bouche de son autre main.

— Nous sommes perdus, lui dit-elle à voix basse, c'est lui!

— Valentine! n'êtes-vous pas ici, ma chère? dit M. de Lansac en s'approchant du perron avec beaucoup d'aisance.

— Cachez-vous! dit Valentine en poussant Bénédict derrière une grande glace portative qui occupait un angle de l'appartement; et elle s'élança au-devant de M. de Lansac avec cette force de dissimulation que la nécessité révèle miraculeusement aux femmes les plus novices.

— J'étais bien sûr de vous avoir vu prendre le chemin du pavillon il y a un quart d'heure, dit Lansac en entrant, et, ne voulant pas troubler votre promenade solitaire, j'avais dirigé la mienne d'un autre côté; mais l'instinct du cœur ou la force magique de votre présence me ramène malgré moi au lieu où vous êtes. Ne suis-je pas indiscret de venir interrompre ainsi vos rêveries, et daignerez-vous m'admettre dans le sanctuaire?

— J'étais venue ici prendre un livre que je veux achever cette nuit, dit Valentine d'une voix forte et brève, toute différente de sa voix ordinaire.

— Permettez-moi de vous dire, ma chère Valentine, que vous menez un genre de vie tout à fait singulier et qui m'alarme pour votre santé. Vous passez les nuits à vous promener et à lire; cela n'est ni raisonnable ni prudent.

— Mais je vous assure que vous vous trompez, dit Valentine en essayant de l'emmener vers le perron. C'est par hasard que, ne pouvant dormir cette nuit, j'ai voulu respirer l'air frais du parc. Je me sens tout à fait calmée, je vais rentrer.

— Mais ce livre que vous vouliez emporter, vous ne l'avez pas?

— Ah! c'est vrai, dit Valentine troublée.

Et elle feignit de chercher un livre sur le piano. Par un malheureux hasard, il ne s'en trouvait pas un seul dans l'appartement.

— Comment espérez-vous le trouver dans cette obscurité? dit M. de Lansac. Laissez-moi allumer une bougie.

— Oh! ce serait impossible! dit Valentine épouvantée. Non, non, n'allumez pas, je n'ai pas besoin de ce livre, je n'ai plus envie de lire.

— Mais pourquoi y renoncer, quand il est si facile de se procurer de la lumière? J'ai remarqué hier sur cette cheminée un flacon phosphorique très-élégant. Je gagerais mettre la main dessus.

En même temps il prit le flacon, y plaça une allumette qui pétilla en jetant une vive lumière dans l'appartement, puis, passant à un ton bleu et faible, sembla mourir en s'enflammant; ce rapide éclair avait suffi à M. de Lansac pour saisir le regard d'épouvante que sa femme avait jeté sur la glace. Quand la bougie fut allumée, il affecta plus de calme et de simplicité encore: il savait où était Bénédict.

— Puisque nous voici ensemble, ma chère, dit-il en s'asseyant sur le sofa, au mortel déplaisir de Valentine, je suis résolu de vous entretenir d'une affaire assez importante dont je suis tourmenté. Ici nous sommes bien sûrs de n'être ni écoutés ni interrompus: voulez-vous avoir la bonté de m'accorder quelques minutes d'attention?

Valentine, plus pâle qu'un spectre, se laissa tomber sur une chaise.

— Daignez vous approcher, ma chère, dit M. de Lansac en tirant à lui une petite table sur laquelle il plaça la bougie.

Il appuya son menton sur sa main, et entama la conversation avec l'aplomb d'un homme habitué à proposer aux souverains la paix ou la guerre sur le même ton.

## XXXIII.

— Je présume, ma chère amie, que vous désirez savoir quelque chose de mes projets, afin d'y conformer les vôtres, dit-il en attachant sur elle des yeux fixes et perçants qui la tinrent comme fascinée à sa place. Sachez donc que je ne puis quitter mon poste, ainsi que je l'espérais, avant un certain nombre d'années. Ma fortune a reçu un échec considérable qu'il m'importe de réparer par mes travaux. Vous emmènerai-je ou ne vous emmènerai-je pas? *That is the question*, comme dit Hamlet. Désirez-vous me suivre, désirez-vous rester? Autant qu'il dépendra de moi, je me conformerai à vos intentions; mais prononcez-vous, car sur ce point toutes vos lettres ont été d'une retenue par trop chaste. Je suis votre mari enfin, j'ai quelque droit à votre confiance.

Valentine remua les lèvres, mais sans pouvoir articuler une parole. Placée entre son maître railleur et son amant jaloux, elle était dans une horrible situation.

Elle essaya de lever les yeux sur M. de Lansac; son regard de faucon était toujours attaché sur elle. Elle perdit tout à fait contenance, balbutia et ne répondit rien.

— Puisque vous êtes si timide, reprit-il en élevant un peu la voix, j'en augure bien pour votre soumission, et il est temps que je vous parle des devoirs que nous avons contractés l'un envers l'autre. Jadis, nous étions amis, Valentine, et ce sujet d'entretien ne vous effarouchait pas; aujourd'hui vous êtes devenue avec moi d'une réserve que je ne sais comment expliquer. Je crains que des gens peu disposés en ma faveur ne vous aient beaucoup trop entourée en mon absence; je crains.... vous dirai-je tout? que des intimités trop vives n'aient un peu affaibli la confiance que vous aviez en moi.

Valentine rougit et pâlit; puis elle eut le courage de regarder son mari en face pour s'emparer de sa pensée. Elle crut alors saisir une expression de malice haineuse sous cet air calme et bienveillant, et se tint sur ses gardes.

— Continuez, Monsieur, lui dit-elle avec plus de hardiesse qu'elle ne s'attendait elle-même à en montrer; j'attends que vous vous expliquiez tout à fait pour vous répondre.

— Entre gens de bonne compagnie, répondit Lansac, on doit s'entendre avant même de se parler; mais puisque vous le voulez, Valentine, je parlerai. Je souhaite, ajouta-t-il avec une affectation effrayante, que mes paroles ne soient pas perdues. Je vous parlais tout à l'heure de nos devoirs respectifs; les miens sont de vous assister et de vous protéger...

— Oui, Monsieur, de me protéger! répéta Valentine avec consternation, et cependant avec quelque amertume.

— J'entends fort bien, reprit-il; vous trouvez que ma protection a un peu trop ressemblé jusqu'ici à celle de Dieu. J'avoue qu'elle a été un peu lointaine, un peu dis-

M. de Lansac parut bientôt noir de la tête aux pieds. (Page 43.)

crète ; mais si vous le désirez, dit-il d'un ton ironique, elle se fera sentir davantage.

Un brusque mouvement derrière la glace rendit Valentine aussi froide qu'une statue de marbre. Elle regarda son mari d'un air effaré ; mais il ne parut pas s'être aperçu de ce qui causait sa frayeur, et il continua :

— Nous en reparlerons, ma belle ; je suis trop homme du monde pour importuner des témoignages de mon affection une personne qui la repousserait. Ma tâche d'amitié et de protection envers vous sera donc remplie selon vos désirs et jamais au delà ; car, dans le temps où nous vivons, les maris sont particulièrement insupportables pour être trop fidèles à leurs devoirs. Que vous en semble ?

— Je n'ai point assez d'expérience pour vous répondre.

— Fort bien répondu. Maintenant, ma chère belle, je vais vous parler de vos devoirs envers moi. Ce ne sera pas galant ; aussi, comme j'ai horreur de tout ce qui ressemble au pédagogisme, ce sera la seule et dernière fois de ma vie. Je suis convaincu que le sens de mes préceptes ne sortira jamais de votre mémoire. Mais comme vous tremblez ! quel enfantillage ! Me prenez-vous pour un de ces rustres antédiluviens qui n'ont rien de plus

agréable à mettre sous les yeux de leurs femmes que le joug de la fidélité conjugale ? Croyez-vous que je vais vous prêcher comme un vieux moine, et enfoncer dans votre cœur les stylets de l'inquisition pour vous demander l'aveu de vos secrètes pensées ? — Non, Valentine, non, reprit-il après une pause pendant laquelle il la contempla froidement ; je sais mieux ce qu'il faut vous dire pour ne pas vous troubler. Je ne réclamerai de vous que ce que je pourrai obtenir sans contrarier vos inclinations et sans faire saigner votre cœur. Ne vous évanouissez pas, je vous en prie, j'aurai bientôt tout dit. Je ne m'oppose nullement à ce que vous viviez intimement avec une famille de votre choix qui se rassemble souvent ici, et dont les traces peuvent attester la présence récente...

Il prit sur la table un album de dessins sur lequel était gravé le nom de Bénédict, et le feuilleta d'un air d'indifférence.

— Mais, ajouta-t-il en repoussant l'album d'un air ferme et impérieux, j'attends de votre bon sens que nul conseil étranger n'intervienne dans nos affaires privées, et ne tente de mettre obstacle à la gestion de nos pro-

Alors elle se leva et courut vers la porte. (Page 49)

priétés communes. J'attends cela de votre conscience, et je le réclame au nom des droits que votre position me donne sur vous. Eh bien! ne me répondrez-vous pas? Que regardez-vous dans cette glace?

— Monsieur, répondit Valentine frappée de terreur, je n'y regardais pas.

— Je croyais, au contraire, qu'elle vous occupait beaucoup. Allons, Valentine, répondez-moi, ou, si vous avez encore des distractions, je vais transporter cette glace dans un autre coin de l'appartement, où elle n'attirera plus vos yeux.

— N'en faites rien, Monsieur! s'écria Valentine éperdue. Que voulez-vous que je vous réponde? qu'exigez-vous de moi? que m'ordonnez-vous?

— Je n'ordonne rien, répondit-il en reprenant sa manière accoutumée et son air nonchalant; j'implore votre obligeance pour demain. Il sera question d'une longue et ennuyeuse affaire; il faudra que vous consentiez à quelques arrangements nécessaires, et j'espère qu'aucune influence étrangère ne saurait vous décider à me désobliger, pas même les conseils de votre miroir, ce donneur d'avis que les femmes consultent à propos de tout.

— Monsieur, dit Valentine d'un ton suppliant, je souscris d'avance à tout ce qu'il vous plaira d'imposer; mais retirons-nous, je vous prie, je suis très-fatiguée.

— Je m'en aperçois, reprit M. de Lansac.

Et pourtant il resta encore quelques instants assis avec indolence, regardant Valentine qui, debout, le flambeau à la main, attendait avec une mortelle anxiété la fin de cette scène.

Il eut l'idée d'une vengeance plus amère que celle qu'il venait d'exercer; mais se rappelant la profession de foi que Bénédict avait faite quelques instants auparavant, il jugea fort prudemment ce jeune exalté capable de l'assassiner; il prit donc le parti de se lever et de sortir avec Valentine. Celle-ci, par une dissimulation bien inutile, affecta de fermer soigneusement la porte du pavillon.

— C'est une précaution fort sage, lui dit M. de Lansac d'un ton caustique, d'autant plus que les fenêtres sont disposées de manière à laisser entrer et sortir facilement ceux qui trouveraient la porte fermée.

Cette dernière remarque convainquit enfin Valentine de sa véritable situation à l'égard de son mari.

## XXXIV.

Le lendemain, à peine était-elle levée que le comte et M. Grapp demandèrent à être admis dans son appartement. Ils apportaient différents papiers.

— Lisez-les, Madame, dit M. de Lansac en voyant qu'elle prenait machinalement la plume pour les signer.

Elle leva en pâlissant les yeux sur lui; son regard était si absolu, son sourire si dédaigneux, qu'elle se hâta de signer d'une main tremblante, et les lui rendant:

— Monsieur, lui dit-elle, vous voyez que j'ai confiance en vous, sans examiner si les apparences vous accusent.

— J'entends, Madame, répondit Lansac en remettant les papiers à M. Grapp.

En ce moment il se sentit si heureux et si léger d'être débarrassé de cette créance qui lui avait suscité dix ans de tourments et de persécutions, qu'il eut pour sa femme quelque chose qui ressemblait à de la reconnaissance, et lui baisa la main en lui disant d'un air presque franc:

— Un service en vaut un autre, Madame.

Le soir même, il lui annonça qu'il était forcé de repartir le lendemain avec M. Grapp pour Paris, mais qu'il ne rejoindrait point l'ambassade sans lui avoir fait ses adieux et sans la consulter sur ses projets particuliers, auxquels, disait-il, il ne mettrait jamais d'opposition.

Il alla se coucher, heureux d'être débarrassé de sa dette et de sa femme.

Valentine, en se retrouvant seule le soir, réfléchit enfin avec calme aux événements de ces trois jours. Jusque-là, l'épouvante l'avait rendue incapable de raisonner sa position; maintenant que tout s'était arrangé à l'amiable, elle pouvait y reporter un regard lucide. Mais ce ne fut pas la démarche irréparable qu'elle avait faite en donnant sa signature qui l'occupa un seul instant; elle ne put trouver dans son âme que le sentiment d'une consternation profonde, en songeant qu'elle était perdue sans retour dans l'opinion de son mari. Cette humiliation lui était si douloureuse qu'elle absorbait tout autre sentiment.

Espérant trouver un peu de calme dans la prière, elle s'enferma dans son oratoire; mais alors, habituée qu'elle était à mêler le souvenir de Bénédict à toutes ses aspirations vers le ciel, elle fut effrayée de ne plus trouver cette image aussi pure au fond de ses pensées. Le souvenir de la nuit précédente, de cet entretien orageux dont chaque parole, entendue sans doute par M. de Lansac, faisait monter la rougeur au front de Valentine, la sensation de ce baiser, qui était restée cuisante sur ses lèvres, ses terreurs, ses remords, ses agitations, en se retraçant les moindres détails de cette scène, tout l'avertissait qu'il était temps de retourner en arrière, si elle ne voulait tomber dans un abîme. Jusque-là le sentiment audacieux de sa force l'avait soutenue, mais un instant avait suffi pour lui montrer combien la volonté humaine est fragile. Quinze mois d'abandon et de confiance n'avaient pas rendu Bénédict tellement stoïque qu'un instant n'eût détruit le fruit de ces vertus péniblement acquises, lentement amassées, témérairement vantées. Valentine ne pouvait pas se le dissimuler, l'amour qu'elle inspirait n'était pas celui des anges pour le Seigneur; c'était un amour terrestre, passionné, impétueux, un orage prêt à tout renverser.

Elle ne fut pas plus tôt descendue ainsi dans les replis de sa conscience, que son ancienne piété, rigide, positive et terrible, vint la tourmenter de repentirs et de frayeurs. Toute la nuit se passa dans ces angoisses, elle essaya vainement de dormir. Enfin, vers le jour, exaltée par ses souffrances, elle s'abandonna à un projet romanesque et sublime, qui a tenté plus d'une jeune femme au moment de commettre sa première faute : elle résolut de voir son mari et d'implorer son appui.

Effrayée de ce qu'elle allait faire, à peine fut-elle habillée et prête à sortir de sa chambre qu'elle y renonça; puis elle y revint, recula encore, et après un quart d'heure d'hésitations et de tourments, elle se détermina à descendre au salon et à faire demander M. de Lansac.

Il était à peine cinq heures du matin; le comte avait espéré quitter le château avant que sa femme fût éveillée. Il se flattait d'échapper ainsi à l'ennui de nouveaux adieux et de nouvelles dissimulations. L'idée de cette entrevue le contraria donc vivement, mais il n'était aucun moyen convenable de s'y soustraire. Il s'y rendit, un peu tourmenté de n'en pouvoir deviner l'objet.

L'attention avec laquelle Valentine ferma les portes, afin de n'être entendue de personne, et l'altération de ses traits et de sa voix, achevèrent d'impatienter M. de Lansac, qui ne se sentait pas le temps d'essuyer une scène de sensibilité. Malgré lui, ses mobiles sourcils se contractèrent, et quand Valentine essaya de prendre la parole, elle trouva dans sa physionomie quelque chose de si glacial et de si repoussant qu'elle resta devant lui muette et anéantie.

Quelques mots polis de son mari lui firent sentir qu'il s'ennuyait d'attendre; alors elle fit un effort violent pour parler, mais elle ne trouva que des sanglots pour exprimer sa douleur et sa honte.

— Allons, ma chère Valentine, dit-il enfin en s'efforçant de prendre un air ouvert et caressant, trève de puérilités! Voyons, que pouvez-vous avoir à me dire? Il me semblait que nous étions parfaitement d'accord sur tous les points. De grâce, ne perdons pas de temps; Grapp m'attend, Grapp est impitoyable.

— Eh bien, Monsieur, dit Valentine en rassemblant son courage, je vous dirai en deux mots que j'ai à implorer de votre pitié : emmenez-moi.

En parlant ainsi, elle courba presque le genou devant le comte, qui recula de trois pas.

— Vous emmener! vous! y pensez-vous, Madame?

— Je sais que vous me méprisez, s'écria Valentine avec la résolution du désespoir; mais je sais que vous n'en avez pas le droit. Je jure, Monsieur, que je suis encore digne d'être la compagne d'un honnête homme.

— Voudriez-vous me faire le plaisir de m'apprendre, dit le comte d'un ton lent et accentué par l'ironie, combien de promenades nocturnes vous avez faites *seule* (comme hier soir, par exemple) au pavillon du parc depuis environ deux ans que nous sommes séparés?

Valentine, qui se sentait innocente, sentit en même temps son courage augmenter.

— Je vous jure sur Dieu et l'honneur, dit-elle, que ce fut hier la première fois.

— Dieu est bénévole, et l'honneur des femmes est fragile. Tâchez de jurer par quelque autre chose.

— Mais, Monsieur, s'écria Valentine en saisissant le bras de son mari d'un ton d'autorité, vous avez entendu notre entretien cette nuit; je le sais, j'en suis sûre. Eh bien, j'en appelle à votre conscience, ne vous a-t-il pas prouvé que mon égarement fut toujours involontaire? N'avez-vous pas compris que si j'étais coupable et odieuse à mes propres yeux, du moins ma conduite n'était pas souillée de cette tache qu'un homme ne saurait pardonner? Oh! vous le savez bien! vous savez bien que s'il en était autrement, je n'aurais pas l'effronterie de venir réclamer votre protection. Oh! Évariste, ne me la refusez pas! Il est temps encore de me sauver; ne me laissez pas succomber à ma destinée; arrachez-moi à la séduction qui m'environne et qui me presse. Voyez! je la fuis, je la hais, je veux la repousser! Mais je suis une pauvre femme, isolée, abandonnée de toutes parts; aidez-moi. Il est temps encore, vous dis-je, je puis vous regarder en face. Tenez! ai-je rougi? ma figure ment-elle? Vous êtes pénétrant, vous ne vous tromperais pas si grossièrement. Est-ce que je l'oserais? Grand Dieu, vous ne me croyez pas! Oh! c'est une horrible punition que ce doute!

En parlant ainsi, la malheureuse Valentine, désespérant de vaincre la froideur insultante de cette âme de marbre, tomba sur ses genoux et joignit les mains en les élevant vers le ciel, comme pour le prendre à témoin.

— Vraiment, dit M. de Lansac après un silence féroce, vous êtes très-belle et très-dramatique! Il faut être cruel pour vous refuser ce que vous demandez si bien; mais comment voulez-vous que je vous expose à un nouveau parjure? N'avez-vous pas juré à votre amant cette nuit que vous n'appartiendriez jamais à aucun homme?

A cette réponse foudroyante, Valentine se releva indignée, et regardant son mari de toute la hauteur de sa fierté de femme outragée :

— Que croyez-vous donc que je sois venue réclamer ici? lui dit-elle. Vous affectez une étrange erreur, Monsieur; mais vous ne pensez pas que je me sois mise à genoux pour solliciter une place dans votre lit?

M. de Lansac, mortellement blessé de l'aversion hautaine de cette femme tout à l'heure si humble, mordit sa lèvre pâle et fit quelques pas pour se retirer. Valentine s'attacha à lui.

— Ainsi vous me repoussez! lui dit-elle, vous me refusez un asile dans votre maison et la sauvegarde de votre présence autour de moi! Si vous pouviez m'ôter votre nom, vous le feriez sans doute! Oh! cela est inique, Monsieur. Vous me parliez hier de nos devoirs respectifs; comment remplissez-vous les vôtres? Vous me voyez près de rouler dans un précipice dont j'ai horreur, et quand je vous supplie de me tendre la main, vous m'y poussez du pied. Eh bien! que mes fautes retombent sur vous!...

— Oui, vous dites vrai, Valentine, répondit-il d'un ton goguenard en lui tournant le dos, vos fautes retomberont sur ma tête.

Il sortait, charmé de ce trait d'esprit; elle le retint encore, et tout ce qu'une femme au désespoir peut inventer d'humble, de touchant et de pathétique, elle sut le trouver en cet instant de crise. Elle fut si éloquente et si vraie que M. de Lansac, surpris de son esprit, la regarda quelques instants d'un air qui lui fit espérer de l'avoir attendri. Mais il se dégagea doucement en lui disant :

— Tout ceci est parfait, ma chère, mais c'est souverainement ridicule. Vous êtes fort jeune, profitez d'un conseil d'ami : c'est qu'une femme ne doit jamais prendre son mari pour son confesseur; c'est lui demander plus de vertu que sa profession n'en comporte. Pour moi, je vous trouve charmante; mais ma vie est trop occupée pour que je puisse entreprendre de vous guérir d'une grande passion. Je n'aurais d'ailleurs jamais la fatuité d'espérer ce succès. J'ai assez fait pour vous, ce me semble, en fermant les yeux; vous me les ouvrez de force : alors il faut que je vous fuie, car ma contenance vis-à-vis de vous n'est pas supportable, et nous ne pourrions nous regarder l'un l'autre sans rire.

— Rire! Monsieur, rire! s'écria-t-elle avec une juste colère.

— Adieu, Valentine! reprit-il; j'ai trop d'expérience, je vous l'avoue, pour me brûler la cervelle pour une infidélité; mais j'ai trop de bon sens pour vouloir servir de chaperon à une jeune tête aussi exaltée que la vôtre. C'est pour cela aussi que je ne désire pas trop vous voir rompre cette liaison qui a pour vous encore toute la beauté romanesque d'un premier amour. Le second serait plus rapide, le troisième...

— Vous m'insultez, dit Valentine d'un air morne, mais Dieu me protégera. Adieu, Monsieur; je vous remercie de cette dure leçon; je tâcherai d'en profiter.

Ils se saluèrent, et, un quart d'heure après, Bénédict et Valentin, en se promenant sur le bord la grand'route, virent passer la chaise de poste qui emportait le noble comte et l'usurier vers Paris.

## XXXV.

Valentine, épouvantée en même temps qu'offensée mortellement des injurieuses prédictions de son mari, alla dans sa chambre dévorer ses larmes et sa honte. Plus que jamais effrayée des conséquences d'un égarement que le monde punissait d'un tel mépris, Valentine, accoutumée à respecter religieusement l'opinion, prit horreur de ses fautes et de ses imprudences. Elle roula mille fois dans son esprit le projet de se soustraire aux dangers de sa situation; elle chercha au dehors tous ses moyens de résistance, car elle n'en trouvait plus en elle-même, et la peur de succomber achevait d'énerver ses forces; elle reprochait amèrement à sa destinée de lui avoir ôté tout secours, toute protection.

— Hélas! disait-elle, mon mari me repousse, ma mère ne saurait me comprendre, ma sœur n'ose rien; qui m'arrêtera sur ce versant dont la rapidité m'emporte?

Élevée pour le monde et selon ses principes, Valentine ne trouvait nulle part en lui l'appui qu'elle avait droit d'en attendre en retour de ses sacrifices. Si elle n'eût possédé l'inestimable trésor de la foi, sans doute elle eût foulé aux pieds, dans son désespoir, tous les préceptes de sa jeunesse. Mais sa croyance religieuse soutenait et ralliait toutes ses croyances.

Elle ne se sentit pas la force, ce soir-là, de voir Bénédict; elle ne le fit donc pas avertir du départ de son mari, et se flatta qu'il l'ignorerait. Elle écrivit un mot à Louise pour la prier de venir au pavillon à l'heure accoutumée.

Mais à peine étaient-ils ensemble que mademoiselle Beaujon dépêcha Catherine au *petit parc* pour avertir Valentine que sa grand'mère, sérieusement incommodée, demandait à la voir.

La vieille marquise avait pris dans la matinée une tasse de chocolat dont la digestion, trop pénible pour ses organes débilités, lui occasionnait une oppression et une fièvre violentes. Le vieux médecin, M. Faure, trouva sa situation fort dangereuse.

Valentine s'empressait à lui prodiguer ses soins, lorsque la marquise, se redressant tout à coup sur son chevet avec une netteté de prononciation et de regard qu'on n'avait pas remarquée en elle depuis longtemps, demanda à être seule avec sa petite-fille. Les personnes présentes se retirèrent aussitôt, excepté la Beaujon, qui ne pouvait supposer que cette mesure s'étendît jusqu'à elle. Mais la vieille marquise, rendue tout à coup, par une révolution miraculeuse de la fièvre, à toute la clarté de son jugement et à toute l'indépendance de sa volonté, lui ordonna impérieusement de sortir.

— Valentine, lui dit-elle quand elles furent seules, j'ai à te demander une grâce; il y a bien longtemps que je l'implore de la Beaujon, mais elle me trouble l'esprit par ses réponses; toi, tu me l'accorderas, je parie.

— O ma bonne maman! s'écria Valentine en se mettant à genoux devant son lit, parlez, ordonnez.

— Eh bien, mon enfant, dit la marquise en se penchant vers elle et en baissant la voix, je ne voudrais pas mourir sans voir ta sœur.

Valentine se leva avec vivacité et courut à une sonnette.

— Oh! ce sera bientôt fait, lui dit-elle joyeusement, elle n'est pas loin d'ici; qu'elle sera heureuse, chère grand'mère! Ses caresses vous rendront la vie et la santé!

Catherine fut chargée par Valentine d'aller chercher Louise, qui était restée au pavillon.

— Ce n'est pas tout, dit la marquise, je voudrais aussi voir son fils.

Précisément, Valentin, envoyé par Bénédict, qui était inquiet de Valentine et n'osait se présenter devant elle sans son ordre, venait d'arriver au petit parc lorsque Catherine s'y rendit. Au bout de quelques minutes, Louise et son fils furent introduits dans la chambre de leur aïeule.

Louise, abandonnée avec un cruel égoïsme par cette femme, avait réussi à l'oublier, mais quand elle la retrouva sur son lit de mort, hâve et décrépite; quand elle revit les traits de celle dont la tendresse indulgente avait veillé bien ou mal sur ses premières années d'innocence et de bonheur, elle sentit se réveiller cet inextinguible sentiment de respect et d'amour qui s'attache aux premières affections de la vie. Elle s'élança dans les bras de sa grand'mère, et ses larmes, dont elle croyait la source tarie pour elle, coulèrent avec effusion sur le sein qui l'avait bercée.

La vieille femme retrouva aussi de vifs élans de sensibilité à la vue de cette Louise, jadis si vive et si riche de jeunesse, de passion et de santé, maintenant si pâle, si frêle et si triste. Elle s'exprima avec une ardeur d'affection qui fut en elle comme le dernier éclair de cette tendresse ineffable dont le ciel a doué la femme dans son rôle de mère. Elle demanda pardon de son oubli avec une chaleur qui arracha des sanglots de reconnaissance à ses deux petites-filles ; puis elle pressa Valentin dans ses bras étiques, s'extasia sur sa beauté, sur sa grâce, sur sa ressemblance avec Valentine. Cette ressemblance, ils la tenaient du comte Raimbault, le dernier fils de la marquise ; elle retrouvait en eux encore les traits de son époux. Comment les liens sacrés de la famille pourraient-ils être effacés et méconnus sur la terre? Quoi de plus puissant sur le cœur humain qu'un type de beauté recueilli comme un héritage par plusieurs générations d'enfants aimés! Quel lien d'affection que celui qui résume le souvenir et l'espérance! Quel empire que celui d'un être dont le regard fait revivre tout un passé d'amour et de regrets, toute une vie que l'on croyait éteinte et dont on retrouve les émotions palpitantes dans un sourire d'enfant!

Mais bientôt cette émotion sembla s'éteindre chez la marquise, soit qu'elle eût hâté l'épuisement de ses facultés, soit que la légèreté naturelle à son caractère eût besoin de reprendre son cours. Elle fit asseoir Louise sur son lit, Valentine dans le fond de l'alcôve, et Valentin à son chevet. Elle leur parla avec esprit et gaieté, surtout avec autant d'aisance que si elle les eût quittés de la veille ; elle interrogea beaucoup Valentin sur ses études, sur ses goûts, sur ses rêves d'avenir.

En vain les filles lui représentèrent qu'elle se fatiguait par cette longue causerie ; peu à peu elles s'aperçurent que ses idées s'obscurcissaient ; sa mémoire baissa ; l'étonnante présence d'esprit qu'elle avait recouvrée fit place à des souvenirs vagues et flottants, à des perceptions confuses ; ses joues brillantes de fièvre passèrent à des tons violets, sa parole s'embarrassa. Le médecin, que l'on fit rentrer, lui administra un calmant. Il n'en était plus besoin ; on la vit s'affaisser et s'éteindre rapidement.

Puis tout à coup, se relevant sur son oreiller, elle appela encore Valentine, et fit signe aux autres personnes de se retirer au fond de l'appartement.

— Voici une idée qui me revient, lui dit-elle à voix basse. Je savais bien que j'oubliais quelque chose, et je ne voulais pas mourir sans te l'avoir dit. Je savais bien des secrets que je faisais semblant d'ignorer. Il y en a un que tu ne m'as pas confié, Valentine ; mais je l'ai deviné depuis longtemps : tu es amoureuse, mon enfant.

Valentine frémit de tout son corps ; dominée par l'exaltation que tous ces événements accumulés en si peu de jours devaient avoir produite sur son cerveau, elle crut qu'une voix d'en haut lui parlait par la bouche de son aïeule mourante.

— Oui, c'est vrai, répondit-elle en penchant son visage brûlant sur les mains glacées de la marquise ; je suis bien coupable ; ne me maudissez pas, dites-moi une parole qui me ranime et qui me sauve.

— Ah! ma petite! dit la marquise en essayant de sourire, ce n'est pas facile de sauver une jeune tête comme toi des passions! Bah! à ma dernière heure je puis bien être sincère. Pourquoi ferais-je de l'hypocrisie avec vous autres! En pourrai-je faire dans un instant devant Dieu? Non, va. Il n'est pas possible de se préserver du mal tant qu'on est jeune. Aime donc, ma fille ; il n'y a que cela de bon dans la vie. Mais reçois le dernier conseil de ta grand'mère et ne l'oublie pas : Ne prends jamais un amant qui ne soit pas de ton rang.

Ici la marquise cessa de pouvoir parler.

Quelques gouttes de la potion lui rendirent encore quelques minutes de vie. Elle adressa un sourire morbide à ceux qui l'environnaient et murmura des lèvres quelques prières. Puis, se tournant vers Valentine :

— Tu diras à ta mère que je la remercie de ses bons procédés, et que je lui pardonne les mauvais. Pour une femme sans naissance, après tout, elle s'est conduite assez bien envers moi. Je n'attendais pas tant, je l'avoue, de la part de mademoiselle Chignon.

Elle prononça ce mot avec une affectation de mépris.

Ce fut le dernier qu'elle fit entendre ; et, selon elle, la plus grande vengeance qu'elle pût tirer des tourments imposés à sa vieillesse, fut de dénoncer la roture de madame de Raimbault comme son plus grand vice.

La perte de sa grand'mère, quoique sensible au cœur de Valentine, ne pouvait pas être pour elle un malheur bien réel. Néanmoins, dans la disposition d'esprit où elle était, elle la regarda comme un nouveau coup de sa fatale destinée, et se plut à redire, dans l'amertume de ses pensées, que tous ses appuis naturels lui étaient successivement enlevés, et, comme à dessein, dans le temps où ils lui étaient le plus nécessaires.

De plus en plus découragée de sa situation, Valentine résolut d'écrire à sa mère pour la supplier de venir à son secours, et de ne point revoir Bénédict jusqu'à ce qu'elle eût consommé ce sacrifice. En conséquence, après avoir rendu les derniers devoirs à la marquise, elle se retira chez elle, s'y enferma, et, déclarant qu'elle était malade et ne voulait voir personne, elle écrivit à la comtesse de Raimbault.

Alors, quoique la dureté de M. de Lansac eût bien dû la dégoûter de verser sa douleur dans un cœur insensible, elle se confessa humblement devant cette femme orgueilleuse qui l'avait fait trembler toute sa vie. Maintenant, Valentine, exaspérée par la souffrance, avait le courage du désespoir pour tout entreprendre. Elle ne raisonnait plus rien ; une crainte majeure dominait toute autre crainte. Pour échapper à son amour, elle aurait marché sur la mer. D'ailleurs, au moment où tout lui manquait à la fois, une douleur de plus devenait moins effrayante que dans un temps ordinaire. Elle se sentait une énergie féroce envers elle-même, pourvu qu'elle n'eût pas à combattre Bénédict ; les malédictions du monde entier l'épouvantaient moins que l'idée d'affronter la douleur de son amant.

Elle avoua donc à sa mère qu'elle aimait *un autre homme que son mari*. Ce furent là tous les renseignements qu'elle donna sur Bénédict ; mais elle peignit avec chaleur l'état de son âme et le besoin qu'elle avait d'un appui. Elle la supplia de la rappeler auprès d'elle ; car telle était la soumission absolue qu'exigeait la comtesse, que Valentine n'eût pas osé la rejoindre sans son aveu.

A défaut de tendresse, madame de Raimbault eût peut-être accueilli par vanité la confidence de sa fille ; elle eût peut-être fait droit à sa demande, si le même courrier ne lui eût apporté une lettre datée du château de Raimbault, qu'elle lut la première : c'était une dénonciation en règle de mademoiselle Beaujon.

Cette fille, suffoquée de jalousie en voyant la marquise entourée d'une nouvelle famille à ses derniers moments, avait été furieuse surtout du don de quelques bijoux antiques offerts à Louise par sa grand'mère, comme gage de souvenir. Elle se regarda comme frustrée par ce legs, et, n'ayant aucun droit pour s'en plaindre, elle résolut au moins de s'en venger ; elle écrivit donc sur-le-champ à la comtesse, sous prétexte de l'informer de la mort de sa belle-mère, et elle profita de l'occasion pour révéler l'intimité de Louise et de Valentine. L'installation *scandaleuse* de Valentin dans le voisinage, son éducation faite à demi par madame de Lansac, et tout ce qu'il lui plut d'appeler les *mystères du pavillon*; car elle ne s'en tint pas à dévoiler l'amitié des deux sœurs, elle noircit les relations qu'elles avaient avec le neveu du fermier, le *paysan Benoît Lhéry*; elle présenta Louise comme une intrigante qui favorisait odieusement l'union coupable de ce rustre avec sa sœur ; elle ajouta qu'il était bien tard sans doute pour remédier à tout cela, car *le commerce* durait depuis quinze grands mois. Elle finit en déclarant que M. de Lansac avait sans doute fait à cet égard de fâcheuses découvertes, car il était parti au bout de trois jours sans avoir aucune relation avec sa femme.

Après avoir donné ce soulagement à sa haine, la Beaujon quitta Raimbault, riche des libéralités de la famille, et vengée des bontés que Valentine avait eues pour elle.

Ces deux lettres mirent la comtesse dans une fureur épouvantable, qui eût ajouté moins de foi aux aveux de la duègne, si les aveux de sa fille, arrivés en même temps, ne lui en eussent semblé la confirmation. Alors tout le mérite de cette confession naïve fut perdu pour Valentine. Madame de Raimbault ne vit plus en elle qu'une malheureuse dont l'honneur était entaché sans retour, et qui, menacée de la vengeance de son mari, venait implorer l'appui nécessaire de sa mère. Cette opinion ne fut que trop confirmée par les bruits de la province qui arrivaient chaque jour à ses oreilles. Le bonheur pur de deux amants n'a jamais pu s'abriter dans la paix obscure des champs sans exciter la jalousie et la haine de tout ce qui végète sottement au sein des petites villes. Le bonheur d'autrui est un spectacle qui dessèche et dévore le provincial; la seule chose qui lui fait supporter sa vie étroite et misérable, c'est le plaisir d'arracher tout amour et toute poésie de la vie de son voisin.

Et puis madame de Raimbault, qui avait été déjà frappée du retour subit de M. de Lansac à Paris, le vit, l'interrogea, ne put obtenir aucune réponse, mais put fort bien comprendre, à l'habileté de son silence et à la dignité de sa contenance évasive, que tout lien d'affection et de confiance était rompu entre sa femme et lui.

Alors elle fit à Valentine une réponse foudroyante, lui conseilla de chercher désormais son refuge dans la protection de cette sœur tarée comme elle, lui déclara qu'elle l'abandonnait à l'opprobre de son sort, et finit en lui donnant presque sa malédiction.

Il est vrai de dire que madame de Raimbault fut navrée de voir la vie de sa fille gâtée à tout jamais; mais il entra encore plus d'orgueil blessé que de tendresse maternelle dans sa douleur. Ce qui le prouve, c'est que le courroux l'emporta sur la pitié, et qu'elle partit pour l'Angleterre, afin, prétendit-elle, de s'étourdir sur ses chagrins, mais, en effet, pour se livrer à la dissipation sans être exposée à rencontrer des gens informés de ses malheurs domestiques, et disposés à critiquer sa conduite en cette occasion.

Tel fut le résultat de la dernière tentative de l'infortunée Valentine. La réponse de sa mère lui jeta une telle douleur dans son âme qu'elle absorba toutes ses autres pensées. Elle se mit à genoux dans son oratoire, et répandit son affliction en longs sanglots. Puis, au milieu de cette amertume affreuse, elle sentit ce besoin de confiance et d'espoir qui soutient les âmes religieuses; elle sentit surtout ce besoin d'affection qui dévore la jeunesse. Haïe, méconnue, repoussée de partout, il lui restait encore un asile : c'était le cœur de Bénédict. Était-il donc si coupable, cet amour tant calomnié? Dans quel crime l'avait-il donc entraînée?

« Mon Dieu! s'écria-t-elle avec ardeur, toi qui seul vois la pureté de mes désirs, toi qui seul connais l'innocence de ma conduite, ne me protégeras-tu pas? te retireras-tu aussi de moi? La justice que les hommes me refusent, n'est-ce pas en toi que je la trouverai? Cet amour est-il donc si coupable? »

Comme elle se penchait sur son prie-Dieu, elle aperçut un objet qu'elle y avait déposé comme l'*ex-voto* d'une superstition amoureuse; c'était ce mouchoir teint de sang que Catherine avait rapporté de la maison du ravin le jour du suicide de Bénédict, et que Valentine lui avait réclamé ensuite en apprenant cette circonstance. En ce moment, la vue du sang répandu pour elle fut comme une victorieuse protestation d'amour et de dévouement, en réponse aux affronts qu'elle recevait de toutes parts. Elle saisit le mouchoir, le pressa contre ses lèvres, et, plongée dans une mer de tourments et de délices, elle resta longtemps immobile et recueillie, ouvrant son cœur à la confiance, et sentant revenir cette vie ardente qui dévorait son être quelques jours auparavant.

## XXXVI.

Bénédict était bien malheureux depuis huit jours. Cette feinte maladie, dont Louise ne savait lui donner aucun détail, le jetait dans de vives inquiétudes. Tel est l'égoïsme de l'amour, qu'il aimait encore mieux croire au mal de Valentine que de la soupçonner de vouloir le fuir. Ce soir-là, poussé par un vague espoir, il rôda longtemps autour du parc; enfin, maître d'une clef particulière que l'on confiait d'ordinaire à Valentin, il se décida à pénétrer jusqu'au pavillon. Tout était silencieux et désert dans ce lieu naguère si plein de joie, de confiance et d'affection. Son cœur se serra; il en sortit, et se hasarda à entrer dans le jardin du château. Depuis la mort de la vieille marquise, Valentine avait supprimé plusieurs domestiques. Le château était donc peu habité. Bénédict en approcha sans rencontrer personne.

L'oratoire de Valentine était situé dans une tourelle vers la partie la plus solitaire du bâtiment. Un petit escalier en vis, reste des anciennes constructions sur lesquelles le nouveau manoir avait été bâti, descendait de sa chambre à l'oratoire, et de l'oratoire au jardin. La fenêtre, cintrée et surmontée d'ornements dans le goût italien de la renaissance, s'élevait au-dessus d'un massif d'arbres dont la cime s'empourprait alors des reflets du couchant. La chaleur du jour avait été extrême; des éclairs silencieux glissaient faiblement sur l'horizon violet, l'air était rare et comme chargé d'électricité; c'était un de ces soirs d'été où l'on respire avec peine, où l'on sent en soi une excitation nerveuse extraordinaire, où l'on souffre d'un mal sans nom qu'on voudrait pouvoir soulager par des larmes.

Parvenu au pied du massif en face de la tour, Bénédict jeta un regard inquiet sur la fenêtre de l'oratoire. Le soleil embrasait ses vitraux coloriés. Bénédict chercha longtemps à saisir quelque chose derrière ce miroir ardent, lorsqu'une main de femme l'ouvrit tout à coup, et une forme fugitive se montra et disparut.

Bénédict monta sur un vieux if, et, caché par ses rameaux noirs et pendants, il s'éleva assez pour que sa vue pût plonger dans l'intérieur. Alors il vit distinctement Valentine à genoux, avec ses cheveux blonds à demi détachés, qui tombaient négligemment sur son épaule, et que le soleil dorait de ses derniers feux. Ses joues étaient animées, son attitude avait un abandon plein de grâce et de candeur. Elle pressait sur sa poitrine et baisait avec amour ce mouchoir sanglant que Bénédict avait cherché avec tant d'anxiété après son suicide, et qu'il reconnut aussitôt entre ses mains.

Alors Bénédict, promenant ses regards craintifs sur le jardin désert, et n'ayant qu'un mouvement à faire pour atteindre à cette fenêtre, ne put résister à la tentation. Il s'attacha à la balustrade sculptée, et, abandonnant la dernière branche qui le soutenait encore, il s'élança au péril de sa vie.

En voyant une ombre se dessiner dans l'air éblouissant de la croisée, Valentine jeta un cri; mais, en le reconnaissant, sa terreur changea de nature.

— O ciel! lui dit-elle, oserez-vous donc me poursuivre jusqu'ici?

— Me chassez-vous? répondit Bénédict. Voyez! vingt pieds seulement me séparent du sol; ordonnez-moi de lâcher cette balustrade, et j'obéis.

— Grand Dieu! s'écria Valentine épouvantée de la situation où elle le voyait, entrez, entrez! Vous me faites mourir de frayeur.

Il s'élança dans l'oratoire, et Valentine, qui s'était attachée à son vêtement dans la crainte de le voir tomber, le pressa dans ses bras par un mouvement de joie involontaire en le voyant sauvé.

En cet instant tout fut oublié, et les résistances que Valentine avait tant méditées, et les reproches que Bénédict s'était promis de lui faire. Ces huit jours de séparation, dans de si tristes circonstances, avaient été pour eux comme un siècle. Le jeune homme s'abandonnait à une joie folle en pressant contre son cœur Valentine, qu'il avait craint de trouver mourante, et qu'il voyait plus belle et plus aimante que jamais.

Enfin, la mémoire de ce qu'il avait souffert loin d'elle lui revint; il l'accusa d'avoir été menteuse et cruelle.

— Écoutez, lui dit Valentine avec feu en le conduisant devant sa madone, j'avais fait serment de ne jamais vous revoir, parce que je m'étais imaginé que je ne pourrais le faire sans crime. Maintenant jurez-moi que vous m'aiderez à respecter mes devoirs; jurez-le devant Dieu, devant cette image, emblème de pureté; rassurez-moi, rendez-moi la confiance que j'ai perdue. Bénédict, votre âme est sincère, vous ne voudriez pas commettre un sacrilége dans votre cœur; dites! vous sentez-vous plus fort que je ne le suis?

Bénédict pâlit et recula avec épouvante. Il avait dans l'esprit une droiture vraiment chevaleresque, et préférait le malheur de perdre Valentine au crime de la tromper.

— Mais c'est un vœu que vous me demandez, Valentine! s'écria-t-il. Pensez-vous que j'aie l'héroïsme de le prononcer et de le tenir sans y être préparé?

— Eh quoi! ne l'êtes-vous pas depuis quinze mois? lui dit-elle. Ces promesses solennelles que vous me fîtes un soir en face de ma sœur, et que jusqu'ici vous aviez si loyalement observées...

— Oui, Valentine, j'ai eu cette force, et j'aurai peut-être celle de la renouveler mon vœu. Mais ne me demandez rien aujourd'hui, je suis trop agité; mes serments n'auraient nulle valeur. Tout ce qui s'est passé a chassé le calme que vous aviez fait rentrer dans mon sein. Et puis, Valentine! femme imprudente! vous me dites que vous tremblez! Pourquoi me dites-vous cela? Je n'aurais pas eu l'audace de le penser. Vous étiez forte quand je vous croyais forte; pourquoi me demander, à moi, l'énergie que vous n'avez pas? Où la trouverai-je maintenant? Adieu, je vais me préparer à vous obéir. Mais jurez-moi que vous ne me fuirez plus; car vous voyez l'effet de cette conduite sur moi: elle me tue, elle détruit tout l'effet de ma vertu passée.

— Eh bien! Bénédict, je vous le jure; car il m'est impossible de ne pas me fier à vous quand je vous vois et quand je vous entends. Adieu; demain nous nous reverrons tous au pavillon.

Elle lui tendit la main; Bénédict hésita à la toucher. Un tremblement convulsif l'agitait. A peine l'eut-il effleurée, qu'une sorte de rage s'empara de lui. Il étreignit Valentine dans ses bras, puis il voulut la repousser. Alors l'effroyable violence qu'il imposait à sa nature ardente depuis si longtemps ayant épuisé toutes ses forces, il se tordit les mains avec fureur et tomba presque mourant sur les marches du prie-Dieu.

— Prends pitié de moi, dit-il avec angoisse, toi qui as créé Valentine; rappelle mon âme à toi, éteins ce souffle dévorant qui ronge ma poitrine et torture ma vie; fais-moi la grâce de mourir.

Il était si pâle, tant de souffrance se peignait dans ses yeux éteints, que Valentine le crut réellement sur le point de succomber. Elle se jeta à genoux près de lui, le pressa sur son cœur avec délire, le couvrit de caresses et de pleurs, et tomba épuisée elle-même dans ses bras avec des cris étouffés, en le voyant défaillir et rejeter en arrière sa tête froide et mourante.

Enfin elle le rappela à lui-même; mais il était si faible, si accablé, qu'elle ne voulut point le renvoyer ainsi. Retrouvant toute son énergie avec la nécessité de le secourir, elle le soutint et le traîna jusqu'à sa chambre, où elle lui prépara le thé.

En ce moment, la bonne et douce Valentine redevint l'officieuse et active ménagère dont la vie était toute consacrée à être utile aux autres. Ses terreurs de femme et d'amante se calmèrent pour faire place aux sollicitudes de l'amitié. Elle oublia en quel lieu elle amenait Bénédict et ce qui devait se passer dans son âme, pour ne songer qu'à secourir ses sens. L'imprudente ne fit point attention aux regards sombres et farouches qu'il jetait sur cette chambre où il n'était entré qu'une fois, sur ce lit où il l'avait vue dormir toute une nuit, sur tous ces meubles qui lui rappelaient la plus orageuse crise et la plus solennelle émotion de sa vie. Assis sur un fauteuil, les sourcils froncés, les bras pendants, il la regardait machinalement errer autour de lui, sans imaginer à quoi elle s'occupait.

Quand elle lui apporta le breuvage calmant qu'elle venait de lui préparer, il se leva brusquement et la regarda d'un air si étrange et si égaré qu'elle laissa échapper la tasse et recula avec effroi.

Bénédict jeta ses bras autour d'elle et l'empêcha de fuir.

— Laissez-moi, s'écria-t-elle, le thé m'a horriblement brûlée.

En effet, elle s'éloigna en boitant. Il se jeta à genoux et baisa son petit pied légèrement rougi au travers de son bas transparent, et puis il faillit mourir encore; et Valentine, vaincue par la pitié, par l'amour, par la peur surtout, ne s'arracha plus de ses bras quand il revint à la vie...

C'était un moment fatal qui devait arriver tôt ou tard. Il y a bien de la témérité à espérer vaincre une passion, quand on se voit tous les jours et qu'on a vingt ans.

Durant les premiers jours, Valentine, emportée au delà de toutes ses impressions habituelles, ne songea point au repentir; mais ce moment vint et il fut terrible.

Alors Bénédict regretta amèrement un bonheur qu'il fallait payer si cher. Sa faute reçut le plus rude châtiment qui pût lui être infligé: il vit Valentine pleurer et dépérir de chagrin.

Trop vertueux l'un et l'autre pour s'endormir dans des joies qu'ils avaient réprouvées et repoussées si longtemps, leur existence devint cruelle. Valentine n'était point capable de transiger avec sa conscience. Bénédict aimait trop passionnément pour sentir un bonheur que ne partageait plus Valentine. Tous deux étaient trop faibles, trop livrés à eux-mêmes, trop dominés par les impétueuses sensations de la jeunesse, pour s'arracher à ces joies pleines de remords. Ils se quittaient avec désespoir; ils se retrouvaient avec enthousiasme. Leur vie était un combat perpétuel, un orage toujours renaissant, une volupté sans bornes et un enfer sans issue.

Bénédict accusait Valentine de l'aimer peu, de ne pas savoir le préférer à son honneur, à l'estime d'elle-même, de n'être capable d'aucun sacrifice complet; et quand ces reproches avaient amené une nouvelle faiblesse de Valentine, quand il la voyait pleurer avec désespoir et succomber sous de pâles terreurs, il haïssait le bonheur qu'il venait de goûter. Il eût voulu au prix de son sang en laver le souvenir. Il lui offrait alors de la fuir, et lui jurait de supporter la vie et l'exil; mais elle n'avait plus la force de l'éloigner.

— Ainsi je resterais seule et abandonnée à ma douleur! lui disait-elle; non, ne me laissez pas ainsi, j'en mourrais; je ne puis plus vivre qu'en m'étourdissant. Dès que je rentre en moi-même, je sens que je suis perdue; ma raison s'égare, et je serais capable de couronner mes crimes par le suicide. Votre présence du moins me donne la force de vivre dans l'oubli de mes devoirs. Attendons encore, espérons, prions Dieu; seule, je ne puis plus prier; mais près de vous l'espoir me revient. Je me flatte de trouver un jour assez de vertu en moi pour vous aimer sans crime. Peut-être m'en donnerez-vous le premier, car enfin vous êtes plus fort que moi; c'est moi qui vous repousse et qui vous rappelle toujours.

Et puis venaient ces moments de passion impétueuse où l'enfer avec ses terreurs faisait sourire Valentine. Elle n'était pas incrédule alors, elle était fanatique d'impiété.

— Eh bien, disait-elle, bravons tout; qu'importe que je perde mon âme? Soyons heureux sur la terre; le bonheur d'être à toi sera-t-il trop payé par une éternité de tourments? Je voudrais avoir quelque chose de plus à te sacrifier; dis, ne sais-tu pas un prix qui puisse m'acquitter envers toi?

— Oh! si tu étais toujours ainsi! s'écriait Bénédict.

Ainsi Valentine, de calme et réservée qu'elle était naturellement, était devenue passionnée jusqu'au délire par suite d'un impitoyable concours de malheurs et de séductions qui avaient développé en elle de nouvelles facultés pour combattre et pour aimer. Plus sa résistance avait été longue et raisonnée, plus sa chute était violente. Plus elle avait amassé de forces pour repousser la passion, plus la passion trouvait en elle les aliments de sa force et de sa durée.

Un événement que Valentine avait pour ainsi dire oublié de prévoir, vint faire diversion à ces orages. Un matin, M. Grapp se présenta muni de pièces en vertu desquelles le château et la terre de Raimbault lui appartenaient, sauf une valeur de vingt mille francs environ, qui constituait à l'avenir toute la fortune de madame de Lansac. Les terres furent immédiatement mises en vente, au plus offrant, et Valentine fut sommée de sortir, sous vingt-quatre heures, des propriétés de M. Grapp.

Ce fut un coup de foudre pour ceux qui l'aimaient; jamais fléau céleste ne causa dans le pays une semblable consternation. Mais Valentine ressentit moins son malheur qu'elle ne l'eût fait dans une autre situation; elle pensa, dans le secret de son cœur, que M. de Lansac étant assez vil pour se faire payer son déshonneur au poids de l'or, elle était pour ainsi dire quitte envers lui. Elle ne regretta que le pavillon, asile d'un bonheur pour jamais évanoui, et, après en avoir retiré le peu de meubles qu'il lui fut permis d'emporter, elle accepta provisoirement un refuge à la ferme de Grangeneuve, que les Lhéry, en vertu d'un arrangement avec Grapp, étaient eux-mêmes sur le point de quitter.

## XXXVII.

Au milieu de l'agitation que lui causa ce bouleversement de sa destinée, elle passa quelques jours sans voir Bénédict. Le courage avec lequel elle supporta l'épreuve de sa ruine raffermit un peu son âme, et elle trouva en elle assez de calme pour tenter d'autres efforts.

Elle écrivit à Bénédict :

« Je vous supplie de ne point chercher à me voir durant cette quinzaine, que je vais passer dans la famille Lhéry. Comme vous n'êtes point entré à la ferme depuis le mariage d'Athénaïs, vous n'y sauriez reparaître maintenant sans afficher nos relations. Quelque invité que vous puissiez l'être par madame Lhéry, qui regrette toujours votre désunion apparente, refusez, si vous ne voulez m'affliger beaucoup. Adieu; je ne sais point ce que je deviendrai, j'ai quinze jours pour m'en occuper. Quand j'aurai pris le parti de mon avenir, je vous le ferai savoir, et vous m'aiderez à le supporter, quel qu'il soit. V. »

Ce billet jeta une profonde terreur dans l'esprit de Bénédict; il crut y voir cette décision tant redoutée qu'il avait fait révoquer si souvent à Valentine, mais qui, à la suite de tant de chagrins, devenait peut-être inévitable. Abattu, brisé sous le poids d'une vie si orageuse et d'un avenir si sombre, il se laissa aller au découragement. Il n'avait même plus l'espoir du suicide pour le soutenir. Sa conscience avait contracté des engagements envers le fils de Louise; et puis, d'ailleurs, Valentine était trop malheureuse pour qu'il voulût ajouter ce coup terrible à tous ceux dont le sort l'avait frappée. Désormais qu'elle était ruinée, abandonnée, navrée de chagrins et de remords, son devoir, à lui, était de vivre pour s'efforcer de lui être utile et de veiller sur elle en dépit d'elle-même.

Louise avait enfin vaincu cette folle passion qui l'avait si longtemps torturée. La nature de ses liens avec Bénédict, consolidée et purifiée par la présence de son fils, était devenue calme et sainte. Son caractère violent s'était adouci à la suite de cette grande victoire intérieure. Il est vrai qu'elle ignorait complètement le malheur qu'avait eu Bénédict d'être trop heureux avec Valentine; elle s'efforçait de consoler celle-ci de ses pertes, sans savoir qu'elle en avait fait une irréparable, celle de sa propre estime. Elle passait donc tous ses instants auprès d'elle, et ne comprenait pas quelles nouvelles anxiétés pesaient sur Bénédict.

La jeune et vive Athénaïs avait personnellement souffert de ces derniers événements, d'abord parce qu'elle aimait sincèrement Valentine, et puis parce que le pavillon fermé, les douces réunions du soir interrompues, le petit parc abandonné pour jamais, gonflaient son cœur d'une amertume indélébile. Elle s'étonnait elle-même de n'y pouvoir songer sans soupirer; elle s'effrayait de la longueur de ses jours et de l'ennui de ses soirées.

Évidemment il manquait à sa vie quelque chose d'important, et Athénaïs, qui touchait à peine à sa dix-huitième année, s'interrogeait naïvement à cet égard sans oser se répondre. Mais, dans tous ses rêves, la blonde et noble tête du jeune Valentin se montrait parmi des buissons chargés de fleurs. Sur l'herbe des prairies, elle croyait courir poursuivie par lui; elle le voyait grand, élancé, souple comme un chamois, franchir les haies pour l'atteindre; elle folâtrait avec lui, elle partageait ses rires si francs et si jeunes; puis elle rougissait elle-même en voyant la rougeur monter sur ce front candide, en sentant cette main frêle et blanche brûler en touchant la sienne, en surprenant un soupir et un regard mélancolique à cet enfant, dont elle ne voulait pas se méfier. Toutes les agitations timides d'un amour naissant, elle les ressentait à son insu. Et quand elle s'éveillait, quand elle trouvait à son côté ce Pierre Blutty, ce paysan si rude, si brutal en amour, si dépourvu d'élégance et de charme, elle sentait son cœur se serrer et des larmes venir au bord de ses paupières. Athénaïs avait toujours aimé l'aristocratie; un langage élevé, lors même qu'il était au-dessus de sa portée et de son intelligence, lui semblait la plus puissante des séductions. Lorsque Bénédict parlait d'arts ou de sciences, elle l'écoutait avec admiration, parce qu'elle ne le comprenait pas. C'était par sa supériorité en ce genre qu'il l'avait longtemps dominée. Depuis qu'elle avait pris son parti de renoncer à lui, le jeune Valentin, avec sa douceur, sa retenue, la majesté féodale de son beau profil, son aptitude aux connaissances abstraites, était devenu pour elle un type de grâce et de perfection. Elle avait longtemps exprimé tout haut sa prédilection pour lui; mais elle commençait à ne plus oser, car Valentin grandissait d'une façon effrayante, son regard devenait pénétrant comme le feu, et la jeune fermière sentait le sang lui monter au visage chaque fois qu'elle prononçait son nom.

Le pavillon abandonné était donc un sujet involontaire d'aspirations et de regrets. Valentin venait bien quelquefois embrasser sa mère et sa tante; mais la maison du ravin était assez éloignée de la ferme pour qu'il ne pût faire souvent cette course sans se déranger beaucoup de ses études, et la première semaine parut mortellement longue à madame Blutty.

L'avenir devenait incertain. Louise parlait de retourner à Paris avec son fils et Valentine. D'autres fois, les deux sœurs faisaient le projet d'acheter une petite maison de paysan et d'y vivre solitaires. Blutty, qui était toujours jaloux de Bénédict, quoiqu'il n'en eût guère sujet, parlait d'emmener sa femme en Marche, où il avait des propriétés. De toutes ces manières, il faudrait s'éloigner de Valentin; Athénaïs ne pouvait plus y penser sans des regrets qui portaient une vive lumière dans les secrets de son cœur.

Un jour, elle se laissa entraîner par le plaisir de la promenade jusqu'à un pré fort éloigné, qu'en bonne fermière elle voulait parcourir. Ce pré touchait au bois de Vavrey, et le ravin n'était pas loin sur la lisière du bois. Or, il arriva que Bénédict et Valentin se promenaient par là; que le jeune homme aperçut, sur le vert foncé de la prairie, la taille alerte et bien prise de madame Blutty, et qu'il franchit la haie sans consulter son mentor pour aller la rejoindre. Bénédict se rapprocha d'eux, et ils causèrent quelque temps ensemble.

Alors Athénaïs, qui avait pour son cousin un reste de ce vif intérêt qui rend l'amitié d'une femme pour un homme si complaisante et si douce, s'aperçut des ravages que depuis quelques jours surtout, le chagrin avait faits en lui. L'altération de ses traits l'effraya, et, passant son bras sous le sien, elle le pria avec instance de lui dire franchement la cause de sa tristesse et l'état de sa santé. Comme elle s'en doutait un peu, elle eut la délicatesse de renvoyer Valentin à quelque distance, en le chargeant de lui rapporter son ombrelle oubliée sous un arbre.

Il y avait si longtemps que Bénédict se contraignait pour cacher sa souffrance à tous les yeux, que l'affection de sa cousine lui fut douce. Il ne put résister au besoin de s'épancher, lui parla de son attachement pour Valentine, de l'inquiétude où il vivait séparé d'elle, et finit par lui avouer qu'il était réduit au désespoir par la crainte de la perdre à jamais.

Les métayers de la Croix-Bleue, en allant chercher leurs bœufs, l'ont ramassé.
(Page 52.)

Athénaïs, dans sa candeur, ne voulut pas voir dans cette passion, qu'elle connaissait depuis longtemps, le côté délicat, qui eût fait reculer une personne plus prudente. Dans la sincérité de son âme, elle ne croyait pas Valentine capable d'oublier ses principes, et jugeait cet amour aussi pur que celui qu'elle éprouvait pour Valentin. Elle s'abandonna donc à l'élan de la sympathie, et promit qu'elle solliciterait de Valentine une décision moins rigide que celle qu'elle méditait.

— Je ne sais si je réussirai, lui dit-elle avec cette franchise expansive qui la rendait aimable en dépit de ses travers ; mais je vous jure que je travaillerai à votre bonheur comme au mien propre. Puissé-je vous prouver que je n'ai jamais cessé d'être votre amie !

Bénédict, touché de cet élan d'amitié généreuse, lui baisa la main avec reconnaissance. Valentin, qui revenait en ce moment avec l'ombrelle, vit ce mouvement, et devint tour à tour si rouge et si pâle qu'Athénaïs s'en aperçut et perdit elle-même contenance ; mais, tâchant de se donner un air solennel et important :

— Il faudra nous revoir, dit-elle à Bénédict, pour nous entendre sur cette grande affaire. Comme je suis étourdie et maladroite, j'aurai besoin de votre direction. Je viendrai donc demain me promener par ici, et vous dire ce que j'aurai obtenu. Nous aviserons au moyen d'obtenir davantage. A demain !

Et elle s'éloigna légèrement avec un signe de tête amical à son cousin ; mais ce n'est pas lui qu'elle regarda en prononçant son dernier mot.

Le lendemain, en effet, ils eurent une nouvelle conférence. Tandis que Valentin errait en avant sur le sentier du bois, Athénaïs raconta à son cousin le peu de succès de ses tentatives. Elle avait trouvé Valentine impénétrable. Cependant elle ne se décourageait pas, et durant toute une semaine elle travailla de tout son pouvoir à rapprocher les deux amants.

La négociation ne marcha pas très-vite. Peut-être la jeune plénipotentiaire n'était-elle pas fâchée de multiplier les conférences dans la prairie. Dans les intervalles de ces causeries avec Bénédict, Valentin se rapprochait, et se consolait d'être exclu du secret en obtenant un sourire et un regard qui valaient plus que mille paroles. Et puis, quand les deux cousins s'étaient tout dit, Valentin courait après les papillons avec Athénaïs, et, tout en folâ-

Elle ne sut rien trouver à répondre. (Page 57.)

trant, il réussissait à toucher sa main, à effleurer ses cheveux, à lui ravir quelque ruban ou quelque fleur. A dix-sept ans, on en est encore à la poésie de Dorat.

Bénédict, lors même que sa cousine ne lui apportait aucune bonne nouvelle, était heureux d'entendre parler de Valentine. Il l'interrogeait sur les moindres actes de sa vie, il se faisait redire mot pour mot ses entretiens avec Athénaïs. Enfin, il s'abandonnait à la douceur d'être encouragé et consolé, sans se douter des funestes conséquences que devaient avoir ses relations si pures avec sa cousine.

Pendant ce temps, Pierre Blutty était allé en Marche pour donner un coup d'œil à ses affaires particulières. A la fin de la semaine, il revint par un village où se tenait une foire, et où il s'arrêta pour vingt-quatre heures. Il y rencontra son ami Simonneau.

Un malheureux hasard avait voulu que Simonneau se fût enamouré depuis peu d'une grosse gardeuse d'oies, dont la chaumière était située dans un chemin creux à trois pas de la prairie. Il s'y rendait chaque jour, et de la lucarne d'un grenier à foin qui servait de temple à ses amours rustiques, il voyait passer et repasser dans le sentier Athénaïs, appuyée sur le bras de Bénédict. Il ne manqua pas d'incriminer ces rendez-vous. Il se rappelait l'ancien amour de mademoiselle Lhéry pour son cousin; il savait la jalousie de Pierre Blutty, et il n'imaginait pas qu'une femme pût venir trouver un homme, causer confidentiellement avec lui, sans y porter des sentiments et des intentions contraires à la fidélité conjugale.

Dans son gros bon sens, il se promit d'avertir Pierre Blutty, et il n'y manqua pas. Le fermier entra dans une fureur épouvantable, et voulut partir sur-le-champ pour assommer son rival et sa femme. Simonneau le calma un peu en lui faisant observer que le mal n'était peut-être pas aussi grand qu'il pouvait le devenir.

— Foi de Simonneau, lui dit-il, j'ai presque toujours vu *le garçon à mademoiselle Louise* avec eux, mais ils pouvaient en dire; car, lorsqu'il s'approchait d'eux, ils avaient soin de le renvoyer. Ta femme lui tapait doucement sur la joue, et le faisait courir bien loin, afin de causer à son aise apparemment.

— Voyez-vous, l'effrontée! disait Pierre Blutty en se

mordant les poings. Ah! je devais bien m'en douter que cela finirait ainsi. Ce freluquet-là! il en conte à toutes les femmes. Il a fait la cour à mademoiselle Louise en même temps qu'à ma femme avant son mariage. Depuis, il est au *su* de tout le monde qu'il a osé courtiser madame de Lansac. Mais celle-là est une femme honnête et respectable, qui a refusé de le voir, et qui a déclaré qu'il ne mettrait jamais les pieds à la ferme tant qu'elle y serait. Je le sais bien, peut-être! j'ai entendu qu'elle le disait à sa sœur, le jour où elle est venue loger chez nous. Maintenant, faute de mieux, ce monsieur veut bien revenir à ma femme! Qu'est-ce qui me répondra d'ailleurs qu'ils ne s'entendent pas depuis longtemps? Pourquoi était-elle si entichée, ces derniers mois, d'aller au château tous les soirs, contre mon gré? C'est qu'elle le voyait là. Il y a un diable de parc où ils se promenaient tous deux tant qu'ils voulaient. Vingt mille tonnerres! je m'en vengerai! A présent qu'on a fermé le parc, ils se donnent rendez-vous dans le bois, c'est tout clair! Sais-je ce qui se passe la nuit? Mais, triple diable! me voici; nous verrons si cette fois Satan défendra sa peau. Je leur ferai voir qu'on n'insulte pas impunément Pierre Blutty.

— S'il te faut un camarade, tu sais que je suis là, répondit Simonneau.

Les deux amis se pressèrent la main et prirent ensemble le chemin de la ferme.

Cependant Athénaïs avait si bien plaidé pour Bénédict, elle avait avec tant de candeur et de zèle défendu la cause de l'amour; elle avait surtout si bien peint sa tristesse, l'altération de sa santé, sa pâleur, ses anxiétés; elle l'avait montré si soumis, si timide, que la faible Valentine s'était laissé fléchir. En secret même, elle avait été bien aise de voir solliciter son rappel; car à elle aussi les journées semblaient bien longues et sa résolution bien cruelle.

Bientôt il n'avait plus été question que de la difficulté de se voir.

— Je suis forcée, avait dit Valentine, de me cacher de cet amour comme d'un crime. Un ennemi que j'ignore, et qui sans doute me surveille de bien près, a réussi à me brouiller avec ma mère. Maintenant je sollicite mon pardon; car quel autre appui me reste? Mais si je me compromets par quelque nouvelle imprudence, elle le saura, et il ne faudra plus espérer la fléchir. Je ne puis donc pas aller avec toi à la prairie.

— Non, sans doute, dit Athénaïs, mais il peut venir ici.

— Y songes-tu? reprit Valentine. Outre que ton mari s'est prononcé souvent à cet égard d'une manière hostile, et que la présence de Bénédict à la ferme pourrait faire naître des querelles dans ta famille et dans ton ménage, rien ne pourrait plus manifeste pour me compromettre que cette démarche, après deux ans écoulés sans reparaître ici. Son retour serait remarqué et commenté comme un événement, et nul ne pourrait douter que j'en fusse la cause.

— Tout cela est fort bien, dit Athénaïs; mais qui t'empêche de venir ici à la brune, sans être observé? Nous voici en automne, les jours sont courts; à huit heures il fait nuit noire; à neuf heures tout le monde est couché; mon mari, qui est un peu moins dormeur que les autres, est absent. Quand Bénédict serait, je suppose, à la porte du verger sur les neuf heures et demie, quand j'irais la lui ouvrir, quand vous causeriez dans la salle basse une heure ou deux, quand il retournerait chez lui vers onze heures, avant le lever de la lune, eh bien! qu'y aurait-il de si difficile et de si dangereux?

Valentine fit bien des objections. Athénaïs insista, supplia, pleura même, déclara que ce refus causerait la mort de Bénédict. Elle finit par l'emporter. Le lendemain elle courut triomphante à la prairie, et y porta cette bonne nouvelle.

Le soir même, Bénédict, muni des instructions de sa protectrice, et connaissant parfaitement les lieux, fut introduit auprès de Valentine, et passa deux heures avec elle; il réussit, dans cette entrevue, à reconquérir tout son empire. Il la rassura sur l'avenir, lui jura de renoncer à tout bonheur qui lui coûterait un regret, pleura d'amour et de joie à ses pieds, et la quitta, heureux de la voir plus calme et plus confiante, après avoir obtenu un second rendez-vous pour le lendemain.

Mais le lendemain Pierre Blutty et Georges Simonneau arrivèrent à la ferme. Blutty dissimula assez bien sa fureur et observa sa femme attentivement. Elle n'alla point à la prairie, il n'en était plus besoin; et d'ailleurs elle craignait d'être suivie.

Blutty prit des renseignements autour de lui avec autant d'adresse qu'il en fut capable, et il est vrai de dire que les paysans n'en manquent point lorsqu'une des cordes épaisses de leur sensibilité est enfin mise en jeu. Tout en affectant un air d'indifférence assez bien joué, il eut tout le jour l'œil et l'oreille au guet. D'abord il entendit un garçon de charrue dire à son compagnon que Charmette, la grande chienne fauve de la ferme, n'avait pas cessé d'aboyer depuis neuf heures et demie jusqu'à minuit. Ensuite il se promena dans le verger, et vit le sommet d'un mur en pierres sèches qui l'entourait un peu dérangé. Mais un indice plus certain, ce fut un talon de botte marqué en plusieurs endroits sur la glaise du fossé. Or, personne à la ferme ne faisait usage de bottes; on n'y connaissait que les sabots ou les souliers ferrés à triple rang de clous.

Alors Blutty n'eut plus de doutes. Pour s'emparer à coup sûr de son ennemi, il sut renfermer sa colère et sa douleur, et vers le soir il embrassa assez cordialement sa femme, en disant qu'il allait passer la nuit à une métairie que possédait Simonneau, à une demi-lieue de là. On venait de finir les vendanges; Simonneau, qui avait fait sa récolte un des derniers, avait besoin d'aide pour surveiller et contenir pendant cette nuit la fermentation de ses cuves. Cette fable n'inspira de doute à personne; Athénaïs se sentait trop innocente pour s'effrayer des projets de son mari.

Il se retira donc chez son compagnon, et brandissant avec fureur une de ces lourdes fourches en fer dont on se sert dans le pays pour *afféter* le foin sur les charrettes en temps de récolte, il attendit la nuit avec une cuisante impatience. Pour lui donner du cœur et du sang-froid, Simonneau le fit boire.

## XXXVIII.

Sept heures sonnèrent. La soirée était froide et triste. Le vent mugissait sur le chaume de la maisonnette, et le ruisseau, gonflé par les pluies des jours précédents, remplissait le ravin de son murmure plaintif et monotone. Bénédict se préparait à quitter son jeune ami, et il commençait, comme la veille, à lui bâtir une fable sur la nécessité de sortir à une pareille heure, lorsque Valentin l'interrompit.

— Pourquoi me tromper? lui dit-il tout à coup en jetant sur la table d'un air résolu le livre qu'il tenait. Vous allez à la ferme.

Immobile de surprise, Bénédict ne trouva point de réponse.

— Eh bien, mon ami, dit le jeune homme avec une amertume concentrée, allez donc, et soyez heureux, vous le méritez mieux que moi; et si quelque chose peut adoucir ce que je souffre, c'est de vous avoir pour rival.

Bénédict tombait des nues; les hommes ont peu de perspicacité pour ces sortes de découvertes, et d'ailleurs ses propres chagrins l'avaient trop absorbé depuis longtemps pour qu'il pût s'être aperçu que l'amour avait fait irruption aussi chez cet enfant dont il avait la tutelle. Étourdi de ce qu'il entendait, il s'imagina que Valentin était amoureux de sa tante, et son sang se glaça de surprise et de chagrin.

— Mon ami, dit Valentin en se jetant sur une chaise d'un air accablé, je vous offense, je vous irrite, je vous afflige peut-être! Vous que j'aime tant! me voilà forcé de lutter contre la haine que vous m'inspirez quelquefois! Tenez, Bénédict, prenez garde à moi, il y a des jours où je suis tenté de vous assassiner.

— Malheureux enfant! s'écria Bénédict en lui saisissant fortement le bras ; vous osez nourrir un pareil sentiment pour celle que vous devriez respecter comme votre mère !

— Comme ma mère, reprit-il avec un sourire triste ; elle serait bien jeune, ma mère !

— Grand Dieu ! dit Bénédict consterné, que dira Valentine ?

— Valentine ! Et que lui importe ? D'ailleurs, pourquoi n'a-t-elle pas prévu ce qui arriverait ? Pourquoi a-t-elle permis que chaque soir nous réunît sous ses yeux ? Et vous-même pourquoi m'avez-vous pris pour le confident et le témoin de vos amours ? Car vous l'aimez, maintenant je ne puis m'y tromper. Hier, je vous ai suivi, vous allez à la ferme, et je ne suppose point que vous y alliez si secrètement pour voir ma mère ou ma tante. Pourquoi vous en cacheriez-vous ?

— Ah çà, que voulez-vous donc dire ? s'écria Bénédict dégagé d'un poids énorme ; vous me croyez amoureux de ma cousine ?

— Qui ne le serait ? répondit le jeune homme avec un naïf enthousiasme.

— Viens, mon enfant, dit Bénédict en le pressant contre sa poitrine. Crois-tu à la parole d'un ami ? Eh bien ! je te jure sur l'honneur que je n'eus jamais d'amour pour Athénaïs, et que je n'en aurai jamais. Es-tu content maintenant ?

— Serait-il vrai ? s'écria Valentin en l'embrassant avec transport ; mais, en ce cas, que vas-tu donc faire à la ferme ?

— M'occuper, répondit Bénédict embarrassé, d'une affaire importante pour l'existence de madame de Lansac. Forcé de me cacher pour ne pas rencontrer Blutty, avec lequel je suis brouillé, et qui pourrait à juste titre s'offenser de ma présence chez lui, je prends quelques précautions pour parvenir auprès de ma tante. Ses intérêts exigent tous mes soins... C'est une affaire d'argent que tu comprendrais peu... Que t'importe, d'ailleurs ? Je te l'expliquerai plus tard, il faut que je parte.

— Il suffit, dit Valentin ; je n'ai pas d'explication à vous demander. Vos motifs ne peuvent être que nobles et généreux. Mais permets-moi de t'accompagner, Bénédict.

— Je le veux bien, pendant une partie du chemin, répondit-il.

Ils sortirent ensemble.

— Pourquoi ce fusil ? dit Bénédict en voyant Valentin passer à ses côtés l'arme sur l'épaule.

— Je ne sais. Je veux aller avec toi jusqu'à la ferme. Ce Pierre Blutty te hait, je le sais. S'il te rencontrait, il te ferait un mauvais parti. Il est lâche et brutal ; laisse-moi t'escorter. Tiens, hier soir je n'ai pu dormir tant que tu n'as pas rentré. Je faisais des rêves affreux ; et à présent que j'ai le cœur déchargé d'une horrible jalousie, à présent que je devrais être heureux, je me sens dans l'humeur la plus noire que j'aie eue de ma vie.

— Je t'ai dit souvent, Valentin, que tu as les nerfs d'une femme. Pauvre enfant ! Ton amitié m'est douce pourtant. Je crois qu'elle réussirait à me faire supporter la vie quand tout le reste me manquerait.

Ils marchèrent quelque temps en silence, puis ils reprirent une conversation interrompue et brisée à chaque instant. Bénédict sentait son cœur se gonfler de joie à l'approche du moment qui devait le réunir à Valentine. Son jeune compagnon, d'une nature plus frêle et plus impressionnable, se débattait sous le poids de je ne sais quel pressentiment. Bénédict voulut lui montrer la folie de son amour pour Athénaïs, et l'engager à lutter contre ce penchant dangereux. Il lui fit des maux de la passion une peinture sinistre, et pourtant d'ardentes palpitations de joie démentaient intérieurement ses paroles.

— Tu as raison peut-être ! lui dit Valentin. Je crois que je suis destiné à être malheureux. Du moins je le crois ce soir, tant je me sens oppressé et abattu. Reviens de bonne heure, entends-tu ? ou laisse-moi t'accompagner jusqu'au verger.

— Non, mon enfant, non, dit Bénédict en s'arrêtant sous un vieux saule qui formait l'angle du chemin. Rentre ; je serai bientôt près de toi, et je reprendrai ma mercuriale. Eh bien ! qu'as-tu ?

— Tu devrais prendre mon fusil.

— Quelle folie !

— Tiens, écoute ! dit Valentin.

Un cri rauque et funèbre partit au-dessus de leurs têtes.

— C'est un engoulevent, répondit Bénédict. Il est caché dans le tronc pourri de cet arbre. Veux-tu l'abattre ? Je vais le faire partir.

Il donna un coup de pied contre l'arbre. L'oiseau partit d'un vol oblique et silencieux. Valentin l'ajusta, mais il faisait trop sombre pour qu'il pût l'atteindre. L'engoulevent s'éloigna en répétant son cri sinistre.

— Oiseau de malheur ! dit le jeune homme, je t'ai manqué ! n'est-ce pas celui-là que les paysans appellent *l'oiseau de la mort ?*

— Oui, dit Bénédict avec indifférence ; ils prétendent qu'il chante sur la tête d'un homme une heure avant sa mort. Gare à nous ! nous étions sous cet arbre quand il a chanté.

Valentin haussa les épaules, comme s'il eût été honteux de ses puérilités. Cependant il pressa la main de son ami avec plus de vivacité que de coutume.

— Reviens bientôt, lui dit-il.

Et ils se séparèrent.

Bénédict entra sans bruit et trouva Valentine à la porte de la maison.

— J'ai de grandes nouvelles à vous apprendre, lui dit-elle ; mais ne restons pas dans cette salle, la première personne venue pourrait nous y surprendre. Athénaïs me cède sa chambre pour une heure. Suivez-moi.

Depuis le mariage de la jeune fermière, on avait arrangé et décoré, pour les nouveaux époux, une assez jolie chambre au rez-de-chaussée. Athénaïs l'avait offerte à son amie, et avait été attendre la fin de sa conférence dans la chambre que celle-ci occupait à l'étage supérieur.

Valentine y conduisit Bénédict.

Pierre Blutty et Georges Simonneau quittèrent, à peu près à la même heure, la métairie où ils avaient passé l'après-dîné. Tous deux suivaient en silence un chemin creux sur le bord de l'Indre.

— Sacrebleu ! Pierre, tu n'es pas un homme, dit Georges en s'arrêtant. On dirait que tu vas faire un crime. Tu ne dis rien, tu as été pâle et défait comme un linceul tout le jour, à peine si tu marches droit. Comment ! c'est pour une femme que tu te laisses ainsi démoraliser ?

— Ce n'est plus tant l'amour que j'ai pour la femme, répondit Pierre d'une voix creuse et en s'arrêtant, que la haine que j'ai pour l'homme. Celle-là me fige le sang autour du cœur ; et quand tu dis que je vas faire un crime, je crois que tu ne te trompes pas.

— Ah çà, plaisantes-tu ? dit Georges en s'arrêtant à son tour. Je me suis associé avec toi pour donner une *roulée.*

— Une *roulée* jusqu'à ce que mort s'ensuive, reprit l'autre d'un ton grave. Il y a assez longtemps que sa figure me fait souffrir. Il faut que l'un de nous deux cède la place à l'autre cette nuit.

— Diable ! c'est plus sérieux que je ne pensais. Qu'est-ce donc que tu tiens là en guise de bâton ? Il fait si noir ! Est-ce que tu t'es obstiné à emporter cette diable de fourche ?

— Peut-être !...

— Mais, dis donc, n'allons pas nous jeter dans une affaire qui nous mènerait aux assises, da ! Cela ne m'amuserait pas, moi qui ai femme et enfants !

— Si tu as peur, ne viens pas !

— J'irai, mais pour t'empêcher de faire un mauvais coup.

Ils se remirent en marche.

— Écoutez, dit Valentine en tirant de son sein une lettre cachetée de noir ; je suis bouleversée, et ce que je sens en moi me fait horreur de moi-même. Lisez ; mais si votre cœur est aussi coupable que le mien, taisez-vous, car j'ai peur que la terre ne s'ouvre pour nous engloutir.

Bénédict, effrayé, ouvrit la lettre ; elle était de Franck, le valet de chambre de M. de Lansac. M. de Lansac venait d'être tué en duel.

Le sentiment d'une joie cruelle et violente envahit toutes les facultés de Bénédict. Il se mit à marcher avec agitation dans la chambre pour dérober à Valentine une émotion qu'elle condamnait, mais dont elle-même ne pouvait se défendre. Ses efforts furent vains. Il s'élança vers elle, et, tombant à ses pieds, il la pressa contre sa poitrine dans un transport d'ivresse sauvage.

— A quoi bon feindre un recueillement hypocrite ? s'écria-t-il. Est-ce toi, est-ce Dieu que je pourrais tromper ? N'est-ce pas Dieu qui règle nos destinées ? N'est-ce pas lui qui te délivre de la chaîne honteuse de ce mariage ? N'est-ce pas lui qui purge la terre de cet homme faux et stupide ?...

— Taisez-vous ! dit Valentine en lui mettant ses mains sur la bouche. Voulez-vous donc attirer sur nous la vengeance du ciel ? N'avons-nous pas assez offensé la vie de cet homme ? faut-il l'insulter jusqu'après sa mort ! Oh ! taisez-vous, cela est un sacrilège. Dieu n'a peut-être permis cet événement que pour nous punir et nous rendre plus misérables encore.

— Craintive et folle Valentine ! que peut-il donc nous arriver maintenant ? N'es-tu pas libre ? L'avenir n'est-il pas à nous ? Eh bien ! n'insultons pas les morts, j'y consens. Bénissons, au contraire, la mémoire de cet homme qui s'est chargé d'aplanir entre nous les distances de rang et de fortune. Béni soit-il pour t'avoir faite pauvre et délaissée comme te voilà ! car sans lui je n'aurais pu prétendre à toi. Ta richesse, ta considération, eussent été des obstacles que ma fierté n'eût pas voulu franchir... A présent tu m'appartiens, tu ne peux pas, tu ne dois pas m'échapper, Valentine ; je suis ton époux, j'ai des droits sur toi. Ta conscience, ta religion, t'ordonnent de me prendre pour appui et pour vengeur. Oh ! maintenant, qu'on vienne t'insulter dans mes bras, si on l'ose ! Moi, je comprendrai mes devoirs ; moi, je saurai la valeur du dépôt qui m'est confié ; moi, je ne te quitterai pas ; je veillerai sur toi avec amour ! Que nous serons heureux ! Vois donc comme Dieu est bon ! comme, après les rudes épreuves, il nous envoie les biens dont nous étions avides ! Te souviens-tu qu'un jour tu regrettais de n'être pas fermière, de ne pouvoir te soustraire à l'esclavage d'une vie opulente pour vivre en simple villageoise sous un toit de chaume ? Eh bien, voilà ton vœu exaucé. Tu seras suzeraine dans la chamière du ravin ; tu courras parmi les taillis avec ta chèvre blanche. Tu cultiveras tes fleurs toi-même, tu dormiras sans crainte et sans souci sur le sein d'un paysan. Chère Valentine, que tu seras belle sous le chapeau de paille des faneuses ! Que tu seras adorée et obéie dans ta nouvelle demeure ! Tu n'auras qu'un serviteur et qu'une esclave, ce sera moi ; mais j'aurai plus de zèle à moi seul que toute une livrée. Tous les ouvrages pénibles me concerneront ; toi, tu n'auras d'autre soin que d'embellir ma vie et de dormir parmi les fleurs à mon côté.

Et d'ailleurs nous serons riches. J'ai doublé déjà la valeur de mes terres ; j'ai mille francs de rente ; et toi, quand tu auras vendu ce qui te reste, tu en auras à peu près autant. Nous arrondirons notre propriété. Oh ! ce sera une terre magnifique ! Nous aurons ta bonne Catherine pour factotum. Nous aurons une vache et son veau, que sais-je ?... Allons, réjouis-toi donc, fais donc des projets avec moi...

— Hélas ! je suis accablée de tristesse, dit Valentine, et je n'ai pas la force de repousser vos rêves. Ah ! parle-moi ! parle-moi encore de ce bonheur ; dis-moi qu'il ne peut nous fuir : je voudrais y croire.

— Et pourquoi donc t'y refuser ?

— Je ne sais, dit-elle en mettant sa main sur sa poitrine, je sens là un poids qui m'étouffe. Le remords ! Oh ! oui, c'est le remords ! je n'ai pas mérité d'être heureuse, moi, je ne dois pas l'être. J'ai été coupable ; j'ai trahi mes serments ; j'ai oublié Dieu ; Dieu me doit des châtiments, et non des récompenses.

— Chasse ces noires idées. Pauvre Valentine ! te laisseras-tu donc ainsi ronger et flétrir par le chagrin ? En quoi donc as-tu été si criminelle ? N'as-tu pas résisté assez longtemps ? N'est-ce pas moi qui suis le coupable ? N'as-tu pas expié ta faute par la douleur ?

— Oh ! oui, mes larmes auraient dû m'en laver ! Mais, hélas ! chaque jour m'enfonçait plus avant dans l'abîme ; et qui sait si je n'y aurais pas croupi toute ma vie ? Quel mérite aurai-je à présent ? Comment réparerai-je le passé ? Toi-même, pourras-tu m'aimer toujours ? Auras-tu confiance en celle qui a trahi ses premiers serments ?

— Mais, Valentine, pense donc à tout ce qui devrait te servir d'excuse. Songe donc à ta position malheureuse et fausse. Rappelle-toi ce mari qui t'a poussée à ta perte avec préméditation, à cette mère qui a refusé de t'ouvrir ses bras dans le danger, à cette vieille femme qui n'a trouvé rien de mieux à te dire à son lit de mort que ces religieuses paroles : *Ma fille, prends un amant de ton rang*.

— Ah ! il est vrai, dit Valentine faisant un amer retour sur le passé, ils traitaient tous la vertu avec une incroyable légèreté. Moi seule, qu'ils accusaient, je concevais la grandeur de mes devoirs, et je voulais faire du mariage une obligation réciproque et sacrée. Mais ils riaient de ma simplicité ; l'un me parlait d'argent, l'autre de dignité, un troisième de convenances. L'ambition ou le plaisir, c'était là toute la morale de leurs actions, tout le sens de leurs préceptes ; ils m'invitaient à faillir et m'exhortaient à savoir seulement professer les dehors de la vertu. Si, au lieu d'être le fils d'un paysan, tu eusses été duc et pair, mon pauvre Bénédict, ils m'auraient portée en triomphe !

— Sois-en sûre, et ne prends donc plus les menaces de leur sottise et leur méchanceté pour les reproches de ta conscience.

Lorsque onze heures sonnèrent au *coucou* de la ferme, Bénédict s'apprêta à quitter Valentine. Il avait réussi à la calmer, à l'enivrer d'espoir, à la faire sourire ; mais au moment où il la pressa contre son cœur pour lui dire adieu, elle fut saisie d'une étrange terreur.

— Et si j'allais te perdre ! lui dit-elle en pâlissant. Nous avons prévu tout, hormis cela ! Avant que tout ce bonheur se réalise, tu peux mourir, Bénédict !

— Mourir ! lui dit-il en la couvrant de baisers, est-ce qu'on meurt quand on s'aime ainsi ?

Elle lui ouvrit doucement la porte du verger, et l'embrassa encore sur le seuil.

— Te souviens-tu, lui dit-il tout bas, que tu m'as donné ici ton premier baiser sur le front ?...

— A demain ! lui répondit-elle.

Elle avait à peine regagné sa chambre qu'un cri profond et terrible retentit dans le verger ; ce fut le seul bruit ; mais il fut horrible, et toute la maison l'entendit.

En approchant de la ferme, Pierre Blutty avait vu de la lumière dans la chambre de sa femme, qu'il ne savait pas être occupée par Valentine. Il avait vu passer distinctement deux ombres sur le rideau, celle d'un homme et celle d'une femme ; plus de doutes pour lui. En vain Simonneau avait voulu le calmer ; désespéré d'y parvenir et craignant d'être inculpé dans une affaire criminelle, il avait pris le parti de s'éloigner. Blutty avait vu la porte s'entr'ouvrir, un rayon de lumière qui s'en échappait lui avait fait reconnaître Bénédict ; une femme venait derrière lui, il ne put voir son visage parce que Bénédict le lui cacha en l'embrassant ; mais ce ne pouvait être qu'Athénaïs. Le malheureux jaloux dressa alors sa fourche de fer au moment où Bénédict, voulant franchir la clôture du verger, monta sur le mur en pierres sèches à l'endroit qui portait encore les traces de son passage de la veille ; il s'élança pour sauter et se jeta sur l'arme aiguë ; les deux pointes s'enfoncèrent bien avant dans sa poitrine, et il tomba baigné dans son sang.

A cette même place, deux ans auparavant, il avait soutenu Valentine dans ses bras la première fois qu'elle était venue furtivement à la ferme pour voir sa sœur.

Une rumeur affreuse s'éleva dans la maison à la vue de ce crime ; Blutty s'enfuit et s'alla remettre à la discrétion du procureur du roi. Il lui raconta franchement l'affaire :

Alors il vit distinctement Valentine à genoux. (Page 77.)

l'homme était son rival, il avait été assassiné dans le jardin du meurtrier; celui-ci pouvait se défendre en assurant qu'il l'avait pris pour un voleur. Aux yeux de la loi il devait être acquitté; aux yeux du magistrat auquel il confiait avec franchise la passion qui l'avait fait agir et le remords qui le déchirait, il trouva grâce. Il fût résulté des débats un horrible scandale pour la famille Lhéry, la plus nombreuse et la plus estimée du département. Il n'y eut point de poursuites contre Pierre Blutty.

On apporta le cadavre dans la salle.

Valentine recueillit encore un sourire, une parole d'amour et un regard vers le ciel. Il mourut sur son sein.

Alors elle fut entraînée dans sa chambre par Lhéry, tandis que madame Lhéry emmenait de son côté Athénaïs évanouie.

Louise, pâle, froide, et conservant toute sa raison, toutes ses facultés pour souffrir, resta seule auprès du cadavre.

Au bout d'une heure Lhéry vint la rejoindre.

— Votre sœur est bien mal, lui dit le vieillard consterné. Vous devriez aller la secourir. Je remplirai, moi, le triste devoir de rester ici.

Louise ne répondit rien, et entra dans la chambre de Valentine.

Lhéry l'avait déposée sur son lit. Elle avait la face verdâtre, ses yeux rouges et ardents ne versaient pas de larmes. Ses mains étaient raidies autour de son cou; une sorte de râle convulsif s'exhalait de sa poitrine.

Louise, pâle aussi, mais calme en apparence, prit un flambeau et se pencha vers sa sœur.

Quand ces deux femmes se regardèrent, il y eut entre elles comme un magnétisme horrible. Le visage de Louise exprimait un mépris féroce, une haine glaciale; celui de Valentine, contracté par la terreur, cherchait vainement à fuir ce terrible examen, cette vengeresse apparition.

— Ainsi, dit Louise en passant sa main furieuse dans les cheveux épars de Valentine, comme si elle eût voulu les arracher, c'est vous qui l'avez tué!

— Oui, c'est moi! moi! moi! bégaya Valentine hébétée.

— Cela devait arriver, dit Louise. Il l'a voulu; il s'est attaché à votre destinée, et vous l'avez perdu! Eh bien! achevez votre tâche, prenez aussi ma vie; car ma vie, c'était la sienne, et moi je ne lui survivrai pas! Savez-vous quel double coup vous avez frappé? Non, vous ne vous flattiez pas d'avoir fait tant de mal! Eh bien! triomphez! Vous m'avez supplantée, vous m'avez rongé le cœur tous les jours de votre vie, et vous venez d'y enfoncer le couteau. C'est bien! Valentine, vous avez complété l'œuvre de votre race. Il était écrit que de votre famille sortiraient pour moi tous les maux. Vous avez été la fille de votre mère, la fille de votre père, qui savait, lui aussi, faire si bien couler le sang! C'est vous qui m'avez attirée dans ces lieux, que je ne devais jamais revoir, vous qui, comme un basilic, m'y avez fascinée et attachée afin d'y dévorer mes entrailles à votre aise. Ah! vous ne savez pas comme vous m'avez fait souffrir! Le succès a dû passer votre attente. Vous ne savez pas comme je l'aimais, cet homme qui est mort! mais vous lui aviez jeté un charme, et il ne voyait plus clair autour de lui. Oh! je l'aurais rendu heureux, moi! Je ne l'aurais pas torturé comme vous avez fait! Je lui aurais sacrifié une vaine gloire et d'orgueilleux principes. Je n'aurais pas fait de sa vie un supplice de tous les jours. Sa jeunesse, si belle et si suave, ne se serait pas flétrie sous mes caresses égoïstes! Je ne l'aurais pas condamné à dépérir rongé de chagrins et de privations. Ensuite je ne l'aurais pas attiré dans un piège pour le livrer à un assassin. Non! il serait aujourd'hui plein d'avenir et de vie, s'il eût voulu m'aimer! Soyez maudite, vous qui l'en avez empêché!

En proférant ces imprécations, la malheureuse Louise s'affaiblit, et finit par tomber mourante aux pieds de sa sœur.

Quand elle revint à la vie, elle ne se souvint plus de ce qu'elle avait dit. Elle soigna Valentine avec amour; elle l'accabla de caresses et de larmes. Mais elle ne put effacer l'affreuse impression que cette confession involontaire lui avait faite. Dans ses accès de fièvre, Valentine se jetait dans ses bras en lui demandant pardon avec toutes les terreurs de la démence.

Elle mourut huit jours après. La religion versa quelque baume sur ses derniers instants, et la tendresse de Louise adoucit ce rude passage de la terre au ciel.

Louise avait tant souffert, que ses facultés, rompues au joug de la douleur, trempées au feu des passions dévorantes, avaient acquis une force surnaturelle. Elle résista à ce coup affreux, et vécut pour son fils.

Pierre Blutty ne put jamais se consoler de sa méprise. Malgré la rudesse de son organisation, le remords et le chagrin le rongeaient secrètement. Il devint sombre, hargneux, irritable. Tout ce qui ressemblait à un reproche l'exaspérait, parce que le reproche s'élevait encore plus haut en lui-même. Il eut peu de relations avec sa famille durant l'année qui suivit son crime. Athénaïs faisait de vains efforts pour dissimuler l'effroi et l'éloignement qu'il lui inspirait. Madame Lhéry se cachait pour ne pas le voir, et Louise quittait la ferme les jours où il devait y venir. Il chercha dans le vin une consolation à ses ennuis, et parvint à s'étourdir en s'enivrant tous les jours. Un soir il s'alla jeter dans la rivière, que la clarté blanche de la lune lui fit prendre pour un chemin sablé. Les paysans remarquèrent, comme une juste punition du ciel, que sa mort arriva, jour pour jour, heure pour heure, un an après celle de Bénédict.

Plusieurs années après, on vit bien du changement dans le pays. Athénaïs, héritière de deux cent mille francs légués par son parrain le maître de forges, acheta le château de Raimbault et les terres qui l'environnaient. M. Lhéry, poussé par sa femme à cet acte de vanité, vendit ses propriétés, ou plutôt les troqua (les malins du pays disent avec perte) contre les autres terres de Raimbault. Les bons fermiers s'installèrent donc dans l'opulente demeure de leurs anciens seigneurs, et la jeune veuve put satisfaire enfin ces goûts de luxe qu'on lui avait inspirés dès l'enfance.

## XXXIX.

Louise, qui avait été achever à Paris l'éducation de son fils, fut invitée alors à venir se fixer auprès de ses fidèles amis. Valentin venait d'être reçu médecin. On l'engageait à se fixer dans le pays, où M. Faure, devenu trop vieux pour exercer, lui léguait avec empressement sa clientèle.

Louise et son fils revinrent donc, et trouvèrent chez cette honnête famille l'accueil le plus sincère et le plus tendre. Ce fut une triste consolation pour eux que d'habiter le pavillon. Pendant cette longue absence, le jeune Valentin était devenu un homme; sa beauté, son instruction, sa modestie, ses nobles qualités, lui gagnaient l'estime et l'affection des plus récalcitrants sur l'article de la naissance. Cependant il portait bien légitimement le nom de Raimbault. Madame Lhéry ne l'oubliait pas, et disait tout bas à son mari que c'était peu d'être propriétaire si l'on n'était seigneur; ce qui signifiait, en d'autres termes, qu'il ne manquait plus à leur fille que le nom de leurs anciens maîtres. M. Lhéry trouvait le jeune médecin bien jeune.

— Eh! disait la mère Lhéry, notre Athénaïs l'est bien aussi. Est-ce que nous ne sommes pas de *la même âge*, toi et moi? Est-ce que nous en avons été moins heureux pour ça?

Le père Lhéry était plus positif que sa femme; il disait que *l'argent attire l'argent;* que sa fille était un assez beau parti pour prétendre non-seulement à un noble, mais encore à un riche propriétaire. Il fallut céder, car l'ancienne inclination de madame Blutty se réveilla avec une intensité nouvelle en retrouvant son *jeune écolier* si grand et si perfectionné. Louise hésita; Valentin, partagé entre son amour et sa fierté, se laissa pourtant convaincre par les brûlants regards de la belle veuve. Athénaïs devint sa femme.

Elle ne put pas résister à la démangeaison de se faire annoncer dans les salons aristocratiques des environs sous le titre de comtesse de Raimbault. Les voisins en firent des gorges chaudes, les uns par mépris, les autres par envie. La vraie comtesse de Raimbault intenta à la nouvelle un procès pour ce fait; mais elle mourut, et personne ne songea plus à réclamer. Athénaïs était bonne, elle fut heureuse; son mari, doué de l'excellent caractère et de la haute raison de Valentine, l'a facilement dominée et corrigée doucement de beaucoup de ses travers. Ceux qui lui restent la rendent piquante et la font aimer comme le feraient des qualités, tant elle les reconnaît avec franchise.

La famille Lhéry est raillée dans le pays pour ses vanités et ses ridicules; cependant nul pauvre n'est rebuté à la porte du château, nul voisin n'y réclame vainement un service; on en rit par jalousie plutôt que par pitié. Si quelque ancien compagnon du vieux Lhéry lui adresse parfois une lourde épigramme sur son changement de fortune, Lhéry en console en voyant que la moindre avance de sa part est reçue avec orgueil et reconnaissance.

Louise se repose auprès de la nouvelle famille de la triste carrière qu'elle a fournie. L'âge des passions a fui derrière elle; une teinte de mélancolie religieuse s'est répandue sur ses pensées de chaque jour. Sa plus grande joie est d'élever sa petite-fille blonde et blanche, qui perpétue le nom bien-aimé de Valentine, et qui rappelle à sa très-jeune grand'mère les premières années de cette sœur chérie. En passant devant le cimetière du village, le voyageur y souvent les enfant jouer aux pieds de Louise, et cueillir des primevères qui croissent sur la double tombe de Valentine et de Bénédict.

FIN DE VALENTINE.

# LA MARQUISE

## I.

La marquise de R... n'était pas fort spirituelle, quoiqu'il soit reçu en littérature que toutes les vieilles femmes doivent pétiller d'esprit. Son ignorance était extrême sur toutes les choses que le frottement du monde ne lui avait point apprises. Elle n'avait pas non plus cette excessive délicatesse d'expression, cette pénétration exquise, ce tact merveilleux qui distinguent, à ce qu'on dit, les femmes qui ont beaucoup vécu. Elle était, au contraire, étourdie, brusque, franche, quelquefois même cynique. Elle détruisait absolument toutes les idées que je m'étais faites d'une marquise du bon temps. Et pourtant elle était bien marquise, et elle avait vu la cour de Louis XV; mais, comme c'avait été dès lors un caractère d'exception, je vous prie de ne pas chercher dans son histoire l'étude sérieuse des mœurs d'une époque. La société me semble si difficile à connaître bien et à bien peindre dans tous les temps, que je ne veux point m'en mêler. Je me bornerai à vous raconter de ces faits particuliers qui établissent des rapports de sympathie irrécusable entre les hommes de toutes les sociétés et de tous les siècles.

Je n'avais jamais trouvé un grand charme dans la société de cette marquise. Elle ne me semblait remarquable que pour la prodigieuse mémoire qu'elle avait conservée du temps de sa jeunesse, et pour la lucidité virile avec laquelle s'exprimaient ses souvenirs. Du reste, elle était, comme tous les vieillards, oublieuse des choses de la veille et insouciante des événements qui n'avaient point sur sa destinée une influence directe.

Elle n'avait pas eu une de ces beautés piquantes qui, manquant d'éclat et de régularité, ne pouvaient se passer d'esprit. Une femme ainsi faite en acquérait pour devenir aussi belle que celles qui l'étaient davantage. La marquise, au contraire, avait eu le malheur d'être incontestablement belle. Je n'ai vu d'elle que son portrait, qu'elle avait, comme toutes les vieilles femmes, la coquetterie d'étaler dans sa chambre à tous les regards. Elle y était représentée en nymphe chasseresse, avec un corsage de satin imprimé imitant la peau de tigre, des manches de dentelle, un arc de bois de sandal et un croissant de perles qui se jouait sur ses cheveux crêpés. C'était, malgré tout, une admirable peinture, et surtout une admirable femme; grande, svelte, brune, avec des yeux noirs, des traits sévères et nobles, une bouche vermeille qui ne souriait point, et des mains qui, dit-on, avaient fait le désespoir de la princesse de Lamballe. Sans la dentelle, le satin et la poudre, c'eût été vraiment là une de ces nymphes fières et agiles que les mortels apercevaient au fond des forêts ou sur le flanc des montagnes pour en devenir fous d'amour et de regret.

Pourtant la marquise avait eu peu d'aventures. De son propre aveu, elle avait passé pour manquer d'esprit. Les hommes blasés d'alors aimaient moins la beauté pour elle-même que pour ses agaceries coquettes. Des femmes infiniment moins admirées lui avaient ravi tous ses adorateurs, et, ce qu'il y a d'étrange, elle n'avait pas semblé s'en soucier beaucoup. Ce qu'elle m'avait raconté, *à bâtons rompus*, de sa vie me faisait penser que ce cœur-là n'avait point eu de jeunesse, et que la froideur de l'égoïsme avait dominé toute autre faculté. Cependant je voyais autour d'elle des amitiés assez vives pour la vieillesse : ses petits-enfants la chérissaient, et elle faisait du bien sans ostentation ; mais comme elle ne se piquait pas de principes, et avouait n'avoir jamais aimé son amant, le vicomte de Larrieux, je ne pouvais pas trouver d'autre explication à son caractère.

Un soir je la vis plus expansive encore que de coutume. Il y avait de la tristesse dans ses pensées. « Mon cher enfant, me dit-elle, le vicomte de Larrieux vient de mourir de sa goutte ; c'est une grande douleur pour moi, qui fus son amie pendant soixante ans. Et puis il est effrayant de voir comme l'on meurt ! Ce n'est pas étonnant, il était si vieux !

— Quel âge avait-il ? demandai-je.

— Quatre-vingt-quatre ans. Pour moi, j'en ai quatre-vingts ; mais je ne suis pas infirme comme il l'était ; je dois espérer de vivre plus que lui. N'importe ! voici plusieurs de mes amis qui s'en vont cette année, et on a beau se dire qu'on est jeune et plus robuste, on ne peut pas s'empêcher d'avoir peur quand on voit partir ainsi ses contemporains.

— Ainsi, lui dis-je, voilà tous les regrets que vous lui accordez, à ce pauvre Larrieux, qui vous a adorée pendant soixante ans, qui n'a cessé de se plaindre de vos rigueurs, et qui ne s'en est jamais rebuté ? C'était le modèle des amants, celui-là ! On ne fait plus de pareils hommes !

— Laissez donc, dit la marquise avec un sourire froid, cet homme avait la manie de se lamenter et de se dire malheureux. Il ne l'était pas du tout, chacun le sait. »

Voyant ma marquise en train de babiller, je la pressai de questions sur ce vicomte de Larrieux et sur elle-même ; et voici la singulière réponse que j'en obtins.

« Mon cher enfant, je vois bien que vous me regardez comme une personne d'un caractère très-maussade et très-inégal. Il se peut que cela soit. Jugez-en vous-même : je vais vous dire toute mon histoire, et vous confesser des travers que je n'ai jamais dévoilés à personne. Vous qui êtes d'une époque sans préjugés, vous me trouverez moins coupable peut-être que je ne me le semble à moi-même ; mais, quelle que soit l'opinion que vous prendrez de moi, je ne mourrai pas sans m'être fait connaître à quelqu'un. Peut-être me donnerez-vous quelque marque de compassion qui adoucira la tristesse de mes souvenirs.

Je fus élevée à Saint-Cyr. L'éducation brillante qu'on y recevait produisait effectivement fort peu de chose. J'en sortis à seize ans pour épouser le marquis de R..., qui en avait cinquante, et je n'osai pas m'en plaindre, car tout le monde me félicitait sur ce beau mariage, et toutes les filles sans fortune enviaient mon sort.

J'ai toujours eu peu d'esprit ; dans ce temps-là j'étais tout à fait bête. Cette éducation claustrale avait achevé d'engourdir mes facultés déjà très-lentes. Je sortis du couvent avec une de ces niaises innocences dont on a bien tort de nous faire un mérite, et qui nuisent souvent au bonheur de toute notre vie.

En effet, l'expérience que j'acquis en six mois de mariage trouva un esprit si étroit pour la recevoir, qu'elle ne me servit de rien. J'appris, non pas à connaître la vie, mais à douter de moi-même. J'entrai dans le monde avec des idées tout à fait fausses et des préventions dont toute ma vie n'a pu détruire l'effet.

A seize ans et demi j'étais veuve ; et ma belle-mère, qui m'avait prise en amitié pour la nullité de mon caractère, m'exhorta à me remarier. Il est vrai que j'étais grosse, et ce faible douaire qu'on me laissait devait retourner à la famille de mon mari au cas où je donnerais un beau-père à son héritier. Dès que mon deuil fut passé, on me produisit donc dans le monde, et l'on m'y entoura de galants. J'étais alors dans tout l'éclat de la beauté, et,

de l'aveu de toutes les femmes, il n'était point de figure ni de taille qui pussent m'être comparées.

Mais mon mari, ce libertin vieux et blasé qui n'avait jamais eu pour moi qu'un dédain ironique, et qui m'avait épousée pour obtenir une place promise à ma considération, m'avait laissé tant d'aversion pour le mariage que jamais je ne voulus consentir à contracter de nouveaux liens. Dans mon ignorance de la vie, je m'imaginais que tous les hommes étaient les mêmes, que tous avaient cette sécheresse de cœur, cette impitoyable ironie, ces caresses froides et insultantes qui m'avaient tant humiliée. Toute bornée que j'étais, j'avais fort bien compris que les rares transports de mon mari ne s'adressaient qu'à une belle femme, et qu'il n'y mettait rien de son âme. Je redevenais ensuite pour lui une sotte dont il rougissait en public, et qu'il eût voulu pouvoir renier.

Cette funeste entrée dans la vie me désenchanta pour jamais. Mon cœur, qui n'était peut-être pas destiné à cette froideur, se resserra et s'entoura de méfiances. Je pris les hommes en aversion et en dégoût. Leurs hommages m'insultèrent ; je ne vis en eux que des fourbes qui se faisaient esclaves pour devenir tyrans. Je leur vouai un ressentiment et une haine éternels.

Quand on n'a pas besoin de vertu, on n'en a pas ; voilà pourquoi, avec les mœurs les plus austères, je ne fus point vertueuse. Oh ! combien je regrettai de ne pouvoir l'être ! combien je l'enviai, cette force morale et religieuse qui combat les passions et colore la vie ! la mienne fut si froide et si nulle ! que n'eussé-je point donné pour avoir des passions à réprimer, une lutte à soutenir, pour pouvoir me jeter à genoux et prier comme ces jeunes femmes que je voyais, au sortir du couvent, se maintenir sages dans le monde durant quelques années à force de ferveur et de résistance ! Moi, malheureuse, qu'avais-je à faire sur la terre ? Rien qu'à me parer, à me montrer et à m'ennuyer. Je n'avais point de cœur, point de remords, point de terreurs ; mon ange gardien dormait au lieu de veiller. La Vierge et ses chastes mystères étaient pour moi sans consolation et sans poésie. Je n'avais nul besoin des protections célestes : les dangers n'étaient pas faits pour moi, et je me méprisais pour ce dont j'eusse dû me glorifier.

Car il faut vous dire que je m'en prenais à moi autant qu'aux autres quand je trouvais en moi cette volonté de ne pas aimer dégénérée en impuissance. J'avais souvent confié aux femmes qui me pressaient de faire choix d'un mari ou d'un amant l'éloignement que m'inspiraient l'ingratitude, l'égoïsme et la brutalité des hommes. Elles me riaient au nez quand je partais ainsi, m'assurant que tous n'étaient pas semblables à mon vieux mari, et qu'ils avaient des secrets pour se faire pardonner leurs défauts et leurs vices. Cette manière de raisonner me révoltait ; j'étais humiliée d'être femme en entendant d'autres femmes exprimer des sentiments aussi grossiers, et rire comme des folles quand l'indignation me montait au visage. Je m'imaginais un instant valoir mieux qu'elles toutes.

Et puis je retombais avec douleur sur moi-même ; l'ennui me rongeait. La vie des autres était remplie, la mienne était vide et oisive. Alors je m'accusais de folie et d'ambition démesurée ; je me mettais à croire tout ce que m'avaient dit ces femmes rieuses et philosophes, qui prenaient si bien leur siècle comme il était. Je me disais que l'ignorance m'avait perdue, que je m'étais forgé des espérances chimériques, que j'avais rêvé des hommes loyaux et parfaits qui n'étaient point de ce monde. En un mot, je m'accusais de tous les torts qu'on avait eus envers moi.

Tant que les femmes espérèrent me voir bientôt convertie à leurs maximes et à ce qu'elles appelaient leur sagesse, elles me supportèrent. Il y en avait même plus d'une qui fondait sur moi un grand espoir de justification pour elle-même, plus d'une qui avait attendu des témoignages exagérés d'une vertu farouche à une conduite éventée, et qui se flattait de me voir donner au monde l'exemple d'une légèreté capable d'excuser la sienne.

Mais quand elles virent que cela ne se réalisait point,

que j'avais déjà vingt ans et que j'étais incorruptible, elles me prirent en horreur; elles prétendirent que j'étais leur critique incarnée et vivante; elles me tournèrent en ridicule avec leurs amants, et ma conquête fut l'objet des plus outrageants projets et des plus immorales entreprises. Des femmes d'un haut rang dans le monde ne rougirent point de tramer en riant d'infâmes complots contre moi, et, dans la liberté de mœurs de la campagne, je fus attaquée de toutes les manières avec un acharnement de désirs qui ressemblait à de la haine. Il y eut des hommes qui promirent à leurs maîtresses de m'apprivoiser, et des femmes qui permirent à leurs amants de l'essayer. Il y eut des maîtresses de maison qui s'offrirent à égarer ma raison avec l'aide des vins de leurs soupers. J'eus des amis et des parents qui me présentèrent pour me tenter, des hommes dont j'aurais fait de très-beaux cochers pour ma voiture. Comme j'avais eu l'ingénuité de leur ouvrir toute mon âme, elles savaient fort bien que ce n'était ni la piété, ni l'honneur, ni un ancien amour qui me préservait, mais bien la méfiance et un sentiment de répulsion involontaire; elles ne manquèrent pas de divulguer mon caractère, et, sans tenir compte des incertitudes et des angoisses de mon âme, elles répandirent hardiment que je méprisais tous les hommes. Il n'est rien qui les blesse plus que ce sentiment; ils pardonnent plutôt le libertinage que le dédain. Aussi partagèrent-ils l'aversion que les femmes avaient pour moi; ils ne me recherchèrent plus que pour satisfaire leur vengeance et me railler ensuite. Je trouvai l'ironie et la fausseté écrites sur tous les fronts, et ma misanthropie s'en accrut chaque jour.

Une femme d'esprit eût pris son parti sur tout cela; elle eût persévéré dans la résistance, ne fût-ce que pour augmenter la rage de ses rivales; elle fût jetée ouvertement dans la piété pour se rattacher à la société de ce petit nombre de femmes vertueuses qui, même en ce temps-là, faisaient l'édification des honnêtes gens. Mais je n'avais pas assez de force dans le caractère pour faire face à l'orage qui grossissait contre moi. Je me voyais délaissée, haïe, méconnue; déjà ma réputation était sacrifiée aux imputations les plus horribles et les plus bizarres. Certaines femmes, vouées à la plus licencieuse débauche, feignaient de se voir en danger auprès de moi.

## II.

Sur ces entrefaites arriva de province un homme sans talent, sans esprit, sans aucune qualité énergique ou séduisante, mais doué d'une grande candeur et d'une droiture de sentiments rare dans le monde où je vivais. Je commençais à me dire qu'il fallait faire enfin un *choix*, comme disaient mes compagnes. Je ne pouvais pas me marier, étant mère, et, n'ayant confiance à la bonté d'aucun homme, je ne croyais pas avoir ce droit. C'était donc un amant qu'il me fallait accepter pour être au niveau de la compagnie où j'étais jetée. Je me déterminai en faveur de ce provincial, dont le nom et l'état dans le monde me couvraient d'une assez belle protection. C'était le vicomte de Larrieux.

Il m'aimait lui, et dans la sincérité de son âme! Mais son âme! en avait-il une? C'était un de ces hommes froids et positifs qui n'ont pas même pour eux l'élégance du vice et l'esprit du mensonge. Il m'aimait à son ordinaire, comme mon mari m'avait quelquefois aimée. Il n'était frappé que de ma beauté, et ne se mettait en peine de découvrir mon cœur. Chez lui ce n'était pas dédain, c'était ineptie. S'il eût trouvé en moi la puissance d'aimer, il n'eût pas su comment y répondre.

Je ne crois pas qu'il ait existé un homme plus matériel que ce pauvre Larrieux. Il mangeait avec volupté, il s'endormait sur tous les fauteuils, et le reste du temps il prenait du tabac. Il était ainsi toujours occupé à satisfaire quelque appétit physique. Je ne pense pas qu'il eût une idée par jour.

Avant de l'élever jusqu'à mon intimité, j'avais de l'amitié pour lui, parce que si je ne trouvais en lui rien de grand, du moins je n'y trouvais rien de méchant; et en cela seul consistait sa supériorité sur tout ce qui m'entourait. Je me flattai donc, en écoutant ses galanteries, qu'il me réconcilierait avec la nature humaine, et je me confiai à sa loyauté. Mais à peine lui eus-je donné sur moi ces droits que les femmes faibles ne reprennent jamais, qu'il me persécuta d'un genre d'obsession insupportable, et réduisit tout son système d'affection aux seuls témoignages qu'il fût capable d'apprécier.

Vous voyez, mon ami, que j'étais tombée de Charybde en Scylla. Cet homme, qu'à son large appétit et à ses habitudes du vin bleue j'avais cru d'un sang si calme, n'avait même pas en lui le sentiment de cette forte amitié que j'espérais rencontrer. Il disait en riant qu'il lui était impossible d'avoir de l'amitié pour une belle femme. Et si vous saviez ce qu'il appelait l'amour!

Je n'ai point la prétention d'avoir été pétrie d'un autre limon que toutes les autres créatures humaines. A présent que je ne suis plus d'aucun sexe, je pense que j'étais alors tout aussi femme qu'une autre, mais qu'il a manqué au développement de mes facultés de rencontrer un homme que je pusse aimer assez pour jeter un peu de poésie sur les faits de la vie animale. Mais cela n'étant point, vous-même, qui êtes un homme, et par conséquent moins délicat sur cette perception de sentiment, vous devez comprendre le dégoût qui s'empare du cœur quand on se soumet aux exigences de l'amour sans en avoir compris les besoins. En trois jours le vicomte de Larrieux me devint insoutenable.

Eh bien! mon cher, je n'eus jamais l'énergie de me débarrasser de lui! Pendant soixante ans il a fait mon tourment et ma satiété. Par complaisance, par faiblesse ou par ennui, je l'ai supporté. Toujours mécontent de mes répugnances, et toujours attiré vers moi par les obstacles que je mettais à sa passion, il a eu pour moi l'amour le plus patient, le plus courageux, le plus soutenu et le plus ennuyeux qu'un homme ait jamais eu pour une femme.

Il est vrai que, depuis que je l'avais érigé auprès de moi en protecteur, mon rôle dans le monde était infiniment moins désagréable. Les hommes n'osaient plus me rechercher; car le vicomte était un terrible ferrailleur et un atroce jaloux. Les femmes, qui avaient prédit que j'étais incapable de fixer un homme, voyaient avec dépit le vicomte enchaîné à mon char; et peut-être entrait-il dans ma patience envers lui un peu de cette vanité qui ne permet point à une femme de paraître délaissée. Il n'y avait pourtant pas de quoi se glorifier beaucoup dans la personne de ce pauvre Larrieux; mais c'était un fort bel homme; il avait du cœur, il savait se taire à propos, il menait un grand train de vie, il ne manquait pas non plus de cette fatuité modeste qui fait ressortir le mérite d'une femme. Enfin, outre que les femmes n'étaient point du tout dédaigneuses de cette fastidieuse beauté qui me semblait être le principal défaut du vicomte, elles étaient surprises du dévouement sincère qu'il me marquait, et le proposaient pour modèle à leurs amants. Je m'étais donc placée dans une situation enviée; mais cela, je vous assure, me dédommageait médiocrement des ennuis de l'intimité. Je les supportai pourtant avec résignation, et je gardai à Larrieux une inviolable fidélité. Voyez, mon cher enfant, si je fus aussi coupable envers lui que vous l'avez pensé.

— Je vous ai parfaitement comprise, lui répondis-je; c'est vous dire que je vous plains et que je vous estime. Vous avez fait aux mœurs de votre temps un véritable sacrifice, et vous fûtes persécutée parce que vous valiez mieux que ces mœurs-là. Avec un peu plus de force morale, vous eussiez trouvé dans la vertu tout le bonheur que vous ne trouvâtes point dans une intrigue. Mais laissez-moi m'étonner d'un fait : c'est que vous n'ayez point rencontré, dans tout le cours de votre vie, un seul homme capable de vous comprendre et digne de vous convertir au véritable amour. Faut-il en conclure que les hommes d'aujourd'hui valent mieux que les hommes d'autrefois?

— Ce serait de votre part une grande fatuité, me répondit-elle en riant. J'ai fort peu à me louer des hommes de mon temps, et cependant je doute que vous ayez fait beaucoup de progrès ; mais ne moralisons point. Qu'ils soient ce qu'ils sont ; la faute de mon malheur est toute à moi ; je n'avais pas l'esprit de le juger. Avec ma sauvage fierté, il aurait fallu être une femme supérieure, et choisir d'un coup d'œil d'aigle entre tous ces hommes si plats, si faux et si vides, un de ces êtres vrais et nobles, qui sont rares et exceptionnels dans tous les temps. J'étais trop ignorante, trop bornée pour cela. A force de vivre, j'ai acquis plus de jugement : je me suis aperçue que certains d'entre eux, que j'avais confondus dans ma l ne, méritaient d'autres sentiments ; mais alors j'étais vieille. Il n'était plus temps de m'en aviser.

— Et tant que vous fûtes jeune, repris-je, vous ne fûtes pas une seule fois tentée de faire un nouvel essai ? Cette aversion farouche n'a jamais été ébranlée ? Cela est étrange. »

## III.

La marquise garda un instant le silence ; mais tout à coup, posant avec bruit sur la table sa tabatière d'or, qu'elle avait longtemps roulée entre ses doigts, « Eh bien, puisque j'ai commencé à me confesser, dit-elle, je veux tout avouer. Écoutez bien :

« Une fois, une seule fois dans ma vie j'ai été amoureuse, mais amoureuse comme personne ne l'a été, d'un amour passionné, indomptable, dévorant, et pourtant idéal et platonique s'il en fut. Oh ! cela vous étonne bien d'apprendre qu'une marquise du dix-huitième siècle n'ait eu dans toute sa vie qu'un amour, et un amour platonique ! C'est que, voyez-vous, mon enfant, vous autres jeunes gens, vous croyez bien connaître les femmes, et vous n'y entendez rien. Si beaucoup de vieilles de quatre-vingts ans se mettaient à vous raconter franchement leur vie, peut-être découvririez-vous dans l'âme féminine des sources de vice et de vertu dont vous n'avez pas l'idée.

Maintenant devinez de quel rang fut l'homme pour qui, moi, marquise, et marquise hautaine et fière entre toutes, je perdis tout à fait la tête.

— Le roi de France ou le dauphin Louis XVI.

— Oh ! si vous débutez ainsi, il vous faudra trois heures pour arriver jusqu'à mon amant. J'aime mieux vous le dire : c'était un comédien.

— C'était toujours bien un roi, j'imagine.

— Le plus noble et le plus élégant qui monta jamais sur les planches. Vous n'êtes pas surpris ?

— Pas trop. J'ai ouï dire que ces unions disproportionnées n'étaient pas rares, même dans le temps où les préjugés avaient le plus de force en France. Laquelle des amies de madame d'Épinay vivait donc avec Jéliotte ?

— Comme vous connaissez notre temps ! Cela fait pitié. Eh ! c'est précisément parce que ces traits-là sont consignés dans les mémoires, et cités avec étonnement, que vous devriez conclure leur rareté et leur contradiction avec les mœurs du temps. Soyez sûr qu'ils faisaient dès lors un grand scandale ; et lorsque vous entendez parler d'horribles dépravations, du duc de Guiche et de Manicamp, de madame de Lionne et de sa fille, vous pouvez être assuré que ces choses-là étaient aussi révoltantes au temps où elles se passèrent qu'au temps où vous les lisez. Croyez-vous donc que ceux dont la plume indignée vous les a transmises fussent les seuls honnêtes gens de France ? »

Je n'osais point contredire la marquise. Je ne sais lequel de nous deux était compétent pour juger la question. Je la ramenai à son histoire, qu'elle reprit ainsi :

« Pour vous prouver combien peu cela était toléré, je vous dirai que la première fois que je le vis, et que j'exprimai mon admiration à la comtesse de Ferrières, qui se trouvait auprès de moi, elle me répondit : « Ma toute belle, vous ferez bien de ne pas dire votre avis si chaudement devant une autre que moi ; on vous raillerait cruellement si l'on vous soupçonnait d'oublier qu'aux yeux d'une femme bien née un comédien ne peut pas être un homme. »

Cette parole de madame de Ferrières me resta dans l'esprit, je ne sais pourquoi. Dans la situation où j'étais, ce ton de mépris me paraissait absurde ; et cette crainte que je ne vinsse à me compromettre par mon admiration semblait une hypocrite méchanceté.

Il s'appelait Lélio, était Italien de naissance, mais parlait admirablement le français. Il pouvait bien avoir trente-cinq ans, quoique sur la scène il parût souvent n'en avoir pas vingt. Il jouait mieux Corneille que Racine ; mais dans l'un et dans l'autre il était inimitable.

— Je m'étonne, dis-je en interrompant la marquise, que son nom ne soit pas resté dans les annales du talent dramatique.

— Il n'eut jamais de réputation, répondit-elle ; on ne l'appréciait ni à la ville et à la cour. A ses débuts, j'ai ouï dire qu'il fut outrageusement sifflé. Par la suite, on lui tint compte de la chaleur de son âme et de ses efforts pour se perfectionner ; on le toléra, on l'applaudit parfois ; mais, en somme, on le considéra toujours comme un comédien de mauvais goût.

C'était un homme qui, en fait d'art, n'était pas plus de son siècle qu'en fait de mœurs je n'étais du mien. Ce fut peut-être là le rapport immatériel, mais tout-puissant, qui des deux extrémités de la chaîne sociale attira nos âmes l'une vers l'autre. Le public n'a pas plus compris Lélio que le monde ne m'a jugée. « Cet homme est exagéré, disait-on de lui ; il se force, il ne sent rien ; » et de moi l'on disait ailleurs : « Cette femme est méprisante et froide ; elle n'a pas de cœur. » Qui sait si nous n'étions pas les deux êtres qui sentaient le plus vivement de l'époque !

Dans ce temps-là, on jouait la tragédie *décemment* ; il fallait avoir bon ton, même en donnant un soufflet ; il fallait mourir convenablement et tomber avec grâce. L'art dramatique était façonné aux convenances du beau monde ; la diction et le geste des acteurs étaient en rapport avec les paniers et la poudre dont on affublait encore Phèdre et Clytemnestre. Je n'avais pas calculé ni senti les défauts de cette école. Je n'allais pas loin dans mes réflexions ; seulement la tragédie m'ennuyait à mourir ; et comme il était de mauvais ton d'en convenir, j'allais courageusement m'y ennuyer deux fois par semaine ; mais l'air froid et contraint dont j'écoutais ces pompeuses tirades faisait dire de moi que j'étais insensible au charme des beaux vers.

J'avais fait une assez longue absence de Paris, quand je retournai un soir à la Comédie-Française pour voir jouer *le Cid*. Pendant mon séjour à la campagne, Lélio avait été admis à ce théâtre, et je le voyais pour la première fois. Il joua Rodrigue. Je n'entendis pas plus tôt le son de sa voix que je fus émue. C'était une voix plus pénétrante que sonore, une voix nerveuse et accentuée. Sa voix était une des choses que l'on critiquait en lui. On voulait que le Cid eût une basse-taille, comme on voulait que tous les héros de l'antiquité fussent grands et forts. Un roi qui n'avait pas cinq pieds six pouces ne pouvait pas ceindre le diadème : cela était contraire aux arrêts du bon goût.

Lélio était petit et grêle ; sa beauté ne consistait pas dans les traits, mais dans la noblesse du front, dans la grâce irrésistible des attitudes, dans l'abandon de la démarche, dans l'expression fière et mélancolique de la physionomie. Je n'ai jamais vu dans une statue, dans une peinture, dans un homme, une puissance de beauté plus idéale et plus suave. C'est pour lui qu'aurait dû être créé le mot de *charme*, qui s'appliquait à toutes ses paroles, à tous ses regards, à tous ses mouvements.

Que vous dirai-je ! Ce fut en effet un *charme* jeté sur moi. Cet homme, qui marchait, qui parlait, qui agissait sans méthode et sans prétention, qui sanglotait avec le cœur autant qu'avec la voix, qui s'oubliait lui-même pour s'identifier à la passion ; cet homme que l'âme semblait user et briser, et dont un regard renfermait tout l'amour que j'avais cherché vainement dans le monde, exerça sur moi une puissance vraiment électrique ; cet homme, qui n'était pas né dans son temps de gloire et de sympathies, et qui n'avait que moi pour le comprendre et marcher avec lui, fut, pendant cinq ans, mon roi, mon dieu, ma vie, mon amour.

Je ne pouvais plus vivre sans le voir : il me gouvernait, il me dominait. Ce n'était pas un homme pour moi ; mais je l'entendais autrement que madame de Ferrières ; c'était bien plus : c'était une puissance morale, un maître intellectuel, dont l'âme pétrissait la mienne à son gré. Bientôt il me fut impossible de renfermer les impressions que je recevais de lui. J'abandonnai ma loge à la Comédie-Française pour ne pas me trahir. Je feignis d'être devenue dévote, et d'aller, le soir, prier dans les églises. Au lieu de cela, je m'habillais en grisette, et j'allais me mêler au peuple pour l'écouter et le contempler à mon aise. Enfin, je gagnai un des employés du théâtre, et j'eus, dans un coin de la salle, une place étroite et secrète où nul regard ne pouvait m'atteindre et où je me rendais par un passage dérobé. Pour plus de sûreté, je m'habillais en écolier. Ces folies que je faisais pour un homme avec lequel je n'avais jamais échangé un mot ni un regard, avaient pour moi tout l'attrait du mystère et toute l'illusion du bonheur. Quand l'heure de la comédie sonnait à l'énorme pendule de mon salon, de violentes palpitations me saisissaient. J'essayais de me recueillir, tandis qu'on apprêtait ma voiture ; je marchais avec agitation, et si Larrieux était près de moi, je le brutalisais pour le renvoyer ; j'éloignais avec un art infini les autres importuns. Tout l'esprit que me donna cette passion de théâtre n'est pas croyable. Il faut que j'aie eu bien de la dissimulation et bien de la finesse pour le cacher pendant cinq ans à Larrieux, qui était le plus jaloux des hommes, et à tous les méchants qui m'entouraient.

Il faut vous dire qu'au lieu de la combattre je m'y livrais avec avidité, avec délices. Elle était si pure ! Pourquoi donc en aurais-je rougi ? Elle me créait une vie nouvelle ; elle m'initiait enfin à tout ce que j'avais désiré connaître et sentir ; jusqu'à un certain point elle me faisait femme.

J'étais heureuse, j'étais fière de me sentir trembler, étouffer, défaillir. La première fois qu'une violente palpitation vint éveiller mon cœur inerte, j'eus autant d'orgueil qu'une jeune mère au premier mouvement de l'enfant renfermé dans son sein. Je devins boudeuse, rieuse, maligne, inégale. Le bon Larrieux observa que la dévotion me donnait de singuliers caprices. Dans le monde, on trouva que j'embellissais chaque jour davantage, que mon œil noir se veloutait, que mon sourire avait de la pensée, que mes remarques sur toutes choses portaient plus juste et allaient plus loin qu'on ne m'en aurait crue capable. On en fit tout l'honneur à Larrieux, qui en était pourtant bien innocent.

Je suis décousue dans mes souvenirs, parce que voici une époque de ma vie où ils m'inondent. En vous les disant, il me semble que je rajeunis et que mon cœur bat encore au nom de Lélio. Je vous disais tout à l'heure qu'en entendant sonner la pendule je frémissais de joie et d'impatience. Maintenant encore il me semble ressentir l'espèce de suffocation délicieuse qui s'emparait de moi au timbre de cette sonnerie. Depuis ce temps-là des vicissitudes de fortune m'ont amenée à me trouver fort heureuse dans un petit appartement du Marais. Eh bien ! je ne regrette rien de mon riche hôtel, de mon noble faubourg et de ma splendeur passée, que les objets qui m'eussent rappelé ce temps d'amour et de rêves. J'ai sauvé du désastre quelques meubles qui datent de cette époque, et que je regarde avec la même émotion que si l'heure allait sonner, et que si le pied de mes chevaux battait le pavé. Oh ! mon enfant, n'aimez jamais ainsi ; car c'est un orage qui ne s'apaise qu'à la mort !

Alors je partais, vive, et légère, et jeune, et heureuse ! Je commençais à apprécier tout ce dont se composait ma vie, le luxe, la jeunesse, la beauté. Le bonheur se révélait à moi par tous les sens, par tous les pores. Doucement pliée au fond de mon carrosse, les pieds enfoncés dans la fourrure, je voyais ma figure brillante et parée se répéter dans la glace encadrée d'or placée vis-à-vis de moi. Le costume des femmes, dont on s'est tant moqué depuis, était alors d'une richesse et d'un éclat extraordinaires ; porté avec goût et châtié dans ses exagérations, il prêtait à la beauté une noblesse et une grâce moelleuse dont les peintures ne sauraient vous donner l'idée. Avec tout cet attirail de plumes, d'étoffes et de fleurs, une femme était forcée de mettre une sorte de lenteur à tous ses mouvements. J'en ai vu de fort blanches qui, lorsqu'elles étaient poudrées et habillées de blanc, traînant leur longue queue de moire et balançant avec souplesse les plumes de leur front, pouvaient, sans hyperbole, être comparées à des cygnes. C'était, en effet, quoi qu'en ait dit Rousseau, bien plus à des oiseaux qu'à des guêpes que nous ressemblions avec ces énormes plis de satin, cette profusion de mousselines et de bouffantes qui cachaient un petit corps tout frêle, comme le duvet cache la tourterelle ; avec ces longs ailerons de dentelle qui tombaient du bras, avec ces vives couleurs qui bigarraient nos jupes, nos rubans et nos pierreries ; et quand nous tenions nos petits pieds en équilibre dans de jolies mules à talons, c'est alors vraiment que nous semblions craindre de toucher la terre, et que nous marchions avec la précaution dédaigneuse d'une bergeronnette au bord d'un ruisseau.

A l'époque dont je vous parle, on commençait à porter de la poudre blonde, qui donnait aux cheveux une teinte douce et cendrée. Cette manière d'atténuer la crudité des tons de la chevelure donnait au visage beaucoup de douceur et aux yeux un éclat extraordinaire. Le front, entièrement découvert, se perdait dans les pâles nuances de ces cheveux de convention ; il en paraissait plus large, plus pur, et toutes les femmes avaient l'air noble. Aux crêpés, qui n'ont jamais été gracieux, à mon sens, avaient succédé les coiffures basses, les grosses boucles rejetées en arrière et tombant sur le cou et sur les épaules. Cette coiffure m'allait fort bien, et j'étais renommée pour la richesse et l'invention de mes parures. Je sortais tantôt avec une robe de velours nacarat garnie de grèbe, tantôt avec une tunique de satin blanc, bordée de peau de tigre, quelquefois avec un habit complet de damas lilas lamé d'argent, avec des plumes blanches montées en perles. C'est ainsi que j'allais faire quelques visites en attendant l'heure de la seconde pièce ; car Lélio ne jouait jamais dans la première.

Je faisais sensation dans les salons, et lorsque je remontais dans mon carrosse je regardais avec complaisance la femme qui aimait Lélio, et qui pouvait s'en faire aimer. Jusque-là le seul plaisir que j'eusse trouvé à être belle consistait dans la jalousie que j'inspirais. Le soin que je prenais à m'embellir était une bien bénigne vengeance envers ces femmes qui avaient ourdi de si horribles complots contre moi. Mais du moment que j'aimai, je me mis à jouir de ma beauté pour moi-même. Je n'avais que cela à offrir à Lélio en compensation de tous les triomphes qu'on lui déniait à Paris, et je m'amusais à me représenter l'orgueil et la joie de ce pauvre comédien si moqué, si méconnu, si rebuté, le jour où il apprendrait que la marquise de R... lui avait voué son culte.

Au reste, ce n'étaient là que des rêves riants et fugitifs ; c'étaient tous les résultats, tous les profits que je tirais de ma position. Dès que mes pensées prenaient un corps et que je m'apercevais de la consistance d'un projet quelconque de mon amour, je l'étouffais courageusement, et tout l'orgueil du rang reprenait ses droits sur mon âme. Vous me regardez d'un air étonné ? Je vous expliquerai cela tout à l'heure. Laissez-moi parcourir le monde enchanté de mes souvenirs.

Vers huit heures, je me faisais descendre à la petite église des Carmélites, près le Luxembourg ; je renvoyais ma voiture, et j'étais censée assister à des conférences religieuses qui s'y tenaient à cette heure-là ; mais je ne faisais que traverser l'église et le jardin ; je sortais par une autre rue. J'allais trouver dans sa mansarde une jeune ouvrière nommée Florence, qui m'était toute dévouée. Je m'enfermais dans sa chambre, et je déposais avec joie sur son grabat tous mes atours pour endosser l'habit noir carré, l'épée à gaîne de chagrin et la perruque symétrique d'un jeune proviseur de collége aspirant à la prêtrise. Grande comme j'étais, brune et le regard inoffensif, j'avais bien l'air gauche et hypocrite d'un petit prestolet qui se cache pour aller au spectacle. Florence, qui me supposait une intrigue véritable au dehors, riait avec moi de mes métamorphoses, et j'avoue que je ne les eusse pas prises plus gaiement pour aller m'enivrer de plaisir et d'amour, comme toutes ces jeunes folles qui avaient des soupers clandestins dans les petites maisons.

Je montais dans un fiacre, et j'allais me blottir dans ma logette du théâtre. Ah! alors mes palpitations, mes terreurs, mes joies, mes impatiences cessaient. Un recueillement profond s'emparait de toutes mes facultés, et je restais comme absorbée jusqu'au lever du rideau, dans l'attente d'une grande solennité.

Comme le vautour prend une perdrix dans son vol magnétique, comme il la tient haletante et immobile dans le cercle magique qu'il trace au-dessus d'elle, l'âme de Lélio, sa grande âme de tragédien et de poète, enveloppait toutes mes facultés et me plongeait dans la torpeur de l'admiration. J'écoutais, les mains contractées sur mon genou, le menton appuyé sur le velours d'Utrecht de la loge, le front baigné de sueur. Je retenais ma respiration, je maudissais la clarté fatigante des lumières, qui lassait mes yeux secs et brûlants, attachés à tous ses gestes, à tous ses pas. J'aurais voulu saisir la moindre palpitation de son sein, le moindre pli de son front. Ses émotions feintes, ses malheurs de théâtre, me pénétraient comme des choses réelles. Je ne savais bientôt plus distinguer l'erreur de la vérité. Lélio n'existait plus pour moi: c'était Rodrigue, c'était Bajazet, c'était Hippolyte. Je haïssais ses ennemis, je tremblais pour ses dangers; ses douleurs me faisaient répandre avec lui des flots de larmes; sa mort m'arrachait des cris que j'étais forcée d'étouffer en mâchant mon mouchoir. Dans les entr'actes, je tombais épuisée au fond de ma loge; j'y restais comme morte, jusqu'à ce que l'aigre ritournelle m'eût annoncé le lever du rideau. Alors je ressuscitais, je redevenais forte et ardente, pour admirer, pour sentir, pour pleurer. Que de fraîcheur, que de poésie, que de jeunesse il y avait dans le talent de cet homme! Il fallait que toute cette génération fût de glace pour ne pas tomber à ses pieds.

Et pourtant, quoiqu'il choquât toutes les idées reçues, quoiqu'il lui fût impossible de se faire au goût de ce sot public, quoiqu'il scandalisât les femmes par le désordre de sa tenue, quoiqu'il offensât les hommes par ses mépris pour leurs sottes exigences, il avait des moments de puissance sublime et de fascination irrésistible, où il prenait tout ce public rétif et ingrat dans son regard et dans sa parole, comme dans le creux de sa main, et il le forçait d'applaudir et de frissonner. Cela était rare, parce que l'on ne change pas subitement tout l'esprit d'un siècle; mais quand cela arrivait, les applaudissements étaient frénétiques; il semblait que, subjugués alors par son génie, les Parisiens voulussent expier toutes leurs injustices. Moi, je croyais plutôt que cet homme avait par instants une puissance surnaturelle, et que ses plus amers contempteurs se sentaient entraînés à le faire triompher malgré eux. En vérité, dans ces moments-là la salle de la Comédie-Française semblait frappée de délire, et en sortant on se regardait tout étonné d'avoir applaudi Lélio. Pour moi, je me livrais alors à mon émotion; je criais, je pleurais, je le nommais avec passion, je l'appelais avec folie; ma faible voix se perdait heureusement dans le grand orage qui éclatait autour de moi.

D'autres fois on le sifflait dans des situations où il me semblait sublime, et je quittais le spectacle avec rage. Ces jours-là étaient les plus dangereux pour moi. J'étais violemment tentée d'aller le trouver, de pleurer avec lui, de maudire le siècle et de le consoler en lui offrant mon enthousiasme et mon amour.

Un soir que je sortais par le passage dérobé où j'étais admise, je vis passer rapidement devant moi un homme petit et maigre qui se dirigeait vers la rue. Un machiniste lui ôta son chapeau en lui disant: « Bonsoir, monsieur Lélio. » Aussitôt, avide de regarder de près cet homme extraordinaire, je m'élance sur ses traces, je traverse la rue, et sans me soucier du danger auquel je m'expose, j'entre avec lui dans un café. Heureusement c'était un café borgne, où je ne devais rencontrer aucune personne de mon rang.

Quand, à la clarté d'un mauvais lustre enfumé, j'eus jeté les yeux sur Lélio, je crus m'être trompée et avoir suivi un autre que lui. Il avait au moins trente-cinq ans: il était jaune, flétri, usé; il était mal mis; il avait l'air commun; il parlait d'une voix rauque et éteinte, donnait la main à des pleutres, avalait de l'eau-de-vie et jurait horriblement. Il me fallut entendre prononcer plusieurs fois son nom pour m'assurer que c'était bien là le dieu du théâtre et l'interprète du grand Corneille. Je ne retrouvais plus rien en lui des charmes qui m'avaient fascinée, pas même son regard si noble, si ardent et si triste. Son œil était morne, éteint, presque stupide; sa prononciation accentuée devenait ignoble en s'adressant au garçon de café, en parlant de jeu, de cabaret et de filles. Sa démarche était lâche, sa tournure sale, ses joues mal essuyées de fard. Ce n'était plus Hippolyte, c'était Lélio. Le temple était vide et pauvre; l'oracle était muet; le dieu s'était fait homme; pas même homme, comédien.

Il sortit, et je restai longtemps stupéfaite à ma place, ne songeant point à avaler le vin chaud épicé que j'avais demandé pour me donner un air cavalier. Quand je m'aperçus du lieu où j'étais et des regards qui s'attachaient sur moi, la peur me prit; c'était la première fois de ma vie que je me trouvais dans une situation si équivoque et dans un contact si direct avec des gens de cette classe; depuis, l'émigration m'a bien aguerrie à ces inconvenances de position.

Je me levai et j'essayai de fuir, mais j'oubliai de payer. Le garçon courut après moi. J'eus une honte effroyable; il fallut rentrer, m'expliquer au comptoir, soutenir tous les regards méfiants et moqueurs dirigés sur moi. Quand je fus sortie, il me sembla qu'on me suivait. Je cherchai vainement un fiacre pour m'y jeter, il n'y en avait plus devant la Comédie. Des pas lourds se faisaient entendre toujours sur les miens. Je me retournai en tremblant; je vis un grand escogriffe que j'avais remarqué dans un coin du café, et qui avait bien l'air d'un mouchard ou de quelque chose de pis. Il me parla; je ne sais pas ce qu'il me dit, la frayeur m'ôtait l'intelligence; cependant j'eus assez de présence d'esprit pour m'en débarrasser. Transformée tout d'un coup en héroïne par ce courage que donne la peur, je lui allongeai rapidement un coup de canne dans la figure, et, jetant aussitôt la canne pour mieux courir, tandis qu'il restait étourdi de mon audace, je pris ma course, légère comme un trait, et ne m'arrêtai que chez Florence. Quand je m'éveillai le lendemain à midi dans mon lit à rideaux ouatés et à cantonnets de plumes roses, je crus avoir fait un rêve, et j'éprouvai de ma déception et de mon aventure de la veille une grande mortification. Je me crus sérieusement guérie de mon amour, et j'essayai de m'en féliciter; mais ce fut en vain. J'en éprouvais un regret mortel; l'ennui retombait sur ma vie, tout se désenchantait. Ce jour-là je mis Larrieux à la porte.

Le soir arriva et ne m'apporta plus ces agitations bienfaisantes des autres soirs. Le monde me sembla insipide. J'allai à l'église; j'écoutai la conférence, résolue à me faire dévote; je m'y enrhumai: j'en revins malade.

Je gardai le lit plusieurs jours. La comtesse de Ferrières vint me voir, m'assura que je n'avais point de fièvre, que le lit me rendait malade, qu'il fallait me distraire, sortir, aller à la Comédie. Je crois qu'elle avait des vues sur Larrieux, et qu'elle voulait me mort.

Il en arriva autrement; elle me força d'aller avec elle voir jouer *Cinna*. « Vous ne venez plus au spectacle, me disait-elle; c'est la dévotion et les amours qui vous minent. Il y a longtemps que vous n'avez vu Lélio; il a fait des progrès; on l'applaudit quelquefois maintenant; j'ai dans l'idée qu'il deviendra supportable. »

Je ne sais comment je me laissai entraîner. Au reste, désenchantée de Lélio comme je l'étais, je ne risquais plus de me perdre en affrontant ses séductions en public. Je me parai excessivement, et j'allai en grande loge d'avant-scène braver un danger auquel je ne croyais plus.

Mais le danger ne fut jamais plus imminent. Lélio fut sublime, et je m'aperçus que jamais je n'en avais été plus éprise. L'aventure de la veille ne me paraissait plus qu'un rêve ; il ne se pouvait pas que Lélio fût autre qu'il ne me paraissait sur la scène. Malgré moi, je retombai dans toutes les agitations terribles qu'il savait me communiquer. Je fus forcée de couvrir mon visage en pleurs de mon mouchoir ; dans mon désordre, j'effaçai mon rouge, j'enlevai mes mouches, et la comtesse de Ferrières m'engagea à me retirer au fond de ma loge, parce que mon émotion faisait événement dans la salle. Heureusement j'eus l'adresse de faire croire que tout cet attendrissement était produit par le jeu de mademoiselle Hippolyte Clairon. C'était, à mon avis, une tragédienne bien froide et bien compassée, trop supérieure peut-être, par son éducation et son caractère, à la profession du théâtre comme on l'entendait alors ; mais la manière dont elle disait *Tout beau*, dans *Cinna*, lui avait fait une réputation de haut lieu.

Il est vrai de dire que, lorsqu'elle jouait avec Lélio, elle devenait très-supérieure à elle-même. Quoiqu'elle affichât aussi un mépris de bon ton pour sa méthode, elle subissait l'influence de son génie sans s'en apercevoir, et s'inspirait de lui lorsque la passion les mettait en rapport sur la scène.

Ce soir-là Lélio me remarqua, soit pour ma parure, soit pour mon émotion ; car je le vis se pencher, dans un instant où il était hors de scène, vers un des hommes qui étaient assis à cette époque sur le théâtre, et lui demander mon nom. Je compris cela à la manière dont leurs regards me désignèrent. J'en eus un battement de cœur qui faillit m'étouffer, et je remarquai que dans le cours de la pièce les yeux de Lélio se dirigèrent plusieurs fois de mon côté. Que n'aurais-je pas donné pour savoir ce que lui avait dit de moi, le chevalier de Brétillac, celui qu'il avait interrogé, et qui, en me regardant, lui avait parlé à plusieurs reprises ! La figure de Lélio, forcée de rester grave pour ne pas déroger à la dignité de son rôle, n'avait rien exprimé qui pût me faire deviner le genre de renseignements qu'on lui donnait sur mon compte. Je connaissais du reste fort peu ce Brétillac, et je n'imaginais pas ce qu'il avait pu dire de moi en bien ou en mal.

De ce soir seulement je compris l'espèce d'amour qui m'enchaînait à Lélio : c'était une passion tout intellectuelle, toute romanesque. Ce n'était pas lui que j'aimais, mais le héros des anciens jours qu'il savait représenter ; ces types de franchise, de loyauté et de tendresse à jamais perdus revivaient en lui, et je me trouvais avec lui et par lui reportée à une époque de vertus désormais oubliées. J'avais l'orgueil de penser qu'en ces jours-là je n'eusse pas été méconnue et diffamée, que mon cœur eût pu se donner, et que je n'eusse pas été réduite à aimer un fantôme de comédie. Lélio n'était pour moi que l'ombre du Cid, que le représentant de l'amour antique et chevaleresque dont on se moquait maintenant en France. Lui, l'homme, l'histrion, je ne le craignais guère, je l'avais vu ; je ne pouvais l'aimer qu'en public. Mon Lélio à moi, c'était un être factice que je ne pouvais plus saisir dès qu'on éloignait le lustre de la Comédie. Il me fallait l'illusion de la scène, le reflet des quinquets, le fard du costume pour être celui que j'aimais. En dépouillant tout cela, il rentrait pour moi dans le néant ; comme une étoile il s'effaçait à l'éclat du jour. Hors les planches il ne me prenait plus la moindre envie de le voir, et même j'en eusse été désespérée. C'eût été pour moi comme de contempler un grand homme réduit à un peu de cendre dans un vase d'argile.

Mes fréquentes absences aux heures où j'avais l'habitude de recevoir Larrieux, et surtout mon refus formel d'être désormais sur un autre pied avec lui que sur celui de l'amitié, lui inspirèrent un accès de jalousie mieux fondé, je l'avoue, qu'aucun de ceux qu'il eût ressentis. Un soir que j'allais aux Carmélites dans l'intention de m'en échapper par l'autre issue, je m'aperçus qu'il me suivait, et je compris qu'il serait désormais presque impossible de lui cacher mes courses nocturnes. Je pris donc le parti d'aller publiquement au théâtre. J'acquis peu à peu l'hypocrisie nécessaire pour renfermer mes impressions, et d'ailleurs je me mis à professer hautement pour Hippolyte Clairon une admiration qui pouvait donner le change sur mes véritables sentiments. J'étais désormais plus gênée ; forcée comme je l'étais de m'observer attentivement, mon plaisir était moins vif et moins profond. Mais de cette situation il en naquit une autre qui établit une compensation rapide. Lélio me voyait, il m'observait ; ma beauté l'avait frappé, ma sensibilité le flattait. Ses regards avaient peine à se détacher de moi. Quelquefois il en eut des distractions qui mécontentèrent le public. Bientôt il me fut impossible de m'y tromper ; il m'aimait à en perdre la tête.

Ma loge ayant semblé faire envie à la princesse de Vaudemont, je la lui avais cédée pour en prendre une plus petite, plus enfoncée et mieux située. J'étais tout à fait sur la rampe, je ne perdais pas un regard de Lélio, et les siens pouvaient m'y chercher sans me compromettre. D'ailleurs, je n'avais même plus besoin de ce moyen pour correspondre avec toutes ses sensations : dans le son de sa voix, dans les soupirs de son sein, dans l'accent qu'il donnait à certains vers, à certains mots, je comprenais qu'il s'adressait à moi. J'étais la plus fière et la plus heureuse des femmes ; car à ces heures-là ce n'était pas du comédien, c'était du héros que j'étais aimée.

Eh bien ! après deux années d'un amour que j'avais nourri inconnu et solitaire au fond de mon âme, trois hivers s'écoulèrent encore sur cet amour désormais partagé sans que jamais mon regard donnât à Lélio le droit d'espérer autre chose que ces rapports intimes et mystérieux. J'ai su depuis que Lélio m'avait souvent suivie dans les promenades ; je ne daignai pas l'apercevoir ni le distinguer dans la foule, tant j'étais peu avertie par le désir de le distinguer hors du théâtre. Ces cinq années sont les seules que j'aie vécu sur quatre-vingts.

Un jour enfin je lus dans le *Mercure de France* le nom d'un nouvel acteur engagé à la Comédie-Française, à la place de Lélio, qui partait pour l'étranger. Cette nouvelle fut un coup mortel pour moi ; je ne concevais point comment je pourrais vivre désormais sans cette émotion, sans cette existence de passion et d'orage. Cela fit faire à mon amour un progrès immense et faillit me perdre.

Désormais je ne me combattis plus pour étouffer dès sa naissance toute pensée contraire à la dignité de mon rang. Je ne m'applaudis plus de ce qu'était réellement Lélio. Je souffris, je murmurai en secret de ce qu'il n'était point ce qu'il paraissait être sur les planches, et j'allai jusqu'à le souhaiter beau et jeune comme l'art le faisait chaque soir, afin de pouvoir lui sacrifier tout l'orgueil de mes préjugés et toutes les répugnances de mon organisation. Maintenant que j'allais perdre cet être moral qui remplissait depuis si longtemps mon âme, il me prenait envie de réaliser tous mes rêves et d'essayer de la vie positive, sauf à détester ensuite et la vie, et Lélio, et moi-même.

J'en étais à ces irrésolutions, lorsque je reçus une lettre d'une écriture inconnue ; c'est la seule lettre d'amour que j'aie conservée parmi les mille protestations écrites de Larrieux et les mille déclarations parfumées de cent autres. C'est qu'en effet c'est la seule lettre d'amour que j'aie reçue. »

La marquise s'interrompit, se leva, alla ouvrir d'une main assurée un coffre de marqueterie, et en tira une lettre bien froissée, bien amincie, que je lus avec peine.

« MADAME,

« Je suis moralement sûr que cette lettre ne vous inspi-
« rera que du mépris ; vous ne la trouverez même pas
« digne de votre colère. Mais qu'importe à l'homme qui
« tombe dans un abîme une pierre de plus ou de moins
« dans le fond ? Vous me considérerez comme un fou, et
« vous ne vous tromperez pas. Eh bien ! vous me plain-
« drez peut-être en secret, car vous ne pourrez pas douter
« de ma sincérité. Quelque humble que la piété vous ait
« faite, vous comprendrez peut-être l'étendue de mon
« désespoir ; vous devez savoir déjà, Madame, ce que vos
« yeux peuvent faire de mal et de bien.

« Eh bien ! dis-je, si j'obtiens de vous une seule pensée
« de compassion, si ce soir, à l'heure avidement appelée
« où chaque soir je recommence à vivre, j'aperçois sur
« vos traits une légère expression de pitié, je partirai
« moins malheureux ; j'emporterai de France un souvenir
« qui me donnera peut-être la force de vivre ailleurs et d'y
« poursuivre mon ingrate et pénible carrière.
« Mais vous devez le savoir déjà, Madame : il est im-
« posssible que mon trouble, mon emportement, mes cris
« de colère et de désespoir ne m'aient pas trahi vingt fois
« sur la scène. Vous n'avez pu allumer tous ces feux
« sans avoir un peu la conscience de ce que vous faisiez.
« Ah ! vous avez peut-être joué comme le tigre avec sa
« proie, vous vous êtes fait un amusement peut-être de
« mes tourments et de mes folies.
« Oh ! non : c'est trop de présomption. Non, Madame,
« je ne le crois pas ; vous n'y avez jamais songé. Vous êtes
« sensible aux vers du grand Corneille, vous vous identi-
« fiez avec les nobles passions de la tragédie : voilà tout.
« Et moi, insensé, j'ai osé croire que ma voix seule éveil-
« lait quelquefois vos sympathies, que mon cœur avait
« un écho dans le vôtre, qu'il y avait entre vous et moi
« quelque chose de plus qu'entre moi et le public. Oh !
« c'était une insigne, mais bien douce folie ! Laissez-la-
« moi, Madame ; que vous importe ? Craindriez-vous que
« j'allasse m'en vanter ? De quel droit pourrais-je le faire,
« et quel titre aurais-je pour être cru sur ma parole ? Je
« ne ferais que me livrer à la risée des gens sensés. Lais-
« sez-la-moi, vous dis-je, cette conviction que j'accueille
« en tremblant et qui m'a donné plus de bonheur à elle
« seule que la sévérité du public envers moi ne m'a donné
« de chagrin. Laissez-moi vous bénir, vous remercier à
« genoux de cette sensibilité que j'ai découverte dans
« votre âme et que nulle autre âme ne m'a accordée, de
« ces larmes que je vous ai vue verser sur mes malheurs
« de théâtre, et qui ont souvent porté mes inspirations
« jusqu'au délire ; de ces regards timides qui, je l'ai cru
« du moins, cherchaient à me consoler des froideurs de
« mon auditoire.
« Oh ! pourquoi êtes-vous née dans l'éclat et dans le
« faste ! pourquoi ne suis-je qu'un pauvre artiste sans
« gloire et sans nom ! Que n'ai-je la faveur du public et la
« richesse d'un financier à troquer contre un nom, contre
« un de ces titres que jusqu'ici j'ai dédaignés, et qui me
« permettraient peut-être d'aspirer à vous ! Autrefois je
« préférais la distinction du talent à toute autre ; je me de-
« mandais à quoi bon être chevalier ou marquis, si ce n'est
« pour être sot, fat et impertinent ; je haïssais l'orgueil
« des grands, et je me croyais assez vengé de leurs dé-
« dains si je m'élevais au-dessus d'eux par mon génie.
« Chimères et déceptions ! mes forces ont trahi mon
« ambition insensée. Je suis resté obscur ; j'ai fait pis, j'ai
« frisé le succès, et je l'ai laissé échapper. Je croyais me
« sentir grand, et on m'a jeté dans la poussière ; je
« m'imaginais toucher au sublime, on m'a condamné au
« ridicule. La destinée m'a pris avec mes rêves démè-
« surés et mon âme audacieuse, et elle m'a brisé comme
« un roseau ! Je suis un homme bien malheureux !
« Mais la plus grande de mes folies, c'est d'avoir jeté
« mes regards au delà de cette rampe de quinquets qui
« trace une ligne invincible entre moi et le reste de la so-
« ciété. C'est pour moi le cercle de Popilius. J'ai voulu le
« franchir ! J'ai osé avoir des yeux, moi comédien, et les
« arrêter sur une belle femme ! sur une femme si jeune,
« si noble, si aimante et placée si haut ! car vous êtes tout
« cela, Madame, je le sais. Le monde vous accuse de froi-
« deur et de dévotion outrée, moi seul je vous juge et je
« vous connais. Un seul de vos sourires, une seule de vos
« larmes, ont suffi pour démentir les fables stupides qu'un
« chevalier de Brétillac m'a débitées contre vous.
« Mais quelle destinée est donc aussi la vôtre ! Quelle
« étrange fatalité pèse donc sur vous comme sur moi pour
« qu'au sein d'un monde si brillant et qui se dit si éclairé,
« vous n'ayez trouvé pour vous rendre justice que le cœur
« d'un pauvre comédien ? Eh bien ! rien ne m'ôtera cette
« pensée triste et consolante ; c'est que, si nous étions nés
« sur le même échelon de la société, vous n'auriez pas pu

« m'échapper, quels qu'eussent été mes rivaux, quelle que
« soit ma médiocrité. Il aurait fallu vous rendre à une vé-
« rité, c'est qu'il y a en moi quelque chose de plus grand
« que leurs fortunes et leurs titres, la puissance de vous
« aimer. « LÉLIO. »

Cette lettre, continua la marquise, étrange pour le temps où elle fut écrite, me sembla, malgré quelques souvenirs de déclamation racinienne qui percent dans le commencement, tellement forte et vraie, j'y trouvai un sentiment de passion si neuf et si hardi, que j'en fus bouleversée. Le reste de fierté qui combattait en moi s'évanouit. J'eusse donné tous mes jours pour une heure d'un pareil amour.

Je ne vous raconterai pas mes anxiétés, mes fantaisies, mes terreurs ; moi-même je ne pourrais en retrouver le fil et la liaison. Je répondis quelques mots que voici, autant que je me les rappelle :

« Je ne vous accuse pas, Lélio, j'accuse la destinée ; je
« ne vous plains pas seul, je me plains aussi. Pour au-
« cune raison d'orgueil, de prudence ou de pruderie je
« ne voudrais vous retirer la consolation de vous croire
« distingué de moi. Gardez-la, parce que c'est la seule
« que j'aie à vous offrir. Je ne puis jamais consentir à
« vous voir. »

Le lendemain je reçus un billet que je lus à la hâte, et que j'eus à peine le temps de jeter au feu pour le dérober à Larrieux, qui me surprit occupée à le lire. Il était à peu près conçu en ces termes :

« Madame, il faut que je vous parle ou que je meure.
« Une fois, une seule fois, une heure seulement, si vous
« voulez. Que craignez-vous donc d'une entrevue, puis-
« que vous vous fiez à mon honneur et à ma discrétion ?
« Madame, je sais qui vous êtes ; je connais l'austérité de
« vos mœurs, je connais votre piété, je connais même vos
« sentiments pour le vicomte de Larrieux. Je n'ai pas la
« sottise d'espérer de vous autre chose qu'une parole de
« pitié ; mais il faut qu'elle tombe de vos lèvres sur moi.
« Il faut que mon cœur la recueille et l'emporte, ou il faut
« que mon cœur se brise. « LÉLIO. »

Je dirai pour ma gloire, car toute noble et courageuse confiance est glorieuse dans le danger, que je n'eus pas un instant la crainte d'être raillée par un impudent libertin. Je crus religieusement à l'humble sincérité de Lélio. D'ailleurs j'étais payée pour avoir confiance en ma force ; je résolus de le voir. J'avais complètement oublié sa figure flétrie, son mauvais ton, son air commun ; je ne connaissais plus de lui que le prestige de son génie, son style et son amour. Je lui répondis :

« Je vous verrai ; trouvez un lieu sûr ; mais n'espérez
« de moi que ce que vous demandez. J'ai foi en vous
« comme en Dieu. Si vous cherchiez à en abuser, vous
« seriez un misérable, et je ne vous craindrais pas. »

RÉPONSE. « Votre confiance vous sauverait du dernier
« des scélérats. Vous verrez, Madame, que Lélio n'en est
« pas indigne. Le duc de *** a eu la bonté de me proposer
« souvent sa maison de la rue de Valois ; qu'en aurais-je
« fait ? Il y a trois ans qu'il n'existe plus pour moi qu'une
« femme sous le ciel. Daignez être au rendez-vous au
« sortir de la comédie. »
Suivaient les indications de lieu.

Je reçus ce billet à quatre heures. Toute cette négociation s'était passée dans l'espace d'un jour. J'avais employé cette journée à parcourir mes appartements comme une personne privée de raison ; j'avais la fièvre. Cette rapidité d'événements et de décisions, contraire à cinq ans de résolutions, m'emportait comme un rêve ; et quand j'eus pris le dernier parti, quand je vis que je m'étais engagée et qu'il n'était plus temps de reculer, je tombai accablée sur mon ottomane, ne respirant plus et voyant ma chambre tourner sous mes pieds.

Je fus sérieusement incommodée; il fallut envoyer chercher un chirurgien qui me saigna. Je défendis à mes gens de dire un mot à qui que ce fût de mon indisposition; je craignais les importunités des donneurs de conseils, et je ne voulais pas qu'on m'empêchât de sortir le soir. En attendant l'heure, je me jetai sur mon lit et je défendis ma porte même à M. de Larrieux.

La saignée m'avait physiquement soulagée en m'affaiblissant. Je tombai dans un grand accablement d'esprit; toutes mes illusions s'envolèrent avec l'excitation de la fièvre. Je retrouvai la raison et la mémoire; je me rappelai la terrible déception du café, la misérable allure de Lélio; je m'apprêtai à rougir de ma folie, à tomber du faîte de mes chimères dans une plate et ignoble réalité. Je ne pouvais plus comprendre comment je m'étais décidée à troquer cette héroïque et romanesque tendresse contre le dégoût qui m'attendait et la honte qui empoisonnerait tous mes souvenirs. J'eus alors un mortel regret de ce que j'avais fait; je pleurai mes enchantements, ma vie d'amour, et l'avenir de satisfaction pure et intime que j'allais renverser. Je pleurai surtout Lélio, qu'en le voyant j'allais perdre à jamais, que j'avais eu tant de bonheur à aimer pendant cinq ans, et que je ne pourrais plus aimer dans quelques heures.

Dans mon chagrin je me tordis les bras avec force; ma saignée se rouvrit, le sang coula avec abondance; je n'eus que le temps de sonner ma femme de chambre qui me trouva évanouie dans mon lit. Un profond et lourd sommeil, contre lequel je luttai vainement, s'empara de moi. Je ne rêvai point, je ne souffris point, je fus comme morte pendant quelques heures. Quand j'ouvris les yeux ma chambre était sombre, mon hôtel silencieux; ma suivante dormait sur une chaise au pied de mon lit. Je restai quelque temps dans un état d'engourdissement et de faiblesse qui ne me permettait pas un souvenir, pas une pensée. Tout d'un coup la mémoire me revient; je me demande si l'heure et le jour du rendez-vous sont passés, si j'ai dormi une heure ou un siècle, s'il fait jour ou nuit, si mon manque de parole n'a pas tué Lélio, s'il est temps encore. J'essaie de me lever, mes forces s'y refusent; je lutte quelques instants comme dans le cauchemar. Enfin je rassemble toute ma volonté, je l'appelle au secours de mes membres accablés. Je m'élance sur le parquet; j'entr'ouvre mes rideaux; je vois briller la lune sur les arbres de mon jardin; je cours à la pendule, elle marque dix heures. Je saute sur ma femme de chambre, la secoue, je l'éveille en sursaut : « Quinette, quel jour sommes-nous? » Elle quitte sa chaise en criant et veut fuir, car elle me croit dans le délire; je la retiens, je la rassure; j'apprends que j'ai dormi trois heures seulement. Je remercie Dieu. Je demande un fiacre; Quinette me regarde avec stupeur. Enfin elle se convainc que j'ai toute ma tête; elle transmet mon ordre et s'apprête à m'habiller.

Je me fis donner le plus simple et le plus chaste de mes habits; je ne plaçai dans mes cheveux aucun ornement; je refusai de mettre du rouge. Je voulais avant tout inspirer à Lélio l'estime et le respect, qui m'étaient plus précieux que son amour. Cependant j'eus un sentiment de plaisir lorsque Quinette, étonnée de tout ce qui me passait par l'esprit, me dit, en me regardant de la tête aux pieds : « En vérité, Madame, je ne sais pas comment vous faites; vous n'avez qu'une simple robe blanche sans queue et sans panier; vous êtes malade et pâle comme la mort; vous n'avez pas seulement voulu mettre une mouche; eh bien! je veux mourir si je vous ai jamais vue aussi belle que ce soir. Je plains les hommes qui vous regarderont.

— Tu me crois donc bien sage, ma pauvre Quinette?

— Hélas! madame la marquise, je demande tous les jour au ciel de le devenir comme vous; mais jusqu'ici...

— Allons, ingénue, donne-moi mon mantelet et mon manchon.

À minuit j'étais à la maison de la rue de Valois. J'étais soigneusement voilée. Une espèce de valet de chambre vint me recevoir; c'était le seul hôte visible de cette mystérieuse demeure. Il me conduisit à travers les détours d'un sombre jardin jusqu'à un pavillon enseveli dans l'ombre et le silence. Après avoir déposé dans le vestibule sa lanterne de soie verte, il m'ouvrit la porte d'un appartement obscur et profond, me montra d'un geste respectueux et d'un air impassible le rayon de lumière qui arrivait du fond de l'enfilade, et me dit à voix basse, comme s'il eût craint d'éveiller les échos endormis : « Madame est seule, personne n'est encore arrivé. Madame trouvera dans le salon d'été une sonnette à laquelle je répondrai si elle a besoin de quelque chose. » Et il disparut comme par enchantement, en refermant la porte sur moi.

Il me prit une peur horrible; je craignis d'être tombée dans un guet-apens. Je le rappelai. Il parut aussitôt; son air solennellement bête me rassura. Je lui demandai quelle heure il était; je le savais fort bien : j'avais fait sonner plus de dix fois ma montre dans la voiture. « Il est minuit, répondit-il sans lever les yeux sur moi. » Je vis que c'était un homme parfaitement instruit des devoirs de sa charge. Je me décidai à pénétrer jusqu'au salon d'été, et je me convainquis de l'injustice de mes craintes en voyant toutes les portes qui donnaient sur le jardin fermées seulement par des portières de soie peinte à l'orientale. Rien n'était délicieux comme ce boudoir, qui n'était, à vrai dire, qu'un salon de musique, le plus honnête du monde. Les murs étaient de stuc blanc comme la neige, les cadres des glaces en argent mat; des instruments de musique, d'une richesse extraordinaire, étaient épars sur des meubles de velours blanc à glands de perles. Toute la lumière arrivait du haut, mais cachée par des feuilles d'albâtre, qui formaient comme un plafond sur la rotonde. On aurait pu prendre cette clarté mate et douce pour celle de la lune. J'examinai avec curiosité, avec intérêt, cette retraite, à laquelle mes souvenirs ne pouvaient rien comparer. C'était ici et ce fut la seule fois de ma vie que je mis le pied dans une petite maison; mais soit que ce ne fût pas la pièce destinée à servir de temple aux galants mystères qui s'y célébraient, soit que Lélio en eût fait disparaître tout objet qui eût pu blesser ma vue et me faire souffrir de ma situation, ce lieu ne justifiait aucune des répugnances que j'avais senties en y entrant. Une seule statue de marbre blanc en décorait le milieu; elle était antique, et représentait Isis voilée, avec un doigt sur ses lèvres. Les glaces qui nous réfléchissaient, elle et moi, pâles et vêtues de blanc, et chastement drapées toutes deux, me faisaient illusion au point qu'il me fallait remuer pour distinguer sa forme de la mienne.

Tout d'un coup ce silence morne, effrayant et délicieux à la fois, fut interrompu; la porte du fond s'ouvrit et se referma; des pas légers firent doucement craquer les parquets. Je tombai sur un fauteuil, plus morte que vive; j'allais voir Lélio de près, hors du théâtre. Je fermai les yeux, et je lui dis intérieurement adieu avant de les rouvrir.

Mais quelle fut ma surprise! Lélio était beau comme les anges; il n'avait pas pris le temps d'ôter son costume de théâtre : c'était le plus élégant que je lui eusse vu. Sa taille, mince et souple, était serrée dans un pourpoint espagnol de satin blanc. Ses nœuds d'épaule et de jarretière étaient en ruban rouge-cerise; un court manteau, de même couleur, était jeté sur son épaule. Il avait une énorme fraise de point d'Angleterre, les cheveux courts et sans poudre; une toque ombragée de plumes blanches se balançait sur son front, où brillait une rosace de diamants. C'était dans ce costume qu'il venait de jouer le rôle de don Juan du *Festin de Pierre*. Jamais je ne l'avais vu aussi beau, aussi jeune, aussi poétique, que dans ce moment. Vélasquez se fût prosterné devant un tel modèle.

Il se mit à mes genoux. Je ne pus m'empêcher de lui tendre la main. Il avait l'air si craintif et si soumis! Un homme épris au point d'être timide devant une femme, c'était si rare dans ce temps-là! et un homme de trente-cinq ans, un comédien!

N'importe, il me sembla, il me semble encore qu'il était dans toute la fraîcheur de l'adolescence. Sous ces blancs habits, il ressemblait à un jeune page; son front avait toute la pureté, son cœur agité toute l'ardeur d'un premier amour. Il prit mes mains et les couvrit de baisers dévorants. Alors je devins folle ; j'attirai sa tête sur mes genoux ; je caressai son front brûlant, ses cheveux rudes et noirs, son cou brun, qui se perdait dans la molle blancheur de sa collerette, et Lélio ne s'enhardit point. Tous ses transports se concentrèrent dans son cœur ; il se mit à pleurer comme une femme. Je fus inondée de ses sanglots.

Oh! je vous avoue que j'y mêlai les miens avec délices. Je le forçai de relever sa tête et de me regarder. Qu'il était beau, grand Dieu! Que ses yeux avaient d'éclat et de tendresse! Que son âme vraie et chaleureuse prêtait de charmes aux défauts même de sa figure et aux outrages des veilles et des années! Oh! la puissance de l'âme! qui n'a pas compris ses miracles n'a jamais aimé! En voyant des rides prématurées à son beau front, de la langueur à son sourire, de la pâleur à ses lèvres, j'étais attendrie ; j'avais besoin de pleurer sur les chagrins, les dégoûts et les travaux de sa vie. Je m'identifiais à toutes ses peines, même à celles de son long amour sans espoir pour moi, et je n'avais plus qu'une volonté, celle de réparer le mal qu'il avait souffert.

« Mon cher Lélio, mon grand Rodrigue, mon beau don Juan! lui disais-je dans mon égarement. » Ses regards me brûlaient. Il me parla, il me raconta toutes les phases, tous les progrès de son amour ; il me dit comment, d'un histrion aux mœurs relâchées, j'avais fait de lui un homme ardent et vivace, comme je l'avais élevé à ses propres yeux, comme je lui avais rendu le courage et les illusions de la jeunesse ; il me dit son respect, sa vénération pour moi, son mépris pour les sottes forfanteries de l'amour à la mode ; il me dit qu'il donnerait tous les jours qui lui restaient à vivre pour une heure passée dans mes bras, mais qu'il sacrifierait cette heure-là et tous les jours à la crainte de m'offenser. Jamais éloquence plus pénétrante n'entraîna le cœur d'une femme ; jamais le tendre Racine ne fit parler l'amour avec cette conviction, cette poésie et cette force. Tout ce que la passion peut inspirer de délicat et de grave, de suave et d'impétueux, ses paroles, sa voix, ses yeux, ses caresses et sa soumission me l'apprirent. Hélas! s'abusait-il lui-même? jouait-il la comédie?

— Je ne le crois certainement pas, » m'écriai-je en regardant la marquise. Elle semblait rajeunir en parlant et dépouiller ses cent ans, comme la fée Urgèle. Je ne sais qui a dit que le cœur d'une femme n'a point de rides.

« Écoutez la fin, me dit-elle. Brûlée, égarée, perdue par tout ce qu'il me disait, je jetai mes deux bras autour de lui, je frissonnai en touchant le satin de son habit, en respirant le parfum de ses cheveux. Ma tête s'égara. Tout ce que j'ignorais, tout ce que je croyais être incapable de ressentir, se révéla à moi ; mais ce fut trop violent, je m'évanouis.

Il me rappela à moi-même par de prompt secours. Je le trouvai à mes pieds, plus timide, plus ému que jamais. « Ayez pitié de moi, me dit-il ; tuez-moi, chassez-moi... » Il était plus pâle et plus mourant que moi.

Mais toutes ces révolutions nerveuses que j'avais éprouvées dans le cours d'une si orageuse journée me faisaient rapidement passer d'une disposition à une autre. Ce pâle éclair d'une nouvelle existence avait pâli ; mon sang était redevenu calme ; les délicatesses du véritable amour reprirent le dessus.

« Écoutez, Lélio, lui dis-je, ce n'est point le mépris qui m'arrache à vos transports. Il se peut faire que j'aie toutes les susceptibilités qu'on nous inculque dès l'enfance, et qui deviennent pour nous comme une seconde nature ; mais ce n'est pas ici que je pourrais m'en souvenir, puisque ma nature elle-même vient d'être transformée en une autre qui m'était inconnue. Si vous m'aimez, aidez-moi à vous résister. Laissez-moi emporter d'ici la satisfaction délicieuse de ne vous avoir aimé qu'avec le cœur. Peut-être, si je n'avais appartenu à personne, me donnerais-je à vous avec joie ; mais sachez que Larrieux m'a profanée ; sachez qu'entraînée par l'horrible nécessité de faire comme tout le monde, j'ai subi les caresses d'un homme que je n'ai jamais aimé ; sachez que le dégoût que j'en ai ressenti a éteint chez moi l'imagination au point que je vous haïrais peut-être à présent si j'avais succombé tout à l'heure. Ah! ne faisons point ce terrible essai! restez pur dans mon cœur et dans ma mémoire. Séparons-nous pour jamais, et emportons d'ici tout un avenir de pensées riantes et de souvenirs adorés. Je jure, Lélio, que je vous aimerai jusqu'à la mort. Je sens que les glaces de l'âge n'éteindront pas cette flamme ardente. Je jure aussi de n'être jamais à un autre homme après vous avoir résisté. Cet effort ne me sera pas difficile, et vous pouvez me croire. »

Lélio se prosterna devant moi ; il ne m'implora point, il ne me fit point de reproches ; il me dit qu'il n'avait pas espéré tout le bonheur que je lui avais donné, et qu'il n'avait pas le droit d'en exiger davantage. Cependant, en recevant ses adieux, son abattement et l'émotion de sa voix m'effrayèrent. Je lui demandai s'il ne penserait pas à moi avec bonheur, si les extases de cette nuit ne répandraient pas leurs charmes sur tous ses jours, si ses peines passées et futures n'en seraient pas adoucies chaque fois qu'il l'invoquerait. Il se ranima pour jurer et promettre tout ce que je voulus. Il tomba de nouveau à mes pieds, et baisa ma robe avec emportement. Je sentis que je chancelais ; je lui fis un signe, et il s'éloigna. La voiture que j'avais fait demander arriva. L'intendant automate de ce séjour clandestin frappa trois coups en dehors pour m'avertir. Lélio se jeta devant la porte avec désespoir ; il avait l'air d'un spectre. Je le repoussai doucement, et il céda. Alors je franchis la porte, et, comme il voulait me suivre, je lui montrai une chaise au milieu du salon, au-dessous de la statue d'Isis. Il s'y assit. Un sourire passionné errant sur ses lèvres, ses yeux firent jaillir un dernier éclair de reconnaissance et d'amour. Il était encore beau, encore jeune, encore grand d'Espagne. Au bout de quelques pas, et au moment de le perdre pour jamais, je me retournai et jetai sur lui un dernier regard. Le désespoir l'avait brisé. Il était redevenu vieux, décomposé, effrayant. Son corps semblait paralysé. Sa lèvre contractée essayait un sourire égaré. Son œil était vitreux et terne : ce n'était plus que Lélio, l'ombre d'un amant et d'un prince. »

La marquise fit une pause ; puis, avec un sourire sombre et en se décomposant elle-même comme une ruine qui s'écroule, elle reprit : « Depuis ce moment je n'ai pas entendu parler de lui. »

La marquise fit une nouvelle pause plus longue que la première ; mais avec cette terrible force d'âme que donnent l'effet des longues années, l'amour obstiné de la vie ou l'espoir prochain de la mort, elle redevint gaie, et me dit en souriant : « Eh bien! croirez-vous désormais à la vertu du dix-huitième siècle?

— Madame, lui répondis-je, je n'ai point envie d'en douter ; cependant, si j'étais moins attendri, je vous dirais peut-être que vous fûtes très-bien avisée de vous faire saigner ce jour-là.

— Misérables hommes! dit la marquise, vous ne comprenez rien à l'histoire du cœur. »

GEORGE SAND.

FIN DE LA MARQUISE.

www.ingramcontent.com/pod-product-compliance
Lightning Source LLC
Chambersburg PA
CBHW070527160426
43199CB00014B/2220